敦煌書目題跋輯刊

李萬健　羅瑛　輯

第一册

國家圖書館出版社

圖書在版編目(CIP)數據

敦煌書目題跋輯刊/李萬健,羅瑛輯.—北京:國家圖書館出版社,2010.6
ISBN 978-7-5013-3816-0

Ⅰ.敦… Ⅱ.①李…②羅… Ⅲ.①敦煌學—古籍—圖書目錄—中國②敦煌學—古籍—題跋—中國 Ⅳ.Z88:K870.6 G256.4

中國版本圖書館 CIP 數據核字(2009)第 211167 號

责任编辑:李萬健 羅 瑛

ISBN 978-7-5013-3816-0

9 787501 338160 >

書名 敦煌書目題跋輯刊(全三册)
著者 李萬健 羅瑛 輯

出版 国家图书馆出版社 (100034 北京西城区文津街7号)
(原北京图书馆出版社)
发行 010-66139745 66175620 66126153
66174391(传真) 66126156(门市部)
E-mail btsfxb@nlc.gov.cn(邮购)
Website www.nlcpress.com→投稿中心
經銷 新華書店
印刷 河北三河弘翰印務有限公司

開本 787×1092 毫米 1/16
印張 162.5
版次 2010年6月第1版 2010年6月第1次印刷

書號 ISBN 978-7-5013-3816-0
定價 1900.00 圓

出版說明

二十世紀初，隨著敦煌遺書的出土而產生的敦煌學開始起步。我國敦煌學者爲之兢兢業業，鞠躬盡瘁。不少學者歷盡辛苦，遍訪海內外敦煌遺書，并對其進行編目等整理工作。爲銘記這些學人的篳路藍縷之功，也爲當今研究者提供方便，我們選輯了十六種敦煌學目錄題跋，影印出版。其中主要爲民國時期學者所編撰。

羅振玉《莫高窟石室秘錄》，爲敦煌文獻被斯坦因、伯希和等劫後，羅氏於敦煌所見與未見之書目，都一百二十五種。將敦煌文獻類次為書卷、雕本、石刻、經象、壁畫、古器物和餘記等七類，進行著錄。

劉師培《敦煌新出唐寫本提要》，爲劉氏經眼伯希和所劫敦煌遺書中唐寫本（以儒家經典爲主）之長篇提要，凡十九篇。旁徵博引，詳為考證。

李翊灼《敦煌石室經卷中未入藏經論著述目錄》，著錄佛經一百四十種，附錄二十二種。將寫經分大乘經和小乘經兩大類，前者又細分經藏、律藏和論藏等五小類，『統緒朗然而易於尋攬』。

陳垣《敦煌劫餘錄》十四帙，著錄敦煌劫後，由甘肅有司移藏京師圖書館之八千六百七十九軸者。每軸著其原號（甘肅解學部時所編之號）、起止（每軸首二行之首二字及末二行之末二字）、紙數、行數及内容等。因此，陳寅恪在該錄序中贊之為『治敦煌學者不可缺之工具』，能『襄進世界之學術於將來』。此爲我國學者所編第一部大型敦煌文獻目錄。北京圖書館善本組所編之《敦煌劫餘錄續編》，載一千零六十五件敦煌寫經。

民國中央圖書館所編《德化李氏敦煌寫本目錄》，爲我國著名藏書家李盛鐸所藏、後售於日人之三百餘種敦煌遺書目錄。

胡文玉《敦煌寫本佛經草目》，爲北平圖書館藏敦煌佛經寫本之目錄，凡四百一十種。

許國霖《敦煌石室寫經題記彙編》，鈔錄敦煌卷子中之題名跋記、逸文趣語等四百八十四則。其中有年代可考者達二百餘則，亦有寫經名者，可資考經證史。後許氏又爲之補遺。許氏《敦煌雜錄》，專鈔敦煌所藏非釋典之文獻，其中尤以唐代通俗之作爲多。有佛教文學、訓詁與訓蒙殘卷、民間文契等，可資考唐時謠諺之起源及風俗之變遷等。此外，許氏還撰有《敦煌石室寫經年代表》。

王重民《巴黎敦煌殘卷叙錄》，凡二輯。第一輯收王氏於民國二十四年（一九三五）四月至十二月所撰四十一篇關於敦煌佚書之提要，末附王氏《英倫所藏敦煌經卷訪問記》一文。第二輯爲王氏於民國二十五年（一九三六）五月至民國二十七年（一九三八）九月所作之四十五篇有關敦煌文獻提要。分經、史、子、集四部詳記文獻之存缺及與時本之異同，等等。

向達《倫敦所藏敦煌卷子經眼錄》，爲向氏於民國二十五年（一九三六）九月至民國二十六年（一九三七）八月，在倫敦不列顛博物院所閱敦煌卷子之書目。

羅新之、劉君禮《張大千臨摹敦煌壁畫展覽目次》，前有張大千自序。該目爲國畫大師張大千臨摹敦煌莫高窟及榆林窟之四十餘幅壁畫之目錄。

佚名《敦煌石室唐人秘笈四十七種》（書名下僅云『壁藏者何秋輦中丞、孔繁錦道尹』），著錄唐代各種文書及佛畫等文獻四十七種四十四件。標明文獻所存件數、行數、殘缺情況、字體、書寫年月、用紙及紙色等。

本書所收《敦煌新出唐寫本提要》、《敦煌石室經卷中未入藏經論著述目錄》、《敦煌寫本佛經草目》等八篇，據《中國敦煌學百年文庫》（甘肅文化出版社，一九九九年）本影印；《敦煌劫餘錄續編》為北京圖書館善本組一九八一年鈔本；其餘《敦煌劫餘錄》等篇使用民國時期刊本。對于各書編撰者及其家人的支持，表示衷心的感謝。

目錄乃學術史之縮影。通過以上目錄，我們可以考見民國時期敦煌學研究成果之一斑。同時，亦可覘視敦煌文獻之流失大略與愛國學人之款款衷曲。

編　者

二〇一〇年三月

目錄

莫高窟石室秘錄

羅振玉撰

清宣統己酉年（一九〇九）刊本

莫高窟石室秘錄

宣統己酉刊

莫高窟石室祕錄

上虞羅振玉述

莫高窟在敦煌縣東南三十里鳴沙山之下前臨小川有三寺俗稱上寺中寺下寺上中兩寺皆道觀下寺乃僧刹也寺名皆署同文而按石室中藏書多署三界寺殆舊名也寺之左近有石室千餘由唐訖元皆謂之莫高窟俗名千佛洞（詳西域水道記卷三哈喇綽爾所受水篇）各洞中皆有壁畫上截爲佛象下截爲造象人畫象並記其人之姓氏籍里西域水道記載雍正中光祿少卿汪漋游千佛洞詩所謂色相嗟多毀丹青訝尚鮮者是也惟一洞藏書滿中乃西夏兵革時所藏壁外加以象飾

故不能知其爲藏書之所逮光緒庚子繕治石室鑿壁而書出由是稍稍流傳人間丁未冬法人伯希和君游迪化謁長將軍將軍曾藏石室書一卷語其事繼謁瀾公暨安西州牧某各贈以一卷伯君審知爲唐寫本亟往購得十巨篋然僅居石室中全書三分之一而所有四部各書及經卷之精好者則垂盡矣今其所得已太半寄回法國藏之巴黎圖書館尚餘數束未攜歸吾友董授經京卿（康）以此事見告乃與同好往觀爰將所見及所未見類次爲莫高窟石室祕錄凡爲篇七述之如左

書卷第一

尙書顧命殘葉已影照

僅尺許然有異文此葉以糊經帙之背

毛詩卷九未見

鄁柏舟故訓傳鄭注

案陸德明釋文邶本作鄁漢衡方碑感背人之凱風字又

作背此本作鄁知是六朝古本

唐禮圖未見

僅數葉乃唐人册子本

新集吉凶書儀二卷未見

案宋史藝文志史部儀注類有劉岳不註朝代當是唐人吉凶書儀

二卷不知即此書否

范甯穀梁集解 未見

存莊公至閔公

何晏論語集解 未見

存卷一卷二卷六

開蒙要訓 未見

案日本現在書目小學家箸錄作一卷馬氏撰

孟說秦語中第二

案伯君言此書卽國語然國語中無秦語唐書藝文志史部雜史類有孔衍春秋時國語十卷又春秋後國語十卷

不知即此書否

天地開闢以來帝王記一卷未見

唐律一卷殘未見

伯君言無疏義彷彿記有新增之例據所云疑即顯德刑統類也

唐曆日未見

卷子本凡三卷皆有年號伯君忘之

沙州志一卷斷爲四截端制軍已影照

據伯君言中有五代地名然其書法則似唐人筆也且卷中攺民間爲百姓間書隆作隆避太宗玄宗諱爲唐人筆

無疑

西州志殘卷（已影印）

此志首尾均缺但存中間數十行伯君原題吐魯番地志案今之吐魯番爲唐之西州故改箸原名以此志證之新舊兩唐書地理志多合惟兩志均言西州領縣五舊志爲高昌柳中蒲昌天山（通典及寰宇記西州無此縣元和志有之）交河（此名見柳中註中）新志則有前庭無高昌而於前庭注曰本高昌寶應元年更名（元和志作天寶元年更名）今此卷內所載凡六縣曰高昌曰前庭曰柳中曰蒲昌曰天山曰交河高昌前庭並載足正史志之誤又此志載十一道曰赤亭曰新開曰花谷曰移摩曰

薩捍曰突波曰大海曰烏骨曰他地曰白水澗曰銀山當是西州都護府所分諸道足補諸地志之缺新志注中有銀山磧十道中之銀山殆以此得名志注中又有柳谷此卷移摩薩捍突波他地四道下均有其名

又案西州自德宗貞元六年陷於吐蕃宣宗大中五年沙州首領張義潮逐虜守者以十一州地圖獻中有西州後分三部曰和州回鶻曰阿薩蘭回鶻曰高昌均服屬於遼見遼史屬國表及兵衛志今卷中新開道下有今見阻賊不通語似此志作於貞元間末淪於吐蕃以前

惠超往五天竺國傳一卷鈔出

此記亦首尾殘缺伯君據慧琳一切經音義定爲惠超往

五天竺國傳案慧琳音義卷一百載惠超此傳凡三卷今

此卷首尾雖殘然似是一卷俟再詳考

西漢金山國皇帝勅

此勅行書缺末數行上鈐金山白衣王印六字朱文印文

錄後

西漢金山國聖文神武帝勅

前散兵馬使兼知客將宋惠信

右可攝押衙

兼鴻臚卿知

客務仍舊餘

如故

勑攝押衙兼鴻臚卿

知客務宋惠信儒門

俊骨晩輩英靈體

備三端深明六藝故

得文倅擲地實不異

於鄭言武亞穿楊

雄不殊於楚勇宣

知四殺習陒不墜之

國儀去住彌安贍交
不謬於曲直遂乃東
西奉使况聞說過甘羅
南北輸忠壯節堅
之金石所以勳効既
曉宜獎功流負德幹
材堪爲會擢寵茲
恩渥唯竭忠誠後
肖青旨則當榮美後缺

案西漢金山國史所不載惟新唐書地理志西州交河

郡中都督府貞觀十四年平高昌以其地置開元中曰
金山都督府又五代史記吐蕃傳沙州梁開平中有節
度使張奉自號金山白衣天子證以此勅上印文知聖
文神武皇帝即張奉其國在西州也

寺歷三卷

三卷中雜記施主功德獻納牒狀及碑讚傳記表裏有字
條記如下

金光明寺故索法律邈眞讚并序

河西都僧統京城內外臨壇供奉大德兼闡揚三教大
法師賜紫沙門悟眞撰

於時文德二年歲次己酉六月二十五日記

蔣君伯斧考唐僖宗光啓四年二月改元文德三月帝
崩昭宗即位改明年爲龍紀故文德無二年敦煌僻遠
信使鮮通故新君登極歲餘而民間尚未知之也

敦煌管內僧政兼勾當三窟曹公邈眞讚
河西都僧統京城內外臨壇供奉大德兼闡揚三教大
法師賜紫沙門悟眞撰
入京進論大德兼管內都僧政賜紫沙門故曹僧政邈眞
讚
河西都僧統京城內外臨壇供奉大德兼闡揚三教大

法師賜紫沙門悟眞撰

中和三年歲次癸卯五月二十一日聽法門徒敦煌

釋門法師恒安

大唐前河西節度押衙銀青光祿大夫檢校太子賓客甘州删丹鎮遏充涼州西界遊奕防採營田都知兵馬兼殿中侍御史康公諱通諱信邈讚

河西都僧統京城內外臨壇供奉大德兼闡揚三教大法師賜紫沙門悟眞撰

大唐中和元年歲次辛丑仲冬蓂生五葉

從弟釋門法師恒安書

河西都僧統京城内外臨壇奉供大德兼闡揚三教大法

師賜紫沙門悟眞邈眞讚并序

前河西節度掌書記試太常寺協律郎蘇翬口

沙州釋門法師恒安書

廣明元年歲次困頓律中夷則蓂生七葉題記

沙州釋門故陰法律邈眞讚并序

大唐廣明元年庚子歲六月二十六日題

前河西節度都押衙兼馬步都知兵馬使銀青光祿大夫

檢校太子賓客監察御史右威衛將軍令狐公邈眞讚

沙州釋門法師沙門恒安書

廣明元年庚子孟夏蓂生十一日題記

前河西節度押衙銀青光祿大夫檢校國子祭酒兼監察
侍御史沙州都押衙張諱興信邈眞讚
乾符六年九月十一日題於眞堂

沙州釋門勾當福田判官辭弁邈生讚
河西都僧統京城内外臨壇供奉大德兼闡揚三教大
法師賜紫沙門悟眞撰

銀青光祿大夫檢校太子賓客使持節瓜州諸軍事守瓜
州刺史兼左威衛將軍賜紫金魚袋上柱國康使君邈眞
讚并序

河西都僧統京城内外臨壇供奉大德兼闡揚三教大
法師賜紫沙門悟眞撰

故敦煌陰處士邈眞讚 并序

歸義軍諸軍事判官宣義郎守監察御史淸河張球撰

沙州釋門故張僧政讚

大唐乾符三載二月十三日題于眞堂

河西都防禦右廂押衙銀青光祿大夫檢校太子賓客侍
御史兼御史中丞王公 諱 景翼邈眞讚 并序

銀青光祿大夫檢校國子祭酒使持節瓜州諸軍事守瓜
州刺史兼御史中丞賜紫金魚袋上柱國閻公邈眞讚 并

河西都僧統京城內外臨壇供奉大德兼闡揚三教大
法師賜紫沙門悟眞撰

故前河西節度押衙銀青光祿大夫檢校太子賓客兼敦
煌郡耆壽清河張府君諱祿邈眞讚

從姪沙州軍事判官將仕都兼監察御史裏行球撰

時咸通十二年季春月蓂生十五葉題于眞堂

唐河西節度押衙兼侍御史鉅鹿索公邈眞讚

前沙州釋門故索法律智岳邈眞讚

河西都僧統京城內外臨壇供奉大德都僧錄兼闡揚

誦芬室校印

三教大法師賜紫沙門悟眞撰

庚寅年七月十三日題記（案庚寅爲咸通十一年）

唐故河西管内都僧統邈眞讚（并序）

時咸通十年白藏八月蓂彫一十三葉題于眞堂

前河西都僧統京城内外臨壇大德三學教授兼毗尼藏主賜紫故翟和尚邈眞讚

河西後都僧統京城内外臨壇供奉大德都僧錄兼教諭歸化大法師賜紫沙門悟眞撰

沙州釋門法師恒安題

前沙州釋門法律義譥和尚邈眞讚

河西都僧統京城内外臨壇供奉大德都僧錄兼教諭

歸化大法師賜紫沙門悟眞撰

沙州釋門法師恒安書

故前伊州刺史攺授左威衛將軍銀青光祿大夫檢校太

子賓客殿中侍御史臨留左公讃

法師恒安書

唐河西道節度押衙銀青光祿大夫檢校國子祭酒侍御

史淸河張府君諱議廣邈眞讃

敦煌唱導法將兼毗尼藏主廣平宋律伯綵眞讃

隮州龍支縣聖明福德寺前令公門徒釋惠菀述

維大唐咸通八年歲次丁亥六月庚午朔五日甲戌

題記

弟子比丘恒安書

宋法和尚靈塔諱志貞靈圖寺

大唐沙州譯經三藏大德吳和尚邈眞讚

軍事判官將仕郎守監察御史上柱國張球撰

法學弟子比丘恒安題

大唐河西道沙州故釋門法律大德凝公邈眞讚

軍事判官將仕郎守監察御史上柱國張球撰

時咸通五載季春月蓂生十葉題

河西節度故左馬步都押衙銀青光祿大夫檢校太子賓

客兼侍御史陰文通邈眞讚

京城內外臨壇供奉大德釋門都僧錄兼河西道副僧

統賜紫沙門悟眞讚

大唐河西道沙州敦煌郡將仕郎守敦煌縣尉翟公諱神

慶邈眞讚

沙州軍事判官將仕郎守監察御史張球撰

時咸通五年四月二十五日記

故沙州釋門賜紫梁僧政邈眞讚

京城內外臨壇供奉大德兼沙州釋門義學都法師都

僧錄賜紫悟眞撰

大唐大中十二年歲次戊寅二月癸巳朔十四日丙

午畢工記

故吳和尙讚　扶風竇良器

前任沙州釋門都教授毗尼大德炫闍黎讚并序

沙州釋門都法律大德記和尙寫眞贊

宰相判官兼太學博士隴西李顒撰

故李教授和尙讚　釋門法將善來述

此讚後坿載一詩

故沙州緇門三學法主李和尙寫眞贊

宰相判官兼太學博士從兄李顓撰

敦煌都教授兼攝三學法主隴西李教授闍梨寫眞讃

釋門都法律兼副教授苾蒭演晉述

敦煌三藏法師圖眞讃

報恩寺主法闍梨諱禪池　沙門善來

故口口法和尙讃　弟子比丘利濟述

前敦煌都毗尼藏主始平陰律伯眞儀讃

龍支聖明福德寺僧惠菀述

案杜樊川集有敦煌僧正慧菀除臨壇大德制其文曰

敦煌管內釋門都監察僧正兼州學博士僧慧菀敦煌

大蕃久陷戎壘氣俗自異果產名僧云云其惠字作慧

不知與此爲一人否

以上爲一卷

口口士碑　竇夫子撰

據碑中所記即下卷之陰處士字嘉政

隴西李家先代碑記　楊授記

此碑二篇皆已載於西域水道記但徐書所錄之闕字

可據此補之

翟家碑　唐僧統述

此人爲都僧統俗姓翟而未箸其名

沙州釋門索法律窟銘　唐和尚作

文內曰和尚俗號香　父以元和七年甲辰卒

吳僧統碑　竇良驥撰

李僧錄讚

住三窟禪師伯沙法心讚

故吳和尚讚文

先代小吳和尚讚　竇良驥撰

以上爲一卷　此卷之背記寺中收紙用紙數目皆繫年月日

大溈警策

右軍衛十將使孔公淨圖功德銘

曹良才畫象讚

前河西一十一州節度使曹大王夫人讚

大蕃故敦煌郡莫高窟陰處士公修功德記

牒文

文曰河西開復云云

曹仁貴獻玉羚羊角硇砂表上有沙州節度使印

仁貴結銜爲權知歸義軍兵馬留後守沙州刺史銀青光祿大夫檢校吏部尚書兼御史大夫考五代史及五代史記吐蕃傳不載仁貴名豈即曹義金之子元德與抑另是一人箸之俟考

又硇砂乃藥石見本草五代史記吐蕃傳載曹元忠貢
硇砂羚羊角以此卷證之䃃砂乃硇砂之誤又宋史沙
州傳貢乳香硇砂玉團䃃砂亦硇砂之誤

曹仁貴中秋狀

八月十五日

應管內外釋門都統兼仏法主賜紫沙門龍詧都僧錄賜

紫沙門惠興都僧政賜紫沙門紀宗等獻酒牒

馬軍武達兒牒狀

丙申年正月

右馬步都押衙銀青光祿大夫檢校右散騎常侍兼御史

大夫上柱國陳彥玑左馬步都押衙銀青光祿大夫檢校
左散騎常侍兼御史大夫上柱國羅口口等端午獻香棗
花等牒
清泰四年丁酉五月
伯君言三卷中碑讚皆寫於畫壁上乃寺僧傳錄入卷
中也
以上爲一卷
百行章一卷未見
案此書杜正倫撰唐書藝文志子部儒家類已箸錄
孔子修問書一卷未見

太公家教未見

辨才家教未見

老子道德經義疏卷五未見

顏師古玄言新記明老部五卷未見

案舊唐書經籍志有玄言新記道德二卷新志誤作新記玄言道德王弼注新志又有王肅新記玄言道德二卷隋志有梁澡撰玄言新記明莊部二卷而此書則諸志均不之及

莊子第一卷未見

文子第五卷未見

二十五等人圖未見

案伯君言此道家撰箸非圖畫

李若立略出籝金未見

輔篇義記第二卷未見

冥報記未見

案此書唐臨撰唐書藝文志史部箸錄作二卷日本西京

博物館藏卷子本三卷

李筌閫外春秋未見

存卷一卷四卷五

案此書唐書藝文志史部雜史類宋史藝文志子部兵書

類箸錄均作十卷

鄉貢進士郁知言記室備要未見

董君授經考日本舊鈔卷子本五行大義背記引古韻書

有郭知言郁與郭形近或是一人伯君則言此書確是郁

而非郭

新集文詞九經鈔未見

新集文詞教林未見

故陳子昂集未見

存卷八至卷十

據伯君言後來之十卷本係析一卷成數卷非原書之舊

此雖二卷半然尚多於十卷本

文選李善注 未見

存卷二十五二十七

秦人吟 未見

鷃子賦 未見

伯君言此書二部

敦煌十詠 未見

伯君言此書三部

五臺題詠

此卷缺後半其五臺詠已載入張商英續清涼傳而頗有

異同茲將題詠悉錄如左五臺詠中與續清涼傳不同處

並坿注於下

五臺聖境讚　金臺釋子玄本述

讚大聖眞容

金剎眞容化現來光明花藏每常開天人共會終難識凡聖同居不可裁五百龍神朝月殿十千菩薩住靈臺浮生踏著清涼地寸土能消萬刧災

讚普賢菩薩

普賢剎海應羣機象駕神通遍護持十地有緣方得見二乘無學豈能知纖毫納芥因慈悟一念超凡更不疑由是善才登正覺暫時功果滿三祇

題五臺

東臺

迢迢雲外（續清涼傳作水）涉峰巒漸覺天低宇宙寬東北分明瞻（傳作觀）大海西南咫尺見（傳作望）長安圓光化現珠千顆紅（傳作瑩）日初生（傳作昇）火一團風雨每從嵒下起那羅延窟（傳作裏洞）有龍蟠

北臺

北臺靈異嶮嵯峨雨雹縱橫聖驗多九夏風霜無斷絕千年冰雪未消磨祥雲化作樓臺狀瑞草翻成錦繡窠莫怪夜深寒更切龍王宮殿遍天河（案此詩與廣清涼傳全異）

中臺

玉華潛與海門通四面山朝勢不同散漫龍居千處水飃颻花落九天風眞容每現靈臺上無染親經化寺中高步幾迴遊絕頂似乘靈鶴在虛空（案此詩與廣清涼傳全異）

西臺

寶臺高迴（傳作峻）足靈祥（傳作穹蒼）師子遺蹤八水傍五色雲中遊上界九重天外看西方三時雨灑龍宮冷五更（傳作一夜）風飄月桂香土石盡（傳作尙）能消障累（傳作罪障）不（傳作何）勞菩薩放神光

南臺

蓬萊仙島未能超上界鐘聲聽不遙蜀錦香花開璨爛文

殊宫殿出喧囂藤蘿萬丈連紅日雲樹千尋映碧霄七佛

往來遊歷處曾經幾度化金橋 案此詩與廣清凉傳全異

金剛窟聖鏡

文殊火宅異常靈境界幽深不可名金窟每時開梵響樓

臺隨處現光明南梁法照遊仙寺西域高僧入化城無限

聖賢都在此逍遙雲外好修行

阿育王瑞塔

如來眞塔育王明分布閻浮八萬成震旦五峰添聖化漢

朝七日放光明雲霄感得樓臺現寶刹標題善佳名無限

焚香諸道俗龍華三會必同生

讚肉身羅睺

羅睺尊者化身來十二年中在母胎昔日王宮修密行今時凡室作嬰孩端嚴肉髻同千聖相好眞容現五臺能與衆生無限福世人咸共捨珍財

金剛窟邊念經感應

銀燈數盞雲中現一顆圓光室內明金窟定知通化寺常聞菩薩念經聲

大乘五更轉以後殘缺

雕本第三

一切如來尊勝陀羅尼加句靈驗本　已影印

二朝灌頂國師三藏大廣智不空譯

案此經無雕刻年月共三十六行每行字數不等其字似初唐寫經又國師之國字上空一格其爲唐刻無疑又案中國刊刻書籍前人所考僉謂始於五代惟據柳玭訓叙及猗覺寮雜記所言則唐時已有雕板日本島田翰氏作雕板淵源考據費長房歷代三寶記謂隋代已有雕本此語殆可信此經字體似初唐而不空卒於代宗朝則此爲唐中葉刊本也予於日本三井聽冰氏高堅許見所藏永徽六年阿毗達磨大毗婆沙論卷一百四十四其紙

背有木刻楷書朱記文曰大唐蘇內侍寫眞定本九字與
宋藏經紙後之金粟山藏經紙朱記同此爲初唐刻木之
確據又以此刻證之則隋唐有雕本之說殆信然矣

唐韻殘 未見

切韻殘 未見

伯君言乃五代刊本細書小板

金剛經已影印

梵夾小本每半葉七行行十四字經後題弟子歸義軍節
度使特進檢校太傅兼御史大夫譙郡開國侯曹元忠普
施受持天福十五年己酉歲五月十五日記雕板押衙雷

延美

案五代史記吐蕃傳唐莊宗時拜沙州留後曹義金壁書上題名作曹議金爲歸義軍節度使瓜沙等州觀察處置等史宋史沙州傳作朱梁時張氏之後絕州人推長史曹義金爲帥晉天福五年義金卒子元德立宋史沙州傳作義金卒子元忠嗣至七年沙州曹元忠瓜州曹元深晉出帝紀誤作沙州曹元深瓜州曹元忠皆遣使來周世宗時又以元忠爲歸義軍節度使宋史亦作周顯德年來貢授本州節度檢校太尉同中書門下平章事鑄印賜之云云元恭爲瓜州團練使據此經後所記則元忠在晉世已爲歸義軍節度使可訂史傳之誤而檢校太傅譙郡侯又可補史傳之缺也

大佛頂陀羅尼

經末有開寶四年十月二十八日記款字一行

大隋求陀羅尼

經上面左有施主李知順一行右有王文沼雕板一行經末有太平興國五年六月雕板畢手記十三字

大隋求陀羅尼

上象下經經末有口楊法雕印施六字此外無年號者甚多

佛象雕板

此板上刻陰文佛象長方形上安木柄如宋以來之官印

然乃用以印象者其餘朱尙存

西夏文殘經

夏文佛經刻本殘帙大小共三種一種之末有漢文二行曰僧錄廣福大師管主大八施大藏經於沙州文殊金利塔寺永遠流通供養又有黑質金書蓮華經七册爲伯君友所得石室中藏書至宋而止無西夏文者惟他一室有之附記於此

石刻第三

溫泉銘已影印

行書翦裝卷子本存四十八行已缺上半無題目年月書

撰人姓名文駢麗可喜作文者自稱朕而字迹頗似唐高宗諸碑而圓勁流麗過之中間世字民字基字均未缺筆故知爲唐太宗御製御書其文太平御覽及全唐文與諸類書中均不載金石家亦未箸錄細繹文旨乃頌溫泉故知爲溫泉頌也紙尾有墨題一行曰永徽四年八月圍谷府果毅兒下缺乃初唐拓本眞人間之墨皇矣

化度寺邕禪師塔銘已影印

僅存翦裝本一葉計三十九字然鋒潁如新似初出土本之蘇孝慈墓誌與流傳之宋拓本大異

柳公權楷書金剛經已影印

横石本每行十一字裝成卷子計十二石每石旁皆記數目經末署長慶四年四月六日翰林院侍書學士朝議郎行右補闕上輕車都尉賜緋魚袋柳公權爲右街僧錄準公書强演邵建和刻

唐書柳公權傳（坿柳公綽傳）言嘗書京兆西明寺金剛經有鍾虞褚陸諸家之法自爲得意（舊傳略同）又金石錄及寶刻類編載柳書金剛經會昌四年實刻叢編引金石錄京兆府安國寺模西明寺金剛經柳公權書大中十六年六月據諸書知此碑在當時有盛名因傳拓太多石刻旋毀故一刻再刻宋人已不能見原刻也我輩眼福竟出宋人之上非

厚幸與

陀羅尼經

翦裝成一葉無年月書法頗圓勁遠勝傳世唐代各經幢案今傳世碑版宋拓已不易覯唐拓則幾絕惟臨川李氏所藏虞永興夫子廟堂碑稱唐拓然確否未可知今此四刻用楮紙重墨紙墨無異明拓本蓋氊蠟之法至宋始精也至刻手之精絕則絕非宋以後所可及又石室中地土高燥故唐時裝本望之宛如數十年物誠至寶也

經象第四

絹本寫經三卷

日本唐代寫經至夥然皆黃麻白麻本無絹本者此三卷絹質極細不裝褫字跡似在晉魏間如鍾太傅及中岳靈廟碑仍存隸筆殆出隋唐以前人手

繡本佛說齋法清淨經一卷

計四十九行行十七字藍絹本先墨書經文後繡以白絨製頗朴拙每行有墨界字似初唐人

受罪懺悔文一卷

漢文及回鶻文兩面對書此外佛經漢回對書者凡十餘紙單回文者十數卷

又有梵漢對譯及單梵文者又吐番文寫經多不可計

老子西昇化胡經 已影印

存卷一卷十

案此經諸史經籍志不箸錄惟日本現在書目有老子化胡經十卷元釋念常佛祖通載作老子化胡成佛經證以此本署名均不合今以此二卷與元釋祥邁（佛祖通載載張伯淳大元至元辨僞錄序作邁吉祥此從藏本）辨僞錄（據佛祖通載引）所引相校皆不合蓋元代所傳之本又非唐人之舊矣

又考此書在唐總章元年曾勅天下搜聚焚棄（據佛祖通載卷十五引而至元二十一年焚毀諸路僞道藏經碑則作憲宗朝未知孰是）元至元間又奉旨禁斷道家僞經三十九種而此書爲之首（見佛祖通載三十三三十四卷中）唐

元兩代再遭焚棄故明以後不復傳至此書作僞者之時代及姓氏據辨僞錄第五篇言晉時王浮造明威化胡經（佛祖通載卷三十三）謂出於晉人手而王磐焚毀僞道藏經碑則言宋王浮昔居上清寶籙宮與女冠爲姦云云則王浮又似宋人竊意唐人所禁之本殆六朝人僞託（或出北朝寇謙之門徒）元人所毀者則宋人僞託者也

蔣君伯斧考魏書釋老志寇謙之云佛者昔於西胡得道在四十二天爲延眞宮主此實道家援釋入老之濫觴然尙未明言老子化胡成佛也至魏書于闐國傳則云于闐西五里有比摩寺云是老子化胡成佛之所是北齊時已

盛傳其說矣隋書北史于闐傳所載並同惟五里作五百里唐會要七十三載此事尤詳云于闐西南有北摩伽藍城相傳云是老子化胡之所建也初老子至是白日昇天與羣胡辭訣曰我暫返天上尋當下生其後出天竺國化爲胡王太子自稱白淨因造此寺焉其說與此經略同王氏所見或即此本經中又有降生蘇隣國號末摩尼之說按摩尼教唐時隨回紇入中國大歷以後始爲置寺賜額六朝及唐初中國止有火祆祠今經中不言火祆而言摩尼則又似中唐後道士之所增益而非唐初原本矣

景教三威蒙度讚一卷已影印

案景教古經傳世絕少數年前上海徐家匯天主教堂於西安回民家得景教羊皮古經乃如德亞文已寄羅馬教皇許今此讚首尾完好後附景教經目三十種足資彼教之考證

摩尼教經殘卷已影印

首尾均殘缺然繕寫至精今摩尼教經漢譯本僅此數行前數年德人在吐魯番得摩尼教經不少然無漢譯者

佛經及畫象

紙本中繪佛象外有闌界闌外書經文闌內滿書咒語狀如旋機圖回環倶到卒不易讀故尙未能知爲何經咒

曹元忠造像

刻本上畫佛象下刻造象記凡十餘紙大半爲曹元忠所造茲錄其文於此

弟子歸義軍節度瓜沙等州觀察處置管內營田押蕃落等使特進檢校太傅譙郡開國侯曹元忠雕此印板奉爲城隍安泰闔郡康甯東西之道路開通南北之兇渠順化勵疾消散刁斗藏音隨嘗見聞俱口福祐于時大晋開運四年丁未歲七月十五日記

匠人雷延美

右文凡十三行

誦芬室校印

布畫象

布畫佛象數幀皆著色頗粗朴其布理亦粗疏上塗以粉

又有紙畫象十餘幅著色與布畫象同亦粗朴不精

壁畫第五

東魏壁畫

石室中皆有壁畫最古者爲東魏上畫一人作審判狀下

一罪人匍伏受裁判有辮髮

婆羅門象

畫中間有一人獨立

五臺山圖

亦畫壁上極工緻梵刹一百九十餘一一皆記其名可取

以補清涼山志

藻井畫

畫於藻井上作城郭形有佛象極精妙案藻井畫佛尤罕

見

石室中壁畫至多略記一二不及悉錄伯君影照千餘紙

能一一指爲某代蓋畫旁皆署年代未盡照出也亦有西

夏壁畫上有西夏文題記

古器物第六

畫象範紙

以厚紙爲之上有佛象不作鈎廓而用細針密刺孔穴以代之推其意蓋作畫時以此紙加於畫紙上而塗以粉則粉自透過針孔下層便有細點更就粉點部位縱筆作綫則成佛象矣

書經板

此板狀如兩面共寫心經而文未完左行墨書上加油漆色白澤頗似今日之熟漆文與今本心經不同錄之如下

般若波羅蜜多心經

如是我聞一時佛住王舍城鷲峯山中與大比丘衆及諸

菩薩摩訶薩俱爾時世尊入諸法平等甚深顯了三摩地復于爾時觀自在菩薩行心般若波羅蜜多時照見五蘊體空時具壽舍利子口佛威力白觀自在菩薩曰若善男子善女人欲修行甚深般若波羅蜜者應何修學作是語已觀自在菩薩摩訶薩（文未完）

經帙

與日本西京博物館所藏者同以竹絲爲之有一枚以席草爲之蓋古人合數卷爲一帙此即其帙也帙之裏面以舊書糊之有唐人書狀一紙上加以印其文不及備錄

此外有地契若干紙多有官印（亦有無印者）又有宋太平興國

時某某立嗣證書及虎珀珠檀香等物

餘記第七

伯希和君言英人某亦嘗游窟室賺取不少而以旁行書爲多伯君返國擬往倫敦一觀允寄其目不知其中更有祕籍幾許耿耿此心與伯君歸帆俱西馳矣

石室祕藏此次借影者計書卷六雕本二石刻三壁畫五其紙敝故不可影者則錄之但期日匆遽不獲備寫心長晷短此憾如何

石室書之在巴黎者悉擬影照已荷伯君慨然見許異日祕籍歸來將與大雅同好協謀雕印以廣其傳伯君惠假之雅

意與儕輩十餘日奔走移錄之辛劬倘不孤乎

伯希和君以文學士任安南河內之東方考古學校教授年

才三十有一博通東方學術爾雅有鑒裁吾儕之畏友也以

有關茲事故並記之

莫高窟石室祕錄

袁譜定石經跋

有關護書故並記之

人三十有一博通東方學術頗有著述言十八歲入故法學

習希臘以文學士任波斯回回之東方語言學

寶應劉孝十餘口年去舊宋元本字三信不頗年

劉師培撰　《中國敦煌學百年文庫》本

敦煌新出唐寫本提要

敦煌新出唐写本提要

刘师培

(《国粹学报》 1911年 第7卷第1期)

法人伯希和于敦煌所得唐写本其数至多近阅其印片若干种各为提要一首以寓目后先为次依类编集俟诸异日庚戌十二月师培记

毛诗诂训传国风残卷

毛诗诂训传国风五百八十一行。(行字多少不等,多者三十余字,少者十余字)从周南汝坟首章室如毁起。至陈风宛邱第二章经文止。唐风以下有传笺。传笺文均夹行。唐风以前仅经文小序及篇末章句而已。(正义云定本章句在篇末此卷之式与定本同)每什之首。均题某国某篇诂训传第几。诂或作故。(王风郑风作故释文云古本多作故今或作诂)下标毛诗国风四字。(召南鄁陈)或仅标国风二字。(鄘卫)或脱而弗标。(王郑齐魏唐秦)惟卫风陈风兼标郑氏笺三字。每什之末。或总标篇数。(召南)或兼标章句之数。(周南魏)或并标字数。(鄁唐秦)或均脱略弗标。(鄘卫郑齐)此由抄胥之脱。非标题之例。有参差也。又周南之末注第一。鄁风之末注第二。鄘风之首注三字。卫风之末亦注第三。王风之首注四字。郑风之末亦注卷第四。魏风之末注云卷第五。唐风之首注云卷第六。秦风之末亦有卷六二大字。陈风之首别注卷七。此志所分之卷也。盖周南卷一。召南鄁卷二。鄘卫卷三。王郑卷四。齐魏卷五。唐秦卷六。陈以下卷七。以唐石经校之。分卷悉符。则亦隋唐志二十卷之本矣。惟唐讳之字。其缺笔者仅世字民字。虽间更人字。然为数甚稀。其为何时所书。今弗可考。书法弗工。然确出唐人之手。经文多异唐石经。(与石经合而字异各本者如齐风总角丱兮之丱是也)或与释文本合。(如召南白茅苞之之苞鄁风我心匪监之监遘闵既多之遘自贻伊戚之贻无发我苟之无巢兮尾兮之巢鄘风其之狄兮之狄郑风将叔母狃之母叔马嫂忌之嫂东门之坛之坛唐风见此解觏之觏秦风鸠彼晨风之鸠是也)或与释文所引或本一本俗本合。(如召南有斋季女之斋邶风柏舟之柏以遨以游之遨实劳我心之实死生挈阔之挈吹彼穛心之穛人涉仰否之仰僶俛同心之僶燕尔新婚之燕昔育恐育鞠之鞠衰如充耳之衰崙兮之崙忧心慇慇之慇悦怿女美之悦鄘风不谅人只之谅中遘之言之遘升彼墟矣之墟卫风领如蝤齐之齐税乎农郊之税无食桑椹之椹桧檝松舟之檝丸阑之丸王风慨其叹矣之叹条其啸矣之啸尚寐无讹之讹郑风弊予又改为兮之弊不寁好兮之兮聊乐我云之云聊可与虞之虞零露团兮之团齐风并驱从两豣兮之豣艺麻如之何之艺未几见之之之垂轡㳽㳽之㳽巧趍跄兮之趍魏风行与子旋兮之旋胡取禾三百壥兮之壥唐风见此解觏之解秦风载獫歇猏之猏游环胁驱之驱有条有梅之条是也)或与释文所引旧本合。(如召南委委蛇与释文所引沈读合鄘风瑳兮瑳兮其之狄兮与释文载沈重所引或本合是也)或与释文所云误本合。(如王风杨之水杨字从木郑风太叔于田乘乘马叔上有太字唐风弗击弗考鼓字作击是也)或与宋人所引释文合。(如庸风委委他他之他唐风羔裘豹褎之褎并与吕氏读诗记所引释文合)或与释文所引或本字形差异而实符。(如召南驺虞驺即释文所引事本之騶字邶风顾我则咦咦即释文所引俗本嗼字郑风无我魗兮魗即释文所引或本之㩴字唐风菀其死矣菀即释文所引或本之苑字)或与正义所引定本合。(如卫风总角之宴之宴齐风突而弁兮之而頎而长兮之而秦风有纪有堂之纪是也)或与山井鼎考文所引古本合。(如召南薄言旋归之旋卫风如圭如璧之圭郑风使我不能餐兮之餐维士与女之维齐风不能晨夜之晨魏风谁之咏号之咏是也)或与三家诗合。(如召南蔽芾甘棠之芾与韩诗外传一合邶风出宿于济之济与列女传一引合是也)或与古籍所引合。(如召南磤其雷之磤与文选景福殿赋注引合棠棣之华之棠与太平御览一百五十二引合邶风如有殷忧之忧与文选谢瞻诗注引合噰噰鸣雁之噰与尔雅释诂疏引合卫风一苇航之之航与白帖九引合邽之杰兮之杰与玉篇人部引合齐风娶妻如之何之娶与元应音义廿四引合簟笰朱鞹与玉篇竹部引合齐子恺悌下二字与尔雅释言注引合)或与唐石经初刻合。(如邶风不遐有害之遐是也)或与宋本合。(如卫风如切如瑳之瑳与宋小字本岳本相合王风黍离之黍与北宋抄本合是也)其与各本并殊者或系省形。(如周南父母孔尔之尔召南林有朴樕之樕鄘风言采其蝱之蝱卫风竹干之干齐风在我达兮之达以御乱兮之乱唐风首阳之顛之顛秦风四驖之四惴惴其栗之栗是也)或增偏旁。(如召南无檍我帨兮之檍鄘风不可攘之攘王风莬爰之莬郑风子之倡兮之倡齐风无佃甫田之佃卢铃铃之铃驷骊济济之驷魏风宛然左僻之僻唐风绸缪茓凿之凿独行嬛嬛之嬛锦衾烂兮之烂秦风蒙伐有菀陈风菀邱之菀是也)或异偏旁。(如王风诒我佩九之诒郑风杂珮以赠之珮挑兮达兮之挑唐风白石浩浩之浩白石邻邻之邻秦风德音佚之佚道岨且长之岨是也)或系古字。(如邦字作邽卫漕邑之漕作曹是也)或系别体俗书。(如召南召伯所茇之茇邶风绨兮纮兮之纮其虚其耶之耶郑风缁衣之缁唐风山有涞之涞秦风黻衣绣裳之黻是也)或系音形相近。(如召南素丝五䊷之䊷一发五豵之豵邶风击鼓其铛之铛齐风自公命之之命是也)或系古字相通。(如邶风薄言往诉之诉瞻望不及之不郑风彼巳之子之巳齐风无庶与子憎之与魏风犹来毋弃之毋是也)或改用正字。(如召南谁谓汝无家之汝邶风与子成悦之悦载脂载辖之辖不遐有害之遐泛泛其影之影卫风其隩之隩曾不容舠之舠郑风匪我思徂之徂魏风殊异乎公輅之輅是也)或助语不同。(如邶风曷云其巳之云叔也伯也两也字鄘风乃如之人兮之兮控乎大邦之乎卫风士之罔极罔极之郑风俟我于巷兮之于是也)或字有损益。(如鄘风墙有茨篇无各也字君子偕老篇胡然二句无两也字是也)亦有初书与各本合而后改之字不同者。(如邶风凄其北风初书北作以远送将之初书送作于方之舟矣及泳之游矣初书两矣字并作之王风右招游遨初书遨作敖是也改字不知据何本)亦有确为讹文(如召南肃肃霄征之霄邶风寤嫭有标之嫭鄘风之死矢靡匿之匿素丝诅之之诅卫风充耳琇萤之萤王风鸡栖于榭之榭中谷有榷之榷彼莱葛兮之莱郑风叔于田巷无饮酒之田茹芦在阪之芦齐风美目倩兮之倩秦风如何赎兮之何是也)及挩字(如王风右招游遨挩我字魏风十亩之间桑者闲闲兮挩上兮字唐风何不鼓瑟挩日字悠悠天挩苍字是也)者。亦有疑为讹文(如卫风焉能谖草之能秦风今我不乐之我是也)及羡字(如邶背匪女之为美美人之贻此叠人字是也)者。惟召南无使尨也吠兮。兮与上两语兮字相应。邶风济盈不濡轨似即轨字与毛传训合。郑风遵大路次章。路作道。(上衍路字)与下好字叶韵。齐风其鱼鲂鲲。与郑笺鱼子训合。(御览九百四十亦引作鲲)唐风见此粲都。及如此粲都何。都有美训。似出他本之上。序文亦然。有与释文本相合者。(如卫风氓序刺淫佚之佚王风葛藟序刺桓王也之桓郑风清人序而御狄于境之御是也)有与释文所引他本合者。(如召南鹊巢序鸤鸠之鸤郑风叔于田序而好勇之好齐风旋序而无餍之餍以及各序诸对字是也又卫风有狐序所以蕃育民人也魏风陟岵序国小而迫而数见侵削鄘风定之方中序卫为狄人所灭亦与陆氏所引他本合)有与正义本合者。(如郑风山有扶苏序所美非美人以及邶风日月序无之诗二字是也)有与正义所引定本合者。(如鄘风载驰序又义不得是也)有与蜀石经合者。(如召南何彼秾矣序以成肃雍之雍是也)又与北宋抄本合者。(如郑风将仲子序祭仲骤谏女曰鸡鸣序陈古士义齐风东方未明序朝廷兴居而无节度甫田序不修其德以及魏风葛履序趍利之趍唐风杕杜序骨宍之宍是也)其与各本均异者。或由字数损益。(有较各本增字者如邶风匏有瓠叶序并为淫乱焉新台序久而要之鄘风桑中序而不可止然也王风君子阳阳序君子遭乱伏郑风清人序文公恶之及翱翔乎河上羔裘序大夫刺朝也有女同车序而忽不取齐风卢铃序故陈古以刺风焉为魏风陟岵序役乎大国之间硕鼠序刺其君之重敛是也有校各本省字者如邶风雄雉序无而作此诗四字以及召南鹊巢序夫人起家而居之鄘风墙有茨序卫人刺上也鹑之奔奔序刺宣姜也相鼠序卫文公正其群臣卫风竹竿序适异国而不答思而能以礼也王风黍离序大夫行役杨之水周人怨焉唐风杨之水序昭公微椒聊序子孙将有国焉秦风渭阳序及即位是也有较各本实有增益而文复互倒者如召南羔羊序鹊巢功之所致也郑风野有蔓草序君之泽不流于下人民穷于兵革齐风甫田序所求之者非其道也是也)或由文字不同。(如召南采蘩序供祭祀矣之供江有汜序勤而不怨之不鄁柏舟序倾公之倾式微旄丘序寓乎卫之乎旄丘序连帅之帅鄘柏舟序恭姜之恭桑中序至乎世族之乎卫风考槃序先君之业之君有狐序无室家者之室齐风鸡鸣序惊戒之惊南山序而去焉之焉魏风园有桃序而作是诗之而秦风四驖序菀囿之菀小戎序则闵其君子之则以及狄恒作翟妃恒作配杀恒作煞猎恒作獵是也)或由抄胥讹捝。(如秦风渭阳序未及而秦姬卒之及此字之讹者也鄁风式微序其劝以旧也无臣字唐风羔裘序不恤其也无民字此字之捝者也又唐风椒聊序无盛强绸缪序无国乱似亦传写之捝)然均校勘毛诗者所当首采也。自是而外。毛传固多异文。(有字与各本悉不同者如唐风山有枢传国君有贿货各本贿作财椒聊之实传椒聊子也各本子作椒秦风阪有漆传坡者曰阪各本坡作陂阴靷鋈续传荫掩轨也各本荫掩作阴揜轨或作轨在水之涘传涯也各本涯作厓与子同袍传能致其死各本能作乐是也有字与今本不同而与旧本相合者如秦风阴靷鋈续传靷环也之靷胁驱顺驾之顺秩秩德音传有智也之智并与释文引或本合溯游从之传慎礼而未济之未与正义合锦衣狐裘传采衣也之衣与考文引古本合唐风山有枢传不能自用其材也之材云胡其忧传言旡忧也之旡王事靡监传不攻致也之致也之致锦衾烂兮传斋则角枕锦衾之斋并与北宋抄本合惴惴其栗传惴惴惧也之惴与宋小字本合是也有所省之字与古本相合者如唐风弗毄弗考传考毄也毄上无亦字与正义所引定本合是也有较各本省字者如唐风采葑传菜也各本作菜名也秦风白露未巳传未巳止也各本作未巳犹未止也是也有较各本增字者如唐风有杕之杜传枝叶不相比近者各本比近者作比也秦风辖车传辖车轻车也各本无二车字龙盾传骖内两辔也各本无两字厹矛传厹矛三偶矛各本无厹字乘黄传四马黄也陈风子之荡兮传卿大夫也各本无黄字卿字是也有增字独与古本合者如唐风其叶菁菁传叶盛儿也各本无盛字此与北宋抄本同羔裘豹祛传祛袂末也各本无末字此与正义引定本合是也)笺文亦多岐异。(有文较各本互有损益者如唐风采苓笺曰皆云我时月而采之于首阳山之上首信有苓矣今各本作皆云采此苓于首阳山之上首阳山之上首信有苓矣与此多殊有各本均捝此卷独有者如秦风车邻序笺秦仲为周宣王大夫也各本无此九字是也有较各本增字而义较长者如唐风好乐无荒笺君子之好乐各本无子字(乐或作义)彼巳之子笺是谓桓叔也各本无是字人之为言笺无信言各本无信字秦风今我不乐笺今者不于此君子之朝自乐各本无子字言念君子笺我念君子之性各本无我字鋈以觼軜笺系于轼軫前者也各本无軫字及者也兼葭苍苍笺喻众民之不服从襄公之政令者至得周礼以教之则皆服之也各本无服字至字皆字及两之字是也有较今本省字独与古本合者如唐风子兮子兮笺斥娶者也子之娶后各本斥娶作斥嫁取此与北宋抄本合是也有较各本省字而义较长者如唐风舍旃笺旃之也各本作旃之为焉也是也有字异今本独与古本合者如唐风白石凿凿笺波流湍疾之波与北宋抄本及考文所引古本合生于道左笺以其特生荫寡也之荫秦风骐駵是中笺赤身黑鬛曰駵之鬛均与释文引或本合颜如渥丹笺渥厚渍也之淳与释文合与子同泽笺泽艺衣之泽与宋小字本及北宋抄本合是也有字与各本悉不同者如唐风日月其除笺日月将过去各本将作且椒聊之实笺将以日盛也各本作将日以盛白石凿凿笺民将以有礼义也各本将作得羔裘豹祛笺有怀恶之心各本怀作悖岂无他人笺菜邑之民也各本菜作采集于苞栩笺根相迫迮捆緻也各本緻作致彼君子兮笺至于此邦各本邦作国中心好之笺言心诚爱好之各本心诚爱好作中心诚好夏之日冬之夜笺思者于昼夜长之时各本长之时作之长时并坐鼓瑟笺相晏乐之也各本晏作安今我不乐笺而去在他国各本在作仕乱我心曲笺妇人所以闵其君子各本以作用蒹葭序笺被周之德化日久矣各本化作教溯游从之笺以敬慎求之各本慎作顺黄鸟序笺自煞人从死各本作自杀以从死如可赎兮笺惜善人甚也各本甚也作之甚忘我实多笺汝忘我之事太多各本太作实夏屋渠渠笺犹勲勲也各本勲作勤今也每食无余笺裁足耳各本裁作才陈风而无望兮笺而则效之各本效作傚是也)所增语助约及百余。(唐风传笺计增也字三十九者也五之也一者字四焉字一秦风传笺计增也字四十之也一者也五者字五之字二乎字一陈风传笺计增也字一之字一)惟悦衍之文。亦以百计。(如载猃歇骄传有载始也三字据各本郑笺有此文则此为衍字俴驷孔群笺孔甚也群者各本作甚群者据毛传巳有孔甚也之文则孔也二字均衍溯游从之传云道来迎慎求之则近也下六字各本无乃涉郑笺而衍又唐风苟之为言笺悦苟且也三字而归于其室下并捝郑笺全文此衍捝之显然者)篇末所标章句。兼有讹文。(如唐风杨之水三章章六句当作三章二章章六句末行十有一篇卅五章二百五句当作卅三章二百三句秦风权舆二章章二句当作二章章五句末行百七十七句当作百八十一句是也又召南行露三章章三句当作三章一章章三句野有死麕三章上章章四句当作上二章章四句王风君子阳阳三章三当作二郑风丰四章一章三句一当作二东门之坛二章章三句三当作四此均传写之讹捝也)又经文之字。其旁间注读音。(王风以下无之惟召南维锜及釜锜旁注绮字宗室牖下牖旁注酉字蔽弟甘棠旁弟注戾字何以穿我墉墉旁注容字素丝五𫄧𫄧旁注夷字委委蛇蛇旁注驰字鄁风愿言则嚔嚔旁注嬉字睍睆黄鸟上二字旁注现𬛼新台有泚泚旁注词字鄘风共伯蚤死共旁注恭字蚤旁注早字之死矢靡它它旁注他字玉之瑱也瑱旁注田字孑孑干旄孑旁注结字众𫌀且狂𫌀旁注池字芃芃其麦芃旁注蓬字卫风赫兮咺兮咺旁注叹之终不可谖兮谖旁注暄字永矢弗告告旁注轴字四牡有骄牡旁注母字螓首蛾眉螓旁注秦字鳣鲔发发上二字字旁注擅伟葭菼揭揭上二字旁注加淡均直音也又鄁风旭日始旦旭字旁注子玉二字似系反切邛须我友邛字旁注印穹二字似备两音)亦偶与古音弗合。是在采其长而正其失耳。

毛诗故训传鄁风残卷

毛诗故训传鄁风一百一十一行。由柏舟小序起。至匏有苦叶篇末章毛传我犹待止。首行题鄁柏舟故训传第三。下标毛诗国风及郑氏笺七字。故训不作诂训。与释文所引旧本合。经文而外。小序章句及传笺均备。每行字数由二十六字至二十字。传笺均夹行。唐讳之字治豫均弗缺笔。民字缺笔者仅一见。字迹弗工。校改之字或黯晦不可识。文字多异他本。经与前卷合者。惟柏舟之柏。以遨以游之遨。我心匪监之监。絺兮纮兮之纮。(此文作绂)瞻望不及之不。顾我则㗵之㗵。(彼作嚔)击鼓其镗之镗。与子成悦之悦。飘风之飘。吹彼棘心之棘。济盈不濡轨之轨而巳。序与前卷合者。惟柏舟序倾公之倾字。不作顷。日月序伤已不答于先君以至困穷也。无见及之诗二字。飘风序犹不安其室。不下无能字。雄雉序刺卫宣公也。刺不作刺。及末无而作是诗四字而已。自是而外文乃互殊。如觏闵既多。不作遘。死生契阔。不作挈。自诒伊阻。不作贻。雍雍鸣雁。(与太平御览九百十七引合)不作噰。人涉昂否。不作仰是也。则所据别为一本。昭然甚明。其与古本相符者。如寤擗有摽。擗即释文所引或本之擘。玉篇手部正引作擗。竚立以泣。竚伫古通。楚词九歌王注正引作竚。愿言则嚏。嚏即疐字俗书。字不从口。与石经以下依郑改毛者不同。土国城曹。漕曹古通。字不从水。与水经注诸书相合。又飘风序而其志耳。虽其上挩成字。然作而弗作以。与正义所引定本合。此均有资于考证者也。(惟俾无𬣙焉各本焉作兮宁不我述各本作报我不述于嗟绚兮各本绚作洵燕燕序卫庄姜送归妾各本下有也字日月序遭州吁暴之各本作之暴或系此卷挩讹或此卷依据古本今末由定若亦有兄第之第睍睍黄鸟之睍则别体也终温凊且惠之凊则衍字也乃如之兮句无人字不有瞪句无日字则挩文也深则励之励乃讹字也)毛传之文。亦恒独符旧本。如柏舟亦泛其流。传泛流貌也。及亦泛其流。不以济渡(各本作度)也。不叠泛字。与释文所据本合。威仪棣棣。传礼容府仰。各有宜尔。宜字不作威仪。愠于群小。传愠怨也。愠不作怒。并与正义合。燕燕传燕乙(初书误乞)也。乙不作鳦。与释文所引或本合。其心塞渊。传塞实也。实不作瘗。(初书似亦作瘗实系校改)风愿言则嚏。传欬也。欬即款讹。并与释文所引崔本合。匏有苦叶。浅则揭。传揭褰裳也。不叠揭字。与正义所引定本合。其与各本均异者。亦较今本为长。(如柏舟泛彼柏舟传柏木所宜以为舟也各本宜以作以得燕燕远送于野传郊外曰坰各本作坰郊外也终温且惠传惠慎也各本慎作顺终风顾我则嗾传嗾侮慢之各本慢之作之也凯风棘心夭夭传成就貌各本成就作盛匏有苦叶浅则揭传安可以无礼仪各本仪作义卬须我友传我犹待各本犹作独是也其他所增也字约及二十)又燕燕实劳我心。各本无传。此有实是二字。与考文所引古本独符。(岳本亦有之)惟抄胥多捝字。未可据依。(如柏舟逢彼之怒传彼兄弟也不叠彼字燕燕下上其音传飞而上曰上音下无飞而下曰下音六字终风不有曀传阴而曰曀曰上无风字虺虺其雷传暴若震雷之虺虺然也之下无声字击鼓踊跃用兵传使皆踊跃用兵也使下无众字不我活兮传不我生活也不下无与字雄雉自诒伊阻传阻难也上无伊维二字匏有苦叶有鷕雉鸣传深衣之所难也鷕雌声也之上无人字雌下无雉字是也)郑笺亦多讹捝。(如柏舟亦泛其流笺俱流中各本流下无水字不可选也笺言德备而不遇而愠各本而愠作所以愠也愠于群小笺众人在君侧者也各本人上有小字绿衣绿衣黄里笺绿衣次之者各本叠次之二字女所治兮笺而乱之各本作而女反乱之均此卷捝文也柏舟亦泛其流笺与群小人并列各本烈作列绿衣绿衣黄里笺又以黄为里各本又作反终风序笺正犹正也下正字各本作止击鼓于林之下笺军行必依此川各本此川作山林均此卷讹字也)然有他本讹捝此卷独否者。如柏舟亦泛其流。笺而与众物泛泛然。各本多捝众字。或并捝而字。绿衣序。笺姓姜。各本下衍氏字。女所治兮。笺亦喻其乱嫡妾之礼。责以本末之所行也。各本捝所字也字。并捝其字。燕燕序。笺远送之子于野。各本捝之字。终风顾我则嗾。笺其间又甚恶。各本又下衍有字。击鼓与子成悦。笺忧心恩志。各本忧心误爱之。于嗟阔兮。笺故于嗟叹之。各本于误吁。匏有苦叶。雉鸣求其牡。笺而不自知也。各本而误言是也。又绿衣序。笺谓公子州吁之母也。各本无也字。绿衣黄裳。笺不殊衣裳。古本或无衣字。此与正义引定本均合。女所治兮。笺后制。衣各本制作製。此与岳本相合。日月宁不我述。笺不循。不循。(下捝礼也二字)各本上循字作述。此与宋十行注疏本相合。击鼓序。笺公子凭出奔郑。各本凭作冯。觊风母氏圣善。笺母有睿智之善德。各本智作知。匏有苦叶浅则揭。笺为之求配偶也。各本配作妃。此与释文引或本均合。其他异字或义可两存。(如燕燕序笺作诗见已意各本意作志日月父兮笺言已尊之又亲之也各本作言已尊之如父又亲之如母终风中心是悼笺然而已不得而正之各本正作止终风且曀笺喻州吁之暗乱甚各本作喻州吁暗乱甚也雄雉序笺国人久役军旅之事各本作久处军役自诒伊阻笺此自遗以患难之事各本作此自遗以是患难是也)或两字通用。(如燕燕序笺而州吁煞字之煞庄姜乐子之乐仲氏任只笺睦因之因凯风砚睆黄鸟笺以兴颜色悦也之悦雄雉展矣君子笺诉于君子之诉是也)所增也字亦三十余。且忧心悄悄。笺悄悄忧貌。各本均误为毛传。此独上冠笺云。千年疑蕴。至是始诠。虽字多讹挩。夫固瑕弗掩瑜矣。

左传杜预集解昭公残卷

左传杜预集解一百二十二行。(第一行第一百二十一行均有漫灭之字末行仅存两半字)由昭公二十七年传兴谤讟起。至二十八年传无骤乃命句骤字止。每行字数由十四字至十三字。集解均夹行。唐讳之字。其缺笔者仅丙字。(民字则否)文字多异宋本。如廿七年传以灭三族。三族国之良也。各本不叠三族。是瓦之罪也。各本无也字。此与金泽文库本独合。又廿七年传温惠恭俭之恭。与唐石经初刻合。廿八年传民之多僻之僻。恭子之废之恭。与释文所引或本合。魏子谓成鱄。鱄字从尃。亦与释文所引音附本合。又邬藏之邬。不作鄔。与释文旧音合。扬食我之扬不作杨。与六经正误说合。言之不可以已也如是。言下有之字。今汝有力于王室。力字不作功。足证俗本讹挩。其与各本均异者。如廿七年传楚之谗人。人下无也字。廿八年是郑穆公少妃。穆下多公字。子貉之妹也。貉字不作貉。盂丙为盂大夫。上盂字不作孟。(初书作孟后改盂与汉书合顾炎武所说与此暗符)其他异体。亦以数十计。(如廿七年戌也或之之或廿八年其造于境之境不敢娶及强使娶之之娶其德克明之克昭临四方之昭此偏旁互有损益者也廿七年藉秦之藉廿八年豺狼及狼子之狼乐宵之宵扬氏大夫之扬惟此文王之惟无骤之骤此偏旁互有异同者也王此大邦之邦乃古字也廿七年廿八年杀均作煞廿七年辜字作辜廿八年祸字作禍忧字作忧强字作彊皋字作睾笑字作咲则别体及俗字也)讹挩之字尤属众多。(如廿七年强场日骇之强廿八年人熟矜之之熟慭使吾君之慭均误字也廿八年分羊氏之田羊下无舌字此挩字也又三年不言言下无不笑二字汝遂不言言下亦无不笑夫三字其为抄胥之挩抑系古本实然今不可考)注文多增也字。较之金泽文库本。增多四十余。或并增者字之字。增字而外。亦恒与各本异文。(如廿七年齐侯请飨之注设享礼也各本享作飨廿八年煞三夫注时巫臣以死也各本以作已昔有仍氏注有仍氏古诸候也各本无氏字扬氏大夫注阳氏县也各本阳作杨近不逼同注不迫同位各本追作逼是也又廿八年恶直丑正注言害直正者与金泽文库本合恭子之废注以婳姬废也与释文本合名曰玄妻注以发黑故也不作黑发昔贾大夫恶注恶亦丑也亦不作且并足正俗本之讹其他别体不可胜校)使全帙具存。当与金泽文库本媲美矣。

左传杜预集解定公残卷

左传杜预集解。一百四十二行。(九十八行及九十九行并漫灭其半并为一行)由定公四年传王寝盗攻之起。至定公七年传阳虎若不能居鲁句阳字止。集解均夹行。每行字数由十七字至十三字。文字多与宋本异。有与金泽文库本相合者。(如五年传告公山不狃公山不狃曰各本不叠公山二字子西问高厚大小焉各本无大小二字金泽文库本与此合)有与释文本(如四年将杀王各本作弑释文云杀如字又申志反是所据之本与此同)及所引他本合者。(如定四年传锪金之锪越在草茅之茅是也)有与唐石经初刻合者。(如四年传初窋于子期氏之窋五员之五是也)有各本所有之字。而此卷独无者。(如四年传谓申包胥下无曰字五年传可歆旧祀歆上无以字岂惮焚焚之又战无上焚字及而字必有乱乱则必归无下有字申包胥曰吾为君君下无也字袒而示之示下无背字六年传献俘也俘上无郑字是也)有各本所无之字。而此卷独有者。(如五年传夫概王师归各本无师字焉能定楚楚王之奔随也各本不叠楚字是也)有与各本异字。(如四年传非智也各本作知以随之僻小各本作辟而密尔于楚各本作迩若鸠楚境各本作竟五年传将以舆璠敛各本作玙为唐谿氏各本作堂囚囗舆罴各本作嬰脾泄之事各本作洩是也)及字用别体者。(如四年传王　之寝申包胥之胥吴为封豕长蛇之蛇五年传公鉏之鉏蓝尹亹之亹王欲煞之之煞君何效焉之效是也)有确为讹字。(如四年传疆场之患也字不作场五年传吴师居麇字不作麇是也)及挩文者。(如五年不可以远征上挩不和二字王将季芈辞曰不叠季芈二字人各有能下挩有不能三字是也)注文句末。多较各本增也字。亦或各本有也字。此卷独无。其他异文亦以数十计。(有文字不同者如四年非孝也注罪常灭宗各本当作应吴为封豕长蛇注言吴贪虐各本虐作害五年传改步改玉注则亦当去舆佩各本舆佩作玙璠告公山不狃注子泄也各本泄作洩遂逃归注言楚虽得楚大夫各本虽作唯六年传匡郑邑各本邑作地是也有较各本省字者如四年传实与随入要言注要无以楚王与吴要下无言字五年传改步改玉注复位改君步位上无臣字且吾尤子旂注求无厌厌下无欲字是也有较各本增字者如五年传将以舆璠敛注美玉名各本无名字遂逃归注而复失之各本无而字是也有较各本其文互倒而其义较长者如五年传大德灭小怨注终其从兄免王大难各本作终从其兄是也其余讹字挩文不可胜举)惜中多漫字。又唐讳不缺笔。未知书自何时。字体较前卷稍小。当非一人所书也。

谷梁传范宁集解残卷

春秋谷梁传范宁集解二百七十六行。由庄公十九年媵浅事也起。至闵二年集解末止。其下别缀六行。其第一行云。春秋谷梁庄公第三闵公第四合为一卷。与唐石经庄公标卷三僖公标卷四相合。此仍汉志十一卷之旧式也。第二行云。龙朔三年三月十九日书吏高义写。龙朔为高宗年号。高义不可考。第三行云。用小纸卅三张。第四行云。凡大小字一万二千二百四言。(此四行均大字)第五行云。五千六百四言本。第六行云。六千五百言解。(此二行小字)本即经传。解即集解。足证唐人写书详计字数。及纸数。此卷而外。其式罕窥。又闵公经传之前。题曰春秋谷梁传闵公第四。下标范宁集解。凡集解均夹行。每行字数。由十六字至十三字。(注文或至十八九字)书法至工。舍首行而外。亦鲜漫灭。治民诸字。均缺末笔。其与各本异文者。如庄十九年不以难介我国也。介不作迩。廿三年曹伯亦姑卒。亦不作射。卅二年以斋终也。斋不作齐。闵元年盟于路姑。路不作洛。二年夫人姜氏逊于邾。逊不作孙。并与释文所引或本合。自嗣而外。或字有损减。如庄十九年国重也。各本重上有之字。廿四年不正其迎于齐也。各本迎上有亲字。以宗庙弗受。各本受下有也字。廿七年来者接内。各本内下有也字。廿八年于伐战安战。各本伐下有与字。安战下有也字。会齐人宋人伐郑。各本会上有公字。所与民共也。各本所下有以字。国非其国。各本其国下有也字。卅年伐山戎危之也。各本伐上有北字。卅二年莫如深。各本深下有也字是也。(若庄廿三年朝于廗下无正也二字廿五年言朔之上无言日二字廿六年贤也之上无而曰大夫四字此挩文也庄卅年则非之子子当作乎闵元年即位也也上也字当作正又误文也)或字有不同。如庄廿年齐人伐戎。各本戎(戎即戎字全卷均然与二传合故释文不云异二传今本作我均杨疏本也)作我。廿四年其义不可受命。各本命作也。(此疑误)廿七年癸未朔。各本未作亥。廿八年古之君民者。各本民作人是也。(若庄廿四年腒修之腒廿八年邾子瑮之瑮卅年越千里之崄之崄均通用之字也辟字作避竟字作境災字作灾庙字作廗饑字作饥戎菽之菽作叔均古字正字也杀字作煞寝字作𥨊爾字作尒饰字作饬庄或作荘枣字作𣓌)或互有损益。如庄廿三年未爵者也。各本均作未爵命也。或文有倒乙。如庄廿七年会桓不致。各本均作桓会。此均释文所未载。杨疏亦未引也。注文亦然。有较各本省字者。(如庄十九年注要二国盟各本盟上有之字廿二年注有罪当治理各本理下有之字廿四年有列也各本列上有行字廿六年注又褒而名各本名上有书字廿七年注交政中国虽欲勿哭焉得勿哭各本政下有于字得下有而字廿九年注六闲之旧也各本旧下有制字卅二年注贤也各本也上有之字卅二年传庄太子也各本庄下有公字闵二年时立庙各本立上有别字使高克将各本将下有兵字是也，其确为挩文者如廿八年注未能信与人战与上挩廿八字又庄廿二年注问女而卜之女下无名字廿四年注取介取下无其耿二字为社稷之主宗庙之女重为上无君字宗上无承字廿七年注陈庄子死于鲁死上无赴字均挩字也）有较各本增字者。（如庄十九年注故知避要盟故也各本无下故字廿四年注是无以见微之之义也各本不叠之字廿九年注谓冬大及可用城各本无大及二字卅二年注子野卒是正日也各本无正日二字是也自是而外庄公经傅注计增也字九十五者字耳字焉字各一闵公经传注所增也字一十三者也一合计所增之字约一百二十）有上下倒易者。（如庄廿六年注秦爵伯各本作秦伯爵也闵二年高克之进各本作进之是）有互有增损者。（如庄廿二年注不治民也各本作不治其民廿七年注而爱民不征伐也各本作而不用征伐廿九年注贤录之之各本作贤而录之是也）有与各本异字者。（如庄廿三年注与公敌礼各本礼作体廿三年注独于此夺之何也各本於作于也作耶廿四年以密石磨之焉各本密作细言瞻见夫人乘车也各本见作望而微之也各本微作慼廿六年注推衡抗礼各本推衡作权行班例中夏各本例作列廿七年不道兵革也各本革作车焉得勿哭各本焉作安廿八年传明不收故也各本故作甚卅一年筑台于薛筑台于秦注鲁邑也各本两邑字均作地恶内依倚齐桓各本恶内作讥公卅二年注宁所未详也各本宁作某闵元年注故继之齐也各本继作系二年注郑伯使其弟御各本御作禦鲁重罗罪各本罗作罹卫狄乎境各本作禦狄于竟是也又陵字作凌摅字作据克字作尅弑字作煞杀字作敍若是之属尤属不胜枚举惟庄廿三年采择女之德姓也姓当作性主为女住耳住当作往乃讹文也）然均小异非大殊。惟庄十九年注。否则此行也有辞。（各本作不则止此行有辞也）廿八年注筑非正。（各本作筑例时）卅二年注所辞齐桓遇所不遇谓远遇宋也。（各本作而不之遇所不遇谓远遇宋公也）闵二年注不复见矣讳也。（各本作不书弑讳之）则与各本迥别。（若廿三年注非夷狄不待再各本不待再作非所能廿六年注此皆因事曹羁祟也各本下四字作而为义文均弗误此涉传文而讹）然廿四年注取断断自修勑也。勑不作整。廿七年注越疆逆女。疆不作竟。盖时王所黜也。黜不作绌。并与释文引或本合。廿七年注会于杚。又与释文本符。奚得执杨疏之本而议此卷之讹哉。

文选李注卷第二残卷

文选李注卷第二。三百五十三行。由西京赋井干(井字漫干字仅存左旁)叠而百增起。至赋末李注止。末标文选卷第二五字。别有永隆年二月十九日弘济寺写一行。永隆为高宗年号。弘济寺在唐长安。或此卷书自寺僧手也。世字虎字弗尽缺笔。书法弗工。介楷书行书之间。每行字数。多寡弗齐。(由十五字至二十六七字)第一行第二行第六行均有漫字。正文及注字多校改。此乃李注未经紊乱之本也。考今世所传文选。有吴郡袁氏翻雕六臣本。有茶陵陈氏所刊增补六臣本。茶陵多从李本。间注五臣异文。袁以五臣本为主。间注李本异文。近汲古阁毛氏所刊宋本。鄱阳胡氏所刊南宋尤延之本。均仅李注。然李与五臣亦相羼杂。近儒勘校已详。今以此卷证之。如瞰宛虹之长鬐。宛不作宛。增道丽倚。丽不作逦。濯灵芝之朱柯。之不作以。采少君之端信。以不作之。美往昔之松桥。桥不作乔。期不陀陊。陀不作阤。非石非董。非不作匪。魄货方至。魄不作瑰。丽靡奢乎许史。靡不作美。䞄悍虓。䞄嫯不作䞄豁。所恶成创痏。创不作疮。群兽否騃。否不作騃。泱莽无强。莽不作漭。乃振天维。乃上无尔字。螭魅蝄蜽。蝄蜽不作魍魉。缇衣韎韐。韐不作韐。失归忘趣。趣不作趋。白日不及移晷。移下无其字。乃使中黄。黄下无之士二字。襢裼戟手。襢不作袒。摣[illegible]。[illegible]不作狒。凌重[illegible]。[illegible]不作[illegible]。般于游畋。般不作盘。槁勤赏功。槁不作犒。方驾授邕。邕不作饔。相羊五柞之馆。旋憩昆明之池。羊下憩下无乎字。摞昆鲕。昆不作鲲。𤜣角牴。牴不作觝。衡陕鷞濯。冲不作衡。跳丸剑之徽霍。徽不作挥。仓龙吹篪。仓不作苍。声清丝而蟠蛇。丝不作畅。被毛羽之襳褷。下二字不从衣。增蝉蜎以此豸。以上二字不从女。壹顾倾城。壹不作一。声烈弥楙。声楙不作馨。茂前八后五。后上无而字。独俭啬以偓促。偓不作龌。均与尤毛二本不同。(若神山峨峨之峨上林禁苑之苑管蔽之蔽弥皋被岗之岗寒风肃煞之煞凌峦之凌突棘蕃之蕃舟艅之艅发引龢之龢或系古体或系俗字校不胜校𫛚者兼赢之赢则误字也又千里列百重之里则衍文也)而增桴董桴之增。在于灵囿之于。转与袁本相合。(若惊鹤之群罢各本罢作罴此与尤本独合)又袁本校语。谓善本作途望叫[illegible]以径廷。袁本校语谓善本作叫。集隼归凫之集。袁本校语谓善本作奋。(薛注迅奋声也乃释下句之词)沸卉軿訇之軿。袁本校误谓善本作辩。盱睢跋扈之跋。袁本校语谓善本作拔。皇恩溥洪泽施。茶陵本校语谓善无此语。由是而言。足证后世所传李注本已失唐本之真。若夫𦈡𩵋鏁。各本𦈡误灸。(此卷薛注有𦈡灸也三字在诗字上)缭亘绵联。各本亘误垣。(李注云亘当为垣此正文作亘之证今本作今并以亘为垣非李注)乌获舡鼎。各本舡误扛。其弗误者仅此卷。盖缮写之时。距李注成书未远。所据又非一本。(如长风激于列岛之岛初书作隝连阁云曼之连初书途初书之字与尤毛本合继改之字转合袁本此亦李本混入五臣本之证又传闻于未闻之者袁本作口此卷者下注口字盖兼志别本异文亦李注有二本之证惟建玄戈各本戈作弋此卷初书同改戈不知何据)故各本舛讹。必资此卷相校正。李注亦然。此卷李注之首。必冠臣善曰三字。薛注则否。以之互勘各本。有李注误为薛注者。(如神山峨峨注峨峨高大也五字校鸣葭注杜执葭赋曰以下略窥流眄注略亡挺也四字各本均为薛注此独上冠臣善曰三字)有薛注误为李注者。(如植物斯生二句注云植犹草木动谓禽兽皇恩溥二句注云皇皇帝曰普博尤毛本以此二节正文合上节以二注系上李注末此独另节注无臣善曰之文则为薛注甚明又韩卢句注盖韩卢犬四十字袁各盖下衍曰字他本均作善曰此独作盖无曰字足正其讹)有各本薛注所说字句。而此独有者。(如珍台二句注乃从城西建章馆各本挩城西二字旗亭二句注旗亭市楼也隧列肆道也各本无下五字远杜注远𡵉道也各本无𡵉字已猕其什七八注猕谓煞也各本无谓字檠桓注便旋如搏形也各本无如搏形三字𢮒㩻挸注类貙虎爪各本无爪字简绘红注其丝名缯红也各本无下二字浮鹢首注船头象鹢鸟鹢鸟厌水神各本不叠鹢鸟惮蛟蛇注蛟蛇龙类各本无蛇字璻灖二句注谓一二周索也各本或无一字黄公注有能持赤刀各本无持字中堂注中堂堂中央也各本不叠堂字是也)有各本李注所挩字句。而此独有者。(如玄渚注水一溢一否为渚各本一否作而三辅三代旧事曰各本挩三代二字立修茎句注孝武又立柏梁铜柱承露仙人之属矣各本无又矣二字若历世句注言若历世不死而长存各本作然若历世而不死廛里注以廛里任国中之地各本无里字今也惟尉注为三辅更置三辅都尉各本无下六字许史注元帝母生元帝各本无下三字阳陵之朱注安世者京世大侠也遂从狱中上书各本无者下六字群兽否骇注𧻓曰否否行曰骇骇各本二字均不叠槭爽句注槭音肃槮音森各本无上三字𪓰𪔀节注郭璞山海经注曰各本无注字作木句注贾逵国语注曰各本无注字𨏶上句𨏶音沟䌰音薛各本无上三字乐贾民节注昔贾大夫恶各本无昔字毛诗北风各本无毛字其乐只且注只且辞也各本无只字犒勤赏功注杜预左氏传注曰各本无注字鰋鲉注鰋音偃鲉长由反各本无上三字潜牛注角似水牛一名沈牛各本挩下四字乌获注皆至大官各本无至字度曲注班固汉书赞曰及臣瓒曰各本挩赞字臣字闾阎注字林曰闾里门也各本挩字林曰三字掩四海句注皇者煌煌也道烂显明也各本挩下五字是也又𨦣伯节注作刀剑削也晋灼曰张里里名也各本互有挩字惟此卷独完)有与各本李注迥不同者。(如井斡句注各本作广雅曰以下十三字此卷首二字作汉书下漫七字其下作又曰武帝作井斡下漫五字则与各本迥殊又城尉不弛柝注柝音托各本作柝与櫜同音虹旃句注高唐赋曰蜺为旌各本作上林赋曰拖蜺旌也蟾蜍注蟾音詹各本作昌詹切亦均弗同)有各本所有薛注。而此独无者。(如结重栾注广雅曰以下十三字(茶陵本作李注)消氛埃注消散也三字将乍往二句注怵下十字旗不㳂扃注尔雅曰三字横西洫注洫城池也四字街衢相经注街下七字兰锜注锜架也三字通阛注崔豹十四字何必二句注邪伪也三字左暨河华注华阴七字篠簜注簜大竹也四字孟冬注无寒气七字倚金较注古今注上十五字建玄戈注今卤簿十四字赴长莽注方言十一字丧精节趣下六字游䴔注无尾长十字膳夫注贰为兼重也五字翳云芝注为画十三字发引和注无发引八字及和胡卧切四字怀湘娥注说文七字平乐注袭服廿一字黄公节注音咒东海四字若惊鹤注相鹤经十五字唐诗注刺晋十二字是也又毛本娇红注有音曾二字此豸注有音雉二字此卷亦无自是以外则丽靡超乎许史句尸僵道隅句冠带交错句右极盩厔句微行要屈句王阏句凡各本所有薛注此卷亦无)有各本所有李注。而此独无者。(如瘵云师注广雅三十字将乍往句注广雅六字閈庭句注说文六字城尉句注郑玄十三字蹉跎注广雅八字要羡门注要乌尧切四字北阙注北阙八字通阛注仓颉七字今也唯尉注然市十六字蚩眩句注苍颉二十四字张赵注一云十七字阳石注阳石北海七字五都注迁谓十二字封畿注毛诗十一字梅柟注郭璞廿三字树以柳杞注山海九字鸟则节又曰十字百卉句注礼记十一字蓟棘注左氏八字属车二句注古今注二十一字赫怒注郑玄十字吴岳注郭璞七字百禽注白虎通十四字揘毕注又音毕三字比诸东郭注环山十二字威摄注郑玄十字乃使迺使中黄节注说文二十八字邪睨注说文八字千列注千列六字升觞注升进也三字旋憩注憩息也三字泽虞注无周礼十字逞欲句注广雅二十七字涤薮注郑玄九字张甲乙注音义二十六字霏霏注毛诗七字杳冥注楚词八字要屈注要屈九字捐衰色注捐弃也三字妖蛊注蛊媚也三字不营注说文六字传闻注孔丛二十字殷人节注广雅二十三字孔安国十字(有尚书曰三字)是也又如望北辰而高兴句方轨十二句木衣绨锦二句掩长杨句聚似京峙句寒风肃煞句冰霜惨烈句虞人掌焉二句从容之求句燎京薪句白日未及句目观穷句收禽举胔句方驾授邕句鉴戒唐诗句不念唐诗所刺邪句此卷均无李注又有字句较简者如茂陵之原注无外温仁六字五县注无两五陵也六字奏淮南注汉书有淮南鼓员有上无曰字是也自是而外有尤本或毛本独有之注而此卷亦无者如弥望注弥竟也八字伯益句注夷坚六字林麓注注曰六字虞初注河南二十三字及应邵十字青骹二句注礼记廿六字是也又如消雰埃注雰音氛三字将乍往注怵下六字诡异注移贱切三字起西墉注墱都亘切四字清渊节垒下十字别岛注音岛二字倚金较注音角二字遗光注爚音药三字靡拉注拉郎答切四字蒲苴注且子余切四字摷鲲鲕注摷责交切四字蚳蝝注取荅苟切四字倾陀注陀音雉三字寻撞注撞直江切四字亦为尤本或毛本独有之文此卷并无)有各本李注从省。此弗从省者。(如唐中注云汉书曰建章宫其西则唐中数十里各本作唐中已见西都赋太液注云汉书曰建章宫其北有太液池各本作太液已见西都赋渐台注云汉书曰建章宫太液池渐台高二十余丈各本作渐台高二十余丈已见西都赋松侨注云列仙传曰赤松子者神农时雨师也服水玉又云王子乔者周灵王太子晋也道人浮丘公接以上嵩高山各本作松乔已见西都赋九市注云汉宫阙疏曰长安立九市其六市在道西三市在道东各本作九市已见西都赋五都注云王莽于五都立均官更名洛阳邯郸淄宛成都市长皆为五均市长司市师也各本作五都已见西都赋牵牛二句注云汉宫阙疏曰昆明池有二石人牵牛织女各本作已见西都赋鵁鹄注云鵁鹄二鸟名也各本作鵁鹄已见西都赋灵囿注云毛诗曰王在灵囿各本作灵囿已见东都赋属车注云汉书音义曰土驾属车八十一乘各本作已见东都赋飞廉注云汉书曰长安作飞廉馆三辅黄图上林为上蔺观各本作飞廉上兰已见西都赋期门注云汉书曰武帝与北地良家子期诸殿门故有期门之号又曰武帝微行始出各本作期门已见西都赋汉书曰武帝微行所出列爵十四注汉书曰汉兴因秦之称号帝正适称皇后妾皆称夫人称号凡十四等各本作列爵十四见西都赋也)有各本李注不从省。此独从省者。(如采少君二句注少君栾大已见西都赋各本复注少君事虹旗句注云虹旄已见上注各本别有引楚词九字)有薛注之字与各本均异者。(如超西墉注似此山之长崖各本崖作远箕林薮草木俱生也各本俱在丛竿殳注殳杖也各本杖作杖乃使中黄节注露头结各本结作髻耆龟注龟之年者神各本年作老泽虞句常误之也各本误作设既定句贵且安乐各本且作在是也又如被毛羽注被毛羽之襳襹衣毛形也神山注所作大兽从东来百马注于撞上作其形状掖庭注令官主后宫眳藐二句注好视眡容也流眄转眼视也岂欲之节注反去西京徙东京均与各本不同)有李注之字与各本均异者。(如屑琼蕊注楚辞曰精琼靡各本作屑琼蕊非石非董注因显自决各本自作口翁伯节注常以十月各本月作日轻死节注尚书是烦有徒各本作实繁接轸注隐轸幽辖各本作隐隐轸轸牛首注有牛首池各本池作山日月二句注日出汤谷各本汤作旸鲔鲵注鲵似鲶各本鲶作鲇倚金较注引说文曲铜也各本铜作钩树招摇以起居坚劲各本居作军象天帝也各本帝作师弧旌注以象狐(当作弧)各本作以象牙饰奋鬣注长毛曰鬣各本长毛作毛苌跋扈注毛诗曰无然畔援各本援作援铤不苟跃注说文曰小矛也各本矛作戈比诸东郭注东郭逡海内之狡兔也各本逡作㕙兔作兔韩卢注韩国卢者天下之壮犬也各本国作子壮犬作骏狗圈巨狿注说文曰圈养畜圈也各本作圈畜闲也般于游畋注文王弗敢各本弗作不磻不特絓注说文曰以石缴也各本作似石著缴为水嬉注则舫龙舟各本舫作舫齐栧女注鼓栧之子各本子作女潜牛注沈牛麈麋各本麈作鹿设罜罷注里克曰禁置罜罷各本禁置作罝禁张甲乙注𢍰玉几各本𢍰作冯觚鼎注说文曰杠横关对举也各本关作开黄公注少时为幻能制蛇御虎各本作少时能幻遂为虎所煞也各本煞作食百马注而行也各本而作同盘乐极注孟子曰般乐饮酒驱骋田猎各本作盘游饮酒驰骋田猎一顾倾城注绝世称独立各本称作而桑门注诏楚王曰各本诏作制王闳注非陛下之有各本作有之易守注守而难攻各本守而作易守殷人节注率俞众戚各本俞作籲岂欲之节注非我求童蒙各本非作匪是也若是之属并足存所引他籍异文)窃以此卷所无薛注。均他注窜入之词。所无之李注。或李邕所增。或亦他注所窜入。若字句有损益。则由后儒所点窜。或传写挩讹。由此卷而推。则凡薛注之采及魏晋诸书。以及李注依本文敷绎者。半非薛李固有之文。惜乎何陈胡三家之未睹此也。

文选李注残卷

文选李注一百二十二行。由东方曼倩答客难不可胜数起。(上漫九字)至杨子云解嘲或释褐而传止。乃李注本之第四十五卷也。每行字数由十七字至十四字。注均夹行。书法至工。与前谷梁卷略同。前六行均漫其半。世字治字虎字各缺末笔。此亦李注未经窜乱之本也。故文与各本多殊。如鹄鸣于九皋。(各本作鹤鸣九皋)得明信厥说。(各本无明字)而雄解之。(各本无而字)故当涂者升青云。(各本无字故)均较各本有增字。封七百岁而不绝。(各本封下有于齐二字)此士所以日孳孳敏行。(各本日下有夜字敏上有修学二字)人嘲雄。(各本作人有嘲雄)不知跌 将赤吾之族也。(各本跌上有一字)均较各本有省词。又魁然无徒之魁。下谈公王之王。士亡常君之君。均与各本异字。(又譬若鴳鸽之鴳母求备于一人之母计同范蠡之蠡以筳挿钟之挿而终或于大道也之或画壹奇出壹策之壹目如燿星之燿支叶扶疏之支高者出仓天之仓何为官之袥落也之袥周冈解结之冈驲衍之驲右渠榱之榱徽以纠墨之纠制以锧铁之制故当涂者之涂勃 澥之岛之勃昔三仁去而殷虚之虚当其亡事也之亡虽与各本亦异然或系通用之字或偏旁偶异或偏旁有损益)且黈纩塞耳之塞。袁本校语谓善本作充。奸者入无间之奸。袁本校语谓善本作细。客徒欲朱丹吾毂。袁本校语谓善本无欲字。往者周冈解结之者。袁本校语谓善本作昔。自以为皋繇之繇。袁本校语谓善本作陶。今世之处士下。袁本校语谓善本有时虽不用四字。证以此卷足证后世所传李本均与唐本乖违。(惟时异事异下异字不作殊君子不为小人之匈匈为不作以骊食其之下齐以上无汉用二字均与袁本校语所引善本合)试更即注文言之。此卷之例。李氏自注。均冠臣善曰三字。所引汉书旧注。则各冠姓名在李注前。以之互勘各本。或彼有而此无。(如不可胜数句或失门户句时异事异句朱丹其毂句诒者莫当句支叶扶疏句龙樴者入无间句何为官之祏落也句失士者贫句咸营于八区句均无李注又孤豚注说文曰十五字入纲入纪注尚书十八字赤吾之族也注赤谓五字此卷亦无其毛本独有而此卷亦无者则铁锧注昔质二字是也即汉书旧注亦或各本均有此卷独无如曾不得掌故句无应邵注是故删衍句无应邵苏林注左东海句无应注倚庐注无应注结为倚庐二句是也惟孟轲二句则有苏注无李注)或此省而彼弗省。(如李斯注李斯已见上各本作又曰十八字阿衡注阿衡已见上各本作诗曰十八字三仁注三仁已见上各本作三仁微子九字五羖注五羖已见李斯上书各本作史记曰四十七字高枕注高枕已见上各本作汉书三十一字是也又五尺童子注云五尺童子已见李令伯表与袁本同他本作孙卿子曰十六字)或此分而彼合。(如鼓钟于宫二句注云毛诗小雅文也毛苌小雅文也毛苌也有诸中必刑见于外鹄鸣于九皋二句注云毛诗小雅文也毛苌曰皋泽也各本合二注为一文多省改)或此有而彼无。(如黈纩塞耳注云黈纩以黄绵为丸悬之于冕以当两耳刘兆谷梁注曰黈黄色也玉丩反各本无此注别有薛综二十一字与此迥殊又枉而直之节注赵岐孟子注曰下有使自得之使自得之四字计同范蠡注遂灭之下有子胥已见上五字四分五剖注之国也下有四分则交午而裂如田字也十一字戴纵注仪礼注曰下有缅今之帻也五字二老注二老者上有太公避纣居东海之滨闻文王作兴曰盍归乎来吾闻西伯善养老者廿七字蔡泽注而笑曰下有先生昌鼻巨肩魁颜蹙齃膝挛十二字今本均捝自此而外如骊食其注臣请说齐王各本无请字以管窥天节注子乃规规各本无乃字诸附离注汉书音义曰各本无曰字不生则已注生则有云为于世者也各本无者字玉堂注小玉堂殿各本无殿字离为十二注十二已见东方朔答客难各本下六字作上文东南一尉注在会稽回浦也各国无下三字乐毅注而召乐毅乐毅畏诛各本无两乐字惟此独完)或文字不同。(如鹖鸽注题彼脊令无求备句注检身若弗及枉而直之节注纵容使自得也范蠡注以遗之乐毅注闻燕昭王招贤及燕昭以礼待之管窥注是直管阙天孤豚注孤豚豚子是也合为六七注就秦而七也凿坏注凿坏而遁之渠栧注在金城河关之西番禺注南海县徼以二句注刑缚束之也及不忍加以铁质结以倚庐注晏婴粗衰斩皋繇注惟时楙哉禹让于稷契皋咎繇乐毅注遂西降赵文均小异是也)均治选学者所当考及也。

文选白文残卷

文选白文六十七行。从沈休文恩幸传论屠钓卑事也句事也起。(上漫九字)至范蔚宗光武纪赞之末止。末题文选卷第廿五。此即梁书隋志所云三十卷之本也。考陈振孙直斋书录解题著录。五臣注亦云三十卷。盖三十卷为昭明旧本。六十卷为李氏所分故旧本卷廿五。即李本之第五十。此卷前三行均有漫字。书法至工。每行十六字。世字民字均弗缺笔。其与各本均异者。如任子在朝之任。郡县掾史之史。各本均讹。此与何陈二校默符。亦与宋书文合。又未之或悟之悟。与尤本茶陵本合。沈几先物之先。(袁本则云善作生)与袁本尤本合。其他各文。多合尤本。惟亦允不阳之亦。深略纬天之天。转与袁本相合。自是以外。逮于入汉之大字。不作二。绾自閒闬之閒字。不作同。九县风回之风字。不作飙。貔虎为群之貔字。不作貙。高锋彗云之锋。锋不作旗。均与各本迥别。文属何本。今不克知。特[illegible]居江湖。各本居作尹。李注亦以正训尹。三象雾塞。各本象作精。李注亦以日月星为精。则此卷所据之本。与李注之本不同。(若夫文字小异如凭藉世资之凭用相凌驾之凌较然有辩之辩出内王命之内出乎言咲之下之咲权幸之徒之幸兴树祸隙之隙镇我北壚之壚民曆淫诈之曆沈几先物之几是也余弗胜举)讹文俗字。虽亦附见于其中。(如可归近习之可又有倿幸传之倿非昨唯殃之昨均讹文也构于休芾之芾虔刘[illegible]代之弱□体之谁者也)然视宋本经后贤改窜者。固弗同矣。

唐地志残卷

唐地志一十六行。中记姚协曲急(字误)柘静保霸维直(字误)恭翼十二州。盖剑南道之残文也。其首行云当恙(即悉字下误急)柘静直(当作真)恭翼保霸维等十州并废。(下无当州盖在翼州后)下记急柘静保霸维直七州。亦均注废字。(前六字废字在郡名下直州在县名下均大字恭翼州夺书废州)姚协曲三州独否。今考唐书通鉴通考诸书。均谓代宗永泰大历间。以吐番数入。徙当悉柘静恭五州。五州之废。当在斯时。又霸州陷吐番。在肃宗至德时。保州入吐番。在代宗宝应时。维州之没。元和郡县志以为乾元二年。惟真翼二州之废。其年无考。当亦在肃代之间。姚州由南诏内属。则在贞元时。又考元和郡县志。于当悉真翼四州。并志元和时土贡。则元和之时。四州复立。又宣宗大中三年。维州由吐番内附。具详新唐书及太平寰宇记。均不得直云州废。今云十州并废者。盖代宗以后宪宗以前之地志也。当即贞元十道录之属。考贾耽贞元十道录四卷。载于唐志权文公集。又有十道录序文。序称录分四卷。下三篇以十道为准。县距州。州距两都。书道里之数。与其四鄙所抵。以此卷证之。舍每州弗标四至外。体略与符。或即彼编之节本。若以梁载言十道志当之。则御览一百六十六。于悉姚二州。并引十道志。其文较此志不同。似非一书。此志之例。凡州名均别行。州上标下字。(唐州分上中下三等此十一州均下州与各书均合)下标郡名。(如姚州下标云南郡急州下标归城郡柘州下标蓬山郡静州下标静永郡保州下标大保郡霸州下标静戎郡维州下标维川郡恭州下标恭化郡翼州下标临翼郡协曲直三州未标郡名据各书所载归城之城作诚静永之永作川大保之保作天此均误字柘州之柘虽与唐志合然御览引图经云取其开拓封疆自以寰宇记作拓为允)均系大字。(据各书真州即昭德郡曲州即朱提郡(见元和志)此无郡名弗详其故)次标距上都东都里数。均系夹行小字。左行标上字。下志里数。右行标东字。下志里数。上即上都之省。东即东都之省。以通典元和志旧唐志校之。或合或否。(其与诸书合者惟曲州注云上三千三百协州注云上三千一百东三千九百六十与元和志合恭州注云上三千一百二十与通典旧志合保州注云上二千九百四十与旧志合自是而外如姚州注云上四千三十元和志作四千三百通典旧唐志作四千九百急州注云上三千九十五元和志悉州作二千三百旧志作二千七百五十柘州注云上三千一百通典作三千五百元和志作二千二百六十静州注云上二千四百五十通典作三千二十元和志作二千二百九十霸州注云上二千一百二十旧志作二千六百三十二维州注云上三千七百四十通典作二千七百一十元和志旧志作二千八百三十里直州注云上三千六百元和志真州作二千一百八十旧志作三千翼州注云上二千通典元和志作二千四百二十此距上都里数之不同者也又姚州注云东四千八百九十元和志作四千八百九里曲州注云东四千一百六十元和志作四千三百三十急州注云东三千九百四十五元和志悉州作三千二百一十旧志作三千八百柘州注云东三千七百通典作三千九百元和志作三千一百三十静州注云东四千二百五十通典作四千二百元和志作三千一百五十保州注云东二千五百九十旧志作三千七百九十霸州注云东二千四百七十旧志作三千二百七十一维州注云东三千九百四十通典元和志作三千五百六十旧志作三千五百六十三直州注云东三千八百元和志真州作三千四十五。旧志作三千八百五十恭州注云东三千九百通典作三千九百五十元和志作三千一百五十翼州注云东三千六百通典元和志作三千二百七十旧志作三千二百七十八此距东都里数之不同者也)次标县名。(凡废州所标废字即在县名上通州在县名下)计姚州县四。(一曰姚诚各书作诚旧志无二曰长城各书无惟元和志有三曰长明各书同四曰泸南各书同元和志无据新志泸南即长城所改此并列二名不可考)协州(通典新唐志不载此州)县三。(一曰安东各书作东安二曰西安三曰湖津各书并同)曲州(通典新志不载此州)县二。(一曰朱提二曰唐兴各书同)急州县三。(一曰识臼通典新志无旧志寰宇记谓天宝元年割属临翼郡今不属翼州或系天宝后仍属悉州也二曰左封三曰归诚各书并同)柘州县二。(一曰柘寰宇记作拓二曰乔珠各书同)静州县二。(一曰悉唐各书同二曰静居通典居作川元和志新志又有清道县此无)保州(元和志无通典作奉州云山郡据旧志奉州改保在乾元二年)县四。(一曰定廉元和志属维州寰宇记维州复见此县云割属保州二曰归顺三曰云山通典奉州并无四曰安居旧志寰宇记及通典奉州并无惟新志有)霸州(通典元和志无)县四。(一曰安信旧志作信安二曰牙信旧志无寰宇记信作利三曰保宁旧志无四曰皈代新志寰宇记作归代旧志无)维州县二。(一曰薛城寰宇记作保宁云旧名薛城保宁与霸州县名复二曰小封元和志无新志云通化本小封通典又有定广县新志又有归化县元和志又有定廉盐溪二县定廉此及各书属保州广廉字近或系廉讹)直州(通典无)县四。(一曰真符各书同二曰维川各书维作鸡通典属翼州寰宇记于翼州复见三曰照德各书照作昭通典属翼州四曰照远旧志寰宇记无元和志新志照作昭)恭州县三。(一曰和州二曰博恭三曰烈山各书同)翼州县三。(一曰卫州二曰翼水三曰峨和各书同通典有鸡川昭德此及各书属直州)县名均大字。下有夹行小注。属于姚协典三州者。左行或标郭字。(惟姚诚安东朱提三县与元和志所云郭下合)或标距州里数。(与元和志或合或否如长城云州北九十志作南至州五里长明云州东十五志作西南至州十五里西安云州西廿七志作东南至州二十七里湖津云州北六十志作南至州六十里唐兴云州东五里志作西至州五里是也惟泸南无左行夹注)右行或标中下。或标下字。(此唐代各州所区之等也姚诚长城长明泸南安东西安湖津朱提并注中下唐兴注下字以新志校之姚诚长城长明均下县以元和志较之安东西安湖津朱提亦均下县)属于急柘九州者。无右行夹注。其左行所注。上为所属乡数。(本文仅壹字为一二三四五六各数名知为乡数者以其与寰宇记所注乡数多合也如左封下注二字归诚下注一字柘下注二字乔珠静居归顺云山下并注一字牙信下注三字保宁下注四字真符维川照德下并注一字和集博恭烈山翼水峨和下并注二字均与寰宇记乡数恰符惟识臼安居下注三字昭远下注一字卫山下注二字于记无征悉唐下注六字定廉下注一字皈化下注三字薛城小封下注二字与记不合又安信以下夺所注数名)下标中字下字及中下。(如识臼左封归诚柘县乔珠并注中下悉唐注中字静居注下字定廉归顺云山安居安信牙信保宁皈化并注中下薛城小封真符维川照德照远和集博恭烈山卫山翼水峨和并注下字以新志校之左封为中县归诚柘乔珠定廉归顺云山安居安信均下县牙信保宁归化均中县薛城通化(即小封)真符鸡川照远卫山并中下余与此同以元和志校之悉唐真符鸡川昭德昭远和集博恭烈山卫山翼水峨和均为中下余与此同)县名以下。惟维州一条有姜维城三小字。(单行)兼志古迹。(元和志诸书均云唐武德七年于姜维城置维州)其他间记贡物。(如急州条下贡字单行大书下标麝香牦牛尾当归班市蜀马五物均单行小字柘州条下贡字单行大书下标麝香羌活当归牦牛四物均夹行小字静州条下云贡与柘州同保州条下云贡与静州同均单行大字又霸州条下贡字大书下标石蜜升麻麝香三物均单行小字恭州条下无贡字标麝香羌活当归三物均小字夹行翼州条下贡字大书下标麝香当归牦牛水黄四物皆小字夹行其余各州并挩贡物)与元和志新志所记。亦或合或否。稽核同异。亦治唐代地理者之一助也。

古类书残卷之一

古类书二百五十六行。首尾不具。盖鸟部也。前一百五十四行。缺总题。当系鹤类。次鸿。(由百五十五行至二百三行)次黄鹄。(由二百四行至二百四十二行)次雉。(自二百二十四行至末文不完)均首行标类名。次采群籍与艺文类聚宋太平御览。例同条各别行。所引之书。均单行大字。每行十七字。注及附引之书。则小字夹行。首末二行。各漫其半。卷中民字治字均缺末笔。所引异菀大亨。避亨为享。惟恒字弗缺。则此卷缮写之年当在肃宗后穆宗前矣。虽书名莫克考。以所引之书证之。似即北齐修文殿御览也。考玉海五十四。北齐圣寿殿御览条云。阳休之取华林遍略。加十六国春秋。六经拾遗。魏史。为玄洲苑御览。后改为圣寿堂。祖珽等又改为修文殿上之。是修文御览。即圣寿堂御览改。名其与梁代类书不同者。则由增引之书。有十六国春秋诸籍。今此卷所引。亦有赵书。宋御览因之改标十六国春秋后赵录。此即增入崔鸿书之证。书出北齐。于兹可验。又考玉海五十四太平御览条引实录云以前代修文御览艺文类文类聚文思博要。及诸书分门。编为一千卷。是北宋所修御览实以修文。御览为基。今此书所引旧编类聚与同者十之六。宋御览与同者十之七。鹤(鹤类前有缺文今即所存之文证之首淮南八公相鹤经(此条前数行亦缺书行据御览所引补)次易中孚次春秋左传次易通卦验次神异经次春秋考异邮(即邮字)次春秋说题辞次琴操次穆天子传次列仙传次庄子次老子谓孔(下夺子字亦据庄子)次汉书武纪及郊祀志次吴越春秋次神境记次三辅旧事次纪年次列异传次盛弘(下夺之字)荆州记次永嘉记次陶侃传次风土记次汉武故事次古今注次玄中记次春秋繁露次王隐晋书次墨子次鲁连子次焦赣易林次韵集次王粲鹄赋次异苑次晋八王故事次湛方生羁鹤吟序次竹林七贤论次神(下夺仙字)传次刘向别录次桓谭新论次仲长(下夺统字)昌言次幽明录次傅咸诗序次桂阳列仙传次剑伎白(当作细滔母)与从弟者文(当作孝征)书次古歌词舍考异邮汉书武纪三辅旧事纪年列异传古今注玄中记繁露王隐晋书墨子鲁连子别录新论昌言幽明录傅咸诗序桂阳仙传外均为类聚御览所引又所引异苑御览引入鹄类所引汉武故事御览作内传)鸿(首说文次易渐次卫诗次礼记月令次春秋传次淮南万毕术次韩诗外传次管子次博物志次成公绥鸿雁赋序次鲁连子次焦赣易林需之遁(下夺所引之文且误与下条周书联文)次周书时训次风土记次扬子法言次庄子次老子指归次曹毗双鸿诗序次梦书舍说文周书风土记老子指归梦书外均为类聚御览所引又卫诗条引诗异疏亦见御览)鹄(首说文次广志次列仙传次汉书昭纪次古今注次仲长统昌言次韩诗外传次春秋繁露次东观汉纪次焦赣易林贲之噬(下夺嗑字)次战国策次赵书次南越传次列女传舍说文昌言繁露易林南越传外并为类聚御览所引入又赵书即御览所引后赵外传东观记国策三条御览并引入鹤类)雉(首尔雅次广雅次山海经次说文舍说文外并为彼二书所引)四类均然。篇目次第亦与宋御览大同。(御览鹄后为鶂鸡及雁此书均无故黄鹄之后即雉余并同)梁陈以下之书。均未采掇。定为修文御览似无疑蕴。且修文御览。至宋犹存。唐志崇文总目。陈氏解题所著录。均三百六十卷。则所分之卷。弗及宋御览众多。今此书雉类与上同卷。与宋御览别入下卷者不同。分卷之寡。即此可窥。亦其证矣。虽此书鹄类之文。宋御览多入鹤类。并改黄鹄为黄鹤。鹤类之文。亦间改隶鹄类。似属不同。然此卷鹤类之中。恒鹤鹄互书。是即宋御览所据。且每引一书。率此详彼略。其为改修时所省。迹尚可征。惜此卷讹说频仍。不尽可读。今以宋御览及类聚勘之。知此书之善。厥有数端。类聚所引古籍。虽据旧本。然明刊恒据俗本改更。若北宋御览。则修书之时。已据习见之文校改。此卷出自中唐。舍讹夺外。文字仍准北齐之旧。故所引各书。有与今本经注异文者。(如鹤类引易中孚与尔縻之縻不作靡雉类引尔雅摇雉祑祑海雉翰雉南方曰欧卢诸雉均与今本异此经文不同者鹤类引易中孚王注立诚节笃至各本无节字引左传鹤有乘轩杜注轩丈夫车也各本无也字鸿类引易渐卦注峨峨清远与释文本合引诗义疏鸿鹄也羽毛光泽绝白色似雁长颈今本无也字色字绝字作纯头字作颈又引色赤绝白今本作色刃白雉类引尔雅郭注青质五采文者也今本无下三字又引惊雉今山鸡是也今本作似山鸡而小又引海雉今倭国中出黑雉今本作如雉而黑在海中山上此引经注不同者也又鹤类引易林夜食为明怀胡德音今本为字作反胡字作我鸿类引韩诗外传攫莒溃失又引欲拔颈而死将以吾王贱士贵鸿今本攫莒作玃笞拔颈作拔剑(当作拔颈)王字作君黄鹄类引外传头戴冠见敌敢斗有食相呼今本作首戴冠敌在前敢斗得食相告又引易林黄鹄失主无以自明今本主字作珠自字作为此引经类之书与今本不同者也)有与纬书古字书异文者。(如鹤类引易通卦验清风至晨鹤鸣今殿本晨鹤作暑鹄黄鹄类引说文鹄黄鹄也今本黄字作鸿是也)有与史籍异文者。(如汉书昭纪黄鹄下太液臣瓒注此引为如淳曰迥异今本自是而外如鹤部引穆天子传爰舞白鹤六今本六作二八引汉书武纪群鹤留山今本山在止引吴越春秋凿地为池积土为山今本挩为池为山四字又引国人悲焉今本悲焉作非之黄鹄类引战国策府啄鳝鲤仰断菱衡膺其六翮逍摇乎高翔今本断字作啮逍字作飘又引列女传冤颈今本冤字作鸲均引史籍之不同者也)有与子书不同者。(如鸿类引贾子卫懿公嘉鹤(左传条附引)今本嘉作喜引墨子鬼呼于国今本夺于字鸿类引管子公命有司及朝庙门之外今本命字作令下作太庙之门是也若夫相鹤经同异如朱顶此作尖顶之类不可胜校)与类聚宋御览所引亦不尽合。(其与二书所引合者如鸿类引琴操叹别鹤以舒愤愤与类聚引同引吴越春秋女怨曰王食我残鱼及遂使男女鸿类引韩诗外传至楚黄鹄类引外传啄君稻粱故臣将去君引国策游江湖并与类聚及御览引同与今本异)已佚之书亦然。彼略此详。固足为辑录佚书之助。(如类聚御览鹤类引说题词仅引鹤知夜半四字此则四字以下别有阴卫道也鹤之为言央也央煞然阴之精以类感夜半物静独戒主也廿七字夹行小字别有央𣀾阴生北方夜半子时也故至其时情𣀾感其时而鸣戒主主知夜半也廿九字盖宋均注文御览鹤类引神境记首引荥阳郡南百余里有兰岩至化成此鹤止此则兰岩作石室下有室后有孤松千丈七字化成句下又有一者夫之寻为(有夺讹)一者独栖此松茕立哀唳十四字类聚鹤类引风土记首引鸣鹤戒露句此则戒露以下又有交交凉凉鸣鹤白鹤也九字类聚鸿类引八王故事末为机素游之所五字此作有清泉茂林吴平后机兄弟素游于此十有余年耳二十字御览鸿类所引鲁连子至是上隐君下蔽罪也止此作是士隐君之币也下有御者曰然则已乎毋所曰是身在而不达君使也御者曰然则死乎毋所曰是使君贪币而贱士也乃见襄君缚虚疰而请罪襄君辍食而谢之计三十八字此均有裨于辑佚者也又御览黄鹄类引十国春秋后赵录今本无其文此作赵书于闻声十余里之下有养之于池四字又有夹行注云谨案虎实逆贼王化不通岂有贡其鸟物者乎此献之妄或□垂小民假称珍怪取媚于虎耳计三十余字或崔氏自注也亦足补崔书今本之缺)即字有损益异同亦足为辑书互勘之助。(如鹤类引神境记晨必接翮夕辄偶影御览作日夕偶影翔集引昔有夫妇二人俱隐此室年既数百御览无有二人三字及室字既数百作数百岁鹤类又引荆州记溢天明景及清响朗彻御览溢字作清朗字作亮引永嘉记子生长便去类聚御览无子字引陶侃传仪服鲜异及遣随而看之类聚异作洁御览服作形并无随而二字引风土记流于草叶上及虑于变害也类聚御览无叶字类聚于又作有引韵集白鹤善鸣鸟类聚御览无白字引王粲鹄赋稟涂龟之寿及食灵岳之琼蕤类聚涂字作灵蕤字作蕊引羁鹤吟叙邻人王氏类聚邻字作乡引古歌辞毛羽日崔颓类聚御览日并作何(余与御览同惟妻妾作妻卒方亦作来)鸿部引万毕术注满之可以渡江不衍也御览无上二字衍字作溺引鲁连子为鲁君使及然买鸿乎御览无使字然买作给置引双鸿诗序近行东野类聚无行字此均有裨于勘校佚书辑本者也又鹤类所引神异经张茂先注今本无注文类聚所引与此同惟也字此作之言上衍者字鸿类所引博物志今本亦挩御览所引与此同惟此作鸿类寿千岁千岁者皆胎生与彼又异亦足助互勘之用惟类聚所引纽滔母与从弟书与此所引多异或所据之本殊也)若文为二书所未采。又属已佚之书。则只字单词。亦复有资于存古如鸿类所引春秋考异邮。(正文仅鹤知夜半四字又夹行引宋均注云鹤水半夜半水位感其气则益鸣也纬文及宋注均与御览所引说题词同盖二书文同注亦同也)三辅旧事。(其文云始皇葬以金银为凫鹤他籍或引凫鹤作泉误甚)纪年(其文云穆王南征君子为猿鹤小人为飞鸮惠成王十七年有一鹤南飞三翔于郢市今伪本纪年无之)列异传。(其文云吴时长沙邓卓为神遣马邛之(有讹夺)见物在下纷纷如雪卓问持马者曰此海上白鹤飞也一人便取鹤子数枚与卓)古今注。(其文云宣帝二年白鹤集孝文圆(此伕侯古今注)玄中记。(其文云千岁之鹤随时鸣)王隐晋书。(其文云孙咸外祖蒋迪与吴平后鹄告迪乃居长城别由槊空乇中问景养曰当生天子储副因聚众攻郡县见诛女入奚官有清声动人恻怀悦遂生男(多讹字)鲁连子。(其文云吴王使其臣诸樊奉一鹤母以问梁王韩子谓梁王曰安有问制(疑作邻)国之君以一鹤母者乎臣请为君欺之出谓使曰冠则不以礼见诸樊曰吴断发文身避于龙子若大国之臣寻于弊邑寡君亦曰姑祝断(当衍其一)发文身然后得见若此大国之臣安乎请出假冠以见计九十八字他藉均未引及)刘向别录。(其文云刘向别录有鹄赋今鼓石邑感君庙或见白鹄计十八字他籍未引)桓谭新论。(其文云曲阳侯王根迎方士西门君惠学养性却老余见侯曰圣人不学养性凡人欲为之欺罔甚矣君惠曰夫鳖称三千岁鹤言千岁人反不如鸟虫耶今日谁当久与鳖鹤同君审知其年岁乎设令然蝉螵渠略又可使延年如龟鹤耶计八十八字较意林为详)仲长统昌言。(其言曰闻之鹤寿八千岁灵龟有十斤之数道家以为鹤曲颈而长龟潜而一所以寿也养性者取法象焉吾未有以易也今人笼鹤不食数月不死藏龟于器积年犹生即然不远者也计六十八字他籍未引)幽明录。(其文云吴郡孙钟家贫种花为业忽有三人乞瓜钟为具食三人请上山以墓地报钟既而曰非墓地也我三人司命也君下山百步勿返顾钟行可八十步回看三人皆作白鹤飞去)傅咸诗叙。(其文云杨骏就吾索诗云茅文通相说文动为规藏便作此诗欲其有悟然有虑以示文通曰得无作唯此白鹤直为骂可君此远有文义故欲令兄见之唯此白鹤者良冀临池而中有鹤白令子崔玮为赋指以骂冀遂并文与骏寂然云不知多务不省也将如搔服自无觉也(文多挩讹似言崔琦刺梁冀事)诗曰肃肃商风起悄悄心自悲圆圆三五月皎皎耀清晖今昔一何盛氛氲自消微微黄黄及华飘摇随风飞)桂阳列仙传。(其文云苏耽(当作耽)去山之后忽有白鹄十数头夜集郡东门楼上一者曰昼作书字言曰城郭是人民非三百年当复遇成谓将耽也(末句有误))鸿类所引风土记。(其文云鸿大雁也)梦书。(其文云鹄白鹄为远道客随时行也梦见鸿鹄忧远人也)黄鹄类所引昌言。(其言曰闻黄鹄寿八百岁计七字疑即鹤类所引鹤寿八百之文因文字不同遂两引之)韵集。(其文云鹄鸿之者也(之上挩一字))南越志(其文云水鹄大而无尾鸣如鹄声在水底)是也。(又鹤类荆州记条下夹行引湘中记云衡山之下白鹤回翔如舞者也鸿类礼记月令条夹行郑注后引蔡邕章句云鸿雁阳鸟阴起则南阳起则北为二气候者也阳气达故从南方来而北过既阴而产季冬令日雁北向知此月常从南来也(校玉烛宝典所引增数字)二条亦均佚书)坠籍佚词凭斯复显即书出宋元犹堪宝尚矧其为高齐残籍又出祖李诸氏之手乎。

黄帝太乙八门入式诀(五字号八)

黄帝太乙八门入式诀三卷。(同册)不著撰人。所述均九宫之法。以为黄帝受之玉女。说虽依讬。然孤虚王相之说。与史记龟策传多合。则此书或出唐宋前本藏五字号。别有黄帝太一八门入式秘诀一卷。黄帝太一八门逆顺生死诀一卷。与此略同。亦术数书之近古者也。

古类书残卷之二

古类书四百五行。前无书名。末有空行二。亦不标书名卷第。此书之例。亦依事区类。首行标题类名。次按类隶事。集为对偶。由二字至三字。其非对偶者十之三。每条之下。均有夹行小注。(无注者十之一)舍不采诗文外。略与徐坚初学记同。惟注例弗一轨。或详注其事。或并引所出之书。或解字义。或仅云见某书。略与今本白帖相似。此卷字数不齐。约在廿五字三十字之间。所存各类。首王。(十二行)次公主。(五行)次公卿。(八行)次御史。(五行)次刺史。(十五行)次县令。(十二行)次朋友。(三十行)次人才。(廿四行)次文笔。(廿四行)次勤学。(十三行)次宴集。(十行)次富贵。(十行)次酒。(六行)次高尚。(廿行)次贫贱。(十六行)次送别。(十四行)次客游。(十一行)次荐举。(七行)次报恩。(十九行)次兄弟。(十六行)次父母。(三行)次孝养。(四行)次丧孝。(三行)次孝行。(五行)次孝感。(十一行)次孝妇。(六行)次丧葬。(四行)次婚姻。(十三行)次重妻。(四行)次弃妻。(五行)次弃夫。(六行)次美男。(五行)次美女。(十行)次贞男。(五行)次贞妇。(八行)次丑男。(三行)次丑女。(八行)次闺情。(十三行)次神仙。(十二行)下有缺卷与否。今弗可知。上有缺文。固确然可信。然神仙以上各类。亦第次失伦。又无总部之名其为何书。今不克考。以崇文总目晁氏读书记及玉海所引中兴书目证之。惟虞世南兔园册十卷。纂古今事为四十八门。皆偶丽语陆贽备举文言二十卷。摘经史为偶对类事。共四百五十二门。李途记室新书三十卷。采掇故事缀为偶俪之句。分四百余门。略与此书相似。然卷中治及世民字均不讳。各类之中。有月旦恒娥遂虎之文。不类唐人所撰。或成于唐末纷割之时。观书中所引他籍。治或改理。(如公卿类十乱注乱理也)世或改代。(如荐举类引国策百代一圣则累代不一得闺情类引李延年歌绝代而独立)则所据之书。仍避唐讳。不得以不避唐讳。疑为唐代以前书也。注中所述旧事。凡不标所出者。大抵本汉魏六朝各史。亦间本他籍。(如县令类三善条子路为邑宰事本于家语朋友类并粮条羊角哀子事本吕氏春秋高尚类箕山条许由事本于高士传报恩类盗马条秦穆公事亦本吕氏春秋伤蛇条随珠事本于搜神记兄弟类三荆条田真事本赵歧三辅决录(□御览引)四鸟条孔子游泰山亦本家语父母类曾子耕梁山事本于琴操孝感类吊鹤条陶侃事本陶侃别传(御览引)美女类黄公女条本于论衡贞妇类鲁秋胡妇息君夫人梁高行楚贞姬陶公女五条丑女类无盐条均本列女传神仙类赤龙条陶安公事王舄条安期阜乡事均本列仙传)其标注书名者。或系误引。(如王类引尚书曰王者分五色土藉以白茅乃孔传文又公卿类引尚书曰君为元首臣为书今股肱无此语县令类引庄子曰理大国者若烹小鲜乃老子文兄弟类引淮南子一尺布歌乃汉书文报恩类绝缨条引韩子乃韩诗外传文丧孝类云五情六身出老子今老子无此语婚姻类引易曰夫天妻地今易无此语贞男类颜叔子事注言出史记实出诗毛传是也又勤学类以马融为北海人酒类又谓马融饮酒一石讲论无失见桓谭论所引尤误)或经改窜。(如报恩类引左传魏颗事弃妻类引左传蔡姬事丑男类引左传贾大夫事均非本文是也其他引史记汉书列女传及世说加以改窜者不可胜数)然所据仍系旧本有足校经传异文者。(如公卿类引书若作舟楫今本作舟楫朋友类引诗罳其鸣矣今本作嘤引左传逢五举于郑今本五作伍贫贱类引诗可以疗饥今本疗作乐兄弟类引诗陟彼罡兮堂棣之华今本罡作岡堂作棠婚姻类引诗百两迓之今本迓作御又引诗维食其鱼维其娶妻今本维并作岂是也又荐举类引韩诗外传今堂上之人恶战(当作我)于君朝廷之大夫危我以法今本挩中二句危字作恐又引是以吾不复树德于人矣及夏得荫其下今本挩吾字复字荫又作阴均足校外传挩讹)有足校史籍异文者。(如贫贱类引史记甘茂传以余光赈之今本作分以余光又引国策苏秦之(下挩楚字)三月今本月作日荐举类引国策是比肩相望若随踵而生及则连车而载今本相望作而立生或作至连字作郄是也又公卿类引王朗云西京太常行陵赤车千乘与书抄五十三合三国志朗传注引名臣奏赤作幸高尚类引高士传吾山林之士何足问也遂不言也今本作吾子皮相之士何足语姓名亦足较今书讹捝)有足校子书异文者。(如送别类引孔丛临行二子流涕交颈及乃今知妇人志也今各本作别颈作颐今乃知作乃今知其又捝志字客游类引家语于斯致思无思不至今本上思字作斯下思字作所又引说苑楚昭王欲游荆台今本游作之高尚类引庄子帝有何力于我哉今本作帝力何有孝行类引说苑韩伯俞有过及他未曾泣母力衰也今本曾作赏或捝韩字他字及衰字闺情类引淮南子羿于西王母求不死之药其妻姮娥窃服之而奔月亦与今本不同是也)有足校诗文异字者。(如王类引曹植七步诗相并何乃急送别类引古诗各在天一崖胡马思北风引楚词僚慄兮若在远行兄弟类引古诗兄弟两三人分居在他县父母类引补亡诗率彼南咳闺情类引罗敷诗采桑南陌头或与今所传之本异或与古代别本殊又朋友类所引绝交论若风雨急而不转其音若呼吸下风雨若鹤盖成荫若援青松以示怀若宴喜西都若附麒麟之旄端均与文选本异)即非明注书名。考其所出之书。互相勘合。亦足证字文殊异。(如人才类云庄子梦为胡蝶轩轩然得志即知所见庄子诩诩作轩轩贞妇类言卫恭姜作柏舟即知所见诗序不作共姜又引梁高行息夫人二事均本列女传高行条云守养孤幼今传作幼孤若弃义而行利今传行作从乃操镜截鼻今传截作割息夫人条云息君闻亦自杀今传无闻字此并唐本列女传旧文又丑女类无盐条亦本列女传所云当代无双自该于宣王外有三国之难众贤不附及贤者伏匿谗谀列任今传捝无双二字该字作诣三字作二众贤作众人伏下无匿字列任二字作强则与此书所据不同自是而外如神仙类陶安公各条本列仙传亦与今本稍异)此均有资于校仇者也。若夫已佚之书。此书所引。有齐职仪一则。(公卿类引云太常卿银章青绶冠绛朝服佩水仓玉)先贤传三则。(朋友类引云嵇康与娄安为友每一相思千里命驾人才类引云阚泽年十五梦(下缺二字)有字后仕官遂通又引云陈蕃字仲举昂昂如千里逸骥)语林三则。(朋友类引云夏侯堪与潘岳为友二人并美貌连臂而行洛中谓之连璧宴集类引云嵇康若孤松之独立醉若玉山之将颓富贵类引云羊秀字稚舒为晋散骑常侍冬日作酒丿之抱瓮须交易人而酒便默屑炭末作默形温酒)谯子一则。(朋友类引云交得人千里同好坚于金石)招贤记一则。(人才类引云晋陆士龙自称云间陆士龙)竹林七贤传论二则。(人才类引云嵇绍入洛或人谓王戎曰昨见嵇绍昂昂若野鹤在群鸡之中宴集类引云(无论字)步兵校尉阮籍字嗣宗中散大夫嵇康字叔夜并能琴好酒)传子一则。(文笔类引云夫以八尺之躯与天地比寿一勺之水与江河争流)襄阳记。(宴集类引云山简字季伦河内人也往岘山南习家池饮酒必醉而歌儿童歌曰山公往(下缺一字)许诣南阳地日夕到载归酩酊无所知)三辅录。(贫贱类引云第五颉居贫洛阳无主乡里无田宅寄止灵台中或十日不暖)魏略。(贫贱类引云斐潜字文行每之官不将妻子贫之(当作乏)织荆篱而卖)续汉书。(贫贱类引云王宛字孙仲居贫茅屋蓬户食梨藿而已)巴东记。(客游类引云行人峡中歌曰巫山三峡巫峡长猿叫三声泪沾裳)幽明录。(报恩类引云吾(此字当作吴)人孙钟居贫种瓜为业瓜始熟有三人来乞瓜钟便屈食讫谓钟曰无以相报示子以葬地遂上山示地讫曰我司命也遂化为白鹤而去遂葬母钟生坚坚生权汉末据江东并立为吴王)异苑。(兄弟类引云陈仲弓从诸子姪诣荀季和父子集于时德星聚太史奏五百里内有贤人聚)各一则。孝子传四则。(孝威类引云文让母卒负土营坟有群鸟数千为之衔块而成(此条系萧广济孝子传见御览三十七所引(又引云刘殷母好食堇冬日母病思堇殷泣之园乃生堇又引云孟宗至孝母欲得笋食冬日宗入林哀泣笋为之生又引云前汉董永千乘人也少失母独养老父家贫佣力常推鹿车于田侍养后父亡求为主人作奴贷钱葬父讫路逢一妇人求与永为妻永曰贫乏为人作奴何取此也妇曰必相顾乐不为耻也永将归主人问妇何善妇曰善织主人曰织缣三百疋放汝夫妻即织缣三日潢满三百疋主人大惊便放之永共妇行至道妇曰天见君至孝遣我来助还债遂辞而去此一条刘向孝子传见御览四百十一所引)谢承后汉书。(孝感类引云方储圣明丹阳人也丧亲负土成坟种树千株白兔游其下)列女传。(孝妇类礼修条引云汉赵高妻也姑严酷无道小怒则骂大怒即罚礼修无愠色引过自咎(此非刘向书))晋诸公赞。(婚姻类引云卫玠字叔宝河东安邑人玠为洪(当作洗)马娶尚书乐广女时论莫知优劣裴叔则曰妻父有水清之姿子壻如璧润之坚所谓秦晋匹是也)魏文帝典论。(闺情类引云王琰有功当封侯其妻哭于室恐娶妾也)石室(当作氏)星经(闺情类引云织女星为牵牛妻也)神仙经。(神仙类引云昆仑山有铜柱其南入天所谓天柱下有仙人九府与天地同符)各一则。其有标注出王粲。(此名不知何人或系援引王智深宋春秋误为王粲)宋书。(宴集类云陶潜字渊明居山水有人就之葛巾漉酒共饮弹素琴啸咏而已)出淮南国志(美女类色似芙蓉注)者。又各一则。(又神仙类引山海经云西王母居昆仑有金堂玉阙今本无下五字又报恩类引搜神记后汉阳公事神仙类引搜神记丁令威事令俗本亦多不具)或与他籍所引同。或为他籍所未引。捃拾佚籍不得不资于斯编惜乎书名之莫可征也。

金一卷半

籯金一卷半。三百九十五行。(每行字数不同由二十至三十余)首行题略出金一部。及并序二小字。下标小室山处士李若立撰。卷一之末。题籯金卷第一。下标宗人张球写。时年七十有五。计十一字。次行题籯金卷第二。是书以籯金为名也𥳑即𥳑字。盖取汉书韦贤传黄金满𥳑为义。总序在卷首。文均俪词。其中节云。若立虽乏光。容无能自衒。早游鳣席。颇践鲤庭。躬承阙里之言。伏奉闺门之训。每至坛花发彩。阅礼而入缁帏。市叶馆阴。敦书而升绛帐。寻师千里。访道七川。希括羽之功。就𥳑金之业。此即若立自述之词。其末节云。于是采摭诸经。参详众史。纂当时之行事。绢随物之恒务。庶无烦博览。而卒备时须。举其宏纲。撮其机要。合成百篇。分为五卷。先录其事。后叙交。(此误字)名之𥳑金故录云耳。此即自述纂书之例。盖此编分类隶事亦兔园册之伦。惟序言书分五卷。则此卷所存十仅得三。又言每篇先事后叙。今此卷各篇。均冠某篇第几一行。卷一计十七篇。首帝德。次诸君。(即储君之误)次诸王。次公主。次东都。次西京。次明堂。次功臣良将。次辅相。次侍中。次文昌御史。次御史。次公卿。次诸侯。次大夫。次君臣。次社稷。卷二自忠谏篇第十八始。次离宫别馆。次侍卫。次驾幸。次刺史。次别驾长史司马。次县令子男。次隐逸。次褒誉。次七贤。(仅述竹林七贤标类甚奇)次朋友。次仁孝。至父母篇第卅止。(此篇仅肇牵车牛远弗贾用八字盖所书止于此)其先事后叙者。仅卷二各篇。(七贤篇亦无叙)余或有事无叙。(卷一后五篇及卷二七贤篇)或有叙无事。(卷一前十二篇)疑系未成之帙。凡叙首均冠叙曰二字。词均俪偶。即采剌所录之事为之。亦间有夹注。(诸君公主西京功臣良将辅相侍中文昌御史御史忠谏驾幸县令子男各篇均有夹行注)事则或为对偶。与初学记例同。或非对偶。或摘成言一二语。又与北堂书抄白帖体同。每条之下。均有夹行小注(无注者十之一对偶之句或注系每联之后与初学记同)或详述其事。或并引所出之书。或解释音义。然亦繁简弗同。书唐志无著录。处立张球事并无考。新唐书宗室世系表。亦无其名。(小室即少室)据书有东都西京明堂各篇。则若立必系唐人。注中所引之书。民字治字率以百姓及理字代之。隐佚之序。亦有贤人避代之文。其他各篇。则明用治字。注中民字。亦不尽讳。东都篇叙。且直言基隆七百。惟御史文昌序。显荣显字。独缺左旁一点。或成于武后改唐为周之世欤。至于所引各事。谬误频仍。几与袁孝政注新论相拟。(如诸侯篇以班超为班固子社稷篇以春秋宋穆公语为郑庄公忠谏篇以申包胥为楚人相秦刺史篇以袁宏谢安为后汉人以邓艾为吴州太守别驾司马长史篇以汲黯为睢州刺史县令子男篇以孔子割鸡焉用牛刀之言出于美子贱褒誉篇以山涛见汉书是也自是以外如忠谏篇引庄子苌弘事误化碧为化璧玉引华阳国志严颜事误颜为吴将朋友篇引国志以刘琨即齐越石父此尤谬误之甚者又朋友篇引庄子得鱼忘荃得兔忘蹄解之云言君子结交必不改于而者终驾幸篇序形于大麓之篇注云老君五千言之所制度均不知所谓)所引之书。亦或误注书名。(如君臣篇引尚书高宗谓傅说曰君谓元首臣为股肱引孟子忠臣不隐情于君孝子不隐情于父母县令子男篇引论语子路为邑宰路不拾遗又引史记太公请灌坛神褒誉篇引周易五百年生一贤是)即所注弗误。亦点窜改易演为浅词俚语。(如大夫篇引史记百里奚事君臣篇引左传申 字语引史记王蠋事忠谏篇引新序乐羊事隐佚篇引新序仲连事褒誉篇引吴志阚泽事是也亦与袁孝政新论注同)其足勘校异文者计仅数条。(如诸侯篇引尚书邵公为保今本作邵引毛诗蔽芨甘棠今本作芾社稷篇引说苑大夫出彊(当作疆)有可安国家定社稷今本出疆作出境定字作利县令子男篇引家语可以毁錘可以折奸及如此加之所思则正不难今本毁錘作怀强折字作抑则字作而捝加之所思四字朋友篇引庄子淡如水甘如醴今本两如字作若是也其有未明注书名者如诸侯篇自陕以东自郏以西可证公羊释文陕郏二本大夫篇孟大夫梗杨大夫足证左传有作孟作杨之本忠谏篇述赵遁事足证左传有作遁之本仁孝篇述伯谕受杖足证说苑有作谕之本又大夫篇引渔父餔铺其糟缀其酾社稷篇引齐景公问晏子曰理国亦有常乎对曰谗佞之人隐在君侧不能去之由社树鼠穴不忍薰之均足存楚词及晏子春秋异字又诸侯篇云公者共也不私之侯候也伺承天之命伯者长为官之也(也字衍)长也子者子育人庶男者任可任也褒誉篇云德过百人曰俊过万人曰英过千人曰彦千人以上为髦亦足考白虎通谊异同)所引佚书。计卅国志(疑即萧方等三十国春秋)二条。(忠谏篇徐广条引云恭悔止之广曰帝被送禅位时广为秘书监悲涕不已谢事岂君是宗室左命我为秦家孝臣悲欢之可凶也(多讹捝)又褒誉篇引云幸氏兄弟五人皆多才术世人谓之一家五人并金友玉昆)襄阳传。(别驾长史司马篇引云耒阳令在县慢于公事刺史曰可举庞士元为别驾则正)益州传。(别驾长史司马篇任文公条引云公为西川驾别时天大旱文公以上天象因白刺史五月一日必有大水为灾可速造船械以为先备刺史不应文公自造二舟至时果有大水高数十丈刺史以百余万人死文独存)七贤传。(朋友篇引云阮籍以嵇康为友时人号为双鸿)孝子传。(仁孝篇引云夏侯许母病梦见亡父云天感汝孝今赐汝药在后园桑树上拂且往看果获神药母病得痊)先贤传。(仁孝篇引云剃威字俭人事其母冬则暖席夏即扇枕取凉以存孝心)各一条。其有标注出良吏传。(刺史篇云后汉苗为淮南太守家牛生犊弃之而去)出孝子传。(仁孝篇云张行至孝有鸟泣于庭前桑愚至孝父母亡筑坟不役奴婢一夕坟高四五尺松竹自生)及事在琴典(仁孝篇云曹参至孝每有寻足鸟接于堂宇或上参冠时人遂作梁山歌以咏其德)者。又各一则。(又忠谏篇引华阳国志李祚事仁孝篇引搜神记孟宗事俗本亦捝)尚足为辑书之助。自此而外。则注文捝讹几不可读。叙文亦然。(帝德篇虞曰舜曰上捝一字贡玄犀素翟之赊赊当作珍辫发文身之长上捝一字诸君篇镜玉津而纪城城当作域雅度瑶山之阴雅下度下各捝一字诸王篇嗣天孙之岳峙与上句弗偶中有讹捝礼穆申而接应应下捝一字公主篇共芝宫而互馥而乃行文东都篇齐征赋而交两下有捝字铜驼广路三条广上捝则字悬卜地之占悬下捝一字西京篇宫浮浊还而据清渭凿龙首缮离宫上宫字衍还当作泾首字捝九而字嵘嶻嶭上捝二句明堂篇奇超妙逸以下及布政君临句上下均有捝句功臣良将篇真君置号下捝四字辅相篇以材贤而理理上捝一字非态入兆态当作态下数句有捝缺楚郑喜逢良辅良上捝于字详之诸葛上捝三字侍中篇翼玄扈仰丝纶仰上捝于字忠谏篇摄政衣冠而解去句及上下均有捝文离宫别馆篇构虹梁于霄驿下捝十二字历历之榆星上压一字侍卫篇挺丹霞之剑下夺五字奉八屯夕励八上夺一字著巡之效巡下夺一字驾幸篇飞毂上夺二字共赏芳林之典上夺一句奔雷二句互夺以字而字刺史篇六千步之妙能句有捝讹别驾长史司马篇海沂之康下衍王祥二字县令子男篇奇材称异下衍绩字隐逸篇寻游野援而步邱园上有衍字燕地生先磨镜而负局生先当作先生负下有夺字尚子游山下夺二句褒誉篇芳声即播下夺三字南冠冕而独秀句在上下均有讹夺朋友篇以友会交邢晏泣郾仁孝篇雁荒坟句下均有夺句是也)均未足据依也。

周易王弼注卷第三残卷

周易王弼注。二百四十三行。自噬嗑六五注乘刚以噬于物起。至离卦之末止。末行标题周易卷第三。与各本分卷悉合。每卦均提行。注均夹行。每行字数正文十五字。注文或至十九字。卦首高一字为别。上标某上某下四小字。次画卦形。第一行第二行第四行第五行均有漫字。虎字缺笔。隆独字否。或缮写更在玄宗前。经文间与各本异。然剥卦六三剥无咎。剥下无之字。上六有灾眚。灾不作災。(此卷各災字均作灾)大畜卦象曰刚健笃实辉光。辉不作辉。坎卦象曰樽酒簋。簋下无贰字。并与释文本合。又复卦反覆其道之覆。与释文所引或本合。无妄卦六二象曰不耕而获。与释文所引误本合。复卦初九无祗悔之祗。离卦九三则大耋之耋。并与唐石经合。其与各本均异者。或为别体。(如无妄不翁之万颐卦虎视眈眈之眈大过有它肴之肴是也)或为讹文。(如无妄天命不祜之祜离卦日昃之离之昊是也)或异偏旁。(如贲卦终莫之凌也凌不作陵剥卦剥牀以辩辩不作辨)或偏旁有损益。(如离卦以避咎也之避慼嗟若之慼)惟离卦象曰重明以丽正。正上无乎字。上九象曰王出征。王下无用字。所据果为何本。今弗克知。注文亦多同异。有增字独与旧本合者。(如大过卦首句注云音相过之过也岳本夺也字他本并夺此句惟考文引古本与此合坎卦象曰注其信行险之谓也各本无上二字惟考文引一古本一作其信习险谓也一作信习险之谓也均与此合)有初书与各本相同。而校改增字者。(如贲卦六二注俱无应而比焉与各本同俱上续添二字颐卦注关我宠禄而競进与各本同后改而为之于阙上增而字所据不知何本)有各本所无之字。此卷独有者。(如贲卦六五注故施贲于东帛丘园以落各本无施字旡妄九五注药攻于有妄者也各本无于字颐卦象曰注言语饮食各本夺语字上九注故物莫不由之各本夺物字大过九五注而以阳处阳以阳处阳未能拯危各本不叠以阳处阳句坎卦六三注出则旡所之处则无所安各本无两所字是也至于所增语助计而字一其字一者字十三也字廿二矣字一)有初书与各本相同。而校改省字者。(如旡妄象曰注不可以妄之时与各本合继施涂抹不知据何本删之)有各本所有之字。此卷独无者。(如剥卦象曰注触忤殒身忤下无以字大畜象曰注凡物厌而退者厌上无既字坎卦初六注行险不能自济不上无而字是也语助所用也字亦较各本省其三惟噬嗑六五注噬不服噬上无虽字复卦六三注频蹙之貌也上无频字坎卦初六注坎窗者也坎上无入字似系夺文)有较各本互有损益者。(如旡妄九五注故勿药有喜也各本作故曰勿药有喜大畜初九注故能巴(当作已)也各本作故能利已是也)有与俗本字异。独与旧本合者。(如贲卦象曰注解天之文解人之文与释文本岳本及考文所引古本合九三注欲静则钦初之应与岳本及考文所引古本合上九注故任其质素与岳本及考文所引古本足利本合剥卦六二注长柔而消正六四注岂唯消正上九注则剥下所庇也并与释文引或本合大畜象曰注未之能也与考文所引古本足利本合颐卦六五注得顺之吉也大过九二注心无持吝亦与释文引或本合坎卦初六最处焰庶与释文本合六三注出则亦坎与释文所引误本合)有与各本均异者。(如剥卦六三注三上下各有二阴而三独应于阴各本三上下作主上下而三作而二六四注终旡尤矣各本矣作也复卦六二注既得中位各本得作处六三注频慼之貌也各本慼作戚六四注故得中行独复也各本得作曰旡妄象曰注莫盛于斯矣各本矣作也大畜初九注未果其进者也各本进作健(此初书亦作健)九三注之乎道路各本之作在六五注柔能制强各本强作刚颐卦初九注修已莫若自宝各本宝作保大过九三注宜其淹溺而凶丧矣各本丧作哀矣作也坎卦六四注为险之主各本险作坎是也惟贲卦初九注修其所覆各本修作循此系讹)均足补阮氏校记之缺。书法整严。犹其末焉者也。

周易王弼注第四残卷

周易王弼注。九十四行。由解卦象曰有攸往速吉句吉字起。至益卦之末止。末行标题周易第四。亦与各本分卷合。惟第上无卷字。每卦首画卦形。下注某上某下四小字。卦与各行相齐。则与前卷非一人所书。且所据非属一本。视经文各字。此概作無。亦其证也。(每卦提行注夹行与前卷同)观每行字数正文十四字。注文或至廿一字。书法近率。又缮写既竣。多所改易。或补夺字。或施涂抹。盖初书之时。所据仅一本。既成之后。复据别本校订也。其与今本不同者。舍 字概作無字外。如解卦象曰百果之果。六三致𡨋至之𡨋。贞吝之吝。九四解而栂之栂。损卦六五弗克违之克。自上祐也之祐。益卦六三告公用珪之珪圭。形虽稍异。字则弗殊 。惟解卦初六义无咎。咎下无也字。益卦六四利用依迁国。依上无为字。未知所据何本。又益卦上六偏辞也。与释文所引孟本合。然此为王本。偏或徧讹。未或执为王本旧文也。注文各无字。此亦作無。余复互有殊异。(如解卦初六注处此时也各本作处此之时损卦象曰注损之为义各本义作道九二注故能获无咎各本能作既尚于合志各本作尚合于志六五注事竭其功各本竭作顺不能违也各本不作弗上九注故曰无家也各本无曰字益卦象曰注同于本也各本于作乎象曰注之善改善各本之作迁六二注居益以冲各本冲作中不召而至各本而作自六三注得无咎也各本得上有乃字九五注故不待问而元吉也各本故作固是也其他语助损益计省也字八增者字十一增也字十五增矣字一增之字一)亦或独与旧本合。如解卦初六注或有过咎非其理也。初书有此注。继施涂抹。与释文所云或本无此八字合损卦九二注。柔不可以全益。刚不可以全损。各本无两以字。此与考文引古本合。六三注谓自六三以上三阴也。各本以作已。此与释文本合。又解卦六三注以容其身。上六注极而后动。益卦象曰注损上益下。并与毛本所据本合而所增也字。亦与考文引古本或同。(如益卦注必获大功也兴业之宗也救凶则免也各本均无也字考文引古本有之)此均有资于勘校者也。惟缮写之时。今弗克考。以亨字不避证之。或亦出自肃宗前欤。

庄子郭象注残卷

庄子郭象注。一百五十八行。由外篇山木篇夜行昼居起。(上漫四字也字尚存其半)至篇末止。计分十节。节各另行。注均夹行小字。(每行字数由十四字至十七字注或十八九字)首行及第八行第十行第十一行第十二行第十三行第十四行第十八行。字数漫灭。多寡弗等。书法秀逸。渊民及从虎之字。字均缺笔。恒字独否。则书于穆宗以前矣。今以明刊郭注本校之。计增字一十有二。(如犹且胥疏于江湖之上此卷疏下有草字其死可葬此卷可下有以字而独与道游于大莫之国此卷道上有君字人能虚已以游世此卷世上有于字因其自穷此卷穷下有也字此以天属也此卷也上有者字且君子之交淡若水小人之交甘若醴此卷交下各有也字庄子曰贫非惫此卷惫下有也字此所谓非遭时也此卷也上有者字人之不能有天此卷天下有也字体逝而终矣此卷矣上有耳字是也若庄周怵然意曰以下又衍曰字其恶者自恶吾不知其恶也以下复书此二语则均衍字)省字二十有二。(如安以得至焉此无得字虽无粮而乃足此无而字则呼张翕之此无之字太公任往吊之曰此无往字东海有鸟焉此无焉字而还与众人此无与字居得行而不名处此无而字孔子曰善哉此无哉字吾再逐于鲁此无再字子独不闻假人之亡矣此无人字负赤子而趋何也此无也字处势不便此无处字有其具而无其数有其声而宫角此无三其字敢问无受天损易此无易字何谓无受人益难此无难字弃之而走此无之字而袭诸人间此无而字且吾闻诸夫子曰此无曰字游于栗林而忘真栗此无于字真字是也若萃乎以下此夺芒乎二字乃非已也此夺非已也三字不给视虽落其实此夺视字虽字与省字不徒为异字四十有四。(如纲罗之纲作冈猖狂之猖作昌安以之安作何褊心之褊作漏(与释文本合)上下之县之县作悬毫毛之毫作豪饰知之知作智翔佯之佯作痒加益之加作嘉真冷禹之冷作命(与释文所引或本合)系履之系作侯不能行之行作保履穿之穿作空而王长其间之长作张犁然之犁作梨落其实之落作洛化其万物之物作方焉知其所始之始作止逐而谇之之谇作讯(与释文所引或本同)以及無作无者十八字一作壹者二字庭作廷者三字弃作弃者二字是也,若戒字作戒胥字作肯筋字作筋其数尤众惟回天受天损易此作捐易系讹字)倒易及互有损益者五事。(如又有江山此漫上三字江在句末名曰意怠此作其名意怠不为功名此作不为名功执臣之道犹若此此作执臣道而犹若此怵然曰噫此作怵然意曰是也)郭注之中。舍语助损益异同外。(此卷计增而字一矣字二耳字四也字廿六矣也一也上增者字八所省也字二其之各一又也字作耳者二耳字作也者一)异字七。(如磌碍之谓此卷碍作硋泊然抱一此卷泊作怕将寄言以遣迹此卷遣作遗寂泊无为此卷为作怀故常全此卷全作合至于形质而已此卷至作止日夜相代此卷代作伐是也其他無字作无弃字作弃者兹不悉举)省字四。(如则无独异于世矣此无无字盖寄言以极推至诚之性任乎物此无至字性任二字作信于今为始者此无为字)倒字一。(如又无心常系也此作心无是也)夺字二。(如真谓欲使之南越此夺之字里人无好恶也此本夺好字是也)误字一。(如取于弃人间之好间字作闻)衍字二。(如自然耳故曰性此于自上复衍自然二字)合正文注文勘之。舍衍羡讹夺外并较今本为长惜所存之止于斯也。

春秋谷梁经传解释僖公上第五残卷

春秋谷梁经传解释一百六十八行。由僖八年禘于太庙用致夫人注文中半起。

至十五年传末注文止。末标春秋谷梁经传解释僖公上第五。与范宁集解本分卷弗符。由第一行至第十三行。由第廿行至第五十行。均有漫字。甚者或漫其半。每行字数弗齐。注均夹行。正文由十三字至十五字。注文或至十八字。书法至工。惟撰书之人无考。书名自隋志唐志以下亦无著录。经文间异范本如九年甲子晋侯诡诸卒。此卷甲字漫灭。子字作戌。十年大雨雪。此卷雪字作雹。十二年冬十有二月丁丑。此卷丑字作未。十五年楚人伐徐。此卷无人字。十有二月壬戌。此卷无壬戌二字是也。(又九年煞其君之子之煞十年晋里克弑其(下漫)之弑十一年邳郑父之邳十三年于醎之醎之十四年使鄫子来朝十五年季姬归于鄫之鄫亦与唐石经以下范本异惟十二年王三月之三偶与毛刊注疏本合)传文亦然。有与范本异字者。如十年传吾与汝未有过切。此作遇切(注云未有待遇汝以急切是遇非讹字)是也。(又九年传雍泉作壅泉十年传将杀我并作煞我稚字作穉趋字作趍丽姬并作孋姬地贲作地坟已昏矣作以昏矣十四年传以病鄫子作以病鄫字十五年传虫灾作虫灾虽与石经以下各范本稍殊然字均通用)有较范本增字者如十年传世子祠。此故太子祠。国子之国也。此作国则子之国也。君喟然叹此作君喟然而叹。十五年传夷狄相败。此作夷狄自相败是也。有较范本省字者。如十年传而往卫家乎。此无往字。吾不若自死。此无自字是也。(又九年传宋其称子何也故备之也国人不子者何也十年传以累上之辞言之何也其杀之不以其罪也为重耳也不可不试也故里克所为杀者为重耳也是又将杀我也十一年传累之也十二年传故君子闵之也十三年传兵车之会也十四年传散辞也聚而曰散何也诸侯城有散辞也同谋也沙山名也故志之也重其变也十五年传遂继事也善救徐也虫灾也晦冥也天子至士也志也此卷并无也字九年传将杀我乎此无乎字故致福于君此无故字子何迟于为君此无于字则丽姬必死此无则字以重耳为寄矣此无矣字十二年传则无以宗诸侯矣十五年传晋侯失民矣此亦无矣字十四年传恶之也此无之字计省助字三十三)有碻为讹字者。如十四年以请已也。此作朝已是也。(注云而因朝诸已俱归也诸亦请讹)惟九年传死则以成人之丧治之。此作理之。十年传臣莫要于世字。此作太子。(下世字并同)十五年传晋侯失民及其民未败。此并作人。碻为避唐讳所更之字。考唐人写书。凡国讳之字仅缺笔。若撰著出于已。则所引旧文。帝名必讳。执此例以推或解释即出唐人所撰。试更即谷梁旧注考之。僖九年杨疏两引徐邈说。十五年范注亦引徐说。并与此释迥殊。又刘兆谷梁注。至唐犹存。见于李善文选注。慧琳一切经音义所引者。不下数十则。亦与此释不相附。惟十四年蔡侯肹卒。疏引麋信说。略与此释相同。然此云不日卒。又不书葬。(其说云日卒正时卒恶也恶之者为其父哀侯为楚所执身死于楚肹仍不朝中国而朝于楚父雠不复而反归之恶之尤甚故不日卒又不书葬也)彼则仅云不日卒。观疏于不书葬之说。复以已意相诠。则麋无斯说甚明。奚得以此书为麋注。况此书分卷。析僖公为二。僖公以前析三为四。与隋志麋信注卷帙亦迥弗同。又十五年战于韩。传文注云。有国之君。必结四邻之好。南面之主。終资兆庶之功。善邻则兵革不兴。得众则军师尽命。六朝以前。毋斯注体。其为晚出之书。益可知矣。撰自唐人。亦其旁证。然即其袭用麋说观之。则谷梁旧谊。采用必多。故说与范同几占其半。(如晋侯诡诸卒注云不书葬者煞太子失德也)而楚伐江黄之注。又与杨疏默符。(注云管仲以僖十五年死而此云死者以齐桓道极衰故因此以著其死若言管仲在则齐不可而灭也)古训典制。或与范杨同说。或补诸家所未备。(如地坟注云坟壤起也以昏矣注云昏乱也吾若此注云若如也刎脰注云脰颈也异方而言也诸侯散辞注云散犹略言略之而不序也沙鹿注云鹿是山之足又荀息闲也注云荀息立卓子而傅之以扞卫以扞释闲晦冥注云谓昼日而无光曰冥以无光释晦训诂均碻又伯姬卒传注云礼女子十五许嫁笄而称字明阴系于阳笄者簪所以系持发象男子之饰也廿而嫁为男卅而娶合成五十法大衍之数而生万物又取参天两地之义大雩传雩月正也注云雩者吁嗟以求雨也月者得恤人之正礼震夷伯之庙传七庙节注云王者立宗庙缘生以事死敬亡若事存故立宗庙而事之所以追孝继养也天子七庙三昭三穆与太祖诸侯五庙二昭二穆与太祖大夫三庙一昭一穆与太祖士二庙祖庙考庙天子五庙则月祭之二祧享尝乃止诸侯二昭二穆月祭之太祖享尝乃止天子诸侯祭庙用三牲卿大夫二牲士用一牲尊卑之差也均与谷梁师说弗背)推之以葵邱为齐地。(注云葵邱齐地也)以天子之宰为太宰。(注云此当为太宰又云卿有一人故尊重也)以置堇于脯释药脯。(注云以毒药置脯中即所谓置堇于脯也)以圣女之应释沙鹿崩。(注云记异而书之圣女后兴之应也)立说亦有师承。匪同穿凿。惟间引公羊。兼宗左氏。而遇防战韩城缘陵三注。悉以左氏解谷梁。荡抉家法。几蹈刘兆调人之辙。然揉合三传。较之束三传而抱遗经。不犹愈乎。

隶古尚书孔氏传夏卷残书

隶古尚书孔氏传一百八行。由禹贡四𣳾泲同旬𢇍字起。至胤征于𧆨止。首尾弗具。末二行字多漫灭。每篇前一行均题尚书某某第几。下标夏书二字。及孔氏传三字。次行为书序。序后一行为篇名。又次一行为经文。传皆夹行。每行字数弗齐。传少者十四字。传多者或至廿余字。书法整严。世字民字治字均弗缺笔。其为何时所书。今弗克考。经文多古字。传文恒否。据陆氏释文叙录云。尚书之字本为隶。古既为隶写。古文则不全是古字。今齐宋旧本。及徐李等音所有古字。盖亦无几。穿凿之徒。务欲立异。依傍字部。改变经文。疑惑后生。不可承用。据陆说。是孔本尚书。虽列古字。然旧本古字无多。僻异之文。多出后人所改易。此卷所据果属何本。今亦无征。惟宋人所称古尚书。其源流具详宋景文笔记。嗣则晁氏读书志所记尤详。虽石刻已湮。然郭忠恕汗简所采。薛季宣古文尚书训所据。山井鼎古文考所征引。较之唐开成石经文迥殊异。今以此卷校之。虽同者十居七八。然各篇之字。恒彼为古体。此为通行文字。其与唐石经异者。舍篇名甘斲(汗简古尚书誓作斲薛本同颜师古匡谬正俗引尚书汤誓亦同古文考作斩此文讹止为山)乂子之哥外。惟海字作[illegible]。会字作[illegible]。(说文古会字作[illegible]此讹古文考引古尚书作[illegible])慎字作[illegible]。(与说文慎字古文合)祗字作祇。德字作惪。(汗简德作[illegible]误)距字作歫。五字作乂四字作亖。(与说文并合)诸字作[illegible]。(汗简薛本作[illegible]于三体石经春秋诸字古文合此文[illegible]旁系[illegible]旁之讹)绥字作[illegible]。夷字作[illegible]荒字作[illegible]。禹字作[illegible]。(汗简薛本作[illegible]古文考作[illegible]此与汉书艺文志古禹字合)厥字作[illegible]。汗简薛本作[illegible]此稍误)启字作启。有字作又。战字作[illegible]。古文考作[illegible]误)野字作[illegible]。威字作[illegible]。绝字作[illegible]。(据说文当作[illegible]此与古文考作[illegible]同误)其字作亓。恭字作龚。戮字作[illegible]。(六书通一屋引古尚书作[illegible])孥字作[illegible]。汝字作女。须字作[illegible]。洛字作[illegible]。以字作[illegible]。豫字作[illegible]。(与说文引金滕合)灭字作[illegible]。(三体石经春秋作[illegible])。贰字作弍。盘字作般。从字作刅。训字作[illegible]。(汗简作[illegible])下字作丅。(与说文古文合)视字作眎。(说文古文作[illegible])图字作[illegible]。(汗简薛本作[illegible])懔乎作[illegible]。上字作丄。(与说文古文合)嗜字作[illegible]。乱字作[illegible]。(与三体石经尚书合)和字作咊。鸣呼作于[illegible]。归字作[illegible]。怀字作[illegible]。畴字作[illegible]。(汗简薛本作[illegible])[illegible]字作[illegible]。厚字作[illegible]。悔字作[illegible]。时字作[illegible]。仲字作中。谟字作[illegible]。(古文考作[illegible])辅字作[illegible]。春字作[illegible]。(汗简古文四声韵引三体石经春秋作[illegible]与此近)艺字作[illegible]。秋字作[illegible]。房字作[illegible]。罔字作[illegible]。(汗简薛本作[illegible]此误)闻字作[illegible]。弼字作[illegible]。以及不悉作弗无悉作亡而已。(若五子之歌峻寓雕墙寓不作宇胤征以木铎循于路不作徇天吏佾德佾不作逸虽与今本异文未必定属古字又甘誓怠弃三正之弃与唐石经合胤征[illegible]扰天纪之[illegible]与释文所引或本合其他服字作[illegible]纲字作[illegible]走字作[illegible]尔字作[illegible]萬字作万象字作[illegible]与唐代字体多合亦非古文也异文而外如五子之歌驭六马驭上无之字亦与各本殊异)与陆氏古字无几之说合。盖宋代古尚书所出。即陆氏所斥之本。此或齐宋旧本也。虽孔书伪托。未可据依。然传者欲托之壁经。则采辑古文之字。必非尽与古违。故与说文及三体石经多相符合。此卷所据。较之汗简诸书又信而有征。惜点画恒乖。字多误笔。而陆氏释文改于宋天宝中。尽易古文为今体。未克与斯相校。是可惜矣。若夫孔传之文足校今本讹夺。

(有今本字夺此与旧本独合者如禹贡甸服传去王城面五百里内各本夺内字此与史记夏本纪集解引同纳铚传所铚刈谓禾穗也各本无所字也字甘誓天用句传用其失道故也各本无也字御非其马之正传御以正马为政者也各本无者也二字此与山井鼎考文引古本并同予则句传言耻累之也各本无之字此与史记夏本纪集解引同五子之歌乃般游传般乐乐游逸各本不叠乐字此与考文引古本同是也有今本既讹且此与旧本独合者如胤征命掌六师传中康命胤侯也掌主主六师为大司马也各本无两也字下主字误王惟考文引古本作掌主也主六师为大司马也与此略符是也有今本字讹此与旧本独合者如甘誓序传夏启嗣禹立各本立作位此与考文所引古本合是也自是而外如禹贡财赋传言取民有节各本民作之纳总传入之供食国马也各本食作饲甘誓右弗攻于右传勇力为之主执戈牟以退敌各本为士之主作之士牟作矛胤征序传奉王命往征之各本奉作受奉辞伐罪曰征各本伐作罚政典曰传先天时各本无天字均与今本异文即禹贡传粟字作藁麄字作粗彰字作章五子之歌传骄字作憍厌字作猒胤征传距字作歫亦与今本稍异所增也字七十余者也二所省也字三皆字二语助上下互移者十余)犹其小焉者也。

隶古尚书孔氏传卷第五商书残卷

隶古尚书孔氏传一百九十一行。由盘庚中篇今亓大今亡后起。至微子篇末止。末题尚书卷第五。纸有余幅。距末行二寸许。有薛石二书记。所书绝诗一首。(其诗云野棘知人意因河不早回既能牵绕得诗役(以下为第二行)洩将来下题薛石二书记五字)与经传靡涉。每篇前一行均题尚书某某第几。下标商书二字。及孔氏传三字。次行为序。序后标篇名。或不与序别行。又次一行为经文。传皆夹行。第三行第四行均有漫字。每行字数弗齐。无传者十五字。传多者或至廿四字。书法较前卷稍率。民字间缺末笔。治显则否。世亦弗缺。或书于太宗之时欤。经文多古字。传文恒否。以前卷证之。所据当非一本。虽其字作亓。汝字作女。无字作亡。以字作㠯。威字作畏。不字作弗。怀字作褱。德字作悳。从字作刅。厥字作氒。或作身。绥字作媛。弼字作敿。启字作启。视字作眎。时字作旹。豫字作悆。闻字作䎽。盘或作般。(仅说命甘盘一见)荒字作巟。训字作訔。和字作咊。上字作丄。下字作丅。亦与前卷体符。(又弃均作弃亦于前卷合)然罔字作冈。乱字作𠮦。绝字作㡭。恭字作龏。野字作埜。畴字作𠷎。(当从薛本作𠷎)已与前稍卷殊。有字作ナ。呜呼作乌呼。乃与前卷迥异。又戮灭四海诸只六字。彼卷均为古体。此卷则否。邦天民命于之六字。此作邦兲𠨘命亐㞢。

彼卷独否。则所据非一本。昭然甚明。其他古字与汗简薛本古文考所采。间有异同。如起字作迟。(当从汗简作迟)羞字作养。讶字作卸。(与颜师古匡谬正俗引作御合)陈字作敕。(汗简薛本作敕依说文当作敶)曷字作害。暨字作泉。罪字作辠。既字作旡。(当作旡)断字作䜌。(与说文古文合汗简作斷薛本作𣃔)俾字作卑。哉字作才。迁字作𨑒。(当从汗简薛本作𨑒)攸字作逌。懋字作楙。敷字作尃。前字作歬。析字作斯。居字作凥。动字作𨔝。(汗简薛本作𨔝此误)笃字作竺。谋字作悬。由字作繇。违字作韦。长字作兂。简字作柬。敢字作敢。(即说文敢字变体)宝字作珤。得字作导。使字作𢼸。阴字作会。类字作𩔈。(汗简作䫲)诲字作𢘫厉字作砅。(与说文引诗合)辟字作𠊱。(汗简引作𠊱与为此近)率字作衡。(三体石经春秋古文作衞古文考引此误徵)终字作𡿨。(古文考作𠔌汗简薛本均作舟)树字作尌。(当从汗简薛本作尌)私字作厶。贤字作臤。谓字作冐。稽字作𥡴。汗简作𥡴薛本作𥡴宋痒国语音义引古文尚书同)逐字作𨓈。(汗简作𨓈薛本备𨓈二体)始字作乱。衡字作奥。佑字作右。专美作尝媺。(原文误倒)扬字作敭。休字作𠇍。鼎字作貞。(盖借贞为鼎)义字作谊。昵字作迡。黎字作𪏷。(与说文合)虞字作㤞。(当从汗简薛本作㤞)叁字作厽。遂作作𨖼。莫字作𦱤。吾字作𠬉。耄逊作旄。(汗简作𦱤薛本作𦱤与此异)孙𨻊字作𡶑。(汗简作𡶑薛本作𡶑)灾字作𢦏。　字作苟。牷字作全。云字作员是也。虽点画多乖。然此卷弗为古体之字。以薛本及汗简古文考所引勘之。彼亦恒为古体。则此亦古字无几之本。或非陆氏所斥者矣。(若夫萬字作万恐字作𢘑后字作𠮋與字作与胥字作𦙍戏字作戯多字作𡖋,离字作離,废字作癈,尔字作尒,沃字作𣴎,瞑字作䁅只字作𠮡聪字作𦖋,戒字作　,服字作𦨈辜字作𡰪,夭字作)𡗜,底字作厎颠字作顚仆字作僕,唐代书体率然非古字)惟字之弗仅一见者。既从古体。间复改书今字。其为抄胥时所易。抑系旧本实然。(如上下天德绥居休命敢得其以之于各字或不以古体书之)今弗可考。况字而外亦与唐石经多殊。如盘庚下乱越我家。此于越下旁添于字。(足证孔传治理于我家之训)说命下爰立作相。此作佐相。孔传立以为相。亦作立以为佐相。高宗肜日篇。惟天监下民。此无民字。(与史记合足证民字涉传文而衍)均足证衍羡讹误之文。又说命中惟干戈省厥躬此独作眚。说命下旁招俊。又此独作畯。西伯戡黎。大命不挚。此独作埶。并与释文引或本合。微子我罔为臣仆。臣系旁增。初书无斯字。亦与释之所引一本合。若盘庚下邦伯师长。此独作柏。又与西伯戡黎释文所云亦作柏。其义互明。(柏伯通用犹穆传鄌柏也)此均有资于校经者也。(惟盘庚中作丕刑于朕子孙此夺字孙二字说命上台恐德弗类恐上之字涂抹未补若济巨川用汝作舟楫初书夺此二句继补书于旁仍夺楫字及孔传碣为此卷舛文又西伯戡黎序咎周作周咎经文不无戮于尔邦无尔字微子我乃颠隮隮作济亦似讹夺之文)孔传之文。舍佐相一条外。亦恒有殊今本。(如盘庚中传女何得久生作民上各本民作人固将及之也各本之作汝盘庚下传其为政善各本作共为善政人之穷困各本作人之困穷说命上传谁敢不敬顺王之美命而谏之也各本之也作者乎说命中传言知之易而行之难各本无而字高宗肜日传不当特丰于近各本近下有庙字西伯戡黎传王之凶祸各本祸作害微子传又为奸宄之外内也各本作于内外言殷人上下有罪各本人作民是也又所增也字一百一十七者也一所省之者一之字者字其字各一言字二之字作也字者四乎字作也字者二者字作也字者一也字上下互易者二余弗悉举)然与旧本多相符。(如盘庚中篇传劳之共治民也有残民之心各本民作人我用以女徒各本用作乃此与考文引古本合是反祖父之行也各本作父祖此与王元与尚书纂传所引合但念贝玉而已初书贝上有其字亦与考文引古本合说命序传经营求之于外野俗本说经字外字此与岳本合说命中篇传宪法也言圣王法天以立教臣敬顺而奉之民以从上为治也俗本混入孔疏此与岳本及考文所引古本合说命下篇传梅酢各本酢作醋此与考文引古本合西伯戡黎传反报报纣言也女罪恶众多参列在天各本作反报纣也言汝罪恶众多参列于上天此与考文引古本略符自是而外如盘庚下传以求当进之求高宗肜日传其如我所言也之我虽仅与毛本合谊实较长)或字同而文较古。(如盘庚下传郊庙此作郊庿说命序传德高此作得高说命上传明智及刑人此则作知作形说命下传监瞰及左右此则作瞰作佐西伯戡黎传率诸侯此独作帅微子传非一途此独作涂是也又无恒作既汝恒作女否或作不亦较今本为古)岂可以传文之伪而忽之哉。

二十五等人图

二十五等人图。不分卷。首尾完具。计九十八行。(每行字数多寡不等或二十八九字或二十二三字)首行题仅案二十五等人图八字。旁注并序二字。不著撰人。其书先序后目。序亦俪文。中言余复率尔。远替先贤。苟欲增深。非能润色。人虽盖土。各有等伦。又云是以薄言得失。各举端耗。此即撰述此编之旨。书中区析人类。虽分廿五等。然总网仅五。一曰上上。神人圣人真人道人志人是也。二曰上。德人贤人智人善人辩人是也。三曰中。公人忠人信人义人礼人是也。四曰次。士人工人庶人农人商人是也。五曰下。众人奴人肉人小人愚人是也。类各五等。总目而后。分为二十五节。始于神人第一。终于愚人二十五。每节之首。先释制名之义。次以俪语状其行。每节字数。由百言至五十言。文多俚语。亦或间用古词。采材论语及老子二书。(惟农人节多本孝经郑注)所云神人真人。均本道书为说。所云道人。以和光同尘之辈当之。所云奴人肉人。均以庸劣猥鄙者当之。所云圣人。则指孔子然竟卷无图与标题不合。又末行右侧旁注舍了足三字。舍乃写讹。即全帙书竣之义。文无残缺。昭然甚明。盖书出乡曲之士所为。故标名之际不复深加审措也。惟此书之作。亦道源班氏人表。虽唐志及宋人书目均无著录。然哲人节云。理于未乱。又工人节云。虽无四人之业。农人节云。习四人之业。理不作治。人不作民。则撰书之人必在高宗之后世字不缺笔。盖距初唐已久远也。书法似出晚唐。传写讹夺。几不可读。(如第二行经谓殊途经谓当作泾渭第十行之尔之当作云第廿二行出名不杨当作出亦不扬第廿七行而不失其政政当作正第三十行万须澄波千刃绝壁当作万顷千仞三十二行而借寸阴借当作惜三十七行不以已矩矩当作短第四十三行察物之据劣据当作优第五十三行无骄衿衿当作矜第五十四行端诫人也诫当作诚第六十五行隐乃濑流卧石濑当作漱第七十八行但思润屈屈当作屋第一十九行得不知主得作得之不知生第九十一行心根儿恭根当作很第九十三行诈伪日拙诈当作作此讹字之显然者也又第四行无求备于一人第七行而看古史今书人字第三十一行寰海用道之心第五十七行使众人之不疑第七十七行于财交乃荣及于义或与上下文不属或词句不可通此均本句有衍字夺字及上下文各有夺句者也若第十八行或隐之上在或出二字第二十三行内之贵之下捝一字第三十三行百代已俟人已为衍字第四十二行远识也也上夺一字第五十一行或能躯报国躯上夺一字第五十九行或夺譬惠人或下夺乃字第六十九余绪人志也志为衍字第六十九行世缙绅世下夺一字第七十行输十一人之税人为衍字第七十一行何物之能谐第九十五行咫犹疑九十八行此乃愚人之也物上犹上也上各夺一字此亦衍夺之显然者也余弗胜举)然巫字作巫。归字作皈。耕字作耕。杀字作煞。饰字作饬。宦字作宧。禀字作禀。均与唐人书体相符。虽湮没之年几及千载世有补唐志书目者固弗得不取此编也。(此书所用之词多与今之恒言相合商人节云朋社赌钱众人节云皂白不分均足补恒言录通俗编之缺)

敦煌石室經卷中未入藏經論著述目録

李翊灼撰

《中國敦煌學百年文庫》本

敦煌石室经卷中未入藏经论著述目录

李翊灼

（《佛学丛报》 1923年 第8期）

翊灼案佛教典籍浩繁，历来编目录者，胥依经、律、论三藏列次三藏中，又复各分大小乘，以为前后，此例尚嫌笼统，不便观览。兹准涅槃经、六波罗蜜多经定例，分为大乘、小乘，大乘中分经藏、律藏、论藏、秘密藏、杂藏五类；小乘中不分，庶统绪朗然而易于寻揽。惟此项未入藏，经卷多系破碎，首尾不完，翊灼以限于日力，愧未及一一详为考证也。

大乘经藏类

华严略疏　　辰字第五十三　一卷

翊灼案此系释六十华严，寻绎文义颇类云华搜玄记，不知何人著也。

华严行愿品颂　　寒字第八十四　始字第五十七　共二卷

普贤行愿王经　宇字第三十五　一卷

翊灼案此二经皆是唐译之异本，可资雠校。

大方广华严十恶经　芥字第四十五　一卷

翊灼案此经未见著录，本卷不完，未能觇其义趣以定真伪，姑附于此，俟后考证。

维摩经疏　洪字第十一　昃字第二十六　昃字第二十四　吕字第九十六　生字第九　昆字第九十九　冈字第六十二　夜字第四十三　河字第九十九　淡字第七十六　潜字第四十三　潜字第九十八　羽字第十九　师字第七十七　帝字第四十一　帝字第八十六　鸟字第八十七　始字第七十八　服字第九十一　共二十卷

维摩经解　盈字第八十六　昃字第五十　为字第八十六　裳字第七十三　共四卷。

翊灼案此二种二十余卷皆不完整，不能考为何人之作，惟其文义颇精，实净名经之要著也。

维摩经科要　腾字第四十七　一卷

维摩经义科　致字第六十二　一卷

翊灼案此二种可备参考，惟首尾亦不完，不识为何人著作。

维摩经义记　辰字第三十二　一卷

翊灼案此卷末题释琼许写，审其文义，盖是隋慧远所著之八卷本也。

维摩经肇注　往字第九十一　岁字第十七　致字第七十一　致字第七十二　霜字第十六　夜字第七十一　重字第二十　淡字第五十一　帝字第九十　皇字第三　始字第十三　制字第三十二　字字第五十三　乃字第五十四　共十四卷

翊灼案此与流通本之肇注有不同者，可资雠校。

维摩经集解开中疏　道液撰　秋字第七十二　闰字第九十六　生字第二十四　柰字第八十二尾　姜字第七十　姜字第九十四　河字第五十三　河字第三十六　位字第四十八　共九卷

内题资圣寺沙门道液述。

翊灼案道液为人不详，此疏融会性空义旨甚精，可宝也。

贤护经疏　列字第十三　淡字第十九　淡字第七十五　共三卷

翊灼案此是性宗著述，疏义甚精，惜首尾不完。

胜鬘经疏　玉字第二十四　柰字第九十三　共三卷

翊灼案此疏似六朝人著作，齐杨都沙门法瑗有胜鬘经解三卷，不知即此否也。

观弥勒上生经疏　服字第二十二　生字第六十八　共二卷

翊灼案此是相宗人著述二卷，已得十之六七，可宝也。

无量大慈经　姜字第八十九　一卷

阎罗王受记经　咸字第七十五　一卷

内题佛说阎罗王受记，令四众道修，生七齐往生净土经。

赞僧功德经　海字第七十八　服字第六十二　衣字第二十二　共三卷

菩萨见实三昧经　宇字第二十七　一卷究竟大悲经　宙字第十五　一卷

大通方广经　盈字第十九　第二十四　列字第五　露字第六十六　衣字第一　共五卷

净度三昧经　昃字第二　结字第六十五　共二卷

普贤菩萨说咒经　来字第六十四　暑字第六十　共二卷

佛说禅门经　露字第九十五　鸟字第三十三　共二卷

庄严成佛经　果字第六十九　一卷

入无分别总持经　姜字第二十三　一卷

慈教经　河字第六十四　一卷

父母恩重经　翔字第二十五　一卷

大丈夫经　始字第十七　一卷

翊灼案以上十四经,或向未见著录,或久遗失,今姑附此,以待详考。

大般若经释　潜字第六十九　第七十四　帝字第八十三　共三卷

翊灼案释大般若者著录,所见甚少,此卷或宗智论为之兴!

般若心经疏　昆字第十二　阙字第九　共二卷

翊灼案此经疏家极多,此疏甚精,发挥性空义旨至为透豁,唐初人著作也。

金刚般若经疏　收字第一　闰字第二十一　第二十八　第四十八　菜字第十五　翔字第三十七　始字第三十七　共七卷

翊灼案此疏七卷似非一种,然断文残卷殊难究竟,　其文义则甚精要,空宗之杰著也。释般若中名义　结字第九十三　一卷

翊灼案此卷可作空宗参考。

般若心经　海字第七十七　一卷

翊灼案此又一译,可资雠校。

涅槃经疏　地字第九十三　宇字第六十　闰字第二十四　第七十六　第九十一　余字第四十六　致字第七十　制字第八十九　共八卷

翊灼案此疏残佚太多,不可考为何人著作,文义旨趣则性宗也。

涅盘经义记　雨字第九十　一卷

翊灼案此隋慧远所著,义至精要,日本续藏收而不全,此卷或能补其阙,则尤可宝也。

法华经玄赞　黄字第十二　昃字第六十八　李字第二十　河字第三十九　共四卷

翊灼案此为唐慈恩寺窥基撰,以相宗之精英发明一乘之秘奥最极,圆湛此卷惜阙略太多,将来或能从日本续藏中钞补以为完璧,则尤可宝也。

法华疏　暑字第七十　致字第十五　结字第四十三　玉字第二十六　号字第六十六　李字第二十　菜字第十一　淡字第三十二　始字第五十三　共九卷

翊灼案此疏残佚甚多,不可考辨,据其义理则贤家最精者,闻贤首有法华疏若干卷,此其是欤?

阿弥陀经义述　昃字第三十　官字第三十五　共二卷

翊灼案此卷未见著录,义甚精惜残佚也。

观无量寿佛经疏　鸟字第九十四　官字第四十三　共二卷

翊灼案此经疏家甚多,此疏未曾经见,据其文义,则亦唐初人所撰也。

稻芊经随听手镜记　藏字第九　调字第五十　阳字第三十四　云字第十八　结字第五十九　菜字第八十九　咸字第十四第五十九　始字第六十二　制字第七十三　文字第五十八　裳字第十三　共十三卷

翊灼案此疏为相宗秘要之典,所述多相宗入门精义,惜诸卷重复过多,合之仍阙尾也。

大乘律藏

梵纲经菩萨戒疏　藏字第五十五　第七十四　共二卷

翊灼案此与智者、贤首二疏均不同,不知何人所著,惜已残佚过半矣!

菩萨戒义　菜字第七十八　为字第十四　共二卷

翊灼案此系散义,可备参考。

大乘论藏类

起信论释　海字第九十五　衣字第四十　共二卷

起信论义述　咸字第四十六　淡字第四十八　始字第四十　第四十一　共四卷

翊灼案此二种皆贤首宗人著述,而义述尤与贤首义记大同,或即义记之初稿欤?

十地经论释　咸辽第七十八　一卷

翊灼案此卷前后均佚,考其义趣,殆亦唐初人著作也。

因缘心论释　海字第十七　一卷

翊灼案此释系龙猛菩萨造,历代久佚之本也。

因缘心释认开决记　鹿字第八十三　海字第三十九　共二卷

翊灼案此即释前释论者,发明相缘相义甚精,惜多佚也。

大乘四法经论广释开决记　字第三十　官字第四十二　共二卷

翊灼案古来释四法经论者甚少,此卷发明显透,可资寻绎。

大乘五门十地实相论　腾字第六　露字第四十三　共二卷

翊灼案此论未见著录,译人及所出年代均不可考。

金刚仙论　地字第五十四　盈字第二十七　闰字第六十六　共三卷

翊灼案此论日本续藏收,题为金刚仙菩萨造,开元释教录则云金刚仙论十卷,寻阅文理,乃是元魏三藏菩提留支撰,释天亲论者未知孰是?

圆明论　服字第六　一卷

内题马鸣菩萨造。

又题目云：明心色因果品第一、要门方便品第二、辨明修道择因果品第三、辨明三乘逆顺观品第四、简异外道缘生本品第五、入邪正五门辨因果第六、自心现量品第七、简妄想品第八、辨明声体品第九。

翊灼案此论未见著录，译人、出时并不可考。

瑜伽师地论随听手记　辰字第八十七　秋字第五十七　冬字第七十二　闰字第九十八　露字第八十二　光字第二十六　柰字第九十七　共七卷

翊灼案日本续藏收唐遁伦记二十四卷、窥基略纂十六卷，瑜珈师地论著述仅存此矣！此卷不知何人著作？其云随听手记，或亦听奘师讲演而记录之欤？察尔则甚可贵也。

瑜伽师地论科　宇字第九十　宙字第六十六　共二卷

瑜伽师地论释　张字第六十三　官字第六十三　官字第十六　共二卷

翊灼案此二种可资参考。

百法论疏　荒字第七十八　辰字第七十三　列字第三十二　秋字第六十一　冬字第二十五　吕字第三十七　阳字第二十　金字第十八　玉字第五十六　号字第四十　柰字第九十八　菜字第三　潜字第五十七　官字第六十五　字字第三十二　共十六卷

翊灼案此论疏者甚多，而流传甚少，此卷不察为何人著作，然其释义精极，作者其为大乘光之流亚无疑也。

百法义章　露字第四十六　一卷

翊灼案此卷完全，释义亦明了。

百法论述义　昆字第六　一卷

翊灼案此卷残佚太多，不可考辨矣！

百法论开宗义记　露字第六　水字第六　出字第一百　海字第十九　乌字第六十七　共五卷

翊灼案此记未见著录，据文义亦唐初诸师所著，发明相宗义甚精详也。

无名论　宙字第九十五　一卷

内题三慧品第一百九十四。

又一卷　腾字第二十三　一卷

内题观声性空证实际品，观三处空证菩提品。

又一卷　露字第二十一　一卷

内题求善知识不惜内外寿命，嫌疑第十品。

又一卷 腾字第五十九 一卷

内题禅章第五、般若章第六、出家章第七、孝慎章第八、戒色欲章第九。

又一卷 号字第二十六 一卷

内题显一切众生身内有佛父母品第六、对治服药论第七、除一切众生修道作佛道作佛病品第八、一切贤圣心海发作扭捩浑合品第九、一相诸法即道解脱品第十

又一卷 人字第二十 一卷

内师佛性同异章第七。

又一卷 为字第四十六 一卷

内题烦恼即菩题品第九。

翊灼案以上各卷均是论类，惜均残佚，姑存於是，以俟详考。

无名论释 帝字第十七 一卷

翊灼案此卷文义，审为论释，惜所佚太多，不可稽考。

大乘秘密藏类

无量寿宗要陀罗尼经 盈字第三十一 一卷

翊灼案此经未见著录，综核文句与元沙罗巴出之无量寿决定光明王陀罗尼经，盖同一梵本也。

如意轮陀罗尼经 余字第八十五 一卷

翊灼案此又一译，可资雠校。

诸星母陀罗尼经 收字第五十七 一卷

金有陀罗尼经 收字第四十 一卷

翊灼案此二经未见著录。

大佛顶首楞严陀罗尼经 宇字第二十二 一卷

翊灼案此又一译，可资雠校。

解百生怨家陀罗尼经 推字第九十 一卷

翊灼案此卷文义可疑，姑存於此，以俟於此，以俟后考。

东方金刚大集想 昃字第五 一卷

瑜伽礼 水字第二 一卷

法身礼 推字第七十九 一卷

救济苦难陀罗尼 始字第六十八 一卷

施饿鬼水食真言印法　收字第六　一卷

金刚莲华大摧碎真言　昃字第九　一卷

翊灼按以上六种皆真言宗散法此土,阿阇梨之著作也。

金刚顶四十九种坛法轨则　冬字第七十四　一卷

内题顶四十九种坛法轨则　冬字经七十四　一卷

内题金刚峻经金刚顶,一切如来深妙秘密金刚界,大三昧耶,修行四十九种坛法作用威仪法则。

大毘庐遮那佛金刚,心地法门法界坛法轨则　冬字第七十四　一卷

同前并题大兴善寺,大广智三藏不空奉诏译。

金刚顶瑜迎请仪　余字第十九　一卷

内题金刚顶经,一切如来深妙秘密,金刚界大三昧耶,修习瑜伽迎请仪。

末题大兴善寺,大广智三藏不空奉诏译。

金刚顶经金刚界修习瑜伽仪　余字第十九　一卷

内题金刚顶经,一切如业真实,摄大乘现证,大教王经,深妙秘密金刚界,大三昧耶,修习瑜伽仪。末题大兴善寺,大广智三藏不空奉诏译。

翊灼案以上四种秘密轨则,皆真言宗要法也。

大神力都摄一切咒王帝殊罗尸金刚大道场三昧陀罗尼　光字第九十五　一卷

翊灼案此是佛顶部真言,与大佛顶咒同类也。

如意轮王摩尼别行法印　官字第十五　一卷

翊灼案此卷载印法甚悉,真言宗之秘典也。

秘密义抄　淡字第四　一卷

翊灼案此是真言宗散义。

顿悟大乘秘密心契禅门法　致字第八十六　一卷

内题惠达和上撰。

翊灼案惠达不可考,此文系颂类,明义甚精也。

大乘杂藏类

礼阿弥陀佛文　果字第八十八　一卷

净土愿文　服字第二十八　一卷

翊灼案此二处亦不完全,不可考证。

西方净土赞　果字第四十一　一卷

归西方赞　文字第八十九　一卷

翊灼案此二种义甚好，著者不可考矣！

净土义　潜字第五十一　一卷

翊灼案此卷发明净土之义甚精，惜首尾不完。

净土忏　乃字第六十八　一卷

翊灼案此忏亦非注通诸种，不详作者也。

安心义　宿字第九十九　一卷

真了性坛语　寒字第八十一　一卷

内题和尚顿教解脱禅门真了性坛语。

无名上士集　闰字第八十四　一卷

内题观行法、为有缘沙门知嵩述。

大乘无生方便　生字第二十四　一卷

坚义　创字第八十七　一卷

内题本迹第三、真就第四、境智第五、因果第六。

融印相无相论　柰字第五十五　一卷

内题三教对於三佛论第四、三根对於三教论第五、释三佛有说无说论第六、辨共成佛为不共成佛论第七、有执无执论第八、净土论第九、二谛论第十、十二因缘论第十一、禅枝论第十二，末题承相王五门佛性义。

又题访丘释道遵许（案许字或说字欤?）。

又题沙弥库狐纯酢写。

一乘显自心论　宇字第四　一卷

了性句　裳字第六十七　一卷

证心论　裳字第七十五　一卷

翊灼案以上九种皆是禅宗人著述，发明心宗要义甚畅。

无相礼　重字第二十　一卷

□□以修善法　制字第七十九　一卷

翊灼案此二种亦禅宗撰述之类。

所缘缘论释　鸟字第九十三　一卷

翊灼案此释不知何人所著，发挥相宗义旨甚精也。

释八识义　潜字第六十七　一卷

释唯心识义　金字第三十三　一卷

相宗散义　月字第九十一　寒字第四十六　阳字第四十三　生字第四十七　珠字

第五十一　共五卷

翊灼案右三种皆相宗碎义，足资考证。

大乘入道次第章　日字第五十　重字第五十一　共二卷

翊灼案此卷系唐智周撰，中土久佚，日本续藏收，惜不全也。

无名疏释　珠字第七十四　柰字第七十六　官字第二十　人字第九十五　共四卷

翊灼案此四卷文义亦是相宗类，惜未能详考也。

大义章　洪字第五十三　一卷

内题及法师撰。

翊灼案晋慧远有与鸠摩罗什法师问答大乘大义章三卷，此不知是否当取？日本续藏收者，一校之也。

答上问法书　位字第二十　一卷

翊灼案此卷义趣甚精，不知何题承答帝问之辞也。

断惑义　文字第一百　一卷

破错急法　字字第一　一卷

翊灼案此二种皆大乘散义。私弥陀弥勒忏文　始字第四十六　一卷

题释洪秀撰

释氏杂文稿　宿字第五十　成字第九十八　海字第五十一　字字第五十九　共四卷

义净三藏碑文　字字第十九　一卷

翊灼案此三卷皆杂稿，然可备资参究。

无名疏解　结字第四十八　昆字第八十三　菜字第四十　师字第九十七　鸟字第三十一　制字第四十五　文字第四十一　字字第九十　裳字第五　共九卷

翊灼案此九卷皆疏释经论者，姑存於此，俟后详考。

目连入地狱俗文　盈字第七十六　成字第九十六　霜字第八十九　鹿字第八十五　共四卷

八相成道俗文　云字第二十四　一卷

维摩经俗文　光字第九十四　一卷

佛本行俗文　潜字第八十　乃字第九十一　共二卷

劝戒俗文　鸟字第十　一卷

悉昙颂俗文　鸟字第六十四　一卷

法华经俗文　制字第四十九　一卷

述地狱苦俗文　衣字第三十三　一卷

和戒俗文　推字第二十八　一卷

翊灼案以上九种皆通俗劝导之文也。

小乘类

天请问经疏　黄字第十九　一卷

翊灼案此疏发明四谛等义甚精，小乘中最要之典也。

温室洗浴众僧经疏　生字第六十八　一卷

翊灼案此隋慧远所著也，释小乘义极精要，惜残佚甚多。

四谛法门经　生字第十　一卷

佛说救疾经　芥字第八十三　一卷

法王经　咸字第二十六　一卷

五无返复经　制字第六十八　一卷

无常三稽经　辰字第六十三　一卷

翊灼案此五种皆小乘经，未详译代。

佛说犯戒罪报轻重经　裳字第二十七　一卷

四分戒本疏　始字第二十一卷

翊灼案此二种小乘戒也。

三宝四谛　官字第九十三　人字第七十二　共二卷

小乘三科　致字第七十四　龙字第八十二　裳字第六十六　共三卷

小乘部义抄　洪字第九十　盈字第十　共二卷

翊灼案此皆小乘散义。

附录

观世音三昧经　余字第八十　一卷

翊灼案此经见周录疑伪类。

大辨邪正经　鹿字第十　一卷

翊灼案此经托名奘师译，伪也。

八阳神咒经　洪字第三十八　一卷

翊灼案此经与藏中收本不同，伪也。

要行舍身经　张字第六十九　一卷

翊灼案此经见开元录伪妄类。

七阶佛名　河字第五十五　帝字第二　共二卷

翊灼案此种周录入疑伪类。

佛说证香火本因经　光字第九十七　一卷

佛说证明经　咸字第七十七　一卷

劝善经　翔字第二十二　一卷

新菩萨经　师字第二十　一卷

百行草　位字第六十八　一卷

救诸众一苦难经　乃字第八　一卷

首罗比丘经　日字八八十七　一卷

翊灼案以上七种文义舛谬，皆疑伪类。

西藏文经　皇字第七十五　一卷

翊灼未尝习藏文，此卷不能定为何经，姑存於此，以俟知者。

道家无名经　地字第十七　黄字第八十七　辰字第十七　列字第十九　阳字第八十三　露字第四十三　重字第九十五　芥字第九十七　翔字第十四　鸟字第八十四　文字第八十五　服字第四十六　服字第八十九　裳字第三十　位字第三十九　共十六卷

翊灼案此十六卷均道家经典，其名未考，

道家忏　鹿字第四十七　金字第十八　皇字第二十　共三卷

太上洞元经　列字第十八　一卷

太上一乘海空经　往字第七十六　一卷

太玄真一本际经　往字第七十六　一卷

元始上品经　鹿字第九十九　一卷

无上秘要道经　珍字第二十　一卷

道家伪经　李字第七　一卷

翊灼案以上七种皆道家。

景教经　宇字第五十六　一卷

翊灼以种种考证，证明此为景教之经，会当别制考证文以质通士，兹不具赘。

敦煌劫餘錄（一）

陳垣撰　民國二十年（一九三一）排印本

敦煌劫餘錄

册一

[illegible]册[illegible]

敦煌劫餘錄

中華民國二十年三月
國立中央研究院歷史語言研究所專刊之四

AN ANALYTICAL LIST OF THE TUN-HUANG MANUSCRIPTS IN THE NATIONAL LIBRARY OF PEIPING

COMPILED BY

CHEN YUAN

PUBLISHED BY

THE NATIONAL RESEARCH INSTITUTE
OF HISTORY AND PHILOLOGY
OF
ACADEMIA SINICA

PEIPING
MCMXXXI

國立中央研究院歷史語言研究所告白

此書之刊印費由中華教育文化基金董事會資助特此誌謝

敦煌劫餘錄序

一時代之學術必有其新材料與新問題取用此材料以研求問題則爲此時代學術之新潮流治學之士得預於此潮流者謂之預流（借用佛教初果之名）其未得預者謂之未入流此古今學術史之通義非彼閉門造車之徒所能同喻者也敦煌學者今日世界學術之新潮流也自發見以來二十餘年間東起日本西迄法英諸國學人各就其治學範圍先後咸有所貢獻吾國學者其撰述得列於世界敦煌學著作之林者僅三數人而已夫敦煌在吾國境內所出經典又以中文爲多吾國敦煌學著作較之他國轉獨少者固因國人治學罕具通識然亦未始非以敦煌所出經典涵括至廣散佚至衆迄無詳備之目錄不易檢校其內容學者縱欲有所致力而憑藉未由也新會陳援

庵先生垣往歲嘗取敦煌所出摩尼教經以考證宗教史其書精博世皆讀而知之矣今復應中央研究院歷史語言研究所之請就北平圖書館所藏敦煌寫本八千餘軸分別部居稽覈同異編爲目錄號曰敦煌刧餘錄誠治敦煌學者不可缺之工具也書既成命寅恪序之或曰敦煌者吾國學術之傷心史也其發見之佳品不流入於異國即秘藏於私家茲國有之八千餘軸蓋當時唾棄之賸餘精華已去糟粕空存則此殘篇故紙未必實有繫於學術之輕重者在今日之編斯錄也不過聊以寄其憤慨之思耳是說也寅恪有以知其不然請舉數例以明之摩尼教經之外如八婆羅夷經所載吐蕃乞里提足贊普之詔書姓氏錄所載貞觀時諸郡著姓等有關於唐代史事者也佛說禪門經馬鳴菩薩圓明論等有關於佛教教義者也佛本行集

經演義維摩詰經菩薩品演義八相成道變地獄變等有關於小說文學史者也佛說孝順子修行成佛經首羅比丘見月光童子經等有關於佛教故事者也維摩詰經頌唐睿宗玄宗讚文等有關於唐代詩歌之佚文者也其他如佛說諸經雜緣喻因由記中彌勒之對音可與中亞發見之古文互證六朝舊譯之原名藉此推知破昏怠法所引龍樹論不見於日本石山寺寫本龍樹五明論中當是舊譯別本之佚文唐蕃翻經大德法成辛酉年當是唐武宗會昌元年出麥與人抄錄經典及周廣順八年道宗往西天取經諸紙背題記等皆有關於學術之考證者也但此僅就寅恪所曾讀者而言其爲數尙不及全部寫本百分之一而世所未見之奇書佚籍已若是之衆儻綜合並世所存敦煌寫本取質量二者相與互較而平均通計之則吾國有之八千餘

軸比於異國及私家之所藏又何多讓焉今後斯錄既出國人獲茲憑藉宜益能取用材料以研求問題勉作敦煌學之預流庶幾內可以不負此歷劫僅存之國寶外有以襄進世界之學術於將來斯則寅恪受命綴詞所不勝大願者也中華民國十九年四月義寧陳寅恪

敦煌刼餘錄序

敦煌刼餘錄十四帙著錄寫經八千六百七十九號（中有缺號有一號裂爲二三軸者均於檢目注明之）今藏北平圖書館原出敦煌縣南四十里之千佛洞敦煌自漢至唐爲中西交通孔道人文極盛外來宗教如佛如祆如景如摩尼皆先後集其間是時雕版尚未大興書皆繕寫周隋而後造象之風寖殺信佛者又以寫經爲功德故佛經寫本之傳布特多宋王明清揮麈錄載雍熙初王延德使高昌見佛寺五十餘區皆唐所賜額寺有大藏經唐韻玉篇經音等又有勑書樓藏唐太宗御札詔勑緘鎖甚謹復有摩尼寺波斯僧各持其法知高昌沙州諸地宋初韞藏文物尚富且不止釋典一門通考載大中祥符末沙州歸義軍節度曹賢順猶表乞金字藏經景祐至皇祐中朝貢不絕知此等經洞之

封閉大約在皇祐以後清光緒二十六年四月洞中佛龕坍塌故書遺畫暴露稍稍流布時人不甚措意三十三年匈人斯坦因法人伯希和相繼至敦煌載遺書遺器而西國人始大駭悟宣統二年學部咨甘肅有司將洞中殘卷悉數運京移藏部立京師圖書館即今所著錄者是也顧何以十之九九爲佛經則以國人研究古物祇能於有文字處求之其無文字而爲圖象器物之屬初不屑也有文字矣其文非漢文而爲中亞古代語言亦不貴也國人所貴者漢文古寫本然漢文古寫本爲人所同貴故佛經以外之寫本多已爲捷足者所先得其留遺者又沿途爲黠者所巧取故今所存者祇此也民國初元予至北平頗震驚八千軸之數冀於此得佛教以外之宗教史料嘗就方家胡同圖書館檢其目錄惜當時所寫定者僅二千餘號以未窺全

豹爲憾得宇字五十六號摩尼教經以爲瑰寶矣十一年春予兼長館事時掌寫經者爲德清俞君澤箴乃與俞君約盡閲館中所藏日以百軸爲度凡三越月而八千軸畢知其中遺文異義足資考證者甚多即卷頭紙背所書之日常帳目交易契約鄙俚歌詞之屬在昔視爲無足重輕在今矜爲有關掌故者亦不少特目未刊布外間無由窺其蘊耳十三年夏都人士有敦煌經籍輯存會之設假午門歷史博物館爲會所予被推爲採訪部長僉擬徵集公私所藏彙爲一目登報匝月應者寥寥予遂先就館中錄其副目按部排比略倣趙明誠金石錄前十卷體式每軸著其原號起止紙數行數及內容原號者由甘肅解部時所編之號起止者每軸首二行之首二字及末二行之末二字也稿成名曰敦煌刼餘錄未及刊行會又停頓十八年春中央

研究院歷史語言研究所屬編北平圖書館敦煌寫經目錄予乃重理舊稿删其複出補其漏載正其誤考又越年餘今始寫定夫寫定之難厥爲首尾不具之殘軸軸首尾無經名而軸中有品名尙易定也雖無品名而其文爲吾人所常習如金剛法華之類亦易定也惟久佚及罕習之經論往往一殘軸比勘多時咨詢多人仍不能考定經入館二十年而目迄未刊布者此其一因也今第十四帙中俟考諸經即此類第十四帙中並有續考諸經爲近日秋浦周君叔迦所考定並依編入予於此錄始終碌碌因人成事而已回憶壬戌之春佐予檢閱至勤者爲俞君今斯錄成而俞君墓有宿草矣可勝慨哉中華民國十九年春分日圓菴居士陳垣序於北平豐盛胡同之勵耘書屋

敦煌劫餘錄總目

第一帙

經名	譯者・卷數	軸數	葉次
大方廣佛華嚴經	東晉佛陀跋陀羅譯 六十卷	36	1
大方廣佛華嚴經	唐實叉難陀譯 八十卷	33	3
普賢行願王經	唐譯佚本 一卷	6	5
大方廣華嚴十惡品經	佚本 一卷	4	6
華嚴略疏		1	
大寶積經	唐菩提流志譯集 一百二十卷	20	7
佛說無量壽經	曹魏康僧鎧譯 二卷	5	8
佛說無量壽經	番文	1	9

經名	譯者	卷數		
文殊師利問佛土嚴淨經	西晉竺法護譯	二卷	1	
菩薩見實三昧經	北齊那連提耶舍譯	十六卷	1	
聖善住意天子所問經	元魏毘目智仙共般若流支譯	三卷	1	
勝鬘師子吼一乘大方便方廣經	劉宋求那跋陀羅譯	一卷	3	10
勝鬘經疏			2	
佛說阿彌陀經	後秦鳩摩羅什譯	一卷	82	11
稱讚淨土佛攝受經	唐玄奘譯	一卷	1	15
佛說觀無量壽佛經	劉宋畺良耶舍譯	一卷	18	16
觀無量壽佛經疏			2	17
大方等大集經	北涼曇無讖譯	二十九卷	7	

經名	譯者	卷數		
寶女所問經	西晉竺法護譯	四卷	1	18
佛說大方廣十輪經	失譯人名附北涼錄	八卷	6	
地藏菩薩本願經	唐實叉難陀譯	三卷	1	19
大方等大集經菩薩念佛三昧分	隋達磨笈多譯	十卷	2	
大方等大集經賢護分	隋闍那崛多譯	五卷	3	
賢護經疏			3	20
僧伽吒經	元魏月婆首那譯	四卷	1	
占察善惡業報經	隋菩提登譯	二卷	1	
佛說月燈三昧經	劉宋先公譯	一卷	1	
佛說觀佛三昧海經	東晉佛陀跋陀羅譯	十卷	3	21

經名	譯者	卷數		
佛說藥師如來本願經	隋達磨笈多譯	一卷	5	
藥師瑠璃光如來本願功德經	唐玄奘譯	一卷	62	22
佛說觀彌勒菩薩上生兜率天經	劉宋沮渠京聲譯	一卷	5	25
觀彌勒菩薩上生兜率天經疏		卷上	1	26
佛說彌勒下生經	後秦鳩摩羅什譯	一卷	6	
彌勒成佛經義疏 溫室經義疏			1	27
楞迦經	晉曇無讖譯	四卷	1	
楞迦阿跋多羅寶經	劉宋求那跋陀羅譯	四卷	4	
入楞迦經	元魏菩提留支譯	十卷	8	28
大乘入楞伽經	唐實叉難陀譯	七卷	36	29

佛說首楞嚴三昧經 後秦鳩摩羅什譯 二卷 1 31

大乘密嚴經 唐地婆訶羅譯 三卷 21

深密解脫經 元魏菩提留支譯 五卷 1 33

央掘魔羅經 劉宋求那跋陀羅譯 四卷 1

思益梵天所問經 後秦鳩摩羅什譯 四卷 33

大乘同性經 宇文周闍那耶舍譯 二卷 1 35

諸法無行經 後秦鳩摩羅什譯 二卷 2

大方等如來藏經 東晉佛陀跋陀羅譯 一卷 1

寶雲經 梁曼陀羅仙譯 七卷 1 36

佛說轉女身經 劉宋曇摩密多譯 一卷 2

經名	譯者	卷數		
佛說長者女菴提遮師子吼了義經	失譯人名附梁錄	一卷	4	
大莊嚴法門經	隋那連提耶舍譯	二卷	1	37
佛說出生菩提心經	隋闍那崛多譯	一卷	1	
大方便佛報恩經	失譯人名附漢錄	七卷	12	
悲華經	北涼曇無讖譯	十卷	2	38
佛說太子慕魄經	後漢安世高譯	一卷	1	
佛說罪業應報教化地獄經	後漢安世高譯	一卷	1	
佛說盂蘭盆經	西晉竺法護譯	一卷	1	39
阿闍世王授決經	西晉法炬譯	一卷	1	
佛說大乘稻芉經	唐譯佚本	一卷	27	

經名	軸數	葉次
佛說大乘稻芉經隨聽手鏡記	12	41
第二帙	軸數	葉次
佛說佛名經 元魏菩提流支譯 十二卷	13	43
佛說佛名經 佚本 十六卷	38	44
佛說佛名經 佚本 二十卷	49	46
佛說佛名經 佚本 三十卷	228	49
佛名經懺悔文 節錄三十卷本	4	61
諸經佛名 卷上	1	62
十方千五百佛名經 佚本 二卷	10	
五千五百佛名神咒除障滅罪經 隋闍那崛多譯 八卷	1	63

經名	譯者	卷數	軸數	葉次
賢刼千佛名經	失譯人名附梁錄	一卷	8	
賢刼經	西晉竺法護譯	八卷	3	64
第三帙			軸數	葉次
維摩詰所說經	後秦鳩摩羅什譯	三卷	449	65
維摩經義記			2	89
維摩經雜釋			5	
維摩經疏			8	90
維摩經義疏			1	91
維摩經解			2	
維摩經鈔			1	92

經名	譯者	卷數	軸數	葉次
大般若經釋			3	206
第六帙				
放光般若經	西晉無羅叉譯	二十卷	2	207
光讚般若經	西晉竺法護譯	十卷	1	
摩訶般若波羅蜜經	後秦鳩摩羅什譯	二十七卷	52	
小品摩訶般若波羅蜜經	後秦鳩摩羅什譯	十卷	5	214
佛說仁王般若波羅蜜經	後秦鳩摩羅什譯	二卷	3	
勝天王般若波羅蜜經	陳月婆首那譯	七卷	8	215
文殊師利所說摩訶般若波羅蜜經	梁曼陀羅仙譯	二卷	2	
文殊師利所說般若波羅蜜經	梁僧伽婆羅譯	一卷	6	

經名	譯者・卷數	數	目
金剛般若波羅蜜經	後秦鳩摩羅什譯 一卷	928	216
金剛般若波羅蜜經	元魏菩提流支譯 一卷	8	263
金剛般若波羅蜜經	陳眞諦譯 一卷	2	264
金剛般若論	隋達磨笈多譯 二卷 錄誤作一卷	1	
金剛般若波羅蜜經論	元魏菩提流支譯 三卷	2	265
金剛經註		3	
金剛經疏		4	
金剛經解		1	266
般若波羅蜜多心經	唐玄奘譯 一卷	38	
別譯般若波羅蜜多心經		3	269

經名	軸數	葉次
般若波羅蜜多心經疏	3	
第七帙		
妙法蓮華經 後秦鳩摩羅什譯 七卷	1698	270
妙法蓮華經度量天地品	4	358
正法華經 西晉竺法護譯 十卷	3	
法華經疏	6	359
法華經解	3	
法華經玄讚	3	360
觀世音經	71	
觀音經註釋	1	364

經名	軸數	葉次
大薩遮尼乾子所說經 元魏菩提留支譯 十卷	1	
金剛三昧經 失譯人名附北涼錄 一卷錄誤作二卷	2	365

第八帙

經名	軸數	葉次
大般涅槃經 北涼曇無讖譯 四十卷	253	366
大般涅槃經 劉宋慧嚴等再治 三十六卷	30	380
大般涅槃經 涼宋兩譯互同	30	382
大般涅槃經後分 唐若那跋陀羅譯 二卷	4	383
涅槃經節鈔	12	384
涅槃經疏	8	385
涅槃經義記	2	

摩訶摩耶經	蕭齊曇景譯	二卷	1	386
大般涅槃經佛母品			5	
大般涅槃經佛爲摩耶夫人說偈品經			2	387
中阿含經	東晉僧伽提婆譯	六十卷	2	388
長阿含經	後秦佛陀耶舍共竺佛念譯	二十二卷	1	
雜阿含經	劉宋求那跋陀羅譯	五十卷	2	
樓炭經略			1	
佛說尸迦羅越六方禮經	後漢安世高譯	一卷	1	389
佛本行集經	隋闍那崛多譯	六十卷	3	
佛說太子瑞應本起經	吳支謙譯	二卷	2	

佛垂般涅槃略說教誡經	後秦鳩摩羅什譯	一卷	6	390
佛臨涅槃記法住經	唐玄奘譯	一卷	1	
正法念處經	元魏般若流支譯	七十卷	10	391
業報差別經	隋法智譯	一卷	1	
天請問經	唐玄奘譯	一卷	1	392
天請問經疏			1	
長爪梵志請問經	唐義淨譯	一卷	1	
佛說無常經	唐義淨譯	一卷	15	393
五无反復經	劉宋沮渠京聲譯	一卷	1	394
佛說除恐災患經	西秦聖堅譯	一卷	1	

經名	軸數	葉次
雜寶藏經 元魏吉迦夜共曇曜譯 十卷	2	
第九帙	軸數	葉次
梵網經盧舍那佛說菩薩心地法門戒品 後秦鳩摩羅什譯 二卷	92	395
梵網經菩薩戒義	1	400
佛藏經 後秦鳩摩羅什譯 三卷	5	
優婆塞戒經 北涼曇無讖譯 七卷	2	401
佛說文殊悔過經 西晉竺法護譯 一卷	1	
菩薩戒羯磨文 唐玄奘譯 一卷	1	
菩薩羯磨戒文 後秦鳩摩羅什誦法慧融集 一卷	1	
菩薩布薩法	1	402

經名	譯者	卷數	件數	號
佛說善信菩薩二十四戒經			2	
菩薩戒			2	
菩薩戒義			1	
菩薩戒大科			1	403
四分律	後秦佛陀耶舍共竺佛念等譯	六十卷	22	
四分律比丘戒本	後秦佛陀耶舍譯	一卷	78	405
四分比丘尼戒本	後秦佛陀耶舍譯	一卷	90	409
雜羯磨	曹魏康僧鎧譯	一卷	1	414
四分比丘尼羯磨法	劉宋求那跋摩譯	一卷	2	
四分律刪補隨機羯磨	唐道宣集	二卷	4	

書名	撰者	卷數	編號
尼僧差人求授羯磨文		1	415
大比丘尼羯磨		2	
大比丘尼雜羯磨		1	
大戒尼羯磨文		1	
四分比丘尼含註戒本	唐道宣定	16	416
四分律刪繁補缺行事抄	唐道宣撰 十二卷	18	417
四分律開宗記	唐懷素撰 二十卷	2	418
四分律疏		1	
四分律戒本疏		37	419
四大戒略疏		5	421

經名	附注	數	頁
摩訶僧祇律	東晉佛陀跋陀羅共法顯譯　四十卷	4	422
摩訶僧祇律雜抄	錄誤作訶摩	2	
大比丘尼戒經		1	423
十誦律	後秦弗若多羅共鳩摩羅什譯　六十一卷	6	
十誦律比丘尼戒本	劉宋法穎集	2	424
根本說一切有部毘奈耶	唐義淨譯　五十卷	1	
四部要略小抄		1	
戒律名數節抄		15	425
毗尼心經		8	426
八婆羅夷經	佚本	12	

薩婆多毗尼毗婆沙經 九卷 失譯人名附秦錄 2 427

毗尼母經 八卷 失譯人名附秦錄 1

優婆離問佛經 一卷 後漢安世高譯 1

佛說犯戒罪報輕重經 一卷 劉宋求那跋摩譯 2 428

沙彌十戒法幷威儀 一卷 失譯人名附東晉錄 1

受沙彌十戒文及威儀 1

沙彌戒文 1

沙彌十戒文 3 429

式叉尼六法文幷沙彌十戒及八敬等法 1

式叉尼六法文 1

第十帙

書名	軸數	葉次
瑜伽師地論 唐玄奘譯 百卷	33	435
瑜伽師地論釋	1	437
辯中邊論 唐玄奘譯 三卷	5	
大乘五蘊論 唐玄奘譯 三卷	1	438
大乘百法明門論開宗義記	9	
大乘百法明門論開宗義記疏	3	439
百法明門論疏 唐普光撰 二卷	2	
百法述	1	
百法明門論疏	9	440

經名	譯者・卷數	件數	總目
起信論義述		6	441
圓明論		1	
因緣心論頌		1	
因緣心釋論		3	442
大丈夫經		1	
中論經		1	
十地經論	元魏菩提流支等譯　十二卷	5	443
十地經論釋		1	
大智度論	後秦鳩摩羅什譯　百卷	41	444
摩訶衍經		2	446

經名	譯者	卷數	軸數	葉次
金剛仙論	元魏菩提流支譯	十卷	3	447
大乘四法經論廣釋開決記			2	
阿毘達磨俱舍論	唐玄奘譯	三十卷	2	
毗婆沙論第一秩第三卷			1	448
諸論雜抄			1	
出曜經	後秦竺佛念譯	三十卷	1	

第十一帙

經名	譯者	卷數	軸數	葉次
大毗盧遮那成佛神變加持經	唐輪波迦羅譯	七卷	1	449
佛說迴向輪經	唐尸羅達摩譯	一卷	1	
大陀羅尼末法中一字心咒經	唐寶思惟譯	一卷	1	

經名	卷數	譯者	件數	編號
佛頂尊勝陀羅尼經	一卷	唐佛陀波利譯	48	450
佛頂尊勝陀羅尼	一卷	唐不空譯	1	452
金剛頂經五字心陀羅尼經			1	
大吉祥天女十二契一百八名無垢大乘經	一卷	唐不空譯	1	453
佛說救拔焰口餓鬼陀羅尼經	一卷	唐不空譯	1	
十一面神咒心經	一卷	唐智通譯	1	
千眼千臂觀世音菩薩陀羅尼神咒經	二卷	唐智通譯	3	454
无垢淨光大陀羅尼經	一卷	唐彌陀山譯	7	
大佛頂如來密因修證了義諸菩薩萬行首楞嚴經	十卷	唐般刺密帝譯	47	455

大佛頂如來密因修證了義諸菩薩萬行首楞嚴咒 10 457

佛說隨求即得大自在陀羅尼神咒經 唐寶思惟譯 一卷 5 458

大方等陀羅尼經 北涼法衆譯 四卷 4

大乘方等陀羅尼經幷諸經內四衆比丘比丘尼優婆塞優婆夷

懺悔發願文 1 459

七佛八菩薩所說大陀羅尼神咒經 失譯人名附東晉錄 四卷 4

拔濟苦難陀羅尼經 唐玄奘譯 一卷 1 460

六門陀羅尼經 唐玄奘譯 一卷 2

佛說千手千眼觀世音菩薩廣大圓滿無礙大悲心陀羅尼經 唐伽梵達磨譯 一卷 7

經名	譯者/附注	卷	號
觀世音菩薩祕密藏如意輪陀羅尼神咒經	唐實叉難陀譯 一卷	1	461
如意輪王摩尼別行法印		1	
佛說灌頂經		3	
佛說普廣菩薩所問十方淨土隨願往生經		2	462
灌頂章句拔除過罪生死得度經	舊題藥師經	54	
大法炬陀羅尼經	隋闍那崛多譯 二十卷	2	465
佛金剛壇陀羅尼經		2	
諸星母陀羅尼經	沙門法成譯	30	466
金有陀羅尼經		48	468
佛說解百怨家陁羅尼經		1	470

佛說八陽神咒經 西晉竺法護譯 一卷 52 471

普賢菩薩說咒經 2 474

佛說大佛頂如來放光悉怛他般多羅大神力都攝一切咒王帝
殊羅尸金剛大道場三昧陀羅尼 1

金剛頂經一切如來深密金剛界大三昧耶修習瑜伽迎請儀

金剛頂經一切如來眞實攝大乘現證大教王經深妙祕密金
剛界大三昧耶修習瑜伽迎請儀 唐不空譯 1

金剛峻經金剛頂一切如來深妙祕密金剛界大三昧耶修行四
十九種壇法作用威儀法則 1 475

大毗盧遮那金剛心地法門法界軌法則 唐不空譯

經名	軸數	葉次
六波羅蜜咒	1	480
秘密義抄	1	
供養心法	1	
準提咒經	1	

第十二帙

經名	軸數	葉次
佛說無量壽宗要經	513	481

第十三帙

經名	軸數	葉次
佛說父母恩重經	10	507
大通方廣經	9	508
大通方廣懺悔滅罪莊嚴成佛經	1	

509	淨度三昧經	2
	佛說禪門經	2
510	入无分別總持經	1
	佛說無量大慈教經	8
511	究竟大悲經	3
512	佛說延壽命經	9
	佛說續命經等八種	1
513	四諦法門經	1
	佛說救疾經	5
514	佛說閻羅王授記勸修七齋功德經	6

讚僧功德經	5	515
佛說咒魅經	5	
善惡因果經	4	516
首羅比丘見月光童子經	2	
佛說地藏菩薩經	2	517
法王經	2	
觀世音三昧經	2	
救諸衆生一切苦難經 新菩薩經	5	518
勸善經	3	
佛說普賢菩薩證明經	4	519

佛說要行捨身經	3	
佛說大辯邪正經	1	
佛說救護身命經	1	520
相好經	1	
佛說孝順子修行成佛經	1	
佛說法句經	1	
佛說七階禮佛名經	42	521
佛說觀藥王藥上二菩薩經等略禮七階佛懺悔法	1	524
西方淨土讚文	1	
歸西方讚	1	

書名	卷數	頁
降生禮文觀音禮文	1	
西方阿彌陀佛禮文三藏法師禮文	1	525
發願文	1	
淨土願文	1	
讚佛文	1	
禮佛文	1	526
祝文	1	
懺文	14	
大悲明二讚	1	527
歌讚	1	

大義章 1

三科法門 1

法門名義集 1

小乘三科 5 534

釋唯心識義 1

相宗釋義 1

大乘入道次第章 唐智周撰 3 535

悉曇頌 1

諸經要集 1

法苑珠林 1

大唐中興三藏聖教序	2	536
義淨三藏法師碑文	1	
釋氏雜文稿	5	
佛說諸經雜緣喻因由記	1	537
寫經欠數	1	
姓氏錄	1	
經目	1	
雜類	4	538
抄經	3	
雜寫	8	539

名	數	
維摩經俗文	1	
佛本行集經俗文	1	
八相成道俗文	2	540
地獄俗文	1	
勸戒文	3	
目蓮救母變文	3	541
老子	1	
太上洞玄靈寶天尊名	1	
太上洞玄靈寶業報因緣經	1	
太上一乘海空經	1	542

經名	軸數	葉次
太玄眞一本際經	1	
元始无量人上品妙經	1	
无上祕要	1	
道經	15	543
道懺	2	544
摩尼教經	1	
第十四帙	軸數	葉次
續考諸經		
大方廣佛華嚴經 東晉佛陁跋陁羅譯 六十卷	4	545
大方廣佛華嚴經 唐實叉難陀譯 八十卷	5	

經名	譯撰	卷數	號數	
大寶積經	唐菩提流志譯集	一百二十卷	20	546
勝鬘師子吼一乘大方便方廣經	劉宋求那跋陀羅譯	一卷	1	547
阿彌陀經義述			2	
龍樹菩薩禮阿彌陀佛文			1	
大方等大集經	北涼曇無讖譯	二十九卷	3	548
大方等大集月藏經	高齊那連提耶舍譯	十卷	1	
寶星陀羅尼經	唐波羅頗密多羅譯	十卷	2	
佛說大方廣十輪經	失譯人名附北涼錄	八卷	2	
藥師瑠璃光如來本願功德經疏	失撰人名		1	549
解深密經	唐玄奘譯	五卷	1	

經名	譯者	卷數		
思益梵天所問經	後秦鳩摩羅什譯	四卷	3	
持心梵天所問經	西晉竺法護譯	四卷	1	
諸法無行經	後秦鳩摩羅什譯	二卷	2	550
佛說華手經	後秦鳩摩羅什譯	十卷	1	
佛說寶雨經	唐達摩流支譯	十卷	2	
寶雲經	梁曼陀羅仙譯	七卷	3	
觀察諸法行經	隋闍那崛多譯	四卷	1	551
大方便佛報恩經	失譯人名附漢錄	七卷	3	
佛說菩薩本行經	失譯人名附東晉錄	三卷	1	
太子須大拏經	西秦聖堅譯	一卷	1	

佛說佛名經	元魏菩提流支譯　十二卷	1	552
佛說佛名經	佚本　二十卷	1	
五千五百佛名神咒除障滅罪經	隋闍那崛多譯　八卷	1	
佛說八部佛名經	元魏瞿曇般若流支譯　一卷	1	
維摩詰所說經	後秦鳩摩羅什譯　三卷	1	553
維摩經疏	失撰人名	2	
淨名經關中釋鈔	唐道液撰	1	
金光明最勝王經	唐義淨譯　十卷	13	
大般若波羅蜜多經	唐玄奘譯　六百卷	5	554
光讚般若經	西晉竺法護譯　十卷	1	555

摩訶般若波羅蜜經　後秦鳩摩羅什譯　二十七卷　2

般若波羅蜜多心經注　1

妙法蓮華經度量天地品　4　556

法華經玄讚　唐窺基撰　1

法華經雜釋　1　557

大般涅槃經　北涼曇無讖譯　四十卷　6

大般涅槃經　劉宋慧嚴等再治　三十六卷　1

涅槃經解　1　558

中阿含經　東晉僧伽提婆譯　十卷　2

雜阿含經　失譯人名附吳魏二錄　一卷　1

經名	譯者	卷數	件數	號
雜阿含經	劉宋求那跋陀羅譯	五十卷	1	
別譯雜阿含經	失譯人名附秦錄	十六卷	1	559
佛本行集經	隋闍那崛多譯	六十卷	2	
正法念處經	元魏般若流支譯	七十卷	13	
佛說未曾有因緣經	蕭齊曇景譯	二卷	1	560
賢愚因緣經	元魏慧覺譯	十三卷	7	
優婆塞戒經	北涼曇無讖譯	七卷	1	561
四分律	後秦佛陀耶舍共竺佛念譯	六十卷	4	
四分律比丘戒本	後秦佛陀耶舍譯	一卷	1	
四分比丘尼羯磨法式叉摩那受六法文	劉宋求那跋摩譯			

		1	562
如來八戒		1	
瑜伽師地論	唐玄奘譯 百卷	5	
菩薩地持經	北涼曇無讖譯 十卷	2	563
大乘百法明門論開宗義記疏	失撰人名	3	
大乘百法明門論疏	唐普光撰	1	
大乘起信論義記	唐法藏撰	1	
大莊嚴經論	後秦鳩摩羅什譯 十五卷	2	564
大智度論	後秦鳩摩羅什譯 百卷	5	
成唯識論	唐玄奘譯 十卷	1	

經名	卷數	譯者	件數	號
阿毘曇毘婆沙論	六十卷	北涼浮陀跋摩共道泰等譯	1	565
阿毘達磨大毘婆沙論	二百卷	唐玄奘譯	1	
阿毘達磨俱舍論	三十卷	唐玄奘譯	1	
成實論	十六卷	後秦鳩摩羅什譯	2	
法句譬喻經	四卷	晉法炬共法立譯	3	566
佛頂尊勝陀羅尼經	一卷	唐佛陀波利譯	1	
大佛頂經			1	
千眼千臂觀世音菩薩陀羅尼神咒		失譯人名	1	
青頸觀音大悲心咒		失譯人名	1	567
佛說隨求即得大自在陀羅尼神咒經	一卷	唐寶思惟譯	1	

經名	譯者	卷數	數	頁
大方等陀羅尼經	北涼法衆譯	四卷	3	
六門陀羅尼經論廣釋			1	
佛說灌頂經	東晉帛尸梨蜜多羅譯	十二卷	1	568
佛金剛壇陀羅尼經	失譯人名		2	
大通方廣經			2	
淨度三昧經			2	
佛說救疾經			1	569
佛說善惡因果經			4	
首羅比丘見月光童子經			1	
法王經			1	

佛說要行捨身經	1	570
佛說法句經	6	
雜記如來本行	1	
八相成道俗文	1	571
父母恩重俗文	1	
俟考諸經	66	572

敦煌刼餘錄檢目

從千字文地字至位字　每字百號　玄火二字空

地23號61號71號77號各二軸

43號三軸同葉　75號三軸

地　上行原號　下行葉次

1	2	3	4	5	6	7	8	9	10
158	57	332	164	163	145	295	362	77	70
11	**12**	**13**	**14**	**15**	**16**	**17**	**18**	**19**	**20**
154	60	342	409	176	22	543	81	355	384
21	**22**	**23**	**24**	**25**	**26**	**27**	**28**	**29**	**30**
251	315	167 256	255	494	344	362	326	274	246
31	**32**	**33**	**34**	**35**	**36**	**37**	**38**	**39**	**40**
310	462	463	221	24	419	494	430	156	125
41	**42**	**43**	**44**	**45**	**46**	**47**	**48**	**49**	**50**
527	221	137	36	224	317	50	280	229	114
51	**52**	**53**	**54**	**55**	**56**	**57**	**58**	**59**	**60**
337	76	283	447	430	208	84	320	452	296
61	**62**	**63**	**64**	**65**	**66**	**67**	**68**	**69**	**70**
80 504	407	300	333	358	400	20	116	109	224
71	**72**	**73**	**74**	**75**	**76**	**77**	**78**	**79**	**80**
5 105	143	236	336	152 173 201	574	289 312	34	223	320
81	**82**	**83**	**84**	**85**	**86**	**87**	**88**	**89**	**90**
65	308	77	62	309	300	163	334	380	109
91	**92**	**93**	**94**	**95**	**96**	**97**	**98**	**99**	**100**
408	354	385	145	227	494	352	481	494	65

黃62號二軸同葉

64號九段內有七段同葉

黃　　上行原號　　下行葉次

1	2	3	4	5	6	7	8	9	10
57	84	481	342	274	226	332	395	296	220
11	12	13	14	15	16	17	18	19	20
471	360	279	410	270	361	326	272	392	259
21	22	23	24	25	26	27	28	29	30
164	331	102	327	399	352	1	282	125	22
31	32	33	34	35	36	37	38	39	40
81	141	341	408	217	270	85	235	217	377
41	42	43	44	45	46	47	48	49	50
285	81	332	87	48	320	283	404	391	39
51	52	53	54	55	56	57	58	59	60
31	321	242	200	86	272	71	65	275	372
61	62	63	64	65	66	67	68	69	70
208	329	61	3 4 57	174	281	308	530	481	260
71	72	73	74	75	76	77	78	79	80
317	46	336	270	123	131	141	240	574	76
81	82	83	84	85	86	87	88	89	90
77	222	328	307	164	105	543	388	78	254
91	92	93	94	95	96	97	98	99	100
52	324	302	481	261	101	284	424	249	203

宇32號52號各二軸

98號二軸同葉

宇39號民國十年二月提存歷史博物館

宇

上行原號　　下行葉次

1	2	3	4	5	6	7	8	9	10
303	35	321	533	305	316	284	428	304	471
11	12	13	14	15	16	17	18	19	20
305	494	319	254	30	524	171	163	215	354
21	22	23	24	25	26	27	28	29	30
60	458	321	11	114	213	9	300	34	120
31	32	33	34	35	36	37	38	39	40
57	246 313	103	117	75	215	199	301	481	296
41	42	43	44	45	46	47	48	49	50
309	494	143	56	374	373	312	494	56	80
51	52	53	54	55	56	57	58	59	60
150	353 545	164	296	450	544	188	330	203	385
61	62	63	64	65	66	67	68	69	70
80	309	297	241	315	512	123	512	407	521
71	72	73	74	75	76	77	78	79	80
395	327	18	310	82	253	30	396	49	318
81	82	83	84	85	86	87	88	89	90
205	5	329	315	381	135	450	102	285	206
91	92	93	94	95	96	97	98	99	100
435	238	231	294	127	81	327	174	50	495

宙 9 號18號88號99號各二軸　23號三軸

宙22號錄誤爲宿22

宙44號68號民國十年提存歷史博物館

宙

上行原號　　下行葉次

1	2	3	4	5	6	7	8	9	10
304	3	367	371	318	229	256	394	156 161	295
11	12	13	14	15	16	17	18	19	20
451	153	43 23	312	511	116	463	305 312	341	176
21	22	39	24	25	26	27	28	29	30
249	18	388 389	203	217	67	382	106	481	369
31	32	33	34	35	36	37	38	39	40
197	106	549	17	262	231	78	108	295	322
41	42	43	44	45	46	47	48	49	50
227	388	54	29	160	144	333	246	4	330
51	52	53	54	55	56	57	58	59	60
456	298	261	274	481	286	454	163	330	335
61	62	63	64	65	66	67	68	69	70
317	199	112	282	193	435	327	272	66	568
71	72	73	74	75	76	77	78	79	80
436	162	335	66	237	34	336	158	84	2
81	82	83	84	85	86	87	88	89	90
470	140	20	117	465	82	230	255 323	481	228
91	92	93	94	95	96	97	98	99	100
463	302	26	104	565	495	71	243	3 232	56

洪17號45號50號各二軸
洪30號民國十年提存歷史博物館

洪

上行原號　　下行葉次

1	2	3	4	5	6	7	8	9	10
314	350	425	405	164	182	240	360	224	352
11	12	13	14	15	16	17	18	19	20
96	134	312	94	228	329	103 297	291	300	243
21	22	23	24	25	26	27	28	29	30
83	313	309	406	50	253	281	444	384	11
31	32	33	34	35	36	37	38	39	40
296	104	372	92	310	304	336	141	507	2
41	42	43	44	45	46	47	48	49	50
472	79	175	324	198 267	76	6	316	320	495 521
51	52	53	54	55	56	57	58	59	60
340	136	533	405	377	144	364	62	43	495
61	62	63	64	65	66	67	68	69	70
50	570	65	420	408	331	481	223	420	80
71	72	73	74	75	76	77	78	79	80
330	204	384	76	204	204	33	428	84	255
81	82	83	84	85	86	87	88	89	90
106	84	127	315	345	247	106	354	100	563
91	92	93	94	95	96	97	98	99	100
4	99	291	84	435	139	299	217	137	420

荒54號三段

57號三段同葉

荒

上行原號　　下行葉次

1	2	3	4	5	6	7	8	9	10
420	397	341	328	84	240	138	125	13	74
11	12	13	14	15	16	17	18	19	20
352	99	73	74	73	302	350	381	120	546
21	22	23	24	25	26	27	28	29	30
187	304	82	456	124	396	31	138	39	349
31	32	33	34	35	36	37	38	39	40
133	281	201	184	393	68	455	68	278	324
41	42	43	44	45	46	47	48	49	50
192	79	219	366	128	145	354	420	182	68
51	52	53	54	55	56	57	58	59	60
183	82	182	156 199 204	307	74	391	481	292	49
61	62	63	64	65	66	67	68	69	70
297	352	137	67	230	420	288	82	420	320
71	72	73	74	75	76	77	78	79	80
76	290	420	454	420	334	495	440	318	251
81	82	83	84	85	86	87	88	89	90
495	456	144	258	74	413	481	504	226	420
91	92	93	94	95	96	97	98	99	100
279	137	365	227	288	294	515	320	420	137

日13號17號19號20號原缺

日58號66號各二軸

日

上行原號　　下行葉次

1	2	3	4	5	6	7	8	9	10
67	463	107	70	296	479	242	170	99	137
11	12	13	14	15	16	17	18	19	20
97	127	0	182	31	158	0	170	0	0
21	22	23	24	25	26	27	28	29	30
294	204	521	319	83	223	82	481	282	517
31	32	33	34	35	36	37	38	39	40
468	223	47	65	196	75	281	297	373	287
41	42	43	44	45	46	47	48	49	50
7	98	251	330	309	520	418	103	481	535
51	52	53	54	55	56	57	58	59	60
184	71	252	98	169	271	120	167 205	420	22
61	62	63	64	65	66	67	68	69	70
99	517	380	222	151	163 226	201	299	209	22
71	72	73	74	75	76	77	78	79	80
180	408	521	301	182	32	378	428	182	481
81	82	83	84	85	86	87	88	89	90
39	324	64	445	520	366	516	204	284	204
91	92	93	94	95	96	97	98	99	100
210	319	512	347	49	390	416	32	179	211

月14號四軸同葉　22號二軸

月　　上行原號　　下行葉次

1	2	3	4	5	6	7	8	9	10
36	124	182	139	405	117	119	169	29	71
11	12	13	14	15	16	17	18	19	20
410	275	188	391	123	229	104	475	351	154
21	22	23	24	25	26	27	28	29	30
242	175 504	254	378	280	145	420	167	326	182
31	32	33	34	35	36	37	38	39	40
80	324	78	143	112	144	464	323	54	245
41	42	43	44	45	46	47	48	49	50
420	79	386	298	293	143	330	288	369	481
51	52	53	54	55	56	57	58	59	60
80	205	251	240	210	285	240	123	454	83
61	62	63	64	65	66	67	68	69	70
76	201	381	380	80	99	285	84	420	321
71	72	73	74	75	76	77	78	79	80
117	426	344	432	351	115	420	232	316	515
81	82	83	84	85	86	87	88	89	90
99	50	113	292	181	126	270	296	110	70
91	92	93	94	95	96	97	98	99	100
426	551	432	191	181	280	275	54	16	568

月

盈11號16號96號各二軸
盈86號原缺

盈

上行原號　　下行葉次

1	2	3	4	5	6	7	8	9	10
417	250	110	336	321	148	98	325	29	574
11	12	13	14	15	16	17	18	19	20
160	283	239	66	115	100	324	53	508	283
189					350				
21	22	23	24	25	26	27	28	29	30
71	119	117	508	251	139	447	105	279	204
31	32	33	34	35	36	37	38	39	40
482	326	27	426	87	197	495	477	76	345
41	42	43	44	45	46	47	48	49	50
53	380	36	30	366	17	320	463	254	302
51	52	53	54	55	56	57	58	59	60
405	360	171	135	271	83	188	516	118	179
61	62	63	64	65	66	67	68	69	70
421	244	482	311	272	444	325	241	279	144
71	72	73	74	75	76	77	78	79	80
482	184	379	137	312	482	233	227	374	162
81	82	83	84	85	86	87	88	89	90
416	282	399	325	106	0	147	303	162	409
91	92	93	94	95	96	97	98	99	100
215	300	175	24	423	222	171	211	307	123
					268				

昃62號民國十年二月提存歷史博物館

昃　上行原號　下行葉次

1	2	3	4	5	6	7	8	9	10
21	509	438	457	475	554	457	396	475	66
11	12	13	14	15	16	17	18	19	20
351	135	168	34	12	137	419	129	346	264
21	22	23	24	25	26	27	28	29	30
328	350	90	90	354	90	406	24	405	547
31	32	33	34	35	36	37	38	39	40
332	111	511	239	389	33	333	74	313	553
41	42	43	44	45	46	47	48	49	50
541	106	510	423	423	69	423	423	230	91
51	52	53	54	55	56	57	58	59	60
210	246	63	371	273	213	330	249	300	215
61	62	63	64	65	66	67	68	69	70
97	221	239	282	223	23	26	360	319	515
71	72	73	74	75	76	77	78	79	80
283	338	111	352	482	53	233	361	201	23
81	82	83	84	85	86	87	88	89	90
104	366	252	117	2	262	143	176	271	17
91	92	93	94	95	96	97	98	99	100
482	512	450	142	142	284	142	143	199	377

辰45號原缺

辰

上行原號　　下行葉次

1	2	3	4	5	6	7	8	9	10
229	68	248	250	495	211	131	305	545	8
11	12	13	14	15	16	17	18	19	20
417	341	397	203	293	147	543	260	378	34
21	22	23	24	25	26	27	28	29	30
194	193	550	4	398	176	134	397	231	393
31	32	33	34	35	36	37	38	39	40
117	89	283	574	480	507	346	368	139	209
41	42	43	44	45	46	47	48	49	50
86	55	272	66	0	414	410	402	379	313
51	52	53	54	55	56	57	58	59	60
234	69	6	482	557	287	193	51	233	516
61	62	63	64	65	66	67	68	69	70
420	420	229	482	211	18	375	456	48	202
71	72	73	74	75	76	77	78	79	80
165	495	439	56	142	84	352	222	300	376
81	82	83	84	85	86	87	88	89	90
87	415	169	344	323	352	436	118	177	434
91	92	93	94	95	96	97	98	99	100
204	319	377	160	406	158	163	120	233	413

宿24號二軸

宿

上行原號　　下行葉次

1	2	3	4	5	6	7	8	9	10
561	258	76	252	363	408	411	237	321	334
11	12	13	14	15	16	17	18	19	20
410	352	410	410	111	272	410	333	396	410
21	22	23	24	25	26	27	28	29	30
443	57	372	411 412	410	287	223	409	165	432
31	32	33	34	35	36	37	38	39	40
368	77	410	482	388	482	412	308	425	411
41	42	43	44	45	46	47	48	49	50
495	159	17	460	444	318	247	55	284	536
51	52	53	54	55	56	57	58	59	60
371	43	495	115	148	123	543	141	281	285
61	62	63	64	65	66	67	68	69	70
412	482	177	466	172	68	451	325	465	256
71	72	73	74	75	76	77	78	79	80
281	70	332	482	135	71	242	464	217	353
81	82	83	84	85	86	87	88	89	90
303	305	187	321	473	150	279	375	80	123
91	92	93	94	95	96	97	98	99	100
535	327	107	56	297	184	482	445	528	70

列

上行原號　　下行葉次

1	2	3	4	5	6	7	8	9	10
360	459	176	112	508	81	363	344	369	315
11	12	13	14	15	16	17	18	19	20
357	233	20	317	366	236	320	541	543	245
21	22	23	24	25	26	27	28	29	30
76	455	168	432	246	514	444	17	226	172
31	32	33	34	35	36	37	38	39	40
68	440	123	482	467	341	410	471	246	114
41	42	43	44	45	46	47	48	49	50
132	84	125	232	211	345	21	144	301	495
51	52	53	54	55	56	57	58	59	60
84	72	419	495	97	296	114	190	190	508
61	62	63	64	65	66	67	68	69	70
377	333	295	332	168	468	319	177	199	492
71	72	73	74	75	76	77	78	79	80
285	229	111	270	106	16	296	207	329	292
81	82	83	84	85	86	87	88	89	90
482	107	399	112	492	271	300	495	209	482
91	92	93	94	95	96	97	98	99	100
495	155	305	28	163	252	134	313	308	195

張 7 號二軸同葉

張　　上行原號　　下行葉次

1	2	3	4	5	6	7	8	9	10
315	157	195	104	195	302	195	195	195	195
11	12	13	14	15	16	17	18	19	20
538	2	308	127	80	215	103	482	112	319
21	22	23	24	25	26	27	28	29	30
259	354	482	435	341	191	5	287	316	57
31	32	33	34	35	36	37	38	39	40
545	406	107	205	317	282	217	107	101	521
41	42	43	44	45	46	47	48	49	50
108	288	468	214	308	134	238	363	136	450
51	52	53	54	55	56	57	58	59	60
290	160	85	152	241	99	245	368	290	482
61	62	63	64	65	66	67	68	69	70
259	180	436	446	288	233	393	99	519	84
71	72	73	74	75	76	77	78	79	80
292	134	171	139	174	483	483	495	69	52
81	82	83	84	85	86	87	88	89	90
190	244	303	80	310	182	128	256	495	274
91	92	93	94	95	96	97	98	99	100
24	110	249	305	127	51	463	108	225	319

寒　上行原號　下行葉次

1	2	3	4	5	6	7	8	9	10
307	198	451	217	48	399	550	195	183	319
11	12	13	14	15	16	17	18	19	20
128	51	87	461	416	220	126	550	285	312
21	22	23	24	25	26	27	28	29	30
23	343	107	369	288	115	352	100	333	105
31	32	33	34	35	36	37	38	39	40
234	296	325	160	245	337	196	354	410	287
41	42	43	44	45	46	47	48	49	50
326	70	279	197	293	534	405	228	136	196
51	52	53	54	55	56	57	58	59	60
47	345	119	43	161	258	47	138	50	163
61	62	63	64	65	66	67	68	69	70
294	321	195	227	342	242	451	283	139	368
71	72	73	74	75	76	77	78	79	80
51	483	46	51	308	302	101	14	181	290
81	82	83	84	85	86	87	88	89	90
529	536	323	5	374	34	373	351	278	202
91	92	93	94	95	96	97	98	99	100
25	348	234	126	463	258	256	272	182	410

來

上行原號　　下行葉次

1	2	3	4	5	6	7	8	9	10
241	303	34	301	126	148	312	260	148	483
11	12	13	14	15	16	17	18	19	20
127	228	148	197	173	54	111	34	367	258
21	22	23	24	25	26	27	28	29	30
292	138	311	235	157	82	251	127	238	261
31	32	33	34	35	36	37	38	39	40
328	227	314	37	318	34	256	121	246	248
41	42	43	44	45	46	47	48	49	50
560	246	280	312	148	221	495	129	138	136
51	52	53	54	55	56	57	58	59	60
232	125	356	405	243	504	174	79	24	354
61	62	63	64	65	66	67	68	69	70
66	349	234	474	374	71	280	83	215	87
71	72	73	74	75	76	77	78	79	80
138	301	472	504	372	46	246	374	79	249
81	82	83	84	85	86	87	88	89	90
192	374	105	259	134	87	363	66	362	221
91	92	93	94	95	96	97	98	99	100
73	87	202	311	259	84	52	512	34	73

暑

上行原號　下行葉次

1	2	3	4	5	6	7	8	9	10
276	52	161	80	403	310	131	273	225	37
11	12	13	14	15	16	17	18	19	20
217	10	19	45	252	318	148	129	303	244
21	22	23	24	25	26	27	28	29	30
163	253	259	262	306	300	495	128	172	548
31	32	33	34	35	36	37	38	39	40
217	315	483	252	69	252	88	73	86	73
41	42	43	44	45	46	47	48	49	50
51	289	355	150	374	280	139	377	313	349
51	52	53	54	55	56	57	58	59	60
24	234	111	298	85	148	15	139	15	474
61	62	63	64	65	66	67	68	69	70
33	303	197	197	194	168	274	247	106	359
71	72	73	74	75	76	77	78	79	80
553	47	373	72	11	470	141	232	381	282
81	82	83	84	85	86	87	88	89	90
345	330	139	88	332	335	46	167	244	220
91	92	93	94	95	96	97	98	99	100
318	250	264	247	258	451	256	304	47	311

往　　上行原號　　下行葉次

1	2	3	4	5	6	7	8	9	10
277	82	233	239	374	374	47	363	345	76
11	12	13	14	15	16	17	18	19	20
47	261	380	130	156	318	47	215	46	374
21	22	23	24	25	26	27	28	29	30
419	34	168	294	416	47	245	196	78	352
31	32	33	34	35	36	37	38	39	40
298	260	57	374	152	333	374	261	87	73
41	42	43	44	45	46	47	48	49	50
275	167	356	348	277	334	278	196	125	306
51	52	53	54	55	56	57	58	59	60
78	102	319	282	345	355	354	374	255	317
61	62	63	64	65	66	67	68	69	70
203	82	152	47	374	152	138	177	47	229
71	72	73	74	75	76	77	78	79	80
342	241	47	469	310	542	130	314	314	136
81	82	83	84	85	86	87	88	89	90
293	220	229	73	382	325'	315	347	115	483
91	92	93	94	95	96	97	98	99	100
93	247	240	72	130	427	250	313	273	145

秋

上行原號　下行葉次

1	2	3	4	5	6	7	8	9	10
310	374	291	193	235	4	316	152	88	152
11	12	13	14	15	16	17	18	19	20
374	251	219	186	470	315	247	398	114	66
21	22	23	24	25	26	27	28	29	30
483	62	217	336	228	103	377	78	330	360
31	32	33	34	35	36	37	38	39	40
78	403	16	27	483	52	308	395	257	85
41	42	43	44	45	46	47	48	49	50
335	467	462	98	328	327	114	309	181	116
51	52	53	54	55	56	57	58	59	60
114	263	289	233	30	351	436	339	175	53
61	62	63	64	65	66	67	68	69	70
438	328	337	226	177	512	43	337	131	65
71	72	73	74	75	76	77	78	79	80
75	92	281	416	335	105	52	174	483	280
81	82	83	84	85	86	87	88	89	90
87	283	286	22	495	52	496	33	445	158
91	92	93	94	95	96	97	98	99	100
328	72	436	29	285	281	14	11	199	68

收98號二軸

收　　上行原號　　下行葉次

1	2	3	4	5	6	7	8	9	10
265	400	409	400	286	476	271	234	158	525
11	12	13	14	15	16	17	18	19	20
375	311	308	305	51	335	70	171	120	483
21	22	23	24	25	26	27	28	29	30
361	277	150	187	239	280	416	322	239	330
31	32	33	34	35	36	37	38	39	40
336	66	66	289	300	303	284	483	554	468
41	42	43	44	45	46	47	48	49	50
377	325	303	391	133	367	319	149	282	521
51	52	53	54	55	56	57	58	59	60
85	66	285	119	472	202	466	242	148	105
61	62	63	64	65	66	67	68	69	70
336	142	183	397	231	454	67	308	131	295
71	72	73	74	75	76	77	78	79	80
483	395	132	138	444	158	341	300	471	309
81	82	83	84	85	86	87	88	89	90
295	366	368	23	31	211	131	496	483	131
91	92	93	94	95	96	97	68	99	100
324	377	175	537	181	364	366	436 483	496	400

冬15號二軸

冬　　上行原號　　下行集次

1	2	3	4	5	6	7	8	9	10
321	508	453	154	87	22	559	123	404	48
11	12	13	14	15	16	17	18	19	20
572	552	247	23	161 164	456	435	235	7	283
21	22	23	24	25	26	27	28	29	30
323	379	319	521	439	16	180	229	59	59
31	32	33	34	35	36	37	38	39	40
291	560	84	282	101	248	560	247	339	72
41	42	43	44	45	46	47	48	49	50
301	324	87	483	19	49	105	29	80	334
51	52	53	54	55	56	57	58	59	60
51	158	216	342	50	46	275	496	138	244
61	62	63	64	65	66	67	68	69	70
472	82	332	416	419	317	104	215	65	465
71	72	73	74	75	76	77	78	79	80
273	436	63	475	275	273	225	483	516	2
81	82	83	84	85	86	87	88	89	90
236	313	483	483	276	275	61	171	287	36
91	92	93	94	95	96	97	98	99	100
56	425	411	194	61	176	483	496	121	205

藏25號二軸

藏　　上行原號　　下行葉次

1	2	3	4	5	6	7	8	9	10
239	95	464	173	174	236	174	172	41	175
11	12	13	14	15	16	17	18	19	20
508	419	483	172	111	129	238	128	254	272
21	22	23	24	25	26	27	28	29	30
217	56	377	270	338 339	428	484	171	227	463
31	32	33	34	35	36	37	38	39	40
157	300	273	484	72	369	3	131	70	189
41	42	43	44	45	46	47	48	49	50
141	184	416	224	504	220	413	132	562	122
51	52	53	54	55	56	57	58	59	60
353	11	306	252	460	185	222	572	66	70
61	62	63	64	65	66	67	68	69	70
219	97	55	116	45	468	66	226	234	261
71	72	73	74	75	76	77	78	79	80
115	342	300	403	289	290	104	134	420	251
81	82	83	84	85	86	87	88	89	90
320	420	394	278	304	302	258	345	37	78
91	92	93	94	95	96	97	98	99	100
130	47	381	169	270	13	103	209	278	496

閏

上行原號　　下行葉次

1	2	3	4	5	6	7	8	9	10
165	165	307	200	484	61	261	145	27	81
11	12	13	14	15	16	17	18	19	20
455	279	180	334	56	251	54	358	35	181
21	22	23	24	25	26	27	28	29	30
265	233	331	385	335	306	37	265	212	331
31	32	33	34	35	36	37	38	39	40
172	462	5	395	194	326	212	192	404	217
41	42	43	44	45	46	47	48	49	50
34	266	521	101	201	551	209	115	125	209
51	52	53	54	55	56	57	58	59	60
444	468	221	61	21	57	61	397	75	295
61	62	63	64	65	66	67	68	69	70
176	107	49	177	216	447	496	39	238	450
71	72	73	74	75	76	77	78	79	80
12	153	321	166	62	385	166	114	205	355
81	82	83	84	85	86	87	88	89	90
281	456	248	531	165	155	172	157	153	148
91	92	93	94	95	96	97	98	99	100
385	157	190	165	23	95	293	436	411	96

餘92號三軸

餘　上行原號　下行葉次

1	2	3	4	5	6	7	8	9	10
99	136	74	106	271	432	389	29	228	221
11	12	13	14	15	16	17	18	19	20
425	216	162	116	467	558	526	143	474	163
21	22	23	24	25	26	27	28	29	30
496	366	484	188	484	249	200	455	344	259
31	32	33	34	35	36	37	38	39	40
173	412	136	473	452	380	458	162	152	173
41	42	43	44	45	46	47	48	49	50
152	473	484	116	437	385	455	171	69	366
51	52	53	54	55	56	57	58	59	60
557	353	63	322	305	288	484	425	492	11
61	62	63	64	65	66	67	68	69	70
572	256	12	59	249	310	88	416	473	367
71	72	73	74	75	76	77	78	79	80
378	11	306	292	295	287	484	115	317	517
81	82	83	84	85	86	87	88	89	90
504	242	104	297	461	103	288	291	351	228
91	92	93	94	95	96	97	98	99	100
332	267 347 393	373	2	290	292	484	293	331	130

成

上行原號　下行葉次

1	2	3	4	5	6	7	8	9	10
7	293	436	161	341	13	406	496	257	415
11	12	13	14	15	16	17	18	19	20
273	56	97	294	248	526	407	361	263	249
21	22	23	24	25	26	27	28	29	30
412	27	275	258	484	88	254	294	366	291
31	32	33	34	35	36	37	38	39	40
226	238	232	290	464	186	220	250	496	496
41	42	43	44	45	46	47	48	49	50
179	496	142	158	496	455	256	180	46	117
51	52	53	54	55	56	57	58	59	60
118	197	313	297	44	484	316	163	186	56
61	62	63	64	65	66	67	68	69	70
160	318	556	222	263	135	496	484	166	557
71	72	73	74	75	76	77	78	79	80
75	52	349	84	496	12	484	107	284	253
81	82	83	84	85	86	87	88	89	90
422	48	379	337	126	255	328	15	378	127
91	92	93	94	95	96	97	98	99	100
545	375	484	39	369	541	306	536	185	73

歲40號錄重出

歲59號錄誤爲藏59

歲

上行原號　　下行葉次

1	2	3	4	5	6	7	8	9	10
178	227	215	146	156	105	559	230	451	232
11	12	13	14	15	16	17	18	19	20
387	552	496	317	12	120	93	292	496	321
21	22	23	24	25	26	27	28	29	30
240	73	53	331	504	336	294	161	224	131
31	32	33	34	35	36	37	38	39	40
484	284	165	58	125	187	224	25	183	402 432
41	42	43	44	45	46	47	48	49	50
253	406	308	554	237	286	271	361	347	100
51	52	53	54	55	56	57	58	59	60
189	470	72	277	248	243	362	371	70	411
61	62	63	64	65	66	67	68	69	70
240	504	130	62	451	298	484	23	155	289
71	72	73	74	75	76	77	78	79	80
11	233	301	484	257	335	24	277	572	570
81	82	83	84	85	86	87	88	89	90
355	451	166	253	457	328	73	304	492	255
91	92	93	94	95	96	97	98	99	100
44	492	69	14	366	139	292	75	245	121

律

上行原號　　下行葉次

1	2	3	4	5	6	7	8	9	10
225	261	87	484	72	271	272	239	129	216
11	12	13	14	15	16	17	18	19	20
200	8	53	230	39	552	162	217	70	239
21	22	23	24	25	26	27	28	29	30
519	221	242	187	484	162	364	162	313	306
31	32	33	34	35	36	37	38	39	40
160	101	149	274	127	492	315	72	144	294
41	42	43	44	45	46	47	48	49	50
83	173	406	13	235	200	23	24	242	355
51	52	53	54	55	56	57	58	59	60
99	285	158	102	256	463	274	264	191	68
61	62	63	64	65	66	67	68	69	70
132	204	218	231	178	327	227	53	168	144
71	72	73	74	75	76	77	78	79	80
144	171	179	308	315	367	144	243	379	177
81	82	83	84	85	86	87	88	89	90
99	125	24	472	370	369	573	105	421	117
91	92	93	94	95	96	97	98	99	100
464	234	56	484	564	227	471	260	485	492

呂63號二軸

呂　　上行原號　　下行葉次

1	2	3	4	5	6	7	8	9	10
390	293	293	273	466	173	485	504	504	10
11	12	13	14	15	16	17	18	19	20
473	323	307	239	327	134	485	347	197	234
21	22	23	24	25	26	27	28	29	30
168	485	383	451	286	367	485	118	396	111
31	32	33	34	35	36	37	38	39	40
111	104	99	288	314	369	440	485	43	200
41	42	43	44	45	46	47	48	49	50
12	260	201	332	485	332	236	250	396	466
51	52	53	54	55	56	57	58	59	60
88	496	349	72	465	464	199	73	153	368
61	62	63	64	65	66	67	68	69	70
355	238	218 223	485	411	238	546	241	225	242
71	72	73	74	75	76	77	78	79	80
345	294	372	75	33	485	127	496	276	196
81	82	83	84	85	86	87	88	89	90
554	493	291	87	60	292	432	128	344	28
91	92	93	94	95	96	97	98	99	100
463	284	51	512	249	91	271	405	485	22

調

上行原號　　下行葉次

1	2	3	4	5	6	7	8	9	10
37	57	85	155	142	226	485	426	155	243
11	12	13	14	15	16	17	18	19	20
217	262	326	305	14	412	245	512	155	496
21	22	23	24	25	26	27	28	29	30
416	398	396	12	23	456	372	413	22	132
31	32	33	34	35	36	37	38	39	40
485	356	444	136	472	351	326	384	504	485
41	42	43	44	45	46	47	48	49	50
331	485	414	521	176	198	272	352	248	41
51	52	53	54	55	56	57	58	59	60
344	398	485	150	231	282	327	471	215	81
61	62	63	64	65	66	67	68	69	70
397	44	275	221	31	376	112	268	396	554
71	72	73	74	75	76	77	78	79	80
136	472	340	406	131	30	149	400	119	149
81	82	83	84	85	86	87	88	89	90
521	125	149	552	219	382	82	559	533	399
91	92	93	94	95	96	97	98	99	100
485	140	311	7	198	205	211	415	236	76

陽22號二軸

陽　　上行原號　　下行葉次

1	2	3	4	5	6	7	8	9	10
444	23	340	28	497	255	303	573	463	50
11	12	13	14	15	16	17	18	19	20
126	225	337	307	245	220	328	408	231	574
21	22	23	24	25	26	27	28	29	30
519	344 356	399	292	399	297	485	290	273	304
31	32	33	34	35	36	37	38	39	40
311	220	116	41	454	469	223	146	497	76
41	42	43	44	45	46	47	48	49	50
312	256	440	260	157	292	272	281	291	74
51	52	53	54	55	56	57	58	59	60
282	551	66	258	30	87	328	443	425	404
61	62	63	64	65	66	67	68	69	70
100	374	131	193	409	322	107	234	156	178
71	72	73	74	75	76	77	78	79	80
411	473	86	54	297	272	344	65	341	455
81	82	83	84	85	86	87	88	89	90
230	211	543	351	234	156	224	53	438	419
91	92	93	94	95	96	97	98	99	100
76	419	190	1	308	156	147	169	192	574

雲38號二段

雲 上行原號 下行葉次

1	2	3	4	5	6	7	8	9	10
122	557	455	39	413	2	289	304	297	56
11	12	13	14	15	16	17	18	19	20
104	44	122	378	79	283	372	41	521	120
21	22	23	24	25	26	27	28	29	30
457	336	392	540	376	445	377	225	299	120
31	32	33	34	35	36	37	38	39	40
121	145	125	497	347	258	317	553 554	63	298
41	42	43	44	45	46	47	48	49	50
24	462	224	308	286	369	282	120	455	455
51	52	53	54	55	56	57	58	59	60
72	77	307	378	521	245	147	567	174	485
61	62	63	64	65	66	67	68	69	70
128	485	234	485	81	241	252	422	252	486
71	72	73	74	75	76	77	78	79	80
338	331	301	122	219	100	122	313	108	43
81	82	83	84	85	86	87	88	89	90
123	341	14	79	327	4	4	173	497	504
91	92	93	94	95	96	97	98	99	100
257	45	110	37	274	126	399	74	478	376

騰　　上行原號　下行葉次

1	2	3	4	5	6	7	8	9	10
86	486	497	60	165	529	231	315	573	327
11	12	13	14	15	16	17	18	19	20
165	345	117	390	105	65	117	398	379	521
21	22	23	24	25	26	27	28	29	30
460	190	570	294	451	13	310	273	537	133
31	32	33	34	35	36	37	38	39	40
497	51	296	419	47	30	486	103	497	362
41	42	43	44	45	46	47	48	49	50
486	30	463	376	220	379	96	497	119	411
51	52	53	54	55	56	57	58	59	60
175	313	397	356	185	280	133	411	572	116
61	62	63	64	65	66	67	68	69	70
127	97	45	70	52	227	132	291	187	103
71	72	73	74	75	76	77	78	79	80
85	156	368	285	270	113	486	250	122	236
81	82	83	84	85	86	87	88	89	90
170	113	281	74	115	497	177	363	329	323
91	92	93	94	95	96	97	98	99	100
504	262	167	78	178	85	244	24	181	79

致 上行原號 下行葉次

1	2	3	4	5	6	7	8	9	10
398	181	49	297	176	72	244	228	247	298
11	12	13	14	15	16	17	18	19	20
486	81	456	319	359	122	122	120	558	295
21	22	23	24	25	26	27	28	29	30
407	425	250	75	45	237	371	112	398	30
31	32	33	34	35	36	37	38	39	40
101	398	451	109	300	104	147	471	299	288
41	42	43	44	45	46	47	48	49	50
298	129	99	455	230	272	223	181	63	397
51	52	53	54	55	56	57	58	59	60
146	72	133	432	282	285	276	134	121	49
61	62	63	64	65	66	67	68	69	70
272	96	23	539	260	373	356	105	368	385
71	72	73	74	75	76	77	78	79	80
93	93	283	534	126	497	546	220	173	504
81	82	83	84	85	86	87	88	89	90
457	454	221	150	150	529	417	312	48	227
91	92	93	94	95	96	97	98	99	100
203	267	259	179	351	425	230	573	456	55

雨28號兩面著錄

雨　　上行原號　　下行葉次

1	2	3	4	5	6	7	8	9	10
219	153	240	255	340	465	356	338	274	373
11	12	13	14	15	16	17	18	19	20
86	336	54	296	54	345	45	308	321	61
21	22	23	24	25	26	27	28	29	30
129	314	129	76	455	202	170	172 448	83	49
31	32	33	34	35	36	37	38	39	40
370	465	134	486	22	126	310	338	119	104
41	42	43	44	45	46	47	48	49	50
504	331	450	303	486	11	419	351	493	160
51	52	53	54	55	56	57	58	59	60
364	326	297	16	40	7	497	301	262	16
61	62	63	64	65	66	67	68	69	70
301	172	130	258	203	512	129	43	561	208
71	72	73	74	75	76	77	78	79	80
170	522	115	176	423	318	201	270	227	229
81	82	83	84	85	86	87	88	89	90
361	323	436	270	270	384	455	16	253	385
91	92	93	94	95	96	97	98	99	100
282	130	486	486	101	66	372	486	356	315

露50號原缺

露

上行原號　下行葉次

1	2	3	4	5	6	7	8	9	10
30	371	319	315	368	439	463	397	315	396
11	12	13	14	15	16	17	18	19	20
346	66	335	223	224	168	520	246	230	262
21	22	23	24	25	26	27	28	29	30
570	522	332	570	178	229	558	172	565	368
31	32	33	34	35	36	37	38	39	40
296	172	314	235	172	172	497	172	85	2
41	42	43	44	45	46	47	48	49	50
127	497	529	263	319	439	311	60	137	0
51	52	53	54	55	56	57	58	59	60
30	287	329	338	166	319	340	159	30	222
61	62	63	64	65	66	67	68	69	70
216	223	384	233	397	508	497	219	320	324
71	72	73	74	75	76	77	78	79	80
379	83	325	337	138	309	34	51	59	169
81	82	83	84	85	86	87	88	89	90
209	435	135	320	284	377	356	139	186	367
91	92	93	94	95	96	97	98	99	100
177	334	486	260	509	33	372	486	137	141

結61號兩面著錄
結73號原缺

結

上行原號　　下行葉次

1	2	3	4	5	6	7	8	9	10
417	278	417	417	417	171	417	227	418	417
11	12	13	14	15	16	17	18	19	20
223	307	418	382	380	178	354	165	254	181
21	22	23	24	25	26	27	28	29	30
283	166	248	465	183	317	373	22	325	447
31	32	33	34	35	36	37	38	39	40
246	26	445	44	66	85	361	417	22	486
41	42	43	44	45	46	47	48	49	50
417	417	359	417	242	417	417	556	417	418
51	52	53	54	55	56	57	58	59	60
227	373	338	393	330	218	117	280	41	295
61	62	63	64	65	66	67	68	69	70
563 567	486	568	564	509	21	461	21	293	413
71	72	73	74	75	76	77	78	79	80
31	153	0	346	383	236	549	573	367	230
81	82	83	84	85	86	87	88	89	90
371	566	143	457	164	309	48	55	348	176
91	92	93	94	95	96	97	98	99	100
383	320	530	486	72	188	250	11	320	337

爲27號原缺

爲 上行原號 下行葉次

1	2	3	4	5	6	7	8	9	10
145	170	121	33	69	169	343	393	351	555
11	12	13	14	15	16	17	18	19	20
191	297	333	402	194	284	298	23	462	283
21	22	23	24	25	26	27	28	29	30
382	442	345	486	223	118	0	23	56	305
31	32	33	34	35	36	37	38	39	40
350	319	284	306	85	219	7	354	7	303
41	42	43	44	45	46	47	48	49	50
174	351	322	234	570	570	352	308	347	308
51	52	53	54	55	56	57	58	59	60
398	269	368	200	51	307	381	34	486	183
61	62	63	64	65	66	67	68	69	70
158	546	76	103	379	85	403	34	97	40
71	72	73	74	75	76	77	78	79	80
5	423	300	332	561	309	561	18	52	55
81	82	83	84	85	86	87	88	89	90
295	67	72	44	378	91	50	51	320	334
91	92	93	94	95	96	97	98	99	100
76	123	486	545	231	307	5	4	129	130

霜　上行原號　下行葉次

1	2	3	4	5	6	7	8	9	10
322	226	326	236	122	140	38	354	429	85
11	12	13	14	15	16	17	18	19	20
219	36	450	380	431	93	432	196	251	239
21	22	23	24	25	26	27	28	29	30
247	32	51	298	344	434	172	8	444	75
31	32	33	34	35	36	37	38	39	40
510	253	326	408	450	450	416	147	361	173
41	42	43	44	45	46	47	48	49	50
444	87	378	159	159	159	291	159	222	563
51	52	53	54	55	56	57	58	59	60
568	81	230	426	81	426	426	86	426	270
61	62	63	64	65	66	67	68	69	70
372	235	162	342	197	334	426	142	129	336
71	72	73	74	75	76	77	78	79	80
283	313	127	63	271	106	248	128	143	569
81	82	83	84	85	86	87	88	89	90
507	386	271	147	181	197	298	304	541	240
91	92	93	94	95	96	97	98	99	100
240	121	410	241	411	183	339	464	259	486

金74號二軸

金　　上行原號　　下行葉次

1	2	3	4	5	6	7	8	9	10
247	259	219	258	376	210	214	160	412	379
11	12	13	14	15	16	17	18	19	20
218	370	40	376	412	257	54	440	250	358
21	22	23	24	25	26	27	28	29	30
302	235	330	244	168	116	58	47	169	248
31	32	33	34	35	36	37	38	39	40
180	143	534	293	312	108	157	133	160	409
41	42	43	44	45	46	47	48	49	50
199	314	373	376	318	183	249	290	29	139
51	52	53	54	55	56	57	58	59	60
369	103	331	339	373	237	306	224	250	286
61	62	63	64	65	66	67	68	69	70
336	517	104	473	226	229	40	120	170	218
71	72	73	74	75	76	77	78	79	80
413	228	239	268 393	253	12	241	466	313	352
81	82	83	84	85	86	87	88	89	90
354	171	98	58	572	493	373	361	164	241
91	92	93	94	95	96	97	98	99	100
262	250	68	130	399	128	452	80	322	401

生32號57號各二軸

生　　上行原號　　下行葉次

1	2	3	4	5	6	7	8	9	10
227	180	372	254	108	353	452	341	89	513
11	12	13	14	15	16	17	18	19	20
487	141	152	320	59	180	358	493	28	28
21	22	23	24	25	26	27	28	29	30
55	411	324	94	524	186	159	272	152	238
31	32	33	34	35	36	37	38	39	40
338	268 363	235	259	114	342	158	307	180	515
41	42	43	44	45	46	47	48	49	50
487	32	338	493	52	405	296	450	450	225
51	52	53	54	55	56	57	58	59	60
133	26	450	74	487	563	268 360	394	30	235
61	62	63	64	65	66	67	68	69	70
180	232	504	58	58	207	86	27	324	396
71	72	73	74	75	76	77	78	79	80
220	278	287	224	368	225	341	199	180	166
81	82	83	84	85	86	87	88	89	90
246	257	236	116	318	222	369	127	180	257
91	92	93	94	95	96	97	98	99	100
54	180	106	205	312	349	180	352	97	226

麗67號民國十六年註失後尋獲

麗　上行原號　下行葉次

1	2	3	4	5	6	7	8	9	10
451	280	38	452	170	144	549	504	29	519
11	12	13	14	15	16	17	18	19	20
214	332	263	252	203	207	457	55	108	76
21	22	23	24	25	26	27	28	29	30
186	298	183	233	358	397	556	343	436	222
31	32	33	34	35	36	37	38	39	40
1	116	161	123	186	382	40	53	464	571
41	42	43	44	45	46	47	48	49	50
411	314	235	280	249	231	544	75	25	104
51	52	53	54	55	56	57	58	59	60
190	431	340	190	55	309	177	253	13	383
61	62	63	64	65	66	67	68	69	70
107	45	55	104	287	372	276	411	377	328
71	72	73	74	75	76	77	78	79	80
381	124	323	449	286	190	311	147	310	413
81	82	83	84	85	86	87	88	89	90
143	241	442	143	541	164	411	143	340	100
91	92	93	94	95	96	97	98	99	100
144	57	523	276	53	245	35	373	542	154

水19號二軸

水　　上行原號　　下行葉次

1	2	3	4	5	6	7	8	9	10
369	210	30	315	443	439	86	574	487	111
11	12	13	14	15	16	17	18	19	20
154	203	159	181	280	114	300	182	165 194	243
21	22	23	24	25	26	27	28	29	30
164	232	334	314	182	116	153	181	148	259
31	32	33	34	35	36	37	38	39	40
339	34	57	115	84	398	190	32	98	372
41	42	43	44	45	46	47	48	49	50
277	217	383	188	77	59	186	356	353	255
51	52	53	54	55	56	57	58	59	60
221	263	111	70	487	384	401	186	111	298
61	62	63	64	65	66	67	68	69	70
25	37	121	187	246	244	237	399	53	127
71	72	73	74	75	76	77	78	79	80
297	187	160	181	380	226	273	361	372	255
81	82	83	84	85	86	87	88	89	90
451	169	399	298	218	139	152	52	273	361
91	92	93	94	95	96	97	98	99	100
347	298	75	312	140	276	198	318	100	337

玉17號原缺　50號二軸同葉

玉　　上行原號　　下行葉次

1	2	3	4	5	6	7	8	9	10
291	316	231	14	118	546	144	102	113	32
11	12	13	14	15	16	17	18	19	20
315	131	412	279	33	259	0	313	252	463
21	22	23	24	25	26	27	28	29	30
253	336	398	10	202	359	121	160	157	198
31	32	33	34	35	36	37	38	39	40
228	75	58	175	546	275	554	516	497	188
41	42	43	44	45	46	47	48	49	50
100	356	380	145	63	376	339	54	258	110
51	52	53	54	55	56	57	58	59	60
353	172	145	4	101	440	251	156	157	315
61	62	63	64	65	66	67	68	69	70
77	122	464	520	377	143	158	122	381	340
71	72	73	74	75	76	77	78	79	80
314	138	312	497	379	257	330	416	250	132
81	82	83	84	85	86	87	88	89	90
365	371	320	108	59	157	305	568	412	356
91	92	93	94	95	96	97	98	99	100
522	536	74	242	363	121	58	44	279	64

出

上行原號　　下行葉次

1	2	3	4	5	6	7	8	9	10
199	356	476	518	505	339	346	487	138	54
11	12	13	14	15	16	17	18	19	20
487	45	497	271	105	487	398	77	13	235
21	22	23	24	25	26	27	28	29	30
370	48	47	497	487	487	200	140	216	487
31	32	33	34	35	36	37	38	39	40
406	2	370	16	497	370	345	344	380	140
41	42	43	44	45	46	47	48	49	50
167	301	487	381	260	459	140	487	140	208
51	52	53	54	55	56	57	58	59	60
396	141	331	335	367	222	227	162	226	353
61	62	63	64	65	66	67	68	69	70
401	261	316	249	239	156	14	53	234	304
71	72	73	74	75	76	77	78	79	80
493	409	344	451	497	143	76	478	69	208
81	82	83	84	85	86	87	88	89	90
103	487	355	143	471	408	30	306	69	88
91	92	93	94	95	96	97	98	99	100
370	288	218	146	160	252	74	457	162	438

崑

上行原號　　下行葉次

1	2	3	4	5	6	7	8	9	10
154	456	160	343	109	439	463	139	176	139
11	12	13	14	15	16	17	18	19	20
71	269	371	66	60	139	135	323	242	342
21	22	23	24	25	26	27	28	29	30
68	50	66	32	142	370	473	370	405	59
31	32	33	34	35	36	37	38	39	40
98	108	376	244	53	140	29	139	371	101
41	42	43	44	45	46	47	48	49	50
32	370	202	382	136	136	157	196	260	122
51	52	53	54	55	56	57	58	59	60
13	32	253	196	140	426	305	505	59	125
61	62	63	64	65	66	67	68	69	70
256	374	59	238	59	358	354	328	253	351
71	72	73	74	75	76	77	78	79	80
32	196	396	140	211	304	82	52	194	109
81	82	83	84	85	86	87	88	89	90
52	276	574	53	115	60	338	106	30	277
91	92	93	94	95	96	97	98	99	100
45	487	173	45	445	522	202	32	96	83

罔37號已裝裱民國六年被竊僅存空匣

罔　　上行原號　　下行葉次

1	2	3	4	5	6	7	8	9	10
74	242	140	224	462	32	464	119	337	464
11	12	13	14	15	16	17	18	19	20
189	60	140	140	378	221	189	45	412	113
21	22	23	24	25	26	27	28	29	30
140	237	412	83	556	78	370	230	59	122
31	32	33	34	35	36	37	38	39	40
233	334	196	185	128	31	0	498	487	340
41	42	43	44	45	46	47	48	49	50
247	245	257	514	118	107	327	498	276	208
51	52	53	54	55	56	57	58	59	60
248	410	310	46	435	314	72	225	218	32
61	62	63	64	65	66	67	68	69	70
487	93	370	487	558	58	188	337	405	458
71	72	73	74	75	76	77	78	79	80
110	182	353	243	340	238	44	102	202	487
81	82	83	84	85	86	87	88	89	90
409	130	114	363	115	176	341	58	82	55
91	92	93	94	95	96	97	98	99	100
456	239	259	339	321	249	205	231	232	336

劍75號原缺

劍 上行原號 下行葉次

1	2	3	4	5	6	7	8	9	10
182	146	407	382	327	165	109	161	231	340
11	12	13	14	15	16	17	18	19	20
445	32	58	395	82	226	87	59	71	383
21	22	23	24	25	26	27	28	29	30
498	72	314	196	58	202	463	119	202	311
31	32	33	34	35	36	37	38	39	40
281	240	119	108	487	432	58	146	245	108
41	42	43	44	45	46	47	48	49	50
74	498	370	59	232	80	74	82	379	45
51	52	53	54	55	56	57	58	59	60
409	83	200	233	356	83	201	339	488	257
61	62	63	64	65	66	67	68	69	70
395	370	515	322	49	106	103	325	196	170
71	72	73	74	75	76	77	78	79	80
182	410	59	337	0	370	143	107	193	58
81	82	83	84	85	86	87	88	89	90
83	77	67	181	117	106	574	342	193	346
91	92	93	94	95	96	97	98	99	100
44	274	326	325	351	321	210	283	179	338

號31號二軸同葉

號　　上行原號　　下行葉次

1	2	3	4	5	6	7	8	9	10
193	251	204	498	488	155	166	466	457	202
11	12	13	14	15	16	17	18	19	20
55	236	522	507	59	264	53	17	23	261
21	22	23	24	25	26	27	28	29	30
60	119	248	8	166	511	247	264	324	334
31	32	33	34	35	36	37	38	39	40
290	208	498	237	182	220	261	109	246	438
41	42	43	44	45	46	47	48	49	50
336	114	383	488	356	202	200	250	279	371
51	52	53	54	55	56	57	58	59	60
31	11	522	140	226	312	362	71	102	140
61	62	63	64	65	66	67	68	69	70
59	189	515	457	37	359	183	345	146	59
71	72	73	74	75	76	77	78	79	80
60	354	56	505	333	110	467	281	252	51
81	82	83	84	85	86	87	88	89	90
304	351	159	113	472	100	538	240	2	205
91	92	93	94	95	96	97	98	99	100
86	129	341	128	123	317	131	334	60	151

號

巨　　上行原號　　下行葉次

1	2	3	4	5	6	7	8	9	10
178	153	293	295	292	380	232	151	285	371
11	12	13	14	15	16	17	18	19	20
47	308	145	372	372	288	270	179	159	351
21	22	23	24	25	26	27	28	29	30
288	488	81	488	263	81	110	46	71	123
31	32	33	34	35	36	37	38	39	40
238	238	60	195	200	330	113	268	116	282
41	42	43	44	45	46	47	48	49	50
322	281	151	186	152	265	352	200	303	201
51	52	53	54	55	56	57	58	59	60
257	170	200	154	285	51	88	229	199	43
61	62	63	64	65	66	67	68	69	70
146	243	337	225	50	274	135	121	144	178
71	72	73	74	75	76	77	78	79	80
75	342	123	113	334	135	171	319	167	254
81	82	83	84	85	86	87	88	89	90
273	224	170	173	228	243	183	361	234	125
91	92	93	94	95	96	97	98	99	100
488	177	134	261	181	498	373	183	220	103

關

上行原號　　下行葉次

1	2	3	4	5	6	7	8	9	10
356	505	110	72	120	505	118	223	269	498
11	12	13	14	15	16	17	18	19	20
105	351	68	142	44	151	52	128	141	462
21	22	23	24	25	26	27	28	29	30
152	56	167	306	377	152	272	302	63	144
31	32	33	34	35	36	37	38	39	40
74	125	210	163	488	405	147	187	130	507
41	42	43	44	45	46	47	48	49	50
305	336	255	141	313	303	200	305	2	43
51	52	53	54	55	56	57	58	59	60
505	466	103	246	280	135	149	233	167	169
61	62	63	64	65	66	67	68	69	70
77	154	257	21	326	245	98	135	281	270
71	72	73	74	75	76	77	78	79	80
127	118	293	271	48	152	373	80	158	218
81	82	83	84	85	86	87	88	89	90
158	325	282	235	378	326	134	193	151	456
91	92	93	94	95	96	97	98	99	100
129	400	195	77	252	129	85	128	314	106

珠　上行原號　下行葉次

1	2	3	4	5	6	7	8	9	10
167	231	142	177	156	71	70	168	373	363
11	12	13	14	15	16	17	18	19	20
279	200	148	78	79	397	179	78	274	291
21	22	23	24	25	26	27	28	29	30
173	228	114	226	219	268	247	68	361	498
31	32	33	34	35	36	37	38	39	40
244	161	141	337	77	12	160	173	166	339
41	42	43	44	45	46	47	48	49	50
180	109	84	467	125	274	30	149	307	343
51	52	53	54	55	56	57	58	59	60
440	338	152	149	369	225	168	296	299	262
61	62	63	64	65	66	67	68	69	70
262	222	383	240	170	324	545	259	165	323
71	72	73	74	75	76	77	78	79	80
184	326	321	435	123	59	154	195	82	411
81	82	83	84	85	86	87	88	89	90
151	293	179	167	338	119	253	290	317	120
91	92	93	94	95	96	97	98	99	100
170	2	274	72	161	158	366	118	370	556

稱

上行原號　　下行葉次

1	2	3	4	5	6	7	8	9	10
225	405	436	361	15	295	330	307	148	296
11	12	13	14	15	16	17	18	19	20
284	4	163	117	237	317	283	370	178	344
21	[illegible]	23	24	25	26	27	28	29	30
273	24	135	77	289	77	336	488	493	136
31	32	33	34	35	36	37	38	39	40
77	572	379	224	378	295	111	167	134	340
41	42	43	44	45	46	47	48	49	50
340	120	282	151	242	202	325	231	335	178
51	52	53	54	55	56	57	58	59	60
113	406	312	60	351	245	309	488	54	144
61	62	63	64	65	66	67	68	69	70
395	307	469	334	63	113	245	351	151	302
71	72	73	74	75	76	77	78	79	80
75	311	186	149	309	469	287	130	299	150
81	82	83	84	85	86	87	88	89	90
294	302	289	119	222	288	233	362	302	398
91	92	93	94	95	96	97	98	99	100
11	179	44	303	560	112	498	131	146	189

夜33號錄誤爲衣33

夜98號錄誤爲衣98

夜 上行原號 下行葉次

1	2	3	4	5	6	7	8	9	10
343	153	167	208	81	225	225	498	151	385
11	12	13	14	15	16	17	18	19	20
335	222	115	146	115	119	232	238	69	151
21	22	23	24	25	26	27	28	29	30
151	221	352	329	331	200	179	322	203	256
31	32	33	34	35	36	37	38	39	40
335	349	469	129	149	373	470	454	103	375
41	42	43	44	45	46	47	48	49	50
333	510	90	408	323	456	498	290	284	119
51	52	53	54	55	56	57	58	59	60
271	41	118	105	60	23	60	296	488	111
61	62	63	64	65	66	67	68	69	70
367	157	330	127	221	131	178	201	108	407
71	72	73	74	75	76	77	78	79	80
93	149	83	422	215	263	464	415	106	251
81	82	83	84	85	86	87	88	89	90
77	238	314	111	112	48	316	120	253	83
91	92	93	94	95	96	97	98	99	100
219	450	38	382	99	142	498	477	328	67

光　　上行原號　　下行葉次

1	2	3	4	5	6	7	8	9	10
187	283	104	468	498	291	80	513	404	192
11	12	13	14	15	16	17	18	19	20
231	147	99	274	58	249	72	340	249	35
21	22	23	24	25	26	27	28	29	30
404	58	174	121	560	435	83	86	168	404
31	32	33	34	35	36	37	38	39	40
244	488	98	289	403	432	450	310	98	11
41	42	43	44	45	46	47	48	49	50
109	121	408	293	24	328	16	278	157	179
51	52	53	54	55	56	57	58	59	60
147	158	301	122	50	288	408	19	498	81
61	62	63	64	65	66	67	68	69	70
113	412	15	450	195	82	248	218	289	332
71	72	73	74	75	76	77	78	79	80
255	375	335	191	329	173	113	117	263	293
81	82	83	84	85	86	87	88	89	90
155	376	488	108	271	370	187	198	150	107
91	92	93	94	95	96	97	98	99	100
134	408	381	539	474	157	519	75	408	546

果

上行原號　下行葉次

1	2	3	4	5	6	7	8	9	10
224	164	291	282	498	2	114	67	318	130
11	12	13	14	15	16	17	18	19	20
124	560	332	256	283	156	117	55	86	244
21	22	23	24	25	26	27	28	29	30
324	48	108	50	108	7	285	218	170	377
31	32	33	34	35	36	37	38	39	40
408	211	263	174	288	257	174	258	139	331
41	42	43	44	45	46	47	48	49	50
524	186	295	127	175	236	20	292	364	174
51	52	53	54	55	56	57	58	59	60
464	463	412	150	294	198	13	174	335	546
61	62	63	64	65	66	67	68	69	70
408	108	408	464	179	84	307	390	508	407
71	72	73	74	75	76	77	78	79	80
294	147	99	215	173	243	147	121	404	451
81	82	83	84	85	86	87	88	89	90
333	493	55	292	189	134	341	547	192	569
91	92	93	94	95	96	97	98	99	100
452	178	231	407	331	293	112	262	334	502

珍　　上行原號　　下行葉次

1	2	3	4	5	6	7	8	9	10
446	239	294	399	369	98	488	457	147	344
11	12	13	14	15	16	17	18	19	20
468	67	378	161	407	411	45	498	126	542
21	22	23	24	25	26	27	28	29	30
107	404	110	337	98	343	287	546	488	14
31	32	33	34	35	36	37	38	39	40
285	407	409	29	134	549	179	297	82	231
41	42	43	44	45	46	47	48	49	50
341	81	272	329	83	81	488	273	333	167
51	52	53	54	55	56	57	58	59	60
79	73	404	79	78	121	274	391	61	472
61	62	63	64	65	66	67	68	69	70
488	83	349	204	350	19	109	76	275	13
71	72	73	74	75	76	77	78	79	80
273	120	340	191	108	251	109	229	243	407
81	82	83	84	85	86	87	88	89	90
345	67	177	227	251	408	286	508	224	188
91	92	93	94	95	96	97	98	99	100
121	186	273	111	334	366	192	311	271	323

李46號二軸

李　上行原號　下行葉次

1	2	3	4	5	6	7	8	9	10
505	339	109	11	77	286	543	313	339	246
11	12	13	14	15	16	17	18	19	20
115	189	280	37	142	287	273	228	436	553
21	22	23	24	25	26	27	28	29	30
164	236	488	347	126	550	391	413	278	459
31	32	33	34	35	36	37	38	39	40
550	142	573	559	559	407	235	560	574	109
41	42	43	44	45	46	47	48	49	50
498	61	133	329	398	251 318	169	354	408	378
51	52	53	54	55	56	57	58	59	60
81	522	269	203	435	268	371	450	240	166
61	62	63	64	65	66	67	68	69	70
179	310	285	14	209	436	323	162	107	317
71	72	73	74	75	76	77	78	79	80
358	70	498	313	331	498	325	241	60	309
81	82	83	84	85	86	87	88	89	90
297	488	168	512	507	522	232	250	466	223
91	92	93	94	95	96	97	98	99	100
312	289	339	290	488	222	218	488	468	574

柰　　上行原號　　下行葉次

1	2	3	4	5	6	7	8	9	10
489	464	129	159	175	230	301	468	281	280
11	12	13	14	15	16	17	18	19	20
86	251	427	473	574	279	337	254	427	208
21	22	23	24	25	26	27	28	29	30
425	278	18	489	314	239	432	507	38	299
31	32	33	34	35	36	37	38	39	40
316	193	368	569	13	303	499	302	299	14
41	42	43	44	45	46	47	48	49	50
302	237	274	305	293	489	185	230	526	489
51	52	53	54	55	56	57	58	59	60
291	414	470	257	538	169	489	230	6	353
61	62	63	64	65	66	67	68	69	70
350	121	186	294	256	280	541	40	355	322
71	72	73	74	75	76	77	78	79	80
232	159	499	252	207	445	333	412	295	98
81	82	83	84	85	86	87	88	89	90
480	92	445	451	383	220	427	57	421	112
91	92	93	94	95	96	97	98	99	100
456	427	10	379	337	216	435	438	50	362

柰12號二軸

柰　上行原號　下行葉次

1	2	3	4	5	6	7	8	9	10
468	51	440	499	489	376	220	425	303	378
11	12	13	14	15	16	17	18	19	20
359	25 26	384	100	265	304	270	489	347	48
21	22	23	24	25	26	27	28	29	30
360	404	396	326	436	235	414	73	255	414
31	32	33	34	35	36	37	38	39	40
241	489	203	443	489	54	450	88	281	574
41	42	43	44	45	46	47	48	49	50
493	136	462	43	16	248	390	56	279	446
51	52	53	54	55	56	57	58	59	60
128	309	416	135	233	189	282	218	316	75
61	62	63	64	65	66	67	68	69	70
396	499	100	211	257	345	136	456	65	395
71	72	73	74	75	76	77	78	79	80
489	399	123	489	300	214	273	400	469	456
81	82	83	84	85	86	87	88	89	90
224	164	45	118	416	239	249	191	42	456
91	92	93	94	95	96	97	98	99	100
489	566	203	235	314	379	283	284	430	272

重20號二軸

重49號錄誤爲46

重

上行原號　　下行葉次

1	2	3	4	5	6	7	8	9	10
249	241	55	176	35	562	266	137	209	398
11	12	13	14	15	16	17	18	19	20
343	86	279	250	193	469	401	383	382	94 528
21	22	23	24	25	26	27	28	29	30
489	538	452	117	337	516	11	159	352	78
31	32	33	34	35	36	37	38	39	40
19	377	315	57	100	75	16	38	277	243
41	42	43	44	45	46	47	48	49	50
489	130	48	79	357	205	55	108	268	45
51	52	53	54	55	56	57	58	59	60
535	176	296	12	294	177	489	360	489	330
61	62	63	64	65	66	67	68	69	70
15	140	376	118	105	68	49	57	38	188
71	72	73	74	75	76	77	78	79	80
279	203	278	445	24	233	51	164	159	159
81	82	83	84	85	86	87	88	89	90
105	122	253	120	60	411	67	195	380	436
91	92	93	94	95	96	97	98	99	100
191	110	180	181	543	175	208	264	489	309

芥

上行原號　下行葉次

1	2	3	4	5	6	7	8	9	10
392	355	468	61	353	332	538	53	230	14
11	12	13	14	15	16	17	18	19	20
404	499	344	406	244	445	126	445	12	468
21	22	23	24	25	26	27	28	29	30
407	328	162	403	103	338	128	346	158	331
31	32	33	34	35	36	37	38	39	40
195	322	159	361	13	425	141	244	236	14
41	42	43	44	45	46	47	48	49	50
9	230	254	223	6	186	287	12	254	548
51	52	53	54	55	56	57	58	59	60
373	40	354	184	11	5	52	451	424	154
61	62	63	64	65	66	67	68	69	70
110	68	117	262	451	168	499	2	40	489
71	72	73	74	75	76	77	78	79	80
256	406	489	255	162	309	191	243	342	254
81	82	83	84	85	86	87	88	89	90
437	13	513	1	188	489	1	265	499	317
91	92	93	94	95	96	97	98	99	100
548	1	290	208	1	1	543	168	376	250

薑91號二軸

薑 上行原號 下行葉次

1	2	3	4	5	6	7	8	9	10
561	499	155	156	156	125	155	156	285	499
11	12	13	14	15	16	17	18	19	20
1	279	368	44	361	490	471	505	219	164
21	22	23	24	25	26	27	28	29	30
296	22	510	306	479	116	490	490	490	53
31	32	33	34	35	36	37	38	39	40
421	421	236	338	235	451	490	499	117	230
41	42	43	44	45	46	47	48	49	50
490	185	346	310	306	268	145	88	426	204
51	52	53	54	55	56	57	58	59	60
355	261	490	192	142	348	12	459	490	499
61	62	63	64	65	66	67	68	69	70
45	318	357	431	458	56	277	372	490	93
71	72	73	74	75	76	77	78	79	80
40	490	384	338	57	33	499	113	253	170
81	82	83	84	85	86	87	88	89	90
292	38	493	499	346	235	378	490	510	73
91	92	93	94	95	96	97	68	99	100
437 522	23	243	92	490	298	432	354	317	527

海78號二軸

海　上行原號　下行葉次

1	2	3	4	5	6	7	8	9	10
499	468	258	255	40	400	368	490	490	116
11	12	13	14	15	16	17	18	19	20
61	490	56	162	109	490	442	499	438	505
21	22	23	24	25	26	27	28	29	30
490	421	370	352	463	449	271	405	499	426
31	32	33	34	35	36	37	38	39	40
468	126	83	224	399	205	58	289	442	490
41	42	43	44	45	46	47	48	49	50
259	499	493	316	490	172	1	297	404	490
51	52	53	54	55	56	57	58	59	60
536	350	157	499	347	291	346	241	491	8
61	62	63	64	65	66	67	68	69	70
362	468	466	62	339	380	298	154	100	313
71	72	73	74	75	76	77	78	79	80
16	491	411	69	113	491	269	31 515	491	574
81	82	83	84	85	86	87	88	89	90
284	331	98	271	55	427	184	155	201	204
91	92	93	94	95	96	97	98	99	100
77	7	276	229	441	161	277	366	154	82

鹹64號65號各二軸

鹹　　上行原號　　下行葉次

1	2	3	4	5	6	7	8	9	10
522	499	3	295	295	499	357	44	67	7
11	12	13	14	15	16	17	18	19	20
406	331	307	41	77	264	450	522	67	294
21	22	23	24	25	26	27	28	29	30
340	54	111	214	361	517	60	156	219	162
31	32	33	34	35	36	37	38	39	40
281	234	377	215	186	309	120	40	383	320
41	42	43	44	45	46	47	48	49	50
173	71	173	240	147	441	271	500	376	57
51	52	53	54	55	56	57	58	59	60
58	112	99	338	212	52	73	216	42	53
61	62	63	64	65	66	67	68	69	70
218	398	384	237 259	219 252	180	471	73	76	171
71	72	73	74	75	76	77	78	79	80
316	243	232	34	514	71	519	443	67	511
81	82	83	84	85	86	87	88	89	90
130	415	229	149	125	419	471	98	296	205
91	92	93	94	95	96	97	98	99	100
112	371	320	289	127	325	445	219	262	350

河69號二軸

河　上行原號　下行葉次

1	2	3	4	5	6	7	8	9	10
574	246	301	371	297	398	241	425	67	286
11	12	13	14	15	16	17	18	19	20
491	571	201	208	399	229	409	159	228	148
21	22	23	24	25	26	27	28	29	30
478	500	60	338	284	277	180	13	170	321
31	32	33	34	35	36	37	38	39	40
500	58	468	341	379	279	221	43	360	33
41	42	43	44	45	46	47	48	49	50
130	250	242	399	128	34	54	6	16	435
51	52	53	54	55	56	57	58	59	60
185	573	93	304	522	248	329	407	455	169
61	62	63	64	65	66	67	68	69	70
139	295	107	510	150	98	139	123	217 257	322
71	72	73	74	75	76	77	78	79	80
58	451	179	278	279	13	464	253	376	96
81	82	83	84	85	86	87	88	89	90
355	102	302	45	100	406	35	316	405	409
91	92	93	94	95	96	97	98	99	100
132	409	349	397	243	78	222	256	89	100

淡4號兩面著錄

淡　　上行原號　　下行葉次

1	2	3	4	5	6	7	8	9	10
103	500	378	7 480	254	264	288	342	271	114
11	12	13	14	15	16	17	18	19	20
87	327	469	104	22	23	132	228	20	185
21	22	23	24	25	26	27	28	29	30
21	331	275	197	348	298	397	217	413	284
31	32	33	34	35	36	37	38	39	40
272	359	144	85	378	569	73	275	154	321
41	42	43	44	45	46	47	48	49	50
322	297	242	188	465	185	110	441	163	437
51	52	53	54	55	56	57	58	59	60
93	461	491	220	17	491	71	519	293	458
61	62	63	64	65	66	67	68	69	70
214	399	454	24	218	247	125	1	106	369
71	72	73	74	75	76	77	78	79	80
141	228	168	575	20	92	409	272	274	284
81	82	83	84	85	86	87	88	89	90
65	67	395	22	29	276	44	367	44	352
91	92	93	94	95	96	97	98	99	100
414	235	417	295	299	7	138	135	500	51

鱗　　上行原號　　下行葉次

1	2	3	4	5	6	7	8	9	10
281	111	64	351	153	223	220	300	471	566
11	12	13	14	15	16	17	18	19	20
384	226	19	228	435	100	307	371	85	235
21	22	23	24	25	26	27	28	29	30
54	319	321	77	100	65	98	407	342	573
31	32	33	34	35	36	37	38	39	40
69	247	323	7	169	491	12	444	8	175
41	42	43	44	45	46	47	48	49	50
36	26	284	115	225	185	206	85	491	278
51	52	53	54	55	56	57	58	59	60
69	68	35	275	275	126	209	458	491	342
61	62	63	64	65	66	67	68	69	70
153	190	341	175	146	399	332	57	234	305
71	72	73	74	75	76	77	78	79	80
353	464	154	462	244	200	192	223	551	274
81	82	83	84	85	86	87	88	89	90
154	398	327	52	329	226	133	118	389	462
91	92	93	94	95	96	97	98	99	100
325	321	238	500	325	10	411	353	197	343

潛33號二軸

潛 上行原號 下行葉次

1	2	3	4	5	6	7	8	9	10
469	388	73	407	493	55	230	105	369	304
11	12	13	14	15	16	17	18	19	20
116	325	239	160	375	320	309	286	146	258
21	22	23	24	25	26	27	28	29	30
31	399	321	445	491	118	458	491	85	286
31	32	33	34	35	36	37	38	39	40
238	237	262 268	463	491	241	575	434	289	329
41	42	43	44	45	46	47	48	49	50
113	153	89	348	21	162	493	53	69	546
51	52	53	54	55	56	57	58	59	60
226	137	178	155	31	45	439	390	439	196
61	62	63	64	65	66	67	68	69	70
406	500	276	445	472	152	439	286	206	165
71	72	73	74	75	76	77	78	79	80
532	257	178	206	238	559	171	195	133	539
81	82	83	84	85	86	87	88	89	90
228	146	363	307	491	397	560	356	458	333
91	92	93	94	95	96	97	98	99	100
204	175	344	255	151	371	457	94	142	457

羽48至51號宣統三年由學部贈奥京博物院
52至55號由學部贈張謇

羽

上行原號　　下行葉次

1	2	3	4	5	6	7	8	9	10
477	167	92	84	426	163	311	322	162	5
11	12	13	14	15	16	17	18	19	20
444	548	198	348	386	500	218	190	90	11
21	22	23	24	25	26	27	28	29	30
25	289	206	50	153	286	246	312	73	273
31	32	33	34	35	36	37	38	39	40
338	78	302	319	131	407	281	334	275	67
41	42	43	44	45	46	47	48	49	50
339	306	35	113	254	256	318	0	0	0
51	52	53	54	55	56	57	58	59	60
0	0	0	0	0	166	138	534	138	324
61	62	63	64	65	66	67	68	69	70
426	267	560	68	189	79	335	196	564	362
71	72	73	74	75	76	77	78	79	80
545	135	190	554	573	190	205	191	187	421
81	82	83	84	85	86	87	88	89	90
196	133	252	244	327	109	15	383	135	469
91	92	93	94	95	96	97	98	99	100
167	209	79	199	238	88	176	546	118	24

翔　　上行原號　　下行葉次

1	2	3	4	5	6	7	8	9	10
121	22	3	44	210	493	25	155	539	204
11	12	13	14	15	16	17	18	19	20
177	7	343	559	208	142	183	575	192	299
21	22	23	24	25	26	27	28	29	30
253	518	13	259	507	168	324	267	349	120
31	32	33	34	35	36	37	38	39	40
133	466	58	148	196	159	265	24	559	388
41	42	43	44	45	46	47	48	49	50
266	493	350	566	243	522	277	109	304	536
51	52	53	54	55	56	57	58	59	60
573	55	290	546	147	317	554	410	61	201
61	62	63	64	65	66	67	68	69	70
355	164	154	78	134	141	197	260	129	346
71	72	73	74	75	76	77	78	79	80
27	546	287	112	222	181	155	79	466	74
81	82	83	84	85	86	87	88	89	90
261	432	275	505	277	290	104	200	310	198
91	92	93	94	95	96	97	98	99	100
160	301	160	137	24	183	276	304	384	301

龍76號二軸

龍　　上行原號　　下行葉次

1	2	3	4	5	6	7	8	9	10
493	547	218	157	302	150	109	287	349	220
11	12	13	14	15	16	17	18	19	20
236	178	177	405	500	268	493	148	52	116
21	22	23	24	25	26	27	28	29	30
198	456	500	290	355	288	493	493	557	149
31	32	33	34	35	36	37	38	39	40
287	505	262	229	448	407	364	470	30	575
41	42	43	44	45	46	47	48	49	50
362	249	393	248	472	15	266	113	349	471
51	52	53	54	55	56	57	58	59	60
469	421	559	151	204	325	286	357	188	153
61	62	63	64	65	66	67	68	69	70
148	14	546	363	546	147	500	402	382	360
71	72	73	74	75	76	77	78	79	80
12	505	258	349	555	149 189	189	188	185	182
81	82	83	84	85	86	87	88	89	90
347	534	200	153	30	554	248	23	349	546
91	92	93	94	95	96	97	98	99	100
355	61	187	153	554	75	187	299	406	194

師16號二軸

師　　上行原號　　下行葉次

1	2	3	4	5	6	7	8	9	10
500	276	126	234	198	54	185	467	500	505
11	12	13	14	15	16	17	18	19	20
505	413	164	467	280	493 500	362	175	522	518
21	22	23	24	25	26	27	28	29	30
547	191	355	550	572	151	197	412	104	355
31	32	33	34	35	36	37	38	39	40
205	346	466	146	30	110	132	349	138	258
41	42	43	44	45	46	47	48	49	50
350	545	178	277	189	339	160	166	155	199
51	52	53	54	55	56	57	58	59	60
178	23	526	500	347	505	148	56	112	476
61	62	63	64	65	66	67	68	69	70
500	197	198	505	247	333	123	7	491	151
71	72	73	74	75	76	77	78	79	80
333	472	491	115	167	435	90	357	50	311
81	82	83	84	85	86	87	88	89	90
169	560	47	230	494	257	108	565	573	99
91	92	93	94	95	96	97	98	99	100
251	205	470	191	182	259	547	2	310	311

帝

上行原號　下行葉次

1	2	3	4	5	6	7	8	9	10
203	522	3	362	555	44	363	341	322	3
11	12	13	14	15	16	17	18	19	20
124	133	430	287	354	254	562	354	500	348
21	22	23	24	25	26	27	28	29	30
198	314	156	526	348	278	327	383	337	329
31	32	33	34	35	36	37	38	39	40
456	108	573	500	22	240	505	299	276	467
41	42	43	44	45	46	47	48	49	50
90	189	246	469	145	199	575	205	53	500
51	52	53	54	55	56	57	58	59	60
194	191	349	343	229	218	9	138	186	432
61	62	63	64	65	66	67	68	69	70
429	456	460	189	234	457	500	340	180	179
71	72	73	74	75	76	77	78	79	80
306	343	353	203	432	491	4	404	466	276
81	82	83	84	85	86	87	88	89	90
517	491	206	166	236	89	369	276	476	94
91	92	93	94	95	96	97	98	99	100
523	337	290	134	494	245	146	161	343	447

鳥

上行原號　下行葉次

1	2	3	4	5	6	7	8	9	10
311	169	466	277	494	24	345	426	260	540
11	12	13	14	15	16	17	18	19	20
501	201	491	501	446	535	223	305	202	226
21	22	23	24	25	26	27	28	29	30
298	398	539	171	190	519	40	181	528	150
31	32	33	34	35	36	37	38	39	40
573	243	509	214	163	400	327	518	114	316
41	42	43	44	45	46	47	48	49	50
116	299	114	245	236	136	5	401	292	311
51	52	53	54	55	56	57	58	59	60
434	554	88	79	71	362	564	18	88	469
61	62	63	64	65	66	67	68	69	70
119	267	137	535	176	505	439	265	472	526
71	72	73	74	75	76	77	78	79	80
375	130	501	501	361	393	329	141	253	141
81	82	83	84	85	86	87	88	89	90
340	380	126	543	446	406	90	192	491	387
91	92	93	94	95	96	97	98	99	100
249	446	445	17	353	523	377	131	363	129

官47號二軸
72號二軸同葉

官　　上行原號　　下行葉次

1	2	3	4	5	6	7	8	9	10
348	573	460	382	380	369	568	501	301	414
11	12	13	14	15	16	17	18	19	20
178	134	403	190	461	437	505	567	157	563
21	22	23	24	25	26	27	28	29	30
396	494	377	142	137	424	294	48	24	62
31	32	33	34	35	36	37	38	39	40
355	126	286	404	547	380	37	572	8	31
41	42	43	44	45	46	47	48	49	50
36	447	17	323	501	251	133 155	157	550	471
51	52	53	54	55	56	57	58	59	60
402	382	470	165	326	123	408	448	494	457
61	62	63	64	65	66	67	68	69	70
130	367	260	460	573	237	244	441	333	68
71	72	73	74	75	76	77	78	79	80
501	121	255	523	195	348	322	241	501	323
81	82	83	84	85	86	87	88	89	90
102	299	381	45	426	232	573	132	310	297
91	92	93	94	95	96	97	98	99	100
492	329	534	241	494	464	386	357	193	158

人　　上行原號　　下行葉次

1	2	3	4	5	6	7	8	9	10
125	542	12	513	98	331	147	204	382	5
11	12	13	14	15	16	17	18	19	20
560	458	545	278	348	367	383	228	368	572
21	22	23	24	25	26	27	28	29	30
501	507	369	400	458	546	494	68	250	35
31	32	33	34	35	36	37	38	39	40
318	432	263	219	247	467	429	202	443	71
41	42	43	44	45	46	47	48	49	50
2	278	382	567	378	567	380	375	336	375
51	52	53	54	55	56	57	58	59	60
345	334	383	548	3	315	250	278	149	505
61	62	63	64	65	66	67	68	69	70
243	34	303	412	40	193	429	357	425	327
71	72	73	74	75	76	77	78	79	80
523	538	419	141	267	350	301	14	539	449
81	82	83	84	85	86	87	88	89	90
444	424	242	131	501	165	136	433	279	373
91	92	93	94	95	96	97	98	99	100
371	43	278	174	573	433	258	506	324	132

皇

上行原號　　下行集次

1	2	3	4	5	6	7	8	9	10
184	328	93	403	364	518	79	220	393	239
11	12	13	14	15	16	17	18	19	20
132	129	286	437	229	75	196	248	433	544
21	22	23	24	25	26	27	28	29	30
523	357	280	572	468	28	433	472	232	110
31	32	33	34	35	36	37	38	39	40
260	277	473	336	389	252	223	135	197	266
41	42	43	44	45	46	47	48	49	50
224	161	69	172	347	69	14	433	422	62
51	52	53	54	55	56	57	58	59	60
48	199	548	367	379	184	444	444	367	136
61	62	63	64	65	66	67	68	69	70
410	353	340	136	40	204	210	266	126	329
71	72	73	74	75	76	77	78	79	80
182	166	492	396	9	540	452	453	506	143
81	82	83	84	85	86	87	88	89	90
395	184	179	266	170	80	326	184	29	526
91	92	93	94	95	96	97	98	99	100
501	124	350	254	407	185	257	169	294	433

始79號二軸

始　上行原號　下行葉次

1	2	3	4	5	6	7	8	9	10
564	501	193	350	277	170	14	193	501	293
11	12	13	14	15	16	17	18	19	20
199	506	93	535	466	362	442	362	162	419
21	22	23	24	25	26	27	28	29	30
467	348	444	141	501	109	356	289	197	203
31	32	33	34	35	36	37	38	39	40
155	523	501	506	186	93	265	548	575	441
41	42	43	44	45	46	47	48	49	50
441	13	501	501	310	526	460	183	433	191
51	52	53	54	55	56	57	58	59	60
469	564	359	473	269	67	5	242	396	346
61	62	63	64	65	66	67	68	69	70
188	41	99	445	151	531	572	460	166	171
71	72	73	74	75	76	77	78	79	80
501	247	375	306	148	559	326	89	266 393	136
81	82	83	84	85	86	87	88	89	90
205	221	546	12	69	2	433	192	501	464
91	92	93	94	95	96	97	98	99	100
109	150	260	189	304	198	239	433	254	328

制60號民國十六年註失

制68號二軸

制

上行原號　　下行葉次

1	2	3	4	5	6	7	8	9	10
115	261	25	433	527	220	510	532	187	146
11	12	13	14	15	16	17	18	19	20
559	501	87	185	7	12	2	173	184	560
21	22	23	24	25	26	27	28	29	30
502	362	132	406	171	374	132	555	189	86
31	32	33	34	35	36	37	38	39	40
210	93	291	69	158	335	347	171	178	245
41	42	43	44	45	46	47	48	49	50
113	191	113	124	563	145	452	460	359	48
51	52	53	54	55	56	57	58	59	60
506	11	479	191	502	502	575	502	506	0
61	62	63	64	65	66	67	68	69	70
526	523	405	433	357	4	459	394 572	127	291
71	72	73	74	75	76	77	78	79	80
99	128	572	16	291	465	357	69	531	12
81	82	83	84	85	86	87	88	89	90
40	339	575	511	342	502	502	347	385	382
91	92	93	94	95	96	97	98	99	100
383	382	458	367	165	349	372	480	454	454

文

上行原號　　下行葉次

1	2	3	4	5	6	7	8	9	10
433	533	492	435	40	172	190	150	86	361
11	12	13	14	15	16	17	18	19	20
240	221	178	405	216	48	69	184	502	28
21	22	23	24	25	26	27	28	29	30
70	299	133	237	472	312	348	267	564	122
31	32	33	34	35	36	37	38	39	40
192	472	350	346	182	324	78	287	288	553
41	42	43	44	45	46	47	48	49	50
553	59	16	184	163	183	506	232	367	274
51	52	53	54	55	56	57	58	59	60
502	194	560	537	228	502	54	42	465	159
61	62	63	64	65	66	67	68	69	70
261	406	120	1	189	218	175	575	136	225
71	72	73	74	75	76	77	78	79	80
221	177	132	237	42	472	526	523	57	467
81	82	83	84	85	86	87	88	89	90
494	249	262	357	543	502	231	38	524	175
91	92	93	94	95	96	97	98	99	100
322	116	373	322	161	79	433	277	386	530

字50號二軸同葉

100號二軸

字

上行原號　　下行葉次

1	2	3	4	5	6	7	8	9	10
532	218	311	155	222	551	349	314	551	513
11	12	13	14	15	16	17	18	19	20
122	145	550	357	466	86	236	187	536	202
21	22	23	24	25	26	27	28	29	30
263	149	357	427	506	248	324	145	192	255
31	32	33	34	35	36	37	38	39	40
74	440	329	267	5	219	177	155	523	161
41	42	43	44	45	46	47	48	49	50
368	563	267	16	514	557	316	124	412	362
51	52	53	54	55	56	57	58	59	60
254	311	93	98	558	48	225	371	536	502
61	62	63	64	65	66	67	68	69	70
302	134	518	502	386	514	399	266	469	277
71	72	73	74	75	76	77	78	79	80
40	328	252	539	39	238	471	502	285	523
81	82	83	84	85	86	87	88	89	90
398	460	289	278	285	156	502	197	254	557
91	92	93	94	95	96	97	98	99	100
572	469	110	314	445	279	502	233	527	185 198

乃　上行原號　下行葉次

1	2	3	4	5	6	7	8	9	10
195	242	561	348	357	357	376	518	114	357
11	12	13	14	15	16	17	18	19	20
469	452	152	346	251	154	310	357	333	515
21	22	23	24	25	26	27	28	29	30
203	167	81	569	188	262	259	567	190	86
31	32	33	34	35	36	37	38	39	40
568	87	316	502	24	124	1	18	194	492
41	42	43	44	45	46	47	48	49	50
225	370	299	260	54	60	455	416	146	154
51	52	53	54	55	56	57	58	59	60
464	237	317	93	393	363	502	455	7	409
61	62	63	64	65	66	67	68	69	70
502	64	409	565	258	199	465	525	175	15
71	72	73	74	75	76	77	78	79	80
389	506	74	528	368	471	267	316	573	85
81	82	83	84	85	86	87	88	89	90
164	125	240	114	557	16	324	247	342	362
91	92	93	94	95	96	97	98	99	100
540	150	184	70	291	290	436	88	292	236

服67號三軸內二軸同葉
92號二軸

服　　上行原號　　下行葉次

1	2	3	4	5	6	7	8	9	10
472	419	114	240	219	441	175	364	409	348
11	12	13	14	15	16	17	18	19	20
237	479	575	3	410	200	211	1	205	126
21	22	23	24	25	26	27	28	29	30
263	26	444	502	260	262	62	525	245	433
31	32	33	34	35	36	37	38	39	40
425	23	349	86	502	196	514	298	245	506
41	42	43	44	45	46	47	48	49	50
244	135	148	164	350	543	469	492	327	410
51	52	53	54	55	56	57	58	59	60
255	112	157	128	343	205	527	12	275	458
61	62	63	64	65	66	67	68	69	70
275	515	227	124	343	128	184 187	323	86	255
71	72	73	74	75	76	77	78	79	80
288	406	22	395	553	371	447	87	492	163
81	82	83	84	85	86	87	88	89	90
161	492	260	494	453	348	175	299	543	344
91	92	93	94	95	96	97	98	99	100
89	194 202	256	138	275	492	261	78	14	261

衣88號90號各二軸

衣 2 號錄誤爲夜 2

衣45號錄誤爲夜45

衣

上行原號　　下行葉次

1	2	3	4	5	6	7	8	9	10
508	455	472	143	562	343	167	47	277	198
11	12	13	14	15	16	17	18	19	20
137	267	166	513	168	299	261	140	311	44
21	22	23	24	25	26	27	28	29	30
267	515	289	393	466	201	346	539	63	503
31	32	33	34	35	36	37	38	39	40
503	425	540	433	402	343	527	233	361	441
41	42	43	44	45	46	47	48	49	50
569	309	170	267	84	150	151	202	575	153
51	52	53	54	55	56	57	58	59	60
503	169	184	169	168	202	471	503	333	70
61	62	63	64	65	66	67	68	69	70
146	328	204	118	75	407	104	548	145	188
71	72	73	74	75	76	77	78	79	80
80	346	350	527	554	381	376	267	183	196
81	82	83	84	85	86	87	88	89	90
153	455	172	57	256	427	503	146 379	503	245 257
91	92	93	94	95	96	97	98	99	100
143	34	28	221	128	346	179	135	573	192

裳　上行原號　下行葉次

1	2	3	4	5	6	7	8	9	10
469	142	162	472	553	161	503	129	241	194
11	12	13	14	15	16	17	18	19	20
177	14	42	503	523	340	47	124	149	276
21	22	23	24	25	26	27	28	29	30
518	261	566	117	198	523	428	267	122	543
31	32	33	34	35	36	37	38	39	40
574	572	507	113	503	503	142	494	549	194
41	42	43	44	45	46	47	48	49	50
124	214	473	160	347	473	362	572	357	569
51	52	53	54	55	56	57	58	59	60
444	262	305	299	412	169	222	339	353	470
61	62	63	64	65	66	67	68	69	70
201	193	539	174	107	534	531	364	153	195
71	72	73	74	75	76	77	78	79	80
176	562	94	478	532	115	393	452	135	413
81	82	83	84	85	86	87	88	89	90
154	16	412	74	422	572	397	159	267	165
91	92	93	94	95	96	97	98	99	100
429	494	506	539	138	280	140	147	390	119

推69號二軸

推　　上行原號　　下行葉次

1	2	3	4	5	6	7	8	9	10
562	109	313	4	225	194	79	492	231	570
11	12	13	14	15	16	17	18	19	20
506	469	503	163	503	554	185	150	153	151
21	22	23	24	25	26	27	28	29	30
263	503	530	165	357	316	130	527	457	506
31	32	33	34	35	36	37	38	39	40
199	146	445	22	185	157	110	187	506	343
41	42	43	44	45	46	47	48	49	50
40	199	201	574	172	342	343	323	363	25
51	52	53	54	55	56	57	58	59	60
287	234	244	193	201	203	473	306	564	166
61	62	63	64	65	66	67	68	69	70
393	149	503	206	433	494	194	503	149 171	184
71	72	73	74	75	76	77	78	79	80
409	151	348	503	506	145	145	494	528	147
81	82	83	84	85	86	87	88	39	90
70	344	452	378	276	329	164	503	350	470
91	92	93	94	95	96	97	98	99	100
185	3	396	198	105	163	48	145	152	396

位

上行原號　　下行葉次

1	2	3	4	5	6	7	8	9	10
267	523	503	345	492	397	463	197	232	473
11	12	13	14	15	16	17	18	19	20
467	408	332	492	366	339	565	166	263	538
21	22	23	24	25	26	27	28	29	30
492	503	181	177	306	192	335	335	7	322
31	32	33	34	35	36	37	38	39	40
126	332	122	150	503	504	525	549	543	333
41	42	43	44	45	46	47	48	49	50
170	168	103	40	506	183	161	93	55	416
51	52	53	54	55	56	57	58	59	60
506	506	318	191	144	306	363	248	150	165
61	62	63	64	65	66	67	68	69	70
506	199	13	278	566	355	3	540	176	193
71	72	73	74	75	76	77	78	79	
219	343	171	137	174	492	382	504	537	

敦煌刼餘錄

册二

敦煌劫餘錄

第一帙

新會 陳垣 校錄

大方廣佛華嚴經 東晉佛陀跋陀羅譯 六十卷

原號		起	止	紙	行	品次	附記
麗	31	不動法門	大乘第二	16	366	世間淨眼品一之一 一之二	首尾碎損各一行
文	64	无取化樂	諸佛頌曰	8	192	世間淨眼品一之一	首十一行碎損卷中又碎損卅一行
黃	27	名壞空界	或名第四	19	408	四諦品四之一 如來光明覺品五	首三行碎損
陽	94	爾時柔濡	隨所愛味	11	285	菩薩明難品六 淨行品七	首尾碎損各一行
芥	92	分別法耶	菩薩散是	1	31	菩薩十住品十一 梵行品十二	

號	號	起止	卷	行	品名	附記
薑	11	王无自在 以故眞實	5	147	菩薩十住品十一	首三行碎損
芥	84	无有虛妄 分別行道	1	31	菩薩十住品十一	
芥	87	衆生儀法 衆生王界	1	31	菩薩十住品十一	
芥	96	第十師子 如法聲聞	1	31	菩薩十住品十一	
芥	95	法耶眞寶 爲得他悟	1	31	梵行品十二	
乃	37	三世向巳 具足脫其	5	96	金剛幢菩薩十廻向品廿一之二廿一之三	首行及尾九行碎損背寫太公家敎
海	47	身耳滿足 此身十五	9	173	金剛幢菩薩十廻向品廿一之四	首二行碎損
					離世間品卅三之七	
服	18	燈普生眼 切諸開廣	7	148	金剛幢菩薩十廻向品廿一之四	首行及尾三行碎損
淡	68	巳慈爾廻 鏡益示現	26	532	金剛幢菩薩十廻向品廿一之六	首六行尾二行碎損

號	行	起訖	紙	行數	品目	附記
制	17	量无心正諸念行隨	3	65	金剛幢菩薩十廻向品廿一之七	首六行尾四行碎損卷中又損八行
張	12	順普如是善根十八	13	388	金剛幢菩薩十廻向品廿一之八	
宙	80	阿僧佛法阿僧廿二	7	129	金剛幢菩薩十廻向品廿一之九	首七行碎損
餘	94	諸佛不離即生二地	9	178	十地品廿二之一廿二之二	首十行及尾行碎損
昃	85	欲修廿二諸佛敬造	21	677	十地品廿二之四廿二之五	首十行碎損尾有木軸尾題有優婆夷包敬造六字
始	86	是住校覚果不養經	6	159	十地品廿二之五	首二行碎損
冬	80	覺菩薩无離衆量本	11	297	寶王如來性起品卅二之二卅二之四	首四行及尾行碎損
號	89	至何饒益所應生一	1	19	寶王如來性起品卅二之二	首四行尾二行碎損
洪	40	大地雖不有光智慧	2	21	寶王如來性起品卅二之二	首二行尾七行碎損

編號	起首	卷/頁	品名	說明
師 98	如來饒益 乃隨饒益	1 28	寶王如來性起品卅二 之二	全卷碎損
闕 49	等爲奉行 二者卅一	23 588	寶王如來性起品卅二 之三卅二之四	
果 6	莊嚴奮迅 端嚴海博	14 284	離世間品卅三之五 離世間品卅三之六	首五行尾四行碎 損
人 41	得自決輪 詣長或現	2 30	入法界品卅四之三	尾行碎損
出 32	欲教養經 佛欲第卌	16 405	入法界品卅四之四 入法界品卅四之五	首十九行碎損末 題楊法仲所供養
				經背寫百法明門 論開宗義記之名
雲 6	爾時說劫 觀夷德行	9 249	入法界品卅四之七	
珠 92	男子量衆 趣身生爾	17 359	入法界品卅四之九	首二行尾三行碎 損
露 40	從頂衆生 佛刹卌三	19 417	入法界品卅四之十 入法界品卅四之十一	首行碎損
芥 68	復次王圍 母想讚歎	14 359	入法界品卅四之十一 入法界品卅四之十二	首六行尾二行碎 損

號	起	止	紙	行	品	附記
宙 99	故不／身隨	猛精／忍海	1	29	入法界品卅四之十四	首二行碎損舊雜入金剛經一卷
鹹 3	我所／志求	功德／卅九	19	465	入法界品卅四之十五 入法界品卅四之十六	首六十一行碎損尾有木軸
人 55	善男／說不	眞實／摩訶	2	33	入法界品卅四之十七	首行及尾二行碎損
服 14	是菩／秪刼	衆天／摩睺	4	99		首尾殘缺似爲晉譯本卷廿七

大方廣佛華嚴經 八十卷 唐實叉難陀譯

原號	起	止	紙	行	品次	附記
宙 2	大方復次	仰佛能了	1	26	世主妙嚴品一之四	
翔 3	諸莊悉往	沙發迴復	4	92	華藏世界品五之一	
位 67	明花爲際	恆出猶如	1	26	華藏世界品五之一	首尾碎損各一行
黃 64	恒樂又放	美食光明	1	28	賢首品十二之二	此是黃字第六十四卷之一段
帝 3	知一大方	子此一千	1	28	梵行品十六 初發心功德品十七	首尾碎損各一行
藏 37	譬如涅槃	現行十九	12	325	夜摩宮中偈讚品二十 十行品廿一之一	
推 92	爲菩修行	聞如聞涅	2	39	十無盡藏品廿二	首行及尾五行碎損
帝 10	可說說修	滿足切音	1	28	十無盡藏品廿二	尾二行碎損

號		起	止			品	附記
辰	24	大方 爾時	寶百 天堅	1	38	升兜率天宮品廿三	
帝	77	固摩 寶鄣	百萬 閣延	1	42	升兜率天宮品廿三	首行碎損
秋	6	心淸 根皆	有餘 廻向	9	252	十迴向品廿五之二	首十四行碎損
制	66	恆怡 益衆	无時 諸世	3	79	十迴向品廿五之六	首二行尾三行碎損
雲	87	切衆 暫捨	之心 歡喜	6	147	十迴向品廿五之六	首二行碎損
雲	86	願一 願一	退轉 廿八	9	244	十迴向品廿五之六	
洪	91	與大 蘋三	說竟 卅四	17	475	十地品廿六之一	首十二行碎損卷中又碎損十三行 尾有木軸
玉	54	生无 初中	能及 方便	3	64	十地品廿六之五	首七行及尾行碎損
黃	64	无相 名一	岸到 現神	1	28	十定品廿七之三	此是黃字第六十四卷之二段

字	號					品	附記
黃	64	大方切諸	佛子爲淨	1	28	十定品廿七之四	此是黃字第六十四卷之三段
黃	64	无差比而	薩衆而決	1	28	十定品廿七之四	此是黃字第六十四卷之四段
黃	64	音聲異非	夢忍非是	1	28	十忍品廿九	此是黃字第六十四卷之五段
黃	64	如世所得	菩薩方便	1	28	十忍品廿九	此是黃字第六十四卷之六段
黃	64	羅泥无邊	細羅无等	1	28	阿僧祇品三十	此是黃字第六十四卷之七段
推	4	分別可說	嚴淨來入	1	26	阿僧祇品三十	
黃	64	終无喜隨	唯行无上	1	28	佛不思議法品卅三	此是黃字第六十四卷之八段
宙	49	恭敬三世	起於佛悉	1	23	佛不思議法品卅三	尾有硃印一文曰報恩寺藏經印墨
爲	98	生各定解	住此十六	1	16	離世間品卅八之四	印一文曰淨土寺藏經

爲　71　乘悉滿足　不可六十　5　140　入法界品卌九之一

張　27　樹下者諸　樹下那天　1　28　入法界品卌九之八

羽　10　既捨光世　[illegible]目億佛　1　22　入法界品卌九之九　尾行碎損

地　71　煩惱摩尼　一切切衆　1　28　入法界品卌九之十二　此爲地字第七十一卷之前段

爲　97　亦見口去　我有十二　1　23　入法界品卌九之十三　尾有硃印一文曰報恩寺藏經印墨印一文曰淨土寺藏經

宇　82　心城重禮　謂大而去　18　484　入法界品卌九之十七　首十二行碎損

閏　33　至妙瞻覩　禮北十七　22　597　入法界品卌九之十八　首十四行碎損

普賢行願王經 唐譯佚本 一卷

原號	起	止	紙	行	附記
寒 84	最勝十方	供敬饒益	4	103	即唐譯大方廣佛華嚴經第四十卷普賢行願品之異譯
始 57	於三惠力	願成饒益	3	68	原文當唐譯四十卷
芥 56	普賢一果也	盡請一卷	4	103	內分三種一爲普賢行願王經二爲大乘四法經釋均完整无缺普賢行願王及大乘四法經釋題曰世親菩薩所造蓋久佚之本
鳥 47	普賢十方	我身一卷	2	50	卷首略闕數字首尾均有朱文瓜沙州大王印紙背兩紙接縫處亦有此印
人 10	普賢勝所	盡諸菩薩	2	44	經文頗多顛倒紙背寫心經一卷
字 35	妙衣饒益	信深一卷	3	58	全卷碎損

大方廣華嚴十惡品經 佚本一卷

原號	起	止	紙	行	附記
柰59	掌即客也	一切品經	10	212	首七行碎損此卷內分三段首段佚考次段題曰佛捨身發願文末段題曰大方廣華嚴十惡品經均係已佚之本
洪47	大方如是	大覺不食	3	82	首十行碎損
芥45	捨譬客也	乘常惡經	6	139	首十行碎損
河48	是我客也	識臣惡經	5	122	首七行碎損尾有木軸

華嚴略疏

原號 起 止 紙 行 附記

辰53 法界通也 27 566 此卷尾題華嚴畧疏卷第一比丘法淵供養

等上第一 流通尾甚殘缺

大寶積經 唐菩提流志譯集 一百二十卷

原號	起	止	紙	行	卷次	附記
翔 12	由他嗟稱	若我國者	1	23	17	
制 15	如是功德	由是發趣	1	28	23	
位 29	復次邊際	思議所行	1	28	38	
師 68	切衆佛法	所慧藏差	1	29	53	
爲 37	邊皆授記	舍利句餘	2	41	54	首十七行尾二行碎損
爲 39	舍利奉行	異疑十四	16	424	54	首行碎損卷中又碎損五行
雨 56	大寶奉行	如是十二	18	457	56 92	首八行碎損背面不知所寫何經俟考
淡 4	大寶二者	佘時利心	3	82	59	背面寫密宗行人應守之戒及施食法印等

號		起	止				備註
淡	96	大寶淨飯	諸調中隨	7	195	62	首八行碎損
海	92	車行軒蓋	淨信十二	11	300	62	
成	1	色衆柱以	實行利益	13	366	64 65	首三行碎損卷中又碎損十八行
調	94	大寶六界	愛心業所	2	54	74	卷中碎損八行
鱗	34	秘密法門	是行十地	4	87	90	附歸命禮偈卷首雜寫密宗文字數行
乃	59	佛言離數	還於得此	1	38	101	
鹹	10	諸菩而不	其身想故	22	815	101 104	首行碎損
日	41	故觀見如	菩薩百三	2	52	103	末署有張良友寫四字
冬	19	文殊何以	痴法薩等	1	19	105	卷中碎損五行
果	26	大寶如是	自皦自以	7	238	112 113	

號 24 天龍王子迦樓勝法 9 132 112 113 首二行碎損經文前後顚倒

律 12 術藝智慧義知典其 1 28 117

佛說无量壽經

曹魏康僧鎧譯

二卷

原號	起	止	紙	行	卷次	附記
辰 10	極消 極諸	利利 自行	10	276	上	首行尾四行碎損卷中又碎損十三四行全卷經文脫漏綦多法藏比丘所發四十八大願及先後對佛讚頌皆無缺但脫寫第三願文
霜 28	佛佛 世明	惟道 放上	19	400	上	首七行碎損卷中又損十七行尾有比丘爲亡父母寫經願文及比丘法鸞跋
海 60	設我 淨佛	正道 卷上	11	255	上	首二行碎損
鱗 39	國土 閒佛	正道 卷上	15	372	上	首二十六行碎損卷中署有白衣賈伏生寫六字卷尾有用紙二十一張五字
官 39	譬如 意端	歡喜 卷下	6	161	下	首三行碎損卷尾署白衣趙業受持六字

佛說無量壽經　蕃文

原號　紙　行　附記

皇75　.4　141　此卷蕃文經藏人克什多傑爵拔審定爲無量壽經題名爲江志達審其音似非出藏人手筆字畫間有舛午要自可貴云

文殊師利問佛土嚴淨經　西晉竺法護譯　二卷

原號起止　紙　行　附記

芥41　何故而去如族卷下　17　455　尾題文殊師利問佛土嚴淨經卷下　首十行殘缺

菩薩見實三昧經　北齊那連提耶舍譯　十六卷

原號	起	止	紙	行	附記
宇27	去皮後夜	淨信第一	19	520	首十行碎損佛命弟子憂陁夷往化淨飯王惜止一卷二品不全書法工整

聖善住意天子所問經　元魏毘目智仙共般若流支譯　三卷

原號	起	止	紙	行	附記
帝57	爾時堅愁	又破勝陁	1	28	首二行殘缺

勝鬘師子吼一乘大方便方廣經　一卷　劉宋求那跋陀羅譯

原號	起	止	紙	行	附記
呂 10	勝鬘身命	如是尊即	4	73	首八行尾六行碎損
鱗 96	羅蜜義入	業乃勝鬘	15	378	尾二行碎損
暑 12	蜜是婆等	受正奉行	13	368	首行碎損

勝鬘經疏

原號	起	止	紙	行	附記
玉24	以涅万德	為三佛說	13	289	首尾殘缺
柰93	則以明失	經嘆是也	36	902	首十六行殘缺

佛說阿彌陀經　一卷　後秦鳩摩羅什譯

原號	起	止	紙	行	附記
洪 30	佛說 如是	而去 陀經	4	112	經文完具尾有木軸首紙背面雜寫音義之類
暑 75	一問 漢衆	口者 字讀	5	125	經文完具末附阿彌陀佛說咒與今通行往生咒微異咒文下附音義背面有字
秋 98	佛說 如是	信受 陀經	6	149	經文完具
餘 60	佛說 如是	般羅 神咒	5	128	經文完具末附心經一卷但短少是大明咒以下等文首紙碎損
結 98	佛說 如是	而去 陀經	6	117	經文完具尾有空白
雨 46	佛說 如是	而去 陀經	4	117	首紙破碎尾有空白經文完具
號 52	佛說 如是	口者 字讀	5	122	經文完具末附阿彌陀佛說咒咒文下間有音義首尾俱有空白
光 40	佛說 如是	而去 一卷	4	103	經文完具尾有空白前五行斷爲兩截

芥	55	佛說而去 如是一卷	5	117	經文完具內係朱筆點斷句讀間有添字之處首尾均有空白
羽	20	佛說信受 如是陀經	5	116	經文完具尾有空白
宇	24	佛說信受 如是一卷	5	114	經文完具
餘	72	佛說以食 如是國土	2	26	裂爲兩段前段十四行後段十二行首有空白
歲	71	佛說善人 如是弗不	2	52	首尾有空白
李	4	佛說數所 如是祇說	2	55	內有硃筆添點
重	27	佛說佛即 如是樂國	2	37	中有空白內分三段
制	52	與大極樂 漢衆莊嚴	1	26	破碎
稱	91	摩訶而去 陀迦陀經	5	113	首尾均有空白
藏	52	佛說生濁 如是衆生	4	111	首紙破碎第二紙背雜寫大力便佛報恩經序品百餘字

閏	71	波提而去	那薄陀經	6	107	
呂	41	與大而去	界所陀經	4	115	尾有空白
人	3	盧頗利弗	阿逸莊嚴	2	49	
始	84	衆所民無	葉摩阿彌	2	38	
服	58	薩文而去	薩常陀經	4	110	尾有空白
珠	36	菟樓地晝	文殊淸且	1	19	破
鱗	37	樓馱而去	殊師陀經	4	112	
歲	15	如是禮而	殊師陀經	4	115	尾有空白
重	54	馱如及經	阿逸所獲	4	82	尾有空白
龍	71	因等口者	彌時字讀	5	113	首紙破碎附阿彌陀佛說咒咒文下間有音義

調	24	菩薩　而去 諸天　一卷	4	103	尾有空白
昃	15	薩常　而去 恆因　陀經	4	110	字體勁秀　尾有空白
制	16	迦難　而去 留陀　一卷	4	97	首紙破碎　尾有空白
制	80	佛土　口者 現在　字讀	4	108	尾有空白　附阿彌陀佛說咒咒文下間有音義
芥	19	薩文　字讀 薩常　陀經	4	118	尾有空白　附阿彌陀佛說咒咒文下間有音義
餘	63	常精　而去 恆因　一卷	4	107	尾有空白
金	76	佛告　而去 有世　彌經	4	108	尾有空白
成	76	四寶　念經 〈舍　難阻	3	61	尾有空白
蓋	57	四寶　淨土 極樂　一卷	5	165	附阿彌陀佛說咒咒文下間有音義並記有念此咒儀式與功德文字體秀勁
芥	48	又舍　婆訶 滿其　陀經	4	111	附阿彌陀佛說咒咒文下間有音義　尾有空白

號		起	止	紙數	行數	附記
始	42	佛土而去	今現阿彌	5	110	
崑	51	滿其而去	璃瑠陀經	4	103	尾有空白
果	57	摩訶而去	提菩陀經	4	110	尾有空白
藏	96	方億而去	彌陀一卷	4	94	尾有空白
位	63	德莊十劫	又舍皆阿	1	24	
出	19	國衆信受	利弗一卷	3	100	尾有空白
荒	9	各以無口	以食字讀	4	97	末附阿彌陀佛說咒並有木軸全卷工緻微有殘破
律	44	各以而去	以食陀經	4	91	尾有空白
翔	23	色青是稱	妙香念經	2	55	
柰	35	如是而去	國常陀經	3	87	尾有空白

芥 82 復次 白鵠 而去 陀經 3 87 尾有空白

芥 35 又舍 夜六 時共 一繪 4 99 尾有空白末附跋語云施主淸信佛弟子諸三窟教主兼五尼寺判玄法宗福集二僧同發勝心寫此阿彌陀經一百卷施入十寺大衆故三業淸淨罪滅福生莫逢灾難之事比來世之時共釋迦牟尼佛同其一繪云云

麗 59 是諸 根五 沙羅 彌山 3 65

成 6 以食 土成 而去 陀經 4 92 首尾殘缺字體秀勁

河 76 又舍 夜其 淨土 一卷 4 109 尾有空白附阿彌陀佛說咒咒下間有音義又記有念此咒儀式與功德等語首尾破碎

珍 70 彼國 鵡舍 者依 字讀 4 95 首紙殘破附阿彌陀佛說咒咒下間有音義尾有木軸

騰 26 復次 省鸚 而去 陀經 3 78 尾紙破碎尾有空白

河 28 之而 令法 名去 陀經 4 86 尾有空白

調	15	士無 而入	之名 陀經	4	82	首紙破碎首紙背面襯紙寫有四分戒本數十字尾有空白
服	99	彌陀 而去	佛國 陁經	3	79	首十七紙碎損
芥	10	是功 口者	號阿 字讀	3	84	尾有空白附阿彌陀佛說咒咒文下間有音義
始	7	佛光 無量	彌陀 等恆	2	32	內分兩段一段十四行一段十八行首紙破碎
歲	94	又舍 而去	致其 一卷	3	66	
人	78	是阿 歡喜	非是 而去	3	72	
寒	78	以者 生彼	弗不 稱讚	2	56	首尾殘破卷內間有硃筆塗改
珍	30	善男 口者	一日 字讀	3	69	尾有空白附阿彌陀佛說咒咒文下間有音義首紙破碎
秋	97	心不 三寶	衆觀 一卷	6	159	首紙殘缺末附阿彌陀佛說咒咒下附有音義又記有念此咒儀式與功德及念此靈驗故事並錄有十二佛與龍樹禮阿彌陀佛文共四則但龍樹菩薩禮阿彌陀佛文較果字

八十八號則此完而彼闕尾有空白

號	番號	起	止	紙數	行數	附記
出	67	若有　我今	而去　陀經	3	56	首紙殘缺尾有空白
裳	12	六日　時阿	說誠　儀功	1	27	首十行碎損
雲	83	千大　讚不	信受　陀經	3	46	首紙殘破尾有空白
皇	47	千大　讚不	皆爲　阿耨	2	28	內分二段一段十二行一段十六行背面有蕃文可考
李	64	是稱　舍利	而去　陀經	4	95	首紙殘闕
玉	4	舍利　量喩	受作　而去	2	43	首紙殘闕
柰	40	佛日　其國	而去　陀經	3	87	尾有空白
龍	62	德一　舍利	衆生　我於	1	28	
芥	40	舍利　佛日	陀經　寫畢	2	40	尾有空白首殘末題有開元十六年正月二十三日寫畢之十四字

號	起	止	紙數	行數	附記
重61	誠實　而去	德一　陀經	2	34	
暑59	信是　而去	舒舍　陀經	2	26	內分兩段一段二十一行一段五行
乃70	識功　口者	舍利　字讀	2	37	尾有空白　附有阿彌陀佛說咒咒文下間有音義
成88	舍利　而去	香光　陀經	1	29	尾有空白
光63	可思　字讀	舍利　陀經	3	39	內分兩段一段十六行一段二十三行　附有阿彌陀佛說咒咒文下間有音義　此卷塵垢極厚字體模忽　尾有空白
稱5	舍利　嚟上	以者　婆訶	3	70	殘卷
龍46	以者　之無	弗不　字讀	3	73	殘卷
羽87	菩薩　念經	西方　利弗	3	72	殘卷

稱讚淨土佛攝受經

唐玄奘譯

一卷

原號 起 止 紙 行 附記

57 稱讚諸佛 9 234 首碎損

署 如是作是

佛說觀無量壽佛經 一卷 劉宋畺良耶舍譯

原號	起	止	紙	行	附記
雨 88	深浴中盛	而退觀經	15	424	經前脫去四九行餘皆完好
冬 26	无量如是	而退一卷	16	423	首尾無缺卷中碎損三十六行
雨 54	目犍掌求	而退觀經	16	428	首十五行碎損
文 43	奉禮以遺	極樂正受	1	26	首二行碎損
秋 33	婆言母王	而退一卷	16	413	首六行碎損
字 44	宮復如是	於西生盲	2	34	尾六行碎損卷中又碎損五行
裳 82	世尊樂生	是地必生	2	56	首七行尾二行碎損
列 76	彌陀國淨	而退觀經	14	375	首六行碎損

雨 60 儀三 而退 之行 一卷 15 371 首行碎損

月 99 佛告 而退 來今 一卷 14 369 經首殘缺一大段餘皆完好

光 47 阿難 而退 來今 一卷 14 357 首六行碎損

菜 45 刦生 旬其 作是 妙演 1 28

出 34 十由 而退 百億 壽經 11 277 首四行碎損

河 49 作八 而退 其寶 一卷 10 269 首四行碎損

乃 86 觀佛 而退 生願 一卷 7 148 首五行碎損卷中又碎損十三行

重 37 生於 觀經 寶池 受持 3 77 首二十三碎損卷尾題有弟子李氏受持六字

制 74 毀犯 而退 物盜 觀經 2 48 卷中碎損二十七行

海 71 蓮華 [illegible]退 生極 壽經 2 29 首二行碎損

觀無量壽佛經疏

原號起　止　紙行附記

鳥　94　河難不樂　9　169　前三十六行及卷末多缺殘

何不惡道

官　43　淨故以凡　1　28

苦者下有

大方等大集經

北涼曇無讖譯　二十九卷

原號	起	止	紙	行	品次	附記
宙 34	雜香莊嚴	琎安第一	18	419	瓔珞品・陀羅尼自在王菩薩品二	首行碎損
號 18	佛所三昧	噞一慈心	12	320	瓔珞品一陀羅尼自在王菩薩品二之一	首五行碎損卷中又碎損八行
宿 43	佛法法利	提菩十四	17	460	无言菩薩品六不可說菩薩品七	
列 28	鬼彌神通	如來十八	19	517	寶幢分第九三昧神足品四寶幢分中相品五	首二行碎損
淡 55	衆生神通	如來十八	10	230	寶幢分中相品五	首十八行碎損
戾 90	緣故方便	諸明部首	14	316	無盡意菩薩品三	首二行碎損此卷劉宋譯
盈 46	方見生忍	西方廿六	16	420	日密分中四方菩薩集品二之二日密分中分別品四	首行碎損

寶女所問經 西晉竺法護譯 四卷

原號	起	止	紙	行
乃38	者俗順律	假使事一	1	28

佛說大方廣十輪經 八卷 失譯人名附北涼錄

原號	起	止	紙	行	品次	附記
鳥 58	佛說如是	菩蒙光觸	1	25	序品一	
辰 66	生知屬衆	師子第二	5	140	發問本業斷結品三	首九行碎損
宇 73	言是布若	除蓋第六	12	327	剎利依止輪相品八	首十行碎損尾有袾筆勘視二字
宿 22	時世隨有	大利第七	13	344	遠離識嫌品九 忍辱品十二	首行碎損
爲 78	如轉諸寶	大利第七	13	330	遠離識嫌品九 忍辱品十二	首三行碎損
柰 23	供養爲捨	奉行第八	10	257	禪相品十四 著相品十五	首五行碎損卷中又碎十九行

地藏菩薩本願經 唐實叉難陀譯 三卷

原號	起	止	紙	行	品次	附記
重31	復有 有地	盧爾 喜汝	3	48	地獄名號品五 校量布施功德因緣品十 分身集會品二	紙背有疏文六行 及字義內分三段

大方等大集經菩薩念佛三昧分 隋達磨笈多譯 十卷

原號	起	止	紙	行	品次	附記
暑13	閣崛 爾時	如來 行道	7	170	序品一	首尾各損二行卷 中又碎損十二行
光58	大方 時彼	多聞 第十	13	327	說修習三昧品之餘	首二行碎損

大方等大集經賢護分 五卷 隋闍那崛多譯

原號		起	止	紙	行	卷次	品次	附記
冬	45	大方構反	又諸羞反	15	404	3	觀察品六之二　戒行具足品七	首九行碎損附有音義尾有木軸
珍	66	卷第百反	及寶爍反	19	516	4	稱讚功德品八　甚深品十二	首六行碎損附有音義尾有木軸
鱗	13	即誇修行	諍故第五	18	480	5	現前三昧中十法品十三　囑累品十七	首十行碎損

賢護經疏

原號	起	止	紙	行	附記
列13	因意地叩	法然爲也	14	364	硃筆圈點
淡19	釋曰意妙	无差佛功	23	462	
淡75	瑜伽欲求	切種來種	4	92	

僧伽吒經　元魏月婆首那譯　四卷

原號	起	止	紙	行	附記
地67	有法聞者	者人八千	10	263	首尾碎損各七行卷中又碎損十七行

占察善惡業報經　二卷　隋菩提登譯

原號　起　止　紙　行　附記

宙　83　合離菩薩　1　28　首八行碎損
護不子諦

佛說月燈三昧經　一卷　劉宋先公譯

原號　起　止　紙　行

果　47　佛說是行　1　26
聞如弟子

佛說觀佛三昧海經 十卷 東晉佛陀跋陀羅譯

原號 起 止 紙 行 品次 附記

列 47 道佛一面 爲未世尊 13 305 觀四威儀品六之餘 首四行碎損

淡 21 利等耶觀 中有第九 15 392 本行品八 觀像品九 首十九行碎損卷中又碎損七十三行尾有木軸

閏 55 佛說光其 佛如聽然 2 54 本行品八 觀像品九 尾行碎損此卷係晉譯佛說觀佛三昧海經之異譯可資參考

佛說藥師如來本願經 一卷

隋達磨笈多譯

原號		起	止	紙	行	附記
結	66	前說 殊室	道由 號故	3	84	首六行碎損
闕	64	隨惡 第六	奉行 德經	9	245	
潛	45	瓦惡 身成	稱方 持此	4	79	首九行碎損
結	68	或在 於念	奉行 一卷	7	190	
昃	1	經讀 經卷	奉行 一卷	6	115	

藥師瑠璃光如來本願功德經　一卷　唐玄奘譯

原號		起	止	紙	行	附記
日	60	藥師如是	便生呼諸	12	257	尾十二行碎損
地	16	藥師如是	覺聞善識	4	109	
翔	2	訶薩龍藥	其身无異	1	22	首二行碎損
日	70	爾時偏袒	奉行師經	13	300	首十七行碎損
帝	35	爾時偏袒	无邊物莫	2	26	尾三行碎損
推	34	室利右膝	无異璃內	1	21	首七行碎損
雨	35	如是大願	奉行璃光	11	296	首二行尾三行碎損
服	73	本大欲利	情出惡見	2	46	首四行碎損

號	起	止	紙	行	附記
淡15	藥師 如是	奉行 德經	11	304	首九行碎損
結28	偏祖 言世	世界 室利	3	76	首三行碎損
結39	言世 大願	奉行 德經	11	295	首四行碎損尾有木軸
調29	國王 无量	奉行 德經	11	303	首八行碎損
淡84	願功 轉時	世界 室利	3	70	
冬6	爲拔 有情	奉行 德經	15	292	首三行碎損卷中又碎損二十行
黃30	功德 時諸	月輪 言无	7	181	首十行碎損
秋84	御士 藥師	奉行 德經	11	284	首二行尾一行碎損
薑22	發十 願令	或有 經七	8	202	首三行碎損
呂100	應正 調御	此法 亦名	11	283	首十行尾二行碎損

號	19	无邊界以	奉行德經	11	282	首四行碎損卷中又碎損五十三行
律	47	滿善調御	奉行師經	11	287	首八行碎損
爲	18	明行御士	故自行邪	4	83	首八行尾一行碎損背面雜寫有字
調	25	第二外明	人等世界	2	56	首九行尾二行碎損
陽	2	爾時祖一	行口師經	10	300	首三十四行碎損
淡	16	明徹住餤	藥師乘神	4	110	全卷碎損十六行
昃	66	月幽曉隨	奉行德經	10	278	首十行碎損
收	84	熾然邊世	薩行圓滿	11	284	首二行尾一行碎損
歲	68	菩提盡所	寶華天中	4	107	首六行碎損
龍	88	法中歃戒	聞此善法	3	67	首二行尾一行碎損

字號	號	起	止	紙數	行數	附記
師	52	得端第七	隨心來應	2	26	首一行尾三行碎損
昃	80	身下背縷	奉行德經	10	263	首十五行尾三行碎損
寒	21	行速第十	奉行德經	9	251	首十行碎損
服	32	衆伎曇殊	蜈蚣彼佛	5	122	尾五行碎損
冬	14	衆伎滿足	奉行德經	9	239	首二行碎損
致	63	清淨爲地	奉行一卷	9	231	首三行碎損
閏	95	中有光遍	德經持記	9	230	首二行碎損末有龍興寺僧慈定□□記等字
薑	92	背縷得端	福佑迷惑	10	224	首三十七行尾一行碎損
夜	56	有諸施果	奉行師經	8	222	
爲	28	加守施時	薩行圓滿	1	26	

號	起	止	紙數	行數	附記
淡 64	有諸施果	奉行師經	8	224	首四行碎損
來 59	有諸施果	佛像惟其	3	87	首七行尾十二行碎損
重 75	第十法所	奉行德經	9	247	首三十八行碎損
盈 94	名號意樂	得聞阿難	5	99	
翔 95	而破軌則	何一月輪	4	98	全卷碎損
地 35	意樂學處	善根隱風	5	140	
昃 28	尸羅見而	奉行德經	9	212	首二十五行碎損
暑 51	速得復次	分齋生无	2	56	
騰 98	復次他當	奉行師經	7	193	
張 91	善因解脫	可令有異	3	78	首三十九行碎損

乃	35	而本上壽	本願死亦	1	19	尾行碎損
歲	77	本善未盡	奉行師經	6	166	首六行碎損
雲	41	垢濁悲喜	奉行師經	5	139	尾有木軸
官	29	香潔怒害	名號琉璃	2	43	全卷碎損
律	48	喜捨彼如	奉行德經	5	136	首二行碎損
羽	100	象師蚰蜒	爲彼衆伎	2	48	首三行碎損
鳥	6	根聽奪其	奉行師經	5	117	首九十五行尾九行碎損
光	45	爾時師琉	得病授以	3	72	首十四行尾四行碎損
翔	38	令墮有異	僧轉幡或	1	28	尾行碎損卷中又碎損九行
律	83	有異甚深	王子苦及	2	56	

號	起	止	紙數	行數	附記
翔 7	甚深 如來	奉行 德經	4	109	卷中碎損六行
制 3	如來 彼藥	力无 君王	2	45	首四行碎損
推 50	所得 亦不	奉行 德經	4	82	首十三行碎損
羽 21	子大 及餘	奉行 師經	2	54	

佛說觀彌勒菩薩上生兜率天經 一卷

劉宋沮渠京聲譯

原號		起	止	紙	行	附記
水	61	我於 成供	而退 生經	7	171	首十八行碎損
菜	12	女亦 生兜	而退 佛經	5	119	首二十行碎損
歲	38	是處 天子	但得 地耶	1	28	首十五行尾行碎損
麗	49	佛說 如是	勒前 除却	5	123	
寒	91	聞如 時八	得若 善薩	2	56	

觀彌勒菩薩上生兜率天經疏 卷上

原號 起 止 紙 行 附記

服 22 觀彌第四 2 35 硃筆句讀

原夫料間

佛說彌勒下生經 一卷 後秦鳩摩羅什譯

原號		起	止	紙	行	附記
結	32	佛說大智	受持生經	7	176	首尾完具字體端正
菜	12	大智慜衆	受持天經	9	177	首尾完具
宙	93	佛說大智	寶象三寶	2	43	
昃	67	戒何今廣	神力天人	7	139	首十五行尾二行碎損
生	52	弗我其諸	受持生經	6	147	首三行碎損
鱗	42	祩婆是亦	令不兜率	11	302	首十二行碎損尾八行殘缺

彌勒成佛經義疏
溫室經義疏

原號　起　止　紙　行　附記

生 68 主德万人 主智道也 12 297 此卷上段尾題彌勒成佛經義疏一卷下段首題溫室經義疏一卷首十二行碎損

楞伽經 晉曇無讖譯 四卷

原號　起　止　紙　行　附記

成 22 實有不生 名名虛妄 1 23 此卷首尾無標題以其文與宋魏唐三譯倂校者不類當即晉曇無讖譯成四卷之楞伽經似爲唐譯卷第四諸因及與緣從此生世間至身資及所住我說是唯心等句之文原譯久佚此卷僅存尺紙殊可惜

楞伽阿跋多羅寶經

劉宋求那跋陀羅譯 四卷

原號	起	止	紙	行	附記
秋34	所相如是	食肉第四	24	659	首紙破爛此卷末題曰楞伽阿跋多羅寶經一切佛語心品卷第四校其文即劉宋譯楞伽阿跋多羅寶經之第四卷但卷首短缺百數十字
閏9	習因時災	惱患退還	21	504	首尾均損五行缺全卷有硃筆句讀及校勘卷中碎
翔71	說如一切	偈言妄想	1	26	此係宋譯楞伽經卷二
盈33	爲首行禪	大惠攝受	4	124	首紙破爛此係宋譯楞伽經卷二

入楞伽經 十卷 元魏菩提留支譯

原號	起	止	紙	行	附記
呂 90	名煞行者	相和第五	18	466	卷末題曰入楞伽經卷第五校其文蓋元魏譯惟自卷首至無問者名證如實法故止俱缺餘猶完好
列 94	不住經者	迦者第八	17	435	首尾破爛校其文即元魏譯入楞伽經第八卷惟自卷首至具足無漏熏習法名爲不空等句俱缺餘猶完好
陽 4	自動奉行	實體第十	17	452	首紙破爛校其文即元魏譯入楞伽經第十卷僅殘少十餘句餘則甚完
文 20	何以三者	生法斷相	10	216	首尾破 此係魏譯入楞伽經卷四
生 19	次大大慧	自心種相	2	47	此卷中間題曰入楞伽經法品第七校其文即魏譯入楞伽經卷第六首尾破
生 20	大慧諦聽	於四世尊	3	56	首尾破此卷緊接生字第十九卷筆跡亦同蓋一卷裂爲二卷即入楞伽經卷六

皇26 意二是智離二凡夫 2 46 首行尾十一行碎損卷中又碎損十三行即入楞伽經卷九

衣93 諸識身體意識亦爾 3 63 此卷即入楞伽經卷九以上五卷係魏譯殘卷

大乘入楞伽經 七卷 唐實叉難陀譯

原號		起止	紙	行	附記
盈	9	大乘可得 小項第四	37	1199	首紙破爛卷首題曰大乘入楞伽經羅婆那王勸請品第一卷末題曰佛說大乘入楞伽經卷第四校其文即唐譯大乘入楞伽經之前四卷卷首末完具甚可寶愛
宙	44	新譯生滅 蓋聞第二	16	479	首紙破爛卷首題曰新譯大乘入楞伽經序卷末題曰大乘入楞伽經卷第二案其文即唐譯大乘入楞伽經之第一第二兩卷已見盈字九號但多御製序之文首一末完具
秋	94	新譯生滅 蓋聞第二	21	623	首紙破爛卷首題曰新譯大乘入楞伽經序卷末題曰佛說入楞伽經卷第二少大乘二字即唐譯大乘入楞伽經之第一第二兩卷較盈字九號多御製序文紙背雜寫有字
金	49	智境修學 味樂第一	11	346	首紙破爛末題曰佛說大乘入楞伽經卷第一卷首如是我聞句起至善哉楞伽王汝先見佛思惟此義如是思惟乃是思佛句止均缺

字號	卷					附註
淡	85	盤大相而	修學第一	18	476	首紙破爛卷首題曰佛說大乘入楞伽經卷第一序文不全
皇	89	新譯蓋聞	又衆菩薩	1	41	卷首題曰入楞伽經羅婆那王勸請品第一但存御製序及第一品中之願佛哀納愛我於佛菩薩句止
珍	34	慧菩爾時	修學第一	18	454	首紙破爛卷末題曰大乘入楞伽經卷第一卷首缺百餘字
冬	48	爾時阿賴	生滅第二	14	419	首尾破爛卷末題曰大乘入楞伽經卷第二
月	9	於誰分別	生滅第二	13	359	卷末題曰大乘入楞伽經卷第二
崑	37	佛說爾時	成佛第三	15	515	首紙破卷首題曰佛說大乘入楞伽經集一切法品第二之三卷末題曰佛說大乘入楞伽經卷第三首末具
餘	8	說大夢言	成佛第三	20	509	首紙與第十三紙破爛卷末題曰大乘入楞伽經卷第三
麗	9	自相故而	成佛第三	10	258	首紙破爛卷末題曰大乘入楞伽經卷第三

字號	號	起訖	紙數	行數	附記
秋	55	中作可得牟尼第四	16	460	首一二兩紙破爛卷末題曰大乘入楞伽經卷第四
出	87	離我可得善知第四	18	469	首紙破爛卷末題曰大乘入楞伽經卷第四中多硃筆添改之處
宇	77	五无可得懷惡第四	18	495	首紙破爛三百餘字卷末題曰大乘入楞伽經卷第四
露	51	緣有可得緣成第四	14	430	首紙破爛卷末題曰佛說大乘入楞伽經卷第四紙背雜寫一行係本經經名及卷數
致	30	二邊可得佛說第四	4	72	卷末題曰佛說大乘入楞伽經卷第四
騰	36	慧我能造千名第五	18	495	首紙破爛卷末題曰大乘入楞伽經卷第五
水	3	是時有無大慧第六	16	441	首紙破爛卷末題曰大乘入楞伽經卷第六惜變化品殘缺不能與騰字三十六號相接
騰	42	大乘分別若諸第三	16	426	首紙破爛卷首題曰大乘入楞伽經偈頌品第十之二末題曰大乘入楞伽經卷第七
露	59	別二分別能斷第七	16	411	卷末題曰大乘入楞迦經卷第七
宇	15	外道分別我无第七	13	329	首十四行尾十九行碎損卷末題曰大乘入楞迦心經卷第七此卷分兩段

號	起	止	紙	行	附記
盈44	說法藏而	目觀之初	4	123	此卷乃唐譯大乘入楞伽經卷一之羅婆那王勸請品第一首缺百餘字中有一硃筆添改
珠47	云何有句	云何非自	1	28	此卷係唐譯大乘入楞伽經第一卷
崑89	彩色空花	言說因緣	15	405	首尾破爛此係第二卷
露1	說常人因	思議者善	4	98	首尾破此係第二卷
生59	爲四滅世	不可佛言	4	77	首尾破爛此係第二卷
師35	相言都中	種種有執	2	51	首紙破此係第三卷
陽55	得大所見	於三願爲	5	132	此係第四卷
龍39	轉所聲聞	自在說一	2	42	首紙破爛此係第四卷
龍85	相汝故不	頌言了唯	1	26	此係第四卷
調76	我說所謂	何而著滅	4	112	此係第四卷

原號	起	止	紙	行	附記
調65	非滅慧所	相執墮在	7	196	此係第四卷與調字第七十六號緊接筆跡紙質相同蓋一卷分爲兩卷
潛55	所加至增	不化幻等	1	28	此係第五卷
結71	知是平等	我之子起	8	214	首尾破爛此係第六卷
官40	何不成就	諸根此法	2	55	首三行尾一行碎損此係第七卷

佛說首楞嚴三昧經

後秦鳩摩羅什譯 二卷

原號	起	止	紙	行	附記
潛21	味神受持	汝所卷下	15	469	首行碎損尾有木軸

大乘密嚴經 三卷 唐地婆訶羅譯

原號	起	止	紙	行	品次	附記
黃 51	大勢等菩	喜信卷下	26	920	密嚴會品一 阿賴耶微密品八	首四行尾二行碎損
收 85	方周映成	奉行卷下	20	772	密嚴會品一 阿賴耶微密品八	首三行碎損
海 78	金剛以如	依智於諸	1	9	密嚴會品一	
荒 27	光菩利菩	顯示卷中	23	519	妙身生品二之餘 阿賴耶建立品六	首三十八行尾二行碎損卷中又碎
						損五十二行背面雜寫有字
日 15	萬像蓮花	非諸无始	5	204	妙身生品二之餘 顯示自作品四	首三十五行及尾行碎損
罔 36	欲界无相	三昧第四	2	43	妙身生品二之餘 胎生品三	首二行碎損
號 51	施會亦復	念言念己	4	60	妙身生品二之餘	首三行尾一行碎損

號	起	止	紙數	行數	品	附記
劔12	或天菩薩	歸命土中	2	36	妙身生品二之餘	首行碎損
岡6	俱來迷動	過去流轉	3	51	妙身生品二之餘	尾二行碎損
崑52	又如除盡	牟尼觀行	3	59	顯示自作品四　分別觀行品五	首行碎損
崑98	薩摩心起	言天福地	3	88	顯示自作品四	首行碎損
崑24	或生如是	空識熏聚	2	51	顯示自作品四	尾行碎損
日98	既而慧善	合成率陀	3	83	分別觀行品五　阿賴耶建立品六	
岡60	大乘人等	爾時佛之	2	38	阿賴耶建立品六	尾行碎損
日76	等諸顯現	无礙卷中	3	88	阿賴耶建立品六	
崑41	莫不境意	智慧說偈	2	48	阿賴耶建立品六	首行碎損
崑71	言口卷中	汝等玄歸	1	31	阿賴耶建立品六	

號		首	尾			品	備註
霜	22	嚴中 言仁	奉行 卷下	17	472	目識境界品七 阿賴耶微密品八	首五行碎損
生	42	衆生 菩薩	開演 而无	9	211	目識境界品七 阿賴耶微密品八	尾二行碎損
玉	10	彼衆 爾時	舞戲 嵐風	6	147	阿賴耶微密品八	首行及尾二行碎損
水	38	時天 是時	奉行 卷下	5	118	阿賴耶微密品八	首二行碎損

深密解脫經 元魏菩提留支譯 五卷

原號 起 止 紙 行 附記

昃 36 身也奉行 9 252 尾題深密解脫經卷第五

等而第五

央掘魔羅經 劉宋求那跋陀羅譯 四卷

原號 起 止 紙 行 附記

呂 75 時无所說 6 172 首尾碎損

稱急須陁

思益梵天所問經 四卷

後秦鳩摩羅什譯

原號	起	止	紙	行	品次	附記
河 40	界普 來諸	言相 佛如	21	808	序品一 彷行品九	首十二行尾一行碎損有朱筆增改
露 96	等以 有二	地故 第二	21	699	序品一 問談品六	
爲 4	思益 如是	能盡 第一	20	539	序品一 解諸法品四	
洪 77	其名 法王	能盡 第一	20	542	序品一 解諸法品四	首三行碎損
玉 15	來梵 有乘	能盡 第一	19	509	序品一 解諸法品四	有朱筆增改
秋 88	曰安 又如	遍行 遍行	11	290	序品一 分別品三	首十三行碎損
暑 61	能爲 名聞	生死 心四	3	84	序品一 四法品二	首行碎損
蓋 76	思益 如是	不相 熱惱	1	27	序品一	全卷碎損

號	起訖	行數	品	附記
來18	切大苦者 若佛界中	4 115	序品一	首四行尾一行碎損
衣92	少有彼土 娑汝愚智	2 51	序品一	全卷碎損
地78	薩有歡喜 阿耨第四	31 1249	四法品二 囑累品十八	首二十九行碎損
來3	者信相中 不斷等今	3 84	四法品二 分別品三	
閏41	於過能盡 爾時第一	7 188	分別品三 解諸法品四	
來36	若人人種 若能捨諸	3 87	分別品三 解諸法品四	
來99	者非法身 所以導師	3 84	分別品三	
宇29	佛告提心 碍智第二	19 556	解諸法品四之餘 問談品六	首行碎損
露77	梵天得性 惑垢受記	14 392	解諸法品四之餘 問談品六	首六行碎損
水32	者惑一切 報恩菩薩	14 361	解諸法品四之餘 問談品六	首十七行碎損

字	號	經文	卷	行	品	附記
昃	14	知聖生是 能盡第一	5	131	解諸法品四	首行碎損
人	62	法亦雖有 能盡第一	3	75	解諸法品四	首行碎損
寒	86	煩惱人得 能盡第一	3	67	解諸法品四	
爲	58	諸善爲最 善男若說	9	350	難問品五 論寂品八	首四行碎損內有 朱筆增改
鹹	74	言世望功 眼淨第三	19	531	問談品六 志大乘品十	首二行碎損內有 朱筆增改
爲	68	梵天明言 提心第二	4	112	問談品六	
辰	20	薩過者有 地故第二	4	102	問談品六	首五行碎損背面 雜寫書札之類
河	46	比丘親近 又當名曰	20	695	談論品七 諸天歎品十七	首十五行尾一行 碎損有朱筆增改
往	22	第三白佛 眼淨第三	19	518	談論品七 志大乘品十	首三行碎損尾有 木軸
宙	76	是法不可 眼淨第三	19	511	談論品七 志大乘品十	首四行碎損內有 朱筆添改

原號	起	止	紙	行	品	附註
麗97	則不 不爲	眼淨 第三	20	511	談論品七 志大乘品十	首七行碎損
人30	思益 爾時	法答 比丘	2	32	談論品七	首行碎損
河87	四千 聖嘿	切諸 共守	15	443	論寂品八 建立法品十六	首一行尾七行碎損
重5	掌却 昧所	眼淨 第三	8	177	論寂品八 志大乘品十	首二行碎損
宇2	也善 相發	歎喜 第四	22	603	行道品十一 囑累品十八	首十二行碎損

大乘同性經 宇文周闍那耶舍譯 二卷

原號	起	止	紙	行
光20	諸色 言汝	持不 薩行	1	28

諸法無行經　後秦鳩摩羅什譯　二卷

原號　起　止　紙　行　卷　附記

閏　19　世尊歎喜　云何卷下　15　511　上　首二行碎損卷中有朱筆校勘處

鱗　53　切智歎喜　動相卷下　13　367　下　首八行碎損

大方等如來藏經　東晉佛陀跋陀羅譯　一卷

原號　起　止　紙　行　附記

羽　43　之王　菩薩　奉行　一卷　10　220　首三行碎損

寶雲經 梁曇陀羅仙譯 七卷

原號	起	止	紙	行	附記
冬 90	寶雲 善男	敬供 者第	1	26	

佛說轉女身經 劉宋曇摩蜜多譯 一卷

原號	起	止	紙	行	附記
月 1	乘生 說諸	有舍 无性	8	186	首三行尾四行碎損
盈 43	如問 煩尊	奉禮 身行	11	299	此卷緊接月字一號但卷首碎損四行

佛說長者女菴提遮獅子吼了義經 一卷 失譯人名附梁錄

原號 起 止 紙 行 附記

霜 12 佛說塞優 如是三菩 6 141 經文首末完具首五行略有碎損

鱗 41 佛說修行 如是一卷 6 159 經文首末完具首十四行略有碎損

官 41 佛說提基 如是人忽 2 44 首六行碎損卷內有朱筆校改

地 44 佛說巳久 如是所說 6 151 尾四行碎損

大莊嚴法門經 隋那連提耶舍譯 二卷

原號起止紙行

調 1 能覺女間 界不空法 2 82

佛說出生菩提心經 隋闍那崛多譯 一卷

原號起止紙行

李 14 是故之乘 欲重別佛 1 28

大方便佛報恩經 失譯人名附漢錄 七卷

原號	起	止	紙	行	品次	附記
閏 27	報恩　如是	善知　心一	23	755	序品一　論議品五	首三行碎損
暑 10	諸天　而坐	而去　第一	17	450	序品一　孝養品二	首二行碎損卷中又碎損十三行
藏 89	衆唱　手合	給與　足一	4	122	序品一　孝養品二	卷中碎損十九行
雲 94	大方　如是	薩堅　究竟	3	82	序品一	
來 34	薩普　菩薩	光明　是大	7	181	序品一	首七行碎損
水 62	切萬　恩報	汝須　我心	7	175	孝養品二	
官 37	大方　大方	界廣　來可	2	37	對治品三	此係背面
號 65	聚設　是供	見其　太子	11	294	論議品五	首四行碎損

麗 3	曇中如大	難當當報	18	416	論議品五	首五行尾三行中七十四行碎損
霜 7	之爾而作	而去第五	11	279	慈品七	卷中碎損二十一行
薑 82	大方爾時	來是故得	5	115	優波離品八	
文 88	思惟毀害	四一心是	2	47	親近品九	首行碎損

悲華經 十卷 北涼曇無讖譯

原號	起	止	紙	行	品次
重 38	悲華佛告	歡喜聽法	1	26	諸菩薩本授記品四之三
夜 93	人中念定	須臾漸漸	4	112	諸菩薩本授記品四之三

佛說太子慕魄經

一卷　後漢安世高譯

原號　起止　紙行　附記

柰

29　佛說　令民　3　89　尾十一行碎損
聞如　曰爲

佛說罪業應報教化地獄經

一卷　後漢安世高譯

原號　起止　紙行　附記

重

69　化成　奉行　2　24　首十四行碎損
諸人　一卷

佛說盂蘭盆經 西晉竺法護譯 一卷

原號	起	止	紙	行	附記
宇75	聞如	憂苦	1	14	卷首題佛說盂蘭盆經首行碎損
75	獨園	時當			

阿闍世王授決經 西晉法炬譯 一卷

原號	起	止	紙	行	附記
宙23	佛說 聞如	然不 所在	5	98	首尾完具

佛說大乘稻芊經 一卷 唐譯佚本

原號		起	止	紙	行	附記
閏	68	乘稻 聞一	奉行 一卷	9	226	全卷與藏中所收互有詳略卷中間有缺字 題曰佛說大乘稻芊經一卷藏本無大乘二字 字隨聽手鏡記卽依此譯本而作
日	81	薩俱 訶薩	奉行 芊經	9	237	除起處缺去一行外餘尙完整閏字號缺字 可據此補之
黃	50	佛說 如是	奉行 一卷	9	247	全卷完具惟首數行有脫爛處
成	94	言因 緣識	薩摩 一卷	7	164	前八行上下殘破
荒	29	復有 從種	奉行 芊經	5	160	前三行下半殘卷中有硃筆點勘
律	15	故取 憂惱	奉行 芊經	6	165	起數行缺
雲	4	老死 得生	奉行 一卷	6	141	前十五行殘缺甚多字跡亦糢糊

字號	號	起	止	紙數	行數	附記
雨	55	佛說如是	教誨一卷	11	315	前二十八行有破缺處本經後接寫普賢菩薩行願王經上卷大乘四法經一卷因緣心經頌三十句佛說遺教經一卷尾題大番國等十三字並有兩字硃印
爲	70	佛說如是	能成能作	3	93	首紙殘破　第十八段
金	67	乘稻聞之	母胎一芽	5	137	前數行殘破
金	13	大乘如是	不降則不	2	61	破爛甚多　第九段
麗	37	能而乃至	是知因及	4	128	第九段至廿一段
柰	68	告諸於法	无非法非	4	106	首紙破缺　第二段至十七段首尾不全
芥	52	佛說如是	懷而當爾	4	83	十一段未完
芥	69	佛說如是	緣相應義	2	68	經文八段
薑	71	及諸行之	奉行一卷	6	145	經文全惟起處有殘破

千字文號	號	起	止	紙數	行數	說明
鹹	38	諸境事能	奉行芊經	5	112	本經後半
海	5	佛說如是	奉行芊經	7	175	前九行破裂卷尾題癸卯年十月十日永壽寺寫
鳥	27	生之亦非	是无足故	1	20	第十八段末至廿段前半
人	65	生生爲因	奪元過去	2	36	首殘破 中間數段
皇	65	如是无起	種子作是	1	32	破爛 第五段至第九段
制	81	爲非法從	無有亦現	1	30	殘破 中間數段
文	5	佛說如是	故能有因	1	27	本經開首數段
字	71	念我芽亦	界能作內	1	32	經首數段
推	41	佛說衆千	聖道爲法	1	21	經首數段
位	44	佛說如是	果及爲法	1	25	前五行殘破 經首數段

夜

52 我之彌勒 〃 174 前寫普賢行願王經九行後寫佛說稻芉經

若我奉行 與藏本文句同

佛說大乘稻芉經隨聽手鏡記

原號	起	止	紙	行	附記
調 50	將釋解釋	故諸一能	7	236	前二十九行下半多殘缺　紙背雜寫三行
雲 18	第五釋經	可說結也	8	216	疏第五言解釋起據調字卷一言立所宗二言歸乘三言歸分四言歸藏五言解釋
陽 34	何故所取	雖無同而	9	217	首紙多破爛紙背寫頌數段其標目云辯眞寔品第三辯修對治品第四辯修分位品第五又寫四分律初分攝頌及戒本攝頌一卷不全
藏 9	純極大者	言无性者	3	72	
結 59	智二成就	能見間也	6	121	殘破甚多
鹹 14	約世无違	經如得生	6	172	此中包第十九第二十兩段經文惜只標句疏文缺
始 62	經隨經大	四門有七	2	42	自疏第五言解釋起至第一總攝門標名止與調字卷字句間有異同卷首題云隨聽手

鏡記菩薩作卄涅槃作卅或卅辯作弁各卷多如此當是速記寫法　前有殘缺

文 58　言連道心……大門心者　2　38　破爛甚多可與始字卷銜接　紙背雜寫數行

文 75　故有是智……一往能答　1　14　破裂　紙背有雜寫

裳 13　芊經善逝……釋此來說　5　100　前半破裂訛脫亦多

菜 89　五巳略總……六難分也　4　76　卷前殘缺甚多前後段雜寫僅中間一段爲稻芊經疏立所宗文

鹹 59　如秤結也……見經結囗　9　169　殘破自疏經第十一段至二十二段止後七行上半全缺　紙背乃各寺糧戶請種子狀及與工人所立契約等

新會 陳垣 校錄

第一帙

佛說佛名經 元魏菩提留支譯 十二卷

原號	起	止	紙	行	卷次	附記
巨60	南无勝佛	南无勝佛	8	208		
雲80	越世王佛	南无勝佛	21	533		首七行碎損
闕50	南无光佛	摩光勝佛	4	95		首六行碎損
寒54	彼若智佛	微塵梁佛	14	333		首二行碎損
河38	因那梁佛	南无第七	10	219	7	首二行碎損

字號	號	起止	數字	附記
洪	59	南南 无无 第彌 八佛	24 605 8	首二十七行碎損
宙	13	佛方 名過 第彌 八佛	9 260 8	首五行碎損
菜	44	南大 无稱 第二 八百	4 78 8	首二行碎損
宿	52	南南 无无 第藏 九佛	15 412 9	首五行碎損
人	92	在波 菩羅 十迅 光佛	2 36	全卷碎損
秋	67	南南 无无 第愛 十佛	20 508	首七行碎損
呂	39	南南 无无 第幢 十佛	23 463	
雨	68	水星 磐宿 南樂 无王	14 362	首五行尾二行碎損卷中又碎損卅一行

佛說佛名經 佚本十六卷

原號	起	止	紙	行	卷次	附記
帝6	時世德佛	修維樂佛	3	68	1	首十四行碎損
結34	跪合前拜	南无第一	27	726	1	首行碎損　後面周家仙名經
調62	佛說嚴經	是我品佛	8	201	1	首十四行碎損　大品經本卷訛作大品佛　中和元年
岡77	觀音勝佛	清淨隣佛	6	143	1	首二十行碎損　首綴觀音禮一卷
鹹8	靈目王佛	无不聲佛	11	169	1	首八行碎損　全卷繪有五彩佛像二
衣20	无成諸佛	南无德佛	2	30	1	首十一行及尾行碎損
玉98	南无意佛	南无諸佛	2	38	1	首二十行碎損
爲84	无光一拜	歸命第一	37	678	1	首七行碎損　卷中繪有五彩佛像八

淡 87	南无隨佛	歸命滅佛	2	52	1	首三行碎損
成 55	南无名佛	南无名佛	3	90	1	首行碎損
雲 12	南无閦佛	大海陀佛	5	136	1	首十八行碎損
歲 91	善男三寶	世善第一	26	770	1	卷中有硃筆校勘處
翔 4	南无德佛	南无賢佛	5	112	1	首五行尾一行碎損
稱 93	從此三寶	南无第一	23	609	1	首二十四行碎損卷中佚去數紙依爲字八十四號校之約失去三紙
淡 89	南无狠戾	南无煩惱	22	606	1	
闕 15	遠離決定	南无明佛	2	40	1	全卷碎損
薑 14	南无棄佛	南无孫佛	4	83	1	
劍 91	南无至十	南无其罪	5	130	1	尾行碎損

號	起	止	紙	行	卷	附記
官84	口王上佛	而无力佛	2	37	1	首三行碎損
藏65	南无菩生	南无可怖	4	101	1	紙背有戊寅年十月二日數字
珍17	炎佛前拜	南无第一	20	537	1	首六行碎損
潛56	南无集經	南无曇經	1	29	1	首三行碎損
致25	南无三寶	南无第一	23	575	1	
重50	南无王佛	賢佛師佛	2	53	1	
暑14	肝膽色佛	大小樂佛	7	182	1	首三行碎損　卷中缺四紙自善化佛起至平等須彌面佛均缺
劍50	故能皆悉	善法三寶	2	31	1	首四行碎損
雲92	等心一拜	悔五第一	13	334	1	
薑61	罪或切罪	大造垢造	1	15	1	

千字文號	號	起	止	紙	行		附記
罔	18	又復生切	使造不共	2	22	1	尾四行碎損
崑	94	三部上寶	南无第一	13	328	1	
騰	63	南无嚴佛	南无合佛	5	140	1	卷中失去佛名五十有六約少一紙按所失爲第七百五五至七百六十佛名
河	84	南无不値	南无復應	8	176	1	
雨	17	南无嚴佛	南无嚴佛	1	28	1	
麗	62	第三維佛	常苦陣佛	7	174	1	
崑	91	夫欲此身	一切果淨	2	34	1	
柰	83	生良洗蕩	爾時正爾	2	47	1	紙背雜寫有庚寅年五月七日僧王保昌寫善惡因果經後寫妙法蓮華經等
							字様
出	12	口生海故	第五所以	2	31	1	首行尾三行碎損

岡	54	无量功德 二者三寶	5	130	1

佛說佛名經（佚本 二十卷）

原號	起	止	紙	行	卷次	附記
冬 56	佛說西去	南无第二	18	482	2	首尾完整
寒 73	邊光樂法	南无曇口	2	25	2	首四行尾二行碎損
成 49	南无而去	南无第二	17	445	2	
巨 28	南无而去	南无第二	17	432	2	
黃 72	南无而去	南无第二	24	472	3	首七行碎損
往 19	南无释佛	南无摩佛	2	21	3	首行僅剩末一字
來 76	南无諸佛	南无上首	3	48	3	尾行碎損
暑 87	所謂如來	樂世如來	2	39	3	首尾碎損各一行

號	起	止				附記
往11	南无羅三	南无提記	2	35	3	尾行碎損 一寶髻作一寶蓋
往17	南无藐三	授名提記	2	35	3	首行碎損
往64	南无授名	第一提記	3	41	3	
暑99	南无二菩	堅菩提記	2	42	3	
往7	南无三菩	彼如提記	2	37	3	
往26	南无信發	授名阿耨	2	36		
寒57	多羅昧經	南无昧經	2	37	3	
暑72	南无弟子	南无至心	2	40	3	尾行碎損
往73	十方障如	南无煩惱	1	29	3	首行碎損
往69	如是而去	弟子第三	2	32	3	

字	號	首	尾				附註
金	28	南无而去	南无第四	17	423	4	首四行碎損
裳	17	南无德佛	南无留佛	3	69	4	全卷碎損
日	33	佛說而去	南无第五	19	462	5	首尾完整
師	83	南无鎧佛	南无月佛	1	25	5	首五行尾一行碎損
藏	92	南无共宿	南无像陰	10	241	5	首二行碎損卷中又碎損九行
衣	8	南无吼佛	南无稱佛	2	56	6	首七行碎損
騰	35	佛說而去	南无第七	17	441	7	首尾完整
出	23	南无而去	南无第七	17	423	7	首八行碎損
寒	51	南无而去	南无第七	13	339	7	首十三行碎損
巨	11	聲佛勝佛	行佛香佛	5	128	8	首十四行碎損

號	起	止	紙數	行數	尺寸	附記
闕75	南无而去	南无第八	4	99	8	首行碎損
官28	又復有大	彼此煙炎	1	19	8	首尾碎損各一行
制50	无下光佛	南无王佛	2	36	9	首九行碎損
出22	南无衆生	南无第九	9	192	9	首行碎損卷中有硃筆校讐處
辰69	佛口而去	摩勝第十	17	413	10	
重43	佛說吼佛	南无南无	2	34	10	尾六行碎損卷首誤書佛說佛名經卷七
夜86	南无王佛	南无淨佛	4	79	10	全卷碎損本卷南无種種光明彌留藏佛後尚少佛名六十有三菩薩辟支佛名號亦與辰字六十九號不同故附本卷末
推97	佛說界不	南无塵下	1	26	11	
寒5	南无万佛	南无世同	6	137	11	首尾碎損各一行本卷卷尾千二百千萬作十二百千萬

字號	號	起訖					附記
成	82	南无上佛	南无照佛	1	16	11	字跡奇麗
皇	51	南无薩摩	南无力四	2	26	11	首行尾三行碎損
字	56	南无華佛	德佛燈佛	2	30	11	首八行尾十三行碎損
黃	45	南无而去	南无十七	21	522	17	首行碎損分兩段
致	89	南无而去	南无十七	19	509	17	首四十五行碎損 卷尾有沙門法瓊禮五字
文	16	南无闍佛	南无宿佛	3	74	17	首十一行碎損
冬	10	聲佛而去	南无十八	21	513	18	首十二行碎損
結	87	佛說而去	南无第廿	19	479	20	首尾完整
果	22	南无而去	南无第廿	21	477	20	首六行碎損
荣	20	无无一義	南无佛名	5	119	20	首八行尾二行碎損

日 95 樂受菩薩 智是菩薩 6 132 20 首行碎損卷中又碎損七行

荒 60 南无四倒 南无四重 5 96 20 首尾碎損各一行

佛說佛名經 佚本三十卷

原號	起	止	紙	行	卷次	附記
雨30	菩薩一拜	諸蓋第二	18	432	2	首八行碎損
重67	窮沈我拜	羅剎第二	14	364	2	全卷碎損
致60	破裂朋友	發如聖道	12	336	2	
冬46	佛說從佛	南无迅佛	16	367	2	
閏63	南无海者	南无第二	11	236	2	
宇79	佛說聲佛	南无聲佛	3	83	2	
劍65	常發養佛	常笑聲佛	11	205	2	首三行碎損
致3	南无一拜	南无第二	34	596	2	首四行碎損

師	79	南无輪佛	南无輪佛	3	40	2	全卷碎損
冬	55	南无上首	南无上首	14	392	2	卷中碎損三十一行卷中有硃筆校正處
洪	25	佛說一拜	佛說卷二	22	589	2	首十行碎損
果	24	南无輪佛	南无華佛	1	23	2	首行及尾三行碎損
光	55	南无一拜	南无第二	25	576	2	首二行碎損
崑	22	南无聚多	南无戒不	25	555	2	首十一行碎損
陽	10	南无所覆	南无勝心	5	143	2	首十八行碎損
羽	24	佛說貞明	南无日記	29	565	3	此爲第三卷首尾俱全卷中有五彩佛像十四卷尾有跋曰敬寫大佛名經二百八十八卷伏願城隍安泰百姓康寧府主尚書曹公己躬永壽繼紹長年合宅口口常然慶吉于時大梁貞明六年歲次庚辰五月十五日記紙尾及紙背

鈐有朱文瓜沙州大王印方印按貞明爲後梁末帝年號瓜沙州即唐之敦煌郡屬河西道府主曹公或即曹義金曾遣使入貢後唐授歸義節度使

字	號						附記
爲	87	南无來授	勝佛稱佛	12	326	3	首二行碎損
月	8 2	南无陁羅	提起授名	2	55	3	首三行碎損
宇	99	界名光明	來彼三藐	3	71	3	卷多碎損
寒	59	名无藐三	一拜第三	22	570	3	
柰	99	記口南无	一拜第三	19	525	3	
洪	61	普至南无	一拜第三	18	471	3	
地	47	南无在觀	道出食噉	5	140	3	
巨	65	南无无常	蜜拜第三	18	448	3	

霜　23　其肉行佛　飢始舍佛　4　112　3　首十二行碎損

爲　88　南无蜜拜　南无第三　10　275　3

收　15　南无百味　南无念即　8　225　3　首六行尾八行碎損

辰　58　摩勝蜜拜　南无第三　21　553　3　首行碎損

淡　100　佛說一拜　南无卷第　24　648　4

巨　56　佛說住佛　佛說留佛　1　18　4

冬　51　南无一拜　南无第四　22　613　4　卷中有硃筆校勘處

號　80　南无今日　南无懺悔　23　622　4　首二十二行碎損

呂　93　南无一拜　南无第四　25　556　4

露　78　南无一拜　南无第五　28　630　5　首十行碎損

爲	55	喜身一拜	无上第五	23	621	5	首四十行碎損
菜	2	南无衆生	南无第五	28	644	5	首八行碎損一紙背有字五行中二行爲乙巳年八月一日春柴五束常住百姓造食人盈德手上於南宅内納送
騰	32	南无一拜	南无第五	30	595	5	首五行碎損
寒	74	南无繫佛	南无愛佛	4	82	5	尾行碎損 此卷下接張字九十六號
張	96	南无丘經	南无教經	3	76	5	首行碎損 此卷下接寒字十二號
寒	12	南无日暴	南无曾无	3	75	5	此卷下接寒字七十一號
寒	71	禮敬德佛	閈殿藏佛	4	100	5	此卷下接暑字四十一號
暑	41	南无王佛	南无喜佛	4	100	5	
重	77	淨聲聲佛	南无炎佛	3	84	5	首行碎損

號	數	起	止				附記
張	80	南无　南无	槃金　論經	4	100	5	首尾碎損各一行　此卷下接來字九十七號
來	97	次禮　南无	禮拜　第五	4	91	5	首行碎損
龍	19	楚撻　勸他	恥先　惡友	3	65	5	首五行碎損卷中又碎損九行
秋	77	无諸　南无	思佛　信佛	6	129	6	首行碎損
秋	36	南无　南无	如是　第一	17	477	6	首七行碎損尾綴大乘蓮華寶達問答報應沙門品第二十八一卷及佛說佛名經卷一七字
鱗	84	南无　南无	幢佛　在佛	6	156	6	
芥	57	今日　經所	厭拜　第六	14	331	6	首二十行碎損
騰	65	南无　南无	意佛　王佛	6	68	6	紙背有蕃字五行
暑	2	南无　南无	疑佛　賢聖	4	88	6	紙背雜寫經文十一行

生	45	南无一拜 南无第六	9	248	6	
成	72	佛說一拜 南无第六	25	657	6	首尾俱全
秋	86	佛說菩薩 南无菩薩	12	239	6	卷眉有墨筆校正
閼	17	佛說智佛 南无臂佛	1	26	6	
爲	79	佛說一拜 南无第六	25	631	6	首十一行碎損
水	88	南无智佛 南无洲佛	4	102	6	首十三行碎損
鹹	56	南无支佛 南无懺悔	9	235	6	首三行碎損
黃	91	佛說厭拜 南无第六	27	643	6	首二十二行尾七行碎損卷中有硃筆校正
崑	78	南无進佛 南无稱佛	2	54	6	首二十行碎損
崑	81	南无義佛 南无面佛	2	60	6	

號	起	止				附記
麗 38	南无之身	南无轉脩	6	168	6	下接水字六十九號
水 69	經惡惟佛	悔惑作佛	4	112	6	
崑 84	南无支佛	南无懺悔	4	104	6	
律 68	從此當次	南无言業	3	88	6	尾二行碎損紙背有佛偈五行
號 17	南无花佛	南无刦佛	2	23	6	尾行碎損
潛 48	南无記經	南无王經	1	25	6	
帝 49	南无畜生	南无懺悔	1	27	6	
律 13	南无第一	南无无量	24	646	7	紙背雜寫菩薩戒序十一行
麗 95	南无慚愧	南无懺悔	24	629	7	
昃 76	南无聖擎	南无心肝	19	523	7	首四行碎損

芥	8	无須 滿拜	无成 第七	24	579	7	首五行碎損
秋	60	佛說 聲佛	南无 聚佛	5	133	7	卷首誤書佛說佛名經卷第九
薑	30	南无 慈佛	南无 勝佛	1	15	7	
歲	23	南无 三寶	南无 第七	25	666	7	首十五行碎損
崑	35	佛說 一拜	南无 第八	16	612	8	首末俱全
陽	88	佛說 一拜	南无 第八	24	653	8	首末俱全後面有字
盈	41	佛說 就佛	南无 世界	15	448	8	尾行碎損紙背有藏經總數八十二行
出	68	佛說 得法	南无 及无	23	634	8	首尾六行碎損
鹹	60	南无 勝佛	名超 勝佛	3	54	8	首五行碎損
盈	18	切口 最佛	南无 德佛	5	121	8	首六行碎損

柰	36	南无三寶 若人第八	31	632	8	首七行碎損
文	57.	南无自在 南无南无	1	23	8	尾五行碎損
鹹	22	南无一拜 南无第八	25	537	8	
河	47	南无王佛 南无惱佛	5	110	8	
雨	13	南无八風 南无不調	8	224	8	
鱗	21	南无日拜 南无第八	22	471	8	
閏	17	南无月佛 南无相佛	1	28	8	
雨	15	和煩一拜 戾煩第八	10	266	8	卷尾有䟦二行爲蓮臺寺僧法律所書
月	98	南无一拜 南无第八	2	35	8	
稱	59	迅善三寶 華威第九	22	613	9	首四行碎損

月	39	南无 功德	除拜 第九	23	612	9	首三行碎損
宙	43	佛國 土爲	一拜 第九	28	623	9	首四行碎
金	17	刼於 夜若	三寶 第九	23	519	9	首十行碎損
出	10	功德 師子	一拜 第九	24	609	9	首八行碎損
來	16	花自 東南	一拜 第九	16	374	9	首五行碎損
乃	45	放犬 撥收	除拜 第九	2	37	9	首四行碎損
師	6	佛說 優波	莊嚴 陁幢	1	27	10	
生	91	佛說 優波	俱鄰 迦葉	1	26	10	首四行碎損
陽	74	千佛 世界	一拜 第十	34	601	10	首六行碎損
玉	48	復有 復有	佛皆 提心	1	25	10	首行碎損

字號	號	起	止	紙數	行數		附記
果	83	比丘內外	說不功德	21	572	10	首尾碎損各三行卷中又碎損二十六行
辰	42	衆自王佛	過大德佛	4	113	10	首四行尾一行碎損
果	18	名勝光佛	足百染佛	16	413	10	首十行尾一行碎損首六十行脆碎
重	3	南无王佛	南无心佛	10	240	10	
位	49	是等德佛	願弟嚴佛	1	28	10	首三行碎損
號	11	南无見佛	南无聖佛	6	123	10	
重	47	南无深觀	南无法流	5	79	10	首六行碎損
爲	80	佛說一拜	優波第十	26	619	10	首九行碎損第十卷首尾俱全
海	85	佛說一拜	優波第十	31	604	10	紙背有太平興國九年三月牒文數行殆北宋人所書首尾俱全
罔	90	佛說盜養	優波倚舔	25	699	10	後幅碎損

宿	48	佛說舍利	一拜十一	20	516	11	首尾俱全
翔	52	佛說卽時	持憶以滿	1	23	11	全卷碎損卷中第一行誤書卷第十三
結	88	佛說爾時	阤現至心	15	314	11	
麗	18	可知佛言	大會見諸	4	106	11	首四行尾一行碎損 下接生字二十一號
生	21	其諸比丘	於佛德佛	6	159	11	首行碎損 下接麗字五十五號
麗	55	南无南无	廣彼无畏	7	181	11	尾二行碎損 下接麗字六十三號
麗	63	天子拘那	生拜十一	6	169	11	首二行碎損
致	100	世界下一	支佛支佛	8	193	11	首尾碎損各二行
藏	63	心若九十	三寶十一	25	451	11	首七行碎損
潛	6	彼光入常	生拜十一	16	418	11	首六行碎損紙背有妙法蓮花經觀世音菩薩普門品十四行

爲	29	舍利佛世	南无已次	2	56	11	首五行、尾六行碎損卷中又碎損十三行
菜	48	聲聞聞弟	是佛隱佛	3	52	11	首十六行尾二行碎損
海	13	迦牟七十	禮一生拜	5	136	11	
闕	22	南无南无	三寶十一	2	44	11	
閏	15	佛說南无	三寶十二	29	600	12	首尾俱全
師	58	佛說南无	迅佛王佛	2	54	12	首十一行碎損
宿	94	佛說南无	三寶十二	33	657	12	首十四行碎損　卷尾署名智照寫
辰	74	南无南无	消滅世滅	11	247	12	首二十九行碎損
冬	91	南无南无	悔拜十二	28	644	12	尾三行碎損
宇	49	南无南无	子等除大	9	243	12	首二行碎損

律	93	南无悔拜	南无十二	24	649	12	首十一行碎損
號	73	南无一拜	南无十二	21	567	12	首七行碎損
成	12	南无懺悔	南无十二	32	568	12	首八行碎損尾有沙門法瓊禮五字
雲	10	佛說佛南	南无无日	4	94	12	首八行尾四行碎損卷首誤書卷十四
成	60	南无音佛	南无王佛	6	125	12	首行碎損
藏	22	塵數住佛	南无力佛	3	79	12	首行碎損
宇	44	南无一拜	南无十二	19	477	12	首十六行碎損 卷尾有字二行曰佛弟子僧裴法達奘法林曹寺主等奉爲十方一切衆生願見聞覺知寫記經主王瀚
宙	100	王經爲作	南无中无	22	485	12	首行碎損
蓋	66	苦身德佛	善可明佛	6	168	12	

宇	31	悲爲 此經	三寶 十二	14	366	12	
宿	22	隱佛 南无	依佛 上佛	9	214	12	全卷碎損
水	33	南无 南无	那佛 闍佛	1	29	13	
薑	75	南无 南无	三寶 十三	3	63	13	
地	2	佛利 舍利	三寶 十三	24	620	13	首行碎損首尾俱全
柰	88	佛說 舍利	三寶 十三	21	577	13	首尾俱全首二紙字體紙色與全卷不同或係奉持者於原紙碎去後補書卷尾有字二行曰沙門道眞修此經年十九俗姓張氏紙背騎縫上亦有此三界寺道眞念或三界兩字
調	2	佛說 舍利	菩薩 菩薩	12	251	13	
衣	84	佛說 舍利	師佛 王佛	1	26	13	尾行碎損

帙	號	經名				備考
鱗	68	佛說住佛 舍利上佛	4	114	13	首五行碎損
鹹	50	南无智佛 南无王佛	9	166	13	首十六行尾一行碎損
黃	1	南无三寶 南无十三	25	615	13	首六行碎損
閏	56	南无三寶 南无十三	31	649	13	首十九行碎損
麗	92	南无進佛 南无行佛	3	74	13	首行碎損
文	79	佛說意佛 南无在佛	1	20	13	卷首誤書佛說名經卷十五
往	33	南无三寶 南无十三	24	573	13	首二行碎損
重	68	南无三寶 南无十三	28	497	13	首五行碎損
張	30	南无量佛 南无去佛	3	63	13	
重	34	南无嚴佛 步佛勝佛	3	53	13	首二行尾四行碎損

字號	號	右行	左行				附記
玉	33	南无今日	南无三寶	6	168	13	
河	71	无見三寶	无自十三	19	435	13	首七行碎損
翔	33	南无梵慧	南无口南	3	72	13	尾十二行碎損
河	32	南无懺悔	南无道中	5	96	13	首一行碎損
生	64	南无多經	南无調經	1	28	13	
生	65	南无三寶	次禮十三	13	353	13	
劍	37	无善賢聖	无歡无成	3	87	13	首四行尾一行碎損
光	15	一文德佛	爲他去佛	9	207	13	首十二行尾九行碎損紙背雜寫四行
鹹	51	身諸三寶	是畜十三	17	311	13	
金	27	次復德佛	罪報去佛	6	168	13	

號	首	尾	紙數	行數	每行字數	備註
劍13	南无見佛	南无賢聖	6	162	13	
金84	南无三寶	南无十三	5	133	13	
光22	月佛三寶	摩訶十三	7	145	13	首五行碎損
劍25	南无住三	南无寶口	5	137	13	首行碎損
岡66	又願眼佛	生功見佛	2	28	14	首四行碎損
岡88	南无照佛	南无在佛	2	47	14	首十五行尾一行碎損
劍80	南无煩惱	南无得出	16	317	14	首十四行碎損
歲34	南无斯罪	勝佛十四	29	691	14	首六行碎損
玉97	南无在佛	南无吼佛	1	26	14	首十五行碎損
海37	南无明佛	南无愛佛	6	129	14	首八行碎損

崑 65 南无聖佛 南无提佛 2 41 14 首二行尾二行碎損

餘 64 南无斯罪 南无十四 35 670 14 首二十行碎損全卷碎損不少

文 42 无不力佛 无坐子佛 4 80 14 首三十行尾一行碎損

冬 30 南无支佛 南无支佛 6 168 14 首四行碎損全卷碎損七行

露 79 南无至无 南无界苦 24 656 14 尾八行碎損

崑 30 南无明佛 南无智佛 2 42 14 首二行碎損

水 46 南无明佛 南无愛佛 3 71 14 首六行尾一行碎損

號 15 南无明佛 南无賢聖 2 40 14

劍 44 南无菩薩 南无界覺 2 41 14 尾行碎損

崑 63 南无支佛 南无懺悔 2 36 14

號	起	止				附註
生15	南无斯罪	禮三十四	11	524	14	
劍18	一切德佛	弟子德佛	6	113	14	首二行碎損
珠76	切罪惟佛	量无行佛	5	135	14	首五行碎損
號70	南无成佛	南无乘佛	2	39	14	
罔29	從此錄其	南无一切	12	251	14	
玉85	南无剛佛	南无王佛	2	34	14	首行碎損
冬29	南无舉身	南无沾汗	9	249	14	尾七行碎損末附有佛說罪業報應教化地獄經一段殘缺不完
劍73	南无聲佛	南无聚佛	1	27	14	尾二行碎損
號61	南无成佛	南无道佛	2	34	14	首三行尾二行碎損
崑59	南无光佛	南无佛佛	2	36	14	首尾碎損各二行

號	起	止				附記
罔 12	南无咒經	從此妻經	2	27	14	首一行尾二行碎損
崑 86	毒蛇首菩	南无世界	2	28	14	首尾碎損各二行
號 21	大勢對眥	南无寶於	2	37	14	首尾碎損各一行
號 71	我一斯罪	何得十四	3	52	14	首行碎損
乃 46	體无縫鷹	時悔見故	3	64	14	卷尾碎損七行卷中又碎損二十行
露 48	佛說十五	南无藏經	30	595	15	首末俱全卷尾有淨土寺藏經長方墨印
崑 15	南无斯罪	南无十五	26	574	15	首行碎損卷中又碎損十行
鹹 27	佛說斯罪	南无十五	23	640	15	首二十六行尾二行碎損
呂 85	南无藏經	南无智經	8	209	15	首十二行碎損
稱 54	南无斯罪	南无十五	21	572	15	首九行碎損

夜	河	號	重	騰	夜	巨	李	地	宇
55	23	99	85	4	57	33	79	12	21
境境	南南	南南	南南	南善	佛无	南南	南佛	南佛	南佛
界界	无无	无无	无无	无住	南邊	无无	无說	无說	无說
十斯	王積	報向	十斯	生三	十斯	十斯	十斯	十斯	勝養
五罪	佛佛	善者	五罪	常寶	五罪	五罪	六罪	六罪	佛佛
22	1	22	20	18	17	2	29	33	14
551	26	522	526	502	460	53	660	632	325
15	15	15	15	15	15	15	16	16	16
首四行碎損	尾行碎損	首十五行碎損卷中有硃筆校正處	首行碎損	首十四行尾四十四行碎損附敎化地獄經	首三行碎損		首尾俱全	首尾俱全卷尾有長方墨文淨土寺藏經五字印	尾十二行碎損

號							附註
珍	59	佛說斯罪	南无十六	25	611	16	首二十行碎損 首尾俱全
閏	54	南无斯罪	南无十六	27	653	16	首十一行碎損
閏	6	南无斯罪	南无十六	20	524	16	首八行碎損
冬	87	自從斯罪	懷慘十六	14	383	16	首十四行碎損
翔	59	佛南名佛	愛作名佛	3	63	16	首九行碎損
海	11	南无自在	從此億聲	5	140	16	尾七行碎損
黃	63	南无斯罪	南无十六	10	229	16	
兩	20	南无如來	南无如來	19	551	16	首二行碎損 小字
龍	92	佛說消滅	南无諸鄣	1	24	16	此卷錄第一萬二千四百佛中三十六佛後即接懺文四行卷首書佛說佛名經卷第十六實則第十六卷中之一部份故附於末

佛名經懺悔文

節錄三十卷本

原號	起	止	紙	行	卷	次	附記
閏57	夫欲生良	安置土汚	15	384	1	9	
多95	作禮復一	悉律一令	10	235	5	12	首二行碎損卷尾有字三行五月五日惡口惡口舌自消滅急急如律令五月五日天中節應有口舌自消滅急急如律令五月五日天中節赤口赤舌自消滅急急如律令紙背書乙丑年正月九日寺長闍黎書記又乙丑年正月九日永安寺有戒昇闍黎書記又雜寫七行
李42	第四次復	發慧懺悔	4	74	7		
芥4	南无南无	罪報罪報	9	179	9	13	首五行碎損紙背有字八行畫一方

諸經佛名 卷上

原號 起 止 紙 行 附記

海 64 師子水佛 7 174 首三行碎損卷中又碎損十二行末題曰諸功德 卷上 經佛名卷上蓋節錄之本

十方千五百佛名經 佚本二卷

原號		起	止	紙	行	附記
閏	75	佛說現在	明佛卷上	19	509	
歲	64	南无南无	明佛卷上	23	452	首十一行碎損
地	84	南无南无	明佛卷上	18	434	首七行碎損
洪	58	南无南无	諸若量聞	4	218	首尾碎損四行
皇	50	南无南佛	相佛光佛	2	54	首二行碎損 紙背有第十四尊者伐那娑斯大阿羅漢頌
服	27	南无南无	音佛色佛	1	18	紙背有第八尊者代闍羅弗多羅大阿羅漢 第十一尊者羅護羅大阿羅漢頌
官	30	金音造八	畏佛聚佛	5	103	全卷碎損 佛名上無南无字
秋	22	无六南无	內所卷下	11	527	首十三行碎損

衣 29 无王力佛 6 129 首三行尾一行碎損
華邊神佛

昃 53 南无憂苦 21 526 首四行碎損
南无諸佛

五千五百佛名神咒除障滅罪經 隋闍那崛多譯 八卷

原號起止紙行附記

雲 39 南无覺他一 8 228 首行碎損卷中又碎損三行
南无莎呵

賢刼千佛名經 一卷 失譯人名附梁錄

	原號	起	止	紙	行	附記
霜	74	賢刼 南无	即即 在外	5	120	尾二行碎損卷中雖夾寫懺悔文但本經懺悔文仍缺略紙背爲佛說佛藏經與餘字五
						十三號緊接
致	49	南无 若聞	衆集 名經	21	539	全經佛名完具並增多卷首六佛卷末七菩薩名聞名敬禮功德但缺懺悔文
稱	65	南无 南无	樂佛 至佛	18	488	首六行碎損缺懺悔文
餘	53	本心 披中	非佛 比佛	16	387	首二行碎損卷中雖夾寫懺悔文但本經懺悔文仍缺略紙背佛名經後爲佛說佛藏經
冬	73	南无 南无	至佛 一卷	14	332	缺懺悔文
玉	45	南无 南无	蔔華 藻藍	1	22	缺懺悔文卷尾雜寫字一行 此卷乃册頁
闕	29	達寶 白禮	一拜 悔文	10	223	首三行碎損末題賢刼千佛名一卷卷中夾寫寶達菩薩問報應沙門經及懺文尾綴馬

頭羅刹懺悔文七字本經懺悔文仍缺

乃62

南无音佛

南无德佛

1 14

缺懺悔文

賢刧經 西晉竺法護譯 八卷

原號 起 止 紙 行 品次 附記

玉 100 賢刧六口 何謂第四 15 421 无際品八 聞持品九

鱗 3 白蓮爲六 無雜第六 15 393 三十二相品十一 三十七品十三 首九行碎損

日 83 消衆爲六 精進第八 6 145 四無畏品十六 十八不共法十七 首四行碎損

敦煌劫餘錄

新會　陳垣　校錄

第三帙

維摩詰所說經　後秦鳩摩羅什譯　三卷

原號	起	止	紙	行	品次	附記
秋70	維摩而去	如是卷下	17	738	佛國品一 囑累品十四	十四品完全惜首十三行脫爛卷末較流通本多作禮而去一句
鱗26	婆夷奉行	須彌卷下	22	871	佛國品一 囑累品十四	首十一行碎損中下兩卷全較通行本卷末多作禮奉行一句
地81	嘆未眼淨	觀是有好	15	369	佛國品一 不思議品六	首行碎損

日	34	方便法相談必殊師	12	399	佛國品一 文殊師利問疾品五	首五行碎損
洪	63	三萬諸佛問疾卷上	21	588	佛國品一 菩薩品四	卷端殘闕數字
冬	69	思議毗耶問疾第一	21	559	佛國品一 菩薩品四	首尾碎損九行
陽	78	二千智本維摩問疾	14	584	佛國品一 菩薩品四	卷前缺去一行中間殘破亦多
騰	16	維摩如是問疾卷上	14	582	佛國品一 菩薩品四	起處略有破損
榮	69	維摩佛國問疾卷上	21	589	佛國品一 菩薩品四	首十行碎損紙尾有淨土寺藏經五字墨印印式長方
淡	81	維摩如是問疾卷上	21	588	佛國品一 菩薩品四	首二十五行碎損
地	100	其名菩薩問疾第一	19	565	佛國品一 菩薩品四	首三行碎損此卷分兩段
黃	58	身色遠臉問疾卷上	13	573	佛國品一 菩薩品四	後半紙腐碎

宙 69 佛土任詣 千世問疾 16 431 佛國品一 菩薩品四 卷首殘闕數句

宙 74 網菩問疾 菩薩卷下 20 556 佛國品一 菩薩品四 首七行碎損

盈 14 言我問疾 穢惡第一 16 340 佛國品一 菩薩品四 首八行碎損

昃 10 五百問疾 人發第一 15 319 佛國品一 菩薩品四

辰 44 諸天下乞 悉見見光 17 474 佛國品一 菩薩品四

來 61 足功於深 菩薩閑處 16 348 佛國品一 菩薩品四 前數紙破損

來 88 始在問疾 以無卷上 18 476 佛國品一 菩薩品四

秋 20 三轉卷上 天人一卷 19 521 佛國品一 菩薩品四 卷首殘破 末題 道京書

收 32 佛土問疾 而是卷上 16 446 佛國品一 菩薩品四 起處脫爛

收 33 大智問疾 護法卷上 22 588 佛國品一 菩薩品四 起處缺去一行半

收 52 世界雪山 問疾卷上 19 539 佛國品一菩薩品四 末有欵曰比丘尼蓮花心爲染患得痊發願寫

藏 59 以偈目淨 問疾卷上 19 520 佛國品一菩薩品四 起處破碎

藏 67 始在己無 菩薩言皆 19 520 佛國品一菩薩品四 尾五十六行碎損

陽 53 何日盲者 問疾卷上 16 443 佛國品一菩薩品四 尾碎損

雨 96 勝菩子菩 摩詰問疾 13 358 佛國品一菩薩品四 卷端殘破

露 12 積善菩常 問疾卷上 20 556 佛國品一菩薩品四 卷端殘破

結 35 雪山山佛 問疾卷上 20 544 佛國品一菩薩品四 首碎損

崑 14 說行其廻 問疾卷上 16 429 佛國品一菩薩品四 首碎損

崑 23 一切不動 問疾卷上 13 526 佛國品一菩薩品四 首十一行碎損

劍 83 譬如 礙若 問疾 經卷 18 383 佛國品一 菩薩品四 首碎損

夜 100 嚴土 文殊 問疾 卷上 21 556 佛國品一 菩薩品四

果 8 親佛 目不 問疾 卷上 19 534 佛國品一 菩薩品四 首碎損

珍 12 其名 定自 問疾 卷上 21 569 佛國品一 菩薩品四 起句之前尚有數字甚蕪亂

珍 82 菩薩 說除 問疾 卷上 17 452 佛國品一 菩薩品四 首碎損

重 87 佛以 皆謂 問疾 卷上 19 519 佛國品一 菩薩品四

鹹 19 世音 薩寶 問疾 卷上 21 562 佛國品一 菩薩品四 首碎損

河 9 坐諸 衆恭 問疾 卷上 12 335 佛國品一 菩薩品四

淡 82 起法 生根 城我 言吾 17 471 佛國品一 菩薩品四 破損處甚多

荒 64 衆生 嚴衆 閡以 摩詰 5 113 佛國品一 弟子品三

日	1	言寶/薩隨	勿懃/不任	14	328	佛國品一/弟子品三	卷端有殘缺
收	67	皆謂/佛以	曾於/蘋三	9	252	佛國品一/弟子品三	
爲	82	薩寶/薩慧	第三/尊大	8	203	佛國品一/弟子品三	破損
鹹	9	忍已/諸大	問疾/迦旃	11	324	佛國品一/弟子品三	首碎損
鹹	79	寶積/菩薩	捨八/切供	9	252	佛國品一/弟子品三	下接鹹六十八號/甚殘破
羽	40	淨唯/哉寶	摩詰/說實	17	474	佛國品一/弟子品三	極殘破未與羽…/十九號衛接紙背
							雜寫數行有一行/云天復二年寫生
							索奇記
							首尾破碎
始	56	我佛/衆惡	所印/加報	4	84	佛國品一/弟子品三	
宙	26	維摩/如是	病惱/要當	8	215	佛國品一/方便品二	

號	起	止	紙數	行數	品	附記
荒50	普得　佛以	不善　逸生	5	141	佛國品一　方便品二	首尾碎損十二行
辰2	維摩　如是	若在　官中	7	195	佛國品一　方便品二	普通本官作宮　前數紙破損
宿66	成就　說法	刹利　中尊	2	56	佛國品一　方便品二	破碎不堪
列31	子菩　復有	於佛　量任	5	139	佛國品一　方便品二	
秋100	不請　怨制	化政　在梵	7	189	佛國品一　方便品二	前二十餘行脫爛
律60	千人　足於	三菩　提心	3	65	佛國品一　方便品二	
金93	發行　則如	是身　轉是	3	79	佛國品一　方便品二	甚破爛
崑21	法王　能善	第二　己曾	5	108	佛國品一　方便品二	破碎橫裂爲二截　末與崑十一號銜接
闕13	佛以　或生	力四　法生	5	139	佛國品一　方便品二	首尾碎損

號	起	止	紙數	行數	品次	附記
珠28	佛時 薩淨	脫三 亦通	4	112	佛國品一 方便品二	破爛甚多
重66	薩成 來生	剎利 尊除	3	85	佛國品一 方便品二	首碎損
芥62	說法 元我	帝釋 尊護	5	133	佛國品一 方便品二	首碎損 破爛
鱗52	佛土 所不	皆往 法諸	2	44	佛國品一 方便品二	首尾殘缺前與鱗五十一號聯接
羽64	无常 不受	尊除 在王	1	27	佛國品一 方便品二	
官70	寶積 爾時	以身 也爲	1	40	佛國品一 方便品二	
人28	生則 智慧	餘官 以身	2	65	佛國品一 方便品二	
荒36	當知 衆生	常遠 漏盡	3	61	佛國品一	卷尾有殘缺
荒38	髻菩 等三	成就 寶積	2	68	佛國品一	前與荒三十六號銜接卷首前十二行下半殘缺

號	起	止	紙數	行數	品名	附記
昃46	維摩如是	不欣共法	3	81	佛國品一	
辰52	維摩佛國	爲諸聽善	4	99	佛國品一	末兩行缺損
張79	爾時長者	世間希有	2	33	佛國品一	末數行殘破
暑35	有節金剛	師子大衆	2	33	佛國品一	
歲93	電得吼菩	解說寂行	3	62	佛國品一	破碎甚多末與餘四十九號接
餘49	達諸爾時	時寶万四	3	72	佛國品一	前半碎損
爲5	久積既見	何我舍利	3	90	佛國品一	
出79	菩薩菩薩	法生不亡	2	40	佛國品一	首碎損
出89	流泉現於	不欣共法	1	28	佛國品一	
夜19	會坐坐彼	无邊以慈	2	33	佛國品一	破爛

字	號	文句		行	品	備注
海	74	普得菩薩佛以施是	1	28	佛國品一	
鱗	31	維摩空也如是時不	4	110	佛國品一	起處破爛
鱗	51	維摩本經如是語舍	6	160	佛國品一	首尾殘破
潛	49	詰所千天如是力諸	2	40	佛國品一	甚破爛
皇	43	維摩天下如是乾闥	2	35	佛國品一	
皇	46	維摩現於如是曾有	2	57	佛國品一	破爛
始	85	首此土菩故諸慧是	2	54	佛國品一	起處殘破
制	34	來詣无量四天喜捨	4	83	佛國品一	破碎
制	78	維摩子菩如是千人	2	39	佛國品一	
文	17	智本皆歎能師一切	3	60	佛國品一	起處破爛其下又複寫其中諸佛

號	起止	紙數	行數	品名	附記
文21	久積除八 / 其中守戒	1	41	佛國品一	至施一切四句
乃94	已無衆生 / 三轉淨則	3	70	佛國品一	殘破
衣60	維摩師子 / 如是大衆	2	48	佛國品一	首尾碎損
推81	不著土菩 / 達諸國精	1	24	佛國品一	
地10	菩提善德 / 說法者何	11	319	方便品二 菩薩品四	全卷完整無殘破
宿72	除其問疾 / 王子第一	15	393	方便品二 菩薩品四	起處緊接宿六十六號筆迹亦同
宿100	佛威問疾 / 主所卷上	14	412	方便品二 菩薩品四	
收17	因以爾時 / 身無不現	8	335	方便品二 菩薩品四	首尾損破
律19	一切問疾 / 一切卷上	13	364	方便品二 菩薩品四	首行碎損

千字文	號		卷	行	品	附記
騰	64	朽之問疾 者如卷上	16	386	方便品二 菩薩品四	前後破碎甚多
水	54	身不問疾 浴衣卷上	14	374	方便品二 菩薩品四	起處接金九十三號
珠	7	世主問疾 財無卷上	17	403	方便品二 菩薩品四	首碎損
李	72	最執問疾 獲俗卷上	14	376	方便品二 菩薩品四	首尾殘破
日	4	道品心我 力四我不	2	64	方便品二 弟子品三	尾行碎損
月	90	力所首作 假以王位	6	178	方便品二 弟子品三	首數行碎損 前數行殘破
寒	42	病惱所緣 當死觀故	2	37	方便品二 弟子品三	
藏	39	天梵解說 尊示增此	6	168	方便品二 弟子品三	末與冬四十號銜接
藏	60	不可何憶 濁愛問佛	6	157	方便品二 弟子品三	末與藏三十五號銜接
藏	59	入治我不 舍示維摩	2	68	方便品二 弟子品三	末與歲五十三號銜接 破爛甚多

千字文號						
崑 11	供養 閔遊	提心 第三	3	60	方便品二 弟子品三	
劒 19	化政 在梵	後際 緣故	2	56	方便品二 弟子品三	首行碎損
號 58	供晨 導遊	脫解 百天	6	145	方便品二 弟子品三	首尾碎損前接 崑二十一號後接 劒四十一號
巨 29	生從 无所	切供 者非	2	56	方便品二 弟子品三	
珠 6	是身 四大	食味 自性	3	67	方便品二 弟子品三	首尾碎損尾可與 闕三十一號聯接 卷中亦多破損
鹹 42	十力 法集	護彼 於是	7	177	方便品二 弟子品三	首碎損
鳥 55	城中 潔殖	後際 无所	3	81	方便品二 弟子品三	首尾殘破
日 52	方便 爾時	六通 卌七	2	55	方便品二	首尾行碎損 尾與日四號銜接

來 66 摩詰諸佛 虛僞百一 2 41 方便品二 前半破碎尾可與寒四十二號銜接

人 40 供養礙遊 釋帝護諸 2 27 方便品二

淡 57 若聞如來 而去卷下 12 587 弟子品三 囑累品十四 起處字有模糊上卷不全中下兩卷

完整

鹹 76 至於離无 顚倒我我 13 325 弟子品三 文殊師利問疾品五 字體古拙不類唐人書

黃 57 清淨生病 維摩問疾 14 359 弟子品三 菩薩品四

宙 97 輪聖福會 阿耨乎爲 1 24 弟子品三 菩薩品四

月 10 疾不人聞 近同恚碍 4 106 弟子品三 菩薩品四

盈 21 其誰來不 沙門來謂 8 223 弟子品三 菩薩品四 前數行破爛

宿 76 即聞空中 一切切善 4 146 弟子品三 菩薩品四

號	起	止	卷品	紙	行	品	附記
列52	垢故	斷故	問疾第一	12	338	弟子品三 菩薩品四	首尾數行殘破
暑74	會普	也外	若彌 記者	2	28	弟子品三 菩薩品四	
往94	如何	淺猶	錯謬 得願	5	150	弟子品三 菩薩品四	前與往八十四號衡接
秋92	菩提	維摩	問疾卷上	10	257	弟子品三 菩薩品四	
冬40	二比	性不	問疾卷上	8	220	弟子品三 菩薩品四	
藏35	來問	敢問	問疾卷上	8	225	弟子品三 菩薩品四	
歲53	詰取	等諸	問疾卷上	6	202	弟子品三 菩薩品四	前半有脫爛處
律5	家門	爲晨	何憶 天女	4	92	弟子品三 菩薩品四	前半卷殘破
律38	首禮	多羅	問疾卷上	10	255	弟子品三 菩薩品四	尾六行碎損
呂54	輪聖	福會	菩提 菩提	2	44	弟子品三 菩薩品四	前與歲八十七號衡接

字	號	經文	卷品			品名	備考
雲	51	彼罪垢故	彌勒何夫	3	78	弟子品三 菩薩品四	起處破損
致	6	比丘在內	問疾卷上	8	219	弟子品三 菩薩品四	
致	52	无所動搖	問疾卷一	11	334	弟子品三 菩薩品四	卷端有縐痕似曾爲水所浸
結	95	淺猶時維	問疾卷上	10	261	弟子品三 菩薩品四	首碎損
爲	83	慈專摩詰	問疾卷上	13	357	弟子品三 菩薩品四	起處與爲八十二號銜接
岡	57	說出睺羅	彌勒何夫	2	56	弟子品三 菩薩品四	
劒	22	疾不聞當	時維從何	2	54	弟子品三 菩薩品四	破碎
闕	4	佛告佛言	得受法亦	3	84	弟子品三 菩薩品四	起處可與闕一號聯接
珠	94	我言敢問	生樂和樂	6	156	弟子品三 菩薩品四	尾焦脆
光	17	法無无我	是帝自恣	9	252	弟子品三 菩薩品四	

號						附記
珍	52	入八受記 諸佛亦如	6	168	弟子品三 菩薩品四	
菜	28	六十起四 伏衆財起	6	168	弟子品三 菩薩品四	此卷斷爲四截
薑	90	律白城我 佛言言吾	5	127	弟子品三 菩薩品四	破碎
鹹	57	延白問疾 何憶卷上	9	255	弟子品三 菩薩品四	起處接鹹九號
鹹	68	養諸最下 非有多羅	11	310	弟子品三 菩薩品四	
淡	37	入佛不求 食人乞人	11	303	弟子品三 菩薩品四	起止處殘破紙質 徵腐似曾受潮
潛	3	法无問疾 舌身卷上	13	330	弟子品三 菩薩品四	起處破損
羽	29	相法以者 義五詰方	5	130	弟子品三 菩薩品四	
荒	13	從是不生 任詣苦義	4	58	弟子品三	首尾行碎損
荒	15	无以稱述 不滅問疾	3	88	弟子品三	起處有殘缺

字	號	文	卷	頁	品
來	91	法无乞乃 无我俱不	2	42	弟子品三
來	100	生滅如電 不滅妄見	2	37	弟子品三
暑	38	具故心念 是道捨入	3	90	弟子品三
暑	40	壞於即於 想而我義	2	46	弟子品三
往	40	如夢轉輪 知此量福	2	40	弟子品三
往	84	不在彼熒 七品此意	3	90	弟子品三
成	100	阿耨士我 然不然汝	2	44	弟子品三
歲	22	弟子清淨 爾時其施	3	75	弟子品三
歲	87	己忽德諸 佛告難轉	2	56	弟子品三
呂	58	汝者梵天 魔共詰足	2	56	弟子品三

末與暑七十四號接

卷中不住內不住外皆作不在

號	起止				品	附記
陽 50	敷演解說	義時此二	1	27	弟子品三	
雲 98	大目乃可	示其知以	2	47	弟子品三	
騰 84	何答以者	取鉢於後	1	[illegible]	弟子品三	末與雲九十八號接
生 54	佛告說其	佛言問疾	7	188	弟子品三	起處破爛
玉 93	法无恥也	无形師自	6	168	弟子品三	
出 97	爾時詣彼	寧不問疾	3	56	弟子品三	
岡 1	佛告詰足	佛言問疾	3	73	弟子品三	
劍 41	子得王位	佛告法爲	3	74	弟子品三	末與岡五十七號接
劍 47	佛告爲師	佛言勿使	2	60	弟子品三	尾碎損 起處與岡一號接
闕 31	性本已忽	入八問疾	3	84	弟子品三	首碎損

字號	號數	起訖			品	備註
翔	80	淨取恥也波離師自	2	45	弟子品三	殘破
字	31	敬心取食如是以何	1	26	弟子品三	
乃	73	法莫如法示小重增	2	42	弟子品三	
裳	84	疾所亦得巷中墮三	3	62	弟子品三	首碎損 破爛
荒	10	佛告父舍佛言貧窮	2	49	菩薩品四	尾行碎損
荒	14	從道問疾道場卷上	5	115	菩薩品四	首八行碎損
荒	56	設大問疾下賤卷上	2	42	菩薩品四	
荒	85	菩薩任諸於是問疾	2	68	菩薩品四	首尾碎損四行
昃	38	從道問疾場无卷上	4	115	菩薩品四	破碎甚多
餘	3	若現言皆即時問疾	6	150	菩薩品四	首二行碎損

號	號數	起	止	紙數	行數	品	附記
成	71	狀如所言	稽首問疾	3	87	菩薩品四	尾紙碎損
歲	98	樂禪問疾	衆魔卷上	3	68	菩薩品四	首四行碎損
霜	30	蘋三者爲	爲從切衆	4	100	菩薩品四	破碎甚多
麗	48	入城諸菩	我言詰所	5	125	菩薩品四	破碎甚
水	93	羅三各向	道意任詣	3	73	菩薩品四	尾碎損
玉	32	勒白乃可	憶念詰語	3	81	菩薩品四	破碎甚
巨	71	如也女狀	勒得稽首	2	56	菩薩品四	
稱	71	我足三蘋	而語菩薩	3	83	菩薩品四	殘破前接巨七十一號
光	98	女一問疾	我已卷上	2	59	菩薩品四	
栄	60	女一問疾	我已卷上	2	59	菩薩品四	

重	36	菩提是菩	切沙人期	4	93	菩薩品四	首尾破損
龍	96	也衆得受	法時問疾	1	25	菩薩品四	前接珍五十二號紙背雜寫數行
皇	16	宴坐相好	各相皆曰	1	22	菩薩品四	破爛
衣	65	衆生慧行	問疾卷上	2	36	菩薩品四	
秋	71	文殊對深	歡喜卷下	18	621	文殊師利問疾品五 囑累品十四	首行碎損書法整潔
致	24	維摩爾時	歡喜卷下	22	551	文殊師利問疾品五 囑累品十四	完好無缺
宇	35	爾時師利	法忍卷中	19	510	文殊師利問疾品五 入不二法門品九	首二行碎損
日	36	文殊爾時	法忍第二	21	583	文殊師利問疾品五 入不二法門品九	略有殘破起處與後半筆迹不類
閏	59	今二摩詰	法忍卷中	21	579	文殊師利問疾品五 入不二法門品九	首十八行碎損
呂	74	文殊爾時	法忍卷中	21	591	文殊師利問疾品五 入不二法門品九	首十二行尾三行碎損

號	起	止	紙	行	品	附記
出 77	維摩爾時	法忍卷中	21	589	文殊師利問疾品五 入不二法門品九	起處微破
珍 68	維摩爾時	法忍卷中	21	585	文殊師利問疾品五 入不二法門品九	完全無缺
鹹 69	維摩爾時	法忍第二	21	591	文殊師利問疾品五 入不二法門品九	首八行碎損
地 52	死則病譬	衆生法忍	21	419	文殊師利問疾品五 入不二法門品九	首十行碎損
黃 80	其室而臥	法忍第二	21	573	文殊師利問疾品五 入不二法門品九	
洪 46	在於菩薩	若能法門	15	420	文殊師利問疾品五 入不二法門品九	
洪 74	於是衆生	法忍卷中	22	584	文殊師利問疾品五 入不二法門品九	
荒 71	不滅行諸	法忍卷中	17	357	文殊師利問疾品五 入不二法門品九	
月 61	切衆者樂	者不有識	19	421	文殊師利問疾品五 入不二法門品九	前數行碎損
盈 39	何謂攀緣	法忍第二	18	498	文殊師利問疾品五 入不二法門品九	前四紙半紙色白書法工

字號	號	起止	經名	紙數	行數	品目	備註
宿	3	維摩 皆從	法忍 第二	19	526	文殊師利問疾品五 入不二法門品九	前二紙破碎
列	21	薩行 現降	法忍 卷中	17	473	文殊師利問疾品五 入不二法門品九	
往	10	釋梵 摩詰	无作 是隨	13	546	文殊師利問疾品五 入不二法門品九	首碎損後半有 燒痕
調	100	病譬 子病	法忍 卷中	20	562	文殊師利問疾品五 入不二法門品九	
陽	40	疲厭 所生	法忍 卷中	14	360	文殊師利問疾品五 入不二法門品九	首碎損
陽	91	慧縛 就衆	法忍 卷中	17	491	文殊師利問疾品五 入不二法門品九	首破損
雨	24	菩薩 滅度	法忍 卷中	17	479	文殊師利問疾品五 入不二法門品九	
爲	63	是名 住貪	法忍 卷中	20	485	文殊師利問疾品五 入不二法門品九	
爲	91	心盡 薩行	法忍 卷中	15	476	文殊師利問疾品五 入不二法門品九	首碎損
麗	20	諸菩 邪離	法忍 卷中	21	575	文殊師利問疾品五 入不二法門品九	起處破甚中間 亦有殘破

字號	起	止	紙數	行數	品次	附記
水 45	善說菩薩	法忍卷中	22	608	文殊師利問疾品五 入不二法門品九	首尾殘破太甚
玉 61	聲聞薩行	法忍卷二	15	323	文殊師利問疾品五 入不二法門品九	首碎損
出 18	者所亦无	法忍卷二	19	526	文殊師利問疾品五 入不二法門品九	
劔 82	生以滅則	法忍卷中	21	582	文殊師利問疾品五 入不二法門品九	起處破損
闕 61	佛解當於	法忍卷中	20	530	文殊師利問疾品五 入不二法門品九	
闕 94	樂生薩於	法忍卷中	20	549	文殊師利問疾品五 入不二法門品九	首碎損
稱 24	所謂行於	法忍卷中	19	419	文殊師利問疾品五 入不二法門品九	首十三行碎損
稱 6	生愛薩亦	法忍卷中	22	530	文殊師利問疾品五 入不二法門品九	首碎損
稱 31	調伏故菩	祇國就師	2	59	文殊師利問疾品五 入不二法門品九	首尾殘破
李 5	譬如亦病	法忍卷中	21	558	文殊師利問疾品五 入不二法門品九	首碎損

海91	疾苦滅受	法忍卷二	19	510	文殊師利問疾品五 入不二法門品九	
鹹15	爾時殊師	是明口者	19	521	文殊師利問疾品五 入不二法門品九	
鱗24	沝以舍見	法忍卷中	21	564	文殊師利問疾品五 入不二法門品九	起止處殘破
宿32	智慧无不	正法發于	14	407	文殊師利問疾品五 佛道品八	前一紙破損
夜81	若子之若	菩薩垢至	13	325	文殊師利問疾品五 佛道品八	
黃81	自在薩行	以大无遺	5	137	文殊師利問疾品五 觀衆生品七	
雲52	空病受而	祐无當何	8	200	文殊師利問疾品五 觀衆生品七	
珠35	文殊爾時	第七何觀	9	251	文殊師利問疾品五 觀衆生品七	首碎損
地9	維摩爾時	本相之所	7	194	文殊師利問疾品五 不思議品六	首二十八行碎損
地83	病若无復	於无妙功	5	141	文殊師利問疾品五 不思議品六	首七行碎損

號	起	止	紙數	行數	品	附記
月 33	貪欲法者	阿耨求所	1	51	文殊師利問疾品五 不思議品六	末與月三十一號接
往 29	是菩海水	永滅彼大	3	83	文殊師利問疾品五 不思議品六	首行下缺末可與張八十四號接
往 51	薩不法皆	行在薩不	4	112	文殊師利問疾品五 不思議品六	
秋 28	所得菩薩	斷老廣博	4	96	文殊師利問疾品五 不思議品六	
秋 31	爾時切利	俱來應度	7	186	文殊師利問疾品五 不思議品六	
藏 90	來若客受	去者於閣	7	160	文殊師利問疾品五 不思議品六	
騰 94	雖得界如	而不其中	1	57	文殊師利問疾品五 不思議品六	破碎甚多附有印造佛像一紙紅色
岡 26	佛威嚴飾	應爲之座	1	25	文殊師利問疾品五 不思議品六	
珠 14	雖樂无取	離而无處	2	40	文殊師利問疾品五 不思議品六	尾碎損末可接巨二十三號
珠 18	亦非其中	大悲思議	5	140	文殊師利問疾品五 不思議品六	

號		起	止			品名	附記
珍	55	身身是名	摩詰牀坐	2	42	文殊師利問疾品五	首碎損前接珍五十四號下接珍四十二號
重	30	身合心合	覺不利弗	6	153	文殊師利問疾品五	首碎損
河	96	文殊爾時	於无妙功	6	166	文殊師利問疾品五	
羽	32	諸衆愈菩	方便之門	8	121	文殊師利問疾品五	首碎損
翔	64	生是法是	无相住若	2	33	文殊師利問疾品五	起處殘缺
文	37	病不名爲	略說窮刼	5	119	文殊師利問疾品五	破爛不堪
服	98	衆生切衆	提心第六	4	104	文殊師利問疾品五	起處破爛
黃	89	憶所醫王	進是而得	3	76	文殊師利問疾品五	全卷碎損末接黃八十一號
宙	37	喜文維摩	菩薩病亦	1	28	文殊師利問疾品五	紙色淡黃帶灰質地頗類近時洋紙

號	起	止	紙數	行數	品名	附記
洪 42	維摩爾時	衆生文殊	2	46	文殊師利問疾品五	首行碎損
荒 42	師利菩薩	德本離諸	2	53	文殊師利問疾品五	
月 42	生病病滅	菩薩歡喜	1	32	文殊師利問疾品五	首碎損
來 58	令其文殊	二法槃不	2	58	文殊師利問疾品五	前後殘破
來 79	既入維摩	其歡伏其	2	41	文殊師利問疾品五	破碎
雲 84	有及旣入	四大故於		45	文殊師利問疾品五	
騰 100	生心是菩	法轉菩行	1	18	文殊師利問疾品五	甚破碎
珠 15	疾何詰言	薩行薩行	4	96	文殊師利問疾品五	首尾碎損　接珠十四號　末可
珍 51	諸衆愈菩	平等病菩	2	43	文殊師利問疾品五	極破碎
珍 54	薩以而取	疾常復觀	2	34	文殊師利問疾品五	首碎損　前接珍五十一號

字	號	文句	卷	頁	品名	備注
重	44	安如者即 利與有及	4	97	文殊師利問疾品五	前寫金剛經分第一解釋卷尾寫維摩詰經問疾品第五前數行
羽	66	又此即除 若自起縛	1	27	文殊師利問疾品五	
羽	93	之若愈又 而說說悔	1	23	文殊師利問疾品五	
翔	78	病譬若子 无我滅說	1	25	文殊師利問疾品五	殘破
鳥	54	應復非眞 當住生死	1	28	文殊師利問疾品五	
皇	7	空又空又 而樂雖行	3	70	文殊師利問疾品五	破爛
文	96	於是是念 其病病本	3	68	文殊師利問疾品五	首尾殘缺
推	7	火風有病 故菩是菩	3	68	文殊師利問疾品五	起處斷爛
雲	15	是則无深 而去卷下	14	505	不思議品十六 囑累品十四	卷中不全卷下完好末多作禮而去

一句

號	號數	起止		紙數	行數	品	附記
月	51	知若法名	法忍卷中	17	426	不思議品六 入不二法門品九	首碎損
暑	4	可思葉聞	是爲法門	12	283	不思議品六 入不二法門品九	
冬	49	悉苞離城	法忍卷中	15	412	不思議品六 入不二法門品九	
金	98	時維上人	法忍卷二	15	413	不思議品六 入不二法門品九	首碎損
宿	89	思議輪著	如來耨多	8	228	不思議品六 佛道品八	前半紙霉污卷尾破損
張	15	舍利若廣	法忍卷中	13	358	不思議品六 佛道品八	
地	61	十方孔普	能爲不著	3	96	不思議品六 觀衆生品七	前半太破碎舊有无量壽宗要經另
							提出歸類
宇	50	入於解脫	福祐薩當	3	84	不思議品六 觀衆生品七	

宇 61 德成女還 三十利弗 7 196 不思議品六 觀衆生品七 前與地八十三號銜接

洪 70 風善毀禁 木亦衆生 2 62 不思議品六 觀衆生品七 尾有大唐等十八字

張 84 海本厭慈 已之戒慈 3 77 不思議品六 觀衆生品七

劔 46 知己之門 不可第七 2 52 不思議品六 觀衆生品七

闕 78 脫之能爲 說菩著也 3 84 不思議品六 觀衆生品七 前與巨二十三號聯接

光 7 所見衆生 能解知時 2 49 不思議品六 觀衆生品七

皇 86 髓血勿謂 金銀仁者 3 63 不思議品六 觀衆生品七 起處破碎

衣 71 不盡故行 脫法性淨 2 43 不思議品六 觀衆生品七 末行殘破 前與文三十七號接

月 31 以者宿於 修道有諸 3 58 不思議品六

月 65 諸新如是 摩詰迫菩 3 64 不思議品六 首二行碎損

號	起止	卷	紙數	行數	品	附記
巨23	捨若 所若	中普 議解	3	65	不思議品六	首碎損
珍42	夫求 王求	高廣 燈王	2	34	不思議品六	尾碎損
李51	吾不 如來	有謂 非彼	2	43	不思議品六	首碎損
乃23	爲法 言唯	子座 時維	2	34	不思議品六	首尾碎損
地18	女身 在无	卷中 王瀚	9	228	觀衆生品七 入不二法門品九	末題奉爲西州僧道蔦寫記經生王瀚
黃31	來求 化作	法忍 卷中	9	234	觀衆生品七 入不二法門品九	紙尾有來慧二字 當是人名
黃42	何所 來功	法忍 卷中	11	307	觀衆生品七 入不二法門品九	
宇96	所悕 所依	法忍 卷中	11	298	觀衆生品七 入不二法門品九	
列6	多羅 凡夫	法忍 卷中	8	220	觀衆生品七 入不二法門品九	

字	號	起止	卷	行	品	備注
閏	10	第六法忍 衆生卷中	12	334	觀衆生品七 入不二法門品九	
調	60	利弗法忍 多羅卷中	9	222	觀衆生品七 入不二法門品九	首四十行碎損 字甚工整
雲	65	誰有法忍 舍利卷中	9	232	觀衆生品七 入不二法門品九	首碎損
致	12	所依法忍 功德卷中	11	306	觀衆生品七 入不二法門品九	
霜	52	此沒非肉 彼生而此	8	200	觀衆生品七 入不二法門品九	首尾碎損
霜	55	當住法門 何所等是	11	291	觀衆生品七 入不二法門品九	首尾碎損 書法圓勁
巨	26	正法法忍 此室卷中	7	270	觀衆生品七 入不二法門品九	首碎損
夜	5	二年哉乃 幻師法門	10	231	觀衆生品七 入不二法門品九	首尾碎損
光	60	兒如法忍 夢所卷中	12	322	觀衆生品七 入不二法門品九	首行碎損
珍	46	五末法忍 積滿卷中	9	267	觀衆生品七 入不二法門品九	首碎損

海	100	衆生法忍　衆生卷中	13	341	觀衆生品七　入不二法門品九	首碎損卷之下端紙質微腐
荒	52	羅蜜恚痴　常作識處	3	73	觀衆生品七　佛道品八	尾行碎損
往	2	色相戒乃　无在示行	1	29	觀衆生品七　佛道品八	
往	62	惱也海不　之法不能	3	89	觀衆生品七　佛道品八	首行碎損前與來二十六號接
劔	15	師化而捨　爲正淨戒	2	40	觀衆生品七　佛道品八	
宇	75	如來以聲　然慈爲聲	2	54	觀衆生品七	首五行尾行碎損中多殘破
宙	86	以因法乎　故我二年	1	27	觀衆生品七	
荒	23	所照女身　者不女卽	1	28	觀衆生品七	
日	27	故行會不　故行六波	3	64	觀衆生品七	
來	26	化毀室入　身衆之所	3	63	觀衆生品七	首行碎損前與張八十四號接

千字文號	號	起止			品	附記
調	87	法此時天 羅蜜舍利	1	26	觀衆生品七	
崑	77	爾時慈不 衆生慈爲	2	29	觀衆生品七	
岡	89	若此能爲 文殊著也	1	30	觀衆生品七	前與崑七十七號接
劍	48	舍利十二 室如如幻	2	44	觀衆生品七	前與岡八十九號接
珠	79	舍利天問 室如女身	2	56	觀衆生品七	泥污甚厚前與劍 七十八號接
光	66	以日女人 得之女色	2	28	觀衆生品七	首尾碎損
珍	39	故行聲聞 淨故天王	3	53	觀衆生品七	前與光七號接
荒	68	一切平等 一切法門	2	60	佛道品八 入不二法門品九	紙背題大周廣順 捌年七月十一日
冬	62	示行法忍 示行卷中	7	192	佛道品八 入不二法門品九	西川善興大寺西 院法主大師往西

號	起	止	紙數	行數	品	附記
						天取經流與郡主大傳
律 41	維聞法忍	維摩卷中	5	108	佛道品八入不二法門品九	首十三行碎損
露 72	者不法忍	至五經卷	6	162	佛道品八入不二法門品九	首尾破碎
罔 24	甘露智者	摧滅第九	2	33	佛道品八入不二法門品九	前與崑一百號接
夜 90	爾時爲入	此語法門	3	66	佛道品八入不二法門品九	前與夜七十三號接
日 25	爲種和安	種以苦惱	2	51	佛道品八	尾行碎損
來 68	生一法忍	爾時第二	6	163	佛道品八	
崑 100	乃至大利	行懈覺音	2	56	佛道品八	
珍 62	諸天垢至	法皆而具	3	60	佛道品八	前接珍三十九號後接夜七十三號
夜 73	足功不能	離諸智實	2	37	佛道品八	

雨 29	是菩問答	而去卷下	9	264	入不二法門品九 囑累品十四	皆大歡喜下硃筆增作禮而去四字
珍 45	是出涅槃	歡喜卷下	7	265	入不二法門品九 囑累品十四	中卷殘闕數段下卷全
洪 21	則无德守	法忍第三	4	106	入不二法門品九	首二行碎損
月 60	妙意不恚	法忍卷中	2	57	入不二法門品九	
盈 56	滅空識即	法忍卷中	3	62	入不二法門品九	
鹹 52	爾時入不	不二法門	2	41	入不二法門品九	前接岡二十四號
鹹 81	電天明亦	者是法門	2	29	入不二法門品九	前接鹹五十二號 後接鹹五十六號
鹹 56	上善相身	法忍卷中	2	36	入不二法門品九	
光 27	德頂順於	法忍卷中	4	98	入不二法門品九	前接夜九十號
海 33	異以不二	法忍卷中	3	83	入不二法門品九	首碎損

號		起止			品	附注
羽	4	入不法忍 德藏卷中	1	26	入不二法門品九	
夜	45	華嚴二法 起二門得	1	28	入不二法門品九	首碎損
洪	82	香積歡喜 於是卷下	17	454	香積佛品十 囑累品十四	首七行碎損
列	42	維摩而去 於是卷下	16	451	香積佛品十 囑累品十四	完全無缺卷尾多作禮而去一句
列	51	香積歡喜 於是卷下	17	455	香積佛品十 囑累品十四	完好無缺
冬	33	香積歡喜 於是卷下	16	457	香積佛品十 囑累品十四	完好無缺
成	74	香積歡喜 於是卷下	13	363	香積佛品十 囑累品十四	
水	35	香積而去 於是卷下	17	456	香積佛品十 囑累品十四	間有破損
珠	43	維摩而去 於是卷下	17	460	香積佛品十 囑累品十四	卷首殘闕數行
果	66	維摩歡喜 於是卷下	17	452	香積佛品十 囑累品十四	首七行碎損

字號	號	起止		紙數	行數	品名	附記
地	57	諸菩 而語	而去 卷下	17	355	香積佛品十 囑累品十四	
黃	2	可往 起或	歡喜 卷下	15	407	香積佛品十 囑累品十四	卷分兩段
宙	79	忍辱 懈怠	歡喜 卷下	6	352	香積佛品十 囑累品十四	首數行殘破
洪	79	毀禁 禪定	歡喜 卷下	13	355	香積佛品十 囑累品十四	首十六行碎損
洪	94	大乘 言勿	歡喜 卷下	16	440	香積佛品十 囑累品十四	首二十九行碎損
荒	5	說勿 前化	歡喜 卷下	16	442	香積佛品十 囑累品十四	
月	68	時維 飯以	誦解 所擁	15	434	香積佛品十 囑累品十四	首數行碎損
辰	76	小德 飯无	歡喜 第三	15	397	香積佛品十 囑累品十四	
張	70	心念 摩詰	歡喜 卷下	16	463	香積佛品十 囑累品十四	卷首殘闕
來	96	仁者 言勿	歡喜 卷下	16	342	香積佛品十 囑累品十四	

騰　96　無量歡喜　天子卷下　17　447　香積佛品十　囑累品十四　後有一行云戊年四月一日寫維摩經一部畢功記之也

露　39　菩薩歡喜　樓閣卷下　17　450　香積佛品十　囑累品十四　卷首破碎

爲　35　第十歡喜　念日卷下　17　459　香積佛品十　囑累品十四　殘闕甚多

爲　66　門居而去　於是卷下　14　392　香積佛品十　囑累品十四

霜　10　佛爲而去　香地卷下　17　450　香積佛品十　囑累品十四　首破碎尾作禮而去四字筆迹不同

淡　34　餘當歡喜　得弘卷下　16　437　香積佛品十　囑累品十四　起處殘破

鱗　19　維摩而去　文殊卷下　16　446　香積佛品十　囑累品十四　起處殘缺數十字

鱗　48　伏謦而去　徹骨卷下　14　364　香積佛品十　囑累品十四　起處破碎

乃　80　爲十而去　攝瞋卷下　15　382　香積佛品十　囑累品十四　起處破碎

字號	號	起	止	紙數	行數	經名	附註
秋	40	香積 於是	羅三 牟尼	12	306	香積佛品十二 見阿閦佛品十二	
張	53	世尊 安不	空六 三垢	8	178	香積佛品十二 見阿閦佛品十二	前數行破碎
收	51	犯戒 得罪	手得 誦解	8	230	香積佛品十二 見阿閦佛品十二	
結	36	娑婆 爲樂	冥維 明照	9	244	香積佛品十二 見阿閦佛品十二	首碎損
闕	97	得无 菩薩	如來 若他	5	140	香積佛品十二 見阿閦佛品十二	
潛	29	恆河 土有	光出 衆冥	10	259	香積佛品十二 見阿閦佛品十二	首破碎 十一號 末接淡
黃	37	於是 何食	之法 教化	4	170	香積佛品十一 菩薩行品十一	
暑	55	是瞋 慳恪	佛興 矣今	2	40	香積佛品十一 菩薩行品十一	首尾破損
調	3	餘終 其諸	如維 此飯	3	72	香積佛品十一 菩薩行品十一	
騰	71	犯戒 得罪	意食 忍食	2	58	香積佛品十一 菩薩行品十一	

號	起	止	紙數	行數	品	附記
生67	香積於是	觀於不斷	8	224	香積佛品十 菩薩行品十一	
重12	瞋恚意報	滅而善觀	5	129	香積佛品十 菩薩行品十一	首碎損
乃30	生斯佛土	此飯聞人	3	45	香積佛品十 菩薩行品十一	首尾碎損
服34	是瞋亂意	无我觀於	5	137	香積佛品十 菩薩行品十一	碎損
暑39	而作諸佛	嫉報慳是	3	39	香積佛品十	前十餘行殘破
霜58	而告佛土	淨土菩薩	2	31	香積佛品十	殘破不堪
號91	世尊此樂	千天菩薩	3	88	香積佛品十	
柰11	力安施作	耶離居士	1	31	香積佛品十	
制30	功德悉飽	生而德盡	2	44	香積佛品十	
文9	結經求是	意是戒是	3	87	香積佛品十	

字號	行	起	止	行	卷	品	附記
宇	16	万師 菩薩	報是 是貪	2	33	香積佛品十	破爛
服	69	彼佛 敬无	離城 土等	1	28	香積佛品十	起處殘破
黃	55	遠離 於无	歡喜 卷下	9	236	菩薩行品十一 嘱累品十四	
陽	73	色身 諸佛	歡喜 卷下	12	285.	菩薩行品十一 嘱累品十四	首碎損
雨	11	生得 以樂	歡喜 卷下	11	249	菩薩行品十一 嘱累品十四	字體工秀
水	7	云何 非度	歡喜 卷下	14	326	菩薩行品十一 嘱累品十四	
光	28	為謂 以无	歡喜 卷下	8	242	菩薩行品十一 嘱累品十四	
果	19	千諸 即以	而去 卷下	11	452	菩薩行品十一 嘱累品十四	首碎損
騰	1	有以 佛事	小刼 阿耨	4	122	菩薩行品十一 法供養品十三	
辰	41	就衆 名為	滅衆 闍耳	4	108	菩薩行品十一 見阿閦佛品十二	

號	起	止	紙數	行數	品目	附記
往39	解脫寧沒	菩薩說諸	2	35	菩薩行品十一 見阿閦佛品十二	後接署八十四號
律3	離而喜國	无生三藐	3	84	菩薩行品十一 見阿閦佛品十二	首二十行碎損
陽56	難白神通	忽然彼得	7	176	菩薩行品十一 見阿閦佛品十二	
服78	種諸說不	法不定不	2	56	菩薩行品十一 見阿閦佛品十二	
盈35	劣想行如	佛言住无	1	29	菩薩行品十一	
寒13	煩惱不厭	而作四攝	2	34	菩薩行品十一	
來86	諸善此法	正是入此	2	40	菩薩行品十一	
來92	常念爲諸	種諸是名	2	37	菩薩行品十一	
制13	詰從无盡	者香法何	2	56	菩薩行品十一	
黃44	欲以歡喜	雖生卷下	7	179	見阿閦佛品十二 囑累品十四	

辰 81	彼國弗汝	而去一部	3	82	見阿閦佛品十二　囑累品十四	多作禮而去一句
秋 81	摩詰來及	佛所而去	8	173	見阿閦佛品十二　囑累品十四	首尾殘破
冬 5	佛即土所	歡喜卷下	6	148	見阿閦佛品十二　囑累品十四	
冬 43	釋其供養	歡喜卷下	5	141	見阿閦佛品十二　囑累品十四	前接收五十一號
霜 42	无爲忍不	歡喜卷下	8	203	見阿閦佛品十二　囑累品十四	極破碎
劔 17	爭佛國時	及天蘋三	4	112	見阿閦佛品十二　囑累品十四	淨字氵旁擦去
淡 11	維摩照爲	羅一而去	7	179	見阿閦佛品十二　囑累品十四	
來 70	弗汝佛不	若有一刼	2	30	見阿閦佛品十二　法供養品十三	
呂 84	三菩起之	養即來當	2	59	見阿閦佛品十二　法供養品十三	前接律三號後接呂五十一號
乃 32	无衆欲以	入无至生	4	112	見阿閦佛品十二　法供養品十三	破碎

號	起	止	紙數	行數	品	附記
暑84	法如擧衆	何問皆見	2	43	見阿閦佛品十二	
乃98	不定羅三	出不牟尼	2	54	見阿閦佛品十二	首碎損
秋9	聖一祇刧	法寳付囑	2	35	法供養品十三 囑累品十四	首尾碎損
呂51	廣爲羅三	王如經則	2	53	法供養品十三 囑累品十四	
巨57	轉成歡喜	入大卷下	.3	86	法供養品十三 囑累品十四	首碎損
鳥53	聳聞利舍	王寶口聞	2	51	法供養品十三 囑累品十四	殘破
鳥59	聖所而去	樂十卷下	3	78	法供養品十三 囑累品十四	首碎損
暑37	恭敬闥婆	讚歎諸賢	2	35	法供養品十三	前接來七十號
餘67	夫天生而	佛壽義不	1	32	法供養品十三	首三行碎損
薑48	修行蓋與	城邑五刧	1	28	法供養品十三	

成	26	失善有心	開導是經	1	28	囑累品十四
出	90	菩提善利	歡喜卷下	2	40	囑累品十四
羽	96	佛所阿僧	歡喜卷下	1	20	囑累品十四
菜	38	維摩如是	此國衆皆	9	251	

此卷除第六七八三紙外餘紙起訖不相聯屬第一紙佛國品第一第二紙方便品第二第三紙問疾品第五第四紙觀衆生品第七佛道品第八第五紙佛道品第八第六七八三紙菩薩行品第十一第九紙見阿閦佛品第十二

維摩經義記

原號	起	止	紙	行	品次	附記
辰32	佛地瓊許儀軌寫訖		32	752	問疾品五 觀衆生品七	首缺數行尾題曰維摩經義記卷第三其下署名曰釋瓊許大統三年正月十九日寫訖紙色蠹黃與常不同前半破但釋名相未及經義與辰卷體例不類紙背標名曰義記或另一種姑附於此
生9	從无發何或可准知		2	63	方便品二	

維摩詰經雜釋

原號	起	止	紙	行	品次	附記
河 99	寶積前約	難分不約	20	614	佛國品一 弟子品三	首六行碎但釋名相未、及經義與義
						記中生九號詳略不同紙背雜寫無
						關本經全卷草書後有紅字
始 78	在毗子三	州云形也	2	50	佛國品一	
潛 43	拔劍綺羅	得爲刀也	3	73	方便品二	首二行碎損雜釋方便品名相不全
服 91	釋方法雖	痛俱陵雲	2	45	方便品二	尾碎損似緊接潛四十三號之前
帝 86	相不降伏	樂也定故	5	105		尾有碎半截者雜釋名相凌亂不完

維摩經疏

原號	起	止	紙	行	品次
昃26	解不 也若	結惑 不滿	10	223	問疾品五 佛道品八
昃24	故言 有三	法化 人道	5	123	佛道品八 菩薩行品十一
昃23	難當 種諸	法藥 礙也	2	39	菩薩行品十一
夜43	入慧 伏以	念者 自之	8	64	佛國品一 弟子品三

附記

起處破爛疏義未完體例與義記彷佛而詞氣不同卷首無名姑題曰維摩經疏

此卷緊接昃二十六號後惟佛道品第八偈頌未完

此卷緊接昃二十四號後

前四行殘缺體例與昃卷相似姑附於此

羽 19 禪則本迹如園實相 4 89 菩薩行品十一 見阿閦佛品十二　起處缺三行與昃卷不類當另一種

師 77 一句句之無玄故今 2 43 弟子品三　未完

帝 41 得失有一利物明壞 2 46 弟子品三　首尾不具不審與以上數卷爲一種

鳥 87 會廣半月同故一片 1 84 佛國品一　否紙背所寫皆釋如是我聞等義

維摩經義疏

原號起止紙行品次

呂96相世不受39 937弟子品三
涅槃敎人菩薩品四

附記

首紙破碎疏義未完此疏雖無科判而析義頗精且有辨正俗肇之説

本無題名姑名之義疏

維摩經解

原號	起	止	紙	行	品次
昃50	又言二者	方便此愧	11	302	方便品二 弟子品三
爲86	上言中國	維摩蘊爲	18	117	方便品二 弟子品三

附記

末三紙空白并不完備姑名之曰解

此卷寫於紙背其正面爲金光明經

前十四紙皆空白紙背雜釋句義正面雜寫造像供佛功德諸經論

維摩經鈔

原號	起	止	紙	行	品次	附記
淡76	入初辱尊	性然之醜	21	603	佛國品一 弟子品三	卷中每云如疏未知爲何疏背面有字

維摩詰經頌

原號	起	止	紙	行	附記
羽3	維摩口心	无量乘音	2	29	每品作頌共十四頌

淨名經集解關中疏

原號	起	止	紙	行	品次
薑94	集解不念 殊師我遣		6	154	文殊師利問疾品五
洪34	肇曰之耳 也時卷上		25	703	弟子品三 菩薩品四
秋72	是厭之耳 摩詰卷上		28	761	弟子品三 菩薩品四
柰82	未度修奉 悲心卷下		36	1264	文殊師利問疾品五 囑累品十四

附記

此卷疏文恰可補柰八十二號之缺然中間仍缺兩行紙質堅整標題曰淨名經集解關中疏卷下資聖寺沙門道液述諸卷標題無此詳備

背硃書沙門法曇疏五字標題爲淨名經關中疏卷上

可補洪卷所無惜太殘破似曾受潮破爛極多起處缺去一半不能與洪

						字秋字兩卷銜接紙質半腐
致	71	一名之耳 佛為卷上	58	1670	釋題 菩薩品四	起處殘缺然較洪 秋兩卷多第一第
						二品紙質完好背 雜寫名相數行
致	72	歡曰之耳 之所卷上	54	1598	釋題 菩薩品四	紙質完好卷末題 名曰乙巳年三月
						廿一日比丘談哲 記
薑	70	治豈師幻 解脫生也	2	68	菩薩品十一 見阿閦佛品十二	卷末破爛但可 據以校補柰字卷
河	53	難順以隆 德而是法	5	159	方便品二 弟子品三	起處破爛可與洪 秋致等卷互校
位	48	無以好稱 者標菓似	3	79	肇序 佛國品一	肇序為致卷所無 但破爛不堪
往	91	悉以稽首 三此道也	5	159	佛國品一	小有殘缺
始	13	應物盲也 今報輪除	3	72	佛國品一	

字	號	起止	紙數	行數	品	附注
始	36	云有 梵天 / 舉手 衆肇	1	30	佛國品一	
字	53	辨佛 眞淨 / 辨聽 入而	2	39	佛國品一	此卷前後恰與始字制字兩卷緊接
乃	54	信不 物德 / 益二 曰法	2	35	佛國品一	
罔	62	此二 所歸 / 初獻 四數	3	92	佛國品一	疏文未了背有蕃文兩行餘
歲	17	摩詰 前文 / 所說 勝而	6	180	釋題佛國品一	疏義未完
淡	51	雖思 有苦 / 將來 着也	9	258	釋題佛國品一	
霜	16	時也 二著 / 論云 明因	18	529	佛國品一方便品二	前半破碎幾難上手
制	32	見土 以善 / 利弗 益物	2	55	佛國品一方便品二	
夜	71	疾說 極耳 / 對治 身乎	2	60	方便品二	此卷前與霜字卷銜接但破爛
皇	3	有眞 諸入 / 爲主 樂想	1	26	方便品二	

重	20	飾茾佛道	曰欲非靜	2	42	佛道品八	首尾多殘缺
帝	90	則失之境	即記彼國	2	16	見阿閦佛品十二	有殘破但可據以校補柰字卷
潛	98	此諸釋不	乘生造有	2	68	菩薩行品十一	疏義未完可補柰字卷脫字
裳	73	是故問疾	大乘凡夫	2	30	弟子品三	兩面有字
洪	14	滅即此實	之耳卷上	7	184	菩薩品四	首六行碎損卷尾署乙丑年三月六日七字下有花押作摟形

淨名經關中釋鈔

原號	起	止	紙	行	品次
生24	淨名自成 大台了本		21	495	五重釋題 佛國品一

附記

文義未了卷端標題曰淨名經關中釋鈔卷上沙門道液撰集上卷中有云爰至皇朝時移九代此經翻傳總有六譯第一後漢劉氏靈帝代臨淮清信士嚴佛調於雒陽白馬寺譯二卷名維摩詰經第二吳朝孫氏大皇帝月支國優婆塞支謙於武康譯三卷名維摩詰所說不思議法門

經　第三西晉司馬氏武帝沙門竺法護西域人解三十六國語於雒陽譯一卷名維摩詰所說法門經　第四東晉惠帝西域沙門竺叔蘭元康六年雒陽譯三卷名毗摩羅詰經　第五後秦姚興弘始八年三藏沙門鳩摩羅什於長安大寺譯三卷名維摩詰所說經即今所釋之本是也　第六唐朝三藏沙門玄奘貞觀二十一年於長安大慈恩寺譯六卷名無

垢稱經六譯中今惟第二五六與秦三譯存餘均佚唐紙背寫大乘無生方便門一卷先敎發願三皈懺悔後敎觀心

閏 96 關中明也經不卷上 14 404 釋序文方便品二

標題爲關中釋鈔卷上後與藏字卷接惜起處殘破序文爲僧肇作通行本維摩經註前載之

藏 2 淨明多分弟子脫分 15 503 弟子品三觀衆生品七

卷首標題爲淨明經關中釋鈔卷下沙門道液述卷中每以關中天台二家疏義兩兩對勘

號	起訖	紙數	行數	品名	附記
洪 11	苦可當已 行故道品	13	373	菩薩品四 觀衆生品七	首殘破末比藏字 卷完備
河 80	淨名名者 天台未了	14	365	五重釋題 第五判教相	較整齊可以校補 生字卷訛脫
崑 99	大慈焉然 問根意焉	11	315	五重釋題 第五判教相	書法嚴整
閏 100	已同俯耳 現女卷下	7	250	觀衆生品七 囑累品十四	前接藏第二號

淨名經科要

原號	起	止	紙	行	品次
騰 47	功成 等覺	護行 久義	7	146	文殊師利問疾品五 囑累品十四
致 62	敬承 就初	悟斯 斯通	8	164	佛國品一 文殊師利問疾品五

附記

此釋各品要義訖囑累品文義未了姑名爲科要

緊接騰字卷之前筆跡紙質皆同

細按此兩卷文相蓋判第一第二兩品爲序分第三至第十二品爲正宗分第十三十四兩品爲流通分每分中先詳釋各品生起次第之理趣次略釋各品之要義頗精確

敦煌劫餘錄

新會 陳垣 校錄

第四帙

金光明經 北涼曇無讖譯 四卷

原號	起	止	紙	行	品次	附記
藏62	諸處 五道	而去 第四	30	992	序品一 囑累品十九	首四行碎損卷 首錄有懺悔金光 明經冥報傳尾有 木軸
日11	滅罪 昔溫	異物 第一	17	449	序品一 空品五	首四行碎損卷 首錄有懺悔滅罪 金光明經冥報傳 尾有木軸
爲69	明經 昔溫	異物 卷一	14	460	序品一 空品五	首四行碎損卷 首錄有懺悔滅罪

金光明經冥報傳

成 13 騎馬張文 異物第一 17 454 序品一空品五 首十九行碎損卷首錄有懺悔滅罪金光明經冥報傳

列 55 張君遭刀 異物卷一 16 433 序品一空品五 首九行碎損卷首錄有懺悔滅罪 金光明經冥報傳

昃 61 驚怕換之 異物第一 16 436 序品一空品五 首六行碎損卷首錄有懺悔滅罪 金光明經冥報傳

騰 62 序品一時 異物第一 14 378 序品一空品五 首九行尾六行碎損卷首錄有懺

生 99 金光淸淨昔溫衆生 14 377 序品一讚歎品四

悔滅罪金光明經冥報傳

號						附記
水	39	金光億生 如是之言	4	112	序品一 懺悔品三	
河	66	命故阿閦 煞害妙聲	3	75	序品一 壽量品二	首二行碎損 卷首錄懺悔滅罪金光明經冥報傳
鹹	88	言之異物 利益第一	11	325	壽量品二 空品五	首二行碎損
光	39	怖畏德成 十方諸切	6	159	懺悔品三 讚歎品四	首十七行尾五十五行碎損
金	83	是金門等 遠離此偈	5	140	懺悔品三	
鱗	27	於正不現 生行十八	18	671	四天王品六 捨身品十七	首十一行碎損
海	83	金光無餘 爾時第二	17	459	四天王品六 堅牢地神品九	
崑	31	著地无餘 微妙第二	16	444	四天王品六 堅牢地神品九	首十六行碎損
秋	44	着地无餘 經典第二	17	446	四天王品六 堅牢地神品九	首八行碎損

闕	67	其宿无餘 求他第二	13	377	四天王品六 堅牢地神品九	首十二行碎損
盈	7	尊前資生 佛月无所	3	61	四天王品六 功德天品八	尾行碎損
光	33	佛月世尊 如來如來	3	66	四天王品六 功德天品八	
字	54	金光護世 爾時侵境	1	23	四天王品六	尾四行碎損
人	5	金光各各 爾時諍心	3	83	四天王品六	
珍	25	是經浮提 一切當知	3	67	四天王品六	首八行碎損
日	42	苦惱經時 宣說國土	3	52	四天王品六	首十三行尾行碎損
柰	80	所流奪如 諸國心貪	1	28	四天王品六	
日	54	世尊聚以 異怨女中	2	36	四天王品六	尾行碎損
珍	6	此閡已種 等各衆生	3	66	四天王品六	

號	起	止	紙數	行數	品	附記
洪92	宮眷熾盛	德現德勢	2	52	四天王品六	首尾各碎一行
餘1	養於在諸	无餘第二	13	353	四天王品六	首十五行碎損　背後有字
張68	典於采女	量功萬億	7	152	四天王品六	首三行碎損
夜95	等度已得	微妙故人	3	65	四天王品六	
月66	力成爾時	復遇他佛	3	55	四天王品六	
律51	想天三天	是金光明	4	82	四天王品六	全卷碎損
制71	十方佛異	皆悉國當	2	42	四天王品六	
日61	爾時經典	即從合掌	3	78	四天王品六	首尾各碎損一行
果73	王若无量	於世讚曰	3	77	四天王品六	
張56	那由千萬	護口第二	3	62	四天王品六	首行碎損

師	荒	光	日	月	律	呂	致	鹹	始
90	12	13	9	81	81	33	43	53	63
等故斷絕	令心含思	應供御文	成辯安隱	隨侍城郭	言辭力心	宣流經已	護世汝今	於虛寶實	尊善正法
米牙種種	多得提內	无餘第二	无餘第二	除差第三	天復即共	已得第三	實勝善集	除差卷三	身是第四
1	3	5	2	15	16	11	3	11	8
28	72	106	44	413	398	216	84	255	174
大辯天神品七 功德天品八	功德天品八 堅牢地神品九	功德天神品八 堅牢地神品九	堅牢地神品九	散脂鬼神品十 除病品十五	散脂鬼神品十 除病品十五	散脂鬼神品十 善集品十二	正論品十一 善集品十二	善集品十二 除病品十五	除病品十五 流水長者子品十六
	首尾各碎損一行	尾有木軸	首行碎損	首十七行碎損	首六行碎損	首十三行碎損		首十二行碎損 尾有木軸	首四行碎損

號		起	止	紙數	行數	品	附記
菜	63	佛告國內	而去第四	16	436	流水長者子品十六 囑累品十九	首十七行碎損
洪	89	佛告治一	而去第四	16	431	流水長者子品十六 囑累品十九	
麗	90	金光佛告	而去第四	12	437	流水長者子品十六 囑累品十九	首三十九行碎損
寒	28	時流借索	而去第四	15	297	流水長者子品十六 囑累品十九	首十七行碎損
菜	14	如來解脫	而去第四	14	378	流水長者子品十六 囑累品十九	首五行碎損
雲	76	金光佛告	其子信來	11	292	流水長者子品十六 捨身品十七	
鱗	16	者子己令	隨落愛子	10	278	流水長者子品十六 捨身品十七	首十四行碎損
盈	16	空譯无量	甚深緣令	1	28	流水長者子品十六	此卷分二段其一爲法華經
重	35	復爲勝如	身是第四	2	39	流水長者子品十六	此卷字體猶存隸書風味尾有木軸
歲	50	不足目末	而去第四	10	272	捨身品十七 囑累品十九	首九行碎損

字	號	起	止	紙	行	品	附記
河	100	夢二 爾時	而去 第四	6	152	捨身品十七 囑累品十九	
水	99	哀號 以離	而去 第四	3	73	捨身品十七 囑累品十九	首行碎損
河	85	多棄 又復	是言 第五	9	242	捨身品十七 讚佛品十八	首二十二行碎損 此卷經文之末較 今本少四句尾 有木軸
陽	61	必定 三子	欲見 賜我	5	118	捨身品十七 讚佛品十八	首七行尾六行碎 損
玉	41	微妙 任作	暫起 舉手	3	69	捨身品十七	首十三行尾行碎 損
鱗	25	金時 巳五	阿脩 而去	2	65	讚佛品十八 囑累品十九	尾九行碎損
號	86	菩提 南无	是言 第五	2	29	讚佛品十八	全卷碎損尾有 大統七年等字與 羽三十五號同
海	69	憐悔 昔溫	生人 試之	3	82		此卷係錄懺悔滅 罪金光明經冥報

傳首尾完具

號	原號	起字	紙數	行數	附記
寒	77	着探誡之不可經傳	2	53	首行碎損此卷係錄懺悔滅罪金光明經冥報傳
玉	55	懺悔誡之溫州經傳	3	83	首十三行碎損此卷係錄懺悔滅罪金光明經冥報傳

合部金光明經 八卷

隋釋寶貴合北涼曇無讖譯

	原號	起	止	紙	行	品次	附記
閏	44	我今億百	於世第一	16	340	序品一 三身分別品三	
律	32	以无如是	樂第二	18	494	懺悔品四 業障滅品五	首行碎損
張	39	尊去子菩	於世第三	12	345	陀羅尼最淨地品六	首十二行碎損
冬	35	志有現在	亦當不異	11	270	讚歎品七 依空滿願品九	首九行碎損
致	31	金光附時	作五新淨	3	80	銀主陀羅尼品十一 大辯天品十二	首四行尾行碎損
雨	95	法高大舅	身是第七	14	374	善集品十七 流水長者子品廿	首五行碎損
崑	40	象背子還	歡喜第八	15	409	流水長者子品廿一 付囑品廿四	首九行碎損
黃	96	十千不久	歡喜第八	16	427	流水長者子品廿一 付囑品廿四	首行碎損

黃

23 子還歡喜 15 408 流水長者子品廿一

物散第八 付囑品廿四

首五行碎損尾有木軸

往

52 白佛歡喜 13 347 捨身品廿二

時具第八 付囑品廿四

首十八行碎損

金光明最勝王經 唐義淨譯 十卷

原號	起	止	紙	行	品次	附記
河 82	大雲破翳	第五稔甚	31	965	序品一 四天王觀察人天品十一	首七行碎損附有音義 此卷小楷
宇 88	金光爾時	悅歎无數	14	356	序品一 如來壽量品二	尾二十六行碎損
律 54	大唐蓋聞	鷁籥蛭日	17	471	序品一 如來壽量品二	第九至第十四行碎損 此卷前有大唐中興三藏聖敎序附音義
罔 78	最勝是我	少惱如來	6	159	序品一 如來壽量品二	首八行尾行碎損
官 81	金光如是	鷁籥蛭日	15	381	序品一 如來壽量品二	首二十一行尾五行碎損
號 59	制譯城鷲	四佛壽量	6	148	序品一 如來壽量品二	首五行尾三行碎損
玉 8	於最大苾	鷁籥蛭日	14	380	序品一 如來壽量品二	首三行碎損 附有音義

閲	53	序品伽梵	无上舍利	8	222	序品一 如來壽量品二	首九行碎損
出	81	迦攝唯阿	二大事已	10	265	序品一 如來壽量品二	首二行尾九行碎損
日	48	常樂念現	時童頌曰	8	220	序品一 如來壽量品二	全卷寸斷
騰	70	如大行精	牟尼哉善	8	177	序品一 如來壽量品二	首八行碎損 背面有字
爲	64	慈心般發	鷄籥蛭日	13	359	序品一 如來壽量品二	首八行碎損 附有音義
洪	17	蜜之日無	顯現喜踊	6	110	序品一 如來壽量品二	首十三行碎損此係前段後段爲法華經
芥	25	薩淨堅固	等不非人	5	108	序品一 如來壽量品二	首十行碎損
夜	39	清淨薩大	宅之蛭日	13	338	序品一 如來壽量品二	首二行碎損 附有音義
秋	26	種智轉法	舍利舍利	9	232	序品一 如來壽量品二	首三十四行碎損 紙背雜寫有字

號		起	止			品	附記
淡	1	子大 薩童	矩設 復作	3	64	序品一 如來壽量品二	首二十二行尾行碎損
騰	38	菩薩 雲除	第說 差別	9	213	序品一 如來壽量品二	卷多碎損
藏	97	僧護 童子	妙幢 承事	2	59	序品一 如來壽量品二	首四行尾行碎損
字	33	晡時 金光	鷁遙 蛭日	11	299	序品一 如來壽量品二	首行碎損附有音義
巨	100	佛所 復有	鵄簫 蛭日	3	309	序品一 如來壽量品二	首十一行碎損附有音義
劍	67	合掌 勝妙	憍慢 靜讚	10	276	序品一 如來壽量品二	首十二行尾二十四行碎損
張	17	受持 无不	名曰 與无	5	119	序品一 如來壽量品二	首三行尾二行碎損
位	43	能爲 常爲	色界 千億	1	30	序品一 如來壽量品二	
金	52	若欲 若以	善男 衆生	3	85	序品一 如來壽量品二	尾行碎損
餘	86	法王 籠於	供養 恭敬	7	185	序品一	首九行碎損前段係序文

洪	32	金光 如是	慧苦 不斷	2	36	序品一	尾四行碎損
雨	40	金光 如是	二乘 能敷	2	32	序品一	尾五行碎損 此卷內分二段
淡	14	金光 如是	无量 壽命	4	92	序品一	全卷碎損
宙	94	金光 如是	慧苦 不斷	3	82	序品一	首十一行碎損
餘	83	壽阿 婆具	於日 頌曰	3	86	序品一	首十行碎損
麗	50	舍利 是等	子光 童子	2	41	序品一	首十二行碎損
金	63	如大 樂奉	苦難 悲意	4	89	序品一	首十八行尾行碎損
師	29	薩大 薩極	連訶 龍王	3	65	序品一	首八行尾十九行碎損
月	17	爾時 量事	除罪 之因	8	298	如來壽量品二 夢見金鼓懺悔品四	首十八行尾二十五行碎損
呂	32	有窮 等舍	等諸 天共	5	90	如來壽量品二 夢見金鼓懺悔品四	全卷下端碎損

號		起	止	紙	行	品名	附記
藏	77	東方四如	想憂讀誦	2	43	如來壽量品二	首尾行碎損
光	3	威力帝青	處然行无	9	245	如來壽量品二	全卷碎損
麗	64	所作嚴淨	故名男子	8	210	如來壽量品二	首十八行尾二行碎損
衣	67	有能復不	師授世尊	3	60	如來壽量品二	首七行尾十行碎損
翔	87	爾時量无	養无何以	3	66	如來壽量品二	卷多碎損
昃	81	現斯以故	鷄篇蛭日	8	214	如來壽量品二	首二行尾十一行碎損附有音義
冬	67	譬如詣王	遙鷄蛭日	5	115	如來壽量品二	全卷寸斷附有音義
張	4	王家盈滿	子許衆生	3	81	如來壽量品二	卷多碎損
雲	11	饑饉樂爾	鴟尤蛭日	7	178	如來壽量品二	首二行碎損附有音義
致	36	哉彼我宜	桀委蛭日	7	163	如來壽量品二	附有音義

律	88	速入 以如	者於 不失	7	178	如來壽量品二	首五十三
地	71	上世 故我	一切 分別	4	101	如來壽量品二	三行尾三四行碎損
潛	8	時童 子即	鷄籥 蛭日	6	47	如來壽量品二	全卷碎損
冬	47	假使 假令	分散 益有	4	93	如來壽量品二	尾六行碎損附有
收	60	答一 善哉	益不 說乃	4	89	如來壽量品二	
冬	83	諸佛 世尊	本處 第一	5	124	如來壽量品二	首六行碎損
重	65	世尊 佛非	鷂遙 蛭日	5	126	如來壽量品二	首十九行尾卅五行碎損附有音義 背面有字
盈	28	諸佛 邊今	時四 從座	4	108	如來壽量品二	
推	95	一者 果不	諸煩 諠鬧	2	47	如來壽量品二	首十一行碎損

字號	號	起止		卷	頁	品	附記
黃	86	往昔說乃	本處第一	2	39	如來壽量品二	首尾碎損
重	81	現前有情	鵂反蛭反	2	23	如來壽量品二	首四行碎損附有音義
出	15	具足婆羅	羅實衣裳	1	24	如來壽量品二	
騰	15	佛身自依	耨多除滅	5	152	分別三身品三 滅業障品五	首十九行碎損
歲	6	增不生境	犯極增長	8	227	分別三身品三 滅業障品五	首四十行尾三行碎損
闕	11	金光爾時	貌悉世間	14	371	分別三身品三 夢見金鼓懺悔品四	首九行碎損
致	68	金光分別	第二緝縣	16	383	分別三身品三 夢見金鼓懺悔品四	首二十四行碎損附有音義
寒	30	金光爾時	歸依懺悔	11	272	分別三身品三 夢見金鼓懺悔品四	首二十七行尾三十行碎損
夜	54	白佛深秘	奉行卷二	17	404	分別三身品三 夢見金鼓懺悔品四	首四十四行碎損尾有木軸
秋	76	昔在修習	第二緝縣	15	399	分別三身品三 夢見金鼓懺悔品四	首七十二行尾三十行碎損附有

						音義
崑	88	生怖相應 卷二緝縣	15	391	分別三身品三 夢見金鼓懺悔品四	首行碎損附有音義
列	75	不過種種 第二緝縣	15	395	分別三身品三 夢見金鼓懺悔品四	首九行碎損附有音義尾有木軸
劍	86	等障法身 法輪諸業	13	362	分別三身品三 夢見金鼓懺悔品四	
霜	76	王經藏菩 緝縣斌寫	15	353	分別三身品三 夢見金鼓懺悔品四	首二十四行碎損附有音義末題比丘道斌寫
洪	81	不過種種 緝縣勘定	15	396	分別三身品三 夢見金鼓懺悔品四	首十一行碎損尾有弘建勘定四字附有音義
夜	79	法身等障 福田喜福	15	268	分別三身品三 夢見金鼓懺悔品四	首四行尾五行碎損
生	93	善男自利 第二果緝	16	282	分別三身品三 夢見金鼓懺悔品四	首二行尾行碎損附有音義

No.	Vol.	Start	End	Col. 5	Col. 6	Title	Notes
宙	28	中除 便障	奉行 第二	7	161	分別三身品三 夢見金鼓懺悔品四	首行碎損
淡	69	以故 法一	依佛 千生	9	237	分別三身品三 夢見金鼓懺悔品四	首三十二行尾二 行碎損
闕	100	於自 用故	羂縣 勘了	14	378	分別三身品三 夢見金鼓懺悔品四	首二十三行碎損 附有音義
劍	66	入於 如如	奉行 第二	14	365	分別三身品三 夢見金鼓懺悔品四	首四行碎損
暑	69	法如 復次	第二 羂縣	14	368	分別三身品三 夢見金鼓懺悔品四	首七行碎損附 有音義尾有木軸
宙	32	在事 菩薩	就宿 悉皆	9	220	分別三身品三 夢見金鼓懺悔品四	首尾碎損各二十 行
昃	42	十二 子云	第二 羂縣	15	389	分別三身品三 夢見金鼓懺悔品四	尾三十九行碎損 尾有木軸
洪	87	依法 爲第	第二 羂縣	14	374	分別三身品三 夢見金鼓懺悔品四	首十九行碎損 附有音義
餘	4	依此 故不	第二 銷果	3	354	分別三身品三 夢見金鼓懺悔品四	首十行尾三行碎 損附有音義
盈	85	一切 身説	第二 羂縣	12	329	分別三身品三 夢見金鼓懺悔品四	首三十行尾四十 七行碎損附有

號	卷數	起	止	紙數	行數	品目	附記
							音義
河	63	淨故法身	第二絹縣	13	319	分別三身品三 夢見金鼓懺悔品四	首十二行碎損附有音義尾行有木軸
岡	46	非明非有	尊我出大	6	140	分別三身品三 夢見金鼓懺悔品四	首二行碎損背面粘補之紙雜寫
							有陰社長等字
閏	62	現不心如	第二絹縣	11	300	分別三身品三 夢見金鼓懺悔品四	首六行尾七十七行碎損附有音義
列	82	非化者二	第二絹縣	13	311	分別三身品三 夢見金鼓懺悔品四	首十一行碎損
張	38	之心皆悉	奉行第二	13	287	分別三身品三 夢見金鼓懺悔品四	粘補之紙有蕃文
日	3	善男金處	第二絹縣	11	280	分別三身品三 夢見金鼓懺悔品四	首二行碎損附有音義
珍	21	是法分別	能知海岸	8	210	分別三身品三 夢見金鼓懺悔品四	首十行碎損
宿	93	身譬能現	第二絹縣	9	243	分別三身品三 夢見金鼓懺悔品四	

號	長度	起	止	紙數	行數	經名	附記
成	78	若作來之	勝尊妙法	7	175	分別三身品三 夢見金鼓懺悔品四	
張	33	若作來之	第二羂縣	10	266	分別三身品三 夢見金鼓懺悔品四	首五行碎損 有音義 附
寒	23	如是如如	奉行第二	7	174	分別三身品三 夢見金鼓懺悔品四	首六行碎損
劍	78	根令修行	諸佛善品	2	52	分別三身品三 夢見金鼓懺悔品四	尾行碎損
陽	67	王所羅門	第二羂縣	7	189	分別三身品三 夢見金鼓懺悔品四	首四十七行尾二十一行碎損 附 有音義後有蕃字
光	90	四大傷害	千界極重	1	28	分別三身品三 夢見金鼓懺悔品四	尾行碎損
裳	65	品第爾時	如離佛智	2	26	分別三身品三	首行碎損
李	69	金光爾時	故於善男	2	52	分別三身品三	
麗	61	金光爾時	別法滅盡	1	27	分別三身品三	尾七行碎損

號						品名	附註
張	98	金光爾時	如離佛智	1	29	分別三身品三	首七行碎損
崑	32	金光爾時	是故三身	3	73	分別三身品三	首十八行碎損
雲	79	金光爾時	歸敬四種	8	226	分別三身品三	首十三行尾二十六行碎損
光	84	三身薩摩	身說依此	2	53	分別三身品三	全卷碎損
帝	32	三十善男	故衆出現	2	28	分別三身品三	首九行尾四行碎損
夜	69	是爲離思	之心法皆	3	74	分別三身品三	
張	41	得現是受	性是而得	3	61	分別三身品三	首十五行碎損
金	36	身說依此	故善善男	1	28	分別三身品三	
玉	84	善男第二	淨金諸用	3	61	分別三身品三	
麗	19	成就淨故	穢爲與煩	4	92	分別三身品三	首十七行尾四行碎損

號	起	止	紙數	行數	品名	附記
珍 75	悉顯顯現	如是正法	1	28	分別三身品三	
劍 34	金性復次	不輕種善	3	79	分別三身品三	尾行碎損
重 48	性不解脫	於世筴一	4	96	分別三身品三	
果 25	即便心修	現應現法	1	28	分別三身品三	
師 87	除見相障	清淨自在	2	35	分別三身品三	首二行碎損
果 62	身譬能現	怖畏死壽	1	28	分別三身品三	尾行碎損
果 23	命无散動	樂无時中	1	28	分別三身品三	
生 5	心思光明	能知能知	4	93	夢見金鼓懺悔品四	首十九行碎損
劍 40	音聲持唯	諸惡故我	2	40	夢見金鼓懺悔品四	首尾碎損 雜寫有字 背面
宙 38	執桴伽他	第二縕縣	7	168	夢見金鼓懺悔品四	首七行碎損 有音義 附

號	行數	首句	尾句	紙數	行數	品名	備註
光	41	及以惡業	由此諸惡	1	29	夢見金鼓懺悔品四	首行殘損
崑	5	斷除諸惡	佛於諸惡	1	27	夢見金鼓懺悔品四	
地	90	能斷業難	若有集欲	3	54	夢見金鼓懺悔品四	首七行尾行殘損
珠	42	悉皆方佛	由聞家財	5	118	夢見金鼓懺悔品四	全卷殘損
號	38	一切法輪	得聞露味	3	78	夢見金鼓懺悔品四	
海	15	由聞界中	悉能隨喜	5	128	夢見金鼓懺悔品四	首七行尾二行殘損
始	26	我先諸塵	我不苦熱	2	50	夢見金鼓懺悔品四	首二行殘損
珍	77	親近懺悔	雖不隨喜	1	28	夢見金鼓懺悔品四	
龍	7	恒作歡喜	或因供養	5	99	夢見金鼓懺悔品四	首廿一行尾四十三行殘損
劍	7	我於安樂	唯願圓滿	3	56	夢見金鼓懺悔品四	卷中殘損十二行

字號	號	起	止	紙數	行數	品名	附注
始	91	我有 我先	圓滿 衆苦	3	45	夢見金鼓懺悔品四	
羽	86	常願 生在	奉行 第二	2	32	夢見金鼓懺悔品四	卷多碎損
李	3	願離 我以	能知 海岸	1	28	夢見金鼓懺悔品四	
翔	48	根速 我今	所漂 永竭	1	21	夢見金鼓懺悔品四	首二行尾四行碎損
地	69	常起 此世	第二 羂縣	4	99	夢見金鼓懺悔品四	首二行碎損附有音義
致	34	佛日 牟尼	第二 羂縣	4	89	夢見金鼓懺悔品四	首三行碎損附有音義
李	40	盡此 毛端	所之 苦惱	1	28	夢見金鼓懺悔品四	
崑	80	猶如 滅諸	奉行 第二	3	66	夢見金鼓懺悔品四	尾有木軸
珍	67	一切 悉皆	奉行 第二	2	46	夢見金鼓懺悔品四	
推	2	无覽 及以	第二 羂縣	3	54	夢見金鼓懺悔品四	首八行碎損附有音義

號	號數	起	止	紙數	行數	品名	附記
師	36	受用念水	奉行第二	1	33	夢見金鼓懺悔品四	
字	93	燒香每日	第二羂縣	2	37	夢見金鼓懺悔品四	首行碎損
皇	30	以此願此	奉行第二	1	17	夢見金鼓懺悔品四	首二行碎損卷末雜寫丙子年八月廿四日等字似係借貸帳目
淡	47	金光爾時	受持第三	12	333	滅業障品五	首末完具
芥	61	金光爾時	受持第三	12	335	滅業障品五	背面雜寫法華經
推	37	金光爾時	意稽以眞	1	27	滅業障品五	
玉	50	金光爾時	羅漢作敎	3	34	滅業障品五	尾七行碎損此係前段
玉	50	生毀一切	德亦者法	5	120	滅業障品五	全卷碎損此係後段
岡	71	三藏持正	由身和合	2	32	滅業障品五	首二行碎損

閔	3	金光	爾時	上法	如上	8	222	滅業障品五	首四行碎損
巨	27	光明	爾時	衆生	諸法	3	83	滅業障品五	首八行碎損
盈	3	最勝	爾時	受持	第三	14	334	滅業障品五	首十行碎損
張	92	經滅	分別	受持	第三	12	333	滅業障品五	首十二行碎損
月	89	金光	爾時	第三	斌寫	12	234	滅業障品五	首十行碎損附有音義尾題比丘道斌寫之五字
號	76	障品	正分	第三	暨器	12	334	滅業障品五	首十行碎損附有音義
重	92	能及	業五	第三	暨器	12	332	滅業障品五	首十九行碎損附有音義
珍	23	所住	安樂	第三	暨器	12	332	滅業障品五	首二十二行碎損附有音義
雲	93	三寶	墮地	第三	暨器	13	329	滅業障品五	首二十行碎損附有音義

字號	起	止	紙數	行數	品	附記
宿15	佛告為无	受持第三	12	320	滅業障品五	首七行碎損
鹹23	爾時右繫	第三暨器	12	326	滅業障品五	首二十四行碎損附有音義
水53	佛告為无	受持第三	12	317	滅業障品五	首七行碎損
鱗2	提者鼓吹	受持第三	11	311	滅業障品五	首行碎損
昃73	天帝欲為	第三暨器	12	322	滅業障品五	首九行碎損附有音義
呂31	樂諸證常	第三暨器	13	310	滅業障品五	首三十行尾卅九行碎損附有音義
珍94	清淨生由	第三暨器	12	320	滅業障品五	首八行碎損附有音義
藏15	脫安業障	第三暨器	12	317	滅業障品五	首十五行碎損附有音義尾有
						木軸
稱37	稽首眞實	殊勝切衆	3	84	滅業障品五	

夜	60	乘乃希有	第三暨器	11	306	滅業障品五	首四十行碎損
列	73	利一應當	受持第三	11	323	滅業障品五	首二十七行尾七行碎損
夜	84	勵晝合掌	益去常爲	12	296	滅業障品五	首十三行碎損
呂	30	進舉以身	受持第三	13	309	滅業障品五	首十三行碎損
來	17	最勝爾時	第三暨器	12	335	滅業障品五	首三十七行尾四十八行碎損附有音義
暑	53	寶慧悉見	受持第三	11	307	滅業障品五	
水	10	意三諸苦	受持第三	11	302	滅業障品五	首三十七行碎損
昃	32	六道窣堵	第三暨器	14	298	滅業障品五	首十五行碎損附有音義
水	59	滅所如過	等菩滿中	4	100	滅業障品五	首行碎損

夜	85	如來悔我	依於足是	10	270	滅業障品五	尾四行碎損
調	67	已作未來	第三暨器	12	284	滅業障品五	首二行碎損 有音義 附
宙	63	障悉不敢	三藐爾時	9	209	滅業障品五	首尾各九行碎損
列	84	不受悉已	第三暨器	12	236	滅業障品五	首九行碎損 有音義 附
翔	74	菩提亦懺	法雨悉得	3	63	滅業障品五	首三行碎損
致	28	造罪多時	功德此福	5	278	滅業障品五	首五行碎損末題弟子李暄敬寫此金光明經一部十卷從乙丑年已前所有負債負命怨家債主願乘慈功德速證菩提願得解怨釋結府君等同霑此福等語

千字文	號	起	止	卷	行	品	附記
張	19	業障輪王	受持第三	10	270	滅業障品五	首行碎損
鹹	52	之罪在十	第三暨器	10	281	滅業障品五	首十二行碎損附有音義尾有木軸
果	97	王七善男	常爲小國	10	249	滅業障品五	首七行碎損
服	52	无量福生	由其自他	3	84	滅業障品五	尾二行碎損
稱	96	皆依有善	廻施出寶	4	112	滅業障品五	
列	4	不還願求	如是羅三	5	105	滅業障品五	首十五行尾六行碎損
月	35	德四根悉	如來生汝	8	188	滅業障品五	首尾碎損各二行
師	59	薩行處如	生種植衆	3	60	滅業障品五	首六行碎損
鹹	91	功德德者	第三暨器	9	217	滅業障品五	附有音義
柰	90	在安之境	第三暨器	7	261	滅業障品五	首八行碎損附有音義

號						品	附記
月	83	爾二不出	第三毁器	5	180	滅業障品五	首十六行尾三行碎損附有音義
羽	44	願迴說我	樂无福是	6	139	滅業障品五	首四行尾五十行碎損
騰	82	隨喜施一	第三暨器	6	146	滅業障品五	首五行碎損附有音義
稱	51	施一滿衆	彼世當得	3	84	滅業障品五	
號	84	滿衆皆无	應願國中	5	140	滅業障品五	
玉	9	七寶輪所	中勸淨修	4	100	滅業障品五	
制	41	二者出欲	度九盡三	5	118	滅業障品五	尾三行碎損
潛	41	於往於世	行住及諸	6	44	滅業障品五	首五行尾行碎損
薑	78	尊重山此	第三暨器	4	112	滅業障品五	首十五行碎損附有音義
海	75	界一勸發	七種時正	4	92	滅業障品五	首五行尾九行碎損

龍	48	畏苦一切	沙門時初	1 26	滅業障品五	首行碎損
裳	34	妙音光明	是名得四	3 56	滅業障品五	首五行尾二行碎損
制	43	說法已盡	汝等光明	3 61	滅業障品五	首三行尾行碎損
騰	76	三會他廣	何以守護	1 24	滅業障品五	
稱	66	作佛逝世	第三鑒器	2 57	滅業障品五	附有音義
巨	74	所有子如	受持第三	1 26	滅業障品五	
巨	37	生所薩發	不住以過	3 84	滅業障品五	
光	77	金光爾時	美里從木	9 369	最淨地陀羅尼品六	首十二行碎損 附有音義
光	61	金光爾時	依五薩成	3 74	最淨地陀羅尼品六	首三十八行尾二十五行碎損
岡	20	金光爾時	一切者无	3 82	最淨地陀羅尼品六	首三十四行碎損

號		起	止				附記
號	42	金光　皆當	爾時　无諸	15	361	最淨地陀羅尼品六	尾七行碎損
水	16	幾因　者无	世尊　悲定	3	78	最淨地陀羅尼品六	首九行尾行碎損
罔	83	可得　姜里	得過　從木	16	367	最淨地陀羅尼品六	首六行碎損附有音義
乃	84	金光　悉見	爾時　有諸	5	138	最淨地陀羅尼品六	首五十二行碎損
秋	51	世尊　姜里	得過　從木	14	365	最淨地陀羅尼品六	首四十二行碎損附有音義
閏	78	亦无　姜里	可得　從木	14	363	最淨地陀羅尼品六	首十六行碎損附有音義
生	35	事業　智波	菩提　切境	1	26	最淨地陀羅尼品六	首二行尾四行碎損
服	3	以故　法菩	皆平　切衆	4	68	最淨地陀羅尼品六	全卷碎損
淡	10	得故　姜里	善根　從木	8	345	最淨地陀羅尼品六	首卅四行碎損附有音義尾有木軸
鳥	39	一切　一切	根而　過一	3	67	最淨地陀羅尼品六	

鳥	43	照如醫藥 羣生者依	2	34	最淨地陀羅尼品六	首四行水漬尾四行碎損
果	7	一切姜里 根而從木	14	374	最淨地陀羅尼品六	附有音義尾有木軸
乃	9	花香復依 言世羅蜜	3	65	最淨地陀羅尼品六	首二十行尾二行碎損
宇	25	佛言於世 皆不第四	14	359	最淨地陀羅尼品六	首十九行碎損
地	50	菩提於世 不可第四	15	349	最淨地陀羅尼品六	首十行碎損第五紙尾空三行
列	40	善男里反 心利從木	14	344	最淨地陀羅尼品六	首九行碎損附有音義
秋	47	者不法等 衆生二相	5	107	最淨地陀羅尼品六	首二十行碎損
列	57	菩薩於世 行不第四	13	347	最淨地陀羅尼品六	首十行碎損
珠	23	二相從木 菩提暨器	14	352	最淨地陀羅尼品六	首三十六行碎損附有音義
秋	19	善根於世 善男第四	13	344	最淨地陀羅尼品六	首十四行碎損尾有木軸

閏	48	善根善男	姜里從木	14	344	最淨地陀羅尼品六	首十六行碎損附有音義
月	76	五靜速能	世第四	12	333	最淨地陀羅尼品六	首四十八行碎損
李	11	羅蜜來吹	王經師介	12	323	最淨地陀羅尼品六	首六行碎損
宿	54	來非不可	姜里從木	9	353	最淨地陀羅尼品六	首十五行碎損附有音義
夜	15	方便心能	五者摩訶	2	24	最淨地陀羅尼品六	首二行尾三行碎損
裳	76	生死羅蜜	蜜云心行	3	60	最淨地陀羅尼品六	首行尾四行碎損
盈	15	波羅提心	法雲惡趣	5	122	最淨地陀羅尼品六	首十三行碎損
寒	26	菩提善男	姜里從木	13	324	最淨地陀羅尼品六	首四行碎損有音義附
騰	85	一切名妙	出世所願	4	100	最淨地陀羅尼品六	首七行碎損
餘	78	心四善男	揭鞞憚你	10	248	最淨地陀羅尼品六	首十四行碎損

夜	13	善男羅蜜	現三種妙	3	66	最淨地陀羅尼品六	首二行尾三行碎損
制	1	波羅持戒	一切菩薩	4	92	最淨地陀羅尼品六	首三十八行碎損
藏	71	靜慮法菩	詞辯大神	5	106	最淨地陀羅尼品六	全卷寸斷
雨	73	諸善爲斷	香花讓令	12	290	最淨地陀羅尼品六	首五行尾行碎損
岡	85	量諸出入	佛所尼咒	5	143	最淨地陀羅尼品六	首行尾二行碎損
水	34	出入熟滿	法雲死惡	3	84	最淨地陀羅尼品六	
鱗	44	見修諸法	於世第四	12	292	最淨地陀羅尼品六	首七行碎損尾有木軸
往	89	切相住四	姜里從木	11	279	最淨地陀羅尼品六	首八行尾十五行碎損附有音義
師	74	心得羅蜜	地第三摩	4	101	最淨地陀羅尼品六	首五行尾十二行碎損
崑	85	摩他是名	羅蜜義施	2	23	最淨地陀羅尼品六	全卷碎損

文 92	執著 初地	正觀 我聞	1	28	最淨地陀羅尼品六	兩面多係雜寫
秋 50	道來 於世	義能 第四	10	248	最淨地陀羅尼品六	尾十二行碎損 尾有木軸
宙 16	子菩 於世	无量 第三	8	214	最淨地陀羅尼品六	首二行碎損
陽 33	悉皆 九地	諸微 尼名	6	142	最淨地陀羅尼品六	尾二行碎損
地 68	品是 於世	極難 第四	8	213	最淨地陀羅尼品六	中多碎缺
水 26	趣无 滿智	明發 毗從	3	84	最淨地陀羅尼品六	尾行碎損
鳥 41	於六 宅枳	无明 莎訶	2	50	最淨地陀羅尼品六	卷中碎十七行
藏 64	通未 勝行	解事 引贈	4	84	最淨地陀羅尼品六	尾行碎損
餘 44	金光 於世	爾時 第四	14	368	最淨地陀羅尼品六	首百九十九行碎損
餘 14	他嗢 於世	里嗢 第四	7	157	最淨地陀羅尼品六	全卷多破

金 26 摩哩嚕嚕 思議上處 3 63 最淨地陀羅尼品六 尾行碎損

海 10 人非五障 姜里從木 2 50 最淨地陀羅尼品六 首九行碎損附 有音義

薹 26 障不爾時 得見冥貪 5 112 最淨地陀羅尼品六 尾行碎損

生 84 勺訶阿蜜 不可膝著 2 47 最淨地陀羅尼品六

潛 11 无盡但好 恒河誦持 2 32 最淨地陀羅尼品六

騰 60 類主跋嚧 從木眞勘 3 71 最淨地陀羅尼品六 首六行碎損附 有音義尾題還 眞勘三字

麗 32 不生不壞 於世第四 3 57 最淨地陀羅尼品六 首行碎損尾有 木軸

巨 39 罪障常得 姜里從木 2 38 最淨地陀羅尼品六 首四行碎損附 有音義

龍 20 謂無滅通 姜里從木 2 35 最淨地陀羅尼品六 首八行碎損

號	起	止	紙	行	品	附記
劍85	通達无垢	羑里從木	2	34	最淨地陀羅尼品六	首行碎損附有音義
裳24	行印現陁	於世第四	1	27	最淨地陀羅尼品六	首六行碎損
芥63	金光爾時	受持第五	15	400	蓮華喻讚品七四天王觀察人天品十一	
成50	夜夢法此	第五稔任	17	401	蓮華喻讚品七四天王觀察人天品十一	首七行碎損附有音義
月6	夜夢法此	第五稔甚	15	399	蓮華喻讚品七四天王觀察人天品十一	首二十五行碎損
盈23	一切髮採	受持第五	15	392	蓮華喻讚品七四天王觀察人天品十一	首八行碎損
宇34	金光爾時	第五稔任	15	402	蓮華喻讚品七四天王觀察人天品十一	首十五行碎損附有音義尾有木軸
騰13	齒白目淨	第五稔任	15	392	蓮華喻讚品七四天王觀察人天品十一	首九行碎損附有音義
月71	轉旋平正	第五稔甚	15	392	蓮華喻讚品七四天王觀察人天品十一	首十六行碎損附有音義
辰31	毛端覔右	第五稔甚	15	384	蓮華喻讚品七四天王觀察人天品十一	首二行碎損附有音義

果	17	眉細鼻高	受持第五	10	391	蓮華喻讚品七 四天王觀察人天品十一	首十行尾五行碎損末雜寫數行
薑	39	流光佛身	受持第五	14	368	蓮華喻讚品七 四天王觀察人天品十一	首八行碎損
光	78	金光爾時	第五稔任	17	403	蓮華喻讚品七 四天王觀察人天品十一	首三十四行碎損附有音義
律	90	流光佛身	受持第五	15	368	蓮華喻讚品七 四天王觀察人天品十一	
結	57	千古思議	第五稔甚	13	362	蓮華喻讚品七 四天王觀察人天品十一	首二行碎損附有音義
稱	14	量劫勝甚	第五稔甚	14	364	蓮華喻讚品七 四天王觀察人天品十一	首九行碎損附有音義
宙	84	我常然後	第五稔甚	13	348	蓮華喻讚品七 四天王觀察人天品十一	首三行碎損附有音義
昃	84	我於三有	第五稔甚	14	341	蓮華喻讚品七 四天王觀察人天品十一	附有音義首十二行碎損
重	24	讚品神善	悲痛眼未	7	287	蓮華喻讚品七 依空滿願品十	首卅五行尾一行碎損背面雜寫
騰	17	行步臂肘	着二說於	7	196	蓮華喻讚品七 依空滿願品十	首十二行碎損

號	號數	起	止	紙數	行數	品	附記
菜	84	以妙五蘊	因斯生何	6	168	蓮華喻讚品七 依空滿願品十	首七行碎損 七行焦脆 尾
成	51	既得惡業	願我身形	4	96	蓮華喻讚品七 重顯空性品九	
闕	7	王經薩善	佛告善女	3	82	蓮華喻讚品七 金勝陀羅尼品八	首十九行碎損
辰	88	未來朽木	我以衆生	5	130	蓮華喻讚品七 金勝陀羅尼品八	首六行尾二十行 碎損
羽	99	我當善女	然後供養	1	29	蓮華喻讚品七 金勝陀羅尼品八	
衣	64	夢中所記	讚佛懺悔	1	29	蓮華喻讚品七	首三行碎損
鱗	88	金光稔甚	爾時敬寫	12	325	金勝陀羅尼品八 四天王觀察人天品十一	首三行碎損附 有音義末題佛 弟子陰性奉爲先 亡父母及合家大 小報願平安敬寫
重	64	心願第五	金光稔任	12	323	金勝陀羅尼品八 四天王觀察人天品十一	首十五行尾一行 碎損附有音義

							背面粘補之紙係雜寫
玉	5	尊復 男子	第五 稔任	12	320	金勝陀羅尼品八 四天王觀察人天品十一	首尾碎損各三十行附有音義
潛	26	南謨 南謨	受持 第五	11	289	金勝陀羅尼品八 四天王觀察人天品十一	字體頗秀
盈	59	過去 此陀	第五 稔甚	12	320	金勝陀羅尼品八 四天王觀察人天品十一	首二十二行碎損附有音義
爲	26	南謨 南謨	第五 稔甚	13	300	金勝陀羅尼品八 四天王觀察人天品十一	首二行碎損附有音義
罔	45	南謨 南謨	受持 第五	11	307	金勝陀羅尼品八 四天王觀察人天品十一	首六十四行碎損
夜	53	讚歎 阿耨	受持 第五	11	292	金勝陀羅尼品八 四天王觀察人天品十一	首八行碎損
珠	98	搗能 求无	喜即 一心	5	118	金勝陀羅尼品八 依空滿願品十	首十五行碎損
呂	28	今此 願求	非解 眞如	6	145	金勝陀羅尼品八 依空滿願品十	首十行尾七行碎損
闕	72	人欲 者應	供給 正覺	4	110	金勝陀羅尼品八 重顯空性品九	

字號	號數	起	止	紙數	行數	品目	附記
鳥	61	應當現未	姪他折囑	1	28	金勝陀羅尼品八	
罔	8	德威意重	第五稔甚	10	271	重顯空性品九　四天王觀察人天品十一	首五行碎損附有音義
盈	22	今復於諸	受持第五	11	263	重顯空性品九　四天王觀察人天品十一	首二行碎損
稱	84	根亦託根	受持第五	11	252	重顯空性品九　四天王觀察人天品十一	首三十行碎損附有音義
夜	16	我故假使	諸法聞而	3	83	重顯空性品九　依空滿願品十	
寒	53	光耀從座	受持第五	8	193	依空滿願品十　四天王觀察人天品十一	首尾碎損各四行
騰	49	法界不從	受持第五	7	179	依空滿願品十　四天王觀察人天品十一	
雨	39	蘊能故若	法海勘定	7	199	依空滿願品十　四天王觀察人天品十一	首十四行碎損附有音義末題

大周長安三年歲次癸卯十月己未朔四日壬戌三藏法師義淨等翻經

字號	號	起	止	紙數	行數	品名	附記
							人名最末有弘義勘定四字
珠	86	可執善解	第五稔甚	5	27	依空滿願品十 四天王觀察人天品十一	附有音義
調	79	等乘无智	饉疲四王	4	104	依空滿願品十 四天王觀察人天品十一	首行尾五行碎損
收	54	藥乂於此	第五稔甚	2	49	依空滿願品十 四天王觀察人天品十一	附有音義
劍	28	阿耨功德	第五稔甚	4	81	依空滿願品十 四天王觀察人天品十一	首行碎損附有音義尾有木軸
裳	100	假使所有	葉等衆車	4	85	依空滿願品十	全卷碎損
劍	33	有了量行	心作廻向	2	27	依空滿願品十	全卷碎脆附有音義尾有木軸
月	7	金光爾時	內人我等	8	212	四天王護國品十二	尾二行碎損
號	22	金光爾時	若末受持	2	56	四天王護國品十二	
夜	50	金光爾時	十善若末	2	55	四天王護國品十二	首十二行尾一行碎損

號	起	止	紙	行	品	附記
雲48	金光 菩提	爾時 第六	16	427	四天王護國品十二	首十五行碎損 背面雜寫有字
日57	等應 麼可	眷屬 叡芮	16	420	四天王護國品十二	首三十二行碎損 附有音義
翔30	眷屬 得第	持去 世中	3	63	四天王護國品十二	首九行碎損
稱42	世尊 呬致	擁護 叡芮	16	428	四天王護國品十二	首十二行碎損 附有音義
闕5	諸佛 樂其	并諸 功德	8	387	四天王護國品十二	首十行碎損背面粘補之紙似帳目
雲20	饑饉 蹇矩	誦此 叡芮	15	416	四天王護國品十二	附有音義
雲30	國王 菩提	者恭 第六	13	405	四天王護國品十二	首十七行碎損
荒19	敵自 提	有兵 第六	15	390	四天王護國品十二	首行碎損
珠90	得有 臘盡	爾時 叡芮	15	393	四天王護國品十二	附有音義
歲16	无量 麼摩	彼怨 叡芮	15	394	四天王護國品十二	首二十行碎損 附有音義

辰	98	合掌 窣孫	於未 叡芮	16	411	四天王護國品十二	首三十四行尾六十六行碎損
金	68	擁護 大海	刦修 殿見	4	100	四天王護國品十二	首十二行碎損
珍	72	業若 小卑	來世 正念	1	28	四天王護國品十二	首行碎損
收	19	思是 世論	一切 論世	7	158	四天王護國品十二	首二十九行碎損
文	63	王位 福聚	量无 量功	2	31	四天王護國品十二	
宇	30	重顯 衆贍	殊深 甘露	6	158	四天王護國品十二	
夜	88	聽是 王界	妃王 千万	1	30	四天王護國品十二	尾二行碎損
鹹	37	亂當 臘盡	最勝 叡芮	14	355	四天王護國品十二	首七行碎損附有音義尾有木軸
致	18	者世 自稱	生恭 已名	8	193	四天王護國品十二	首十九行尾八行碎損
重	84	事尊 安寧	超越 賊盜	11	297	四天王護國品十二	首二行尾行碎損

果	78	來現地獄	大法護是	3	84	四天王護國品十二	
珍	56	來現地獄	善男苦行	2	56	四天王護國品十二	首二行碎損
巨	68	千萬无邊	山王可測	10	264	四天王護國品十二	首五行尾三行碎損
官	72	堅牢神大	舊善惡事	1	28	四天王護國品十二	此係前段
官	72	大將海龍	佛土是時	1	17	四天王護國品十二	此係後段
玉	96	辯才十八	拏加叡芮	13	195	四天王護國品十二	首三行碎損 附有音義
水	63	彼香光明	經王眷屬	4	113	四天王護國品十二	尾行碎損
雲	31	億四世界	一心烟不	7	150	四天王護國品十二	首二行尾六行碎損
光	24	具足坐菩	大法護是	1	28	四天王護國品十二	
來	38	男子具足	鞞般叡芮	10	266	四天王護國品十二	首三十五行碎損 附有音義

珍	91	王除以故 諸惡切是	2	55	四天王護國品十二	
爲	3	輪帝與供 世尊兒形	5	128	四天王護國品十二	
玉	27	內所先當 大威施財	3	49	四天王護國品十二	首六行尾五行碎損
歲	100	仙人臘盡 世尊歡芮	9	207	四天王護國品十二	全卷上端碎損 附有音義
致	59	俱胝於月 諸瞻八日	5	99	四天王護國品十二	首尾碎損
光	42	故名矩麽 爾時歡芮	7	179	四天王護國品十二	附有音義
霜	92	爾時之聚 无量樂心	7	176	四天王護國品十二	首行尾六十二行 碎損
冬	99	爾時讔咸 如意歡芮	7	170	四天王護國品十二	首行碎損　尾有 餘紙
翔	1	五通窶矩 衆生歡芮	8	187	四天王護國品十二	全卷碎損
柰	62	喇拽呬致 咒誦歡芮	8	53	四天王護國品十二	首二行碎損　附 有音義

字號	號	起	止	紙數	行數	品名	附記
霜	5	是禮致襯	尼寶歡留	6	147	四天王護國品十二	首行碎損　附有音義
雲	74	王即盡不	南謨諂害	1	29	四天王護國品十二	
裳	29	王即闍也	南謨耶甕	2	52	四天王護國品十二	首七行尾行碎損
玉	62	天王於佛	南謨像於	2	42	四天王護國品十二	首行尾二行碎損
罔	30	怛姪一足	羯囉一切	7	225	四天王護國品十二	尾四行碎損
雲	77	之心雙足	叉持功德	2	56	四天王護國品十二	
位	33	常無末那	通自莎訶	2	27	四天王護國品十二	
致	16	日於違惱	膠雜此經	3	69	四天王護國品十二	首行尾四行碎損
藏	50	養即鑾矩	或作歡芮	4	80	四天王護國品十二	附有音義
玉	68	咒皆安隱	无不憂怖	3	44	四天王護國品十二	首尾碎損

光 54 持咒乂衶 致鞦叡芮 3 67 四天王護國品十二

雲 13 佛面目淨 樂具功德 1 28 四天王護國品十二 尾三行碎損

文 30 持咒乂人 咽致叡以 3 67 四天王護國品十二 首四十七行碎損 附有音義

雲 1 譬如最勝 菩提第六 1 29 四天王護國品十二 尾四行碎損

騰 79 大自眷屬 爲人百千 2 40 四天王護國品十二 全卷碎損

致 17 使退是念 灾厄亂當 2 47 四天王護國品十二 全卷碎損

字 11 德具恭敬 養過三世 2 41 四天王護國品十二 全卷碎損

重 82 金光爾時 知之第七 16 396 无染着陀羅尼品十三 大辯才天女品十五之一 首十四行碎損

崑 50 哉善重大 杞已慈光 15 395 无染着陀羅尼品十三 大辯才天女品十五之一 首八行碎損 附有音義 末題弟子沙彌慈光

號		起	止			品名	附記
巨	30	无染 爾時	葺入 杞反	15	410	无染着陀羅尼品十三 大辯才天女品十五之一	首十六行碎損 附有音義
珠	75	說若 无異	葺入 杞已	15	379	无染着陀羅尼品十三 大辯才天女品十五之一	首三十一行碎損 附有音義
宇	67	是諸 密意	嚴身 稱滿	16	368	无染着陀羅尼品十三 大辯才天女品十五之一	首三十三行尾二 十行碎損
宿	90	阿鞞 蘇尼	福无 前後	14	365	无染着陀羅尼品十三 大辯才天女品十五之一	首五行尾二行碎 損
盈	100	蘇阿 溫波	鬘作 杞已	14	372	无染着陀羅尼品十三 大辯才天女品十五之一	首十一行碎損 尾有木軸
麗	34	蘇尼 阿毘	相依 聞響	11	293	无染着陀羅尼品十三 大辯才天女品十五之一	首十六行碎損
河	68	婆馱 佛告	知之 第七	14	361	无染着陀羅尼品十三 大辯才天女品十五之一	首十八行碎損
黃	75	末你 訶囉	入鬘 杞已	14	371	无染着陀羅尼品十三 大辯才天女品十五之一	首廿六行尾卅八 行碎損附有音義
雲	81	无異 知是	鬘含 杞已	15	380	无染着陀羅尼品十三 大辯才天女品十五之一	前二百七十五行 碎損
爲	92	金光 爾時	第七 杞已	16	395	无染着陀羅尼品十三 大辯才天女品十五之一	附有音義

千字文號	號	首行	末行	紙數	行數	品名	附記
列	33	金光 无染	皆得 善解	6	156	无染着陀羅尼品十三 如意寶珠品十四	尾三十四行碎損
月	15	金光 爾時	羅尼 終无	5	138	无染着陀羅尼品十三 如意寶珠品十四	首十三行碎損
菜	73	金光 金光	彌茄 茶哩	4	110	无染着陀羅尼品十三 如意寶珠品十四	
官	56	金光 爾時	佛无 應知	1	21	无染着陀羅尼品十三	尾行碎損
師	67	金光 爾時	是咒 遠離	4	103	无染着陀羅尼品十三	首六十一行碎損
冬	8	金光 爾時	喇尼 那麽	1	27	无染着陀羅尼品十三	全卷碎損
巨	73	人即 消殄	善哉 通智	10	227	如意寶珠品十四 大辯才天女品十五之一	
宿	56	爾時 起偏	千界 无畏	9	236	如意寶珠品十四 大辯才天女品十五之一	首十四行尾六行 碎損
號	95	怛姪 惡乂	作自 含之	11	268	如意寶珠品十四 大辯才天女品十五之一	首七行碎損 有音義附
月	58	雷電 皆遠	莎訶 莎訶	3	83	如意寶珠品十四 大辯才天女品十五之一	

號	起止	紙數	行數	品	附記
皇 92	毗喝天王 鉢喇白佛	2	41	如意寶珠品十四	首尾碎損各一行
制 44	企义往世 住處世主	12	289	如意寶珠品十四	首九行尾二行碎損
乃 36	呪奉矩靚 受當鼻麗	3	54	如意寶珠品十四	首行碎損
果 11	才摩第八 辯才柱主	16	389	大辯才天女品十五之一 正法正論品二十	首五行碎損附有音義
字 48	曰一呪曰 呪曰咽麗	1	25	大辯才天女品十五之一	首四行碎損
麗 72	方入等伏 香湯益壽	7	209	大辯才天女品十五之一	首二十五行碎損附有音義末題大上府君平等大王五道大神天曹地府伺命伺錄土府水官行病鬼王拜役使府君諸郎君及善知識胡使錄公使者檢部歷官舅母關官保人

可轉及新三使風伯雨師等伏願哀垂納受功德乞延年益壽

裳 41 若有悉皆 若依諸聽 2 28 大辯才天女品十五之一

月 2 塞建千界 泥攞无畏 3 83 大辯才天女品十五之一

帝 11 塞建生願 尼攞中居 1 28 大辯才天女品十五之一

服 64 者皆思議 爾時所著 3 68 大辯才天女品十五之一

裳 18 諸天亡孔 唯願乃禮 1 25 大辯才天女品十五之一

尾附有河西節度門徒兼攝沙州釋門法師沙門恒安與亡孔侍御寫此金光明經一部兌此一份訖等語

荒 25 諸佛鑑舍 宣說杞已 4 97 大辯才天女品十五之一

附有音義

號	卷	起	止	紙數	行數	品名	附記
乃	82	諸佛聞持	若見界中	2	58	大辯才天女品十五之一	尾八行碎損
薑	6	眼他誠心	婆羅門復	2	50	大辯才天女品十五之一	首二行尾三行碎損
淡	67	坑中葺入	怖畏杷巳	2	31	大辯才天女品十五之一	首五行尾七行碎損
來	52	是裕知之	內咒第七	8	190	大辯才天女品十五之一	全卷碎損
律	82	金光在力	爾時天上	13	349	大辯才天女品十五之二 正法正論品二十	首九行碎損
調	82	金光散失	爾時法死	14	368	大辯才天女品十五之二 正法正論品二十	首九行碎損
巨	90	妙言第八	滯者柱反	18	409	大辯才天女品十五之二 正法正論品二十	首四行碎損附 有音義
歲	35	敬禮第八	獨覺柱主	13	398	大辯才天女品十五之二 正法正論品二十	首二行碎損附 有音義
閏	49	金光第八	爾時柱主	15	413	大辯才天女品十五之二 正法正論品二十	首二十行碎損附 有音義尾有木軸
崑	60	諸佛奉持	才圣第八	15	391	大辯才天女品十五之二 正法正論品二十	首六行碎損

列	43	諸藥所有	第八柱主	14	387	大辯才天女品十五之二 正法正論品二十	附有音義
荒	8	敬禮敬禮	第八柱主	14	379	大辯才天女品十五之二 正法正論品二十	首行碎損附有音義
闕	32	敬禮願我	第八柱主	14	378	大辯才天女品十五之二 正法正論品二十	首十行碎損附有音義尾有木軸
雲	33	唯願願令	第八柱主	12	379	大辯才天女品十五之二 正法正論品二十	首六行碎損附有音義
鹹	85	滯速辯由	第八柱主	14	379	大辯才天女品十五之二 正法正論品二十	首七行碎損附有音義
珠	45	者天罪佛	第八柱主	14	376	大辯才天女品十五之二 正法正論品二十	首十行碎損附有音義
人	1	辯才羅門	不速量俱	4	126	大辯才天女品十五之二 僧慎爾耶藥叉品十九	首三十行碎損
地	40	所有敬禮	彊雜第去	11	271	大辯才天女品十五之二 僧慎爾耶藥叉品十九	首廿九行碎損
往	49	金光爾時	已著或有	9	228	大辯才天女品十五之二 堅牢地神品十八	首十四行碎損
黃	29	大士所說	盛光是身	5	128	大辯才天女品十五之二 堅牢地神品十八	首尾碎損

號	號數	起	止	紙數	行數	品名	附記
李	25	敬禮彼所	獨覺念威	3	65	大辯才天女品十五之二 大吉祥天女品十六	首九行尾三行碎損
位	31	已於永除	者悉佛世	3	68	大辯才天女品十五之二 大吉祥天女品十六	首八行尾四行碎損
寒	94	日月分供	斯等食佈	4	108	大辯才天女品十五之二 大吉祥天女品十六	首尾碎損各一行
成	85	爾時有瑠	士若正等	1	24	大辯才天女品十五之二 大吉祥天女品十六	
致	75	金光恩語	爾時成就	2	43	大辯才天女品十五之二	
鳥	83	金光辯才	爾時辯才	1	21	大辯才天女品十五之二	
官	32	金光辯才	爾時辯才	2	54	大辯才天女品十五之二	
皇	69	諸母伽等	諸藥礙辯	1	25	大辯才天女品十五之二	
服	20	敬禮成佛	敬禮天衆	1	17	大辯才天女品十五之二	
珍	19	來應唎使	諸善頌他	2	60	大吉祥天女品十六 天女增長財物品十七	首四行碎損

千字文號	號	起	止	紙數	行數	品目	品目	備考
月	86	世尊第八	已即柱主	10	275	天女增長財物品十七	正法正論品二十	首十行碎損 附有音義
來	5	養三布之	列香或僧	4	103	天女增長財物品十七	僧慎爾耶藥义品十九	首行碎損
雲	96	成就尼隨	衆生藏及	3	84	天女增長財物品十七	堅牢地神品十八	首四行碎損
鱗	56	共作第八	是攝柱主	8	218	堅牢地神品十八	正法正論品二十	附有音義
陽	11	求神行	異論第八	7	188	堅牢地神品十八	正法正論品二十	
雨	36	處爲悲哀	緣一人王	6	124	堅牢地神品十八	正法正論品二十	首三十二行碎損
海	32	舍利與資	八日食衣	3	73	堅牢地神品十八	僧慎爾耶藥义品十九	尾行碎損
師	3	法師百千	共作遝諸	1	25	堅牢地神品十八		
寒	17	住處即爲	部藥論曰	3	78	僧慎爾耶藥义品十九	正法正論品二十	
芥	17	業者口持	有情第八	5	136	僧慎爾耶藥义品十九	正法正論品二十	首六行碎損

號	起	止	紙數	行數	品名	附記
宇 95	訶訶第八	呼呼杜主	5	121	僧愼爾耶藥乂品十九 正法正論品二十	附有音義
張 95	求令散失	我當流行	3	67	僧愼爾耶藥乂品十九 正法正論品二十	尾行碎損
果 44	沒彼乂形	明及方壇	1	27	僧愼爾耶藥乂品十九	
闕 71	得聞惡報	保安惡報	2	28	正法正論品二十	首尾碎損
來 11	我說奉持	一切第八	3	76	正法正論品二十	尾有木軸
成 90	國人奉行	若見第八	3	60	正法正論品二十	
制 69	生敎第八	羅刹杜主	3	66	正法正論品二十	首九行碎損附有音義
律 35	金光歡喜	爾時第九	16	443	善生王品二十一 長者子流水品廿五	首五行碎損尾有木軸
夜 64	生王第九	世尊稍交	16	442	善生王品二十一 長者子流水品廿五	首二行碎損附有音義
露 41	金光皆當	爾時名號	18	441	善生王品二十一 長者子流水品廿五	尾六十行碎損背面寫有帳目

字	號	首句				品	備註
呂	77	說伽輪王	第九梢交	16	437	善生王品二十一長者子流水品廿五	首四十九行碎損附有音義
鹹	95	又於於彼	第九梢交	16	434	善生王品二十一長者子流水品廿五	首六行碎損附有音義
來	28	處坐爾時	十二如來	15	385	善生王品二十一長者子流水品廿五	首八行尾三行碎損
霜	73	宮往供養	第九梢交	16	427	善生王品二十一長者子流水品廿五	首二十五行碎損
日	12	夜夢處坐	第九梢交	18	428	善生王品二十一長者子流水品廿五	首三百三十一行碎損附有音義
騰	61	時王唯願	第九梢交	18	422	善生王品二十一長者子流水品廿五	首十行碎損附有音義
生	88	復有法師	第九梢交	15	409	善生王品二十一長者子流水品廿五	首七行碎損附有音義
洪	83	天主百千	第九梢交	15	404	善生王品二十一長者子流水品廿五	首十行碎損附有音義
張	14	所有即便	折你枳你	12	317	善生王品二十一長者子流水品廿五	首十二行尾二行碎損
水	70	即我大地	第九梢交	16	388	善生王品二十一長者子流水品廿五	首九行碎損附有音義

號	號數	起	止	紙數	行數	品名	附記
罔	35	所有第九	即便梢交	15	393	善生王品二十一 長者子流水品廿五	首十六行碎損 尾有木軸
霜	78	周遍得獨	王於復有	9	252	善生王品二十一 除病品二十四	首十四行碎損
號	94	又於提同	於彼香山	7	277	善生王品二十一 授記品二十三	首四行碎損
菜	51	光明千善	能持那庾	7	173	善生王品二十一 授記品二十三	首三行尾行碎損
呂	88	時王地神	唯願勤苦	7	175	善生王品二十一 授記品二十三	首八行尾行碎損
暑	28	金光歡喜	爾時是人	5	129	善生王品二十一 諸天藥叉護持品廿二	首六十三行碎損
寒	11	出世思議	王化那爲	5	79	善生王品二十一 諸天藥叉護持品廿二	首二十八行尾三行碎損
張	87	今可充遍	所有池中	5	99	善生王品二十一 諸天藥叉護持品廿二	首二行尾行碎損
河	45	部洲大地	財者令上	4	92	善生王品二十一 諸天藥叉護持品廿二	首八行碎損
衣	95	金光安樂	爾時洲中	2	51	善生王品二十一	

金	96	我於妙法 所愛光明	1	21	善生王品二十一	首二行碎損
闕	98	議廣第九 了三稍交	15	368	諸天藥叉護持品廿二 長者子流水品廿五	附有音義
芥	27	爲聽第九 能滅稍交	14	355	諸天藥叉護持品廿二 長者子流水品廿五	首三十五行碎損 附有音義
服	66	是人如來 隨是記當	5	115	諸天藥叉護持品廿二 授記品廿三	首二行尾行碎損
制	72	是人坐一 如是來世	2	56	諸天藥叉護持品廿二 授記品廿三	
闕	18	此大千菩 如是那庚	3	61	諸天藥叉護持品廿二 授記品廿三	
荒	45	於斯三菩 於此信受	3	54	諸天藥叉護持品廿二 授記品廿三	首三行尾三行碎損
服	54	於斯不離 法師眷屬	2	42	諸天藥叉護持品廿二	
雲	61	及以大地 成就十八	3	45	諸天藥叉護持品廿二	首尾碎損各一行
藏	18	梵王大地 无熱順時	3	54	諸天藥叉護持品廿二	首三十四行碎損

翔	69	蘇羅訶利	大地順時	1	27	諸天藥叉護持品廿二	卷多碎損
皇	12	遍此若此	天子手足	2	35	諸天藥叉護持品廿二	
號	92	爾時三十	是十髻佛	7	159	授記品廿三 長者子流水品廿五	
爲	99	尊是世尊	大慈歡喜	5	156	授記品廿三 長者子流水品廿五	背面記錄布疋長短帳目
藏	16	頭目殿園	計梢口交	11	253	授記品廿三 長者子流水品廿五	尾二十七行碎損附有音義
致	42	善女修己	第九梢交	10	270	授記品廿三 長者子流水品廿五	首尾碎損附有音義
昃	18	大菩因緣	池中魚並	9	223	授記品廿三 長者子流水品廿五	首九行尾二行碎損
闕	91	多佛得受	悉得復有	3	84	授記品廿三 除病品廿四	
柰	3	過无明世	膩甜由生	3	84	授記品廿三	
雨	23	云何衆生	於此已生	3	67	除病品廿四 長者子流水品廿五	首十六行尾三行碎損

字號	號	起	止	紙數	行數	品名	附記
霜	69	佛告之是	歡喜第九	9	234	除病品廿四 長者子流水品廿五	首二紙碎損
來	48	瘀種於此	子漸見諸	2	47	除病品廿四 長者子流水品廿五	首尾行碎損
裳	8	其本吐捻	尼口僧塞	4	86	除病品廿四 長者子流水品廿五	首五行尾一行碎損
律	9	言慰知方	第九梢交	7	168	除病品廿四 長者子流水品廿五	附有音義
雨	67	无量詣長	王命緣昨	2	56	除病品廿四 長者子流水品廿五	
夜	34	无量詣長	及以時而	2	56	除病品廿四 長者子流水品廿五	
雨	21	佛告是十	堅方中能	2	26	除病品廿四	尾八行碎損
鳥	100	食後既識	善女治病	1	25	除病品廿四	
暑	18	為取不令	水復此有	2	42	長者子流水品廿五	首三行尾二行碎損
闕	96	子受說如	王至天晚	3	76	長者子流水品廿五	尾九行碎損

字	號	首行	末行	卷	行數	品	備註
餘	100	名然當爲	信髮耨多	3	64	長者子流水品廿五	首尾殘損各一行
往	95	爲池健提	生故徒合	2	34	長者子流水品廿五	首尾碎損各一行
往	77	達沓沒還	頞刺王至	2	24	長者子流水品廿五	尾二行碎損
重	42	子爲相王	彼池二子	1	31	長者子流水品廿五	首行碎損
往	14	天宮第九	天曉梢交	2	32	長者子流水品廿五	首二行碎損有音義
推	27	諸大第九	瑞相梢交	2	31	長者子流水品廿五	首行碎損附有音義
鳥	72	陁羅第九	明普梢交	2	37	長者子流水品廿五	首行碎損
雨	63	夜亦歡喜	定應第九	1	24	長者子流水品廿五	尾有年月題名
金	94	金光第十	爾時鞕杏	15	407	捨身品廿六 付囑品三十一	首二十二行碎損附有音義
爲	100	金光奉行	金光卷十	9	264	捨身品廿六 付囑品三十一	

河	41	金光爾時	他曰使天	14	378	捨身品廿六付囑品三十一	首二行尾三行碎損
闕	39	金光爾時	間爾他曰	13	361	捨身品廿六付囑品三十一	首三行尾八行碎損
果	10	一林其處	第十拔粉	15	405	捨身品廿六付囑品三十一	首九行碎損附有音義
歲	63	名花可於	第十鯁杏	15	406	捨身品廿六付囑品三十一	首十一行碎損
官	61	至般棘名	第十枚粉	17	405	捨身品廿六付囑品三十一	首二十三行碎損
鹹	81	菩薩尊即	第十鯁杏	15	400	捨身品廿六付囑品三十一	首三十四行碎損附有音義
稱	78	汝等是无	第十鯁杏	14	385	捨身品廿六付囑品三十一	附有音義
岡	82	此是身心	奉行第十	14	363	捨身品廿六付囑品三十一	
藏	91	子亦於中	第十鯁杏	14	369	捨身品廿六付囑品三十一	首十行碎損附有音義
雨	92	饑渴常所	第十鯁杏	13	359	捨身品廿六付囑品三十一	首十一行碎損附有音義

號	起	止	紙數	行數	品	附記
羽 35	身心時諸	人天淨土	15	370	捨身品廿六 付囑品三十一	首九行碎損附有音義尾題大統七年比丘輪伽陀奉持爲人天懺業永居淨土等語俟考
調 75	常修汝等	歡喜奉行	14	384	捨身品廿六 付囑品三十一	首五十九行碎損
號 97	竟涅死休	第十鯁杏	12	333	捨身品廿六 付囑品三十一	首十二行碎損附有音義
收 90	我聞餓苦	第十枚粉	11	302	捨身品廿六 付囑品三十一	附有音義
秋 69	出城臣前	第十鯁杏	10	277	捨身品廿六 付囑品三十一	首行碎損附有音義
黃 76	游賞灾厄	第十鯁杏	11	268	捨身品廿六 付囑品三十一	首四行碎損
稱 98	不祥夫人	第十鯁杏	11	284	捨身品廿六 付囑品三十一	首八十四行碎損附有音義
暑 7	投地吹倒	他曰此經	10	240	捨身品廿六 付囑品三十一	首四十一行碎損

字號	號	起	止	紙數	行數	品名	附記
陽	63	禁止我先	第十鞕杳	8	217	捨身品廿六 付囑品三十一	首二十七行碎損 附有音義
收	69	悶絕俱起	第十枚粉	4	122	捨身品廿六 付囑品三十一	首八行碎損附 有音義
歲	30	子今餓虎	奉行第十	8	194	捨身品廿六 付囑品三十一	首二十三行碎損
辰	7	隨後爾時	第十鞕杳	7	168	捨身品廿六 付囑品三十一	首行碎損
鳥	98	議已薩埵	世尊無聞	4	119	捨身品廿六 菩提樹讚歎品廿九	首十四行碎損
藏	38	天下界具	圓滿彌功	11	296	捨身品廿六 妙幢菩薩讚歎品廿八	首十八行尾五行 碎損
玉	12	第二我聞	佛而讚曰	7	150	捨身品廿六 妙幢菩薩讚歎品廿八	首八行碎損
夜	66	金光爾時	斷除一心	2	36	捨身品廿六	尾十行碎損
收	87	三藏此十	身相他曰	4	110	捨身品廿六	首十一行碎損
人	84	寶亟藏校	飢渴如是	2	35	捨身品廿六	首五行尾八行碎 損

號	起	止	紙數	行數	品名	附註
律61	汝等離憂	身无功德	1	23	捨身品廿六	
皇11	食我號大	漸近不歸	2	23	捨身品廿六	首五行碎損
文73	大士于地	大地廿七	3	68	捨身品廿六	首四行碎損
淡17	三十奉行	光明第十	6	156	十方菩薩讚歎品廿七 付囑品三十一	
調30	於衆第十	如來經杏	6	141	十方菩薩讚歎品廿七 付囑品三十一	首五行碎損附有音義
人100	罪生廿九	爾時尊曰	1	23	十方菩薩讚歎品廿七 菩提樹讚歎品廿九	尾二行碎損
玉80	牟尼卷十	猶如捫粉	5	112	妙幢菩薩讚歎品廿八 付囑品三十一	附有音義
河91	令彼第十	光明經杏	5	120	妙幢菩薩讚歎品廿八 付囑品三十一	首五行碎損附有音義
藏48	佛告證菩	議利此福	4	116	妙幢菩薩讚歎品廿八 付囑品三十一	首七行碎損附有音義末有題

名文與致字二十八號同

字號	號	起止	紙數	行數	品目	附記
師	37	常得他日 佛身護令	2	36	菩提樹神讚歎品廿九 付囑品三十一	尾十二行碎損
騰	67	哉善第十 身自鉀杏	4	86	菩提樹神讚歎品廿九 付囑品三十一	首行碎損附有音義尾有木軸
列	41	生悉他曰 我常斯經	4	69	菩提樹神讚歎品廿九 大辯才天女讚歎品三十	首三行尾行碎損
官	88	大悲第十 福資鉀杏	2	50	付囑品三十一	首十行碎損
收	73	若說第十 爾時枚粉	2	31	付囑品三十一	首行碎損附有音義
制	27	金光王城 大唐尙在	2	55		首紙破損此卷係金光明經大唐聖教序
制	23	末底莎訶 跋折一部	4	70		此卷彙寫金光明經各咒全卷碎損

敦煌刼餘錄

冊三

敦煌劫餘錄

新會陳垣校錄

第五帙

大般若波羅蜜多經 唐玄奘譯 六百卷

原號	起	止	紙	行	卷次	品次	附記
鱗87	大般 大唐	一面 第一	17	457	1	三藏聖教序 初分緣起品一之一	首五行碎損尾署勘了
李43	我皇 御製	處无 俱胝	1	28	1	三藏聖教序 初分緣起品一之一	
致53	者得 諸有	飾紛 西方	1	26	1	初分緣起品一之一	
潛79	菩薩 瑞上	猛菩 伽沙	1	28	2	初分緣起品一之二	首尾碎損各一行
騰57	天人 彼安	其中 卷二	11	284	2	初分緣起品一之二	首七行碎損

號							品	備註
收	45	復次多以	密多第三	16	437	3	初分學觀品二之一	首行碎損
騰	30	時三天樂	相應第四	18	474	4	初分學觀品二之二 初分相應品三之一	首四十七行碎損尾署智照寫
生	51	能及滿四	相應第四	13	345	4	初分學觀品二之二 初分相應品三之一	首五行碎損
金	38	陀羅五眼	應與波羅	1	22	4	初分學觀品二之二 初分相應品三之一	
官	47	大士相應	不觀相應	1	25	5	初分相應品三之二	卷中碎損五行
荒	31	般若復次	薩修言與	2	56	5	初分相應品三之二	內有朱文校勘
翔	31	著眼舌身	著色法處	1	25	5	初分相應品三之二	
帝	12	意觸爲緣	水火不著	1	25	6	初分相應品三之三	
羽	82	子諸是法	多无密多	5	101	6	初分相應品三之三	首七十一行尾七行碎損
文	23	緣所著因	著无惱寂	1	24	6	初分相應品三之三	

字號	號	起	止				品	附記
洪	12	老死无明	相應第六	14	384	6	初分相應品三之三	首十五行碎損
官	12	菩薩十力	相應訶薩	1	25	7	初分相應品三之四	
字	62	力而恭敬	薩修處沒	1	23	7	初分轉生品四之一	
巨	93	薩脩有情	菩提十八	17	454	8	初分轉生品四之二	首二行碎損尾署勘了二字
列	97	利子薩摩	行不故諸	6	168	8	初分轉生品四之二	首二行碎損
闕	87	香與楊與	多化爲諸	1	28	8	初分轉生品四之二	
來	85	種麤常樂	菩提第八	13	312	8	初分轉生品四之二	
辰	27	諸菩得四	天眼摩訶	3	84	8	初分轉生品四之二	
珍	35	羅密密多	摩訶進靜	9	230	9	初分轉生品四之三	首二十四行尾三行碎損
藏	78	舍利密多	伽梵第九	13	329	9	初分轉生品四之三	首三行碎損

翙	65	爾時是善	此堪无量	3	50	9	初分轉生品四之三	首十七行尾六行碎損
果	86	各千土功	伽梵第九	2	32	9	初分轉生品四之三	首六行碎損
光	91	第十五三	伽梵第十	17	468	10	初分讚勝德品五 初分現舌相品六	首七行碎損
張	72	訶薩无等	伽梵第十	11	303	10	初分讚勝德品五 初分現舌相品六	尾署智照寫
兩	33	最上失法	伽梵第十	11	301	10	初分讚勝德品五 初分現舌相品六	首八行碎損
張	46	密多是上	上正薩摩	6	148	10	初分讚勝德品五	首二十二行碎損
稱	39	大般初分	不滅如是	2	54	11	初分教誡教授品七之一	首三十二行碎損
帝	94	假法言說	得故法假	1	27	11	初分教誡教授品七之一	卷中碎損七行
致	58	兩間若在	若善不應	1	24	12	初分教誡教授品七之二	
呂	16	屬若門若	可得十二	2	50	12	初分教誡教授品七之二	

號	起	止	紙數	行數	卷次	卷品	附記
盈54	解十力若	世尊十三	18、	473	13	初分教誡教授品七之三	首十四行碎損
巨76	力若礙解	十二樂若	3	67	13	初分教誡教授品七之三	首三行碎損
闕56	大般初分	薩不摩訶	3	82	14	初分教誡教授品七之四	卷多碎損有武后新字　首
皇38	現所士相	訶薩不不	1	26	14	初分教誡教授品七之四	
羽89	薩非世尊	解脫遍處	2	55	15	初分教誡教授品七之五	
闕68	忘失故況	道相訶薩	1	28	15	初分教誡教授品七之五	
巨67	大般初分	有菩世尊	2	54	16	初分教誡教授品七之六	全卷碎損
稱23	復次一切	中有有菩	2	56	16	初分教誡教授品七之六	
露83	眼眞眼眞	世尊十七	16	417	17	初分教誡教授品七之七	首二十九行碎損　道普寫
榮54	語是是菩	訶薩摩訶	1	22	17	初分教誡教授品七之七	

第五帙

字	號	首	末				品	備註
衣	98	薩不 是菩	薩摩 菩薩	1	28	17	初分教誡教授品七之七	
昃	12	大般 初分	是菩 語是	1	25	18	初分教誡教授品七之八	
宇	86	薩不 是菩	世尊 十八	21	554	18	初分教誡教授品七之八	首二十行碎損
成	66	薩不 是菩	世尊 十八	15	392	18	初分教誡教授品七之八	首七十四行碎 損
羽	72	語是 所生	耳鼻 菩薩	1	22	18	初分教誡教授品七之八	
裳	79	大般 初分	薩薩 薩薩	2	49	19	初分教誡教授品七之九	首行碎損 背面懺文
淡	98	薩摩 菩薩	世尊 何即	12	337	19	初分教誡教授品七之九	首行碎損
宿	75	不也 不不	是菩 語是	5	140	19	初分教誡教授品七之九	
崑	17	也世 增語	世尊 第廿	19	519	20	初分教誡教授品七之十	首十六行碎損
服	42	住常 正斷	道聖 即苦	2	54	20	初分教誡教授品七之十	首三十三行碎 損

第五帙

號	起	止				品名	附記
菜42	摩訶是菩	增語尼門	1	25	21	初分教誡教授品七之十一	
張49	大般初分	世尊非善	3	79	22	初分教誡教授品七之十二	卷多碎損
洪52	四无菩薩	相智廿二	19	559	22	初分教誡教授品七之十二	首十五行碎損
調34	提滅覺菩	訶薩卽諸	1	28	23	初分教誡教授品七之十三	後兩行係雜寫非本卷經文
皇60	薩耶无願	无爲无爲	1	26	23	初分教誡教授品七之十三	
文69	增語色若	訶薩廿三	4	110	23	初分教誡教授品七之十三	全卷碎損
鳥46	大般初分	汝復菩薩	1	26	24	初分教誡教授品七之十四	卷首紙背署張重潤三字
始80	大般初分	處若身意	1	24	24	初分教誡教授品七之十四	
菜67	訶薩若无	訶薩廿四	15	401	24	初分教誡教授品七之十四	首四行碎損
稱30	觸法可言	訶薩廿四	6	145	24	初分教誡教授品七之十四	

餘	2	可得語此	汝復菩薩	1	28	24	初分教誡教授品七之十四	尾二行碎損
皇	64	意觸即眼	舌身故況	2	40	26	初分教誡教授品七之十六	首十三行碎損
往	80	訶薩不空	尊若界在	5	128	27	初分教誡教授品七之十七	首四行碎損
寒	49	內在況有	非善非善	5	140	27	初分教誡教授品七之十七	
來	50	若等不可	訶薩廿七	7	189	27	初分教誡教授品七之十七	
調	71	大般初分	間若得性	5	138	28	初分教誡教授品七之十八	首七行碎損
崑	46	若无淨不	有故死有	1	19	28	初分教誡教授品七之十八	全卷碎損小卷破
崑	45	羅密薩善	何義語非	1	25	28	初分教誡教授品七之十八	
餘	33	大般初分	有故无性	2	37	29	初分教誡教授品七之十九	
人	87	增語相若	非有至不	2	41	29	初分教誡教授品七之十九	首二行碎損

號	起止				品	附記
位 74	思議有故　可言乃至	2	45	29	初分教誡教授品七之十九	首尾碎損各一行
盈 74	大般訶薩　初分第卅	17	455	30	初分教誡教授品七之二十	首五十二行碎損
重 8	初分摩訶　善現菩薩	2	53	30	初分教誡教授品七之二十	首行碎損後一紙經文錯簡
地 43	摩訶第定　若不摩訶	1	12	31	初分教誡教授品七之廿一	此係地四十三號之一
荒 92	外在訶薩　畢竟十二	17	455	32	初分教誡教授品七之廿二	首行碎損
翔 94	不寂既非　寂靜間增	4	94	33	初分教誡教授品七之廿三	首十八行碎損
官 25	性非語非　八十空不	1	24	33	初分教誡教授品七之廿三	
昃 16	大般訶薩　初分卅四	17	476	34	初分教誡教授品七之廿四	首十八行碎損
地 43	畢竟非有　雜染性樂	2	57	34	初分教誡教授品七之廿四	首行碎損此係地四十三號之二

露 99	若遠　訶薩	尊若　卅四	12	333	34	初分教誡教授品七之廿四	首十行碎損
鳥 63	在外　漢果	若一　言卽	1	27	34	初分教誡教授品七之廿四	
潛 52	薩摩　訶摩	不還　卅四	1	25	34	初分教誡教授品七之廿四	
衣 11	大般　預流	初分　果有	1	26	35	初分教誡教授品七之廿五	首十二行碎損
露 49	不淨　薩	語此　卅五	17	460	35	初分教誡教授品七之廿五	首九行碎損
地 43	遠離　漢果	遠離　流果	1	30	35	初分教誡教授品七之廿五	此係地四十三號之三
荒 63	異无　不住	界色　卅六	6	164	36	初分勸學品八 初分无住品九之一	勸學品末重廿四行
荒 100	有故　至知	住世　說於	3	62	37	初分无住品九之二	首九行尾行碎損
日 10	空无　離空	乃至　香味	3	50	37	初分无住品九之二	尾行碎損
洪 99	空不　羅密	觸法　意識	2	51	37	初分无住品九之二	首二行碎損

荒 7　界及四无　意界世尊　2　43　37　初分无住品九之二　尾行碎損

荒 28　薩摩空即　故世修行　2　44　37　初分无住品九之二

帝 58　大般界法　初分觸爲　1　26　38　初分般若行相品十之一

師 39　色界波羅　非所耳鼻　2　61　38　初分般若行相品十之一　全卷碎損三行

羽 57　大般布施　初分淨不　1　21　41　初分般若行相品十之四　首五行碎損

裳 95　大般是行　初分不空　1　26　41　初分般若行相品十之四　卷中碎損三行

淡 97　有方智智　眼不卌一　18　494　41　初分般若行相品十之四　首八行碎損

冬 59　智樂智智　相是卌一　16　444　41　初分般若行相品十之四　首五行碎損　卷尾紙背下角署法堅二字

收 74　惱三如是　地開至以　2　56　41　初分般若行相品十之四

出	9	正斷成辦	卌二寫了	17	458	42	初分譬喻品十一之一	首四行碎損尾署曇貞寫了
羽	59	所生心觀	緣所智智	1	24	42	初分譬喻品十一之一	
服	94	大般初分	不驚不怖	1	26	43	初分譬喻品十一之二	
玉	72	大般初分	可得八聖	1	26	44	初分譬喻品十一之三	
寒	58	復次无所	行般甚深	3	84	44	初分譬喻品十一之三	
露	75	般若善現	有怖卌四	12	324	44	初分譬喻品十一之三	首二十八行碎損
來	49	有願以有	空不耳觸	3	69	45	初分譬喻品十一之四	尾行碎損
來	71	緣所得爲	說耳身界	3	68	45	初分譬喻品十一之四	尾行碎損
來	22	界及可得	可得難相	2	59	45	初分譬喻品十一之四	
往	67	可得有所	相可无相	3	66	45	初分譬喻品十一之四	尾行碎損

號	起止	紙數	行數	卷	品	附記
暑47	无願相可 所得相可	3	69	45	初分譬喻品十一之四	首行碎損
寒69	四无義无 拾十亦如	3	55	45	初分譬喻品十一之四	首尾碎一行
暑58	是善有不 定句時覩	3	51	45	初分菩薩品十二之一	首行碎損
暑83	菩薩如是 士法卌五	2	39	45	初分菩薩品十二之一	
水86	大般得菩 初分薩句	2	54	46	初分菩薩品十二之二	首十三行碎損
洪96	羅蜜德鎧 所畏卌七	15	349	47	初分摩訶薩品十三之一	首五行碎損
果39	定力有情 舍利卌八	11	281	48	初分摩訶薩品十三之二	首七行碎損
月4	八非幻故 諸菩卌九	11	282	49	初分摩訶薩品十三之三 初分大乘鎧品十四之一	首四行碎損
金50	鎧若亦爲 神足自趣	1	28	49	初分大乘鎧品十四之一	
歲96	菩薩提善 弟子現如	6	168	49	初分大乘鎧品十四之一	

千字文號	號	首	尾	紙數	行數	卷	品	備註
張	74	大般初分	空无相空	4	110	50	初分大乘鎧品十四之二	全卷碎損
盈	26	鼻舌處相	无解十五	16	439	50	初分大乘鎧品十四之二	首十九行碎損
辰	39	无上等覺	十一義寫	12	322	51	初分大乘鎧品十四之三 初分辯大乘品十五之一	李義寫
河	67	无解靜故	故无无所	1	28	51	初分大乘鎧品十四之三	首十行碎損
崑	16	大般初分	極堅摩地	2	54	52	初分辯大乘品十五之二	首十一行碎損
露	88	地无精進	念住十二	20	538	52	初分辯大乘品十五之二	首八行碎損
河	61	摩地垢光	如大地世	3	63	52	初分辯大乘品十五之二	首十四行碎損
崑	38	无熱救一	如大地世	1	28	52	初分辯大乘品十五之二	
崑	10	尊云摩地	无忘地善	1	28	52	初分辯大乘品十五之二	
崑	8	現謂是故	普能故名	1	28	52	初分辯大乘品十五之二	

號	起	止	紙	行	字	品	附註
崑74	為金□摩	照了何名	1	28	52	初分辯大乘品十五之二	首行碎損
岡3	為无能發	持功无盡	1	28	52	初分辯大乘品十五之二	
岡14	□摩現為	為淨諸等	1	28	52	初分辯大乘品十五之三	
出28	持得淨光	善現性是	1	28	52	初分辯大乘品十五之三	
出49	故名為乘	字相地善	1	28	52	初分辯大乘品十五之四	
岡21	現謂若住	功德諸定	1	28	52	初分辯大乘品十五之三	
出40	所有一切	是故住三	1	28	52	初分辯大乘品十五之二	
出47	摩所著无	取著法无	1	28	52	初分辯大乘品十五之二	
崑55	所取摩地	地善無不	1	28	52	初分辯大乘品十五之二	尾行碎損
岡13	是故具攝	名為光三	1	28	52	初分辯大乘品十五之二	

裳 97 地世謂若　无量大乘 3 69 52 初分辯大乘品十五之二 首行尾三行碎損

號 54 摩地有情　爲燒炬三 1 30 52 初分辯大乘品十五之二 尾行碎損

號 60 諸煩摩地　大乘相 1 27 52 初分辯大乘品十五之二 首行碎損

崑 36 復次住何　念住十二 2 47 52 初分辯大乘品十五之二

調 92 大般初分　麻栗波羅 2 54 53 初分辯大乘品十五之三

霜 6 六一滿淨　具足十四 18 468 54 初分辯大乘品十五之四 首五行碎損

重 62 菩薩薩摩　具足十四 12 281 54 初分辯大乘品十五之四 首七行碎損

水 95 漢果不住　竟淨大乘 1 28 55 初分辯大乘品十五之五

衣 18 復次素洛　素洛倒非 1 28 56 初分讚大乘品十六之一

宙 82 大般初分　妙超眼寶 2 54 57 初分讚大乘品十六之二 首十三行碎損

字號	號數	起	止	紙數	行數	卷數	品	附記
藏	41	若意／若大	法亦／无數	1	28	57	初分讚大乘品十六之二	
闕	44	大般／初分	當知／切法	1	26	58	初分讚大乘品十六之三	
珠	33	數無／者若	无相／故當	2	55	58	初分讚大乘品十六之三	首十一行碎損
暑	77	不住／受无	現鼻／鼻觸	1	24	58	初分讚大乘品十六之三	
黃	32	大乘／初分	住无／无來	2	54	59	初分讚大乘品十六之四	卷首有小綱帶一根約三寸許字亦工楷
闕	19	自相／无相	可得／十九	17	452	59	初分讚大乘品十六之四	首十四行碎損
宿	58	何以／別異	可得／十九	15	399	59	初分讚大乘品十六之四	首七行碎損
人	74	善現／眼界	乃至／在色	1	28	59	初分讚大乘品十六之四	首七行碎損
洪	38	界眼／得何	有過／有過	1	28	59	初分讚大乘品十六之四	首行微損

字	號	首尾				品	備註
烏	80	過去識界 性亦以故	1	25	59	初分讚大乘品十六之四	卷中碎損四行
烏	78	身界界意 是空法界	1	24	59	初分讚大乘品十六之四	卷中碎損四行
露	100	大般中過 初分不可	1	26	60	初分讚大乘品十六之五	
黃	77	大乘可得 初分空空	2	54	60	初分讚大乘品十六之五	首十行碎損
出	52	願解可得 脫門六十	14	367	60	初分讚大乘品十六之五	首三行碎損
翔	66	不可无二 舍利際菩	1	26	62	初分无所得品十八之二	
芥	37	薩摩可得 舍利十二	5	135	62	初分无所得品十八之二	首四行碎損
淡	71	薩不智一 訶薩薩不	1	24	62	初分无所得品十八之二	首二行碎損
始	24	有異者何 異非空前	3	83	63	初分无所得品十八之三	
生	12	足五虛空 何舍可得	1	25	63	初分无所得品十八之三	

號	起	止				品	附記
官24	大般初分	耳界有不	1	26	64	初分无所得品十八之四	
調5	大般无所	聖諦摩訶	5	138	64	初分无所得品十八之四	全卷碎損二十一行
成43	可得受聲	子身无所	2	56	64	初分无所得品十八之四	
潛99	亦无意界	於風所有	1	26	65	初分无所得品十八之五	
薑55	空界界於	靜慮无色	3	84	65	初分无所得品十八之五	
昃94	大般初分	果法性空	3	82	66	初分无所得品十八之六	首二十六行碎損
辰75	薩名所從	假名十六	5	136	66	初分无所得品十八之六	
闕14	解脫世无	散失十七	17	467	67	初分无所得品十八之七	首十二行碎損
昃95	不可十方	可得世无	2	58	67	初分无所得品十八之七	首三行碎損
珠3	大般初分	故若何法	3	82	68	初分无所得品十八之八	

第五帙

號		首	尾				品名	備註
裳	2	一切 一切	三摩 性空	2	37	68	初分无所得品十八之八	首四行碎損
霜	68	子諸 散失	遠離 十八	14	382	68	初分无所得品十八之八	首二行碎損
裳	37	失舍 散失	无失 失味	3	84	68	初分无所得品十八之八	
李	15	惱亦 勝地	空內 善亦	1	23	68	初分无所得品十八之八	
昃	97	大般 以故	初分 現言	3	82	69	初分无所得品十八之九	首四行碎損
夜	96	生諸 无散	亦无 散失	3	71	69	初分无所得品十八之九	首九行碎損
李	32	諸受 異由	生若 利子	1	25	69	初分无所得品十八之九	首七行碎損
收	62	此総 脫門	畢竟 十九	3	55	69	初分无所得品十八之九	首行碎損
翔	16	大空 說若	散空 生則	1	26	69	初分无所得品十八之九	
崑	25	不生 緣所	修行 香界	4	112	70	初分无所得品十八之十 初分觀行品十九之一	首十四行碎損

號	起	止	紙數	行數	每行字數	品名	附記
麗81	分故不沒	修行若波	3	85	70	初分无所得品十八之十　初分觀行品十九之一	首尾碎損各一行
麗84	亦不相无	羅蜜設爲	3	84	70	初分无所得品十八之十　初分觀行品十九之一	首尾碎損各一行
昃98	大般不生	初分所生	3	82	70	初分无所得品十八之十	首二十二行碎損
玉66	大般畢竟	初分二无	4	111	70	初分无所得品十八之十	首二十六行尾行碎損
衣4	乃至憂惱	薩修多觀	1	28	70	初分觀行品十九之一	尾三行碎損
麗88	无相多時	般若羅蜜	3	84	70	初分觀行品十九之一	
劍77	受不性空	提於七十	8	203	70	初分觀行品十九之一	首三十行碎損
衣91	世尊識界	不見味界	1	23	70	初分觀行品十九之一	
金32	多性性空	般若七十	4	109	70	初分觀行品十九之一	
結83	羅蜜非一	初分空外	6	167	71	初分觀行品十九之二	首五十五行碎損

霜	皇	地	餘	出	宇	昃	出	月	月
79	80	72	18	84	43	87	76	46	34
空乃性自	訶薩時觀	遠離諸受	法處是聲	緣所諸受	羅蜜虛般	訶薩力无	作意意亦	故當多无	舍利通非
實性於地	非不所生	諸法十二	空故十四	竟淨薩摩	空故十四	十四照寫	多非无寔	意亦覺知	非有无上
10	4	14	18	8	14	9	6	3	3
280	95	354	469	208	273	235	171	69	68
71	72	72	74	74	74	74	76	76	76
初分觀行品十九之二	初分觀行品十九之三	初分觀行品十九之三	初分觀行品十九之五 初分无生品二十之一	初分觀行品十九之五 初分无生品二十之一	初分觀行品十九之五 初分无生品二十之一	初分无生品二十之一	初分淨道品廿一之二	初分淨道品廿一之二	初分淨道品廿一之二
	首行碎損	首五行碎損	首三行碎損 比丘道眞受持	首二十六行碎損		比丘智照寫	首七行碎損		首尾二行碎損

號	起	止	紙數	行數	卷	品	附記
月36	提非提心	有聲十六	2	37	76	初分淨道品廿一之二	首行碎損
列48	大般來身	初分千分	1	26	77	初分天帝品廿二之一	首十行碎損
巨69	不及香味	如是觸法	3	84	77	初分天帝品廿二之一	
稱12	處苦鼻識	我思惟鼻	5	140	77	初分天帝品廿二之一	
律77	思惟耳識	受有唯耳	1	20	77	初分天帝品廿二之一	
律70	界不所生	所生識界	1	28	77	初分天帝品廿二之一	
律39	及耳蜜多	有橫十七	8	215	77	初分天帝品廿二之一	
稱60	界寂受遍	緣所身觸	4	112	77	初分天帝品廿二之一	
闕30	身觸蜜多	惟觸十七	3	75	77	初分天帝品廿二之一	
荒83	識界故	火風十八	17	441	78	初分天帝品廿二之二	首六行碎損

號	起	止				品名	附記
麗 91	品第復次	便故十九	16	444	79	初分天帝品廿二之三	首九行碎損
律 71	蜜多味國	便故十九	16	437	79	初分天帝品廿二之三	首十八行碎損
宙 46	不應我不	應住至八	1	25	79	初分天帝品廿二之三	
洪 56	大般初分	子一解者	6	166	81	初分天帝品廿二之五 初分諸天子品廿三之一	
位 55	不住故以	摩訶非不	2	43	81	初分天帝品廿二之五	首十五行碎損
淡 33	化如天子	勘了顒寫	15	400	82	初分諸天子品廿三之二 初分受教品廿四之一	首五行碎損末署比丘法濟勘丁安顒寫
玉 7	別生亦不	訶薩空不	13	343	83	初分受教品廿四之二	首十五行碎損
麗 6	空分別空	遠離十三	3	75	83	初分受教品廿四之二	
盈 70	諸受以无	故十四	11	275	84	初分受教品廿四之三 初分散華品廿五	首行碎損

字號	號數	起	止	紙數	行數	卷	品	附記
地	6	寂靜地法	而爲方[illegible]	5	140	84	初分受敎品廿四之三	首十三行碎損
月	26	空空无際	空見迦不	2	57	86	初分學般若品廿六之二	首十行碎損
玉	53	故不不於	分故十六	16	411	86	初分學般若品廿六之二	首十四行碎損
推	77	十八若菩	菩薩以故	1	25	86	初分學般若品廿六之二	
地	94	故學薩摩	受壞故學	6	182	87	初分學般若品廿六之三	
字	12	故學薩摩	分故故學	1	28	87	初分學般若品廿六之三	首行碎損
爲	1	不爲故以	學邪十七	6	165	87	初分學般若品廿六之三	
荒	46	大般初分	三佛薩摩	3	82	88	初分學般若品廿六之四	
閏	8	大般初分	薩摩受壞	3	83	88	初分學般若品廿六之四	
帝	45	大般初分	意界觸意	1	26	88	初分學般若品廿六之四	卷中碎損五行

字	號							品	備注
制	46	受壞　時不	覺支　薩摩	1	28	88	初分學般若品廿六之四	
推	76	相智　等若	覺果　內外	1	25	88	初分學般若品廿六之四	
衣	69	畢竟　空自	捨不　四无	2	42	89	初分學般若品廿六之五	首三行尾二行碎損
薑	47	是學　成辨	不見　捨不	3	68	89	初分學般若品廿六之五	首行尾三行碎損
玉	44	不見　獨覺	便故　多時	2	32	89	初分學般若品廿六之五	首九行尾二行碎損
推	98	來眞　得非	界乃　可得	1	24	90	初分求般若品廿七之二	
字	28	非法　來法	眞如　非如	2	50	90	初分求般若品廿七之二	首尾碎損各一行
往	100	如何　勝處	可得　十二	18	486	91	初分求般若品廿七之三	首十四行碎損
巨	13	眞如　如如	不共　无所	6	155	91	初分求般若品廿七之三	首七行碎損
雲	32	眞如　第定	可得　可得	12	307	91	初分求般若品廿七之三	首尾碎損各四行

致	51	憍尸无願	可得十一	16	418	91	初分求般若品廿七之三	首十二行碎損
夜	14	畏乃來法	得非向阿	6	168	91	初分求般若品廿七之三	
巨	61	羅漢一來	如來薩眞	3	84	91	初分求般若品廿七之三	
號	69	非不亦非	非相眞如	1	28	92	初分求般若品廿七之四	首十二行碎損
衣	88	非不亦非	離淨相應	1	25	92	初分求般若品廿七之四	
制	10	如來應於	相應法法	1	28	93	初分求般若品廿七之五	
帝	97	大般初分	精進施布	1	26	96	初分求般若品廿七之八	
鱗	65	所生蜜多	性求十七	17	453	97	初分求般若品廿七之九	首八行碎損
稱	99	同一薩所	般若相智	1	25	97	初分求般若品廿七之九	首行碎損
乃	49	初分憍尸	流果者於	4	96	98	初分求般若品廿七之十 初分歎衆德品廿八之一	首十五行尾六行碎損

字號	號	首（右）	首（左）				經名	備註
潛	82	非離聖諦	漢如解脫	1	27	99	初分攝受品廿九之一	首行碎損
陽	38	迦郞快樂	三十一百	16	443	100	初分攝受品廿九之二	首十七行碎損
劍	2	大般脫門	初分令住	4	110	101	初分攝受品廿九之三	首三十四行碎損
劍	38	佛十想行	大捨蜜多	2	56	101	初分攝受品廿九之三	尾二行碎損
師	34	者自敎他	法歡四神	2	40	101	初分攝受品廿九之三	尾行碎損
推	32	得養界及	不得所得	1	27	102	初分攝受品廿九之四	
出	94	提已恭敬	量无香衣	3	61	103	初分攝受品廿九之五 初分校量功德品卅之一	
潛	19	提已答於	量无於何	1	25	103	初分攝受品廿九之五 初分校量功德品卅之一	
歲	4	戒安化天	羅密天覺	3	78	103	初分攝受品廿九之五	全卷碎損
衣	61	獨覺是一	安樂諸天	1	28	104	初分校量功德品卅之二	首八行尾三行碎損

號	起	止	紙數	行數	卷	品	附記
裳98	尸迦以无	憍尸无相	1	25	104	初分校量功德品卅之二	
雲57	斷絕靜慮	遺故百五	15	407	105	初分校量功德品卅之三	首九行碎損
翔55	大仙忘失	羅蜜明咒	3	53	105	初分校量功德品卅之三	首尾碎損各一行
陽97	多是如是	向不憍尸	3	55	105	初分校量功德品卅之三	首七行尾四行碎損
果72	勝利珞及	不異此般	2	33	106	初分校量功德品卅之四	卷多碎損
光12	若波波羅	法恆讚般	1	28	106	初分校量功德品卅之四	尾行碎損
霜84	世尊相无	通百六	8	219	106	初分校量功德品卅之四	首行碎損
人7	也世法界	門可不也	2	56	106	初分校量功德品卅之四	尾十四行碎損
致37	四无四靜	不虛住實	6	132	106	初分校量功德品卅之四	首二行尾行碎損
霜38	大般初分	无所內外	2	32	107	初分校量功德品卅之五	尾五行碎損

麗	78	方便智智	提百八	12	313	108	初分校量功德品卅之六	首五十九行碎損
果	77	切智習佛	提百八	11	263	108	初分校量功德品卅之六	首行碎損
闕	37	大般初分	便廻識名	1	26	109	初分校量功德品卅之七	首二行碎損
珍	9	觸受方便	百九瀚勘	16	120	109	初分校量功德品卅之七	首行碎損
光	51	摩地爲方	以法生性	7	196	109	初分校量功德品卅之七	
鹹	45	義空散空	色定百九	9	220	109	初分校量功德品卅之七	
推	80	界法法定	羅尼性不	1	26	109	初分校量功德品卅之七	
辰	16	一切方便	色定百九	2	43	109	初分校量功德品卅之七	首十八行碎損
盈	87	定无爲方	菩提一十	13	352	110	初分校量功德品卅之八	首五行碎損
龍	66	大般初分	爲方切智	1	26	111	初分校量功德品卅之九	

收	59	等性 界以	菩提 十一	16	416	111	初分校量功德品卅之九	首七行碎損
龍	61	以一 阿羅	果无 廻向	1	26	111	初分校量功德品卅之九	卷中碎損五行
師	57	喜大 預流	菩提 十一	2	31	111	初分校量功德品卅之九	首三行碎損
河	20	世尊 所得	聖諦 十二	9	251	112	初分校量功德品卅之十	
閏	90	方便 性空	觸法 二分	1	28	112	初分校量功德品卅之十	
服	43	大般 初分	以眼 方便	4	115	113	初分校量功德品三十之十一	
來	9	意處 身意	无所 十八	2	41	113	初分校量功德品三十之十一	首二十二行尾行碎損
暑	56	共法 空與	以故 二无	2	34	113	初分校量功德品三十之十一	尾行碎損
來	13	二分 方便	意處 身意	1	28	113	初分校量功德品三十之十一	
來	45	處性 二分	方便 切三	2	36	113	初分校量功德品三十之十一	

來	6	摩地處性	故以進靜	3	56	113	初分校量功德品三十之十一	首行尾四行碎損
暑	17	布施若波	性空十三	7	181	113	初分校量功德品三十之十一	首四行碎損比丘談口寫
龍	18	生爲智修	一切外空	1	28	113	初分校量功德品三十之十一	首七行尾二行碎損
始	75	大般初分	慶喜彼眞	3	82	114	初分校量功德品三十之十二	首七行碎損
水	29	眞如以香	彼眞由此	1	28	114	初分校量功德品三十之十二	
盈	6	眼界无所	捨性十五	16	438	115	初分校量功德品三十之十三	首九行碎損
翔	34	以故諸受	解脫此故	2	54	115	初分校量功德品三十之十三	全卷碎損
宿	55	恆住爲緣	捨性十五	1	22	115	初分校量功德品三十之十三	首九行碎損
珠	13	世尊識界	性空十六	13	345	116	初分校量功德品三十之十四	首九行碎損
稱	9	切陁尊云	智修薩行	5	140	116	初分校量功德品三十之十四	

夜35 世尊性空 无所十六 4 116 116 初分校量功德品三十之十四

推62 上正菩提 身界方便 1 26 116 初分校量功德品三十之十四

調83 大般次第 初分便无 2 54 117 初分校量功德品三十之十五

推69 行乃便廻 至老行識 1 25 117 初分校量功德品三十之十五 尾三行碎損此係推六十九號之一

珠54 空共足五 空无道支 4 89 118 初分校量功德品三十之十六 首四十四行尾四行碎損

調77 性空智智 性空七等 1 28 118 初分校量功德品三十之十六

稱74 慶喜空內 爲方法恆 3 68 118 初分校量功德品三十之十六 首行碎損

闕57 住捨聖道 外空性空 7 195 118 初分校量功德品三十之十六 尾七行碎損

律33 大般智 初分方便 2 54 119 初分校量功德品三十之十七

字號	號	首	尾	數	品	備考
調	80	大般 / 初分	智 / 方便	2 54 119	初分校量功德品三十 / 之十七	首十九行碎損
珠	48	无所 / 羅尼	故慶 / 生爲	1 28 119	初分校量功德品三十 / 之十七	尾三行碎損
鹹	84	戒安 / 空與	虛四 / 此故	6 151 120	初分校量功德品三十 / 之十八	首十行尾二行 / 碎損
龍	76	羅蜜 / 生爲	智安 / 空有	1 21 120	初分校量功德品三十 / 之十八	此係龍七十六 / 號之一
龍	30	大般 / 初分	解脫 / 方便	2 54 121	初分校量功德品三十 / 之十九	首四十五行碎 / 損
夜	72	空何 / 无性	共法 / 卄一	14 373 121	初分校量功德品三十 / 之十九	首四行碎損
字	22	拾十 / 以四	道支 / 等覺	1 24 121	初分校量功德品三十 / 之十九	首二行尾二行 / 碎損
收	48	正等 / 所畏	菩提 / 卄三	15 421 123	初分校量功德品三十 / 之卄一	首五行碎損
人	59	相智 / 故以	智无 / 廻向	1 27 123	初分校量功德品三十 / 之卄一	
裳	19	大般 / 初分	自性 / 地門	1 26 124	初分校量功德品三十 / 之卄二	尾六行碎損

號		起	止	紙數	行數	卷	品	附記
宇	51	一切所得	尼門恆往	4	112	124	初分校量功德品三十之廿二	首三行碎損
烏	30	羅尼正等	爲方菩提	1	24	124	初分校量功德品三十之廿二	首五行尾行碎損
光	89	慶喜爲導	生爲廿五	16	424	125	初分校量功德品三十之廿三	首六行碎損
位	34	切智二爲	脫門一切	1	28	125	初分校量功德品三十之廿三	
始	92	門无於彼	般若此般	1	28	125	初分校量功德品三十之廿三	
乃	92	蜜多波羅	爲隨爲導	1	15	125	初分校量功德品三十之廿三	
收	23	大地擁護	地與廿六	14	376	126	初分校量功德品三十之廿四	
宿	86	波羅若波	无相如理	3	79	126	初分校量功德品三十之廿四	首五行碎損
龍	6	所觀法定	蜜多聞佛	2	44	127	初分校量功德品三十之廿五	全卷碎損
調	54	佛十飾復	大捨寶幢	3	77	127	初分校量功德品三十之廿五	首十二行碎損

字	號	文				品	備註
位	59	損无如是 法个住捨	1	25	127	初分校量功德品三十之廿五	
暑	44	施波薩摩 憍尸精勤	1	27	127	初分校量功德品三十之廿五	
推	18	則爲相无 迦甚蜜多	2	40	127	初分校量功德品三十之廿五	首十五行碎損
致	85	堪受生性 重讚修故	1	26	128	初分校量功德品三十之廿六	
文	8	性離故憍 是菩夜修	1	26	129	初分校量功德品三十之廿七	
河	65	此二可得 无邊百卅	16	435	130	初分校量功德品三十之廿八	首九行碎損
致	84	以无如是 幢幡伽羅	1	26	130	初分校量功德品三十之廿八	尾五行碎損
衣	46	云何安性 不天實際	1	21	130	初分校量功德品三十之廿八	首行碎損
果	54	蜜藏菩提 蜜多若喜	1	28	130	初分校量功德品三十之廿八	
稱	80	可得可得 說法百卅	11	306	130	初分校量功德品三十之廿八	首七行碎損

日 65	多諍設可	由此法故	1	28	130	初分校量功德品三十之廿八	
珠 81	法故可得	聖諦百卅	10	282	130	初分校量功德品三十之廿八	首十行碎損
潛 95	大般有佛	初分故憍	2	54	131	初分校量功德品三十之廿九	首二行脆碎
稱 44	如是設可	漏法法故	3	64	131	初分校量功德品三十之廿九	首二十七行碎損
號 100	來果藏中	伽羅邊處	3	69	133	初分校量功德品三十之三十一	首廿九行碎損
龍 54	間便藏中	設可施設	1	24	133	初分校量功德品三十之三十一	
衣 47	根五皆令	解脫於意	4	104	133	初分校量功德品三十之三十一	首五行碎損
巨 8	大般訶薩	初分供養	2	54	134	初分校量功德品三十之三十二	全卷碎損
稱 69	大般諦施	初分羅蜜	2	54	135	初分校量功德品三十之三十三	尾行碎損
師 70	化十秘蜜	來不无量	1	31	135	初分校量功德品三十之三十三	首尾碎損各一行

夜	9	行識无上	行識味觸	1	29	136	初分校量功德品三十四之三十	首九行碎損
夜	20	大般受苦	初分爲行	2	54	138	初分校量功德品三十六之三十	首二十行碎損
夜	21	我應蜜多	切相无上	3	68	139	初分校量功德品三十七之三十	首四十行尾行碎損
闕	89	淨戒常應	无常眞如	3	78	140	初分校量功德品三十八之三十	首廿二行尾二行碎損
始	65	所得若常	多憍宏若	2	32	140	初分校量功德品三十八之三十	首七行尾九行碎損
推	72	說有所說	復次蜜多	1	24	140	初分校量功德品三十八之三十	
推	20	大般多	初分人等	1	26	141	初分校量功德品三十九之三十	首八行尾三行碎損
闕	16	復作多	應求卌一	13	367	141	初分校量功德品三十九之三十	首十四行碎損
巨	43	似安乃至	是說行安	1	28	141	初分校量功德品三十九之三十	
師	26	求色緣所	應求苦應	1	28	142	初分校量功德品四十之三十	

秋	10	大般初分	受若爲行	2	54	143	初分校量功德品三十之四十一	首二十行碎損
巨	45	復次提心	識界乃至	2	60	143	初分校量功德品三十之四十一	尾行碎損
闕	26	不思求法	正斷若常	3	80	143	初分校量功德品三十之四十一	首尾碎損各一行
珠	53	住捨說恆	切相應求	2	30	143	初分校量功德品三十之四十一	
張	54	大般初分	薩摩法修	2	54	144	初分校量功德品三十之四十二	
秋	8	大般初分	薩摩法修	2	54	144	初分校量功德品三十之四十二	
闕	76	復次菩提	蜜多十八	16	427	144	初分校量功德品三十之四十二	首二行碎損
闕	21	是行人等	苦應若苦	1	24	144	初分校量功德品三十之四十二	
乃	13	求集若苦	若無大捨	3	136	145	初分校量功德品三十之四十三	首十行尾三行碎損
生	13	大般初分	觀色以故	1	24	146	初分校量功德品三十之四十四	

往 66	常若常何	尚无若能	3	84	146	初分校量之四十四功德品三十	
往 63	爲緣是般	自性空是	3	72	147	初分校量之四十五功德品三十	首十六行碎損
生 29	善男若常	蜜多卌七	4	91	147	初分校量之四十五功德品三十	書法頗佳
推 99	以者樂之	无上言汝	1	26	147	初分校量之四十五功德品三十	
往 35	大般初分	四念五根	3	82	148	初分校量之四十六功德品三十	
水 87	十遍是八	蜜多卌八	17	452	148	初分校量之四十六功德品三十	首三十四行碎損
餘 39	是靜男子	非自非自	1	28	149	初分校量之四十七功德品三十	首五行碎損
潛 66	眼處身性	性即若非	1	26	149	初分校量之四十七功德品三十	
餘 41	靜慮子慮	靜慮蜜多	1	28	150	初分校量之四十八功德品三十	
地 75	蜜多慮不	共相性自	1	24	150	初分校量之四十八功德品三十	此係地七五號之一

號	起	止	紙數	行數	卷	品	附記
推 19	復次眞如	菩提法界	1	32	150	初分校量功德品三十之四十八	尾行碎損
呂 59	大般蜜多	初分十一	16	441	151	初分校量功德品三十之四十九	
裳 69	性亦此等	於此蜜多	2	31	152	初分校量功德品三十之五十	首尾碎損各二行
龍 94	說是此中	復次現有	2	43	152	初分校量功德品三十之五十	首尾碎損各二行
潛 42	復作人等	應觀蜜多	1	29	152	初分校量功德品三十之五十	尾行碎損
龍 84	得聲眼界	可得所生	2	27	152	初分校量功德品三十之五十	首五行尾四行碎損
夜 2	大般觸爲	初分意界	7	194	153	初分校量功德品三十之五十一	首十行碎損
巨 2	精進正精	可得蜜多	3	78	153	初分校量功德品三十之五十一	首四十行碎損
宙 12	性卽蜜多	无明十三	7	175	153	初分校量功德品三十之五十一	首三行碎損
水 27	六神至十	空六卽是	1	28	154	初分校量功德品三十之五十二	

鱗	5	大般以者 / 初分何況	9	250	155	初分校量功德品三十 / 之五十三	首二十六行碎 / 損
雨	2	自性蜜多 / 空是十五	12	317	155	初分校量功德品三十 / 之五十三	首十四行碎損
鱗	61	有彼蜜多 / 進波十五	6	155	155	初分校量功德品三十 / 之五十三	
閏	72	大般蜜多 / 初分十六	16	426	156	初分校量功德品三十 / 之五十四	首二十八行碎 / 損
衣	50	自性爲宜 / 諸受蜜多	1	28	156	初分校量功德品三十 / 之五十四	
閏	89	即非蜜多 / 性非不淨	1	28	156	初分校量功德品三十 / 之五十四	
羽	25	大般蜜多 / 初分十七	16	435	157	初分校量功德品三十 / 之五十五	
衣	81	大般修安 / 初分安忠	1	24	158	初分校量功德品三十 / 之五十六	首二行碎損
龍	60	至十住捨 / 可得即非	2	56	158	初分校量功德品三十 / 之五十六	首四行碎損
結	72	无我鼻舌 / 色色是耳	2	56	159	初分校量功德品三十 / 之五十七	

裳 81 門若性即 若常八卷 1 26 161 初分校量功德品三十之五十九 尾署寅年三月廿九日巳後欠 經十八卷十四字

珠 77 大般意處 初分舌身 5 138 162 初分校量功德品三十之六十 首七十四行碎損

水 11 无上蜜多 性空十二 14 360 162 初分校量功德品三十之六十 首二十七行碎損

崑 1 界乃十三 觸爲虛寂 16 336 163 初分校量功德品三十之六十一 首四行碎損

月 20 故內蜜多 勝義十三 5 134 163 初分校量功德品三十之六十一

闕 62 大般十遍 初分自性 2 54 164 初分校量功德品三十之六十二 首十四行碎損

地 11 修布蜜多 布施十四 15 412 164 初分校量功德品三十之六十二 首八行碎損

海 99 復作出故 不應十五 14 373 165 初分校量功德品三十之六十三 首六行碎損

淡 39 入等瞻部 切於入等 8 212 165 初分校量功德品三十之六十三 首十三行碎損

字	號	起止字				品目	備注
巨	54	復作是般 羅蜜証得	4	112	167	初分校量功德品三十之六十五	首九行碎損
鱗	81	无上相不 多无十八	15	391	168	初分校量功德品三十之六十六	首三十六行碎損
鱗	73	對其迴向 十遍十九	12	337	169	初分隨喜迴向品三十之二	首三行碎損
乃	50	大般菩提 初分涅槃	3	82	170	初分隨喜迴向品三十之三	首八行尾行碎損
冬	4	甚深相无 五弟眼巳	2	47	170	初分隨喜迴向品三十之三	全卷碎損十七行
海	68	大般墮欲 初分未來	3	82	171	初分隨喜迴向品三十之四	卷中碎損廿六行
翔	63	喜迴善如 不墮善根	1	22	171	初分隨喜迴向品三十之四	
乃	16	大般正斷 初分戒无	1	26	173	初分讚般若品三十二之二	首十四行碎損
麗	100	復次蜜多 界不十四	16	442	174	初分讚般若品三十二之三	首十行碎損
芥	60	界不爲綵 生諸界不	1	25	174	初分讚般若品三十二之三	

號	首行	末行	紙數	行數	卷	品	附記
列92	靜慮蜜多	想如十五	17	456	175	初分讚般若品三十二之四	首二行碎損
始31	不作不作	不作佛不	1	26	175	初分讚般若品三十二之四	首六行尾二行碎損
閏86	智亦非行	道相菩薩	2	26	176	初分讚般若品三十二之五	首十一行尾三行碎損
翔8	作大力作	於預尊是	1	28	176	初分讚般若品三十二之五	
調19	作有羅蜜	有力菩提	6	169	178	初分讚般若品三十二之七	
海88	作有非不	多等薩摩	1	27	178	初分讚般若品三十二之七	
歲69	八佛蜜多	若作十九	19	517	179	初分讚般若品三十二之八	首十八行碎損
翔77	住捨力於	是善力无	1	28	179	初分讚般若品三十二之八	
字4	住捨力於	是善力无	1	28	179	初分讚般若品三十二之八	首二十行碎損
薑3	大般般若	初分知般	2	54	181	初分讚般若品三十二之十	首二十六行尾二行碎損

號	起	止				品名	附記
潛 54	波羅預流	知般有故	2	27	181	初分讚般若品三十二之十	首八行碎損
字 38	薩摩相菩	覺无正等	1	25	181	初分讚般若品三十二之十	
調 9	和合作增	有愚我說	6	168	181	初分謗般若品三十三之十	首七行碎損
光 81	具諸造作	多十一	3	46	181	初分謗般若品三十三之十	首尾碎損各一行
師 49	大般初分	耳觸界乃	1	26	182	初分難信解品三十四之一	首四行尾七行碎損
蓋 7	故布羅蜜	住爲住非	1	28	182	初分難信解品三十四之一	
官 47	空識前際	有性際非	1	26	182	初分難信解品三十四之一	尾行碎損此號係官四十七
							之二
調 4	身界所有	性故十二	6	151	182	初分難信解品三十四之一	首三行碎損卷中碎損廿八行
號 6	大般初分	故四性故	1	26	183	初分難信解品三十四之二	

號	號數	起	止	紙數	行數	卷	品	附記
玉	58	以故善現	无別忘失	1	26	183	初分難信解品三十四之二	
臺	8	生諸現苦	无別清淨	2	58	184	初分難信解品三十四之三	首尾碎損各八行
往	15	切相斷故	淨與十四	7	168	184	初分難信解品三十四之三	首十二行碎損
珠	5	大般斷故	初分十五	16	436	185	初分難信解品三十四之四	首十行碎損
臺	4	淨即淨即	香味故是	2	43	185	初分難信解品三十四之四	全卷碎損
陽	69	眼界何以	有情分无	6	168	185	初分難信解品三十四之四	首七行碎損
騰	72	別无二无	耳觸識界	3	84	185	初分難信解品三十四之四	
帝	23	清淨生諸	界清淨即	2	32	185	初分難信解品三十四之四	首尾碎損各一行
陽	96	及鼻斷故	至鼻十五	4	103	185	初分難信解品三十四之四	比丘福寫記
宇	86	所生界味	清淨淨味	2	52	185	初分難信解品三十四之四	

宙 9 大般初分 別无身觸 3 54 186 初分難信解品三十四之五

地 39 大般初分 識界乃至 3 82 186 初分難信解品三十四之五

歲 5 受清法界 清淨受者 2 56 186 初分難信解品三十四之五

薑 5 清淨二分 淨與分二 1 28 187 初分難信解品三十四之六

陽 86 二分性不 斷故十七 11 287 187 初分難信解品三十四之六

鹹 28 淨即淨无 斷故十八 6 171 188 初分難信解品三十四之七

荒 54 童清故是 无斷十八 1 24 188 初分難信解品三十四之七

此係荒五四號之一卷後有報恩寺藏經印長方朱文

出 66 无二性清 斷故九十 10 283 190 初分難信解品三十四之九

果 16 大般初分 斷故十一 16 426 191 初分難信解品三十四之十

首十一行碎損

號	起	止	紙	行	卷	品	附記
藏31	无二斷故	无忘十一	7	178	191	初分難信解品三十四之十	首十一行碎損
官19	即色觸為	受清故是	1	26	191	初分難信解品三十四之十	
金37	處清是士	清淨清淨	4	106	192	初分難信解品三十四之十一	首十六行尾行碎損
官48	分无十八	清淨士夫	4	104	192	初分難信解品三十四之十一	首三十八行碎損
玉29	八勝界清	二无是補	4	94	192	初分難信解品三十四之十一	首尾碎損各一行
玉59	淨耳五力	特伽八聖	4	104	192	初分難信解品三十四之十一	首二行尾行碎損
來25	大般斷故	初分生清	1	29	193	初分難信解品三十四之十二	尾行碎損
陽45	大般別无	初分十力	5	138	193	初分難信解品三十四之十二	首十二行碎損
張2	二无斷故	識清十三	15	401	193	初分難信解品三十四之十二	首五十行碎損
海53	即聲无別	緣所觸身	1	22	193	初分難信解品三十四之十二	首行碎損

字號	卷	經文		位置			品次	損況
推	36	意生與諸	二无聖諦	4	101	193	初分難信解品三十四之十二	首十七行碎損
玉	86	大般初分	淨與清淨	15	396	194	初分難信解品三十四之十三	首十行尾十五行碎損
夜	62	住清作者	斷故十四	14	375	194	初分難信解品三十四之十三	首三行尾九行碎損
光	49	別无清淨	以故二分	1	28	195	初分難信解品三十四之十四	首八行碎損
服	53	无二門清	耳鼻善現	2	31	195	初分難信解品三十四之十四	首行碎損
閏	92	等覺清淨	淨即者清	1	26	195	初分難信解品三十四之十四	
光	96	二分摩訶	以故切智	1	28	195	初分難信解品三十四之十四	
閏	88	分別摩訶	若色別无	1	26	195	初分難信解品三十四之十四	
崑	47	大般初分	斷故意界	1	27	196	初分難信解品三十四之十五	首七行尾行碎損
龍	4	大般初分	斷故故一	1	27	196	初分難信解品三十四之十五	尾行碎損

字號	號	首行起止	次行起止				品	附記
律	53	若一　斷故	有情　十六	16	424	196	初分難信解品三十四之十五	首十八行碎損
珠	96	大般　果清	初分　清淨	4	110.	197	初分難信解品三十四之十六	卷多碎損
生	37	大般　界乃	初分　故若	1	27	198	初分難信解品三十四之十七	
成	44	至不　若八	士夫　智清	1	24	198	初分難信解品三十四之十七	
爲	61	清淨　斷故	相智　十八	15	399	198	初分難信解品三十四之十七	首六行脆碎
收	76	智清　无二	故觸　斷故	1	28	199	初分難信解品三十四之十八	
玉	67	智清　斷故	故觸　十九	13	358	199	初分難信解品三十四之十八	首二十行碎損
冬	52	分无　斷故	蓄現　十九	12	330	199	初分難信解品三十四之十八	
官	100	門清　斷故	无斷　十九	1	22	199	初分難信解品三十四之十八	
秋	90	清淨　淨故	歎苦　處清	5	140	200	初分難信解品三十四之十九	首十三行碎損

辰	96	淨若故一	切智處清	5	131	200	初分難信解品三十四之十九	首三行碎損
闕	79	不思斷故	受者二百	11	305	200	初分難信解品三十四之十九	首行碎損
宙	78	无別斷故	礙解二百	10	252	200	初分難信解品三十四之十九	首九行碎損
制	35	淨若分无	故知門清	6	168	200	初分難信解品三十四之十九	首十三行碎損
收	9	淨若斷故	故知二百	7	191	200	初分難信解品三十四之十九	
日	16	一切故	乃至百一	15	402	201	初分難信解品三十四之二十	首八行碎損
光	52	无二斷故	諦清无願	14	392	202	初分難信解品三十四之二十	首九行碎損
地	1	羅尼空界	淨與清淨	4	112	202	初分難信解品三十四之廿一	背有蕃文
芥	29	清淨百三	一切明寫	17	453	203	初分難信解品三十四之廿二	首二十三行碎損末署伯明寫
闕	81	故受斷故	清淨百四	15	413	204	初分難信解品三十四之廿三	首四十九行碎損

號	起	止	紙數	行數	卷	品名	附記
霜48	是意諸受	无斷緣所	2	56	204	初分難信解品三十四之廿三	
巨19	无斷斷故	色處百四	14	390	204	初分難信解品三十四之廿三	首四行碎損
裳88	大般何以	初分若一	2	54	205	初分難信解品三十四之廿四	
重28	若波一切	淨耳斷故	4	92	205	初分難信解品三十四之廿四	首五行碎損
重79	共相恆性	无性分二	3	84	205	初分難信解品三十四之廿四	首十二行碎損
重80	別无以故	智清若一	7	196	205	初分難信解品三十四之廿四	
柰72	復次眼觸	清淨爲緣	1	30	206	初分難信解品三十四之廿五	全卷碎損
露58	蜜多智勘	无二曬寫	17	463	206	初分難信解品三十四之廿五	首五行碎損福　智勘張曬寫
水13	切智故若	若聲切智	2	33	206	初分難信解品三十四之廿五	首四行碎損
霜46	水火清淨	一切蜜多	2	56	206	初分難信解品三十四之廿五	

字	號	經文	卷	頁	行	品	備注
河	18	水火无別一切外空	1	25	206	初分難信解品三十四之廿五	
文	60	蜜多无二智清淨故	2	51	206	初分難信解品三十四之廿五	首五行碎損
芥	33	淨何以故淨若若一	1	28	207	初分難信解品三十四之廿六	
霜	45	清淨清淨斷故淨何	3	62	207	初分難信解品三十四之廿六	首七行碎損
霜	44	大般行乃初分清淨	3	82	208	初分難信解品三十四之廿七	首二十一行碎損
翔	36	身界淨行以故清淨	1	28	208	初分難信解品三十四之廿七	首八行碎損
號	83	无斷斷故界清百八	15	398	208	初分難信解品三十四之廿七	首六行碎損
生	27	識界斷故淨法百八	15	397	208	初分難信解品三十四之廿七	首六行碎損
宿	42	觸爲斷故淨法百九	16	436	209	初分難信解品三十四之廿八	首四行碎損
柰	4	分无淨若淨身无斷	1	25	210	初分難信解品三十四之廿九	

號	起	止	紙數	行數	卷	品	附記
盈 11	大般 初分	二无 善現	5	101	211	初分難信解品三十四之三十	此係盈十一號之一
翔 93	大般 初分	一切 切陁	2	54	211	初分難信解品三十四之三十	
潛 14	清淨 諸受	分无 五根	3	72	211	初分難信解品三十四之三十	首十二行尾六行碎損
律 31	清淨 分无	斷故 十一	9	267	211	初分難信解品三十四之三十	碎損甚多
翔 91	復次 一切	空解 意觸	3	67	212	初分難信解品三十四之三十一	首三十八行尾五行碎損
辰 94	智清 空清	斷故 十二	17	454	212	初分難信解品三十四之三十一	首十行碎損
宙 45	善現 故一	二分 脫門	6	163	212	初分難信解品三十四之三十一	首八行碎損
師 47	大般 初分	法性 法定	1	26	213	初分難信解品三十四之三十二	
裳 44	大般 初分	通清 故若	3	79	213	初分難信解品三十四之三十二	首二十六行尾行碎損
金 8	故若 一切	智智 三摩	2	56	213	初分難信解品三十四之三十二	首十八行尾六行碎損

字	號	首	尾				品	附注
金	39	无十 斷力	三智 摩智	1	28	213	初分難信解品三十四之三十二	
出	95	切現 智本	无門 斷清	6	154	213	初分難信解品三十四之三十二	
崑	3	淨善 故現	十斷 三故	5	115	213	初分難信解品三十四之三十二	
珠	37	得无 空變	十斷 四故	16	441	214	初分難信解品三十四之三十三	首十五行碎損
雨	50	清故 淨善	一淨 切何	9	224	214	初分難信解品三十四之三十三	首十四行尾二 行碎損
玉	28	无无 頤二	住斷 捨故	1	28	214	初分難信解品三十四之三十三	首七行尾四行 碎損
張	52	无二 頤无	空无 清別	4	112	214	初分難信解品三十四之三十三	首三行尾六行 碎損
水	73	智色 智界	舌无 界別	1	21	214	初分難信解品三十四之三十三	首行碎損
寒	34	初大 分般	十切 力智	2	54	215	初分難信解品三十四之三十四	
成	61	初大 分般	切清 智淨	1	24	215	初分難信解品三十四之三十四	

珠 32	清淨故耳	鼻舌切智	8	214	216	初分難信解品三十四之三十五	首四行尾二行碎損
位 47	智清若身	波羅若自	2	40	216	初分難信解品三十四之三十五	全卷碎損
帝 98	現无清淨	无別力清	1	28	217	初分難信解品三十四之三十六	
文 95	大般初分	脫清淨若	1	26	218	初分難信解品三十四之三十七	
裳 6	法界智智	故法清淨	3	65	218	初分難信解品三十四之三十七	
海 96	清淨清淨	一切妄性	14	374	218	初分難信解品三十四之三十七	首四行尾十九行碎損
劍 8	无二性清	清淨淨何	1	32	218	初分難信解品三十四之三十七	首九行尾三行碎損
寒 55	若法切智	性清切智	2	56	218	初分難信解品三十四之三十七	
珍 14	淨若分无	斷故十八	5	137	218	初分難信解品三十四之三十七	
宙 9	大般初分	智清觸法	3	82	219	初分難信解品三十四之三十八	此係宙九號之二

歲	28	何以切智	斷故清淨	1	24	219	初分難信解品三十四之三十八	
冬	15	色界智智	若五无別	5	140	219	初分難信解品三十四之三十八	此係冬十五號之一
珠	95	變異識界	清淨苦道	10	280	220	初分難信解品三十四之三十九	
皇	42	覺菩淨何	无斷香味	1	29	220	初分難信解品三十四之三十九	尾四行碎損
暑	3	善現門清	斷故十一	10	272	221	初分難信解品三十四之四十	首五行碎損
字	40	一切若實	斷故廿一	1	23	221	初分難信解品三十四之四十	
成	4	大般初分	淨何爲緣	2	54	222	初分難信解品三十四之四十一	
麗	33	大般初分	不思緣所	9	250	222	初分難信解品三十四之四十一	尾十二行碎損此卷實第二百廿二原作第二百二二當係脫寫
服	81	清淨斷故	淨若故虛	3	78	222	初分難信解品三十四之四十一	首十四行碎損

號	起	止				品	附記
始19	无二界眼	淨若故虛	2	57	222	初分難信解品三十四之四十一	首行碎損
李68	淨故捨十	議界受清	3	84	222	初分難信解品三十四之四十一	
律17	大般初分	淨何爲緣	2	54	223	初分難信解品三十四之四十二	首九行碎損
羽9	故若淸淨	一切界乃	1	20	224	初分難信解品三十四之四十三	尾四行碎損
盈89	智淸淨故	斷故廿四	8	201	224	初分難信解品三十四之四十三	首八行碎損
宙72	淨故捨十	斷故廿五	13	349	225	初分難信解品三十四之四十四	首行碎損
餘38	大般初分	念住以故	2	54	226	初分難信解品三十四之四十五	
潛46	思議何以	念住以故	1	27	226	初分難信解品三十四之四十五	首八行碎損
出99	故若智智	聖諦淸淨	8	211	226	初分難信解品三十四之四十五	首七十四行碎損
律28	淸淨斷故	智智三摩	1	28	226	初分難信解品三十四之四十五	尾署左盈建三字

字號	號	首	尾	紙數	行數	卷	内容	備注
出	58	若集二无	廿六盈建	7	180	226	初分難信解品三十四之四十五	
芥	23	清淨脫門	門清无斷	2	45	226	初分難信解品三十四之四十五	尾行碎損
裳	3	若一善現	淨故清淨	1	28	226	初分難信解品三十四之四十五	
盈	80	大般初分	勝處无二	2	54	227	初分難信解品三十四之四十六	
律	26	大般初分	故若智智	2	54	228	初分難信解品三十四之四十七	首五行碎損
鹹	30	覺善淨何	廿八唐開	13	368	228	初分難信解品三十四之四十七	首六行碎損
霜	63	若一四念	四念一切	2	56	228	初分難信解品三十四之四十七	
海	14	住清空色	二无一切	4	112	228	初分難信解品三十四之四十七	首二十七行尾六行碎損
芥	75	大般初分	若一切智	2	46	229	初分難信解品三十四之四十八	全卷碎損
餘	13	故一鼻舌	生諸清淨	2	56	229	初分難信解品三十四之四十八	

字號	號數	起	止	紙數	行數	卷	品	附記
宇	18	淨若 故四	清淨 淨何	2	56	229	初分難信解品三十四之四十八	首三行碎損
寒	60	行乃 清淨	法定 乃至	1	28	229	初分難信解品三十四之四十八	首行碎損
餘	20	淨故 何以	乃至 故若	2	56	230	初分難信解品三十四之四十九	
推	14	淨四 清淨	四无 智智	1	28	230	初分難信解品三十四之四十九	
文	45	大慈 无所	故 卅一	2	50	231	初分難信解品三十四之五十	
日	66	大般 初分	淨若 分二	1	26	232	初分難信解品三十四之五十一	
暑	21	別无 觸法	斷故 卅二	17	434	232	初分難信解品三十四之五十一	首二十行碎損
列	95	智清 聲香	斷故 卅二	17	432	232	初分難信解品三十四之五十一	首十行碎損
服	80	故一 无相	現无 故一	8	226	232	初分難信解品三十四之五十一	首十一行碎損
辰	97	風空 分无	斷故 卅二	14	371	232	初分難信解品三十四之五十一	首五行碎損

字	頁	文		行	號	頁	品	備註
宙	58	相智現无	別无故一	2	54	232	初分難信解品三十四之五十一	首行碎損
地	5	切智斷故	眼界多清	3	69	232	初分難信解品三十四之五十一	尾行碎損
羽	6	斷故智智	清淨解脫	1	24	232	初分難信解品三十四之五十一	
推	96	淨若神通	一切智清	1	28	233	初分難信解品三十四之五十二	
地	87	淨一界眼	淨何色界	9	246	234	初分難信解品三十四之五十三	首七行尾六行碎損
闕	34	性平斷故	思議卅四	8	213	234	初分難信解品三十四之五十三	首行碎損
鳥	35	一切斷故	世界卅四	2	36	234	初分難信解品三十四之五十三	首六行尾行碎損
成	58	大般二无	初分斷故	2	54	235	初分難信解品三十四之五十四	第八行碎損
淡	49	智智斷故	現大卅六	16	432	236	初分難信解品三十四之五十五	首三行碎損
稱	13	故若斷故	切相卅六	15	387	236	初分難信解品三十四之五十五	首五行碎損

號	號數	起	止	紙數	行數	卷	品	附記
薑	20	清淨 淨故	斷故 卅六	4	88	236	初分難信解品三十四之五十五	首行碎損
黃	85	大般 初分	諸受 淨故	3	82	237	初分難信解品三十四之五十六	
栞	82	无二 切相	大喜 无上	1	28	237	初分難信解品三十四之五十六	
服	44	大般 初分	清淨 法清	2	54	238	初分難信解品三十四之五十七	首十六行碎損
師	13	善現 布施	淨无 故四	2	57	238	初分難信解品三十四之五十七	首行碎損
宇	53	界清 智清	智清 二分	16	425	239	初分難信解品三十四之五十八	首三十四行碎損
乃	81	一切 以故	切智 道相	3	68	239	初分難信解品三十四之五十八	首八行尾行碎損
重	78	无別 及眼	卅九 威勘	2	33	239	初分難信解品三十四之五十八	末有勝威勘三字
冬	15	味界 清淨	斷故 卅九	1	6	239	初分難信解品三十四之五十八	此係冬十五號之二
翔	62	三藏 善現	乃至 二无	2	53	240	初分難信解品三十四之五十九	首二十三行碎損

字號	號	右行	左行				品	備考
結	85	无二 清淨	界清 波羅	10	251	240	初分難信解品三十四之五十九	首二行尾三行碎損
洪	5	內空 二分	智智 淨故	9	234	240	初分難信解品三十四之五十九	首十行碎損
水	21	故若 緣所	智清 二分	4	92	240	初分難信解品三十四之五十九	首九行碎損
果	2	无二 斷故	門清 百卌	10	258	240	初分難信解品三十四之五十九	首二十行碎損
金	89	多性 性空	般若 七十	5	133	240	初分難信解品三十四之五十九	
黃	21	眞如 斷故	若一 百卌	6	146	240	初分難信解品三十四之五十九	
推	87	切陀 羅尼	處清 清淨	1	30	240	初分難信解品三十四之五十九	尾二行碎損
麗	86	无二 斷故	善現 百卌	4	93	240	初分難信解品三十四之五十九	首行碎損
地	4	生諸 斷故	若一 卌一	15	423	241	初分難信解品三十四之六十	首十二行碎損
李	21	无別 以故	无明 一切	1	22	241	初分難信解品三十四之六十	

號	起	止				品	附記
辰71	切三三摩	道相諸佛	1	27	241	初分難信解品三十四之六	首五行碎損
潛70	淨若淨何	故善清淨	1	22	241	初分難信解品三十四之六	首行尾二行碎損
官54	以故斷故	清靜卌一	2	33	241	初分難信解品三十四之六十	
騰5	界清斷故	清淨果清	6	155	242	初分難信解品三十四之六十一	首二行碎損
騰11	淨故故	預流卌一	10	271	242	初分難信解品三十四之六十一	
水19	靜慮无二	以故靜故	1	25	243	初分難信解品三十四之六十二	首二行十九行碎此係水號之一
制95	淨色斷故	菩薩卌三	3	53	243	初分難信解品三十四之六十二	首三十三行碎損
結18	大般訶薩	初分緣所	1	26	244	初分難信解品三十四之六十三	
劍6	大般斷故	初分卌四	18	496	244	初分難信解品三十四之六十三	首十二行碎損
閏94	生諸无二	清淨行清	1	28	244	初分難信解品三十四之六十三	

人	86	淨若故一	智清菩薩	1	21	244	初分難信解品三十四之六十三	
推	24	大般初分	清淨別无	1	23	245	初分難信解品三十四之六十四	
闡	85	切智无上	多清淨若	1	28	245	初分難信解品三十四之六十四	
歲	33	舌身何以	斷故卌六	9	236	246	初分難信解品三十四之六十五	首三行尾十二行碎損
闡	2	諸受分无	安忍淨若	5	139	246	初分難信解品三十四之六十五	
闡	1	无忘无二	斷故卌六	2	60	246	初分難信解品三十四之六十五	
裳	90	淨故蜜多	波羅分无	1	24	247	初分難信解品三十四之六十六	尾行碎損
位	60	淨戒清淨	捨性分无	3	65	247	初分難信解品三十四之六十六	首尾碎損各二行
宿	29	切智清淨	斷故卌七	5	117	247	初分難信解品三十四之六十六	
珠	69	淨无淨故	斷故卌八	9	248	248	初分難信解品三十四之六十七	首五十一行碎損

號 7 淨何斷故 空空卌九 8 213 249 初分難信解品三十四之六十八 全卷碎損四行

結 22 大般空內 初分畢竟 2 54 250 初分難信解品三十四之六十九

位 18 大般諸受 初分斷故 1 26 250 初分難信解品三十四之六十九

李 60 切智斷故 清淨五十 15 415 250 初分難信解品三十四之六十九 首十二行碎損

生 80 故八淨故 以故淨故 2 56 250 初分難信解品三十四之六十九 首十四行碎損

成 69 大空淸淨 陁羅若勝 2 56 250 初分難信解品三十四之六十九 首九行尾行碎損

推 60 故若无別 空淸法淸 2 56 250 初分難信解品三十四之六十九

皇 72 无二无別 淨故法淸 1 28 250 初分難信解品三十四之六十九 全卷碎損八行

師 48 大般乃至 初分若一 2 36 251 初分難信解品三十四之七十 全卷碎損

始 69 无二智智 淨故淸淨 1 24 251 初分難信解品三十四之七十 首五行尾四行碎損

千字文	號	首	尾				品名	附記
衣	13	切智智清	淨故若智	2	33	251	初分難信解品三十四之七十	
閏	77	大般初分	故一以故	16	446	252	初分難信解品三十四之七十一	
露	55	二百初分	十二三校	18	452	252	初分難信解品三十四之七十一	首十一行碎損 尾署張曜寫第一校第二校第三校十三字
號	25	淨若分无	故眼故若	2	40	252	初分難信解品三十四之七十一	首十四行碎損
帝	84	一切无二	識界乃至	1	28	252	初分難信解品三十四之七十一	
閏	74	若一淨无	斷故十二	2	33	252	初分難信解品三十四之七十一	
羽	56	六神智智	變異相智	1	24	253	初分難信解品三十四之七十二	
歲	83	色處若一	清淨切智	4	74	254	初分難信解品三十四之七十三	全卷焦脆
珠	39	布施羅蜜	門清无斷	4	111	254	初分難信解品三十四之七十三	卷多碎損

師	75	門清諸受 何以智清	2	59	254	初分難信解品三十四之七十三	首六行碎損
騰	93	空清相空 性清提清	1	28	254	初分難信解品三十四之七十三	
衣	7	大般淨何 初分觸爲	1	26	255	初分難信解品三十四之七十四	首十二行碎損
月	28	无別明清 清淨斷故	1	26	256	初分難信解品三十四之七十五	
羽	2	何以一切 空清取有	1	17	256	初分難信解品三十四之七十五	首二行碎損
出	41	大般生諸 初分切智	1	26	257	初分難信解品三十四之七十六	
乃	22	大般斷故 初分淨无	4	120	258	初分難信解品三十四之七十七	首十一行碎損
往	42	清淨智智 智智二无	3	80	258	初分難信解品三十四之七十七	首二十九行碎損
暑	88	清淨无斷 愁歎變異	1	28	258	初分難信解品三十四之七十七	
羽	91	別无淨耳 羅漢以故	1	27	258	初分難信解品三十四之七十七	

字號		首	尾				品名	附注
地	23	无斷 漢果	淨耳 以故	1	28	258	初分難信解品三十四之七十七	
日	58	大般 初分	眼界 眼界	2	32	259	初分難信解品三十四之七十八	此係日五十八號之一
稱	38	不妄 无別	清淨 淨若	3	67	259	初分難信解品三十四之七十八	首十一行碎損
巨	79	獨覺 分无	別无 空大	4	112	259	初分難信解品三十四之七十八	
夜	3	空勝 空无	切智 淨故	2	58	259	初分難信解品三十四之七十八	尾二行碎損
闕	23	不變 菩薩	行清 智清	2	56	259	初分難信解品三十四之七十八	首二紙碎損
珍	50	一切 无別	无二 一切	1	25	259	初分難信解品三十四之七十八	
珠	84	淨若 淨无	斷故 十九	4	93	259	初分難信解品三十四之七十八	
闕	59	若一 性清	清淨 何以	5	126	260	初分難信解品三十四之七十九	首十三行碎損
珠	1	故若 清淨	无二 斷故	4	112	260	初分難信解品三十四之七十九	

珠57	善現若一	清淨法空	4	112	260	初分難信解品三十四之七十九	
珠8	清淨斷故	智清六十	3	74	260	初分難信解品三十四之七十九	
衣55	清淨法定	智清切智	1	24	260	初分難信解品三十四之七十九	
金25	大般脫門	初分斷故	2	54	261	初分難信解品三十四之八十	
往23	智智清淨	性平淨若	1	29	261	初分難信解品三十四之八十	
翔26	四无无耳	法清鼻識	3	84	261	初分難信解品三十四之八十	首八行碎損
律69	若預實際	別無鼻舌	1	29	261	初分難信解品三十四之八十	
衣15	智智切智	淨无无二	1	28	261	初分難信解品三十四之八十	
位42	大般忘失	初分无斷	2	54	262	初分難信解品三十四之八十一	首六行碎損
淡73	何以何以	切智空界	3	75	262	初分難信解品三十四之八十一	首二行碎損

號	起	止				品名	附記
列65	若一界乃	清淨无二	6	161	262	初分難信解品三十四之八十一	首行碎損
昃13	尼門无斷	清淨斷故	1	26	262	初分難信解品三十四之八十一	
李83	尼門无斷	斷故清淨	1	25	262	初分難信解品三十四之八十一	
芥66	分无識界	斷故十二	2	67	262	初分難信解品三十四之八十一	首八行碎損
暑66	善現脫門	斷故十三	16	439	263	初分難信解品三十四之八十二	
呂21	淨故淨若	以故淨若	10	279	263	初分難信解品三十四之八十二	卷末一紙非本卷經文
露16	大般初分	清淨斷故	8	216	264	初分難信解品三十四之八十三	卷末兩行非本卷經文背有字
芥98	智清无二	故若若滅	8	224	264	初分難信解品三十四之八十三	首九行碎損
列23	无斷清淨	斷故十四	13	361	264	初分難信解品三十四之八十三	首二行碎損
光29	舌觸以故	斷故十四	11	316	264	初分難信解品三十四之八十三	首二十八行碎損

皇 98 清淨若滅 淨故若眞 1 28 264 初分難信解品三十四之八十三

衣 54 大般初分 清淨切智 1 26 265 初分難信解品三十四之八十四

鱗 35 一切諸受 切三分无 5 140 265 初分難信解品三十四之八十四

辰 83 故眼故若 諸受智清 1 28 265 初分難信解品三十四之八十四

闕 60 清淨淨故 四无智智 2 56 265 初分難信解品三十四之八十四

日 55 善現故四 提清无斷 10 275 266 初分難信解品三十四之八十五 首十四行碎損

衣 52 何以滅道 无色一切 1 53 266 初分難信解品三十四之八十五 首尾碎損各二行

月 8 定清智智 斷故十六 10 258 266 初分難信解品三十四之八十五 首二行碎損

師 81 大般初分 清淨淨故 1 26 267 初分難信解品三十四之八十六 首九行碎損

陽 98 大般初分 爲緣二分 2 55 268 初分難信解品三十四之八十七 首十五行碎損

字號	號	首	尾				品名	備注
李	47	鼻界/若一	斷故/十九	15	439	269	初分難信解品三十四之八十八	首二行碎損
露	80	大般/初分	斷故/七十	16	449	270	初分難信解品三十四之八十九	首九行碎損
柰	56	大般/初分	故若/淨无	2	54	270	初分難信解品三十四之八十九	
鳥	2	善現/故五	故若/淨无	2	46	270	初分難信解品三十四之八十九	首七行尾四行碎損
裳	56	大般/初分	一切/諸受	1	25	270	初分難信解品三十四之八十九	
金	29	現一/七等	斷故/七十	3	77	270	初分難信解品三十四之八十九	首三行碎損
水	82	大般/初分	二无/故眞	1	22	271	初分難信解品三十四之九十	
河	60	大般/初分	无斷/四念	2	54	271	初分難信解品三十四之九十	
藏	94	妄性/離生	斷故/十一	15	425	271	初分難信解品三十四之九十	首行碎損
爲	6	離生/淨法	等覺/十力	2	56	271	初分難信解品三十四之九十	卷中碎損七行

第五帙

號	起止		紙數	行數	卷	品	附記
爲2	清淨斷故	覺支三摩	1	28	271	初分難信解品三十四之九十	
金69	地門別无	斷故一切	4	113	271	初分難信解品三十四之九十	尾行碎損
河29	觸爲以故	斷故十一	9	257	271	初分難信解品三十四之九十	首行碎損
雨71	初分善現	故十二	15	424	272	初分難信解品三十四之九十一	首十二行碎損
麗5	諸受淨故	故十二	8	231	272	初分難信解品三十四之九十一	
位41	智智相解	无願若耳	1	28	272	初分難信解品三十四之九十一	
薑80	大般初分	願解集滅	2	54	273	初分難信解品三十四之九十二	
雨27	切智清淨	斷故十三	15	418	273	初分難信解品三十四之九十二	
果29	无忘无二	淨故羅漢	1	25	273	初分難信解品三十四之九十二	首三行碎損
日18	五眼乃至	切智五眼	4	112	274	初分難信解品三十四之九十三	

千字文	號	首	尾				品	備註
珠	91	无斷淨故	斷故解脫	6	169	274	初分難信解品三十四之九十三	首十二行碎損
衣	43	清淨清淨	通清智智	2	56	274	初分難信解品三十四之九十三	
巨	83	清淨淨若	淨无清淨	4	95	274	初分難信解品三十四之九十三	
巨	52	十遍淨故	斷故十五	15	416	275	初分難信解品三十四之九十四	首四十八行碎損
始	6	切智捨十	分无陁羅	1	28	275	初分難信解品三十四之九十四	首九行碎損
劍	70	尼門淨何	十力无上	1	26	275	初分難信解品三十四之九十四	
皇	85	尼門淨何	斷故色清	1	28	275	初分難信解品三十四之九十四	首二行尾八行碎損
騰	81	无斷善現	斷故十五	5	140	275	初分難信解品三十四之九十四	首三行碎損
日	8	智清二分	斷故十七	18	484	277	初分難信解品三十四之九十六	首三十一行碎損
珠	65	大悲薩十	故若清淨	2	56	277	初分難信解品三十四之九十六	首行碎損

號		起	止			卷	品	附註
律	72	无忘清淨	斷故十七	6	248	277	初分難信解品三十四之九十六	首十二行碎損　比丘遵戒
藏	28	无二行識	上正二分	16	441	278	初分難信解品三十四之九十七	尾十九行碎損
潛	77	大般初分	清淨法清	5	138	278	初分難信解品三十四之九十七	首十行碎損
金	82	不共智智	清淨清淨	9	252	278	初分難信解品三十四之九十七	
推	69	切智羅尼	故諸菩提	1	24	278	初分難信解品三十四之九十七	此係推六十九號之二
張	73	分无界及	清淨若一	4	123	279	初分難信解品三十四之九十八	首六行碎損
餘	48	二无清淨	斷故十九	8	226	279	初分難信解品三十四之九十八	首十八行碎損
鹹	70	眼識界乃	善現解脫	12	336	280	初分難信解品三十四之九十九	首十行尾七行碎損
巨	77	智淸死愁	八十一斷	13	312	280	初分難信解品三十四之九十九	
冬	88	內空智淸	斷故八十	12	337	280	初分難信解品三十四之九十九	首六行碎損

字	序	文				卷次	附注
盈	97	智清 清淨 八斷 十故	11	295	280	初分難信解品三十四之九十九	
制	25	忘切 失相 一无 來二	1	27	280	初分難信解品三十四之九十九	首七行碎損
制	38	初羅 分蜜 界善 清現	2	53	281	初分難信解品三十四之一百	首行尾四行碎損
宇	17	切何 陁以 无解 二脫	13	355	281	初分難信解品三十四之一百	首行碎損
位	73	智羅 智尼 智尼 清門	1	28	281	初分難信解品三十四之一百	
收	18	淨性 何情 緣以 所故	2	77	281	初分難信解品三十四之一百	首二行尾行碎損
鳥	24	脫无 門別 淨一 若切	1	28	281	初分難信解品三十四之一百	
盈	53	无无 二忘 十斷 一故	3	78	281	初分難信解品三十四之一百	
結	6	无智 二智 智清 清淨	6	195	282	初分難信解品三十四之一〇一	首五行尾行碎損
始	70	清一 淨切 阿流 羅果	1	24	282	初分難信解品三十四之一〇一	

號	起	止				品	附註
閏31	淨故 內空	淨若 別无	7	191	283	初分難信解品三十四之一〇二	首十二行碎損
列30	大般 淨若	初分 无別	2	54	284	初分難信解品三十四之一〇三	首有絲帶一條
閏87	現一 生諸	一切 二无	2	56	284	初分難信解品三十四之一〇三	
霜27	智智 淨何	薩摩 清淨	1	28	284	初分難信解品三十四之一〇三	
海46	清淨 二分	分无 如清	2	56	284	初分難信解品三十四之一〇三	
宿65	上正 斷故	善現 十四	7	182	284	初分難信解品三十四之一〇三	首十一行碎損
文6	淨眞 八佛	以故 淨无	3	75	284	初分難信解品三十四之一〇三	首十一行碎損
露32	大般 利子	初分 深无	2	54	285	初分讚清淨品三十五之一	首二十六行碎損
玉52	大般 爲甚	初分 諸受	1	26	285	初分讚清淨品三十五之一	首十六行碎損
皇44	大般 爲甚	初分 諸受	1	26	285	初分讚清淨品三十五之一	

字	編號	文句				品	備註
推	45	畢竟子空 畢竟深无	1	28	285	初分讚清淨品三十五之一	
衣	83	空畢明了 相空爲明	1	28	285	初分讚清淨品三十五之一	
藏	14	界性竟淨 性无十六	12	340	286	初分讚清淨品三十五之二	首五行碎損
署	29	所生門謂 空想想著	1	28	286	初分讚清淨品三十五之二	
露	35	大般智起 初分於一	1	26	287	初分著不著相品三十六之一	尾行碎損
露	28	想著造作 獨覺十八	10	428	288	初分著不著相品三十六之二	首五行碎損
露	36	行眼行耳 行耳行聲	2	56	288	初分著不著相品三十六之二	首十一行碎損
雨	62	若无淨 所有十九	14	373	289	初分著不著相品三十六之三	首十三行碎損
露	38	大般蜜多 初分是行	3	82	290	初分著不著相品三十六之四	首二十二行碎損
藏	8	大般羅蜜 初分著相	1	26	291	初分著不著相品三十六之五	

制	18	大般 生諸 / 初分 善現	2	54	291	初分著不著相品三十六之五	首二十三行碎損
果	75	捨性 香城 / 菩薩 十一	16	435	291	初分著不著相品三十六之五	首十三行碎損
光	76	乃至 法 / 亦不 十二	13	355	292	初分著不著相品三十六之六	首三行碎損
[illegible]	42	[illegible]	4	407	294	初分說般若相品三十七之一	
珠	38	幻乃 諸法 / 亦不 是尋	1	28	292	初分著个著相品三十六之六	
藏	4	大般 畢竟 / 初分 淨法	1	26	293	初分說般若相品三十七之二	
霜	40	波羅 十三 / 般若 下經	16	456	293	初分說般若相品三十七之二	首八行碎損
雲	88	爾時 法處 / 羅蜜 淨淨	1	25	293	初分說般若相品三十七之二	
餘	40	羅蜜 清淨 / 无染 多清	3	74	293	初分說般若相品三十七之二	首十二行碎損
崑	93	聖諦 清淨 / 諦无 多清	5	140	293	初分說般若相品三十七之二	

字號	號	首	尾			卷	品	附記
餘	31	淨四无染	若波及舌	4	112	293	初分說般若相品三十七之二	
巨	84	淨色无明	无染老死	2	70	293	初分說般若相品三十七之二	首二行尾四行碎損
呂	6	觸舌清淨	蜜多十三	3	93	293	初分說般若相品三十七之二	
鹹	41	淨八蜜多	蜜多羅蜜	4	107	294	初分說般若相品三十七之三	首二行碎損
鹹	43	多清清淨	蜜多多清	10	280	294	初分說般若相品三十七之三	尾行碎損
致	79	羅蜜波羅	若波羅蜜	1	28	294	初分說般若相品三十七之三	
律	42	淨香清淨	般若十四	4	107	294	初分說般若相品三十七之三	首七行碎損
來	15	般若勝處	不可蜜多	1	26	294	初分說般若相品三十七之三	
珠	21	緣所故不	由此清淨	2	56	295	初分說般若相品三十七之四	首四十行爛碎
地	75	生諸愁歎	滅不羅蜜	1	24	295	初分說般若相品三十七之四	第二行脫十八字此係地七十

五號之二

號	起	止				品名	附記
光23	波羅還故	卅八般若	1	20	296	初分說般若相品三十七之五 初分波羅蜜多品三十八之一	首尾碎損各一行
藏5	大般初分	忘失捨性	1	26	296	初分說般若相品三十七之五	
果34	不染若波	羅蜜量殊	1	44	296	初分說般若相品三十七之五	首二行尾十行碎損
人94	天樂量无	覺菩離生	1	35	296	初分說般若相品三十七之五	首三行尾二行碎損
位75	脩學无數	大慈不捨	2	56	296	初分說般若相品三十七之五	全卷碎損
果50	得空善現	法不捨獨	1	33	296	初分說般若相品三十七之五	首一行尾二行碎損
果37	大悲現如	空故卅八	3	85	296	初分說般若相品三十七之五	首行碎損
雲59	法不善現	量四以八	2	31	296	初分說般若相品三十七之五	首二行尾三行碎損

字	號	首	尾				品	備考
果	58	八勝處九	自性般若	2	22	296	初分說般若相品三十七之五	首二行尾三行碎損
宇	98	善現蜜多	波羅尊如	1	25	296	初分波羅蜜多品三十八之一	首尾行碎損
宇	98	蜜多言如	多佛尊如	1	24	296	初分波羅蜜多品三十八之一	首尾碎損各二行
裳	64	蜜多是般	羅蜜如是	1	32	296	初分波羅蜜多品三十八之一	首尾碎損各一行
黃	65	般若是破	世尊多佛	1	28	296	初分波羅蜜多品三十八之一	首一行尾三行碎損
藏	7	大般初分	多佛般若	1	26	297	初分波羅蜜多品三十八之二	
來	57	大般初分	難可測量	11	300	298	初分難聞功德品三十九之二	
秋	78	大般初分	憍尸處前	1	26	298	初分難聞功德品三十九之二	
爲	41	後中若波	生諸利子	9	242	298	初分難聞功德品三十九之二	首六行碎損
張	75	故般上正	通故大八	7	202	298	初分難聞功德品三十九之二	

字號	起	止				品名	附記
藏10	大般前相	初分念城	1	26	300	初分難聞功德品三十九之四	尾行碎損
騰51	大般是若	初分如理	2	54	300	初分難聞功德品三十九之四	
柰5	行般羅蜜	現在若波	1	26	300	初分難聞功德品三十九之四	首十六行碎損
盈93	善現神通	思惟能與	5	140	301	初分難聞功德品三十九之五	
玉34	卌之魔事	爾時百三	18	507	303	初分魔事品四十之一	首二十五行碎損
服87	大般去當	初分世尊	2	67	303	初分魔事品四十之一	首三十六行尾二行碎損
收93	苦憂魔事	性是諸善	1	23	303	初分魔事品四十之一	首行碎損
鱗40	勝義證无	无變人等	2	65	303	初分魔事品四十之一	
鱗64	弃捨魔事	俗書百三	3	89	303	初分魔事品四十之一	
秋59	臥十魔事	十二百三	2	61	303	初分魔事品四十之一	

師	18	法者持讀	深般魔事	1	28	303	初分魔事品四十之一	
乃	69	佛功深般	界及眼觸	1	25	305	初分佛母品四十一之一	
果	45	智眞相智	如无別善	1	25	306	初分佛母品四十一之二	首六行尾三行碎損
濳	92	大般初分	舌界不緣	1	26	307	初分佛母品四十一之三	
文	67	大般初分	舌界不緣	1	26	307	初分佛母品四十一之三	
洪	43	空相處世	諸佛遍處	1	28	307	初分佛母品四十一之三	
服	7	脫門間不	受世聲界	1	28	307	初分佛母品四十一之二	首行碎損
月	22	間遠示知	寂靜觸法	1	22	307	初分佛母品四十一之三	
文	90	大般初分	性中七等	3	82	310	初分不思議品四十二之三	
重	96	行識間不	世尊取著	2	62	310	初分辦事品四十三之一	首五行碎損

冬	96	性自 見有	蜜多 著外	1	26	311	初分辦事品四十三之二	
裳	71	有情 切智	精進 書寫	2	56	312	初分衆喻品四十四之二	首四行尾一行碎損卷中又碎
								損八行
辰	26	若不 智若	畏四 共法	1	28	312	初分衆喻品四十四之二	碎七行
羽	97	復能 能攝	第定 正斷	2	56	312	初分衆喻品四十四之二	
地	15	妄性 際虛	空故 十三	10	287	313	初分衆喻品四十四之三 初分眞善友品卌五之一	
昃	88	如彼 非至	不執 執由	2	65	313	初分衆喻品四十四之三	首三行碎損
宙	20	中无 至此	證无 不虛	5	139	313	初分衆喻品四十四之三	首八行碎損 此卷分兩段
岡	86	大般 初分	空識 風空	1	32	315	初分眞善友品四十五之三	全卷碎損
重	52	大般 初分	非趣 是趣	3	82	316	初分眞善友品四十五之四	首十二行碎損

字							備註
列	3	超越可超現一趣可	1	20	316	初分眞善友品四十五之四	背面有字
致	5	趣非不可滅爲有趣	7	183	316	初分眞善友品四十五之四	首十行碎損
調	45	非趣見者趣不十六	8	224	316	初分眞善友品四十五之四	
闈	61	大般蜜多初分十七	17	463	317	初分趣智品四十六之二	
崑	9	外空不退薩摩羅蜜	12	344	317	初分趣智品四十六之二	首十九行尾二行碎損
重	4	以故多倏說彼多世	3	82	317	初分趣智品四十六之二	卷多碎損
雨	74	水火窮盡界證十八	13	357	318	初分趣智品四十六之三 初分眞如品四十七之一	首二行碎損
位	69	大般淨戒初分是菩	1	26	318	初分趣智品四十六之三	首十三行碎損
結	90	薩摩菩薩大空聖諦	2	51	318	初分趣智品四十六之三	全卷碎損
烏	65	集滅證善摩訶不可	1	31	318	初分趣智品四十六之三	全卷碎損九行

字	號	起	止				品	附記
重	56	大般初分	故說十九	17	475	319	初分眞如品四十七之二	全卷蟲蝕四十五行
麗	57	薩不礙解	相智百廿	10	268	320	初分眞如品四十七之三	
露	91	安忍內空	空空際空	1	24	320	初分眞如品四十七之三	
文	72	法界性法	異性不思	1	24	321	初分眞如品四十七之四	
珍	83	現在平等	來生廿一	6	159	321	初分眞如品四十七之四	首行碎損
律	80	如來復次	眞如等如	2	56	321	初分眞如品四十七之四	
秋	65	復以以天	由聲觸法	1	21	322	初分眞如品四十七之五	首六行碎損
龍	13	大般初分	由聲觸法	1	26	322	初分眞如品四十七之五	
往	68	不由不離	思議界眞	3	70	322	初分眞如品四十七之五	全卷碎損
閏	64	念住來生	得此大捨	12	342	322	初分眞如品四十七之五	首二行尾二行碎損

位	24	十八聞果	佛不廿二	2	45	322	初分眞如品四十七之五	首五行碎損
宿	63	至般氣者	有退廿四	17	477	324	初分眞如品四十七之七 初分菩薩住品卌八之一	首十四行碎損
翔	11	多經空自	卅七有退	1	26	324	初分眞如品四十七之七	首三行碎損
裳	11	語雜无量	語恒无量	1	17	324	初分菩薩住品四十八之一	
辰	89	觸得故者	眼觸斷集	7	184	325	初分菩薩住品四十八之三	首五行尾六行碎損
字	37	鼻舌生老	善現受則	1	28	325	初分菩薩住品四十八之二	
巨	92	則非脫門	爲空可攝	1	27	325	初分菩薩住品四十八之二	
珠	4	自性見有	自性勝義	4	119	325	初分不退轉品四十九之一	首四行尾一行碎損
列	68	故亦空亦	必无空无	1	28	326	初分不退轉品四十九之二	首十二行碎損
騰	87	菩提退轉	集我廿六	14	387	326	初分不退轉品四十九之二	首十行碎損

千字文	號	首行起	首行止	末行起	末行止	紙數	行數	頁	卷品	附記
龍	12	是菩	退轉	受想	廿六	1	23	326	初分不退轉品四十九之二	
師	43	大般	菩薩	初分	轉於	1	26	327	初分不退轉品四十九之三	
官	11	大般	現色	初分	亦名	2	45	328	初分巧方便品五十之一	尾五行碎損
夜	67	不可	涅槃	薩摩	廿八	18	486	328	初分巧方便品五十之一	首二行碎損
露	25	住此	涅槃	此殊	廿八	17	487	328	初分巧方便品五十之一	首行碎損
律	65	遣四	薩行	妙方	轉地	1	28	328	初分巧方便品五十之一	
師	51	大般	學速	初分	如深	1	28	329	初分巧方便品五十之二	
歲	1	是故	菩提	證无	廿九	16	449	329	初分巧方便品五十之二	
潛	53	是故	彼何	證无	羅蜜	1	28	329	初分巧方便品五十之二	
結	16	迴向	菩提	甚深	百卅	15	437	330	初分巧方便品五十之二 初分願行品五十一之一	首十二行碎損

字號	號	首行	末行				品名	備注
果	92	皆得……菩提	形像……卅一	17	475	331	初分願行品五十一之二 初分善學品五十三之一	
陽	70	處執……菩提	舌身……卅一	9	264	331	初分願行品五十一之二 初分善學品五十三之一	王瀚寫
稱	19	有情……云何	多速……云何	3	84	331	初分願行品五十一之二 初分善學品五十三之一	
文	13	法空……佛土	空安……中諸	2	55	331	初分願行品五十一之二	
騰	95	膿血……受想	此事……著色	6	156	331	初分願行品五十一之二	首七行碎損
稱	50	空解……界合	脫門……无邊	3	84	331	初分願行品五十一之二	
制	39	空解……羅蜜	脫門……受想	1	26	331	初分願行品五十一之二	
巨	1	入无……漏盡	念住……无妙	3	84	331	初分善學品五十三之一	
巨	70	大智……菩提	念今……卅一	1	38	331	初分善學品五十三之一	
潛	73	少利……前箭	歎彼……多時	1	30	332	初分善學品五十三之二	全卷碎損

稱	92	提利應學 男子獨覺	4	115	337	初分巧便學品五十五之一	全卷碎損
成	41	所生言說 勤修卅七	2	49	337	初分巧便學品五十五之一	
果	65	嚴淨羅漢 一切薩摩	5	140	338	初分巧便學品五十五之二	首八行碎損
衣	97	摩訶次善 等學薩平	1	25	338	初分巧便學品五十五之二	
李	61	訶薩法界 上正摩訶	3	84	338	初分巧便學品五十五之二	
光	50	薩爲滅故 香味布施	4	112	338	初分巧便學品五十五之二	
珍	37	波羅智不 爲淨卅八	3	96	338	初分巧便學品五十五之二	
珠	83	波羅學是 分巧智離	4	110	339	初分巧便學品五十五之三	首六行碎損
河	73	四念智智 乃至卅九	17	463	339	初分巧便學品五十五之三	首十七行碎損
夜	27	故學故學 離故離故	4	112	339	初分巧便學品五十五之三	

珠	巨	皇	盈		日	帝	劍	律	致
17	18	83	60		99	70	99	73	94
學是學一學一智智	佛言智智故學卅七	菩薩是學智智來寂	訶薩菩提復次卌一		空外修菩次善行	一生安忍迴向內空	卷第界不初分不思	爲空畢竟空自善現	身意支離色界卌三
5	4	1	14		3	1	3	1	16
140	105	25	388		93	25	82	21	445
339	339	340	341		341	341	342	342	343
初分巧便學品五十五之三	初分巧便學品五十五之三	初分巧便學品五十五之四	初分巧便學品五十五之五 首行碎損	初分願喻品五十六之一	初分巧便學品五十五之五	初分願喻品五十六之一	初分願喻品五十六之二 首三十行碎損	初分願喻品五十六之二 首五行尾一行碎損	初分堅等讚品五十七之二 首十六行碎損

號	起	止	紙	行	卷	品	附記
生16	身意情離	支離卌三	16	448	343	初分堅等讚品五十七之二	首十二行碎損
張62	有情性空	支離卌三	15	434	343	初分堅等讚品五十七之二	首十行碎損
成48	故空極喜	意識波羅	1	25	343	初分堅等讚品五十七之二	
珠41	故空極喜	故諸故諸	1	23	343	初分堅等讚品五十七之二	
河27	地界大悲	羅蜜盧般	5	128	344	初分堅等讚品五十七之三	首七行碎損
生97	明離處觸	蜜多精進	3	92	344	初分堅等讚品五十七之三	全卷碎損下端火燒
生39	若波天子	定離定十	2	68	344	初分堅等讚品五十七之三	全卷碎損下端火燒
鹹66	若波復次	離卌四	12	331	344	初分堅等讚品五十七之三	
生79	界乃第定	四靜故獨	4	116	344	初分堅等讚品五十七之三	全卷碎損下端火燒
帝69	門三不還	定十正斷	1	26	344	初分堅等讚品五十七之三	首七行碎損

字號	號	首		行	紙	卷	品	備注
日	71	定法无色	智離丗四	16	182	344	初分堅等讚品五十七之三	
生	92	提離行離	故一離	6	151	344	初分堅等讚品五十七之三	下端火燒
生	2	大般初分	復次若波	4	110	344	初分堅等讚品五十七之三	
生	89	羅蜜諸佛	故觀集滅	7	196	346	初分堅等讚品五十七之五	
							初分囑累品五十八之一	
生	61	道聖壽善	意趣丗六	6	164	346	初分囑累品五十八之一	
冬	27	羅蜜盧精	可盡十力	1	27	347	初分囑累品五十八之二	
重	93	多善故菩	應引蜜多	2	65	347	初分无盡品五十九之一	首二行碎損
閏	13	大般初分	蜜多丗八	16	437	348	初分无盡品五十九之二	首三十五行碎損
金	31	大般初分	得如復作	1	24	349	初分相引攝品六十之一	

號	起	止				品	附記
翔 76	佛言　心施	心脩　精進	1	22	349	初分相引攝品六十之一	
月 85	世界　蜜多	或白　卅九	10	306	349	初分相引攝品六十之一	
鳥 28	訶薩　波羅	定具　薩摩	1	20	349	初分相引攝品六十之一	背後六門陀羅尼
巨 95	淨佛　蜜多	聲聞　五十	12	341	350	初分相引攝品六十之二	
寒 79	善根　蜜多	地但　卌九	6	173	350	初分相引攝品六十之二	
水 28	大般　法住	初分　安住	1	26	351	初分多問不二品六十之一	首八行碎損
位 23	大般　陽焰	初分　用眞	4	118	351	初分多問不二品六十之一	
致 48	若有　相布	施等　欲趣	1	34	351	初分多問不二品六十之一	首三行碎損
收 95	爾時　菩提	皆空　十一	13	348	352	初分多問不二品六十之二	
水 14	大般　若波	初分　亦不	1	26	352	初分多問不二品六十之二	首十八行尾一行碎損

字	號							
霜	85	不思相亦	菩提十二	17	489	352	初分多問不二品六十一之二	首十四行碎損
致	2	切所不思	不思性自	1	28	352	初分多問不二品六十一之二	首行碎損
閏	20	空乃性空	菩提十二	16	455	352	初分多問不二品六十一之二	首七行碎損
騰	99	大般初分	思惟欲界	1	26	353	初分多問不二品六十一之三	
水	74	大般初分	思惟欲界	1	26	353	初分多問不二品六十一之三	
劍	84	波羅摩訶	脩學法善	2	52	353	初分多問不二品六十一之三	首廿七行尾七行碎損
秋	49	大般初分	遠離十二	18	484	354	初分多問不二品六十一之四	首六行碎損
結	20	大般初分	空內畢竟	1	26	354	初分多問不二品六十一之四	
重	94	空空際空	正斷於四	1	28	354	初分多問不二品六十一之四	
月	95	經卷十一	薩如相應	13	363	355	初分多問不二品六十一之五	首三行尾一行碎損

號	起	止	紙數	行數	卷次	品名	附記
水25	不遠波羅	若樂苦若	1	16	355	初分多問不二品六十一之五	
師95	羅蜜菩薩	門亦薩摩	1	25	355	初分多問不二品六十一之五	首二行碎損
日79	多常波羅	恆作摩訶	2	51	356	初分多問不二品六十一之六	首四行碎損
水18	大般善現	初分共相	1	26	356	初分多問不二品六十一之六	首行碎損
洪6	善現訶薩	眼觸十六	16	447	356	初分多問不二品六十一之六	首六行碎損
荒49	薩恆方便	滅道證无	2	67	356	初分多問不二品六十一之六	
皇71	相應漢果	善現薩能	3	74	356	初分多問不二品六十一之六	首四十八行尾二行碎損
文35	我不道聖	菩薩无色	2	51	356	初分多問不二品六十一之六	首九行碎損
日75	上正若菩	善現學甚	2	74	356	初分多問不二品六十一之六	
月3	善現處九	時便諸佛	3	67	356	初分多問不二品六十一之六	尾行碎損

荒	53	護念得故 便爲薩摩	2	55	356	初分多問不二品六十一之六	尾行碎損
日	14	爲過色定 訶薩去未	2	70	356	初分多問不二品六十一之六	首行碎損
月	30	來現訶薩 薩摩十六	3	77	356	初分多問不二品六十一之六	
劍	71	知耳眞如 一切學於	3	84	357	初分多問不二品六十一之七	首十行碎損
劍	1	一切空內 眞如畢竟	3	84	357	初分多問不二品六十一之七	
岡	72	空无知當 相空世尊	3	84	357	初分多問不二品六十一之七	
號	35	云何之相 眞如十七	7	192	357	初分多問不二品六十一之七	
寒	99	法如切法 內空知略	6	158	358	初分多問不二品六十一之八	首十七行尾一行碎損
龍	80	大般是名 初分訶薩	1	26	358	初分多問不二品六十一之八	首六行碎損
張	86	廣之之相 實了十八	11	303	358	初分多問不二品六十一之八	首行碎損

號	號數	起	止			卷	品	附記
位	46	摩訶　菩提	思議　集滅	1	32	359	初分多問不二品六十一之九	首七行尾五行碎損
爲	60	道聖　處四	沙等　情類	2	54	359	初分多問不二品六十一之九	首九行尾二行碎損
號	67	施淨　若或	成就　隨所	1	41	359	初分多問不二品六十一之九	首行碎損
始	48	樂爲　薩摩	意善　意善	2	56	359	初分多問不二品六十一之九	
巨	87	息道　善知	善知　安立	1	23	359	初分多問不二品六十一之九	
翔	17	何當　蜜多	堅實　薩觀	1	25	359	初分多問不二品六十一之九	卷中碎損二行
結	25	大般　初分	現善　眼學	2	54	360	初分多問不二品六十一之十	首八行碎損
寒	9	若波　於耳	故學　六十	16	459	360	初分多問不二品六十一之十	首十行碎損
金	46	味觸　薩行	解大　法不	4	124	360	初分多問不二品六十一之十	首二十七行尾二行碎損
霜	96	大悲　不滅	故學　應於	3	84	360	初分多問不二品六十一之十	首三行碎損

字號	文				品名	備考
麗 23	佛十故學 / 无所六十	4	113	360	初分多問不二品六十一之十	
歲 39	大般訶薩 / 初分空故	1	26	361	初分多問不二品六十一之十一	
巨 98	觀諸菩提 / 般若十一	11	290	361	初分多問不二品六十一之十一	首二行碎損
翔 96	香味自相 / 識界空无	1	42	362	初分多問不二品六十一之十二	首十九行尾行碎損
文 46	大般處九 / 初分陁羅	1	26	362	初分多問不二品六十一之十二	
衣 79	著內法界 / 空有念耳	1	25	362	初分多問不二品六十一之十二	
收 63	薩脩地界 / 具壽十三	15	419	363	初分多問不二品六十一之十三	首行碎損
					初分實說品六十二之一	
荒 51	若一地界 / 有有十二	9	251	363	初分多問不二品六十一之十三	首行碎損
					初分實說品六十二之一	

字號	起	止	紙數	行數	卷	品	附記
日51	我雖……忘失	然不……此是	4	103	363	初分多問不二品六十一之十三	首五行碎損
盈72	恆住……相智	性此……有差	4	113	363	初分多問不二品六十一之十三	尾行碎損
皇82	四无……有爲	如施……如施	1	28	364	初分實說品六十二之二	
服67	道支……和合	解脫……性爲	2	56	364	初分實說品六十二之二	此係服六十七號之一
皇88	際虛……爲染	爲增……忘失	1	25	365	初分巧便行品六十三之一	全卷碎損四行
皇1	切法……菩提	空云……十五	1	27	365	初分巧便行品六十三之一	
制19	方便……動能	現如……還阿	2	56	366	初分巧便行品六十三之二	
[illegible]	[illegible]	[illegible]	[illegible]	[illegible]	[illegible]	初分徧學道品六十四之一	
乃93	大般……受集	大般……蜜多	1	22	366	初分巧便行品六十三之三	
藏42	无常……味觸	常是……論善	1	26	367	初分徧學道品六十四之二	

字	號	文	文	數	數	數	品名	附記
荒	34	應觀戲論	若苦若无	1	30	368	初分偏學道品六十四之三	
文	18	善現觀眼	不可若苦	2	48	368	初分偏學道品六十四之三	尾三行碎損
皇	56	觀四論應	若无解脫	1	23	368	初分偏學道品六十四之三	尾二行碎損
芥	54	知若陁羅	戲論十八	3	85	368	初分偏學道品六十四之三	
宿	96	大般初分	性空性空	1	26	370	初分偏學道品六十四之五	全卷碎損
海	87	不相法毗	眼識法界	1	17	370	初分偏學道品六十四之五	
衣	53	不相法毗	淸淨切智	1	26	370	初分偏學道品六十四之五	
文	44	有伺脩遣	脩遣遣此	1	26	370	初分偏學道品六十四之五	
推	70	現若般若	脩遣蜜多	2	44	371	初分偏學道品六十四之六	首二十行碎損
珠	71	能圓智由	攝受十三	13	356	373	初分三漸次品六十五之二	首八行碎損

初分无相无得品六十六之一

制 14 受所 羅蜜 般若 大捨 3 80 374 初分无相无得品六十六之二 首五行碎損

淡 46 若波 法恆 忘失 切一 5 140 374 初分无相无得品六十六之二 首二行碎損

河 51 切智 十四 定攝 芭斌 9 243 374 初分无相无得品六十六之二

推 91 大般 忘失 初分 一切 1 26 375 初分无相无得品六十六之三

成 99 大般 切佛 初分 戒波 4 110 376 初分无相无得品六十六之四 首五十四行碎損

龍 79 薩脩 十力 无漏 住无 1 33 376 初分无相无得品六十六之四 首五行碎損

淡 20 漏心 功德 法世 十六 14 388 376 初分无相无得品六十六之四

藏 56 不攝 菩提 攝受 十八 14 391 378 初分无相无得品六十六之六 首二行碎損

初分无雜法義品六十七之一

號	起	止				品	附註
皇 96	大般初分	十相提道	1	26	378	初分无相无得品六十六之六	
推 17	慈大无忘	以者爲欲	1	24	378	初分无雜法義品六十七之一	
師 7	大般初分	空无无說	1	26	379	初分无雜法義品六十七之二	
薑 42	事如空識	風空所緣	2	52	379	初分諸功德相品六十八之一	全卷上端破損
推 35	渴等受敬	梵天仙汝	1	25	380	初分諸功德相品六十八之二	尾行碎損
字 100	无相尼門	十力八十	3	99	380	初分諸功德相品六十八之二	首四行碎此係字一百號之二
鱗 46	大大大般	種方進靜	8	224	381	初分諸功德相品六十八之三	
柰 47	正斷道支	空畢空共	4	112	381	初分諸功德相品六十八之三	首尾碎損各十一行
騰 55	行四力七	轉越十二	17	474	382	初分諸功德相品六十八之四	首八行碎損
罔 34	大般初分	或令諸佛	1	33	382	初分諸功德相品六十八之四	首九行尾二行碎損

字號	號	起	止				品	附記
帝	59	爲方竟淨	无脫所緣	1	41	382	初分諸功德相品六十八之四	首二十三行碎損
麗	21	非大轉越	无縛十二	11	329	382	初分諸功德相品六十八之四	卷首七十九行火燒
水	47	眞如滅无	實際諦中	7	210	383	初分諸功德相品六十八之五	首四十八行碎損
巨	44	无實議界	變化十四	16	455	384	初分諸法平等品六十九之二	首二行碎損
珍	92	大般意界	初分觸爲	13	364	384	初分諸法平等品六十九之二	首四行碎損
露	89	无淨无淨	乃至薩摩	2	47	385	初分諸法平等品六十九之三	全卷下端破損
鹹	35	正斷色定	自性十五	15	428	385	初分諸法平等品六十九之三	首廿二行碎損
始	35	經蜜法界	多即道聖	1	25	385	初分諸法平等品六十九之三	
稱	73	第定大捨	不離界即	1	25	386	初分諸法平等品六十九之四	全卷焦脆
秋	14	鼻舌羅蜜	觸爲即是	1	28	388	初分不可動品七十之三	

麗 35 行一能證 殊勝菩提 11 313 390 初分不可動品七十之五 初分成熟有情品七十一 之一 首十六行碎損

生 26 果獨菩提 行本九十 7 202 390 初分不可動品七十之五 初分成熟有情品七十一 之一

柰 63 脩行菩提 麼般九十 2 62 390 初分成熟有情品七十 一之一 首三行碎損

成 36 大般倒 初分十一 17 465 391 初分成熟有情品七十 一之二 首十六行碎損

果 42 大般利樂 初分十二 16 438 392 初分成熟有情品七十 一之三 首八行碎損

芥 46 若菩四念 名麤等覺 1 28 393 初分嚴淨佛土品七十 二之一 背面有字

成 59 若波種天 初分獨覺 1 26 394 初分嚴淨佛土品七十 二之二 首四行碎損

水 58 三百生至 云何相頗 2 65 396 初分无性自性品七十 四之二 首廿二行碎損

號	起	止	紙數	行數	卷	品	附記
歲36	語意可得	般若十六	6	196	396	初分勝義瑜伽品七十五之一	首百四十行碎損
收24	大般非化	初分十七	17	489	397	初分勝義瑜伽品七十五之二	
水64	大般圓滿	初分无所	3	82	399	初分常啼菩薩品七十七之二	
水72	畏四情嚴	共法我實	1	28	399	初分常啼菩薩品七十七之二	
光87	當受行	尊教四百	10	290	400	初分法湧菩薩品七十八之二	
						初分結勸品七十九之一	
服67	不執來无	知彼和合	2	42	400	初分法湧菩薩品七十八之二	此係服六十七號之二
服67	多善地諸	摩訶常啼	1	23	400	初分法湧菩薩品七十八之二	此係服六十七號之三
光1	忍復菩薩	心復我者	1	32	400	初分法湧菩薩品七十八之二	首三行尾一行碎損
字18	諸眷若波	大師若波	1	25	400	初分法湧菩薩品七十八之二	

號	首尾文字	起止	品	備註
龍97	如是願无 與大常能	1 24 401	第二分緣起品一之一	首十行碎損
荒21	不可及故 摩地百二	15 431 402	第二分歡喜品二 第二分觀照品三之一	首七行碎損
龍93	三藏亦行 尊與故生	1 25 404	第二分觀照品三之三	首七行碎損
宿83	菩薩色界 薩肉界繫	1 21 404	第二分觀照品三之三	
制9	訶薩往來 訶薩行如	5 127 404	第二分觀照品三之三	首二行碎損
羽79	大般唯除 第二薩脩	1 26 405	第二分觀照品三之四	
闕38	等之是學 凡所百六	17 472 406	第二分善現品六之一	首八行碎損
推38	此諸如是 故若此	1 29 406	第二分善現品六之一	
律24	薩摩世尊 是善百七	18 513 407	第二分善現品六之二	首十五行碎損
騰69	所生世尊 世尊百七	11 310 407	第二分善現品六之二	首十行碎損

號	起訖				品名	附記
始 61	摩訶何鼻 摩訶界鼻	1	26	407	第二分善現品六之二	
月 13	般若若波 薩摩若波	1	27	408	第二品善現品六之三 第二分入離生品七	
宇 57	大般摩訶 第二語是	1	26	408	第二分善現品六之三	
淡 44	大般等故 第二百九	17	470	409	第二分勝軍品八之二 第二分行相品九之一	首五行碎損
衣 70	諸法住色 常无受想	1	24	409	第二分勝軍品八之二	
珍 90	類游上首 當覺心佛	1	26	411	第二分譬喻品十一	
乃 25	大般飲與 第二花鬘	1	26	413	第二分縛解品十五	
結 96	者趣乘相 等趣十四	13	391	414	第二分三摩地品十六之二 第二分念住等品十七之一	首八行碎損
龍 78	名爲諸愛 諸等无愛	1	28	414	第二分三摩地品十六之二	首十九行碎損

芥	85	於一轉故 薩於十六	17	463	416	第二分修治地品十八之二 第二分出住品十九之一	首十一行碎損
龍	59	益有樹吠 菩薩皆以	1	28	416	第二分修治地品十八之二	
餘	24	智智一切 舌身空乃	1	28	416	第二分出住品十九之一	
重	70	根五一來 四正自性	1	28	416	第二分出住品十九之一	
水	44	爲何勝最 如是虛空	10	276	417	第二分出住品十九之二 第二分超勝品二十之一	首二十五行碎損
盈	57	還阿洛等 諸佛十七	10	283	417	第二分出住品十九之二 第二分超勝品二十之一	
玉	40	大般眼觸 第二如耳	2	54	417	第二分出住品十九之二	首十二行碎損
岡	67	皆空十一 一切如是	1	46	418	第二分超勝品二十之二 第二分无所有品二十一之一	首尾碎損各九行

羽65　无所來亦　識界諸受　1　28　419　第二分无所有品二十一之二　首四行碎損

龍77　去亦猶如　所去虛空　1　25　419　第二分无所有品二十一之二

師45　大般可得　第二空未　1　27　420　第二分无所有品二十一之三

始94　大般善現　第二未來　2　55　420　第二分无所有品二十一之三　首十二行碎損

龍76　若集四念　若外五根　1　21　420　第二分隨順品二十二之一　全卷碎損二行　此係龍七十六號之二

藏40　大般說何　第二生乃　1　26　421　第二分无邊際品二十三之一

帝64　有不得種　无所可得　1　28　422　第二分无邊際品二十三之三

李12　法處靜慮　菩薩多若　1　27　422　第二分无邊際品二十三之三

文65　薩摩蜜多　竟不廿三　2　60　422　第二分无邊際品二十三之三

制	29	大般 果見 / 第二 漢果	1	26	424	第二分遠離品二十四之二	
果	85	諸天 所解 / 與无 廿五	16	437	425	第二分帝釋品二十五之一	首百十七行碎損
罔	17	三藏 惟色 / 爾時 思惟	2	53	425	第二分帝釋品二十五之一	首八行尾一行碎損
罔	11	界乃 如是 / 眼觸 空菩	3	85	425	第二分帝釋品二十五之一	首行碎損
號	62	薩菩 尸迦 / 空如 覺乘	2	56	425	第二分帝釋品二十五之一	
歲	51	迦无 不應 / 空若 常乃	4	108	425	第二分帝釋品二十五之一	首尾各碎二行
盈	11	散亂 所若 / 方便 類若	1	28	427	第二分攝受品二十九之一	此係盈十一號之二
稱	100	大般 正斷 / 第二 正斷	1	26	428	第三分攝受品二十九之二	首七行碎損
帝	42	大般 能是 / 第二 情嚴	2	54	428	第三分攝受品二十九之二	首四行碎損
栞	56	大般 攝故 / 第二 羅蜜	3	82	429	第三分福生品三十一 / 第三分功德品三十二	

官 14 間佛有內 波羅乃至 1 27 429 第二分福生品三十一 第二分功德品三十二

列 59 无色及由 多若諸有 2 56 429 第二分功德品三十二 第二分外道品三十三 首八行碎損

列 58 大般永斷 第二方无 2 54 430 第二分天來品三十四之二

羽 18 羅令供養 供養深般 1 21 430 第二分天來品三十四之二

乃 29 大王洲諸 法廣諸有 3 67 431 第二分經文品三十六之一 首十五行碎損

閏 93 善男以故 故憍漢及 1 28 431 第二分經文品三十六之一

騰 22 若善分別 情若卅二 15 433 432 第二分經文品三十六之二 首十六行碎損 沙門玄淨校定

第二分隨喜回向品三十七之一

水 37 上妙大士 具供諸福 5 140 432 第二分經文品卅六之二 第二分隨喜回向品卅七之一 首尾碎損各一行

號	起止				品	備註
麗 76	大般…男子 第二…門巧	4	98	432	第二分經文品三十六之二	首五十九行碎損
羽 73	大般…善女 第二…多世	1	26	432	第二分經文品三十六之二	首五行碎損
麗 54	妙文…應以 別義…應以	3	97	432	第二分經文品三十六之二	首行碎損
麗 51	事迴…卌一 向此…一校	4	119	432	第二分隨喜迴向品三十七之一	
鱗 62	大般…摩訶 第二…波羅	1	26	433	第二分隨喜迴向品三十七之二	首十六行碎損
陽 93	顛倒…一切 不取…卌三	14	399	433	第二分隨喜迴向品三十七之二	首二行碎損
文 7	淨即…淨即 摩訶…智清	1	26	435	第二分地獄品三十九之一	
張 81	波羅…法一 尊如…覺故	2	55	437	第二分不可得品四十二	
羽 76	覺若…色云 若波…至習	1	27	438	第二分東北方品四十三之一	
鳥 25	他入…勸无 亦教…能攝	1	26	438	第二分東北方品四十三之一	

芥 77 乃至可思 不可受不 1 25 438 第二分東北方品四十三之一

重 91 友是一切 蜜多切相 3 76 439 第二分東北方品四十三之二 首行碎損

羽 78 大般處自 第二分別 1 26 439 第二分東北方品四十三之二

月 94 說此爲菩 樂亦尊何 5 133 440 第二分東北方品四十三之三 首行及下半卷碎損

第二分魔事品四十四之一

光 74 故出菩提 无取卌四 15 412 444 第二分成辦品四十八 第二分船等喻品四十九 首三行碎損

之一

張 26 第八人若 甚深定知 5 140 444 第二分成辦品四十八 第二分船等喻品四十九

之一

爲 11 大般相无 第二辦事 3 82 444 第二分成辦品四十八 首十行碎損

帝 52 大般 第二 色處 香味 2 47 444 第二分成辦品四十八 尾十七行碎損

師 22 有得 彼類 多是 法行 1 28 444 第二分成辦品四十八

律 59 大般 第二 子善 布施 3 69 445 第二分船等喩品四十九之二 首十五行碎損

制 42 大般 第二 是趣 趣不 1 26 446 第二分初業品五十之二

棠 88 大般 第二 是趣 趣不 1 26 446 第二分初業品五十之二

制 54 贍部 天不 无上 聲執 1 24 447 第二分眞如品五十二之二

位 54 正稱 法歡 自起 勸他 1 28 448 第二分眞如品五十二之三 尾行碎損

始 50 解脫 想有 入欲 即隨 2 56 449 第二分轉不轉品五十四 首十行碎損

珍 74 汝等 切有 樂觀 何是 6 168 449 第二分轉不轉品五十四

師 94 大般 第二 幾欲 現若 2 54 450 第二分甚深義品五十五之二 首十九行碎損

號	起	止	紙	行	卷	品	附記
果89	福與等福	提所生不	1	35	450	第二分甚深義品五十五之二	尾三行碎損
翔19	大般知諸	第二若覺	1	26	451	第二分夢行品五十六	
文31	言便佛果	男子十二	1	32	452	第二分增上慢品六十之一	
荒41	輕是至不	功德脩學	1	28	453	第二分增上慢品六十之二	
珍97	眞喧慈悲	其心起過	1	24	453	第二分增上慢品六十之二	
光10	受愛由此	內空摩訶	1	24	453	第二分增上慢品六十之二	第二行脫寫
鱗77	色定見覺	羅蜜十四	10	279	454	第二分增上慢品六十之三 第二分同學品六十一	首十行碎損
閏38	勝利之心	何甚十五	16	449	455	第二分同學品六十一之二 第二分同性品六十二之一	首十六行碎損

位	26	受得便能 菩薩蜜多	1	27	455	第二分同學品六十一之三	
來	81	大般第二 情離十六	17	465	456	第二分同性品六十二之三	
						第二分堅非堅品六十四之一	
陽	99	次善波羅 情離十六	16	452	456	第二分同性品六十二之二	首二行碎損後署曇真
						第二分堅非堅品六十四之一	
字	29	相智故諸 亦空實虛	1	23	456	第二分堅非堅品六十四之一	首六行碎損
始	88	耳鼻施波 至般一切	1	31	456	第二分堅非堅品六十四之一	首二行尾行碎損
鳥	88	薩摩切如 行行摩訶	2	44	457	第二分堅非堅品六十四之二	
薑	54	大般第二 其罪善受	2	54	458	第二分實語品六十五之二	首三行碎損
衣	100	大般第二 通脩脩行	1	39	458	第二分實語品六十五之二	尾七行碎損

劍 89　乃至不散　无斷忘失　1　28　461　第二分巧便品六十八之一

宙 65　法恆菩提　相智聚勝　3　84　461　第二分巧便品六十八之一　首十六行碎損

人 66　大般淨界　第三內空　1　26　462　第二分巧便品六十八之三　首五行碎損

裳 62　壽善淨戒　行深內空　1　23　462　第二分巧便品六十八之三　首十四行碎損

重 15　道聖則亦　住乃无願　2　52　462　第二分巧便品六十八之三　首六行碎損

陽 64　此善行情　有情佛土　1　28　464　第二分親近品七十一　後面有字

辰 57　善現法皆　色想倒修　4　112　465　第二分徧學品七十二之二

第二分漸次品七十三之一

號 1　來不獨覺　尊如種相　1　37　465　第二分徧學品七十二之二　首六行碎損

始 8　法智續非　是修若波　1　28　465　第二分徧學品七十二之二　尾三行碎損

始	3	羅蜜 多時	邊著 槃云	1	28	465	第二分徧學品七十二之二	尾行碎損
秋	4	慳悋 香花	功德 十六	17	457	466	第二分漸次品七十三之二	首十一行碎損
							第二分无相品七十四之一	
辰	22	大般 第二	无上 上正	1	26	466	第二分漸次品七十三之二	
柰	32	菩提 布施	諦亦 諸菩	5	140	466	第二分漸次品七十三之二	首廿七行碎損
推	54	薩地 能圓	法无 云何	1	28	466	第二分漸次品七十三之二	
闕	88	大般 第二	證得 摩訶	1	26	467	第二分无相品七十四之二	首四行碎損
官	99	大般 第二	證得 摩訶	1	26	467	第二分无相品七十四之二	
位	70	不可 是觀	有情 導讚	1	28	467	第二分无相品七十四之二	首七行碎損
劍	79	不可 薩安	十七 張涓	9	260	467	第二分无相品七十四之二	首二行碎損

號	起止			卷	品	附記
					第二分无雜品七十五之一	
服 92	是空如來 舌身所三	1	26	468	第二分衆德相品七十六之一	首行碎損此係服九二號之一
推 6	大般切自 第二无所	2	54	469	第二分衆德相品七十六之二	首二十三行碎損
辰 21	大般形方 第二如來	1	26	470	第二分衆德相品七十六之三	
裳 10	大般現云 第二如寔	1	26	472	第二分善達品七十七之二	首七行碎損
裳 40	蕉柱眼界 名菩爲菩	2	50	472	第二分善達品七十七之二	首五行碎損
乃 39	大般八聖 第二勸他	1	26	473	第二分善達品七十七之三	首十二行碎損
帝 51	一切曾或 利子尊但	1	28	475	第二分无關品七十九之二	
冬 94	无所菩提 都无等菩	1	28	476	第二分道士品八十	
暑 65	爾時奉行 无性十八	19	517	478	第二分无事品八十三 第二分實說品八十四	首十四行碎損

字號	號	起止				品名	附注
						第二分空性品八十五	
閏	35	大般奉行 第二十八	19	520	478	第二分无事品八十三 第二分實說品八十四 第二分空性品八十五	首十二行碎損
推	67	大般是法 第二是法	1	26	478	第二分无事品八十三	首十五行碎損
水	19	諸預无上 平等別諸	1	26	478	第二分實說品八十四	首尾碎損各一行此係水十九號之二
龍	100	蜜多為法 國趣言法	1	26	478	第二分實說品八十四	
爲	15	大般頭頂 第三間毫	2	54	479	第三分緣起品一	
崑	79	或阿多如 菩提行般	1	25	479	第三分舍利子品二之一	
文	52	大般得所 第三不生	1	26	480	第三分舍利子品二之二	尾二行碎損

字號	起止	行數	品名	附註
張 7	有情　蜜多 諸菩　生此	1 23 481	第三分舍利子品二之三	首七行碎損此係張號之一
張 10	沒如　通能 如燎　諸宿	2 46 482	第三分舍利子品二之四	
珠 78	識不　究竟 處不　十三	18 491 483	第三分善現品三之二	全卷上端碎損
張 8	第四　者即 第三　法處	2 54 483	第三分善現品三之二	首三十九行碎損
裳 70	色等　行般 涅槃　所見	1 29 483	第三分善現品三之二	首四行碎損
張 3	大般　切法 第三　攡相	2 54 484	第三分善現品三之三	首二十行碎損
重 88	依无　乃至 散空　異无	3 62 484	第三分善現品三之三	首四行尾五行碎損
寒 63	如是　不得 世尊　教誡	1 25 484	第三分善現品三之三	
張 7	性亦　等持 蜜多　等持	1 30 485	第三分善現品三之四	首二行碎損此係張七號之二
乃 1	薩及　菩薩 而於　蜜多	1 30 485	第三分善現品三之四	

芥	31	義亦譬如	滅句薩摩	2	49	486	第三分善現品三之五	首行碎損
巨	34	深般无所	德鎧十六	12	327	486	第三分善現品三之五	首二行碎損
潛	78	戒不脩靜	焰變修種	1	28	487	第三分善現品三之六	首九行尾二行碎損
列	100	功德差別	摩訶情皆	1	38	487	第三分善現品三之六	
光	65	无滅子過	无淨无脫	1	27	488	第三分善現品三之七	首行碎損
寒	8	樂三三摩	平等地謂	2	56	488	第三分善現品三之七	
官	75	若住樂相	故名三摩	1	28	488	第三分善現品三之七	全卷脆碎
闕	93	住此爲嚴	者謂无所	8	213	489	第三分善現品三之八	
張	5	寶堅法僧	三摩相差	2	51	489	第三分善現品三之八	首十六行碎損
張	9	復次无碍	言音得諦	3	80	490	第三分善現品三之九	首二十九行碎損

字號	起訖		數			品	附記
霜18	復次 執取	佛不 九十	16	443	490	第三分善現品三之九	首八行碎損
衣80	悟一 者應	追性 懺八	4	90	490	第三分善現品三之九	首六行尾二行碎損
崑72	於二 訶薩	十法 常知	2	58	490	第三分善現品三之九	首二行碎損
皇17	當知 訶薩	十法 當知	1	28	490	第三分善現品三之九	
崑48	若善 摩訶	勝法 出家	1	28	490	第三分善現品三之九	
劍24	業善 習波	諠雜 二地	2	56	490	第三分善現品三之九	首尾碎損各一行
劍69	時於 常不	菩薩 沒世	2	57	490	第三分善現品三之九	尾行碎損
岡33	著是 念聲	尊云 所以	2	56	490	第三分善現品三之九	首行碎損
崑54	者何 執取	聞心 九十	1	30	490	第三分善現品三之九	
往48	常應 相世	薩常 現若	1	39	491	第三分善現品三之十	首四行碎損

Entry	No.	Text (right line)	Text (left line)				Section	Remarks
羽	68	不共 者則	煩惱 尋香	3	91	491	第三分善現品三之十	全卷碎損十五行
服	36	流向 乃至	得非 色乃	1	25	491	第三分善現品三之十	
翔	35	大般 勝功	三分 復次	1	26	493	第三分善現品三之十二	全卷碎損十行
寒	50	普超 是遍	者如 切无	2	56	493	第三分善現品三之十二	首十四行碎損
羽	81	大般 意觸	第三 无所	1	26	494	第三分善現品三之十三	首六行碎損
往	28	我乃 有由	展轉 无量	1	28	494	第三分善現品三之十三	
日	35	亦无 可見	展轉 十四	8	230	494	第三分善現品三之十三	
潛	60	无來 現有	无來 本性	1	25	494	第三分善現品三之十三	
呂	80	大般 何况	第三 自性	1	26	495	第三分善現品三之十四	首四行碎損
寒	37	來現 未來	所以 以者	2	60	495	第三分善現品三之十四	首二十六行碎損

鱗	99	菩薩自性 智无利子	4	99	496	第三分善現品三之十五	首三行尾五行碎損
淡	24	摩訶訶薩 界空十六	13	364	496	第三分善現品三之十五	首五行碎損
師	27	生諸緣增 不可得舍	1	25	496	第三分善現品三之十五	
霜	86	若一所以 摩訶中无	4	92	497	第三分善現品三之十六	首十七行碎損
呂	19	非名名中 蘊等以眞	3	95	497	第三分善現品三之十六	首十二行碎損
來	14	如等中无 若名設何	1	28	497	第三分善現品三之十六	
位	8	大般竟淨 第三生畢	1	26	498	第三分善現品三之十七	
寒	44	所以妾乞 善現王位	2	56	498	第三分善現品三之十七	首六行碎損
字	88	蜜多摩訶 摩訶摩訶	1	28	498	第三分善現品三之十七	尾行碎損
成	52	大般所集 第三心亦	1	26	499	第三分天帝品四之二	全卷碎損

盈 36 亦不无二不應般若 1 28 499 第三分天帝品四之二

暑 63 亦不法恆不應一切 2 56 499 第三分天帝品四之二 首十一行碎損

始 29 薩所即一憍尸可得 1 21 500 第三分天帝品四之三 首二行碎損

暑 64 大般慮波第三是菩 1 26 501 第三分現窣堵波品五之二

師 62 大般迦若第三至心 2 54 501 第三分現窣堵波品五之二 首十四行碎損

皇 39 薩摩名曰住不是妙 1 36 501 第三分現窣堵波品五之二 首六行尾一行碎損

翊 67 般若誦如得布有情 1 27 501 第三分現窣堵波品五之二 首五行尾一行碎損

霜 65 菩提皆應非人散等 1 19 501 第三分現窣堵波品五之二 首行尾二行碎損

宙 31 力威之法等來百三 17 487 503 第三分稱揚功德品六之二 首一行碎損有武后新字

第三分福聚品八之一

千字文號	號	起	止	紙數	行數	卷	品	附記
師	63	寶各般若	復於誦精	1	28	503	第三分稱揚功德品六之二	首十四行碎損
水	97	非非不斷	一切有預	2	56	504	第三分福聚品八之二	首十行碎損
龍	21	如彼所得	善現方便	1	29	504	第三分隨喜廻向品九之一	
衣	10	舍利若波	如是是畢	1	28	506	第三分歎淨品十一之一	
調	46	遠離法非	非有等起	7	200	507	第三分歎淨品十一之二　第三分讚德品十二	首九行尾二十三行碎損
寒	2	由此相故	法寶百七	4	139	507	第三分讚德品十二	
字	100	般若一切	得无一切	2	70	510	第三分現世間品十五	此係字一百號之一
師	5	无相若波	等一无所	1	27	510	第三分現世間品十五	
調	95	相佛想故	而生一十	2	85	510	第三分現世間品十五	
羽	13	智道佛世	深般空相	1	28	510	第三分現世間品十五	

始 96 謂示想故 切相一十 1 28 510 第三分現世間品十五

帝 21 大般等等 第三一切 2 54 511 第三分不思議等品十六

翔 90 正等善現 趣可復白 1 25 512 第三分善友品十八

裳 25 揚離見有 乃至上緣 1 27 514 第三分不退相品二十之一

玉 30 故名及一 不退十五 17 442 515 第三分不退相品二十之二 首十行碎損

第三分空相品二十一之一

光 88 持以及一 善薩十五 14 398 515 第三分不退相品廿之二 第三分空相品廿一之一 首七十五行碎損

推 94 空等滅所 夜不謂信 3 107 515 第三分不退相品二十之二 首二行碎損

果 56 爲无受種 出世世界 1 38 515 第三分不退相品二十之二 全卷碎損

洪 45 大般何是 第三甚多 1 26 516 第三分空相品二十一之二

號	起	止	紙數	行數	卷	附記
帝46	大般第三	何是言甚	1	26	516	第三分空相品二十一之二
皇52	般若多如	作或說永	1	28	516	第三分空相品二十一之二
始11	滅或實義	智亦得罪	1	27	516	第三分空相品二十一之二
師50	大般第三	菩薩常行	1	26	518	第三分巧便品二十三之二
金41	大般第三	有染離法	1	24	519	第三分巧便品二十三之三
推31	大般第三	性自不行	2	54	519	第三分巧便品二十三之三　首三行碎損
生78	死中等發	天子情空	12	336	521	第三分見不動品二十五之一　首五行碎損
荒54	一切離天	廣說智亦	1	29	521	第三分見不動品二十五之一　此係荒五四號之二
羽94	設有深經	愛樂覺所	1	24	522	第三分見不動品二十五之二
出1	喻會僧皆	亦不執著	1	26	522	第三分見不動品二十五之二

字號							
乃	66	乃至 若空	求二 无上	1	29	523	第三分方便善巧品二十六之一
呂	57	若波 尊爲	引發 若波	4	112	524	第三分方便善巧品二十六之二
推	42	大般 第三	薩常 波羅	2	54	525	第三分方便善巧品二十六之三
列	69	大般 第三	意界 乃至	1	25	528	第三分妙相品廿八之一
宙	62	有情 化導	學六 漸次	6	146	528	第三分妙相品廿八之一 首二行碎損
宇	37	行利 復次	隨好 廿八	9	272	528	第三分妙相品廿八之一
秋	99	大般 第三	有情 廿九	16	459	529	第三分妙相品廿八之二
位	62	由異 羅蜜	如光 中爲	1	24	529	第三分妙相品廿八之二
巨	59	大般 第三	分法 波羅	1	26	531	第三分妙相品廿八之四
昃	99	慧力 支謂	八諸 諸佛	5	142	531	第三分妙相品廿八之四 首二行尾三行碎損

巨 53	七十　空當 解是　无色	4	110	531	第三分妙相品廿八之四	尾八行碎損
服 16	不思　佛說 名菩　若无	1	26	532	第三分施等品廿九之一	
闕 47	无差　薩殊 正等　乃能	3	79	534	第三分施等品廿九之三	首廿三行碎損
巨 48	證得　八十 諸善　不和	4	112	534	第三分施等品廿九之三	
翔 88	能染　八十 摩訶　不和	4	100	534	第三分施等品廿九之三	首行碎損
出 27	合无　他得 住捨　卌四	9	255	534	第三分施等品廿九之三	
夜 26	合无　事而 住捨　至此	3	84	534	第三分施等品廿九之三	
珠 12	是如　所得 告舍　淨戒	2	56	534	第三分施等品廿九之三	
巨 35	安忍　他得 出生　卌四	4	117	534	第三分施等品廿九之三	
律 11	大般　脫生 第三　波羅	1	26	535	第三分施等品廿九之四	

字	數	文	卷	頁	號	品	備注
爲	54	妙法實相／現當卅六	14	407	536	第三分佛國品三十之二／第三分宣化品卅一之一	首六行碎損
龍	83	類是住定／起三皆住	1	22	536	第三分佛國品三十之二／第三分宣化品卅一之一	
鱗	76	如是奉行／性佛卅七	14	403	537	第三分宣化品卅一之二	首十行碎損
黃	54	神之饒益／所念卅八	15	441	538	第四分妙行品一之一	首二行碎損
律	46	諸菩等菩／竟世心非	1	28	538	第四分妙行品一之一	首行碎損
呂	40	生者所謂／是則菩薩	1	38	539	第四分妙行品一之二	
號	47	大般若離／第四變喜	16	446	540	第四分供養窣堵波品三之二	
餘	27	深般不天／脩學迦有	2	56	540	第四分供養窣堵波品三之二	
劍	53	般若淨心／尸迦提至	4	121	541	第四分供養窣堵波品三之三	首十九行尾二行碎損
閏	4	大般情衆／第四卌二	17	468	542	第四分福門品五之二	

號	號數	起	止	紙數	行數	卷	品	附記
月	62	大般若能	第四一切	8	232	542	第四分福門品五之二	首十一行碎損
雨	77	證得受持	若波妙文	9	251	542	第四分福門品五之二	首行碎損
地	75	已於女人	菩薩世尊	1	29	542	第四分福門品五之二	此係地七五號之三
翔	60	沒云子功	云何作諸	1	25	543	第四分隨喜廻向品六之一	卷中碎損七行
裳	61	爲妙量无	善現薩乘	1	25	543	第四分隨喜廻向品六之一	
日	67	五百解脫	事品冊七	17	470	547	第四分魔事品十一之二 第四分不思議等品十三	首二行碎損
鳥	12	利樂病謂	持坏三雜	2	51	548	第四分譬喻品十四	全卷碎損
昃	79	行識菩薩	退轉提必	8	214	549	第四分眞如品十六之二 第四分不退相品十七	首二行碎損
閏	45	與虛无邊	名能卌九	9	233	549	第四分不退相品十七 第四分空相品十八之一	首九行碎損
海	89	成就甚深	退轉識亦	1	28	549	第四分不退相品十七 第四分空相品十八之一	

巨 50 有情是處 / 現非五十 17 471 550 第四分空相品十八之二 / 第四分覺魔事品二十一

之一

衣 26 上等合義 / 波羅集云 1 27 550 第四分空相品十八之二 / 第四分深功德品十九

推 43 際復由斯 / 或當先成 1 28 550 第四分覺魔事品廿一之一

荒 33 分法覺位 / 作无若我 1 58 551 第四分覺魔事品廿一之二 紙背續寫廿七行

劍 57 大般薩夢 / 第四城邑 2 54 551 第四分覺魔事品廿一之二

夜 68 大般夢境 / 第四薩相 2 48 551 第四分覺魔事品廿一之二 尾四行碎損

河 13 尊爲湼槃 / 有法十二 17 476 552 第四分善友品廿二之二 / 第四分迅速品廿五之一 首十二行碎損

呂 43 處出留難 / 般若十三 17 480 553 第四分迅速品廿五之二 / 第四分堅固品廿七之一 首廿三行碎損

推 55 中雖得爲 / 寂靜疾證 1 28 554 第四分堅固品廿七之二 首七行碎損

號	號數	起	止	紙數	行數	卷	品	附註
衣	56	故說　故引	爾時　法般	1	24	554	第四分散花品廿八	
鳥	19	如來　梵行	智是　十四	1	26	554	第四分散花品廿八	
崑	97	无處　緣所	羅蜜　觸爲	3	70	555	第四分隨順品廿九	首二行碎損
劍	29	緣所　所生	染无　觀耳	2	57	555	第四分隨順品廿九	首尾碎損各一行
崑	43	鼻若　妙高	般若　水火	2	57	555	第四分隨順品廿九	尾行碎損
號	46	高山　際色	風空　邊際	2	66	555	第四分隨順品廿九	首行尾二行碎損
號	10	處如　身意	眼界　如是	3	88	555	第四分隨順品廿九	首尾各碎損一行
岡	79	邊際　名色	无邊　空法	3	58	555	第四分隨順品廿九	
劍	26	性无　奉行	行生　十五	2	75	555	第四分隨順品廿九	首行碎損
雨	26	苦行　邊故	情作　十六	9	246	556	第五分善現品一 第五分天帝品二	

寒 90 能信若不 受者有可 1 24 556 第五分天帝品二

稱 46 一切勝利 奇世十七 16 440 557 第五分窣堵波品三 第五分神咒品四 首四行碎損

玉 25 无量勝利 應正十七 1 27 557 第五分神咒品四

衣 48 大般五波 第五淨眼 1 26 559 第五分地獄品八 全卷碎損

辰 70 者導波羅 城憍說般 1 28 559 第五分地獄品八 首九行尾二行碎損

人 38 著无若離 薩著迦若 1 28 559 第五分清淨品九 第一行複寫一行

收 56 爾時信解 羅蜜六十 12 335 560 第五分不思議品十之二 第五分真如品十二 首九行碎損

服 92 一切皆无 皆空巧不 1 27 562 第五分貪行品十七之一 此係服九二號之二

來 93 白言魔事 想亦十三 15 419 563 第五分貪行品十七之二 第五分夢行品十九 首十一行碎損

字 20 而得希有 蜜多染有 1 34 564 第五分勝意樂品二十

號	起	止	品	附記
始30	頭足千界	身分正法	3 64 564 第五分修學品廿一 第五分根栽品廿二之一	首尾碎損各二行
推56	蜜多深般	種波覺相	1 28 565 第五分付囑品廿三	尾九行碎損
宙24	聞圓或麻	若波或一	18 441 568 570 第六分法界品四之二 第六分現相品八	卷中少第六分法性品六首
				五行碎損
兩65	尊敬等覺	素洛十八	12 329 568 第六分法界品四之二 第六分念住品五	首九行碎損 比丘恆願
李54	大般端坐	第六爲降	1 26 568 第六分法界品四之二	全卷碎損
致91	第六落法	爾時天王	1 25 569 第六分法性品六	首行碎損
水12	價如有故	體極十九	16 466 569 第六分法性品六	首二行碎損
重72	平等二故	性寂七十	16 444 570 第六分平等品七 第六分現相品八	首三行碎損
往61	若諸法達	如實何以	15 414 570 第六分平等品七 第六分現相品八	首十二行尾二行碎損

字號	號	首尾文				品名	備注
黄	100	即從　法達 白佛　何以	11	308	570	第六分平等品七 第六分現相品八	
菜	93	大般　遶三 第六　猶豫	5	138	570	第六分平等品七	首二行碎損
夜	29	大般　等名 第六　不生	1	26	570	第六分平等品七	尾二行碎損
辰	14	日我　蜜多 得何　十一	16	466	571	第六分无所得品九 第六分證勸品十	首九行碎損
帝	74	般若　蜜多 空一　十一	1	25	571	第六分證勸品十	
帝	1	大般　甚深 第六　等菩	1	24	573	第六分勸誡品十四之二	
字	59	大般　佛告 第七　殊室	1	31	574	第七曼殊室利分一	字佳首三行碎損
麗	15	俱皆　是事 訶薩　十四	8	227	574	第七曼殊室利分一	此卷細楷首十行碎損
乃	21	於此　勸勿 彼類　甚深	4	112	575	第七曼殊室利分二	首二十行碎損
菜	33	滌除　无際 可思　等言	14	379	578	第十般若理趣分	首二行碎損

珍	64	脩行即眞	行一切有	2	56	578	第十般若理趣分	首尾碎損各一行
日	88	提願與有	若時施攝	1	29	579	第十一布施波羅蜜多分之一	
人	8	智智薩令	時滿極難	1	25	580	第十一布施波羅蜜多分之二	
蠹	50	若智若不	无所不能	1	26	580	第十一布施波羅蜜多分之二	
辰	91	薩行智智	若諸十一	16	448	581	第十一布施波羅蜜多分之三	首五行碎損
洪	75	大般住戒	第十以足	2	54	582	第十一布施波羅蜜多分之四	首十二行尾一行碎損
龍	55	大般伽沙	第十等世	1	25	582	第十一布施波羅蜜多分之四	尾行碎損
日	90	味觸遠離	我相不可	1	29	582	第十一布施波羅蜜多分之四	
衣	63	量无應正	舍利希有	1	25	582	第十一布施波羅蜜多分之四	
洪	72	大般以所	第十諸苦	2	54	583	第十一布施波羅蜜多分之五	首十三行碎損

字號	號	起	止				品目	附記
荒	54	菩薩聲聞	虛汝他說	1	28	583	第十一布施波羅蜜多分之五	此係荒五四號之三
皇	66	利子故謂	菩薩提是	1	24	583	第十一布施波羅蜜多分之五	
洪	76	大般第十	末尼意若	2	54	584	第十二淨戒波羅蜜多分之一	首十六行碎損
翔	10	聖諦聖諦	波羅无分	1	24	584	第十二淨戒波羅蜜多分之一	
日	22	大般第十	皆不實了	2	54	585	第十二淨戒波羅蜜多分之二	
號	3	羅蜜第十	爲具若打	1	26	585	第十二淨戒波羅蜜多分之二	首行碎損
律	62	諸菩皆不	不可若无	1	25	585	第十二淨戒波羅蜜多分之二	
海	90	求一聞異	德佛无作	1	26	586	第十二淨戒波羅蜜多分之三	紙尾多寫佛名兩行
盈	30	大般第十	非餘有毀	2	54	587	第十二淨戒波羅蜜多分之四	首九行碎損
潛	91	又滿有菩	善巧求大	1	19	587	第十二淨戒波羅蜜多分之四	

號	首行起止	末行起止	紙數	行數	卷	品	附記
月52	大般…薩摩	第十…作不	2	54	589	第十三安忍波羅蜜多分	
服19	給孤…性空	時世…息或	3	79	589	第十三安忍波羅蜜多分	首六行碎損
師92	滅識…菩薩	故觸…作大	1	21	590	第十四精進波羅蜜多分	後數行鈎寫
始81	大般…薩乘	第十…止謂	1	26	591	第十五靜慮波羅蜜多分之一	
罔97	應入…勤修	此菩…修學	2	63	591	第十五靜慮波羅蜜多分之一	全卷碎損
重46	慮爲…言如	訶薩…三界	12	340	591	第十五靜慮波羅蜜多分之一	首行碎損
日58	慮般…淨五	空空…畏四	1	28	591	第十五靜慮波羅蜜多分之一	此係日五十八號之二
帝48	非三…薩摩	訶薩…展轉	1	25	591	第十五靜慮波羅蜜多分之一	
生94	手弓…獨覺	已至…地心	1	38	592	第十五靜慮波羅蜜多分之二	首行碎損
服56	菩提…非諸	名摩…行所	3	75	594	第十六般若波羅蜜多分之二	首十八行尾七行碎損

調	96	非即色蘊 處亦性本	1	24	594	第十六般若波羅蜜多分之二	後行誤寫
師	31	大般第十 意界色界	1	26	595	第十六般若波羅蜜多分之三	
羽	77	大般第十 足根斷神	1	26	596	第十六般若波羅蜜多分之四	
海	36	若波除遣 菩薩薩圓	1	28	597	第十六般若波羅蜜多分之五	
冬	100	量作者使 顛倒不依	8	225	598	第十六般若波羅蜜多分之六	首行碎損
閏	79	心起般若 學十八	9	242	598	第十六般若波羅蜜多分之六	
號	90	復次若常 智法十九	18	505	599	第十六般若波羅蜜多分之七	首四行碎損
張	34	終不及魔 過去法過	15	408	599	第十六般若波羅蜜多分之七	首三十六行碎損
字	81	不能菩薩 合若若離	6	179	599	第十六般若波羅蜜多分之七	首十一行碎損
鹹	90	楊文大般 奉行六百	15	421	600	第十六般若波羅蜜多分之八	卷首署名楊文玉

羽 23　羅蜜川中　心心薩摩　1　26　館舊目註是大般若經姑附於此背面末行寫辛巳年四月廿八日清信弟子難受寫畢

推 64　波羅已作　菩薩應猶　1　28　館舊目註是大般若經

宇 90　利如方便　已方寶乃　3　112　館舊目註是大般若經前九行殘缺

鱗 47　善業語離　所度諸佛　6　176　此卷係節抄大般若經卷四十六卷一六五卷三六一卷三六二卷三六三首十二行殘缺

大般若經釋

原號	起	止	紙	行	附記
潛 69	百九一筆	阿羅飲光	1	19	
潛 74	爾時變礙	千倍作九	1	28	
帝 83	須善跡鏡	從心二分	3	58	首八行殘缺 全卷下邊碎損

敦煌劫餘錄

新會 陳垣 校錄

第六帙

放光般若經 西晉無羅叉譯 二十卷

原號	起止	紙	行	品次	附記
柰 75	摩訶相應 聞如第一	15	413	放光品一 假號品三	卷尾有放光經卷第一六字
生 66	三事空像 答不有者	6	148	歎深品五十五 阿惟越致品五十六	尾十七行碎損

光讚般若經 西晉竺法護譯 十卷

原號	起	止	紙	行	品次	附記
麗16	者何法界 空悉竭欲		1	26	所因出衍品十九	

摩訶般若波羅蜜經 後秦鳩摩羅什譯 二十七卷

原號	起	止	紙	行	品次	附記
列78	常不等品 行如字品		19	592	往生品四 三假品七	首八行碎損品名每與通行本不同如歎度品此本作无等品三假品此本作名字品

柰 20 作解如行 无間出入 2 56 往生品四

重 97 薩一眼名 以是亦不 5 130 三假品七 集散品九 首一行尾四行碎損卷中碎損十九行

黄 61 白佛空故 檀波第三 20 536 勸學品八 相行品十 首三行碎損尾有木軸相行品此本作无方便品

號 32 如是法何 訶薩是名 4 73 句義品十二 尾行碎損

出 50 次舍无傳 受聲莊嚴 13 350 辯才品十五 莊嚴品十七 首八行碎損乘乘品此本作乘大乘品莊嚴品作无縛无脫品

翔 15 命舍誓莊 薩乘誓莊 2 45 乘乘品十六 莊嚴品十七 首八行尾四行碎損乘乘品此本作縛解品

字	行	文	卷	頁	品	備考
夜	4	相如薩內名菩訶衍	10	606	廣乘品十九	
芥	94	意分意分訶衍第八	6	170	廣乘品十九	首八行碎損
河	14	言世佛言婆若第九	13	362	發趣品二十 出到品廿一	首八行碎損出到品第廿一此本作第二十
地	56	如說法亦空故十一	12	339	十無品廿五 无生品廿六	首七行碎損
出	80	名爲般若空故十一	18	409	十無品廿五 无生品廿六	首四行碎損尾三行有朱筆句讀
						无生品廿六此本作廿五
雨	70	諸法蜜遠聽故十三	16	447	无生品廿六 問住品廿七	首三行碎損問住品此本作不住品
罔	50	摩訶爾時不共王一	1	26	散花品廿九	散花品第廿九此本作廿八

號	起	止	紙數	行數	品名	附記
列 89	摩訶佛告	其所養若	4	99	法施品三十八	全卷碎損法施 品此本作十善品
李 65	莊嚴衆生	蜜不可知	6	169	照明品四十	首六行碎損
辰 40	若波諸佛	法生十六	21	483	照明品四十 歎淨品四十二	首三行碎損信毀 品四十一此本作 泥犁品四十歎淨 品四十二此本作 四十一卷尾署 高弼爲亡妻无聖 咸所寫經
羽 92	相故尙无	菩提知不	2	56	佛母品四十八	首行碎損全 朱筆句讀卷
藏 98	得何識如	解脫相舍	2	61	大如品五十四	首二十行尾三行 碎損
閏 50	戒定門相	男子辱精	1	18	大如品五十四	首四行碎損此卷 緊接藏九十八號 後

字	號	起	行	號	品	備註
閏	47	得阿識識 / 故菩利弗	2	22	大如品五十四	此卷緊接閏五十 / 號後第一字爲得
						字與通行本異
鱗	57	乃至衆生 / 法不廿五	16	408	堅固品五十六 / 深奥品五十七	首三行碎損堅 / 固品此本作燈炷
						品
露	81	摩訶如是 / 提桓卅一	18	510	愁魔品六十二 / 度空品六十五	首六行碎損全卷 / 完整淨願品此本
						作釋願品度空品 / 此本作无與實品
日	69	道須如是 / 三藐廿八	13	297	等學品六十三 / 度空品六十五	淨願品六十四此 / 本作隨喜品六十
						三度空品六十五 / 此本作稱揚品六
						十四
重	9	薩功如是 / 薩功廿八	10	266	淨願品六十四 / 度空品六十五	淨願品此本作稱 / 揚品

金 6 摩訶羅蜜 爾時廿九 16 442 累教品六十六 攝五品六十八 累教品六十六此本作見阿閦佛品六十五无盡品六十七此本作不可盡品六十六攝五品六十八此本作六度相攝品六十七卷中碎損十五行

關 33 遠離羅蜜 智遠提是 1 25 方便品六十九 首一行尾二行碎損

水 2 摩訶對若 須菩波羅 10 275 三慧品七十 一百六十五行後脫去數行紙背雜寫經疏及懺文二百五十五行三慧品七十此本作六十九

昃 51 耨多將无 是色故示 3 67 三慧品七十 首十一行尾四行碎損卷中有朱筆

翔 5 識是種智有漏佛說 2 29 三慧品七十

制 31 菩提求阿是念告須 2 35 三慧品七十

日 91 切衆意菩衆生所不 1 29 道樹品七十一

劍 97 識斷天梵无明廣天 12 318 三次品七十五 一念品七十六

月 55 所有誰何離惡多羅 12 280 三次品七十五 一念品七十六

皇 67 摩訶訶薩爾時緣故 1 66 三次品七十五

校勘

首四行尾三行碎損此卷緊接昃五

十一號後

首五行尾十六行碎損

首二行碎損无煩天之煩此本作廣

三次品此本作无漏行六度品

首十四行碎損三次品此本作一心

具万行品

三次品七十五此本作次第行品七

收　86　漏心國土　受所染汚　12　285　一念品七十六　六喩品七十七

十四

首二行碎損此卷前後紙色逈異此經文則一貫字體亦相同一念品此本作夢化六度品

菜　64　一切種種　藐三薩成　1　33　一念品七十六　六喩品七十七

首三行尾七行碎損一念品此本作夢化六度品

果　32　持戒著若　著布提是　8　224　一念品七十六

首十八行碎損

崑　75　无熱羅蜜　識處卅三　2　53　一念品七十六

此卷緊接劍九十七號

辰　6　可得發也　不可廿七　20　473　四攝品七十八　實際品八十

首二行碎損末句此本作終不懈發也與通行本異

調		陽		盈	列		日	辰	服
97		82		98	45		100	65	17
至八薩方三解波羅		精進如是故莫卅八		知者如是无受卅七	恒斯藐三菩薩提今		是夢同事安法平等	摩訶多羅須善是畜	僧說慧能止不切法
1		17		14	8		5	4	4
28		464		353	212		128	103	107
善達品七十九實際品八十		實際品八十具足品八十一		實際品八十具足品八十一	具足品八十一		平等品八十六如化品八十七	平等品八十六	序品一往生品四
首三行碎損實際品八十此本作	七十九	首三行碎損具足品此本作成就	衆生品	首行碎損實際品此本作照明品	首尾碎損各二行卷尾有經解二行	餘		全卷碎損三十八行	首行碎損此卷摘鈔序品一本鉢品

鹹
55
夷省所說
諸三歎喜
29
787
序品一
囑累品九十

二往生品卌卷首倘有敘言二行述宣揚是經意惜不全卷有朱筆句讀首十二行碎損此卷摘鈔序品一奉鉢品二往生品四句義品二十二乘品乘品十六（此本作乘品）勝出品本作廿二（此本作廿一）无生品廿六（此本作廿五）无作品四十三（此本作面各千佛品四十二）佛母品四十八（此本作示世間品第四十七）法尚品八十九（此本作曇无

閏 29 切種不可 告舍心非 5 140 序品一 勸學品八

閏 37 心不常空 諸法外不 14 392 勸學品八 无生品廿六

竭品八十八）囑累品九十（此本作八十九）全卷朱筆句讀乘乘勝出佛母法倘囑累五品均完整无刪節

此卷摘鈔序品一奉鉢品二往生品四勸學品八

此卷緊接閏二十九號似即從是卷分出摘抄勸學品八句義品十二乘乘品十六（此本作乘品）廣乘品十九（此卷作四念處品十八）勝

宇　26　法无陁合薩句量心　16　421　句義品十二照明品四十

出品廿二（此本作廿一）等空品
廿三（此本作含受品廿二）无生
品廿六（此本作廿五）
此卷摘抄句義品十二乘乘品十六
（本卷作乘品）廣乘品十九（此
本作四念處品十八）勝出品廿二
（此本作廿一）等空品廿三（此
本作含受品廿二）无生品廿六（
此本作廿五）勸持品三十四（此
本作三十六）法稱品三十七（此

昃

56

天兜佛如阿迦以法

7

196

句義品十二佛母品四十八

本作校舍利品三十一）隨喜品三十九（此本作隨喜迴向品三十八）照明品四十（此本作大度品三十九）此卷摘抄句義品十二无生品廿六（此本作廿五）无作品四十三（此本作面各千佛品四十二）佛母品四十八（此本作示世間品四十八）全卷有朱筆句讀

小品摩訶般若波羅蜜經

後秦鳩摩羅什譯
十卷

原號	起	止	紙	行	品次	附記
鳥34	誦般桓因憍尸	不壞	2	50	塔品三	
鹹24	薩亦反於	菩提第五	17	421	魔事品十一船喻品十四	首十七行碎損
裳42	樂衆有諸	阿耨本行	2	44	薩陁波崙品二十七	首十二行尾三行碎損
金7	歡喜句莊	薩陁樂作	3	47	薩陁波崙品二十七	首四行尾二行碎損
麗11	而无試是	見佛第九	6	152	薩陁波崙品二十七	首六行碎損

佛說仁王般若波羅蜜經 二卷

後秦 鳩摩羅什譯

原號		起	止	紙	行	品次	附記
淡	61	衆僉釋迦	劍鉾如是	18	366	序品一 二諦品四	首三行碎損
張	44	如空菩薩	如是卷上	3	72	菩薩教化品三 二諦品四	
柰	76	五分地阿	華六十千	5	97	受持品七	首三行尾四行碎損

勝天王般若波羅蜜經 七卷 陳月婆首那譯

原號	起	止	紙	行	品次	附記
夜75	重誓不逼	龍惟如是	14	348	通達品一 顯相品二	首廿三行碎損
盈91	摩訶羅蜜	思惟第一	17	461	通達品一 顯相品二	首七十行碎損
宇36	夢幻若見	薩摩則安	9	228	通達品一 顯相品二	首行碎損
鹹34	落況慧況	有隱動如	23	685	法界品三 現相品七	全卷小楷碎損二百八十六行
昃60	衣爲色不	諸天終不	11	290	法界品三 念處品四	尾行碎損下接歲第三號
歲3	恥弊心不	中息第二	8	214	念處品四	首十行碎損前接昃六十號
往18	故菩蜜爲	立如世過	2	56	平等品六	下接來六十九號
來69	无量諸道	後得如此	3	84	平等品六 現相品七	前接往十八號

文殊師利所說摩訶般若波羅蜜經

梁曼陀羅仙譯　二卷

原號　起　止　紙　行　附記

冬　68　如是奉行　訶薩經卷　20　541　首二行碎損　全卷有朱筆校勘

調　59　過心奉行　舍利蜜經　8　267　首五行碎損　全卷小楷有武后時新字

文殊師利所說般若波羅蜜經

梁僧伽婆羅譯　一卷

原號　起　止　紙　行　附記

果　74　文殊頂受　般若先會　1　27　本卷爲序偈釋

張　16　持戒射皮　度未已復　18　489　首二十行碎損

宇　19　作是穢不　可思人欲　3　84　前接張十六號

出 29 得无佛佛人欲隨命 5 141 尾行碎損前接字十九號

文 15 有各佛佛拜親无非 1 28 以張十六號校之自如來放光分第三起訖文殊實見分第六止

律 10 若波菩薩波羅諸佛 3 83 首二行碎損以張十六號校之可分三段第一段自元修无學分第十二起訖一切法空分第十四止第二段自如幻他人分第十八起訖衆問信成分第二十止第三段則通行本僧伽婆羅譯本文此段首贅一界字

金剛般若波羅蜜經 一卷 後秦鳩摩羅什譯

原號		起	止	紙	行	附記
柰	96	金剛 如是	一七 重罪	11	312	首尾有餘前冠佛像末附咒文
餘	12	金剛 如是	奉行 蜜經	12	319	紙背有蕃文中多碎裂不若閏六十五號之完美
露	61	唵識 啓請	眞言 娑訶	16	373	卷首有金剛陀羅尼啓請八金剛四菩薩云何蕃發願文卷尾有大身眞言隨心眞言心中心眞言經文分三十二分與今本无異紙背有押衙康全子賓六字
鹹	58	金剛 法會	一萬 千遍	14	328	卷尾有甲子年五月十五日數字又有大身眞言一則末書誦此經一遍勝誦本經功德一万九千遍全卷分品
冬	53	金剛 如是	奉持 蜜經	11	314	首尾完具
閏	65	金剛 如是	奉行 蜜經	11	307	首尾完具

字號	號數	起	止	紙數	行數	附記
水	42	如是 與大	奉行 蜜經	11	307	首尾完具
河	69	金剛 如是	聞佛 奉行	11	306	首尾完具
淡	28	金剛 如是	奉行 蜜經	12	294	首尾完具
黃	35	凡人 功德	命布 偈等	5	122	尾一紙上端爛去經首冠有小引言凡人欲轉念金剛般若經先至心請八金剛名功德无量其名如是下列八金剛名為他卷所無
黃	39	金剛 如是	以无 差別	2	52	
宙	25	金剛 如是	三菩 解佛	2	49	首尾皆破
洪	98	羅蜜 如是	以故 生見	6	164	前有餘紙五寸許紙背題妙法蓮華經卷第二殆錯簡
張	37	金剛 如是	微塵 微塵	10	287	尾九行破碎
宿	79	金剛 如是	尊須 不不	1	27	

寒	4	奉請災殃	大身十一	5	122	卷首寫奉請八金剛較黃三十五號尤詳備於八金剛名號下詳載能除何種災害次寫持經音經文中照原譯本分三十二分惜僅存十分前寫後秦羅什法師翻譯本字樣
調	11	金剛如是	我相提菩	5	139	
暑	11	佛說如是	如來法如	7	194	
暑	31	金剛如是	佛所者須	1	39	卷首有餘紙五寸許
秋	23	金剛若有	世尊天眼	9	228	卷首前列金剛經啓請小引淨口業眞言虛空藏菩薩供養眞言奉請八金剛云何蕃音十佛名號發願文十九行卷尾餘紙四尺背寫金光明經第四卷十地菩薩咒百廿七行
藏	21	金剛如是	不與尼以	7	195	首破
閏	40	如是大比	菩提見如	4	110	內多粘補
律	18	金剛如是	菩提來不	4	111	首尾碎損各八行

律	63	金剛	如是	我說非法	2	52	
呂	63	金剛	如是	法應布施	1	25	尾四行碎損不與同號之又一卷同卷因紙色不符字跡亦異經文又相錯互遂分爲二
李	97	金剛	如是	菩提也世	4	113	
柰	58	金剛	如是	相八非相	4	128	尾六行碎損
結	56	金剛	如是	尊如等恒	5	158	
金	11	金剛	如是	三菩所說	3	51	
金	70	金剛	如是	土不嚴是	3	83	
水	85	金剛	如是	不說无所	3	78	
出	93	金剛	如是	衆生是諸	3	42	全卷粘補首十三行只存下半截
岡	59	金剛	如是	若取非法	3	44	尾五行破損三十四行後字體與前異第一行經名下有如理實見分第五第七字係訛文

關	80	金剛 如是	我得 尊佛	3	73	尾行碎損
果	28	金剛 如是	蜜須 提白	4	109	尾行碎損紙背雜寫妙法蓮華經序品第一 二十八行
鹹	61	金剛 如是	若臥 從來	10	285	
羽	17	金剛 如是	以身 身相	1	31	尾四行碎損
淡	65	佛說 觀自	菩提 誑語	7	162	尾行碎損卷首有佛說般若波羅蜜多心經 一卷
龍	3	金剛 如是	想若 涅槃	1	18	
光	68	如是 與大	用布 甚多	2	53	首破
帝	56	金剛 如是	須善 不也	1	27	
文	66	金剛 如是	界化 須菩	2	55	首碎損
字	2	金剛 如是	尊須 不不	1	27	首殘破

字號	號	起	止	紙	行	附記
宇	36	金剛 如是	无衆 我相	1	20	
服	5	金剛 如是	一切 差列	2	52	
位	71	金剛 如是	諸衆 相无	1	42	破碎
鹹	65	金剛 如是	世尊 最不	2	27	經文分兩段均不全其前段另標
雨	1	舍衛 與大	奉行 蜜經	12	305	首行碎損
鹹	98	時着 第乞	界七 不須	2	52	破爛
金	3	時着 第乞	須菩 那行	3	76	首紙破爛
露	68	金剛 如是	奉行 蜜經	8	308	首二十行碎損
荒	43	即從 敬而	般若 須菩	6	96	首紙破爛
調	85	金剛 如是	須菩 爾所	5	138	首五行碎損

藏	61	座而何善	偏袒作福	10	273	
鹹	29	座而奉行	偏袒若經	11	300	紙背雜寫有字
雲	75	比丘伊帝	鉢入薄訶	10	274	首二十四行碎損卷尾附金剛經陁羅尼功德及陀羅尼
人	34	經既亦復	就少敎住	1	6	背前十數行似係淨宗經論後數行係雜寫金剛經
爲	36	金剛奉持	如是蜜經	11	313	首十四行碎損
珠	25	偏袒奉持	有世蜜經	10	300	
薑	19	持鉢奉行	本處蜜經	11	308	首四行碎損
秋	13	至本奉行	長老蜜經	10	301	首三行碎損
霜	11	如是奉行	與大蜜經	11	312	首六行碎損
夜	91	座而奉行	偏袒蜜經	11	302	首三行碎損

巨	99	付囑女人	者須无量	1	28	破爛
陽	16	囑諸三藐	經乃分不	9	243	首紙破
皇	8	如是與大	尊須不不	1	26	
藏	46	金剛如是	大不是名	3	88	首九行碎損
淡	54	善男心應	无所那行	3	71	首破
龍	10	善男心應	而實阿羅	2	58	首破
陽	32	鉢洗起偏	奉行蜜經	11	265	首十一行尾二十八行碎損
號	36	佛在二百	其福聞說	4	116	首尾破爛
騰	45	善提偏袒	奉行蜜經	10	295	首四行碎損
暑	90	樹給爾時	奉行蜜經	11	310	首九行碎損

鱗 7	善付 婆呵	耨多 心經	11	322	首二行碎損末附心經一卷
生 71	飯食 在然	菩提 何善	3	78	首紙殘破
菜 7	起偏 須菩	希有 施若	10	266	首紙殘破
制 6	哉須 功德	付屬 男子	5	142	全卷殘破
柰 86	座而 於法	偏袒 佛士	3	79	首破
黃 10	有世 奉行	世尊 蜜經	10	301	首紙破碎
往 82	偏袒 奉行	有世 蜜經	10	299	首七行碎損
成 37	提如 所說	菩薩 者何	1	43	
致 78	在大 奉行	合掌 蜜經	11	301	首七行碎損
寒 16	至本 奉行	時長 蜜經	13	310	首十行碎損

號	起	止	紙數	行數	備考
文12	金剛如是	菩提也世	4	110	
河37	金剛如是	奉行蜜經	12	313	首十一行碎損
地42	住如佛告	如來提若	9	268	
夜65	希有薩世	羅聞奉行	11	299	首紙破爛
來46	須菩陁洹	嚴佛莊嚴	1	22	破
地34	坐時右肩	者則凡夫	9	255	首紙破爛
文71	護念善女	尊須不不	1	20	
致83	人發住如	奉行蜜經	10	293	首八行碎損
始82	女人如是	應如清淨	2	72	
閏53	如是與大	奉行蜜經	11	306	首十二行碎損

水	51	大城 飯食	奉持 一部	11	307	首十行碎損
衣	94	偏祖 有世	菩提 性是	2	50	首紙破爛
罔	16	金剛 如是	所於 於法	3	82	首十四行碎損
來	90	聽當 羅三	聞佛 奉持	11	297	
夜	22	耨多 其心	奉行 蜜經	11	289	首行碎損中有品名前四品已佚五曰如來非有爲相六曰我空法空七曰具足功德校量八曰眞如九曰利益十曰斷疑十一曰不住道十二曰流通與巨廿五號元魏譯本同
律	22	心唯 諸菩	爲多 如來	3	94	
昃	62	金剛 如是	奉行 蜜經	12	285	首紙破爛民國十年二月提存歷史博物館
調	64	汝今 羅三	娑訶 一卷	6	269	首紙破附心經一卷
餘	10	偏祖 有世	奉行 蜜經	10	304	首九行碎損

號	起	止	紙數	行數	附記
河 97	時着次第	无法取相	2	40	殘破
黃 82	有世世尊	奉行蜜經	12	298	首紙破碎
日 64	金剛如是	奉行蜜經	11	306	首十五行碎損
出 56	女人如是	奉持蜜經	11	301	首三行碎損
夜 12	心所生若	界七須菩	2	40	
李 96	提應哉須	其處誦所	5	159	
生 86	薩世提心	壽者耨多	4	131	首紙霉爛
露 60	化生有想	而去陁經	14	412	前後兩色後附金剛經陀羅尼神咒較通行本多若有人誦此咒一遍勝誦金剛經一萬九千遍等語末又附阿彌陀經
藏 57	佛告心所	奉行蜜經	10	290	首二行碎損

號	數	起	止	紙數	行數	附記
辰	78	心所 若化	聞佛 奉行	10	292	
裳	57	生若 非有	典所 弟子	3	87	殘破
盈	96	卵生 化生	奉行 蜜經	10	292	首二行破碎
麗	30	非有 度之	奉持 蜜經	10	288	
霜	49	哉須 付囑	奉行 蜜經	11	299	首十四行碎損
稱	85	想我 度之	奉行 蜜經	10	286	首行碎損
字	5	度之 衆生	三菩 說法	2	33	紙破爛
珠	62	如是 佛告	奉行 蜜經	10	294	首六行碎損
成	64	无餘 之而	奉行 蜜經	10	296	首二行碎損第五紙後紙色字體與前大異 經文仍貫通
翔	75	心所 若化	法實 土不	2	67	

昃	65	有一化生	聞佛奉行	10	291	首紙破爛
皇	37	度者生相	是名如是	2	63	全卷破爛
日	32	心所生若	天眼云何	7	200	
呂	63	得滅相衆	奉行多經	10	290	此卷本與同號之又一卷同卷因紙色字體不同經文亦錯互遂分爲二
芥	44	所有生若	奉持蜜經	11	299	首四行碎損第一紙字體潦草與後不同似非一人所寫
日	26	人相復次	佛土莊嚴	2	62	
爲	25	人相復次	奉行蜜經	13	305	
地	79	度之生得	奉行蜜經	10	291	首九行碎損
露	14	提心哉須	奉行蜜經	10	296	首十二行碎損
鱗	78	之如得滅	奉行蜜經	9	276	首二行碎損

字號	號	起	止	紙數	行數	附記
鳥	17	相壽 无所	奉行 蜜經	12	283	
鱗	6	无餘 无量	奉行 蜜經	10	284	首三行碎損
洪	68	心所 生若	合相 可說	9	275	
結	11	相若 如是	如是 何以	6	180	首紙稍破
闕	8	男子 住如	我今 若當	4	112	首破爛一末接闕六十六號經文紙色亦正相同蓋本一卷裂爲兩卷
致	47	滅度 人相	者何 差別	1	34	首紙破
陽	37	心唯 菩提	奉行 蜜經	11	294	首三十四行碎損
露	62	相乘 復次	奉行 蜜經	12	292	首七行碎損
李	90	須菩 囑諸	奉行 蜜經	10	295	首十三行碎損
宿	27	菩提 菩薩	奉行 蜜經	12	284	末二紙下端碎去

號		起	止	紙數	行數	附記
陽	87	色布　菩提	奉行　蜜經	8	284	首行碎損
珍	89	復次　所謂	奉行　蜜經	11	286	首二行碎損
菜	81	菩提　菩薩	得功　疑不	5	158	首尾有餘
藏	44	何以　者相	說莊　若菩	7	194	首尾破爛
雲	43	故若　須菩	奉行　蜜經	12	294	
罔	4	行於　住色	奉行　蜜經	10	285	首三行碎損
地	45	菩薩　於意	奉行　蜜經	11	284	第十紙起紙色與前不同但文義貫串字體亦无歧異
洪	9	菩薩　於意	見是　阿耨	11	275	
金	58	菩提　菩薩	其沙　女人	2	70	首尾有空白背有字
巨	82	意云　提南	人相　相人	2	102	

字號	號	起	止	紙數	行數	說明
稱	22	復次色布	奉行蜜經	10	259	首破
地	70	降伏如來	奉行蜜經	12	298	首紙破爛全卷有朱筆句讀
露	15	度之生得	奉持蜜經	11	305	首十四行碎損
海	34	於意菩提	若復人甚	4	104	首尾破爛
皇	41	所謂菩提	佛土莊嚴	2	61	
果	1	於意菩提	切法如來	8	184	首破
歲	29	於意菩提	阿耨須菩	9	253	首紙稍破
歲	37	菩提也世	生相法相	10	272	全卷破爛
稱	34	須菩不也	三千言甚	3	83	首紙粘補
生	74	菩提也世	須菩如來	7	195	首紙破

號	號數	起	止	紙數	行數	附記
文	70	菩提者何	也世差別	1	27	
岡	58	菩提究竟	世尊生說	10	284	經尾有云何蕃發願文
雲	28	菩提奉行	也世蜜經	10	283	
珠	56	空可奉行	菩提蜜經	10	281	首行僅五字
鱗	45	舍衛奉持	五十蜜經	11	305	首二十五行碎損
夜	6	菩提奉行	也世一卷	10	281	首行碎損
稱	1	提於奉行	須菩蜜經	10	281	首二行碎損
生	50	菩提菩提	也世則於	5	140	首紙稍破
暑	9	也世生心	如是故佛	4	112	
字	57	也是差別	如是界七	1	27	破

號	起	止	紙數	行數	附記
乃 41	如是須菩	菩提也世	3	83	首紙破爛
推 5	也世如是	德性中受	1	30	
巨 64	也世如是	奉行蜜經	11	282	
呂 69	如是是寧	奉行蜜經	8	224	第五紙後失去一紙
陽 12	衆生復次	奉持蜜經	10	293	首七行碎損
生 76	也世如是	奉行蜜經	10	281	
夜 7	尊須不可	奉行蜜經	11	285	第二紙後紙色字體與前不同且重出十四字似係兩卷合成
冬 77	空可須菩	奉行蜜經	10	279	首十四行碎損
張 99	也世量不	奉行蜜經	10	281	首七行破損
律 1	提菩量次	奉行若經	10	273	首紙破爛

千字文號	起	止	紙數	行數	附記
鱗12	若菩 復次	奉行 蜜經	9	268	首七行碎損
生100	空可 相布	奉行 蜜經	12	287	首二十九行碎損全卷有朱筆句讀
霜2	若非 度之	奉行 蜜經	10	285	首十一行碎損
日66	如是 須菩	是諸 若取	1	15	尾有空白
列29	如是 須菩	奉持 蜜經	10	285	
黃6	東方 南西	故須 羅蜜	4	105	
調6	如是 須菩	菩提 也世	3	83	破爛太甚
鳥20	如是 須菩	也世 如來	3	84	
鱗86	菩提 是不	奉行 蜜經	10	287	首九行碎損
荒89	亦復 教住	身如 提言	2	60	首破

號	起	止	紙數	行數	附記
金65	提於 世尊	菩提 者見	2	56	
潛51	須菩 尊不	汝勿 若人	6	148	背係答問淨土散義均釋相宗之理
水76	三菩 善哉	奉行 蜜經	11	299	首二十行碎損
珠24	住聲 布施	於法 佛土	2	60	首殘破
號55	於意 世尊	奉行 蜜經	10	278	首行碎損
秋64	所謂 菩提	界七 須菩	1	33	
出59	世尊 說身	奉行 蜜經	9	270	
藏68	也世 如是	奉持 蜜經	10	286	首四行碎損
劍16	菩提 也世	奉持 蜜經	11	288	首五行碎損
成31	須菩 世尊	奉行 若經	10	279	首紙破爛背有字

藏 29 即非佛土 妄若莊嚴 2 52

歲 2 即非了達 妄語得知 12 274 首七行碎損末有一偈曰金剛一卷重須彌所以我皇偏受持八萬法門皆了達惠眼他心預得知

盈 78 尊須者然 是不號釋 6 168 首破

宙 41 世尊言甚 說身是名 3 80 首破

荒 94 說身界七 是虛不須 1 24

服 63 是虛人發 須菩何降 5 150 尾破卷內兩旁間寫小字似係節錄註疏之類

出 57 須菩微塵 說章所說 11 253 尾破

律 67 布施奉行 不住蜜經 10 292 首十八行碎損

律 96 也世奉行 如是蜜經 10 280 首五行碎損

致	90	菩提也世	奉行蜜經	10	279	首七行碎損
雨	79	意云菩提	奉行蜜經	11	282	首十四行碎損
寒	64	須菩可思	奉行蜜經	10	278	首十六行碎損
來	32	見如來何	奉行蜜經	10	294	首四行碎損
生	1	如來告須	奉行蜜經	10	283	首四行碎損
地	95	菩薩於意	奉行蜜經	10	284	首一紙餘破爛
珍	84	不也亦復	奉行蜜經	7	281	首六行碎損尾有跋朱書曰未年正月社人張庭休寫一心供養卷中有朱筆校改
騰	66	須菩說章	用布告須	3	60	首稍破
結	51	須菩說章	彌山以此	8	222	首破
結	8	也是如是	辱仙无壽	4	112	首破

號	起	止	紙數	行數	附記
金72	也是如是	典所弟子	3	73	前半紙破
潛81	量不虛空	所說者何	1	26	破甚
宙90	云何身相	菩提也世	3	82	首破
文55	須菩說章	人甚羅蜜	2	96	
巨85	來滅能生	提白菩薩	9	242	後四紙殘缺
餘90	章句二佛	故須壽者	5	130	首紙破爛
李18	來滅能生	故如如來	9	244	
寒48	是虛須菩	是念何以	2	37	首破
洪15	來滅能生	聞佛奉行	9	270	首七行碎裂
珠22	能生佛三	觀如言世	9	227	首紙破爛

致	8	告須 有持	恒河 布施	5	121	首紙破
河	19	須菩 說章	故如 色身	8	207	首紙甚破
來	12	何以 思量	奉持 蜜經	12	281	首十三行碎損
人	18	身相 諸相	來說 提若	3	80	首紙破爛
餘	9	能生 佛三	奉持 蜜經	9	269	
秋	25	有相 如來	奉行 蜜經	9	252	首六行碎損
玉	31	也世 如是	奉行 蜜經	10	274	首九行碎損
鱗	14	上下 住相	奉持 蜜經	10	287	首十一行碎損
淡	72	佛三 種諸	典所 弟子	3	63	首破
淡	18	佛三 種諸	奉行 蜜經	10	274	

號	起	止	紙數	行數	附記
皇 15	說章 來滅	界七 須菩	1	21	首紙殘破
巨 58	囑諸 善女	奉行 蜜經	10	293	首二十六行碎損
金 66	三四 諸善	菩薩 提心	4	102	
宙 6	是人 无量	奉行 蜜經	10	262	首三行碎損
冬 28	所種 者須	提言 塵是	3	71	首破
鹹 83	相布 菩提	奉行 蜜經	10	279	首十一行碎損
往 70	諸善 須菩	爲荷 須菩	5	129	首破
露 26	說身 皆是	蜜多 野八	10	280	首破末附本經咒文
往 83	菩提 福德	是身 說非	2	49	
月 16	當知 五佛	奉行 蜜經	9	272	首三行破碎

號	首	尾	紙數	行數	附記
帝55	如是 須菩	我得 佛說	2	46	首殘
龍34	菩提 量福	嚴佛 莊佛	2	44	
列72	福德 壽者	奉行 蜜經	10	265	卷末附有蕃字
辰1	能生 三四	莊嚴 則非	9	269	首九行碎損
河16	能生 三四	莊嚴 則非	2	47	首紙甚破
地49	章句 來滅	奉行 蜜經	9	269	首紙破爛
辰63	說身 是虛	處常 常經	12	362	尾四紙殘破頗甚附无常三稽經首末具完 背有乾符六年二月二日平定女十一字
珍78	三四 諸菩	是名 菩提	2	74	
海94	生相 諸衆	奉行 蜜經	9	272	首行碎損
雨80	无法 生若	奉行 蜜經	9	267	首二行碎損

號		起	止	紙數	行數	附記
師	84	世尊意云	說身三十	3	80	首尾殘破
致	45	取相菩薩	即著日光	4	107	首尾殘破
荒	65	生若應以	法相偈言	5	222	內多破爛
律	14	見諸奉行	須菩蜜經	10	274	首三十行碎損
陽	81	如是奉行	須菩蜜經	10	278	首十五行碎損
結	80	我人是沙	相即云何	7	180	首破
薑	40	善根奉行	聞是蜜經	11	244	首六行碎損
柰	48	取非无我	說法菩提	4	94	首破
潛	7	菩薩界七	於意須菩	2	31	殘破
芥	9	法相婆夷	相即歡喜	7	252	首尾破爛

柰 6	應取我說	子善此經	3	69	破爛
致 97	提於世尊	聞佛奉行	10	277	首紙破
昃 49	衆生法相	是名菩提	2	66	首尾破爛
岡 28	相即取非	奉行蜜經	9	264	首行碎損
霜 53	取非說法	衆實生相	5	145	
露 19	說法於意	提於斯陀	1	20	尾殘
歲 8	說法須菩	奉持蜜經	11	260	
柰 58	座而偏袒	恭敬其處	6	163	首紙殘破
芥 42	取非法如	多世若干	7	178	首破爛
宙 87	何況須菩	奉持蜜經	11	260	首紙破碎

珍 40 相壽衆生 无人多羅 7 202 全卷破爛

調 55 說法須菩 優婆奉行 9 269 首紙破爛

陽 19 是虛須菩 者如有人 8 269 首紙破爛

律 64 說法須菩 須菩阿修 5 120

騰 7 諸善提如 聞佛奉行 10 266 首破

推 9 須菩三菩 阿那念我 1 24

宙 36 捨何須菩 奉行蜜經 9 262 首六行破碎

果 93 須菩菩提 奉行蜜經 9 260 首十一行碎損

玉 3 我說須菩 塵是須菩 2 65

辰 29 實當而種 奉行蜜經 11 277 全卷多破碎惟紙質似霧縠別饒風味

字號	號數	首	尾	紙數	行數	備考
光	11	淨萬 信佛	蜜奉 經行	9	267	首十一行碎損八十八行後又碎十四行
爲	95	不提 不南	須得 陁須	1	37	破爛
文	87	法提 皆亦	是言 名甚	2	59	
罔	98	取相 非即	三菩 十提	9	220	首尾甚破
收	65	能後 生後	蜜奉 經行	9	271	全卷多碎孔
劍	9	須說 菩法	蜜奉 經行	9	258	首十七行碎損
稱	48	一法 切皆	生菩 心提	3	89	與珠二十七號經文相屬
字	93	法提 皆亦	如當 佛知	2	49	
珠	2	法提 皆亦	蜜奉 經行	10	263	
麗	46	一法 切皆	亦疑 不不	5	128	

號	號次	起	止	紙數	行數	附記
生	62	相則法相	奉行蜜經	9	266	首九行碎損
列	44	須菩菩提	須菩如來	5	171	首破
罔	99	皆不切賢	不須況其	2	40	
官	86	須菩實以	又念我相	3	85	
巨	7	須菩實以	无壽菩提	7	196	
柰	71	須菩實以	无壽有我	3	84	
文	48	須菩實以	佛塔知是	2	46	
歲	10	解佛三菩	莊嚴則非	1	34	首破
成	33	何若實以	於法佛士	1	28	
位	9	實以提言	佛士莊嚴	1	29	

字號	卷					備註
李	87	提亦 法皆	若臥 從悉	10	234	
皇	29	寶以 提言	是名 菩提	2	56	破爛
夜	17	寶用 提言	於法 佛土	1	28	首破
水	22	取非 說法	相當 相者	2	77	首破
月	78	提言 是故	无壽 阿耨	3	83	首破
劍	45	養以 提言	於法 所得	1	28	
鹹	73	寶以 提言	奉行 蜜經	9	253	
暑	78	以用 言甚	奉行 蜜經	8	185	此卷內分三分中有散佚
來	51	提言 是故	羅蜜 羅蜜	3	78	
宙	99	菩提 性是	提須 善法	7	196	首紙破裂卷中原有晉譯大方廣佛華嚴經一卷已提歸原類

千字文號	起	止	紙數	行數	附記
昃 77	實以奉持	提言蜜經	9	251	首行破碎
張 66	云何奉行	實以蜜經	9	254	首二行破碎
秋 54	提言奉行	是故蜜經	9	252	
露 64	提言奉行	是故蜜經	9	252	
重 76	提言是名	是故菩提	2	56	
辰 99	提言菩提	是故也是	2	56	
列 12	提言須菩	是故如來	6	168	
歲 72	提言菩提	是故也世	2	56	
稱 87	提言須菩	是故者見	4	109	
字 98	須菩莊嚴	菩提應如	1	36	首破

罔	劍	闕	往	閏	麗	衣	盈	辰	柰
31	54	58	3	22	24	38	77	59	55
是言 故甚	持是 乃故	故持 須乃	受是 持故	耶須 如菩	持是 乃故	故持 須乃	是提 故言	故爲 須他	者藐 即三
也所 世得	不翻 及爲	我壽 相者	是者 不須	蜜所 經說	相相 者當	身爲 是大	金奉 剛行	蜜奉 經行	作供 禮養
1	7	3	3	8	1	1	9	10	4
28	196	79	154	239	62	32	251	248	108
		首破	首破	首破			首十三行及尾行碎	全卷破碎	

鱗 69 一切聞佛 須菩奉行 9 252 首尾破爛

出 69 何以意云 法皆非身 1 24

律 92 他人他人 故須乃至 8 196 首紙破爛

陽 85 提言奉持 是故蜜經 9 250 首十四行尾二十六行碎損

收 8 甚多奉持 是故蜜經 9 258 首五行碎損

爲 44 三菩奉行 即非蜜經 6 251 首行碎損

師 4 相壽受持 衆生德復 1 56

寒 93 四句是故 故須提言 6 148 首紙破

暑 52 是故奉行 持乃蜜經 8 256 首四行碎損

推 52 是故滿无 持乃男子 9 241 破碎

辰	51	須菩陁洹	佛所受奉	9	244	首紙破爛
寒	31	人所提言	奉行蜜經	9	249	首十二行碎損
巨	89	須菩須菩	奉行蜜經	8	213	
來	63	須菩陁洹	嚴佛莊嚴	1	22	破
呂	20	故須三菩	布施布施	4	85	
陽	68	提言是故	四句何爲	9	251	首紙破
鹹	32	說法須菩	佛所奉行	9	261	
帝	65	洹名是故	相人一切	2	63	首殘
藏	69	也世如是	是故提菩	4	112	首破
雲	63	福德有人	奉行蜜經	9	256	首二十八行碎損

字號	號	起	止	紙數	行數	附記
薑	86	洹名名須	又念无我	3	76	
霜	62	洹名是名	奉行蜜經	7	252	
菜	26	陁洹洹名	奉行蜜經	8	237	首行碎損
淡	92	意云不須	奉行蜜經	9	252	首二行及中間多碎損
李	37	須善須善	奉行蜜經	8	248	首四行碎損全卷有朱筆句讀
菜	94	佛法念我	以三即是	2	51	黴爛
露	34	念我以故	信受一卷	12	291	首尾均有餘紙
麗	43	是念何以	諸佛須菩	3	64	殘破
出	20	念我尊何	奉行蜜經	10	246	前十行碎損
黃	38	於意須陁	奉行蜜經	8	245	首五行碎不全分兩段

千字文號	號	首	尾	紙數	行數	附記
生	60	須菩 寶以	奉行 蜜經	10	252	首十二行碎損
闕	84	是名 是念	奉行 蜜經	9	242	首五十八行碎損
律	45	我得 故阿	聞佛 奉行	9	238	首紙破爛
來	24	者卽 須菩	聞佛 奉行	9	247	首紙破爛
冬	18	菩提 卽非	奉行 蜜經	9	248	首七行碎損
生	33	何以 斯陁	阿耨 虛是	4	134	首尾破爛
鱗	20	須菩 實以	如來 故得	7	209	首紙殘
秋	5	故阿 含須	當知 如佛	2	30	
金	22	故斯 陁含	合相 貪著	10	222	
薑	35	須菩 洹果	號釋 三菩	5	138	

號	起	止	紙數	行數	附記
號 12	也世 如是	奉行 蜜經	10	280	首四十二行碎損
宇 17	三菩 即非	佛土 莊嚴	1	24	
調 99	名須 含我	衆生 實无	5	129	首尾殘破
地 73	彼何 佛阿	奉行 蜜經	10	239	首紙破爛
帝 85	故阿 含須	須菩 蜜須	1	36	
結 76	衆生 法相	說須 天入	4	125	首破爛
果 46	是故 持乃	佛土 莊嚴	1	27	殘破
乃 100	行而 佛告	亦无 如來	10	208	首破
鳥 45	須菩 阿羅	奉行 蜜經	9	238	
生 83	故阿 含須	阿耨 應住	3	71	

霜	4	世尊　是妙 實无　有如	5	155	首三行碎損
龍	11	漢能　悲泣 也世　典我	2	47	
騰	80	是名　爲荷 是念　須菩	4	103	首破爛
李	22	欲阿　丘尼 尊我　聞佛	8	229	首尾破爛
呂	47	是念　奉行 不也　蜜經	11	245	首二行損
列	16	提如　修行 福德　女經	16	425	後附佛說長者女菴提遮師子吼了義經
冬	81	故如　河所 持乃　尊佛	6	168	首紙破
藏	6	者法　即諸 得阿　蘋三	5	130	
芥	39	金剛　奉行 如是　蜜經	7	191	全卷小楷惜首四十三行碎損
薑	33	須陁　奉持 觸法　一卷	8	219	首十二行碎損

號	起	止	紙數	行數	附記
服11	欲阿來得	尊我來得	4	119	首破
宿8	尊我羅三	須菩切衆	4	112	尾破
柰42	名一華德	於意三昧	9	274	首尾有餘紙間有破爛附本經咒文並跋云爲正比丘尼寫法華經一部寫金光明經一部金剛經一卷已上寫經功德廻施正比丘尼承此功德願生西方見諸佛聞正法悟无生又願見在合家平安无諸災鄣未離苦者令離苦未得樂者願令得樂未發菩提心者願早發心未成佛者願早成佛已年六月二十三日寫訖等語末又綴他種殘經十餘行
文24	念我佛說	須菩得慧	2	55	
鹹64	若作多羅	者以佛所	3	78	首行碎損
致26	寶以奉行	提言蜜經	9	254	首二十三行尾二行碎損
文74	斯陁由他	我得復有	5	111	首二紙破碎

字號	號			冊	頁	備註
官	66	須菩　我等	行而　般若	1	27	
號	34	實无　奉行	佛告　蜜經	9	240	
岡	22	何以　奉行	斯陁　蜜經	9	240	首十二行碎損
稱	15	佛告　奉行	所於　若經	9	257	
乃	52	无有　奉行	得阿　蜜經	8	233	首殘
潛	32	於法　須菩	何如　須菩	1	27	
金	56	佛告　如來	於法　可稱	3	82	
歲	45	以須　奉行	所行　蜜經	8	230	首三行碎損
水	67	世尊　奉行	須菩　蜜經	8	230	首四行碎損
宙	75	昔在　奉行	法有　蜜經	9	228	首六行碎損

號	起	止	紙數	行數	附記
生30	漢世/則不	奉行/蜜經	8	236	首六行碎損
崑64	實无/須菩	衆生/不誑	2	65	
潛75	實无/土不	三千/言甚	1	28	破爛
岡76	須菩/尊何	提言/微塵	1	28	
潛31	須菩/尊何	阿耨/須菩	7	196	
羽95	須菩/尊何	三十/人以	1	33	破爛
呂62	須菩/尊何	薩勝/受福	7	199	
呂66	須菩/尊何	言甚/是名	1	28	
藏17	實无/土不	奉行/蜜經	9	230	首行碎損尾有餘紙尺許
閏69	寶以/提言	奉行/蜜經	9	252	首三行碎損

夜	巨	巨	成	來	張	字	宇	夜	鱗
18	32	31	32	29	47	76	92	82	93
是不 名不	是不 名不	是不 名不	是不 名不	是故 名莊	是士 名者	住菩 聲薩	應莊 如嚴	故我 阿得	應莊 如嚴
奉聞 行佛	奉阿 行修	如蘋 來三	是言 名甚	諸爲 相利	蜜奉 經行	喜塞 信復	如應 來貪	恭阿 敬修	如偈 來言
8	8	4	1	2	8	8	7	3	7
223	223	112	28	62	225	185	196	99	184
	首尾破爛				首尾破碎			首破	

菜 86 嚴是 應如 蜜須 若波 1 24

盈 13 是名 是生 提心 心應 2 56

金 73 佛告 於法 人阿 應恭 3 88

霜 20 是名 是生 是名 菩提 1 28

藏 1 是名 如是 奉行 蜜經 8 225

呂 14 是名 是生 奉行 蜜經 8 222

罔 92 阿羅 无有 須菩 莫作 7 168 首紙破爛

律 20 須菩 尊何 於阿 可得 6 168 首紙破

珍 2 是生 觸法 是名 菩提 1 27

皇 10 是生 觸法 是名 菩提 1 26

號		首行	尾行			附記
始	97	淨心……是故	心應……薩爲	2	56	全卷破碎
收	29	何以……奉行	故須……蜜經	9	230	首三行碎損
昃	34	名莊……善法	生請……三千	6	165	尾破
潛	13	燭法……心有	有人……布施	2	56	首破
收	25	法寶……瞀曳	佛不……娑訶	8	232	首十四行碎損末附金剛經陀羅尼咒一卷
昃	63	身是……奉行	須菩……蜜經	7	218	首行破碎
往	4	身是……菩提	須菩……生心	2	53	
出	65	是名……塵是	須菩……非微	1	18	
柰	26	菩提……能及	於意……念我	5	169	
律	8	云何……奉行	言如……蜜經	5	192	首三十行碎損全卷小楷

號	起	止	紙數	行數	附記
荒 6	沙數　於意	奉行　蜜經	7	215	首十九行碎損
雨 3	不應　所住	奉行　蜜經	8	129	首五行碎損
黃 78	須菩　行而	奉持　蜜經	7	231	全卷破爛字跡尚佳
文 11	甚多　菩提	不誑　法无	1	57	
洪 7	是故　心不	奉持　蜜經	8	222	首七行碎損
月 54	不不　是名	奉行　蜜經	8	225	首九行碎損
服 4	是名　應如	菩提　尊不	1	28	首殘
劍 32	人以　用布	人皆　功德	2	59	
霜 90	以七　布施	百千　信心	3	64	
霜 91	布施　告須	典信　爲人	3	64	

往 93 云何 所得 但諸 聞經 1 28 破爛

乃 83 七實 其處 布施 此經 3 74

歲 21 菩提 生心 四句 故佛 2 48

帝 36 菩提 諸佛 四句 是經 1 34

珠 64 身爲 奉行 故佛 蜜經 8 226 首九行碎損

號 88 七實 須菩 布施 三十 2 19 殘

李 59 施得 不可 菩提 言世 2 91 首尾有餘

鹹 44 其心 奉行 身如 蜜經 10 220 首十一行碎損

月 57 他人 聞佛 說是 奉持 8 207

歲 61 是名 奉行 是生 蜜經 8 223 首十四行碎損

號	起	止	紙數	行數	附記
金 77	須菩 行而	禮圍 善男	3	90	首破
李 78	塔廟 知是	說須 人阿	3	69	
裳 9	人成 處則	卽是 名諸	2	28	破碎
往 72	塔廟 是人	念過 我相	2	41	
霜 94	塔廟 知是	不可 思議	4	84	
宇 64	塔廟 是人	偈言 如來	6	173	尾六行上端碎去
來 1	法寶 土不	奉行 蜜經	8	231	首二十行碎損
金 90	滅我 作是	奉行 一卷	8	232	首二十五行碎損
重 2	行而 佛告	奉持 蜜經	9	235	首二十三行碎損
海 58	爾時 云何	奉持 蜜經	7	210	

號		首行起止	末行起止			備注
麗	82	爾時……修羅	云何……敬作	2	67	
官	78	何奉……无我	蜜以……人相	1	36	
張	55	淨心……奉行	心印……蜜經	8	221	首紙破碎
河	7	在之……有我	爾時……念過	1	35	首二行尾行碎損
雲	66	最上……功德	則爲……恒河	2	53	首破爛
官	94	云何……菩提	波羅……心應	1	38	首破
呂	68	廟何……奉行	人成……蜜經	7	206	首七行碎損
盈	68	經典……人見	爾時……解我	7	190	首破
柰	31	於意……福德	不須……若有	9	208	全卷霉爛
潛	36	提於……量百	言世……典信	2	53	

呂70 佛塔知是 奉行蜜經 8 232 首十六行尾六行碎損

月21 提於不須 奉行一卷 12 195

日7 於意世尊 奉行蜜經 8 202 中有朱筆添註經文一行

始58 多世名徵 須菩是菩 4 108 首紙破碎背有大順元年等字

律49 知是所在 奉行蜜經 7 213 首二十一行碎損

收58 提於言世 聞佛奉行 7 202 首紙破爛

河43 說般意云 如來不如 4 117

宿77 須菩何况 奉行蜜經 9 213 首紙破碎尾有餘紙六寸許

寒66 爾時云何 奉行蜜經 8 124 首十六行碎損

律23 大千多世 奉行蜜經 7 300

黃 53	言世 大千	奉行 一卷	7	208	首行碎全卷有朱筆句讀及校正處
崑 19	心不 應无	億那 復有	3	90	首紙破爛
乃 2	大千 多世	身體 壽者	1	27	
稱 45	多世 微塵	奉行 蜜經	7	198	
淡 43	菩提 微塵	提心 應心	1	33	
玉 94	是名 提於	量不 則爲	2	56	首紙殘破
人 83	名微 於意	不可 爲荷	2	56	
罔 2	微塵 意云	阿耨 須菩	6	168	
餘 82	微塵 於意	菩提 者見	2	56	
結 45	微塵 於意	奉持 蜜經	7	198	

字號	起	止	紙數	行數	附記
水 20	微塵……說是	於意……沙有	5	109	
來 55	微塵……菩薩	於意……菩薩	4	105	
鹹 72	爾時……如來	云何……世界	6	177	破爛
人 61	於意……无我	尊不……菩提	1	28	破碎
珍 79	於意……所應	尊何……作禮	2	56	
巨 86	不可……辱仙	三十……壽者	1	27	
巨 62	於意……聞佛	不可……奉行	7	195	
歲 56	於意……爲荷	尊不……須菩	2	56	
河 95	而此……奉行	乃至……蜜經	7	207	首十四行碎損
翔 45	尊不……者則	說三……凡夫	4	150	全卷破碎

字	號	文	卷	行	備註
烏	32	尊不又念說三无我	1	25	
岡	74	尊不善法十二山王	6	139	
洪	20	尊不奉行說三蜜經	7	196	首十行破碎
調	10	尊何言如十二所說	6	168	全卷破碎其中不可以三十二相得見如來何以故句何字上有尊字爲通行本所無
芥	78	尊何界如二相所國	4	112	
重	40	不可人阿二相應恭	2	56	
薑	93	相得天人相是喜信	7	195	尾紙破爛
果	76	說三菩提須菩心生	1	28	
宙	98	此處奉持塔廟蜜經	7	210	首紙碎破
律	78	三十奉持須菩蜜經	7	194	

號		起	止	紙數	行數	附記
崑	34	是人如來	在之故得	6	172	首尾破爛
水	66	言世思議	大千說爲	3	53	首破
張	82	提於我解	可以有法	3	84	
珠	31	須菩奉持	命布蜜經	7	199	
鱗	75	四句奉行	復次蜜經	7	217	首十九行碎損
暑	89	甚多奉持	名微蜜經	7	203	首十四行碎損
羽	84	善提衆生	而白菩提	1	21	
果	20	而白善法	從昔彌山	5	134	首破
服	41	從昔不如	若復恒河	4	103	
冬	60	從昔奉行	若復蜜經	7	182	

號	起止	紙數	行數	備考
金 24	何如心應 言世佛說	1	37	全卷破爛
騰 97	尊不見入 二相見壽	6	179	首尾破爛
光 31	經世奉行 有人蜜經	6	194	首二行碎損
芥 38	知是說義 則如世尊	7	178	全卷破爛
暑 20	信心及須 德世讀誦	2	54	尾破
盈 62	是人奉行 衆生蜜經	7	183	
推 53	知是修羅 是非敬作	1	48	首破
芥 15	乃至奉行 菩提蜜經	7	191	首七行碎損
官 67	相者成就 經典功德	1	26	
致 7	故如於阿 聞如得是	5	126	首紙破

麗	96	則是 聞如	切法 一法	2	87	
闕	66	來世 受持	尊如 所有	4	100	
服	39	後五 人則	說義 藐三	3	69	
劍	39	波羅 提佛	若臥 所從	7	182	首紙破爛
月	40	施若 爲他	聞佛 奉行	7	191	首殘
列	20	若復 知是	奉行 蜜經	6	187	
稱	56	相衆 諸相	如故 足色	3	113	
寒	35	相衆 諸相	奉行 蜜經	6	181	首三行碎損
罔	42	從昔 若復	奉持 蜜經	7	187	首九行碎損
調	17	相衆 諸相	聞佛 奉行	9	180	

號	起	止	卷	行	附註
帝 96	佛告驚不	功德沙等	2	27	殘破
鳥 44	佛告不驚	得功疑不	1	52	
陽 15	佛告不驚	奉行蜜經	6	179	
服 29	相當者則	莊嚴菩薩	4	92	
制 40	不驚須菩	奉行蜜經	7	177	
張 57	第一如來	於意須菩	5	127	首破
雲 56	人則衆生	阿降阿耨	3	59	首尾破爛
往 27	不驚須菩	故須壽者	1	36	殘闕
衣 90	非第須菩	德功萬億	1	46	此係衣九十號之前段
歲 99	如是後五	奉行蜜經	7	185	首十三行碎損

號	首行起止	末行起止	紙數	行數	附記
來77	菩提　奉行	不驚　蜜經	7	177	首十一行碎損
昃52	大身　言佛	恆河　如意	8	202	首四紙甚破爛
宇32	須菩　如來	何以　法如	3	63	此卷分二段一段爲法華經
稱67	須菩　奉行	命布　蜜經	7	196	首二十行碎損
露18	何以　奉行	我於　蜜經	7	172	
帝43	何以　典信	我於　爲人	1	26	
地30	則是　大千	聞如　界實	7	165	首紙破殘
來39	何以　奉行	我於　蜜經	6	174	首行碎損
宙48	世无　奉行	須菩　蜜經	6	175	首紙破裂
列25	無衆　世界	節節　多不	6	157	首破卷內分科

號	卷	起	止	紙	行	附記
號	39	以故/是如	奉行/多經	6	180	首九行碎損
列	39	相人/念過	奉行/蜜經	7	175	
羽	27	一波/說非	奉持/蜜經	7	179	首五行碎損卷尾有口坐金維那五小字
結	31	泣而/我從	以故/具足	4	124	全卷破爛
來	42	相應/又念	奉行/蜜經	5	153	首二行碎損
河	2	相人/去於	奉持/蜜經	6	171	首行碎損
水	65	去於/人相	須菩/不如	3	88	尾甚殘破
生	81	人於/相是	奉行/蜜經	6	172	
闕	54	相無/菩提	貪著/如來	5	140	首破爛
李	10	相无/菩薩	壽者/須菩	1	28	

冬 38 相无菩薩 奉行蜜經 6 174

師 65 者相多羅 須菩阿修 1 28

致 9 者相多羅 奉行蜜經 6 168

霜 21 相是多羅 說須人阿 1 28

暑 68 薩應不應 億那復有 2 38

人 35 菩薩心不 見則提在 1 28

往 92 多羅聲味 奉行蜜經 6 167

鱗 32 多羅聲香 人阿皆應 1 28

洪 86 多羅聲香 須菩阿修 1 27 破爛

始 72 羅三香味 恆河世尊 3 84

宿	47	切相三菩	奉持蜜經	7	173	首行碎
秋	17	菩薩心不	受讀經一	1	28	尾破
淡	66	不應生无	奉行蜜經	6	167	
乃	88	心不應生	寧爲實有	5	142	全卷破爛
金	1	磬香則爲	如是河中	3	80	
岡	41	若復知是	聞佛奉行	7	187	全卷水溼破爛
珠	27	應生說菩	聞佛奉行	6	167	
暑	94	應生說菩	爾所何以	3	85	首尾有餘
冬	13	應生說菩	沙有界如	3	84	全卷破爛
號	27	應生菩薩	恭敬其處	1	28	

號	起	止	紙數	行數	附記
皇18	住則布施	提何乘生	1	23	首紙焦碎
金30	不應無所	如是如是	3	84	
河56	則爲菩提	須菩切世	1	26	
結23	說菩益一	藐三如來	2	52	首紙破爛
龍87	說菩益一	是故須菩	3	64	尾碎
字26	應生說菩	恭敬其處	1	28	全卷破爛
歲55	利益即是	須菩阿耨	2	53	尾碎
霜77	如來則非	奉行蜜經	7	167	全卷有朱筆句讀卷尾經名亦係朱書
菜46	衆生不誑	何以生見	1	20	
來40	即是如來	壽者須菩	1	22	首紙碎

冬	36	蘋三觸法	奉行蜜經	6	168	首六行碎損
光	67	心不應生	奉行蜜經	5	168	首五行碎損
辰	3	一切是眞	奉行蜜經	5	168	首五行破碎紙背雜寫佛名數行
調	49	如語得法	奉持蜜經	6	163	
位	58	來說非衆	說須人阿	2	24	破
閏	83	人於者相	奉行若經	7	171	首紙破殘內有朱筆小字
龍	44	若復知是	故如足須	4	120	首紙破爛
岡	51	非衆者不	是見如來	6	150	
成	15	益一即是	奉行蜜經	5	169	首四行碎損
號	23	實無須菩	何降其心	2	38	

字號	號	起	止	紙數	行數	附記
鳥	91	須菩闇則	敬作其處	1	23	
成	20	應如即是	爲荷菩提	1	23	首破
餘	65	爾何相衆	無有人无	3	78	首紙破爛
張	93	須菩闇則	切法如來	2	62	
麗	45	異語須菩	菩提菩提	2	57	全卷霉爛
金	47	菩薩一切	奉行蜜經	4	170	
重	1	如來則非	奉行蜜經	6	160	首六行碎損
宙	21	心有色布	奉行經卷	6	166	首紙破損
黃	99	須菩沙等	彌山以此	5	99	全卷粘補
出	64	須菩布施	嚴須菩薩	3	52	尾紙殘破

號		起止			備考
岡	96	須菩佛眼　沙等云何	2	68	
龍	42	受持藐三　是人三菩	2	51	
光	16	須菩奉行　沙等一卷	7	156	
昃	58	何以奉持　相乗剛經	7	172	首紙破爛
文	82	以恆能及　河等十五	10	150	內有分科此係小冊足證當時已有改卷爲冊者
餘	26	爲如奉行　成就蜜經	5	155	首三行碎損
光	19	後日來世　千萬即諸	1	45	首破
呂	95	後日奉行　千萬蜜經	6	152	
柰	87	无量佛土　典信通達	1	56	首尾又各附半紙
來	80	心不切法　解說如人	2	49	首紙破爛

河 42 心不 人解 奉持 蜜經 6 154

玉 79 不逆 解說 多世 若干 2 70 首尾有餘

人 57 說須 稱量 奉行 一卷 6 150

金 59 心不 解說 緣得 甚多 2 73 首尾有餘

人 29 以恆 身布 甚多 不說 6 122

金 19 說如 不可 德多 不不 2 73 首尾有餘

芥 100 以要 邊功 奉行 蜜經 6 149 首二行碎損

致 23 最上 如來 奉行 蜜經 5 147

重 14 是人 不可 奉行 蜜經 6 146 首行碎損

盈 2 要言 可稱 奉行 蜜經 5 151 首四行碎不全

李	88	而行住色	奉行蜜經	5	159	首十四行碎損
金	92	无有如來	即爲者無	3	81	
辰	4	成就思議	奉行蜜經	6	150	首二行破碎
號	48	荷擔菩提	三藐一切	3	87	
暑	92	提若見則	菩提作佛	1	33	
成	38	提若則於	至四云何	5	140	
騰	78	提若則於	奉持蜜經	5	146	
呂	48	則於在在	耨多實無	1	28	
結	97	見壽說須	奉行蜜經	6	145	
往	97	解說天人	身須不不	3	71	

號		起	止	紙數	行數	附記
李	46	見則如來	菩提眼不	2	56	尾四行碎損分二段一段爲妙法蓮華經
荒	80	則於奉持	在在蜜經	5	145	
月	53	菩提奉行	修羅一卷	6	140	尾有蕃文兩行
乃	15	後日耨多	千萬說義	1	37	首殘
柰	12	羅所蘋三	作禮法如	1	27	首破
來	27	提在奉行	羅所蜜經	5	140	
閏	16	佛告奉行	法有蜜經	8	213	首十八行碎損全卷多碎
藏	80	須菩奉行	阿修蜜經	5	141	首行碎損
霜	19	修維奉持	敬作經卷	5	144	
地	21	修羅奉行	敬作蜜經	5	140	首四行破爛

號	卷	起	止	紙數	行數	附註
玉	57	修羅敬作	多以德多	2	65	
日	43	羅所敬作	說是沙有	2	56	首破
官	46	應供圍繞	若有燈佛	1	28	
珍	85	此經當知	故說若去	4	111	
師	91	耨多者著	世界者則	4	121	首尾殘破
秋	12	敬作復次	說是沙有	2	56	
號	2	敬作復次	奉行蜜經	5	139	
盈	25	作禮復次	奉行蜜經	5	142	
夜	80	作禮復次	衆生衆生	1	20	
珍	76	圍繞復次	聞佛奉行	5	139	

字號	號	起	止	紙數	行數	附記
鹹	65	復次若爲	奉行一卷	5	138	此係鹹六十五號之前段
玉	19	復次若爲	以故具足	2	70	
雲	67	敬作復次	乃至勝彼	4	134	首紙破爛內有朱筆
雲	69	供養以諸	奉行蜜經	5	140	首尾殘破
字	73	復次經若	來若何以	4	112	
柰	74	作禮復次	說是沙有	2	54	首紙破
日	53	復次經若	奉行蜜經	5	142	
號	79	復次若經	奉持蜜經	5	143	
麗	14	遶以子善	奉行蜜經	6	140	首行碎損
羽	83	禮圍復次	號釋三菩	1	28	

字號	號數	首句	尾句			附記
闕	95	若為法平	世人菩提	3	78	首紙破爛
宿	4	善女奉行	為人一卷	5	139	首八行碎損紙尾有清信佛弟子盧師道八字紙尾餘空白七寸許
暑	34	人於無有	我所人無	2	36	
暑	15	多羅奉持	僧祇蜜經	4	129	首三行碎損
列	96	僧祇奉行	由他蜜經	5	134	首二行碎損尾有惠海勘三字
昃	83	如是奉行	三藐蜜經	5	145	首十六行破碎
出	96	我所丘尼	乃至聞佛	5	130	尾紙破
暑	36	所應无壽	禮園嚴佛	1	46	紙首尾有餘然甚殘破
皇	36	分乃恆河	子善説是	1	46	殘破
藏	54	不可以故	為荷是觀	5	145	首尾甚破

歲	41	德百乃至	奉行一卷	5	133	首行碎損
翔	21	知此諸華	耨多如是	1	27	破爛
薑	79	作禮復次	應貪如來	4	112	首紙破爛
鳥	79	譬喻後末	三藐有法	1	17	
崑	53	羅所作禮	聞佛奉持	2	147	首殘
暑	22	提當爾時	一切切法	1	24	
麗	58	善女須菩	何須來心	2	48	
夜	89	三藐僧祇	奉行蜜經	4	135	首二十行碎損
玉	21	可思爾時	奉行蜜經	5	126	
雨	89	世若則爲	奉行一卷	7	157	首紙破爛

號	起	止	紙	行	附記
金75	爾時無法	阿耨得阿	3	61	
河78	子善奉行	三藐蜜經	4	125	首二行碎損
重83	當知奉持	爾時蜜經	5	128	首三行碎損
歲84	其心奉行	多羅蜜經	4	127	
崑69	佛告天眼	藐三云何	1	34	
霜32	多羅聞佛	一切奉持	4	121	
宇76	伏其奉行	多羅蜜經	6	127	首三行碎損紙背雜寫佛說八陽神咒經十一行
洪26	以恆奉行	布施蜜經	5	141	首二十八行碎裂不全
珠87	度一須善	生實是等	1	37	首破
成80	心佛布施	多寶菩薩	3	91	

字號	號	起	止	紙數	行數	附記
字	89	由他人於	來心三千	2	54	首尾霉爛
始	99	須菩阿耨	羅聞奉行	5	118	首紙破爛
宇	14	佛於菩提	奉行蜜經	6	115	首數行破碎
月	23	菩提得阿	奉持蜜經	4	115	
成	27	有法若有	如恆說是	1	28	
藏	19	有法若有	奉行蜜經	4	117	首三行破裂
巨	80	得阿來得	奉行一卷	4	116	
結	19	得阿來得	奉行蜜經	4	113	
字	51	阿耨其心	奉行蜜經	4	124	首尾均有餘紙但首甚破爛
皇	94	相何人相	奉行蜜經	6	174	全卷破爛

字號	號	起	止	紙數	行數	備註
芥	80	由他人於	奉行蜜經	4	135	首二十行碎損
柰	18	來得如來	提須善法	2	56	
羽	45	來得與我	於意如來	4	96	尾破
芥	49	與我以實	若有乃至	4	104	尾紙殘破
淡	5	則是牟尼	奉持若經	2	110	首紙破甚
盈	49	阿耨提若	奉行剛般	4	114	首二行尾十三行皆破碎末有數行記載物品字樣
黃	90	於然提佛	奉行蜜經	4	118	
芥	43	來得我受	奉行蜜經	4	112	首行碎損
帝	16	以實菩提	如來如來	1	47	
生	4	得作羅三	奉行蜜經	4	111	

潛 94 阿耨受記 是觀丘尼 4 107 破爛

菜 29 法如菩提 至四云何 4 104

往 59 號釋提是 甚多多以 2 36

地 24 迦牟言如 蜜經寫了 4 109 尾有景龍四年六月二十日寫了十一字

宙 88 然燈佛號 於意若是 2 86 尾十六行碎不全舊有添品妙法蓮華經一卷夾入

官 73 有人提寶 有寶來說 2 32

字 30 燈佛號釋 須菩如來 1 21

成 86 藐三汝於 奉持蜜經 4 118 首五行碎損

光 71 法如菩提 奉行蜜經 2 110

雨 4 若有善提 偈等人演 4 101 尾紙破

號						附記
洪	80	若有……婆訶	提實……千遍	5	115	卷尾附有金剛經陁羅尼神咒
海	4	佛號……奉行	若有……蜜經	4	108	首行碎損
歲	90	得阿……恆河	來得……說是	1	27	
陽	6	我授……奉行	實无……蜜經	4	116	首五行碎損
闕	43	佛所……須菩	羅三……如來	1	112	霉爛頗甚
服	70	提實……七寶	菩提……世尊	1	28	
芥	74	言如……奉行	无有……若經	4	110	首紙破爛
服	51	皆是……界如	法是……所國	1	22	
水	80	名一……不不	世尊……故如	1	36	
水	50	須菩……奉行	說人……蜜經	3	104	

宙	7	菩提我則	皆是夫者	2	60	首尾俱殘
崑	61	菩提須菩	皆是施若	3	74	霉爛
張	88	說人奉行	須菩蜜經	3	103	
果	14	說大奉行	須菩蜜經	5	104	
芥	71	然燈奉行	佛號蜜經	3	109	首九行碎損
服	93	身須佛不	无量可說	2	36	殘破
餘	62	故名奉行	須菩蜜經	3	105	首四行碎損
夜	30	薩是奉行	薩是一卷	3	87	連白紙
地	23	无我菩提	无衆故得	3	62	首行尾二行碎損此卷從同號大般若經中提出
寒	97	衆生於阿	嚴佛得是	1	36	

字號	號	起	止			附記
來	37	菩薩嚴是	奉行蜜經	2	95	
暑	97	莊嚴法者	寶布此菩	3	62	
河	98	者如須菩	有所法即	1	25	
成	47	嚴須名眞	奉持蜜經	3	99	首行碎損
衣	85	如來不如	奉行蜜經	3	92	首尾皆有餘紙
柰	65	不如如來	奉行蜜經	3	91	尾九行碎損
律	55	如來提於	藐三發阿	2	56	
宿	70	提於有法	以此人說	2	38	
羽	46	如是提於	奉行蜜經	3	96	首行碎損卷尾有一校竟三字又有毗柰那寺經生令狐世康十字
陽	42	法名生无	奉行蜜經	3	100	首十一行碎損

號	起	止	紙數	行數	附記
玉 76	云何 奉持	意云 蜜經	3	70	
雲 91	是世 聞佛	中所 奉行	3	85	
生 82	法眼 奉行	是世 蜜經	3	90	首行碎損
劍 60	恆河 三菩	說是 發阿	2	51	
師 86	中所 薩勝	沙須 不受	2	56	霉
罔 43	有法 奉持	是世 蜜經	3	90	首三行碎損
衣 90	沙須 奉行	如是 蜜經	2	86	此係衣九十號之後段
菜 65	沙須 聞佛	是等 奉行	3	84	
成 9	沙須 菩提	是等 善法	1	28	
闕 63	一恆 奉行	如是 蜜經	3	85	首行碎損

字	號	文	文	數	數
巨	51	沙有如是	奉行蜜經	3	85
秋	39	如是是寧	菩提三菩	2	49
柰	54	如是是寧	彼云以故	3	81
金	16	如是如是	聞佛奉行	3	83 尾破
歲	75	如是是寧	故說若去	2	56
潛	72	如是是寧	耨多壽者	1	28
生	90	為多有乘	奉行蜜經	3	83
河	69	是寧土中	聞佛奉行	3	83
果	36	是寧國土	羅聞奉行	3	28
皇	97	是寧土中	菩法彌山	1	26

字號	號數	起	止	紙數	行數	附記
潛	20	爲多中所	彌山此般	1	28	
來	20	土者莊嚴	菩提福德	2	69	首紙破爛
海	3	佛告種心	奉行蜜經	3	86	
果	38	國土故如	奉行蜜經	3	82	
雲	36	土中如來	奉持蜜經	3	82	尾有弟子優婆夷李六字
人	97	生中如來	彌山以此	1	28	
玉	49	種心心是	奉持蜜經	3	84	
師	40	如來提於	偈言如來	1	51	
寒	96	故如何須	故得念如	2	43	
成	24	意云有如	奉行若經	3	85	首四行碎損

字號	號	起	止			附註
寒	56	何如恆河	尊而偈言	2	45	首破
陽	54	須菩心不	奉持蜜經	3	81	首五行碎損
荒	84	何以爲非	奉行蜜經	3	82	首二行破碎
宿	2	心不大千	奉行蜜經	3	79	
龍	73	不如如來	是信說即	4	81	殘破
雨	64	若有用布	是故福德	2	52	首破
暑	95	須菩也世	奉行蜜經	2	76	
金	4	須菩也世	奉行一卷	2	74	紙背有妙法蓮華經普門品第二十五經文十九行
藏	87	也世足色	寶聚經乃	1	20	首破
乃	65	如一河沙	無壽提須	1	28	破碎

海 41	來不得福	奉行蜜經	2	78	首四行碎損
致 93	也世來說	奉行蜜經	4	75	
霜 99	也世具足	奉行蜜經	3	73	首行碎損
珠 68	身須不不	奉行蜜經	3	73	
餘 30	不不故如	奉持蜜經	3	72	
鹹 64	以具名諸	奉行蜜經	2	57	
來 84	也世來說	奉行若經	3	70	
生 34	來說菩提	奉行蜜經	3	69	
乃 27	菩提作是	奉行蜜經	3	68	
玉 16	不也如來	奉行蜜經	2	67	首二行碎損

千字文號	起	止	紙數	行數	附記
張61	具足須菩	奉行蜜經	2	72	首四行破碎
來95	菩提作是	奉行若經	2	68	首尾皆有餘紙
師96	有所言如	經乃人演	2	83	
岡93	是念佛不	奉行蜜經	3	67	
水30	法可須菩	奉持蜜經	2	66	
暑23	爲謗所說	如來阿耨	1	25	
張21	也世如是	奉行蜜經	10	283	首紙破碎
黃20	於意如來	奉持蜜經	3	73	首紙破碎
翔24	菩提耨多	是念三菩	1	28	霉爛 背面有字
金2	須菩有少	波訶千遍	3	71	附金剛經陀羅尼神咒較通行本多若有人誦此咒一遍勝誦金剛經一萬九千遍等語

皇 31 來說 奉行 菩提 蜜經 2 69 首紙殘破

致 65 名阿 菩提 无壽 須菩 1 32 尾紙破爛

往 32 平等 說不 以无 福德 1 33

辰 18 復次 奉行 平等 蜜經 2 63 首行碎

呂 42 平等 奉行 以无 蜜經 3 62 首四行碎損

翔 68 如來 奉行 具足 蜜經 3 73 首破爛末記開元十一年□□十日寫了爲七代先亡及所生父母一切法界衆生敬寫金剛經一卷等語

露 94 以无 奉行 得阿 蜜經 2 62

鳥 9 者如 奉行 須菩 蜜經 2 59 首尾破爛

律 98 得阿 奉行 者如 蜜經 1 34

出 45 善法所言 三菩阿耨 1 25

黃 70 須菩王如 奉行蜜經 2 57

來 8 至四及一 故如如來 1 28

乃 44 耨多壽者 奉行蜜經 3 61

官 63 須菩王如 奉行蜜經 2 57

陽 44 及一須菩 世界不甚 1 28

崑 49 乃至須菩 聞佛奉行 2 52

服 83 阿耨如來 前善福德 1 28 破爛

始 93 生如提如 奉行蜜經 2 49 全卷破爛

服 25 非有者如 奉行一卷 2 48

號	起	止	紙數	行數	附記
服 100	三十三十	奉行蜜經	2	46	
宙 53	數譬須菩	奉行蜜經	2	56	首紙碎爛
衣 17	三十三十	奉行蜜經	2	46	
文 61	須菩提言	奉行蜜經	3	46	
閏 7	王則所說	奉行蜜經	2	44	眉端摘寫經文要鍵精緻堪寶文中有朱筆勾勒處
服 97	菩提觀如	奉行蜜經	2	43	
黄 95	須菩菩提	聞佛奉行	2	46	首尾殘破
往 12	須菩耨多	法相阿僧	2	32	尾殘
來 30	來不須菩	奉行一卷	1	39	
裳 22	多羅提若	可說佛說	1	19	

出	62	多羅菩提	奉持蜜經	1	36	
號	37	多羅菩提	奉行蜜經	2	35	首行碎損
律	2	耨多菩提	受持讀誦	1	39	卷尾署景龍二年九月二十日昭武校尉前行蘭州金城鎮副陰嗣瑗受持讀誦計三行
翔	81	提若復有	奉持蜜經	2	36	
巨	94	提若復有	有善至四	1	28	
制	2	故須須菩	哆哦莎訶	2	36	末附發菩提心咒
蓋	52	提若德須	等受演說	1	24	首破
藏	70	應貪著是	奉行蜜經	1	30	首行碎損
往	38	須菩臥是	奉行一卷	1	30	
號	20	須菩臥是	丘尼聞佛	1	28	

字號	號數	起	止			附記
鹹	99	以故須菩	聞佛奉行	1	26	
文	83	若來以故	聞佛奉行	1	27	
裳	52	若來以故	聞佛奉行	1	27	
果	98	若坐者无	奉行蜜經	1	28	
暑	24	是人來亦	奉行蜜經	1	28	尾有餘紙尺許
調	12	故如須菩	聞佛奉行	1	26	
芥	64	來者須菩	奉行蜜經	1	28	首行碎損
乃	26	男子意云	聞佛奉行	1	25	
騰	92	碎爲甚多	奉行蜜經	1	25	
露	20	說是微塵	奉行剛經	1	24	

號	起	止	紙數	行數	附記
龍 33	我見 何是	奉行 蜜經	1	17	
金 91	須菩 人不	奉行 蜜經	1	17	
雨 59	佛告 心所	奉行 蜜經	11	299	首三行碎損
昃 86	也世 如是	奉行 經	10	278	
來 89	著我 人衆	奉行 蜜經	10	265	首三行碎損
潛 33	阿耨 來不	奉行 蜜經	2	40	
服 26	三藐 說義	滿三 是人	1	39	以下各卷多破爛
珠 61	般若 云何	相人 念過	1	24	
宙 35	聞是 知是	奉行 蜜經	8	193	首紙破碎
珠 60	爲第 念我	我得 般若	1	29	

字	號				
秋	52	菩薩奉行	心不蜜經	6	168
位	19	亦不以故	爾時者何	1	47
推	21	如是云何	寧爲德不	2	55
字	21	生清甚多	法生悲泣	1	33
成	19	故如奉行	須菩蜜經	1	28
麗	13	若波若取	聞一以故	1	44
果	33	甚多奉行	菩提蜜經	8	221
夜	76	金剛住色	如是菩提	1	24
水	52	菩提菩提	性是也世	2	56
光	79	住相知此	菩薩佛塔	2	70

原號		起	止	紙	行	附記
人	33	平等以无	奉行蜜經	3	64	
露	44	忍心无非	眞言娑訶	15	420	前四紙又十五行下邊殘缺末附眞言並有木軸

金剛般若波羅蜜經 一卷 元魏菩提流支譯

原號		起	止	紙	行	附記
服	21	金剛如是	是世如是	10	281	尾破爛
成	65	禮佛菩提	菩提何三	5	133	首尾殘破
巨	25	頂禮須菩	奉行蜜經	16	382	首七行碎損全卷分品與號二十八號不同雖亦爲十二分而名則歧異前三分名缺

第四爲如實修行第五爲如來非有爲相第六與號卷同第七爲具足功德校量第八第九同第十爲斷疑第十一同第十二爲流通

號 28 爾時 說如 喜佛 奉行 13 375
首破此卷分品校今通行本不同原爲十二分其首三分經文已缺然列二十五號本爲秦譯其分名亦與相同

淡 6 我空 須菩 十一 偈言 12 338
此卷亦有分名然與號二十八號微有異同並有硃筆添註圈點

律 58 有未 有持 奉持 蜜經 11 328
首八行碎損與號二十八號同惟无分名

昃 20 善女 復有 无餘 无一 6 155
首紙有蕃文

鹹 16 復次 偈等 奉行 一卷 10 255
首行碎損

金剛般若波羅蜜經　一卷　陳 眞諦 譯

原號　起　止　紙　行

暑　93　菩提有衆　緣生故須　6　157

號　16　言說奉行　所取蜜經　1　21

金剛般若論　一卷　隋 達磨笈多 譯

原號　起　止　紙　行

重　98　如是羣生　心等卷下　33　948

金剛般若波羅蜜經論 元魏菩提流支譯 三卷

原號	起	止	紙	行	附記
巨46	非說有三	離我有樂	11	307	首尾三行碎損
芥88	提言說相	如是世聞	8	207	

金剛經註

原號	起	止	紙	行	附記
翔37	約二念付	即是發心	1	34	此係卷首總釋中十義第三義之殘文
菜15	究竟善趣	不空於此	22	476	此係卷首總釋之後半至別釋第一分第二分之殘文
鳥68	題其爲趣	理即剛般	3	40	前多殘缺

金剛經疏

原號	起	止	紙	行	附記
始37	大度乘人	二約外道	4	105	此釋第十四分末至第十五分末之疏
閏28	者此代故	人輕卷下	19	439	此釋第十六分至第三十二分末之疏
閏21	今亦衆復	勸不去若	8	184	此釋第十七分至第十九分之疏
收1	爲心是度	過去如許	1	37	兩面皆間有朱字

金剛經解

原號　起　止　紙　行　附記

閏42　一切生之　達摩滅度　1　30　兩面有朱字

般若波羅蜜多心經 唐玄奘譯 一卷

原號	起	止	紙	行	附記
皇 40	般若觀自	婆訶心經	2	36	全經二卷均首尾完好
始 79	般若觀自	婆訶心經	1	18	全卷碎損前爲心經後爲佛說無常經
字 68	般若觀自	婆訶心經	1	18	首尾完好
重 7	般若觀自	婆訶心經	1	18	首尾完好
皇 68	般若觀自	婆訶心經	1	18	首四行碎損尾有木軸
龍 47	般若觀自	摩訶一卷	1	18	有墨筆句讀首尾完好
翔 41	般若觀世	摩訶一卷	1	15	首尾完好
皇 84	般若觀自	婆訶一卷	1	18	首尾完好

號		起止	卷	紙數	附記
人	75	般若婆訶 觀自一卷	1	19	首尾完好紙背寫勸善文之類
乃	77	般若婆訶 觀自心經	1	18	首八行碎損
翔	28	般若婆訶 觀自一卷	1	17	首尾完好
裳	89	般若婆訶 觀自一卷	1	19	全經一卷孟懷暕寫
衣	21	般若婆訶 觀自一卷	1	18	首尾完好
衣	12	般若婆訶 觀自一卷	1	18	首尾完好
羽	62	般若婆訶 觀自經卷	2	26	行書大字首尾完好
文	28	不生婆訶 不淨一卷	2	32	全經二卷第一卷缺少四行第二卷首尾完好附大乘四法經一卷末題慈音書記四字
					又雜寫菩薩行願王經盡諸十方世界等
衣	44	竟涅婆訶 阿耨一卷	2	24	全經二卷第一卷缺少十一行第二卷首尾完好

字	號	經名	卷	行	附記
字	43	揭帝婆訶般若心經	1	20	全經二卷前者僅存咒四句後卷首尾完具
鳥	62	辟支婆訶殊講般若	2	43	首六行碎損前綴持經功德文二十六行後心經一卷首尾完具
洪	45	般若呪曰觀自帝般	1	17	尾三行碎損
衣	78	般若故說觀自呪曰	1	17	
位	1	見五音菩異空音菩	1	24	尾附有法華普門品六行
致	92	五蘊婆訶異色心經	1	16	首三行碎損
裳	28	菩薩婆訶度一心經	1	18	首三行碎損末有曹興朝題名
餘	92	般若婆訶觀自一卷	1	17	首七行碎損此卷自同號法華普門品及无常經中提出
字	34	般若聲訶觀自寫施	1	25	卷尾署破落官前同河西節度副使銀青光祿大夫試鴻臚卿兼肅州刺史楊顒寫施全卷有心經一卷佛說尊勝陁羅尼神咒一卷心經已碎損尊勝陁羅尼神咒尚完好无缺

全卷恭楷

號	起	止	紙數	行數	附記
李56	觀若 觀自	莫呵 一卷	1	24	首題般若波羅蜜多心經尾題佛說多心經一卷背面首題天請問經三藏法師玄奘奉詔譯
薑46	身云 不生	海心 心經	3	5	此卷尾題般若波羅蜜多心經實是經註
盈96	般若 觀自	不果 心經	1	22	
調68	般若 觀自	摩訶 一卷	1	18	
金74	般若 觀自	婆訶 一卷	1	16	
生32	般若 觀自	婆訶 一卷	1	19	
生57	般若 觀自	呪曰 婆訶	1	17	
巨38	佛說 觀自	婆訶 心經	1	18	首四行碎損

珠	26	般若婆訶 觀自心經	1	18	卷中碎損八行
重	46	般若婆訶 觀自一卷	1	18	
潛	33	般若婆訶 觀自心經	1	18	全卷碎損
龍	16	般若呪能 觀自虛故		33	全經二卷第二卷缺少三行

別譯般若波羅蜜多心經

原號	起	止	紙	行	附記
李 53	般若如是	奉行一卷	2	34	
始 55	般若如是	世間喜信	2	34	首尾完具多序分與流通分
海 77	爾時爾時	經卷一卷	2	32	首行碎損卷尾署金光明寺僧福惠舍多心經一卷背面寫有今夜歎孤愁哀恐復難休嗟娘有聖德下五字不明餘均雜寫

般若波羅蜜多心經疏

原號	起	止	紙	行
爲 52	第三意焉	第五一卷	13	400
崑 12	无有相理	自在迷明	11	234
闕 9	譬如是故	兩畔垢淨	2	29

李萬健　羅瑛　輯

敦煌書目題跋輯刊

第二冊

國家圖書館出版社

敦煌劫餘録（二）

陳垣撰　民國二十年（一九三一）排印本

敦煌刧餘錄

冊四

敦煌劫餘錄

新會 陳垣 校錄

第七帙

妙法蓮華經七卷 後秦鳩摩羅什譯

原號	起	止	紙	行	品次	附記
菜 17	妙法 如是	知己 說三	14	588	序品一 信解品四	
藏 95	國界 我見	界其 生舍	10	288	序品一 譬喻品三	首六行碎不全
列 74	妙法 如是	作佛 第一	20	510	序品一 方便品二	
藏 24	如是 大比	作佛 第一	19	527	序品一 方便品二	首三行碎損
黃 36	佛住 與大	作佛 第一	19	509	序品一 方便品二	首三行碎損

黃	15	那提作佛 阿迦第一	19	504	序品一 方便品二	首行碎損
雨	85	妙法作佛 爾時第一	22	510	序品一 方便品二	首十行尾十行碎損
雨	84	含城作佛 皆是第一	19	511	序品一 方便品二	首八行碎損
月	87	難陀作佛 菩提第一	19	514	序品一 方便品二	首十行碎損
霜	60	切寶忍辱 多畢佛道	16	441	序品一 方便品二	首八行碎損
雨	78	眷屬作佛 三藐第一	19	516	序品一 方便品二	尾三十八行碎損
闕	70	我聞能知 漏己世尊	6	225	序品一 方便品二	首九行碎損
巨	17	提不作佛 轉不第一	19	506	序品一 方便品二	首四行碎損
騰	75	曰阿作佛 迦葉第一	21	524	序品一 方便品二	首十六行碎損
黃	74	佛慧作佛 普聞第一	19	491	序品一 方便品二	首行碎損

號	起	止	紙數	行數	品	附記
餘5	序不作佛	所殖第一	19	496	序品一 方便品二	首二行碎損
收7	以慈作佛	岸稱第一	20	511	序品一 方便品二	首二行碎損
列86	陁羅作佛	羅睺第一	19	502	序品一 方便品二	首十四行碎損
日56	多羅作佛	陁羅第一	19	498	序品一 方便品二	首九行碎損
珍99	提不法輪	退轉是法	16	462	序品一 方便品二	首十行碎損
海27	名月作佛	其眷第一	18	490	序品一 方便品二	
歲47	薩無第一	勒菩無錯	18	490	序品一 方便品二	首五行碎損尾有校定無錯四字
呂97	大自作佛	界主第一	18	484	序品一 方便品二	
闕74	有名作佛	子四第一	20	488	序品一 方便品二	首二行碎損
淡9	天子作佛	大自第一	19	484	序品一 方便品二	首行碎損

出	14	諸佛以慈 作佛第一	19	495	序品一 方便品二	首十四行碎損
律	6	三萬界主 作佛第一	18	499	序品一 方便品二	
盈	55	界主屬方 說偈言自	11	297	序品一 方便品二	首行碎損
夜	51	轉不所殖 作佛第一	20	526	序品一 方便品二	首三十七行碎損
霜	83	大自界主 作佛第一	18	484	序品一 方便品二	首七行碎損
霜	75	屬萬陁龍 作佛第一	18	483	序品一 方便品二	首三行碎損
海	84	眷屬那羅 作佛第一	17	476	序品一 方便品二	首二十五行碎損
昃	89	人俱菩薩 作佛第一	20	499	序品一 方便品二	首三十行碎損
鹹	47	百千法緊 之師作佛	16	476	序品一 方便品二	首十行碎損
光	85	羅王千百 作佛第一	18	448	序品一 方便品二	首二十二行碎損

珍	43	佛足恭敬	作佛第一	18	468	序品第一 方便品第二	首行碎損
調	47	退坐爾時	作佛第一	20	467	序品第一 方便品第二	首九行碎損
關	27	屬萬陏龍	角貝供養	15	419	序品第一 方便品第二	首二十五行尾十三行碎損
陽	76	希子禮佛	作佛第一	20	469	序品第一 方便品第二	首九行碎損
藏	20	味身羅華	作佛第一	13	353	序品第一 方便品第二	
寒	98	多羅八千	之師作佛	18	470	序品第一 方便品第二	首十八行尾七十六行碎不全
黃	56	羅華衆普	作佛第一	19	468	序品第一 方便品第二	首二行碎損
生	28	比丘阿脩	作佛第一	18	460	序品第一 方便品第二	首行碎損
律	7	脩羅放眉	作佛第一	18	458	序品第一 方便品第二	首三行碎損
辰	43	王轉喜合	作佛第一	13	342	序品第一 方便品第二	首三行碎損

淡	78	上至衆生	作佛第一	17	456	序品一方便品二	
宙	68	及聞優婆	作佛第一	16	451	序品一方便品二	民國十年二月提送歷史博物館
致	61	及聞優婆	惡道增長	13	364	序品一方便品二	
盈	65	寶塔爾時	乘一乘何	12	288	序品一方便品二	首六行尾七行碎損
淡	31	以佛念今	之師作佛	15	450	序品一方便品二	首四行碎損
黃	18	界盡及聞	作佛第一	17	416	序品一方便品二	首十三行碎損
宿	16	修行種種	作佛第一	17	452	序品一方便品二	首百六行碎損
致	46	于東於是	諸佛切盤	17	179	序品一方便品二	首六行尾二行碎損
陽	47	雨曇以是	作佛第一	18	436	序品一方便品二	首二行碎損尾有木軸
菜	100	種種涅槃	勇猛宜所	6	192	序品一方便品二	首十六行碎損

號	起	止			品	附記
藏 33	彌勒問曰	作佛第一	16	437	序品一 方便品二	首三十五行碎損 尾有木軸
騰 28	從阿生死	作佛第一	16	440	序品一 方便品二	首十行碎損
呂 4	文殊雨曼	作佛第一	17	438	序品一 方便品二	首九行碎損
柰 77	梵音種種	疑惑第一	16	435	序品一 方便品二	尾四十二行碎損
水 89	廻向或有	涅槃三乘	15	388	序品一 方便品二	首尾碎損
珍 93	種種眞珠	具得我知	7	192	序品一 方便品二	首十三行尾行碎損
稱 21	入於深脩	作佛第一	18	409	序品一 方便品二	首四行碎損
珍 71	破魔天龍	作佛第一	15	402	序品一 方便品二	首二行碎損尾 有木軸
李 17	人有有佛	作佛第一	16	442	序品一 方便品二	首二十四行碎損
往 99	以千能問	三世有疑	8	144	序品一 方便品二	首七行尾四行碎 不全

昃	冬	羽	成	陽	巨	珍	水	冬	暑
55	76	30	11	29	81	48	77	71	8
又見皆悉	經行淨如	勤求以求	林華是等	亂攝見菩	國界佛放	自然佛放	四衆爾時	善男即説	即説令衆
作佛第一	作佛第一	秘要佛道	作佛第一	作佛第一	作佛第一	復難一出	不信缺漏	作佛第一	宜所種因
14	15	15	16	15	15	13	10	14	4
395	413	402	395	399	387	346	254	372	112
序品一 方便品二	序品一 方便品二	序品一 方便品二	序品一 方便品二	序品一 方便品二	序品一 方便品二	序品一 方便品二	序品一 方便品二	序品一 方便品二	序品一 方便品二
	首二十四行碎損	首六行尾十行碎損	首四行碎損	首二十八行尾三行碎損		首行碎損	首尾碎損		

號	起	止	紙數	行數	品	附記
暑 67	即說 令衆	佛智 能知	5	140	序品一 方便品二	
鱗 80	善界 即說	法皆 意皆	8	222	序品一 方便品二	首二行碎損 內有武周新字
劍 92	令衆 斯瑞	佛作 第一	14	380	序品一 方便品二	首二行碎損
律 57	放現 男子	不信 缺漏	10	250	序品一 方便品二	首二行尾二十四行碎損
柰 43	亦復 信之	作佛 第一	18	369	序品一 方便品二	首七行碎損
巨 66	其義 行之	衆生 三七	10	328	序品一 方便品二	首三行尾二行碎損
文 50	具足 意四	一手 亂心	4	138	序品一 方便品二	全卷多碎損
地 29	脩梵 是時	之師 作佛	14	353	序品一 方便品二	尾五行上端碎
張 90	婆夷 羅摩	勇猛 宜所	3	84	序品一 方便品二	
律 34	摩睺 諸大	宜所 種因	3	84	序品一 方便品二	首行碎損

字號	號	首行	尾行	紙數	行數	品名	備註
珠	93	相光可度	所見在天	11	305	序品一 方便品二	首三行碎損
珠	46	上彌作佛	聽法第一	20	339	序品一 方便品二	首三行碎損
雲	95	當知作佛	諸菩第一	12	337	序品一 方便品二	首二行碎損 尾有木軸
光	14	時日純有	乘經汝今	6	162	序品一 方便品二	首六行尾行碎損
雨	9	人號作佛	而不第一	14	362	序品一 方便品二	首二行碎損 內有武周新字
珍	57	光妙作佛	提是第一	13	323	序品一 方便品二	首三十一行碎損
宙	54	今見作佛	大乘第一	12	314	序品一 方便品二	
淡	79	見此作佛	大乘第一	12	315	序品一 方便品二	
黃	5	世尊作佛	佛未卷一	11	308	序品一 方便品二	首三行碎損
珠	19	有一作佛	而不第一	12	318	序品一 方便品二	首二十行碎損

字號	號	起	止			品	附記
羽	39	座上自然	一乘一乘	10	250	序品一方便品二	首十二行碎損
服	61	切衆頗梨	无礙成就	2	49	序品一方便品二	首二行碎損
鱗	54	天雨一切	作佛第一	12	166	序品一方便品二	首十一行損
鱗	55	善入量界	作佛第一	17	439	序品一方便品二	
冬	75	及見又見	疑惑作佛	12	318	序品一方便品二	首八行碎損字體秀勁
淡	23	各各讚妙	作佛第一	12	292	序品一方便品二	首二行碎損
調	63	佛說諸法	作佛第一	11	290	序品一方便品二	背面記癸酉年十月二日安迦手書
服	95	尋即我今	佛者量者	2	43	序品一方便品二	
月	97	又見爾時	佛廟佛道	9	224	序品一方便品二	首十行尾二行碎損
玉	36	各各我若	一佛切種	5	140	序品一方便品二	

編號	起止	起止	紙數	行數	品目	附注
冬57	佛滅　是經	若滅　妙道	7	177	序品一　方便品二	首十八行碎損
翔83	比丘　勇猛	是妙　宜所	1	21	序品一　方便品二	
淡38	其後　作佛	彼佛　第一	12	272	序品一　方便品二	
冬86	于東　作佛	獄上　第一	17	460	序品一　方便品二	
黃59	妙法　放逸	如是　難値	6	225	序品一	
往41	妙法　身是	如是　華經	9	237	序品一	首十三行尾八行碎損
成23	妙法　問曰	爾時　衆心	2	45	序品一	尾三行碎損
珍69	妙法　施菩	如是　菩薩	1	21	序品一	
服59	妙法　羅華	如是　訶曷	2	47	序品一	首二行碎損
月12	嘱小　後善	漢諸　白梵	6	145	序品一	首十一行碎不全

號	起	止	紙數	行數	品	附記
帝39	大目天子	訶迦婆世	1	22	序品一	首四行碎損
淡86	自在光天	摩訶天子	1	23	序品一	首四行碎損
麗94	時佛已即	萬二知今	5	137	序品一	首七行尾行碎損
帝80	學无佛道	六千智者	4	101	序品一	首三行碎損
呂79	迦耶大法	迦旃義諸	5	134	序品一	首九行碎損
冬85	陁羅歡喜	羅睺光照	2	46	序品一	首十四行碎不全
師2	樂說此世	量百諸佛	2	42	序品一	首八行碎損
水96	陁羅大法	羅睺義諸	6	133	序品一	首十一行尾行碎損
翔97	轉不佛上	所植天大	2	39	序品一	首九行碎損
潛63	大自薩法	界主坐入	1	20	序品一	尾三行碎損

字	號			卷	頁	品	備註
致	57	界主此世	屬方諸佛	1	28	序品一	
暑	1	子俱義諸	屬三光已	4	114	序品一	首七行尾行碎不全
罔	49	眷屬作佛	子與第一	19	388	序品一	首八行碎損
崑	82	眷屬有餘	阿那第二	14	123	序品一	首十六行碎損
裳	20	王優諸佛	俱有丘尼	1	26	序品一	此卷多碎損
麗	67	大自光照	界主地獄	1	28	序品一	首九行碎損此卷民國十六年一月復查時註失
帝	88	千人金色	屬俱衆生	3	69	序品一	全卷碎損
推	85	阿脩此世	羅王諸佛	1	18	序品一	首二行碎損
海	93	動爾悉見	天龍第一	1	31	序品一	首二行碎損

號	起	止	紙數	行數	品	卷	附記
收 22	比丘所歎	脩羅布施	3	46	序品	一	全卷碎不全字清秀
宇 70	東方金色	上至衆生	1	27	序品	一	
河 26	諸菩數佛	護念師子	8	214	序品	一	首十一行碎損
翔 85	獄上彌勒	趣衆問曰	1	19	序品	一	
文 98	界盡阿修	及聞中夜	5	128	序品	一	尾五行碎損
歲 54	界盡億萬	及聞正法	1	28	序品	一	首十一行碎損
鳥 4	摩訶金色	沙華衆生	2	33	序品	一	首十六行碎損
翔 47	今佛正法	當以衆生	1	22	序品	一	
往 45	梵音界六	種種優婆	3	84	序品	一	
歲 78	若人授記	若人小緣	2	50	序品	一	尾行碎損

字	號	字句	卷	頁	品	備考
崑	90	文殊增寶 寶千寶生	1	37	序品一	字體尙存八分意味
始	5	衆多求佛 種種如寶	1	21	序品一	首行尾三行碎損
重	39	眞珠辱力 寶飾佛道	1	20	序品一	首五行碎損
海	97	又見小緣 又見何等	1	28	序品一	
往	1	又見世界 一心塞優	2	56	序品一	
衣	9	又見大法 一心義諸	1	28	序品一	
薑	67	一心光菩 或見是也	3	84	序品一	
師	44	衣施菩薩 臥具也今	3	82	序品一	首四行碎損
皇	32	佛坐頌四 示諸三貌	1	26	序品一	首三行碎損字體佳
水	41	復如放逸 衆生涅槃	3	85	序品一	首行碎損

字號	號	起	止	紙數	行數	品	附記
結	2	日月塞優	遍知緊那	1	25	序品一	首行碎損
人	93	來應優婆	正遍那羅	1	25	序品一	首尾各碎損二行
位	64	藐三相義	次復道者	4	94	序品一	首五行尾行碎損
人	14	乾闥明珠	羅伽光照	2	48	序品一	首尾行碎損
帝	26	爾時道者	佛土有餘	3	76	序品一	首十行碎損
鱗	50	王轉智慧	合掌梵行	2	34	序品一	首五行尾二行碎損
字	84	薩豈法藏	今見歡喜	1	25	序品一	
人	58	又見名利	又見通利	1	22	序品一	尾行碎損
柰	22	喜合辱力	照東佛道	2	58	序品一	首行碎損
重	73	諸求我今	妙法著隨	5	125	方便品二	首行碎損

號	起 / 止			品	備註
生 72	安詳作佛 / 智慧第一	12	261	方便品二	首六行碎損
寒 89	說意作佛 / 緣種第一	10	260	方便品二	尾有木軸
光 48	說意不信 / 緣種缺漏	5	140	方便品二	
李 29	舍利偈言 / 緣種比丘	5	140	方便品二	首尾行碎損
人 42	說意如稻 / 緣種沙劫	1	28	方便品二	首行尾三行碎損
荒 39	已具作佛 / 无礙第一	10	257	方便品二	首七行碎損尾有木軸
河 74	佛諸作佛 / 无數第一	10	245	方便品二	首二行碎損尾有木軸
藏 99	不退行道 / 又告實說	1	28	方便品二	
往 47	又告苦毒 / 唯我人衆	5	141	方便品二	尾行碎不全
藏 84	諸佛作佛 / 於佛第一	10	233	方便品二	首二行碎卷中碎損處甚多

號	起	止	紙數	行數	品	附記
菜49	聖主作佛	是德第一	11	289	方便品二	全卷碎損
人89	慧曰人阿	禪定坑爾	1	20	方便品二	首五行碎損
號49	及人第一	唯願可度	6	165	方便品二	首七行碎損
盈29	无上惡道	是會增長	4	95	方便品二	
寒43	之法作佛	是說第一	8	215	方便品二	首二十四行碎損
字96	皆一佛但	願爲智見		40	方便品二	尾行碎損　字體佳
河36	无量作佛	皆一第一	8	197	方便品二	首五行碎損
宿87	貞實作佛	善聽第一	7	175	方便品二	
荒91	貞實作佛	善聽第一	7	174	方便品二	首五行碎損　尾有木軸
河75	得一作佛	以无第一	6	158	方便品二	

字	號	文	行	字	品	備註
玉	14	見智 示舍 佛供 道養	3	84	方便品二	
黃	13	方舍 便利 等得 法法	2	58	方便品二	
盈	69	諸弗 佛十 第作 一佛	5	146	方便品二	首三行碎損
重	13	耨阿 多羅 第作 一佛	6	131	方便品二	首三行碎損
珠	11	比欲 丘重 第作 一佛	5	123	方便品二	背有蕃文
薑	12	得度 若後 第作 一佛	5	139	方便品二	首九行碎損
玉	99	譬惑 喻說 第作 一佛	4	115	方便品二	
重	71	斯護 人惜 第作 一佛	5	120	方便品二	首十行碎損
閏	12	以爲 深此 第作 一佛	4	108	方便品二	
柰	16	終說 不佛 佛忍 道辱	1	28	方便品二	字體整齊

號	起	止	卷	行數	品	附記
月25	薄德	作佛 依止第一	4	91	方便品二	
地48	薄德	說法 依止之師	4	89	方便品二	尾三十行上端碎
暑46	逼迫	作佛 入邪第一	4	94	方便品二	首行碎損
騰56	受不	作佛 億刦第一	4	90	方便品二	首九行碎損
月96	若聞	作佛 如是第一	3	78	方便品二	尾有木軸
結58	諸佛	作佛 諸佛第一	3	83	方便品二	
柰10	諸佛	此道 諸佛一乘	1	28	方便品二	
麗44	乃至	作佛 如是第一	3	67	方便品二	
皇23	以華	第一 蕭笛可度	1	28	方便品二	尾七行碎損
水15	若人	作佛 或有第一	3	62	方便品二	

麗	2	世尊作佛供養第一	2	50	方便品二	首二行碎損
師	15	音者止道畫像作佛	2	47	方便品二	首十五行尾二行碎損
裳	96	著於之師求大作佛	2	40	方便品二	首三行碎損
柰	66	爾時作佛幷餘第一	1	37	方便品二	
秋	80	我即作佛破法第一	2	34	方便品二	
收	26	幷餘弟子我卽秘要	1	28	方便品二	
李	13	法不作佛尋念第一	2	33	方便品二	首行碎損
闕	55	少智作佛雖復第一	2	28	方便品二	
來	67	我常說三失我第二	21	582	譬喩品三勸持品十三	首七行碎損尾有木軸
來	43	妙法說三爾時第二	22	594	譬喩品三信解品四	

字號	號	起止		行數	號	品	附記
秋	96	妙法 / 爾時	說三 / 第二	24	589	譬喻品三 / 信解品四	首八行碎損
陽	48	妙法 / 爾時	說三 / 第二	22	594	譬喻品三 / 信解品四	
菜	39	妙法 / 爾時	說三 / 第二	21	593	譬喻品三 / 信解品四	
闕	69	爾時 / 而白	說三 / 第二	22	592	譬喻品三 / 信解品四	首十一行碎損
洪	27	喜卽 / 此法	說三 / 第二	21	591	譬喻品三 / 信解品四	首三行碎損 有木軸 尾
劍	31	失於 / 下若	說三 / 第二	22	587	譬喻品三 / 信解品四	首十行碎損
鹹	31	若坐 / 來以	說三 / 第二	22	588	譬喻品三 / 信解品四	首行碎損
日	37	等待 / 菩提	說三 / 第二	22	587	譬喻品三 / 信解品四	首二行碎損
宿	71	妙法 / 爾時	荷負 / 寶衣	20	598	譬喻品三 / 信解品四	首十一行碎損
巨	42	得未 / 見諸	說三 / 第二	22	603	譬喻品三 / 信解品四	首三行碎損

羽	37	來佛 終法	第說 二三	21	560	信譬 解喻 品品 四三	首二十一行碎損
柰	9	責思 而惟	中宜 捨言	20	467	信譬 解喻 品品 四三	尾二行碎損
鱗	1	昔說 來初	第說 二三	11	585	信譬 解喻 品品 四三	首十四行碎損
荒	32	爾妙 時法	第說 二三	22	606	信譬 解喻 品品 四三	首十四行碎損
宿	59	有竟 法夜	第說 二三	14	584	信譬 解喻 品品 四三	首八行碎損
騰	83	是諸 佛疑	第說 二三	22	581	信譬 解喻 品品 四三	首七行碎損
閏	81	思等 惟不	第說 二三	22	587	信譬 解喻 品品 四三	首十四行碎損 尾有木軸
黃	66	是此 法意	第說 二三	22	579	信譬 解喻 品品 四三	首六行碎損
秋	73	佛於 音大	第說 二三	27	499	信譬 解喻 品品 四三	首八行碎損
號	78	无以 漏是	第說 二三	21	573	信譬 解喻 品品 四三	

稱	43	佛音 我處	說三 第二	22	579	譬喻品三 信解品四	首十一行碎損 尾有木軸
柰	57	无漏 世尊	說三 第二	16	572	譬喻品三 信解品四	首四行碎損
昃	64	滿十 常於	无漏 我等	21	541	譬喻品三 信解品四	首十行尾四行碎 損
張	36	亦以 得道	乘道 華經	21	578	譬喻品三 信解品四	首四行尾八行碎 損
收	49	思議 我心	說三 第二	21	580	譬喻品三 信解品四	首十六行碎損
宙	64	无上 天人	說三 第二	20	561	譬喻品三 信解品四	首七行碎損
盈	82	願佛 還欲	說三 第二	21	550	譬喻品三 信解品四	首三行碎損尾 有木軸
調	56	所行 遍知	說三 第二	20	558	譬喻品三 信解品四	
巨	40	世過 億佛	說三 第二	21	552	譬喻品三 信解品四	首四行碎損
往	54	華光 間解	說三 第二	22	540	譬喻品三 信解品四	首二行碎損尾 有木軸

日	29	飭安 黄金	說三 第二	20	551	譬喻品三 信解品四	首十六行碎損
果	4	黄金 有華	說三 第二	20	539	譬喻品三 信解品四	卷多碎損
陽	51	熾盛 各有	說三 第二	17	530	譬喻品三 信解品四	首九行碎損尾 有木軸
冬	34	離垢 盛琉	說三 第二	20	541	譬喻品三 信解品四	首五行碎損尾 有木軸
黄	28	飭安 黄金	說三 第二	20	540	譬喻品三 信解品四	首四行碎損
致	55	薩非 皆久	未曾 長者	14	385	譬喻品三 信解品四	首行碎損
雨	91	像法 此義	說三 第二	20	522	譬喻品三 信解品四	首行碎損
暑	80	多羅 次當	說三 第二	20	527	譬喻品三 信解品四	首五行碎損
雲	47	正法 華光	說三 第二	19	511	譬喻品三 信解品四	
闕	83	正法 華光	說三 第二	19	511	譬喻品三 信解品四	

號	數	起止	行	字	品	附記
光	2	塞優說三 樓羅第二	19	508	譬喻品三 信解品四	首四行碎損
寒	68	正法說三 華光第二	19	514	譬喻品三 信解品四	首六行碎損
致	73	天子說三 昔於第二	20	498	譬喻品三 信解品四	首三行碎損 尾題庚辰年八月七日程自手書記十二字
秋	82	昇陁思念 散天雖年	12	346	譬喻品三 信解品四	此卷多碎損
霜	71	及見說三 爾時第二	20	491	譬喻品三 信解品四	首三行碎損
地	53	爲四說三 勿我第二	20	551	譬喻品三 信解品四	首六行碎損 尾有木軸
盈	12	辭方說三 是諸第二	17	488	譬喻品三 信解品四	首六行碎損
昃	71	乃至說三 落柱第二	18	449	譬喻品三 信解品四	首二行碎損
辰	33	是思說三 舍出第二	18	468	譬喻品三 信解品四	首五行碎損

盈	20	善言	肯信	說三	第二	18	471	譬喻品三 信解品四	首二行碎損
冬	20	車令	宅宜	說三	第二	18	461	譬喻品三 信解品四	首二行碎損 尾有木軸
結	21	諸子	無復	說三	第二	20	462	譬喻品三 信解品四	首行碎損 尾有木軸
劍	98	无復	曰父	說三	第二	17	429	譬喻品三 信解品四	卷多碎損
果	15	鈴又	飾之	說三	第二	16	461	譬喻品三 信解品四	
柰	97	舍利	高廣	說三	第二	17	458	譬喻品三 信解品四	首二行碎損
爲	20	利弗	長者	說三	第二	17	436	譬喻品三 信解品四	首二行碎損
雲	16	不戲	令子	說三	第二	16	430	譬喻品三 信解品四	
稱	17	者乃	不虛	說三	第二	16	431	譬喻品三 信解品四	首行碎損
黃	47	知財	利弗	說三	第二	16	428	譬喻品三 信解品四	

字號	號	起止		紙數	行數	品		附記
昃	96	知財則爲	利弗菩薩	12	336	譬喻品三	信解品四	
黃	97	病死說三	受種第二	19	419	譬喻品三	信解品四	
淡	80	作是說三	无邊第二	15	420	譬喻品三	信解品四	
夜	49	燒汝說三	我今第二	15	398	譬喻品三	信解品四	首行碎損
呂	92	從佛說三	智自第二	17	387	譬喻品三	信解品四	首四行碎損
鱗	43	衆生說三	天人第二	20	383	譬喻品三	信解品四	首七行碎損
日	89	譬如知己	堂舍說三	14	365	譬喻品三	信解品四	
收	37	毒蟲知己	夜乂說三	17	350	譬喻品三	信解品四	
淡	30	復有子使	頭髮喜得	7	198	譬喻品三	信解品四	
宇	7	如是受教	其人悕取	8	112	譬喻品三	信解品四	背面雜寫晏子賦等

字						
爲	33	復有 頭髮 說三 第二	13	347	譬喩品三 信解品四	首三行碎損
海	81	惡獸 薄福 如是 餘事	12	313	譬喩品三 信解品四	首尾碎損各十九行
河	25	衆苦 鳩槃 子座 識之	10	264	譬喩品三 信解品四	首尾行碎損
成	79	是時 今此 說三 第二	13	328	譬喩品三 信解品四	首三行碎損
宿	49	我有 羊車 說三 第二	12	337	譬喩品三 信解品四	首行碎損
歲	32	諸懷 諸子 能報 通力	11	295	譬喩品三 信解品四	首十二行尾行碎損
露	85	以此 一切 將來 見煞	8	224	譬喩品三 信解品四	
爲	16	禪定 日夜 說三 第二	12	284	譬喩品三 信解品四	
菜	98	恭敬 則爲 城其 頗梨	3	84	譬喩品三 信解品四	
稱	11	及比 淺識 王等 久住	8	192	譬喩品三 信解品四	

號		起	止	紙數	行數	品	附記
寒	19	淺識 於此	希取 心亦	5	140	譬喻品三 信解品四	首六行碎損
秋	95	淺識 於此	希取 寶藏	8	224	譬喻品三 信解品四	尾行碎損
李	63	若狗 不復	便爲 窮子	5	126	譬喻品三 信解品四	首尾行碎損
騰	74	生受 若作	如此 悔恨	3	73	譬喻品三 信解品四	尾二行碎損
列	71	若得 有所	說三 第二	10	237	譬喻品三 信解品四	首三行碎損
珍	31	多病 若有	說三 第二	9	223	譬喻品三 信解品四	尾有木軸
果	27	若自 若他	吏民 國商	2	56	譬喻品三 信解品四	
黃	41	若他 如斯	說三 第二	9	231	譬喻品三 信解品四	
巨	55	若他 如斯	說三 第二	9	231	譬喻品三 信解品四	
月	67	佛道 如是	物之 若久	2	59	譬喻品三 信解品四	首行尾二行碎損

字	數	文	數	品	備考
收	53	若人如是 說三第二	10 224	譬喻品三 信解品四	
律	52	如是如是 若得爾時	2 36	譬喻品三 信解品四	尾二行碎損
巨	9	亦未告舍 悕取心亦	3 84	譬喻品三 信解品四	
薑	9	告舍如是 喜得爾時	2 56	譬喻品三 信解品四	首行尾四行碎損
宇	89	妙法爾時 者自告舍	6 167	譬喻品三	
月	56	妙法爾時 所化佛道	3 80	譬喻品三	
宿	60	妙法爾時 以方汝志	2 46	譬喻品三	
致	56	妙法爾時 爲火又諸	11 262	譬喻品三	尾三十二行碎損
字	79	妙法爾時 佛道小劫	3 82	譬喻品三	
字	85	妙法爾時 尊記有上	4 101	譬喻品三	尾六行碎損

官 33 音心豫斯 其因便說 2 66 譬喻品三

呂 25 爾時而白 是事菩薩 1 26 譬喻品三 首十二行碎損

金 60 何我受記 佛道小刧 3 79 譬喻品三 首七行碎損

潛 18 經譬利佛 妙第時諸 8 222 譬喻品三 首七行碎損卷中又碎損三十五行

潛 68 菩薩失於 是事尊種 1 22 譬喻品三 首二行碎損

羽 26 常獨樹下 是語第一 11 301 譬喻品三 首二行碎損內有天保一年比丘法常誦持大中七年莫高鄉人陰仁衷所寶等語

李 6 從佛我等 是事菩薩 1 23 譬喻品三 首五行碎損

收 5 妙法爾時 時諸勇銳 6 144 譬喻品三 首九行碎損

千字文號	號	首	尾	紙數	行數	品	備註
珍	87	非世以者	淨嚴交道	2	48	譬喻品三	首行碎損
麗	75	妙法爾時	菩薩說法	1	27	譬喻品三	首九行尾行碎損
宙	56	說所羅三	華經第二	18	388	譬喻品三	首三十七行碎損
河	10	如來也所	淨嚴交道	2	84	譬喻品三	首三行碎損
潛	30	也所羅三	菩薩說法	1	19	譬喻品三	首二行碎損
龍	57	羅三等不	度佛佛其	2	27	譬喻品三	首六行尾行碎損
皇	13	未曾菩薩	菩薩說法	1	24	譬喻品三	首八行碎損
秋	83	羅三等不	車寶長者	8	214	譬喻品三	首九行碎不全
雲	45	來以也所	小刼衆生	3	76	譬喻品三	首六行碎損
歲	46	從佛不預	小刼衆生	3	80	譬喻品三	首二十四行碎損

號		起	止	紙數	行數	品	附記
宿	26	我已遊戲	若坐而出	11	260	譬喻品三	
日	40	我聞提耶	昔來當復	4	98	譬喻品三	首尾碎不全者各三行
露	52	金色子爲	八十諸子	8	192	譬喻品三	首七行碎損
翔	73	金色交道	八十樹常	2	37	譬喻品三	首九行碎損
龍	8	重宣阿耨	我聞三藐	3	54	譬喻品三	首十二行尾行碎損
辰	56	以是所化	无漏佛道	2	55	譬喻品三	
寒	40	以是夫天	无漏嚴飾	1	28	譬喻品三	
李	16	以是丈夫	无漏淨嚴	1	28	譬喻品三	
龍	31	今聞思議	我本菩薩	1	26	譬喻品三	
麗	65	无漏火宅	世尊快樂	9	252	譬喻品三	

文 38	世尊 劫像	爾時 重宣	2	47	譬喻品三	首三行碎損
芥 47	心拔 可以	爾時 出來	4	113	譬喻品三	首行尾二行碎損
餘 76	若得 議劫	是時 薩所	1	21	譬喻品三	首尾行碎不全
稱 77	我本 淨嚴	除邪 交道	1	28	譬喻品三	首六行碎損
張 28	自惟 智佛	欲以 愍念	7	336	譬喻品三	首八行尾二行碎損
珍 27	我當 信受	聞如 所使	14	319	譬喻品三	首二行碎損
冬 89	以是 丈夫	无漏 淨嚴	1	28	譬喻品三	首七行碎不全
推 51	无漏 小劫	世尊 衆生	2	56	譬喻品三	首十行碎損
生 73	今者 勿貪	世尊 所燒	6	157	譬喻品三	首行碎損
帝 14	是法 衆生	魔作 供養	2	52	譬喻品三	首十二行碎損

號		起	止			品	附記
餘	87	等大道故	所以皆充	5	110	譬喻品三	
荒	95	佛爲諸菩	時諸偈言	2	57	譬喻品三	首五行尾行碎不全
荒	67	轉无爾時	勤修言汝	6	54	譬喻品三	首十四行碎不全
出	92	無漏世尊	第一諸子	7	196	譬喻品三	首二十一行碎損
稱	86	萬億行之	得免奇異	3	87	譬喻品三	首二行碎損
餘	56	行之知明	上道瑕穢	1	26	譬喻品三	
張	42	飾安黃金	奇異好希	3	84	譬喻品三	
張	65	飾安黃金	玩奇玩好	3	84	譬喻品三	
光	56	飾安黃金	佛道小刼	1	28	譬喻品三	
巨	16	安隱金爲	玩奇玩好	3	84	譬喻品三	

字	行	文	數	數	品	備注
淡	7	黃金者自 有華告舍	4	112	譬喻品三	
寒	25	金爲佛道 華菓小劫	1	27	譬喻品三	
服	71	利弗轉最 日大深奥	1	30	譬喻品三	尾行碎損
龍	26	飾安倫疋 黃金天龍	2	33	譬喻品三	首三行尾七行碎損
巨	21	將非而拔 其心尊若	5	131	譬喻品三	首二十七行尾行碎損
致	40	通善爲火 如是時疾	3	66	譬喻品三	首六行碎損
文	39	此義墮落 舍利宜時	2	56	譬喻品三	
呂	34	以瑠有上 彼國過是	1	26	譬喻品三	
月	48	佛爲如針 華光噉狗	16	168	譬喻品三	
果	35	佛滅而今 正法尊願	1	28	譬喻品三	

號		起	止				附註
李	92	佛滅支佛	正法宅勿	4	112	譬喻品三	
地	77	正法尊願	華光舍利	1	28	譬喻品三	此係前段另一段爲五百弟子受記品見後
收	34	正法如是	華光人肉	8	145	譬喻品三	首行碎不全
藏	75	正法方便	華光好車	7	196	譬喻品三	首三行碎不全字體圓潤
稱	25	正法尊願	華光舍利	1	28	譬喻品三	
光	69	正法實德	華光菩薩	8	237	譬喻品三	首二行尾行碎損
雲	7	佛爲無學	華光得涅	2	28	譬喻品三	首六行尾五行碎損
字	83	正法勿貪	華光爲所	4	112	譬喻品三	首六行碎損
稱	83	天王身手	天昇子火	4	100	譬喻品三	首四行碎損

羽	22	羅伽所欲 三藐物適	2	54	譬喻品三	首十行尾二行碎損
歲	70	及見爲火 爾時時疾	1	26	譬喻品三	
光	34	爲四玩好 弗我種羊	1	29	譬喻品三	尾行碎損
海	38	弗我玩好 辟方種羊	1	28	譬喻品三	
衣	23	縟多賜與 爲化其車	2	36	譬喻品三	首二行尾行碎損
鹹	94	以譬勇銳 利弗者見	1	29	譬喻品三	
秋	53	以種財物 菩薩十歲	9	245	譬喻品三	首六行碎損
始	28	廣大方便 百人者自	2	51	譬喻品三	首三行碎損
暑	42	面起利弗 之門難全	2	40	譬喻品三	首尾行碎不全
潛	39	我身之類 之復而食	5	128	譬喻品三	

號	起	止	紙數	行數	品	附注
龍24	怖而令子	出而者自	2	45	譬喻品三	首八行碎損
餘95	出无劣小	具告偏黨	1	26	譬喻品三	首尾行碎不全
張59	希有方便	車鹿者自	1	28	譬喻品三	
翔53	得汝來亦	車鹿惱憂	1	31	譬喻品三	首行碎損
夜48	希有支佛	車鹿宅勿	2	56	譬喻品三	首二行碎損
陽28	於此第一	所欲初以	3	83	譬喻品三	首二行尾行碎損
藏76	互相爲說	諸子爲說	10	240	譬喻品三	
帝93	諸子便智	无復事利	1	29	譬喻品三	
金48	白父諸衆	願時樂之	3	75	譬喻品三	
乃96	舍利方便	車高者自	1	20	譬喻品三	首三行碎損

荒	72	寶而禪定	飾之快樂	2	53	譬喻品三	首尾行碎不全
成	34	我有不驚	各與宅東	1	26	譬喻品三	
珠	88	匱何化令	曾有生老	1	18	譬喻品三	首二行碎損
寒	80	言不佛乘	其軀貪麁	2	34	譬喻品三	
翔	86	利弗游戲	大車力及	1	28	譬喻品三	首四行碎損
號	31	便令光遍	自知雕鷲	3	69	譬喻品三	尾二行碎損此係前段
號	31	共相界苦	諸大決定	2	48	譬喻品三	首五行碎損此係後段
張	51	知財神通	利弗衆生	5	140	譬喻品三	
芥	93	利弗好車	如是此車	4	107	譬喻品三	尾行碎損
李	94	患无一之	力无諸子	2	53	譬喻品三	首行碎損

編號	起	止	紙數	行數	品名	備註
冬31	利弗於汝	如是智說	6	168	譬喻品三	首八行碎不全
制33	益一道禪	病死隱快	1	29	譬喻品三	
制75	衆生事終	病死如來	1	26	譬喻品三	首行尾三行碎
洪18	得阿馳走	病死牕牖	3	77	譬喻品三	首行碎不全
呂83	西馳支佛	已便衆生	1	26	譬喻品三	
霜47	其苦是法	其遊於汝	7	152	譬喻品三	首五行碎損
制70	憂悲嬉戲	之智自樂	2	58	譬喻品三	首四行尾二行碎損
秋3	火宅界苦	則爲決定	4	112	譬喻品三	
光6	貪麗第一	燒汝諸子	1	28	譬喻品三	
柰51	貪麗馳走	燒汝牕牖	2	56	譬喻品三	

號	起止		紙數	行數	品名	備註
成30	燒汝致死	我今增劇	6	168	譬喻品三	
海56	三乘枯竭	定解罪報	7	151	譬喻品三	首行碎損　內有武周新字
騰68	樂舍第一	法信諸子	1	21	譬喻品三	
洪93	舍利娛樂	信受令无	2	63	譬喻品三	全卷碎不全
餘88	從佛惡蟲	智自不淨	1	29	譬喻品三	尾二行碎不全
珠20	從佛更生	智自畜生	5	140	譬喻品三	
陽49	名聲頓弊	有衆隤毀	2	28	譬喻品三	首五行尾二行碎損
玉1	具皆吾子	之樂救護	3	84	譬喻品三	
果3	然後馳走	者无窗牖	1	28	譬喻品三	
乃95	後但依怪	无虛忘失	3	80	譬喻品三	卷多碎損

號		起	止			品	附註
陽	24	大車 者无	爲說 因緣	6	164	譬喻品三	首行碎損
餘	96	橫馳 溢蜣	食噉 蜒毒	1	25	譬喻品三	首二行尾行碎不全
鳥	49	鬭爭 處處	悶走 非一	1	24	譬喻品三	
歲	97	狐狼 由是	神通 衆生	3	70	譬喻品三	首十三行碎損
來	21	頭髮 夜叉	深故 界苦	2	56	譬喻品三	首四行碎損 字體嚴謹
乃	99	自樂 住其	方便 妙寶	2	31	譬喻品三	卷多碎損
巨	5	如是 其人	神通 衆生	2	56	譬喻品三	
果	84	如是 其人	神通 衆生	2	56	譬喻品三	
呂	86	爲火 又諸	寶車 所欲	1	26	譬喻品三	
荒	59	告喻 衆苦	暫捨 爲本	2	59	譬喻品三	首尾行碎不全

列 80 到於 頂受 / 住於 越致 2 56 譬喻品三 尾四行碎不全

餘 74 今正 解脫 / 金銀 子等 1 26 譬喻品三

薑 81 金銀 如是 / 莊校 背傴 3 72 譬喻品三

張 71 以此 所得 / 一切 他疾 2 56 譬喻品三 尾五行碎不全卷首與張五十一號卷尾緊接字跡紙色均同蓋一卷裂爲二卷

果 48 以此 忘失 / 一切 致死 2 56 譬喻品三

陽 46 充滿 觸嬈 / 如是 枯竭 2 52 譬喻品三 首八行碎損字體勁秀

歲 18 日夜 支佛 / 乘此 此經 1 26 譬喻品三

月 84 爲是 此經 / 若滅 多聞 2 54 譬喻品三 首尾二行碎不全

號		起	止	紙數	行數	品	附記
閏	97	名第爲滅	第二敎竟	4	79	譬喩品三	首二十七行碎損
柰	45	在所當知	爲說因緣	2	56	譬喩品三	
呂	3	以信隨人	致死增劇	1	26	譬喩品三	
呂	2	若他如斯	頂受一偈	1	26	譬喩品三	首行碎損
闕	73	曾念汝當	方佛第四	17	655	信解品四 勸持品十三	首六行碎損
淡	59	寶物若國	諸如定便	8	274	信解品四 化城喩品七	首行碎損
辰	15	如人其人	說三第二	8	147	信解品四	首十七行碎損
光	80	等其象馬	子後加汝	2	44	信解品四	
光	44	估買歷國	者語未曾	1	29	信解品四	
果	96	估買國邑	受敎悕取	2	56	信解品四	

餘	98	委付犯何 子委窮子	1	28	信解品四	首二行碎不全
巨	3	子見真是 是念佛則	3	70	信解品四	
金	34	車馬善聽 買客第三	17	411	信解品四	首三十三行碎損
始	10	晝夜說三 若得第二	9	249	信解品四	首八十四行碎損
月	45	是念便自 處不尊失	2	60	信解品四	首二行尾行碎不全
珠	82	是念在大 處不少時	1	44	信解品四	首六行尾三行碎損
成	2	自念十年 躃地入出	1	27	信解品四	尾行碎損
寒	45	未曾見煞 長者狹劣	3	84	信解品四	首八行碎損
結	69	敬園成熟 吏民乘道	7	166	信解品四	首三十三行尾五行碎損
往	81	愍而說三 瘦顦第二	6	164	信解品四	

字號	號	起止		卷	紙數/行數	品	附記
成	28	然其知將	來智於此	1	27	信解品四	尾行碎損
騰	24	一殆未能	說三第二	5	120	信解品四	
珍	3	一殆未能	將來見煞	2	56	信解品四	
寒	61	未能大志	希取復如	3	84	信解品四	
稱	81	未能大志	見煞狹劣	2	56	信解品四	
官	27	捨復大志	衣食所得	2	45	信解品四	首四行尾二行碎損
桼	64	失爾寶及	知己說三	4	121	信解品四	首九行碎損
荒	96	知我別汝	家事令知	2	49	信解品四	首行碎不全
成	14	大乘菩薩	住城門內	1	27	信解品四	首尾行碎損
重	55	者何等有	至此使作	1	28	信解品四	

律	40	施大所用 或有珍寶	1	26	信解品四	尾行碎損
往	24	何用說三 不信第二	3	64	信解品四	
果	71	何用說三 不信第二	3	64	信解品四	
歲	27	不信志劣 眇目財物	2	40	信解品四	首尾行碎損
果	55	眇目說三 除諸第二	3	62	信解品四	卷多碎損
日	21	門外諸三 父知第二	3	53	信解品四	首行碎損
呂	72	意下說三 并及第二	2	47	信解品四	首行碎損
皇	99	施安大果 養殊魔梵	2	45	信解品四	此卷內分二段前段係另一經
鹹	20	大雲歡喜 言我第三	26	685	藥草喻品五 五百弟子受記品八	首九行碎損
宇	94	妙法佛慧 爾時第三	21	571	藥草喻品五 化城喻品七	

號	起	止	紙	行	品	附記
稱 6	妙法 爾時	佛慧 第三	19	556	藥草喻品五 化城喻品七	首四十五行碎損 尾有木軸
柰 79	妙法 爾時	佛慧 第三	20	556	藥草喻品五 化城喻品七	
致 20	經藥 爾時	佛慧 第三	24	556	藥草喻品五 化城喻品七	首三行碎損
河 62	弟子 實功	佛慧 第三	20	555	藥草喻品五 化城喻品七	首四行碎損
宙 39	子善 誠如	佛慧 第三	20	547	藥草喻品五 化城喻品七	首二十行碎損
列 63	妙法 爾時	佛慧 第三	20	557	藥草喻品五 化城喻品七	首八行碎損尾 有木軸
淡 94	妙法 爾時	佛慧 第三	20	257	藥草喻品五 化城喻品七	首六行碎損
餘 75	妙法 爾時	通智 諸天	11	321	藥草喻品五 化城喻品七	首八行碎損
結 60	切衆 生深	佛慧 第三	19	552	藥草喻品五 化城喻品七	首二行碎損
爲 81	也於 之其	佛慧 第三	20	546	藥草喻品五 化城喻品七	首五行碎損

宙	10	品地劫至 告摩過十	9	251	藥草喻品五 化城喻品七	首十三行碎損
鹹	5	一切欣慶 土地嚴飾	14	382	藥草喻品五 化城喻品七	首四行碎損
收	70	川谿大相 若千三千	8	352	藥草喻品五 化城喻品七	首四行碎損
收	81	知壹納受 通達世尊	11	298	藥草喻品五 化城喻品七	首六行碎損
果	43	乘生行道 川谿禪定	18	518	藥草喻品五 化城喻品七	首六行尾四行碎損
地	7	界一佛慧 草小第三	20	544	藥草喻品五 化城喻品七	首三行碎損
巨	4	一切佛慧 川谿第三	23	549	藥草喻品五 化城喻品七	首八行碎損
鹹	4	寶雖所念 別迦行業	10	262	藥草喻品五 化城喻品七	首行碎損
稱	36	所雨一心 所生頌曰	13	348	藥草喻品五 化城喻品七	首七行尾二十行碎損
閏	60	心所佛慧 衆生第三	20	549	藥草喻品五 化城喻品七	首十行碎損

號	起	止	紙數	行數	品	附記
列56	界天大雲	佛慧第三	20	539	藥草喻品五 化城喻品七	首三行碎損
稱10	令度得涅	佛慧第三	23	545	藥草喻品五 化城喻品七	
地60	亦復音聲	佛慧第三	20	539	藥草喻品五 化城喻品七	首六行碎損
薑21	一切阿修	佛慧第三	21	521	藥草喻品五 化城喻品七	
重53	者一阿修	佛慧第三	23	517	藥草喻品五 化城喻品七	
生47	大音覆三	納受願世	15	241	藥草喻品五 化城喻品七	首七行碎損
露31	爲聽諸佛	法螺遠音	12	339	藥草喻品五 化城喻品七	首二行尾行碎損
宇54	種衆衆生	佛慧第三	19	531	藥草喻品五 化城喻品七	首六行碎損
夜58	懈无令度	佛慧第三	21	556	藥草喻品五 化城喻品七	首二十三行碎損 尾有木軸
洪31	萬億是衆	願世梵天	11	308	藥草喻品五 化城喻品七	首四行碎損

鹹 89 一切佛慧 阿修第三 19 532 藥草喻品五 化城喻品七 首二十七行碎損 尾有木軸

宇 40 種性佛慧 如來第三 19 525 藥草喻品五 化城喻品七 首二行碎損

寒 32 衆生佛慧 諸根第三 19 531 藥草喻品五 化城喻品七 首九行上端碎去

月 88 說修佛已 體性第三 10 336 藥草喻品五 化城喻品七 尾有木軸

列 77 若持佛慧 以者第三 19 517 藥草喻品五 化城喻品七 首三行碎損

騰 33 於一佛慧 若持第三 19 522 藥草喻品五 化城喻品七 首十三行碎損 尾有木軸

黃 9 法乘佛慧 明了第三 19 538 藥草喻品五 化城喻品七 首三行碎損

日 5 說法佛慧 世尊第三 19 512 藥草喻品五 化城喻品七 首八十七行碎損

雨 14 隨宜佛慧 義而第三 19 510 藥草喻品五 化城喻品七 首行碎損

珠 58 空佛浴池 卽爲勿懼 20 501 藥草喻品五 化城喻品七 首四行碎損

字號		起止				品		備考
陽	75	破有佛慧	如來第三	21	510	藥草喩品五	化城喩品七	
爲	12	尊隨佛慧	義而第三	19	512	藥草喩品五	化城喩品七	首三行碎損
成	54	清涼因緣	其雨六入	14	346	藥草喩品五	化城喩品七	首尾行碎損
水	71	其雨一心	山川頌曰	11	308	藥草喩品五	化城喩品七	首十六行碎損
日	38	如來佛慧	有智第三	22	510	藥草喩品五	化城喩品七	首十一行碎損
雨	53	譬如佛慧	分別第三	18	496	藥草喩品五	化城喩品七	首三行碎損
宿	95	一雨佛慧	所潤第三	18	496	藥草喩品五	化城喩品七	首六行碎損
官	90	爲大滅度	以一量劫	7	168	藥草喩品五	化城喩品七	
海	48	離苦涅槃	諸天佛慧	17	490	藥草喩品五	化城喩品七	首四行碎損
珍	38	分別佛慧	一切第三	23	493	藥草喩品五	化城喩品七	首尾碎損數行

河	5	爲大以一 佛慧第三	18	488	藥草喻品五 化城喻品七	首十三行碎損
洪	17	又諸決定 相諸千大	5	140	藥草喻品五 化城喻品七	此係後段前段爲金光明經
荒	61	又諸決定 梵天偈言	9	252	藥草喻品五 化城喻品七	
李	81	智慧雨法 佛慧第三	16	479	藥草喻品五 化城喻品七	首六行碎損
致	4	得三是中 佛慧第三	19	474	藥草喻品五 化城喻品七	首十三行碎損
宇	63	妙法爾時 音聲清涼	5	136	藥草喻品五 授記品六	
陽	26	妙法爾時 言未來	5	120	藥草喻品五 授記品六	尾四行碎損
淡	42	妙法爾時 偈言音聲	5	134	藥草喻品五 授記品六	
雲	9	摩訶說如 共同偈言	5	131	藥草喻品五 授記品六	首六行碎損
餘	84	復有億刼 中多彼國	6	159	藥草喻品五 授記品六	首十行尾三行碎不全

字號	號數	起	止	紙數	行數	品名	附記
霜	24	萬億无上	是衆刼名	3	84	藥草喩品五 授記品六	
服	38	觀是无上	爲說刼名	4	89	藥草喩品五 授記品六	
宙	52	說法无量	生聞恒河	6	138	藥草喩品五 授記品六	首二行碎損
往	31	萬億諸大	是衆來世	3	86	藥草喩品五 授記品六	首十行尾二行碎不全蓋燒破
水	84	我等法亦	而自爲衆	7	190	藥草喩品五 授記品六	首百行碎損
爲	17	力所唱如	驟林於未	3	75	藥草喩品五 授記品六	首七行尾二行碎損
雲	40	迦葉見者	惠雲道多	5	126	藥草喩品五 授記品六	首尾行碎損
麗	22	大小乘過	百穀作佛	3	83	藥草喩品五 授記品六	首行碎損
薑	96	普覆恒沙	別演小刼	3	103	藥草喩品五 授記品六	首二行碎損
水	92	音演善聽	一切第三	5	148	藥草喩品五 授記品六	首二十九行碎損

字	號	起止字	紙數	行數	品	備注
海	67	平等從飢 曾无若復	2	65	藥草喻品五 授記品六	首九行尾五行碎損
致	10	知无如是 獨處皆悉	2	56	藥草喻品五 授記品六	字體整齊
淡	26	獨處成佛 求世善聽	5	140	藥草喻品五 授記品六	
歲	66	求世便食 又諸乘過	2	56	藥草喻品五 授記品六	
致	41	如彼奉觀 諸佛梵行	1	31	藥草喻品五 授記品六	
水	60	如一梵行 所稟之慧	2	36	藥草喻品五 授記品六	首尾碎損
月	44	妙法異佛 爾時一法	4	89	藥草喻品五	尾十行碎損
暑	54	妙法數千 爾時時觀	1	27	藥草喻品五	尾行碎損
霜	87	妙法牽土 爾時卉木	2	57	藥草喻品五	尾二行碎損
鳥	21	妙法應到 爾時種衆	1	27	藥草喻品五	尾二行碎損

號	起	止	紙數	行數	品名	附記
鳥42	妙法爾時	天人數千	1	26	藥草喩品五	卷內有番文
文22	妙法爾時	知如來隨	2	46	藥草喩品五	首二行尾十二行碎損
官82	一切心所	藥草藥草	3	76	藥草喩品五	卷多碎損
雲29	葉中葉諸	諸地藥草	3	69	藥草喩品五	
服88	及諸枝中	宜此偈言	2	37	藥草喩品五	首六行碎損
柰39	者令槃者	菩薩一味	3	65	藥草喩品五	首尾碎損各二行
翔20	覆三我是	大樹不同	3	68	藥草喩品五	首五行碎損
柰30	觀世說法	悅豫承攬	1	28	藥草喩品五	
乃43	利鈍種種	藥草藥草	2	56	藥草喩品五	首四十一行碎損
帝38	隨其喜快	一切悅豫	1	27	藥草喩品五	首八行碎損

字	編號	文		行	頁	品	備考
龍	98	羅衆悅豫	億種可承	1	30	藥草喩品五	首行第七八行第十四五行及尾行碎損
裳	54	觀是槃樂	爲說上尊	2	42	藥草喩品五	首九行尾四行碎損
衣	16	光掩三明	其雨藥草	1	28	藥草喩品五	首五行碎損
致	39	受潤一滴	生長修行	1	31	藥草喩品五	首二行碎損
洪	97	又諸佛慧	決定第三	17	462	授記品六 化城喩品七	首十六行碎損
日	68	爾時菩薩	此弟餘衆	14	324	授記品六 化城喩品七	首行尾二十二行碎損
稱	79	妙法御文	爾時相諸	5	117	授記品六 化城喩品七	
淡	95	人華佛慧	種種第三	17	457	授記品六 化城喩品七	首三十七行碎損
珠	59	是信佛慧	三百第三	22	451	授記品六 化城喩品七	首三十四行碎損

號	起	止	紙	行	品	附記
藏73	是我諸聲	佛慧第三	18	486	授記品六 化城喩品七	首十二行碎損
菜75	大莊像法	佛慧第三	16	448	授記品六 化城喩品七	
水17	像法礫刑	佛慧第三	16	445	授記品六 化城喩品七	尾有木軸
宇28	儀法礫刑	相諸千大	4	112	授記品六 化城喩品七	
地86	士調大莊	佛慧第三	16	451	授記品六 化城喩品七	首三行碎損
洪19	億諸无量	如是而諸	7	135	授記品六 化城喩品七	首十五行碎損
暑26	億莊小刧	滅度量刧	2	60	授記品六 化城喩品七	首二行碎損
盈92	未來恭敬	涅槃佛慧	17	450	授記品六 化城喩品七	首十二行碎損
辰79	偈言告諸	佛慧第三	17	450	授記品六 化城喩品七	首四十二行碎損
藏32	欲重見是	衆生法者	15	415	授記品六 化城喩品七	首七行尾六行碎不全

三百一第七帙

字	號	起	止	紙數	行數	品	附記
列	87	名光正法	佛慧第三	19	499	授記品六化城喻品七	首八行碎損有木軸尾
鱗	8	最上後身	佛慧第三	16	434	授記品六化城喻品七	碎損三百八十餘行
致	35	悚慄聲而	佛慧第三	16	425	授記品六化城喻品七	
地	63	心尚大雄	佛慧第三	15	417	授記品六化城喻品七	
昃	59	憂懼大雄	佛慧第三	15	418	授記品六化城喻品七	首十八行碎損
收	35	是須他佛	小劫過十	4	109	授記品六化城喻品七	首二十五行碎不全收三十六號
							與此緊接蓋一卷裂爲兩卷
收	78	皆當弟子	佛慧第三	15	402	授記品六化城喻品七	首二行碎損有木軸尾
爲	73	其佛佛於	御文相諸	3	63	授記品六化城喻品七	首四行碎損末紙亦碎內有武周新字

號		起	止			品	附記
人	77	今告梵天	弟子世尊	9	248	授記化城喩品六七	首九行尾五行碎損
雨	61	正法納受	爾時願世	5	140	授記化城喩品六七	
宇	38	佛恭滅行	縱廣入滅	10	266	授記化城喩品六七	
雲	73	旃延佛慧	佛恭第三	14	388	授記化城喩品六七	首三十二行碎損
列	49	土請第三	度脫口此	16	377	授記化城喩品六七	首六行碎損末題信士弟子王恩自忖佳音因微梵然萬里口等語不知何解
歲	73	菩薩一劫	爾時量劫	2	48	授記化城喩品六七	
出	42	用供小劫	亦復佛過	2	56	授記化城喩品六七	
官	9	當以於汝	佛滅算師	2	36	授記化城喩品六七	首尾碎損各五行

光	53	供如 願世 復復 梵天	4	112	授記品六 化城喻品七	首二行碎損
河	3	正等 佛慧 珠玫 第三	14	388	授記品六 化城喻品七	首八行碎損
冬	41	說眞 佛慧 好供 第三	15	343	授記品六 化城喻品七	首十八行碎損
日	74	多摩 行道 善逝 如恆	12	331	授記品六 化城喻品七	首十四行尾六行碎損
來	4	菩薩 億那 佛滅 阿耨	1	29	授記品六 化城喻品七	
柰	7	妙法 乘過 爾時 作佛	2	35	授記品六	首九行碎損
翔	100	汝等 敎食 妙法 丘是	2	41	授記品六	首行尾二行碎損
來	72	萬億 二十 佛无 重宜	3	80	授記品六	尾三行碎不全
雨	58	名大 便食 像法 乘過	1	28	授記品六	
翔	92	量千 聞衆 事雖 壽十	3	66	授記品六	首二行尾四行碎損

號	起	止	紙數	行數	品	附記
柰41	供養逿算	於最億那	1	30	授記品六	
河83	心尚是諸	大雄浮那	2	36	授記品六	尾行碎損此卷分二段其一段係另一經
寒76	得佛恆沙	憂懼小劫	1	28	授記品六	首十行碎不全
柰38	由他量萬	亦住二千	1	30	授記品六	
龍5	皆共供養	正法金光	1	24	授記品六	
字61	正法七寶	爾時幡以	1	29	授記品六	
盈50	是大佛慧	恭敬第三	14	360	授記品六	
稱89	彌知杖等	一一億劫	10	480	化城喻品七　安樂行品十四	首八行碎損
稱70	衆生喜若	爾時華經	8	280	化城喻品七　法師品十	首十六行尾十七行碎損

號	起	止	紙數	行數	品名	附記
稱82	比丘佛慧	千世第三	12	328	化城喻品七	尾二十二行碎損
藏86	大千羅三	東方萬億	7	196	化城喻品七	
黃93	千世佛慧	東方第三	12	334	化城喻品七	
宙92	千世願世	東方梵天	3	84	化城喻品七	
張6	千世清淨	東方菩薩	9	252	化城喻品七	
金21	千世梵天	東方偈言	4	112	化城喻品七	首行碎損
闕28	方千梵天	復下偈言	3	84	化城喻品七	卷中多碎損
荒16	世尊世尊	國土王一	3	82	化城喻品七	此卷碎不全
羽33	千世第三	東方衆義	12	335	化城喻品七	首十三行碎損尾題有開元九年二月十三日馬峯祿於此經略取衆

義等語

千字文號	號	起	止	紙數	行數	品名	附記
暑	62	塵一 無邊	佛慧 第三	7	320	化城喻品七	卷多碎損
雨	44	如來 諸比	城耳 此城	13	312	化城喻品七	
來	2	佛告 由他	佛故 納受	3	67	化城喻品七	
張	83	那由 耨多	光明 各相	3	72	化城喻品七	
宇	1	佛法 菩提	佛言 時諸	7	154	化城喻品七	
柰	36	佛於 座當	東南 光明	2	67	化城喻品七	首二行碎損
宿	81	萎華 於佛	佛慧 第三	12	312	化城喻品七	首二行碎損 尾有木軸
爲	40	佛當 至于	佛慧 第三	12	308	化城喻品七	
收	36	小刧 藐三	佛法 涅槃	11	305	化城喻品七	與收三十五號緊接 尾八行碎不全

菜	9	小劫佛慧 三菩第三	11	307	化城喻品七	首三行碎損
暑	19	成阿佛慧 佛未第三	12	305	化城喻品七	首三行碎損
盈	88	震動地者 照而菩提	7	187	化城喻品七	此卷字體工整無一率筆實爲僅見 尾二行碎不全
人	63	照而儀則 此中乃出	4	224	化城喻品七	
巨	49	震動佛道 照而第三	10	278	化城喻品七	首五行碎損
陽	7	天宮法者 梵宮佛道	9	252	化城喻品七	首五行碎損
稱	94	中有佛慧 我等第三	10	265	化城喻品七	首七行碎損
闕	46	前一頌曰 世尊一見	2	56	化城喻品七	
收	43	哀愍佛慧 天王第三	10	259	化城喻品七	首三行碎損背面粘補之紙係借

劵之屬

宙 1 梵王上其 佛慧第三 10 261 化城喻品七 首七行碎損

暑 98 尊轉王一 等恭諸梵 2 44 化城喻品七

藏 85 尊轉天王 佛慧第三 9 250 化城喻品七

陽 30 尊轉王一 未出乘經 8 224 化城喻品七

宇 9 王一世雄 佛慧第三 9 250 化城喻品七

崑 76 王一世雄 一心頌曰 2 56 化城喻品七

號 81 世雄爾時 乃出傾慶 3 84 化城喻品七

潛 10 說法嘿然 世尊羅門 2 53 化城喻品七 首二行碎損

洪 36 演說智勝 佛慧第三 5 138 化城喻品七 首六十六行碎損

歲88	過千爾時	佛慧第三	9	241	化城喻品七	
河54	照曜諸共	佛慧第三	11	245	化城喻品七	首八行碎損　尾有木軸
出70	聖主世尊	佛慧第三	9	231	化城喻品七	首十三行碎損
翔98	三惡世間	一見慧者	1	28	化城喻品七	
栄16	摩睺子請	佛慧第三	8	237	化城喻品七	首二十九行碎損
翔49	世間我等	頌曰于大	2	34	化城喻品七	首四行尾行碎損
荒22	大聖乘生	佛慧第三	8	221	化城喻品七	
霜88	大聖乘生	三蘶世尊	3	84	化城喻品七	
始95	未有此事	佛慧第三	10	217	化城喻品七	全卷多碎
雲8	龍王敬圍	佛慧第三	8	208	化城喻品七	

字號	號	起	止	紙數	行數	品名	附記
張	94	天王念說	上所菩提	3	78	化城喻品七	
餘	55	百千佛慧	如須第三	9	230	化城喻品七	首六行碎損
闕	48	諸飢涅槃	如優佛慧	7	300	化城喻品七	
辰	8	衆生明六	如優萬億	2	58	化城喻品七	首二行尾八行碎不全
崑	57	唯願普告	普雨通利	3	76	化城喻品七	尾行碎損
裳	53	唯願見十	普雨彼佛	3	61	化城喻品七	
宙	18	唯願世世	普雨此因	3	84	化城喻品七	首七行碎損此係前段後段爲授學無學人記品
爲	30	普雨佛慧	爾時第三	7	192	化城喻品七	首二行碎損
列	93	王頭佛慧	所散第三	5	178	化城喻品七	首四行碎損

Mark	No.	Opening/closing characters	Opening/closing characters	Sheets	Lines	Title	Notes
宿	82	伽人 六王	佛慧 第三	7	120	化城喻品七	首三行碎損
鱗	70	圍繞 王頭	佛慧 第三	8	208	化城喻品七	首五十四行碎損
玉	87	哀愍 及餘	佛慧 第三	6	166	化城喻品七	
收	14	及餘 今以	息已 疲極	6	150	化城喻品七	尾二十八行碎不全
闕	41	及餘 今以	丘是 菩薩	2	54	化城喻品七	首行碎損
宇	5	梵天 世尊	佛慧 第三	7	152	化城喻品七	
鳥	18	觸觸 緣生	清淨 菩薩	3	70	化城喻品七	首行碎損
宇	11	六入 則取	佛慧 第三	6	148	化城喻品七	
調	14	滅愛 滅生	佛慧 第三	6	149	化城喻品七	首八行碎損
柰	44	藐三 大德	眞實 三如	3	84	化城喻品七	尾三行碎損

號	號數	起止		紙數	行數	品	附記
閏	26	大德阿耨	佛慧第三	5	137	化城喻品七	
羽	42	大德阿耨	之言我化	3	85	化城喻品七	
爲	34	通利佛淨	佛慧第三	6	139	化城喻品七	首五行碎損
暑	25	故皆沙彌	耳諸師知	3	67	化城喻品七	尾行碎不全
出	88	然禪衆廣	二佛彌陀	1	23	化城喻品七	
位	56	有信佛說	佛乘衆生	2	49	化城喻品七	首八行尾二行碎損
闕	24	所化生與	佛慧第三	4	111	化城喻品七	卷多碎損
餘	73	十六所化	佛慧第三	5	112	化城喻品七	首四行碎損
律	30	於八經一	佛慧第三	5	124	化城喻品七	首三十一行碎損
成	97	以爲彌東	佛慧第三	5	131	化城喻品七	首四行碎損

號	號數	起	止	紙數	行數	品名	附註
推	58	信解及聲	未出乘經	2	56	化城喻品七	
蓋	24	薩及滅度	精進實滅	2	80	化城喻品七	尾五行碎損卷內分三段但此經文接續
位	25	滅度性知	佛道第三	4	81	化城喻品七	首二行碎損
始	74	入衆等故	師言此輩	3	64	化城喻品七	
往	50	比丘諸生	佛慧第三	3	64	化城喻品七	首行碎損
金	57	寶處重宣	佛慧第三	2	53	化城喻品七	首行碎損
蓋	45	欲重大通	佛慧第三	2	52	化城喻品七	
藏	53	宣暢第二	非滅佛法	2	34	化城喻品七	尾行碎不全
帝	71	一心爲无	佛慧第三	1	29	化城喻品七	首三行碎損

號	起	止	紙	行	品	附記
寒 1	有六 在在	佛慧 第三	1	26	化城喩品七	
潛 84	世間 作車	佛慧 第三	2	35	化城喩品七	首十行碎損 卷分二段首段係此
						另一經
呂 13	之力 於佛	我心 第四	24	656	五百弟子受記品八 分別功德品十七	首十行碎損
陽 14	妙法 爾時	我心 第四	26	675	五百弟子受記品八 勸持品十三	尾有木軸
爲 56	妙法 爾時	我心 第四	24	663	五百弟子受記品八 勸持品十三	
鹹 13	因緣 之力	我心 第四	14	659	五百弟子受記品八 勸持品十三	首二行碎損
稱 8	暫捨 希有	我心 第四	22	653	五百弟子受記品八 勸持品十三	首五行碎損 尾有木軸
結 12	多羅 法叉	我心 第四	24	659	五百弟子受記品八 勸持品十三	首十一行碎損 尾有木軸
生 38	最爲 讓持	我心 第四	24	648	五百弟子受記品八 勸持品十三	首三行碎損

荒	55	樓那 人中	我心 第四	28	639	五百弟子受記品八 勸持品十三	首八行碎損
盈	99	佛聞 耨多	我心 第四	24	613	五百弟子受記品八 勸持品十三	首十六行碎損 尾有木軸
雲	53	量乘 土故	我心 第四	23	631	五百弟子受記品八 勸持品十三	首行碎損
稱	62	持助 量乘	我心 第四	23	531	五百弟子受記品八 勸持品十三	首九行碎損
爲	96	淨佛 故常	我心 第四	25	630	五百弟子受記品八 勸持品十三	首二行碎損
果	67	土故 道過	我心 第四	23	630	五百弟子受記品八 勸持品十三	首四行碎損 題口經王瀚寫 尾
黃	84	淨佛 生漸	我心 第四	23	631	五百弟子受記品八 勸持品十三	首六行碎損 有木軸 尾
鱗	17	出光 金色	我心 第四	23	632	五百弟子受記品八 勸持品十三	首行碎損
閏	3	諸比 知衆	我心 第四	23	617	五百弟子受記品八 勸持品十三	尾十二行碎損
珠	49	善學 智是	我心 第四	23	606	五百弟子受記品八 勸持品十三	首三行碎損 有木軸 尾

號	起	止	紙數	行數	品名	附記
秋37	若我我心	今此第四	22	609	五百弟子受記品八　勸持品十三	
爲50	若我我心	今此第四	22	605	五百弟子受記品八　勸持品十三	
爲48	若我我心	今此第四	22	605	五百弟子受記品八　勸持品十三	首三行碎損
地82	演暢我心	未來第四	23	599	五百弟子受記品八　勸持品十三	首行碎損　尾有木軸
巨12	未來我心	常以第四	22	596	五百弟子受記品八　勸持品十三	首四行碎損
張45	供養得言	其國願不	19	608	五百弟子受記品八　勸持品十三	尾行碎損　背面雜鈔彌塞沙律般泥洹後灌臘經沙彌羅經華嚴經金剛仙論第十九等
雲44	得思我心	是故第四	23	610	五百弟子受記品八　勸持品十三	首十八行碎損
宿38	得阿恐怖	明爾辱鎧	23	568	五百弟子受記品八　勸持品十三	首四行碎損

字號	號	起止	紙	行	品	備注
雨	18	聲聞我心…壽命第四	21	565	五百弟子受記品八 勸持品十三	首四行碎損
歲	43	我等我心…如无第四	22	521	五百弟子受記品八 勸持品十三	首三行碎損
列	99	滅度我心…失今第四	20	549	五百弟子受記品八 勸持品十三	
收	13	失今我心…等所第四	20	548	五百弟子受記品八 勸持品十三	
張	13	資生我心…失今第四	20	548	五百弟子受記品八 勸持品十三	首四行碎損
寒	75	今於憍曇…如无次授	18	495	五百弟子受記品八 勸持品十三	
律	74	妙法供養…爾時第四	18	486	五百弟子受記品八 見寶塔品十一	
收	68	法蓮華供…爾時迦樓	12	335	五百弟子受記品八 見寶塔品十一	首八行碎損
陽	95	從座供養…尊顏第四	18	483	五百弟子受記品八 見寶塔品十一	首十一行碎損
黄	67	亦最緊那…四无切華	22	316	五百弟子受記品八 見寶塔品十一	首十四行碎損

字	號	起訖	紙	行	品	附記
宇	41	人中薩法　達得是釋	13	322	五百弟子受記品八　見寶塔品十一	首二行尾四行碎損
收	80	從座供養　尊顏第四	18	483	五百弟子受記品八　見寶塔品十一	首十五行碎損
露	76	道過樹莊　此土樹下	15	369	五百弟子受記品八　見寶塔品十一	首六行碎損
稱	75	萬億天寶　善能坐故	14	358	五百弟子受記品八　見寶塔品十一	首六行碎損
麗	56	可計供養　後當第四	16	424	五百弟子受記品八　見寶塔品十一	首十九行碎損
地	85	陳如摩訶　後得法華	11	288	五百弟子受記品八　見寶塔品十一	首行碎損
洪	23	諸十供養　作是第四	17	403	五百弟子受記品八　見寶塔品十一	首十五行碎損　尾有木軸
荣	52	苦切華供　富有迦樓	8	210	五百弟子受記品八　見寶塔品十一	首二行碎損
結	86	妙法實相　爾時法華	11	290	五百弟子受記品八　法師品十	首三行碎損
日	45	智慧上法　授諸法者	9	250	五百弟子受記品八　法師品十	首五行碎損

秋	48	希有上法	說法法者	9	243	五百弟子受記品八	法師品十	首三行碎損
爲	76	亦最皆與	通達藥王	9	194	五百弟子受記品八	法師品十	首六行碎損
稱	57	佛世偈言	一佛一難	10	274	五百弟子受記品八	法師品十	
鹹	36	重宣解說	諦聽視如	7	168	五百弟子受記品八	法師品十	首二行碎損
重	100	薩衆衛護	衆生經典	11	280	五百弟子受記品八	法師品十	首四行尾二行碎損
李	80	滅度女人	失今寫稱	4	112	五百弟子受記品八	法師品十	尾三十八行碎損
宇	62	妙法緣而	爾時聲聞	7	162	五百弟子受記品八	授學無學人記品九	尾行碎損
潛	17	妙法亦護	爾時本願	6	167	五百弟子受記品八	授學無學人記品九	首四行碎損
芥	76	空法本願	四无記及	4	151	五百弟子受記品八	授學無學人記品九	首二行尾行碎損
衣	42	一丈佛道	通達現爲	7	168	五百弟子受記品八	授學無學人記品九	首八行尾五行碎損

始 45 一而 足善 助宜 世尊 4 116 五百弟子受記品八 授學無學人記品九 首三行尾行碎損

暑 6 中亦 成阿 護持 亦護 5 140 五百弟子受記品八 授學無學人記品九 尾行碎損

地 31 道過 亦護 三藐 本願 5 137 五百弟子受記品八 授學無學人記品九 首四行碎損

雨 37 无量 寂然 量衆 无學 6 163 五百弟子受記品八 授學無學人記品九 首十四行尾行碎損

光 38 善能 來所 所不 義而 5 111 五百弟子受記品八 授學無學人記品九 尾四行碎損

張 85 知衆 法亦 以无 衆其 5 119 五百弟子受記品八 授學無學人記品九 首四行碎損

官 89 今此 羅三 爲求 時學 3 83 五百弟子受記品八 授學無學人記品九

岡 53 若我 成阿 今此 亦護 4 112 五百弟子受記品八 授學無學人記品九 首四行碎損

乃 17 其國 念我 其數 緣而 4 98 五百弟子受記品八 授學無學人記品九 首十二行尾五行碎損

秋 1 如是 丈夫 爾時 護持 3 75 五百弟子受記品八 授學無學人記品九 首行碎損

洪	35	爾時歡喜	悉同偈言	5	152	五百弟子受記品八 授學無學人記品九	首三行碎損
餘	66	或爲尊其	睺羅通王	2	36	五百弟子受記品八 授學無學人記品九	首行尾三行碎不全
薑	44	憍陳常放	右肩羅睺	2	57	五百弟子受記品八 授學無學人記品九	
麗	79	常放當說	丈夫護持	3	60	五百弟子受記品八 授學無學人記品九	首行碎損
翔	89	其五我滅	亦護本願	3	78	五百弟子受記品八 授學無學人記品九	首五行碎損
往	75	價寶覺知	時學右肩	2	39	五百弟子受記品八 授學無學人記品九	首十一行碎不全
騰	27	者世得非	法亦衆其	2	56	五百弟子受記品八 授學無學人記品九	
師	99	世尊非究	有分聞天	1	23	五百弟子受記品八 授學無學人記品九	
宇	74	遇見如是	恆沙愍衆	3	55	五百弟子受記品八 授學無學人記品九	首尾行碎不全
李	62	歡喜如等	座者心爲	7	184	五百弟子受記品八 授學無學人記品九	首二行碎損

盈	64	其家 默與	一劫 同等	4	74	五百弟子受記品八 授學無學人記品九	首行尾六行碎損
來	23	妙法 爾時	劫中 亦法	1	27	五百弟子受記品八	
暑	100	妙法 爾時	衆生 疑惑	2	55	五百弟子受記品八	
麗	77	妙法 爾時	佛土 衆生	2	54	五百弟子受記品八	首九行碎損
露	47	妙法 爾時	放亦 乃知	5	68	五百弟子受記品八	首五行碎損
劍	30	之事 在神	成阿 亦護	6	164	五百弟子受記品八	首三行碎損
羽	7	妙法 爾時	審諦 足菩	1	20	五百弟子受記品八	首六行尾二行碎損
稱	72	却住 尊顔	劫中 持助	1	22	五百弟子受記品八	首行碎損
師	100	生處 世尊	佛土 衆生	2	46	五百弟子受記品八	全卷碎損
鳥	1	妙法 爾時	生類 成就	2	51	五百弟子受記品八	首八行碎損尾二行模糊

千字文	號	起	止	紙	行	品	附記
來	94	助宣釋佛	惡道甚多	3	57	五百弟子受記品八	首十四行碎不全
衣	19	護持量衆	衆生疑惑	1	28	五百弟子受記品八	
字	52	隨順說法	普明偈言	3	76	五百弟子受記品八	首十九行碎損
師	80	亦教梵行	甚多國土	3	52	五百弟子受記品八	首行尾五行碎損
珍	98	世人以斯	佛土衆生	1	34	五百弟子受記品八	首四行碎損
鳥	50	中亦護持	我等大弟	3	46	五百弟子受記品八	卷多碎損
調	93	護持量衆	衆多略說	2	43	五百弟子受記品八	
收	12	護持量衆	自謂在不	3	84	五百弟子受記品八	
宇	3	教化无量	衆生疑惑	1	26	五百弟子受記品八	首九行碎損
陽	31	光明色三	緣甚時阿	4	79	五百弟子受記品八	首行尾五行碎損

字	號	起	止			品	附記
李	91	今此日普	爲求偈言	1	28	五百弟子受記品八	
稱	53	明爾切智	憍陳自謂	1	28	五百弟子受記品八	
文	26	世尊教化	憍陳覺既	1	28	五百弟子受記品八	首行尾八行碎損
地	77	憍陳何等	常放等於	5	137	五百弟子受記品八	此係後段另一段爲譬喩品見前
宙	14	爾時我心	設得第四	13	534	授學無學人記品九勸持品十三	首十二行碎損
玉	73	千人我心	到於第四	19	521	授學無學人記品九勸持品十三	首行碎損
水	94	到於我心	羅所第四	19	520	授學無學人記品九勸持品十三	
寒	20	百億我心	三菩第四	19	506	授學無學人記品九勸持品十三	首三行碎損
生	95	上士切衆	二億得阿	18	477	授學無學人記品九勸持品十三	首六行尾行碎損
來	7	於佛我心	所願第四	20	519	授學無學人記品九勸持品十三	首十一行碎損

號	起	止	紙數	行數	品目	附記
洪 13	如是我心	國土第四	18	494	授學無學人記品九 勸持品十三	
盈 75	將來我心	如是第四	18	487	授學無學人記品九 勸持品十三	首二行碎損
致 88	有爾供養	欲重第四	14	371	授學無學人記品九 見寶塔品十一	首三十行碎損
宇 47	中說面皆	海慧幡蓋	7	180	授學無學人記品九 見寶塔品十一	首二行碎損
陽 41	本願供養	記及第四	12	320	授學無學人記品九 見寶塔品十一	
號 56	界微中諸	長子方諸	8	231	授學無學人記品九 見寶塔品十一	首行碎損背有蕃字
羽 28	後當跏趺	欲重力令	9	251	授學無學人記品九 見寶塔品十一	卷多碎損
金 35	法藏作佛	十千以故	3	78	授學無學人記品九 法師品十	
來 44	耨多讀誦	將來行菩	4	113	授學無學人記品九 法師品十	首行碎損
宙 18	是二寫種	所供繒蓋	1	28	授學無學人記品九 法師品十	此係後段前段爲化城喻品

字號	號	起止	紙數	行數	品名	附記
李	74	到於悉同 羅所偈言	2	56	授學無學人記品九	
暑	49	十千見灌 三藐第十	2	59	授學無學人記品九	
昊	39	佛告我心 又如第四	18	491	法師品十 勸持品十三	首二百行碎損
律	29	王其佛前 而自偈言	15	389	法師品十 勸持品十三	首行碎損
列	98	肩所我心 掌共第四	16	423	法師品十 勸持品十三	首十六行碎損 尾有木軸
成	53	之又我心 力及第四	15	397	法師品十 勸持品十三	首五行碎損
雲	78	諸菩我心 國遣第四	15	360	法師品十 勸持品十三	首二十行碎損
霜	72	若人我心 處衆第四	14	349	法師品十 勸持品十三	
洪	22	若有覺三 有衆演說	11	308	法師品十 提婆達多品十二	首行碎損
海	70	喜誦讚言 充滿衆中	5	149	法師品十 見寶塔品十一	首三行尾行碎損

字號	號	起	止	紙數	行數	品	附記
宇	32	幢幡奉持	應瞻量士	9	252	法師品十 見寶塔品十一	此分二段一段為金剛經
冬	82	吾滅供養	上饌第四	9	238	法師品十 見寶塔品十一	
闕	45	吾滅合成	上饌華供	3	84	法師品十 見寶塔品十一	
辰	50	上饌下諸	若能中然	7	196	法師品十 見寶塔品十一	尾六行碎損
騰	52	上饌供養	若能第四	9	235	法師品十 見寶塔品十一	
往	98	薩道於地	道其樹高	4	112	法師品十 見寶塔品十一	
推	3	薩道聽法	道其示四	3	84	法師品十 見寶塔品十一	
玉	18	有乘五百	信解師子	4	112	法師品十 見寶塔品十一	首十行碎損
李	8	而為合成	驚怖華供	2	44	法師品十 見寶塔品十一	首五行碎損
金	79	逆若莊嚴	乾闥以大	3	82	法師品十 見寶塔品十一	尾二行碎損

菜	95	欲重之眼	欲捨供養	7	183	法師品十 見寶塔品十一	
往	79	入如願欲	處衆是多	3	49	法師品十 見寶塔品十一	首尾行碎損
往	78	爾時往者	見是得須	3	55	法師品十	尾行碎不全
字	94	至一世廣	受記能竊	2	21	法師品十	首尾行碎損
字	8	授記上法	如來說法	2	40	法師品十	首十二行碎損
玉	71	寫妙華供	種種迦樓	5	120	法師品十	
水	24	若善優婆	讀誦順不	3	82	法師品十	
闕	99	幢幡法者	應瞻世尊	1	28	法師品十	
劍	23	演此爲四	爲一善如	2	66	法師品十	首尾行碎損
柰	25	嚴則來座	向禮辱衣	2	78	法師品十	首二行碎損

帝	22	幢幡應瞻	世尊臾聞	1	28	法師品十	
來	33	藥王爾時	聞法智慧	3	53	法師品十	
麗	42	七寶羅華	功德第六	14	391	見寶塔品十一 安樂行品十四	首三行碎損 尾有木軸
露	33	而於佛一	功德第六	16	371	見寶塔品十一 安樂行品十四	首五行碎損
金	42	多摩金銀	授記羅母	10	284	見寶塔品十一 勸持品十三	首四行碎損
洪	1	經故者彼	我心第四	11	299	見寶塔品十一 勸持品十三	
罔	56	者彼集一	我心第四	11	297	見寶塔品十一 勸持品十三	尾有木軸
夜	83	說法我兮	我心第四	11	296	見寶塔品十一 勸持品十三	
呂	35	寶師无大	我心第四	10	267	見寶塔品十一 勸持品十三	
雨	22	於是音聲	安隱我心	9	239	見寶塔品十一 勸持品十三	

號	起	止	紙數	行數	品	附注
露9	各捨 令法	我心 第四	8	222	見寶塔品十一 勸持品十三	
張1	寶佛 寶如	我心 第四	8	211	見寶塔品十一 勸持品十三	首三行碎損
騰8	則爲 寶塔	我心 第四	8	209	見寶塔品十一 勸持品十三	首十八行碎損
人56	佛護 順是	會人 聞法	12	264	見寶塔品十一 提婆達多品十二	全卷碎損
洪84	皆有 之亦	我心 第四	11	262	見寶塔品十一 提婆達多品十二	全卷碎損 尾有木軸
宇65	善哉 尼佛	利起 人民	4	100	見寶塔品十一 提婆達多品十二	首行尾二行碎損
宇84	佛坐 身出	此經 化生	3	84	見寶塔品十一 提婆達多品十二	
暑32	大風 告諸	十種 八不	4	64	見寶塔品十一 提婆達多品十二	首行碎損
水4	而以 若使	能至 量劫	4	95	見寶塔品十一 提婆達多品十二	
玉11	羅緊 一切	護法 法者	5	119	見寶塔品十一	

號	起	止	紙	行	品	附記
地22	香纓 嘆爾	座全 其言	3	86	見寶塔品十一	首尾二行碎不全
重33	善哉 法佛	盡還 說我	1	26	見寶塔品十一	尾行碎損內有蕃文
律75	羅緊 一切	病少 菩薩	3	82	見寶塔品十一	首八行尾三行碎損
列10	佛成 告諸	修羅 瑀爲	2	38	見寶塔品十一	首行尾三行碎損
律37	故踊 成道	之眼 供養	6	134	見寶塔品十一	首三行碎損全卷多碎孔
露4	薩摩 爲聽	方所 受所	1	28	見寶塔品十一	
往87	佛有 諸佛	迦牟 等國	2	47	見寶塔品十一	尾行碎不全
玉60	諸寶 寶而	善地 之眼	4	94	見寶塔品十一	首行碎損
雨100	分身 國皆	說佛 如來	2	56	見寶塔品十一	
秋16	五百 師子	供養 第四	4	96	見寶塔品十一	

號		起		止		品	附記
乃	33	由旬坐於	座高從座	1	28	見寶塔品十一	
海	44	分之於此	分身八方	1	23	見寶塔品十一	首六行碎損
玉	2	座高世中	江湖虛空	3	73	見寶塔品十一	
柰	31	海江供義	山大第四	4	92	見寶塔品十一	
出	63	生及樹下	亦以子座	2	48	見寶塔品十一	首八行碎損
秋	7	土中炬火	方諸方國	2	42	見寶塔品十一	尾行碎不全
推	26	爾時爲難	遍滿爲難	2	56	見寶塔品十一	卷多碎損
張	29	諸天供養	地寶第四	4	89	見寶塔品十一	首十七行碎損
河	88	供養神通	諸佛奉持	3	61	見寶塔品十一	首十一行碎損
字	47	觀佛子座	出大矩火	1	28	見寶塔品十一	

字						品	備註
乃	78	正是槃佛	之眼供養	2	54	見寶塔品十一	首六行尾四行碎損
宇	6	此妙義而	供養監製	2	51	見寶塔品十一	首六行碎損尾有貞觀三年敬業
							監製八字
夜	87	如恆各捨	民壽太子	2	52	見寶塔品十一	尾七行碎損
成	57	妙法爾時	佛想止處	18	539	提婆達多品十二 分別功德品十七	
菜	59	品第及天	退地第五	19	534	提婆達多品十二 從地踊出品十五	首十行碎損
月	79	為於擊鼓	退地第五	19	525	提婆達多品十二 從地踊出品十五	首六行碎損
鹹	71	踊躍設食	退地第五	20	522	提婆達多品十二 從地踊出品十五	首五行碎損
鳥	40	所之我念	退地第五	16	406	提婆達多品十二 從地踊出品十五	首二行碎損
洪	48	來白當為	退地第五	20	513	提婆達多品十二 從地踊出品十五	首十一行碎損

字號	起 / 止			品	附記
稱16	具足退地 / 磨金第五	20	505	提婆達多品十二 / 從地踊出品十五	首五行碎損
冬66	佛告退地 / 是由第五	13	379	提婆達多品十二 / 從地踊出品十五	首十一行碎損
宙61	龍女退地 / 說法第五	16	418	提婆達多品十二 / 從地踊出品十五	首行碎損尾有 / 木軸
結26	其數三菩 / 待須發道	15	421	提婆達多品十二 / 安樂行品十四	首十一行尾行碎 / 損
芥90	行有我心 / 妻子第四	7	172	提婆達多品十二 / 勸持品十三	首六行碎損
餘79	時有我心 / 華若第四	7	160	提婆達多品十二 / 勸持品十三	首八行碎損背 / 面雜寫有思益梵 / 天經及清大句經 / 戒律等
乃53	來白我心 / 行者第四	6	157	提婆達多品十二 / 勸持品十三	首二行碎損
雲37	共神於佛 / 達多偈言	4	112	提婆達多品十二 / 勸持品十三	
黃71	七寶佛道 / 悉以光相	4	97	提婆達多品十二 / 勸持品十三	首二行尾行碎損

字號	號數	首尾文	卷	行數	品名	備註
歲	14	於時我心 多寶第四	5	127	提婆達多品十二 勸持品十三	
李	70	寶佛次授 子且羅母	3	84	提婆達多品十二 勸持品十三	
張	35	言其隱住 且待我心	5	120	提婆達多品十二 勸持品十三	
往	60	深達汝欲 以八佛法	2	44	提婆達多品十二 勸持品十三	尾行碎不全
地	46	遍照有卽 以八偈言	2	59	提婆達多品十二 勸持品十三	首行碎損
列	14	事疾學无 物復掌瞻	1	28	提婆達多品十二 勸持品十三	首四行碎損
珠	89	妙法令我 爾時十種	1	26	提婆達多品十二	首有五弟子汜 卷亮受持八字
號	96	惓於證知 王發衆生	3	81	提婆達多品十二	首二行碎損
薑	99	國位法身 我說仰戴	2	74	提婆達多品十二	尾十二行碎損
翔	56	搥鐘化生 時有名曰	1	30	提婆達多品十二	尾二行碎損

號	起	止	紙數	行數	品名	附記
生85	即便不退	情存菩薩	3	83	提婆達多品十二	
往16	道力未訖	達多以偈	2	52	提婆達多品十二	
薑62	世間本土	界名俱來	1	22	提婆達多品十二	首三行碎損
人31	寶佛能至	子且量刦	1	28	提婆達多品十二	
水98	難行无垢	三千不退	1	28	提婆達多品十二	
成62	諸比退地	於他第五	17	391	勸持品十三　從地踊出品十五	
來35	一心於世	憍曇爲說	3	77	勸持品十三　安樂行品十四	首六行尾行碎損
雨76	誑惑功德	中欲第六	10	208	勸持品十三　安樂行品十四	首十一行碎損
荒79	妙法隱任	爾時我心		70	勸持品十三	
金45	心大我心	不退第四	3	75	勸持品十三	首六行碎損

李 46	仰尊 憂色	我心 第四	2	55	勸持品十三	此卷分二段一段爲金剛經
暑 16	知記 中爲	我心 第四	3	51	勸持品十三	首行碎損
宙 5	應供 御文	我心 第四	2	40	勸持品十三	
果 9	應供 丈夫	我心 第四	2	41	勸持品十三	
羽 47	我等 諸比	第四 難寫	2	36	勸持品十三	首行碎損尾題天寶五載五印度僧祇難寫
宿 46	薩敬 子吼	我心 第四	1	27	勸持品十三	
位 53	謂爲 納衣	薩觀 轉如	3	49	勸持品十三	首二行尾六行碎損
宇 80	妙法 爾時	坐臥 第五	23	621	安樂行品十四分別功德品十七	尾有木軸
暑 91	妙法 爾時	坐臥 第五	23	623	安樂行品十四分別功德品十七	首五行碎損

號	數	首	尾			品	附記
冬	23	妙法　坐臥	爾時　第五	23	624	安樂行品十四　分別功德品十七	
昃	69	摩訶　坐臥	師利　第五	22	607	安樂行品十四　分別功德品十七	
日	92	是法　坐臥	惡世　第五	22	618	安樂行品十四　分別功德品十七	首五行碎損
寒	10	妙法　千界	爾時　四三	19	510	安樂行品十四　分別功德品十七	尾二行碎損
宇	13	師利　坐臥	薩行　第五	23	615	安樂行品十四　分別功德品十七	首二行碎損
張	100	於法　量无	諸法　无邊	21	577	安樂行品十四　分別功德品十七	首三行碎損
爲	32	師利　坐臥	安住　第五	23	622	安樂行品十四　分別功德品十七	首七行碎損尾有木軸
露	56	行而　坐臥	名菩　第五	23	614	安樂行品十四　分別功德品十七	首六行碎損
收	47	師利　坐臥	安住　第五	27	620	安樂行品十四　分別功德品十七	首八行碎損
往	53	何名　坐臥	親近　第五	23	610	安樂行品十四　分別功德品十七	首四行碎損

號	編號						附記
致	14	不惡坐臥 又諸第五	23	605	安樂行品十四	分別功德品十七	首四十九行碎損 尾有木軸
露	3	入他坐臥 近五第五	24	599	安樂行品十四	分別功德品十七	
日	24	揵子坐臥 及路第五	23	612	安樂行品十四	分別功德品十七	首十一行碎損
列	67	有因坐臥 不露第五	22	597	安樂行品十四	分別功德品十七	
鱗	22	律儀坐臥 所悕第五	23	605	安樂行品十四	分別功德品十七	首九行碎損尾 有木軸
露	45	一心菩提 不現第五	21	594	安樂行品十四	分別功德品十七	首二行碎損
巨	78	彌小坐臥 樂與第五	21	595	安樂行品十四	分別功德品十七	首行碎損
辰	92	文殊坐臥 處復第五	23	546	安樂行品十四	分別功德品十七	首行碎損
張	20	法不坐臥 況復第五	22	596	安樂行品十四	分別功德品十七	首三行碎損
羽	34	況復坐臥 樂與第五	21	596	安樂行品十四	分別功德品十七	首六行碎損背 面寫有大佛□略

懺本

鹹 40 利是 切法 坐臥 第五 15 592 安樂行品十四 分別功德品十七 首二行碎損

黃 46 攝其 復次 坐臥 第五 22 584 安樂行品十四 分別功德品十七 首三行碎損

露 69 在講 所悕 坐臥 第五 22 600 安樂行品十四 分別功德品十七 首六十五行碎損 尾有木軸

荒 70 兇復 樂與 坐臥 第五 22 596 安樂行品十四 分別功德品十七 首十二行碎損

盈 47 佛若 胸臆 坐臥 第五 24 598 安樂行品十四 分別功德品十七 首十六行碎損 尾有木軸

潛 16 應入 大臣 坐臥 第五 22 588 安樂行品十四 分別功德品十七 首四行碎損

生 14 魁膾 敗賓 坐臥 第五 21 577 安樂行品十四 分別功德品十七 首行碎損尾有 木軸

列 17 但以 薩第 坐臥 第五 11 339 安樂行品十四 分別功德品十七 首十行碎損尾 有木軸

地 80 親近 盡勿 坐臥 第五 28 572 安樂行品十四 分別功德品十七 首四行碎損

地	58	是名顛倒	坐卧第五	21	573	安樂行品十四分別功德品十七	兩截
結	92	分別於閑	坐卧第五	22	566	安樂行品十四分別功德品十七	首十六行碎損
結	99	內外有比	坐卧第五	24	544	安樂行品十四分別功德品十七	首十四行碎損尾有木軸
荒	98	內外安處	坐卧第五	21	550	安樂行品十四分別功德品十七	首十行碎損
洪	49	衣服但一	坐卧第五	20	540	安樂行品十四分別功德品十七	首四行碎損
露	84	尼優菩薩	坐卧第五	20	530	安樂行品十四分別功德品十七	首十一行碎損
爲	89	於諸第三	坐卧第五	19	590	安樂行品十四分別功德品十七	
玉	83	故而何此	坐卧第五	19	511	安樂行品十四分別功德品十七	首二行碎損
藏	81	强力諸小	坐卧第五	19	492	安樂行品十四分別功德品十七	首三十二,行碎損尾有木軸
鹹	93	經者等不	塢近名是	18	440	安樂行品十四分別功德品十七	首十三行碎損

編號	起	止	紙數	行數	品名	附註
宿 9	諸佛…坐臥	又夢…第五	18	433	安樂行品十四 分別功德品十七	
宇 23	若後…无量	妙法…告彌	10	280	安樂行品十四 分別功德品十七	
閏 73	若後…坐臥	妙法…第五	16	427	安樂行品十四 分別功德品十七	
河 30	說是…多羅	願於…无量	15	265	安樂行品十四 如來壽量品十六	首三行碎損
黃 52	樂與…等當	殊師…勒爲	12	335	安樂行品十四 如來壽量品十六	
鱗 92	須彌…於意	空无…也世	15	385	安樂行品十四 如來壽量品十六	首五行碎損
冬 1	一切…佛等	是名…別諸	12	335	安樂行品十四 如來壽量品十六	首四十行碎損
宇 3	衆有…是爲	久在…明練	10	276	安樂行品十四 如來壽量品十六	首三行碎損
鱗 23	外道…依止	書及…於諸	11	288	安樂行品十四 從地踊出品十五	首十行碎損
劍 96	所希…指年	人身…如是	11	308	安樂行品十四 從地踊出品十五	

潛	23	乃至弟子 之寶佛道	11	308	安樂行品十四 從地踴出品十五	首十四行碎損
歲	20	若是菩薩 佛道此經	8	218	安樂行品十四 從地踴出品十五	
宿	84	是則又復 退地第五	11	307	安樂行品十四 從地踴出品十五	
月	70	一心是則 退地第五	10	273	安樂行品十四 從地踴出品十五	首五行碎損
雨	19	其心說法 而以諸菩	6	160	安樂行品十四 從地踴出品十五	首二十行碎損 全卷多碎孔
盈	5	諸天林中 退地第五	9	231	安樂行品十四 從地踴出品十五	尾有木軸
珠	73	利譬而諸 時諸偈言	4	114	安樂行品十四 從地踴出品十五	首三行碎損
淡	40	寶金珀象 諸菩法而	4	90	安樂行品十四 從地踴出品十五	首二行碎損
寒	62	種種馬車 菩薩如來	3	85	安樂行品十四 從地踴出品十五	首行尾二行碎損
岡	95	世尊常行 禮右而以	3	66	安樂行品十四 從地踴出品十五	

號		起	止			品	附註
夜	28	我得…發道	譬如…界虛	5	140	安樂行品十四　從地踊出品十五	
淡	41	苦惱…世界	欲求…所說	5	141	安樂行品十四　從地踊出品十五	首十一行碎損
宙	40	演說…所來	是經…志念	4	84	安樂行品十四　從地踊出品十五	首二行尾十九行碎損
河	70	諸比…阿耨	數如…餘年	6	140	安樂行品十四　從地踊出品十五	首二行尾二十七行碎損
爲	43	國土…退地	又見…七部	6	169	安樂行品十四　從地踊出品十五	
帝	9	修習…而以	深入…諸菩	2	36	安樂行品十四　從地踊出品十五	首二行尾行碎損
金	99	說无…勸菩	若後…我等	2	56	安樂行品十四　從地踊出品十五	
餘	54	妙法…燈滅	爾時…功德	7	195	安樂行品十四	
陽	66	妙法…說法	爾時…親厚	1	27	安樂行品十四	
霜	1	妙法…說法	爾時…不親	1	27	安樂行品十四	尾行碎損

字	號	文		行	數	品	備註
巨	41	爾妙 時法	所不 有見	2	54	安樂行品十四	首八行碎損
芥	32	爾妙 時法	親人 厚說	1	27	安樂行品十四	
羽	8	爾妙 時法	親說 厚法	1	27	安樂行品十四	
官	77	爾妙 時法	近所 處有	2	55	安樂行品十四	卷多碎損
文	91	爾妙 時法	家不 若近	1	25	安樂行品十四	
位	30	爾妙 時法	師堂 利中	1	22	安樂行品十四	
文	94	師行 利品	非近 實處	2	56	安樂行品十四	首三行尾行碎損
收	28	爾妙 時法	彌不 小親	1	28	安樂行品十四	尾行碎不全
劍	64	法品 王第	爾守 時護	5	157	安樂行品十四	首六行碎損
柰	70	菩菩 薩薩	不薩 退摩	1	30	安樂行品十四	首六行碎損

字號	號	首行	末行	紙數	行數	品名	附記
李	67	若菩　能誦	四法　卷恭	4	101	安樂行品十四	首四行尾六行碎損
冬	21	薩行　億劫	而不　燈滅	7	186	安樂行品十四	首二行碎不全
珍	100	亦不　人說	如實　親厚	1	18	安樂行品十四	首二行碎損
月	38	諸法　所有	薩行　近處	2	45	安樂行品十四	首行碎不全
官	44	諸法　想於	薩行　父想	4	89	安樂行品十四	首八行尾行碎損
辰	85	誦是　之心	能說　比丘	3	92	安樂行品十四	首二十二行尾八行碎不全字清朗
崑	18	所悕　得一	人身　偈言	2	56	安樂行品十四	
珠	70	又菩　念佛	而爲　樂說	1	29	安樂行品十四	
呂	12	書及　而答	有兒　發心	3	65	安樂行品十四	首二十五行碎損
寒	83	他家　或與	五種　珀象	4	112	安樂行品十四	

字	行	文	卷	頁	經名	備注
騰	90	應於親近人身戲咲	2	28	安樂行品十四	首三行尾二行碎損
雨	82	況復所有樂與近處	1	28	安樂行品十四	
服	68	悕望不見塞優行處	2	36	安樂行品十四	首十行碎損
推	48	惡律法有所悕男是	2	36	安樂行品十四	首十六行尾三行碎損
麗	73	況復所有樂與近處	1	28	安樂行品十四	首三行碎損紙背有蕃字十行及
						常宗德題名
官	80	所有得佛有從怠心	3	79	安樂行品十四	首三行碎損
鱗	33	觀一之具空无瑚虎	4	105	安樂行品十四	首四行尾行碎損
宙	88	一切得佛虛空怠心	3	80	安樂行品十四	
夜	45	好戲至深婆夷爲多	2	61	安樂行品十四	首四行尾行碎損

號	起	止	紙數	行數	品	附記
號29	是法 賜之	二親 寳藏	5	133	安樂行品十四	首十四行碎損
生69	破戒 國王	深著 門等	1	23	安樂行品十四	首八行尾行碎損
生23	无所 歡喜	起无 悕望	2	52	安樂行品十四	首十八行碎損
字27	男皆 晝夜	屠見 因緣	2	38	安樂行品十四	全卷碎損
冬42	觀一 於十	如虛 切衆	3	70	安樂行品十四	首二十二行碎不全
珠66	又復 義而	亦不 偈言	2	58	安樂行品十四	
文36	嬉戲 分別	爲汝 佛道	2	35	安樂行品十四	首二十二行碎損
月32	顛倒 歡喜	在於 歸望	1	28	安樂行品十四	
果21	非生 樂行	不動 好動	1	49	安樂行品十四	首二行尾行碎損
露70	常住 息心	若有 大師	2	53	安樂行品十四	首十三行碎損

字	號	起止	紙數	行數	品名	備註
黄	92	又復得佛　亦不怠心	2	59	安樂行品十四	首三十一行碎不全
收	91	是實怠心　安住大師	2	56	安樂行品十四	首十五行碎不全
盈	17	但一大師　是則障礙	1	28	安樂行品十四	
荒	40	念說宅褰　是則或與	2	52	安樂行品十四	尾八行碎不全
人	99	畋獵直行　敗肉得佛	3	65	安樂行品十四	全卷碎損
翔	27	離諸其有　以諸其心	3	62	安樂行品十四	首六行尾二行碎損
洪	44	等去臣人　汝是虛空	3	30	安樂行品十四	
日	82	第三功德　又文十五	3	84	安樂行品十四	
乃	87	大衆不以　誦己以與	2	34	安樂行品十四	首十一行碎損
羽	60	智者界而　又文共戰	1	28	安樂行品十四	首二行碎損

號	首	尾			品		附記
龍 56	慧力寶藏	魔王法化	1	29	安樂行品十四		首二行尾行碎損
盈 67	爾時坐臥	沙數第五	15	424	從地踊出品十五	分別功德品十七	
露 73	善男坐臥	娑世第五	16	422	從地踊出品十五	分別功德品十七	首六行碎損
往 86	讀誦坐臥	國土第五	16	417	從地踊出品十五	分別功德品十七	首十五行碎損 尾有木軸
盈 8	身皆坐臥	娑世第五	16	414	從地踊出品十五	分別功德品十七	尾有木軸
盈 84	河沙坐臥	萬億第五	15	406	從地踊出品十五	分別功德品十七	首三行碎損
收 42	讚歎數衆	薩摩世尊	11	291	從地踊出品十五	分別功德品十七	尾二行碎損背面雜寫周興嗣千字文兩面皆有蕃
鹹 96	讚於坐臥	牟尼第五	16	397	從地踊出品十五	分別功德品十七	尾有木軸
劍 68	少病坐臥	今世第五	15	390	從地踊出品十五	分別功德品十七	首十四行碎損

稱 47	從昔 衆從	坐臥 第五	14	372	從地踊出品十五 分別功德品十七	首二行碎損
宿 68	疑懼 所得	坐臥 第五	13	332	從地踊出品十五 分別功德品十七	首行碎損
潜 12	佛之 宜此	三藐 阿耨	7	188	從地踊出品十五 分別功德品十七	
鱗 91	從久 爾時	坐臥 第五	12	313	從地踊出品十五 分別功德品十七	首十行碎損
李 77	未久 我等	坐臥 第五	11	287	從地踊出品十五 分別功德品十七	首行碎損
寒 33	善學 者起	坐臥 第五	11	281	從地踊出品十五 分別功德品十七	首十二行碎損
闕 82	到己 師子	好良 教己	8	215	從地踊出品十五 如來壽量品十六	首三行碎損
結 29	十小 曰爾	衆生 佛身	9	246	從地踊出品十五 如來壽量品十六	首六行尾行碎損 背有蕃文
劍 94	各白 薩大	勒爲 信受	3	83	從地踊出品十五 如來壽量品十六	尾行碎損
鱗 95	如是 在娑	當信 而告	2	56	從地踊出品十五 如來壽量品十六	

字號	號數	起	止	紙數	行數	品名	附記
皇	87	梵行渴仰	入色祇劫	6	132	從地踊出品十五 如來壽量品十六	首五行碎損
盈	32	是等多羅	世尊无量	2	20	從地踊出品十五 如來壽量品十六	首行碎損
寒	41	此无重宣	從地偈言	3	84	從地踊出品十五	
地	28	讚歎彌勒	薩摩念我	1	27	從地踊出品十五	尾九行上端碎去中間剪去一段約二寸見方
雨	52	世已退地	稱諸第五	5	116	從地踊出品十五	首六行碎損
珠	72	善哉正憶	能聞有所	2	56	從地踊出品十五	
菜	24	從昔偈言	從地智慧	2	56	從地踊出品十五	
調	37	將五不信	一千怯弱	3	89	從地踊出品十五	尾二行碎損
霜	3	半及解說	億諸退地	4	94	從地踊出品十五	首三行碎損

始	77	空中念阿	此之十五	1	28	從地踊出品十五	首五行碎損
劍	93	得道於无	開辟解說	1	26	從地踊出品十五	尾行碎損
官	55	佛滅因緣	解說退地	1	18	從地踊出品十五	
調	13	是等世尊	直者无量	4	116	從地踊出品十五	首二行碎損
闕	65	妙法爾時	經故第六	19	511	如來壽量品十六 法師功德品十九	
闕	86	爾時之言	下法至歲	18	476	如來壽量品十六 法師功德品十九	首四行碎損
霜	33	成佛由他	經故第六	18	490	如來壽量品十六 法師功德品十九	首二行碎損
黃	17	又以喜心	經故第六	18	483	如來壽量品十六 法師功德品十九	首四行碎損
閏	36	諸善說已	經故第六	18	478	如來壽量品十六 法師功德品十九	首四行碎損尾 有木軸
月	29	盡復滅度	菩薩向其	16	417	如來壽量品十六 法師功德品十九	首三行尾三十二行碎損

號		起	止			品	附記
黃	24	父見香美	經故第六	17	436	如來壽量品十六 法師功德品十九	首行碎損
秋	46	美味惱无	聲馬鐘聲	12	294	如來壽量品十六 法師功德品十九	首三行碎損
宙	67	來雖不肯	經故第六	17	458	如來壽量品十六 法師功德品十九	首行碎損 尾有木軸
鱗	83	世尊千万	及象主如	9	200	如來壽量品十六 隨喜功德品十八	首行碎損
律	66	十六切大	法輪佛道	4	150	如來壽量品十六 分別功德品十七	首八行碎損
宇	72	首合受佛	瞻蔔功德	9	292	如來壽量品十六 分別功德品十七	
宿	92	信受佛語	如此信受	7	189	如來壽量品十六 分別功德品十七	首二行碎損
淡	12	无邊那由	坐臥第五	10	254	如來壽量品十六 分別功德品十七	
呂	15	今當不著	梵天如來	6	142	如來壽量品十六 分別功德品十七	首八行碎損
鳥	37	其入有乘	有乘信解	5	140	如來壽量品十六 分別功德品十七	尾二行碎損

字	數	經文		卷	頁	品	備註
騰	10	由他世界	坐臥第五	10	243	如來壽量品十六 分別功德品十七	首六行碎損
劍	5	然我衆生	坐臥第五	9	232	如來壽量品十六 分別功德品十七	
調	57	演經或示	坐臥第五	9	230	如來壽量品十六 分別功德品十七	
人	70	我實生令	无量告彌	3	84	如來壽量品十六 分別功德品十七	首三十六行碎損
服	49	云何也世	善女立僧	6	131	如來壽量品十六 分別功德品十七	首四行碎損
帝	27	爲度我常	讚歎肩合	2	56	如來壽量品十六 分別功德品十七	
羽	85	住處此土	三藐阿耨	2	35	如來壽量品十六 分別功德品十七	首三行碎損
雲	85	久乃壽命	祖右偈言	2	41	如來壽量品十六 分別功德品十七	
岡	47	得入妙法	莊嚴妙音	5	134	如來壽量品十六 分別功德品十七	
宇	97	妙法告諸	衆生佛身	5	116	如來壽量品十六	首三行碎損

號	起	止	紙數	行數	品名	備考
秋 91	妙法行道	爾時衆生	3	115	如來壽量品十六	
始 100	妙法便起	爾時方便	2	40	如來壽量品十六	
麗 70	是人當知	然我難可	1	21	如來壽量品十六	首尾行碎損
成 87	何諸良藥	刦或除愈	1	18	如來壽量品十六	首尾碎損各二行
字 72	之想藥色	渴仰味香	2	27	如來壽量品十六	首尾行碎損
衣 62	力言无量	當滅生疑	1	24	如來壽量品十六	首四行碎損
皇 2	悲感佛身	之毒十七	2	35	如來壽量品十六	首七行尾三行碎損
夜 99	久乃會--	壽命至于--	2	38	如來壽量品十六	首二行碎損
昃 21	妙法菩薩	爾時向其	13	346	分別功德品十七 法師功德品十九	背有蕃文
秋 45	復有分別	世尊重宣	8	223	分別功德品十七 法師功德品十九	

千字文	號	經文			經名品名	備考
光	46	上心經故多其第六	9	337	分別功德品十七 法師功德品十九	首三行碎損
陽	57	行忍經故諸有第六	13	337	分別功德品十七 法師功德品十九	首七行碎損
來	31	僧坊殊沙善女中下	10	221	分別功德品十七 法師功德品十九	尾四行碎損
歲	86	高廣經故行禪第六	12	289	分別功德品十七 法師功德品十九	
陽	17	智若能知教人能知	8	206	分別功德品十七 法師功德品十九	首尾破
秋	62	攝諸經故滅後第六	11	278	分別功德品十七 法師功德品十九	首行碎損
崑	68	又於能知然香鼻相	7	196	分別功德品十七 法師功德品十九	
荒	4	上饌象聲徑行聲鐘	4	110	分別功德品十七 法師功德品十九	首十行碎損
黃	83	須曼末若養者別又	6	143	分別功德品十七 法師功德品十九	首二行尾三行碎損
芥	22	有一欲好得阿提金	6	152	分別功德品十七 隨喜功德品十八	首八行碎損

號	首行	末行	紙數	行數	品名	附註
潛 40	佛名多甚	爾時之時	4	112	分別功德品十七 隨喜功德品十八	
黄 62	无邊諸纓	勤菩遍於	1'	26	分別功德品十七	
黄 62	若人經典	於是僧坊	2	43	分別功德品十七	
洪 16	勤菩坐臥	遠時第五	6	148	分別功德品十七	
皇 70	數善攝心	菩提不亂	3	55	分別功德品十七	
鱗 85	多羅坐臥	得大第五	5	131	分別功德品十七	
珍 44	梵天分不	佛爾數譬	1	30	分別功德品十七	尾行碎損
帝 30	歎讚受用	合掌坐臥	5	119	分別功德品十七	尾六行碎損
騰 89	佛說羅樹	無數池經	3	75	分別功德品十七	
夜 24	肩合誦書	佛說香末	4	107	分別功德品十七	首尾碎損各二行

千字文號		首	尾			品	備註
宇	83	菩薩如是	坐臥第五	5	113	分别功德品十七	首三行碎損
推	86	雨旃天鼓	懈怠若經	2	27	分别功德品十七	尾行碎損裂爲兩段 卷內
李	44	及其有如	若自繒蓋	1	27	分别功德品十七	首行碎損
官	92	是人有善	逸多及作	1	24	分别功德品十七	
字	33	能生持此	充滿如是	2	37	分别功德品十七	首十七行尾二行碎損
光	75	香油生一	比丘解說	2	57	分别功德品十七	
鳥	77	列諸解相	坐臥第五	1	34	分别功德品十七	
列	79	十八爾時	衆生第六	25	479	隨喜功德品十八 藥王菩薩本事品廿三	首行碎損
露	53	妙法爾時	衆生第六	22	598	隨喜功德品十八 藥王菩薩本事品廿三	
河	57	世尊爾時	亡考一部	22	597	隨喜功德品十八 藥王菩薩本事品廿三	尾題清信弟子汜玄策奉亡考敬寫

法華經一部

宇	58	德品勸菩	衆生第六	33	925	隨喜功德品十八 藥王菩薩本事品廿三	首二行碎損
月	47	是法而說	衆生第六	22	595	隨喜功德品十八 藥王菩薩本事品廿三	首十一行碎損 尾有木軸
結	55	華經而說	衆生第六	22	599	隨喜功德品十八 藥王菩薩本事品廿三	首二行碎損
巨	36	妙法爾時	衆生第六	22	598	隨喜功德品十八 藥王菩薩本事品廿三	首三行碎損
金	23	世尊爾時	衆生第六	23	603	隨喜功德品十八 藥王菩薩本事品廿三	首二行碎損
洪	71	爾時後若	衆生第六	22	607	隨喜功德品十八 藥王菩薩本事品廿三	首八行碎損
日	44	想无如是	衆生第六	22	584	隨喜功德品十八 藥王菩薩本事品廿三	首二行碎損
昃	57	處若里如	衆生第六	22	590	隨喜功德品十八 藥王菩薩本事品廿三	首十三行碎損
署	82	銀瑠馬車	衆生第六	22	584	隨喜功德品十八 藥王菩薩本事品廿三	首五行碎損

宙 50 脫於 不彌 衆生 第六 21 573 隨喜功德品十八 藥王菩薩本事品廿三

稱 7 不彌 邊若 衆生 第六 21 571 隨喜功德品十八 藥王菩薩本事品廿三

重 60 語汝 世界 衆生 第六 22 571 隨喜功德品十八 藥王菩薩本事品廿三 首六行碎損

宙 59 道斯 漢道 衆生 第六 21 579 隨喜功德品十八 藥王菩薩本事品廿三 首十二行碎損 尾有木軸

玉 77 譬喻 聞法 文曰 緊字 21 568 隨喜功德品十八 藥王菩薩本事品廿三 首四行碎損尾 題有第一千七百

八十四部凡一萬 三百七十四言等

語附有音義 尾有木軸

秋 29 多如 經隨 衆生 第六 20 548 隨喜功德品十八 藥王菩薩本事品廿三 首五行碎損

收 30 阿逸 共往 持此 多宿 16 482 隨喜功德品十八 藥王菩薩本事品廿三 首行尾七行碎損

夜 63 身得 百千 衆生 第六 21 554 隨喜功德品十八 藥王菩薩本事品廿三 首行碎損

洪	66	爲父 / 說是	衆生 / 第六	22	587	隨喜功德品十八 / 藥王菩薩本事品廿三	首四十八行碎損
出	53	何况 / 汝是	衆生 / 第六	21	271	隨喜功德品十八 / 藥王菩薩本事品廿三	首二十三行碎損
黃	22	身所 / 及乘	衆生 / 第六	21	561	隨喜功德品十八 / 藥王菩薩本事品廿三	首二行碎損尾 / 有木軸
閏	30	德不 / 至算	衆生 / 第六	11	329	隨喜功德品十八 / 藥王菩薩本事品廿三	首十二行碎損
餘	99	輪轉 / 餘人	衆生 / 第六	22	559	隨喜功德品十八 / 藥王菩薩本事品廿三	首十一行碎損
歲	24	黑亦 / 不可	一切 / 第六	19	548	隨喜功德品十八 / 藥王菩薩本事品廿三	首四行碎損
夜	25	念其 / 果即	衆生 / 第六	20	542	隨喜功德品十八 / 藥王菩薩本事品廿三	首二行碎損尾 / 有木軸
閏	23	諸人 / 最後	衆生 / 第六	20	545	隨喜功德品十八 / 藥王菩薩本事品廿三	
果	95	諸人 / 最後	衆生 / 第六	20	532	隨喜功德品十八 / 藥王菩薩本事品廿三	首十行碎損
海	82	妙法 / 爾時	衆生 / 第六	22	599	隨喜功德品十八 / 藥王菩薩本事品廿三	首十六行碎損

鹹	12	妙法爾時	名娑摩訶	12	363	隨喜功德品十八 如來神力品廿一	首九行碎損
調	41	妙法爾時	今住二千	11	302	隨喜功德品十八 常不輕菩薩品二十	
李	75	如是如有	疑惑信成	9	268	隨喜功德品十八 常不輕菩薩品二十	首五行尾六行碎損
金	53	蓮花爾時	淨是於三	3	83	隨喜功德品十八 法師功德品十九	首行碎損
果	40	妙法爾時	陁羅檀沉	5	139	隨喜功德品十八 法師功德品十九	
芥	30	妙法爾時	業因悉見	3	86	隨喜功德品十八 法師功德品十九	首十行尾行碎損
雲	72	功德薩摩	論皆淨如	9	232	隨喜功德品十八 法師功德品十九	首九行碎損字秀麗
淡	22	白佛經隨	所在能知	6	165	隨喜功德品十八 法師功德品十九	首十行碎損
雨	42	轉敎第五	第六受持	11	239	隨喜功德品十八 法師功德品十九	首五行碎損末題比丘尼莊嚴受持
人	6	故當衆生	切衆尊欲	3	73	隨喜功德品十八 法師功德品十九	卷多碎損

黃	43	閣等 作是	能知 鼻相	8	160	隨喜功德品十八 法師功德品十九	首三行碎損
地	3	馬車 是布	千二 淨是	3	63	隨喜功德品十八 法師功德品十九	首四行碎損
位	32	一時 羅漢	淨是 於三	2	60	隨喜功德品十八 法師功德品十九	首二十八行碎損
呂	46	皆得 道盡	若解 是請	4	104	隨喜功德品十八 法師功德品十九	卷多碎損
鱗	67	脫於 不彌	民盡 薩諸	6	186	隨喜功德品十八 法師功德品十九	
呂	44	於汝 彌勒	能知 所在	5	135	隨喜功德品十八 法師功德品十九	
光	70	八解 多不	音聲 種種	3	86	隨喜功德品十八 法師功德品十九	尾二行碎損
芥	6	彌勒 邊若	游戲 皆悉	3	107	隨喜功德品十八 法師功德品十九	首行尾十三行碎損
列	64	不彌 邊若	凡夫 乂聲	3	76	隨喜功德品十八 法師功德品十九	卷多碎損
餘	91	其福 逸多	菩薩 向其	6	159	隨喜功德品十八 法師功德品十九	首尾各四行碎不全

字	號	首尾	紙	行	品名	備註
黃	7	若復說法 / 勸令不忘	8	201	隨喜功德品十八 / 法師功德品十九	首十行尾三行碎 / 不全
麗	12	功德千二 / 一乃淨是	2	50	隨喜功德品十八 / 法師功德品十九	首十三行碎損
冬	63	高直愛敬 / 平正經故	7	194	隨喜功德品十八 / 法師功德品十九	首二行尾行碎損
昃	31	譬及爲他 / 勸令時世	5	109	隨喜功德品十八 / 法師功德品十九	卷多碎損
果	13	最後功德 / 如是清淨	1	23	隨喜功德品十八 / 法師功德品十九	首行尾二行碎損
宿	73	今當所在 / 後生能知	4	89	隨喜功德品十八 / 法師功德品十九	首尾行碎損
位	13	若有尊欲 / 即受偈言	2	40	隨喜功德品十八 / 法師功德品十九	首十五行碎損
暑	85	妙法之處 / 爾時華可	2	44	隨喜功德品十八	
露	23	妙法供養 / 爾時如是	8	63	隨喜功德品十八	
爲	74	妙法八解 / 爾時爲多	1	27	隨喜功德品十八	

字號	號	起止	紙	行	品	附記
衣	59	妙法八解　爾時爲多	1	27	隨喜功德品十八	
潛	90	後若實法　若長離心	2	58	隨喜功德品十八	
官	69	空閑喜一　里如阿羅	1	17	隨喜功德品十八	首三行碎損
昃	37	是展輪座　善女可限	3	64	隨喜功德品十八	首九行碎字體健勁背面有字
師	66	喜功信受　阿僧聽法	2	43	隨喜功德品十八	首三行碎損
珍	49	是布華可　娛樂德轉	1	25	隨喜功德品十八	首行碎損
柰	77	過人名法　訓導聞是	1	23	隨喜功德品十八	首行尾三行碎損
乃	19	二足不差　生數胗亦	2	34	隨喜功德品十八	首十二行碎損
師	71	不彌惡相　邊若鼻高	2	40	隨喜功德品十八	尾二行碎損
位	40	聽甚之香　施主歡喜	2	45	隨喜功德品十八	首尾碎損各二行

號	75	輪座 不可	衆生 第六	20	523	法師功德品十九 藥王菩薩本事品廿三	首行碎損
夜	41	功德 功德	衆生 第六	19	527	法師功德品十九 藥王菩薩本事品廿三	首四十二行碎損
果	81	義而 若於	衆生 第六	19	513	法師功德品十九 藥王菩薩本事品廿三	首三行碎損
宙	47	義而 若於	衆生 第六	19	516	法師功德品十九 藥王菩薩本事品廿三	首十八行碎損
列	62	聲鐘 聲童	衆生 第六	20	504	法師功德品十九 藥王菩薩本事品廿三	首四行碎損
往	36	聲馬 鼓聲	等得 是經	18	490	法師功德品十九 藥王菩薩本事品廿三	首八行尾四行碎損
爲	13	琴瑟 无數	衆生 第六	19	491	法師功德品十九 藥王菩薩本事品廿三	首十一行碎損
寒	29	沉水 女人	衆生 第六	17	448	法師功德品十九 藥王菩薩本事品廿三	首七行碎損
宿	18	若有 以聞	衆生 第六	17	438	法師功德品十九 藥王菩薩本事品廿三	首行碎損 尾有木軸
地	64	後次 讀若	衆生 第六	21	417	法師功德品十九 藥王菩薩本事品廿三	

號	數	起	止	數	數	品	附記
露	92	變成大衆	佛有大聲	10	260	法師功德品十九 藥王菩薩本事品廿三	
巨	75	若誦好若	衆生第六	18	431	法師功德品十九 藥王菩薩本事品廿三	首十二行碎損
爲	90	唯獨天人	雲而娑婆	9	239	法師功德品十九 藥王菩薩本事品廿三	尾六行碎損
往	46	清淨是佛	衆生第六	14	366	法師功德品十九 藥王菩薩本事品廿三	首五行碎損
號	98	是人能以	衆生第六	12	355	法師功德品十九 藥王菩薩本事品廿三	
冬	50	千大地獄	衆生第六	19	519	法師功德品十九 藥王菩薩本事品廿三	
地	88	讀若功德	作是祇劫	12	330	法師功德品十九 囑累品廿二	
荒	76	香多丸若	累是是人	11	260	法師功德品十九 如來神力品廿一	首五十行尾十一行碎損
水	23	沉水出之	名婆摩訶	8	224	法師功德品十九 如來神力品廿一	
羽	38	善女說若	德利有疑	7	179	法師功德品十九 如來神力品廿一	首八行碎損

號	編號	起訖	卷	行數	品名	附記
霜	66	世界比丘地獄百億	9	223	法師功德品十九 常不輕菩薩品二十	首三行尾六十三行碎損
號	30	聽之佛道妙之第八	9	214	法師功德品十九 常不輕菩薩品二十	首十四行碎損
人	52	華果世尊諸山威音	4	110	法師功德品十九 常不輕菩薩品二十	首尾碎損各二行
宿	10	以聞坐臥地中第七	22	604	法師功德品十九 常不輕菩薩品二十	首二行碎損此卷品次顛倒
					從地踊出品十五 分別功德品十七	
果	99	天上得作天上多年	4	112	法師功德品十九 常不輕菩薩品二十	
閏	14	音爾言如是人石而	3	84	法師功德品十九 常不輕菩薩品二十	尾六行碎不全
岡	32	復次歷多讀若作佛	3	73	法師功德品十九 常不輕菩薩品二十	
	64	復次其所持是得大	1	28	法師功德品十九 常不輕菩薩品二十	背有蕃文
		華經成前所	1	28	法師功德品十九 常不輕菩薩品二十	

號	起	止	紙數	行數	品	附記
宙60	如是如有	愛敬經故	7	187	法師功德品十九	首四十行碎損
歲76	世眥諸人	水聲丘尼	2	39	法師功德品十九	首十三行碎損
宙73	善男大千	句一隨其	6	149	法師功德品十九	字體清健
暑86	千大地獄	世尊偈言	1	23	法師功德品十九	字跡近八分尾端尚有空白
閏25	千大地獄	其處如法	4	112	法師功德品十九	首三行碎閏十四號經文正與本卷緊接或係一卷裂爲兩卷
位27	千大地獄	解了女聲	1	28	法師功德品十九	
制36	千大地獄	解了女聲	1	28	法師功德品十九	全卷碎損
收16	鐘聲聲非	經故第六	6	150	法師功德品十九	
秋75	此義父母	經故第六	6	148	法師功德品十九	

字	號	文		數	數	出處	附記
秋	41	又聞山川	福子善者	2	56	法師功德品十九	
果	59	又聞山川	多羅陀羅	1	28	法師功德品十九	
位	28	山川地獄	所在能知	2	56	法師功德品十九	
稱	49	有頂聞之	曼陀檀沉	1	23	法師功德品十九	首五行碎損
露	13	復次讀若	經故第六	5	122	法師功德品十九	
光	73	以是種種	中現皆現	3	95	法師功德品十九	首四行碎損
夜	11	女香遠所	薩諸其處	3	61	法師功德品十九	
夜	31	山川地獄	妙身中現	4	112	法師功德品十九	首三十四行碎損
羽	67	出之在勝	其處妙音	2	56	法師功德品十九	
出	54	香及及至	所在能知	1	24	法師功德品十九	首四行碎損

岡	100	阿修嚩野	法音現身	1	47	法師功德品十九	首二行碎損
號	41	天上天上	經故第六	4	81	法師功德品十九	
稱	27	天上天園	妙身中現	2	56	法師功德品十九	
人	49	常樂法悉	中現皆現	1	28	法師功德品十九	
盈	4	諸佛處說	華經第六	3	54	法師功德品十九	首行尾二十三行碎損
皇	34	爾時是人	於中常精	1	28	法師功德品十九	首行尾六行碎損
秋	24	第有王如	三昧第七	17	459	常不輕菩薩品二十 妙音菩薩品廿四	首二行碎損尾有木軸
雲	22	尊如音王	三昧第七	21	457	常不輕菩薩品二十 妙音菩薩品廿四	首二行碎損
洪	37	數如數如	三昧第七	18	441	常不輕菩薩品二十 妙音菩薩品廿四	首十二行碎損
闕	42	典但讚歎	三昧第七	17	456	常不輕菩薩品二十 妙音菩薩品廿四	

號		起	止	紙	行	品		附記
黃	73	行足生法	人師三昧	17	458	常不輕菩薩品二十	妙音菩薩品廿四	首十四行碎損
宙	77	見四佛言	敢輕德有	15	397	常不輕菩薩品二十	妙音菩薩品廿四	
收	31	心不三昧	來自第七	16	447	常不輕菩薩品二十	妙音菩薩品廿四	首十行碎損 有木軸 尾
雨	12	爾時三昧	於宿第七	15	422	常不輕菩薩品二十	妙音菩薩品廿四	
霜	70	妙法衆生	爾時第六	14	353	常不輕菩薩品二十	藥王菩薩本事品廿三	
收	61	惡知衆生	此是第六	8	360	常不輕菩薩品二十	藥王菩薩本事品廿三	首三十四行碎損
金	61	中爲號曰	諦法逝世	7	186	常不輕菩薩品二十	藥王菩薩本事品廿三	首十一行碎損
地	74	音王衆生	上慢第六	13	332	常不輕菩薩品二十	藥王菩薩本事品廿三	首三行碎損
玉	22	是比衆生	四衆第六	14	326	常不輕菩薩品二十	藥王菩薩本事品廿三	
歲	26	心不衆生	來自第六	13	348	常不輕菩薩品二十	藥王菩薩本事品廿三	

號		起	止			品	附記
柰	95	淨耳於四	衆生第六	12	304	常不輕菩薩品二十 藥王菩薩本事品廿三	首十四行碎損
秋	68	二百鼻地	衆生第六	11	291	常不輕菩薩品二十 藥王菩薩本事品廿三	
寒	36	以瞋聞法	懸衆念言	8	199	常不輕菩薩品二十 藥王菩薩本事品廿三	首十一行碎損
水	100	百優耨多	衆生第六	11	288	常不輕菩薩品二十 藥王菩薩本事品廿三	首二行碎損
珠	34	轉者知是	衆生第六	15	287	常不輕菩薩品二十 藥王菩薩本事品廿三	首二行碎損
結	100	復爲敎化	衆生第六	11	274	常不輕菩薩品二十 藥王菩薩本事品廿三	
劍	74	音王刦正	衆生第六	15	341	常不輕菩薩品二十 藥王菩薩本事品廿三	首行碎損尾有木軸
地	51	得功勢乃	令其如來	4	112	常不輕菩薩品二十 囑累品廿二	首十四行碎損
罔	9	妙法爾時	所說歡喜	7	186	常不輕菩薩品二十 囑累品廿二	首十行碎損
柰	17	世刦後滅	億阿菩提	6	151	常不輕菩薩品二十 囑累品廿二	

號		首	尾		品	附記
重	25	所見所說	悉禮歡喜	7 163	常不輕菩薩品二十 囑累品廿二	首行碎損
秋	63	刦有能盡	逝世邊際	5 140	常不輕菩薩品二十 如來神力品廿一	背面有畫馬
帝	29	如是解說	音王於園	5 115	常不輕菩薩品二十 如來神力品廿一	首八行碎損
罔	68	說是衆恭	走遠喜得	3 81	常不輕菩薩品二十 如來神力品廿一	
陽	13	億佛偈言	以是衆生	4 95	常不輕菩薩品二十 如來神力品廿一	尾行碎損
珍	24	諸佛種動	聞如神力	2 56	常不輕菩薩品二十 如來神力品廿一	
成	84	妙法佛而	爾時遠見	1 27	常不輕菩薩品二十	
露	74	妙法夷皆	爾時敢輕	1 25	常不輕菩薩品二十	
帝	92	爾時此經	比丘佛道	4 90	常不輕菩薩品二十	
巨	63	勢乃華經	刦有是經	3 84	常不輕菩薩品二十	背面錄有施食儀軌

號		起止		紙數 行數	品	附記
薑	74	逝世終時	如是增益	2 61	常不輕菩薩品二十	首二行尾三行碎損
薑	34	慢所壽命	是比菩薩	2 54	常不輕菩薩品二十	
藏	25	是比中說	四衆意云	1 28	常不輕菩薩品二十	卷分兩段此爲前段
雨	8	比丘說是	衆亦云何	1 28	常不輕菩薩品二十	首四行碎損
芥	26	何所諸人	作佛涅槃	2 56	常不輕菩薩品二十	
崑	87	二百菩薩	阿鼻數佛	1 20	常不輕菩薩品二十	
珠	85	阿鼻可議	菩薩行者	1 28	常不輕菩薩品二十	尾二行碎損
露	54	等亦三昧	書寫第九	16 381	如來神力品廿一 妙音菩薩品廿四	首四行碎損尾有木軸
羽	31	摩訶獲福	龍夜无量	14 315	如來神力品廿一 妙音菩薩品廿四	首三行碎損末題大足一年三月十五日慧昌寫

字							
雨	38	而供三昧 百千第九	18	382	如來神力品廿一 妙音菩薩品廿四	首九行碎損 體佳字
鹹	54	共彈无生 六種三昧	15	372	如來神力品廿一 妙音菩薩品廿四	首二行碎損
劍	100	量无度者 敬圍佛形	15	342	如來神力品廿一 妙音菩薩品廿四	首四行尾六行碎 損
生	43	經大衆生 耨多第六	12	284	如來神力品廿一 藥王菩薩本事品廿三	首三十九行碎損
結	53	萬億衆生 佛共第六	10	242	如來神力品廿一 藥王菩薩本事品廿三	首八行碎損
雲	71	婆是衆生 薩說第六	9	237	如來神力品廿一 藥王菩薩本事品廿三	首行碎損
河	24	薩說衆生 念汝第六	9	236	如來神力品廿一 藥王菩薩本事品廿三	
珠	52	中若寶之 若在佛所	5	103	如來神力品廿一 藥王菩薩本事品廿三	首行尾五行碎損
炅	72	是人所以 能持人有	7	196	如來神力品廿一 藥王菩薩本事品廿三	
生	31	亦見衆生 菩薩第六	8	173	如來神力品廿一 藥王菩薩本事品廿三	首十行碎損

號	起	止	紙數	行數	品名	附記
位16	力時於无	共彈耨多	3	55	如來神力品廿一　囑累品廿二	尾二行碎損
出6	未曾爲己	无量摩訶	2	60	如來神力品廿一　囑累品廿二	尾行碎損
金54	今爲佛所	薩說歡喜	3	71	如來神力品廿一　囑累品廿二	首十行碎損
秋58	妙法衆生	爾時第六	8	196	囑累品廿二　藥王菩薩本事品廿三	尾有木軸
藏25	妙法帳覆	爾時爲臺	2	44	囑累品廿二　藥王菩薩本事品廿三	卷分兩段此爲後段
珠40	迦牟衆生	薩摩第六	7	156	囑累品廿二　藥王菩薩本事品廿三	首二行碎損
師46	一心樓羅	摩訶睺羅	2	30	囑累品廿二　藥王菩薩本事品廿三	首尾碎損
制82	餘深帳覆	報諸寶爲	1	28	囑累品廿二　藥王菩薩本事品廿三	
岡94	已皆薩作	合掌眀德	2	54	囑累品廿二　藥王菩薩本事品廿三	首尾行碎損
羽41	說已如此	頭合衆生	7	176	囑累品廿二　藥王菩薩本事品廿三	首行損

字	號	上文	下文	頁	行	品
裳	58	羅三／一心	親近／白佛	3	81	囑累品廿二　首五行碎損
李	9	尼復／供養	而去／第七	10	342	藥王菩薩本事品廿三／普賢菩薩勸發品廿八
冬	39	言世／告一	三昧／第七	9	235	藥王菩薩本事品廿三／妙音菩薩品廿四
李	2	而供／界供	三昧／第七	8	205	藥王菩薩本事品廿三／妙音菩薩品廿四
水	31	人現／牛頭	三昧／第七	5	143	藥王菩薩本事品廿三／妙音菩薩品廿四
霜	97	妙法／爾時	垂諸／薩復	3	70	藥王菩薩本事品廿三
劍	58	妙法／爾時	牟尼／衆生	7	167	藥王菩薩本事品廿三
李	93	沙刼／明行	界諸／滅度	2	56	藥王菩薩本事品廿三
玉	47	月淨／間解	若有／者是	5	141	藥王菩薩本事品廿三
海	65	一樹／有菩	寶瓶／垂諸	2	55	藥王菩薩本事品廿三

號		起	止			品	附記
稱	40	日月之事	世間衆生	6	159	藥王菩薩本事品廿三	首八行碎損
陽	3	其中衆生	眞精第六	5	134	藥王菩薩本事品廿三	首二行碎損
玉	70	恆河一此	哉善於千	3	68	藥王菩薩本事品廿三	首九行尾行碎損
洪	51	路燒衆生	之香第六	6	132	藥王菩薩本事品廿三	首四行碎損
岡	75	如是中最	佛國一此	2	58	藥王菩薩本事品廿三	首行碎損
皇	63	燒之所說	起八累於	3	84	藥王菩薩本事品廿三	
麗	89	自念諸佛	供養迦牟	3	69	藥王菩薩本事品廿三	
劍	10	前百衆生	无數第六	4	92	藥王菩薩本事品廿三	首行碎損
裳	16	大弟須彌	念我中最	1	28	藥王菩薩本事品廿三	首四行碎損
岡	40	法華衆生	爲照第六	3	67	藥王菩薩本事品廿三	

麗	53	法華衆生 為照第六	3	67	藥王菩薩本事品廿三	首行碎損
珍	73	有人衆生 邊功第六	2	39	藥王菩薩本事品廿三	
帝	68	是時護是 於釋良藥	1	17	藥王菩薩本事品廿三	首行碎損
鳥	81	若人衆生 王華第六	1	12	藥王菩薩本事品廿三	
鹹	21	薩品而去 放大第七	20	536	妙音菩薩品廿四 普賢菩薩勸發品廿八	首十行碎損
光	18	妙法而去 爾時第七	19	529	妙音菩薩品廿四 普賢菩薩勸發品廿八	首十三行碎損
調	73	師佛而去 敬圍第七	14	384	妙音菩薩品廿四 普賢菩薩勸發品廿八	首六行碎損內有武周新字
露	57	禮拜而去 王子第七	18	509	妙音菩薩品廿四 普賢菩薩勸發品廿八	首行碎損尾有木軸
稱	41	照其而去 名曰第七	19	514	妙音菩薩品廿四 普賢菩薩勸發品廿八	首十八行碎損
雨	5	妙法而去 爾時第七	19	532	妙音菩薩品廿四 普賢菩薩勸發品廿八	首二十九行碎損

號	號數	起	止	紙數	行數	品	附記
宙	19	釋迦華宿	而去第七	14	377	妙音菩薩品廿四 普賢菩薩勸發品廿八	首五行碎損
河	34	菩薩藥上	而去第七	11	297	妙音菩薩品廿四 普賢菩薩勸發品廿八	首十五行碎損
號	93	言世皆是	而去第七	18	504	妙音菩薩品廿四 普賢菩薩勸發品廿八	首行碎損尾有木軸
陽	79	檀金迦寶	而去第七	19	484	妙音菩薩品廿四 普賢菩薩勸發品廿八	首二行碎損尾有木軸
收	77	衆恭到已	而去第七	16	450	妙音菩薩品廿四 普賢菩薩勸發品廿八	
成	5	無量曜諸	等一而去	20	479	妙音菩薩品廿四 普賢菩薩勸發品廿八	首十八行碎損
荒	3	過於熾盛	而去第七	19	484	妙音菩薩品廿四 普賢菩薩勸發品廿八	首三十四行碎損
辰	12	言世少病	切大而去	16	446	妙音菩薩品廿四 普賢菩薩勸發品廿八	首六行碎損尾有木軸
罔	87	河沙菩薩	切大而去	16	452	妙音菩薩品廿四 普賢菩薩勸發品廿八	首十六行碎損
張	25	形而佛形	一心供養	20	385	妙音菩薩品廿四 普賢菩薩勸發品廿八	首三行碎損末題弟子房鶴子爲

						已身一心供養
列	36	音菩　而去 身三　第七	16	431	妙音菩薩品廿四 普賢菩薩勸發品廿八	首八行碎損
珍	41	亦得　而去 菩薩　第七	18	421	妙音菩薩品廿四 普賢菩薩勸發品廿八	首十一行碎損
鱗	63	起于　薩所 搖而　提波	11	305	妙音菩薩品廿四 妙莊嚴王本事品廿七	首行碎損
黃	33	品第　便即 放大　咒曰	11	274	妙音菩薩品廿四 陀羅尼品廿六	首三行碎損
生	77	釋迦　乃至 其國　修行	9	243	妙音菩薩品廿四 陀羅尼品廿六	首五行尾三行碎 損
雲	82	菩薩　菩薩 菩薩　咒以	5	131	妙音菩薩品廿四 陀羅尼品廿六	首行碎損
生	8	妙法　觀音 爾時　音力	8	221	妙音菩薩品廿四 觀世音菩薩普門品廿五	尾十行碎損
果	87	近供　方所 菩薩　淨願	7	204	妙音菩薩品廿四 觀世音菩薩普門品廿五	首八行碎損
帝	8	慧莊　菩薩 搖而　是因	4	107	妙音菩薩品廿四 觀世音菩薩普門品廿五	首六行碎損

號		起 / 止	紙數	行數	品	附記
淡	8	爾時得是 / 世尊單娜	9	246	妙音菩薩品廿四 觀世音菩薩普門品廿五	卷多碎損
寒	65	身三解脫 / 及陁惱人	1	28	妙音菩薩品廿四 觀世音菩薩普門品廿五	
冬	54	益衆得幾 / 供養養八	5	129	妙音菩薩品廿四 觀世音菩薩普門品廿五	尾十四行碎損
巨	72	種伎法應 / 淨華得度	4	75	妙音菩薩品廿四 觀世音菩薩普門品廿五	尾行碎損
往	71	妙法万由 / 爾時故汝	1	26	妙音菩薩品廿四	尾行碎損
藏	72	妙法忍華 / 爾時三昧	5	123	妙音菩薩品廿四	
霜	64	妙法處爲 / 爾時釋身	3	83	妙音菩薩品廿四	
生	36	妙法菩薩 / 爾時衆生	3	89	妙音菩薩品廿四	
崑	20	妙法三昧 / 爾時第七	5	127	妙音菩薩品廿四	
劍	88	妙法是饒 / 爾時音菩	4	111	妙音菩薩品廿四	

字	號	起	止	卷	頁	品	附記
鱗	29	妙法 爾時	德熾 之身	2	54	妙音菩薩品廿四	首六行碎損
乃	89	妙法 爾時	來當 善男	2	47	妙音菩薩品廿四	
推	46	妙法 爾時	汝往 想妙	1	27	妙音菩薩品廿四	首三行碎損
地	13	眉間 恆河	音菩 忍華	5	120	妙音菩薩品廿四	首行碎損
芥	79	妙法 爾時	妙音 處爲	3	82	妙音菩薩品廿四	首三行碎損
制	85	眉間 恆河	爲說 應以	4	101	妙音菩薩品廿四	首四行碎損
黃	4	夫天 敬圍	形而 現形	4	97	妙音菩薩品廿四	首四行碎損紙面 三處有字一損爲壬 子年十一月二日 陳□兒續□十三 字一爲壬子年三 字一爲延□二字
鱗	60	佛世 有佛	昧中 品時	4	107	妙音菩薩品廿四	首四行碎損

字號	號	首行	末行	數	數	品名	附記
位	72	蓮華如是	爾時下劣	1	27	妙音菩薩品廿四	首八行碎損
寒	22	妙法華德	爾時三昧	5	123	妙音菩薩品廿四	首十三行碎不全
爲	7	恆河令是	光莊是妙	5	118	妙音菩薩品廿四	首七行碎損
重	11	名曰忍華	千万三昧	3	114	妙音菩薩品廿四	
翔	13	恆河時妙	光莊共發	2	46	妙音菩薩品廿四	首六行碎損
崑	4	繞而三昧	照其能如	4	102	妙音菩薩品廿四	首四行碎損
鱗	100	三昧音菩	等諸忍華	5	107	妙音菩薩品廿四	首行碎損
衣	36	妙是如廣	下劣貌端	1	26	妙音菩薩品廿四	
服	55	往莫諸菩	菩薩崛山	1	27	妙音菩薩品廿四	
夜	1	妙音與妙	皆是切色	3	84	妙音菩薩品廿四	

字	號	文	位置	品	注
帝	54	妙音皆是 妙音生法	4 95	妙音菩薩品廿四	首二行尾行碎損
推	47	莫輕菩薩 菩薩華德	4 95	妙音菩薩品廿四	
帝	72	汝往妙音 或現尼優	2 61	妙音菩薩品廿四	首四行尾行碎損
帝	99	汝往妙音 薩善時妙	1 22	妙音菩薩品廿四	首四行尾行碎損
珍	26	尊是佛檀 攝五度多	1 29	妙音菩薩品廿四	
服	65	迦寶蓮華 妙音處爲	2 50	妙音菩薩品廿四	首十行碎損
珠	50	當爲男子 供養菩薩	3 73	妙音菩薩品廿四	
麗	28	來所華百 忍華三昧	3 77	妙音菩薩品廿四	
推	40	身入薩衆 但見身處	1 28	妙音菩薩品廿四	
衣	6	薩衆山到 鉢以生淨	1 21	妙音菩薩品廿四	尾行碎損

字號		起止			品	附注
芥	13	恭敬到己　與妙切色	2	56	妙音菩薩品廿四	
潛	93	薩衆山到　一切是三	2	57	妙音菩薩品廿四	尾行碎損
陽	22	寶如見多　見樂亦令	2	56	妙音菩薩品廿四	
珍	10	忍久尊示　子其如是	2	43	妙音菩薩品廿四	首行碎損
服	90	尼佛寶佛　昧中品時	2	45	妙音菩薩品廿四	首十行碎損
地	26	處爲身或　生法三昧	2	41	妙音菩薩品廿四	
稱	20	或現身或　與妙切色	1	28	妙音菩薩品廿四	
推	82	或現將軍　忍華三昧	2	40	妙音菩薩品廿四	首五行碎損
出	38	身或現諸　切身三昧	1	28	妙音菩薩品廿四	
霜	25	切衆如是　忍華三昧	2	26	妙音菩薩品廿四	

號	起	止	紙	行	品名	附記
列8	二十……万由	放大……故汝	1	26	妙音菩薩品廿四	此卷品次顛倒
	法蓮……在天	如是……婆娑	2	27	序品一	
	弁餘……作佛	我即……第一	3	31	方便品二	
餘29	妙法……而去	爾時……第七	15	408	觀世音菩薩普門品廿五 普賢菩薩勸發品廿八	
陽77	薩一……十一	得解……僧祇	7	347	觀世音菩薩普門品廿五 普賢菩薩勸發品廿八	首十一行碎損
月73	世音……而去	音菩……第七	13	356	觀世音菩薩普門品廿五 普賢菩薩勸發品廿八	
辰84	大便……而去	德本……卷十	16	349	觀世音菩薩普門品廿五 普賢菩薩勸發品廿八	首二行碎損 有木軸 尾
調51	无量……而去	无盡……卷八	13	362	觀世音菩薩普門品廿五 普賢菩薩勸發品廿八	首六行碎損
出73	於淫……百千	觀世……願世	11	297	觀世音菩薩普門品廿五 普賢菩薩勸發品廿八	卷首雜寫 尾二行碎損
呂89	身而……而去	現辟……第八	14	357	觀世音菩薩普門品廿五 普賢菩薩勸發品廿八	首十四行碎損

號		起	止	紙數	行數	品名	附記
暑	81	生是切大	觀世而去	11	308	觀世音菩薩普門品廿五　普賢菩薩勸發品廿八	
藏	88	中能而去	無畏卷八	13	340	觀世音菩薩普門品廿五　普賢菩薩勸發品廿八	
盈	40	觀世而去	時佛第七	12	334	觀世音菩薩普門品廿五　普賢菩薩勸發品廿八	首二行碎損
騰	12	世尊而去	具足第七	13	321	觀世音菩薩普門品廿五　普賢菩薩勸發品廿八	
爲	23	而以而去	時觀第七	12	331	觀世音菩薩普門品廿五　普賢菩薩勸發品廿八	首十二行碎損
珍	81	欲壽而去	匹禁第七	7	319	觀世音菩薩普門品廿五　普賢菩薩勸發品廿八	首二十一行碎損
往	9	中[糸長]王豈	險路佛前	10	276	觀世音菩薩普門品廿五　妙莊嚴王本事品廿七	
列	46	險路頭面	怖汝爲王	9	236	觀世音菩薩普門品廿五　妙莊嚴王本事品廿七	首五十九行碎損
出	37	婆羅二菩	門身拜佛	9	241	觀世音菩薩普門品廿五　妙莊嚴王本事品廿七	首九行碎損
號	68	妙法一四	爾時德甚	5	129	觀世音菩薩普門品廿五　陀羅尼品廿六	尾七行碎損

寒 52 聞其偈讚 以惡菩薩 4 112 觀世音菩薩普門品廿五 陀羅尼品廿六 尾二行碎損

菜 66 商人幾所 其中百万 3 103 觀世音菩薩普門品廿五 陀羅尼品廿六 首六行碎損背面粘補之紙似係經疏尾有乾德六年九月等字

雨 16 者即我亦 者即羅尼 4 111 觀世音菩薩普門品廿五 陀羅尼品廿六 首八行碎損

人 51 宰官茶若 以比佛前 3 63 觀世音菩薩普門品廿五 陀羅尼品廿六 首行尾十二行碎損

呂 71 得度底九 門身有侵 4 112 觀世音菩薩普門品廿五 陀羅尼品廿六 首十一行碎損

位 4 門婦法忍 以童十七 6 118 觀世音菩薩普門品廿五 陀羅尼品廿六 首六行碎損正光三年翟安德寫

往 55 白觀法忍 爾時華經 5 129 觀世音菩薩普門品廿五 陀羅尼品廿六 尾行碎損

鳥 7 人非緣輪 觀世阿羅 2 51 觀世音菩薩普門品廿五 陀羅尼品廿六 首行尾二行碎損

洪 85 有緣入息 說因相應 2 47 觀世音菩薩普門品廿五 陀羅尼品廿六 此卷內分二段一爲稻芊經紙質前

	蚖蛇 雲雷	茫履 十五多	3	81		後不同尾五行碎損 不附有音義
辰 37	妙法 爾時	提心 十六	5	121	觀世音菩薩普門品 廿五	全卷碎不全
昃 19	妙法 爾時	奉行 一卷	4	106	觀世音菩薩普門品 廿五	末附佛說地藏菩薩經
露 11	妙法 爾時	此法 无盡	3	80	觀世音菩薩普門品 廿五	全卷碎損
結 74	妙法 爾時	辟支 度者	2	50	觀世音菩薩普門品 廿五	
出 7	妙法 爾時	斷壞 一商	1	20	觀世音菩薩普門品 廿五	
劍 90	妙時 白佛	福德 之利	2	47	觀世音菩薩普門品 廿五	首三行碎損
芥 28	妙法 爾時	慈心 壽終	3	82	觀世音菩薩普門品 廿五	
薑 85	妙法 爾時	尼優 說法	3	56	觀世音菩薩普門品 廿五	
薑 43	妙法 爾時	羅門 而爲	3	61	觀世音菩薩普門品 廿五	

海	57	妙法爾時	時佛四衆	4	84	觀世音菩薩普門品廿五	
翔	70	妙法爾時	當得觀世	2	29	觀世音菩薩普門品廿五	
師	32	法蓮爾時	提心一卷	6	125	觀世音菩薩普門品廿五	首八行碎損背面粘補之紙有字
始	60	妙法爾時	无觀觀世	1	26	觀世音菩薩普門品廿五	
文	34	妙法爾時	名者商主	1	17	觀世音菩薩普門品廿五	尾三行碎損
乃	14	妙法妙法	者即得以	2	53	觀世音菩薩普門品廿五	
衣	27	妙法爾時	常應觀世	2	34	觀世音菩薩普門品廿五	
衣	72	妙法爾時	險路唱言	1	19	觀世音菩薩普門品廿五	背面雜寫有我捨却人間寶觀相當來學世眞等語
衣	96	妙法爾時	者即无盡	3	71	觀世音菩薩普門品廿五	

號	起	止	紙數	行數	品	附記
裳45	奉請國土	化身世音	2	38	觀世音菩薩普門品 廿五	
餘92	妙法等等	爾時提心	6	118	觀世音菩薩普門品 廿五	卷首有般若心經一卷无常經一卷
						另提出
制88	普門宿殖	薩即如是	2	35	觀世音菩薩普門品 廿五	首五行碎損
水91	妙法空住	爾時力不	4	96	觀世音菩薩普門品 廿五	首七行尾行碎損
歲49	名觀敢害	量百疾走	3	98	觀世音菩薩普門品 廿五	首九行尾二十五行碎損
雲35	百千皆發	一心提心	2	108	觀世音菩薩普門品 廿五	尾二行碎損字體八分
海55	法蓮等阿	爾時提心	5	118	觀世音菩薩普門品 廿五	首七行碎損
制37	菩薩等等	薩威菩心	8	129	觀世音菩薩普門品 廿五	首廿一行尾二行碎損
李24	薩普者即	即從說法	4	70	觀世音菩薩普門品 廿五	首十三行碎損

龍	81	利鬼名者　世音急難	1	63	觀世音菩薩普門品廿五	首十行尾五行碎損
呂	18	薩得華經　等等提心	5	119	觀世音菩薩普門品廿五	首十四行碎損
師	55	經觀盡意　等等提心	5	118	觀世音菩薩普門品廿五	首三十五行碎損
栗	19	妙法爾時　提心十二	4	81	觀世音菩薩普門品廿五	首十一行碎損　背面題己巳年三月十六日懸泉學士郎武保會判官武保瑞自手書
往	88	者彼若三　身而者身	3	52	觀世音菩薩普門品廿五	尾行碎不全
爲	49	聞其能以　者即度者	2	34	觀世音菩薩普門品廿五	首二行尾行碎損
日	94	械枷悉斷　世間惱焰	4	91	觀世音菩薩普門品廿五	尾九行碎不全
皇	45	世音若復　憶恆臥具	1	28	觀世音菩薩普門品廿五	首七行碎不全

號	起	止	紙	行	品	附記
結 89	有入能施	觀世畏者	2	56	觀世音菩薩普門品 廿五	首六行碎損
帝 20	復有提心	菩薩音經	5	106	觀世音菩薩普門品 廿五	首八行碎損
潛 44	唱言等等	世音提心	4	97	觀世音菩薩普門品 廿五	首二行碎損
淡 25	一心提心	无畏第八	5	98	觀世音菩薩普門品 廿五	首三行碎損
服 10	世音薩即	汝等者即	1	28	觀世音菩薩普門品 廿五	卷多碎損
往 44	脫衆宰官	音菩爲說	2	44	觀世音菩薩普門品 廿五	首數行碎不全
寒 92	故即珍寶	神之意復	2	56	觀世音菩薩普門品 廿五	
人 15	无盡此无	若有修羅	2	56	觀世音菩薩普門品 廿五	尾七行碎損
薑 56	即得羅摩	一商音菩	2	64	觀世音菩薩普門品 廿五	
官 76	菩薩瓔珞	魏如菩薩	1	57	觀世音菩薩普門品 廿五	首五行碎損

字	位置	文句	位置	經品	備考
官	1	菩薩即現 菩薩即現	1 29	觀世音菩薩普門品 廿五	
羽	14	常念等等 常念提心	4 91	觀世音菩薩普門品 廿五	首三行碎損
乃	4	觀世令滅 有衆即慈	4 79	觀世音菩薩普門品 廿五	卷多碎損
始	22	觀世提心 菩薩成章	3 83	觀世音菩薩普門品 廿五	首四行碎損尾有辛亥年二月卅日比丘談遠成章十三字唯亥章兩字原文不明
文	27	若有修羅 得離時觀	2 52	觀世音菩薩普門品 廿五	首三十行尾三行碎損
推	73	欲求在天 衆人應以	1 22	觀世音菩薩普門品 廿五	首三行碎損
服	86	生恭我等 菩薩此纓	2 46	觀世音菩薩普門品 廿五	首二行尾行碎損
帝	25	盡意提心 字復音經	4 82	觀世音菩薩普門品 廿五	

號		起止		紙數	行數	品名	附記
來	62	養觀以與	欲求時觀	2	46	觀世音菩薩普門品 廿五	此卷甚碎
生	96	世音空住	福正一毛	2	56	觀世音菩薩普門品 廿五	首十三行碎損
字	7	供養提心	善女一卷	4	74	觀世音菩薩普門品 廿五	全卷多碎尾後及背面粘補之紙有字
翔	29	拜供提心	百千一卷	2	80	觀世音菩薩普門品 廿五	首二行碎損
河	93	復加尊若	設復普門	5	101	觀世音菩薩普門品 廿五	首二十八行碎損
龍	49	得解提心	之力廿六	3	96	觀世音菩薩普門品 廿五	首三十八行碎損
夜	32	是善提心	多世一卷	4	79	觀世音菩薩普門品 廿五	首六行碎損
師	38	无盡能沒	游此空住	2	50	觀世音菩薩普門品 廿五	
呂	53	欲若發无	瞋若藐三	4	90	觀世音菩薩普門品 廿五	首二十三行尾行碎損

龍 89	无羅等等	名者提心	5	100	觀世音菩薩普門品	廿五	首二十六行碎損
暑 50	力其間若	國土現身	3	59	觀世音菩薩普門品	廿五	首四行尾行碎損
帝 53	辟支等等	即現提心	3	69	觀世音菩薩普門品	廿五	首行碎損
成 73	即現現身	即現令滅	3	56	觀世音菩薩普門品	廿五	
服 33	間身等等	梵王提心	4	69	觀世音菩薩普門品	廿五	首三十行碎損 尾有木軸
荒 30	音菩等等	无盡提心	2	75	觀世音菩薩普門品	廿五	卷多碎損
珍 63	便得間若	便得現身	3	78	觀世音菩薩普門品	廿五	首四十行碎損
龍 74	身得羅摩	天大世音	1	29	觀世音菩薩普門品	廿五	首四行尾四行碎損
制 96	惡服四千	有人提心	4	97	觀世音菩薩普門品	廿五	首三十七行碎損
龍 9	无盡阿耨	多所提心	4	86	觀世音菩薩普門品	廿五	全卷碎損 背面有官五月五日天

中七字又有口編拾肆年九月二十六日靈圖寺僧戒昌如法等字

字號	號	起止	紙數	行數	品名	附記
昃	22	而為提心 而為十六	3	62	觀世音菩薩普門品 廿五	
珍	65	說法无等 而為提心	2	63	觀世音菩薩普門品 廿五	首行碎損
衣	73	而為復白 應以絡爾	1	23	觀世音菩薩普門品 廿五	
皇	93	受持時悉 菩薩力疾	3	58	觀世音菩薩普門品 廿五	首十六行尾七行碎損
翔	43	而為提心 而為音經	2	60	觀世音菩薩普門品 廿五	
服	45	无盡提心 敬禮一卷	3	85	觀世音菩薩普門品 廿五	首三十二行碎損
柰	61	而為提心 度者十六	2	66	觀世音菩薩普門品 廿五	首十八行碎損
荒	17	官婆等阿 門婦提心	3	55	觀世音菩薩普門品 廿五	首二行碎不全

文 33 而爲門身 是普等阿 3 56 觀世音菩薩普門品廿五 首十五行尾五行碎損

鹹 100 神得法无 方所歷刧 2 22 觀世音菩薩普門品廿五 首二行尾行碎損

始 4 種種是觀 慈心段壞 1 21 觀世音菩薩普門品廿五

師 41 生是觀世 迴去消散 2 32 觀世音菩薩普門品廿五

人 76 音菩即解 現神品時 2 41 觀世音菩薩普門品廿五 首十三行碎損

盈 16 觀世時佛 現身令滅 1 28 觀世音菩薩普門品廿五 此卷分二段其一爲金光明經

推 89 音菩爾時 現身以漸 1 28 觀世音菩薩普門品廿五

海 52 旨受等故 阿耨提心 1 41 觀世音菩薩普門品廿五 首七行碎損

爲 31 時觀音菩 等等提心 2 41 觀世音菩薩普門品廿五 首九行碎損尾有木軸

洪 2 爾時佛而 而去第七 12 288 陀羅尼品廿六 普賢菩薩勸發品廿八

號		起	止	紙	行	品	附記
月	19	妙法 爾時	而去 第七	11	294	陀羅尼品廿六 普賢菩薩勸發品廿八	
月	75	爾時 佛而	而去 第七	11	279	陀羅尼品廿六 普賢菩薩勸發品廿八	首行碎損 尾粘之紙有字
雨	48	爾時 佛而	而去 第七	13	286	陀羅尼品廿六 普賢菩薩勸發品廿八	
爲	9	爾時 佛而	而去 第七	11	286	陀羅尼品廿六 普賢菩薩勸發品廿八	
崑	70	法應 意菩	而去 第七	9	252	陀羅尼品廿六 普賢菩薩勸發品廿八	
號	82	爾時 佛而	而去 第七	11	292	陀羅尼品廿六 普賢菩薩勸發品廿八	
鱗	4	妙法 爾時	而去 第七	11	289	陀羅尼品廿六 普賢菩薩勸發品廿八	
調	36	即從 世尊	而去 第八	12	292	陀羅尼品廿六 普賢菩薩勸發品廿八	首二行碎損
昃	11	普門 阿耨	而去 第七	11	296	陀羅尼品廿六 普賢菩薩勸發品廿八	首三行碎損
餘	89	女人 持法	而去 第七	11	287	陀羅尼品廿六 普賢菩薩勸發品廿八	首行碎損

字號		起止				品名	附記
陽	84	子善切大 解義而去	10	282		陀羅尼品廿六 普賢菩薩勸發品廿八	首行碎損
爲	42	子善而去 解義第七	12	283		陀羅尼品廿六 普賢菩薩勸發品廿八	尾有木軸
劍	95	説修而去 尊我第七	10	277		陀羅尼品廿六 普賢菩薩勸發品廿八	
閼	12	白佛切大 守護而去	10	280		陀羅尼品廿六 普賢菩薩勸發品廿八	
致	95	持法而去 所福第七	11	287		陀羅尼品廿六 普賢菩薩勸發品廿八	首七行碎損
稱	55	説咒而去 安爾第七	10	279		陀羅尼品廿六 普賢菩薩勸發品廿八	首行碎損
秋	56	爾時受持 説法而去	11	287		陀羅尼品廿六 普賢菩薩勸發品廿八	首四行尾九行碎 損
稱	68	我今發救 説咒就四	7	194		陀羅尼品廿六 普賢菩薩勸發品廿八	首十五行碎損
巨	20	安爾而去 犁弟第七	11	280		陀羅尼品廿六 普賢菩薩勸發品廿八	首六行碎損背 有蕃文
寒	88	瑋八而去 目帝第七	20	277		陀羅尼品廿六 普賢菩薩勸發品廿八	首二行碎損

號	起	止	紙數	行數	品	附記
黃 26	甚多說法	切大而去	10	280	陀羅尼品廿六普賢菩薩勸發品廿八	首七行碎損
地 97	摩摩履田反	而去第七	10	277	陀羅尼品廿六普賢菩薩勸發品廿八	首九行碎損
洪 10	解義佛言	而去第七	8	284	陀羅尼品廿六普賢菩薩勸發品廿八	首八行碎損
辰 86	毗乂廿四阿	而去第七	10	277	陀羅尼品廿六普賢菩薩勸發品廿八	
巨 47	羅尼剃二	而去第七	10	275	陀羅尼品廿六普賢菩薩勸發品廿八	首二十四行碎損
昃 74	賒咩十目	而去第七	11	283	陀羅尼品廿六普賢菩薩勸發品廿八	首十一行碎損
往 30	六阿賒履	而去第七	10	275	陀羅尼品廿六普賢菩薩勸發品廿八	首十七行碎損
重 29	薩白華經	而去第七	10	272	陀羅尼品廿六普賢菩薩勸發品廿八	首二行碎損
宿 12	其短座譬反	而去第七	10	256	陀羅尼品廿六普賢菩薩勸發品廿八	
荒 11	捉十二世尊	切大而去	9	252	陀羅尼品廿六普賢菩薩勸發品廿八	

號	首	首文	尾	尾文	品	備注
金	80	即說切大 阿梨而去	9	249	陀羅尼品廿六 普賢菩薩勸發品廿八	首二行碎損
辰	77	喜若而去 爾時第七	7	251	陀羅尼品廿六 普賢菩薩勸發品廿八	首七行碎損
淡	90	神咒而去 持是第七	9	246	陀羅尼品廿六 普賢菩薩勸發品廿八	首六行碎損
生	98	阿羅而去 猪履第七	11	254	陀羅尼品廿六 普賢菩薩勸發品廿八	首十一行碎損
海	24	衆生而去 眷屬第七	11	231	陀羅尼品廿六 普賢菩薩勸發品廿八	首二行碎損
寒	27	若不而去 如煞第七	8	218	陀羅尼品廿六 普賢菩薩勸發品廿八	
荒	62	犯此而去 諸羅第七	8	215	陀羅尼品廿六 普賢菩薩勸發品廿八	
夜	23	犯此而去 諸羅第七	8	215	陀羅尼品廿六 普賢菩薩勸發品廿八	
爲	47	破作而去 稱欺第七	8	217	陀羅尼品廿六 普賢菩薩勸發品廿八	首七行碎損
調	48	妙法智佛 爾時者何	4	99	陀羅尼品廿六 妙莊嚴王本事品廿七	

號	數	起		數		品		附記
鱗	71	妙法眼淨	爾時十八	7	188	陀羅尼品廿六	妙莊嚴王本事品廿七	
鱗	98	妙法遠離	爾時眼淨	7	187	陀羅尼品廿六	妙莊嚴王本事品廿七	
餘	52	尼品知是	即從人爲	10	262	陀羅尼品廿六	妙莊嚴王本事品廿七	首四行碎不全
宿	80	以守羼提	安爾羅密	3	84	陀羅尼品廿六	妙莊嚴王本事品廿七	
柰	60	以守道法	安爾宿三	3	84	陀羅尼品廿六	妙莊嚴王本事品廿七	
帝	73	利第明莊	九目名妙	4	77	陀羅尼品廿六	妙莊嚴王本事品廿七	首十行尾行碎損
字	52	舍輪身下	邱樓復現	3	87	陀羅尼品廿六	妙莊嚴王本事品廿七	首九行碎損此卷內分二段第一段係黃紙
		者示千世	王荷復如	2	39			此係第二段白紙何經俟考首二行尾行碎損

字號	號	起	止	紙數	行數	品名	附記
鳥	95	世尊 所說	二昧 嚴三	3	74	陀羅尼品廿六 妙莊嚴王本事品廿七	尾行碎損
玉	51	尼神 阿伽	聽受 法汝	2	55	陀羅尼品廿六 妙莊嚴王本事品廿七	首行尾十四行碎 損
出	60	餓鬼 馬摩	王今 心我	2	56	陀羅尼品廿六 妙莊嚴王本事品廿七	
藏	51	妙法 爾時	諸佛 諸佛	1	25	陀羅尼品廿六	首四行不全
生	6	其所 子善	佛言 說陀	1	15	陀羅尼品廿六	
皇	62	子善 誦解	咒曰 履五	2	37	陀羅尼品廿六	
裳	59	偈讀 爾時	說咒 曰伊	2	54	陀羅尼品廿六	
水	49	誦解 白佛	衰患 由他	2	41	陀羅尼品廿六	首二行碎損
岡	73	尼二 毗剎	十九 剎若	2	50	陀羅尼品廿六	首三行碎損
芥	5	僧伽 曼哆	而說 偈言	2	53	陀羅尼品廿六	

字號	號	首行起	首行止	末行起	末行止	紙數	行數	品名	附記
霜	8	爾時	而去	思議	第七	8	204	妙莊嚴王本事品廿七 普賢菩薩勸發品廿八	中多碎損
昃	25	眼是	行之	而去	第七	7	200	妙莊嚴王本事品廿七 普賢菩薩勸發品廿八	
荒	47	是二	高七	而去	第七	7	183	妙莊嚴王本事品廿七 普賢菩薩勸發品廿八	首三行碎損
宇	20	小小	履水	令多	功德	5	145	妙莊嚴王本事品廿七 普賢菩薩勸發品廿八	
地	92	虛空	不出	一切	教利	5	114	妙莊嚴王本事品廿七 普賢菩薩勸發品廿八	首十五行尾五行碎損
張	22	子二	在七	而去	第七	8	175	妙莊嚴王本事品廿七 普賢菩薩勸發品廿八	
號	72	等爲	修道	僧祇	遮反	4	112	妙莊嚴王本事品廿七 普賢菩薩勸發品廿八	
崑	67	任發	作佛	受持	而去	6	171	妙莊嚴王本事品廿七 普賢菩薩勸發品廿八	首二十七行碎損 尾有木軸
李	48	如憂	母即	而去	第八	6	169	妙莊嚴王本事品廿七 普賢菩薩勸發品廿八	
結	17	優曇	而去	母即	第七	6	167	妙莊嚴王本事品廿七 普賢菩薩勸發品廿八	首六行碎損

寒	38	上有時妙	而去第七	6	144	妙莊嚴王本事品廿七 普賢菩薩勸發品廿八	首三行碎損
爲	38	就第四衆	而去第八	6	145	妙莊嚴王本事品廿七 普賢菩薩勸發品廿八	首行碎損 尾有木軸
洪	88	法當大高	而去第七	5	141	妙莊嚴王本事品廿七 普賢菩薩勸發品廿八	
帝	18	有他以神	德敎若有	3	84	妙莊嚴王本事品廿七 普賢菩薩勸發品廿八	尾行碎損
帝	15	異入受持	光照隱使	1	28	妙莊嚴王本事品廿七 普賢菩薩勸發品廿八	
金	81	大衆德菩	切大而去	4	112	妙莊嚴王本事品廿七 普賢菩薩勸發品廿八	首十二行碎損
來	60	光照屬故	修習七日	2	43	妙莊嚴王本事品廿七 普賢菩薩勸發品廿八	尾二行碎損
芥	53	行不禮佛	切大而去	4	113	妙莊嚴王本事品廿七 普賢菩薩勸發品廿八	首五行碎損
薑	98	故來智佛	而去第七	15	132	妙莊嚴王本事品廿七 普賢菩薩勸發品廿八	首五十七行碎損
往	57	王本離垢	佛告眼淨	5	102	妙莊嚴王本事品廿七	首二行碎不全

號	起	止	紙數	行數	品	附記
歲81	說是中得	十指眼淨	4	88	妙莊嚴王本事品廿七	
師23	婆羅於佛	與共知識	3	56	妙莊嚴王本事品廿七	首二行尾十八行碎損
翔61	眼是皆悉	行之三昧	2	42	妙莊嚴王本事品廿七	首十四行碎損
地19	變於佛告	身下掌立	2	40	妙莊嚴王本事品廿七	紙背有蕃文
龍91	己信德教	等爲心行	2	56	妙莊嚴王本事品廿七	
官31	等爲見家	修道妙莊	1	25	妙莊嚴王本事品廿七	末二行背兩行皆係雜寫但中有押衙索紹員書寫記八字
律50	久已莊嚴	通達若善	1	28	妙莊嚴王本事品廿七	尾行碎損
龍25	成就功德	佛告未曾	1	28	妙莊嚴王本事品廿七	首三行碎損
暑43	妙法而去	爾時第八	4	103	普賢菩薩勸發品廿八	

芥	2	妙法爾時	而去第八	4	103	普賢菩薩勸發品廿八	
河	81	妙法爾時	而去第七	4	103	普賢菩薩勸發品廿八	
閏	80	崛山言世	而去第七	4	86	普賢菩薩勸發品廿八	首二行碎損
呂	61	言世是經	薩舍大會	3	84	普賢菩薩勸發品廿八	
出	83	是經無伺	羅婆婆多	1	25	普賢菩薩勸發品廿八	
薑	51	无伺魔民	僧祇羅帝	1	28	普賢菩薩勸發品廿八	
柰	69	无伺魔民	而去第七	3	85	普賢菩薩勸發品廿八	
師	30	无伺民若	十一僧祇	1	28	普賢菩薩勸發品廿八	
位	66	爾時喜轉	諸如切利	1	28	普賢菩薩勸發品廿八	
往	56	婆夷是法	牟尼經令	2	35	普賢菩薩勸發品廿八	首二行碎不全

號	起	止	紙數	行數	品	附記
騰 54	婆底尼九	而去第七	2	60	普賢菩薩勸發品廿八	
劍 55	婆羅婆達	而去第七	2	55	普賢菩薩勸發品廿八	尾行碎損
往 43	多所德深	而去第七	2	35	普賢菩薩勸發品廿八	首行碎損
潛 88	有受當知	而去第七	1	31	普賢菩薩勸發品廿八	尾二行碎損
始 27	佛讚頭當	而去第七	1	28	普賢菩薩勸發品廿八	
來 53	諸餘不稱	樂行誦是	2	38		以下各卷破爛不堪品次起止無從標題僅列其首尾起止紙數而已
調 32	量百薩一	虛空不能	4	94		首二十二行尾行碎損
陽 22	是故應當	滅度訊多	12	329		首百十四行碎損此係陽二十二號之前段

致	67	地中心皆	種種聞是	1	21	全卷碎損
雨	7	即爲曜昔	如來共議	11	297	全卷碎
雨	99	金銀故白	高至樂說	1	28	碎損極多
露	87	十阿人展	第五祇何	1	25	首尾及下端均碎損
水	48	於最像法	多諸法度	1	31	全卷碎損
玉	42	我等具種	我等廟寶	1	28	全卷下截碎損
玉	90	妙法之男	爾時本衆	2	38	全卷下端碎損
出	2	夜义億諸	摩睺妙光	1	28	全卷碎損
號	45	二千求佛	六千近智	4	101	全卷碎損
闕	1	開是即現	音菩度者	2	58	全卷碎損

號	起		止		紙數	行數	附記
重45	敬圍	照其	是故	劣想	1	20	首十三行碎損
薑63	瞻仰	世尊	三味	第七	3	56	全卷碎損
鹹7	於諸	第三	菩薩	罪業	7	226	全卷碎損
龍58	爾時	歡喜	薩等	立勝	3	77	全卷下截碎損
師78	世尊	爲繩	此坐	三蘗	3	69	全卷碎損
官98	僧坊	施持	諸比	爲解	2	31	全卷碎損
人68	觀四	龍鬼	佛道	智者	2	43	全卷碎損
制65	其諸	法師	戲時	展轉	2	28	全卷碎損
制77	是經	提人	多寶	欲見	3	78	全卷碎損
文84	長者	女身	一卷	薩經	2	53	全卷碎損

字	14	法師復有	常精樹下	3	58	全卷碎損
字	23	狹長齒悉	解說功德	2	29	全卷碎損
乃	5	雨大善男	近百勇猛	3	80	卷多碎損
乃	6	受其奉多	衆生提心	2	34	卷多碎損
乃	10	放逸隨所	各各數善	2	41	卷多碎損
乃	18	大衆比丘	正法衆生	2	36	全卷碎損
推	25	有多明達	佛慧第三	3	76	全卷碎損
皇	22	林樹和雅	有衆經典	1	24	首碎損
裳	49	量諸佛前	長二命八	3	61	首六行殘缺
列	11	事不官一	萬里第八	5	134	此卷尾題妙法蓮華經卷第八

妙法蓮華經度量天地品

原號　起　止　紙　行　品次　　附記

生　17　妙法疑惑第九　12　80　度量天地品廿九　　今秦譯法華經二十八品而此諸卷題曰妙法蓮華經度量天地品二十九故附法華經後

李　71　者皆女身著體其中　7　162　度量天地品廿九　　卷內分兩段尾有跋語云大寶三載九月十七日玉門行人在此襟經二十日有餘於獄寫了有人受持讀誦楚客除罪萬萬劫記之同襟人馬萬希妥其人是河東郡桑泉縣上柱國樊

原號	起	止	紙	行	品次	附記
						客記等語卷多碎損
麗 25	一切疑惑	閻浮地品	2	59	度量天地品廿九	
閏 18	其天疑惑	何以卷九	11	255	度量天地品廿九	首十五行碎損

正法華經 西晉竺法護譯 十卷

原號	起	止	紙	行	品次	附記
崑 66	利亦正眞	度一佛名	6	154	授五百弟子決品八	首六十九行尾行碎損
地 65	五百獨處	我等殊特	5	140	授五百弟子決品八 藥王如來品十	
金 20	心尙相諸	大雄千丈	3	84	授五百弟子決品八 藥王如來品十	

法華經疏

原號		起	止	紙	行	附記
暑	70	似起九善	為囑此辦	4	98	背面前有妙法蓮華經五字似是法華經疏
玉	26	生不三乘	創鮮偈明	15	337	首尾有殘缺處
菜	11	不不受教	無罪着其	35	790	此卷草書共四張前九行裂斷
淡	32	是汝一法	第五云第	16	348	首四行殘缺
始	53	為利攝示	明大聞同	18	383	首尾殘缺由第三紙起有硃筆句讀
號	66	皆有有一	嚴而准此	4	119	

法華經解

原號	起	止	紙	行	附記
致15	惟定驚怖	故現因成	10	228	首碎損
結43	第三有三	明漏十故	12	220	全卷霉爛
制49	辰皆切十	天成地平	3	48	首十四行殘缺

法華經玄讚

原號 起 止 紙 行 附記

昃 68 第八 第廿二 56 1164 卷末題曰法華經玄讚第二
卉

黃 12 地宿可解 33 712 卷末題曰法華經玄讚第四
經舍第四

河 39 教理時高 11 217
贊曰 不

觀世音經

原號		起	止	紙	行	附記
重	58	妙法爾時	提心一卷	5	124	首末完具
洪	8	妙法爾時	提心一卷	5	125	首末完具
列	1	妙法爾時	提心一卷	5	117	卷多碎損但首末完
秋	30	妙法爾時	此經書畢	5	127	卷多碎損但首末完
盈	52	佛說爾時	提心一卷	5	112	首十四行尾三行碎損
龍	70	法中悉安	三菩一卷	5	124	首十六行碎損
菜	21	佛國妙音	提心一卷	10	337	首六行碎損內分兩段首段阿彌陀經次段觀世音經
生	57	是言佛若	提心音經	5	117	首十行碎損附心經一卷

珠	29	若有觀世	提心音經	6	109	首五十八行碎損
戾	78	薩名音聲	提心音經	6	135	首二十三行碎損
鳥	75	肩合菩薩	提心一卷	5	124	首十六行碎損
霜	39	羅刹有乃	提心音經	5	102	首十五行碎損　尾有木軸
黃	16	菩薩若三	提心一卷	4	105	首五行碎損
水	78	者是難以	提心一卷	5	114	首十三行碎損
雨	81	倘不有人	提心音經	5	102	首二行碎損
稱	4	言諸世音	諸國世音	2	52	
芥	34	薩名汝等	提心音經	4	99	首二行碎損
金	88	稱其生爲	提心一卷	6	111	全卷碎損

衣	39	若三 聞其	提心 音經	5	104	首九行碎損
歲	48	脫无 巍巍	提心 一卷	4	97	全卷碎損
巨	88	主將 作是	提心 音經	4	101	首二十五行碎損
收	21	離欲 離瞋	提心 音經	4	92	
水	90	觀世 菩薩	提心 一卷	5	119	首三十八行碎損
薑	15	若有 便得	提心 一卷	4	96	首七行碎損
結	37	世音 菩薩	提心 卌五	3	94	全卷碎損
文	10	於婚 若多	提心 一卷	4	91	首十行尾二行碎損背面粘補之紙頗類敵文惜不完全
成	18	畏施 得解	提心 一卷	4	97	首十五行碎損
鹹	25	德本 是力	提心 音經	4	86	

歲	57	若復 所執	提心 一卷	5	108	首二十四行碎損
字	50	離欲 離瞋	提心 音經	4	90	此卷分二段皆係觀世音經但後段殘爛
		无畏 者之	不思 汝略	1	19	此其後段全碎
柰	100	況復 設復	提心 一卷	4	105	首二十三行碎損
地	27	汝等 聞俱	提心 音經	4	99	首十五行碎損
騰	40	薩有 生常	提心 音經	4	95	首十一行碎損
始	18	有衆 是故	提心 一卷	4	86	首七行碎損
號	57	云何 无盡	提心 音經	4	83	首十八行碎損
稱	88	夜乂 菩薩	提心 一卷	5	101	首三十三行碎損
龍	41	无盡 游此	提心 音經	3	76	首五行碎損

鳥 56 現辟 即現 阿耨 提心 3 70 首二行碎損末繪有觀世音圖像

始 16 捐是 无盡 提心 音經 4 83 首十五行碎損

地 8 稱觀 因緣 提心 音經 2 83 首三十行碎損

羽 70 養是 窮盡 提心 音經 3 78 首十一行碎損

師 17 男子 菩薩 三菩 音經 3 74 全卷碎損背面粘補之紙有乙丑年四月三日黑頭羔子壹口死者似係日記

裳 47 辟支 應以 提心 音經 3 72 首六行碎損尾有木軸

制 22 无盡 此娑 提心 一卷 3 73 全卷多碎

帝 4 菩薩 菩薩 提心 音經 4 85 首廿七行尾十三行碎損

乃 90 善男 尊佛 提心 一卷 3 81 首十八行碎損

海 61 軍身 應以 供養 寫記 3 73 首二行碎損尾跋云壬申年三月二十七日行者傾心慈悲敬寫大聖觀音經一卷一

爲先王父母二爲合家永聖吉昌願亡靈神生淨土法界蒼生同霑此福清信子張海晟

一心供養信事僧蓮臺沙彌靈進書寫記

號	號數	起止	紙數	行數	附記
張	48	說法娑婆 即現心經	3	86	附心經一卷 首八行尾三十行碎損
往	8	而爲提心 身而一卷	3	62	
岡	84	天大音經 說法功記	3	66	首五行碎損 末題辛丑年七月二十八日學生童子唐文英爲妹久患寫畢功記等語
					功字不明
宿	5	身得提心 天大一卷	3	66	
騰	88	說法提心 而爲音經	3	65	首十三行碎損
鳥	99	塞優提心 優婆一卷	4	57	首行碎損
龍	64	婆夷提心 婆夷音經	2	56	首行碎損

號	號數	起	止	紙	行	備註
帝	7	得度者即	提心一卷	3	57	首五行碎損
來	87	法應女身	提心音經	3	54	首行碎損
生	32	菩薩敬觀	提心音經	3	66	首二十九行碎損
推	49	度者辟支	提心一卷	3	72	首二十三行碎損
玉	95	度脫世音	提心音經	2	49	首三行碎損
乃	56	等身金剛	提心一卷	3	52	首七行碎損
位	57	而爲而爲	提心音經	3	62	首三十行碎損
列	7	身而身得	提心音經	3	60	首二紙碎損
珠	10	世音佛告	提心音經	2	41	全卷碎損
潛	83	天大說法	提心一卷	3	65	首二十六行碎損

服 8 世尊提心偈答一卷 1 26 此卷兩面有字俱係觀世音經 其起止依正面標題

裳 68 觀世提心婆世一卷 2 34 首三行碎損

律 27 觀世提心善音一卷 2 32 首三行碎損

皇 5 而爲提心樓羅音經 3 54 首二十四行碎損

果 49 虺蚰提心雲雷音經 1 18

龍 37 弘誓提心我爲音經 2 30 首十五行碎損

收 96 一分提心意觀音經 2 36 全卷碎損

觀音經註釋

原號	起	止	紙	行	附記
雨 51	皆是提心	清清註釋	4	92	尾署觀音經一卷金藏剛菩薩註釋即妙法蓮華經普門品之註釋卷首已碎去紙背有韵學八行

大薩遮尼乾子所說經

元魏菩提留支譯　十卷

原號	起	止	紙	行	品次	附記
洪 57	別撰議解	法覺已以	18	405	如來無過功德品第八之三	首二行尾五行碎損

金剛三昧經 失譯人名附北涼錄 二卷

原號	起	止	紙	行	附記
荒93	理淨 行出	奉行 一卷	6	179	首四行碎損
玉81	佛佛 法空	奉行 昧經	9	255	首四行碎損卷中間有朱筆校勘

敦煌劫餘錄

冊五

敦煌劫餘錄

新會　陳垣　校錄

第八帙

大般涅槃經　北涼曇無讖譯　四十卷

原號		起	止	紙	行	品次	附記
珠	97	大般如是	月令默然	13	347	壽命品一	首行碎損
盈	45	佛在羅雙	貪欲身不	5	143	壽命品一	首七行尾行碎損
昃	82	依屋世尊	灑地卷一	19	520	壽命品一	首二行碎損
海	98	遍體亦欲	洒地第一	19	276	壽命品一	首二行碎損
珍	96	觀察无我	微妙法敎	18	402	壽命品一	首十二行碎損

荒 44 葦伊四天 猶如吹諸 5 145 壽命品一

日 86 樹木灑地 沙樹第一 8 229 壽命品一 尾有木軸

位 15 天乘奉獻 及非並可 1 24 壽命品一

餘 50 大般是法 爾時第二 21 568 壽命品一之二

餘 22 好調是法 天雨第二 20 557 壽命品一之二 首行碎損

收 82 義不師利 盡未大海 8 208 壽命品一之二 首十行碎損

收 97 快哉是法 快哉第二 18 484 壽命品一之二 首六行碎損

歲 95 以是示導 不應時世 6 150 壽命品一之二 首五行碎損

成 29 復生合乘 足一得差 8 204 壽命品一之二 首三行尾四行碎損

列 15 年還所覆 八復第三 20 507 壽命品一之三 金剛身品二

字號	號	起	止	紙數	行數	品次	附記
出	55	是痴剛之	還責色像	17	459	壽命品一之三 金剛身品二	首三行碎損尾有木軸
皇	54	是捨等身	有身汝今	2	42	壽命品一之三 金剛身品二	首行碎損
皇	59	我之菩薩	等宜子想	4	77	壽命品一之三	首十一行尾四行碎損
餘	70	生亦說夫	佛是者名	2	55	壽命品一之三	首九行尾行碎損
人	16	白佛是護	功德王於	3	51	金剛身品二	首行尾九行碎損
呂	26	比丘說大	有破米種	2	50	金剛身品二	首九行尾六行碎損
夜	61	是修那含	聞是第四	17	439	名字功德品三 如來性品四之一	首八十一行碎損尾有木軸
收	46	槃善那含	有希卷四	18	441	名字功德品三 如來性品四之一	首四行碎損內有硃筆校勘
官	62	一切未學	妙法所覆	1	23	名字功德品三	
淡	88	死以墮落	善男第四	20	462	如來性品四之一 如來性品四之二	首三行碎損

編號	起止	紙數	行數	品名	附記
文49	已畢人舌 大更墮落	9	282	如來性品四之一 如來性品四之二	全卷碎損尾有本軸
露90	尊先來畢 此法女像	12	332	如來性品四之一	首三行碎損內有武后新字
律76	法是多人 功德等不	4	112	如來性品四之一	首二行碎損
制94	聲聞花經 迦葉十卷	2	23	如來性品四之一	首二行碎損兩面有字經文銜接餘係雜錄涅槃經文及他種經名卷數並有畫像
宙3	及一生已 一切首羅	8	159	如來性品四之一	首五行尾九行碎損
來19	久知那舍 生入第四	11	289	如來性品四之	首十行尾五行碎損
結79	大般菩薩 爾時第六	20	513	如來性品四之二 如來性品四之四	首二行碎損字體疏豁可愛但標題爲四依品之二而經文則同北本

故仍歸北本類

號		起	止	紙	行	品	附記
宿	31	上法惡道	子心第五	26	623	如來性品四之二 如來性品四之三	首二紙霉爛
露	5	更无德道	脫亦慶輝	18	411	如來性品四之二 如來性品四之三	首十行尾九行碎損末題比丘尼慶輝當是寫經者之名
辰	38	動轉惡道	來如第五	11	286	如來性品四之二 如來性品四之三	首十五行碎損
柰	33	故我於未	我當惡道	8	173	如來性品四之二 如來性品四之三	首六行尾二行碎損
致	69	色非亦无	想如爲之	2	23	如來性品四之二	首尾碎損各一行
呂	60	脫者正法	眞實第五	13	344	如來性品四之二	首六行碎損
乃	75	離一不得	脫者不可	5	121	如來性品四之二	首五行尾六行碎損
寒	70	譬如菩薩	應驅第六	21	566	如來性品四之三 如來性品四之四	首四行尾二行碎損

騰	73	大般經典／善男第六	18	496	如來性品四之三	首三行碎損
生	75	大般經典／善男第六	18	496	如來性品四之三	
張	58	是菩脫當／供養說眞	19	530	如來性品四之四／如來性品四之五	首九行尾五行碎損書法甚工
露	30	思惟說已／是之第七	18	475	如來性品四之四／如來性品四之五	首三十六行碎損
人	19	大般菩提／復次說若	2	48	如來性品四之四	首六行碎損
字	41	當知往昔／者是量惡	3	68	如來性品四之四	全卷碎損
收	83	生元涅槃／性如第八	18	484	如來性品四之五／如來性品四之六	首八行碎損
海	7	乳最天何／於涅譬如	14	309	如來性品四之五	首四十五行碎損
薑	13	男子諸菩／依男經典	1	29	如來性品四之五	
爲	53	戰時等鳥／切兵第八	18	490	如來性品四之五	首五行碎損

第八帙

號	起	止	紙數	行數	品	附記
列 9	凡夫說已	當分第七	1	18	如來性品四之五	首三行碎損
藏 36	大般不久	迦葉第九	16	422	如來性品四之六	首九行碎損尾有木軸
雲 46	五无浮提	是則分能	10	239	如來性品四之六	首二行尾五行碎損背面寫有毗婆娑論第一卷等字
呂 36	五无久	提心第九	15	369	如來性品四之六	首二行碎損
潛 9	典亦丘等	子譬不堅	4	48	如來性品四之六	首三行尾十二行碎損
官 6	想欲法未	苦僧浮提	2	43	如來性品四之六	首尾碎損各一行
宙 30	爾時病人	疑心第十	17	456	如來性品四之七一切大衆所問品五	
珍 5	是諸病人	如彼第十	16	427	如來性品四之七一切大衆所問品五	
律 86	所以人	類二第十	13	359	如來性品四之七一切大衆所問品五	首七行碎損

號		起止			品名	附註
人	23	彼語　報純／如來　供養	7	151	一切大衆所問品五	首十一行尾六行／碎損
月	49	不如　十聖／恨諍　一人	16	448	現病品六／聖行品七之一	此卷內分二段
寒	24	弟子　十聖／提修　一人	17	444	現病品六／聖行品七之一	首二十五行碎損
珠	55	不般　十聖／爾時　一人	16	449	現病品六	尾有木軸
帝	87	豊心　提之／語諸　王以	3	80	現病品六	首二行尾行碎損
淡	70	受樂　羅羅／辨是　乃至	25	636	聖行品七之二／聖行品七之四	首十六行尾六行／碎損
成	95	尊若　者則／有人　生訶	9	383	聖行品七之二／聖行品七之三	首四行碎損
金	51	大般　迫相／復次　生長	3	85	聖行品七之二	首二十行尾一行／碎損
生	87	若滅　名字／是之　問肺	2	47	聖行品七之二	首三行碎損
水	1	寂滅　死二／次善　所逼	3	88	聖行品七之二	首行碎損

雨	31	以汝 葉婆	苦諦 十二	11	293	聖行品七之二	首三行碎損
稱	18	愚人 法復	受天 呑啜	2	32	聖行品七之二	全卷碎損八行
海	23	迦葉 見及	相應 十二	8	250	聖行品七之二	首十行碎損
金	12	紺馬 本處	相應 十二	4	100	聖行品七之二	首行碎損 尾有木軸
乃	42	四兵 見未	相應 十二	3	74	聖行品七之二	首二十五行碎損
崑	26	道方 善法	雖有 知心	3	62	聖行品七之三 聖行品七之四	首尾碎損各一行
出	21	涅槃 男子	受毒 命終	2	46	聖行品七之三	首尾碎損各六行
光	86	愛无 苦因	是處 十三	17	455	聖行品七之三	首三行碎損 尾有木軸
珠	99	苦因 服飲	是處 十三	17	455	聖行品七之三	首六行碎損
崑	42	悲泣 人生	勤心 中唯	3	72	聖行品七之三	首五十行尾行碎損

編號	起	止	紙數	行數	品名	備註
劍62	茶毒一切	善根凡尖	2	32	聖行品七之三	首三行尾行碎損
出36	療治除苦	火善種分	4	112	聖行品七之三	首二行碎損
出91	受種摩訶	菩提葉尖	2	35	聖行品七之三	尾行碎損
劍76	爲道正定	多禁相隨	2	38	聖行品七之三	首尾碎損各一行
出33	諸衆說受	了無應有	2	51	聖行品七之三	首三行尾二行碎損
崑28	別復眼則	說若諦者	4	111	聖行品七之三	
岡63	量諸五諦	陰亦知之	3	60	聖行品七之三	首行碎損
劍43	名第復次	母和名弟	2	28	聖行品七之三	首行碎損
岡27	一義文殊	非實衆生	2	47	聖行品七之三	首尾碎損各一行
律85	是實爲无	是處十三	6	159	聖行品七之三	首行碎損

號	起	止	紙數	行數	品	附記
號 50	諦佛欺誑	眞珠香塗	3	70	聖行品七之三	首行尾二行碎損
玉 82	作是有諸	是處十三	3	81	聖行品七之三	
崑 39	璧玉香燈	過諸諸外	2	47	聖行品七之三	首行碎損
服 76	常樂道等	外道師是	2	28	聖行品七之三	首行碎損
宿 51	羅密密般	至心思義	19	426	聖行品七之四 梵行品八之一	首二十行碎損 卷多碎
崑 13	見已二名	行十四	18	460	聖行品七之四	首二行碎損 尾有木軸
巨 10	亦如次善	行十四	12	365	聖行品七之四	首三行碎損
宙 4	進於今於	大歡喜亦	7	196	聖行品七之四	首三行碎損
字 58	涅槃菩薩	令充一身	2	42	聖行品七之四	首尾碎損各二行
潛 96	三昧想非	已竊知是	3	47	聖行品七之四	首三行尾五行碎損

字	號					品	附記
致	27	得月 解鬱	聖行 十四	9	242	聖行品七之四	首三十八行碎損
露	2	是大 隨順	如是 半偈	5	140	聖行品七之四	
鱗	18	不見 則得	調伏 中五	17	485	梵行品八之一 梵行品八之二	首十八行碎損
歲	58	法如 來如	伏 十五	21	438	梵行品八之一 梵行品八之二	首十四行碎損
河	4	是義 汝所	調伏 十五	14	328	梵行品八之一 梵行品八之二	首六行碎損 尾有木軸
人	91	譬如 除毒	所受 光无	2	54	梵行品八之一	首行碎損
昃	54	羣黨 兵伺	菩薩 十六	12	383	梵行品八之二 梵行品八之三	首十行碎損 尾有木軸
結	81	是兄 有如	所著 十六	6	161	梵行品八之二 梵行品八之三	
李	57	彼諸 置虛	有疲 子我	2	50	梵行品八之二	首二行碎損
鹹	92	大般 復次	善逝 十七	17	462	梵行品八之三 梵行品八之四	

水	79	白佛 者是	有所 乘道	4	109	梵行品八之三	首八行碎損
巨	15	罪之 菩薩	莫非 莫是	14	370	梵行品八之三	首四行碎損
水	40	故得 子无	便言 見牛	5	140	梵行品八之三	尾行碎損
生	3	言見 言見	有之 弟子	5	140	梵行品八之三	
霜	61	除盲 二諦	歸依 十八	21	462	梵行品八之四 梵行品八之五	
巨	14	解善 明知	菩提 十八	17	454	梵行品八之四	首四行碎損
呂	73	墮三 提得	樂是 思義	7	126	梵行品八之四	卷多碎損
制	97	惡口 所謂	不善 慧滋	4	67	梵行品八之四	首五行尾四行碎損
洪	33	在過 果現	思議 十九	17	439	梵行品八之五 梵行品八之六	尾有木軸
麗	66	愁如 渴乏	思議 十九	12	340	梵行品八之五 梵行品八之六	首十八行碎損

號		起	止			品	附注
露	97	大般 爾時	思議 十九	18	544	梵行品八之五	此卷自梵行品第八之上首末均全但標題爲梵行品之六而下綴十九二字
薑	68	其性 心熾	无損 十九	19	517	梵行品八之五	首十二行碎損
宿	23	上業 王屈	无損 十九	18	491	梵行品八之五	
黃	60	若爲 若言	蘋三 足十	2	55	梵行品八之五	全卷碎損
雨	97	大般 爾時	五行 第廿	16	451	梵行品八之六 嬰兒行品九	首三行碎損
來	75	見阿 是王	五行 第廿	18	443	梵行品八之六 嬰兒行品九	首四行碎損
調	27	又復 者名	行 第廿	17	436	梵行品八之六 嬰兒行品九	首七行碎損
雲	17	漸漸 愛三	五行 第廿	13	388	梵行品八之六 嬰兒行品九	首五行碎損 尾有木軸

號	號數	起	止	紙數	行數	品名	附記
文	93	二俱 曰亦	行 第廿	13	287	梵行品八之六 嬰兒行品九	首八十六行碎損
芥	51	時會 如佛	五行 第廿	9	247	梵行品八之六 嬰兒行品九	首行碎損
宇	46	大般 爾時	定命 世王	7	180	梵行品八之六	首九十行碎損
致	66	右云 羅密	有漏 廿二	17	456	光明遍照高貴德王菩薩品十之一至十之二	首六行碎損尾有木軸
珠	9	行如 聲聞	廣說 廿一	19	523	光明遍照高貴德王菩薩品十之一	首五行碎損
餘	93	摩訶 槃經	槃因 廿一	17	470	光明遍照高貴德王菩薩品十之一	首四十行碎損
金	43	名字 說思	不聞 訶薩	14	113	光明遍照高貴德王菩薩品十之一	首行碎損
金	55	言善 幻如	不來 來有	3	94	光明遍照高貴德王菩薩品十之一	
麗	98	取行 如來	動國 動國	4	112	光明遍照高貴德王菩薩品十之一	尾行碎損
金	87	善守 造像	因 廿一	4	118	光明遍照高貴德王菩薩品十之一	首行碎損

字號	起	止	卷	頁	品名	附記
夜36	曾不三寶	有漏廿二	19	417	光明遍照高貴德王菩薩品十之二	首五行碎損尾有木軸
雨10	善根二者	有漏第廿	16	405	光明遍照高貴德王菩薩品十之二	首二行碎損
人90	知故如來	身復无有	2	28	光明遍照高貴德王菩薩品十之二	首行尾十行碎損
闕77	摩訶覺有	功德十三	17	463	光明遍照高貴德王菩薩品十之三	首二行碎損
結52	何受我自	功德十三	16	447	光明遍照高貴德王菩薩品十之三	全卷碎損
日39	涅槃諸法	功德十五	17	468	光明遍照高貴德王菩薩品十之四至十之六	首九行損碎尾有木軸書法佳
結27	善男供養	功德十五	16	439	光明遍照高貴德王菩薩品十之四至十之五	首六行碎損
巨97	大般復次	功德廿四	19	533	光明遍照高貴德王菩薩品十之四	首九行碎損
寒87	涅槃之昔	初不若言	3	44	光明遍照高貴德王菩薩品十之四	首五行碎損
暑73	因我不能	爾時若使	2	36	光明遍照高貴德王菩薩品十之四	

秋 2　諸佛之相　義不果乃　2　27　光明遍照高貴德王菩薩品十之四　首行尾二行碎損

來 78　是惡惡聲　耨多不能　3　42　光明遍照高貴德王菩薩品十之四　尾行碎損

來 82　知菩復次　菩提逸不　3　44　光明遍照高貴德王菩薩品十之四

制 26　餓鬼生之　一事生之　1　24　光明遍照高貴德王菩薩品十之四　全卷碎損十一行

暑 45　故逸根故　觀諸尊所　3　43　光明遍照高貴德王菩薩品十之四

盈 79　根深逸者　之相菩提　13　326　光明遍照高貴德王菩薩品十之四　首七行尾六行碎損背面有字末有蕃文

寒 85　說施清淨　故於恚癡　2　38　光明遍照高貴德王菩薩品十之四　尾行碎損

秋 11　未來心一　妙經遠離　2　33　光明遍照高貴德王菩薩品十之四　首行碎損

往 58　惚害所有　薩摩何餘　2　33　光明遍照高貴德王菩薩品十之四　尾行碎損

往	65	業謂中表有業受染	2	36	光明遍照高貴德王菩薩品十之四	尾行碎損
往	34	俱淨世界色阿於世	2	36	光明遍照高貴德王菩薩品十之四	首尾碎損各一行
來	65	化衆可見我身菩薩	2	35	光明遍照高貴德王菩薩品十之四	尾行碎損
宇	45	大般火亦復次亦不	3	77	光明遍照高貴德王菩薩品十之四	全卷碎損二十七行
往	6	薩住譬如見一空處	3	37	光明遍照高貴德王菩薩品十之四	首尾碎損各一行
往	5	眼之是三人見音聲	2	27	光明遍照高貴德王菩薩品十之四	首行碎損
往	20	有所功德現一廿四	2	23	光明遍照高貴德王菩薩品十之四	
陽	62	有百公德百八念六	22	604	光明遍照高貴德王菩薩品十之五至十之六	首六行碎損背有字似係大般若經
往	37	大般功德爾時念六	18	535	光明遍照高貴德王菩薩品十之五至十之六	
崑	62	德王功德亦不廿六	21	520	光明遍照高貴德王菩薩品十之五至十之六	首九行碎損

號	起	止	紙數	行數	品名	附記
人 48	非過无白	生恐妙法	8	165	光明遍照高貴德王菩薩品十之六	首十七行尾行碎損
夜 40	人共心共	功德廿六	17	465	光明遍照高貴德王菩薩品十之六	首行碎損
辰 67	之人心穢	功德廿六	17	423	光明遍照高貴德王菩薩品十之六	首三行碎損有木軸尾
光 72	信而善知	解脫廿五	17	432	光明遍照高貴德王菩薩品十之五	首三行碎損
成 92	市是遇媚	二目其心	2	30	光明遍照高貴德王菩薩品十之五	首五行碎損
始 73	雖於不思	解脫廿五	10	285	光明遍照高貴德王菩薩品十之五	首九行碎損
宿 88	作空以无	年彼却後	5	104	光明遍照高貴德王菩薩品十之五	首七行尾行碎損
收 11	我實句言	解脫廿五	6	136	光明遍照高貴德王菩薩品十之五	首四行碎損
人 50	者邊五事	解脫廿五	3	73	光明遍照高貴德王菩薩品十之五	首四行碎損
鳥 71	何菩善薩	空終是種	1	22	光明遍照高貴德王菩薩品十之五	首行尾二行碎損

潛15 菩薩一切光明遍照高貴德王菩

以國成佛 3 157 薩品十之六

首二十三行碎損

卷末跋云夫理深

難契非音教不傳

妙果常寂非積行

不階是以佛弟子

清信女令狐兒自

惟穢業所招早罹

孤苦思慕所天情

無已已遂即減割

資財仰爲亡夫敬

寫大涅槃經一部

四十卷法華經一

部十卷大方廣經

一部三卷藥師經

一部一卷冀因此

福願亡夫神遊淨

鄉歷侍衆聖滄教

悟玄萬惑摧碎又

願亡身現家眷屬

宅福人昌七珍滿

藏萬惡氷口衆善 普會一切含生等 同斯願一時成佛 尾有木軸

衣	77	間人貿易 說言說經	2	46	光明遍照高貴德王菩薩品十之六	全卷碎損
河	79	我不佛性 有一十七	18	484	師子吼菩薩品十一之二 師子吼菩薩品十一之三	首二行碎損
芥	99	於十佛性 神大廿八	18	508	師子吼菩薩品十一之二 師子吼菩薩品十一之三	首二行碎損
光	82	作无根却 間吾地獄	18	471	師子吼菩薩品十一之二	首三行碎損 有雜寫一行餘 末
金	5	不然一切 无一衆生	4	76	師子吼菩薩品十一之二	首二行尾行碎損
金	44	與十者誰 故无常宣	5	87	師子吼菩薩品十一之二	首行碎損
辰	80	槃是佛性 果名廿七	15	329	師子吼菩薩品十一之二	首十三行碎損
乃	7	辱牛切字 則无故云	2	28	師子吼菩薩品十一之一	首尾碎損各一行

號	號	起	止	紙	行	品	備考
金	14	業修 切諸	蘋三 佛性	5	83	師子吼菩薩品十一之一	首行碎損
雲	100	力歲 往一	相瞻 廿九	19	541	師子吼菩薩品十一之二 師子吼菩薩品十一之三	首三行碎損
鹹	49	壽方 欲共	相瞻 十九	21	528	師子吼菩薩品十一之二 師子吼菩薩品十一之三	首十七行碎損
雲	25	險德 人者	者名 等已	6	127	師子吼菩薩品十一之二 師子吼菩薩品十一之三	首十六行尾行碎損
崑	33	習如 名菩	相瞻 廿九	20	497	師子吼菩薩品十一之二 師子吼菩薩品十一之二	首十六行碎損 尾有木軸
玉	46	諸衆 樂惠	生戒 喜滿	4	114	師子吼菩薩品十一之二 師子吼菩薩品十一之三	首三行碎損
騰	44	阿羅 者當	佛性 廿八	18	428	師子吼菩薩品十一之二	
重	63	因以 者了	佛性 廿八	13	356	師子吼菩薩品十一之二	首五行碎損
柰	6	而是 如是	佛性 廿八	8	186	師子吼菩薩品十一之二	全卷碎損三十五行
調	66	獲善 有人	如是 第卅	19	509	師子吼菩薩品十一之三 師子吼菩薩品十一之四	首九行碎損

號	起	止	紙	行	品	附記
官 23	流樹時須	羅三不疑	3	60	師子吼菩薩品十一之三 師子吼菩薩品十一之四	首三行尾行碎損
收 41	喜以如印	請是相瞻	15	420	師子吼菩薩品十一之三	首五行碎損
雲 27	斷煩子結	相瞻廿九	18	387	師子吼菩薩品十一之三	首四行碎損尾有木軸
麗 69	歡喜故三	衆生昧故	6	150	師子吼菩薩品十一之三	
玉 65	爲令尼故	相瞻廿九	8	228	師子吼菩薩品十一之三	
鳥 97	色中我色	舍那繁茂	4	104	師子吼菩薩品十一之三	首五行碎損
果 30	寶厠槃銀	如是第卅	18	512	師子吼菩薩品十一之三	首四行碎損
暑 48	大般佛言	一切切處	2	53	師子吼菩薩品十一之四	第二紙碎損
闕 25	大般師子	菩提卅二	16	445	師子吼菩薩品十一之五 師子吼菩薩品十一之六	
露 86	於惡者不	菩提卅二	16	395	師子吼菩薩品十一之五 師子吼菩薩品十一之六	首四行碎損尾有木軸

字號		起	止			品名	備考
昃	100	服飲……多惡	內外……智慧	2	100	師子吼菩薩品十一之五 師子吼菩薩品十一之六	全卷碎損
秋	27	爲衆……根力	衆生……卅二	17	464	師子吼菩薩品十一之六 迦葉菩薩品十二之一	首五行碎損
洪	55	次菩……心故	等心……故大	3	84	師子吼菩薩品十一之六 迦葉菩薩品十二之一	
藏	23	作故……如是	一切……卅三	10	277	師子吼菩薩品十一之六 迦葉菩薩品十二之一	
重	32	謂四……便食	分聖……腹痛	6	184	師子吼菩薩品十一之六	首五行碎損
鹹	33	名安……執著	一行……卅四	17	450	迦葉菩薩品十二之一 迦葉菩薩品十二之三	首二十四行碎損
黃	40	大槃……羅漢	善男……无所	6	166	迦葉菩薩品十二之一 迦葉菩薩品十二之二	
收	92	知是……得	知是……卅四	18	483	迦葉菩薩品十二之一	首三行碎損尾 有木軸
列	61	故或……乃得	定者……卅四	18	477	迦葉菩薩品十二之一	首二行碎損
辰	93	生於……乃得	修集……卅四	2	440	迦葉菩薩品十二之一	首二十四行碎損

號	起	止	紙數	行數	品	附記
辰19	大般……意語	善男……卅五	22	496	迦葉菩薩品十二之二 / 迦葉菩薩品十二之三	首九行碎損尾有木軸
珍13	中說……意語	斯陀……十五	18	480	迦葉菩薩品十二之二 / 迦葉菩薩品十二之三	
薑87	乃至……意語	繫縛……卅五	16	448	迦葉菩薩品十二之二 / 迦葉菩薩品十二之三	首二十行碎損尾有木軸
日77	諸力……怨而	怖尋……當去	4	103	迦葉菩薩品十二之二	首四行碎損
淡35	有身……卅五	人能……校竟	16	364	迦葉菩薩品十二之三	首五行碎損
爲85	三世……佛陀	色受……卅六	22	540	迦葉菩薩品十二之四	首三行碎損尾有木軸
李50	故是……佛陀	畏故……卅六	18	498	迦葉菩薩品十二之四	首六行碎損尾有木軸
霜43	是人……卅六	男子……校竟	15	486	迦葉菩薩品十二之四	首二十四行碎損尾有木軸
淡3	比丘……佛陀	長老……卅六	13	373	迦葉菩薩品十二之四	
推84	何耶……者水	比丘……能觀	1	30	迦葉菩薩品十二之四	首尾碎損各五行

號		起	止	紙數	行數	品名	附記
雲	14	遍若若一	道法卅七	17	436	迦葉菩薩品十二之五 迦葉菩薩品十二之六	首十三行碎損 尾有木軸
雲	54	有戒足精	子譬亦復	13	363	迦葉菩薩品十二之五 迦葉菩薩品十二之六	尾六行碎損
成	89	生顛生於	道法卅七	5	150	迦葉菩薩品十二之五 迦葉菩薩品十二之六	
岡	15	煩惱作受	道法卅七	6	134	迦葉菩薩品十二之五 迦葉菩薩品十二之六	首七行碎損
闕	85	地无无常	道者果報	5	144	迦葉菩薩品十二之五	首七十行碎損
人	45	男子菩薩	外因无我	2	28	迦葉菩薩品十二之五	首行尾二行碎損
餘	71	報是一切	愛无求財	1	24	迦葉菩薩品十二之五	首四行尾二行碎損
稱	35	薩品離如	親修從彼	13	366	迦葉菩薩品十二之六 憍陳如品十三之一	首四行尾四行碎損
菜	10	爲本安爲	意達卅八	16	447	迦葉菩薩品十二之六 憍陳如品十三之一	首五十行碎損
月	24	善男得涅	菩薩讚佛	3	113	迦葉菩薩品十二之六	

第八帙

露	71	大般…供養	爾時…卅九	18	503	憍陳如品十三之一 憍陳如品十三之二	首八行碎損
柰	94	无我…供養	有二…卅九	16	447	憍陳如品十三之一 憍陳如品十三之二	
辰	49	善法…供養	二種…卅九	16	354	憍陳如品十三之一 憍陳如品十三之二	首六行碎損
律	79	善法…供養	我若…卅九	11	230	憍陳如品十三之一 憍陳如品十三之二	首八行碎損
稱	33	家修…意答	合猶…十八	3	62	憍陳如品十三之一	首十一行碎損
衣	88	世間…子如	邊无…如是	1	22	憍陳如品十三之一	
盈	73	經卷…見者	納衣…者相	16	446	憍陳如品十三之二	首五行碎損
河	35	可若…漢果	先後…第卅	16	461	憍陳如品十三之二	首四行碎損尾有木軸
玉	75	有自…跛陁	水性…今云	15	409	憍陳如品十三之二	首八行碎損
成	83	性瞿…言如	地獄…能飲	2	40	憍陳如品十三之二	首行尾四行碎損

編號	起	止	紙數	行數	品名	備注
騰19	生已已自	漢果第卌	16	442	憍陳如品十三之二	首七行碎損
金10	常若不是	漢果第卌	15	416	憍陳如品十三之二	首十六行碎損尾有木軸書法頗佳
冬22	切无當知	漢果第卌	13	398	憍陳如品十三之二	首七行碎損尾有木軸
騰46	不見非因	想非獲得	11	313	憍陳如品十三之二	首尾碎損各一行
爲65	絲梵者從	漢果第卌	13	335	憍陳如品十三之二	首五行碎損
菜96	我今言善	无量恆河	10	300	憍陳如品十三之二	首二十五行尾十八行碎損
皇55	因思靜觀	羅蜜无量	2	30	憍陳如品十三之二	首二行尾行碎損
劍49	涅槃如是	漢果四十	10	264	憍陳如品十三之二	首九行碎損

大般涅槃經 劉宋慧嚴等再治 三十六卷

原號		起	止	紙	行	品次	附記
餘	36	今以丘尼	是人大般	12	345	長壽品四 名字功德品六	首行尾十二行碎損
月	64	云何如比	那含第四	15	418	四相品七之一	首十一行碎損 尾有木軸
日	63	之秘念憐	正法第五	19	508	四相品之餘	首二十一行碎損
官	36	婢金如是	順佛言如	2	38	四依品八 邪正品九	首尾碎損各三行
巨	6	聖諦能作	當分幻化	12	288	四諦品十 如來性品十二	此卷品名從南本 文字從北本
地	89	頂戴如我	涅槃第八	20	536	如來性品十二 鳥喻品十四	首六行碎損分兩段
霜	14	大般迦葉	不久第九	16	446	菩薩品十六	首三行碎損
鳥	82	中亦衆生	者信提僻	1	27	一切大衆所問品十七	

千字文	號	首行	末行	紙數	行數	品名	備考
往	13	男子故名	其舌常觀	1	25	聖行品十九之一	
玉	43	喜外不虛	善男已是	3	87	聖行品十九之一	
水	75	有歡相應	外有十二	7	189	聖行品十九之一	首七行碎損　尾有木軸
結	15	復如其後	滑如純青	4	92	聖行品十九之一	首二行尾七行碎損內有硃筆圈點
重	89	異貪其義	異一後以	10	267	聖行品十九之一	首十五行碎損
出	39	德无悉得	尊如者我	3	58	聖行品之下	
海	66	我當於聖	是大十三	7	180	聖行品之下	首二行尾六行碎損
官	5	唱如偈我	衆生養大	2	40	聖行品之下	首行尾二行碎損
人	47	偈已十二	我設云何	5	93	聖行品之下 梵行品二十之一	首尾碎損各二行
盈	42	說十我時	十一調伏	16	377	梵行品二十之一	首六行碎損

號		首行			品	附記
官	83	言世眞實 思惟心能	2	36	梵行品二十之一	首三行尾行碎損
暑	79	聞慈眠故 是聲故眠	1	24	梵行品二十之一	
藏	93	信故之藏 人之不出	1	28	梵行品之三	尾四行碎損
字	85	生是功德 次菩廿三	13	335	光明遍照高貴德王菩薩品二十二之三	首八行碎損
爲	57	趣中嚴淨 趣非廿四	11	308	光明遍照高貴德王菩薩品之四	末有勘了口三字
麗	71	恨亦非婆 薩亦大般	1	27	光明遍照高貴德王菩薩品之六	
出	44	槃經佛性 爾時廿七	17	477	師子吼菩薩品二十三之一	首二行碎損尾有木軸
玉	69	大般佛性 爾時廿七	17	478	師子吼菩薩品二十三之一	尾有木軸
荒	18	以鈍者及 五情薩及	4	61	師子吼菩薩品之五	全卷碎損四十九行
光	93	戒因菩提 戒戒卅二	15	347	師子吼菩薩品之六	首九行碎損

月63 家修方佛 城外卅四 9 255 迦葉菩薩品二十四之一 卷中碎損、尾有木軸

衣76 自事所聞 悉能比丘 2 25 憍陳如品下 首行尾二行碎損

大般涅槃經 涼宋兩譯互同

原號		起	止	紙	行	次品	附記
官	52	爾時洒地	自己第一	2	42	壽命品一 壽命品一之一	
往	85	菩薩无上	謂六於我	1	28	壽命品一之二	首尾碎損前段係涅槃注疏等文
重	19	或如故作	正定子如	1	28	聖行品七之三	
劍	4	一道業衆	淨是道皆	3	84	聖行品七之三	
崑	44	各各不淨	於此十三	1	24	聖行品七之四	首行碎損　尾有木軸
制	90	復次纒因	色非乃至	4	91	聖行品七之四	卷中碎損六行
龍	69	受記佛教	多伽餔時	1	19	梵行品八之一	首三行碎損
結	14	自說上樂	尼陀所與	6	153	梵行品八之一	首十五行碎損

字	編號	文句	數	出處	備註
調	86	有經名爲 諸經不聽	1 25	梵行品八之一	
人	9	知如義二 修精不名	2 26	梵行品八之一	首三行尾行碎損
制	92	覺不難去 是義心難	1 26	梵行品八之一	尾行碎損
麗	36	求有善逝 有如十七	4 99	梵行品八之三 梵行品八之四	
宙	27	不汚歸依 染汚十八	19 508	梵行品八之四 梵行品八之五	首十一行碎損
爲	21	復爲歸依 生死十八	17 460	梵行品八之四 梵行品八之五	首四行碎損
夜	94	若常病我 貪婬常以	1 27	梵行品八之五	
位	77	因緣發大 常故及夫	1 28	梵行品八之六	
人	43	命耶諸善 有常守此	2 37	光明遍照高貴德王菩薩品十之二	首二行尾三行碎損
官	4	而了以是 人能諸衆	2 38	師子吼菩薩品十一之一	卷多碎損

號	起	止	紙數	行數	品	附記
劍20	觀者阿耨	者見家有	1	28	師子吼菩薩品十一之一	
水43	說一因非	是義得故	4	82	師子吼菩薩品十一之一	
人53	時諸我說	即是名爲	2	56	師子吼菩薩品十一之一	首三行尾五行碎損
麗60	云何欲令	空故諸不	4	71	師子吼菩薩品十一之一	尾行碎損
制91	非若財物	隱老果若	2	21	迦葉菩薩品十二之三	首二行尾行碎損
人17	果當又如	是念烏見	2	36	迦葉菩薩品十二之三	首尾行碎損
呂23	動迦斯陀	陁洹如彼	1	21	迦葉菩薩品十二之四	首二行尾五行碎損
羽88	辟支報恩	故於因二	1	23	迦葉菩薩品十二之四	首三行尾行碎損
結75	諦聽衆生	分別經能	10	252	迦葉菩薩品十二之五　迦葉菩薩品十二之六	首六行尾二行碎損
重18	明不者當	惱亦煩惱	1	28	迦葉菩薩品十二之五	

鹹	39	是修 道者	善等 義迦	1	25	迦葉菩薩品十二之六	
帝	28	佛无 名一	中我 常身	3	84	憍陳如品十三之一	首八行尾三行碎損

大般涅槃經後分　唐若那跋陀羅譯　二卷

	原號	起	止	紙	行	品次	附記
柰	85	大般 爾時	供養 卷上	21	582	憍陳如品餘 應盡還源品二	全卷碎損
結	91	悲喜 世尊	供養 卷上	21	582	憍陳如品餘 應盡還源品二	首五行碎損
號	43	門不 衆起	供養 卌一	12	330	遺教品一 應盡還源品二	首十九行碎損
珠	63	大般 爾時	即禮 而還	17	458	機感茶毗品三	首四行碎損

涅槃經節鈔

原號	起	止	紙	行	附記
洪29	大般善男	足者定窟	25	533	首三行碎損　尾有木軸
鱗11	者言言象	墮落无餘	24	539	中有硃筆圈點　尾有木軸
薑73	者名知有	不善處住	14	219	首十行碎損
鹹63	槃一三者	疾右病人	28	755	首二行碎損　中有硃筆圈點
地20	心慧淨之	爲佛緣故	5	98	首三行碎損
洪73	本合法陀	佛所我等	9	142	首六行碎損
調38	事常奇世	來甚不變	8	167	首四行碎損
翔99	草木下末	處而令所	3	73	首五行碎損　背面有字

菜	13	諸正逝名 / 如來蓐多	7	161	首二行碎損　中有硃筆圈點
雨	86	知上故現 / 猶如病人	27	572	卷多碎損　中有硃筆圈點
水	56	病有等諸 / 滅是思議	5	137	此係涅槃經文內分兩段全卷碎損
露	63	大般是言 / 尾身漢果	4	70	此卷兩面有字係涅槃經目錄

涅槃經疏

原號	起	止	紙	行	附記
地93	眼不金剛	者不不名	12	311	此卷第二行四字爲金剛身品
宇60	故道第一	其生下之	16	369	背面題稻芊隨聽疏
閏24	男子種身	佛說知悉	32	831	
閏76	不成相似	男子界而	11	280	
閏91	應身殊妙	佛性非定	4	110	
餘46	子政蜜正	故訖餘无	8	209	
致70	色亦性懊	凡夫无明	3	73	首碎損
制89	中陰喻覺	下答敎明	3	45	内有硃點首尾殘缺

涅槃經義記

原號	起	止	紙	行	附記
雨 90	万德	四日明知敬寫	64	1512	此卷尾題涅槃義記卷第一最後硃筆句讀尾署大德沙門慧遠法師撰之大隋大業十一年敦煌郡沙門曇枚敬寫又有小字一行爲聖曆元年七月十四日首十行碎損
夜 10	若善性也	无善去未	3	74	首碎損卷中殘缺九行有硃筆句讀

摩訶摩耶經 南齊曇景譯 二卷

原號 起 止 紙行附記

字65 而乃奉行 1 24 首四行碎損
業无一卷

大般涅槃經佛母品

原號	起	止	紙	行	附記
官 97	衆諸 汝與	大師 母品	2	44	首七行碎損尾題大般涅槃經佛母品殆即摩訶摩耶經之異譯
霜 82	道臨 難去	大師 母品	2	44	首七行碎損
羽 15	嚴莊 其夜	大師 母經	2	36	首八行碎損
文 99	毋見 遺人	大師 母經	2	31	首九行碎損
月 43	耶夫 嚴嚴	大師 母品	2	49	此卷與官九十七號霜八十二號經文微有異同因附於後首五行碎損

大般涅槃經佛爲摩耶夫人説偈品經

原號 起 止 紙 行 附記

歲 11 大般涅槃 2 36 此卷首題大般涅槃經佛爲摩耶夫人説偈
爾時涅槃 品經殆即摩訶摩耶經之異譯經文完具

鳥 90 㝵三涅槃 2 27 此卷尾題大般涅槃經佛母品而經文即佛
摧折偈品 爲摩耶夫人説偈品經殆即摩訶摩耶經之
異譯

中阿含經 東晉僧伽提婆譯 六十卷

原號 起 止 紙 行 附記

黄 88 中阿含經之第十二十三十八 11 309 此卷係節錄中阿含經之第十二十三十八 尊與槃得尼丘阿中 諸卷或續或斷內有武周新字

翔 40 是無比丘 不退卅六 1 20 此卷係節錄中阿含經之第三十五三十六 諸卷或續或斷背面寫有心經一卷

長阿含經 後秦佛陀耶舍共竺佛念譯 二十二卷

原號 起 止 紙 行 附記

宿 35 流離向東 枝馬輪王 10 198 此卷係錄長阿含經第四分世記經之閻浮提洲品第一至轉輪聖王品第三首尾不完

雜阿含經

劉宋求那跋陀羅譯
五十卷

原號　起　止　紙　行　附記

宙23　讚曰讚曰　玉名窮盡　4　77　此卷錄雜阿含經之第二十三卷首尾不完

宙42　字我第一　定故心不　9　133　此卷雜錄雜阿含經大毗婆沙論茲以類附雜阿含經後內有武周新字

樓炭經略

原號　起　止　紙　行　附記

潛2　里其万里　歲其一卷　17　372　尾有木軸

佛說尸迦羅越六方禮經　後漢安世高譯　一卷

原號	起	止	紙	行	附記
宙23	佛說外來	佛在第八	3	62	卷首題尸迦羅越六向拜經

佛本行集經　隋闍那崛多譯　六十卷

原號	起	止	紙	行	卷品次	附記
皇35	佛本死尸	佛本家去	1	26	17 捨家出宮品下	紙背雜寫十四行
餘7	見汝病死	爾時廿一死	14	376	21 王使往還品下	
乃71	佛本耨多	爾時菩提	1	26	31 昔與魔競品三十四	

佛說太子瑞應本起經

吳支謙譯
二卷

原號起止紙行附記

鱗 89 叡志豫憂 15 308 首七行碎損
玄行難乎

昃 35 深微歡喜 14 297 首三行碎損尾有木軸
一力經下

佛垂般湼槃略說教誡經 一卷 後秦鳩摩羅什譯

原號		起	止	紙	行	附記
呂	1	佛垂 釋迦	不能 其不	2	54	
日	96	民奴 如避	口誨 一卷	6	143	
果	68	又如 若我	口誨 一卷	5	149	首九行碎損
潛	58	犯人 可制	竟汝 若在	4	92	首五行尾十二行碎損
柰	47	瞋猶 怨出	煩行 一卷	4	91	首三行碎損
裳	99	着懷 慢當	能得 者則	2	31	首四行碎損

佛臨涅槃記法住經

唐玄奘譯 一卷

原號 起 止 紙 行 附記

騰 14 佛臨奉行 4 113 首尾完具

如是住經

正法念處經 元魏般若流支譯 七十卷

原號	起	止	紙	行	品次	附記
荒57	鐵壁葉分	身无身則	1	28	生死品之三	此是荒五十七號之一段
月14	閻魔果報	汝爲第七	1	26	地獄品之三	此是月十四號之一段
珍58	正法若生	又彼常有	1	27	地獄品之六	
荒57	於城間二	離惡世間	1	28	觀天品之四	此是荒五十七號之二段
月14	色一釋見	故名頌曰	1	24	觀天品之四	此是月十四號之二段
月14	天子衆生	網以毒害	1	23	觀天品之五	此是月十四號之三段
荒57	正法臨欲	爾時白天	1	26	觀天品之二十	此是荒五十七號之三段
黃49	正法心五	爾時山復	3	77	觀天品之二十一	

月 14 正法九者 又復重勝 1 26 觀天品之二十三 此是月十四號之四段

李 27 正法寶莊 復叒嚴□ 1 26 身念處品之六

業報差別經 隋法智譯 一卷

原號 起 止 紙 行 附記

收 44 爲汝而退 思念別經 14 356 背面卷末題業報差別經一卷尾有木軸

天請問經 唐玄奘譯 一卷

原號 起 止 紙 行

芥 1 天請告曰 如是生天 2 28

天請問經疏

原號 起 止 紙 行 附記

黃 19 戒常宮也 答第一卷 12 221 前三問答及第四答之疏均缺第四答以下完好

長爪梵志請問經 唐義淨譯 一卷

原號	起	止	紙	行	附記
雲23	業爲 業業	奉行 問經	3	59	首九行碎損已裂斷

佛說无常經 一卷 唐義淨譯

原號		起	止	紙	行	附記
張	67	佛說 稽首	安樂 一卷	2	53	首尾完具
餘	92	佛說 稽首	安樂 常經	2	43	首尾完具係從同卷波羅蜜經內分出
金	74	口我 千二	三敢 一卷	6	144	首四行碎損首尾完具卷首綴佛說一要行捨身經一卷卷內有硃筆校勘並分出
始	79	佛說 稽首	安樂 一卷	3	65	卷多碎損首尾完具係從同卷中般若心經內分出
衣	24	佛說 稽首	經意 三敢	3	65	首八行碎損首尾完具尾題有前後勸乃是尊者馬鳴取經意而集造中是正經金口所說事有三開故云三敢等語
荒	35	定完 之功	成敢 是一	3	67	首末完具惜全卷碎損
辰	30	情生 大捨	安樂 敢經	3	63	首行碎損

爲 8 稽首安樂爲濟常經 3 64 首九行碎損

結 54 諸佛安樂之首一卷 4 65 首十三行碎損卷中又碎損二十三行

裳 77 佛說无縛稽首受敎 1 14 尾三行碎損

推 61 三者安樂修行一卷 3 63 首十六行碎損卷中又碎損十四行

鳥 76 何苦安樂目世一卷 3 45 首七行碎損

皇 9 佛說安樂稽首敢經 3 64 首三十四行碎損

乃 55 給孤莎訶世間一卷 3 80 首九行碎損尾綴六門陁羅尼經心經各一卷

龍 43 佛說衆生稽首頌曰 3 36

五无反復經 劉宋沮渠京聲譯 一卷

原號起止紙行附記

制68 佛說而去 2 41 首末完具
聞如一卷

佛說除恐災患經 西秦聖堅譯 一卷

原號起止紙行

宙8 力所精舍 15 398
爲務患經

雜寶藏經

元魏吉迦夜共曇曜譯　十卷

原號　起　止　紙　行　卷　附記

生　58 問佛法信 8 177 5 首十一行尾三行碎損
此天藏卷

藏　83 不止動地 1 28
去世證有

敦煌劫餘錄

新會 陳垣 校錄

第九帙

梵網經盧舍那佛說菩薩心地法門戒品 二卷 後秦鳩摩羅什譯

原號	起	止	紙	行	附記
宇 71	大德誦受	羅提一卷	6	300	首十三行碎損　卷首綴菩薩戒序全卷多硃筆校正處
收 72	菩薩切乘	諸大如佛	16	448	首四行尾三行碎損第四紙起字跡紙張與前三紙迥殊殆別一人所書後十三紙有硃墨校勘
黃 8	薩戒脫說	德優卷下	18	444	首二十一行碎損第四紙起爲別人續書末一紙字體紙質又不同尾綴菩薩安居解夏自恣法六行　此卷內分兩段

劍	61	失人中說	无常綱經	20	403	此卷除序文損失數行外經文首尾無缺
秋	38	藏等被縛	當尊解脫	19	484	此卷序文上半均碎去尾綴菩薩安居解夏自恣法七行第四紙起紙質字體迥異前三紙經文亦重出十七行
閏	34	菩薩垢罪	諸大戒經	13	316	首七行碎損卷首綴序文及受戒時偈言等
稱	61	菩薩一棺	諸大而作	7	62	卷首綴序文
劍	14	菩薩歎煞	諸大熱業	2	53	卷首綴序文
皇	81	梵網一切	諸大界說	2	44	卷首綴序文
服	74	菩薩眠縱	諸大容過	1	17	
榮	70	經口[illegible]神	[illegible]大[illegible]生	6	161	全卷碎損卷首綴序文此爲梵網經卷下我今盧舍那偈言前尚有經文爲他卷所無
淡	83	諸大罪若	應當垢罪	5	118	全卷碎損卷首綴序文第四紙起字體紙質與前迥殊有硃筆句讀

生	70	梵網 諸大	反更 夷罪	3	74	卷首綴序文卷中有硃筆校勘處
露	10	當知 諸大	諸因 見見	4	71	全卷碎損首綴序文
推	93	諸大 於像	戒嚴 成佛	1	46	首五行碎損卷首綴序文及受戒時偈言等
始	59	優婆 應當	說我 地法	2	38	尾四行碎損卷首綴序文
菜	61	爾時 可說	十无 清淨	2	44	
崑	73	赫赫 議光	吾今 切衆	2	35	尾行碎損卷中師子座作天子座
菜	23	品而 我上	當爲 戒本	2	37	
皇	74	生次 誦一	提菩 人說	1	29	
荒	26	受持 波羅	豆三 子繩	9	249	全卷碎損卷中有硃筆校勘處
宇	78	赫赫 法門	中說 戒品	20	395	首六行碎損

宿 19 法門戒藏 次第成佛 46 首二十三行碎損

官 21 心地□釋 二无提樹 1 23 尾二行碎損

呂 49 王座救護 說時度衆 8 207 首六行尾一行碎損

呂 29 我今受持 百憶一卷 25 438 全卷碎損

調 23 我是明三 心者戴菩 19 426 首二行尾六行碎損卷中有硃筆句讀

昃 8 佛告□軍 薩戒垢罪 6 118 全卷碎損

出 51 有便夷罪 主夷□他 2 27 全卷碎損卷後裱有僧惠通上都僧統牒六行書大順三年正月按大順爲唐昭宗年號祇有二年大順三年正月丙午朔改元景福邊鄙或倘未奉到勅書歟

推 100 我是奉持 郎入切惡 5 132 首二十一行尾七行碎損全卷硃筆句讀

調 69 言不謗佛 衆生信心 2 33 全卷碎損

號		起	止			附記
露	8	衆生見那	佛法坐者	11	279	全卷碎損
辰	13	一切明達	若[illegible]受持	12	305	首三行碎損
位	6	若佛罪過	菩薩犯罪	1	22	
淡	27	若佛罪過	田中子病	4	76	首十行碎損
閏	58	瞋不若佛	佛道一卷	16	360	卷末綴七佛偈卷後裱有疏文曰 乾元寺請何僧正和尚 汜判官 慶通 右仝月十五日就弊居奉爲故慈母娘子百辰追念依時早赴 謹疏 建元年四月十三日哀子弟子從都頭守壽昌縣令
潛	86	是菩若佛	若故垢罪	5	121	首七行碎損
河	94	菩薩若佛	聽者心心	13	349	首五行尾一行碎損
辰	28	善學一犯	垢罪門戰	3	53	卷多碎損

函	卷	經文	張	行	備考
裳	87	趣十戒而一切垢罪	1	28	首四行碎損
調	61	順心酒何羅夷教人	1	24	首二行碎損
麗	26	若佛戒律過酒他人	3	75	
致	50	飲酒垢罪若佛而受	1	5	首尾碎損各一行
露	65	與藻廣明犯輕喜躍	12	324	卷多碎損躍他本作踊全卷補綴處有硃筆
騰	53	神救應當已孝廣解	6	159	首十五行碎損
珠	16	渠是是法輕垢世間	14	358	卷多碎損尾綴七佛偈
收	64	犯輕本逕應敎音聲	7	189	首三十一行尾二行碎損
荒	2	受諸中說悉至卷下	11	312	卷後有天復六年丙寅歲十一月廿日接表布戒全還永惠記二十一字按天復六年即天祐三年

號	起	止	紙數	行數	附記
致32	心背誦戒	持二理佛	2	50	首一行尾五行碎損全卷有硃筆句讀
鹹62	不能安居	瞋恨恆清	12	311	尾綴安居解夏自恣法四行未全全卷有硃筆句讀
辰25	云具頂戴	乃至受持	12	315	卷背紙尾有蕃字四行
稱90	薩乃迷被	畜刀脫說	11	300	尾綴安居解夏自恣法卷中有硃筆校勘
重10	山林受持	門戰一卷	11	304	首十六行碎損紙背接縫處多署智海二字殆持戒僧
秋18	若佛中說	具及網經	11	310	首五行尾七行碎損
致29	爲惡一七	孝順年要	2	39	首四行尾二行碎損全卷有硃筆句讀及校勘
致1	見世佛菩	教化受戒	1	24	卷多碎損
鱗82	牲畜垢罪	无量入家	8	205	首五行碎損卷中又碎損三十六行
調22	相得升應	得佛長養	2	57	首行碎損此卷與致二十九號相銜接亦有硃筆句讀及校勘

Character	No.	Title	Vol.	Lines	Note
玉	23	輕垢布薩若佛卷下	6	287	首十六行尾十七行碎損尾綴七佛偈
水	36	菩薩安居像前錫杖	4	104	尾行碎損
李	45	問者者犯若佛小斗	2	36	全卷碎損
河	6	外道佛道因緣卷下	10	248	首十一行碎損
鳥	22	若佛受持養屬一卷	10	227	首七十六行碎損
爲	51	受請若王聖人丘尼	7	179	首五行尾一行碎損
騰	18	无別脫說垢罪網經	8	194	首三行碎損尾綴安居解夏自恣法
字	81	藥蛇如鳥輕垢薩誦	2	66	首八行碎損
調	52	佛言脫說切悉一卷	7	188	尾綴安居解夏自恣法
出	17	心犯心視爲白遍身	1	30	全卷碎損

號	起	止	紙數	行數	附記
菜 72	若佛破法	官形垢罪	8	147	首六行碎損
陽 25	猫貍二翼	若佛應誦	2	55	尾二行碎損
海 35	猫貍人若	若佛我佛	3	63	尾五行碎損
盈 83	敎化佛戒	一切垢罪	7	165	首三十三行碎損全卷有硃筆句讀紙背補綴紙上有蕃字及翹羽神像
珍 4	若佛佛道	在有戒經	8	200	全卷碎損尾綴七佛偈
淡 62	以此恣迷	三世脫說	6	157	尾綴安居解夏自恣法有墨筆校勘
河 15	鏤千佛道	宅園念常	7	157	尾三行碎損尾綴七佛偈
字 67	不以恣迷	願寧脫說	6	150	全卷上端爲火焚去尾綴安居解夏自恣法
黃 25	不以受持	復作卷下	6	148	首八行碎損
金 95	水囊喜踊	薩形一卷	6	126	尾十三行碎損

字	號	文	卷	數	備註
列	83	爐灑受持 佛像一卷	5	132	首行碎損
陽	23	是二垢罪 若布廣說	1	31	首三行碎損
水	83	老若形像 佛法四十	2	38	首尾碎損各一行
河	44	應立中說 律若卷下	4	112	首九行碎損
雲	97	佛言遮而 子大乘經	1	28	
潛	22	着衣無心 皆應於是	2	33	首五行碎損
水	68	佛須解說 要見生化	3	66	
調	90	律若大衆 性長世界	3	75	尾二行碎損與雲九十七號緊接
鱗	66	惡人受持 若佛戒卷	2	53	全卷碎損
寒	6	一切喜踊 見犯受持	2	47	

人 24 犯輕若佛 布薩戒經 2 55 尾綴七佛偈

海 6 兵事走使 受持薩戒 1 29 尾七行碎損

調 78 下十受持 安隱意怛 3 53 首二行尾四行碎損卷尾有持齋十利益

收 4 梵網北京 頗爲亡矣 1 10 首題梵網經記卷上並序第二行題北京石壁沙門傳奧述首四行有硃筆圈點背面有至道元年十一月二十四日靈圖寺寄住等語

梵網經菩薩戒義

原號 起 止 紙 行 附記

菜 78 他媱乃敎 失四豈怯 24 430 首百二十六行碎損

佛藏經 後秦鳩摩羅什譯 三卷

原號	起	止	紙	行	品次	附記
地66	佛藏佛告	生活第二	15	419	淨戒品五	首十五行碎損
闕92	利心何等	口之第三	24	583	往古品七	此卷第五紙題曰佛藏經往古品第七末題佛藏經卷第三
收100	佛藏佛告	謂得那含	7	202	了戒品九	
收2	阿羅三學	佛語第四	6	172	了戒品九	本卷經文緊接收字百號
鳥36	非佛法故	人爲豫見	2	36		全卷碎損

優婆塞戒經 北涼曇無讖譯 七卷

原號	起	止	紙	行	品次	附記
鳥48	是優不取	優婆切業	1	25	淨戒品十五	
水57	此觀所止	戒起十一	4	86		涼譯七卷此卷尾題曰優婆塞戒經卷第十一首尾殘缺

佛說文殊悔過經 西晉竺法護譯 一卷

原號	起	止	紙	行
重17	法忍族姓	閉結十四	6	88

菩薩戒羯磨文 一卷 唐玄奘譯

原號　起　止　紙　行　附記

出61　頭謝書經　自沽持不　2　40　首六行殘缺

菩薩羯磨戒文 一卷 後秦鳩摩羅什誦法慧融集

原號　起　止　紙　行　附記

金100　收了唱云　口循過命　3　84　第廿三行題菩薩羯磨戒文最後一段題鳩摩羅什法師誦法慧融集

菩薩布薩法

原號	起	止	紙	行
龍68	持戒入魘	清淨莎訶	4	97

佛說善信菩薩二十四戒經

原號	起	止	紙	行	附記
辰48	佛說而去	佛說一卷	4	73	首行題佛說善信菩薩戒經第二行題佛說善信菩薩二十四戒經尾題善信菩薩戒經一卷背面有字尾題佛說菩薩廿四戒經卷比丘惠眞於甘州修多寺寫
官51	於瞋名菩	七佛然不	1	29	第五行題菩薩二十四戒尾殘缺

菩薩戒

原號 起 止 紙 行 附記

歲 40 欲作二攝三歸 3 58 首尾碎損

衣 35 其弟敬禮 9 158 第七紙碎
无愛而去

菩薩戒義

原號 起 止 紙 行

爲 14 得如者財 11 238
物故者親

菩薩戒大科

原號起止紙行附記

藏74菩薩九戒1 25背面有字

將移九戒

四分律 六十卷 後秦佛陀耶舍共竺佛念等譯

原號		起	止	紙	行	卷次	品次	附記
官	13	若聞法謗	聞共波羅	1	29	4	十三僧殘法之三	尾行碎損
爲	67	義如衣突	三衣宿明	1	28	6	三十捨墮法之一	
皇	4	四分說若	爾時提如	1	26	10	三十捨墮法之一	尾四行碎損
芥	24	金報死陶	得刹入僧	3	76	11	九十單提法之一	首行碎損
光	35	四分丘尼	爾時敎差	1	26	12	九十單提法之二	尾五行碎損
暑	5	我知犯者	非鄣十波	50	1024	17 19	九十單提法之七 九十單提法之九	首三行尾五行碎損
秋	32	四分二分	爾時第六	9	306	26 27	一百七十八單提法之三 一百七十八單提法之四	有武周新字

柰　22　尼律 爾時　第五 卅張　30　743　26　28　一百七十八單提法之三　卷尾寫用紙卅張

一百七十八單提法之五

聞　39　時諸 口便　二分 第七　9　213　27　28　一百七十八單提法之四　首六行碎損卷中 碎損十六行此卷

一百七十八單提法之五　緊接秋三十二號 紙色字體皆同亦

有武周新字

珍　22　尼律 爾時　逸提 所所　26　649　29　31　一百七十八單提法之六

一百七十八單提法之七

珍　53　取洗 提比　者或 者最　4　100　31　一百七十八單提法之七　此卷緊接珍二十 二號

光　21　初來 爾時　第七 二張　2　37　31　一百七十八單提法之七　卷尾寫用紙卅二 張此卷緊接珍五

十三號

號	起	止	數	名	備註
陽 60	已便第九	火所廿張	18 450 32 33	受戒犍度之二 受戒犍度之三	首五行碎損卷尾 寫用紙廿張
芥 11	第二說戒	爾時十四	26 706 35	受戒犍度之五	
光 30	衆僧戒備	六奇依能	1 25 36	說戒犍度下	
官 34	佛言以草	衣時若氍	2 51 41	衣犍度之三	九行碎損
黃 48	四分是持	爾時度初	21 586 44	衣犍度之三	此卷分兩段
冬 9	非法羯磨	羯磨責羯	1 29 44	瞻波犍度十	
帝 78	我與時有	便行乂摩	1 25 55	調部之一	
果 79	不知若休	星五道有	1 21 59	毗尼增一之三	
海 49	阿含姓出	若遣佛故	1 29 60	毗尼增一之四	
光 9	相受尼學	法如了了	1 22 60	毗尼增一之四	

四分律比丘戒本 一卷 後秦佛陀耶舍譯

原號	起	止	紙	行	附記
岡 69	四分稽首	逸成者波	18	401	尾二行損二字
月 5	四分稽首	食故逸提	13	266	
海 28	稽本戒首	佛道一卷	9	274	首二十行碎損 尾有蕃文六行 此卷分二截
闕 36	四分稽首	丘有提若	7	187	
制 63	稽分如首	丘比丘比	2	61	首五行碎損
呂 98	稽首戒如	進循僧迦	2	45	
河 89	四分稽首	如是之若	1	18	首十一行碎損
生 46	稽分戒首	乃至說是	2	21	

洪	54	及法 逸提	戒如 不舍	7	170	首六行碎損
稱	2	无演 是持	欲涯 中來	7	172	首二行碎損
來	54	四分 受衣	稽首 逸提	6	166	首六行碎損
崑	29	稽首 說說	如如 說若	5	138	首七行碎損
龍	14	諸佛 優婆	无如 定法	4	112	首十七行碎損
文	14	及无 汚他	毗四 見亦	4	103	首九行碎損
盈	51	令政 悔過	欲除 如是	9	225	首九行碎損
昃	29	若是 提逸	入比 逸提	10	203	首二行尾十行碎損
洪	4	及未 佛道	大清 一卷	18	428	首四行碎損
寒	47	堪有 瞋恚	若生 丘欲	3	44	首八行碎損

號	首	尾	紙	行	附記
龍 99	我大恐懼	應即比諸	6	143	首四行碎損
出 31	諸大伽婆	善思尸沙	3	72	
洪 24	世間逸提	一切逸提	10	273	首十行尾三行碎損
河 86	自知尸沙	若有若爲	2	31	首十行碎損
張 32	罪罪我知	求故逸提	8	222	首十五行碎損
歲 42	若比薩竟	犯不佛道	21	579	首行碎損卷中又碎損十三行
成 7	至丘功德	若共一卷	17	406	首四行碎損
調 74	是比佛道	取法一卷	9	287	背有天福八年癸卯歲等語
文 62	行乃樂欲	若比如水	2	55	首三行碎損
昃 27	德清呵所	衆中過法	15	386	首二十七行碎損

潛	61	大德已應 思念廿衆	5	120	首十五行碎損
辰	95	種作逸提 若方有疑	5	185	首行碎損
律	43	髮伽是法 蠕意三中	4	89	首十二行碎損卷中又碎損十六行
芥	14	婆伽諫此 觸若丘令	12	326	首廿二行碎損卷中又碎損十一行
鹹	11	向丘居士 語異足受	4	94	首六行碎損
芥	72	此事逸提 若比餘時	3	54	
服	72	方便有怖 持不者諸	1	27	首二行碎損
稱	52	德比佛道 說我戒本	15	445	
制	24	我語得我 是我逸衣	4	111	首三行碎損 背有疏文三十二行
鳥	86	尸沙作是 諫是逸提	9	182	尾十八行碎損卷中又碎損九行

號	起	止	紙數	行數	附記
衣66	痴有者足	報丘薩老	2	52	尾十三行碎損卷中碎損十一行
地62	等忍佛道	語比戒本	19	466	首十九行碎損　背面雜寫疏文二節
珍15	若應佛道	自僧寺書	19	396	首十六行尾五行碎損　尾署七年十月廿日比丘日定於大雲寺書
羽36	懺轉一道	三諫日卷	17	462	首五行碎損卷中又碎損六行　尾署貞觀四年長安普仁寺主惠宗受持等語
致21	若比滅盡	非法湼槃	14	370	首五行尾八行碎損
河58	若比一道	衣異日卷	15	406	
成17	諸大逸二	若比手逸	8	241	首十一行尾七行碎損卷中又碎損十六行
李36	若比戒本	薩耆一卷	17	387	首四行碎損　尾有佛說犯戒罪報輕重經一卷十一字
珍32	丘比逸新	作是不捨	1	34	首九行尾四行碎損
劍3	言我逸提	善若長佛	9	211	首四行碎損

鱗 28	衣若……當學	若比……當學	14	336	
果 70	若衣……三不	先不……如持	8	187	首二行碎損
潛 4	故更……三十	若比……過受	4	85	
珍 80	若更……衣者	著比……逸提	1	24	首行碎損
皇 95	若比……衣置	若比……薩耆	1	30	卷首倒粘殘律四行爲第廿五廿七廿八波逸提文
龍 36	比若……道行	比若……如是	2	45	尾八行碎損
果 94	若比……當學	若比……當學	12	304	尾七行碎損　卷後雜寫戒本偈言
芥 21	色壞……丘在	羊毛……藍外	9	249	首二十二行碎損卷中又碎損九行
字 69	是處……五大	過者……答作	7	217	首一行尾六行碎損　卷尾附律中小鈔二十餘行
夜 70	諸大……床人	大德……逸若	1	30	尾行碎損

字	號	起	止	紙	行	附記
夜	44	若比逸提	者波乃至	1	19	尾行碎損
光	57	若比逸提	波逸逸提	1	31	
位	12	若比彼滿	若比逸不	1	24	尾二行碎損
光	43	若比比比	若比諫再	1	31	尾五行碎損
珍	86	世謗逸時	比世磨提	2	30	首四行尾一行碎損
陽	18	給所當學	若比當學	5	113	紙背雜寫各讚
官	57	彌世衣量	被比三不	1	31	
果	63	親如手若	若厚逸提	1	25	首行碎損
地	91	若若佛之	逸自分施	7	180	首十行尾三行碎損
果	31	若比應向	四礫爲我	2	21	

霜	34	二礙愛沙	若比薩女	6	166	尾七行碎損　卷尾有金剛經十行橫粘紙背
出	86	若過功說	若比本德	7	192	首四行尾廿五行碎損卷中又碎損十七行
果	61	今向當學	若比當學	1	23	首行碎損
黃	34	諸大人語	諸大覆地	4	112	
日	72	不得當學	不得當學	3	93	
李	49	不得當學	不得作學	1	32	首尾碎損各一行
光	92	不得地學	不得佛學	1	26	尾二行碎損
光	99	若比佛道	應與一卷	2	50	
洪	65	學應四種	諸說時藥	4	103	首十行碎損　一卷尾綴律中小鈔一卷訖授藥法藥有四種一時藥等語
宿	6	此是一卷	譬如寫了	2	30	尾署乾元二年四月廿日龍興寺僧靜深寫了

四分比丘尼戒本 一卷 後秦佛陀耶舍譯

原號		起	止	紙	行	附記
珍	33	譬死 數方	逸提 戒者	14	341	首八行尾二行碎損
劍	51	三僧 若和	受時 逸提	3	125	首四行碎損
乃	60	語諫 比莫	逸提 逸提	3	67	首尾碎損各二行卷中又碎損四行
金	40	若比 若比	過法 尼犯	6	169	首三行碎損
推	71	佛塔 不繞	合應 出家	3	57	首二行尾八行破碎
宿	28	者我 姊汝	大尼 三姊	1	18	尾行碎損
盈	90	若比 敎不	佛道 戒本	22	718	
收	3	是如 乃故	佛道 戒本	26	606	全卷碎損僅卷尾完好

地	14	若比逸提	後於喜罵	14	402	首行碎損
淡	77	所盜僧布	國汝生皆	26	724	首行尾七行碎損卷中碎損九行
河	17	身布起時	爾乃欲須	14	312	首八行碎損卷中又碎損廿七行卷首有諸偈文卷背有唐律疏卷第二名例
陽	65	事故授提	諸大足提	22	407	首二行尾二行碎損卷中又碎損七十行紙背有無名經疏五紙
乃	63	主人逸提	若比逸提	3	59	首行碎損
岡	81	去家提提	有去名於	3	57	首二十八行尾一行碎損
出	72	若比逸提	別莫逸提	6	146	首二十五行尾二行碎損
河	90	四分尸不	稽首有恚	5	128	
服	9	亦見尸不	言大語沙	2	37	首十三行尾三行碎損
河	92	牟說佛道	善牟戒本	26	706	首三行碎損

號	起	止	紙數	行數	附記
列37	摩身　佛道	諸大　分戒	7	126	卷中衆學戒中應當學悉作式叉迦羅尼
服15	若比　薩薩	捨僧　丘比	2	23	全卷碎損
寒100	如實　戒道	三十　秘本	23	608	首十五行碎損　卷尾署比丘常秘寫
翔58	比若　逸波	是說　逸提	2	33	全卷碎損
宿20	若比　羅尼	說言　羅尼	2	47	卷中應當學三字均作式叉迦羅尼
宿13	不得　羅尼	不得　羅尼	2	46	卷中應當學三字均作式叉迦羅尼
宿11	犯初　尸沙	若比　覆罪	3	51	
宿33	若比　逸提	若比　丘尼	2	33	
黃14	經問　問提	若比　尼提	5	134	尾二行碎損
劍72	如亦　佛經	如亦　戒本	26	674	首十六行碎損

宿	14	比丘聽法	世尊逸提	1	17	
辰	47	三法戒道	若比戒本	18	467	卷尾綴戒意二字
月	11	四分逸提	稽首出去	14	342	尾十六行碎損
宿	17	若比逸提	若比法彼	4	66	
宿	25	若比言大	若比過法	1	23	
皇	61	捨僧有增	若比諫尼	1	27	尾行碎損
服	50	不當呲尼	搏得皴盤	5	107	首尾碎損各二行
寒	39	若提枝楊	若比枝陽	5	133	首九行尾廿行碎損
岡	52	若比逸提	若比逸提	9	299	尾行碎損
霜	93	物物羅尼	尼種羅尼	15	350	首廿一行尾三行碎損　卷中應當學三字均作式乂迦羅尼

冬 93 尼犯 若比 逸衆 逸十 9 262 首二十二行碎損

麗 41 波共 若羅 尼沙 作聽 4 114 首十行尾一行碎損

霜 95 汗汚 若若 令廣 一食 7 158 首五十行碎損

麗 68 若比 言汝 不得 伎所 3 71 首一行尾二行碎損

騰 58 不鉢 不得 佛道 一卷 5 121 首行碎損

珍 16 比丘 譬出 尼先 極好 9 172 首五行碎損

珠 80 中清 諸大 迦絺 事故 21 560 首十行碎損律文與四分比丘尼戒本略異與別種戒本亦異

歲 60 若比 若不 中來 當學 3 71 首三行尾二行碎損

麗 87 誹謗 便說 戒而 逸提 5 125

呂 65 異語 尼嫌 聞提 逸疑 7 201 首二十行尾三行碎損

字號	號	起訖		紙	行	附註
海	73	世人是持 / 一兩月戒		6	185	首六行尾四行碎損
陽	71	上比經經 / 若若生主		12	329	尾九行碎損
宿	24	安居逸衣 / 若比男若		3	73	此爲宿二十四號之第一段
閏	99	憶念佛界 / 大姊戒尼		27	718	首七行碎損
騰	50	如人佛道 / 如兩一卷		23	680	首十四行碎損
重	86	如戒比中 / 世兩戒比		29	764	首十六行尾三行碎損
生	22	智有一道 / 覆藏再卷		26	724	首九行碎損 再平 尾署戊寅年五月十六日梁
鱗	97	若比佛道 / 若比本卷		15	421	首二行尾四行碎損
宿	40	是比法捨 / 行惡梵行		1	17	
宿	7	諸中四反 / 諸大求得		2	34	首行碎損

宿	61	大姊逸提	事人提逸	9	231	卷多碎損
宿	37	諸大空閑	諸大佛教	1	21	
字	49	若比使男	若比足食	1	28	
宿	24	安者使衣	若比尼若	2	34	此爲宿二十四號之第二段
岡	19	尼比佛道	心比--卷	22	613	首行碎損
果	53	四分佛道	稽首戒本	20	705	首尾俱全全卷有硃筆句讀及簽註處
玉	89	捨僧佛道	行者一卷	20	532	卷中碎損十六行
師	28	若波大臣	共比法應	2	32	首五行碎損
人	64	若比佛成	處去戒本	11	289	全卷下方碎去
柰	78	哉尼佛道	尼薩戒本	18	455	首九行碎損

字號	數	題	數	數	附記
光	62	若比佛道我知戒本	22	615	首八行碎損
岡	23	若比淨行不夷如是	2	36	首四行碎損
裳	83	四分者說稽首答者	2	20	尾五行碎損
調	16	波羅逸提諸大嗔女	14	390	首八行尾一行碎損
裳	55	若比尸婆身相獨宿	3	47	首一行尾五行碎損
金	15	若比當學若比當學	5	124	尾行碎損
金	9	言大衆生若比佛道	4	118	
成	21	逸提非餘若比逸提	5	111	
玉	13	直得非障若比世尊	5	107	首二行碎損
餘	32	若比佛道物是一卷	21	549	首十行碎損卷中又碎損五行

荒 86 毗婆羯磨 諸世逸提 9 159 首六行碎損

辰 100 四分持是 稽首中來 1 27

結 70 一間佛道 和切戒本 29 728 首三行碎損

李 28 迦懷佛道 譬久戒本 21 645 首二十行碎損

裳 80 丘比逸提 若過九十 5 134 首四行碎損

藏 47 若比樂道 若比戒本 11 332

淡 29 染汚尼知 若清波逸 6 157 首六行尾四行碎損

金 71 不法佛道 不得戒本 4 100 首行碎損

雲 5 共如自莫 事住如法 4 86 首三十二行尾二行碎損

調 28 人度佛覺 若比戒道 9 237

師 12 者衣身嚴我今過法 1 34 首三行碎損

麗 80 尼是尼尼逸提逸提 7 192 首十三行尾二行碎損

雜羯磨 曹魏康僧鎧譯 一卷

原號	起	止	紙	行	附記
調43	某甲德律	忍者供養	5	114	首六行碎損尾題雜羯磨一卷曇無德律 比丘道宗敬寫供養

四分比丘尼羯磨法 劉宋求那跋摩譯 一卷

原號	起	止	紙	行	附記
官10	若能受持	斷由比丘	1	25	此卷首尾不完與現行本略有異同背面有 五月日歸義軍節度押衙兼倚侍龐之信稿
柰52	相者二也	爲之以故	2	64	此卷爲戒疏惜首尾不全待攷

四分律删補隨機羯磨

原號	起	止	紙	行	附記
辰 46	說不 比丘	磨一 初夏	1	26	尾有小字四行爲午年五月八日金光明寺僧利濟初夏之内爲本寺上座金耀寫此羯磨一卷莫不研精盡思庶流教而用之也至六月三日畢而復記焉
菜 27	其時 諸學	非法 衆羯	3	74	
菜 30	曇无 原夫	多要 歸今	2	25	第二紙題曇無德部四分律删補隨機羯磨序京兆崇義寺沙門集撰上邊多殘缺
淡 91	曇無 原夫	者也 卷上	24	548	首題曇無德部四分律删補隨機羯磨序京兆崇義寺沙門集撰尾題四分律删補羯磨卷上尾有硃字爲辰年九月十七日比丘弘建寫訖並勘定

尼僧差人求授羯磨文

原號	起	止	紙	行	附記
調98	是持施者	尼僧得用	5	112	

大比丘尼羯磨

原號	起	止	紙	行	附記
辰82	悔不難復	樂不一卷	9	186	
鹹82	法十血等	故餘人懺	15	253	此卷寫僧各自恣文賞勞羯磨文差人羯磨文分輕物羯磨文受僧伽梨文受鬱多羅僧文受五滌文受僧祇支文受覆肩衣文

大比丘尼雜羯磨

原號　起　止　紙　行　附記

夜78 者然 難護 16 325 首九行殘缺尾有餘紙 硃筆句讀
村村 一卷

大戒尼羯磨文

原號　起　止　紙　行　附記

成10 方勾 不得 20 264 尾有空白
布薩 磨文

四分比丘尼含註戒本 唐道宣定

原號	起	止	紙	行	卷次	附記
霜 37	比丘四分	明日戒也	7	162	上	此類戒本與現行本文字甚有出入可資校訂
菜 53	聖釋塗分	吉羅逸提	14	397	上	首二行碎損卷中又碎損三行
秋 74	本序也自	安能問向	8	205	上	首十一行碎損
乃 48	明由演通	內懷比憶	3	74	上	全卷碎損
菜 85	用者範文	佛呵此戒	8	239	上	首五行碎損
餘 68	是種然也	僧往僧中	7	174	上	首七行碎損
寒 15	人如懷中	語彼言大	13	357	上	首二十二行碎損
收 27	發乂爾起	使賞敷戒	21	585	上中	首二行碎損

日	97	不犯毛頭	僧白逸提	10	316	上	首二行碎損
冬	64	比丘知有	事足是持	3	80	上	
藏	43	睡眠痴狂	庫倉五五	8	279	上	首二十七行碎損卷中又碎損八行
位	50	犯不頭許	蘭遮主蘭	2	25	上	首四行尾一行碎損
玉	78	被地數責	舉者舉忠	14	411	上中	首行碎損尾署敕授河西應□曹元忠 紙背抄懺悔文
盈	81	說亦諫若	犯也上卷	11	450	上中	首三行碎損
往	25	德有常爲	佛他舍在	3	65	上	
調	21	若與者比	時病戒種	4	121	上	首一行尾二行碎損

四分律刪繁補缺行事抄 唐道宣撰 十二卷

原號	起	止	紙	行	品次	附記
淡93	自恣之所	夫受之中	48	1251	受戒緣集篇八 恣宗要篇十二	首十五行碎損
盈1	護人不犯	得離云上	37	1195	聚名報篇十三	首十七行碎損
結10	四分若犯	持戒不若	1	80	墮戒釋相十四	首尾碎損各二行 兩面繼續寫
結44	也同更解	緣者无違	1	80	持犯方軌篇十五	兩面繼續寫
結46	前聽犯三	二心有疑	1	80	持犯方軌篇十五	兩面繼續寫
結47	時疑入衆	喜知怨人	1	80	持犯方軌篇十五	兩面繼續寫
結4	未練即妄	五句悔事	1	80	懺六聚法篇十六	兩面繼續寫
結41	遮相云掌	懺悔已法	1	80	懺六聚法篇十六	兩面繼續寫

結	7	云此頭亦 可放破羯	1	80	懺六聚法篇十六	兩面繼續寫
結	3	心多食食 提安人問	1	80	懺六聚法篇十六	兩面繼續寫
結	38	汝見細披 立條之下	1	30	懺六聚法篇十六	
辰	11	見以所奪 香故之上	64	1419	二衣總別篇十七 施興治篇二十	
致	87	畜又耳下 善妻云經	40	991	導俗化方篇廿四	首五行碎損尾 有淨土寺藏經長 方印
結	5	者二越別 時是犯緣	2	160	導俗化方篇廿四	兩面繼續寫以下 諸卷文均相接
結	1	不痴措令 五不十誦	1	80	導俗化方篇廿四	兩面繼續寫
結	42	中手比知 法洗三繩	1	79	導俗化方篇廿四	兩面繼續寫
結	49	四在法凡 前食事洗	1	80	導俗化方篇廿四	兩面繼續寫

結50有若若去1 80 導俗化方篇廿四
令知事成
兩面繼續寫

四分律開宗記

唐懷素撰
二十卷

原號起止紙行卷次

結13第若脫其17 418 5
分四三合

結9無常五敷15 348 5 6
此異有尼

四分律疏

原號 起 止 紙 行 附記

日 47 鉢來人寃 23 442 尾四行碎損 核與四分律含註戒本疏及即是締那 四分律開宗記 均有出入蓋四分律疏之又一本也

四分律戒本疏

原號	起	止	紙	行	附記
藏 12	四分 凡欲	同爾 浣故	14	461	此卷首行題曰四分戒本疏卷第一沙門慧述與唐法礪所撰之四分戒本疏互校文句雖有出入意旨要自不殊考續高僧傳法礪本傳講律臨漳休與有功慧休本傳亦云嘗聽礪公講律此疏或即慧休法師聽講時筆錄而今藏本殆後人依據慧師所錄增益而成耶卷中有硃筆校勘及分章節紙背雜寫名數
冬 65	取衣 望客	成弟 一記	13	373	卷尾題有壬子年十一月沙州金光明寺僧大律師口口書其疏用於流通記師下闕二字全卷有硃筆句讀及校勘處此卷起處緊接藏十二號後原題卷一
陽 92	戒分 凡欲	含三 處後	22	704	卷中有硃筆校勘及分章節處
昃 17	法法 明能	而發 得處	18	511	首四行碎損

字號	號	首	尾	紙數	行數	說明
陽	90	悲心久法	行之雜是	19	494	首八行碎損 卷中有硃筆校勘及分章節處
地	36	受故就故	修善第一	26	734	首四十六行碎損
騰	34	通論既通	故爾淨觀	15	453	首廿三行碎損
雨	47	多分就故	三序第一	20	567	首廿二行碎損 卷尾題有未年五月廿三日比丘惟眞書 原題卷一
服	2	正念清淨	身謂第一	1	21	原題卷一
始	20	四分疑慊	諸大念若	3	74	尾四行碎損 原題卷二
往	21	揔分者具	二大可知	15	442	首二十行碎損
列	53	有卅是持	世吉第二	35	1086	首行碎損 原題卷二
鹹	86	已便是持	加誑第二	38	988	首行碎損 全卷有硃筆校勘處 原題卷二
人	73	有之見所	非遣令出	1	26	首三行尾四行碎損

號	起	止	紙數	行數	附記
藏82	四分　手與	諸大　分殘	24	726	下緊接藏七十九號　原題卷三
藏79	食與　不犯	與食　第三	8	316	首二行衍文　原題卷三
荒48	四分　不同	諸大　不胃	2	47	首十六行尾一行碎損　下緊接洪六十四號　原題卷三
洪64	故坐　人解	勸故　不言	2	40	首二行尾一行碎損　下緊接荒九十號
荒90	皆等　至於	之示　咸是	2	40	首二行尾一行碎損　下緊接月二十七號
月27	犯三　宿至	若境　若自	2	45	首尾碎損各一行　下緊接日五十九號
日59	去若　男子	旦時　五結	2	68	尾行碎損　下緊接荒七十三號
荒73	波逸　若除	罪兩　犯異	2	63	首一行尾二行碎損　下緊接荒六十九號
荒69	取牛　若坐	經行　處二	3	64	首尾碎損各二行　下緊接荒九十九號
荒99	車齒　故得	若臥　敎授	3	81	首二行尾一行碎損　下緊接月四十一號

月	41	故曰處言敎授立律	2	70	首一行尾三行碎損 下緊接洪六十九號
洪	69	一尼同前我欲等等	2	57	首三行尾一行碎損 下緊接荒六十六號
荒	66	六隨衆集伴行三除	3	61	尾行碎損 下緊接月六十九號
月	69	開四不犯二緣益蓋	3	65	首一行尾一行碎損 下緊接荒七十五號
荒	75	近道鹽祇乃惡五聽	3	68	首二行尾一行碎損 下緊接洪一百號
洪	100	不受立敬等食食而	3	78	首一行尾一行碎損 下緊接月七十七號
月	77	別入緣第繫縛軍至	3	84	尾行碎損 下緊接荒一號
荒	1	住得本文合之結犯	4	113	首行碎損
辰	62	不犯不自親至語知	7	194	首十二行碎損下緊接辰六十一號 全卷有硃筆句讀及校勘處
辰	61	事臥不三臥去卷寫	20	624	卷尾題壬子年三月廿八日於沙州壽永寺寫及硃筆勘了二字全卷有硃筆句讀及校

勘處 原題卷三

盈 61 形戒成佛 制故第四 22 774 首十行碎損

海 22 家䥯文作 薩耆薩耆 1 33 首行碎損

羽 80 綠並若到 延請起不 2 27 首三行尾一行碎損 全卷有硃筆句讀及校勘處

四大戒略疏

原號	起	止	紙	行	附記
薑32	將釋第四	錢若用何	4	112	尾二行碎損
薑31	等成盜錢	非是夷名	4	98	卷多碎損　緊接薑三十二號
柰89	釋此義緣	无犯結文	2	52	此卷尤畧似係隨聽四大戒摘錄之文卷背雜鈔律義十一行
龍52	戒戒初四	口吹令主	4	62	全卷碎損
律89	將釋緣成	聖法夷羅	10	307	此卷語意尤簡而大旨相同雖非慧述疑亦律宗先宿略出之本　下有四大戒行事抄

摩訶僧祇律 東晉佛陀跋羅共法顯譯 四十卷

原號	起	止	紙	行	卷次	品次	附記
夜74	憂我住方	不但落衣	2	44	5	明僧殘戒之一	首十六行尾七行碎損
成81	正身丘足	優婆養具	1	22	5	明僧殘戒之一	首行碎損
皇49	比丘欲心	罪若水中	1	22	5	明僧殘戒之一	尾三行碎損此卷緊接成八十一號
雲68	丘於丘丘	事至隨犯	4	88	5	明僧殘戒之一	首行碎損紙背雜書禮佛文四十八行

訶摩僧祇律雜抄

原號	起	止	紙	行	附記
裳 85	銀錢作淨 若不施故		1	25	此卷雜抄僧祇律首行破損每條皆有僧祇 云三字卷中有硃筆校勘
雨 28	咸言揩拭 是共白事		1	21	此卷有二條第一條不全第二條佛告高勝 我今爲說苾芻所有弟子門人供事之法 背面爲毗婆沙論第一一秩第三卷

大比丘尼戒經

原號　起　止　紙　行　附記

盈 95　是法布薩　莫諫一卷　16　357　其文與五分比丘尼戒本頗有異同

十誦律 後秦弗若多羅共鳩摩羅什譯 六十一卷

原號	起	止	紙	行	卷次	品次	附記
爲 72	菩义羅名	者尼二也	1	25	8	明三十尼薩耆法之四	紙背有落部秩來般若經五卷九字
雨 75	舍會人取	應應自恐	13	425	23	七法中自恣法三	首十行尾一行碎損
戾 48	佛言行亦	若破滿宿	1	25	31	八法般茶盧伽法四	
戾 47	出羯羯磨	是不丘罪	1	28	31	八法般茶盧伽法四	首尾碎損各一行
戾 44	佛自突吉	革屣口羅	2	53	38	明雜法之三	
戾 45	佛在亦得	言蘇路身	2	53	38	明雜法之三	

十誦律比丘尼戒本

劉宋法穎集

原號起止紙行附記

芥 59 夜波事縁 若比丘半入 4 83 尾行碎損

黄 98 行尸布薩 出部一卷 15 369 首十行碎損

根本說一切有部毗奈耶 五十卷

唐義淨譯

原號起止紙行卷次

人 82 衣者十口纏 1 22 風吹九 19

四部要略小抄

原號起止紙行附記

官 26 諸說人不任意教矣 1 26 尾題四部要略小抄一卷 硃筆句讀

戒律名數節抄

原號	起	止	紙	行	附記
芥36	小小欽矣	發欲一本	6	145	首尾無缺首署雜小抄尾署律中小抄
服31	之藏欽審	三三之矣	6	128	首四行碎損　卷尾題曰甲戌年十一月十九日於報恩寺寫訖記之也等語
致22	知先改不	藏耶一矣	5	129	首十一行碎損　全卷有硃筆分段　尾題曰小抄一本
餘11	釋評度向	解解欽矣	6	120	首五行碎損
冬92	名之望垂	律又改却	7	148	首七行碎損　卷尾題曰丙午年七月五日大蕃國肅州酒泉郡沙門法榮寫手惡筆若多闕錯洿有明師望乘改却　全卷用硃筆分段
衣32	是解食食	生欽作作	4	87	首尾碎損各五行
致96	能離南的	塵染欽失	7	141	首八行碎損

編號	號	起止	紙數/行數	附記
柰	21	難訶毗南 多阿教矣	5 117	首二十三行碎損
人	69	此是一一 障然礫二	1 17	首行碎損
洪	3	教欲一本 柰耶提記	10 190	首八行碎損 尾署比丘道應提記
菜	8	毱律舉衆 後付結戒	9 210	首十三行碎損 全卷有硃筆句讀
餘	58	逸提衣外 聚說云何	6 135	首九行碎損
宿	39	四衣一戒 衣有受卷	5 134	首十七行碎損卷尾題曰寅年七月十五日於東山寫訖比丘尼勝藏受持
陽	59	羯種五人 向磨受受	6 137	首十二行碎損 此卷先後顛倒全卷用硃筆分段
河	8	薩味處欲 主名故也	5 311	首三行碎損 全卷用硃筆分段及句讀是正此卷爲比丘談闡所寫尾綴四大戒義

毗尼心經

原號	起	止	紙	行	附記
盈34	律敎秤文	律主要清	6	115	首十行碎損蓋係節抄律文名數
月72	沙彌闍梨	大僧威威	4	81	
崑56	答更然然	戒得起非	9	193	首十一行尾二行碎損卷中又碎損十六行卷後雜寫釋氏雜文及律疏
霜57	賓尉答問	分賓一答	2	41	首尾碎損各二行卷中碎損七行此卷下緊接霜五十六號全卷有硃筆分段
霜56	德秤得土	而勑通薩	1	25	此卷緊接霜五十七號後全卷有硃筆是正處
霜59	僧尼者雖	在大受戒	1	25	此卷緊接霜五十六號後全卷有硃筆是正處
霜54	問此上爲	受大戒也	2	50	此卷緊接霜五十九號後全卷有硃筆是正處
霜67	自餘土淨	有從一卷	30	777	此卷緊接霜五十四號後全卷有硃筆是正處

八婆羅夷經 佚本

原號	起	止	紙	行	附記
海30	三寶切僧	問三悉意	5	125	首末完具均題曰八婆羅夷蓋久佚之本卷首有三寶文卷尾有十利釋及自恣法
鳥8	波波戒體	戒制故爾	4	82	首末完具
官85	羅波依曇	法非故爾	3	68	首四行碎損
羽5	制戒不犯	二滅第四	1	27	全卷碎損
薑49	若闕故曰	犯无故爾	3	87	首四行碎損
月91	未斷佛於	未來別故	6	140	首十四行碎損卷後有三乘五性釋
羽61	戒盜出又	在佛不恐	2	46	首二十行碎損
調8	者白无德	去法故爾	3	57	首十行碎損

原號	起	止	紙	行	卷次	品次	附記
往96	戒嫗諫前 滅二不犯		2	46			首十二行碎損
海86	不犯時捨 煞戒犯也		1	41			首行碎損
衣86	方便更待 成犯諸尼		1	32			
字24	蘭中行事 前事宗也		2	56			首十八行碎損卷尾有三乘五性及世宗數問答

薩婆多毗尼毗婆沙經　失譯人名附秦錄　九卷

原號	起	止	紙	行	卷次	品次	附記
柰13	丘見不苦 過人牀上		5	108	6	九十事八 九十事十六	背面雜寫二十行字體逼近六朝
柰92	淨人十六 羅若羅是		17	442	8	九十事四十三 九十事六十六	

毗尼母經 失譯人名附秦錄 八卷

原號 起 止 紙 行 卷 次

柰 19 佛毀比丘凡得 落己 1 23 2 3

優婆離問佛經 後漢安世高譯 一卷

原號 起 止 紙 行 附記

柰 87 不依依止 盡命不知 1 20 首四行殘缺

佛說犯戒罪報輕重經 一卷 劉宋求那跋摩譯

原號起止紙行

宇 8 和合惡道 19 欲及重經 648

裳 27 佛說報經 1 爾時重經 21

沙彌十戒法幷威儀 一卷 失譯人名附東晉錄

原號起止紙行附記

洪 78 此云得呼 4 戒一四者 103 標題前另有沙彌十戒相首缺

受沙彌十戒文及威儀

原號　玘　止　紙行　附記

藏26　甲歸慈布和上歡喜　6　134　此卷與今通用者微有異同首五行破損背面有雜書文字

沙彌戒文

原號　起　止　紙行　附記

日78　大沙人會相逢一卷　3　25　此卷前半沙彌威儀一卷首缺後半沙彌戒文一卷完好俱依四分五分十誦律文當在宋明僧人著作之上如能補足流通似於律宗功德不爲無補

沙彌十戒文

原號起止紙行附記

人67生像是也 1 18與沙彌十戒法並威儀不同每戒之下俱有
制讚戒文 犯戒罪報卷首破損不完

裳91沙彌威重 2 62首數行稍有殘缺尙可寫補完全高出宋明
然害歡喜 人十戒文之上

帝61盡形五德 2 39
盡形好應

式叉尼六法文并沙彌十戒及八敬等法

原號　起　止　紙　行　附記

霜　9　戒義不合　3　64　尾有小字云次是菩薩提因六法本
十戒法本

式叉尼六法文

原號　起　止　紙　行　附記

人　37　戒叉起受　1　27　下邊殘缺
某甲洗手

沙彌威儀 一卷 劉宋求那跋摩譯

原號	起	止	紙	行	附記
地55	沙彌二者	已受得過	8	223	首三十七行破損標題尚完好迫訛作過

沙彌尼威儀

原號	起	止	紙	行	附記
帝13	重恭重德	法中歡喜	2	46	與現行本微有異同

沙彌戒

原號　起　止　紙　行

菜99　丘比五者　其足苦无　2　41

受八關戒文

原號　起　止　紙　行

地38　受八一時　男子三寶　10　252

受八戒文

原號起止紙行附記

麗52經行勸仙3 93卷首碎損
禪四成仙

八戒文

原號起止紙行

薑64戒即尋聲3 79
此是定聖

佛說提謂五戒經幷威儀

原號 起 止 紙 行 卷次

霜 15 下 持 寶處 18 360 下

三十卷下

戒律

原號	起	止	紙	行	附記
月74	逸提己集	前還呈之	4	72	
月93	大德願大	彌籌冬於	5	85	
宿30	破若若比	逸提逸提	1	23	
列24	霞藏僧與	如來我阿	15	331	
餘6	男女供養	相恭布薩	17	336	首尾碎損
歲40	欲作不來	二攝二歸	3	58	首尾碎損
呂87	聽凡二法	然故是時	14	380	首碎損卷中題敎戒比丘尼法第五安居受日及分房舍臥具法第六自恣及受功德衣法第七分衣物及分上者衣物第八

字					備註
致	54	不忍因能 忍嘿一名	1	25	
霜	17	一縷終時 衣手汝謂	1	22	尾碎損三行
劍	36	學大中僧 諸戒出非	1	32	
光	36	心希好唯 若心所言	1	29	
柰	27	爲天訟過 首敬之耳	1	22	前半碎損尾題長興五年甲午歲十月廿五日淨土寺沙彌手寫記之耳
薑	97	諫之波失 部須失提	6	143	首二行殘缺
翔	82	戲笑闡陁 戒第未作	1	22	兩面有字
帝	60	語乃愍故 上人某甲	3	44	
帝	75	正有中若 身制吉羅	2	41	首行殘缺有硃筆改字
人	32	能犯餘人 非或合也	2	32	首十行及下半多碎損

號	起	止	紙數	行數	附記
人 88	大姉丘尼	乞芈授者	1	29	首十行殘缺
人 96	釋種若二	不得不合	2	27	首四行殘缺
皇 19	欲明文和	故存即是	2	62	
皇 27	不父到僧	有如如是	2	44	
皇 48	不憶慇故	不用逸提	3	47	
皇 100	我我食之	大師所作	5	111	
始 49	漢結水隔	正明時同	2	53	
始 87	故是戒能	結不戒能	3	42	此卷多殘缺
始 98	言我僧衆	轉相自謂	3	71	首二行殘缺
制 4	法紘廻文	內心迸難	3	61	第二三紙碎損 背面首題佛說菩薩受无盡戒羯磨一卷鳩摩羅什法師誦惠融等集

名	號	起	止	紙	行	附記
制	64	貳清 摩精	是若 法一	1	28	
文	1	既到 觀水	與時 用時	2	54	首紙碎損太甚
文	97	菩薩 比丘	後作 口梵	2	29	首碎損中殘缺
服	30	和十 生煞	恆沙 歡喜	2	46	首行四字爲和十戒文下半有碎損背面末寫金光明最勝王經卷第三界道眞受持
衣	34	若更 由此	起動 說因	1	22	
推	65	道十 別別	一偸 離處	3	75	殘缺甚多

戒義　戒疏

原號　起　止　紙　行　附記

辰　90　望受自燒　得憑遠離　14　340　首尾碎損

潛　38　凡欲衣也　經藏云何　7　226　首八行殘缺尾有空白

鳥　51　第六復有　大小卌句　1　26

戒等雜寫

原號起止紙行附記

霜26篇所靜其3 62背面有字
言埒行

敦煌劫餘錄

新會 陳垣 校錄

第十帙

瑜伽師地論 唐玄奘譯 百卷

原號	起止	紙	行	卷次	附記
柰 97	瑜伽廣說第二第五	17	494	5	首二十行碎損內有硃筆字跡背面雜寫有字
文 4	相若佳相見者第六	3	92	6	首十五行碎損
字 91	十明問二十二法合	10	257	9 12	首十七行碎損內有硃筆標點
光 26	得成學於因者說畢	16	545	10	首尾不完
鱗 15	瑜伽習故本地十一	20	536	11	內有硃筆圈點

字號	號	題	數	附記
李	55	瑜伽本地 三摩底四	1 26 11	
河	50	瑜伽本地 故生生棄	4 116 12	
宙	66	分二略答 明略法行	6 167 18 19	首十行碎損內有硃筆字跡
露	82	瑜伽本地 入果見道	11 385 21 34	接縫處皆有硃書沙門洪眞本五字間有墨書者
張	24	得般位方 入地廿一	3 68 21	首十一行碎損
師	76	瑜伽本地 離欲南曰	1 25 22	首三行碎損內有硃筆圈點
珠	74	第分木也 第十二並	5 153 26 27	首缺
冬	17	瑜伽本地 清淨廿六	18 194 26	首九行碎損內有硃筆字跡
洪	95	卅二地第 若於於其	10 235 32	首十行碎損
岡	55	四瑜廣辯 過故和合	11 265 33	首二十行碎損內有硃筆字跡

冬	72	瑜伽心有	聲聞如違	34	1214	33	37	內有硃筆字跡標題及背面騎縫均有沙門洪眞本五字
宙	71	瑜伽前說	本地時見	6	168	34		
收	98	瑜伽夫作	本地葉異	4	95	36		
秋	57	之緣遍知	加行分二	13	454	37	39	背面有墨書沙門洪眞本五字惜首尾不完
張	63	中有音就	往往汚不	23	559	38	40	首尾碎損各二行背面有字
兩	83	夫相成熟	自利卅八	19	488	38		首行碎損內有硃筆字跡
閏	98	一順門也	利中記竟	16	448	39	41	卷末硃書戊寅年後正月廿二日說冊一卷手記竟十六字背面有沙門洪眞本等字
李	66	而施十相	於外相所	10	257	39		首十五行碎損內有硃筆字跡背寫雜寫有大乘百法等字
秋	93	欲不新得	欲修第冊	14	343	40		首十四行碎損

千字文	號	首	尾				附記
辰	87	瑜伽一標	第三圓滿	2	63	42	
李	19	幾種或從	當知於義	5	135	44	
稱	3	巧八爲住	其於卌七	11	286	47	首行碎損
成	3	衰時爲財	甚可令其	15	387	48	首行碎損卷內有硃筆字跡
菜	25	覺悟卌八	瘵疹寫記	2	35	48	卷末題大中十二年八月五日比丘明照隨聽寫記大中十二年六月一日說畢比丘明照本背面有大中十二年八月二日倘書大軍發討番開路四日上磧等語
麗	29	瑜伽心雜	攝次作事	7	188	51	首二十行碎損內有硃筆字跡
重	90	瑜伽義中	攝決察若	1	29	77	
乃	97	往升得略	善者如南	1	28	81	

薹 91 瑜伽三能 1 13 81
次第離生

瑜伽師地論釋

原號 起 止 紙 行

官 16 怠分並是 1 24
及惠不同

辯中邊論 三卷 唐玄奘譯

原號	起	止	紙	行	品次
芥 81	辯中因故	辯相動故	4	162	辯相品一 无上乘品七
餘 45	故有生善	故有伏能	5	158	辯相品一 辯障品二
淡 50	煩捨上位	不曰第二	11	265	辯障品二 辯修分位品五
皇 14	八地菩提	中郎第三	1	27	辯無上乘品七

附記

首十五行碎損紙背有法華七禮文

十六行

首七行碎損

首十一行碎損紙背有金剛經讚文及雜寫字四十餘行卷尾題曰維大唐大順三年歲次壬子十二月大順爲昭宗年號大順三年即景福元年

昃 3 中辯差別 相辯十地 4 117 辯無上乘品七 首八行碎損卷首 複寫頌文三行

大乘五蘊論 唐玄奘譯 三卷

原號 起 止 紙 行

陽 89 云何等故 何四蘊論 9 199

大乘百法明門論開宗義記

原號	起	止	紙	行	附記
出 100	大乘夫遍	處明有十	5	149	首紙數行下截殘缺不見撰者之名無由知為誰作然其序文有前明百法之有後題二我之無首末交輝終始相映等語分科五門亦甚精核恐非相宗專家不辦辰七十三號中有西明道場沙門口撰之釋或撰者即圓測法師分科本為五門僅存四門
海 19	開曰舉數	相應剎那	1	28	首尾俱無標題但中有一開曰二字文與出百號相接以彼題卷所立一分已闕遂至文不一甚貫串
秋 61	此義種子	處所令惠	7	158	無標題但內有開曰二字
號 40	更加亦同	所起四伺	8	255	首破爛與秋六十一號接但尚有重複
柰 98	者於為業	墮依德能	5	124	首破爛與號四十號對勘文句正同

原號	起	止	紙	行	附記
潛57	不餘正名	身表性能	2	37	首破爛　與號四十號對勘文句正同
冬25	空照法依	梵語事者	5	119	破爛
水6	羯羅論文	布在一卷	8	240	此卷破爛　幸有冬二十五號可以補之
潛59	行五明門	進趣依宗	1	20	首破爛此卷可補出一百號之闕然以前三門兩文相校詳略互殊未敢臆斷姑附于此

大乘百法明門論開宗義記疏

原號	起	止	紙	行	附記
露6	語之是果	爲凡通聖	29	342	校其文係釋百法開宗義記之疏猶之了義燈演秘等之於基師述記詮解簡明
鳥67	大者法理	一百言空	1	57	亦係釋百法開宗義記之疏然較露六號尤詳盡惜篇幅太短僅存自序餘均散佚
辰73	將釋大悲	正釋度者	8	74	正面係法華經此爲背面

百法明門論疏　唐普光撰　二卷

原號	起	止	紙	行	附記
露46	大乘一問訖	將釋一卷	32	857	首破首題百法論章末題大乘百法論疏首尾標題兩歧其文與普光師疏正同然所標撰者之名又爲晏法師或晏法師就光疏本文增多分科七門歟
潛67	云一於假	第三赤白	1	23	此係普光百法明門論疏卷上

百法述

原號	起	止	紙	行	附記
崑6	六中體四	若分爲業	17	444	首尾破爛卷內有述曰二字解極精詳惜多殘佚末紙背面雜寫甚多內有大乘百法明門論隨聽手記之題

百法明門論疏

原號		起	止	紙	行	附記
呂	37	義唯爲體	第三自性	30	1159	首尾破 未詳爲誰作 徵引賅博疏解詳明惜首尾不完
字	32	爲遣別故	无所此中	4	83	首破爛 此卷亦係釋百法明門論
玉	56	將釋三百	第三部次	12	287	首破 與字三十二號文相同
荒	78	至涅影像	定判成緣	2	50	此卷係釋百法論題目
菜	3	不並總名	及難數也	10	258	首釋光疏後不類前蓋雜寫各家注解
金	18	鈔中著故	轉染所益	4	122	正面係道懺背面雜寫釋百法論疏
珠	51	里牛緣之	言離二元	9	229	首破後面有字
陽	43	皆似之智	似能緣也	1	23	

列

32

五趣體宗

其阿必嗔

21

628

中有空白一段

起信論義述

原號	起	止	紙	行	附記
鹹46	業大 故无	世王 界主	30	646	首二十三行尾二行碎損
淡48	界述 依心	明動 隨滅	9	197	首二行碎損與鹹四十六號銜接
始40	五門 下第	能隨 觀之	2	37	首十行碎損
始41	觀故 述曰	顯論 利若	7	218	尾十九行碎損
海95	生滅 現識	緣義 依識	1	24	
衣40	設不 滅一	契順 爲勝	1	26	首行碎損

圓明論

原號　起　止　紙　行　附記

服6　圓明不失　明心治丸　8　239　全卷碎損八十四行卷首題曰圓明論馬鳴菩薩造而文與起信論大同背面爲四分律比丘戒本首尾不完

因緣心論頌

原號　起　止　紙　行　附記

官68　因緣所煩　別十更无　1　29　龍猛菩薩作　背面有字

因緣心釋論

原號	起	止	紙	行	附記
海 39	次下者數	東即一切	5	120	文分兩段　背有蕃字
海 17	因緣差別	解脫一卷	2	54	此係龍猛菩薩所造因緣心論之頌及釋首末完具背面雜寫有字
麗 83	善解相假	者智一卷	6	182	首二行碎損背面題有大唐中和五年三月十八日等字又雜寫有千字文綜上三卷因緣心論之頌文及釋文並開決記三種完全無關而仍有複重

大丈夫經

原號 起 止 紙 行 附記

始 17 若能生事 / 人受卷上 11 300 此係卷上一說布施起第一品訖第十四品 / 惜第一品二半缺尾二十二行碎損

中論經

原號 起 止 紙 行 附記

爲 22 涅槃首禮 / 爾時第八 13 330 尾題中論經第八

十地經論 十二卷 元魏菩提流支等譯

原號	起	止	紙	行	卷次	附記
人 39	故如因受	迴向滅迴	3	50	6	首六行尾一行碎損
栄 34	依止止厭	寶珠能施	7	150	6	首二十九行碎損
宿 21	十地論曰	之九一校	20	436	9	首七行碎損
陽 58	十方輪放	七種八置	24	632	9	首尾碎損各二行
水 5	譬如內所	衆生前說	3	40	10	首尾碎損各一行

十地經論釋

原號起　止　紙行附記

鹹 78 二勾上也 18 478 背面係維摩經疏

末能滅无

大智度論 後秦鳩摩羅什譯 百卷

原號	起	止	紙	行	卷次	附記
始 23	智慧佛言	等薄種供	4	103	8	
宿 45	生處虛實	一百卌字	30	665	11	首十五行碎損
閏 51	敬法惡人	羅口十三	11	249	13	首行碎損
霜 41	摩訶問曰	知其如是	12	279	14	尾行碎損
洪 28	但略者深	廣說廿六	20	566	18	
羽 11	出氣相爲	著此前云	2	36	22	首尾碎損各一行
人 81	大智經曰	想教失行	1	26	23	
鱗 38	教化行道	己根廿三	16	469	23	首行碎損　尾有木軸

號	起	止	紙數	行數	每行字數	附記
調 33	或言 說善	羌羌 一一	19	421	23 24	首十三行尾十行碎損
服 23	若我 亦无	淨後 食本	3	61	23	首五行尾行碎損
陽 1	生若 是處	泰寫 紙張	16	338	24	首二十三行碎損末題有善泰寫用紙張六字
皇 58	二爲 无量	所求 方无	2	43	30	首六行尾五行碎損
盈 66	如對 敎化	等世 羅蜜	1	28	30	
皇 57	爲內 不能	力故 作是	2	39	31	尾行碎損卷中又碎損五行
收 75	宿世 身有	羅蜜 一校	16	445	34	首八行碎損
霜 29	生故 者菩	則消 卌八	17	636	35	首七行碎損尾有木軸
列 27	釋曰 辟支	言合 卅六	20	500	36	首五行碎損尾有木軸
裳 51	不見 何行	无量 可憫	2	48	38	首十一行碎損卷中又碎損五行

字號	號	起	止	卷			附記
重	74	能與 者憐	利弗 蜜時	2	39	39	尾行碎損
雲	26	法寶 道斷	菩提 發問	12	292	51 52	首二行碎損卷中又碎損七十二行
字	95	得眼 可得	來時 无後	3	56	52	首行尾三行碎損
結	33	我說 弗所	一切 者无	3	47	52	首四行尾二行碎損卷中又碎損四行
推	33	亦无 法因	四念 不二	12	38	52	首八行尾八行碎損
宿	98	千世 在會	淨檀 言治	3	75	54	首十一行尾一行碎損
柰	76	若波 羅蜜	離如 无受	7	186	55	首六行尾行碎損背面雜寫有字
潛	24	若波 故是	菩薩 化度	4	114	56	首十一行尾行碎損卷中又碎損四十三行
鳥	93	一切 切法	若等 種種	2	54	56	首尾碎損各一行卷中又碎損七行
柰	83	若波 釋提	幡蓋 十九	4	108	59	首行碎損

日	84	无作中佛	切法廿張	12	296	64	此卷已裝裱尾行寫卷六十四第卌一品第卌二品用紙廿張等語尾空白十行首殘缺
芥	16	大智爾時	尸迦力憍	4	109	66	尾七行碎損卷中又碎損四行
芥	18	提何菩提	第卌品上	7	178	66	首行碎損
劍	11	俱有聞有	品下八品	17	501	70	首十二行碎損卷中又碎損五行尾有木軸
鹹	97	起无等等	无別十一	29	794	71	首三行碎損
潛	64	无邊如乃	等如十六	1	26	72	首行碎損
始	64	提如所不	業多所衆	2	31	77	首行尾四行碎損卷中又碎損六行
秋	89	辟支薩善	形好十七	22	629	88	首行碎損
崑	95	孔開說隨	何等度論	1	24		此係雜寫無從標其卷次

號	起	止	紙數	行數	附記
珍 1	无色 故具	般若 離四	1	28	此係節錄無從標其卷次
鳥 15	心依 如是	尊長 尊敬	2	38	卷多碎損
鳥 85	忘語 之人	城邑 中間	2	46	首二行及第九第十兩行碎損
鳥 92	一切 切法	般若 若等	2	53	卷多碎損

摩訶衍經

原號	起	止	紙	行	品次
菜 50	生隨聲以	丘難第一	4	94	
張 64	是色事故	衆生第八	3	54	文光義品十一

附記

首七行尾二行碎損卷尾題曰摩訶衍經卷第一衆經目錄謂爲晉竺法護所譯列入有目無經之闕本中尾署大代普泰二年歲次壬子口口月廿五日乙口弟子使持節散騎常侍口西諸口陽王元榮等語

首十行尾四行碎損

金剛仙論 元魏菩提流支譯 十卷

原號起 止 紙行卷次 附記

盈 27 又經異也 偈皆第三 6 261 3

閏 66 遠遠知也 益乘第六 8 377 6

地 54 有眼法也 有无第八 15 663 8 首十四行碎損卷中又碎損十六行

大乘四法經論廣釋開決記

原號	起	止	紙	行	附記
官 42	大乘此論	將釋衆多	1	30	此卷僅存五門料簡
結 30	乘四等故	將釋滅後	2	65	首行碎損僅存五門料簡

阿毘達磨俱舍論

唐玄奘譯　三十卷

原號	起	止	紙	行	卷次	品次	附記
帝 100	阿毗自性	分別相能	1	20	22	分別聖賢品六之一	此卷內分二段中空七行
服 77	如預姓後	頌曰謂遲	1	23	25	分別聖賢品六之四	首六行碎損

毗婆沙論第一一秩第三卷

原號　起　止　紙　行　附記

雨　28　毗婆沙者應　1　25　文與宋天竺僧伽跋摩等譯之雜阿毗曇心
信實而用　論卷二有相同處

諸論雜抄

原號　起　止　紙　行　附記

官　58　第二集品　1　30　兩面有字　雜抄俱舍論及分別功德論
第五爲相　前半下邊殘缺

出曜經

後秦竺佛念譯 三十卷

原號起止紙行品次

龍 35 比丘入所 1 心意品三十二
比丘時乞 29 沙門品三十三

敦煌劫餘錄

冊六

敦煌劫餘錄

新會 陳垣 校錄

第十一帙

大毗盧遮那成佛神變加持經 七卷 唐輪波迦羅譯

原號	起	止	紙	行	品次
人89	南麼婆若	寧上第五	3	75	秘密八印品十四 布字品十七

佛說迴向輪經　一卷　唐尸羅達摩譯

原號　起　止　紙　行　附記

麗　74　佛智　奉行　4　86　首八行殘缺尾題乙丑年二月十六日在瓜州比丘尼智清發心抄寫常日轉讀宿業罪通遊一卷　因願皆消滅見世速登正覺

大陀羅尼末法中一字心咒經　一卷　唐寶思惟譯

原號　起　止　紙　行　附記

海　26　世尊　成就　3　60　卷首雜寫二行陀羅　已呼

佛頂尊勝陀羅尼經

唐佛陀波利譯　一卷

原號	起	止	紙	行	附記
霜13	佛頂 佛頂	奉行 尼經	9	245	序與經文均皆完備
雨43	佛頂 佛頂	奉行 一卷	10	233	序與經文均具書法工整惜首五行碎損卷中又碎損九行
閏70	佛頂 波羅	奉行 尼經	9	231	首十一行碎損經文首末完具書法工整
鹹17	羅門 到五	奉行 尼經	8	2 30	首十七行碎損經文首末完具
夜92	大慈 佛言	奉行 尼經	9	222	首三行碎損經文首末完具尾有木軸
霜35	行庶 梵本	錄委 未悟	1	18	此乃序文首二行碎損
生48	佛頂 佛頂	取經 寶爲	1	26	此乃序文不完
光64	五體 唯有	奉行 一卷	9	230	首七行碎損經文首末完好

字號	號	起	止	紙數	行數	附記
霜	36	佛說如是	而去尼經	8	191	首末完具
生	49	念不同盆	生瞻獄出	1	28	首一行尾四行碎損
李	58	定覺在神	瞻部欲出	2	23	全卷碎損
張	50	注云是也	一把生天	6	158	首行碎損卷中又碎損二行
昃	93	薩波來敬	者一滅佛	6	163	首七行及尾行碎損
菜	37	給孤諸大	樂聞陁羅	3	49	首尾碎損各一行
宇	55	佛頂佛頂	佛亡持大	7	180	卷首有序惜首尾不完
宇	87	於善游於	奉行尼經	7	185	
光	37	那落於母	奉行一卷	7	178	
生	53	住天部洲	一卷勘了	7	177	首二行碎損

號	起	止	紙數	行數	附記
騰25	苦從 希得	奉行 尼經	7	178	首二行碎損
出74	即受 賤處	奉行 尼經	7	175	首三行碎損
果80	兩目 身毛	慕姪 八薩	2	56	
芥65	部洲 希得	奉行 尼經	7	177	首十九行碎損卷中又碎損八十一行
寒3	圍繞 七日	奉行 尼經	7	178	首十六行碎損
致33	爾時 塗香	奉行 尼經	6	161	
寒67	上說 切世	奉行 尼經	4	150	首二十一行碎損
歲9	須尊 惱文	帝慕 伐囉	1	28	背面有字
暑96	又能 一切	希有 解脫	5	140	字體工整
柰84	爾時 塗香	奉行 尼經	6	159	首十二行碎損

薑	蕆	宙	宿	麗	歲	河	水	呂	芥
36	65	11	67	1	82	72	81	24	58
說增爾時	路迦勒陀	塞合筏折	鉢羅地瑟	輸提訶末	社耶跋折	佛告勝陀	薩末析羅	爲一解脫	畜生羅刹
奉行尼經	奉行尼經	受持奉行	奉行尼經	婆羅最勝	靈乃如來	奉行尼經	解脫希有	奉行尼經	奉行尼經
8	5	5	5	2	1	5	4	5	4
130	135	125	118	33	28	111	89	107	93
首七行碎損	首十五行碎損	首四行碎損	首行碎損	尾行碎損	首五行碎損	首十行碎損	首十五行及尾三行碎損	首五行碎損	首行碎損

餘35	一生衣及門皆立踊	3	84		
麗4	家生奉行陁羅尼經	4	92		
皇77	爾時奉行說受尼經	2	53		
重23	之處奉行宿今尼經	2	41	首十二行碎損卷中又碎損二行
果91	識宿奉行佛言尼經	2	41		
金97	耳蕭奉行佛言尼經	2	46	首九行碎損
推83	佛頂多羅薄底莎訶	1	24	此係節錄佛頂尊勝陀羅尼兩則首行及尾三行碎損
裳78	佛頂多鉢納謨十二	1	17		
制47	宣說世尊持守時佛	2	44		
乃12	羅尼毗株時薄提	1	29	首六行碎損內分兩段次段係節錄佛頂尊勝陀羅尼咒故附於此

佛頂尊勝陁羅尼　唐不空譯　一卷

原號	起	止	紙	行	附記
生 7	佛頂 佛頂	賀引 羅尼	1	27	此卷標題佛頂尊勝陁羅尼特進試鴻臚卿 大興善三藏沙門大廣智不空奉詔譯首尾 完好末有弟子王發願雕印藏中未收郎文 字亦與大藏所收五種有異同無經

金剛頂經五字心陁羅尼經

原號	起	止	紙	行	附記
地 59	佛告 阿囉	泮纏 眞言	11	296	尾附掘地眞言不動尊菩薩眞言漱口灑淨 眞言漱口結頂眞言

大吉祥天女十二契一百八名無垢大乘經　唐不空譯　一卷

原號　起　止　紙　行　附記

皇78　間冠奉行　5　63　首二行碎損
極名女經

佛說救拔焰口餓鬼陁羅尼經　唐不空譯　一卷

原號　起　止　紙　行　附記

服85　佛說亦得　2　53　首七行碎損
爾時尼經

十一面神咒心經

唐智通譯
一卷

原號　起　止　紙　行

冬
3　常无而去
衣食心經　9
204

千眼千臂觀世音菩薩陀羅尼神咒經

唐智通譯

二卷

原號 起 止 紙 行 附記

宙 57 娜 麼 中 比 16 435 首九行碎損 尾有坐淨土陀羅尼金剛般若

　　 囉 二 三 道　　　　　 心中眞言及一切佛心陁羅尼持誦陁羅尼

　　　　　　　　　　　　 功德凡十八行

收 66 名天 莎訶 11 205 首行不完 此係上卷

　　 立並 卷下

淡 63 千眼 莎訶 6 166 此係下卷

　　 音菩 卷下

无垢淨光大陁羅尼經

唐彌陀山譯 一卷

原號	起	止	紙	行	附記
荒 74	无垢如是	子吼益者	10	232	
陽 35	无垢如是	從佛雅之	2	55	
制 100	吽薩南謨	薩婆莎訶	3	29	此卷同制九九號共七咒
制 99	南謨羅拏	訖栗波毗	3	45	此卷標題止剩陁羅尼咒四字之半雖殘缺可辨者尚有一咒
致 82	无垢南无	嚕止莎訶	2	19	此卷標題無垢淨光自心印心陀羅尼
月 59	金剛普賢	奉行尼經	12	221	
夜 38	多馱唵薩	莎訶揭多	5	153	此卷即無垢淨光大陀羅尼經中之修造佛塔陀羅尼咒

大佛頂如來密因修證了義諸菩薩萬行首楞嚴經 十卷 唐般剌密帝譯

原號	起	止	紙	行	卷次	附記
雨87	在使故復	何所中間	4	99	1	首十二行碎損
閏11	身內流轉	面我第一	10	255	1	首行碎損
餘28	與限滅時	成內斷滅	4	114	1	
荒37	身者流轉	表爲第一	6	160	1	首六行碎損
乃47	其誰質搖	即時塵以	2	58	1	
陽80	大佛境終	一名造然	11	306	2	首五行碎損
雨25	諸菩然性	一名第二	17	399	2	首八行碎損
成46	大佛然性	一名第二	15	404	2	首十四行碎損

雲	49	漸漸觀雲	將爲我說	4	96	2	全卷碎損
雲	50	因緣滅遠	從自空入	5	141	2	全卷碎損
衣	82	法王滅與	影覬見勞	4	87	2	首七行尾三行碎損
河	59	阿難人同	然性第二	4	106	2	首二行碎損卷中又碎損十一行
致	44	見肯國土	所得國土	2	54	2	
夜	2	彼見告者	空出然性	5	98	2	首十三行碎損
雲	3	如有所有	然性第二	2	44	2	
餘	47	塲經難云	界云處都	8	221	3	首四行碎損
乃	58	於身唯聖	於暗畢竟	2	44	4	首二行碎損
列	22	大佛一名	第一第五	14	334	5	此係第五卷全卷首五行略碎損前有一名中印度別行等字

荒 82	大佛相繼	一名第一	12	334	5	此係第五卷全卷首尾完具
岡 91	大佛塵發	一名汝今	1	26	5	
龍 22	了義巾揔	一名持問	2	51	5	首十一行尾二行碎損
致 99	如來第一	大衆第五	12	318	5	首行碎損卷中又碎損三行
宙 51	名爲第一	巾雖第五	10	280	5	
冬 16	我所第一	跋陁第五	8	201	5	首三行碎損
荒 24	滅旣聞說	間十第六	11	291	6	首二行碎損
菜 80	滅寂賊人	世出言佛	11	277	6	首三行尾五行碎損背寫有首羅比丘見五百仙人並見月童子經之名
菜 68	世尊句說	如幻第六	12	316	6	首二行碎損
菜 90	爲說其成	十方彼前	1	28	6	

字號	號	首行	末行				備註
致	13	爲說圓通	方我圓通	5	141	6	首二行碎損卷中又碎損七行
帝	62	世尊光遠	獲四彼諸	1	27	6	背面有字
調	26	鼻想句說	說法第六	6	162	6	
闕	90	大佛種類	阿難第七	17	458	7	首十行碎損
柰	91	明摩種類	來無第七	17	450	7	首八行碎損尾有木軸
夜	46	世界欲界	令依第八	14	378	8	首四行碎損
帝	31	間獄自來	亂二凝結	3	84	8	首行碎損
辰	68	此三法遍	正得便保	16	402	9	尾三行碎損卷中又碎損九行
閏	82	幾研上道	竟天第九	14	443	9	首二十行碎損卷中又碎損二十行
崑	2	善男人殊	於精求知	5	132	9	首二行尾三行碎損

結 84	菩薩一名	而去第十	12	326	10	此係第十卷全卷首二行略碎損
推 29	大佛一名	生本改移	1	26	10	卷首粘補之紙雜寫有字
號 9	大佛一名	根隔入圓	6	167	10	首七行碎損
雲 21	八萬方乘	而去第十	12	305	10	首三行碎損
致 81	一者令破	而去第十	13	310	10	首十三行碎損
潛 97	論者覺神	中兼人墜	2	71	10	全卷碎損
麗 17	地作既惑	而去第十	6	146	10	首六行碎損
帝 66	人則羅成	邊際佛告	5	97	10	全卷碎損
出 98	宣流中早	滅生常固	2	30	10	全卷碎損

大佛頂如來密因修證了義諸菩薩萬行首楞嚴咒

原號	起	止	紙	行	附記
潛100	訶婆嚧陁	五年寫訖	6	100	後書大佛頂陁羅尼經有十卷咒在第七卷内弟子張球手自寫咒終身頂戴乞願加備 中和五年五月十日寫訖
昃4	吽唎鉢怛	怕叺怕叺	1	23	
昃7	楞都奢宜	底洒嚧迷	1	22	
歲85	金輸菩薩	獎叺薩縛	6	139	首四行碎損
號64	訶縛娑羅	諺拏地耶	1	22	首尾碎損各二行
珍8	迦訖羅摩	鈝覩婆訶	3	70	
官60	訖嘌羅覘	波訶寫訖	3	78	全卷碎損

原號	起	止	紙	行	附記
人 25	羅訶无薄	泮吒訶唵	11	255	
人 12	施波訖懺	悉殿縛訶	4	88	
宇 22	尊自爾時	五迦悉你	7	198	首十九行尾三行碎損

佛說隨求即得大自在陀羅尼神咒經 一卷 唐寶思惟譯

原號	起	止	紙	行	附記
麟 58	擁護威德	息普滅是	11	263	
潛 27	時獄羅王	奉行咒經	6	135	
薑 65	隨求南謨	莎訶尼本	6	113	首九行碎損首末均題曰隨求陀羅尼本與藏中唐譯甚有出入蓋又爲一譯可資讎校

原號	起	止	紙	行	品次	附記
潛89	婆重卅逸	嘞叉薩婆	2	42		首尾不全
淡60	嬭瓢嬭瓢	耶合嘌拏	2	33		首尾不全

大方等陀羅尼經

北涼法衆譯 四卷

原號	起	止	紙	行	品次	附記
罔70	男子羅尼	事假恆河	2	36	初分餘	首十一行碎損
服60	沙門祖持	第二四張	9	245	授記品二	首三行碎損末題 用紙十四張
制93	觀世闍法	加是於道	2	36		首尾殘缺
餘37	行陁爾時	人乎仙人	5	140		

大乘方等陁羅尼經幷諸經内四衆比丘比丘尼優婆塞優婆夷懺悔發願文

原號　起　止　紙　行　附記

藁 58　中心諸佛　慈悲壽命　4　115　兩面有字

七佛八菩薩所說大陀羅尼神咒經 四卷 失譯人名附東晉錄

原號	起	止	紙	行	卷次	附記
出46	奴波比沙	浮流擲地	8	130	1	首六行尾七行碎損卷尾雜寫有字
制67	欽婆不虛	呼婆咒經	9	160		首二行碎損
李30	不呵神咒	十四鬼名	3	68	4	首尾不完
列2	陀羅過咥	七佛空前	7	220		此卷標題陀羅尼集經內有七佛所說大陀羅神咒後附佛說婦人產難陀羅尼觀世音治五舌塞喉陀羅尼乾天所說產生難陀羅尼咒佛說咒穀子種之令無灾蝗陀羅尼若種苗不好者咒土咒惡鬼瘡鬼咒疥蟲鼠鬼咒鼠等咒

拔濟苦難陀羅尼經 唐玄奘譯 一卷

原號	起	止	紙	行	附記
始68	伽梵央數	奉行尼經	2	44	首六行碎損

六門陀羅尼經 唐玄奘譯 一卷

原號	起	止	紙	行	附記
官3	六門如是	奉行一卷	1	23	首末完具
官64	六門如是	皆得麗跋	1	25	首三行碎損內分二段首段完具

佛說千手千眼觀世音菩薩廣大圓滿無礙大悲心陀羅尼經

唐伽梵達磨譯 一卷

原號	起	止	紙	行	附記
始 47	日月盤山	見此爲全	2	51	首尾碎損各一行
騰 21	起甇擁護	咒經吒王	10	312	首十七行尾二行碎損
宿 44	死重尼神	章句士爲	3	85	首行尾三行碎損
制 48	新產果也	汁和闐譯	2	57	首四行碎損
字 82	千臂傅馱	那麼尼迦	6	42	以下二卷又爲一譯可資讐校特附於後
帝 63	大悲多耶	南无姥嚧	3	69	首八行碎損
藏 55	大悲食偈	經云鬼趣	5	83	共四片第一片首題大悲心陁羅尼第二片首題觀彌勒菩薩上生兜率天經第三片首

題大文第二對緣正說分第四片首題咒食儀等本

觀世音菩薩秘密藏如意輪陀羅尼神咒經 一卷 唐寶叉難陀譯

原號	起	止	紙	行	附記
餘85	瘀瘡毒厭	虎餅婆訶	7	147	首五行碎損

如意輪王摩尼別行法印

原號		起	止	紙	行	附記
官	15	如意每誦	此法八遍	3	50	首八行碎損藏中有此經而無印咒文與藏本不同殘缺數字可惜，

佛說灌頂經

原號		起	止	紙	行	附記
淡	52	人有奉行	火燒第九	8	211	首十行碎損尾有木軸
寒	14	佛說眼與	聞如大布	3	82	
結	67	口能奉行	安隱一卷	8	198	首行碎損

佛說普廣菩薩所問十方淨土隨願往生經

原號	起	止	紙	行	附記
雲42	如是 爾時	奉行 生經	11	284	久佚之本首缺數行餘皆完好
秋43	命是 使獲	奉行 生經	7	162	經文與雲四十二號正同首亦殘缺餘皆完好

灌頂章句拔除過罪生死得度經

原號	起	止	紙	行	附記
地 32	佛說 聞如	奉行 一卷	14	340	首題灌頂章句拔除過罪生死得度經尾題佛說藥師經一卷
閏 32	淨莊 令得	得度 奉行	12	282	首五行碎損
茱 43	長跪 生宣	得料 曰乃	11	302	首十四行碎損
岡 5	爲汝 衆及	藥師 璃光	5	128	首十一行尾一行碎損
爲 19	者大 聽佛	奉行 師經	13	314	首八行碎損
鱗 74	佛告 罪苦	忘能 盛之	5	120	首十四行尾一行碎損
闕 20	如曰 第三	中聞 不解	2	53	
鱗 90	厄令 爲汝	是諸 璃光	6	156	首十六行碎損書法佳

呂	盈	寒	陽	騰	宙	藏	崑	露	律
91	48	95	9	43	17	30	7	7	56
四輩心樂	第三澤枯	普使譖惡	來世月消	堅持六願	潟想第四	第九楊清	使入菩提	第十當刑	第十令得
薩言如是	奉行師經	生功厄難	奉行師經	奉行師經	奉行師經	齋供无不	則不光如	言演名一	四目書取
10	11	10	11	11	11	4	5	11	3
295	304	277	304	297	303	93	119	282	74
首十五行尾二行碎損		首三行碎損	首七行碎損	首二行碎損中又碎損十三行	首十二行碎損	首八行碎損	首行碎損	首五行尾十三行碎損	首六行碎損

字號	號					備註
海	25	有貧 瑠寶	頭牽 寶皆	1	26	首五行碎損
日	2	无量 其體	與明 光佛	15	94	首十七行碎損
果	52	男子 文殊	爲他 聞此	7	161	卷中碎損三行
位	7	量佚 衆生	齋供 无不	4	80	首十八行碎損
地	33	佛告 知布	奉行 師經	11	256	尾九行碎損
玉	20	食此 畜生	禮敬 忤魎	4	85	首三行尾一行碎損
張	97	施一 佛言	厭禱 不順	7	196	
劍	27	以自 作縛	道也 如來	5	130	
宙	91	尊佛 使其	奉行 師經	8	206	
潛	34	好素 者是	難可 文殊	5	100	首行碎損

灌頂章句拔除過罪經

號	起	止	紙數	行數	附記
岡10	求心作禮	得長奉行	7	196	首行碎損
藏3	護得奉行	得安一卷	7	198	
始90	佛告舌身	禮敬間魔	4	64	首七行尾一行碎損卷中又碎損九行
玉63	土者奉行	見彌師經	8	187	首十六行碎損
麗39	琉璃能信	魎鬼解說	4	81	首行碎損
成35	若夜天所	魍魎尊貴	3	72	首十行尾三行碎損
果64	佛告枉橫	佛禮難言	2	43	尾行碎損
鱗72	佛終奉行	受父師經	6	163	書法佳
翔2	瑠璃奉行	癡不一卷	6	163	首四行碎損
官96	不墮德難	母師寫亦	2	56	首四行碎損

字號	編號	起訖		紙數	行數	附註
月	37	豪貴信有	王從等十	5	131	首二行碎損卷中又碎損三十行
呂	56	得便女產	錄其至七	4	112	首六行尾十一行碎損
宿	78	難在難言	齋戒典勸	2	56	首一行尾六行碎損
夜	77	佛說汝信	奉行一卷	6	137	首行碎損
乃	51	離光眞道	奉行一卷	6	144	首二十行尾一行碎損
律	91	小疑之法	修福强使	2	46	首二行尾廿一行碎損
岡	7	无量殊言	奉行師經	4	111	
河	77	師利誦書	奉行師經	4	105	
霜	98	中義法開	衆人奉行	4	105	
果	51	微妙得至	奉行師經	5	102	

字號	號	起	止	紙數	行數	附記
雨	6	可得難得	奉行師經	4	107	首五行碎損
制	76	衣服尊演	王无此法	3	79	全卷碎損
宿	69	然七脫菩	奉行光經	3	75	
乃	67	類畜邪神	三萬阿難	2	47	首三行碎損
文	59	脫菩神功	奉行一卷	1	24	首行碎損
淡	45	雜類佛山	奉行一卷	7	196	尾題藥師琉璃光本願拔除過罪經一卷

大法炬陀羅尼經 二十卷 隋闍那崛多譯

原號	起	止	紙	行	品次	附記
雨 32	世時更說	供養十三	14	364	供養法師品三十之四	首三行碎損
結 24	陁羅受如	法師說已	1	19	將護法師品卌九之四	首二行尾行碎損

佛金剛壇陁羅尼經

原號	起	止	紙	行	附記
冬 70	說而奉行	龍之尼經	12	291	與隋譯金剛塢陀羅尼經文字微有不同或同本異譯惜有殘損
宙 85	色支奉行	故如尼經	5	116	

諸星母陀羅尼經　沙門法成譯

原號		起	止	紙	行	附記
宿	64	諸星現口	如是揭反	4	92	首末完具末附音義
呂	55	諸星不現	如是揭反	4	95	首十四行碎損卷中又碎損三行末附音義
李	89	諸星不現	如是揭反	4	97	首末完具末附音義
始	15	諸星現口	如是揭反	4	97	卷中碎損十三行末附音義
收	57	諸星一卷	如是揭反	4	97	首末完具末附音義背面寫有藥師本願經餘皆雜寫
號	8	諸星現口	如是揭反	4	97	首五行碎損末附音義尾有翟文習三字題名
呂	5	諸星不現	如是揭反	4	97	首末完具末附音義
字	15	星母之師	如是結界	2	41	首行碎損

翔 79 羅尼不現 我聞揭反 4 97 首五行碎損末附音義

翔 32 那羅不現 星歲揭反 4 94 首四行碎損末附音義

呂 50 沙門一卷 伽梵揭反 4 98 首十一行碎損末附音義

金 78 沙門一卷 是我揭反 4 97 首十一行碎損末附音義

海 63 及龍不現 那羅揭反 4 95 首十四行碎損卷中又碎損三行末附音義

闕 52 諸大不現 誓願揭反 4 92 首八行碎損末附音義

帝 79 金剛不現 觀自揭反 4 88 首七行碎損末附音義並有蕃字

鳥 3 奪於不現 有情揭反 4 77 首二行碎損末附音義尾有木軸

衣 25 亂一現口 開題揭反 3 74 首七行碎損末附音義

師 33 今諦窮悉 諸法子若 1 28

號	起	止	紙數	行數	附記
秋 42	如是不現	諸子揭反	3	68	末附音義背有文英二字題名
始 21	爾時不現	陁羅揭反	2	56	末附音義
師 14	唵謨鄧英	當伽和子	3	54	卷中碎損九行末附音義並有鄧英二字題名
珠 44	蒭苾不現	貌若揭反	2	43	首八行碎損末附音義
師 8	苾蒭迷末	之類莎訶	1	23	
列 35	基多不現	伽頭揭反	2	31	首七行碎損卷中又碎損五行末附音義
位 11	星母莎訶	釋迦叭莎	1	23	卷首題曰星母陀羅尼咒蓋諸星母陀羅尼經之咒文首末完具背面雜寫有字
號 77	星母囉難	唵命莎訶	1	17	首末完具
人 36	星母叭叭	釋迦莎訶	1	24	首四行碎損
帝 40	星母囉毘	釋迦莎訶	1	17	首末完具

號	起訖	紙數	行數	附記
文80	星母莎訶釋迦莎訶	1	18	首末完具
餘15	諸星此經如是王顯	4	106	尾題壬戌年四月十六日於甘州修多寺翻譯並有王顯二字題名

金有陀羅尼經

原號	起	止	紙	行	附記
珍11	金有如是	奉行一卷	3	79	久佚之本首末完具
李99	金有如是	奉行一卷	3	80	首末完具
柰1	金有如是	□行三界	3	72	首末完具首有蕃字末題有法照三界四字
光4	金有如是	□行一卷	3	80	首末完具
藏66	金有如是	奉行一卷	3	72	首末完具末有蕃字
日31	金有如是	奉行一卷	3	82	首末完具
皇25	金有如是	奉行一卷	3	78	首末完具末有蕃字
列66	金有如是	奉行一卷	3	80	首末完具

柰	8	金有奉行 如是一卷	3	74	首末完具
芥	3	金有奉行 如是一卷	3	77	首三行碎損末有蕃字
河	33	金有奉行 如是一卷	4	78	首五行碎損末有蕃字
海	62	金有尼經 如是虛寂	3	75	首末完具末有虛寂二字題名背有蕃字
張	43	金有奉行 如是一卷	3	78	首五行碎損末有蕃字
海	'	金有奉行 如是一卷	3	82	首四行碎損末有蕃字
芥	20	金有奉行 如是一卷	3	80	首末完具末有蕃字
海	31	金有一卷 如是堅寫	3	83	首二行碎損末有鄧堅二字題名並有蕃字
閏	52	金有奉行 如是一卷	3	81	首六行碎損
收	40	金有奉行 如是一卷	3	80	首末完具

淡 13 金有三界 如是一卷 3 82 首二行碎損末有蕃字背有三界寺三字

重 16 金有奉行 如是一卷 3 81 首末完具

稱 76 金有奉行 如是一卷 6 162 此卷前後兩卷首末均完具

字 92 金有奉行 如是一卷 3 79 首九行碎損末有董再清三字題名並有蕃字

始 51 金有奉行 如是一卷 3 74 首六行碎損末有蕃字

帝 44 金有奉行 如是一卷 3 77 首四行碎損

字 69 金有奉行 如是一卷 3 71 首末完具

鳥 60 金有奉行 如是一卷 3 79 首八行碎損

潛 1 金有信受 如是奉行 3 81 首五行碎損

推 12 金有明咒 如是咒秘 2 54 首十一行碎損

號	數	起	止	紙	行	附記
龍	51	金有如是	敵軍藥明	2	55	首四行碎損
陽	36	有陁如是	大毒作教	2	56	首四行碎損
衣	33	金有如是	嚧難婆也	2	39	
往	74	金有如是	幻惑妬妬	2	37	首四行碎損
服	47	尊所帝百	奉行一卷	3	78	首四行碎損
菜	79	大將爾時	一卷張今	3	73	首七行碎損末有張令二字題名並有蕃字
乃	11	陁曰墮身	侵嬈而不	2	33	首三行尾一行碎損
裳	1	戰時墮負	奉行一卷	3	71	首六行碎損末有蕃字
稱	63	墮於慈愍	奉行一卷	3	79	首三行碎損卷中又碎損四行末有蕃字背題有翟清子題名
羽	90	爲哀諍訟	奉行一卷	3	65	首五行碎損

號		起	止	紙	行	附記
師	93	一切鬱乾	故受世那	1	19	
官	53	所有命刀	幻惑而不	1	26	首四行碎損背有蕃字
龍	38	覩馱奉行	攢婆一卷	2	54	末有蕃字
秋	15	闍單奉行	那阿一卷	2	42	首紙碎損末有蕃字
暑	76	所有奉行	羅刹尼經	2	47	首行碎損末有蕃字
柰	53	天幻奉行	幻惑一卷	2	40	
夜	37	阿牟奉行	攢婆一卷	2	51	
裳	60	若有奉行	諍極一卷	2	40	首行碎損末有蕃字
宙	81	覩馱奉行	攢婆一卷	2	54	首殘缺紙背有己亥年二月廿二日巷社趙社官男三榮等語
歲	52	金有奉行	如是一卷	3	81	首七行下角稍缺末有蕃字

佛說解百怨家陁羅尼經

原號　起　止　紙　行　附記

推
90　別无婆訶　1　26　首末完具餘均雜寫背面有字
智清　家經

佛說八陽神咒經

原號	起	止	紙	行	附記
宇10	佛說槃樂	聞如一卷	7	181	八陽神咒經有兩譯一爲西晉竺法護譯一爲唐義淨譯此卷題玄奘法師奉敕譯經文又與他種不同尾有癸未年八月廿日吳首奴自手書記之耳十六字
收79	佛說槃樂	聞如咒經	9	204	尾三十五行碎損首題玄奘法師譯
律97	佛說得成	聞如隱之	5	107	尾二十一行碎損
衣57	佛說讀三	聞如佛法	2	37	尾十四行碎損
龍50	佛說南无	聞如井竈	2	40	全卷碎損
致38	佛說菩薩	聞如福一	1	20	全卷碎損首題有玄奘法師四字
鹹67	聞如利益	中十代昌	15	115	全卷碎損首題玄奘法師奉敕譯

字 77 佛說惡並 聞如拾得 2 37

黃 11 浮提奉行 百識一卷 8 211 全卷碎損卷尾與字十號略有不同並題三界寺沙彌海子讀八陽經

出 85 八陽般樂 聞如一卷 9 231 首十行碎損

乃 76 佛說无入 如是槃樂 8 102 全卷碎損首題天地八陽神咒經字體紙質凡三易複二行

官 50 佛言等聞 爲諸而退 7 182 全卷碎損卷尾與字十號黃十一號均異

列 38 皆悉三蕤 悉消夫皆 3 84 首行碎損

鱗 9 切万奉行 眞左咒經 8 196 首十九行碎損經尾多一偈言

調 58 受其槃樂 識爲神經 8 176 首十二行碎損

薑 17 諸惡槃樂 經功咒經 8 175 首十三行碎損

鹹 87 思念法即 經此一卷 8 172 全卷碎損

號	起	止	紙數	行數	附記
調35	思競无有	槃樂呪經	6	175	首十三行碎損卷中又碎損七行
洪41	亂興皆悉	梧佛槃樂	7	176	首二十九行碎損
冬61	孫父妻和	槃樂呪經	5	131	首二十三行碎損
文25	被縣此經	槃樂呪經	8	204	
皇28	舍客日游	種種聲如	2	33	首二十行碎損
收55	者即心是	問師法輪	5	117	首尾碎損各九行
來73	母即而證	槃樂一卷	6	148	首九行碎損
師72	倚語過得	因緣顛倒	2	40	首二十三行尾一行碎損
號85	佛說忍而	槃樂呪經	6	149	首行碎損
珍60	所有行佈	槃樂呪經	6	147	首八行碎損

千字文號	號	首	尾			備註
調	72	嫉妬痴等	殯葬者不	3	57	全卷碎損
文	32	所問提道	易生死時	2	36	全卷碎損
文	76	號曰邊一	知見槃樂	5	137	首二十行碎損
律	84	亦空聲即	生處薩漏	3	74	首十六行尾五行碎損
衣	3	甚深慧眼	槃樂一卷	6	137	首九十行碎損
龍	45	觸是是空	槃樂一卷	6	126	首十一行尾十三行碎損
服	1	妨害邪見	捨耶三藐	1	28	
鳥	69	佛言生死	八陽乘无	3	64	首十一行碎損
裳	4	來轉者之	佛香天中	3	84	首三十八行碎損
潛	65	佛言葬之	一切咒曰	2	42	首十九行碎損

宿85	者多知无	无始咒經	4	110	首三十二行尾二十行碎損
餘69	法喜涅槃	明如咒經	5	100	首二十九行尾六行碎損
推57	陰曰佉尼	木生世尊	1	26	首行尾五行碎損
崑27	曆日天佛	字執天中	2	61	全卷碎損
裳43	憍目槃樂	那羅咒經	3	62	首四行尾二十九行碎損
皇33	地氣槃樂	節明一卷	4	79	首十八行碎損
陽72	拔陁涅槃	憍曰咒經	3	60	首二行碎損
呂11	那羅槃樂	和輪咒經	3	62	
位10	讀誦舍那	物不无分	1	22	首五行碎損
金64	是時六千	陽經乘无	2	31	全卷碎損

始 54 明佛 含藏 槃樂 呪經 2 36 首三行碎損

荼 14 朗一 无上 奉行 呪經 3 41 首十四行碎損卷尾經文與鱗九號相同並題有馮優婆夷四字

裳 46 爲之 八識 槃樂 呪經 2 49 首尾碎損各一行

餘 34 得佛 女人 口復 一者 2 50 全卷多碎損

餘 42 是佛 不聞 盡和 盡和 2 56

普賢菩薩說咒經

原號起　止　紙　行　附記

暑　60　有女阿耨　2　51　首行碎損此卷緊接來六十四號之前首尾仍不具

來　64　若有歸伏　2　33　鬼神世界

佛說大佛頂如來放光悉怛他般多羅大神力都攝一切咒王帝殊羅尸金剛大道場三昧陀羅尼

原號起　止　紙　行　附記

光　95　佛說婆訶　6　159　首末完具　尸金一卷

金剛頂經一切如來深密金剛界大三昧耶修習瑜伽迎請儀

金剛頂經一切如來眞實攝大乘現證大教王經深妙秘密金剛界大三昧耶修習瑜伽迎請儀 唐不空譯

原號 起 止 紙 行 附記

餘19 金剛吒音大興爲次 11 258 此爲背面首末完具正面第一段係隋譯不空羂索咒經第二段係大寶積經文殊師利授記會第十五之一 中有武后新字

金剛峻經金剛頂一切如來深妙秘密金剛界大三昧耶修行四十九種壇法作用威儀法則

大毘盧遮那金剛心地法門法界法軌則 唐不空譯

原號起止紙行附記

冬74 金剛寶金 22 507 首末完具 背面有字
壇法具篇

金剛蓮花大摧碎眞言

原號起止紙行附記

昃9 金剛盧耶 1 20 首末完具
南无呵囉

東方金剛大集想

原號	起	止	紙	行	附記
昃5	東方囉呵	定心嗟呗	1	15	首末完具

大佛頂如來頂髻白蓋陀羅尼神咒

原號	起	止	紙	行	附記
月18	大佛撥吒	歸命婆訶	4	110	此卷藏本未收首紙破損咒後有餘紙

大佛頂神咒

原號　起　止　紙　行　附記

帝89　迦羅曜婆　廿六一本　2　92　尾題大佛頂神咒一本

釋迦牟尼請佛眞言

原號　起　止　紙　行

出3　釋迦唵摩　陁耶平底　1　24

本師釋迦牟尼佛眞言

原號　起　止　紙　行

師　60　本師斷盡囊謨菩提　1　15

施餓鬼食幷水眞言印法

原號　起　止　紙　行

收　6　施餓眞言先出與中　1　15

般若眞言

原號 起 止 紙 行 附記

盈 38 十二 1 19 背有字一行

煌姪
宴禁
室孋

眞言

原號起　止　紙行附記

羽　1　帝陁邊滅　安陁滅之　1　21　首行殘缺

衣　98　唵齒菩薩　達摩十魔　11　214　正面後半爲眞言背面有字有圖有蕃文

眞言雜抄

原號 起 止 紙 行 附記

裳 74 本師生兕疊謨之記 1 17 此卷雜抄下列各種 本師釋迦牟尼佛眞言

文殊菩薩三身眞言

普賢菩薩滅罪眞言

普禮十方諸佛眞言

普禮十方菩薩眞言

觀世音菩薩偈

觀世兕率天宮偈

出 78 我觀除愈普及羅尼 6 171 此卷第二段題佛說護諸童子陀羅尼咒經 三藏菩提流支譯又有下列數段

正語梵天所說陀羅尼

佛說止女人患血至困陀羅尼

請觀世音菩薩咒

觀世音菩薩行道求願咒

佛說乞雨咒

降雨陀羅尼

次說繫龍王陁羅尼
佛說滅除十惡神咒

佛說小兒中惡眼者咒經

河 21 覺一哆野 6
幷奉一切 98

兩面有字

雲 99 凡欲囉阿 4
至誠嗟叭 67

此卷雜抄下列十二種
轉念金剛般若波羅蜜多經者啓請八大金

剛名字
大身眞言

金剛兒咒
文殊菩薩心中眞言

五佛心辟毒眞言
淨身口眞言

釋迦牟尼佛心中心眞言
阿彌陀佛心中心眞言

大力金剛心眞言
三途摧碎眞言

水散食偈
附東方金剛大集想一本

蕾 25 尼迦波跛南无莎訶 9 113 圖 此卷雜抄下列各種卷首破損內有陁羅尼

大悲咒
砵書南無禁修吉陀羅尼

尊勝陀羅尼
曼荼羅圈

大輪金剛咒
解穢咒

解脫咒
大力菩薩咒

龍樹菩薩咒
金剛傳師母咒

金剛童子咒
十方三世諸佛无量隨心大神咒亦名三世

大火頭金剛咒
砵書一行餘

觀世音菩薩大悲隨心陁羅尼神咒
阿彌陀咒

制 53 南无嚩賀力賀 此咒 1 21 首四行碎損

日 6 俱肛里尼怛姪莎訶 4 65 此卷雜抄下列四種

佛說七俱祗佛母準提大明陀羅尼

佛頂尊勝陀羅尼

如意輪陀羅尼咒

無垢淨光大陀羅尼

服 12 闍嚧之也爾時讀誦 5 134 首十一行碎損內題曰雜咒一卷雜錄諸經咒文末題比丘洪敞讀誦六字

六波羅蜜咒

原號　起　止　紙　行　附記

制　98　南謨多設　2　57　共書二十八咒皆同內有蟲孔甚多
　　　　桒訶莎訶

秘密義抄

原號　起　止　紙　行　附記

淡　4　秘密迴施　3　73　此係大寶積經之紙背前爲密宗行人應守
　　　　今當之印　　　　　之戒後有施食法印及咒訛字頗多

供養心法

原號 起 止 紙行附記

柰 81 是諸中設 1 28 有咒首尾殘損
諸天諸星

準提咒經

原號 起 止 紙行

辰 35 夢中佛菩 3 68
自見而去

新會 陳垣 校錄

第十二帙

佛說無量壽宗要經

原號	起	止	紙	行	附記
地98	大乘如是	奉行要經	4	117	末題田廣談
黃3	大乘如是	奉行要經	4	110	末題張瀛
黃69	大乘如是	皆大奉行	5	142	
黃94	大乘如是	奉行要經	4	124	末題張略沒藏寫
宇39	大乘如是	奉行經卷	4	119	末題宋良昇寫

宙	29	大乘奉行 如是要經	4	121	末題宋良昇
宙	55	大乘奉行 如是要經	5	128	末題馬豐
宙	89	大乘奉行 如是要經	5	144	末題張良友寫
洪	67	大乘奉行 如是要經	5	139	
荒	58	大乘奉行 如是要經	5	145	
荒	87	大乘奉行 如是壽經	5	139	末題妣良
日	28	大乘奉行 如是要經	5	139	前十一行下半殘破末題索慎言
日	49	大乘奉行 如是要經	5	141	前五行下半殘破末題唐悉口寫
日	80	大乘說皆 如是奉行	5	136	末題王宗
月	50	大乘奉行 如是要經	3	91	

盈31	大乘奉行 如是要經	12	337	卷首題大乘無量壽經末題佛說無量壽宗要經共寫三部皆首尾完好經尾皆有呂日興題名紙背雜寫數行
盈63	大乘奉行 我聞要經	4	115	起處略有殘破末題氾子昇寫
盈71	大乘奉行 如是要經	4	114	略有缺破
盈76	壽經奉行 薄伽要經	9	280	此卷共寫三部後二部不全次卷有田廣談題名紙背寫目連救母變文不全
昃75	无量奉行 如是要經	5	107	首碎損
昃91	大乘奉行 如是要經	5	137	
辰54	大乘奉行 如是要經	5	134	略有殘破
辰64	大乘奉行 如是要經	4	108	末題張瀛 兩片
宿34	大乘奉行 如是經卷	5	121	

宿36	大乘 如是	奉行 要經	4	112	首題大乘無量壽經末題佛說無量壽宗要經與盈卅一號同尾有張瀛題名
宿62	无量 如是	奉行 要經	5	134	殘缺數字
宿74	大乘 如是	奉行 要經	4	118	
宿97	大乘 如是	奉行 要經	4	120	末題宋良金
列34	薄伽 衆俱	奉行 要經	4	117	起處缺數字末題虛淡
列81	大乘 如是	奉行 要經	5	129	中間頗有殘破末題常小卿
列90	大乘 如是	奉行 要經	5	147	中間略有破損
張18	大乘 如是	奉行 一卷	4	115	
張23	大乘 如是	奉行 要經	4	127	卷端略有破損
張60	大乘 如是	能入 要經	4	104	少寫爾時如來說是經已至信受奉行數句

號						附記
張 76	大乘如是	奉行要經	5	138		
張 77	大乘如是	奉行要經	5	140		
寒 72	大乘如是	奉行要經	5	136		
來 10	大乘如是	奉行要經	5	137		起處路有破碎
暑 33	大乘如是	奉行要經	4	117		
往 90	大乘如是	奉行要經	5	137		
秋 21	大乘如是	奉行要經	5	144		
秋 35	大乘如是	奉行要經	4	121		末題張卿
秋 79	大乘如是	奉行要經	4	128		末題氾子昇
收 20	大乘如是	奉行要經	4	116		末題張涓子

收 38	大乘奉行	如是壽經	4	111	
收 71	大乘奉行	如是要經	4	119	末題汜華
收 89	大乘奉行	如是要經	5	149	起處殘破
收 98	時薄奉行	爾時要經	4	125	起處略有殘破末題張力沒藏寫
冬 44	大乘奉行	如是要經	4	128	首碎損末題張略沒藏寫
冬 78	大乘奉行	如是要經	5	143	首碎損末題田廣談
冬 83	大乘奉行	如是要經	5	138	末題索愼言
冬 84	大乘奉行	如是要經	5	132	卷中多碎損
冬 97	大乘奉行	如是要經	4	125	首尾略有殘破
藏 13	大乘奉行	如是經卷	5	131	

號	起	止	紙數	行數	附記
藏27	无量 我聞	奉行 要經	5	146	卷首微損末有硃書張加寺三字
藏34	大乘 如是	奉行 一卷	4	107	
閏5	大乘 如是	奉行 要經	4	110	
餘23	大乘 如是	奉行 要經	5	140	間有破損尾題田廣談
餘25	大乘 如是	大歡 奉行	4	128	起處微闕
餘43	大乘 如是	奉行 要經	4	130	末題李加興寫
餘57	大乘 如是	奉行 要經	12	330	共寫三部令狐晏兒寫
餘77	大乘 如是	奉行 要經	4	128	起處略破
餘97	大乘 如是	奉行 要經	5	132	末題張興國
成25	大乘 如是	奉行 要經	4	108	首碎損令狐晏兒寫

字號	號			紙數	行數	附記
成	56	大乘 如是	奉行 要經	4	116	首碎損令狐晏兒寫
成	68	大乘 如是	奉行 要經	4	119	起處略破張興國寫
成	77	大乘 如是	奉行 壽經	4	110	
成	93	大乘 如是	奉行 要經	5	140	
歲	31	大乘 如是	奉行 要經	5	140	末題張略沒藏寫
歲	67	大乘 如是	奉行 要經	5	125	起數行下半殘缺
歲	74	大乘 如是	奉行 要經	4	118	末題張涓
律	4	大乘 如是	奉行 要經	5	138	末題㝑字
律	25	大乘 如是	奉行 要經	4	112	末題李曙
律	94	如是 十人	奉行 要經	5	140	首碎損

號	起	止	紙數	行數	附記
律99	七姟 南謨	奉行 要經	4	111	首碎損末題索慎言
呂7	要經 南謨	奉行 要經	6	171	共二部後一部首尾完整
呂17	大乘 如是	奉行 要經	5	146	
呂22	大乘 如是	奉行 要經	4	113	田廣談寫
呂27	大乘 如是	奉行 要經	5	124	起處有殘缺田廣談寫
呂38	大乘 如是	奉行 要經	5	141	
呂45	大乘 如是	奉行 要經	4	114	呂日興寫
呂64	大乘 如是	奉行 要經	4	108	
呂76	大乘 如是	奉行 壽經	4	107	
呂99	大乘 如是	奉行 要經	4	109	首尾碎損

字號	號					
調	7	大乘 如是	皆大 要經	4	124	
調	31	大乘 如是	奉行 要經	4	112	氾子昇寫
調	40	大乘 如是	能入 要經	5	139	經尾少寫爾時如來說是經已一行末題張 良友寫
調	42	大乘 如是	奉行 要經	5	137	
調	53	大乘 如是	奉行 要經	4	114	尾有蕃字
調	91	如是 俱同	奉行 要經	4	113	起數行破損尾題文達二字紙焦脆易折
陽	27	大乘 如是	奉行 要經	4	112	
雲	60	大乘 如是	奉行 要經	4	112	令狐晏兒寫
雲	62	大乘 如是	奉行 壽經	4	109	首碎損張興國寫
雲	64	大乘 如是	奉行 要經	5	138	

號	起止		紙數	行數	附記
雲70	大乘　奉行	如是　要經	5	131	
騰2	大乘　奉行	如是　要經	8	232	全經兩部氾子昇寫
騰37	大乘　婆等	如是　要經	4	117	首尾略殘
騰41	大乘　奉行	如是　要經	4	109	張瀛寫
騰77	生開　奉行	如是　要經	5	114	起處殘破
致11	大乘　奉行	如是　要經	5	127	
雨34	无量　皆大	如是　一卷	5	68	每段之下未將咒文一一寫出末寫頂髻白蓋陀羅尼但寫敬禮文兩行未及陀羅尼
雨45	大乘　奉行	如是　要經	5	138	
雨93	大乘　奉行	如是　要經	4	116	張興國寫
雨94	大乘　奉行	如是　要經	4	109	

字	號	經名			
雨	98	舍衛奉行 世尊要經	5	135	起處路殘破王瀚寫
露	93	大乘奉行 如是要經	5	146	
露	98	大乘奉行 如是要經	5	138	解晟子寫
結	40	大乘奉行 如是壽經	4	111	
結	62	大乘奉行 如是要經	4	107	首碎損
結	94	大乘奉行 如是壽經	5	137	索愼言寫
爲	24	大乘奉行 如是要經	5	146	王宗寫
爲	59	大乘奉行 如是要經	4	120	
爲	93	大乘奉行 如是要經	5	116	
霜	100	大乘奉行 如是要經	4	115	田廣談寫

生11 大乘奉行 如是要經 5 137 起數行破碎

生41 大乘奉行 如是要經 5 135 首碎損田廣談寫

生55 大乘奉行 如是要經 4 126 起處破碎張力沒藏寫

水9 大乘奉行 如是要經 4 117 田廣談寫

水55 大乘奉行 如是要經 5 134

出8 大乘奉行 如是要經 6 140

出11 壽經奉行 如是要經 4 110 起處略有殘破呂日興寫

出16 大乘奉行 如是要經 5 141 田廣談寫

出25 大乘奉行 如是要經 4 116 氾華寫

出26 量壽奉行 時薄要經 4 118 首碎損氾華寫

編號		經名			備註
出	30	大乘 如是 奉行 要經	4	111	曹興朝寫
出	43	無量 是我 奉行 要經	5	142	首碎損題名似是張芹如
出	48	大乘 如是 奉行 要經	4	112	
出	82	大乘 如是 奉行 要經	5	138	張瀛寫
崑	92	大乘 如是 奉行 要經	6	138	解晟子寫
岡	39	大乘 如是 奉行 要經	4	113	
岡	61	大乘 如是 奉行 要經	5	139	
岡	64	大乘 如是 奉行 要經	4	114	宋良昇寫
岡	80	大乘 如是 閟婆 奉行	4	114	首碎損
劍	35	大乘 如是 奉行 要經	5	123	

號		首尾	紙	行	附記
劍	59	大乘如是 奉行要經	5	137	末題張曜寫畢
號	5	大乘如是 奉行要經	5	139	末題索慎言
號	44	大乘如是 奉行要經	3	124	末題劉再縈
巨	22	大乘如是 奉行要經	8	236	此卷寫經兩部
巨	24	量壽伽梵 奉行要經	5	115	起處微有破損末署裴文達
巨	91	大乘如是 --奉行卷	5	138	末署王瀚
闕	35	大乘如是 奉行要經	4	110	張瀛寫
稱	28	大乘如是 奉行要經	4	112	首碎損令狐晏兒寫
稱	58	大乘如是 奉行要經	4	119	
夜	59	大乘如是 奉行要經	5	142	末題張義朝本

光 32	大乘如是 奉行要經	4	114	呂日興寫
光 83	大乘如是 奉行要經	5	142	
珍 7	如是訶薩 切世壽經	4	115	起處微有破損
珍 29	大乘如是 奉行要經	5	137	
珍 47	大乘如是 奉行要經	4	114	首碎損田廣談寫
珍 61	大乘如是 奉行要經	5	129	
李 23	大乘如是 奉行要經	4	107	
李 82	大乘如是 奉行要經	4	120	呂日興寫
李 95	大乘如是 奉行要經	5	137	
李 98	大乘如是 奉行要經	4	113	裴文達寫

帙號	號	起訖	紙數	行數	附注
柰	1	大乘奉行 如是要經	4	112	首碎損令狐晏兒寫
柰	24	無量奉行 如是要經	4	111	尾有題名已缺其半
柰	46	大乘奉行 如是要經	4	118	前八行下半殘破末題令狐晏兒寫紙背雜寫他文
柰	50	大乘奉行 如是要經	4	114	張涓子寫
柰	57	大乘奉行 如是要經	4	112	令狐晏兒寫
菜	5	大乘奉行 如是要經	5	127	
菜	18	大乘奉行 如是要經	5	137	
菜	32	如是奉行 俱同要經	5	136	首碎損
菜	35	大乘奉行 如是要經	4	129	
菜	71	大乘奉行 如是要經	5	140	田廣談寫

菜 74 大乘奉行 如是要經 5 136

菜 91 大乘奉行 如是要經 4 115 呂日興寫

重 21 大乘奉行 如是要經 4 111 解晟子寫

重 41 大乘奉行 如是要經 5 135 張要寫

重 57 大乘奉行 如是要經 4 113

重 59 大乘奉行 如是要經 5 142 末題田廣談

重 99 大乘奉行 如是要經 4 119 張涓子寫

芥 70 壽經奉行 聞一要經 5 139 卷端缺損數字

芥 73 大乘奉行 如是要經 4 107 首碎損末題鄧英

芥 86 大乘奉行 如是要經 5 142 田廣談寫

薑16 大乘 如是 奉行 壽經 5 141

薑27 大乘 如是 奉行 壽經 4 107 首碎損

薑28 大乘 如是 奉行 要經 5 139 張良友寫

薑29 大乘 如是 奉行 要經 5 152

薑37 大乘 我聞 奉行 要經 4 113 前數行殘破全經斷爲三截

薑41 一時 薩衆 奉行 要經 4 118 卷端略有殘缺

薑53 如是 同會 奉行 要經 4 108

薑59 大乘 如是 奉行 一卷 5 126 首碎損末題唐開寫

薑69 大乘 如是 奉行 要經 5 141

薑72 大乘 如是 奉行 要經 4 113 田廣談寫

薑 88	大乘如是	奉行要經	5	137	末題鄧英子寫
薑 95	大乘如是	奉行要經	5	138	末題解晟子寫
海 8	大乘如是	奉行要經	5	142	末題田廣談
海 9	大乘如是	奉行要經	4	125	首碎損
海 12	大乘如是	奉行要經	4	114	
海 16	大乘如是	奉行要經	4	118	首碎損
海 21	大乘如是	奉行要經	4	126	裴文達寫
海 40	大乘如是	奉行要經	5	138	卷端微損末題解晟子
海 45	大乘如是	奉行要經	4	127	末題汜子昇
海 50	大乘如是	奉行一卷	5	133	末題王宗

海	59	大乘 如是	奉行 要經	5	137	末題張曜
海	72	大乘 如是	奉行 要經	4	111	末題張瀛
海	76	大乘 如是	能入 奉行	5	138	末題索愼言
海	79	大乘 如是	奉行 要經	5	142	
河	11	大乘 如是	奉行 要經	4	113	起處微有損破
淡	53	大乘 如是	奉行 要經	4	110	
淡	56	大乘 如是	奉行 要經	5	134	間有破碎
鱗	36	大乘 如是	奉行 要經	5	138	
鱗	49	大乘 如是	奉行 要經	4	100	尾碎損
鱗	59	大乘 如是	奉行 要經	5	142	前微損

字號	號	上	下	紙數	行數	備註
潛	25	大乘 如是	奉行 要經	4	115	
潛	28	无量 如是	奉行 要經	4	116	前二十餘行破碎
潛	35	大乘 如是	奉行 要經	5	138	
潛	85	大乘 如是	奉行 要經	4	115	
師	69	聞一 會坐	奉行 要經	5	134	起處破爛
師	73	佐耶 薩婆	奉行 要經	4	84	起處殘破末題索閏
帝	76	大乘 如是	奉行 要經	4	112	略有殘
帝	82	大乘 如是	奉行 要經	4	109	略有殘破
鳥	13	薄伽 會坐	奉行 要經	5	141	前十餘行殘破
鳥	89	大乘 如是	奉行 要經	4	111	

官　91　大乘如是　奉行要經　4　114　微有破損末題張涓子

皇　73　大乘如是　奉行要經　4　112

文　3　大乘如是　奉行要經　4　130　尾碎損末題張略沒藏寫

乃　40　壽經時薄　奉行要經　3　102　首破爛末題解晟子

服　48　大乘如是　奉行要經　4　113　間有破缺末題張瀛

服　79　大乘如是　奉行要經　4　118　起處破爛末題張涓子

服　82　樹給同會　能入奉行　5　135　首尾略有破缺

服　96　大乘如是　犍闥要經　4　103　起處微破

推　8　乘无聞一　奉行要經　4　116　起處破損尾有蕃字題名

位　5　大乘如是　奉行要經　4　116　末題裴文達

字號	號數	首	尾	紙數	行數	附記
位	14	大乘 如是	奉行 壽經	4	112	起處略有殘破
位	21	大乘 如是	奉行 要經	4	111	令狐安兒寫
位	76	大乘 如是	奉行 要經	4	114	
列	70	大乘 如是	尼曰 伽囉	3	95	
列	85	大乘 如是	一渉 知滴	4	96	
餘	59	大乘 如是	能入 能入	4	114	尾缺一行
歲	89	大乘 如是	陁羅 羯他	4	108	
歲	92	大乘 如是	喜信 要經	4	116	
律	36	大乘 如是	羅尼 他耶	3	73	殘破甚多
律	100	大乘 如是	婆婆 十五	4	112	

呂	82	佛說 如是	年陀 是无	2	43	存卷首一二段
雨	49	大乘 如是	唎蜜 磨底	3	86	尾碎損
金	86	大乘 如是	硯娜 某持	3	72	後半殘破
生	18	大乘 如是	伽囉 莎訶	1	32	
生	44	大乘 如是	佐郎 磨底	1	27	
出	71	大乘 如是	唎莎 尼曰	2	67	
稱	29	大乘 如是	莎訶 底阿	1	30	
果	82	大乘 如是	上能 喻紇	4	98	後十餘行殘破
菜	41	大乘 如是	是書 勃底	3	75	破碎甚多
薑	83	大乘 如是	十五 波唎	3	91	

號	起	止	紙	行	附記
海43	大乘如是	輪底涉訶	6	164	共寫兩部前部全有張涓題名後部僅寫三十餘行尾碎損
潛5	大乘如是	牟尼持是	4	110	卷末缺二十行
潛47	大乘如是	同聲指施	1	30	存經前二十餘行尾碎損
翔6	大乘如是	能入能入	4	120	經尾缺一行
翔42	大乘如是	十五名號	1	25	存經前二十餘行
龍1	大乘如是	十五尼曰	2	58	存經之前半
龍17	大乘我聞	摩訶尼曰	1	29	存經前數段
龍27	大乘如是	受宗耶怛	1	33	存經前數段
龍28	大乘如是	福智尼曰	1	27	存經前二十餘行
師16	大乘如是	阿喇輪	1	30	

號	起	止	紙數	行數	附記
師85	大乘 我聞	底十三 訶十五	1	24	存經前二十餘行
帝95	迦迦 爾時	十五 復得	1	29	存經前六七段
鳥5	大乘 如是	婆毗 十五	3	79	尾碎損
官22	若有 命盡	娜三 唵七	1	26	存經前三四段
官59	乘无 如是	薩婆 訶十五	3	71	
官95	大乘 如是	尼曰 羯他	1	28	存經前數段
人27	大乘 如是	無若 命盡	1	26	存經前數段
文81	大乘 如是	唎蜜 達摩	3	83	尾碎損有裴文達題名
服84	大乘 如是	量壽 尼曰	1	26	存經前二三段亦復破爛
裳38	大乘 如是	信受 要經	4	109	首尾破碎

號	Text (right)	Text (left)	紙	行	附記
裳 92	大乘波喇	如是等无	3	88	首尾碎損
推 66	大乘有重	一時悉指	2	55	
推 78	大乘尼曰	如是羅八	2	61	
地 25	爾時奉行	南謨要經	4	110	前數段殘闕卷末全
地 37	若有奉行	南謨要經	3	79	
地 96	大苾奉行	上方要經	4	109	卷首殘闕十餘行末題張瀛寫
地 99	薩婆奉行	善男一卷	8	230	此卷共兩部後部至末題巳前六卷紙三十張王瀚寫眼闇書不得不放等語
宇 12	紇硯奉行	他羯要經	8	214	卷首缺去數行
宇 42	羅三奉行	大限要經	5	132	卷首缺去數行
宇 48	南謨奉行	怛然要經	4	115	卷首殘闕四段餘末題唐文英

宇 100 南讃婆棄 奉行要經 5 121 卷首闕十餘行末題龍興二字

宙 96 波利伽迦 迷吽一卷 7 173 首碎損卷尾信受奉行後一段乃觀世音如意輪陀羅尼

洪 50 南讃薩婆 奉行要經 3 89 末有黃文達題名他卷作裴文達

洪 60 枉橫爲經 奉行要經 8 237 此卷兩部前部卷首殘闕後部完整者氾子昇寫

荒 77 德聚殊諦 歡喜奉行 4 115 卷首殘破數行

荒 81 橫死卷受 奉行要經 4 117 卷首缺去數行末題唐開

盈 37 衆生欲朮 奉行一卷 4 114 卷首缺去八行末題姚良

辰 5 讀誦底一 奉行要經 2 53 殘闕一半末有田廣談題名

辰 72 壽經聞一 奉行一卷 9 250 此卷兩部末有王瀚題名

宿 41 波唎爾時 奉行要經 3 95 首碎損末有裴達題名

千字文號	號	經名	紙數	行數	附記
宿	53	聽南奉行 者衆要經	8	210	起處缺三行又有十行缺去下半
列	50	迦羅奉行 特迦要經	4	94	
列	54	南謨奉行 悉迦要經	3	95	末題汜廣
列	88	自書奉行 供養要經	4	104	卷端破碎末有蕃字
列	91	輪底奉行 若有要經	7	190	此卷兩部後一部全
張	78	波利奉行 四波要經	4	104	
張	89	若使奉行 阿波要經	5	135	卷端缺去八九行末有張英環題名
來	47	南謨奉行 怛娙一卷	4	107	末題唐開
暑	27	年於奉行 使人要經	4	96	起處缺少三行餘
秋	85	百八奉行 有善要經	5	121	起處缺少數行末題安國興寫

號	起	止	紙	行	附記
秋 87	摩訶 南無	奉行 受經	4	110	卷首碎損尾題王瀚經十卷共五十紙九字
收 88	百年 聞名	奉行 要經	4	112	起處缺少三行末題田廣談
收 99	薩婆 耶十四	奉行 要經	3	86	末有蕃字
冬 58	若自 如是	奉行 要經	4	107	起處缺去四行半
冬 98	復告 命尼	奉行 要經	10	273	此卷兩部前部起處缺少十餘行尾題令狐晏寫後部完全無缺
藏 100	殊諦 來功	奉行 要經	5	141	起處破爛末有田廣談題名又有龍興二字
閏 67	爾時 信受	奉行 一卷	5	136	
餘 21	南謨 怛姪	奉行 要經	2	60	尾有蕃字
成 8	有得 南謨	奉行 要經	5	134	起處微損尾題唐文英寫
成 39	南謨 他耶	奉行 要經	4	111	首碎損鄧英子寫

成	40	國祇	告曼	奉行要經	8	230	經兩部起處缺數十字呂日興寫
成	42	國祇	舁殊	奉行要經	5	138	起處殘破
成	45	給孤	室利	奉行要經	4	112	起處略破損
成	67	姪他	薩婆	奉行要經	4	114	張貞寫
成	75	姪他	婆婆	奉行要經	5	116	
歲	13	持讀	甬无	奉行一卷	4	93	
歲	19	末香	生得	奉行經卷	5	137	起處殘缺五行尾題佛說無量壽宗要功德經多功德二字
呂	52	南謨	婆棄	奉行要經	3	81	
呂	78	爾時	阿喻	奉行要經	4	97	首碎損
調	20	爾時	阿喻	奉行要經	3	78	孟郎子寫

號		起	止	紙數	行數	附記
陽	5	阿波棄悉	奉行要經	5	121	張良友寫
陽	39	衆俱无量	奉行要經	5	133	
雲	34	同聲須毗	奉行要經	4	102	
雲	89	如是受若	奉行要經	4	105	
騰	3	爾時阿波	奉行要經	4	109	首碎損　令狐晏兒寫
騰	31	蒭僧殊上	奉行壽經	4	109	起處殘缺六行
騰	39	棄悉娜耶	奉行要經	4	105	張涓子寫
騰	48	南謨他唵	奉行要經	4	85	
騰	86	鍮底唎莎	奉行要經	4	106	唐文英寫
致	76	量壽須毗	奉行要經	3	84	前半殘破尾題曹興朝

雨57	如是衆與	信受奉行	5	133	卷首略有破碎
露37	爾時南謨	奉行要經	4	112	首碎損
露42	爾時南謨	奉行要經	5	121	首碎損
露67	德名若於	奉行要經	4	119	
玉39	南謨羅八	能入奉行	1	25	僅存經之後半
玉74	南謨怛姪	奉行要經	2	35	
出13	四嫉阿波	奉行要經	5	119	卷端殘破張良友寫
出24	陁羅你悉	能入奉行	3	65	首碎損
出35	讀誦唎蜜	奉行要經	3	64	首碎損張涓寫
出75	爾時南謨	奉行要經	4	109	紙背寫普門品

字號	號	起	止	紙數	行數	附記
罔	38	薄伽攞八	奉行要經	1	21	僅存經末十餘行
罔	48	長壽須眡	奉行要經	7	198	兩部皆缺前半尾題張良友背寫六祖壇經數段又金剛經等數行
劍	21	或使香而	奉行要經	4	111	起處殘缺數行卷尾朱書張涓子三字
劍	42	要經剎不	奉行要經	4	108	卷尾題曰第一校光際第二校法鸞第三校建張英環寫
號	4	園興子舅	奉行要經	4	116	起處殘破
號	33	南謨婆索	奉行要經	2	55	
巨	96	怛姪薩婆	能入奉行	4	110	缺去前半二十餘行
闕	10	彌陁羯他	奉行一卷	2	42	首碎損
珠	30	摩訶有世	奉行要經	5	131	起數行殘缺
稱	97	往陁囉佐	奉行要經	4	103	宋良金寫

夜	8	盡後奉行 / 南謨要經	5	126	末題唐文英
夜	47	尊界能入 / 須毗奉行	3	106	前缺十餘行
夜	97	女人奉行 / 果報要經	4	112	末題張路沒藏寫
光	5	德名奉行 / 爲經要經	6	154	起數行殘缺
光	59	若自奉行 / 糞瓔要經	4	112	起數行殘缺
果	5	國祇奉行 / 尊告要經	4	117	起數行殘缺末題盧淡
珍	18	薩婆奉行 / 摩訶要經	5	146	前一部僅留二十餘行後一部首尾完具末題張涓
李	41	殊室奉行 / 耨多要經	5	138	前數行破缺
李	73	苾僧奉行 / 有世要經	5	114	起處缺破數行末題盧淡
李	76	讀誦奉行 / 无量要經	4	105	首碎損末有題名不能辨識

號	起止字	經名	紙數	行數	附記
柰 37	決定　百年	奉行要經	5	133	卷首殘破尾題唐文英寫
柰 73	大乘惠施　如是波唎		3	88	首尾碎損
菜 4	長壽　男子	奉行要經	4	106	起處殘闕
菜 62	阿婆　伽迦	奉行要經	3	66	首碎損尾有曹與朝題名
芥 12	梵在　爾時	奉行要經	5	139	起八九行破碎
芥 67	娜耶　曰南	奉行要經	3	82	首碎損
芥 89	爾時能入　蜜哆奉行		3	86	首碎損
薑 2	與大　于昮	奉行要經	4	115	卷端殘缺
薑 10	南謨　姪他	奉行要經	4	94	孟郎子寫
薑 38	殊若　有罪	奉行要經	4	110	首缺七八行

薑	60	怛姪奉行	薩婆要經	4	109	首缺十數行
薑	77	如是奉行	俱同要經	4	118	前數處缺損末題張略沒藏寫
薑	84	娜十奉行	有自要經	2	53	存經之後半
海	1	底十奉行	若有要經	3	59	
海	18	摩訶奉行	若有要經	3	72	後題張開寫
海	29	蜜哆奉行	唎輸要經	3	64	首碎損
海	42	量壽奉行	壽如九卷	4	107	前少六七行又復爛破宋良金寫
海	54	三藐奉行	曼殊要經	4	104	前有數處破損
鹹	2	德不奉行	悉指要經	1	27	存經末二十餘行翟文英寫
鹹	6	陁四奉行	底十要經	4	100	卷前殘損

鹹48	恒他 羅波	歡喜 一卷	16	361	此卷三部前部起處破碎後兩部皆全
河22	阿波 波唎	奉行 要經	5	138	卷端殘破二十餘行
河31	百歲 衆生	奉行 要經	4	116	卷端殘破
淡2	无量 我聞	奉行 一卷	5	136	卷端破碎二十餘行有崔文英題名
淡99	壽宗 南謨	奉行 要經	9	218	卷端破碎
鱗94	曰南 婆桑	奉行 要經	2	53	僅存經後七段末題李加興
潛62	讀誦 喻訖	奉行 要經	3	68	存經之後半卷上端破碎太甚
羽16	要經 陁四	大歡 要經	2	48	存末數段
龍15	若有 南无	奉行 要經	2	53	存經之後半
龍23	迦娜 爾時	奉行 要經	3	87	上端破碎

龍 67 佐耶奉行 摩底要經 3 87 首碎損

師 1 重罪能入 他耶奉行 2 54 存末數段背有張涓題名

師 9 開者奉行 勃底要經 4 118 卷首破爛末有張興國題名

師 16 供養奉行 愉紇要經 1 27 存末五六段之文尾題令狐安兒寫

師 54 衆生奉行 住之要經 4 107 脫爛甚多有吳興題名

師 61 千二聲音 界名奉行 4 116 經首殘缺末題呂實

帝 19 大乘奉行 如是要經 5 138 前三十餘行破爛末題張要寫

帝 34 同聲奉行 吡你要經 3 76 脫前半三十餘行

帝 50 達摩奉行 爾時要經 3 85 末題裴張小卿

帝 67 南無奉行 唎輸要經 4 96 前二十餘行殘破

號	起	止	紙數	行數	附記
鳥11	要經他羯	奉行要經	3	89	首殘損有呂日興題名
鳥14	薩婆時同	奉行要經	4	96	首殘損
鳥73	會坐生有	奉行要經	5	139	卷前脫爛數行末題田廣談
鳥74	達摩爾時	奉行經卷	3	88	經名宗要下多功德二字末題宋良金
官8	來一書能	奉行一卷	4	69	首殘損
官45	姪他婆婆	奉行一卷	5	122	前二行破碎
官71	蜜多放唎	奉行要經	2	47	有宋良金題名
官79	人皆衆生	奉行要經	4	108	首殘損
人21	悉迦摩訶	經一壽經	4	104	起處殘破
人85	磨底波唎	奉行要經	3	68	首殘損有呂日興題名

皇 91 達摩爾時 奉行要經 3 74 有李曙題名

始 2 七寶南謨 奉行要經 1 22 首碎損存經末數段

始 9 薩婆若有 奉行要經 3 81

始 25 滅陁耶五 奉行要經 2 57 起處破爛尾題氾子昇寫

始 33 經受阿唋 奉行宗要 2 52 有張廊題名

始 43 南无迦囉 奉行要經 2 49 首碎損

始 44 唎蜜悉迦 奉行要經 2 53 起處破爛存經末數段

始 71 摩訶若有 奉行一卷 2 35 有王瀛題名

始 89 波唎若有 要經彌陁 1 27 存近末數段

制 12 壽宗耶五 羅犍口行 3 87

號	起	止	紙數	行數	附記
制21	如同 須眦	奉行 要經	2	63	背有丁丑年三月十五七字
制55	生得 處以	奉行 要經	4	113	經首缺去數行末題張涓子寫
制56	舍衛 告曇	奉行 要經	5	137	經首殘破末題田廣談
制58	祇樹 利童	奉行 要經	4	117	經首殘缺四五行尾題張瀛寫
制86	國祇 告曇	奉行 要經	5	136	經首破缺
制87	說是 硯娜	奉行 要經	4	99	末題令狐晏兒寫
文19	若有 南謨	奉行 要經	2	45	末有題名闕去半邊似是李加興寫四字
文51	布施 怛姪	奉行 要經	2	30	存經尾一二段令狐晏兒寫
文56	底九 爾時	奉行 要經	3	90	
文86	供養 壽智	奉行 要經	4	108	經首缺去數行

千字文	號	起	止	紙數	行數	附記
字	60	伽底壽宗	奉行要經	3	75	首碎損尾有蕃字
字	64	他耶莎訶	奉行要經	4	99	首碎損馬豐寫
字	78	薩婆耶十四	奉行要經	3	63	首碎損有口郎子三字題名
字	87	誦受哆二	來說无量	3	70	首尾碎損有李加興題名
字	97	噞紇達磨	能入奉行	3	58	
乃	34	若有持讀	奉行要經	4	100	首碎損末題張瀛
乃	57	蜜哆輸底	奉行要經	4	106	
乃	61	若有羅尼	信受宗要	3	65	首尾碎損
服	24	若有滅陁	喜信奉行	3	67	首碎損尾有蕃字題名
服	35	薄伽會坐	奉行一卷	4	116	此卷字體整潔惜起數行殘破末有勘了二硃字朱良昇三墨字

號	起	止	紙數	行數	附記
衣30	耨多昦殊	奉行要經	4	108	經首殘破
衣31	南讚薩婆	奉行要經	4	103	經首缺去數行末題李義
衣51	婆唎若有	奉行壽經	1	23	存經尾數段
衣58	爾時南无	奉行一卷	4	92	首碎損末題解晟子
衣87	若有隨共	奉行經卷	2	50	首碎損
衣89	婆唎薄伽	奉行要經	4	96	起處破爛末題李義
裳7	毗你薩婆	奉行要經	5	113	
裳14	婆囉持讀	能入奉行	2	58	首碎損
裳35	迦娜善男	受奉壽經	3	80	首碎損
裳36	善男是等	奉行要經	4	111	首碎損題名殘破

號	號數			數	數	附記
推	13	達摩 爾時	奉行 要經	4	100	首碎損
推	15	讀誦 如來	曬莎 曉示	2	42	首碎損末題裴文達
推	22	莎訶 嫉佛	奉行 要經	3	80	首碎損
推	63	尼曰 怛姪	奉行 要經	4	109	起處殘破
推	68	壽經 一時	奉行 一卷	5	134	起處殘破甚多末有王瀚題名
推	74	波喇 南謨	奉行 要經	1	27	
推	88	大悲 有世	奉行 要經	5	122	起處缺去數半行尾有李弁題名
位	3	殊上 提現	奉行 要經	2	105	起處破爛
位	22	時汲 南謨	奉行 要經	5	121	首碎損
位	35	喇波 地獄	奉行 一卷	3	68	首碎損

號	起	止	紙數	行數	附記
位36	祇樹童子	奉行要經	4	107	起處殘破末有索闍題名
位78	聲說阿喻	奉行要經	5	111	
地61	爾時宗要	十五寫教	3	58	首尾碎損
荒88	南謨波唎	莎訶淨土	6	154	此卷共兩部
月22	毗你薩婆	七薩十一	1	26	僅中間數行首尾不具
來56	喻紇迦囉	莎訶唎婆	2	46	
來74	唎蜜磨底	莎訶尼曰	2	56	破碎不完
藏45	福智南謨	无量尼曰	1	28	存中間一小段
餘81	壽宗時薄	階衛正覺	4	104	首尾破損背後有辛巳年五月八日立契洪池鄉百姓何通子等語
歲25	爾時南無	奉行要經	3	84	首碎損末題張瀛

號	號數	起止		紙數	行數	附記
歲	62	佐耶能入	十一信受	4	107	首碎損尾缺奉行二字
呂	8	量壽耶六	來名薩婆	5	114	首尾殘缺
呂	9	无量輪底	如是莎訶	3	84	尾碎損
調	39	量壽能入	一時能入	4	116	首尾略有殘缺
雲	90	伽迦底薩	爾時莎訶	3	73	缺去首尾
騰	91	鳥獸莎訶	種智孫佛	1	29	存近末數段
致	80	梵在八万	會坐三須	6	180	此卷兩部前部闕前半後部闕後半前後移置可成一部
雨	41	大善喻紇	量功伽迦	4	48	殘缺
生	63	須毗十五	七薩孫佛	1	26	存近末數段
麗	8	娜十二他唵	說是婆麗	1	20	

號	起	止	紙數	行數	附記
出5	量壽須毗	指陁薩婆	2	52	後半破碎
崑58	若有持讀	尼曰硯娜	1	28	
號74	是无陁羅	磨底十五	1	27	首碎損
闕2	善男南謨	波唎世界	1	28	太破碎
闕6	訶娜若有	怛姪毗輪	1	30	首碎損
闕51	乘无是我	達磨入書	3	75	全卷碎損
李1	書若南謨	娜耶別異	3	79	首尾碎損
薑18	世尊滿百	讀誦二阿	2	48	首尾碎損
海20	薩婆若有	能入所說	3	61	首尾碎損
翔84	婆薩爾時	底一唵七	3	97	首尾碎損

龍32	唵薩十五 摩訶尼曰	2	62	
龍72	來功怛姪 宅所薩婆	5	121	首尾碎損
師10	經喻紵 一時達磨	2	68	首碎損
師11	薩婆大千 莎訶尼曰	1	28	
師56	羅尼師子 佐耶開天	4	84	首尾均有脫爛
師64	後告是无 盡後波唎	3	73	首尾均有脫爛
帝37	爾時十五 蜜哆尼曰	1	28	
鳥66	須毗十五 薩婆經等	1	28	存後數段
官17	給孤讀誦 殊上喻紇	2	51	前數行缺破
人60	毗你伽迦 婆菓訶娜	2	23	首碎損

號	起	止	紙數	行數	附記
人 98	壽宗 南謨	底十 十三	1	26	
皇 79	十五 毗你	奉行 經卷	3	81	殘破
始 12	佛說 如是	皆大 要經	4	113	全卷破碎太甚末題朱良金三字亦將破滅
始 34	訶菜 是无	迦底 宗要	1	29	
制 51	波唎 若有	尼曰 娜三	1	28	
制 59	百五 上方	能聲 精進	4	107	首尾不具
文 47	如來 若於	硯娜 輸底	2	53	存經前數段極破碎
字 25	摩訶 若有	尼曰 唵七	1	29	
乃 72	祇樹 坐爾	能入 歡喜	5	145	首尾殘破背寫社司轉帖橫看成文蓋唐時民間一種通行規約每字之下照寫同樣之字無數

服	40	怛姪悉指 羅波他耶	4	108	字大行疏
裳	93	婆婆莎訶 善男尼曰	2	57	
推	11	紇硯底九 波唎十五	1	29	首碎損
推	30	无量能入 是我說皆	4	113	首後殘破
推	39	怛他十五 某特尼曰	3	91	首碎損
推	75	諦聽滿年 无量耶五	2	57	首碎損
位	45	他耶棄悉 薩婆唎婆	3	69	首碎損
位	51	南謨十五 怛姪人前	2	56	
位	52	須毗硯娜 薩婆他晻	1	26	
位	61	南謨受持 須毗尼曰	1	27	存中間數段

敦煌刼餘錄

新會 陳垣 校錄

第十三帙

佛說父母恩重經

原號	起	止	紙	行	附記
號14	恩重如是	奉行一卷	3	64	首四行碎損
辰36	佛說如是	一卷戒安	6	122	卷內三種首爲此經次爲佛說天請問經末爲佛說大乘四法經均完具末寫有爲師僧父母戒安八字
人22	崛山訶薩	奉行重經	3	62	首七行尾三行碎損
闕40	龍鬼目不	奉行重經	2	54	首行碎損卷中又碎損十行

裳 33 菩薩尼優 奉行重經 2 56 全卷碎損二十八行

翔 25 則蘭食非 雨五奉行 2 48 首尾碎損各一行

柰 28 母養各有 奉行重經 3 48 首五行碎損卷中又碎損十四行

洪 39 持讀但父 奉行重經 2 39 首四行碎損卷中又碎損八行背面有心經一卷

李 85 不時兒遙 奉行一卷 2 41 首七行碎損

霜 81 言若前啓 體血水嗡 4 89 首二行尾七行碎損卷中又碎損三十九行卷內共三種首爲救護疾病經次爲此經末爲佛母經均殘闕姑附此

大通方廣經

原號	起	止	紙	行	附記
列 60	皆悉佛道	持大卷上	23	588	卷中碎損五行卷尾題大通方廣經據大周刊定衆經目錄卷十五僞經錄中有大通方廣經一部三卷.
列 5	神王佛道	經典卷上	19	467	首四行碎損尾題卷上
珍 88	到此佛道	持是卷上	17	469	首九行碎損
藏 11	界可佛道	略說方上	15	411	首一行尾九行碎損
盈 19	勉時劫劫	如來諸佛	9	292	首六十六行及尾行碎損
盈 24	是諸授記	我於卷中	6	165	此卷緊接盈十九號尾題卷中
露 66	一體授記	如世卷中	16	435	首行碎損此卷包括盈十九廿四兩號且可補其缺文

大通方廣懺悔滅罪莊嚴成佛經

原號	起	止	紙	行	附記
衣 1	涸於 門有	佛道 卷上	16	429	首四十九行尾五行碎損均已見刻六十號合觀各卷仍缺卷下即卷上卷中亦不全
冬 2	薩信 薩摩	一切 空分	7	181	首尾俱缺攷其文即大通方廣經
果 69	大通 爾時	佛言 善根	4	119	此即大通方廣經卷端題有全名起處可補盈十九號之缺

淨度三昧經

原號 起 止 紙 行 卷 次 附記

結 65 曰男開解 3 37 上 首五行碎損佛爲屏沙王說善惡諸報

以爾卷上 殘餘無幾

昃 2 惟帳而去 13 294 下 前半爲佛化五百美女成男身作沙門

娛作卷下 後半與恐畏長者及阿難說戒律及親

近善知識中有云是經一名斷諸苦本

一名總持諸法門三昧一名淨度三昧

佛說禪門經

原號	起	止	紙	行	附記
露95	嵩岳奉行	不若一卷	6	156	首二十三行碎損前有沙門慧光發願誦寫此經文一篇惜殘缺其略云於嵩岳寺誦得戒了遂便求法來百山三年轉法華經一吾即悲泣我今坐禪何時得悟向福龍寺開一切經藏得此經經云時有菩薩名棄諸蓋佛欲湼般菩薩求法佛言禪定空慧爲究竟門菩薩白言世尊如餘經中或說四禪十二觀門云何此經直言禪定而不具說耶善男子餘經爲說淺近權立方便種種敎法此禪要經唯論究竟頓敎大乘吾讀此經忽然得悟發願誦三万遍及寫三百卷普及一切云云
鳥33	棄諸有異	經直切迷	3	44	此又一人寫不甚工整又不完具

入无分別總持經

原號	起	止	紙	行	附記
薑23	世尊	奉行	6	134	首二行碎損佛為无分別照明菩薩說唯識无相之理惜起處不全與藏中入無分別法門經蓋同本異譯

分別一卷

佛說無量大慈教經

原號	起	止	紙	行	附記
昃 43	佛說 爾時	而去 敎經	5	140	首八行碎損卷首題曰佛說無量大慈教經
薑 89	城中 有佛	奉行 慈經	2	41	首六行碎損尾題曰佛說無量大慈經經中說殺酒肉等功德殘缺不完
河 64	鐵床 向所	來復 難重	4	83	首二行碎損前半無名後半爲慈教經有題名有句云得聞大慈經死不墮地獄或即大題慈經
霜 31	衆鍾 酒生	而去 一卷	4	116	首四行碎損尾題曰大慈教經
夜 42	家是 何等	奉行 一卷	7	145	首六行碎損卷中又碎損七行此卷內分三種一玉耶經與制六十八號同均非兩晉原譯二菩薩訶色欲經一卷經文較後秦譯爲長三佛說慈教經尾有木軸
制 7	爾時 爾時	而去 一卷	2	41	

鹹 80 白世而去 爾時教經 2 40 附有木軸

昃 33 黄金禮而 甚多一卷 4 92 全卷碎損

究竟大悲經

原號	起	止	紙	行	附記
號 26	自佛之有	脫果无得	20	481	存題一切衆生身內有佛父母品第六對治服藥治病品第七除一切衆生修道作佛病品第八一切聖賢心海發作扭捩渾合品第九一相論法即道解脫品第十
宙 15	當來復次	法音第二	13	349	首三行碎損末題卷第二存第五六七八等四品
制 84	盧中則寶	生希第二	2	42	尾十二行碎損

佛說延壽命經

原號	起	止	紙	行	附記
李 84	佛說 爾時	命經 新譯	1	22	首尾完具末有雜阿含經卷第八等字
昃 92	一切 囑褐	脩持 有有	4	110	此卷前半第二段首行題佛說延壽命經係倒貼在他經之前共十四行紙色與後半不同兩面有字
宇 68	佛說 爾時	奉行 一卷	3	65	首末完具紙背有雜字二行 卷首有年號人名
來 98	佛說 爾時	奉行 天經	3	85	首末完具尾有摩利支天經一卷
秋 66	佛說 爾時	奉行 一卷	3	54	首末完具
呂 94	佛說 爾時	奉行 一卷	3	65	首末完具
宇 66	佛說 爾時	即成 命經	1	22	首末完具

	原號	起	止	紙	行	附記
調	18	佛說 爾時	奉行 壽經	2	58	首四行碎損
雨	66	佛說 爾時	奉行 壽經	2	61	首末完具

佛說續命經等八種

	原號	起	止	紙	行	附記
日	93	佛說 南无	奉行 一卷	4	109	此卷所寫共八種一佛說續命經二佛說解百怨家陀羅尼經三佛說延壽命經四佛說天請問經五般若波羅蜜多心經六造塔功德經七佛說大乘四法經八佛說十六相經

四諦法門經

原號　起　止　紙　行　附記

生10　四諦樂我　四諦生滅　2　48　首九行碎損尾有雜寫

佛說救疾經

原號		起	止	紙	行	附記
芥	83	佛說爾時	知聞一卷	5	109	首八行碎損
光	8	佛案瘡穢	知聞一卷	3	102	背面雜寫有字
人	4	敎善僧歎	知聞一卷	3	74	首七行碎損
衣	14	或三之日	知聞卌四	2	47	首十一行碎損
字	10	久久惡病	知聞一卷	2	40	首九行碎損末題曰佛說疾病經文與芥八十三號同

佛說閻羅王授記勸修七齋功德經

原號	起	止	紙	行	附記
鹹75	佛說如是	功德受持	4	74	此卷經文爲亡人七七修齋并在生之日預修七齋所有功德首尾完具卷尾題曰比丘道眞受持
服37	佛說如是	因之即令	5	79	全卷碎損
字66	佛說如是	音菩薩陁	3	42	全卷碎損
字45	佛說普賢	奉行一卷	3	54	全卷碎損卷尾題曰安國寺弟子妙福發心敬寫此經一七卷一心供養
列26	於嚴土滿	奉行記經	5	93	首二十行碎損經文較鹹七十五號爲多於十王名字之後尚有經文二節卷尾題曰戊辰年八月一日八十五老人手寫流傳依敎不脩生入地獄
岡44	屬爲得一	眷屬供養	6	166	首三十九行碎損內寫三種均爲亡母資冥福而書一閻羅王授記經四月五日五七所

寫二護諸童子陁羅尼咒經首末完具四月
十二日六七所寫三心經首末完具四月十
九日收七所寫尾附木軸

讚僧功德經

原號	起	止	紙	行	附記
海78	讚僧阿含	休息求懺	2	46	詞辯菩薩譯偈頌首句曰阿含經中略集出未完又另九行寫密嚴經密嚴會品
服62	崇重有俱	虛空彌勒	3	67	首五行碎損此卷與海七十八號銜接文氣已完通篇皆偈頌
衣22	是人大悲	彌勒一卷	3	58	首二行碎損文已見海七十八號及服六十二號書法整齊可資校勘
昃70	讚僧阿含	彌勒德經	5	126	首尾完整
生40	善心僧中	彌勒德經	3	75	首九行碎損

佛說呪魅經

原號	起	止	紙	行	附記
劍63	衛經罪國	奉行一卷	5	118	首四行碎損據大周刋定衆經目錄卷十五此經列僞經類經文久佚
月80	二老星下	梨樹七分	3	70	首四行尾五行碎損
乃20	身剌人腰	樹枝一卷	5	98	首二行碎損卷中又碎損廿三行
號63	吾字娑今	奉行魅經	4	82	全卷碎損
荒97	頭破來呪	羅剎女人	4	95	首四行碎損卷尾附有病鬼呪藥王菩薩縛鬼呪及楞伽呪

善惡因果經

原號　起　止　紙　行　附記

玉　38　佛說從善如是世用　1　27　大周刊定衆經目錄此經列僞經類中

盈　58　心不奉行辱中一卷　9　214　與玉三十八號文緊接

辰　60　佛法奉行爾時一卷　10　269　首十八行碎損尾有木軸

冬　79　也泥奉行衆僧果經　8　200　首七行碎損

首羅比丘見月光童子經

原號	起	止	紙	行	附記
重26	三七 大仙	不輸 丘經	14	307	首十三行碎損尾題首羅比丘經按即衆經目錄卷二所定爲僞經之首羅比丘見月光童子經
日87	月光 山中	不輸 丘經	12	301	首十二行碎損

佛說地藏菩薩經

原號		起	止	紙	行	附記
金	62	佛說 爾時	奉行 薩經	1	17	首尾完具
帝	81	佛說 爾時	奉行 一卷	1	14	首尾完具

法王經

原號		起	止	紙	行	附記
日	30	住一 尊如	而去 一卷	17	474	首十一行碎損　大周刊定衆經目錄列入 僞經
鹹	26	是虛 藏菩	而去 一卷	9	240	

觀世音三昧經

原號起　止　紙　行　附記

日　62　爾時作禮　8　191　攷隋衆經目錄以此經題注參差文理複雜議亦昧經　眞僞未分事須更詳附列疑錄中

餘　80　時之四輩　7　163　首十行碎損喜歡而去

救諸衆生一切苦難經 新菩薩經

原號	起	止	紙	行	附記
鳥38	救諸天台	饒患一卷	2	29	經文首末完具末有新菩薩經一卷
皇6	救諸天台	饒患一卷	1	21	首末完具末有新菩薩經一卷
字63	救諸天台	衆生饒患	1	26	首末完具末有新菩薩經一卷
乃8	救諸天台	戴饒心印	1	22	首末完具末有新菩薩經一卷背面有字
師20	新菩新菩	一卷見記	1	13	首末均題曰新菩薩經末有此經大蕃乙未年正月二月見記十三字

勸善經

原號　起　止　紙　行　附記

裳　21　勸善平時勅左一卷　1　16　首末完具

出　4　勸善平時勅左一卷　1　16　首末完具

翙　22　勸善平時勅左日下　1　17　首末完具末題貞元九年正月廿三日下十字

佛說普賢菩薩證明經

原號	起	止	紙	行	附記
陽 21	去永見有	如是明經	21	511	首五行碎損卷首寫此經流通原委惜不完經文首末完具
淡 58	方樰字文	誦行不遭	11	313	首六行碎損卷中又碎損五行首寫此經流通原委惜不完經文已見陽廿一號
鹹 77	時聽爾時	如是明經	17	456	
光 97	是普衰亡	方來時迎	14	392	首二行碎損

佛說要行捨身經

原號		起	止	紙	行	附記
律	21	佛說如是	奉行身經	2	64	首七行碎損經文首末完具
鳥	26	佛說如是	身之一發	1	19	尾行碎損
張	69	佛說如是	不可窮盡	1	23	全卷碎損七行

佛說大辯邪正經

原號		起	止	紙	行	附記
麗	10	佛說如是	一卷正經	8	201	首九行碎損餘皆完好

佛說救護身命經

原號	起	止	紙	行
日46	佛說 爾時	復生 命經	6	103

相好經

原號	起	止	紙	行
日85	有十 如赤	三時 一卷	6	150

佛說孝順子修行成佛經

原號　起　止　紙　行

玉　64　過一奉　我今一卷　6　133

佛說法句經

原號　起　止　紙　行

露　17　傳持奉行　爾時一卷　1　22

佛說七階禮佛名經

原號	起	止	紙	行	附記
宇 70	南无如來	南无佛名	7	199	首三行碎損卷後有懺悔一切誦蕃咒文說偈文无常偈文及寅朝禮懺文
洪 50	南无最止	南无養訖	3	68	首四行碎損卷內有小字一紙約長四尺
日 23	普爲諸佛	至心量佛	7	132	卷內有懺悔勸請隨喜廻向一切恭敬十二光禮歎佛功德七階禮太上皇讚文及開元皇帝讚文
日 73	嚴持第五	供養般槃	6	150	首六行碎損
張 40	足善刹那	尊佛行道	6	208	首三行尾二行碎損卷中碎損十三行卷尾有懺悔文一切誦无常偈文黃昏无常偈寅朝禮至心懺悔至心勸請至心隨喜至心廻向至心發願寅朝清淨偈初夜无常偈及午時无常偈

收	50	恭敬悟令 供養自然	3	74	首九行碎損卷中有懺悔勸請隨喜廻向發願寅朝清淨偈黃昏有无常偈初夜无常偈
冬	24	禮懺常受 切恭量樂	3	79	首四行碎損卷中有懺悔發願黃昏无常偈及初夜无常偈卷尾雜寫六行
閏	43	南无懺悔 南无名經	5	138	首二行碎損卷尾有懺悔文一切誦說偈咒願晨朝无常偈及晝夜六時發願法
調	81	堅如前思 毗盧懺悔	3	69	首二行碎損卷中有懺悔廻向一切誦及晝夜六時發願法
調	44	願此意是 无量賢聖	6	148	首六行碎損卷後有寅朝禮懺文及發願文
雲	19	南无思議 南无蓮華	4	64	尾行碎損
雲	55	皆成一切 爲諸是諸	5	141	尾二行碎損卷中有懺悔勸請隨喜廻向發願晨朝清淨偈食時三禮午後略禮黃昏禮及初夜禮
騰	20	睡眼樂未 歎佛成佛	9	238	首七十一行碎損卷中有懺悔勸請隨喜廻向發願寅朝清淨偈歎佛功德後夜偈午時偈

雨 72 南无功德 南无是六 5 123 首五行碎損卷後有懺悔文發願文一切誦 晝夜六時无常偈及有歎佛功德

露 22 南无南无 南无勝佛 1 18 首三行尾四行碎損此爲紙背其正面寫道 經

玉 91 南无速發 南无成佛 12 290 首行碎損卷中有廻向六時无常偈發願法 十方佛名懺悔勸請隨喜廻向寅朝清淨偈
八戒文紙背雜寫八行尾行爲己年六月 十二日沙彌索惠善記

崑 96 釋迦淨其 俱那賢聖 10 190 首行碎損卷中有廿五佛名禮十方佛禮懺悔 勸請隨喜廻向發願晨朝清淨偈七佛禮十
二光禮无生禮卷尾雜寫五行有上元三年 正月五日靈圖寺僧志般書寫了奉上等語

號 13 稽首無量 无比如來 3 54 首行碎損

號 53 南无施佛 南无方華 4 103 首行碎損尾有懺悔文一切誦黃昏无常偈午時偈 初夜无常偈中夜无常偈後夜
无常偈及寅朝禮文

李 52 住是涅槃 十方水入 2 71 首十一行碎損卷中有懺悔發願六時无常 偈寅朝禮紙背雜寫廿二行

字號	號	起	止	紙	行	附記
李	86	南无痛集	南无安可	2	50	首七行碎損卷後有懺悔文一切誦發願文黃昏偈初夜偈及中夜偈
薑	91	敬禮界无	敬禮心經	1	27	紙背有字
鹹	1	南无名神	南无除障	3	74	首十四行尾一行碎損卷背有己巳年正月日杜字記字樣
鹹	18	供養令見	如來沈輪	10	262	首二行碎損卷後有懺悔文說偈文无常偈文十方佛名寅朝禮懺文五臺山讚文辭孃讚文辭道場讚文及南宗定邪正五更轉
河	55	如得三寶	衆等一卷	3	35	首七行碎損卷末題七階佛名尾署乾封口年四月十七日福禮寫紙背有佛名八行雜寫五行
翔	46	南无衆一	至心賢聖	3	54	首二行碎損
師	19	南无道滿	南无命舍	4	87	首三行碎損
帝	2	南无德應	南无懺悔	4	98	首七行碎損卷中有廻向一切誦无常偈文及晝夜六時發願法

帝 91	西北德華 禮當華佛	3	72	首七行碎損
官 74	敬禮善惠 敬禮具足	1	22	
人 71	三寶諸佛 一切偈西	3	56	首九行碎損
皇 21	敬禮清淨 衆等我淨	3	72	全卷碎損
始 32	堅彊如海 若南无礙	3	67	首九行碎損
制 62	南无鏡佛 南无聲佛	3	58	首十四行碎損卷尾有懺悔文
文 78	一切常樂 是諸我淨	6	152	卷中有懺悔發願黃昏无常偈初夜无常偈初夜禮懺懺悔勸請隨喜廻向發願及寅朝偈清淨偈
字 39	天龍諸佛 惶爲壞佛	4	69	首六行尾三行碎損本卷有懺悔勸請隨喜廻向寅朝清淨偈歎佛文
字 80	南无賢聖 南无一卷	3	57	首四行碎損尾署乙巳年後五月十五日比丘呂智寫畢記之也

裳	15	嚴持 界供	幢佛 進佛	1	24	首三行碎損
裳	26	南无 法勝	衆生 切誦	4	81	首三行碎損
位	2	无龍 无日	步佛 王佛	2	32	首五行碎損
麗	93	自馱 願諸	自然 一卷	7	183	首十八行碎損卷中又碎損廿一行此卷與七階禮佛名經相似略有異同故附於後
鳥	96	南无 舥佛	佛佛 佛彌	1	34	此卷首寶集佛末佛等二十五佛次釋迦牟尼佛等三十五佛末普光佛等五十六佛與他卷異故附於後

佛說觀藥王藥上二菩薩經等略禮七階佛懺悔法

原號起止紙行

宇16 佛說之間 .5 129

懺悔夜偈

西方淨土讚文

原號起止紙行附記

菓41 空置樂國 10 221 首有殘缺

重發一卷

歸西方讚

原號　起　止　紙　行　附記

文　89　靜時火坑　3　100　後半題曰歸西方讚沙門法照述又有題曰
七行　意生　四十八願讚　全卷多殘缺

降生禮文觀音禮文

原號　起　止　紙　行　附記

生　25　供養　遂意　7　143　背面雜寫有契稿三通及金光明經法華經
眞如　大悲　普門品等

西方阿彌陁佛禮文三藏法師禮文

原號	起	止	紙	行	附記
乃68	嘆佛□獄	政發也獄	5	122	首尾殘缺

發願文

原號	起	止	紙	行	附記
收10	發願星宿	稽首希有	1	27	前二行空白

淨土願文

原號 起 止 紙 行 附記

服 28 至心樂國間樹法界 3 81 下邊碎損

讚佛文

原號 起 止 紙 行 附記

位 37 五天緣機窮略天師 1 24 尾空白三行

禮佛文

原號	起	止	紙	行	附記
文 77	南无南无	迴始上道	1	28	首尾殘缺

祝文

原號	起	止	紙	行	附記
制 61	寶蓋者矣	衆虔普誦	2	34	首七行殘缺

懺文

原號	起	止	紙	行	附記
餘17	願鼻等心	次請三寶	6	112	
成16	我弟若臨	南作諸佛	2	56	首碎損
柰49	虛空到心	空无心本	2	30	
師53	舍利戒衆	樹後賢聖	4	96	卷多殘缺尾有木軸
帝24	着我德可	見取纇懇	1	18	
鳥70	本師共向	一心王家	1	15	首有本師釋迦牟尼佛數字 首碎損
皇90	啟請心敬	啟請三寶	2	36	首行首三字爲啟請文 首碎損
始46	至心悉懺	至心懺文	3	68	卷內有題曰禮佛已六根懺禮彌勒願文比丘洪秀所供養禮文

制 5
和戒不故
諸菩滿道
2 35
卷多碎損首行五字爲和戒文一本背有字
五行末行爲建隆三年歲次癸亥五月四日
律師僧保德自手題記比丘僧慈願誦

字 99
愛河倫常
者其三寶
4 82
多殘缺

服 57
弟子正法
欲尊作仙
2 43

衣 37
邪斯途息
汗伽成佛
5 120
此卷二片首殘缺

衣 74
和戒戒師
諸菩且披
2 46
首尾殘缺首行三字爲和戒文

推 28
和戒佛子
深心口諸
1 24
首行三字爲和戒文僅言不殺不盜不婬不
妄語不酤酒不自說不毀他不慳八者以下
似尚有殘缺

大悲明二讚

原號　起　止　紙　行　附記

地　41　名色訶菩　無嗔皤訶　4　81　裂爲兩截尾有空白

歌讚

原號　起　止　紙　行　附記

蓋　100　一更妾取　了五一本　1　19　卷中卷尾各有辭道塲一本五字

法身禮

原號 起 止 紙 行 附記

推 79 法身實理无色因廻 1 24 首末完具兩面字

无相禮

原號 起 止 紙 行 附記

乃 74 无相般若南无年詮 3 72 首四行碎損末附有金剛五禮等又有辭娘讚南宗讚

重 20 无相前行南无三寶 1 19 全文完具但與乃七十四號文義微有不同此係重二十號之一段

金剛五禮

原號　起　止　紙　行

鳥29　金剛我今　一心法藏　1　16

禪宗安心義

原號　起　止　紙　行　附記

宿99　唯有不屬　善家相看　9　264　首碎損

惠達和上頓悟大乘秘密心契禪門法

原號起　止　紙　行　附記

致　86　惠達 大宅　1　12　共十頌尾有餘紙顯說禪理非秘密宗
　　　　一切 大說

和尙頓敎解脫禪門眞了性壇語

原號起　止　紙　行　附記

寒　81　和尙 疑來　7　174　首二行碎損卷中又碎損十行
　　　　提法 如法

大乘五門十地實相論

原號起　止　紙行　附記

露　43與九　益也　第六　24　697　首三行碎損末題大乘五門十地實相論然破壞細詳文義實兼論疏

騰　6　卽不須摩　地震諸風　18　470　首二行尾九行碎損卷中題曰大乘五門實相論當卽大乘五門十地實相論之略名情狀與露四十三號同背面寫有五月五日天中節及天福拾年正月一日等字

般若第分中略集義

原號　起　止　紙行

黃
68　滴乳法眼
然實一卷
11
290

釋大般若經法數

原號　起　止　紙行　附記

結
93　云何百六
世間分說
6
143　背面有字

斷惑義

原號 起 止 紙 行

文 100 此迷不說不同斷也 1 18

大乘義

原號 起 止 紙 行 附記

推 23 三弃无分其容入法 2 64 首十二行殘缺

雜義

原號　起　止　紙　行　附記

始 66　五蘊爲處 1 25　上邊殘缺
　　四行佃促

无名上士集觀行法

原號　起　止　紙　行　附記

閏 84　漏之次常 6 148　首四行碎損首段似禪宗語錄卷中題曰无
　　是自此處　名上士集觀行法爲有緣沙門知嵩述等字
　　　　　　　末附有寂和尚偈

了性句

原號	起	止	紙	行	附記
裳67	句并夫世	是癡別久	1	29	首行碎損首題曰了性句發揮心性之義如證道歌之類惜尾殘缺

□□觀修善法

原號	起	止	紙	行	附記
制79	未之其瘡	一卷校定	11	247	卷中碎損七行末題□□觀修善法首缺內有硃筆圈改處

破昏怠法

原號 起 止 紙行附記

字 1 盤等投岸 4 93 短小 兩面有字
　 種名何難

菩薩藏修道中法數

原號 起 止 紙行附記

潛 71 樂一諸度 3 80 首十五行碎損
　 者觀千度

法數雜錄

原號　起　止　紙　行　附記

制8　決定法空菩薩性門　3　58　首行四字爲決定毗尼末寫大業六年歲次庚午汜通許背面首行三字爲道品義

證心論

原號　起　止　紙　行　附記

裳75　證心脫乘業可一卷　1　25　首末完具卷中碎損七行所言探求心體頗明瞭末有除睡眼眞言

一乘顯自心論

原號起　止　紙行附記

宇 4 法曰當來滅答所食 3 118 此卷爲中土撰述

大義章

原號起　止　紙行附記

洪 53 大義捨及三寶法二 11 204 首行三字爲大義章背面係羯磨文

三科法門

原號	起	止	紙	行
文 2	甚是五法	明具至明	5	106

法門名義集

原號	起	止	紙	行	附記
調 89	三理灌其	施含漢向	11	264	首尾殘缺太甚

小乘三科

原號		起止	紙	行	附記
致	74	小乘眞重問三科竟	2	39	首末俱題曰小乘三科剖析入微原文具全
官	93	問三何義法身入義	1	27	首末完具
龍	82	小乘色蘊問三受蘊	1	19	尾行碎損
羽	58	問三第六有妙珍重	1	29	
裳	66	取捨眞重爲想科竟	1	20	首行碎損

釋唯心識義

原號 起 止 紙 行

金 33 1 11 依地臥皆處滅界也 218

相宗釋義

原號 起 止 紙 行 附記

寒 46 2 36 義分表示覺地名染 有硃筆圈點及旁注

大乘入道次第章 唐智周撰

原號 起 止 紙 行 附記

始14 大乘住二 稽首觀起 2 32 背面雜寫有字

重51 道次之行 等善不說 6 176 首十三行碎損

日50 終盡亦名 終是後見 22 592 首行碎損卷中又碎損八行

悉曇頌

原號 起 止 紙 行 附記

鳥64 空理容龍 明无智燈 2 46 首三行殘缺卷中又多碎損

諸經要集

原號　起止　紙　行　附記

宿　91　意十因復　身寧十一　9　249　首碎損尾題卷第十一

法苑珠林

原號　起止　紙　行　附記

鳥　16　解脫世尊　城上六通　12　268　卷中寫像緣第十六香花緣第十七燈緣第　十八每節上各有一硃點卷尾殘缺

大唐中興三藏聖教序

原號	起	止	紙	行	附記
翔 50	金剛讀流	大唐大扇	1	28	兩面雜寫有字
玉 92	悲正者不	欲分知聖	1	28	首十行殘缺

義淨三藏法師碑文

原號	起	止	紙	行	附記
字 19	名不郡守	之象部爰	2	36	全卷碎損卷末云大福光寺翻經三藏法師義淨者范陽人也俗姓張氏五代相韓之後等句尚完整

釋氏雜文稿

原號	起	止	紙	行	附記
字 59	酤酒總爲	散虛寫記	2	27	全卷碎損皆說戒相之文末題戊子年八月三日比丘法江寫記字多譌誤
海 51	佛語二者	處覓西東	4	72	雜寫諸經中戒酒戒欲及各勸善詩文又有陰陽題文勸善一段末有僧與女人唱和四詩卷首餘紙上有僧□明照寫五字第三十三行三十四行有空白七寸
成 98	相如涅槃	共滅者矣	21	359	首二行碎損首尾均有餘紙係教誡出家行人之文
宿 50	遠人挑水	道善万里	3	68	全卷碎損四六文句似是疏文末云貞明六年十二月十三日龍興寺云云錯字甚多
寒 82	貧得當具	若能堂宮	11	238	與字五十九號字跡文句相同疑從一卷中分出

佛說諸經雜緣喻因由記

原號　起　止　紙　行　附記

騰29　佛說益心　10　256　靈圖寺僧道琳寫　中有硃筆句讀
昔日迴向

寫經欠數

原號　起　止　紙　行　附記

文54　聖□二八　1　16　內有硃點　尾殘缺
第一九十

姓氏錄

原號	起	止	紙	行	附記
位79	郡三依奏門郡眞記		3	54	尾寫大蕃歲次丙辰三月庚午朔十六日乙酉會國唐氏苾蒭悟眞記最末有硃筆寫勘定二字　首四行殘缺廿四行橫裂

經目

原號	起	止	紙	行	附記
收94	佛羅二卷中陰一卷		2	32	背面有字亦係經目

雜類

原號	起	止	紙	行	附記
柰55	而生我之	情言所寫	13	280	首六行碎損首末俱殘僅存轉無明爲明論第三三行教對於三佛論第四三根對於三教論第五釋三佛有說無說論第六辨共成佛爲不共成佛第七有執無執論第八淨土論第九二諦論第十十二因緣論第十一禪枝論第十二諦發揮相宗義理甚精附有丞相王五門佛性一卷末題比丘釋道遵許及沙彌庫狐純所寫許字照原文
人72	了性所說	有妙諦本	1	27	首十二行碎損卷末題曰三寶四諦本
重22	南无三寶	南无願法	14	378	首行碎損卷末題曰讚禮地藏王菩薩懺悔願法
位20	夫至窮由	博聞謂行	1	27	義趣甚深不知何師承答帝問之辭僅存第一第二兩問

抄經

原號	起	止	紙	行	附記
號87	異相氣空	則滅四卷	2	44	第二段首題楞伽經四卷並有硃筆寫森羅万象一法之所印處又一段尾題思益經四卷並有硃筆寫所住貪著於中而得解脫處
芥7	菩提有乃	佛之到處	15	276	此卷彙抄大集經光讚般若經妙法蓮華經等經文背面硃砂寫經末題涅槃經音義一部
張11	或慢能得	界文薩言	19	454	首尾碎損各二行節錄諸經而成

雜寫

原號	起	止	紙	行	附記
致64	祚司盈通	鉄鉄磨磨	2	46	
翔9	那謨如是	阿阿之之	1	18	兩面字
鳥23	有一有漏	時阿諸之	1	34	兩面字
人79	婆塞者三	次不門不	2	56	第一紙碎損尾有空白背後有字
字74	夘年鐸怡	鷹黃精衛	1	24	
衣28	如正時佛	耨多菩提	1	26	兩面字
裳63	記事三應	須見聞語	1	20	
裳94	如舊伎樂	愚癡之患	1	27	兩面字

維摩經俗文

原號	起	止	紙	行	附記
光94	持世經云	將來二卷	8	221	取菩薩品第四演爲俗文前後闕

佛本行集經俗文

原號	起	止	紙	行	附記
潛80	貧之衆生	如來界內	7	201	全卷碎損

八相成道俗文

原號 起 止 紙 行 附記

雲 24 爾時伏望 15 290 演釋迦佛降生出家成道等事爲俗文與潛

國廣恩矣 八十號相仿詞句不同首尾完具訛字甚多

乃 91 供養偈疑 5 107 首二行碎損

身體苦㝈

地獄俗文

原號 起 止 紙 行

衣 33 覓得爲㝈 1 20

生餓屍來

勸戒文

原號	起	止	紙	行	附記
鳥 10	原里臥黃	最是何在	1	29	首五行碎損卷尾寫書手馬幸員共同作甲年七月七日報恩寺僧比丘保會誦持受記
皇 76	勸善來迎	三十一本	1	26	正面題勸善文背面題悉達太子讚首末皆完均導俗之文
位 68	避家求推	值重都頭	2	51	末題百行章蓋亦勸世之文僅存六十九八十四等章末有庚辰年正月二十一日淨土寺學使郎王海潤書寫鄧保住薛安俊札又有寫書不飲酒恆日筆頭乾且作隨宜過即與後人看學使郎身姓長大要人求堆虧急學得成人作都頭等語

目蓮救母變文

原號	起	止	紙	行	附記
霜89	青提不淨	望風念三	3	62	首二行尾一行碎損
成96	上來土塠	竭國狼鵶	3	65	
麗85	孃孃自哺	是出鉢來	4	63	首五行尾行碎損卷中又碎損十三行

老子

原號	起	止	紙	行
昃41	獨悶譊笮	頑似解是	1	28

太上洞玄靈寶天尊名

原號起止紙行附記

列 18 太上日夜元始名地 2 56 原題卷上

太上洞玄靈寶業報因緣經

原號起止紙行附記

柰 67 中來此報來蜈此報 4 70 原題卷第二

太上一乘海空經

原號 起 止 紙 行 附記

人 2 於是而退所我第六 2 40 原題卷第六首六行殘缺尾有空白背面有字

太玄眞一本際經

原號 起 止 紙 行 附記

往 76 爲臣曰善作衆第五 4 79 原題卷第五

元始无量人上品妙經

原號	起	止	紙	行
麗 99	天復 法普	醜音 摩夷	4	

无上祕要

原號	起	止	紙	行	附記
珍 20	天尊 十五	上仙 十二	9	247	原題卷五十二末題開元六年二月八日沙州燉煌縣神泉觀道士馬處幽并姪道士馬抱一奉為七代先亡及所生父母法界蒼生敬寫此經供養　此卷已裝裱

道經

原號		起	止	紙	行	附記
重	95	國寧先後	等无第十	2	35	末題弘禮品第十
地	17	十五誡之	王罪宿罪	4	235	兩面有字前爲道經後爲釋文
黃	87	奉行正一	復大與河	1	24	
辰	17	玉室化洞	極宮本勘	10	299	
宿	57	道言後聖	等頭有道	4	102	尾碎損
列	19	恆聞煩惱	不歎車猶	16	499	多殘缺
陽	83	明燈官王	要多將吏	6	168	
李	7	食自境大	不能是人	8	207	

芥	97	或仙由物	何邪淳猶	4	110	背有釋文
烏	84	方香法式	歎曰廿諦	2	54	背面雜寫
文	85	君所仙五	无橫來慶	1	28	
服	46	自然習道	拙解於諸	1	28	首二行殘缺兩面有字
服	89	益一其煩	不伏記中	1	19	
裳	30	煩惱上甘	寶藏齋會	2	56	
位	39	法智煞害	三宮在現	3	64	兩面有字

道儀

原號　起　止　紙　行　附記

麗　47　至心天尊　至心天尊　3　84

皇　20　布施林園　郎濟愛何　3　50　卷首碎損

摩尼教經

原號　起　止　紙　行

宇　56　身本經已　方便奉行　17　244

敦煌刼餘錄

第十四帙

新會　陳垣　校錄

續考諸經

大方廣佛華嚴經 東晉佛陁跋　羅譯 六十卷

原號起止　紙行卷次附記

辰 9 調伏安穩空界向不 5 138 18 首九行及末三行殘破

成 91 三昧出一無量以爲 2 23 44 末行殘破

人 13 善男遊戲言海藏心 2 40 46

宇 52 者示千世王荷如是 2 44 60 首二行殘破此爲宇五十二號之第二段

大方廣佛華嚴經 八十卷 唐實叉難陀譯

原號	起止	紙	行	卷次
羽 71	益衆乃至 其命云何	1	28	21
張 31	中示聲聞 用於成正	1	28	56
爲 94	師子一切 其冠得大	1	28	72
師 42	智智說殊 生善菩提	2	54	79
珠 67	色菩菩摩 色不能成	3	77	97

大寶積經 唐菩提流志譯集 百二十卷

原	號	起	止	紙	行	卷次	附記
始	83	敬愛露句	苦於修學	1	28	7	
羽	98	謂此塵勞	布信告寂	1	28	12	
荒	20	著亦即是	無有解如	1	28	26	
龍	65	訶薩記不	未曾薩者	1	28	27	
爲	62	隨聲舍利	無礙來十	1	28	40	
果	60	六年敬信	六年親黨	1	24	61	
龍	90	等通不信	行於不信	2	56	61	二紙文完全相同
珍	28	以布三昧	淨持由地	1	28	62	

翔	玉	呂	光	人	致	龍	翔	潛	玉
54	6	67	100	26	77	63	72	50	35
非贏	法菩	比世	爾黑	黑爾	是非	以能	猶臂	疾攀	是觀
善戒	亦提	丘諸	時法	法時	樂彼	是演	倚菩	印緣	之佛
信比	爲不	子於	難讚	難讚	身其	辯稱	苦不	世如	見无
少丘	難滅	說諸	佛曰	者曰	大身	豈讚	所懈	尊是	覩垢
1	1	2	1	1	2	1	1	1	1
28	28	42	25	28	44	28	28	28	24
63	67	71	71	71	78	91	93	110	117
					103				

此係第二紙第一紙爲佛說灌頂經

師　21　故諸　觀其　法見　以者　1　28　117

師　97　寶積　具有　破壞　慧故　1　20

此卷抄大寶積經卷百十二卷百十七中各一段

勝鬘師子吼一乘大方便方廣經

劉宋求那跋陀羅譯　一卷

原號　起　止　紙　行

龍　2　力菩　世尊　生及　於恆　3　35

阿彌陀經義述

原號　起　止　紙　行　附記

昃 30 阿彌明實 7 174 此係阿彌陀經義述全卷已佚與否俟考首紙稍破入智音發

官 35 爲道之事 5 131 此卷首末兩分稍有殘破與昃三十號文義全同然聖佛稱

龍樹菩薩禮阿彌陀佛文

原號　起　止　紙　行　附記

果 88 至心三寶 3 36 內分二段一段二十四行一段十二行首半殘闕可依秋九十七號補之伏外佛文

大方等大集經 北涼曇無讖譯 二十九卷

原號	起	止	紙	行	卷次	附記
羽 12	知衆師花	爲壞阿提	3	30	3	殘卷
皇 53	節陁法无	尼六无滅	2	26	4	殘卷
芥 91	不以轉放	其心惡名	5	143	8	殘卷

大方等大集月藏經 高齊那連提耶舍譯 十卷

原號	起	止	紙	行
衣 68	已差果生	一切救但	2	30

寶星陀羅尼經 十卷 唐波羅頗密多羅譯

原號	起	止	紙	行	卷次	附記
暑 30	退怨置立	无願置立	1	28	2	殘卷
芥 50	食者足力	固樂善友	2	56	9	殘卷

佛說大方廣十輪經 八卷 失譯人名附北涼錄

原號	起	止	紙	行	附記
人 54	聲□慧眼	聲入口法	6	125	
始 38	不住心懺	若有本不	2	28	殘卷

藥師瑠璃光如來本願功德經疏

原號　起　止　紙　行　附記

結77　惡趣爲妙　2　25　此疏釋玄奘譯藥師經未見著錄
　　　經即積善

解深密經　唐玄奘譯
　　　　　五卷

原號　起　止　紙　行　附記

裳39　言世知我　7　169　殘卷
　　　告曼若有

思益梵天所問經 後秦鳩摩羅什譯 四卷

原號	起	止	紙	行	卷次	附記
位38	者失量生 四梵慈心		3	46	1	殘卷
麗7	菩薩寶女 是名樂三		1	29	3	
宙33	外道耶侄 世尊寶相		4	77	4	首四行末行殘破

持心梵天所問經 西晉竺法護譯 四卷

原號	起	止	紙	行	附記
珍36	衣毛貌難 和其莊嚴		1	28	殘卷

諸法無行經 後秦鳩摩羅什譯 二卷

原號起止紙行卷次附記

寒18 諸法積集5 131 上 首二行殘破
雜讚一切

字13 說是切衆 1 17 上 殘卷
及似畢滅

佛說華手經 後秦鳩摩羅什譯 十卷

原號起止紙行卷次附記

寒7 禮足生喜5 134 1 殘卷
訶俱亦爾

佛說寶雨經 唐達摩流支譯 十卷

	原號	起	止	紙	行	卷次	附記
李	26	善供何守	法若惟若	1	28	1	殘卷
李	31	嚴菩頂周	慧菩滿爲	1	28	1	殘卷

寶雲經 梁曼陀羅仙譯 七卷

	原號	起	止	紙	行	卷次	附記
師	24	男子意是	善男尼力	1	28	2	寫文未竟末空三行
辰	23	口夜修精	爾時具此	3	50	3	首二行殘破
官	49	佛所而行	城當而行	2	33	4	殘卷

觀察諸法行經 隋闍那崛多譯 四卷

原號起止紙行卷次附記

陽 52 至无覺解言說能持 2 43 2 殘卷

大方便佛報恩經 失譯人名附後漢錄 七卷

原號起止紙行卷次附記

鱗 79 我有何須妻子復名 4 72 2 殘卷末空白十一行

月 92 其王佛飛一小思議 5 150 5 殘卷

閏 46 思惟皮還毀害成積 1 28 7 殘卷

佛說菩薩本行經 失譯人名附東晉錄三卷

原號起止紙行

字9佛等學於4 45天當得智

太子須大拏經 西秦聖堅譯一卷

原號起止紙行附記

字6審大太子5 85欲得遠去 此卷五葉黏成一册

佛說佛名經 元魏菩提流支譯 十二卷

原號 起 止 紙 行 卷次 附記

律16 彌尼過去 戒優利弗 3 62 8 首四行末七行殘破

佛說佛名經 佚本 二十卷

原號 起 止 紙 行 附記

歲12 舍那而去 動佛十九 20 519 首五行碎損

五千五百佛名神咒除障滅罪經 隋闍那崛多譯 八卷

原號 起 止 紙 行 附記

調 84 闍若帝 5 140 殘卷
南無莎訶

佛說八部佛名經 元魏瞿曇般若流支譯 一卷

原號 起 止 紙 行

冬 12 東北如來 1 25
東北如來

維摩詰所説經 後秦鳩摩羅什譯 三卷

原號 起 止 紙 行 卷次 附記

暑 71 所集説世 汝如讀誦 2 29 下 殘卷

維摩經疏

原號 起 止 紙 行 附記

裳 5 二字如也 物言觀樹 3 32 釋弟子品第三目連章

李 20 上問循行 異學口二 4 120

淨名經關中釋鈔 唐道液撰

原號		起	止	紙	行	附記
文	41	法喜鬼來	平等假名	2	57	此卷文與藏二號同今題即據該卷

金光明最勝王經 唐義淨譯 十卷

原號		起	止	紙	行	卷次	附記
昃	40	法如見行	復次障入	5	119	2	首十五行末八行殘破
雲	38	如依於无	應身行方	1	28	2	此係雲三十八號之後段
文	40	毛端除盡	一切勝味	1	28	2	殘卷
服	75	離一滿足	一切衆生	1	25	2	殘卷

呂81	法如一切　眞實生隨	3	67	3	首二行殘破
翔57	鼓吹覔天　安樂來果	2	50	3	殘卷
昃6	善男行覺　地平自在	2	30	4	殘
衣75	今復身形　於諸盈流	1	28	5	殘卷
推16	爾時等聚　從座車兵	2	31	5	殘卷
羽74	著陁尼曰　之所喇你	1	24	7	殘卷
雲38	天皆捨棄　行於根故	1	28	8	殘卷　此係雲三十八號之前段
調70	云何氣力　云何瘥殊	1	26	9	殘卷
歲44	爾時伐底　怛姪莎訶		102		此爲金光明最勝王經咒文即由經中抄出別行中斷爲二截前五行末九十七行紙皆殘破重疊黏補不復能分其紙數

大般若波羅蜜多經 唐玄奘譯 六百卷

原號	起	止	紙	行	卷次	附記
收 39	十遍 得無	薩行 薩摩	1	28	352	殘卷
玉 37	四百 之二	羅蜜 切有	3	82	412	首九行碎損 第二分六到彼岸品十三之二
龍 86	已熟 无所	應正 大菩	2	26	554	殘卷
龍 95	爾時 禮佛	座起 掌向	1	27	573	殘卷
烏 52	合及 散自	乖諍 妙恐	1	28	578	殘卷

光讚般若經 西晉竺法護譯 十卷

原號起止紙行卷次

帝 5 五根死識 1 20 4 慧又想生

摩訶般若波羅蜜經 後秦鳩摩羅什譯 二十七卷

原號起止紙行附記

龍 75 過久曠百 1 28 殘卷 密若歲百

制 28 若无義不 2 32 大半殘缺係卷廿一之文 提白義

般若波羅蜜多心經注

原號　起　止　紙　行

爲　10　无二　受想　5

無地　身意　140

妙法蓮華經度量天地品

原號	起	止	紙	行	品次
成63	敬師所說无量疑惑		11	226	度量天地品廿九
麗27	佛告實象汝等十善		1	24	度量天地品廿九
岡25	男女海小內一王百		4	96	度量天地品廿九

附記

首殘破無題名文與生十七號同故

題此名然妙法蓮華經凡三譯皆無此品惟由來已久初見於隋費長房錄其後隋唐諸錄皆有之列於疑僞部題曰妙法蓮華度量天地經亦名妙法蓮華經度量天地品第廿九云

此係正面經背雜寫經名及有釋魏

譯金剛經九喻文一節

殘卷

珠

100 壽命平等

切衆多少

9

240 度量天地品廿九

殘卷

法華經玄讚 唐窺基撰

原號起止紙行卷次附記

結

48 諸漏名伽

在故三迦

5

138

1

殘卷

法華經雜釋

原號 起 止 紙 行 附記

字 90 利弗退轉 智慧弘經 11 301 未釋經文僅解諸品要義及各喩旨原本無題姑擬今名

大般涅槃經 北涼曇無讖譯 四十卷

原號 起 止 紙 行 卷次 附記

龍 29 又解法財 王艮直解 2 27 5 殘卷

餘 51 不能有住 龐積天魔 1 24 16 殘卷

雲 2 不久初出 羅三子乃 2 32 18 殘卷

原號	起	止	紙	行	附記
辰55	佛所哉善	世尊多羅	1	25	19 首行殘破末空二行
成70	空如非相	可曳不屬	1	18	首尾碎損
字46	先說法若	池出闡提	2	56	殘缺

大般涅槃經 劉宋慧嚴等再治 三十六卷

原號	起	止	紙	行	附記
乃85	世尊一義	樂作滅諦	6	124	首碎損

涅槃經解

原號　起　止　紙　行

餘　16　是佛非乳第二種因　10　260

中阿含經　東晉僧伽提婆譯十卷

原號　起　止　紙　行　附記

露　27　難若截耳憶者須髮　6　90　殘卷六紙長短不一各紙文亦不相接第一第四第六紙抄中阿含經第二第三第五紙抄阿毘曇毘婆沙論

字　55　百由比丘中婆中有　1　19　殘卷

雜阿含經 失譯人名附吳魏二錄 一卷

原號 起 止 紙 行 附記

致 19 行者亦具 何等佛便 4 86 殘卷

雜阿含經 劉宋求那跋陀羅譯 五十卷

原號 起 止 紙 行 卷次 附記

岡 65 沙門等爲 淨鮮貪恚 1 28 20 殘卷

別譯雜阿含經 十六卷 失譯人名附秦錄

原號　起　止　紙　行　卷次　附記

潛 76　幷度奉行　魔女毒蛇　1　28　2　殘卷末空二行

佛本行集經 六十卷 隋闍那崛多譯

原號　起　止　紙　行　卷次　附記

調 88　呼嗚偈說　彼岸日天　1　24　33

制 11　狀者羅門　時畢者衣　1　28　45　殘卷末空六行

正法念處經 元魏般若流支譯 七十卷

原號	起	止	紙	行	卷次	附記
始 76	云何順觀	觸而彼受	1	28	3	殘卷 寫文未竟末空四行
冬 7	知若樂行	在彼前所	1	28	13	殘卷
翔 14	鷄鵬拔其	尊佛行龍	1	28	18	殘卷
龍 53	之可爲翅	力故釋告	1	24	27	殘卷
翔 39	什處彼如	皆不受欲	2	38	42	殘卷
歲 7	見彼過弟	大室大大	1	28	47	殘卷 寫文未竟末五行亂寫
李 34	復次山彼	因或以此	1	28	60	殘卷 寫文未竟末空三行
李 35	色慢作身	背節節異	1	28	62	殘卷 寫文未竟末空三行

李　38　如寶惱起　堅無惱不　1　28　62　殘卷

羽　63　說某地獄　能知苦皆　1　28　63　殘卷　寫文未竟末空三行

光　25　說某地獄　能知苦皆　1　28　63　殘卷

制　20　眼見消熱　彼以已如　1　28　65　殘卷

果　12　那梨天眼　次名處不　1　28　70　殘卷

佛說未曾有因緣經　蕭齊曇景譯　二卷

原號　起　止　紙　行　附記

冬　37　遠塗孤抱　日世自燒　19　499　首六行殘破

賢愚因緣經 元魏慧覺譯 十三卷

原號	起	止	紙	行	卷次	附記
冬32	所怙此一	喜不將至	2	35	1	殘卷 首行末行殘闕
師82	喜足置於	者若然佛	2	50	3	殘卷
來41	當紹淨衣	其令之後	19	507	9	此卷內題曰善求惡求第四十一善事太子入海第四十二與今藏本次第不合
稱95	山學此事	家悪王聞	1	28	11	殘卷
潛87	於銜得足	已白王不	3	35	11	殘卷
人11	汝不言曰	指訾佛告	1	22	11	殘卷
文53	父付爲說	其卜阿羅	1	27	13	殘卷 寫文未竟末空二行

優婆塞戒經 北涼曇無讖譯 七卷

原號 起 止 紙 行 附記

雨 69 遮不繞故 生已廿八 4 110 首十行碎損

四分律 後秦佛陀耶舍共竺佛念譯 六十卷

原號 起 止 紙 行 卷次 附記

薑 1 書亦念乃 復令波離 1 28 17 殘卷 寫文未竟末空四行

乃 3 其有比言 比比障道 1 28 17 殘卷

爲 75 我成足右 逆流並而 1 28 32 殘卷 寫文未完

爲

77 我成極妙 逆流復作 1 28 32 殘卷

四分律比丘戒本 一卷 後秦佛陀耶舍譯

原號 起 止 紙 行 附記

宿

1 在於所說 得故尸沙 3 34 首三行殘破

四分比丘尼羯磨法式乂摩那受六法文

劉宋求那跋摩譯

原號　起　止　紙　行　附記

重6　夾說戒是1　26此卷題曰尼六法郎式乂摩那六戒唐人自所說言能錄羯摩法中錄出別行

如來八戒

原號　起　止　紙　行　附記

衣5　入汝射六2　47首十行碎損如來貞良

瑜伽師地論 唐玄奘譯 百卷

原號	起	止	紙	行	卷次	附記
果 100	无色三摩	生諳住如	2	56	11	殘卷
藏 49	知善一語	教法義謂	3	47	19	首三行殘破
推 1	覆藏无憂	故速法戒	1	21	40	殘卷
帝 17	釋曰无起	白衣爲僔	1	26	67	此係背面 正面爲大乘莊嚴經論
裳 72	謂諸怠惧	諸受散動	1	28	75 77	抄卷第七十五七十七各一段

菩薩地持經十卷 北涼曇無讖譯

原號起　止　紙　行　卷次　附記

霜　50　諦復 菩諦　前眞 隨名　3　43　8　殘卷

字　42　受思 是名　切種 不共　6　132　10　殘卷

大乘百法明門論開宗義記疏

原號起　止　紙　行　附記

洪　90　母若 男爲　入彼 住弟　2　43

生　56　修此 轉依　若應 不應　5　145　文之末與洪九十號同

制　45　言以 事別　說後 斷也　1　18

大乘百法明門論疏 唐普光撰

原號　起　止　紙　行　附記

官20　智者四是　懃勇闕二　23　殘卷

大乘起信論義記 唐法藏撰

原號　起　止　紙　行　卷次　附記

結61　羆之中有　故漸等脩　28　698　5　7　殘卷　背面有字此係正面

大莊嚴經論 後秦鳩摩羅什譯 十五卷

原號	起	止	紙	行	卷次	附記
推 59	我等於我	生死出家	1	28	15	殘卷
始 1	純金是鋁	附時充滿	1	28		殘卷

大智度論 後秦鳩摩羅什譯 百卷

原號	起	止	紙	行	卷次	附記
律 95	聞之此十	上乘故置	10	201	1	殘卷
羽 69	盡此陋恒	諸外讚諸	2	24	3	殘卷
結 64	一者種種	如說不說	2	23	8	首末二行殘破

原號	起	止	紙	行	卷次	附記
始 52	復有新生	世業苦於	1	28	23	殘卷
鳥 57	大乘天若	佛曰智巧	1	22	25	殘卷

成唯識論 唐玄奘譯 十卷

原號	起	止	紙	行	卷次	附記
文 29	論曰不取	所是	1	24	9	殘卷

阿毘曇毘婆沙論 北涼浮陀跋摩共道泰譯 六十卷

原號 起 止 紙 行 卷次 附記

師 88 脩道事故 日欲所說 1 21 20 殘卷

阿毘達磨大毘婆沙論 唐玄奘譯 二百卷

原號 起 止 紙 行 卷次 附記

露 29 欲令次有 也若觀待 2 39 102 殘卷 二紙文不相連

阿毗達磨俱舍論 唐玄奘譯 三十卷

原號	起	止	紙	行	品次	附記
乃64	或流 / 身不	五百 / 一盡	10	186	分別世品三	殘卷

成實論 後秦鳩摩羅什譯 十六卷

原號	起	止	紙	行	卷次	品次	附記
位17	惡少 / 之洹	惡道 / 隱海	3	52	9	十善道品一百十七 過惡品一百十八	殘卷
宙95	應非 / 假名	我先 / 以細	5	122	16	三慧品一百九十四	首數行殘缺

法句譬喻經 晉法矩共法立譯 四卷

	原號	起	止	紙	行	附記
菜	92	昔佛慳貪	起往陀洹	3	78	抄喻欲愛品梵志品道利品各一事
鱗	10	昔佛何爲	滅愛漢道	5	118	殘卷 抄安寧品好喜品忿怒品道行品各一事
翔	44	昔佛禮却	世受以上	1	24	抄華香品二事

佛頂尊勝陀羅尼經 唐佛陀波利譯 一卷

	原號	起	止	紙	行	附記
位	65	寫流惡道	世尊尼法	1	26	殘卷

大佛頂經

原號	起	止	紙	行	附記
結82	業發欲界	東證第八	6	162	尾題大佛頂經卷第八

千眼千臂觀世音菩薩陀羅尼神咒

原號	起	止	紙	行	卷次	附記
裳23	自咒者說	貌身但取	1	23	上	別譯殘卷此經凡二譯唐智通譯三卷唐菩提流志譯一卷此譯與智通譯相類而文字微有出入

青頸觀音大悲心咒

原號起止紙行附記

官 18 銜婆 涉訶 1 42 此咒與續藏所收文不同然音句無差知是
訶囉 只喝 唐時別譯

佛說隨求即得大自在陀羅尼神咒經

唐寶思惟譯
一卷

原號起止紙行附記

乃 28 鉢囉 訖底 1 53 殘卷兩面有字文相聯屬
揭拏 阿七

大方等陀羅尼經 四卷 北涼 法衆譯

原號 起 止 紙 行 卷次 附記

雲 58 无有迦年 有得王子 2 49 2 末行殘破

人 46 當得行七 時佛波旬 5 82 2 殘卷

人 44 三菩求身 佛都求端 1 26 2

六門陀羅尼經論廣釋

原號 起 止 紙 行 卷次 附記

結 61 熏之中有 故漸等脩 28 698 下 殘卷此論爲世親作釋乃智威尊者作失譯人名不見於歷代諸藏此係背面

佛說灌頂經 十二卷 東晉帛尸梨蜜多羅譯

原號	起	止	紙	行	卷次	附記
官7	阿難順心	難言衆生	2	23	12	殘卷

佛金剛壇陀羅尼經

原號	起	止	紙	行	附記
宙70	是白白佛	愁苦是名	3	84	殘卷
月100	淨性室利	性空說相	2	32	首二行末二行皆殘破卷末與冬七十號卷首文相連故知爲佛金剛壇陀羅尼經

大通方廣經

原號	起	止	紙	行	卷次	附記
玉88	影口一切	無非阿羅	3	43	中	殘卷 隋目大通方廣經三卷又方廣滅罪成佛經見開元錄
乃31	如來梵音	供養提故	5	90	中	殘卷

淨度三昧經

原號	起	止	紙	行	卷次	附記
結63	用外廣煞	受畏畏禁	16	325	上	殘卷其中涅槃作泥洹無量數作無央數當是舊譯自僧祐錄以下各目均載之
霜51	世罪何因	德孰告无	3	69	上	殘卷 與結六十五號文同據彼卷題名如此

佛說救疾經

原號		起	止	紙	行	附記
霜	80	解□以佛	佛即爲浴	4	80	殘卷

佛說善惡因果經

原號		起	止	紙	行	附記
果	90	惡罵走狗	來爲行者	1	50	殘卷　見大周錄疑僞部
柰	34	死墮地獄	磓地圭五	1	28	殘卷　與果九十號末文相接
乃	24	寶車償水	爲人中虫	1	27	殘卷
裳	50	三寶復得	脚中地獄	3	84	殘卷

首羅比丘見月光童子經

原號 起 止 紙 行 附記

衣 41 光童語聲 5 113 之

有人樂貴

經名初見於隋衆經錄疑僞部唐各錄皆列

法王經

原號 起 止 紙 行 附記

淡 36 眼色一切 16 309 殘卷

諸法以故

開元錄疑僞部中有諸佛下大法王

經六十卷疑就大經中抄出

佛說要行捨身經

原號起 止 紙 行 附記

推 10 以佛身分 3 43 文與律二十一號同據彼卷題名如此大唐

有有彌勒 內典錄有齊竟陵王抄要行捨身經六卷開

元釋教錄有要行捨身經一卷註中並歷舉

其僞謬疑釋教錄所載即此本

佛說法句經

原號起 止 紙 行 品 次 附記

騰 23 食尋智者 2 63 觀聲性空證實際品三 殘卷

我記男子 觀三處空得菩提品四

歲 80 親近道故 1 28 親近眞善知識品五 殘卷

善男食故 廿一種譬喩善知識品六

爲 45 何光如佛 1 24 殘卷末與爲四十

此是於親 六號相連

爲46 近善諸災 佛言悔不 1 24 煩惱即菩提品九 殘卷

露21 畏諸所動 德廣所動 1 23 求善知識不惜內外壽命嫌疑品十 普光問如來慈偈答品十一 殘卷前與爲四十六號相連

露24 一切薩授 說諸捨坐 1 24 寶明菩薩授記品十二 殘卷案此卷與露廿一號文相連屬

雜記如來本行

原號 起 止 紙 行 附記

洪62 第三化作 佛昔去時 11 264 首紙橫裂首六行殘損寫法草率文多脫簡凡集如來本行十一則每則皆題云第幾扇

八相成道俗文

原號	起	止	紙行	附記
麗40	爾時波羅	伏望恩矣	15 274	與雲二十四號文同

父母恩重俗文

原號	起	止	紙行
河12	到處不識	善恩愛慮	5 78

佚考諸經

原號		起	止	紙	行	附記
宇	91	復次應以	過去那舍	3	70	全卷碎損
裳	32	阿脩念念	故應離心	1	26	首二行殘缺
裳	86	得無或有	以故依菩	2	49	首八行殘缺　以上三卷舊注金光明經佚考
裳	48	分或難故	慮不運轉	1	28	舊注大般若經佚考
餘	61	觀十當勤	智通法及	1	28	
稱	32	波羅空法	因惡无願	1	28	
官	38	憐愍汝今	三菩毗婁	1	26	首六行殘缺
皇	24	解脫名字	對治名於	1	20	首尾殘缺　以上四卷舊注涅槃經佚考

制	68	故女擁護 難養還歸	2	52	首九行碎損其文似係別譯玉耶經文中玉耶作玉娜與東西晉兩譯畧有異同
師	25	劣明塵親 魏魏諸境	1	28	舊注六度無極經俟考
制	73	簡然就大 宗三功德	3	54	舊注稻芊經疏俟考
金	85	通依滿三 去石七地	10	243	舊注相宗唯識義
始	67	那讓布悉 參婆鬼趣	1	21	背面有字 舊注施食軌俟考
人	20	之世衆生 言聲佛邪	13	294	首十六行殘缺下半多碎損 內題佛性同異章第七
騰	59	親近婦女 經精年歲	6	138	存禪章第五般若章第六出家章第七孝慎章第八戒色慾章第九
冬	11	隨時者何 等至奉於	1	28	
藏	58	行脩殿雨 爾時八萬	1	28	末空三行文與縮卅號同
歲	79	昧五闇提 薩得墮阿	3	57	末十餘行破損文與律八十七號同

號		起	止	紙數	行數	附記
律	87	復次佛性	勝活釋迦	12	247	末行殘破文與河五十二號歲七十九號同疑是大通方廣懺悔滅罪莊嚴成佛經之下卷俟考
陽	8	天地乾消	業故若不	14	250	
騰	9	黃金第一	磨金能布	1	28	
致	98	地中滅二	見已而去	9	229	
結	78	歌梨興於	我大如是	4	100	雜集事緣殘卷　凡錄三緣各有題
李	33	獨行子所	以者薩和	1	28	寫文未竟末空四行
河	52	无量流布	復次重禁	12	343	
鱗	30	天呼如是	簡五心皆	7	179	殘卷
羽	75	王即貴加	君時爲乞	1	16	

字	號	文			附注
翔	51	還本聽比 神仙不得	1	28	殘卷經中說食五辛過失據唐代諸經目疑僞部中均有五辛經或即此類
師	89	隨時戒是 是若地悉	2	28	
帝	33	歸依十善 問三不貪	1	41	案此乃中土論
鳥	31	廢別女色 繁廣云戰	1	32	
官	2	涅槃遍觀 是經利子	1	28	
官	65	云懷或今 固守勝故	1	23	
官	87	願令行盡 老病行蓋	2	40	
人	95	得喜自見 平等蘊之	17	412	
乃	79	弗若於諸 不解弗我	1	26	
衣	99	蓋得出五 功德七者	12	21	

號	號數	起	止	紙數	行數	附記
裳	31	問三佛聞	問如別也	3	68	
推	44	當行持戒	學佛見行	1	21	
地	76	六呺下弓	不聽餽頗	17	490	首二行殘缺尾行微缺　已裝裱末書太安四年
黃	64	者終比丘	等應无病	1	28	此係黃六十四號之第九段
黃	79	世界不得	界大能調	1	28	
盈	10	甚善十二	聖道八年	2	50	全卷硃筆句讀
辰	34	廣大雖行	言方彼衆	11	256	正面不知何經背面由第三段起一題佛說出家功德經一題依入道次第釋一題沙彌十戒法并威儀一卷
陽	20	等作後自	應也應非	9	211	首紙及尾十六行殘缺　硃筆句讀背面有佛說法花四字
陽	100	忍言教經	一切作樂	8	177	首六行殘缺

水	8	大如沉淪 惟素沉恩	5	77	首行寫維大唐天福四年歲次丁亥
崑	83	達行斯陁 八不茾是	1	24	
劍	87	問聖是果 法即旣能	11	264	卷內寫第四堅眞應義第五堅境智義第六堅因果義硃筆句讀兩面有字
李	39	或四歹詐 曾无作橋	5	79	
李	100	證舍阿爲 以故致相	4	230	已裝裱
柰	15	成龍小不 忽現寶主	5	96	背面尾有蕃文一行
菜	40	不及住持 之斷灾盡	8	206	後有蕃字
海	80	莫多消滅 針一讀誦	1	19	末行有巳亥年五月六日比丘寫記沙彌淨覺貞讀誦等字
河	1	昔者耳佛 化衆道迹	6	176	此係小乘經
淡	74	同其提淡 不能莎呵	4	80	

號	起	止	紙數	行數	附記
潛37	金光當知	愛染慧心	5	66	兩面字 首行有金光明最勝王經第五卷中重顯空性品第九云等字 中段首行有第三卷中滅業障品第五云等字 背面末段首行有五千五百佛名經卷第五等字 兩面尾各有空白
翔18	諸法所未	緣波空空	1	29	背面有字
龍40	南无那彌	囉却悉雨	2	30	
帝47	人欲應當	尼日姪他	1	29	
始39	犯或食時	四人少許	3	64	兩面字 前二紙多殘缺
制57	刼章刼名	元數識誦	2	42	首行首三字爲刼章誦
制83	會三宮雲	衡將自殊	2	32	首尾殘缺中碎損
文68	唵薩摩訶	婆令莎訶	1	24	

服 13 大集出定 地藏吽嘲 11 25 舊注陀羅尼

衣 49 取好中指 八遍二中 2 38 首尾殘缺 舊注如意輪咒經下半寫有 摩尼別行法咒觀世音擲鬼法第二降魔法 第五

敦煌刼餘錄　陳垣編

中華民國二十年三月刊印

實售國幣四元

批發處　國立中央研究院出版品國際交換處
上海亞爾培路三三一號

國立中央研究院歷史語言研究所
北平北海公園內

代售處　各地商務印書館
北平各書店

代售者得酌加運費寄費

敦煌劫餘録續編

北京圖書館善本組編

一九八一年鈔本

敦煌劫餘錄續編

樸初題

說明

一、敦煌遺書是研究我國古代社會的珍貴資料。清朝末年，由清政府撥交給京師圖書館的八千餘卷敦煌遺書，已于一九三一年由陳垣先生主持編錄為『敦煌劫餘錄』。一九三一年以后，特別是新中國成立以后，北京圖書館一直致力于敦煌遺書的收集与典藏工作，前后所得又有一千五百餘件，本目收錄了其中的一千零六十五件。

二、本目錄基本著錄項目包括：經名、卷次、品名、著譯者寫本年代、起字止字、纸數行數、卷軸情况，尾題以及其它附註內容。

三、本目錄以經名字順爲序排列。同一經名者，以卷次爲序同一卷次者，以寫本年代爲序；各項全同者，則以編号爲序。

四、經名下端所列數字爲索書号。爲区别于「敦煌劫餘錄」部分，号前均冠以「新」字，但除第一种款目外，以下一律省略。

五、敦煌寫經內容丰富，编制目錄是一項需要深入研究的工作，由于水平所限，差错难免，敬請批評指正。

北京圖書館善本组　一九八一年七月

十戒經　寫本

二紙　三六行　　首殘破　　新〇七二三一三

言善　度世
法門　戒經

尾題　太歲甲寅正月庚申朔廿二日辛巳沙州敦煌縣洪池鄉神農里女官清信弟子陰志清
年十一歲貴信如法今詣沙州燉煌縣效穀鄉無窮里三洞法師中岳先生張求受十戒
十四持身之品志清肉人既受訥有形形染六情六情一染動之弊識戒於所見昧於
所着世務因緣以次而發招引罪垢歷世弥積輪迴於三界漂浪而正返流轉於五道
長淪而弗悟輙依玄科貴信如法求乞奉受修行供養永為身寶愆盟負約長幽地
獄不敢蒙原　十一行

七祖法寶記下卷　唐寫本

亦不說為
无生 下卷　四紙　一二四行　首破爛

入阿毗達摩論卷上下　沙門玄奘譯　唐寫本　〇三四七

入阿　受持
敬禮　卷下　二六紙　五三二行

題下注　卷上尊者塞達地羅阿羅漢造
卷下塞達地羅菩薩造

尾題　開元寺小僧文進寫畢售紙廿五張

入楞伽經卷第二　北朝寫本　一二七六

集一切佛法品第三

入楞　槃口
尔時　第二　二〇紙　四三九行

尾題　大代大魏永平二年八月四日比丘建暉敬寫訖流通供養一行　另有字七行

入楞伽經卷第四　五代寫本　一三七八

入楞　眼識
種結　緣見　五紙　一八六行

背寫文殊師利問經卷上五十三行　大乘入楞伽經无常品第三之一、十八行　信力入印法門
經雲十八行　另雜寫字六行

三藏聖教序記　寫本　〇八四一

西宇　照古
八水　以輕　八紙　五〇行　裱爲折裝有夾板

經名据簽題俟考

大方便佛報恩經卷第二　寫本　一四八七

發菩提心品第四

大方　而去
尔時　第二　一六紙　四二九行　有木軸

紙接处有朱印　二

大方等大集經卷第八　唐寫本　一五〇五

无盡意菩薩品之六

大方　而去　一六紙　五八〇行　有木軸

復次　第八

題下注　張良八卷成部者　一行

大方等大集經卷第廿六　寫本　一一二五

日密分別説欲品第三　日密分中品第四

大方　生忍　二〇紙　四六五行　有木軸

尓時　廿六

尾題　開皇三年歳在癸卯五月廿八日佛弟子武侯……等字十行　疑僞

大方廣佛花嚴經卷第六十七　寫本　〇九〇八

入法界品第卅九之八

大方　而去

尔時　十七

一八紙　四七四行

大方廣佛花嚴經卷第八十　唐寫本　一三八五

尔時　疑念

来世　八十

八紙　一九八行　首缺　有木軸

大方廣佛華嚴經卷第五　唐寫本　〇六七九

賢首菩薩品第八

得龜　善現

若咽　第五

一二紙　三一〇行　首缺

大方廣華嚴經卷第八　北魏寫本　〇六七二

具足　功德

第六　第八

四紙　七〇行

三

尾題　延昌二年歲次癸巳四月十七日敦煌鎮官經生令狐禮太寫經訖　用紙廿四張　典經師

令狐崇哲挍經道人

三

大方廣佛華嚴經卷第廿二　北魏寫本　〇七二八

諸法　大事

種解　廿二　二三紙　五一七行　首缺

大方廣佛華嚴經卷第廿六　六朝寫本　〇六三八

首有六朝煙雲題字

卷前有陳闇昇識語三行　並陳季侃寫燉煌石室藏經記三十七行　卷后題字十七行

諸佛　不虛

說向　廿六　一九紙　五一一行　首缺

尾題　比丘道祥供養

大方廣佛華嚴經第卅五　唐寫本　一五五五

入法界品第卅四

大方　大願

尒時　卅五　二〇紙　五二〇行

卷前有黃葆鉞題　唐人寫華嚴經墨蹟　卷後有歐陽漸挍異七行

大方廣佛華嚴經卷第卌五　寫本　〇八二三

壽量品第卌一　諸菩薩住處品第卌二

有求止住　持戒卌五　八紙　一八一行　首缺

大方廣佛華嚴經　寫本　一一一九

功德華聚菩薩十行品第十七

辟如罵音　辟如阿僧　七紙　一七五行　首尾不全

大孔雀呪王經卷中　三藏法師義淨譯　寫本　〇三三二

佛說义大　唐三離憂　五紙　一三八行　尾缺

大佛頂如來放光悉怛多大神力都攝一切呪王陁羅尼經　唐寫本　〇九九九

大佛爲城　南无供養　二紙　三九行

尾題 天復二年壬戌正月廿三日歸義軍節度使張為城壞安發心敬写貯入口中永充供養 口

二行

大佛頂如來放光悉怛哆大神力都攝一切呪王陁羅尼經 寫本 一〇九一

大威德最勝金輪三昧呪品卷三

大佛嗔陁
羅尼哩播 七紙 一六一行 尾缺

背寫字十二行

大佛頂如來放光極大無量陀羅尼神呪經 寫本 〇八三七

大金如來
南無呪經 三紙 一二三行 首缺 有木軸

卷前題字二行 通卷小字舊寫

大佛頂如來密因修證了義諸菩薩萬行首楞嚴經第十 唐寫本 〇二五八

大佛而去
一名第十 一二紙 三二七行

大佛頂如來密因修證了義諸菩薩萬行首楞嚴經第二　寫本　〇二五二

大佛　然性

一名　第二　一七紙　四〇六行

尾題　大佛頂經卷第二

大佛頂如來密因修證了義諸菩薩萬行首楞嚴經第三　寫本　一一三六

大佛　動轉

一名　第三　一五紙　四〇四行

尾題　大佛頂萬行首楞嚴經卷第三　右大唐循州沙門懷迪共梵僧於廣州譯　一行

大佛頂如來密因修證了義諸菩薩萬行首楞嚴經卷第四　唐寫本　〇二五三

大佛　知覺

一名　第四　一〇紙　四〇六行

尾題　大佛頂萬行首楞嚴經卷第四

大佛頂如來密因修證了義諸菩薩萬行首楞嚴經第六　唐寫本　〇二五四

大佛句說　一二紙　三二八行
一名第六

大佛頂如來密因修證了義諸菩薩萬行首楞嚴經第六　唐寫本　一五二五

大佛圓通　六紙　一六七行　尾缺
沵時圓通

大佛頂如來密因修證了義諸菩薩萬行首楞嚴經第七　唐寫本　一二八一

來蜜種類　一四紙　四〇一行　首三行殘缺　有木軸
名中第七

大佛頂如來密因修證了義諸菩薩萬行首楞嚴經第八　唐寫本　〇二五五

大佛欲界　一三紙　三八三行
一名第八

大佛頂如來密因修證了義諸菩薩萬行首楞嚴經　寫本　〇二五六

大佛欲界　一四紙　三八八行
一名第八

尾題大佛頂萬行首楞嚴經卷第七　經名　大佛頂如　四字破損

大佛頂如來密因修證了義諸菩薩萬行首楞嚴經第九　唐寫本　〇二五七

大佛上道
一名第九　一七紙　四六四行

大佛頂如來密因修證了義諸菩薩萬行首楞嚴經第九　寫本　〇七六四

大佛上道
一名第九　一七紙　四七四行　有木軸

尾題　大佛頂萬行首楞嚴經卷第九

大佛頂萬行首楞嚴經卷第三　寫本　〇八〇四

則明動轉
盧空第三　三紙　六七行　首缺

大佛頂萬行首楞嚴經卷第九　唐寫本　一三三四

人應上道
是一第九　一二紙　四五六行　首殘破　有木軸

六

大佛頂萬行首楞嚴經卷第九　寫本　〇七一二

取寂　上道　一紙　一〇行　首缺

慈悲　第九

大佛頂萬行首楞嚴經卷第十　寫本　〇三九八

其便　而去　一二紙　五一四行　首殘缺　破爛

本於　第十

大品經卷第八　北朝寫本　一四四二

多善　退地　一八紙　四九九行　首破爛　前五紙与後半部不同

量劫　第八

是題　延昌三年歲次甲午七月廿二日敦煌鎮經生曹法壽所寫經成訖二行　另有用紙廿六張

校經道人典經師令狐崇哲　五行

大乘入楞伽經卷第五　三藏沙門實叉難陀譯　寫本　〇七七四

集一切法品第二之三　二〇紙　五一四行

大乘　成佛

尔時　第三

大乘入楞伽經卷第四　三藏沙門實叉難陀譯　唐寫本　一一九一

无常品第三之一

大乘　可得

尔時　第四　一九紙　五一八行

大乘入楞伽經卷第五　三藏沙門實叉難陀譯　唐寫本　〇三〇六

現證品第四　如来常無常品第五　剎那品第六

有滅　能造

空大　第五　二一紙　五二〇行　首残缺

大乘入楞伽經卷第六　三藏沙門實叉難陀譯　唐寫本　〇三〇七

變化品第七　斷食肉品第八　陀羅尼品第九　偈頌品第十之一

大乘　有無

尔時　第六　一八紙　四五七行

大乘入楞伽經卷第七　三藏沙門實叉難陀譯　唐寫本　一五五〇

七

中說分別
了唯第七　八頁　頁六行　首缺　貝葉式

存八頁　六十八·八十一—八十七　中間穿孔串成册

一一七八　大乘无量壽經　五代寫本

大乘　奉行
如是　要經　五紙　一三九行

尾題　佛說无量壽宗要經

一二三三　大乘无量壽經　五代寫本

大乘　行口
如是　要經　四紙　一三八行

尾題　佛說无量壽宗要經　末有徐宗霙敬佛經壹卷一行

一三七七　大乘无量壽經　五代寫本

大乘　奉行
如是　要經　五紙　一三三行

尾題　佛說无量壽宗要經　末有唐文英寫四字

大乘无量壽經　五代寫本　一三九九

大乘　奉行

如是　要經　五紙　一三五行

尾題　佛説无量壽宗要經　末有唐文英寫四字

大乘无量壽經　五代寫本　一四〇六

大乘　奉行

如是　要經　五紙　一四〇行

尾題　佛説无量壽宗要經　末有鄧英二字

大乘无量壽經　寫本　一三五四

大乘　奉行

如是　要經　五紙　一二〇行

尾題　佛説无量壽宗要經　首有彩色佛像　末有孟郎寫三字　疑僞

大乘无量壽經　寫本　一四三七

大乘名號　　一紙　二六行　　尾缺
如是如壽

大乘五蘊論一卷　三藏法師玄奘譯　唐寫本　　一五三一
大乘 等故　　七紙　一九七行　　全卷上端破損
如薄 一卷
前題下注 世親菩薩造　首尾及紙接处背面均有朱印　背面系寫字三行

大乘百法明門論開宗義記一卷　京西明寺沙門曇曠撰　唐寫本　　〇九二八
大乘 論文　　四一紙　一〇八二行
夫遍 一卷
首尾各有朱筆題比丘惠超勘定記之耳一行　尾題　乙丑年五月一日比丘惠超就於軍將寺夏居
之此為竟記之耳一行　卷中有朱筆批点

大乘密嚴經　中天竺國三藏法師地婆訶羅唐言日照譯　唐寫本　　一五四六
大唐後三藏聖教序　密嚴會品第一
大唐 三昧　　五紙　一三六行　　尾缺
朕聞 受以

大乘密嚴經卷上　唐寫本　一一七一

妙身生品第二

蘊亦　諸行　一四紙　三四七行　首缺

智非　卷上

尾題　垂拱二年沙門道真應化奉持供養　疑偽　用紙十八張　再校完等字

大乘密嚴經卷下　唐寫本　〇三〇九

妙身生品第二　妙身生品之餘　胎生品第三　顯示自作品第四　分別觀行品第五　阿賴耶建

立品第六　自識境界品第七　阿賴耶微密品第八

大乘　奉行　一七紙　六七一行

服莊　卷下

大乘密嚴經卷下　寫本　〇三一〇

自識境界品第七　阿賴耶微密品第八

大乘　奉行　一八紙　四九四行

尔時　卷下

九

大乘密嚴經上·中·下　中天竺國三藏法師地婆訶羅唐言日照譯　寫本　一四八六

密嚴會品第一　妙身生品第二　胎生品第三　顯示自作品第四　分別觀行品第五　阿賴耶建
立品第六　自識境界品第七　阿賴耶微密品第八

大唐　奉行　二六紙　九三四行
朕聞　卷下

卷首書　大唐後三藏聖教序　二十行

大乘莊嚴經論序　太子右庶子安平男臣李百藥撰　寫本　〇九八九

緣起品第一　成宗品第二

大乘　授達　六紙　一六七行
臣聞　偈曰

卷前有潘齡皋題語八行

大乘無量壽經　唐寫本　〇九一五—一

大乘　能入　四紙　一一四行
如是　能入　尾缺

大乘無量壽經　唐寫本　一五四八

大乘奉行　五紙　一三七行

如是要經

尾題解殿子　卷後有馮國瑞題記八行

大乘無量壽經　唐寫本　一五四九

大乘奉行　五紙　一三六行

如是要經

尾題田廣談

大乘無量壽經　寫本　〇二九六

大乘奉行　五紙　一三六行

如是要經

尾題孟郎子

大乘無量壽經　寫本　〇二九七

大乘　奉行　五紙　一四一行
如是　要經
尾題　田廣談

○二九八　大乘無量壽經　寫本

大乘　奉行　五紙　一二二行
如是　要經
尾題　馬囗

○二九九　大乘無量壽經　寫本

大乘　奉行　五紙　一〇九行
是我　要經　首殘破
尾題　張善陂

○三〇〇　大乘無量壽經　寫本

大乘　奉行　五紙　一四三行
如是　要經
尾題　張良友寫

〇三〇一 大乘無量壽經 寫本 五紙 一二七行

大乘 奉行
如是 要經
尾題唐文英寫

〇三〇二 大乘無量壽經 寫本 四紙 一一六行

大乘 奉行
如是 要經

〇三〇三 大乘無量壽經 寫本 四紙 一〇九行

大乘 奉行
如是 要經
尾題宋昇

〇三〇四 大乘無量壽經 寫本 五紙 一一七行

大乘 大歡
如是 經卷

二

尾題宋昇

〇三〇八　大乘無量壽經　寫本

大乘奉行

如是要經

五紙　一三四行

〇三七六　大乘無量壽經　寫本

大乘奉行

如是要經

五紙　一四〇行

尾題佛說无量壽宗要經　末有田廣談三字

〇三九二　大乘無量壽經　寫本

大乘奉行

如是要經

四紙　一二一行

卷尾殘破

尾題佛說无量壽宗要經

〇七九八　大乘無量壽經　寫本

二

大乘　奉行　　五紙　一三七行
如是　要經
尾題　佛説无量壽宗要經　末有張要寫

大乘無量壽經　寫本　　○八二九

大乘　奉行　　四紙　一一○行
如是　要經
尾題　佛説无量壽宗要經

大乘無量壽經　寫本　　○九九三

大乘　奉行　　五紙　一四一行
如是　要經
尾題　佛説无量壽宗要經

大乘無量壽經　寫本　　一○七三

大乘　壽命　　一紙　二七行
如是　福智　　尾缺

一二

大乘無量壽宗要經 唐寫本

大乘 奉行 三紙 九二行

如是 要經

尾題 佛說无量壽宗要經

〇九一五—二

大乘無量壽宗要經 寫本

大乘 奉行 五紙 一四三行

如是 要經

尾題 張英激寫

〇三〇五

大乘稻芉經 寫本

大乘 奉行 六紙 一七七行

如是 芉經

尾題 佛說大乘稻芉經

〇三七四

大乘稻芉經隨聽手鏡記 寫本

一五五八

能生 器仗 四紙 八五行 首缺

種子 鏡記

尾題大蕃國沙州永康寺沙弥於卯年十二月廿五日寫記口正 一行 末紙另接

大般若波羅蜜多經 五代寫本 一四二七

初分真善友品第卅五

畢竟 上正 五紙 一四四行 首尾不全

空共 提故

大般若波羅蜜多經 寫本 〇三六四

善現 處清 一一紙 二八九行 首尾残

故七 無斷

經名据簽題

大般若波羅蜜多經卷第二 三藏法師玄奘譯 唐寫本 〇一〇二

大般 其中 一九紙 五一三行 前二紙有破洞

初分 第二

一三

大般若波羅蜜多經卷第四　三藏法師玄奘譯　唐寫本　一三　一一九〇

初分學觀品第二之二　初分相應品第三

大般　相應

初分　第四

一八紙　四七九行　末一紙另接

大般若波羅蜜多經卷第四　三藏法師玄奘譯　寫本　〇四〇三

初分學觀品第二之二　初分相應品第三之一

大般　多相

初分　迴般

一五紙　四一六行　尾缺

大般若波羅蜜經卷第九　三藏法師玄奘譯　寫本　〇三五七

初分轉生品第四之三

大般　伽梵

初分　第九

一八紙　四八九行

尾題　妙譽寫

大般若波羅蜜多經卷第十二　三藏法師玄奘譯　唐寫本　〇一〇三

初分教誡教授品第七之二

大般 罪不

初分 陁羅

一六紙 四一九行 尾缺

〇一〇四 大般若波羅蜜多經卷第十二 寫本

尼門 可得

若有 十二

三紙 七八行 首缺

〇一〇五 大般若波羅蜜多經卷第十六 唐寫本

薩摩 訶薩

鼻舌 十六

一三紙 三五一行 首缺

〇一〇六 大般若波羅蜜多經卷第二十一 唐寫本

八解 世尊

即八 廿一

一九紙 五一七行 首缺

一〇三五 大般若波羅蜜多經卷第廿三 三藏法師玄奘譯 寫本

一四

初分教誡教授品第七之十三　一八紙　四七〇行
大般　訶薩
初分　廿三
背面接縫処有朱印

大般若波羅蜜多經卷第二十五　三藏法師玄奘譯　五代寫本　〇一〇七
初分教誡教授品第七之十五
大般　若有　一四紙　四一八行　尾缺
初分　耳鼻

大般若波羅蜜多經卷第二十七　三藏法師玄奘譯　唐寫本　〇一〇八
初分教誡教授品第七之十七
大般　訶薩　一八紙　四六八行
初分　廿七

大般若波羅蜜多經卷第卅一　三藏法師玄奘譯　唐寫本　一三二〇
初分教誡教授品第七之卅一
大般　訶薩　一八紙　四九八行　有木軸
初分　卅一

大般若波羅蜜多經卷第三十二　三藏法師玄奘譯　唐寫本　一五一六

初分難聞功德品第卅九之六

大般　菩提

初分　十二　一七紙　四五九行

尾題王和寫

大般若波羅蜜多經卷第卅四　三藏法師玄奘譯　寫本　〇八一四

初分教誡教授品第七之卅四

大般　訶薩

初分　卅四　一七紙　四七一行　有木軸

大般若波羅蜜多經卷第三十八　唐寫本　〇一〇九

緣所　蜜多

有不　卅八　一九紙　五二〇行　首缺

大般若波羅蜜多經卷第四十七　三藏法師玄奘譯　唐寫本　〇二一〇

初分摩訶薩品第十三之一

大般 得鎧 一七紙 四六八行
初分 卌七

〇一一一 大般若波羅蜜多經卷第五十一 三藏法師玄奘譯 唐寫本
初分大乘鎧品第十四之三 初分辨大乘品第十五之一
大般 乘相 一六紙 四三一行
初分 十一
尾有 王界寺藏經 并印 題 曇真二字

〇一一二 大般若波羅蜜多經卷第五十五 三藏法師玄奘譯 寫本
初分辨大乘品第十五之五
大般 諍故 一九紙 五一六行
初分 十五

〇一一三 大般若波羅蜜多經卷第五十八 三藏法師玄奘譯 唐寫本
初分讚大乘品第十六之三
大般 得故 一七紙 四五五行
初分 十八

大般若波羅蜜多經卷第六十一　唐寫本　一六九一

處遠　可得

菩薩　十一　　三紙　五九行　首缺

大般若波羅蜜多經卷第六十二　三藏法師玄奘譯　唐寫本　〇二一四

初分無所得品第十八之二

大般　可得

初分　十二　　一七紙　四六五行

大般若波羅蜜多經卷第六十五　三藏法師玄奘譯　唐寫本　〇二一五

初分無所得品第十八之五

大般　空故

初分　十五　　二〇紙　五四五行　前二紙有破洞

尾題　惠通

大般若波羅蜜多經卷第六十六　三藏法師玄奘譯　唐寫本　一二五六

初分无所得品第十八之六

大般 假名 一七紙 四七〇行

初分 十六

〇一一六 大般若波羅蜜多經卷第六十六 三藏法師玄奘譯 寫本

初分無所得品第十八之六

大般 假名 一八紙 四七〇行

初分 十六

一二二七 大般若波羅蜜多經卷第六十七 唐寫本

薩摩 無散 一三紙 三六四行 首缺

舍利 十七

一五〇一 大般若波羅蜜多經卷第六十七 三藏法師玄奘譯 唐寫本

初分无所得品第十八之七

大般 散失 一六紙 四七四行 首有破洞

初分 十七

大般若波羅蜜多經卷第六十八　唐寫本　〇九一六

寂靜　散失　一五紙　四二〇行　首不全

舍利　十八

卷前有潘浚題字四行　卷後有莊蘊寬題識八行並有番禺葉恭綽等人同觀　宜興

丁康保題識五行再識四行

大般若波羅蜜多經卷第六十八　三藏法師玄奘譯　寫本　〇一一七

初分無所得品第十八之八

大般　散失　一七紙　四七二行

初分　十八

尾有三界寺藏經　兰印

大般若波羅蜜多經卷第六十九　唐寫本　〇九六五

娃地　脱門　九紙　二三一行　首缺

覺地　十九

尾題　智照写疑偽　卷尾有連文澂跋語十二行　張素題識二十四行　又題十五行　諸宗元

題識二十二行

大般若波羅蜜多經卷第六十九 寫本

無礙 脫門

無染 十九 一八紙 四六九行 首殘缺

○一二○

大般若波羅蜜多經卷第六十九 三藏法師玄奘譯 寫本

初分無所得品第十八之九

大般 脫門

初分 十九 一八紙 四八二行

○一一九

大般若波羅蜜多經卷第六十九 三藏法師玄奘譯 寫本

初分無所得品第十八之九

大般 脫門

初分 十九 一八紙 四八二行

尾有三界寺藏經 亚印

○一一八

大般若波羅蜜多經卷第七十 三藏法師玄奘譯 五代寫本

一三九○

初分无所得品第十八之十　初分觀行品第十九

大般　性空　一八紙　四九六行

初分　七十

大般若波羅蜜多經卷第七十　寫本　〇二二一

初分觀行品第十九

大般　性空　一七紙　四七〇行　首残缺

初分　七十

大般若波羅蜜多經卷第七十三　寫本　〇二二二

舍利　地門　一六紙　四一七行　首残缺

鼻界　十三

尾題懷惠勘李曙寫

大般若波羅蜜多經卷第七十六　三藏法師玄奘譯　寫本　〇二二三

初分淨道品第廿一之二

大般　提心
初分　十六
一六紙　三九六行

大般若波羅蜜多經卷第七十七　三藏法師玄奘譯　寫本　一〇五八
初分天帝品第二十二之一
大般　妙身
初分　不及
一紙　二六行
尾殘缺

大般若波羅蜜多經卷第七十八　三藏法師玄奘譯　寫本　〇一二四
初分天帝品第廿二之二
大般　便故
初分　十八
一八紙　四五一行

大般若波羅蜜多經卷第七十八　三藏法師玄奘譯　寫本　〇一二五
初分天帝品第廿二之二
大般　故口
初分　十八
一七紙　四二四行
首紙有破洞

大般若波羅蜜多經卷第八十一　三藏法師玄奘譯　寫本　〇二〇八

初分天帝品第二十二之五　初分諸天子品第二十三

大般　空故

初分　十一　一七紙　四六二行

尾題　比丘照寫　有　三界寺藏經　並印

大般若波羅蜜多經卷第八十一　三藏法師玄奘譯　寫本　〇七〇二

初分天帝品第二十二之五　初分諸天子品第二十三

大般　空故

初分　十一　一七紙　四六五行

尾題　比丘菖娀寫

大般若波羅蜜多經卷第八十二　三藏法師玄奘譯　寫本　〇一二六

初分諸天子品第二十三之二　初分受教品第二十四

大般　進離

初分　十二　一七紙　四二九行

一九

大般若波羅蜜多經卷第八十四 三藏法師玄奘譯 寫本

初分受教品第二十四之三 初分散花品第二十五

大般 敀口

初分 十四 一七紙 四五一行

〇一二七

大般若波羅蜜多經卷第九十三 三藏法師玄奘譯 寫本

初分求般若品第廿七之五

大般 蜜敀

初分 十二 一七紙 四五一行

〇一二八

大般若波羅蜜多經卷第九十六 三藏法師玄奘譯 寫本

初分求般若品第廿七之八

大般 性求

初分 十六 一六紙 四四〇行

卷有三界寺藏經 兰印 第一紙系另配

〇一二九

大般若波羅蜜多經卷第九十八 三藏法師玄奘譯 寫本

〇一三〇

初分求般若品第廿七之十　初分嘆衆得品第廿八

大般　無量　　一七紙　四六一行

初分　十八

尾有三界寺藏經之印

大般若波羅蜜多經卷第一百四　三藏法師玄奘譯　寫本　〇一三一

初分校量功德品第卅之二

大般　量衆　　一六紙　四二九行

初分　百四

大般若波羅蜜多經卷第一百一十二　三藏法師玄奘譯　寫本　〇一三二

初分校量功德品第卅之十

大般　聖諦　　一七紙　四四五行

初分　十二

大般若波羅蜜多經卷第一百一十三　三藏法師玄奘譯　寫本　〇一三三

初分校量功德品第卅之十一

大般　性空　　一七紙　四六四行

初分　十三

二〇

大般若波羅蜜多經卷第一百一十五　三藏法師玄奘譯　寫本　〇一三四

初分校量功德品第卅之十三

大般　捨性　　一六紙　四四一行

初分　十五

大般若波羅蜜多經卷第一百二十五　三藏法師玄奘譯　寫本　〇一三五

初分校量功德品第卅之廿三

大般　為導　　一七紙　四五一行

初分　廿五

大般若波羅蜜多經卷第一百二十七　寫本　〇一三六

初分校量功德品第卅之二十五

大般　生故　　一七紙　四六八行　首殘缺

初分　廿七

尾題悟真寫

大般若波羅蜜多經卷第一百卅 寫本 一〇八二
復次 可得 八紙 二二行
善女 百卅 首缺

大般若波羅蜜多經卷第一百三十一 寫本 〇一三七
特伽 勝彼 一〇紙 二七四行
流果 卅一 首残

大般若波羅蜜多經卷第一百卅三 三藏法師玄奘譯 寫本 〇三五八
初分校量功德品第卅之三十一
大般 可得 一四紙 三八一行
初分 卅三
尾有三界寺藏經 兰印

大般若波羅蜜多經卷第一百三十三 三藏法師玄奘譯 寫本 〇一三八
初分校量功德品第卅之卅一

二、

大般 可得 一四紙 三八一行

初分 卅三

二一

大般若波羅蜜多經卷一百卅五 三藏法師玄奘譯 唐寫本 一二五二

初分校量功德品第卅之卅三

大般 蜜多 一五紙 四三二行 有木軸

初分 卅五

大般若波羅蜜多經卷第一百三十五 三藏法師玄奘譯 寫本 〇一三九

初分校量功德品第卅之卅三

大般 蜜多 一五紙 四二一行 末二紙有殘破小洞

初分 卅五

大般若波羅蜜多經卷第一百三十七 三藏法師玄奘譯 寫本 〇一四〇

初分校量功德品第卅之卅五

大般 蜜多 一七紙 四三六行

初分 卅七

〇七六二　大般若波羅蜜多經卷第一百卅九　三藏法師玄奘譯　寫本
初分較量功德品第三十之三十七
大般　蜜多　一三紙　三五六行
初分　卅九
尾有三界寺藏經　兰印

〇四〇五　大般若波羅蜜多經卷第一百卅九　三藏法師玄奘譯　寫本
初分校量功德品第卅之卅七
大般　蜜多　一五紙　四一三行　有木軸
初分　卅九

〇一四一　大般若波羅蜜多經卷第一百四十　三藏法師玄奘譯　寫本
初分校量功德品第卅之卅八
大般　蜜多　一六紙　四二四行
初分　百卌

大般若波羅蜜多經卷第一百卅一 寫本

求耳 多口

若樂 卅一

一五紙 三八八行 首残缺

○七二○

大般若波羅蜜多經卷第一百四十三 寫本

初分校量功德品第卅之卅一

大般 蜜多

初分 卅三

一七紙 四四五行 首殘缺

尾有 三界寺藏經 兰印

○一四二

大般若波羅蜜多經卷一百四十三 三藏法師玄奘譯 寫本

初分校量功德品第卅之卅一

大般 蜜多

初分 卅三

朱寫 勘了 二字

一八紙 四四二行 首残缺

○一四三

大般若波羅蜜多經卷第一百四十四 三藏法師玄奘譯 寫本

○一四四

初分校量功德品第卌之卌二

大般　蜜多　　一六紙　四二九行

初分　卌四

大般若波羅蜜多經卷第一百卌四　寫本　〇八三八

是行　蜜多　　七紙　一七九行　首缺

女人　卌四

大般若波羅蜜多經卷第一百四十九　三藏法師玄奘譯　寫本　〇一四五

初分校量功德品第卌之卌七

大般　蜜多　　一五紙　四二一行

初分　卌九

大般若波羅蜜多經卷第一百五十一　三藏法師玄奘譯　寫本　〇一四六

初分校量功德品第卌之卌九

大般　蜜多　　一六紙　四四〇行

初分　十一

二三

大般若波羅蜜多經卷第一百五十二　三藏法師玄奘譯　寫本　〇七八一

第四分善友品第廿二　第四分天主品第廿三　第四分無雜無異品第廿四　第四分迅速品第廿五

大般涅槃

第四十二　一八紙　四八八行

大般若波羅蜜多經卷第一百六十　寫本　〇七二四

性即　蜜多

地界　六十　一四紙　三七一行　首殘缺

大般若波羅蜜多經卷第一百六十一　寫本　一〇二九

復次　蜜多

菩提十一　一一紙　二九六行　首缺

尾題　薩漱二字

大般若波羅蜜多經卷第一百七十　三藏法師玄奘譯　寫本　〇一四七

初分隨喜迴向品第卅一之三

大般 有故
初分 七十
一六紙 四四五行

大般若波羅蜜多經卷第一百七十五 三藏法師玄奘譯 寫本 〇一四八
初分讚般若品第卅二之四
大般 多口
初分 十五
一七紙 四六〇行

大般若波羅蜜多經卷第一百七十七 三藏法師玄奘譯 寫本 〇三五九
初分讚般若品第卅二之六
大般 衆故
初分 十七
一八紙 四九三行

大般若波羅蜜多經卷第一百七十八 三藏法師玄奘譯 寫本 〇七二六
初分讚般若品第卅二之七
大般 廣狹
初分 力無
一七紙 四七四行 尾缺

二〇

大般若波羅蜜多經卷第一百八十 三藏法師玄奘譯 寫本 〇一四九

初分讚般若品第卅二之九

大般 蜜多
初分 八十 一九紙 四八〇行

大般若波羅蜜多經卷第一百八十三 三藏法師玄奘譯 寫本 一二八九

初分難信解品第三十四之二

大般 斷故
初分 十三 一五紙 四一一行 首五行殘破

大般若波羅蜜多經卷第一百八十三 寫本 〇七八七

第四分空相品第十八

就如 無邊
退轉 十二 四紙 九九行 首缺

尾題 安頤寫第一校 海晏勘第二校 第三校 背題 允經不入部袟一行

大般若波羅蜜多經卷第一百八十七 三藏法師玄奘譯 寫本 〇一五〇

初分難信觸品第卅四之六

大般 斷故 一七紙 四五一行
初分 十七

大般若波羅蜜多經卷第一百八十九 寫本 一三三五

口分難信解品第三十四

波羅 斷故
難信 十九 一四紙 三七一行 有木軸 首七行残缺
尾題 庚午年五月廿ク苾蒭法燦寫記一行

大般若波羅蜜多經卷第一百九十四 三藏法師玄奘譯 寫本 〇一五一

初分難信解品卅四之十三

大般 斷故 一八紙 四四七行
初分 十四

大般若波羅蜜多經卷第一百九十六 三藏法師玄奘譯 寫本 〇一五二

初分難信解品第卅四之十五

二乙

大般若波羅蜜多經卷第二百二 三藏法師玄奘譯 寫本 〇一五三

初分難信解品第卅四之廿一

大般 断故 一七紙 四六〇行

初分 十六

大般 以故 二紙 五四行 尾缺

初分 二無

二三

大般若波羅蜜多經卷第二百三 唐寫本 一二三四

故道 断故 一六紙 四二九行 有木軸

清淨 百三

尾題 唐开寫

大般若波羅蜜多經卷第二百五 寫本 〇一五四

生諸 断故 一五紙 四〇八行 首殘缺

若波 百五

大般若波羅蜜多經卷第二百六 唐寫本 一三一三

受清　斷故　　一五紙　三九一行　首残缺

故一　百六

尾題　唐丹寫

大般若波羅蜜多經卷第二百七　寫本　〇一五五

若一　斷故　　一六紙　四二四行　首残缺

善現　百七

大般若波羅蜜多經卷第二百八　寫本　〇一五六

何以　故□　　一六紙　四三三行　首缺

智清　百八

大般若波羅蜜多經卷第二百一十三　三藏法師玄奘譯　寫本　〇一五七

初分難信解品第卅四之卅二

大般　斷故　　一五紙　四六六行

初分　十三

二八

大般若波羅蜜多經卷第二百一十九　寫本　○七六五

淨何　斷故
淨若　十九　一五紙　四一六行　首缺　有木軸　二フ

大般若波羅蜜多經卷第二百二十　三藏法師玄奘譯　寫本　○一五八

初分難信解品第卅四之卅九

大般　德鐙
初分　卅七　一七紙　四六八行

尾題　大般若波羅蜜多經卷卅七

大般若波羅蜜多經卷第二百二十　寫本　○一五九

眼識　斷故
色界　百廿　一四紙　三九三行　首缺

大般若波羅蜜多經卷第二百廿一　三藏法師玄奘譯　寫本　一五一四

初分難信解品第卅四之卅

大般　斷故
初分　廿一　一五紙　四一三行　首紙殘破

大般若波羅蜜多經卷第二百二十二　三藏法師玄奘譯　寫本　〇一六〇

初分難信解品第卅四之卅一

大般　故口　一七紙　四五七行

初分　廿二

首紙二十四行与第二紙二十四行内容相同

大般若波羅蜜多經卷二百廿三　寫本　〇八九七

故一　斷故

鼻舌　廿三　一六紙　四一三行　首殘缺

大般若波羅蜜多經卷第二百廿七　三藏法師玄奘譯　唐寫本　一四八二

初分難信解品第卅四之卅六

大般　斷故　一七紙　四六八行　首殘破・下端缺　斷二節　有木軸　蟲蛀

初分　廿七

大般若波羅蜜多經卷第二百三十　三藏法師玄奘譯　寫本　〇一六一

二七

初分難信解品第卅四之卅九
大般　智智　二紙　五四行　尾缺
初分　力清

一四九九　大般若波羅蜜多經卷第二百卅一　三藏法師玄奘譯　唐寫本
初分難信解品第卅四之五十
大般　斷故　一六紙　四三九行
初分　卅一

〇一六二　大般若波羅蜜多經卷第二百三十三　寫本
十地　斷故　一八紙　四九五行　首殘破
淨何　卅三

〇一六三　大般若波羅蜜多經卷第二百三十六　三藏法師玄奘譯　寫本
初分難信解品第卅四之五十五
大般　斷故　一七紙　四六三行
初分　卅六

大般若波羅蜜多經卷第二百三十八　三藏法師玄奘譯　寫本　〇一六四

初分難信解品第卅四之五十七

大般　行清　一六紙　四四六行

初分　清淨　尾缺

大般若波羅蜜多經卷第二百三十八　三藏法師玄奘譯　寫本　〇一六五

初分難信解品第卅四之五十七

大般　界清　五紙　一三八行

初分　智清　尾缺

大般若波羅蜜多經卷第二百卅七　五代寫本　一二〇九

无爲　斷故　一四紙　三五七行

空自　卅七

大般若波羅蜜多經卷第二百四十九　三藏法師玄奘譯　寫本　〇一六六

初分難信解品第卅四之六十八

大般　斷故　一七紙　四六三行

初分　卅九

尾題　王昌寫　像海勘兩遍

○九六一

大般若波羅蜜多經卷第二百六十　唐寫本

一二紙　三二六行　首缺

善現　斷故

清淨　六十

尾題　張曜写第一校　第二校　第三校

○七五二

大般若波羅蜜多經卷第二百六十二　三藏法師玄奘譯　寫本

初分難信解品第卅四之八十一

一六紙　四二九行

大般　斷故

初分　十二

○一六七

大般若波羅蜜多經卷第二百六十六　寫本

一七紙　四四三行　首殘缺

清淨　斷故

淨何　十六

尾題　尼堅護經

○一六八

大般若波羅蜜多經卷第二百六十九　寫本

一三紙　三四九行　首缺

正斷　斷故

脱清　十九

大般若波羅蜜多經卷第二百七十六　三藏法師玄奘譯　寫本　〇一六九

初分難信解品第卅四之九十五

大般　斷故　一六紙　四四一行

初分　十六

尾題　道普寫

大般若波羅蜜多經卷第二百七十七　唐寫本　一一八三

何以　斷故

淨若　十七　一七紙　四六三行　首残缺

尾題　聖光寺尼真空寫

大般若波羅蜜多經卷第二百七十七　三藏法師玄奘譯　北宋寫本　一四二九

初分難信解品第卅四之九十六

大般　斷故　一九紙　四九五行

初分　十七

尾題　乾德四年丙寅歲五月一日寫記　餘字十二行

大般若波羅蜜多經卷第二百七十八　三藏法師玄奘譯　寫本　一〇三〇

初分難信解品第卅四之九十七

大般　清淨　一紙　二六行　尾缺

初分　法清

背有字一行

大般若波羅蜜多經卷第二百七十九　三藏法師玄奘譯　寫本　〇一七〇

初分難信解品第卅四之九十八

大般　斷故

初分　十九　一七紙　四〇五行

尾題　逍普二字

大般若波羅蜜多經卷第二百八十　三藏法師玄奘譯　唐寫本　一三三二

初分難信解品第卅四之九十九

大般　斷故

初分　念住　六紙　一六七行　尾缺

大般若波羅蜜多經卷第二百八十二　三藏法師玄奘譯　寫本　〇八一六

初分難信解品第卅四之一百一　六紙　一四八行　卷首紅色污染多処

大般　断故

初分　十二

大般若波羅蜜多經卷第二百八十三　三藏法師玄奘譯　唐寫本　一五二二

初分難信解品第卅四之一百二

大般　断故

初分　十二　二〇紙　五三〇行

大般若波羅蜜多經卷第二百八十三　三藏法師玄奘譯　寫本　〇七四七

初分難信解品第卅四之一百二

大般　羅漢

初分　不還　一二紙　三二五行　尾缺

卷中有朱筆圈点

大般若波羅蜜多經卷第二百八十四　三藏法師玄奘譯　寫本　〇二七一

初分難信解品第卅四之一百三

大般　斷故

初分　十四　一八紙　四九四行

大般若波羅蜜多經卷第二百八十五　寫本　〇九〇五

相無　無願

深舍　十五　一四紙　三九〇行　首缺

大般若波羅蜜多經卷第二百八十七　三藏法師玄奘譯　寫本　〇一七二

初分讚清淨品第卅五之三

大般　想着

初分　十七　一六紙　四三四行

大般若波羅蜜多經卷第二百八十八　三藏法師玄奘譯　寫本　〇一七三

初分着不着相品第卅六之二

大般　造作

初分　十八　一六紙　四二八行

大般若波羅蜜多經卷第二百九十二 寫本 〇八〇七

初分說般若相品

大般 法口 一七紙 四六二行

初分 十二

尾題 索懷濟

大般若波羅蜜多經卷第二百九十四 三藏法師玄奘譯 唐寫本 一二六三

初分說般若相品第卅七之三

大般 脱門 二紙 二六行

初分 若波 前後紙色不同

大般若波羅蜜多經卷第二百九十七 三藏法師玄奘譯 寫本 〇三六〇

初分波羅蜜多品第卅八之二 初分難聞功德品第卅九

大般 蜜多 一九紙 五一八行

初分 十七

尾題 比丘苞斌記

大般若波羅蜜多經卷第二百九十八　寫本　　一三二二

不思　通故

薩[illegible]　十八　　一七紙　四四六行　首殘缺　　三一

大般若波羅蜜多經卷第三百　寫本　　〇一七四

近當　圓滿

男子　三百　　一五紙　三九七行　首殘缺

大般若波羅蜜多經卷三百三　三藏法師玄奘譯　寫本　　〇七九〇

初分魔事品第卅之一

大般　魔事

初分　百三　　一九紙　五〇七行　有木軸

大般若波羅蜜多經卷第三百一十二　三藏法師玄奘譯　寫本　　〇三六一

初分衆喻品第卅四之二

大般　菩提

初分　十二　　一八紙　四九〇行

尾題　義泉第一校　超藏第二校

大般若波羅蜜多經卷第三百一十五 五代寫本

為諸 菩提 六紙 一四一行 首缺

以色 十五

一二一二

大般若波羅蜜多經卷第三百二十三 三藏法師玄奘譯 寫本

初分真如品第卅七之六

大般 善現 一七紙 四七九行

初分 廿三

尾題 比丘明振寫

〇一七五

大般若波羅蜜多經卷第三百二十四 三藏法師玄奘譯 寫本

初分真如品第卅七之七 初分菩薩住品第卅八

大般 氣者 一八紙 四八五行

初分 廿四

〇一七六

大般若波羅蜜多經卷第五百二十八 寫本

〇一七七

深耳 涅槃 一六紙 四四五行 首殘缺
名甚 廿八

大般若波羅蜜多經卷第三百卅四 三藏法師玄奘譯 寫本 〇八三一
初分善學品第五十三之四
大般 稱計 一七紙 四七一行 有木匣
初分 卅四

大般若波羅蜜多經卷第三百卅六 三藏法師玄奘譯 唐寫本 一三〇三
初分斷分別品第五十四之二
大般 別故 一七紙 四五一行
初分 卅六

大般若波羅蜜多經卷第三百卅七 唐寫本 一四〇〇
羅蜜 言說 三紙 八〇行 首殘缺
薩不 卅七
尾題 王瀚寫 第一校 第二校 第三校 十七紙

大般若波羅蜜多經卷第三百卅七　三藏法師玄奘譯　五代寫本　一三二四

初分巧便學品第五十五之一

大般　言說　一八紙　四八一行

初分　卅七

大般若波羅蜜多經第三百卅二　三藏法師玄奘譯　寫本　〇四〇四

初分顧喩品第五十六之二　初分堅等讚品第五十七

大般　蜜多　一八紙　四八〇行

初分　卅二

大般若波羅蜜多經卷第三百五十三　寫本　一四四四

惟眼　白法　一六紙　四四五行　首殘缺　有木軸　斷二节

著欲　十三

尾題　法應二字

大般若波羅蜜多經卷第三百六十三　三藏法師玄奘譯　唐寫本　一五一五

初分多問不二品第六十一之十三　初分實說品第六十二　　三三

大□　地界　一七紙　四七二行　斷三節

初分　十三

大般若波羅蜜多經卷第三百六十四　三藏法師玄奘譯　唐寫本　一二八八

初分實說品第六十二之二

大般　自性　一六紙　四四三行

初分　十四

大般若波羅蜜多經卷第三百六十四　三藏法師玄奘譯　唐寫本　一三四八

初分實說品第六十二之二

大般　自性　一七紙　四四三行

初分　十四

大般若波羅蜜多經卷第三百六十五　三藏法師玄奘譯　寫本　〇一七八

初分實說品第六十二之三　初分巧便行品第六十三

大般　菩提　十九紙　四四六行

初分　十五

〇一七九

大般若波羅蜜多經卷第三百六十八　三藏法師玄奘譯　寫本

初分遍學道品第六十四之三

大般　戲論　一七紙　四四八行

初分　十八

〇三六二

大般若波羅蜜多經卷三百七十二　三藏法師玄奘譯　寫本

初分遍學道品第六十四之七　初分三漸次品第六十五之一

大般　念佛　一七紙　四六六行

初分　十二

〇一八〇

大般若波羅蜜多經卷第三百七十二　三藏法師玄奘譯　寫本

初分遍學道品第六十四之七　初分三漸次品第六十五之一

大般　念佛　一七紙　四六六行

初分　十二

〇七八四

大般若波羅蜜多經卷第三百七十四　寫本

大般　念佛　一七紙　四六六行

初分　十二

三四

皆爲 二想
一切 十四
一四紙 四六六行 首残破
尾題 安國典寫海晏勘
三口

〇二〇九 大般若波羅蜜多經卷第三百八十三 三藏法師玄奘譯 寫本
初分諸功德相品第六十八之五 初分諸法平等品第六十九
大般 如化
初分 十三
一七紙 四六五行
尾題 文濟二字

〇一八一 大般若波羅蜜多經卷第三百八十四 三藏法師玄奘譯 寫本
初分諸法平等品第六十九之二
大般 識界
初分 十四
一八紙 四五九行

一一二一 大般若波羅蜜多經卷第三百八十八 寫本
本性 善提
以本 十八
一五紙 四一七行 首缺 有木軸

大般若波羅蜜多經卷第三百九十一　三藏法師玄奘譯　北朝寫本　〇九四二

初分成熟有情品第七十一之二

大般　多方　一紙　二六行　尾缺

初分　得能

大般若波羅蜜多經卷第三百九十二　三藏法師玄奘譯　五代寫本　一三六四

初分成熟有情品第七十一之三

大般　菩薩　二紙　四四行　尾缺

初分　等覺

大般若波羅蜜多經卷第三百九十四　三藏法師玄奘譯　寫本　〇一八二

初分嚴淨佛土品第七十二之二

大般　等菩　一九紙　四八五行

初分　十四

尾題　索□經　陰文寫

大般若波羅蜜多經卷第三百九十八 寫本 一四五二

女宿 法故

經於 十八

三紙 六四行

首缺

尾題鄧英寫 虛秀第一校 義泉第二校 海智第三校

大般若波羅蜜多經卷第三百九十九 三藏法師玄奘譯 唐寫本 一五一三

初分常啼菩薩品第七十七之三 初分法涌菩薩品第七十八

大般 无去

初分 十九

一六紙 四二〇行

大般若波羅蜜多經卷第四百二 三藏法師玄奘譯 寫本 〇二八三

第二分歡喜品第二 第二分觀照品第三之一

大般 及故

第二 百二

一六紙 四五七行

大般若波羅蜜多經卷第四百四　寫本　○一八四

多趣　證通
尊何　百四
尾題　張君縣

九紙　二四三行

首不全

大般若波羅蜜多經卷第四百五　寫本　○一八五

第二分無等等品第四　第二分舌根相品第五

修行　伽梵
蜜多　百五

一三紙　三三四行

首缺

大般若波羅蜜多經卷第四百一十五　三藏法師玄奘譯　寫本　○一八六

第二分念住等品第十七之二　第二分修治地品第十八

大般若波羅蜜多經卷第四百廿七　三藏法師玄奘譯　唐寫本　一二三五

大般　五法
第二　十五

一四紙　三六三行

三六

第二分散花品第廿七之二 第二分授記品第廿八 第二分攝受品第廿九

大般 勝利 一八紙 四七二行 有木軸
第二 廿七

尾題 尼善恵

大般若波羅蜜多經卷第四百三十四、四百三十五 寫本 〇一八七

廣作 清淨 一一紙 二八二行 首尾缺
此想 斷故

大般若波羅蜜多經卷第四百三十六 三藏法師玄奘譯 寫本 〇一八八

第二分清淨品第卌 第二分無摽幟第卌一

大般 難事 一七紙 四五四行
第二 卌六

大般若波羅蜜多經卷第四百三十九 三藏法師玄奘譯 寫本 〇一八九

第二分東北方品第卌三之二

大般 菩提 一六紙 四四五行
第二 卌九

○八○九 大般若波羅蜜多經卷第四百卌七 寫本

即現 退屈 一六紙 四三○行 首殘缺 斷二節

在奧 卌七

尾題 呂日興

一四三三 大般若波羅蜜多經卷第四百五十三 三藏法師玄奘譯 寫本

第二分增上慢品第六之二

大般 住内 二紙 五三行 尾缺

第二 至不

○九八四 大般若波羅蜜多經卷第四百五十六 三藏法師玄奘譯 寫本

第二分同性品第六十二之二 第二分無分別品第六十三 第二分堅非品第六十四

大般 情離 一七紙 四六五行 有木軸

第二 十六

紙接処有 覺皇宝坛大法印 朱印

0737 大般若波羅蜜多經卷第四百五十九 寫本

第二分相攝品第六十七

大般 訶薩

第二 施與

一紙 二六行 残破

0190 大般若波羅蜜多經卷第四百七十 三藏法師玄奘譯 寫本

第二分衆德相品第七十六之三

大般 若波

第二 情及

一四紙 三八八行 尾缺

0191 大般若波羅蜜多經卷第四百七十一 三藏法師玄奘譯 寫本

第二分衆德相品第七十六之四 第二分善達品第七十七

大般 真如

第二 十一

一八紙 四七五行

0192 大般若波羅蜜多經卷第四百七十四 三藏法師玄奘譯 寫本

第二分實際品第七十八之二 第二分無闕品第七十九

大般　如來　　　　一七紙　四七一行
第二　十四

大般若波羅蜜多經卷第四百七十七　唐寫本　　　一三一〇
第二分正定品第八十一

大般　奉行　　　　一〇紙　二五一行
第二　一卷

尾題佛說金剛經一卷　首尾題經名不同　前後紙色亦不同似兩種經接爲一軸

大般若波羅蜜多經卷第四百八十六　三藏法師玄奘譯　寫本　　　〇一九三
第三分善現品第三之五

大般　德鐙　　　　一八紙　四九二行
第三　十六

大般若波羅蜜多經卷第四百九十　三藏法師玄奘譯　寫本　　　〇一九四
第三分善現品第三之九

三ノ

〇一九五

大般若波羅蜜多經卷第四百九十三　三藏法師玄奘譯　寫本

第三分善現品第三之十二

大般　執取

第三　九十

一四紙　三六四行

首残缺

〇一九六

大般若波羅蜜多經卷第四百九十三　三藏法師玄奘譯　寫本

第三分善現品第三之十二

大般　得故

第三　十三

一七紙　四四四行

一三〇九

大般若波羅蜜多經卷第四百九十七　唐寫本

大般　得故

第三　十三

一七紙　四四五行

〇一九七

大般若波羅蜜多經卷第五百　寫本

生則　相智

則不　十七

七紙　一七〇行

首缺

第三分現窣堵波品第五

無明　菩提

羅蜜　五百

一六紙　四四五行　首缺

大般若波羅蜜多經卷第五百六　寫本　〇一九八

第三分歎淨品第十一

復次　等故

淨即　百六

六紙　一六一行　首缺

大般若波羅蜜多經卷第五百七　三藏法師玄奘譯　寫本　〇一九九

第三分歎淨品第十一之二　第三分讚德品第十二

大般　相故

第三　百七

一八紙　五〇一行

大般若波羅蜜多經卷第五百廿一　三藏法師玄奘譯　寫本　一〇四六

第三分見不動品第廿五之一

三九

大般 无異 一九紙 五一八行
第三 卅一
尾題 次弘建勘訖 有三界寺藏經 兰印 前三紙水漬霉烂

大般若波羅蜜多經卷第五百卅四 五代寫本 一四一二
摩訶 之相 一六紙 四二四行 首破烂
得圓 卅四
尾題 第一校 第二校 第三校 張良友寫

大般若波羅蜜多經卷第五百三十五 三藏法師玄奘譯 寫本 〇二〇〇
第三分施等品第廿九之四 第三分佛國品第卅
大般 法樂 一五紙 四四五行
第三 卅五
尾有三界寺藏經 兰印

大般若波羅蜜多經卷第五百五十二 三藏法師玄奘譯 寫本 〇三六三
第四分善發品第廿二之二
大般 善提 三紙 八二行 尾缺
第四 廿三

大般若波羅蜜多經卷第五百六十　唐寫本　一五一九
第五分魔事品第十一　第五分真如品第十二
第五　信解　一二紙　三二〇行　有木軸
爾時　六十

大般若波羅蜜多經卷第五百七一　三藏法師玄奘譯　寫本　〇二〇二
第六分無所得品第九　第六分證勸品第十
大般　蜜多　一八紙　四七三行
第六　十一

大般若波羅蜜多經卷第五百七十三　三藏法師玄奘譯　寫本　〇二〇四
第六分勸誡品第十四之二　第六分二行品第十五　第六分讚歎品第十六　第六付囑品
第十七
大般　奉行　一八紙　四七一行
第六　十三

大般若波羅蜜多經第五百七十五　三藏法師玄奘譯　北魏寫本　四c　○八二一

第七曼殊室利分之二

大般　如是　四紙　一一○行　有木軸

第七　没必

大般若波羅蜜多經卷第五百七十七　寫本　○三八五

告善　奉行

是知　十七　一紙　一八行

尾題　索福安拾致以

大般若波羅蜜多經卷第五百七十八　三藏法師玄奘譯　唐寫本　一三三○

大般　奉行

般若　十八　一七紙　四七一行　有木軸

卷首書第十會般若理趣分序　西明寺玄則法師製

大般若波羅蜜多經卷第五百八十二　寫本　一一八○

所生　有情

意觸　十二　一○紙　二六九行　首缺

大般若波羅蜜多經卷第五百八十四　三藏法師玄奘譯　寫本　〇二〇五

第十二淨戒波羅蜜多分之一　一六紙　四三一行

大般　聲聞

第十　十四

尾題　善忍寫

大般若波羅蜜多經卷第五百九十　三藏法師玄奘譯　寫本　〇二〇六

第十四精進波羅蜜多分

大般　奉行　一六紙　四四五行

第十　九十

尾題　虛秀超藏　前後紙色不同

大般若波羅蜜多經卷第五百九十　三藏法師玄奘譯　寫本　〇二〇七

第十四精進波羅蜜多分

大般　奉行　二〇紙　四四四行

第十　九十

〇一

大般若波羅蜜多經卷第五百九十七　唐寫本　一四三〇

復次　而行
於一　十七　一六紙　四五八行　首缺

大般若波羅蜜多經最勝天王會卷第二　三藏法師玄奘譯　寫本　〇二〇一

顯相品第三　法界品第四
大般　善巧　一八紙　四五五行
顯相　第二

大般若波羅蜜多經最勝天王會卷第六　三藏法師玄奘譯寫本　〇二〇三

無所得品第九　證勸品第十
大般　蜜多　一七紙　四七一行
無所　第六

大般若經　唐寫本　一〇〇八

身修　力無　二紙　五〇行　残破
身觀　求上
經名据簽題背写字三四行

大般涅槃經卷一至五　五代寫本　〇〇四一

壽命品　金剛身品第二　名字功德品第三　如來性品第四

大般　善女

如是　第六　三九紙　一四二一行

卷首有張家鎮宅四字　小字行密

大般涅槃經卷第一　唐寫本　〇〇四〇

壽命品第一

大般　灑地

如是　第一　二一紙　五一七行

大般涅槃經卷第一　寫本　〇八一三

壽命品第一

大般　灑地

如是　第一　一九紙　五二一行

一一五四 四二

大般涅槃經卷第二 唐寫本

般涅 是偈

優婆 為樂 一二紙 二六六行 尾缺

前二紙殘破 卷中有破洞

〇七〇七

大般涅槃經卷第二 寫本

必於 是法

其苦 第二 二六紙 五六一行 首缺

〇六五九

大般涅槃經卷第三 唐寫本

金剛身品第二 名字功德品第三

今忽 所覆

學一 第三 一九紙 五〇九行 首殘缺，有破洞 有木軸

一一四六

大般涅槃經卷第三 唐寫本

金剛身品第二

雲何　色像

雲何　第三　一三紙　三九八行　首残缺

大般涅槃經卷第三　唐寫本　一三五八

金剛身品第二

大般　色像

尔時　第三　六紙　一六九行　有木軸

大般涅槃經卷第三　唐寫本　一五二三

金剛身品第二　名字功德品第三

大般　所獲

佛復　第三　一九紙　五一一行　有木軸

大般涅槃經卷第三　寫本　〇〇四二

壽命品　金剛身品第二　名字功德品第三

大般　所獲

佛復　第三　二〇紙　五三〇行

〇〇四三

大般槃經卷第四 唐寫本

如來性品第四

大般 那含

佛復 第四 一六紙 四二〇行

四三

〇〇七四

大般涅槃經卷第五 唐寫本

大般 等於

尒時 之五 二三紙 六四二行

〇〇七五

大般涅槃經卷第五 唐寫本

大般 惡道

尒時 第五 二四紙 六四三行

一一四九

大般涅槃經卷第五 唐寫本

藏如 正法

善男 第五 二〇紙 五一六行 首缺 有木軸

尾題維大唐景龍二年歲次戊申五月壬辰朔廿六日丁巳弟子朝議郎成州同谷縣令上柱國

薩崇徽敬寫一行　夫人陰氏盧舍那供養　弟雍州永樂府左果毅上柱國崇暕供養　弟妻令
狐氏大法供養　孫男上柱國英彥供養　英彥妻令狐氏成實相供養　孫女明正信供養　孫
男英諒供養　孫男為政供養　孫女小王供養　孫女毋娘供養　孫女明尚智供養　孫男鴻
鶴供養十二行　尾有跋文十一行

大般涅槃經第五　寫本　○四一八

四相品之二　四依品第八
大般　惡道
迦葉　第五
二一紙　五七五行　有木軸

大般涅槃經卷第六　唐寫本　○○四四

人所　經典
佛道　第六
一七紙　四六三行　首缺　有抄補

大般涅槃經卷第七　唐寫本　○○四五

如來性品第四
大般　說已
復次　第七
一九紙　五二○行
口四

〇六八四 大般涅槃經卷第七 唐寫本

如是 說已

菩提 第七

一九紙 五〇〇行 首殘缺

〇七五〇 大般涅槃經卷第八 六朝寫本

中定 涅槃

而後 第八

二二紙 五一三行 首缺

〇〇四六 大般涅槃經卷第八 唐寫本

大般 滅沒

善男 第八

一九紙 五二四行

〇〇七六 大般涅槃經卷第八 唐寫本

如來性品第十二 文字品第十三 烏喻品第十四

大般 等烏

迦葉 第八

二五紙 六七七行

大般涅槃經卷第八　唐寫本　〇六六四

緣血　涅槃　二〇紙　五二八行

乳則　第八　首殘缺

大般涅槃經卷第九　北朝寫本　一二七八

菩薩品第十六

世界　妙法　二七紙　六五七行

提戒　第九

尾題　天和元年歲在辰巳十二月七日題記六行

大般涅槃經卷第九　唐寫本　〇〇四七

大般　不久　一八紙　四二二行

迦葉　第九

大般涅槃經卷第十　唐寫本　〇〇七七

一切大衆所問品第五　刀乏

大般　病人　一七紙　四四九行

尒時　第十　口三

〇〇七九　大般涅槃經卷第十　唐寫本

一切大衆所問品第五

故若　病人　一七紙　四四四行

若本　第十

〇一一六　大般涅槃經卷第十　唐寫本

一切大衆所問品第五

大般　病人　一六紙　四五一行　首殘缺

尒時　第十

卷中有朱筆批点　卷後有王樹枏題識六行

〇一二八　大般涅槃經卷第十　唐寫本

大般　病人　一五紙　三九三行　有木軸

尒時　第十

大般涅槃經卷第十　寫本　一八紙　四五五行　〇〇四八

一切大衆所問品第五

大般　人口

尒時　第十

大般涅槃經卷第十　寫本　二〇紙　四四九行　〇〇七八

菩薩品之二　一切大衆所問品第五

大般　病人

尒時　第十

大般涅槃經卷第十　寫本　一七紙　四五五行　〇〇八〇

一切大衆所問品第五

大般　病人

尒時　第十

大般涅槃經第十一　北魏寫本　〇六五〇

之言 聖行 一六紙 四四八行 首殘缺
虛空 十一
四十

大般涅槃經卷第十一 北魏寫本 〇九三二
聖行品第七
世尊 聖人 一八紙 四三〇行 首缺 有木軸
等凡 十一

大般涅槃經卷第十一 唐寫本 〇九六四
聖行品第七
劫便 聖行 七紙 一七〇行 首缺 末紙脫落
二人 十一

大般涅槃經卷第十一 唐寫本 一三七〇
現病品第六 聖行品第七
大般 聖行 一九紙 四四八行
尒時 十一

大般涅槃經卷第十一 寫本 〇〇八一

現病品第六 聖行品第七

大般 聖人

尒時 十一

一七紙 四四八行

大般涅槃經卷第十一 寫本 〇一〇〇

現病品第六 聖行品第七

大般 聖人

尒時 十一

一七紙 四四九行

大般涅槃經卷第十二 寫本 〇八〇六

大般 樂因

復次 十二

一九紙 五一九行

首破烂 有木軸

大般涅槃經卷第十二 寫本 〇九八五

大般 槃因　二〇紙　五一九行　四七
復次　十二

大般涅槃經卷第十三　唐寫本　〇〇四九
有一　是處　一五紙　四〇七行　首殘破　前四紙有破洞
中唯　十三

大般涅槃經卷第十四　北朝寫本　〇八七八
鉢間　梵行　三紙　四四行　全卷殘破
生入　十四
是題　比丘僧濟減割衣鉢之餘仰為七世師長父母所生父母先死後亡敬寫涅槃經一部
願亡者并生佛國同成正覺普及法界含生一時成佛廣慶一切天和二年歲次丁亥五月廿日四行

大般涅槃經卷第十四　隋寫本　〇〇五〇
梵行品第八
大般　梵行　二五紙　五〇五行
善男　十四

大般涅槃經卷第十四　唐寫本　一三六三
无常　聖行　一八紙　四八六行
者則　十四

大般涅槃經卷第十五　唐寫本

摩訶　調伏

梵行　十五

二〇紙　四〇〇行

首缺

〇〇五一

大般涅槃經卷第十五　寫本

受記　調伏

多伽　十五

一九紙　四九六行

首殘破

〇〇八二

大般涅槃經卷第十六　寫本

大般　菩薩

復次　十六

一八紙　四六九行

〇〇八三

大般涅槃經卷第十六　寫本

梵行品之二

大般　所著

復次　十六

一八紙　四九六行

〇〇八四

大般涅槃經卷第十七　北魏寫本

一三二六

雲爲 善逝 一七紙 四五三行 首殘缺
故復 十七
卷前有陳闇題 北朝正宗 陳季侃題燉煌石室藏經記 三十八行 再題四行

大般涅槃經卷第十七 唐寫本 ００五二
梵行品之三 一六紙 四四一行
大般 見覺
迦葉 十七

大般涅槃經卷第十八 唐寫本 ００五三
梵行品之四
大般 提心 一七紙 四五六行
善男 十八

大般涅槃經卷第十八 寫本 ０三九九
梵行品之四
大般 提心 十九紙 五二七行 首缺
復次 十八

大般涅槃經卷第十九 唐寫本 ００五四

梵行品之五　二〇紙　五四五行　〇六七〇

大般　元損　唐寫本

尔時　十九

大般涅槃經卷第十九　唐寫本

何故　思議　一八紙　四七九行　首殘缺

王今　十九　〇〇八五

大般涅槃經卷第十九　寫本

實非　議口　一八紙　三六七行　首殘缺

非人　十九　〇七一八

大般涅槃經卷第十九　寫本

世尊　善逝　二一紙　二七〇行　首殘缺

槃若　十七　〇七七七

大般涅槃經卷第十九　寫本

等無　議口　八紙　一七七行　首缺

差別　十九　〇乙

大般湼槃經卷第廿　唐寫本　〇六四三

嬰儿行品第九

光明　五行

處所　第廿

一五紙　三九〇行

首殘缺　有木軸

大般湼槃經卷第二十　寫本　〇〇五五

嬰儿行品第九

大般　行口

尔時　第廿

一九紙　四五四行

卷中有朱筆注字

大般湼槃經卷第二十一　寫本　〇〇五六

光明遍照高貴德王菩薩品第廿二

大般　槃囗

尔時　廿一

二一紙　四七八行

大般湼槃經卷第二十二　寫本　〇〇五七

光明遍照高貴德王菩薩品

大般　有漏　一七紙　四七二行
尒時　十二

大般涅槃經卷第二十二　唐寫本　〇〇八六
光明遍照高貴德王菩薩品
大般　功德　一七紙　四七一紙
復次　十三

大般涅槃經卷第二十四　寫本　〇〇五八
高貴德王菩薩品之四
大般　功德　二〇紙　五三四行
復次　廿四

大般涅槃經卷第二十五　唐寫本　〇〇五九
大般　解脫　一七紙　四七一行
復次　廿五

大般涅槃經卷第廿五　唐寫本　一五四二
尒時　解脫　二紙　四六行
尊如　廿五　首缺

〇〇八八

大般涅槃經卷第二十六　寫本

光明遍照高貴德王菩薩品之六　一九紙　五二八行

大般　功德

尔時　廿六

〇四一三

大般涅槃經卷第廿六　寫本

高貴德王菩薩品之六　一九紙　五二三行

大般　功德

尔時　廿六

〇〇八七

大般涅槃經卷第二十六　唐寫本

一三紙　三五二行

大般　弗教

尔時　谷不　尾不全

一〇五二

大般涅槃經卷第廿六　寫本

一九紙　五二一行

大般　功德

尔時　廿六

尾題　菩薩戒弟子尼智行受持

大般涅槃經卷第二十七　隋寫本　〇〇八九

師子吼菩薩品第廿三

大般　聞見　二七紙　四八九行

尒時　廿七

大般涅槃經卷第二十七　寫本　〇〇六〇

師子吼菩薩品第十一

大般　佛性　一八紙　三八三行

尒時　十七

大般涅槃經卷第廿七　寫本　〇八二五

僧祇　佛性　一七紙　四二八行

能修　廿七　首殘缺　卷中有破洞　木匣

大般涅槃經卷第廿八　隋寫本　〇七四四

是名　佛性　二二紙　五二〇行

有音　廿八　首殘缺

尾題 清信士張珍和夫妻同發善心減割資財敬寫涅槃經一部願七世師長父母所生父母合家大小並生无量壽國普及法界含生皆同此願 開皇元年歲次辛丑八月十一日 四行卷中字上有朱筆点

大般涅槃經卷第廿八　　五代寫本　　一四三五

師子吼菩薩品之二

大般　涅槃

善男　廿八　　二二紙　五一五行　　有木軸

大般涅槃經卷第二十八　　寫本　　〇〇六一

師子吼菩薩品

大般　佛性

善男　廿八　　二〇紙　五三一行

大般涅槃經卷第廿八　　寫本　　〇八一八

師子吼菩薩品之二

大般涅槃

善男 廿八

二六紙 六一五行

〇〇九〇 大般涅槃經卷第二十九 唐寫本

師子吼菩薩品

大般 相膽

善男 十九

二〇紙 五三一行

〇〇九一 大般涅槃經卷第二十九 唐寫本

大般 相膽

善男 廿九

二〇紙 五三二行

一一八九 大般涅槃經卷第廿九 唐寫本

師子吼菩薩品

五二

大般　相瞻　　二〇紙　五三二行

善男　廿九

大般涅槃經卷第二十九　寫本

師子吼菩薩品之三

〇〇六二

大般　相瞻　　二一紙　五三三行

善男　廿九

大般涅槃經卷第廿九　寫本

師子吼菩薩品之三

〇三五六

大般　相瞻　　二一紙　五三五行

善男　廿九

大般涅槃經卷第卅　六朝寫本

衆生　如是　　一八紙　四〇八行　首殘缺

力士　第卅

〇六八五

大般涅槃經卷第三十　寫本

師子吼菩薩品之四

大般　如是

須達　第卅　二○紙　五二一行

○○六三

大般涅槃經卷第三十　寫本

乘鑄　如是　一九紙　五○三行　首殘缺　前三紙斷裂

衆宝　第卅

○○九二

大般涅槃經卷第三十一　唐寫本

男子　眷屬　一五紙　三九四行　首殘缺

捨相　卅一

○○九三

大般涅槃經卷第三十一　寫本

師子吼菩薩品之五

大般　重受　一七紙　四四五行

佛言　卅一

○○六四

又三

大般涅槃經卷第三十二 唐寫本
師子吼菩薩品 一七紙 四四三行
大般 菩提
師子 十二
〇〇六五

大般涅槃經卷第三十二 唐寫本
男子 菩提
渴乏 十二
六紙 一三六行 首缺 斷二節
〇六三六

大般涅槃經卷第三十二 寫本
為不 菩提
能受 十二
一六紙 四三六行 首殘缺
〇〇九四

大般涅槃經卷第三十三 唐寫本
師子吼菩薩品 迦葉菩薩品第十二
大般 如是
師子 十三
一六紙 四六〇行
〇〇九五

大般涅槃經卷第三十三　唐寫本　〇九五四
迦葉菩品第十二
師子　如是
不退　十三　一七紙　四五九行　首缺　有木軸

大般涅槃經卷第三十三　寫本　〇〇六六
師子吼菩薩品　迦葉菩薩品第十二
大般　如是
師子　卅三　一八紙　四六三行

大般涅槃經卷第卅四　唐寫本　一二三二
迦葉菩薩品之二
大般　萬得
善男　卅四　一八紙　四八二行

大般涅槃經卷第三十四　唐寫本　〇〇六七

迦葉菩薩品第十二

大般 乃得
善男 十四

一八紙 四八一行

五〇

大般涅槃經卷第三十四 寫本 一〇四八

定故 乃得
定者 十四

一八紙 四七七行

首殘缺

大般涅槃經卷第三十五 唐寫本 〇〇九六

迦葉菩薩品之三

大般 意語
善男 十五

一八紙 四五〇行

大般涅槃經卷第三十五 寫本 〇〇六八

迦葉菩薩品

大般 意語
善男 十五

一八紙 四九五行

大般涅槃經卷第卅五 寫本 〇四〇一

迦葉菩薩品

大般 意語 一八紙 四九二行

善男 十五

大般涅槃經卷第三十六 唐寫本 〇〇六九

迦葉菩薩品第四

大般 佛陁 二一紙 五五三行

善男 卅六

大般涅槃經卷第三十六 寫本 〇〇九七

大般 佛陁 二〇紙 五五二行

善男 十六

大般涅槃經卷第三十七 唐寫本 〇〇七〇

大般 道法 一九紙 五一二行

迦葉 卅七

〇六九九
大般涅槃經卷第卅七　唐寫本
有現　道法
未来　卅七
一九紙　五〇二行
首残缺

一五二〇
大般涅槃經卷第卅七　唐寫本
迦葉菩薩品
大般　法也
迦葉　卅七
一九紙　五一三行

〇〇九八
大般涅槃經卷第三十七　寫本
大般　道法
迦葉　十七
一八紙　五二一行

〇〇七一
大般涅槃經卷第三十八　唐寫本
迦葉菩薩品之六
大般　涅槃
迦善　十八
一五紙　三七三行

大般涅槃經卷第卅八　寫本　〇八三二

迦葉菩薩品

大般　斷故　一三紙　三三八行　有木匣

善男　十四

尾題大般若波羅蜜多經卷第一百八十四　前三紙与后半部紙張字体不同　首尾題經名卷數

不同似兩种經接為一軸

大般涅槃經卷第三十九　六朝寫本　一一四七

解脱　養口

故具　卅九　九紙　二三五行　首缺　有木軸　木匣

大般涅槃經卷第三十九　唐寫本　〇〇九九

憍陳如品之二

大般　養口　二三紙　五〇五行

尒時　卅九

卷前書　龍本同　三字

大般涅槃經卷第三十九　唐寫本　一一九三

大般　供養　一八紙　五〇〇行
尒時　十九

ヌナ

一二五三　大般涅槃經卷第三十九　唐寫本
憍陳如品上第十三
大般　漢果　二一紙　五九〇行　有木軸
尒時　十九

一三四三　大般涅槃經卷第三十九　唐寫本
大般　供養　一八紙　五〇〇行　有木軸
尒時　十九
卷中有朱筆校字

〇〇七二　大般涅槃經卷第三十九　寫本
憍陳如品上第十三
大般　漢果　二四紙　五八九行
尒時　十九

一〇九六　大般涅槃經卷第三十九　寫本

大般　供養
尒時　卅九
一八紙　四九八行

大般涅槃經卷第四十　唐寫本　〇〇七三
憍陳如品下
大般　漢果
復有　第卅
二二紙　五九五行

大般涅槃經後分卷第四十二　唐寫本　〇一〇一
機感荼毗品　聖軀廓閏品
大般　而還
尒時　卅二
一七紙　四五九行　首残缺卅行

大般涅槃經　唐寫本　一四九三
聖行品之二
大般　略説
復次　苦諦
一七紙　四五八行　有木軸

大智度經卷第九　唐寫本　一四九八

從取中說
陰是第九
八紙二〇四行
首缺有木軸

〇二八六 大智度經卷第五十一 隋寫本
之如如是
切聲十一
九紙二五六行
首缺

〇二八七 大智度經釋論卷第九十 唐寫本
實際品下第八十釋論
大智衆生
經須九十
末行為大智度經實際品下第八十釋論
二一紙五六八行

一三五〇 大智度論第五 六朝寫本
大智度初品中菩薩功德釋論第七
大智得出
皆得第五
一三紙三五二行
有木軸

〇二八一 大智度論卷第三十二 唐寫本

俟說 為惡　一八紙 四九一行　首缺
耶論 卅二
經名据籤題 俟考
尾題 大智論釋初品中四緣第卅 下訖三世佛功德 卷第卅二 二行

〇二八三
大智度論卷第五十四 寫本
當承 聖行　五紙 一一七行　首缺尾殘 中有殘破
說般 想故
經名据籤題俟考

〇二八四
大智度論卷第五十七 寫本
人名 亞何　三紙 五〇行　首尾缺
直信 內外
經名据籤題俟考

一五五三
大智度論卷第六十八 北朝寫本
釋第卅五品 釋第卅六品
大智 五品　一六紙 四四三行
慧命 六品

大智論卷第五十一　隋寫本　〇二八二

大智論釋第廿二品

有法　如是

聲遍　十一　二〇紙　五〇八行　首缺

大智論卷五十八　北朝寫本　〇二八五

大智論釋第卅五品

故受　三品

得變　五品　一七紙　四三〇行　首殘缺　卷中多處有破洞

尾題　□□次癸丑四□□子李思賢敬□□……

大智論卷第六十八　唐寫本　一五一八

釋第卅六品　釋第卅七品上

大智　讚嘆

慧命　十八　一六紙　四四〇行　首十二行缺字

尾題下注　釋第卅五品訖　第卅六品二　二行

大菩薩藏經卷第三　唐寫本　〇七六〇

不可　奇想　　二〇紙　五一五行

心求　第三

尾題　弘福寺沙門僧知仁筆受　弘福寺沙門靈雋受大捴持寺沙門道觀筆受　瑤臺寺沙門道卓筆受　清禪寺沙門明覺筆受　簡州福泉寺沙門靖邁證文　蒲州普救寺沙門行友證文　普光寺沙門道智證文　汴州真諦寺沙門玄忠證文　弘福寺沙門明濬正字　大捴持寺沙門玄應正字　弘福寺沙門玄謨證梵語　弘福寺沙門文備證義　蒲州栖巖寺沙門神泰證義　廓州法講寺沙門道深證義　寶昌寺沙門法祥證義　羅漢寺沙門慧貴證義　實際寺沙門明琰證義　大捴持寺沙門道洪證義　慈恩寺沙門玄奘譯　銀青光祿大夫行太子　左庶子高陽縣開國男臣許敬宗監閱　夫物情斯惑資于教悟大聖貽則寔啟疑徒而先匠譯辰蔑尔无紀爰使後學積滯于懷今故具書以彰來信願傳寫之儔與余同志庶幾弥劫永无惑焉　貞觀廿二年八月一日菩薩戒弟子蘇士方發心願漸轉寫諸經論等奉為至尊皇后殿下信者妃又為師僧父母諸親眷屬四生六道等出塵勞法界有窮願無垠頌曰寫妙法功德普施于一切同證會真如速成無上覺　三十行

卷前陳閭題字八行　陳季侃題敦煌石室藏經記　三十四行　卷后陳季侃題跋　三十二行

乙

大菩薩藏經卷第四 寫本 五ノ 〇三四五
為因 奇想
為因 第四 一〇紙 二六〇行 首缺

大道通玄要卷第十四 寫本 〇七二三—一
人之 真一 五紙 一二一行 首缺
山四 十四

大聖文殊師利菩薩像 一頁 殘 一四八〇
背有画

大寶積經 寫本 一〇三六
王子 離諸
施燈 如是 二紙 四八行 首尾缺
背寫字三十四行

大寶積經卷第一百三 三藏笈多譯 寫本 〇三三三

開寶義品第二 文殊神變品第三 破魔品第四 菩薩身行品第五

大寶 菩薩 一六紙 四四六行

開寶 百三

大寶積經卷第一百二十 三藏菩提流志譯 唐寫本 一二八五

大寶 而絶 二〇紙 五三三行

如是 二十

題下注 廣博仙人會第四十九

大寶積經善住意天子會第三十六之三 隋三藏笈多譯 唐寫本 一五一七

破菩薩相品第六 破二乘相品第七之一

大寶 解脱 一六紙 四三五行

破菩 百四 有木軸

題下注 隨三藏笈多譯卷一百四 尾題大寶積經卷第一百四

大寶積經善住意天子會第□六之一 三藏法師笈多譯 唐寫本 一四二一

緣起品第一

六〇

大寶　于闐
縁起　百二
尾題大寶積經卷第一百二　　一六紙　四二七行

〇三三四　小品經卷第二　唐寫本
塔品第三　明呪品第四　舍利品第五
摩訶　甚多
尔時　第二　　一五紙　三八八行
品名前均冠有摩訶般若波羅蜜

一四三九　千臂千眼大悲觀世音菩薩法印呪一卷　寫本
千臂　他那
呪一　婆訶　　二五頁　頁八或九行
封面題大唐經一卷千佛洞門

〇三一四　千眼千臂觀世音菩薩陀羅尼神呪經　唐寫本
好菓　十五　　五紙　一三四行
闕如　誦身　　首尾不全
卷中有朱筆圈点

六門陀羅尼經一卷　三藏法師玄奘譯　寫本　一〇九二

舍利　奉行　二紙　三二行

若波　一卷

前八行為般若波羅蜜多經一卷　尾題沙弥恒安寫字二行

六門陀羅尼經一卷　寫本　一四七八

六門　奉行　一紙　二二行

如是　一卷

文殊師利所説般若波羅蜜經一卷　唐寫本　〇六九三

受行　奉行　八紙　二一三行

塞優　一卷　首殘破

文殊師利所説摩訶般若波羅蜜經　寫本　〇九〇六

三藐　奉行　二〇紙　五一七行　首缺

説法　蜜經

文殊師利所説摩訶般若波羅蜜經一巻 寫本 六一 ０七八五

文殊 奉行 二０紙 五五六行

如是 一巻

巻中有朱筆校字批点

文殊師利説摩訶般若波羅蜜經 唐寫本 ０六五五

摩訶 奉行 九紙 三七三行 首残缺 断二節

佛在 經巻

文殊般若經 唐寫本 一二三０

文殊 最勝 一四紙 四二行 首缺 有木軸

世尊 若經

巻中有朱筆校字

文殊第二 寫本 一四四五

利而 将来 一一紙 一七一行 首破損

内除 二終

通巻大字无格

无垢淨光大陁羅尼經 三藏沙門弥山共法藏等譯 五代寫本 一三六七

无垢 奉行 一二紙 三二三行 有木軸

如是 尼經

无盡意菩薩經卷二一六 寫本 一四四一

之味 而去

者志 第六 四〇紙 一二九三行 首破烂

尾題比丘志崇寫訖

天請問經一卷 三藏法師玄奘譯 唐寫本 一〇一三

天請 聞法 二紙 四九行

如是 之耳

尾題 辛未年六月一日埋匠馬報達在伊州作客写記之耳一行 卷後馬叙倫跋語九行 〇三一六

天請問經疏 沙門文軌撰 寫本

天請 宮也 二一紙 四〇四行

如來 經疏

尾題 此文一无錯謬勘定了善奴佛如信 卷中有朱筆勾划 背寫字三行

比丘尼戒本一卷 寫本　一一三〇

當知　布薩

比丘　一卷　二四紙　六四四行　首缺

比丘含注戒本 唐寫本　〇三一一

比丘　佛道

自法　自在　三一紙　一〇八〇行　尾不全

題下注"太一山沙門釋道宣述"　卷中有朱筆圈点　行間有大字　背寫齋琬一卷　并序十二行

五千五百佛名經卷第二 唐寫本　一四九七

五千　如來

南无　第二　一八紙　四四二行

五門禪經要用法卷一 寫本　〇七四〇

人齋　五有

空中　卷一　二三紙　五〇二行

尾題　志全一校　卷後有題識十七行

太上虛寶洗浴身心經一卷　寫本　三紙　六五行　首殘缺　〇七三一二

山金　而退

真仙　一卷

太公家教一卷　唐寫本　六紙　一三七行　首殘缺　有木匣　〇九四八

長值　者手

欲隱　一卷

欠物人名抄錄數目　唐寫本　二紙　三〇行　一〇〇六

酉年　子債

汝賀　麸市

經名据簽題俟考　背寫字三行

玄奘大師譯經序頌　寫本　一紙　一六行　殘片　〇八七一

手想　作因

第行　即空

經名据簽題俟考　卷中有朱筆批点　通卷草書

八三

玉邪經一卷 唐寫本 〇三四八

玉邪 而退 五紙 一一一行

聞如 一卷

尾題 佛說玉耶經一卷

玉耶經 寫本 〇八一九

家女 而退 四紙 一〇八行

承事 耶經 首殘缺

正法念處經天品之卅四 唐寫本 一三六二

切軍 人愛 一紙 一九行

其餘 卅四

尾題 夜摩天之十 卷第五十五

尼律藏第二分卷第六 北朝寫本 〇三四九

比丘 九竟 三一紙 七六八行

足戒 第六 首缺

卷中註有 第一百廿五竟——第一百卅九竟 尾寫 用帋卅二張

○三八三 四分尼戒本 寫本 三紙 六二行
若比 逸提
使人 男子
經名据簽題俟考
首尾残破

○七四一 四分戒本 唐寫本 二四紙 六四七行
四分 佛道
稽首 戒本
尾題大中七年癸酉四月十八日寫記

○二三九 四分戒本 寫本 二六紙 七一二行
四分 佛道
稽首 戒本

○二四○ 四分戒本 寫本 一四紙 三七九行
四分 衆生
稽首 戒本
卷中多処有墨筆批字

四分戒本一卷 寫本 六紙 一九九行 首破烂 六口 一〇五六

六及 佛道

者波 一卷

四分戒本疏卷第一 寫本 二五紙 七五〇行 〇二四六

四分 故口

凡欲 第一

尾題：丁卯年十一月十八日僧常證於講堂簷下書寫記

四分戒本疏卷第二 寫本 三九紙 一〇〇一行 首残破 〇二四七

四分 是持

諸大 第二

卷中有朱筆校字圈点

四分戒本疏卷第二 寫本 一一紙 三六四行 尾缺 〇二四八

四分 駈者

諸大 同罪

卷中有朱筆 墨筆注字

〇二四九 四分戒疏巻第二 寫本 二二紙 六九〇行
比丘 持口
亦見 第二
巻中有朱筆校字圏点

〇二五〇 四分戒本疏巻第三 五代寫本 三四紙 九九八行
四分 不犯
諸大 第三
題下注 沙門慧述 巻中有朱筆圏点

一〇〇〇 四分戒疏巻第二 唐寫本 三六紙 一一二六行 首殘破
身口 是持
無語 第二
尾題 智照寫

〇九二九 四分律大比丘含注戒本一 唐寫本

六五

作人　尔矣　　　　　　　　　　　　一六紙　五一六行　小字双行　首残破

无犯　戒本

尾題比丘神劍臺

四分律戒心疏　寫本　　　　　　　　　　　　　　　　　〇二五一

四分　說卅　　　　　　　　　　　　四五紙　一一七〇行　首殘破

蓋聞　事竟

尾有淨土寺藏經兰印

四分律刪繁補闕行事鈔下卷第五之上　寫本　　　　　　〇二四五

二衣揔別第十七　四藥受淨第十八　盜器制聽第十九　對施興治第卄

四分　棄也　　　　　　　　　　　　三八紙　一二二六行

撰述　第五

卷中有朱筆圈点

四分律刪繁補闕行事鈔卷上之餘　寫本　　　　　　　　〇二四二

聖教　中也

以事　之餘　　　　　　　　　　　　二九紙　八六二行　首殘缺　通卷小字書寫

尾有朱筆寫　己辛秋於胡丘蘭勘校定一行　卷中有朱筆校字　墨筆批字

四分律刪繁補闕行事要鈔中巻之上　寫本　○二四三

篇聚各投篇第十三　随戒釋相篇第十四

四分　不犯　五七紙　一五三七行

篇聚　之上

尾有朱筆寫 比丘神辯勘了一行　巻中有朱筆校字圈点

四分律刪繁補闕行事鈔中巻之下　寫本　○二四四

随戒釋相第十四　持犯方軌第十四　懺六聚法第十六　随戒釋篇第十四之下

四分　細披　四六紙　一三一七行

随戒　巻中

巻中有朱筆校字圈点

四分律略疏巻第一　唐寫本　○九九七

人物　法也　二一紙　三九八行

非人　第一　首缺

尾題□□｜於三月下旬写記　壹校竟　尾三紙有破洞

四分律略頌　寫本　〇二四一

六六

四分　爲墮　九紙　二五〇行

毗奈　一卷

卷中多処有批注字

四分律藏卷十四　北朝寫本　〇七〇五

爾時　八竟　一九紙　四四三行　有木匣木軸

比丘　十四

尾題　皇后藤原氏光明子奉爲　尊考贈正一位太政太臣府君尊妣贈従一位橘氏太夫人

敬寫一切經論及律莊嚴既了伏願憑斯勝因奉資冥助永庇菩提之樹長遊般若

之津又願上奉聖朝恒延福壽　下及寮采共盡忠節又光明子自發　誓言弘濟沉淪

勤除煩障妙窮諸法早契菩提及至傳燈無窮流布　天下聞名持卷獲福消災一切迷

方會歸覺路　十三行　天平十二年五月一日記

卷中有朱筆校字紙接処有朱印

四分律藏卷第四十二　寫本　〇二三八

四分律藏卷第卌二第三分卷第六

□分 三分

尔時第六

二二紙 六二五行 首紙破損

一一四〇 四分律藏卷第卌九 唐寫本

以道 足竟

不犯 卌九

尾題 咸通十二年三月一日……小字一行 番文二行

三紙 六七行 首缺

一〇〇二 失名經論 唐寫本

兩人 三者

俱仏 者明

經名據簽題俟考

二〇紙 四一二行 首殘破 尾缺

〇八三三 老子道經上 老子德經下 寫本

五色 下卌

田獵 口字

卷前有勞健篤文題識十八行 又題九行 題後有字九行

六紙 一五七行 首尾不全

〇八七七 老子義疏 寫本

淪沒 自然 六紙 一四八行 首破爛 六七
已前 明上
經名搭簽題俟考 巻中有朱筆填寫字

朱印千佛像 四紙 一四七九

行事鈔中分門圖錄一巻 寫本 〇七二
行事 有異 一九紙 行不規則
初序 階別
題下注 京兆崇義寺沙門道宣述

合部金光明經巻第二 唐寫本 〇三三五
品法 於此 三紙 八四行 首尾缺
功德 諸國

究竟大悲經巻中 隋寫本 〇三一五
題一切衆生身内有佛父母品第口 斷浴服藥治病品第七 除一切衆生修道 作佛病
品第八 一切賢聖心海發作担挨渾合品第九 一切諸法即相解脫品第十

謂為 法性　二紙 四八二行 首殘缺
是病 卷中

究竟大悲經卷第三 唐寫本　○九六八
一切賢聖心海發作极挾渾合品第九 一切諸法即相解脫品第十 即相無相萬物不
還專用究竟品第十一
究竟 奉行
一切 第三　二一紙 二八八行

究竟大悲經卷第三 寫本　一○六四
一切諸法即相解脫品第十
究竟 情貪
一切 一者　四紙 一一○行 尾缺

究竟大悲經卷第四 寫本　○八一七
對一切衆生辯耶正品第十三 辯一切衆生聞經起信皆是福基品第十四 校量功
德品第十五 流通品第十六
究竟 不現
對一 第四　一三紙 三三五行 卷下端破損

沙弥威儀經一卷　五代寫本

某中　儀法
放去　一卷

三紙　七九行　首缺破爛燒殘　一四一一

戒律殘卷　晋寫本

衣畢　善好
丘結　今不

經名据簽題俟考

六紙　一六七行　首殘缺　尾不全　○七二一

戒疏卷第一　五代寫本

加故　就故
盡元　第一

卷中有朱筆批点　校字

二九紙　六八四行　首缺　○三一三

戒經壹卷　北朝寫本

不應　真薩
為說　壹卷

尾題　比丘法□所供養　孝昌二年十二月三日寫訖二行　卷前有黃芝瑞識　陳鴻儒書

三十一行　卷後有徐聲金題識二行　曾佑識語七行

八片　五二行　附殘片三頁　一三二三

李陵變文　寫本　○八六六
不信　將得　四紙　一三六行
漢將　漢得
經名据簽題俟考　背面通卷有字

見一切入藏經目錄　五代寫本　○三二九
見一　一卷　九紙　一八八行
大般　一卷

佛本行集經卷第十九　三藏法師闍崛多譯　寫本　○三二一
車匿等還品中卷之十九
佛本　林間
尔時　十九　一四紙　三九八行
尾有淨土寺藏經之印

佛本行經　唐寫本　○九二○—一
梵志占相品第五

六九

又有左右
執持天祀
一紙 二二行

佛弃規則 唐寫本
處住當學
離衣當學
經名搭簽題佚考
八紙 二二四行
首尾不全 全卷破烂
○六七五

佛名經 唐寫本
南无女經
南无者經
六紙 一六八行
○九五二

佛名經 唐寫本
南无十二
南无圓滿
二三紙 六一八行
一二九五

佛名經 唐寫本
南无上首
南无諸佛
五紙 一〇二行
首残破
一三九五

佛名經卷第一 唐寫本
歸命 一拜
南无 第一 二九紙 七四二行 首缺 〇六九五

佛名經卷第二 寫本
南无 一拜
南无 第二
卷中有朱筆批字 一八紙 五五五行 有木軸 一〇九五

佛名經卷第三 寫本
聲如 一拜
菔三 第三 三一紙 五八〇行 首残破 通卷大字 〇三八七

佛名經卷第十一 寫本
耶父 生拜
同名 十一 二〇紙 五五七行 首残 〇八〇八

佛名經卷第十二 寫本 〇三九七

南无明佛

南无德佛

二紙 五〇行 首尾不全

佛名經卷第十六 唐寫本 〇三二〇

南无斯罪

南无十六

二二紙 六〇五行 首缺

佛名經卷第十六 寫本 一二〇八

南无斯罪

南无十六

八紙 二一七行 首缺

佛名經卷第二十 唐寫本 〇三二四

南无而去

南无二十

一七紙 四二二行 首缺

佛名經附禮佛文 西魏寫本 一一〇二

一心之罪

一心之罪

經名據叢題俟考

二紙 四四行

佛垂般涅槃略說教戒經一卷　唐寫本　一三八〇

惱无　教誨

力所　一卷　五紙　一一〇行　首殘缺

佛教故事　唐寫本　一四九一

汝困唯脚

而神奉事

經名括簽題俟考　八紙　二二四行　首尾不全

佛頂尊勝陀羅尼經　隋寫本　〇六七六

種音　奉行

尔時　尼經　七紙　一八一行　首殘缺　斷二节　有木軸

佛頂尊勝陀羅尼經　唐寫本　一五〇九

尾題弟毘王為姊寫

佛頂　奉行

佛頂　尼經　一一紙　二三二行

卷首為佛頂尊勝陀羅尼經序

佛頂尊勝陁羅尼經 寫本 〇三一九
佛頂 奉行
佛頂 尼經 九紙 二二八行

佛頂尊勝陁羅尼經序 罽賓沙門佛陁波利譯 寫本 〇七八二
佛頂 瞻部
佛頂 出希 二紙 五五行

佛頂尊聖陁羅尼經 寫本 〇七三三
願如 奉行
天王 尼經 三紙 四九行 首殘破

佛說七俱胝佛母準泥大明陀羅尼經 寫本 一〇五〇
塗地 如是
供養 尼經 八紙 二〇九行 首殘破

佛說八陽神呪經 唐寫本 一二七一
佛說 槃集
聞如 呪經 一〇紙 二〇八行 首破爛 斷三节

佛說大乘入楞伽經卷第一　寫本　〇三五二

新譯大乘入楞伽經序　羅婆那王勸請品第一品　集一切法品第二之初　寫本

新譯　修學　二〇紙　四九〇行

盖聞　第一

卷中有朱筆註字

佛說大乘稻芉經　唐寫本　一三三一

大比　奉行　九紙　二三七行　首殘破　脱落一塊

薩俱　芉經

佛說大乘稻芉經一卷　唐寫本　〇九五六

住王　奉行　六紙　一四二行　首殘破

菩薩　一卷

佛說大乘稻芉經一卷　寫本　〇七五四

如是　奉行　五紙　一三五行　首缺　有木軸

反諸　一卷

佛說大辯邪正經　唐寫本　〇三二六

法門品第一 十地菩薩品第二 文殊師利菩薩起請品第三 見趣品第四 修道品第五 文殊師利菩薩請問大利益品第六 文殊師利菩薩決疑品第七 文殊師利菩薩又問大辯邪正法門品第八 文殊師利菩薩又問三十二相品第九 文殊師利菩薩又問八十種好品第十 校量功德品第十一

佛說　藏經
如是　正經　八紙 二〇三行

佛說天公經　唐寫本　〇六二七

佛說　佛道
佛刧　一卷　一紙 二〇行

佛說天地八陽神呪經　五代寫本　一二五一

佛說　槃樂
聞如　呪經　九紙 二一六行

佛說太子須達拏經一卷　唐寫本　一二五八

檀持如是
王所一卷
尾題比丘慧濟經
一六紙 三五六行
首二紙破烂 断二节 另残片一塊

一三二〇 佛說父母恩重經 唐寫本
佛說奉行
如是重經
尾題父母恩重經
三紙 五八行

一四一〇 佛說父母恩重經 唐寫本
驚怒奉行
妻口重經
一紙 二五行
首殘缺

一〇〇七 佛說父母恩重經 唐寫本
說父奉行
如是恩經
三紙 五七行
首破烂 尾写字二行

七三

佛說仁王護國般若波羅蜜經卷下　隋寫本　上三　〇六八三

囑累品第八

一切　羅蜜

羅蜜卷下　七紙　一七五行　首殘缺

尾題大隋開皇廿年二月十五日佛弟子索顯慧發願息洪相造仁王經一部并及庄嚴

悉訖又願洪相見存父母六府康和衆魔隱塞世世常近父母邊供養供給恒願諸天諸佛

擁護易接歷劫不墮三塗八難子孫衣食豊饒奴婢成行逮及見眷屬並得平安共一切衆

生相將成佛經生茹長悉八行

佛說安宅神呪經　寫本　八紙　一二三行　首殘缺　一一五二

一切　安隱

若有　呪經

佛說因果經　寫本　四紙　九五行　首殘破　〇三九三

中來　奉行

從蝎　果經

佛說延壽命經　寫本　〇三二八

佛說　即成　二紙　二三行

佛說　命經

佛說法王經一卷　唐寫本　一二九八

佛說　而去　一八紙　四七七行

尒時　一卷

卷尾墨記偈　卷中有朱筆校字　有淨土寺藏經　三印

佛說法王經一卷　寫本　〇九〇〇

佛說　下足　一九紙　四四三行　尾缺　有木匣

於其　而去

佛說佛名經卷第一　三藏菩提流支譯　五代寫本　〇三二二

佛說　王佛　一三紙　二九八行

如是　歸依

題下注　三藏菩提流支在胡相國秦太上文宣公第譯

七口

佛說佛名經卷第六　唐寫本　二五紙　五〇六行　首缺　〇六五六

南无一拜

南无第六

尾題盧應寫

佛說佛名經卷第八　五代寫本　三六紙　六四一行　一二七七

佛說三寶

南无第八

尾題大梁貞明陸年歲次庚辰伍月拾伍日寫記五行字　卷前有彩絵佛像一尊

卷中有彩絵小佛像七尊

佛說佛名經卷第十一　唐寫本　二七紙　六二四行　一四九六

佛說一拜

舍利十一

佛說佛名經卷第十二　唐寫本　三紙　六八行　首残缺　〇九一七

南无奉行

南无十二

佛說佛名經卷第十二 寫本
南无 而去
南无 十二
二三紙 四三一行 首缺
〇四〇二

□說佛名經卷第十六 唐寫本
說佛 斯罪
南无 十六
二四紙 六六〇行
一三二三

佛說阿彌陀經 唐寫本
佛說 而去
如是 彌經
四紙 一一三行
〇三二三

佛說阿彌陁經 唐寫本
佛說 白色
如是 是功
一紙 二三行 尾缺
一〇二三

佛說阿弥陁經 唐寫本
一二七〇

七五

佛說去□ 五紙 二六行 斷三节
如是經卷

佛說弥勒成佛經 寫本 一〇六七
薩三 奉行 二紙 六八行 首殘缺
肇皆 佛經

佛說弥勒成佛經 寫本 一四三六
根善 受持 一一紙 二八二行 首缺中間殘破
放逸 佛經
前後紙張字体不同疑爲兩种經接在一卷

佛說淨度三昧經卷上 六朝寫本 一五〇八
快樂 開解 一四紙 三七四行 首缺
之苦 卷上

佛說救疾經一卷 唐寫本 〇九六〇
佛說 如聞 五紙 九六行
尔時 一卷

尾題救疾經一卷

佛說救疾病經一卷 卌五 北齊寫本 〇六三一
餘侵 知聞 四紙 一〇〇行 首缺
佛案 卌五

佛說救護身命濟人疾病苦厄經一卷 唐寫本 一三五九
名字 奉行 三紙 七五行 首残破
四句 一卷

佛說無量大慈教經 唐寫本 〇三二五
佛說 而去 四紙 一三九行
尔時 一卷

佛說无量壽宗要經一卷 五代寫本 一四一四
達摩 奉行 四紙 八九行 首缺破烂
復有一卷
尾題祝晏火窩

佛說無量壽宗要經 寫本

薄伽 奉行

告畢 要經 四紙 一〇八行 首殘缺 一一六〇

佛說无量壽宗要經 寫本

摩訶 行囗

一百 要經 四紙 一〇五行 首殘破 有木軸 一二九〇

尾題 令狐晃兒寫

佛說無量壽觀經 唐寫本

佛世 而退 一四紙 三九七行 首缺 〇六七一

泣向 觀經

佛說無量壽觀經一卷 唐寫本

其父 而退

母亡 一卷 一四紙 四一三行 首殘缺 〇六四八

佛說無量壽觀經一卷 唐寫本 〇六四六

間經　而退　一六紙　四二五行　首残缺　前二紙抄配

時阿　一卷

○三七一　佛說解百生怨家陁羅尼經　寫本

佛說　婆訶　一紙　一五行

唵啊　家經

尾題佛說解百怨家經

○三二七　佛說誠德香經　寫本

佛說　而去　二紙　五二行

聞如　一卷

○九九○　佛說賢刼十方千五百佛名經卷上　寫本

南无　明佛　四紙　一七八行　首殘破

南无　卷上

一三一三　佛說賢刼十方千五百佛名經卷下　唐寫本

二二

佛說諸佛現在卷下 二〇紙 五二五行 〃〃

尾題佛名經卷下

佛說藥師經 唐寫本 三紙 八二行 首缺 一三八三

衣服行囗

尊演師經

尾題義澄一校竟 與新一三八二為一軸

佛說藥師經 唐寫本 七紙 一八二行 一三八二

及善者也

佛言起愁

與新一三八三為一軸

佛說藥師經 唐寫本 四紙 八六行 首缺 一三〇七

尒時奉行

衣服師經

佛說隨願往生經 寫本 四紙 九四行 一〇九九

業令行囗

封受生經

佛說證香火本因經第二　唐寫本　一〇七一

十善往詣　此三千人　二紙　四四行　首尾不全

佛說灌頂梵天神策經第十　隋寫本　〇三一八

佛說奉行　聞如第十　一〇紙　二三六行

行上端有朱筆点

佛說灌頂章句拔除過罪生死得度經　唐寫本　一二五九

佛說奉行　聞如一卷　一三紙　三四〇行

尾題佛說藥師經一卷

佛說灌頂藥師拔除過罪生死得度經　寫本　一四八八

第一奉行　照十度經　一二紙　三〇六行　首缺　有木軸

十八

佛說觀佛三昧海經卷第二 寫本 〇八一五
智想 耶觀
相二 第二 一二紙 三一三行 首缺

佛說觀世音經 寫本 〇三七五
若漫 提心
所知 音經 五紙 一〇八行 首破損

妙法蓮華經卷第一—四 唐寫本 〇〇一六
序品第一 方便品第二 譬喻品第三 信解品第四 藥草喻品第五 化城喻品第七
五百弟子授記品第八
妙法 淨法
如是 正法 二一紙 八九三行 尾缺
全卷有朱筆批点 通卷小字

妙法蓮華經卷第一—四 五代寫本 〇〇一二
序品第一 方便品第二 信解品第四 授學无覺記品第九 法品第十 授記品第六

化城喻品第七 五百弟子受記品第八 見寶塔品第十一

妙法 爲一　三四紙　一二六三行　尾缺

如是 諸天

各品次序不順

○○○一

妙法蓮華經卷第一　唐寫本

序品第一 方便品第二

妙法 利弗　一一紙　二九七行　尾不全

如是 何因

○○○八

妙法蓮華經卷第一　唐寫本

序品第一

妙法 等說　八紙　二二四行　尾缺

如是 放逸

○○二○

妙法蓮華經卷第一　唐寫本

何緣 作佛　九紙　二二一行　首缺

解之 第一

妙法蓮華經卷第一　唐寫本　〇六二八

方便品第二

真珠　作佛

寶飾　第一　一五紙　四二〇行　首缺

妙法蓮華經卷第一　唐寫本　〇六四七

序品第一方便品第二

妙法　作佛

如是　第一　一九紙　五一四行　首殘　有破洞

妙法蓮華經卷第一　唐寫本　〇九五三

方便品第二

菩薩　作弗

是時　第一　一四紙　三三六行　首殘缺

妙法蓮華經卷第一　唐寫本　一一六八

方便品第二

妙法　角貝

尓時　供養　八紙　二〇三行　尾缺

妙法蓮華經卷第一 唐寫本
方便品第二
界主 作佛
屬萬 第一
一八紙 四八六行
首殘破 有木軸
一三五七

妙法蓮華經卷第一 唐寫本
序品第一
妙法 靡不
如是此世
二紙 五四行
尾缺
一三七二

妙法蓮華經卷第一 唐寫本
序品第一
妙法 第一
如是 億萬
三紙 八四行
尾缺
一三八九

妙法蓮華經卷第一 寫本
序品第一 方便品第二
〇三六五

妙法　作佛　　一九紙　五〇九行

如是　第一

妙法蓮華經卷第一　寫本　　〇七四二

方便品第二

雨大疑惑

善男　作佛　　一四紙　三八九行　　首尾殘缺

妙法蓮華經卷第一　寫本　　〇七八九

□品第一　方便品第二

妙法　作佛

尒時　第一　　一五紙　三七五行

妙法蓮華經卷第一　寫本　　〇七九一

序品第一　方便品第二

妙法　說法　　一八紙　五二一行　　尾殘缺

妙法之師

妙法蓮華經卷第一　寫本　　〇九八二

方便品第二
或見　作佛
名衣　第一
一五紙　三九七行　首缺

妙法蓮華經卷第一　寫本　一〇七二

序品第一
妙法　第一
如是　億万
三紙　八二行　尾缺

妙法蓮華經卷第一　寫本　一〇七七

序品第一
妙法　躍難
如是　迦龍
一紙　三〇行　尾缺

妙法蓮華經卷第一　寫本　一一七六

方便品第二
四衆　作佛
佛子　第一
九紙　三七九行　首缺　有木軸

妙法蓮華經卷第一　寫本　一四六八

序品第一

能問　因緣　一紙　二八行

於時　此事

經名据簽題俟考

妙法蓮華經卷第二　唐寫本　〇〇二

譬喻品第三　信解品第四

妙法　說　三

尒時　第二　二五紙　五九四行

卷尾有朱筆寫　西天取經僧繼從乾德六年二月日科記一行　全卷有朱筆點句

妙法蓮華經卷第二　唐寫本　〇〇三

信解品第四

日夜　說　三

無漏　第二　二一紙　五七六行　首缺

尾題長壽二年五月十五日弟子張元禮爲亡父敬造供養流通

妙法蓮華經卷第二　唐寫本　〇六二六

譬喻品第三
妙法　而狀
尔時　車猶

六紙　一六四行　尾缺

妙法蓮華經卷第二　唐寫本
信解品第四
其國　說三
小刧　第二

二○紙　五二九行　首殘缺　有木軸　○六二九

妙法蓮華經卷第二　唐寫本
信解品第四
我獨　說三
自惟　第二

二一紙　五七九行　首殘破　○六三五

妙法蓮華經卷第二　唐寫本
信解品第四
天人　說三
飾安　第二

二○紙　五四一行　首缺　有木軸　○六五二

〇六六九 妙法蓮華經卷第二 唐寫本
信解品第四
國諸 知已
數佛說三
二四紙 五一五行
首殘破

〇六八七 妙法蓮華經卷第二 唐寫本
信解品第四
每作說三
法而第二
卷中有朱筆點
二二紙 五九四行
首破爛 有木軸

〇九六二 妙法蓮華經卷第二 唐寫本
信解品第四
妙法說三
尔時第二
一〇紙 二五六行
尾題 丙寅八月吳鶼友石四遊天津得觀因記

一〇八五 妙法蓮華經卷第二 唐寫本

譬喻品第三
妙法　小劫
尔時　衆生　　三紙　八三行　　尾缺

一二七九　妙法蓮華經卷第二　唐寫本
信解品第四
尔時　說三　　一八紙　五〇七行
龍夜　第二　　首缺　有木軸
尾題　天寶六載六月十五日弟子張庭趍寫

一二八三　妙法蓮華經卷第二　唐寫本
譬喻品第□　信解品第四
妙法　說三
尔時　第二　　二五紙　六〇二行

一二九六　妙法蓮華經卷第二　唐寫本
信解品第四

三界　說三
生愛　第二
一五紙　四〇八行
首缺
／三

妙法蓮華經卷第二　唐寫本
信解品第四
妙法　說三
尔時　第二
九紙　二〇一行
一三四五

妙法蓮華經卷第二　唐寫本
信解品第四
重宜　說三
我聞　第二
二五紙　五八〇行
首缺　有木軸
一五二八

妙法蓮華經卷第二、三　寫本
藥草喻品第五　授記品第六　化城喻品第七
當得　精進
說無　導師
一一紙　三九五行
首尾缺
〇〇二三

妙法蓮華經卷第二　寫本
信解品第四
〇〇〇九

我独　說三　　　　二一紙　五七八行　　首缺
自惟　第二
卷中有朱筆注字

妙法蓮華經卷第二　寫本　　　　○○二一
信解品第四
如來　說三
也所　第二　　　　二三紙　六○七行　　首殘缺
有二个朱筆批字

妙法蓮華經卷第二　寫本　　　　○八○五
信解品第四
妙法　說三
尔時　第二　　　　一四紙　三六九行
尾題　仏弟子賈𨑩為七代父母所生父母家内大小發願寫法華經一部今得成就供
養受持願造經以後所為發願悉得離苦解脫一時成仏四行

妙法蓮華經卷第二　寫本　　　　○八九二
信解品第四

一切說三
於諸第二
一一紙　二八七行　首缺　一〇

妙法蓮華經卷第二　寫本
信解品第四
一切說三
於諸第二
一一紙　二八八行　首缺
〇九七六

妙法蓮華經卷第三　唐寫本
藥草喻品第五　授記品第六　化城喻品第七
妙法佛慧
尒時第三
二〇紙　五五四行
〇〇〇三

妙法蓮華經卷第三　唐寫本
授記品第六　化城喻品第七
慧雲佛慧
日光第三
一八紙　五〇五行　首殘破　有木軸
〇六三三

妙法蓮華經卷第三　唐寫本
〇六三四

授記品第六 化城喩品第七
柟離 佛慧 二〇紙 五二四行 首残缺
聞如 第三
妙法蓮華經卷第三 唐寫本 〇六五一

譬喩品第三
妙法 令有 八紙 二二行 首尾残缺
尒時 是諸
妙法蓮華經卷第三 唐寫本 〇六七七

授記品第六 化城喩品第七
有智 説涅 一九紙 五二〇行 首尾破烂 有木軸
是故 第三
妙法蓮華經卷第三 唐寫本 〇九五五

化城喩品第七
妙法 佛慧 一三紙 三四〇行
佛告 第三
妙法蓮華經卷第三 唐寫本 一〇二七

化城喻品第七
妙法　佛慧
佛告　第三
一三紙　三四〇行

一一三七
妙法蓮華經卷第三　唐寫本
信解品第四
於空　說三
自覺　第二
尾題乾封二年五月廿四日速容為忌孫造法華經一部　二行
二〇紙　五八三行　首殘缺

一一八六
妙法蓮華經卷第三　唐寫本
授記品第六　化城喻品第七
上中　切智
得生　之導
一七紙　四七一行　首尾殘破

一一九七
妙法蓮華經卷第三　唐寫本
化城喻品第七
妙法　佛慧
佛告　第三
一三紙　三四〇行

一二一〇 妙法蓮華經卷第三 唐寫本

藥草喻品第五

妙法 一切 二紙 五四行

尔時 悅豫 尾缺

一二二五 妙法蓮華經卷第三 唐寫本

授記品第六 化城喻品第七

妙法 佛慧 一七紙 四五三行

尔時 第三 有木軸

一二八二 妙法蓮華經卷第三 唐寫本

化城喻品第七

尔時 佛慧 一五紙 四一六行

是須 第三 首缺

尾題 菩薩戒弟子蕭大嚴敬造第九百二部 一行疑僞

一五〇一 妙法蓮華經卷第三 唐寫本

化城喻品第七

妙法　而去
佛告　第八　四紙　一三七行
尾題妙法蓮華經卷八　前二紙与后二紙　紙色字体不同　首尾題卷次不同　卷三与卷八
接為一卷

妙法蓮華經卷第三　唐寫本　一三一五
化城喻品第七
妙法　佛慧
佛告　第三　一三紙　三四〇行

妙法蓮華經卷第三　唐寫本　一三四二
授記品第六　化城喻品第七
妙法　佛慧　一八紙　四五〇行　有木軸
尔時　第三

妙法蓮華經卷第三　寫本　〇〇一〇
授記品第六　化城喻品第七
大雲　佛慧　三〇紙　五三七行　首缺
言我　第三

〇〇二四 妙法蓮華經卷第三 寫本

化城喻品第七

不知 涅槃

心尚 佛慧

一五紙 四一八行 首缺

〇三六七 妙法蓮華經卷第三 寫本

授記品第六 化城喻品第七

衆生 佛慧

法種 第三

一九紙 五三〇行 首缺

〇六六一 妙法蓮華經卷第三 寫本

授記品第六 化城喻品第七

當知 佛慧

音聲 第三

二一紙 五三九行 首殘缺

〇七〇三 妙法蓮華經卷第三 寫本

化城喻品第七

妙法 佛慧

佛告 第三

一三紙 三三九行 有木軸 木匣

妙法蓮華經卷第三　寫本　　　　　〇七三〇
大聖　佛慧　八紙　二二二行
衆生　第三　　　　首殘缺

妙法蓮華經卷第三　寫本　　　　　〇七九三
如是　佛慧　一一紙　三〇八行
之法　第三　　　　首殘破　有木軸

妙法蓮華經卷第三　寫本　　　　　〇九七七
遠久　聲聞　大紙　一四五行
以方　當學　　　　首尾不全

妙法蓮華經卷第三　寫本　　　　　一〇四五
化城喩品第七
妙法　彼導　一一紙　二八六行
佛告　之言　　　　尾缺

妙法蓮華經卷第三　寫本　　　　　一〇四九

垂納　佛慧
同聲　第三　七紙　一七五行　首殘缺
有三界寺藏經兰印

一一三一　妙法蓮華經卷第三　寫本
授記品第六
妙法　因緣
尔時　善聽　四紙　一一四行　尾缺

一一八七　妙法蓮華經卷第三　寫本
捨大　佛慧
道中　第三　三紙　七二行　首缺

一二七五　妙法蓮華經卷第三　唐寫本
化城喻品第七
妙法　佛慧
佛告　第三　一三紙　三三九行

〇〇〇四　妙法蓮華經卷第四　唐寫本

五百弟子受記品第八 授學无學人記品第九 法師品第十 見寶塔品第十一 提婆達多品第十二 勸持品第十三

妙法 我心

尒時 第四 二四紙 六六〇行

〇六七八 妙法蓮華經卷第四 唐寫本

法師品第十 見寶塔品第十一

十世 奉持

長子 量土 一一紙 二九九行 首殘破 尾缺

〇九七三 妙法蓮華經卷第四 唐寫本

提婆達多品第十二

妙法 證知

尒時 衆生 四紙 八四行

一一八四 妙法蓮華經卷第四 唐寫本

法師品第十

妙法 薩道

尒時 汝佛 五紙 一二三行 尾缺

妙法蓮華經卷第四　唐寫本　一二四一

法師品第十

妙法　薩道

尒時　沙佛　五紙　一二三行

妙法蓮華經卷第四　唐寫本　一三一八

授學无學人記品第九　法師品第十　見寶塔品第十一　提婆達多品第十二

勸持品第十三

妙法　我心

尒時　第四　二三紙　五三三行　有木軸

妙法蓮華經卷第四　唐寫本　一五〇三

授學无學人記品第九　法師品第十　見寶塔品第十一

惱陳　供養

常放　第四　一五紙　四〇三行　首缺　有木軸

尾題　佛弟子郭十二娘奉為七代先亡見父母家口一心敬寫　疑偽　背寫番文二行

妙法蓮華經卷第四　唐寫本　一五二九

八九

勸持品第十三
告諸 隱住　六紙　一五〇行　首殘破　尾缺
今提 我心

一五四一
妙法蓮華經卷第四　唐寫本
法師品第十
妙法 薩道　三紙　七六行　尾缺
尒時 道其

一三七一
妙法蓮華經卷第四　五代寫本
法師品第十　見寶塔品第十一　提婆達多品第十二　傳持品第十三
尒時 知心　一六紙　四二六行　首殘破　脫落一塊
菩薩 第四

〇〇二五
妙法蓮華經卷第四　寫本
法師品第十　見寶塔品第十一　提婆達多品第十二　持品第十三
財物 我心
常愍 第四　二〇紙　五三四行　首殘破　前六紙有破洞

妙法蓮華經卷第四　寫本　〇〇二六

授學无學人記品第九　法師品第十　見寶塔品第十一　提婆達多品第十二

勸持品第十三

中亦　我心　　二三紙　六三二行　首缺

護持　第四

妙法蓮華經卷第四　寫本　〇〇二七

法師品第十　見寶塔品第十一

為息　畏世　　九紙　三二六行　首缺

尒時　供養

妙法蓮華經卷第四　寫本　〇〇二八

五百弟子受記品第八　授學无學人記品第九　法師品第十　見寶塔品第十一

妙法　自勝　　一六紙　四四八行　尾缺

尒時　久往

妙法蓮華經卷第四　寫本　〇三六九

乙〻

如是 見灌　　二紙 三七行　　首尾不全
國土 第十
末行為妙法蓮華經法師品第十

妙法蓮華經卷第四　寫本　〇七三九
授學无學人記品第九
中亦 亦護　　五紙 一四一行　　首残破 尾缺
護持 本願
背寫梵文五行

妙法蓮華經卷第四　寫本　〇九八七
法師品第十 見寶塔品第十一
妙法 之眼　　一一紙 二八五行　　尾缺
尒時 供養
卷題 見寶塔品第十一經文止此完全无缺

妙法蓮華經卷第四　寫本　〇九八八
提婆達多品第十二 持品第十三

妙法　我心　　七紙　一七四行

尒時　第四

妙法蓮華經卷第四　寫本　一一〇〇

法師品第十　見寶塔品第十一

如是　從座　　八紙　二二五行　首尾不全　斷二节

國土　觀佛

妙法蓮華經卷第四　寫本　一一八八

提婆達多品第十二

從始　退地　　四紙　一一二行　首尾不全

若有　薩及

妙法蓮華經卷第四　寫本　一二〇六

持品第十三

舍利　我心　　四紙　七一行　首缺

妙法　第四

尾題天寶元年八月沙洲佛弟子索元供養　疑僞

妙法蓮華經卷第四　寫本　一二〇七

乙一

見寶塔品第十一
妙法　坐于
尔時　從座
四紙　九二行　尾缺

妙法蓮華經卷第四　寫本　一二三九
見寶塔品第十一
妙法　供養
尔時　第四
七紙　一六〇行

妙法蓮華經卷第四　寫本　一三六一
法師品第十　見寶塔品第十一　提婆達多品第十二　持品第十三
蓮華如是
時世第四
一八紙　四五六行　首尾破損　斷為二节

妙法蓮華經卷第四　寫本　一四三八
卷中有朱筆批点
法師品第十　見寶塔品第十一
褥多　供養
將來　第四
一二紙　三二二行　首缺　斷二节

妙法蓮華經卷第四　寫本　一四七六

五百弟子受記品第八

當設　聲聞　一紙　三六行　首尾殘缺

即作　衆生

妙法蓮華經卷第五　唐寫本　〇〇〇五

從地踊出品第十五　如來壽量品第十六　分別功德品第十七

法不　坐卧　二二紙　五九六行　首缺

況復　第五

妙法蓮華經卷第五　唐寫本　〇〇一七

從地踊出品第十五　如來壽量品第十六　分別功德品第十七

飲食　坐卧　一九紙　五四一行　首缺

但一　第五

妙法蓮華經卷第五　唐寫本　〇〇二九

從地踊出品第十五　如來壽量品第十六　分別功德品第十七

菩薩坐卧　　二三紙　五二九行　首不全
等去第五
尾題大周證聖元年歲次乙未四月戊寅朔廿一日戊戌弟子薛崇徽奉為尊長敬造

妙法蓮華經卷第五　唐寫本　〇〇三一
從地踊出品第十五　如來壽量品第十六　分別功德品第十七
顛倒坐卧　二一紙　五六六行　首缺
在於第五

妙法蓮華經卷第五　唐寫本　〇〇三二
安樂行品第十四　從地踊出品第十五
羅比退地　一五紙　三九五行　首殘破
皆大第五

妙法蓮華經卷第五　唐寫本　〇大三七
從地踊出品第十五　如來壽量品第十六　分別功德品第十七
定見作卧　一五紙　四三五行　首殘
諸佛第五
尾題上元三年十月十日群書手王舉寫　用紙二十一張　裝潢手解善集　初校群書手趙彥伯
再校群書手趙彥伯　三校群書手趙彥伯　詳閱太原寺大得神符　詳閱太原寺大德嘉尚　詳閱

太原寺大慧立 詳閱太原寺上座道成 判官司農寺上林署令李德使朝散大夫守尚舍奉
御閻玄道監 十二行

〇六八一

妙法蓮華經卷第五 唐寫本
從地踊出品第十五 如來壽量品第十六 分別功德品第十七
是佛 坐卧
十方 第五 一九紙 五一二行 首殘缺

〇六九七

妙法蓮華經卷第五 唐寫本
勸持品第十三 安樂行品第十四 從地踊出品第十五
廣西 退地
香燒 第五 一九紙 四九八行 首殘破

〇九四九

妙法蓮華經卷第五 唐寫本
安樂行品第十四
妙法 之尔 六紙 一五七行 尾缺
尔時 偈言

一一九九

妙法蓮華經卷第五 唐寫本

乙三

九三

勸持品第十三安樂行品第十四從地踊出品第十五

无不 退地
大乘 第五

一七紙 四四八行 首缺 有木軸

一一七五 妙法蓮華經卷第五 唐寫本

分別功德品第十七

妙法 坐卧
尒時 第五

六紙 一五二行

一一七九 妙法蓮華經卷第五 唐寫本

如來壽量品第十六 分別功德品第十七

妙法 坐卧
尒時 第五

十一紙 二六七行 有木軸

一一九五 妙法蓮華經卷第五 唐寫本

分別功德品第十七

皆大 坐卧
眼毒 第五

八紙 二〇二行

一二一七 妙法蓮華經卷第五 唐寫本

安樂行品第十四 從地涌出品第十五 如來壽量品第十六 分別功德品第十七

妙法 坐卧 二〇紙 六一三行

尒時 第五

尾題大業三年佛弟子蘇七寶敬寫疑僞

一二二三 妙法蓮華經卷第五 唐寫本

分別功德品第十七

入佛 坐卧 九紙 二三一行 首殘缺

爲度 第五

一二二六 妙法蓮華經卷第五 唐寫本

如來壽量品第十六 分別功德品第十七

妙法 若我 一〇紙 二四〇行 尾缺

尒時 誦是

一二九一 妙法蓮華經卷第五 唐寫本

如來壽量品第十六 分別功德品第十七

妙法 燈滅 一一紙 二六六行 尾缺 斷二节

尒時 功德

乙口

一二九九 妙法蓮華經卷第五 唐寫本
從地踴出品第十五 如來壽量品第十六 分别功德品第十七
妙法 坐卧
尔時 第五 一九紙 四二九行 有木軸

一三二九 妙法蓮華經卷第五 唐寫本
從地踴出品第十五 如來壽量品第十六 分别功德品第十七
妙法 坐卧
尔時 第五 一六紙 四二九行

一三五三 妙法蓮華經卷第五 唐寫本
如來壽量品第十六
妙法 衆生
尔時 佛身 五紙 一一六行 尾缺

一三六〇 妙法蓮華經卷第五 唐寫本
隨羅 坐卧
得樂 第五 七紙 一四五行 首殘破

一五〇七 妙法蓮華經卷第五 唐寫本

從地踊出品第十五 如來壽量品第十六 分別功德品第十七

諸惡 坐臥 二三紙 五〇六行 首缺

所悕 第五

一五三四 妙法蓮華經卷第五 唐寫本

安樂行品第十四 從地踊出品第十五

妙法 退地 一三紙 三五五行

尔時 第五

〇〇一三 妙法蓮華經卷第五 寫本

從地踊出品第十五 如來壽量品第十六 分別功德品第十七

人身 坐臥 二四紙 五九九行 首缺

入他 第五

〇〇三〇 妙法蓮華經卷第五 寫本

從地踊出品第十五 如來壽量品第十六 分別功德品第十七

入里 坐臥 二一紙 五七三行 首缺

是則 第五

〇三九〇 妙法蓮華經卷第五 寫本

乙五

分別功德品第十七
適於起塔
一座受用
經名據簽題俟考
一一紙 二四九行 首尾殘破

○四一○
妙法蓮華經卷第五 寫本
分別功德品第十七
信解 所有
信解 僧坊
八紙 二二○行 首殘尾缺

○七七一
妙法蓮華經卷第五 寫本
從地踊出品第十五
智者 在此
實非 是諸
五紙 一五六行 首尾殘缺

○七九九
妙法蓮華經卷第五 寫本
如是 坐卧
又阿 第五
三紙 六九行 首缺
背寫藏文二十三行 又三十一行

妙法蓮華經卷第五　寫本　一一五五
勸持品第十三安樂行品第十四 從地踊出品第十五
妙法　退地　一六紙　三二五行
尔時　第五

妙法蓮華經卷第五　寫本　一二九二
安樂行品第十四
妙法　菩薩　三紙　六五行　尾缺
尔時　華經

妙法蓮華經卷第六　北朝寫本　一四二四
安樂行品第十三
善見　功德　一一紙　二四二行　首殘缺
无上　第六

妙法蓮華經卷第六　唐寫本　〇〇〇六
隨喜功德品第十八 法師功德品第十九 常不輕菩薩品第二十 如來神力品
第二十一 囑累品第二十二 藥王菩薩本事品第二十三

乙八

妙法　衆生
尔時　第六　　二三紙　五九七行

妙法蓮華經卷第六　唐寫本
法師功德品第十九　常不輕菩薩品第二十　如來神力品第二十一　囑累品第　○○一四
二十二　藥王菩薩本事品第二十三

於汝　衆生
不弥　第六　　二一紙　五七四行　首缺

妙法蓮華經卷第六　唐寫本
法師功德品第十九　常不輕菩薩品第二十　如來神力品第二十一　囑累品第二十二　○○一八
藥王菩薩本事品第二十三

不弥　衆生
边若　第六　　二一紙　五七一行　首缺

妙法蓮華經卷第六　唐寫本　○○三三
法師功德品第十九　常不輕菩薩品第二十　如來神力品第二十一　屬累品第
二十二　藥王菩薩本事品第二十三

不猒 衆生　二三紙　五四八行　首不全
可恶 第六
品第二十二卷上寫屬實應爲囑

〇〇三六

妙法蓮華經卷第六　唐寫本
常不輕菩薩品第二十　如来神力品第二十一　囑累品第二十二　藥王菩薩本事品第二十三
如是 衆生
乃至 第六　一八紙　四五六行　首缺
尾題　寶應元年九月廿六日弟子楊大昴爲亡姨寫法華經一部　尹嚴書

〇六四二

妙法蓮華經卷第六　唐寫本
常不輕菩薩品第二十　如来神力品第二十一　囑累品第二十二　藥王菩薩本事品第二十三
千大 衆生
地獄 第六　一九紙　五二〇行　首殘缺

〇六六二

妙法蓮華經卷第六　唐寫本
常不輕菩薩品第二十　如来神力品第二十一　囑累品第二十二　藥王菩薩本事品第二十三
八百 釋迦
父母 人說　一九紙　四八四行　首尾殘缺

乙二

〇九六七

妙法蓮華經卷第六　唐寫本

常不輕菩薩品第二十 如來神力品第二十一 囑累品第二十二 藥王菩薩本事品第二十三

男子 是言

寫得 時一

一一紙 三〇六行 首尾殘缺

一一八二 妙法蓮華經卷第六 唐寫本

法師功德品第十九 常不輕菩薩品第二十 如來神力品第二十一 囑累品第二十二

藥王菩薩本事品第二十三

妙法 衆生

尒時 第六

二〇紙 五二三行

一一九四 妙法蓮華經卷第六 唐寫本

藥王菩薩本事品第二十三

妙法 衆生

尒時 第六

五紙 一三九行

一三二七 妙法蓮華經卷第六 唐寫本

尾題 清信弟子唐如意妻宋敬寫法華經一部

法師功德品第十九 □□輕善薩品第廿 如來神力品第廿一囑累品第廿二藥王菩薩本事品第廿三

亦无 衆生 二一紙 五五四行

不曲 第六 首缺

卷後有殘経二紙五二行裱爲一軸

妙法蓮華經卷第六 寫本 〇〇三四

常不輕善薩品第二十 如來神力品第二十一 囑累品第二十二 藥王菩薩本事品第二十三

見恚 衆生 一八紙 五一四行

若於 第六 首缺

尾有大小字四行

妙法蓮華經卷第六 寫本 〇〇三五

常不輕善薩品第二十 如來神力品第二十一 囑累品第二十二 藥王菩薩本事品第二十三

輕善 衆生 一四紙 三五二行

大勢 第六 首缺殘破缺字

妙法蓮華經卷第六　寫本　〇三九四

法師功德品第十九

妙法　經故

尒時　二十　七紙　一七一行　尾缺

妙法蓮華經卷第六　寫本　〇七二五

常不輕菩薩品第二十　如来神力品第二十□　嘱累品第二十二　藥王菩薩本事品

第二十三

妙法　衆生

尒時　第六　一七紙　四六〇行

卷後有莊蘊寬題識十行

妙法蓮華經卷第六　寫本　〇八四二

常不輕菩薩品第二十

若有　説此　一七片　一三六行

以聞　清淨　粘貼成册

妙法蓮華經卷第六　寫本　〇九三一

法師功德品第十九　七紙　一九四行　首尾不全

生衆經若

想無得清

妙法蓮華經卷第六　寫本　一〇七四

隨喜功德品第十八

妙法阿羅　一紙　二六行　首尾不全

尒時有漏

妙法蓮華經卷第六　寫本　一一三二

切聲衆生　三紙　五五行　首缺

是於第六

卷前有蓮華經殘卷題字　卷後有顧碁題字十行

妙法蓮華經卷第六　寫本　一五二四

隨喜功德品第十八　法師功德品第十九　常不輕菩薩品第二十　如來神力品

第二十一　囑累品第二十二　藥王菩薩本事品第二十三

妙法衆生　八紙　五四七行

尒時第六

尾題大業三年五月廿九日青信弟子王龍寫訖 疑偽

妙法蓮華經卷第七 唐寫本 〇〇一一
觀世音普門品第廿五陁羅尼品第廿六 妙莊嚴王本事品第廿七 普賢菩薩勸
發品第廿八
牟尼 而去 一八紙 三七五行 首缺
尊淨 第七

妙法蓮華經卷第七 唐寫本 〇〇一五
妙莊嚴王本事品第二十七 普賢菩薩勸發品第二十八
尔時 而去 二一紙 二八九行 首缺
佛爾 第七

妙法蓮華經卷第七 唐寫本 〇〇一九
妙音菩薩品第二十四 觀世音菩薩普門品第二十五
妙法 无畏 七紙 一九五行 尾缺
尔時 養觀

妙法蓮華經卷第七 唐寫本 〇〇三七

如来神力品第二十一 嘱累品第二十二 藥王菩薩本事品第二十三 妙音菩薩品第二十四

四衆 三昧

輕於 第七

一八紙 四五二行 首缺

妙法蓮華經卷第七 唐寫本 〇六四九

如来神力品第二十一 嘱累品第二十二 藥王菩薩本事品第二十三 妙音菩薩品第二十四

是比 三昧

四衆 第七

一七紙 四五〇行 首残缺 有木軸

妙法蓮華經卷第七 唐寫本 〇六八二

口莊嚴王本事品第二十七 普賢菩薩勸發品第二十八

寫本 而去

子善 第七

一三紙 二八六行 首残破

妙法蓮華經卷第七 唐寫本 〇六九二

如来神力品第廿一 嘱累品第廿二 藥王菩薩本事品第廿三 妙音菩薩品第廿四

十二 三昧

薤三 第七

一七紙 四六三行 首残缺

一〇一六 妙法蓮華經卷第七　唐寫本

妙莊嚴王本事品□□　普賢菩薩勸發品第二十八

衰患　所志　五紙　一三九行　全卷橫斷裂

我汝　通利

一一四八 妙法蓮華經卷第七　唐寫本

妙莊嚴王本事品第二十七　普賢菩薩勸發品第二十八

妙法　而去　九紙　二〇五行

尒時　第七

一一八一 妙法蓮華經卷第七　唐寫本

妙音菩薩品第二十四　觀世音菩薩普門品第二十五　陁羅尼品第二十六　妙莊嚴王

本事品第二十七　普賢菩薩勸發品第二十八

妙法　而去　二一紙　五〇五行　有木軸

尒時　第七

一一八五 妙法蓮華經卷第七　唐寫本

妙莊嚴王本事品第二十七　普賢菩薩勸發品第二十八

說呪而去　一一紙　二八〇行　首残缺
尒二　第七
尾題　瓜州淨土寺比丘嚴勝持誦　疑僞

一二〇五　妙法蓮華經卷第七　唐寫本
妙音菩薩品第二十四
妙法　三昧
尒時　第七　六紙　一二三行

一二四二　妙法蓮華經卷第七　唐寫本
觀世音菩薩普門品第二十五　陁羅尼品第二十六　妙莊嚴王本事品第二十七　普賢菩薩勸發品第二十八
妙法　而去　一六紙　四〇八行
尒時　第七

一三一八　妙法蓮華經卷第七　唐寫本
如來神力品第廿一　囑累品第廿二　藥王菩薩本事品第廿三　妙音菩薩品第廿四
聽受　三昧
世世　第七　一五紙　三九〇行　首残缺

妙法蓮華經卷第七　唐寫本　一二六一

觀世音菩薩普門品第廿五

妙法　提心　五紙　一二〇行　斷二节

尔時　廿五

妙法蓮華經卷第七　唐寫本　一三六五

如來神力品第二十一　囑累品第廿二　藥王菩薩本事品第廿三　妙音菩薩品第二十四

是語　三昧　一紙　四四五行　首残缺

住猶　第七

尾題　貞觀五年十月弟子董處亮爲身患寫此經　疑僞

妙法蓮華經卷第七　唐寫本　一四九五

妙庄嚴王本事品第二十七　普賢菩薩勸發品第二十八

妙法　而去

尔時　第七　七紙　二〇五行

卷前有陳曾佑題鳴沙秘寶四大字並題記十三行　尾題　菩薩戒弟子蕭大嚴敬

造第九百三部

妙法蓮華經卷第七　唐寫本　一五二一

陁羅尼品第二十六　妙庄嚴王本事品第二十七　普賢菩薩勸發品第二十八

妙法　等等　一四紙　三四七行　尾缺

尔時　提心

妙法蓮華經卷第七　寫本　〇〇〇七

妙音菩薩品第廿四　觀世音菩薩普門品第廿五　陁羅尼品第廿六　妙莊嚴王本事品第廿七　普賢菩薩勸發品第廿八

妙法　薩得　一九紙　五二六行　尾缺

尔時　壓筆

妙法蓮華經卷第七　寫本　〇三七七

觀世音菩薩普門品第口

觀世　奉行　八紙　一九〇行　首殘破

菩薩　一卷

後三紙爲佛説解怨結陀羅經　背寫有字

妙法蓮華經卷第七　寫本　〇四〇〇

妙莊嚴王本事品第二十七　普賢菩薩勸發品第二十八

者罪　而去　　一〇紙　二〇七行　　首殘
說是　第七

妙法蓮華經卷第七　寫本　〇七三八
如來神力品第廿一　囑累品第二十二　藥王菩薩本事品第二十三　妙音菩薩品
第二十四
佛壽　三昧　一八紙　四六八行　首殘破　有木軸
世劫　第七

妙法蓮華經卷第七　寫本　〇七五一
妙庄嚴王本事品第二十七　普賢菩薩勸發品第廿八
妙法　而去
尒時　第七　九紙　二〇五行　首缺

妙法蓮華經卷第七　寫本　〇八九〇
普賢菩薩勸發品第廿八
法皆　而去
三昧　第七　七紙　一九五行　首缺

妙法蓮華經卷第七　寫本　〇九五八

觀世音菩薩普門品第二十五
妙法 提心
尔時 三昧 三紙 九二行 尾缺 裱為掛幡
卷後有跋七行

妙法蓮華經卷第七 寫本 一〇六一
陁羅尼品第二十六
門婦 偈讀
以童 甚多 三紙 六三行 首尾破爛

妙法蓮華經卷第七 寫本 一一二三—二
妙音菩薩第廿四
妙法 三昧
尔時 第七 五紙 一三一行 首缺

妙法蓮華經卷第七 寫本 一一七七
普賢菩薩勸發品第二十八
真珠 而去
化成 第七 七紙 一四七行 首缺

妙法蓮華經卷第七　寫本　一四六六

達磨　而去　三紙　五五行　首缺　有木軸

阿菟　第七

妙法蓮華經卷第八　唐寫本　〇〇三八

妙莊嚴王本事品第二十七　普賢菩薩勸發品第二十八

伽婆　而去

都餓　第八　一一紙　二七九行　首殘破

妙法蓮華經卷第八　寫本　〇七三一

隨喜功德品第十八　法師功德品第十九　常不輕菩薩品第二十

妙法　佛道

尒時　第八　一五紙　三三八行

首尾及各品名処均有佛像、尾有翁同龢題跋二十四行　又跋十六行

妙法蓮華經卷第九　唐寫本　〇〇三九

度量天地品第二十九

妙法　疑惑

尒時　第九　一〇紙　二七五行

妙法蓮華經　六朝寫本　一三九七

陀羅尼品第廿五　妙莊嚴王本事品第二十六　普賢菩薩勸發品第廿七

能燒禮而　一四紙　三七七行　首尾缺

其名去口

妙法蓮華經　唐寫本　〇六三二

分別功德品第十七　隨喜功德品第十八　法師功德品第十九

數不愛敬　一九紙　四九五行　首殘破　有木軸

无量經故

妙法蓮華經　唐寫本　〇六九四

其心為說　一三紙　三五九行　首殘尾缺

安住不盡

妙法蓮華經　唐寫本　〇七四九

妙庄嚴王本事品第二十七

妙法塵離　六紙　一〇二行　尾缺

尓時眼淨

卷前有乙酉中秋秦裕題唐賢墨寶四字

〇九七八　妙法蓮華經　唐寫本　首殘缺

身而　提心
即現十六　三紙　六七行
末行爲妙法蓮華經陁羅尼品第二十六

一三一四　妙法蓮華經　唐寫本　首尾不全

妙莊嚴王本事品第二十七　普賢菩薩勸發品第二十八
捏十　切大
世尊　而去　九紙　二五一行

一三一六　妙法蓮華經　唐寫本　尾缺

持品第十三　安樂行品第十四　從地踊出品第十五
妙法　別說
尒時　中住　一八紙　四二一行

一三六九　妙法蓮華經　唐寫本　尾缺

如來神力品第二十一　囑累品第二十二　藥王菩薩本事品第二十三
妙法　薩復
尒時　當更　六紙　一六六行

妙法蓮華經　　唐寫本　　一四〇二

妙音菩薩品第廿四

妙法　忍不　　三紙　六一行　　尾缺

尒時　口愣

妙法蓮華經　　寫本　　〇三六六

序品第一　方便品第二

妙法　作佛　　一八紙　五二一行

如是　第一

妙法蓮華經　　寫本　　〇三六八

提婆達多品第十二　持品第十三　安樂行品第十四　從地踊出品第十五

妙法　解說　　一九紙　五二八行　　尾缺

尒時　發心

妙法蓮華經　　寫本　　〇七七八

說汝　作佛　　七紙　一九二行　　首尾殘破

說是　華經

妙法蓮華經 寫本 一三七四

觀世音菩薩普門品第廿五

妙法 婆訶 六紙 一一五行

尒時 心經

尾題 佛說多心經 本軸前段為妙法蓮華經 後一紙為佛說多心經 背寫字六行

一〇三

妙法蓮華經 寫本 一四五四

觀世音普門品第二十五

世界 有无 三紙 七四行 首破烂 尾缺

瓔珞 音菩

法花文記卷第一 唐寫本 〇九九八

三千 斷也 一八紙 四一七行 首残缺

欲糸 第一

法花經玄贊第二 寫本 〇七四六

輪自 法世 三一紙 九四〇行 首殘缺

助伴第二

尾題 開元五年四月十五日辰時寫了 背寫字多行

法華玄贊卷第十　寫本　○九一○

支以上手　賛曰第十　四一紙　一〇〇六行

卷前有向榮題字二十二行　曾熙題字四行　通卷草書

阿彌陀經一卷　寫本　○三七八

又舍字讀　致其一卷　二紙　七七行　首缺殘破

阿彌陀經一卷　寫本　○七六七

土無而去　之明一卷　四紙　八〇行　首殘破　有木軸

阿毗達磨俱舍論卷第廿七　三藏法師玄奘譯　寫本　○七〇四

分別智品第七之二

阿毗常知　分別廿七　一六紙　三八〇行

背寫字兩行

阿毗達磨俱舍論實義疏卷第三　寫本　一四四〇

復為義意

若望第三　五五紙　一三二二行　首破爛 第一紙脫落 有木軸

尾題釋門法律法嚴奉寫記　卷中有墨筆批字　一〇七

阿毗曇心論　北朝寫本　一三二四

雜品第九

阿毗欲故　六紙　一二九行　首尾不全

已說第十

末行為阿毗曇心論品第十

阿毗曇毗婆沙卷第五十一　唐寫本　〇六九六

問曰比智　一〇紙　二七〇行　首缺

一生十一

尾題　龍朔二年七月十五日右衛將軍鄂國公尉遲寶琳與僧道爽及鄠縣有緣知識等敬於雲際山寺潔淨寫一切尊經以此勝因上資皇帝皇后七代父母及一切法界蒼生庶法船鼓棹於愛流慧炬揚暉靡幽於永夜釋擔情塵之累咸昇正覺之道此經即於雲際上寺常住供養經生沉和寫用紙十一張造經僧道爽別本再校訖　八行

尚書卷第一　寫本　〇八八一

弗成　云也　七紙　一二三行　嚴重碎損紙焦脆

十載　第一

金有陁羅尼經　唐寫本　〇三四二

金有　奉行　三紙　八一行

如是　一卷

金有陁羅尼經一卷　唐寫本　一二六九

呪秘　奉行　一紙　二九行　首殘缺

彼之　一卷

金有陁羅尼經一卷　五代寫本　一四〇一

尔時　奉行　三紙　七八行　首殘破

坐一　一卷

尾有番文半行

金光明最勝王經卷第一　三藏法師義淨譯　唐寫本　一一七二

為湼本處　三紙　五一行　首缺

復次第一

尾題　長安三年歲次癸卯十月己未朔四日壬戌三藏法師義淨奉制于長安西明寺新譯

并綴文正字二行　有番文三行　卷後有江瀚識語五行　丝菩提識語二十三行　抄錄般

若波羅蜜多心經十五行　陳彥森題識十一行

金光明最勝王經卷第二　唐寫本　〇二六一

夢見懺悔品第四

故法奉行

復次第二　一四紙　三八一行　首缺

金光明最勝王經卷第二　唐寫本　〇六八〇

夢見懺悔品第四

自利奉行

於自第二　一二紙　三四〇行　首四紙破爛　下端殘缺　斷二节

金光明最勝王經卷第二　唐寫本　一五四七

夢見懺悔品第四

金光 奉行 八紙 一七九行
尔時 第二

金光明最勝王經卷第二 寫本 〇四〇六
梦見懺悔品第四
佛妙 羅古
相不 囗縣 一一紙 二八四行 首殘破

金光明最勝王經卷第二 寫本 〇七七五
念水 奉行
隨彼 第二 二紙 四三行 首缺
尾題 清信弟子燉煌郡四界諸園官尹幸通發弘誓願接續金光明經一部永充供養 二行

金光明最勝王經卷第三 唐寫本 一三八七
尔時 受持
衆從 第三 三紙 八二行 首缺

金光明最勝王經卷第四 三藏法師義淨譯 寫本 〇九九一
最淨地陁羅尼品第六

金光　於是　　一五紙　三六八行　　後二紙係另接

尔時　第四

金光明最勝王經卷第四　寫本　　一一二八

福智　於世

不共　第四　　八紙　二六三行　　首殘破　尾二紙碎損严重

尾有字七行　背寫字二行

金光明最勝王經卷第五　唐寫本　　〇二六四

金勝陀羅尼品第八　顯空性品第九　依空滿願品第十　四天王觀察人天品第十一

柔耎　稔住　　一五紙　三九〇行　　首殘缺

有白　囗甚

金光明最勝王經卷第五　唐寫本　　一五三五

四天王觀察人天品第十一

金光　受持　　三紙　四四行

尔時　第五

金光明最勝王經卷第五　寫本　　〇三八四

金勝陁羅尼品第八 顯空性品第九 依空滿願品第十 四天王觀察人天品第十一

端嚴 稔甚　　一五紙 三八五行　　首殘破

柔耎 口任

尾題 比丘道誠寫并勘

金光明最勝王經卷第五　三藏法師義淨譯　寫本　〇七四三

蓮花喻讚品第七 金勝陁羅尼品第八 顯空性品第九 依空滿願品第十 四天王觀察人天品第十一

金光 受持

尒時 第五　　一五紙 四〇一行

尾題 大周長安三年歲次癸卯十月己未朔四日壬戌玄奘法師義淨奉制於長安西明寺新譯并綴文出字 翻經沙門婆羅門三藏寶思惟證梵義 翻經沙門婆羅門尸利末多讀梵文 翻經沙門七寶臺上坐寶證義 翻經沙門荊州玉泉寺弘景證義 翻經沙門大福先寺寺主法明證義 翻經沙門崇先寺神英證義 翻經沙門大興善寺伏禮證文 翻經沙門大福先寺上座波崙筆受 翻經沙門清禪寺寺主德感證義 翻經沙門大周西寺仁亮證義 翻經沙門大惣持寺上坐大儀證義 翻經沙門大周西寺寺主法藏證義 翻經沙門佛授記寺都維那惠表筆受 翻經沙門大福先寺勝莊證義 翻經沙門大福先寺都維那慈訓證義 請翻經沙門天宮寺明曉 轉經沙門北庭龍興寺法海受 十九行

〇二六五

金光明最勝王經卷第六　唐寫本

嚴潛　不復　一五紙　四〇〇行　首尾不全

諸國　菩提

經名据簽題俟考

〇七七〇

金光明最勝王經卷第六　寫本

施與　菩提　一五紙　四一〇行　首缺　有木軸

尔時　第六

尾有大小字二行

〇二六六

金光明最勝王經卷第七　三藏法師義淨譯　唐寫本

無染着陀羅尼品第十三　如意寶珠品第十四　大辯才天女品第十五

金光　隨心　一六紙　三九四行　尾缺

尔時　利益

一二九四

金光明最勝王經卷第七　唐寫本

如意寶珠品第十四　大辯才天女品第十五

金光　知之　一五紙　三五一行

尔時　第七

金光明最勝王經卷第八　唐寫本　〇七〇一

大吉祥天女增長財物品第十七　堅牢地神品第十八　僧慎尔耶藥叉大將品第十九　法正論第廿

夜摩　奉行　一三紙　三六六行

地水　第八

尾題　從丙寅至戊辰三年已來所有煞害生命負　債負命怨家債主並願乘茲金光明經連得生天更莫作怨家債主願解怨釋結并奉　太山府君平等大王五道大神天曹地府伺命伺錄土府水官行病鬼王　及疫使等　并府君諸郎君胡使錄公使者男母閱官保人可韓及蕪風伯雨師諸善知識等同霑此福　七行

金光明最勝王經卷第八　唐寫本　一二八七

大吉祥天女品第十六　大吉祥天女增長財物品第十七　堅牢地神品第十八　僧慎尔耶藥叉大將品第十九　王法正論第廿

金光　持□　一三紙　三四九行

尔時　第八

金光明最勝王經卷第九　唐寫本　〇九一四

諸天藥叉護持品第二十二　授記品第廿三　除病品第廿四　長者子流水品第廿五

唯頭　歡喜

寶積　第九　　一五紙　四一九行

金光明最勝王經卷第九　寫本　〇三九六

長者子流水品第廿五

審頭　歡喜

惣集　第九　　七紙　一八〇行　首殘

金光明最勝王經卷第十　唐寫本　〇二六七

十方菩薩讚歎品第廿七　妙幢菩薩讚歎品第廿八　菩提樹神讚歎品第廿九　大辯才天女讚歎品第卅　付囑品第卅一

本舍　鯁庚

言我　口杏　　一五紙　四〇〇行　首殘缺

金光明最勝王經卷第十　三藏法師義淨譯　寫本　〇七五九

捨身品第廿六　十方菩薩讚歎品第廿七　妙幢菩薩讚歎品第廿八　菩提樹神讚歎品第廿九　大辯才天女讚歎品第卅　付囑品第卅一

金光　奉行　一五紙　四一三行
尒時　第十

金光明最勝王經卷第十　寫本　〇八三九
十方菩薩讚歎品第廿七　妙幢菩薩讚嘆品第廿八　菩提樹神讚嘆品第廿九　大辯
才天女讚嘆品第卅　付囑品第卅一
於座　奉行　一五紙　四〇一行　首缺、有木軸
樂欲　第十

金光明最勝王經卷第十　三藏法師義淨譯　寫本　〇九〇四
捨身品第廿六　十方菩薩讚歎品第廿七　妙幢菩薩讚歎品第廿八　菩提樹神讚
歎品第廿九　大辯才天女讚歎品第卅　傳囑品第卅一
金光　奉行　一六紙　四一二行
尒時　第十

金光明最勝王經卷第十　寫本　一三〇二
十方菩薩讚歎品第廿七　妙幢菩薩讚歎品第廿八　菩提樹神讚歎品第廿九
大辯才天女讚歎品第卅　付囑品第卅一
從爲　奉行　九紙　三六八行
一王　第十

尾題 清信佛弟子彭紫子奉為合家願保平安敬寫 一二

金光明最勝王經 三藏法師義淨譯 五代寫本 一四二三

分別三身品第三

金光 方便

尔時 足大 四紙 八三行 尾缺

金光明最勝王經 寫本 〇三八〇

蓮花品第七 金勝陀羅尼品第八 顕空性品第九 依空滿願品第十 四天王觀察

人天品第十一

過去 國王 一五紙 三九四行 首殘破 尾缺 碎損严重

我今 受持

金光明最勝王經 寫本 〇四〇七

如來壽量品第二

金光 乞 施他 五紙 一一六行 首尾殘破

最 我 [illegible]曾

金光明最勝王經　寫本　〇七〇八

序品第一　壽量品第二　懺悔品第三　讚嘆品第四　空品第五

更散　異物

道大　第一

尾題　金光明經卷第一　一二紙　三三三行　首殘　卷中多破處

金光明最勝王經　寫本　〇八二六

方便品第二　弟子品第三

心行　以一

今奉　如是　八紙　二〇五行　全卷破碎　有木匣

經名据簽題俟考

金光明最勝王經　寫本　一四七一

除病品第廿四

无垢　及多

天子　平整　四紙　八二行　首尾殘缺

金光明經卷第一至四　寫本　〇八三〇

讚歎品第四 空品第五 四天王品第六 大辯神品第七 功德天品第八 堅牢地神品第九 散脂鬼神品第十 正論品第十一 善集品第十二 鬼神品第十三 授記品第十四 除病品第十五 流水長者子品第十六 捨身品第十七 讚佛品第十八 囑累品第十九

顧於 而去　　二三紙　七二〇行　　首缺

能作 第四

金光明經卷第三　　唐寫本　　〇二六二

滅業障品第五

金光 暨其　　一三紙　三三五行

尔時 口器

金光明經卷第三　　唐寫本　　〇六八六

鬼神品第十三 授記品第十四 除病品第十五

於四 除恙

其王 第三　　一一紙　二八五行　　首缺 有木軸

尾題 弟子信悟持此經乾寧四載丁巳歲二月八日因行域於萬壽寺請得轉讀乞甘雨

其年甚熱後五亦少雨更一遍 承熟不可思議　二行

金光明經卷第三　　寫本　　〇二五九

正論品第十一　善集品第十二　鬼神品第十三　除病品第十五

慧入　除差

疲猒　第三　　一六紙　四〇二行　首殘破

金光明經卷第三　寫本　〇二六三

佛威　受持

著地　第三　　一二紙　三二一行　首殘破

金光明經卷第四　唐寫本　〇二六〇

流水長者子品第十六　捨身品第十七　讚佛品第十八　囑累品第十九

金光　而去

佛告　第四　　一七紙　四三九行

金光明經卷第四　唐寫本　〇三三六

讚歎品第七　空品第八　依空滿願品第九

金光　不異

尒時　第四　　一〇紙　二七二行

簽題　合部金光明經卷第四

金光明經卷第四　唐寫本　一四九四

捨身品第十七 讚佛品第十八 囑累品第十九
金光 而去 一二紙 三二三行
尒時 第四
尾題 比丘智照寫一行
一一三

金光明經卷第四 寫本
得安 於世 九紙 二〇九行 首缺
善男 第四
八八四二

金光明經卷第七 唐寫本
即得 知之 五紙 九八行 首缺
如來 第七
尾有大小字二行
一三〇八

金光明經卷第八 寫本
僧慎尒耶藥叉大將品第十九 法正論品第廿
着鮮 奉行 八紙 一八五行 首缺
舍利 第八
〇三九一

金光明經 寫本
〇八九三

壽量品
偈名 化以
前明 以無
六紙 一三一行
首尾殘缺

金光明經 寫本 〇三八二
天人 如是
敬圓 與妙
經名據簽題俟考
四紙 一〇四行
首尾不全、破爛

金光明經 寫本 〇三七二
病除品第十五
金光 於是
佛告 除蕯
三紙 六二行
尾缺

金光明經 寫本 一〇三四
時天 一切
爲求 勸請
經名據簽題俟考
三紙 六九行

金剛峻經金剛頂一切如來深妙秘密金剛界大三昧耶修行四十二種壇法經作用

威儀法則大毗盧遮那佛金剛心地法門必法戒壇法儀則卷第一 大興善寺 一三四七

三藏沙門大廣智不空譯 五代寫本

金剛 地法

大三 第一 二一紙 四五〇行

卷內包括部第一至部第四

金剛般若波羅蜜經 隋寫本 〇七四五

是寧 奉行

士中 蜜經 三紙 八三行 首缺

金剛般若波羅蜜經 唐寫本 〇三四六

金剛 聞佛

如是 奉行 一一紙 三〇五行 尾缺

金剛般若波羅蜜經 唐寫本 〇六四一

座而 奉持

偏袒 蜜經 一一紙 三〇〇行 首殘缺 有木軸

金剛般若波羅蜜經 唐寫本 〇六五三

說身　奉行　　一〇紙　二八二行　　首缺

是虛　蜜經

尾題咸亨五年四月五日門下省群書手中待徵寫　用紙十二張裝潢手解集　初校書手中徵　再校書手程實　三校書手程實　詳閱太原寺大德神符　詳閱太原寺大德嘉尚　詳閱太原寺主慧立　詳閱太原寺上座道成　判官司農寺上林署令李善德使太中大夫守工部侍郎永興縣開國公虞旭監　十二行

金剛般若波羅蜜經　　唐寫本　　〇六六六

下虛　奉行　　一〇紙　二七四行　　首殘缺　紙肥多破處

住相　蜜經

卷中有朱筆圈点

金剛般若波羅蜜經　　唐寫本　　〇六九〇

一佛　奉持　　九紙　二七七行　　首殘缺

千萬　蜜經

尾題　儀鳳元年十一月十五日書手劉弘珪寫　用紙十二張　裝潢手解集初校祕書省書手蕭元信　再校祕書省書手蕭元信　三校祕書省書手蕭元信　詳閱太原寺大德神符　詳閱太原寺大德嘉尚　詳閱太原寺寺主慧立　詳閱太原寺上座道成　判官司農寺上林

署令李善德　使朝散大夫守尚舍奉御閻玄道監　十二行　　　　一一五

〇六九八　金剛般若波羅蜜經　唐寫本　一八紙　三六八行　首殘破

袒右　奉行

佛言　蜜經

尾題　大唐永隆元年四月廿日武舉任左領軍衛前遮府左果毅上柱陰仁協敬造

〇七九四　金剛般若波羅蜜經　唐寫本　九紙　二三一行　首缺　有木軸

須菩　奉行

尊何　蜜經

尾題　貞觀三年二月十一日佛弟子王華敬寫波羅蜜經受持讀誦　二行

〇九六九　金剛般若波羅蜜經　唐寫本　一〇紙　二四八行　首缺

須菩　奉行

陁洹　蜜經

一〇二三　金剛般若波羅蜜經　唐寫本　六紙　一二〇行　首殘破

寶滅　奉行

相壽　蜜經

金剛般若波羅蜜經　唐寫本　一〇八六

佛三　奉持

種諸　蜜經　九紙　二七六行　首缺

金剛般若波羅蜜經　唐寫本　一一六七

舍衛　奉行

與大　蜜經　九紙　二四二行　首缺

金剛般若波羅蜜經　唐寫本　一一七〇

須菩　奉行

福德　蜜經　三紙　七六行　首缺

經名金剛二字破損

金剛般若波羅蜜經卷　唐寫本　一二〇三

相无　奉行

菩薩　經卷　七紙　一七二行

尾題　賈生寫　佛弟子張思寂跋語四行　開元廿年歲次壬申正月乙巳朔廿六日庚午功畢

一二二九 金剛般若波羅蜜經 唐寫本
諸相奉行
菩提蜜經
七紙 一六六行
首破爛 斷三节
二ナ

一二三一 金剛般若波羅□□ 唐寫本
非有奉行
度之波羅
一二紙 二八九行
首缺

一三一七 金剛般若波羅蜜經 唐寫本
有如奉行
如是蜜經
四紙 八五行
首缺

一三一九 金剛般若波羅蜜經 唐寫本
如是奉行
與大蜜經
一二紙 三一〇行
首殘缺

一三二一 金剛般若波羅蜜經 唐寫本
相壽奉行
衆生蜜經
一二紙 二六二行
首殘破 斷二节

金剛般若波羅蜜經　唐寫本　一三三七
所説　奉行
有所　蜜經　四紙　七三行　首殘破　有木軸
背題大中十年二月記比丘志願誦一行疑僞

金剛般若波羅蜜經　唐寫本　一五七五
味觸　奉行
含能　蜜經　一〇紙　二四一行　首殘缺　有木軸

金剛般若波羅蜜經　唐寫本　一三九八
須菩　奉持
阿耨　蜜經　五紙　一二〇行　首缺　尾殘缺字

金剛般若波羅蜜經　唐寫本　一四三五
須菩　奉行
於意　蜜經　九紙　二二四行　首缺
尾書發願詞　三行

金剛般若波羅蜜經卷　唐寫本
金剛　奉行
如是　蜜經
一二紙　二〇七行
全卷破爛
一五三六

金剛般若波羅蜜經　五代寫本
何以　奉持
斯陁　蜜經
一二紙　二五四行
首缺
一二一八

金剛般若波羅蜜經　寫本
若化　奉行
非有　蜜經
一一紙　二九〇行
首殘缺
〇三五三

金剛般若波羅蜜經　寫本
須菩　奉行
陁洹　蜜經
九紙　二四四行
首缺
〇三七三

金剛般若波羅蜜經　寫本
須菩　奉行
菩提　蜜經
三紙　六五行
首一紙破損
〇三八一

金剛般若波羅蜜經　寫本　○三八九
世若　奉行
則為　蜜經
七紙　一五七行
首殘缺

金剛般若波羅蜜經　寫本　○三九五
剛於　奉持
在在　蜜經
六紙　一四五行
首缺
前後紙色不同

金剛般若波羅蜜經　寫本　○四○八
四五　奉行
種諸　蜜經
一一紙　二七六行
首殘缺
背寫字五行

金剛般若波羅蜜經　寫本　○四○九
說章　奉持
來滅　蜜經
一一紙　二八五行
首四紙严重破損

金剛般若波羅蜜經　寫本　○七一五

一一八

須菩　奉行
也世　蜜經　三紙　七四行　首缺

金剛般若波羅蜜經　寫本　○七二七
金剛　奉行
如是　蜜經　一○紙　三○五行　首殘破

金剛般若波羅蜜經　寫本　○七六六
前善　奉行
得故　蜜經　二紙　三二行

金剛般若波羅蜜經　寫本　○七七六
相衆　奉行
復次　蜜經　一三紙　二九二行　首殘破
尾題　弟子押衙楊吳德為常患風疾敬寫金剛般若波羅蜜經一卷願患消散　二行

金剛般若波羅蜜經　寫本　○八一二
金剛　喜信
如是　日了　一○紙　二九五行
尾一紙系抄配

金剛般若波羅蜜經　寫本　一二紙　三〇三行　首殘缺　有木軸　木匣　〇八二八

佛告　奉行

心所　蜜經

金剛般若波羅蜜經　寫本　一一紙　三〇五行　首殘破　〇八四〇

祇樹　聞佛

俱尒　奉行

經名括簽題　似十方菩薩品第二十俟考

金剛般若波羅蜜經　寫本　一八葉　二三三行　冊裝　另附二殘頁　〇八四四

金剛　人先

法會　輕賤

金剛般若波羅蜜經　寫本　九紙　二四五行　首缺　〇八九一

次第　奉行

已敷　蜜經

金剛般若波羅蜜經　寫本　〇九〇二

須善奉行
說人　蜜經
二紙　一〇二行
首缺

二ナ

金剛般若波羅蜜經
寫本
一一三一

須善　奉行
汝等　蜜經
六紙　一五七行
首缺

金剛般若波羅蜜經
寫本
一一二九

提是奉持
當得　蜜經
四紙　一一一行
首缺
卷中有朱筆批点

金剛般若波羅蜜經
寫本
一二三七

得是　奉行
是法　蜜經
三紙　六三行
首缺

金剛般若波羅蜜經
寫本
一二四三

來者　奉行
須善　蜜經
一紙　二五行

金剛般若波羅蜜經
寫本
一二四五

如来 奉行　　五紙　一一二行
與我 蜜經

金剛般若波羅蜜經　寫本　一四五五
金剛 名真　　八紙　二一三行　尾破烂　末二紙下端缺
如是 提於

金剛般若波羅蜜經一卷　唐寫本　○九一二
羅蜜 奉行　　一○紙　二四八行　首缺
須善 一卷

金剛般若波羅蜜經卷第二　唐寫本　一三四六
无人 奉行　　七紙　一七四行　首缺
薩應 第二
尾題　甲寅年十一月十五日金光明寺玄教集金剛經十卷年交弟子轉經件記　二行

金剛般若經　唐寫本　○六二二
非弟 奉持　　七紙　一八○行　破烂
如来 若經

簽題 唐咸亨四年由吾巨言寫金剛經一卷 一二〇
尾題 咸亨四年十月廿八日書手由吾巨言寫 用紙十二張 裝潢手解善集 初校書手裴約
再校書手裴約 三校書手裴約 詳閱太原寺大德神符 詳閱太原寺大德嘉尚 詳閱
太原寺寺主慧立 詳閱太原寺上座道成 判官少府監掌治署令向義感 使太中大夫
兼檢校將作少匠永興縣□□……十二行

金剛般若經 唐寫本 一二四九
說法 奉行 一一紙 二五九行 首缺 有木軸
須菩 若經

金剛般若經 寫本 〇六六〇
觸法 奉行 九紙 二二三行 首殘缺 有破洞 斷二節
有人 若經

金剛般若經旨贊卷下 唐寫本 一五五四
疑文 荒廢 一二紙 二七一行 首缺
後明 卷下
尾題 廣德二年六月十九日客僧法琛於沙州龍興寺寫 背面通篇有字

金剛般若經註 唐寫本 〇三一二

與大 須菩
舉此 說意　一〇紙 一九六行（小字双行） 首缺

春秋穀梁傳桓公第二　唐寫本　一五四五
紀侯 敘也　二紙 三一行 首不全
儀父 第二
尾題 凡大小字六千五百五十言 三千五百言本 三千五百言解 龍朔三年三月十八日皇甫智岌
寫 用紙十九張 三行

南華真經　寫本　〇八三四
田子方品第廿一
南華 我七　三紙 八三行 首尾不全
田子 便俱

思益梵天所問經卷一至四　唐寫本　一二〇一
一二四紙 紙一二行
貝頁式直行兩面寫附木經底板一塊 存一—四卷 一三〇頁、另四張散頁（一五八—一六一）

思益梵天所問經卷第一　唐寫本　〇二八八
思益 能盡　二一紙 五六五行
如是 第一
尾題思益經卷第一

思益梵天所問經卷之二　唐寫本　〇二八九
思益　提心　一九紙　五二八行
佛告　第二

思益梵天問經卷第二　寫本　〇二九〇
思益　眼淨　一九紙　五一八行
尔時　第三
尾題　丑年六月廿一日寫口故記之也

思益梵天問經卷第三　寫本　〇三八八
思益　眼淨　二〇紙　五四〇行
於是　第三
尾題　思益經卷第三

思益經卷第一　寫本　一四七五
具生　能盡　一紙　一五行　首缺
知是　第一

思益經卷第三　唐寫本　一二八〇
尔時　眼淨　六紙　一三〇行　首缺
佛善　第三
尾題大曆九年歲次甲寅九月五日沙門法淨寫記二行

律藏初分第三　寫本　〇八六八

律藏　二竟　二四紙　七三一行　有木軸　木匣

佛在　三弓

尾題　建初十二年十二月廿七日沙門進業於酒泉西域陌北祠寫竟故記之

律藏第四分卷第八　北魏寫本　〇七一九

調部卷之三

律藏　逸提　二一紙　五七四行

尒時　十七

卷首有大興善寺邑長孫略等卅一人敬造一切經

迸剌占一卷　唐寫本　〇八三六

迸剌　泉莫

占問　一卷　一一紙　二八八行

尾題　千時天復貳載歲在壬戌四月丁丑朔七日河西敦煌郡州學工足子弟翟再溫記　并

雜寫字八行　卷中有朱筆圈点校字　背寫　毛詩文王之什詁訓傳第廿三　大曆序

根本薩婆多部律攝卷第二　三藏法師義淨譯　五代寫本　一三九三

一二六

一二二

根本四别　　四紙　八七行
惣釋未至
題下注　尊者勝友集

根本薩婆多部律攝卷第十二　三藏法師義淨譯　五代寫本　○三三一
五更　遍彌　一七紙　四五四行
鞕及　反口
卷中有朱筆圈点　校字　尾有淨土寺藏經　兰印

毗尼心一卷　唐寫本　○八二二
大藏　久住　三一紙　七四六行　小字双行　首缺　有木軸
不能　一卷
尾題　唐貞元三年十月廿日造報恩寺僧離口　卷中有朱筆批点　校字

追薦文　寫本　○八七三
蓋非　追福　一紙　一二行
極末　寶集
經名据簽題俟考

般若波羅蜜小品經卷第九　唐寫本　○三四三

阿閦佛品第廿五　隨知品第廿六　薩陁波崘品第廿七
般若　法故　一四紙　三七二行
是時　第九
簽題　小品般若經卷第九

○二一○　般若波羅蜜多心經　寫本
般若　婆訶　一紙　一八行
觀自　多經

一三五五　般若波羅蜜多心經一卷　唐寫本
般若　婆訶
觀自　一卷　一紙　一七行
尾題　王忠時子

○三七○　般若波羅蜜多經一卷　寫本
般若　婆訶
觀自　一卷　一紙　一八行
尾題　般若波羅蜜多心經一卷

○三四○　般若波羅蜜放光經卷第十九　唐寫本

一二三

甚深品第五十八
無相　衆生　　一二紙　三二三行　首缺　一四四三
得之　十九

能斷金剛般若波羅蜜多經一卷　唐寫本
教歎　奉行　　二一紙　五五五行　首殘缺
共拔　一卷
尾題貞觀廿二年十月一日於雍州宜君縣玉華宮弘法臺三藏法師玄奘奉詔譯　一行
直中書長安杜行顗筆受　弘福寺沙門玄謨證梵語　大總持寺沙門辯機證文　三行

淨土法事讚上卷　寫本　〇三五五
請雲　意散　　一六紙　四四三行
場衆　卷上
尾題　願往生僧善導集記

淨名經關中釋抄卷上　沙門道掖撰集　唐寫本　〇九三〇
淨名　愚餘　　二五紙　八四四行
淨名　卷上
卷中有朱筆勾画　背寫字二行

淨名經關中釋批卷上　寫本　〇二九一

淨名　聦耳　二一紙　七七六行

弟子　第二

題下注 沙門道液述　卷中有朱筆批点

淨名經關中疏卷下　唐寫本　一一四三

好光　脩奉

衆歎　卷　下　一八紙　六六八行

尾有朱筆寫咸通八年四月廿二日三行　卷中有朱筆批点　注字　前五紙与後半不同

淨名經關中疏卷下　寫本　〇二九二

愛惑　修奉

斷以　卷下　四七紙　一四四七行　首殘缺

淨名經集解關中疏卷下　唐寫本　〇二九三

淨名　修奉

文殊　卷下　五三紙　一四六七行

題下注 資聖寺沙門道述液　尾題 癸卯年三月十日虛圖寺僧惢盖道廣故記之耳

一二五

癸年三月一日曹僧政和尚說經已至四月盡說了　卷中有朱筆圈点校字

救疾經一卷　寫本　〇七四八

集坐知聞　四紙 八八行　首殘缺

第一一卷

救諸衆生苦難經一卷　五代寫本　一〇〇四

救諸　一卷　二紙 四八行

天台　一卷

尾題 佛說齋法清淨經一卷　顯德柒年庚申歲次正月三日信士弟子 姚賢者信心讀

誦此經一卷

問對二十六条　唐寫本　〇六九一

孝子之不

問古 貧弱　四紙 七五行　殘破 背托有白紙

經名据簽題俟考

陰陽占卜書　寫本　〇八七五

戊日 舌欲

寒日 三月　三紙 七七行　全卷碎損严重

經名据簽題俟考　行中有朱筆字一行

陰陽書　寫本　〇八七二
投託之事
者有之事　二紙　三六行
經名据签題俟考　卷中有朱筆勾画

陰陽書　寫本　〇八八四
長日　子曰
之庚　秋冬　一紙　三五行
經名据签題俟考　卷中有朱筆勾画

敦煌零拾册　一二頁　褙為折裝　木夾板　〇九四一
後有羅振玉題識　十六行

普賢菩薩證明經一卷　寫本　〇九二三
若有　如是　一紙　一五行　首缺
使令　一卷

殘曆　後晉寫本　一四九二
口平　金平　一紙　三〇行　殘破
十八　下玄

經名据簽題俟考　卷後有羅振玉題記十一行　一二五

報恩經卷第三　唐寫本
爾時　而去
造何　第三　六紙　一三四行　首缺
通卷朱書
〇七五五

報恩經卷第三　寫本
衆僧　而去
脱妙　第三　三紙　六八行　首缺
〇三七九

開蒙要訓　寫本
開蒙　側正
乾坤　槐本　三紙　五三行　全卷严重碎損
背面有字
〇八六七

菩薩見寶三昧經卷第十三　唐寫本
中前　喻當
不絶　是知　一四紙　三七六行　首缺
各紙接処有朱印
〇三一七

菩薩呵色欲法　唐寫本　一二六四

銷凡惑也　一紙　一九行　首殘缺

凡夫欲法

菩薩藏修道衆經要第十　寫本　〇九九五

瓔珞利他　二一紙　六〇二行　首殘破

三堅第十

本卷包括大智度論卷第七十九　菩薩瓔珞經卷第二　仁王經一卷　寶雲經卷第三

金剛波若論卷第一　十住毗婆沙論卷第七　大智度論卷第五十七　涅槃經卷卄第四

楞伽經卷第四　涅槃經卷第卌八　十地論第一卷　維摩經卷第三　大集經卷第十

華嚴經第卌五　寫本　一〇三八

明照分別　一六紙　四三六行　首缺尾殘

號法卌五

華嚴經卷第卌八　寫本　〇九九四

故無矜愍

身三卌八　一八紙　四七八行　首缺

最妙定勝經 寫本 〇三三〇

最妙 而去 九紙 二三六行

如是 一卷

無量壽大乘經 藏文寫本 一一三九

經名据簽題俟考 一二紙 紙四〇行

無量壽大乘經 藏文寫本 一四八四

三紙 紙三八行

悲華經卷第四 北魏寫本 〇七〇〇

已即 聽法 二四紙 五五七行 首殘缺

周遍 第四

尾題 高弼為亡妻元聖威所寫

結壇散食發願文 北宋寫本 一一七三

結壇 君五 四紙 七六行

奉請 判命

背題 太平興國三年戊寅歲十二月十九日到此蘭若內書紀耳也一行 畫佛像十尊 杂寫字十一行

一二七

新譯藥師瑠璃光七佛本願功德經卷下　唐寫本　〇六五七

生餓　奉行

師瑠　卷下

一五紙　三五八行　首殘缺

尾題　大唐景龍元年歲次丁未乙申朔六日辛丑翻經三藏沙門義淨奉制在內道場譯并綴文　翻經沙門波若羅門大德槃度讀梵文　翻經沙門荊州大唐龍興寺大德景證義　翻經沙門大惣持寺上座大宜證文　翻經沙門大薦福寺上座道岸證義　翻經沙門大福先寺大德勝莊證義　翻經沙門相州禪河寺大德玄傘筆受　翻經沙門大唐龍興寺大德利明證義　中大夫檢校兵部侍郎臣崔湜潤文　太中大夫行給事中上柱國臣盧粲潤文正字　太中大夫宗正寺少卿臣沈務本潤文　中大夫前吉州長史上柱國臣李元敬正字　祕書省楷書令史臣杜元禮寫　典祕書省楷書令史臣楊軋僧　判官朝議郎著作佐郎臣劉令植　使祕書監駙馬都尉上柱國觀國公臣楊慎交　十八行

道德經　唐寫本　〇九三八

具修　知取

而行　心若

二紙　五六行

簽題　隨唐人寫道德經并注解　背書印度文　背寫梵文六〇行

瑜伽師地論分門記　唐寫本　〇九二七

三物　二例

目二　四趣

一〇紙　二五四行　首尾殘缺

經名据簽題俟考　卷中有朱筆批点注字　背寫百法明門論義疏記　一二丿

瑜伽師地論卷第一　唐寫本　〇九三四

本地分中五識身相應地第一之一　本地分中意地第二之一

瑜伽分別　本地具有　三紙　九七行

題下注　弥勒菩薩說　無著菩薩造　卷中有朱筆圈点

瑜伽師地論卷第一　寫本　〇二二五

本地分中五識相應地第一之一　本地分中意地第二之一

瑜伽入之　本地第一　一五紙　三六七行

題下注弥勒菩薩說无著菩薩造一行　尾有朱筆寫聽學比丘智校本　卷中有朱筆校字点句

瑜伽師地論卷第四　沙門玄奘譯　寫本　〇二二六

本地分中有尋有伺等三地之一

瑜伽之苦　本地第四　一四紙　三八二行

題下注弥勒菩薩說　尾有朱筆寫學問沙弥一真本一行　卷末

瑜伽師地論卷第九　沙門玄奘譯　寫本　〇二二七

本地分中有尋有伺等三地之六

瑜伽果受　本地第九　一六紙　四四三行

題下注弥勒菩薩説 巻中有朱筆圏点

瑜伽師地論巻第十 寫本 〇二二八
本地分中有尋有伺等三地之七
瑜伽 現観
本地 第十 一五紙 四〇五行
題下注弥勒菩薩説 巻中有朱筆校字圏点

瑜伽師地論巻第十二 三蔵法師玄奘譯 寫本 一三七三
本地分中三摩呬多地第六之二
瑜伽 清淨 一四紙 三八三行
本地 満无
題下注弥勒菩薩説 巻中有朱筆批点注字 巻下端破損

瑜珈師地論巻第十三 唐寫本 〇六八九
菩提 不生
種大 十三 一〇紙 二二〇行 首殘破

瑜伽師地論巻第十三 沙門玄奘譯 寫本 〇二二九
本地分中三摩呬多地第六之三 本地分中非三摩呬多地第七 本地分中有心無心二地

第八 第九 本地分中聞所成地第十之一
瑜伽 不生 二〇紙 五八六行
本地 十三
題下注弥勒菩薩説

瑜伽師地論巻第十四 三藏法師玄奘譯 寫本 〇二三〇
本地分中聞所成地第十之二
瑜伽 諍事 一二紙 三三一行
本地 十四
題下注弥勒菩薩説 巻中有朱筆校字圏点

瑜伽師地論巻第二十八 寫本 〇二三一
雲何 無漏 八紙 一九九行 首缺
精集 廿八
尾題真本二字 巻中有朱筆圏点 尾有淨土寺藏經兰印

瑜伽師地論巻第三十一 沙門玄奘譯 寫本 〇二三二
本地分中聲聞地第十三 第三瑜伽處之二
瑜伽 辯口 一六紙 四四三行
本地 廿一

一二八

題下注弥勒菩薩説　尾題　丁丑年七月十日説畢沙弥一真隨聽本　卷中有朱筆
校字圈点

瑜伽師地論卷第卌三　沙門玄奘譯　唐寫本　一二〇〇
靜慮品第十三　慧品第十四　攝事品第十五
瑜伽　勝果
本地　十三
一三紙　三二八行
題下注　弥勒菩薩説　尾題　大唐大中十二年二月十日沙州龍興寺沙門明照於開元寺
隨聽寫記　一行　背寫　諸星母陀羅尼經　六十七行　大佛名懺悔文　一八五行　般若波
羅蜜多心經　十六行

瑜伽師地論卷第四十三　沙門玄奘譯　寫本　〇二三三
本地分中菩薩地第十五　初持瑜伽處靜慮品第十三
瑜伽　勝果
本地　卌三
一二紙　三一七行
題下注　弥勒菩薩説

瑜伽師地論卷第卌九　沙門玄奘譯　寫本　一四七七
瑜伽　入淨
本地　樂地
一紙　三三行
尾缺

題下注弥勒菩薩説

瑜伽師地論卷第五十—五十二　寫本　〇二三六
決攝擇分分門記卷第一
瑜迦　三結　一三紙　四〇五行
瑜伽　門竟
題下注　沙門智慧山手記　卷中有朱筆圈点　墨筆批字多処

一二七

瑜伽師地論卷第五十六　沙門玄奘譯　寫本　〇二三四
攝決擇分中五識身相應地意地之六
瑜伽　復現　一一紙　三二六行
攝決　十六
題下注弥勒菩薩説　尾題　芯蒭智慧山　卷中有朱筆圈點

瑜伽師地論卷第五十九　三藏法師玄奘譯　寫本　〇二三五
攝決擇分中有尋有伺等三地之二
瑜伽　相應　九紙　二八七行
攝決　十九
題下注　弥勒菩薩説　尾題　芯蒭僧智慧山

瑜伽師論手記卷十四　唐寫本

謂諸及佛

位之尊貴　一〇紙　三四三行

經名括簽題俟考　卷中有朱筆批点校字　背寫字一行

一〇〇九

瑜伽論　唐寫本

二顯便因

邪見惣結　四紙　一三〇行　首尾不全

卷中注國大德三藏法師法成述僧智慧山　有朱筆圈点　墨筆注字

〇九五〇

瑜伽論卷第四手記　唐寫本

瑜伽讖分

第三不者　四紙　一三一行　尾缺

卷中有朱筆批点　墨筆批字　背寫字十行

一〇一〇

瑜伽論第五十三卷分門初記　寫本

瑜伽分四

第四惣結　一〇紙　二七六行

〇二三七

題下注沙門智慧山隨聽學記　巻中有朱筆圈点　墨筆批字多処　一三〇

〇二九五
楞伽阿跋多羅寶經　唐寫本
一切佛語心品巻第二
楞伽　一竟
尔時　第二　二五紙　六四七行
尾題楞伽經巻第二　楞伽阿跋多羅三万六千偈中觀一切法品第一竟

〇三三八
楞伽阿跋多羅寶經巻第五—八　唐寫本
楞伽食肉　四〇紙　九八一行（小字双行）
尔時第八

〇二九四
楞伽經巻第一　寫本
合掌　言説　二六紙　六二二行　首缺
雲何　第一
巻中有朱筆批点

一〇三五
楞嚴經　寫本
文殊　塵國　七紙　一七九行　首殘破　尾缺
時波一界
經名　据簽題俟考

罪業報應教化地獄經　寫本　〇三三七

過去　報故

弟子　斯罪

尾有草字一行

四紙　一〇六行　首缺

經疏　寫本　〇八九四

種種　行事

為離　包現

經名据簽題俟考

五紙　一六一行　首尾殘缺

說一切有部俱舍論本頌一卷　寫本　〇八九五

分別智品第七　分別定品第八

彼覺　牟尼

將趣　一卷

七紙　一八五行　首殘缺

鳴沙石室六朝寫經叢殘　羅振玉編　一〇二五

一四二片　一函四冊　裱為折裝

經名据簽題

僧伽吒經卷第一　寫本　○七八○

僧伽　說耳
如是　第一　一五紙　三九五行　首破

僧伽吒經卷第四　唐寫本　○九九六

之菩　歡喜
薩埵　第四　大紙　一四○行　首殘破

維摩詰經卷上中下　寫本　○三八六

文殊師利問疾品第五　不思議品第六　觀衆生品第七　佛道品第八　入不二法
門品第九　香積佛品第十　菩薩行品第十一　見阿閦佛品第十二　法供養
品第十三　囑累品第十四

維摩　歡喜
維摩　卷下　二六紙　六七七行

維摩詰經卷上　唐寫本　○二六八

佛國品第一　方便品第二　弟子品第三　菩薩品第四

維摩　問疾
如是　卷上　二二紙　五八八行

一三○

維摩詰經卷上　唐寫本　〇二七一

方便品第二

無量　身無

是一　空離

六紙　一五二行　首殘尾缺

維摩詰經卷上　唐寫本　〇六六三

弟子品第三　菩薩品第四

身諸　問疾

發阿　卷上

一七紙　三六五行　首殘缺

維摩詰經卷上　唐寫本　〇九二二

勒得　問疾

夫如　卷上

六紙　一四三行　首殘缺

維摩詰經卷中　唐寫本　〇二六九

文殊師利問疾品第五　不思議品第六　觀衆生品第七　佛道品第八　入不二法門品第九

維摩　法忍

尒時　卷中

二二紙　五八九行

維摩詰經卷中　唐寫本　〇二七二
文殊師利問疾品第五　不思議品第六　觀衆生品第七　佛道品第八　入不二法門品第九
維摩　法忍　二一紙　五八三行
尔時　卷中

維摩詰經卷中　唐寫本　〇六七三
不思議品第六　觀衆生品第七　佛道品第八　入不二法門品第九
薩為　法忍
想者　卷中　二〇紙　五二八行　首殘缺

維摩經卷中　唐寫本　一〇八四
不思議第六　觀衆生品第七　佛道品第八　入不二法品篇九
若一　法忍
薩為　卷中　二三紙　五六二行　首缺
尾題咸亨三年六月上旬弟子氾師僧為亡妻索敬寫　二行　尾有蔡元臺跋　四行

維摩詰經卷中　唐寫本　一二一九
不思議品第六
不思　阿耨
尔時　提心　四紙　九三行　首尾不全

維摩詰經卷中　唐寫本　一二八四

文殊師利問疾品第五　不可思議品第六　觀衆生品第七　佛道品第八　入不二法門品第九

文殊　法忍

尔時　卷中　二二紙　五八九行

維摩詰經卷中　唐寫本　一二八六

文殊師利問疾品第五　不思議品第六　觀衆生品第七　佛道品第八　入不二法門品第九

文殊　法忍

尔時　卷中　二二行　五八七行

維摩詰經卷中　五代寫本　一三八一

文殊師利問疾品第五

文殊　疾菩

尔時　生病　三紙　八三行　首尾缺

維摩詰經卷中　寫本　一〇八一

不思議品第六 觀衆生品第七 佛道品第八 入不二法門品第九 一三三

不思 法忍 一六紙 四四六行 首缺

尒時 卷中

卷前有鍾形璽題識 二九行

〇二七四 維摩詰經卷中 寫本

不思議品第六 觀衆生品第七 佛道品第八 入不二法門品第九

諸佛 法忍 二一紙 五五五行 首殘破

曰當 卷中

〇六二三 維摩詰經卷下 唐寫本

菩薩行品第十一 見阿閦佛品第十二 法供養品第十三 囑累品第十四

曾有 歡喜 一五紙 四〇四行 首殘破

摩詰 卷下

簽題 唐人寫維摩詰經卷下菩薩行品四章

〇六五八 維摩詰經卷下 唐寫本

菩薩行品第十一 見阿閦佛品第十二 法供養品第十三 囑累品第十四

方舉 歡喜 一六紙 四三四行 首缺 斷五节

其言 卷下

維摩詰經卷下　唐寫本　一五三〇
菩薩行品第十一
到彼　稽首
无量　此善　八紙　二一八行　首残破　尾缺

維摩詰經卷下　唐寫本　〇二七三
香積佛國品第十　菩薩行品第十一　見阿閦佛品第十二　法供養品第十三　囑累品第十四
維摩　欢喜
於是　卷下　一七紙　四五六

維摩詰經卷下　五代寫本　一三七九
法供養品第十三
法供　當以
尔時　於佛　四紙　八八行

維摩詰經卷下　五代寫本　一三八六
見阿閦佛品第十二
見阿　即是
尔時　提記　四紙　八五行

〇二七〇

維摩詰經卷下　寫本

香積佛品第十　菩薩行品第十一見阿閦佛品第十二法供養品第十三囑累品第十四

維摩歡喜　一六紙　四二六行

於是　卷下

〇二七七

維摩詰經卷下　寫本

見阿閦佛品第十二法供養品第十三囑累品第十四

勢力　而去　一二紙　三一六行　首缺

入正　卷下

〇二七八

維摩詰經卷下　寫本

香積佛品第十　菩薩行品第十一見阿閦佛品第十二囑累品第十四

維摩　而去　一七紙　四五五行

於是　卷下

〇二七九

維摩詰經卷下　寫本

香積佛品第十　菩薩行品第十一　見阿閦佛品第十二

維摩聞耳　　一〇紙　二八〇行　尾缺
於是　來及

〇二八〇　維摩詰經卷下　寫本
善薩行品第十一　見阿閦佛第十二　法供養品第十三　囑累品第十四
等聞　欢喜　　一五紙　四〇一行　首缺
主月　卷下
尾有朱筆寫作礼而去四字　卷中有朱筆圈点

一〇四四　維摩詰經卷下　寫本
善薩行品第十一　見阿閦佛品第十二　供養品第十三　囑累品第十四
佛品　而去　　一七紙　四五四行　首殘缺
心念　卷下
有三界寺藏經兰印

一〇六〇　維摩詰經卷下　寫本
法供養品第十三　囑累品第十四
詰言　如是　　五紙　一五二行　尾殘缺
也若　当以
背寫梵文十二行

一三五

維摩詰經下卷　寫本　一一六六

香積品第十　菩薩行品第十一　見阿閦佛品第十二　法供養品第十三　囑累品第十四

維摩　歡喜

於是　下卷　一七紙　四五九行

維摩詰經卷下　寫本　一二五七

香積佛品第十　菩薩行品第十一　見阿閦佛品第十二　法供養品第十三　囑累品第十四

維摩　而去

於是　卷下　一七紙四五四行　首殘破

卷中有朱筆批字

維摩詰經卷第一　唐寫本　〇九五九

方便品第二　弟子品第三

土皆　問疾

立宮　第一　一七紙　四二六行　首殘缺　尾破爛

維摩詰經卷第二　唐寫本　〇二七五

入不二法門品第九

殊師　法忍

爲種　第二　八紙　一七九行　首缺

維摩詰經卷第二　唐寫本　一五〇四
文殊師利問疾品第五　不思議品第六　觀衆生品第七　佛道品第八　入不二法門品第九
文殊　法忍
尔時　第二
二一紙　五八六行　有木軸

維摩詰經卷第二　寫本　〇二七六
尔時　法忍
入不　第二
四紙　一〇四行　首缺

維摩詰經卷第二　寫本　〇八二七
文殊師利問疾品第五　不思議品第六　觀衆生品第七　佛道品第八　入不二法門品第九
文殊　法忍
尔時　第二
二一紙　五七八行　首缺　有木匣

維摩經卷第四　唐寫本　一三〇〇
勸口　之耳
雖不　第四
二五紙　四八〇行（小字双行）　首殘缺　有木軸

卷中有註 有朱筆批点 紙接処有佛像印 一三九

諸星母陁羅尼經 沙門法成譯 寫本 〇三三九

諸星 一卷

如是 不現 五紙 九七行

題下注 沙門法成於甘州脩多寺譯 尾有大小字一行

諸星母陁羅尼經 沙門法成譯 寫本 〇三四一

諸星 不現 四紙 九七行

如是 一卷

題下注 沙門法成於甘州脩多寺譯 尾有淨土寺藏經𠀋印

諸經要集卷第九 寫本 〇七六八

諸經 褱喜 一一紙 四三三行

擇文 第九

尾題 寶應二年五月一日弟子建康君□田判官果毅都尉侯彥珣自書寫訖 另有字三行

卷前有鳴沙石室古遺經題字 黄賓虹題字七行 鳴沙石室画一幅 画上有章松齡

題字十一行 卷後有章松齡題記二十行 卷前有三枚佛像印 通卷背面有字

卷後有 歲次上章攝提格嘉平㞢月姚虞琹李無庵王禔厂同觀一行 歲在庚寅長至

徐森玉 沈尹默 唐醉石同觀一行

摩訶衍經　北朝寫本　一五五二

十八不共法

亦如涅槃　三紙　八七行　首尾不全

知諸餘九

卷後有馮國瑞題記三十行　經品名據簽題俟考

摩訶衍經卷第卌八　六朝寫本　〇六五四

善提　訶衍

肷僧　卌八　二〇紙　四九七行　首殘缺

尾題　比丘善慧所寫供養

摩訶衍經卷第五十五　寫本　〇二二四

大智度第廿七品釋論　大智度廿八品釋論

大智　易破　二二紙　六五六行

尓時　十五

摩訶般若波羅蜜　晉寫本　一五五一

船喻品第十四　大如品第十五

摩訶　作趣
尒時　作趣　　五紙　一三二行
卷前有馮國瑞題記六行　　首紙破　尾殘缺　　一三七

摩訶般若波羅蜜　　魏寫本　　〇八八七
品第七十一　品第七十二　品第七十三　品第七十四
摩訶　惚習
須菩　卅四　　二二紙　五二三行
尾題　大品第廿四

摩訶般若波羅蜜　　唐寫本　　一一四四
舍利品第卅七
摩訶　世界
佛告　舍利　　六紙　一四九行　　尾殘缺

摩訶般若波羅蜜　　北宋寫本　　一一二七
持品第八覺品第九
摩訶　魔爲
釋提　第四　　一三紙　三五四行
尾題　道行經卷第四　雍熙五年歲次戊子三月廿日大雲寺僧法盈書寫道行經一卷

一四四八

摩訶般若波羅蜜經　寫本

深心求善提品第廿　恭敬菩薩品第廿一

男若　於少　一三紙　三〇四行　首殘破　有木軸

已於　羅蜜

尾題　比丘志念所寫供養　一校竟

〇七五七

摩訶般若波羅蜜經　寫本

嘆淨品第卅一

摩訶　不從　六紙　一四三行　尾缺

尒時　法生

〇八四八

摩訶般若波羅蜜經　寫本

菩薩共住品第六十二

何善　想故　三紙　五二行　首缺

羅三　十二

一〇二八

摩訶般若波羅蜜放光經　寫本

真知識品之二　覺魔品第卅七　不和合品第卅八

摩訶魔事　一五紙　四一〇行

舍利　十五

尾題　放光經卷第十五　貞觀二十有一年唐文英寫　疑偽

摩訶般若波羅蜜放光經卷第十四　寫本　〇八八八

無作品第四十四　等品第四十五　真知識品第四十六

摩訶　記剪

須菩　十四　一五紙　三八〇行　有木軸

摩訶般若波羅蜜放光經卷第二十一　五代寫本　〇三四四

阿惟越致相品之二　釋提桓因品第六十三　問等學品第六十四　品第六十五　品第六十六

摩訶　作禮　一五紙　四〇八行

須菩　廿一

簽題　放光經卷第二十一

摩訶般若波羅蜜放光經卷第二十六　寫本　〇二二三

無猗想品第七十六　無有相品第七十七　住二空品第七十八

摩訶　雲若

無猗　廿六　一八紙　四九〇行

摩訶般若波羅蜜道行經 寫本 〇八二〇

嘆品第七 持品第八 覺品第九

摩訶 魔爲 一六紙 四三五行

佛言 第四

尾題 道行經卷第四

摩訶般若波羅蜜經卷第一 唐寫本 一一六八

相應品第三

摩訶 智心 一一紙 二七九行

佛告 第一

尾題 弱水府折衝都尉錢塘縣開國男菩薩戒弟子鄧元穆謹爲七世父母敬寫大品經一部願法界衆生同登正覺四行 卷前有王國維題識六行并有汪吟龍 張鼎銘同觀 背面有後人紅紙寫跋四行

摩訶般若波羅蜜經卷第六 寫本 〇二一一

摩訶薩品第十三 經畐樓那品第十四

提如 大乘

須善 第六 一六紙 四二七行 首殘破

一〇三九

摩訶般若波羅蜜經卷第七 寫本

□解品第十六 摩訶衍品第十七

摩訶 三昧

尒時 第七 一四紙 三四〇行 首有破洞

尾題 菩薩戒弟子令狐智達大品

一一三八

摩訶般若波羅蜜卷第八 寫本

隨順品第廿四 三際品第廿五

非白 法數

非白 第八 二一紙 五六二行 首殘破

尾題 戒弟子鄧元穆敬寫

〇二一二

摩訶般若波羅蜜經卷第八 寫本

摩訶衍品之下 四念處品第十八

摩訶 訶衍

雲何 第八 一六紙 三九一行

〇二一四

摩訶般若波羅蜜經卷第十 寫本

含受品第廿二　會宋品第廿三
訶衍　羅蜜　　一六紙　四二五行　　首殘缺
天人　第十

摩訶般若波羅蜜經卷第十二　寫本　　〇二一五
三際品第廿五
卷第　法數　　一二紙　三一三行　　首殘缺
子白　十二

摩訶般若波羅蜜放光經卷第十四　唐寫本　　一五三二
等品第四十五
有世　佛故　　一二紙　二九八行　　首殘破　有木軸
何行　十四

摩訶般若波羅蜜經卷第十四　寫本　　〇九〇一
淨甚深品第卌二　無所作品第卌三　品第卌四
大般　種故　　二七紙　六一六行　　首缺　有木軸
千萬　十四

摩訶般若波羅蜜經卷第十五　唐寫本　〇九三三

阿難品第卅五　校舍利品第卅六

訶般　幡蓋　一七紙　四六六行

尔時　十五

摩訶般若波羅蜜經卷第十六　唐寫本　一五三八

十善品第卅七　隨喜迴向品第卅八

摩訶　根口　一五紙　三九六行

佛告　十六

摩訶般若波羅蜜經卷第十八　唐寫本　一三二八

面各千佛品第卅二

摩訶　莊嚴　三紙　六八行

須菩　十八

尾題菩薩戒弟子令狐智達大品　疑偽

摩訶般若波羅蜜經卷第十九　唐寫本　一三五二

百波羅蜜品第卅三　逐耳品第卅四

摩訶 羅蜜　　一三紙　三四六行
尔時 十九

摩訶般若波羅蜜經卷第十九　寫本　〇二一三
校舍利品第卌六
善男 聲聞　　一三紙　三六四行　首尾不全
念時 佛道
經名据簽題俟考

摩訶般若波羅蜜經第廿一　唐寫本　一一七四
共住品　等學品　釋願樂品　无真實品
漠化 學品
恒如 寶品　　五段　八二行　裱裝成册

摩訶般若波羅蜜經卷第二十二　寫本　〇二一六
問相品第卌八　輕毛品第卌九　舩喻品第五十
摩訶 善提　　一七紙　四六六行
尔時 廿二
卷中有朱筆校字

摩訶般若波羅蜜經卷第二十四 寫本 〇二一七

阿鞞跋致品第五十五

卷第 訶薩 一四紙 四〇一行 首殘缺

倶行 廿四

摩訶般若波羅蜜經第廿五 唐寫本 一二一六

三次品第七十五

摩訶 蜜□

尔時 廿五 九紙 二一八行

尾題 菩薩戒弟子鄧元穆敬寫疑偽 背有朱印二枚

摩訶般若波羅蜜卷第廿六 唐寫本 〇九一八

善知識品第五十二 趣一切智品第五十三

摩訶 無別

尔時 廿六 一〇紙 二六四行

摩訶般若波羅蜜經卷廿六 唐寫本 一一九六

恒伽提婆品第五十八 學空不證品第五十九

摩訶 能壞 七紙 一七九行 有木匣
尔時 廿六
卷前有陳閭題 唐人墨妙四字 陳閭題記二十二行 卷中有朱筆校字

摩訶般若波羅蜜經卷二十七 寫本 〇二一八
夢中不證品第六十一 同學品第六十二
摩訶 學□ 一六紙 四三四行
佛告 廿七

摩訶般若波羅蜜經卷第二十九 寫本 〇二一九
畢定品第八十三 差別品第八十四 七譬品第八十五 見實品第八十六 湼槃非化品第八十七
摩訶 無耶
須菩 廿九 二〇紙 五四四行
尾題 菩薩戒弟子鄧元穆敬寫

摩訶般若波羅蜜經卷第三十 寫本 〇二二〇
方便品第六十八
無法 利益
菩薩 第卅 一五紙 四二〇行 首缺

行間有朱筆校字

摩訶般若波羅蜜經卷第三十二　寫本　〇二二一

道行品第七十一　三善品第七十二　遍學品第七十三

譬如　惣習

溉灌　卅二　二〇紙　五四三行　首缺

尾題　菩薩戒弟子鄧元穆敬寫

摩訶般若波羅蜜經卷第三十三　寫本　〇二二二

順忍品七十五　無漏行六度品第七十五

摩訶　羅蜜

順忍　卅三　一三紙　三八六行

前一品与後一品紙色字体不同

摩訶般若波羅蜜經卷第卅三　寫本　一一五〇

次第行品第七十四　无漏行六度品第七十五

摩訶　羅蜜

尓時　卅三　一四紙　三九七行

摩訶般若波羅蜜　寫本　一一〇八

憂波提舍中大慈大悲品第卅六　九紙　二四五行　首缺　有木軸
言一衆道
説法　卅七
尾題大智度經卷第卅七

摩訶般若波羅蜜經卷第卅七

一五三九

照明品第八十
摩訶　如是　一五紙　四〇六行
須菩　卅七

摩訶般若波羅蜜經卷第卅九　隋寫本

一五〇〇

平等品第八十五　化品第八十六　薩陀波崙品第八十七
摩訶　菩薩
須菩　卅九　一五紙　四〇六行
卷前有癸巳夏日昌黎錢萃恒識語十一行

摩訶僧祇律卷第廿八　寫本

〇七六九

雜蹉渠之六

摩訶　而去
迦絺　廿八　　二一紙　六二〇行　蟲蝕

羯磨卷下　　唐寫本　　一四八三
羯磨　可知
分衣　卷下　　二〇紙　五四七行　有木軸　断二节

增一阿含經卷第卅　　北朝寫本　　一三〇五
非常品第卅九
出火　奉行
時比　第卅　　二〇紙　五二二行

增一阿含經□□□　　唐寫本　　一二六二
知无　歡喜
遥聞　含經　　五紙　一二六行　全卷残破

賢劫千佛名卷上　　五代寫本　　一四八九
賢佛　一拜
南无　卷上　　二六紙　四五〇行
尾題　大梁貞陸年歲次庚辰伍月拾伍日寫記　五行　卷前有全幅彩繪佛像一尊
卷中每一佛名上均絵有彩色佛像　第八紙後有懺悔文四紙

一四三

墨印千佛像　一頁　一四八一

劉子新論卷中九篇　唐寫本　〇六八八

下可之良

丁壯第廿　一四紙　二八八行　全卷破碎　首尾不全

經名据簽題俟考

雜心卷第十　晉寫本　〇九一

方便趣揊

彼脩第十　七紙　一七三行　首尾殘缺　有木軸

簽題雜阿毘曇心論　卷前書六十一題　西晉遺墨四字　識語八行　清道人題　南齋人寫雜心卷七字　識語十一行　卷後有向燊題識十五行　又題十二行　卷尾部正背面均有永興郡印方印　背有墨印佛像十尊

閻羅王經一卷　唐寫本　一五三七

生七奉行

城阿一卷　二紙　七一行　首殘缺

尾題　翟定友經一卷　行書張丑仵發心敬寫此經一卷　二行

隨願往生經一卷　唐寫本　〇六四四

之日 奉行　一〇紙 二四二行　首殘缺
精進 一卷

遺教經論　寫本　一一二四
法輪 教故
子成 經論　二六紙 六八一行　首缺 有木軸
尾題 一比校

篤信品法句經第四 戒慎品法句經第五　晋寫本　一三二五
篤信 耶部　一紙 三六行　裱爲掛幅
信懃 魔界
卷前有許承堯題 嗚沙奇寶四字 識語八行

藥師經　唐寫本　一〇二四
佛言 奉行　九紙 二四八行　首缺 前三紙破損
福唯 經卷

藥師經　寫本　一〇三五
也爾 奉行　四紙 九五行　首缺 首紙脫落
從座 師經

藥師經一卷　唐寫本
佛名　奉行
覺明　一卷
一三紙　三二四行　首殘缺　〇六六五

藥師經一卷　寫本
意佛　奉行
罪福　一卷
九紙　二三八行　首缺　一二三六

藥師瑠璃光如來本願功德經　唐寫本
佛告　非人
土有　精氣
經名據簽題俟考
八紙　一七三行　首尾不全　一〇〇三

藥師瑠璃光如來本願功德經　唐寫本
信返　奉行
流轉　德經
四紙　一〇七行　首缺　一一四五

藥師瑠璃光如來本願功德經　寫本　〇三五〇

藥師　奉行　　一四紙　三〇六行
如是　一卷
尾題　藥師經一卷

藥師瑠璃光如來本願功德經　寫本　〇八八九

轉時　奉行　　一一紙　二八九行
說分　德經　　首殘缺

寶行王正論一卷　北朝寫本　〇七七二

菩提資粮品第三　正教王品第四　出家正行品第五
寶行　應行
諸佛　一卷　　一三紙　三二三行
尾題　皇后藤原氏光明子奉為尊考贈正一位太政太臣府君尊妣贈從一位橘氏太夫人敬寫一切經論及律莊嚴既了伏願憑斯勝因奉資冥助永庇菩提之樹長遊般若之津又願上奉聖朝恒延福壽下及寮采共盡忠節又光明子自發誓言弘濟沉淪勤除煩障妙窮諸法早契菩提及至傳燈無窮流布天下聞名持卷獲福消災一切迷途方會歸覺路　一段十一行
又天平十二年五月一日記　一行
卷后有光緒九年十月八日翁同龢觀

一〇三

懺悔文　寫本　〇八七四

善口　諸公

嫉妬　三寶　一紙　一六行

經名据簽題俟考

勸善經一卷　唐寫本　一四五一

勸善　平時

敕左一卷　一紙　一六行　有木軸

尾題　貞元十九年下

辯亡論二首　陸士衡　唐寫本　一五四三

辯亡　之化

昔漢　異也　三紙　七一行　有木匣

辯中邊論一卷　寫本　一一〇三

見煩　二障

於四　一卷　二紙　四〇行　首缺

變文　寫本　一四九〇

時二　衆生

侍從　厚地　五紙　一二五行　首缺　有木匣

經名据簽題（捨身飼虎）俟考

靈驗加句佛頂尊勝陁羅尼　三藏沙門大廣智不空譯　唐寫本　一〇〇五

靈驗　毋㮛　一紙　二七行

特進　嚩賀

尾題　龍紀初祀太歲作噩學夏六月蓂生七葉奉命而爲祿之　二行

觀世音經　唐寫本　一四〇四

世音　提心　五紙　九四行　首缺

音善　音經

觀音經　寫本　〇九〇三

佛告　是故

於法　切法　二紙　一二六行　首尾不全

經名据簽題俟考

觀音經一卷　唐寫本　〇八七九

白佛提心

珠瓔一卷　二紙四一行

尾題　天復二年壬戌歲七月廿五日住持三峗禪師顯會發心刺血敬寫此金剛經一卷

觀音經一卷　十四行　通卷朱書

敦煌寫本佛經草目

胡文玉撰

《中國敦煌學百年文庫》本

敦煌写本佛经草目
(国立北平图书馆庋藏)

胡文玉

(《康健杂志》 1934 年 第 2 卷第 3 期)

弁 言

自敦煌石室之写本流於国外,群焉研究,蕴藏无量,於是成一敦煌学之专名。顾国人所徵存者,残轴剩纸,则甚稀少;此草目为胡文玉居士即北平图书馆所有敦煌写本之佛经以编次者也,都经名四百有十,分卷至八千余,其於石室之已发见者,殆犹十百之一而已,繁博若是,竭一人数年之力,才仅粗定其大纲耳。今春释以徵访宋藏赴平,过胡居士见之,亟以持校宋元明清各藏目,并求日本高丽二藏详勘,实有数十种为人间孤本,懿哉懿哉,贡献於法界者洵重且钜哉!爰予刊布,俾广弘扬,世有善贤,庶其谛察! 中华民国二十三年四月如臬释范成识

长阿含经 后秦佛陀耶舍共竺佛念译
中阿含经 东晋僧伽提婆译
杂阿含经 刘宋求那跋陀罗译
杂阿含经 失译人名附吴魏二录
别译杂阿含经 失译人名附秦录
业报差别经 隋法智译
楼灰经略
佛本行集经 隋阇那崛多译
大方便佛报恩经 失译人名附汉录

佛说菩萨本行经　　失译人名附东晋录
法句譬喻经　　晋法炬共法立译
佛说太子瑞应本起经　　吴支谦译
太子须大拿经　　西秦圣坚译
佛说太子慕魄经　　后汉安世高译
出曜经　　后秦竺佛念译
悲华经　　北京昙无谶译
贤愚因缘经　　元魏慧觉译
杂宝藏经　　元魏吉迦夜共昙曜译
大般若波罗蜜多经　　唐玄奘译
放光般若经　　西晋无罗叉译
光赞般若经　　西晋竺法护译
道行般若波罗蜜经
摩诃般若波罗蜜经　　后秦鸠摩罗什译
小品摩诃般若波罗蜜经　　后秦鸠摩什译
佛说仁王般若波罗蜜经　　后秦鸠摩罗什译
文殊师利所说般若波罗蜜经　　梁僧伽婆罗译
文殊师利所说摩诃般若波罗蜜经　　唐曼陀仙译
胜天王般若波罗蜜经　　陈月婆首那译
金刚般若波罗蜜经　　后秦鸠摩经什译
金刚般若波罗蜜经　　元魏菩提流支译
金刚般若波罗蜜经　　陈真谛译
般若波罗蜜多心经　　唐玄奘译
别译般若波罗蜜多心经　　唐法成译
大般若波罗蜜多经　　节钞本
正法华经　　西晋竺法护译
妙法莲华经　　后秦鸠摩什译
妙法莲华经　　后秦鸠摩什译
观世音经
大萨遮尼乾子所说经　　元魏菩提流支译
金刚三昧经　　失译人名附北凉录
妙法莲华经　　度量天地品

妙法莲华经
大方广佛华严经　东晋佛陀跋陀罗译
大方广佛华严经　唐实叉难陀译
普贤行愿王经　唐法成译
大方广华严十恶品经　佚本
大宝积经　唐菩提流志译集
佛说无量寿经　曹魏康僧铠译
佛说无量寿经　蕃文
文殊师利问佛土严净经　西晋竺法护译
菩萨见实三昧经　北齐那连提耶舍译
胜鬘师子吼一乘大方便方广经　刘宋求那跋陀罗译
佛说阿弥陀经　后秦鸠摩罗什译
称赞净土佛摄受经　唐玄奘译
佛说观无量寿佛经　刘宋姜良耶舍译
大般涅槃经　北凉昙无谶译
大般涅槃经　刘宋慧严等再治
大般涅槃经后分　唐若那跋陀罗译
摩诃摩耶经　萧齐昙景译
大般涅槃经佛母品
大般涅槃蜜经为摩耶夫人说佛品经
集一切福德三昧经
佛临涅槃记法住经　唐玄奘译
佛垂般涅槃略说教诫经　后秦鸠摩罗什译
涅槃经节钞　后秦鸠罗什译
大方等大集　北凉昙无忏译
大方等大集经菩萨念佛三昧分　隋达摩及多译
大方等大集经贤护分　隋阇那崛多译
大方等大集月藏经　齐那连提耶舍译
宝女所问经　西晋竺法护译
僧伽吒经　元魏月婆百那译
地藏菩萨本愿经　唐实叉难陀译
佛说大方广十轮经　失译人名

佛说未曾有因缘经　萧齐昙景译
占察善恶业报经　隋菩提登译
佛说月灯三昧经　刘宋先公译
佛说观佛三昧海经　东晋佛陀跋陀罗译
佛说药师如来本愿经　隋达摩笈多译
药师琉璃光如来本愿功德经　唐玄奘译
佛说观弥勒菩萨上生兜率天经　刘宋沮渠京声译
观弥勒菩萨上生兜率天经疏　卷上
佛说弥勒下生经　后秦鸠摩罗什译
楞迦经　北凉昙无谶译
楞迦阿跌多罗宝经　刘宋求那跋陀罗译
入楞迦经　元魏菩提留支译
大乘入楞迦经　唐实叉难陀译
佛说首楞严三昧经　后秦鸠摩罗什译
大乘蜜严经　唐地婆诃罗译
深蜜解脱经　元魏菩提流支译
解深蜜经　唐玄奘译
思益梵天所问经　后秦鸠摩罗什译
持心梵天所问经　西晋竺法护译
大乘同性经　宇文周那阇耶舍译
诸法无行经　后秦鸠摩罗什译
大方等如来藏经　东晋佛陀跋陀罗译
宝云经　梁曼陀罗仙译
佛说宝雨经　唐达摩流支译
佛说转女身经　刘宋昙摩密多译
佛说长者女庵提遮师子吼了义经　失译人名附梁录
大庄严法门经　隋那连提耶舍译
佛说出生菩萨提心经　隋阇那崛多译
佛说罪业应报报化地狱经　后汉安世高译
佛说盂兰盆经　西晋竺法护译
阿阇世王授决经　西晋法炬译
佛说大乘稻芊经　唐译佚本

长爪梵志请问经　　唐义净译
佛说华手经　　后秦鸠摩罗什译
观察诸法行经　　隋阇那崛多译
佛说佛名经　　元魏菩提流支译
佛说佛名经　　佚本
佛说佛名经　　佚本
如正见经
佛名经忏悔文　　节录三十卷本
诸经佛名
佛说八部佛名经　　元魏瞿昙般若流支译
十方千五百佛名经　　佚本
五千五百佛名神咒除障灭罪经　　隋阇那崛多译
贤劫千佛名经　　失译人名附梁录
贤劫经　　西晋竺法护译
维摩诘所说经　　后秦鸠摩罗什译
维摩经钞
金光明经　　北凉昙无忏
合部金光明经　　隋释宝贵合北凉昙无忏译
金光明最胜王经　　唐义净译
佛说尸迦罗越六方礼经　　后汉安世高译
正法念处经　　元魏般若流支译
天请问经　　唐玄奘译
佛说无常经　　唐义净译
五无反得经　　刘宋沮渠京声译
佛说除恐灾患经　　西秦胜坚译
佛藏经　　后秦鸠摩罗什译
佛说文殊悔过经　　西晋竺法护译
大乘四法经
大乘四法经别本
佛说父母恩重经
大通方广经
净度三昧经

佛说禅门经
入无分别总持经
佛说无量大慈教经
究竟大悲经
佛说廷寿命经
佛说续命经等八种
四谛法门经
佛说教救经
佛说阎罗王授记劝修七斋功德经
赞僧功德经
佛说咒魅经
佛说善恶因果经
首罗比丘见月光童子经
佛说地藏菩萨经
法王经
观世音三昧经
救诸众生一切苦难新菩萨经
劝善经
佛说普贤菩萨证明经
佛说要行舍身经
佛大辩邪正经
佛说救护身命经
相好经
佛说孝顺子修行成佛经
佛说证明经
佛说大乘般若五辛经品第八
佛说法句经
诸经要集
抄经
大毗虑遮那成佛神变加持经　　唐输波迦罗译
佛说回向轮经　　唐尸罗达摩译
大陀罗尼末法中一字心咒经　　唐宝思惟译

佛顶尊胜陀罗尼经　　唐佛陀波利译

佛顶尊胜陀罗尼　　唐不空译

金刚顶经五字心陀罗尼经

大吉祥天女十二契一百八名无垢大乘经　　唐不空译

佛说救拔焰口饿鬼陀罗尼经　　唐不空译

十一面神咒心经　　唐玄奘译

千眼千臂观世音菩萨陀罗尼神咒经　　唐智通译

垢净光大陀罗尼经　　唐弥陀山译

大佛顶如来蜜因修证了义诸菩萨万行首楞严经　　唐般刺蜜帝译

德化李氏敦煌寫本目録

中央圖書館編

《中國敦煌學百年文庫》本

德化李氏敦煌写本目录

中央图书馆

(《中央时事月报》 1935年 第4卷第48、49期)

甘肃敦煌千佛洞之建筑创于后魏，中历周齐隋唐，代有增益，其洞内佛龛，每为储藏经典书籍之所，而自北宋初，经洞封闭，后世几不知吾国尚有如是之伟大宝藏，前清光绪二十六年，佛龛坍塌，秘册写本，乃稍稍流布于外，惟彼时人尚不甚措意，越七八载，匈人斯坦因，法人伯希和，先后来游，见而大诧，以为希世瑰宝，于是智取利诱，择其精者，既捆载归诸英法矣，朝野闻之，始颇惊悔。宣统二年，学部咨甘肃有司，将洞中所遗留悉数运京，已仅存八千余卷，且多系佛经残帙，他书甚鲜，盖德化李木斋阁读盛铎氏藉其戚何秋辇，彼时任甘省藩司之便，尽得斯伯两氏所余精品而朋分之。致学部所得，殆全糟粕，未几何氏旧藏，复归于李，然李氏则讳莫如深，从未出以示人，其内容究竟若何，外间固无从揣测也。今年春，李氏将有斥卖消息，乃印成目录一册，藉资号召，披览一过，佛经外，经史杂著，及契约历本等，有关史料者甚众，而景教经，尤为名贵。虽未逮伦敦巴黎藏弃之富，固远轶学部而上之焉，但索值殊奢，国内学术机关多欲购不得，亡何传卒以八万元日金，畀诸异国。然而往者不可谏，来者犹可追，爰取此数页之原目，披露于海内，庶览者知所警惕，慎勿为李氏续耳。

摩诃衍经第八(魏大统八年)

维摩义记第二(甘露二年)

十戒经首尾全(至德二载)

换严经第廿四(延昌二年，有蓝印)

未曾有因缘经卷下(开皇十一年官书)

妙法莲华经卷四(上元二年十月二十八日门下省群书公孙仁约写)

妙法莲华经卷五(仪凤二年正月秘书省书手田玄徽写)

解深密经卷七(贞观二十二年)

妙法莲华经卷六(上元三年十一月群书手赵如璋)

又　　卷一(证圣元年五月)

法苑行仪一卷(开皇二十二年五月僧光远行书)

金刚经一卷(咸亨三年五月左春坊楷书吴礼写)

景教志玄安乐经　　论语三纸

毛诗三纸　　左传

礼记二纸　　尚书

庄子让王篇　　唐律

□疑论第二(万岁通天元年行书)

昌道文(同光三年五月)

三界寺授戒李憨儿牒(甲午年)

敦煌县龙勒乡户册(天宝八载)

仓夫令狐良嗣牒(天宝八载)

三界寺住奴戒牒(太平兴国八年)

史喜酥卖马契(癸未年)　　赵监久卖田契(广顺二年)

开蒙要训一卷　　王梵志卷一(辛巳年十月)

宵夜图序(背有武后字写经)

驿程记　　孔子见项橐

牧群册(乙未年十月　有官印)

知马驼官日行簿(丙申午四月　有官印)

支应册(开元十六年)　　算学

十六国春秋(后录骈文)　　孝子传(背写经)

本草(背写历日)　　戊寅年历日

天文占　　换须发方

阴阳书(占鬼呼人第廿八　占狐鸣第廿九)

妙法莲华经卷四(上元三年群书手马元礼写)

又　　卷三(上元三年九日群书手王章举写带轴一)

金刚经(天祐三年四月写)　　董押衙持念

金光明经第六(光化三年)　　琴谱

类书　　千字文

大云寺牒(雍熙五年十月)　　吴安君分家书(天复八年十月)

墨印佛像　　藏经目

佛经音义(背有太平兴国字)　　秦妇吟

天福九年具注历日签

大唐天下郡姓氏族谱(李林甫撰　止有书名而书佚)

诸星母陀罗尼经(壬戌年正月廿七日沙弥宝贝书)
文书勘印底簿(簿頁圃　有印)
宋德子借布契(□酉年年九月十五　纯骨萨部落)
神□乡百姓吴山子借麦契　李山卖屋契
□□寺历(癸未年十二月至甲申十二月,都僧统大师字样)
弟兄分家契稿(太平兴国九年,背大宝积经)
法律理通等寺历　酒户张盈子记数簿
雇人史章□种地契　道场布施簿
目莲传七字句小说(背有僧太上父叔状)
十六国春秋(背道家疏)
金刚经册(西川戈家真印本抄出　后阎罗王授记经)
未画成佛像一纸　佛名释
比丘僧法邻道场疏(背观施帐)
书状稿　残经
八阳神咒经(残)　佛名经残字
残经疏　都僧统悟天道场文(行书甚长)
法门名义集序(前附普贤华严经五乘睹门)
佛说照明菩萨经(六朝人书)
残经　佛说千手千眼经中卷
残梵网经　残法华经(纸腐)
佛名经　大方广华严十恶经
佛说八阳神咒经　菩萨戒
佛母经　唐三藏哭西天行记一卷(前另写经疏背亦有)
佛说长爪梵志请问经一卷(尾全)
佛说咒魅经一卷　佛说诸法本经一卷
佛说行七行现报经一卷(背有真言)
胜幢臂印陀罗尼经一卷　经疏(尾全)
妙法莲华经普门品第廿五　卷首附有心经存卷尾十一行
观音经(尾全)
妙法莲华经普门品第廿五(卷首数行,惟首有竹签可宝也)
观音经(尾全)　(又)又　(又)又　(又)又
大般涅槃经卷上　(尾全)　(又)卷二十三(首尾全,唐初精写)
(又)卷三十四(尾全,唐初精写)
大般涅槃经卷三十六(尾全精写)　(又)又　(首尾全)
大宝积经卷一百十八(尾全)

妙法莲华经卷第一(尾全)　　(又)第一又(又)第一又(又)第一又(又)第二又(又)
第四(首尾全)
又第四(首全尾缺)又第四(尾全)又第二(又)
又第二(又)又(残)(首尾缺)卷四
又(残,首尾缺卷四)又第四(尾全)
又第五(尾全,卷中眉间有梵文一行)
又(残,首尾缺,卷四,六朝人精写)
又第四(尾全)又第四(首全)　灌顶经卷第十一(尾全)
般若波罗驾光赞经卷九(尾全)
究竟大悲经卷第四(首尾全)　沙弥尼离戒文(尾全)
金光明最胜王经(首尾缺)　首罗比丘经一卷(尾全)
大佛顶经卷四卷五(卷四末起)　残经卷(中有朱校一行)
刚补随机羯磨(首尾全)　佛顶尊胜陀罗尼经
金刚波若波罗经传外传中卷(尾全)
首罗比丘经(尾全)十轮第四(尾全)
异部宗论一卷(尾全)
持人菩萨经(第四品末起至第八品止精写)
贤劫经卷五(首尾全)　金刚三昧经(又)
集一切福德经卷三(尾全)
妙法莲华经卷第五(尾全)　残经卷(卷中有胭脂水精一块)
四分删繁补阙行事钞卷第二(京兆崇义寺沙门释道宣撰一大厚册共计九页首尾全)
父母恩重经(首尾全)
四分戒本疏第三(尾全　背写有残经)
因缘论开缺记一卷　大乘四法经论一卷(首尾全　背有草书残经疏)
大乘四法经一卷
六根赞　十空赞　　一卷(全)
维摩赞　阿弥陀经赞
时非时经一卷　(尾全)　新杂卷一(尾全)
毗尼心一卷　(尾全　文与四分戒相似)
大方等大集月藏经卷六　(尾全精写)
思益梵天经卷二(尾全)
胜天天般若波罗蜜经卷第三　(尾全)
大通方广佛经卷中　(尾全)　残经卷
佛说无量大慈教经一卷　(尾全)
佛说灌顶普广菩萨愿往生十方净土经第十一　(尾全)

大方等陀罗尼经初分第一 （尾缺）
思益经卷三 （尾全）
大般若波罗蜜多经卷二百六十九(首尾全)
大方等集经贤护菩萨所问经卷二 （首尾全）
萨婆多毗尼 （尾全 末有善一呤供养一校竟二行 背有辨中边论第一尾缺 晋人写）
残经卷 维摩诘所说经卷上 （首尾全 背有梵文二三字又有寺历）
维摩诘所说经 （尾全 密行小字）
大方广佛华严经卷第卅 （尾全）
佛名经第十一 （尾全） 又第十一 （又）
残经 六门陀罗尼经一卷
华严经卷五十(尾全) 究竟大悲经第四
佛名经(首尾缺 精写) 诚实论义记卷四(尾全)
瑜伽师地论卷第十一(尾全 朱笔点句校字)
诵持金刚般若波罗蜜灵验记一首(首尾全)
大乘四法经一卷(首尾全)大乘五蕴论一卷(首尾全)
普贤菩萨行愿王经一卷(尾全)
佛说无量寿观经一卷(尾全)
瑜伽师地论卷五十六手记初(首全)
佛说阿弥陀经一卷(尾全 油纸精写)
金有陀罗尼经一卷(首尾全 末题有薛溆二字似写经人名又有梵字一行)
金光明经卷第三(尾全 末附有音义一行)
忏悔灭罪金光明经(首尾全 首附有金光明经传)
药师经(尾全) 佛顶尊胜陀罗尼经(尾全 油纸写)
大般若波罗蜜多经卷二百九十(首全,全卷下半截残)
劝善经一卷(首全,存二块)
大吉祥天女经(尾全)大灌顶经卷第七(尾全)
佛说灭十方冥经(尾全) 佛说不增不灭经一卷(尾全)
佛说阿难问事佛吉凶经(首全)
佛说无量大慈教经一卷(尾全,首有六朝人写小字卷配全)
大般若波罗蜜多经卷第六百(尾 全)
金光明最胜王经卷第一(首尾全 背有地藏菩萨本愿经分身集会第二首全)
大乘入楞伽经卷五(尾全) 大智度经册六(尾全)
十地论初欢喜地第一(尾全) 又第三(尾全)
大智度论卷第十二(尾全)

佛说药师琉璃光如来本愿功德经一卷(首尾全)
摩诃般若波罗蜜经卷廿一(尾全　精写)
佛本行集经卷册九(尾全)
胜天王般若波罗蜜经一卷(尾全)
佛说八阳神咒经一卷(尾全)
佛说斋法清净经一卷(首尾全)
诸星母陀罗尼经一卷(尾全)
佛说延寿经一卷(尾全　首稍缺)
佛说回向轮经一卷(尾全)
佛说弥勒成佛经一卷(尾全)
文殊师利所说诗般若波罗蜜经一卷(尾全)
佛说要行舍身经一卷(尾全)
佛说罪要行法经一卷(翻经三藏法师义静撰　红阑首全)
金刚陀罗尼经一卷　佛母经一卷(尾全)
正法念处经卷二(后魏三藏菩提留支译　首全)
沙弥五德十数一卷(附每十五日于大僧边乞欢喜文,前另写他经)
残经卷　　　　佛说要行舍身经一卷(尾全)
佛说父母恩重经一卷　中阿含经(首全,背面写有轨仪)
阿弥陀经一卷(尾全)　佛说观世音三昧经一卷(尾全)
佛说观佛三昧海经卷一(首全)
药师经(尾全)　佛藏经卷第四(尾全)
四分律藏卷第十三
大般若波罗蜜多经第五百六十六(尾全,全卷下半截均缺)
大乘无量寿经(尾全,末有邓美二字似为写经者)
观世音经一卷(尾全,佛说佛名经卷第十六(首全))
大般若波罗蜜多经卷第一百一(尾全)
大般若波罗蜜多经卷第二百二四(首全)
佛说佛名经第三(首全)　佛名经卷第九(有尾)
大方广佛华严经卷第七十二(尾全)
新菩萨经一卷　又一卷
大般若波罗蜜多经卷第五百六十六(首全)
诸星母陀罗尼经一卷(尾全)
佛说佛名经残卷(缺首尾)　新菩萨经一卷
救诸众生苦难经一卷　　　　佛说弥勒成佛经一卷(尾全)
大般若波罗蜜多经卷第二(尾全)

大佛顶万行首楞严经卷第三四(由三尾起至四卷止)
又卷第六七八(由六尾起至八卷止,小字有朱校)
文殊师利所说般若波罗蜜经一卷(尾全)
又一卷(尾全) 佛说八阳经一卷(尾全)
金光明最胜王经残卷(首尾缺,诸天药叉护持品第二十二起至除病品第廿四止)
大方广佛华严经残卷(存十地品之一末起至十地品之二止)
究竟大悲经卷第二(首全)佛说因果经一卷(尾全)
大般若经卷第一百九十四(尾全)
瑜伽师地论卷第十六(三藏法师玄奘奉诏译,首全)
佛说佛名卷第二(首全,标题下绘有佛像著色)
维摩诘经卷上 又卷中(尾全,首稍缺)
又卷下(尾全,首稍缺,中有朱笔校改)
残经一卷(首尾缺,卷中题有义记卷五止字样)
佛说无量寿观经卷第四(尾全,末有弟子钦识持五字一行)
胜天王般若波罗蜜经卷七(尾全,小字,存由第八品后半起至第十六品止残经)
摄大乘论无性菩萨释卷第七(尾全,首稍缺,精写)
大般若波罗蜜多经第一百一卷(尾全,末题有法圆勘三字一行)
维摩诘经卷下(尾全) 大乘入楞伽心卷第七(尾全)
佛说无常经一卷(亦名三启经)
佛说教戒经一卷(尾全,背有张文彻王幸子等名字样)
佛说像法决疑经一卷(尾全)
佛说要行舍身经一卷 大般若涅槃经卷第十四(尾全)
大乘显实论一卷(尾全) 佛说法句经一卷(尾全)
大乘四法论一卷(背有唐中和四年又维岁丁未等字样)
佛说十想经一卷(小字小卷,后附佛说戒想应法经一卷尾稍缺)
劝善经一卷(末有贞元十九年正月廿三日下一行)
金有陀罗尼经(首全)
大般若第十会般若理趣分序(西明寺法律玄则制,卷首另写他经)
佛说佛名经残卷 大般涅槃经残卷(存佛母品八行)
佛说药师琉璃光如来本愿功德经一卷(首全)
大般若波罗蜜多经卷第九十七(残存九行)
又卷第三百廿四(尾全) 妙法莲华经残卷
佛说佛名经残卷(首尾缺)
金刚般若经百赞卷上(尾全)
佛说摩利支天经一卷(前另写他经)

大般涅槃经卷第廿一(首全,后半朱书补,背有大般涅槃经略抄要义)
大乘入楞伽心经卷第七(尾全,细小密字)
大乘百法明门论开宗义记(尾全,又题曰四部律并论要抄一卷)
观念阿弥陀佛相海三昧功德法门经一卷(尾全)
佛顶尊胜陀罗尼启请残卷(首全,背有归义军节度使等字)
又尼经一卷(前有经序,卷首稍缺)
莲华面经卷下(旋风装,半页六行行廿五至三十字不等)
佛说无量大慈教经
念身经,十,十一,十二卷(细密小字,日皆作⊙,盖武后时人所书)
佛顶尊胜陀罗尼经一卷(前有经序)
维摩诘所说经卷上(尾全)又卷下(尾全)
残经疏　残经卷
救□众生苦难经一卷　新菩萨经一卷
残经卷　金刚经残卷
大般若波罗蜜多经卷第四百五十六(首全)
又第五百七十八(存一页)　残经卷
残经卷　残经卷
残戒律　残经卷
残戒律　残经卷
父母恩重经残卷(首尾缺)　金刚经残疏卷
残羯磨文
残经疏
□□□□□□□□□菩萨说残卷(首稍缺,沙门玄奘奉诏译)
残经疏卷(有朱笔校字)　残戒律卷
残经疏卷(草书,背亦有字)
四分律删繁补阙行事钞中卷之上
小钞一本一卷(首尾全,前另有残戒律,尾全)
佛说善恶因果经(尾全)　维摩诘经残卷(首尾缺)
残经卷(字体与褚薛相似)　残经卷
残法华经第三(首尾缺)　妙法莲华经残卷(存法师品第十)
妙法莲华经残卷第五(存安乐行品第十四页)
金光明最胜王经卷第四(首全)
普门品残卷,又
无量寿宗要经(首尾缺)　残经卷
残经卷,又,又,又,又

残经卷(有朱笔校字)又,又,又
残经疏卷　残经疏
金刚经残卷,又,又,又,又
金刚经残卷(有朱笔点句)又,又,又
金刚经残卷,又,又,又,又
金刚经残卷　残经卷,又
金刚般若波罗蜜经(尾全),又(尾全),又(尾全),又(尾全)
佛顶尊胜陀罗尼经,又(背面有字),又(尾全)
妙法莲华经卷第六(尾全)又残卷
妙法莲华经卷第二(尾全)又残卷
维摩诘所说经(首全)又卷第三(首全)
沙弥十戒文一卷(首稍缺,背有间字云患文因缘论议文小抄各一卷共在此内)
普门品残卷大般涅槃经残卷
大般若波罗蜜多经卷第四百八十七(首全)
思益梵天问经卷第二(首全,前有卷一末尾)
般若波罗蜜多心经一卷　佛说天请问经一卷(首尾全)佛说救护身命一卷(普门品,线装巾箱本)
残经卷(背有祈雨咒解恶梦咒避鬼神咒移云咒四季菩萨咒等真言)
残经卷,又　残经疏(背亦写经疏)
残经疏(疏内有除睡咒入定咒)
残经疏
月藏经校功德品
妙法莲华残经卷(存法师品第十)
妙法莲华经残卷,又
残经卷(似羯磨文)又
残经疏(首尾缺),又,(存七行有朱笔校字)
残经,又　无量寿宗要残经卷
佛说无量宗要残经卷
金刚经般若波罗蜜经一卷(尾全,末有悲田寺僧道元等敬写三跋)
阎罗王受记经(末有戊辰年七月廿八日八十五日三写流传一行)
胜天王般若经第七卷(首全)
人集录明诸经中对根浅深发菩提心法一卷(尾全,末有大隋开皇六年岁次丙午四月五日在相州法藏寺撰)
李福员发愿文(雍熙二年岁次乙酉七月十日)
大般涅槃经卷第十五(尾全,末有菩萨戒弟子尼智行受持一行)

阿弥陀赞一本往生极乐赞一本宝鸟赞一本归极乐去赞一本

西方极乐赞一本共一卷

前有他赞名佚去末有显德六年岁次己未八月十日古三界寺沙弥福仁写跋七行六门

陀罗尼经一卷

道行经卷第九(尾全,末有菩萨戒弟子尼智行受持一行)

蜜多心经残卷(末有比丘僧宗一写经跋一行)

净名经关中疏卷上一卷(末有朱书大唐咸通八年岁次丁亥三月七日说毕一行,又有此是明照本一行)

残经卷一纸(首尾缺)

金有陀罗尼经一卷(尾全,末有梵文题字一行)

十空赞一卷(首全,背有字)

佛说父母恩重经一卷(首尾缺)

千字文一卷(首全,标题次行题千字文敕员外散骑侍郎周兴嗣次韵)

金光明经卷第四(有尾)

敦煌書目題跋輯刊

李萬健　羅瑛　輯

第三冊

國家圖書館出版社

許國霖撰

《中國敦煌學百年文庫》本

敦煌石室寫經題記彙編

敦煌石室写经题记汇编

许国霖

(《微妙声》 1936－1937年 第1－4期)

一、引

真如之道,不可以识识,不可以智知,非言语所传,非思量所及;三藏十二分教者,其如来之糟魄矣夫! 虽然,若得意而忘言,则不离文字而证解脱,一色一香,无非中道,矧况如来应化之迹,法宝流传之记耶? 考据辨证,足以为明理之助,义学之佐,岂虚哉!

佛法自汉明帝时东流震旦,千年之间,至于隋唐,灿烂光明,于焉大盛,推原厥因无他,信敬而已矣! 有唐以前,书卷之流传,胥赖夫钞写,为之难,同人人知珍,立言非至佳,言则不传,治学非熟诵,学则不成,故能大师辈出,道光千古也。宋而后,雕板之术兴,人急于知名,轻于言而喜自信,业脞驳杂,真似混淆,遂使为学者怠而无所归矣! 清末,敦煌千佛洞五代所藏唐人写经,以及世典凡万余卷,始现于世,欧人择其精者囊括以去,学部运载其余而致之京师,转贮于图书馆,先后请人整理之,迁延二十六年,而审编初竣,其中晋梁传译,隋唐疏解之不见于今甚多,考定之功,以胡君文玉、许君雨新为最勤,许君检阅之暇,见其题记足以考证此经藏之渊源,兼可知唐人修德之弘,信道之笃也,因辄录之,复广采中外公私记载之关于敦煌经卷题记者,汇以成编。

余深敬夫许君敏求之志,乐夫此编之足以致起之劝,而更慨夫刘宋丹阳佛窟寺之七藏经书,隋炀帝所立之宝台经藏,独不传于今也;故为斯引以识焉!

中华民国二十五年六月周叔迦

二、叙

敦煌石室在甘肃敦煌县东南四十里许三危山下,古名莫高窟,俗谓之千佛洞,内藏佛经世典约数万卷，洞口封闭，历千余年，人莫之知，清光绪二十六年，佛龛倾塌藏书始现，当时吾国人士，未尝注意。外人斯坦因、伯希和择其精华，囊载而去。宣统二年，学部派员将遗余残卷，辇运来京，藏之京师图书馆，入录之本，计八千六百七十九号。民国十八年，国立北平图书馆成立，(京师图书馆于民国十七年更名国立北平图书馆，十八年改组，与北海图书馆合并，沿旧名)。设写经组胡文玉先生整理编目，检阅未登记之残叶，又增编一千一百九十二号，都九千八百七十一号，凡佛经四百四十余种，古佚经疏约数十卷，皆今罕观之籍，其经典与现在刊本出入颇多，可资校勘考证且有晋魏写本百数十卷，书法古拙，纸质坚韧，尤为可宝。馆中所藏者虽为劫后之余，而可珍之处，尤足多矣！

溯自发现以来，迄今已三十年。伦敦巴黎所藏，或影印辑录，或传钞刊布，流行于世者甚夥，治学之士，孳孳研究于典章学术，咸有发明，而吾国所藏，以编目未竣，故未能公诸于世，宝韫珠藏良可惜也！

余服务图书馆管理写经，有感于此，爰于容岁暑假之暇，凡卷中逸文趣语以及题名跋记，概行移录，编为《敦煌石室写佛题记及敦煌杂录》二书，逮后见永丰乡人杂著，伦敦大学东方研究院报告，(第七卷四期第八卷一期)The School of Oriental Studies London Institution,(Bulletin),vot,7:4:4,vol,8:1.《鸣沙余韵》等书内有题记颇多，缘将题记一书，重加编订，题曰《敦煌石室写经题记汇编》，其有年代可稽者，计二百余则，上起西晋元康，下迄宋太平兴国，且有当年仕宦僧俗写经人名颇多，悉足以资历史之研究，罗振玉先生辑编高昌麹氏瓜沙曹氏二年表，(国学丛刊)徵引题记为证，又跋唐馆本《金刚经》，(永丰乡人杂著甲稿)则据其经尾题记，考证唐代官制之沿革，及虞昶之袭爵。题记之有关考证，于此可见一斑。又其中记录译经之事甚详者，略有数篇，虽非题记，然亦可供研究经教历史者之参考，既可知经之翻译年代，且可知在场负责之人，其译述之谨严，程序之繁重，尤足以资今日作翻译事业者之观摩也，他如灭割资财，写经为功德，亦藉以知当年佛教之隆，人心信仰之笃，敦煌石室遗留写经数万卷，有由来矣！兹者编录已竟，不揣浅陋，谨志数语，以述始末云。

中华民国二十五年四月许国霖谨识

三、敦煌石室写经题记汇编目录

譬喻经(一则)
大般若波罗蜜多经(二六则)
摩诃般若波罗蜜经(二则)
大品般若经(一则)
仁王经(一则)
仁王护国般若波罗蜜经(二则)
金刚般若波罗蜜经(二七则)
般若波罗蜜多心经(一O则)
妙法莲华经(五八则)
妙法莲华经卷八(一则)
妙法莲华经度量天地品(一则)
大方广佛华严经(六则)
大宝积经(一则)
佛说无量寿经(三则)
佛说无量寿观经(二则)
佛说观无量寿佛经(一则)
胜鬘师子吼一乘大方便方广经(一则)
佛说阿弥经(五则)
大般涅槃经(三三则)
遗教经(一则)
大方等大集经(三则)
大方等如来藏经(一则)
佛说未曾有因缘经(一则)
药师经(一则)
药师琉璃光如来本愿功德经(二则)
大乘蜜严经(一则)
深解蜜经(一则)
思益梵天所问经(一则)
佛说宝雨经(一则)
大云无想经(一则)
佛说大乘稻草经(二则)
佛说佛名经(一三则)

佛名经忏悔文(二则)
维摩诘经(七则)
维摩诘所说经(七则)
金光明经(四则)
金光明最胜王经(一三则)
正法念处经(一则)
佛说父母恩经(一则)
佛说辨意长者子所问经(一则)
佛说甚深大回向经(一则)
佛说如来相好经天请问经(一则)
佛说菩萨藏经(一则)
大通方广经(二则)
佛说禅门经(一则)
佛说延寿命经(三则)
佛说阎罗王授记七斋功德经(七则)
佛说咒魅经(一则)
大慈教经(一则)
佛性海藏经(一则)
佛说智慧海藏经(一则)
佛说示所犯者瑜伽镜经(一则)
普贤菩萨说证明经(一则)
诸佛要集经(一则)
救诸众生一切苦难新菩萨经(一则)
劝善经(二则)
佛说回向轮经(一则)
佛顶尊胜陀罗尼经(四则)
佛顶尊陀罗尼经节抄(一则)
大佛顶如来蜜因修证了义诸菩萨万行首楞严经(一则)
大方等陀罗尼经(二则)
千眼千臂观世音菩萨陀罗尼神咒经(一则)
六门陀罗尼经(一则)
诸星母陀罗尼经(五则)

金有陀罗尼经(六则)
佛说八阳神咒经(三则)
七俱　佛母心大准提陀罗尼经(一则)
口界陀罗尼(一则)
真言杂经抄(一则)
佛说无量寿宗要经四(四六则)
梵网经卢舍那佛说菩萨心地法门戒品(一则)
优婆夷塞戒经(三则)
四分律比丘戒本(四则)
四分律比丘尼戒本(三则)
四分律并论要抄(一则)
三部律抄(一则)
十诵律(一则)
大比丘尼羯磨(三则)
摩诃僧祇比丘尼戒本(一则)
受戒文(一则)
戒缘(一则)
佛说菩萨二十四戒经(一则)
佛说犯戒罪报轻重经(一则)
昙无德律杂羯磨节本(一则)
大智度论(五则)
十地论初欢喜地(一则)
阿毗昙毗婆沙论(一则)
杂阿毗昙心经(一则)
入可毗达摩论(一则)
瑜伽师地论(一则)
成实论(三则)
大乘起信论(一则)
仁王般若经疏(一则)
法华经义记(一则)
华严略疏(一则)
胜鬘义疏(一则)

胜鬘经义记(一则)
无量寿经义记(一则)
涅槃经义记(一则)
药师经疏(一则)
维摩经义记(七则)
维摩经注(一则)
净名经关中疏(一则)
净名经集解关中疏(三则)
净名经关中释批(一则)
四分律比丘含注戒本(一则)
四分律删补随机羯摩(二则)
四分律删补缺行事抄(一则)
四分律戒本疏(五则)
戒律名数节抄(五则)
瑜伽师地论随听手记(四则)
大乘起信论略述(二则)
摄论章(一则)
金刚般若经旨赞(一则)
赞阿弥陀佛并论(一则)
赞阿弥陀佛偈及略论安乐净土义(一则)
礼净土愿文(二则)
七阶礼佛(五则)
观修善法(一则)
大义章(一则)
大乘经纂要义(一则)
大乘二十四问(一则)
大乘无生方便门(一则)
大威仪请经(一则)
佛说诸经杂缘喻因由记(一则)
菩萨道藏修道法数(一则)
劝戒文(三则)
目连救母变文(二则)

释氏杂文(三则)
和戒文(三则)
散华梵(二则)
释肇序略分(一则)
下部赞(一则)
疏文(一则)
见一切入藏经目录(一则)
杂类(一则)
灾变品(一则)
太玄真一本际经(一则)
太上道本通微妙经(一则)
无上秘要(一则)
老子化胡经(一则)
金真玉光八景飞(一则)
摩尼光佛教法仪略(一则)
经名“佚”(三则)

四、敦煌石室写经题记汇编

中阿含经

仁寿二年十二月二十日,经生张才写用纸二十五张,大兴善寺沙门僧盖校,大集寺沙门法则覆。S3548伦敦大学东方研究院报告(以下简称东方研究院报告)第八卷第一期

大方便佛报恩经

今贞观十五年七月八日,菩萨戒弟子辛闻香弟子为,失乡破落,离别父母,生死各不相知,奉为慈父亡妣,敬造报恩经一部,后愿弟子父母生生之处,殖佛闻法,常生尊贵,莫堕三涂八难,愿弟子将来世中父母眷属莫相舍离,善愿从心,俱登正觉。S4284东方研究院报告第八卷第一期

譬喻经

甘露元年三月十七日,于酒泉城内斋业中写讫,此月上旬,汉人及杂类被诛向二百人,愿蒙解脱,生生信敬三宝,无有退转。惟大圣之难遭念,至教实叵值,值之不恳恻,来世何所冀,冀感觉弘慈,察微知所忌。古写经尾题录存

大般若波罗密多经

大代建明二年四月十五日,佛弟子元荣既居末劫,生死是累,离乡已久,归幕常

心，是以身及妻子奴婢六畜悉用为比沙门天王，布施三宝，以银钱千文赎钱一千文，赎身及妻子一千文，赎奴婢一千文，赎六畜入法之钱即用造经，愿天王成佛弟子家眷奴婢六畜滋益长命，及至菩提悉蒙还阙，所愿如是。S5428东方研究院报告第七卷第四期

咸通九年，戊子岁三月二十五日，持诵苾刍文照谨题发字九十三号

清信弟子归义军节度监军使检校尚书左仆射兼御史大夫曹延晟撙割小财，写大般若经一帙，并锦帙施入显德寺者，奉为军国永泰，祖业兴隆，世路清平，人民安乐。大王遐寿，宝位坚于邱山，宠荫日新，福祚过于江海。夫人仙颜转茂，鱼轩永驾于芝宫，美貌长滋，鸾镜恒辉长弓伤他性命，惟愿承斯书，写功德，奉施因缘，罪灭福生，无诸尤恼，然后先亡远代，识托四方，遨游净土之宫，速证无生之果，于时乾德四年丙子岁五月一日写记。古写经尾题录存

智照写胜字三十号　张字三十二号　宿字九十四号　案昃字八十七号智字上冠比丘二字。

普道写。智照写灵字八十三号

勘了张重润。乌字四十六号

法坚。冬字五十九号

昙贞写了。出字九号　案阳字九十九号仅题昙贞

李义写。辰字三十九号

兑下判记。暑字七十七号

勘了索兴。官字二十四号

比丘道真受持。余字十八号

比丘道济勘了安颙写。淡字三十三号

两卷共计纸三十四张比丘谈口写。暑字十八号

王瀚勘了。珍字九号　案阳七十号作王瀚写

虚寂。昆字一期

比丘福记写。阳字九十六号

比丘无滞写。字字八十六号

伯明写。菜字二十九号

福智勘了，张曜写。露字五十八号

左盈建。出字五十八号

胜威勘了。重字七十八号

张曜写第一校第二校第三校。露字五十五号

比丘遵戒。律字七十二号

比丘恒愿。雨字六十五号

杨文玉。卤字九十号

摩诃般若波罗密经

高阏为亡妻无圣威所写经。辰字四十号

辛巳书，四月二十八日，清信弟子□受毕记。羽字二十三号

大品波若经

延昌三十年 庚申岁六月九日，使持缺跋弥嵦伊离地尸□□□陁豆□□□□利发(缺)命，常住三宝。盖闻慧日□□，罔烛重昏，圆教既阐，真音未宣，而幽俗失旦，是以如来愍彼迷徒，长寝巨夜，使含识之类，望风趣向，弟子仰惟斯宗，内怀感厉，早吐屯发，敬守八时，般若波罗蜜经八部冀诔诵者，冯斯福愿，国祚永隆，蕃仟惟茂，眈骧所生，而缺。古写经尾题录存—此经出吐峪沟

仁王经

延昌四十三年，癸丑岁八月十五日，白衣弟子高昌王曲缺□道□通，康信可期，至理冥会，精感必应缺国处遍荒势迫，间摄疫病□流，有增死损缺，将来保元吉于滋同哉！是以谨寻斯趣，敬缺□□□□□□是国僵民逸，寇□潜声缺，后嗣安吉又愿七世先灵考妣往识济缺□，同证常乐，古写经尾题录存—此经出吐峪沟

仁王护国般若波罗密经

大代永安三年，岁次庚戌，七月甲戌朔二十三日丙申，佛弟子使持节散骑常侍都督领西诸军事车骑大将军瓜州刺史东阳王元太荣生在末劫，无常难保，百年之斯，一报极果。窃闻诸佛菩萨天人圣智，立誓余化，自有成告，有能禀圣化者，所愿皆得，天人持设覆卫，其人令无衰恼，所求称愿。弟子自惟薄福，屡婴重患，恐招灰粉之央，天□下诣，既居秽类，将何以自救。惟庶心天人，仰凭诸佛，敬造仁王般若经三百部，仰为梵天王一百部，仰为帝释天王一百部，仰为毗沙天王，愿天王等以此经力之故，速早成佛，故护弟子延年寿命，上等菩萨，下齐彭祖，若天王誓不虚□，并前所立，愿弟子晏□延年之寿，事同前愿，如无可念，愿含生离也。影印本永安三年七月二十三日，弗子元□集为梵释天王缺若一百部，合三百部，并前立乞延年。……殷字四十六号开皇十九年六月二日抄写讫。S2502东方研究院报告第七卷第四期页八三六

金刚般若波罗蜜经

大同元年正月一日，散骑常侍淳于缺于芮人愿造金刚般若经一百卷，今届梁朝，谨九十本，誓以斯功果，普施入境。古写经尾题录存

大隋大业十二年七月二十三日，清信优婆夷刘圆净敬写此经，以兹微善，愿发一切众生转读，闻者敬信，皆悟苦空，见者受持，俱胜常乐，又愿刘身早离边荒，速还京辇，罪障消除，福庞臻集。S2605东方研究院报告第八卷第一期

圣历三年五月廿三日，大升拔谷副使上柱国南阳县开国公阴仁协写，为金轮圣神皇帝及七世父母合家大小得六品发愿，月别许写一卷，得五品，月别写经两卷，久为微行，未辨纸墨，不从本愿，今辨写得，普发一切转诵。S87东方研究院报告第八卷第一期

景龙二年九月二十日，照武校尉前行兰州金城镇副阴嗣瑷受持读诵。律字二号

景龙四年六月二十日写了。地字二十四号

景龙四年六月廿日写了。古写经尾题录存

开元十一年十一月十日写了，为七代先亡及所生父母一切法界众口，敬写金刚经一卷，愿读诵者念阿弥陀七遍，俱免盖缠，咸同此福。翔字六十八号

别将王丰天宝十二载，普发法界苍生，同沾此福。古写经尾题录存

上元三年闰三月十一日，左春坊楷书欧阳玄哲写。

用　纸　　　一十二　　张

装　潢　　　手　　　　解善集

初　校　　　书　手　　萧祎

再　校　　　书　手　　萧祎

三　校　　　书　手　　萧祎

详　阅　　　太原寺大德　　神符

详　阅　　　太原寺大德　　嘉尚

详　阅　　　太愿寺寺主　　慧立

详　阅　　　太原寺上　　道成

判官司农寺上林署令　　李德

使朝散大夫写上舍奉　御　玄道　监　古写经尾题录存一此经出吐峪沟

乾符六年二月二日平定女。辰字六十三号

大顺元年□。始字五十八号背面

诵此经一遍胜诵本经功德一万九千遍。卤字五十八号

甲子年五月十五日……。同上号

未年正月社人张庭休写，一心供养。珍字八十四号

西川过家真印本。有字九号

丁卯年三月十二日，八十四老人手写流传。同上号

为正比丘尼写法华经一部，金光明经一部，金刚经一卷，已上写经，功德回施，正比丘尼承此功德，愿生西方，见诸佛，闻正法，悟死生，又愿现在合家平安，无诸灾障，未离苦者，今离苦，未得乐者，愿今得乐，未发菩提心者，愿早发心，未成佛者，愿早成佛，□巳年六月廿三日写讫。柰字四十二号

一校竟。羽字四十六号

毗李那寺经生令狐世康。羽字四十六号

弟子优婆夷李。云字三十六号

若有人诵此咒一遍，胜诵金刚经一万九千遍。金字二号

上坐金维那。羽字二十七号

清信佛弟子卢师道。宿字四号

惠海勘。列字九十六号

押衙康全子宾。露字六十一号

上缺钵敬写金刚般若经一千部，愿法界众生七缺见诸佛，闻大乘法，生生之处，历奉所写诸佛缺闻已能持，转持法轮，教化众生，永无退转。古写经尾题录存

弟子令狐□为龙王行病，鬼王怨家债主，敬造像三区，金刚般若一百部，法华一部于灵寺寿禅师院，□□净写。古写经尾题录存

般若波罗蜜多心经

贞元四年，沙州从事令狐楷供。

一校竟　古写经尾题录存

孟坏暕裳字八十九号

慈音书记　文字二十八号

上缺辟支作寺主，普缺文殊、法华亦缺有妻子种种来，亦施施，亦不□，为无常身，谁读此金刚神经者，一日诵五遍，远行者诵九遍，道路险若诵三遍，除却千劫已来无量重罪，东方宝光明，王佛西方，其与青色佛北方离觉子，此度佛上方，香积如来下方，师字亿像，既问佛说度脱经者，阳铜灌积住，白银作屋眷，琉璃作屋椽，日月作僚窗，上有一小劫，下有一由句，此经虽小，大有威神，亦胜法华，亦胜涅槃，亦如大海，亦如大山，入海探宝，随其多少，皆得重来入。斫水随其长短，谁能霜此经，此手中罗文成，谁能看此经，眼中重光生，谁能读此经，六国好音声，大罪得灭，小罪得除，若入刀山，刀山摧折，若入剑树，剑树崩缺，若入灌汤，灌汤自煞，若入炉炭，炉炭自灭，若入地狱，地狱桔楬，青青虚虚，手霜金经，声响楞楞，直入讲堂，前备玉几，后□金床，忆佛如忆食，念佛如念命，身值一千五百万，即得佛道，成东门无量寿，北门七宝堂，西门药琉璃光，上有八菩萨，下有四大王，月光童子初出时，除罪灭祸映。乌字六十二号

诵此经，破十恶、五逆、九十五种邪道，若欲供养十方诸佛，报十方诸佛恩，诵观自菩萨般若百遍千遍，灭罪不虚，昼夜常诵，无量不果。同上号

曹兴朝。裳字二十八号

破落官前同河西节度副使银青光禄大夫试鸿胪卿兼肃州刺史杨禺写讫。字字三十四号

金光明寺僧福惠舍多心经一卷。海字七十七号

灵图寺沙门大德阎僧戒并一心供养，作礼二□为是二界，见三生莫□二界。陶字十六号

五月十三日写了。陶字二十七号

妙法莲花经

建初七年，岁辛亥七月二十一日，比丘　施慧度典达共劝助校一遍。

时劝麋墨贤者张佛生。

经名妙法莲华典达所供养。古写经尾题录存

正始五年五月十日，……在中京广德寺写讫。S2733东方研究院报告第七卷第四期

大魏孝昌三年，岁次丁未，四月癸已朔八月庚子，佛弟子假冠军将军乐城县开国伯尹波敬写。古写经尾题录存

永兴二年，岁次癸丑，三月辛丑朔二十五日乙丑，开弟子陈晏堆南无一切三世，常住三宝，弟子自唯宿行不纯，等类有识，禀受风末麈秽之形，重昏□□。S2105东方研究院报告第七卷第四期页八二一

天保一年比丘法常诵。羽字二十六号

大中七年莫高乡人阴人哀所宝。同上号

大业四年四月十五日，敦煌郡旅师王师奉发已妣敬造涅槃、法华、方广各一部，以兹胜善，奉福尊灵，愿超越三涂，登七净六道，含识皆沾愿海。S2419东方研究院报告第八卷第一期页六

贞观三年敬业监制。字字六号

贞观九年二月八日，清信佛弟子吴勿儿写。古写经尾题录存

总章元年十一月二十三日，佛弟子阴智柱为现在父母、先亡父母造法华经一部，流通供养。S4496东方研究院报告第八卷第一期页十三

咸亨元年闰九月，崔安居为钟氏亡姊敬造。S3655东方研究院报告第八卷第一期

咸亨元年十二月，弟子汜怀信敬为亡妻超亡侄阿奴写。S2215东方研究院报告第八卷第一期页十三

咸亨二年五月二十二日书手程君度写

用麻纸十九张　装潢经手王恭

详阅大德灵辨　详阅大德嘉尚

详阅大德玄则　详阅大德持世

详阅大德薄尘　详阅大德德悊

太原寺主慧立监　太原寺上座道成监

经生程度初校　大总持寺僧大道再校

大总持寺僧智安三校

判官少府监掌治署令向义感

使太中大夫行少府少监兼检校将作少匠永兴县开国公卢昶监。S2105东方研究院报告第八卷第一期页十四

咸亨二年十月十日经生郭德写。

用　纸　　廿一　　张

装潢手　　解善　　集

初　校　　经生　　郭德

再　校　　西明寺僧　　法显

三　校　　西明寺僧　　普定

详　阅　　太原寺大德　　神符

详　阅　　太原寺大德　　嘉尚

详　阅　　太原寺寺主　　慧立

详　阅　　太原寺上座　　道成

判　官　　少府监掌治署令　　向义感

使太中大夫行少府少监兼检校将作少匠永兴县开国公虞昶监。古写经尾题录存

上元二年十月二十八日门下有群书手公孙仁约写

用麻纸　　廿　二　　张

装　潢　　经手　　解集

初　校　　普光寺僧　　玄遇

再　校　　普光寺僧　　玄遇

详　阅　　太原寺大德　　神符

详　阅　　太原寺大德　　嘉尚

详　阅　　太原寺大德　　慧立

详　阅　　太原寺大德　　道成

判　官　　司农寺上林署令　　李德

使朝散大夫尚舍奉御阎玄道监。古写经尾题录存页七

上元三年四月十五日群书手杨文泰写。

用　纸　　廿　　张

装潢手　　　　解集

初　校　　会昌寺僧　　玄福

再　校　　　会昌寺僧　　　　　藏师
三　校　　　会昌寺僧　　　　　儒海
详　阅　　　太原寺大德　　　　神符
详　阅　　　太原寺大德　　　　嘉尚
详　阅　　　太原寺寺主　　　　慧立
详　阅　　　太原寺上座　　　　道成
判　官　　　司农寺上林署令李德
使朝散大夫写尚舍奉御阎玄道监。鸣沙余韵页九四
咸亨四年九月二十一日门下省群书手封安昌写。
用　纸　　　　　　　　　　　　张
装潢手　　　　　　　　　　　　解集
初　校　　　大庄严寺僧　　　　怀福
再　校　　　西明寺僧　　　　　玄真
详　阅　　　太原寺大德　　　　神符
详　阅　　　太原寺大　　　　　嘉尚
详　阅　　　太原寺大德　　　　慧立
详　阅　　　太原寺大德　　　　道成
判　官　　　司农寺上林署令　　李德
使太中大夫守工部侍郎摄兵部侍郎永兴县开国公虞昶。古写经尾题录存页六
上元三年八月一日弘文馆偕书汪道写。
用　纸　　　一十九　　　　　　张
装潢手　　　解　　善　　　　　集
初　校　　　慈门寺僧　　　　　无及
再　校　　　宝刹寺僧　　　　　道善
三　校　　　宝刹寺僧　　　　　道善
详　阅　　　太原寺大德　　　　神符
详　阅　　　太原寺大德　　　　嘉尚
详　阅　　　太原寺主　　　　　慧立
详　阅　　　太原寺上座　　　　道成
判　官　　　司农寺上林令　　　李德
使朝散大夫写尚舍奉御阎玄道监。鸣沙余韵页九十九
上元三年九月八日群书手马元礼写。

装潢手　解　善　集

初　校　大庄严寺僧　威表

再　校　大庄严寺僧　威表

三　校　大庄严寺僧　慧隆

详　阅　太原寺大德　神符

详　阅　太原寺大德　嘉尚

详　阅　太原寺寺主　慧立

详　阅　太原寺上座　道成

判　官　司农寺上林署令　李德

使朝散大夫写尚舍奉御阎玄道监。古写经尾题录存

上元三年十二月二十一日，弘文馆楷书王智苑写。

用　纸　一十七　张

装潢手　解　善　集

初　校　清禅寺僧　疑成

再　校　弘福寺僧　惠伦

三　校　弘福寺僧　惠伦

详　阅　太原寺大德　神符

详　阅　太原寺大德　嘉尚

详　阅　太原寺寺主　慧立

详　阅　太原寺上座　道成

判　官　司农寺上林署令　李德

使朝散大夫尚舍奉御阎玄道监。古写经题尾录存页八

上元三年清信士张君彻发亡妹敬写。S114东方研究院报告第八卷第　期页一七

仪凤二年正月二十七日，秘书省书手田立徽写。

用　纸　廿一　张

装潢手　解善　集。古写经尾题录存

永淳二年三月九日，弟子宋才干谨发亡父，敬写妙法莲华观世音经一卷，伏愿已亡之父托生西方，妙乐净土。古写经尾题录存页九

文明元年六月五日，弟子索仁节写记，愿七世父母所产父母托生西方阿弥陀佛国，并及兄弟妹等恒发善愿。S2863东方研究院报告第八卷第一期页一九

垂拱四年六月□日，信女杨阿僧与人受持。鸣沙余韵页九三

垂拱四年十一月，清信佛弟子王琳妻比为身染缠疴，敬写法华经一部，以此功

德，资益一切含灵，俱登佛果。S791东方研究院报告第八卷第一期页二O

垂拱四年十二月，清信弟子王琳妻齐氏奉发亡女，敬写法华一部，愿亡者及遍法界众生，共成佛道。S592东方研究院报告第八卷第一期页二O

垂拱四年十二月，清信佛弟子□□妻齐氏。古写经尾题录存页六

灵修寺比丘尼善信知身非有浅识苦空，遂三衣之余，敬发亡妣，写法华经一部，以此功德，愿亡妣乘斯福业，上品上生，见在安乐，普及含灵，俱同妙果，天授二年三月二十九日写。S2157东方研究报告第八卷第一期页二一

长寿二年五月十五日，弟子张元礼发亡父敬造，供养流通。古写经尾题录存页五

大周长寿三年四月七日，大云寺僧怀珍发亡母，敬写法华经一部。S5176东方研究院报告第八卷第一期页二二

大周证圣元年，岁次乙未，四月戊寅朔二十一日戊戌，弟子薛崇徽尊长敬造。古写经题尾录存页八

天册万岁二年正月十五日，清信佛弟子阴嗣见存父母，七世父母，并及己身，及以法界仓生，写观世音经一卷。S217东方研究院报告第八卷第一期页二五

大足一年三月十五，信尼慧昌为亡母索氏，写此一卷，获福无量。羽字三十一号

开元九年二月十三日，马奉禄于此经略取众义。羽字三十三号

天宝五载印度只难写。羽字四十七号

宝应元年九月二十六日，弟子杨大勖为亡考，写法华经一部，尹严书。古写经尾题录存页八

大唐大历元年七月十五日，大子通口舍人米……，十一年一月亡男子，……读。洪字七十一号

建中三年，岁次壬戌，五月十七，凉洲国清寺僧法下缺尽未来际，常愿受持大乘，声光下缺八难，皆得下脱。古写经尾 题录存页九

官五月五日天中。龙字九号

天福四年九月二十六日，灵图寺戒昌如法。同上号背面

盖至道玄、凝洪修有无之境，妙理家廓，起拔群品于无垠之外，是以如来愍溺类昏，迷抗大悲于历劫，故众生无怙，唯福所恃，清信士佛弟子尹波实由宿福不勤，多屯难，扈从主人，东阳王殿下届临瓜土，瞩遭离乱，灾方横发，长蛇竞炽，万里含毒，致使表罕鄗，以迳年纪，寻幽寄矜，唯恁圣趣辄兴，微愿写观世音经卅卷，施诸寺读诵，愿使二圣慈明，永延福祚，九域早清，兵车息钾，戎马散于茂菀，干戈辍为农用，文德盈朝，哲士溢朤，锵锵锵锵，隆于上日，君道钦明，忠臣累叶，八表宇宙，经齐一轨，愿东阳王殿下体质康休，洞略云表，年寿无穹，永齐竹柏，保境安蕃，更无虞

寇，皇途寻开，早还京国，敷畅神讥，位升宰辅，所愿称心事皆如意，合家眷大小亲表内外，参佐家客，感同斯佑，又愿一切众生皆离苦得乐，弟子私眷沾蒙此福，愿愿从心，所求如意。古写经尾题录存页九

康辰年八月七日程自平书记。致字七十三号

信士弟子王恩自俳佳二十一日，因微梵然万里诵此。列字四十九号

壬子年十一月，清二日陈□儿续之。黄字四号背面

第一千七百八十四部，凡一万三百七十四言。玉字七十七号

弟子房鹊子为已身一心供养。张字二十五号

己巳年三月十六日，悬泉学士郎武保会判官武何瑞自手书。菜字十九号背面

辛未年二月三十日，比丘谈远成章。始字二十二号

比丘尼庄严受持。雨字四十二号

校定无错。岁字四十七号

五弟子汜思亮受持。珠字八十九号

常德宗。丽字七十三号背面

第一千八百七部。为字四十三号

清信弟子汜玄策奉亡考，敬写法华经一部。河字五十七号

社□王瀚写。果字六十七号

押衙索绍员书写记。官字三十一号背面

壬申年三月二十七日，行者倾心慈悲，敬写大圣观音经一卷，一为先亡父母，二为合家，永圣吉昌，愿亡灵神生，净去法界，苍生同沾此福，清信子张海晟一心供养，信事僧莲台沙弥灵进书写记。海字六十一号

辛丑年七月二十八日，学生童子唐文英为妹久患，写毕功记。闰字八十四号

敦煌经曹参军索元孝发府主曹公割身财写。古写经尾题录存页八

妙法莲华经卷第八

余发弘学，读此经者，不识句文，故凭点之，亦不看科段，亦不论起尽，多以四字发句，若有四字外句者，然点始之，但是四字句者，绝不加点，别发作发，惟委别行作行。闲列反如此之流，聊复分别，后之见者，勿怪不朱言错点也。鸣沙余韵页九六

妙法莲华经度量天地品

天宝三载九月十七日，玉门行人在此襟经，二十日有余，于狱写了，有人受持读诵，楚客除罪，万万劫记之，同襟人马，希晏其人。是河东郡桒泉县上柱国樊客记。李字七十一号

大方广佛华严经

延昌二年，岁次癸巳，七月十九日，敦煌镇经生金狐礼□太写，此经成讫，用纸二十四张。校经道人。

典经师令狐崇哲。S2067东方研究院报告第七卷第四期页八一七

延昌二年，岁次癸巳，八月廿七日，敦煌镇经生令狐崇哲所写，经成讫竟，用纸廿四张。校经道人。古写经尾题录存页一

夫妙旨无言，故假教以通理，口体非形，必藉口以表真，是以亡兄沙门维那慧超悟射，更难恃识，三圣易依。故资竭贿，唯福是图，金容于灵刹写冲典于竹素，而终功未就，儵迁异世，弟比丘法室仰赡遗迹，感慕遂甚。故莹铋图愿广写□经，华严、涅槃、法华、维摩、金刚般若、金光明、胜鬘、莫福钟亡兄腾神梵乡，形游净国，体悟无生，早苦海，普及含灵，齐成正。

大魏正光三年，岁次壬寅、四月八日□讫。鸣沙余韵页九八

开皇十七年四月一日，清信优婆夷袁敬资谨减身口之资，敬造此经一部，永劫供养，愿从今已去，灾鄣殄灭，福庆臻集，因界永隆，万民安乐，七世久远，一切先灵，并愿离苦获安，游神净国，罪灭福生，无诸鄣累，三界六道，怨亲平等，普共含生同升佛地。S5763东方研究报告第七卷第四期页八三四

优婆夷包敬造。戾字八十五号

杨法仲所供养。出字三十二号

大宝积经

张良友写。日字四十一号

佛说无量寿经

盖闻安养国者，乃是西域之净土，而道殊于斯煞，故法藏人士阐弘，誓之妙因，迹登圆觉，以为　十地玄轨，以镜□观音大势志弼化，受乐汪汪，昭刑绝识，窃寻慈典，辨九品开绝，群或垂终，发心十念，获果长存，解说书写，以迹难宜，是以比丘法鸾与俗兄弟酸心同感仰，惟养育之情，恩深巨海，报之惘极，减割财资，为亡考妣敬写。霜字二十八号

白衣赵业受持。官字三十九号

白衣贾伏生写。鳞字三十九号

佛说无量寿观经

大唐上元二年四月廿八日，佛弟子清信女张氏发心敬造无量寿观经一部，及观音经一部，愿以此功德，上资天皇、天后，圣化无穷，下及七代父母，并及法界苍生，并超烦恼之门，俱登净妙国土。S1515东方研究院报告第八卷第一期页十六

盖骨笔传经，远求甘露之味，剪皮写偈，深种般若之因，妙门昙皎，普化有缘，敬写经千部，冀使一闻一见俱得上品，往生一思一称，同入弥陀之国，逮沾有资此妙因。古写经尾题录存页十三

弟子李氏受持。重字三十七号

佛说观无理寿佛经

比丘昙济所写，受持流通供养。古写经尾题录存页十三

胜鬘师子吼一乘大方便方广经

一校竟眺有照法师疏。

延昌四年五月廿三日，于京承明寺写胜鬘疏一部，高昌客道人得受，所供养许。S524东方研究院报告第七卷第四期页八一七

佛说阿弥陀经

长寿三年六月一日，佛弟子翟氏敬造阿弥经一部。S3542东方研究院报告第八卷第一期页二二

景龙三年十二月十一日，李奉裕在家未时写了，十二月十一日清信女邓氏敬造阿弥陀经一部，上资天皇、天后，圣化无穷，下及法界众生，并超西方，供同上品之果。鸣沙余韵页九三开元五年三月，佛弟子贾慈。古写经尾题录存

右咒先已翻出，流行于晨朝，杨枝净□散花烧香佛像前，胡跪合掌曰：诵七遍，若二七遍，若三七遍，灭四重五逆等罪，现身不为诸横所恼，命终生无量寿国，永离女身，今更遵勘梵本，弄对问，婆罗门僧毗尼佛陀僧伽等，知此咒威力，不可思议。云：旦暮午时，各诵一百遍，灭四重五逆，拔一切罪根，得生西方，若能精诚，满二十万遍，则面见阿弥陀佛，决定得生安乐净土，昔长安僧欢法师、慧崇、僧显、慧通，近至后周宝禅师、景禅师、西河鸾法师数百人，并生西方，西河绰禅师等，因见鸾师生得生，各率有缘，专修净土之业。绰师又撰西方记，验名安乐，集流行。又晋朝远法师入庐山，三十年不出，乃命同志白黑百有二十三人，立誓期于西方，凿山铭愿，至陈天嘉年，庐山珍禅师于坐时，见人乘船往西方，乃求附载。报云：法师未诵阿弥陀佛经，不得去也。因诵此经，应二万遍，未终，四七日前夜四更，有神送一白银台来，空中明过於日，告云：法师寿终，当乘此台，往生阿弥陀国，故来相示，令知定生。终时，白黑咸闻，异香数日，其夜峰顶寺僧咸见一谷内有数十炬火，大如车轮，寻验古今，生西方者非一，多见化佛，徒众来迎，灵瑞如传，不可繁录。因珍禅於此经有验，故略述比，以悟来喆，助成往生之志耳。秋字九十七号 案姜字五十七号 河字七十六号 及鸣沙余韵九十四页经尾题记均至“决定得生安乐净土”句即完。惟姜字五十七号河字七十六号“右咒”之上冠“咒中诸口傍字皆依本音转舌言之，无口者依字读”一行。鸣沙余韵九十四页题尾又有“开元八年四月八日清信弟子孙思忠写了”十七字。施主清信佛弟子诸三窟教主，兼五尼寺判玄法宗福集二僧，同

发胜心，写此阿弥陀经一百卷，施人十寺大众。故三业清净，罪灭福生，莫逢灾难之事，比来世之时，共释迦牟尼，同其一绘。重字三十五号

大般涅槃经

天监五年七月廿五日，佛弟子谯良颙奉为亡父，于荆州竹林寺敬造大般涅槃经一部，愿七世含识速登法王无畏之地，比丘僧伦龙龚亮二人为营。S81东方研究院报告第七卷第四期页一八四

正光三年正月八日，翟安德所写。涅槃经一部所供养。陶字七十号

大代大魏永熙二年七月十五日，清信士使持节散骑常侍开府仪同三司都督岭西诸军事门骑大将军瓜州刺史东阳王元太荣敬造涅槃、法华、大云、随愚、观佛三昧，祖持金光明、维摩、药师各一部，合一百卷，仰为比沙门天王，愿弟子所患永除，四体悠宁，所愿如是。S4415东方研究院报告第七卷第四期页八二二

大统二年九月三日讫。古写经尾题录存

大统七年六月廿一日，聂僧奴敬写供养。古写经尾题录存页三

大统七年六月廿八日，聂僧奴敬写供养。S2216东方研究院报告第七卷第四期页八三四

瓜州沙门维那僧救咸割衣钵之余，敬写涅槃经一部，因此之福，愿七世师、尊父母，及一切含生有识，早成正觉。

大统八年八月廿七日。古写经尾题录存

大统十一年，乙丑岁，五月廿九日，写讫。平南寺道养许。S4949东方研究院报告第七卷第四期页八二五

比丘一校竟。

夫福不虚应，求之必感，果无自来，宗因必克，是以佛弟子比丘尼道容往行不修，生处女秽，自不遵宗妙旨，何以应其将来之果。故灭彻身，□衣食之资，敬写涅槃经一部。愿转读之者，兴无上之心，流通之者，使众或感悟，又类现身住念，无他苦疾，七世父母，先死后亡，现在家眷，四大胜常，所求如意。又禀性有识之徒，准齐斯愿。大统十六年四月廿九日。S4366东方研究院报告第七卷第四期页八二六

保定元年九月十七日，佛弟子张瓮生发家内大小切众生，敬写流通。S2028东方研究院报告第七卷第四期页八二七

保定元年九月十七日，佛弟子张瓮生为家内大小、七切众生，敬写流通。古写经尾题录存页三

大周保定元年，岁次辛巳，比丘道　谨惟常乐幽玄，我净难识。故割衣资，敬写涅槃经一部。愿佛性沼神，永躅苦域，师采父母，春属同学，悉如此契，齐获无为。古写经尾题录存补遗页二

保定四年六月戊子朔廿五壬子，比丘道济割衣钵之余，敬写涅槃经一部。因

此福上钟七世父母、六亲眷属，永离苦原，登涉妙境，现有宁泰，万恶云消，众福竟集，舍此秽形，直生皃卒，食承法教，面奉慈颜，独悟无生，入於清净。次又愿国难早平，万民安乐，风雨应时，苗实滋茂、法界含生，同升法堂，一时成佛。S1317东方研究院报告第七卷第四页期八二七

周保定五年乙酉，比丘洪珍自慨摩心集于愚怀，宿鄣□於正轨，仰惟大圣遂初化道俗，写千五百佛名一百卷，七佛八菩萨咒一百卷，诸杂咒三千三头，写涅槃经一部，写法华经一部，写方广经二部，仁王经一部，并疏药师经一部，写药王药上菩萨经一部，戒一卷，并律评谑，兹福普发，尽法一切众生，用纸十八张，登弥勒初会，一时成佛。S1945东方研究院报告第七卷第四期页八二八

保定五年乙酉朔，比丘洪弥。古写经尾题录存

建德二年，岁次癸巳，正月十五日，清信弟子大都督吐知勤明，发心普为法界聚生，过去七世父母亡灵、眷属□、及亡儿亡女、并现在妻息亲善知识，敬造此大般涅槃经，并大品杂经等，流通供养，弟子生生世世值佛闻法、恒念菩提，心心不断，又愿一切众生同□四流，早成正觉。影印本

开皇四年二月十五日，使持节仪同大将军高阳县开国公尉兴妻平昌县君王宝智为历劫师僧和上阇梨及法界众生得离苦难，又为七世父母、缘因眷属、儿女孙息、寿命延长，敬造大涅槃经一部。古写经尾题录存页二

开皇八年八月三日，佛弟子辅国将军中散都督赵升深自慨叹，前不值释迦八相成道，后未蒙弥勒三会于像法之内，发菩提心，敬造大涅槃经一部，及自己身家口大小，上为国主龙王，普及含识众生，同登正觉。S3518东方研究院报告第七卷第四期页八三三

大隋开皇十八年四月八日，清信女氾仲妃自知形同泡沫，命等风光，识解四非，存心三宝。遂灭身口之分，为亡夫写涅槃经一部，以此善因，愿亡夫游神净土，七世父母、见在家眷所生之处，值佛闻法，天穹有顶，地板无边，法界有度，同登正觉。S2791东方研究院报告第七卷第四期页八三五

维大隋大业二年，岁次丙寅，比丘释善藏奉为亡妣张夫人敬造此经，流通供养。伏惟霜露之感，凄怆莫追，蓼莪之慕，终天无已，敢籍大悲，用申罔极，唯愿二字之善，仰福幽灵半偈之功，奉资神路，法声不朽，鱼岭恒传，劫火难燎，龙宫斯在。

六道四生普同胜业。S2528东方研究院报告第八卷第一期

大业四年二月十五日，比丘慧休知五众之易迁，晓二字之难遇，谨割衣资，敬造此经一部，愿家乘兹胜福，三业清净，四实圆明，戒慧曰增，戒累消灭，现在尊卑，恒招福度，七世久远，永绝尘劳，普被含生，遍沾有识，同发菩提，趣萨婆若。清信佛弟子尹嘉礼受，开九、开十、开十一，年各一遍。古写经尾题录存

令狐光和持故破涅槃修持苄得一部，读诵为一切众生耳。闻声者永不落三途八难，愿见阿弥陀佛

贞观元年二月八日修成讫。S2231东方研究院报告第八卷第一期

贞观二年二月廿二日索河法记。S1218东方研究院报告第八卷第一期

维大唐景龙二年。岁次戊申，五月壬辰朔二十六日丁巳，弟子朝议郎成州同谷县令上柱国。薛崇徽敬写。

夫人阴氏卢舍那供养。

弟雍州永乐府左果毅上柱国薛崇晀供养。

弟妻令狐氏大法供养。

孙男上柱国英彦供养。

英彦妻令狐氏成实相供养。

孙女明正信供养。

孙男英谅供养。

孙女小王供养。

孙女母娘供养。

孙女明尚智供养。

孙男鸿鹤供养。古写经尾题录存补遗

开元九年腊月十三日，马奉录於此经中略取众义。古写经尾题录存

夫玄门重阁，非四目之所阋，旨理冲玺，岂素策之所铭。均乃三宝斯徒，而卓尔十瞿，兹例而滕，笼然大瞿，矜悼迷蠢，应迹形名，舍深禅定，诞化娑婆，形辉则天人拱手而归依，名彰则群品玩之而吟当斯之运，熟悉不抃耀者哉！是以建文寺主瓜州沙门都维那惠超敬写涅槃经一部、法华一部、胜鬘一部，以斯微善，愿七世师长、父母、今古觉亡、来各之窐，晶案三业，志行高隽，游陟十职之跸，速登常住之果，庶以此庆，普沾蠢类，齐升法云，同获兹契。古写经尾题录存

夫晓雾连民契极於初晖。蔼蔼交事，穷于慧曰，故能仁耀影，以光苓发首，祈圣遵道，以三慧发目，以是弟子郭法娜仰感慈训，俯白克□，仰发亡夫杨群豪，敬写大涅槃经一部，冀使三乘正观，四趣同□，谑口此福，愿使□身延苄现□福闺，将起□心，普及含生，□正觉。鸣沙余韵

夫大圣兴世，普润含识，是以佛弟子元颗谨割家资，敬造涅槃经一部、法华经一部、无量寿经一部、胜鬘经一部、乐师经一部。以斯豪分，念乇微愿，愿置𡉈冲照，皇祈兴隆，殊方伏化。又愿七世父母超神累阴，滕果无发，现在眷属寿命延长，不遭苦横，福禄永吉，等齐三司，众耶照不二之，观郡迷，朗性一之，致情法菀，抃恣

玄肆，普及仓生，同登妙果，善愿夫以顾复难追，昊夫罔极，驰景远感，痛结终身。故知不藉福基，无酬恩造。崇徵、崇暕等不幸薄福，早丧尊亲，泣泉壤以增悲，仰穷昊而何及，况复承恩膝下，早荣花蕚，蕚观念爱掌中，顶沾珠玉之美，追思鞠育至劝之泽实深，敬荷劬劳，返哺之诚无逮；崇徵、崇暕奉为亡考妣，敬写涅槃经一部，罄此微诚，庄严供养，冀使远津灵识，业静福崇，通济幽明，障销得满。古写经尾题录存补遗

比丘尼庆辉。露字五号

夫理深难契，非音教不传，妙果常寂，非积行不阶，是以佛弟子清信女令狐阿咒自惟秽业所招，早罹孤苦，思慕所天，情无己已，遂即资财，仰为亡夫敬写大涅槃经一部、世弟法华经一部、十即大方广经一部、三弟药师经一部、一弟冀因此福，愿亡夫神游净乡，历侍众圣，飡教悟玄，万感摧碎，又愿亡身现象眷属，宅福人昌，七珍满藏，万恶冰消，众善普会，一切含生等同斯愿，一时成佛。潜字十五号

勘□了。为字五十七号

比丘善慈所供养。鸣沙余韵

二道人普惠所写，与弟弘翊供养。鸣沙余韵

遗教经

夫法身凝，不灭不生，变现多端，慈流旷劫，讨寻诸法，一句价宜，娑婆百亿，捐躯犹少，执文之侣，然今正信士刘敬安合家眷属等，乃能晓六尘之重，遂写雪岭之半行，玩习真正之妙言，冀断生灭之果，五衣易尽，玉体难逢，一念金□之谈，胜舍恒沙之命，是以同心罕意，写此经一部，庶望先灵及见存眷属等，千灾不忤其性，万祸不入家门，同陟菩提，皆成佛道。龙朔二年十二月廿三日成。S4656东方研究院报告第八卷第一期

大方等大集经

开皇三年，岁次癸卯，五月廿八日，武侯师都督宋绍遭难在家，为亡考妣发愿，读大集经、涅槃经、法华经、仁王经、金光明经、胜鬘经、药师经各一部，愿亡者神游净土，永离三涂八难，恒闻佛法。又愿家眷大小，福庆从心，诸善日臻，诸恶云消，王路开通，贼寇退散，疫气不仟，风雨顺时，受苦众生，速蒙解脱，所愿从心。S3935东方研究院报告第七卷第四期

佛弟子宋绍读七部经，所愿从心。古写经尾题录存

清信女垣法臻所供养，经一部廿七卷。古写经尾题录存

大方等如来藏经

延寿十六年七月十日，经生巩达子用纸十二张。法师昙显校。S3888东方研究院报告第八卷第一期

佛说未曾有因缘经

开皇十一年二一月十二日，经生韦师写，兴国寺僧行矩

校，学士张治文学江溢。古写经尾题录存

药师经

大周证圣元年四月十八日，清信佛弟子郎行信敬写。S5005东方研究院报告第八卷第一期

药师琉璃光如来本愿功德经

夫至妙冲玄，则辞言莫表，惠深理固，则凝怨常家，泊淡栽净，随缘改化。凡夫想识，岂能穷达，推寻胖典，枈善发先，是以比丘惠达为七世师僧、父母，虔造药师琉璃光经一部，因此微福，愿使游神净，迂及法界，众生一齐成佛，大唐开国武德二年八月四日。古写经尾题录存

弟子贾崇俊愿平安，广德二年十二月，发心写药师经一卷，龙兴寺僧慈定□□记。闰字九十五号

大乘密严经

比丘玄归。昆字七十一号

深解密经

贞观廿二年十一月一日，菩萨戒弟子苏士方发心，愿渐转写诸经论等，奉为至尊、皇后、殿下、储妃，又为师僧、父母、诸亲、眷属、四生、六道等出尘劳，法界有究，斯愿无限，颂曰：写妙法功德，普施於一切，同证会真如，速成无上觉。古写经尾题录存

思益梵天所问经

大隋开皇八年，岁次戊申，四月八日，奉王妃崔为法界众生敬造杂阿含等经百卷，流通供养，员外散骑常侍吴国华监，襄州政定沙门慧旷校。S4020东方研究院报告第七卷第四期

佛说宝雨经

大周长寿二年，岁次癸巳，九月丁亥朔三日己丑，佛授记寺。

大白马寺大德沙门怀义监译。

南印度沙门达摩流支宣释梵本。

中印度王使沙门梵摩兼宣梵本。

京济法寺沙门战陀译语。

佛授记寺沙门慧智证译语。

佛授记寺沙门道昌证梵文。

天宫寺沙门达摩难陀证梵文。

大周东寺都维那青源县开国公沙门处一笔受。

佛授记寺都维那昌平县开国公沙门惠感笔受

佛授记寺沙门　思玄　缀文

长寿寺寺主　沙门　智口　缀文。

佛授记寺都维那赞皇县门国公沙门知静证义。

大周东寺都维那豫章县开国公沙门惠俨证义。

天宫寺上座沙门　知道　证义。

大周界寺上座□陵县开国公沙门法明证义。

长寿寺上座沙门　知机　证义。

大奉先寺上座当阳县开国公沙门慧□证义。

佛授记寺沙门　神英　证义。

佛授记寺寺主渤海县门国公沙门行感证义。

京西明寺沙门　圆测　证义。

婆罗门僧般若　证义。

婆罗门僧李无谣译语。

婆罗门僧度破具写梵本。

鸿州庆山县人忠　叱干智藏写梵本。

婆罗门僧迦蓁乌担写梵本。

婆罗门僧刹利乌台写梵本。

尚方监匠　李审恭装。

专当典并写麟台揩令史僧徐无处。

专当使文林郎写左衙翊二□□□。

敕检校翻经使典司宾寺府赵思泰。

敕检校翻经使典司宾寺录事□丞孙永辟。

证圣元年岁次癸未四月戊寅翔八日。

乙酉知功德僧道利检校写。

同知僧法琳勘校。鸣沙余韵

大云无想经

清信女张宜爱所供养经。

岁在癸卯正月十一日写讫。古写经尾题录存

佛说大乘稻芊经

癸卯年十月十日永寿寺写。海字五号

大番国沙州永寿寺律师神希记。雨字五十五号

佛说佛名经

延昌廿七年丁缺名、一卷，读诵缺，杜主薄家缺。古写经尾题录存

开皇十六年五月八日，比丘尼明晖供养。S635东方研究院报告第七卷第四期

中和元年，岁次壬寅，后七月□书。调字六十二号

敬写大佛名经二百八十八卷，伏愿城隍安泰，百姓康宁，府主尚书曹公己躬永寿，继治长年，合宅枝罗，当然庆吉。于时大梁贞明六年，岁次甲午，五月十五日记。羽字二十四号长兴五年，八月十九日，连台寺僧洪福。古写经尾题录存

戊寅年十月二日。藏字六十五号背面

庚寅年五月七日，僧王保昌写善恶因果经，后写妙法莲华经。菜字八十三号背面

清信士王府司马曲康、妻阚氏等，普为一切众生敬礼拜供养。释迦尊佛□□□十住大地诸菩萨等。古写经尾题录存—此经出吐峪沟

沙门法琼礼。成字十二号致字八十九号岁字十二号

佛弟子僧裴法达樊法林曹寺主等，奉为十方一切众生，愿见闻觉知写记，经生王瀚。字字四十四号

沙门道贞修此经，年十九，俗姓张氏。李字八十八号

三界寺道贞念。同上号背面

此是莲台寺僧法律二十上尽者、有来者、读者、壹自者，人莫□也。判□赵法律念者、壹疾经者、为定者耳。雨字十五号

佛名经忏悔文

乙丑年正月九日，幸长阇黎书记。冬字九十五号背面

乙丑年正月，永安寺有戒升阇黎书记。同上号背面

维摩诘经

麟嘉五年六月九日，王相高写竟，疏拙见者，莫□也。彩印本

神龟元年，岁次戊戌，七月十三日，经生张凤鸾写，用纸廿九张。彩印本

安乐三年三月十四日写讫，弟子阎硕供养。

沙门玄睿受持。古写经尾题录存——此经出吐峪沟

经生令狐善雇写，曹法师法慧校，法华斋主大僧平事沙门法焕定。

延寿十四年，岁次丁酉，五月三日，清信女稽首归命，常住三宝，盖闻剥皮折骨记大士之半言，丧体捐躯，求般若之妙旨，是知金文玉牒，圣教真风，难见难闻，既尊且贵，弟子托生宗胤，长自深宫，赖王父之仁慈，蒙妃母之训诲，共沾法润，发写斯经，冀以体休和，所求如意，先亡之远，同气连枝，见佛闻法，往生净土，增太妃之余苄，益王妃之光华，世子诸公，惟延惟寿，煦贼退散，疫疠消亡，百姓被煦育之慈，仓生蒙荣润之乐，含灵抱识有气之伦等出苦源，同升妙果。S2838东方研究院报告第八卷第一期

延寿十四年，岁次丁酉，五月三日，清信缺。古写经尾题录存——此经出吐峪沟

永微三年五月十五，佛弟子邓兀受持。S3394东方研究院报告第八卷第一期

丁未年正月二十三日，汜贤子写毕记。古写经尾题录存

维摩诘所说经

天复二年，写生索奇记。羽四十号背面

大周广顺八年七月十一日，四川善兴大寺两院法主大师法宗往西天取经，流与郡主大传。冬字六十二号背面

来慧。黄字三十一号

奉为西州僧道萼写记，经生王瀚。地字十八号

戊年四月一日，写维摩经一部，功毕记之也。腾字九十六号

比丘莲花心为染患，得痊，发愿写。收字五十二号

道京书。秋字二十号

金光明经

大统七年岁，……信女王明……为……金光明……

长与无……之敬……。号字八十六号

纸十六，比丘□校二遍。有字九十号

为亡比丘龙泉窟至永保，敬写金光明一部、胜鬘一部、方广一部、愿亡者托生佛国，面识慈颜，苌永三涂，永与苦别，生生之处，遇善知识，发菩提心，普及含生，早成佛道。天和三年，岁次戊子，五月廿一日。S616东方研究院报告第七卷第四期

弟子沙弥慈光。昆字五十号

金光明最胜王经

大统七年，比丘输伽摩陀奉持，为人天忏业，永居净土。羽字三十五号

大周长安三年，岁次癸卯，十月己未朔四日壬戌，玄藏法师义净。

奉制于长安西明寺新详并缀文正字。

翻经沙门婆罗门三藏宝思惟证梵义。

翻经沙门婆罗门尸利未多读梵文。

翻经沙门七宝台上坐法宝证义。

翻经沙门荆州王泉寺弘景证义。

翻经沙门大福光寺主法明证义。

翻经沙门崇先寺神英证义。

翻经沙门大兴善寺伏礼证义。

翻经沙门大福兴寺上坐波岺笔受。

翻经沙门清禅寺寺主德感证义。

翻经沙门大周西寺仁亮证义。

翻经沙门大总持增上坐大仪证义。

翻经沙门大周西寺寺主法藏证义。

翻经沙门佛授记寺都维那惠表笔受。

翻经沙门大福光寺都维那慈训证义。

请翻经沙门天宫寺明晓。

转经沙门北庭龙兴寺都维那法海。

弘建勘定。雨字三十九号

大顺元年十二月九日，沙弥诵记。古写经尾题录存

辛未年二月四日，弟子皇太子暅为男弘忽染痢疾，非常困重，遂发愿写此金光明最胜王经，上告一切诸佛、诸大菩萨、摩诃萨，及太山府君平等大王、五道大神、天曹地府、司令司录、土府水官、行病鬼王、疫使知文籍官、院长押门官、专使可蓝官、并一切幽冥官典等，伏愿慈悲救护，愿弘疾苦，早得痊平，增益寿命，所造前件功德，唯愿过去未来见在数生已来，所有冤家、债主、负财、负命者，各愿领受功德，速得生天。影印本Pelliot366

弟子李暅敬写，此金光明经一部十卷，从乙丑年已前所有负债、负命、冤家、债主，愿乘慈功德，速证菩提，愿得解怨释结，府君等同沾此福。致字二十八号藏字四十八号

还真勘。腾字六十号

丙午年正月十四日，三界寺□□。雨字六十三号

大山府君平等大王、五道大神、天曹地府、伺命伺录、土府水官、行病鬼王，弄役使府君诸郎君、及善知识胡使录公使者、检部历官、舅母关官，保人可转及善，三使风伯、雨师等，代愿哀乘，纳受功德，乞延年益寿。鹿字七十二号

河西节度使门使兼摄沙州释门法师恒安与王孔侍御写，此金光明经一部见此，一份讫。裳字十八号

佛弟子阴性奉为先亡父母及合家大小报愿平安，敬写。腾字八十八号

汜子写经一卷。腾字七十号背面

净土寺沙弥王善保贝经，自手札记之耳。金字五十二号背面

比丘道斌写。霜字七十六号月字八十九号

弘建勘定。洪字八十一号

正法念处经

落部秩来般若经五卷。为字七十二号背面

佛说父母恩重经

有为师僧父母戒安。辰字三十六号

佛说辩意长者子所问经

太安元年,岁在庚寅,正月十九日,写讫。伊吾南祠比丘申宗手拙,人已难得纸墨。S2925东方研究院报告第七卷第四期

佛说甚深大回向经

大隋开皇九年四月八日,皇后为法界众生敬造一切经,流通供养。S2154东方研究院报告第七卷第四期

佛说如来相好经天请问经

愿已写经功德,回施一切,有情离得乐,烦恼山崩,无明海竭,若欲远行,早达乡井,若有惊簸,日近前程,怀胎难曰,母子平安,一切贫穷,连得珍财,盲聋音哑,心服早开,生生世世,见闻佛法,早悟真宗,成等正觉。

辛未□六月一日,埜近马报达,在伊州作客,写记之耳。古写经尾题录存

佛说菩萨藏经

大凉王大且渠安周所供养经,承平十五年,岁在酉缺书吏臣樊济写。古写经尾题录存——此经出吐鲁番

大通方广经

开皇十年十一月廿日,清信女董仙妃稽首和南十方一切三宝,令谨变亡夫曹雅造经一部,流通供养,愿亡夫承此善因,游兎净土,面睹诸佛,永离三途,长超八难,耳食法音,心悟智忍,普共六道,同向菩提。古写经尾题录存

大隋仁寿三年二月十四日,清信女令狐仁妃发心,减割衣资之分,敬写大乘方广经一部,愿令七世父母、及所生父母、见在家眷所生之处,值佛闻法,与善知识,共相值遇,命过已后,托生西方无量寿国,及法界众生同沾斯愿。清信女任是是亦劝化助写供养。妃仁息男吕胜遵持心供养,息女阿谩存供养,益愿同上愿。S4553东方研究院报告第八卷第一期

佛说禅门经

自为生死,……

山嵩岳寺礼拜寂□□□

隆戒,不若求法,要须诵戒,即与

菩不经一两个月、诵得戒了,遂便求法

至三年一得缘,来于一日山,三年安居兰若,遂

龙福山,更住,转法华经,经云:大通智胜

坐道场，佛法不现前，不得成佛道，过

得成道，吾即悲泣两泪，捶胸

劫多生，造诸恶业，不亲近善

实不解佛意，经云：过去诸佛

趺坐，身心不动，为食倾或□

不得成佛，我今坐禅，何时得悟

经□福龙寺，开一切经藏，于经

□□□得此。禅门经云：时有菩萨名弃诸，盖于王舍城，往尸陀林间，佛欲涅槃，菩萨求法，佛言：善男子，我于往昔间，正智如来，过去诸佛，趣何等法，而能度脱，利益众生，佛言善□□，禅定空慧，为究竟门，于是菩萨白佛言：世尊，如余经中，或说四禅，十二观门云：何此经真言禅定而不具说耶？善男子，一切众生，根性差异，如余经中，为说浅近，权立方便，种种教法，此禅要经，则不如是如何，以故唯论究竟，顿教大乘，破诸有数，故不为说浅近之语，吾读诵此经，忽然得悟，发愿诵三万遍，及写三百卷，普及一切，受持读诵，沙门慧兀，聊述意怀，题之于后。露字九十五号

佛说延寿命经

维大周广顺叁年，岁当癸丑，正月二十三日，府主太保及夫人为亡男太子早别王宫，弃辞火宅，遂写延寿命经四十三卷，以济福力，愿超觉路，永充供养。古写经尾题录存

癸未年五月五日，王长盈儿。宇字六十八字前面

壬午年五月七日，王再成迁化记，癸未年三月，王章叁迁化记。同上号背面

佛说阎罗王受记七斋功德经

清信弟子布衣薛延昌唱发心，写此妙经，奉为过往，慈父作福，莫落三涂之苦，次为患母，令愿疾病速差，所有怨家之鬼受领写经功德，更莫相饶，兼及己另万病不侵，延年益寿，所有读诵此经三卷之人，传之信士，同沾斯福，永充供养，信心二时，受持清泰，三年丙申十二月廿日。古写经尾题录存

比丘道真受持。咸字七十五号

安国寺患尼弟子妙福发心，敬写此经一七卷，一心供养。宇字四十五号

戊辰年八月一日，八十老人手书流传，依教不修，生入地狱。列字二十六号

四月五日，五七斋写此经，以阿娘马氏追福阎罗之子，以作证明，领受写经功德，生于乐处者也。冈字四十四号

四月十二日，是六七斋追福，写此经，马氏一一领受写经功德，愿生善处，一心供养。同上号

四月十九日，是收七斋写此经一卷，以马氏追福，生于好处，遇善知识，长达善和，眷属永充供养。同上号

佛说咒魅经

令狐进子一心供养。鸣沙余韵

大慈教经

龙德四年二月二日。古写经尾题录存

佛性海藏经

显庆四年八月廿五日清信佛弟子索怀道。S5181东方研究院报告第八卷第一期

佛说智慧海藏经

大唐宝应元年六月廿九日中京延兴寺沙门常会因受请往此煌城西塞享供养

忽遇此经无头名目不全遂将宋渠东支白佛图别得上卷合成一部恐后人不晓放于尾书记示不思议之事合会愿以功德普及于一切，我等与众生，皆共佛道。鸣沙余韵

佛说示所犯者瑜伽法镜经

景龙元年，岁次景午，十二月廿三日，藏法师室利移唐末于崇福寺翻译。

大兴善寺翻经大德沙门师利笔受缀文。大慈恩寺翻经大德沙门，道安始证义。

大首领　安达摩　译语。

至景云二年三月十三日奉行。

太极元年四月缺日，正议大夫太子洗马昭文馆学士张齐贤等，进奉敕太中大夫昭文馆学士郑喜王详定。

奉敕秘书少监昭文馆学士韦利器详定。

奉敕正议大夫行太府寺卿昭文馆学士沈佺期详定。

奉敕银青光禄大夫太子右谕德昭文馆学士延悦详定。

奉敕银青光禄大夫黄门侍郎昭文馆学士。上柱国李又详定。

奉敕工部侍郎昭文馆学士上护军庐藏用详定。

奉敕左散骑常侍昭文馆学士权兼检校右羽林将军上柱国寿昌县开国伯贾膺福详定。

奉敕右散骑常侍昭文馆学士权兼检校左羽林将军上柱国高平县开国侯徐彦伯详定。

奉敕银青光禄大夫行中书侍郎昭文馆学士兼太子右庶子崔提详定。上柱国公薛稷详定。

奉敕金紫光禄大夫行礼部尚书昭文馆学士。

延和元年六月廿日，大兴善寺翻经沙门师利检校写，奉敕令昭文馆学士等详定，大目录讫，流行。鸣沙余韵

佛说普贤菩萨说证明经

……去永徽三年十一……见有四人来取，一人把……荣腋，将向阎罗王处初……今时州县城相似，入铜城，又入……金城，内把文书人引仕强至殿前……见阎罗王，当殿正生威仪，服饰甚自严毅，王即语把文书曾……曾煞猪，遣入猪胎，情实不服。王即语把文书人遣汝取煞猪，仕强何因，将不煞猪。仕强来出，去向曹司勘当，把文书人并三人牵仕强出金城外，傍墙东向，见有数十间舍，并未柱白壁，复有官人坐处方樆案褥，官人并下，佐史亦无，唯有一人独守文案，见把文书人并三人撮仕强入，即问，为何将此人？把文书人答曰：阎罗遣将向曹司勘当，有死名，不守文，并案人名，官人并下，案典复无谁为君勘当，此事任君自检，案把文书人仍与仕强共检，文案无有死名，守文案人即语把文书人云死，案既难可杂遍君向录事头检钞，即知有死名，亦此守文书人，即令出去，官人寻上仕强，共把文书人同行，出得五六步，仕强语守文案人云：仕强父母死得二十许日，曹司不在此，今觅相见，事不可得，君须出去，仕强行，又得十步，守文案人唤仕强住，汝有钱否，与我少多，示汝长命法，仕强云：无有多钱，有三十余文，恐畏少短。守文案人云：亦足何必须多，汝还家，访写证明经三卷，得寿一百二十岁。仕强亡家，内焦煎，不能得三卷，仕强身充卫士，一弟捉安州公廨本钱，一弟复向岭南逃走，若遣写三卷，恐不能办，写取一卷，复得。以不守文案，鬼云：不得要，须写三卷，独如三人证事，始得成证，若写一卷，于事无益，仕强云：家事焦煎，一时不办，渐写取足，复得。以不守文案，人云：若一时不办渐写取足，亦得。仕强语讫，即出曹司门外，见有悬崖百余丈，投中，遂得身活，还见家人，具说逗留，因即访写此经，求本竟无所得，唯得证明经，仕强不肯写，守文书人令我写证明经，恐非此本。有人语仕强云：汝可向彭慧通家借经目勘，有证明经不借勘，果有此本目录，上注云：京师两寺有本，江淮间一处有本，仕强依目录往返寻觅，遂得证明经本，写三卷竟，从尔已后，仕强先患痃癖，并悉除捐，身体肥健，非复常日，具说死时逗留事状况如此。阳字二十一号

诸佛要集经

元康二年正月十二日，月支菩萨法护手执□□□授聂承远和上弟子沙门竺法首笔□□，令此经布流十方，戴佩弘化，速成正□。

元康六年三月十八日写已。

凡三卷十二章。合一万九千五百九十六字。古写经尾题录存——此经出吐峪沟

救诸众生苦难经　新菩萨经

乾德五年，丁卯岁，七月廿二日，疫病写经，膀门上题记。古写经尾题录存

救诸众生一切苦难新菩萨经

此经大番乙未年正月二日见记。师字二十号

劝善经

贞元九年正月廿三日下。翔字二十二号

贞元十九年正月廿三日下。影印本

佛说回向轮经

乙丑年二月十六日，在瓜州比丘尼智清发心，钞常日持读宿业罪罔愿，皆消灭见世，速登正觉。戾字七十四号

佛顶尊胜陀罗尼经

信心弟子释门法律香号绍进，比爰年当相充月忌本命，恐有妖灾逼逐，此身迎新，敬写此经，愿怨家欢，更莫相仇，年衰厄月，逐经音而霞散，福集云臻，随佛声而赴会，田蚕倍收，六畜愿无奄厄，当来此世，同共众生，普获福分。

甲申年六月十七日，当寺比丘知都上座潜智写毕。古写经尾题录存

特进试鸿胪乡大兴善寺三藏沙门大广智。学字七号

弟子王发愿雕印。同上号

比丘志雄惠诠。唐字九十八号

佛顶尊胜陀罗尼经节钞

李景超。周字二十七号

大佛顶如来蜜因修证了义诸菩萨万行首楞严经

大佛顶陀罗尼经有十卷，咒在第七卷内，弟子张球手自写咒，终身顶戴，乞愿加备。中和五年五月十日写讫。潜字一百号

一名中印度那兰陀大道场经，于灌顶别部录出别行。列字二十二号

大方等陀罗尼经

一校竟。

延昌三年，岁次甲午，四月十二日，敦煌经生张阿胜所写，成竟，用纸廿一张，校经道人典经师令狐崇哲。S6727东方研究院报告第七卷第四期

正光二年十月上旬写讫。S1524东方研究院报告第七卷第四期

千眼千臂观世音菩萨陀罗尼神咒经

生净土陀罗尼，出大思惟经，若有人诵一遍，如诵阿弥陀佛经六十万遍，奄阿蜜嘌睹特缚爰萨婆罗诃金刚般若心中真言，奄呜论泥蜜缚贺。

若有人持诵此咒一遍，如诵十二部尊经八万四千遍，亦如诵金刚经十万八千

遍，亦如礼马头罗刹佛名八万四千遍，出藏经、出毗卢庶那经、新译经有三卷，共六十纸，赞佛说一切佛心陀罗尼陀罗尼功德，奄摩尼达哩吽哗吒，若有人暂开卷，见此陀罗尼或书若在壁上，眼暂观见，或读一遍，四重五逆罪亦得消灭，何况常诵持者，具足六波罗蜜与十地住齐等阶，若人暂触持陀罗尼人，或语共同坐共同食者，其人身上有罪障，悉得消灭，若能每日诵廿一遍者，其人眼所见处，山川谷中，聚落一切众生，乃至牺子等，永不堕三恶道，所去处，诵七遍，无有不欢喜，若至神庙中，高声诵廿一遍，令后闻得舍身，身入如来境，悟解真常，持诵者后更不受昭藏中生，当莲华化生，乃至诸佛功德，具在经中，此但略记多少示诸学者，真言有三道。宙字五十七号

六门陀罗尼经

比丘圆寂。周字三十号

诸星母陀罗尼经

壬戌年四月十六日，于甘肃修多寺翻译。余字十五号

王颛。同上号

翟文习。号字八号

文英。秋字四十二号背面

邓英。师字十四号

金有陀罗尼经

法照三界。菜字一号

虚寂。海字六十二号

邓坚。海字三十一号

张令。菜字七十七号

翟清子。称字六十三号背面

佛说八阳神咒经

癸未年八月廿日吴苟奴自手书记之耳。字字十号

三界寺沙弥海子读八阳经。黄字十一号

冯优婆夷。柰字十四号

七俱胝佛母心大准提陀罗尼经

开元十七年五月廿三日，弟子史苟仁为七世父母、所生父母，写佛母经，乘此写功，转读善根，十方净土，随意受生，见佛闻经，五真常乐，又持此善，愿史苟夫妻百福庄严，千神敬卫，诸佛护持，法界众生，同占斯福。古写经尾题录存

□界陀罗尼

延昌三十七年，缺郡开国公缺。古写经尾题录存——此经出吐峪沟

真方杂钞

比丘洪敞读诵。服字十二号

佛说无量寿宗要经

令狐晏儿写。余字五十七号 成字二十五号 成字五十六号 云字六十号 称字二十八号 柰字一号 柰字五十七号 位字二十一号 柰字四十六号 阳字三十九号 制字八十七号 师字十六号 文字五十一号 崑字九十六号 案冬字九十八号 无写字

吕日兴。盈字三十一号 吕字四十五号 菜字九十一号 师字五十四号 乌字十一号 人字八十五号 案出字五十一号 光字三十二号 李字八十二号 成字四十号兴下有写字

汜子升写。腾字二号 盈字六十三号 调字三十一号 洪字六十号 始字二十五号 案秋字七十九号 海字四十五号无写字

田广谈。地字九十八号 冬字七十八号 余字二十三号 吕字二十二号 生字四十一号 水字九号 菜字七十一号 重字五十九号 芥字八十六号 海字八号 吕字二十七号 制字五十六号 收字八十八号 藏字一百号 乌字七十三号 辰字五号 案出字十六号 珍字四十七号 姜字七十二号谈下有写字

张瀛。黄字三号 辰字六十四号 宿字三十六号 海字七十二号 服字四十八号 岁字二十号 崑字八十五号 案腾字四十一号 出字八十二号 阙字三十五号 地字九十六号瀛下有写字

张略没藏书。黄字九十四号 冬字四十四号 岁字三十一号 文字三号 台字七十七号 夜字九十七号 案生字五十五号 收字九十八号没作力，冬字五十八号仅题张力没

宋良升。宙字二十九号 服字三十五号 案罔字六十四号升下有写字 宿字九十七号升作金 称字九十七号官字七十一号作宋金升写

马丰。宙字五十五号 宇字六十四号

张良友写。宙字八十九号 姜字二十八号 调字四十号 阳字五号 出字十三号 案冈字四十八号无写字

妣良。荒字八十七号 盈字三十七号

王宗。日字八十号 为字二十四号 海字五十号

常小卿。列字八十一号

张卿。秋字三十五号 案始字三十三号作张小卿 帝字五十号作裴张小卿

张涓子。收字二十号 海字四十三号 官字九十一号 剑字二十一号 制字五十五号 珍字十八号 案柰字五十号 重字九十九号 服字七十九号 腾字三十九号子下有写字 岁字七十四号 出字三十五号 师字一号仅题张涓

汜华。收字七十一号 出字三十五号 出字二十六号

索慎言。冬字八十三号 淡字九十四号 张字五号 海字七十六号 日字二十八号 律字九十九号 地字二十五号

李加兴写。余字四十三号 案字字八十七号 鳞字九十四号 文字十九号无写字

张兴国。余字九十七号 云字六十二号 师字九号 案雨字九十三号 成字六十八号国下有写字

李曙。律字二十五号 皇字九十一号

解晟将写。云字九十八号　昆字九十二号　重字二十一号　姜字九十五号　案海字四十号　衣字五十八号无写字　乃字四十号仅题解晟

张寺加。出字四十三号　案藏字二十七号作张加寺

张曜写毕。剑字五十九号　案海字五十九号仅题张曜　重字四十一号　帝字十九号作张要写

刘再荣。号字四十四号　案鸟字八十九号仅题再荣

斐文达。巨字二十四号　位字五号　文字八十一号　推字十五号　宿字四十一号　洪字五十号　案李字九十八号达下有写字

王瀚。巨字九十一号　辰字七十二号　推字六十八号　秋字八十七号　始字七十一号

张义朝本。夜字五十九号

邓英。芥字七十三号　案姜字八十八号　成字三十九号作邓英子写

唐开写。姜字五十九号　海字十八号　案来字四十七号　荒字八十一号无写字

卢淡。列字三十四号　李字七十三号

唐悉□写□。日字四十九号

文英。淡字二号

吕宝。师字六十一号

李弁。推字八十八号

索闰。位字三十六号　师字七十三号

唐文英。夜字八号　柰字三十七号　宇字四十八号　案腾字八十六号英下有写字

安国兴。秋字八十五号

龙兴。宇字一百号

李义。衣字三十一号　衣字八十九号

孟郎子写。姜字十号　调字二十号　案字字七十八号无写字

张贞写。成字六十七号

汜广。列字五十四号

已前六卷纸卅张、王瀚写、眼暗书，不得不放知之。地字九十九号

曹兴朝。致字七十六号

第一校光际，第二校法惊，第三校建张环英写。剑字四十二号

翟文英。咸字二号

沙弥僧张信达书经一本。陶字十号

梵网经卢舍佛佛说菩萨心地法门戒品

天复六年，丙寅岁，十一月念日，接表布戒全还永惠记。荒字二号背面

智海。重字十号背面

优婆塞戒经

仁寿四年四月八日，杨维珍为亡父，写优婆塞戒经一部，灌顶经一部，善恶因果经一部，太子成道一部、五百问事一部、造观世音像一躯，四十九尺慒□，发法界众生，一时成佛。S4162东方研究院报告第八卷第一期

仁寿四年四月八日，杨维珍发亡父，写灌顶一部、五百问事一部、千五百佛，造观世音像一躯，造四十九慒尺，一□发法界众生，一时成佛。S4570东方研究院报告第八卷第一期

岁在丁卯，夏四月廿三日，河西王世子抚军将军录尚书事大且渠兴国与诸优婆塞等五百余人，共于都城之内，请天竺法师昙摩识译此，在家菩萨戒，至秋七月廿三日都讫，秦沙门道养笔受，愿此功德，令国祚无穷，将来之世，值遇弥勒初缺。古写经尾题录存

四分律比丘戒本

贞观四年，长安普仁寺主惠宗受持日宣。羽字三十六号

乾元二年四月廿日，龙兴寺僧静深写了。宿字六号

天福八年，癸卯岁，四缺。调字七十四号背面

七年十月二十日，比丘日定于大云寺书。珍字十五号

四分律比丘尼戒本

比丘常秘写。寒字一百号

戊寅年五月十六日梁再平。生字二十二号

戒意。辰字四十七号

四部律并论抄

岁次丙字六月六日写讫。鸣沙余韵

三部律抄

二年八月三日写讫，旷许。鸣沙余韵

十诵律

五月四日，经先汜亥仁所写讫，一校竟。古写经尾题录存

大比丘尼羯磨

大统九年七月六日己丑朔写，比丘尼贤玉所供养，比丘尼贤玉起发写羯摩经一卷，愿此功德，普及一切、十方世界、六道众生、心开意解，发大乘意，崇此身命，生生之处，常发十方，六道众生，而发导首如三世诸佛及诸佛及诸菩萨，度诸众生，等无有异，有能读诵奉行此律者，亦复如是。大圣玄心，使崇此愿，必得成就，果成佛道，三恶众生，应时解脱。S736东方研究院报告第七卷第四期

天和四年，岁次乙丑，六月八日写竟。永罼寺尼智宝受持供养，比丘庆仙抄

讫。S736东方研究院报告第七卷第四期

摩诃僧祇此丘尼戒本

三年三月十三日写讫，大比丘尼戒莫秀所供养。古写经尾题录存

受戒文

建初元年，岁在乙巳，十二月五日戌时，比丘德佑於于敦煌城南受具戒、和尚僧法性，戒师宝慧、教师惠颖，时同戒场者，道辅惠御等十二人，到夏安居写到戒讽之趣，成具字而已，手拙用愧见者，但念其义，莫笑其字也，故记之。S797东方研究院报告第七卷第四期

戒缘

比丘□所供养经，安太酉年七月三日，唐儿祠中写竟，首薄可愧，顽使一切，缺。地字七十六号

佛说善信菩萨二十四戒经

比丘惠真于甘州修多寺写。展字四十八号背面

佛说犯戒罪报轻重经

大统七年，岁次辛酉。七月一日，于瓜州城西大法师倚劝化，告招提禅，缺丘昙远所供养。古写经尾题录存

昙无德律杂羯磨节本

比丘道宗敬写供养。调字四十三号

大智度论

延昌二年，岁次癸巳，七月二十八日，敦煌镇发经生张乾护所写，讫竟，用纸十九张。

典经师令狐崇福。

校经道人。古写经尾题录存

大代普泰二年，岁次壬子，□□□乙丑月廿五日己丑，弟子使持节散骑常……西……阳王元荣……。菜字五十号

善泰写用纸张。阳字一号

大魏大统八年十一月十五日，佛弟子瓜州刺史邓彦妻昌乐公主元敬写摩诃衍经一百弓，上愿皇帝陛下国祚再隆，八方烦轨。又愿弟子现在夫妻男女家眷四大康健，殃灾永灭，将来之世，普及含生，同成正觉。古写经尾题录存

开皇十三年，岁次癸丑，四月八日，弟子李思贤敬写供养。西州司马麴缺。古写经尾题录存。

十地轮初欢喜地

正光二年，经生孛道彻写，用纸廿七张。S4823东方研究院报告第四卷第四期

阿毗昙毗婆沙论

龙翔二年七月十五日，右卫将军鄂国公尉迟宝琳与以及鄂县有缘知识等，敬于云际山寺洁净写一切尊经，以此胜因，上资皇帝皇后、七代父母、及一切法界苍生、庶法船鼓枻，无溺于爱流，慧炬扬挥，靡幽于永夜，释担尘情之累，咸升正觉之道，此经即于云际，上寺常住供养。

经生沈弭写，用纸十六张。

造经僧道以别本再校讫。古写经尾题录存

阿毗昙心经

用纸十五张，一校。

冯晋国。

大代太和三年，岁次己未，十月己巳廿八日丙申，于洛州所书成讫。S996东方研究院报告第七卷第四期

入阿毗达摩论

开元寺小僧文进写毕，集纸廿五张。古写经尾题录存

瑜伽师地论

大中九年十月沙弥一真书记。古写经尾题录存

大中十年六月十三日沙门智慧山书记。古写经尾题录存

大中十年十一月廿四苾刍恒安随听抄记。古写经尾题录存

大中十一年四月廿一日苾刍明照尾题。古写经尾题录存

大中十一年五月三日明照听了记。古写经尾题录存

大中十二年六月十一日苾刍智山。古写经尾题录存

大中十二年八月五日比丘明照随写记。菜字二十五号

大中十二年六月一日比丘明照本。菜字二十五号

丁丑年七月十日说毕沙弥一真随听本。古写经尾题录存

学问沙弥一真本。古写经尾题录存

成实论

经生曹法寿所写，用纸廿五张，永平四年，岁次辛卯，七月廿五日，敦煌镇官经生曹法寿所写，论成讫，典经师令狐崇哲，校经道人惠显。S1427东方研究院报告第七卷第四期

用纸廿八张，延昌元年，岁次壬辰，八月五日，敦煌镇官经生刘广周所写，论成讫，典经师令狐崇哲，校经道人洪俊。S1547东方研究院报告第七卷第四期

延昌元年八月五日敦煌刘□□写，用纸二十八张。古写经尾题录存

大乘起信论

天宝二年八月十三日，超俗寺僧灵晖写。鸣沙余韵

仁王般齐经疏

开皇十九年六月二日抄写记。古写经尾题录存

法华义记

正始五年五月十四日，释送周所集，在京中广德寺写讫。鸣沙录韵

华严略疏

比丘法渊供养流通。辰字五十三号

胜鬘义疏

慧掌蕴。

正始元年二月十四日写讫，用纸十一张，宝献共玄济上人校了。S2660东方研究院报告第七卷第四期

延昌四年五月廿三日，于京承明寺写胜鬘疏一部，高昌客道人得受所供养许。古写经尾题录存

胜鬘经义记

延昌廿七年缺。古写经尾题录存—此经出吐峪沟

无量寿经义记

无量寿义记下卷。一校竟。

比丘洪琇许。古写经尾题余存

涅槃经义记

大隋大业十一年，敦煌郡沙门昙枚敬写。雨字九十号

圣历元年七月十四日。雨字九十号

药师经疏

慧观昔因问道，得履京笔，备践讲筵，十有余载，遂逢永淳，饥馁杖锡，旋归，疑痼膏肓，□知枿滞，每玩味兹典，常讽诵受持，能粗薄粗，粗得文意，不量暗短，辄述所闻，据摭群缺疏例，岂敢传诸学，私将缺披，寻时闻示下缺。鸣沙余韵

维摩经义记

甘露二年正月廿七日沙门静志写记。影印本

建昌二年内子缺。古写经尾题录存——经出吐峪沟

景明原年二月廿二日比丘昙兴于定州丰乐寺写讫。S2106东方研究院报告第七卷第四期

延昌二年岁次癸巳六月缺日敦煌镇经生张颙男所写经，用纸廿缺成讫。

典经师令狐崇哲。

校经道人。古写经尾题录存

释琼许大统三年正月十九日写讫。辰字三十二号

大统五年四月十二日比丘惠龙写记，流通、龙华二儒共校定也，更比字一校也。

保定二年，岁次壬午，于尔绵公斋上榆树下大听僧雅讲维摩经一遍，私记。S2732东方研究院报告第七卷第四期

空藏禅师修。古写经尾题录存

维摩法经注

大同五年四月十二日僧慧隆写。古写经尾题录存

净名经关中疏

巨唐大历七年三月廿八日，沙门体清於□州开元寺为僧尼道俗□演此经此疏，以传太学，愿秘藏常开，广布真如之理，莲宫皕弘分般若之源矣。

又主辰年九月十六日，俗弟子索游岩于大蕃管沙州，为普光寺比丘尼普意转写此卷记。鸣沙余韵

蕃中甲戌年四月七日勘乞比丘惠照记。古写经尾题录存

四分比丘含注戒本

敕受河西应　曹元忠。玉字七十八号

四分律删补随机羯摩

辰年九月十七日比丘洪建写讫，并勘校定。淡字九十一号午年五月八日，金光明寺利济初夏之内，为本寺座金耀写此羯一卷，莫不所精尽思，庶流教而用之也，至六月三日毕，而复记焉。辰字四十六号

四分律删繁补缺行事抄

京崇义寺沙门释道宣于唐武德九年六月内于京撰集，时属僧伍，无伤从誉，且门户依所学撰次，但意在行用，直笔舒道，不事辞文，言多奢陋，想有识通士，知余托意也。古写经尾题录存

四分律戒本疏

未年正月廿三日比丘惟真书。雨字四十四号

丁卯十一月十八日僧常证于讲堂檐下书写讫。古写经尾题录存

子年十一月沙门金光明寺大律师书其疏，用于流通。冬字六十五号

壬子年三月二十八日于沙州寿永寺记。辰字六十一号

勘了。辰字六十一号

戒律名数节抄

甲戌年十一月十九日于报恩寺写讫记之也。服字三十一号

丙午年七月五日番国肃州酒泉郡沙门法荣写手恶笔，若多阙错，多有明师，望乘改却。冬字九十二号

比丘道应提记。洪字三号

寅年七月十五日于东山写讫，比丘尼胜藏受持。宿字三十九号

比丘谈闸所写。河字八号

瑜伽师地论随听手记

沙门洪真。光字二十六号　露字八十二号　柰冬字七十二号　秋字五十七号　闰字九十八号　辰字八十七号真下有本字

福赞。珠字七十四号

廿三卷八月卅日说毕记。冬字七十二号

戊寅年后正月廿日说卅一卷手记竟。闰字九十八号

大乘起信论略述

沙门昙旷。

宝应贰载玖月初于沙州龙兴寺写讫。古写经尾题录存

摄论章

仁寿元年八月廿八日，瓜州崇教寺沙弥善藏在

京辨才寺写摄论疏，流通末代。比字校竟。S2048东方研究院报告第八卷第一期

金刚般若经旨赞

广德二年六月五日，□遵于沙州龙兴寺写□。鸣沙余韵

赞阿弥陀佛并论

景云二年三月十九日弟子张万反写。鸣沙余韵

礼净土愿文

长兴五年，甲午岁，十月廿五日，净土寺沙弥手写记之耳。柰字二十七号

比丘洪秀所供养礼文。始字四十六号

七阶礼佛

为己巳年六月十二日沙弥崇惠善记。玉字九十一号背面

上元三年正月五日灵图寺僧志殷书写事奉上。昆字九十六号

一心念我沙弥志殷等从前月。日至今小五日于其僧地

不急杨校□事烦乱□德□□慈悲。昆字九十六号

己巳年正月　日字记。咸字一号

乙巳年后五月十五日比丘吕智写毕记之也。宇字八十号

观修善法

一校定。制字七十九号

大义章

僧宝许。

大统十六年，岁次庚午，二月廿一日，比丘僧宝城门寺写。S6492东方研究院报告第七卷第四期

大乘经纂要义

壬寅年六月，大番国有，赞普印信，并此十善经本，传流诸州，流行读诵，后八月十六日写毕记。鸣沙余韵

大乘二十四问本

丁卯年三月九日写毕，比丘法灯书。古写经尾题录存

大乘无生方便门

丁卯年二月廿三日沙弥明惠记。古写经尾题录存

大成仪请经

开运□年三月八日写观音经一卷。陶字六十六号

佛说诸经杂缘喻因由记

灵图寺僧道琳再写实。腾字二十九号

菩萨藏修道法数

大业六年岁次庚午记通许琮。制字八号

劝戒文

庚辰年正月二十一日，净土寺学使郎王海润书写，邓保柱、薛安俊，庚辰年正月廿一日净土寺学使郎邓保住写记述之也，薛安俊扎用。位字六十八号

书手马幸员共同作。鸟字十号

甲午年七月七日报恩寺僧比丘保会诵持受记。鸟字十号

大目犍连变文

贞明七年，辛巳岁，四月十六日，净土寺学郎薛安俊写。古写经尾题录存

太平兴国二年，岁在丁丑，闰六月五日，显德寺学士郎杨愿受，一人思微，发愿作福，写尽此目连变一卷。同释迦牟尼佛一会弥勒生佛写定。□后有众生同发信心，写尽目连变者，同池愿力，莫堕三涂。盈字七十六号背面

八相成道变文

此内及外更有诸妙理，不及具细，谁人乐者，寻成弘因，由则知微细极，甚精妙也。

长兴伍年，甲午岁，八月十九日，莲台寺僧洪福写记耳。僧惠定池念读诵，知人不取。鸣沙余韵

破魔变

天福九年，甲辰记，黄钟之月，蓂生十荚，冷凝，呵笔而写记。Pelliot2187

释氏杂文

贞明六年十二月十三日，龙兴寺僧惠文一本，永圣寺转读莫□文本。宿字五十号

戊子年八月三日比丘法江写记。字字五十九号

僧□明照写。海字五十一号

和戒文

建隆三年，岁次癸卯，五月四日，律师保德自手题记，比丘僧慈愿诵。制字五号背面

己亥年五月六日，比丘写记，沙弥净觉贞读诵。海字八十号

金光明最胜王经卷第三界道真受持。服字三十号背面

散华梵

丁丑年正月十五日王法律自手书。周字九十二号己巳年

释筌序略分

余以大历二年春正月，于资圣寺传经之次，纪其所闻，以补多忘，庶来悟义，但无消斐然矣，崇福寺沙门体清记。古写经尾题录存

下部赞

古时吉日，翻斯赞呗，上愿三常舍过及四处法身，下愿五服明群乃至十方贤哲，宜为圣言无量，凡识有涯，梵本三千之条，所详二十余道，又缘经赞呗愿，皆依四处制焉，但道明所翻译者，一依梵本，如有乐学习者，先诵诸文后，暂示之，即知次弟，其写者存心勘校，如法集治，其赞者必就明师，须知讹舛，于是法门荡荡，如日月之高明，法侣行行，若江汉之清肃，唯愿皇王延祚，寥寀忠诚，四海咸宁，万方安乐。鸣沙余韵

疏文

保定元年，岁次辛巳，三月丁未朔八日，玄觉抄记。鸣沙余韵

见一切人藏经目录

长兴五年三界寺比丘道真。古写经尾题录存

目录五点

大唐乾德二年，岁次甲子，四月廿三日，经司僧政惠晏、法律、会慈等，点校大般若经两部，欠数教，名未得成□。同日，法律、海诠请藏大佛顶略咒本一卷，法律、会慈请藏细字最胜王经两卷，计一部。鸣沙余韵

杂类

比丘释遵许，沙弥库狐纯所写。柰字五十五号

灾变品

延昌二年，岁次癸巳，六月□□日，敦煌镇经生钱显昌所写经，成讫用纸廿，典

经师令狐崇哲，校经道人。S341东方研究院报告第七卷第四期

老子变化经

大业八年八月十四日，经生王俦写用纸四张玄都玄坛道士覆校，装潢人秘书省写。S2295东方研究院报告第八卷第一期

太玄真一本际经

仪凤三年三月廿二日，三洞女宫郭金基奉发亡师，敬写本际经一部，以经胜福，资益亡师，惟愿道契九仙，神游八境。S3135东方研究院报告第八卷第一期

太上道本通微妙经

开元二年十一月廿五日，道士索洞玄敬写。古写经尾题录存

金真玉光八景飞经

如意元年五月十三日经生邬忠写。

清都观直岁辅思节诸用忌钱造。

用纸一十八张。S[illegible]东方研究院报告第八卷第一期

无上秘要

开元六年二月八日，沙州敦煌县神泉观道士马处幽并侄道士马抱一奉为七代先亡、及所生父母、法界苍生，敬写此经供养。珍字二十号

摩尼光佛教法仪略

开元十九年六月八日大德拂手诞奉

诏集贤院译。鸣沙余韵

经名“帙”

玄始九年十一月十一日S6251东方研究院报告第七卷第四期

道人僧愿写。

大代普泰二年，岁次壬子，三月乙丑朔廿五日己丑，弟子使持节散骑常侍都督领四诸军车骑大将军开府仪同三司瓜州刺史东阳王元荣，惟天地妖气，王路否塞，军臣失和，于兹多戴，天子中兴，是得遣息叔和诣战修更弟子年幼疹患，冀惟叔和早得回还，敬造无量寿一百部，四十部为比沙门天王，卅部为帝释天王，卅部为梵释天王，摩诃耶一部，百卷为沙门天王，卅卷为帝释天王，卅卷为梵释天王，内律五十卷，一分为比沙门天王，一分为帝释天王，一分为梵释天王，造贤遇一部，为比沙门天王，观佛三昧一部，为帝释天王，大云一部，为梵释天王，愿天王等早成佛道，又愿无祚无穷，帝嗣不绝，四方府作，恶贼退散，□□民安，若愿足心，含生有识之类，感同斯愿。影印本

大统十一年，乙丑岁，五月廿九日写讫，平南寺道义许。S4494东方研究院报告第七卷第四期

附　录

写经钤记

瓜沙州大王印 朱色方形　普贤行愿王经鸟字四十七号　佛说佛名经羽字二十四号

报恩寺藏经印 朱色长方形　大般若波罗蜜多经荒字五十四号　大方广佛华严经　为字九十七号为字九十八号

净土寺藏经印 墨色长方形　大方广佛华严经为字九十七号　为字九十八号　佛说佛明经地字十二号　维摩诘所说经菜字六十九号

敦煌石室寫經題記與敦煌雜錄

許國霖撰　民國二十六年（一九三七）排印本

敦煌石室寫經題記彙編補遺

許國霖撰

《中國敦煌學百年文庫》本

敦煌石室写经题记汇编补遗

许国霖

(《微妙声》 1937年 第6期)

杂宝藏经

令狐生康所写，用纸二十张。敦煌本古逸经论章疏并古写经目录以下简称敦煌本古逸经目录

大般若波罗蜜多经

开元五年四月八日写。敦煌本古逸经目录

王昌写像海勘两遍。海外所存敦煌经籍分类目录以下简称海外所存敦煌经目录

李署写怀惠勘。海外所存敦煌经目录

道行般若经

吴明达写。敦煌本古逸经目录

唐开写。海外所藏敦煌经目录

善忠写。海外所藏敦煌经目录

悟真写。海外所藏敦煌经目录

法圆勘。德化李盛铎氏所藏敦煌写经目录以下简称李氏所藏敦煌经目录

摩诃般若波罗密经

菩萨弟子张洪元敬造流通便养。敦煌本古逸经论章疏并古写经目录

道行般若经

菩萨弟子尼智行受持。李氏所藏敦煌目录

菩萨戒弟子邓元穆敬写。海外所存敦煌经目录

金刚般若波罗密经

梁大同元年正月淳于某写。敦煌本古逸经目录

咸亨三年五月左书坊楷书吴礼写。李氏所藏敦煌经目录

太极元年写。海外所存敦煌经目录

天宝十三载王丰造。海外所存敦煌经目录

天复八年翟进名。海外所存敦煌经目录

天佑三年四月写董押衙持念。李氏所藏敦煌经目录

西川过家真印本

天佑三十年，沙州八十老人血书。海外所存敦煌经目录

西川过家真印本。

天福八年写。海外所存敦煌经目录

悲田寺僧道元等敬写。李氏所藏敦煌经目录

弥安君金刚十一日五长。敦煌本古逸经目录

般若波罗蜜多心经

景云二年写。海外所存敦煌经目录

天福五年。海外所存敦煌经目录

江南禅师智融注。海外所存敦煌经目录

比丘僧宗一写。李氏所藏敦煌经目录

法华经方便品

岁壬巳，承玄二年六月十二日，狐炭为贤者董毕狗写讫校写。敦煌本古逸经目录—出吐峪沟

妙法莲华经

永明元年正月谨写。敦煌本古逸经目录

成元元年十二月二十日。敦煌本古逸经目录

贞观九年二月八日清信佛弟子吴勿儿写。敦煌本古逸经目录

上元二年十月二十八日门下省群书公孙仁约写。李氏所藏敦煌经目录

上元三年四月杨文泰写。海外所存敦煌经目录

上元三年九月群书手王章举写。李氏所藏敦煌经目录

上元三年十一月群书手赵如璋。录李氏所藏敦煌经目录

上元三年群书手马元写。李氏所藏敦煌经目录

上元三年张君彻。海外所存敦煌经目录

仪凤二年正月秘书手田玄徽写。李氏所藏敦煌经目录

长寿二年五月十五日，弟子张元礼为亡父敬造供养流通。海外所存敦煌经目录

证圣元年五月。李氏所藏敦煌经目录

天册万岁元年正月一日。敦煌本古逸经目录

咸通元年十二月记怀敬造。海外所存敦煌经目录

咸通三年十月十日郭德写。海外所存敦煌经目录

咸通四年九月二十一日封安昌写。海外所存敦煌目录

天福十四年三月六日，清信弟子王鼎发愿写观世音经持念。敦煌本古逸经目录

西天取经僧继从乾德六年二月□日科以二卷贞元录卷二十八系卷伪经。海外所存敦煌经目录

元年，岁以壬申，正月庚手朔，二十五日甲午。敦煌本古逸经目录

弟子蒋孝璋造流通供养第一千八百七部。敦煌本古逸经目录

菩萨弟子萧大严敬造第八百六十部。敦煌本古逸经目录

弟子瓘受持书。敦煌本古逸经目录

佛说无量寿观经

弟子钦识持。李氏所藏敦煌写经目录

会梁经

永熙二年，岁次壬子，四月八日讫。敦煌本古逸经目录

大方广佛华严经

延昌二年，岁次癸巳，七月十八日，敦煌镇经生张显昌所写经成讫竟。敦煌本古逸经目录

正光三年四月八日写。海外所存敦煌经目录

梁普通四年，太岁卯四月正法无尽藏。敦煌本古逸经目录

开皇十七年四月一日。敦煌本古逸经目录

凉王大沮渠安周取供养经。敦煌本古逸经目录

大般涅槃经

正始二年正月八日。敦煌本古逸经目录

永兴二年二月二十日，水曹参军夏生所写供养。敦煌本古逸经目录

大统七年六月二十八日聂僧奴造。海外所存敦煌经目录

大业二年善藏造。海外所存敦煌经目录

大业四年，佛弟子苏元方所供养经，一校竟。敦煌本古逸经目录

比丘德念供写之。海外所存敦煌经目录

菩萨戒弟子尼智行受持。李氏所藏敦煌经目录

大方等大集经

大隋开皇十五年，岁次乙卯，十月十九日写讫。敦煌本古逸经目录

僧伽吒经

大业十二年六月二十四日，大禅定道场沙门智首敬写一切经，上写至尊皇后、所生父母、法界苍生、七世父母，敬写供养。敦煌本古逸经目录

未曾有因缘经

开皇十一年官书。李氏所藏敦煌经目录

护身命经

正光二年十二月十五日信士张阿宜写护身命经受持读诵供养经，上及七世父母，下及己[illegible]，皆诚善弟之道。大正新修大藏经八十五卷

维[illegible]诘经[illegible]

[illegible]元年三月十四日写讫，弟子阎硕供养，沙门玄睿受持。敦煌本古逸经目录

[illegible]光如来愿本功德经

[illegible]开国武德二年四月八日。敦煌本古逸经目录

上元[illegible]。海外所存敦煌经目录

大唐[illegible]年，岁次戊子，十二月一日，王伯夷。敦煌本古逸经目录

广德[illegible]年十二月十五日[illegible]。海外所存敦煌经目录

解深密经

贞观二十二年。李氏所藏敦煌经目录

天请问经

贞元二十年许敬宗监阅。敦煌本古逸经目录

佛性海藏经

大唐宝应元年六月二十九日，中京延兴寺沙门常会因受请往此敦煌城西塞亭供养，忽遇此经，无头，名目不全，遂将至宋渠东支白佛图别得上卷，合成一部，恐后人不晓，故于尾末书记，示不思议之事合会，愿以此功德，普及於一切，我等与众生皆供佛道。大正新修大藏经八十五卷

金光明最胜王经

大顺元年十二月九日沙弥诵记。敦煌本古逸经目录

金光明经

光化三年。李氏所藏敦煌经目录

十方千五百佛名

建德元年九月十五日写竟。敦煌本古逸经目录

佛弟子尼道明胜。敦煌本古逸经目录

佛说阎罗王受记经

清泰二年丙申十二月二十日。敦煌本古逸经目录

戊辰年七月二十八日八十五□三写流传。李氏所藏敦煌经目录

思益梵天所问经

丑年六月十一日写□故记之也。海外所存敦煌经目录

大通方广忏悔灭罪庄严成佛经

开皇十年十一月二十日，清信女董仙妃稽和南十方一切三宝，今谨为亡夫泳此善因，游魂净土，面睹诸佛，永离三途，长超八难，耳飡法音，心悟智思，普共六道，同向菩提。大正新修大藏经八十五卷

善恶因果经

先天二六月二日写了。敦煌本古逸经目录

佛说妙好宝车经

大业十三年，佛弟子张佛果为刘士章善友知识敬造宝车经一卷。敦煌本古逸经目录

诸经抄

六月八日沙门慧觉写记。敦煌本古逸经目录

诸尊陀罗尼

大魏三年，岁次丙子，五月辛酉朔，赵保义写记。敦煌本古逸经目录

大佛顶如来蜜因修证了义诸菩萨万行首楞严经

延昌二年。李氏所藏敦煌经目录

佛说灌顶章句拔除过罪生死得度经

贞观二十三年八月十五日佛弟子邓之受持。敦煌本古逸经目录

宝箧印陀罗尼经

天下兵马大元帅吴越国王钱叔造此经八万四千卷，舍入西关，永充供，乙亥八月□日记。敦煌本古逸经目录

佛说菩萨藏经

大凉王大且渠安周取供养经，承平十五年，岁在丁酉，书吏臣樊海写法师第一校，法师第二校，词主道缺。出吐峪沟。敦煌本古逸经目录

律抄

熙平元年七月十三日於昌梨寺写讫，故记之。大正新修大藏经八十五卷

律藏初分

大代普泰二年，岁次壬子，三月乙丑朔，二十五日己丑。敦煌本古逸经目录

梵网经心地品

比丘僧欢释敬写供养。

武成二年三月二十三日。敦煌本古逸经目录

大比丘深塞戒本

比丘庆义所写供养持，开皇元年五月一日，比丘昙稚写讫，并校竟。敦煌本古逸经目录

大乘戒律

开宝十年，岁次丁丑，四月二十四日，孔留多题笔记太平兴国二

年。敦煌本古逸经目录

十诵戒

五月四日经生记亥仁所写讫。敦煌本古逸经目录

大比丘尼羯磨

比丘尼慧祭所供养。敦煌本古逸经目录

十诵比丘尼波罗提木叉戒本

比丘尼之晖所供养经。敦煌本古逸经目录

摩诃衍经

延昌二年，岁次癸巳，敦煌镇经生马天安所成讫。敦煌本古逸经目录

魏大统八年。李氏所藏敦煌经目录

大业三年三月十五日佛弟子苏七宝为亡父母敬写大智度论一部。敦煌本古逸经目录

诸杂经论

开元二十五年三月一日，张廉自写故之。敦煌本古逸经目录

瑜伽师地论

大中十一年十月六日，比丘明照就龙泉寺随听写此论本记，大唐大中十一年十月十日，三藏和尚於开元寺说毕。敦煌本古逸经目录

大唐大中十三年，己卯岁，正月二十六日，河州龙兴寺僧明照听写。敦煌本古逸经目录

大中十三年，龙兴寺僧明照随听写，八月五日於开元寺，三藏和尚法成说毕。敦煌本古逸经目录

仁王般若实相论

于唐天复八载，岁在戊辰，四月九日，布衣翟奉达写此经，赞验功德，记添之，流布后，为信士兼往亡灵及见在父母合邑等，福同春草，罪若秋苗，必定当来，俱发佛会。大正新修大藏经八十五卷

依本校竟，比丘显秀写流后代，化化不绝。敦煌本逸经目录

十住论

凉大且渠安周取经出吐峪沟。敦煌本古逸经目录

挟注胜鬘经

一校竟，眺有照法师疏。

延昌四年五月二十三日，於京承明寺写胜鬘疏一部，高昌安道人得受所供养许。大正新修大藏经八十五卷

小乘律戒本注疏

大统七年，岁次辛酉，七月一日，於瓜州城西大法师倚劝化告於提禅比丘昙远

所供养。敦煌本古逸经目录

律戒本疏

保定元年，岁交辛巳，三月丁未朔八日，玄觉抄记。大正新修大藏经八十五卷

建章初首故称第一

天和五年四月五日，阿弥县翕写也，𫟈一校竟，释子翕撰也。敦煌本古逸经目录

仁王经疏

开皇十九年六月二日抄写讫。大正新修大藏经八十五卷

摄论疏

仁寿元年八月二十八日，辰州崇教寺摄论章第一弥善藏在京辨才寺写摄论疏流通，比寂校竟。敦煌本古逸经目录

法苑行义

开皇二十二年五月僧光远行书。李氏所藏敦煌经目录

广百论疏

神龙三年三月僧崇晃写。大正新修大藏经八十五卷

庚辰年五月二十八日，翟家写经记之耳也，愿受又□□。大正新修大藏经八十五卷

略论安乐净土义

景云二年三月十九日弟子张万及写。敦煌本古逸经目录

太上业报因缘经

天宝十二载六月□日白观为皇帝敬写。敦煌本古逸经目录

法华经玄赞

天宝十二年载七月二十二日夜彦时记。敦煌本古逸经目录

金刚般若经宣演

建中四年正月二十日，僧义琳写勘记，贞元十九年听得一遍又至癸未年十二月一日听第二遍，讫庚寅年十一月二十八日听第三遍了，义琳听。大正新修大藏经八十五卷

礼忏文

大唐元和七年六月慰言语间再查。大正新修大藏经八十五卷

起信论注

大历八年六月十七日齐奉道写。大正新修大藏经八十五卷

大乘起信略述

宝应二载九月初於河州龙兴寺写记。大正新修大藏经八十五卷

大乘起信论略述

僧法藏书记。敦煌本古逸经目录

押座文

长兴二年十二月二十六日□□西归义等军。大正新修大藏经八十五卷

净土五会念佛诵经观行仪

时乾佑四年，岁次辛亥，蕤宾之日，莫愿十三叶於宫泉大圣光严寺讲堂后弥勒院写故记。大正新修大藏经八十五卷

礼忏文

显德二年，乙卯岁，四月二十二日，大玄寺僧率愿进记。大正新修大藏经八十五卷

净名经关中疏

岁次庚辰年十月六日，比丘归贞写，并受持记。敦煌本古逸经目录

净名经关中释抄

壬辰年正月一日，河西管内都僧政京城进论朝天赐紫大德曹和尚就开元寺为城隍禳灾，曾讲维摩经，当寺弟子僧智惠并随听写此，上批至二月二十二日写讫。敦煌本古逸经目录

赞禅门诗

丁卯年二月二十三日阿弥明慧记。大正新修大藏经八十五卷

大乘无生方便门

丁卯年二月二十三日沙弥明惠记。敦煌本古逸经目录

存持品第一

岁在己丑，凉王大且渠安周所供养经，吴客丹扬郡张休祖写。敦煌本古逸经目录

四部律并论要用抄

申年八月二十七日，阿门明润于此，聂恭礼写记。大正新修大藏经八十五卷

四分戒本琉

沙门慧述沙门福慧勘记，寅年十月十一日比丘福惭详阅。敦煌本古逸经目录

六门陀罗尼经论广释

尊者智藏造，癸丑年十月上旬八日於沙州□康寺集译说，故□之也。敦煌本古逸经目录

大乘百法随听手抄

癸巳年正月八日起首，说论至二月十五日终毕记。又说律从甲午年十二月八日起首，至乙未正月三十日了，计五十二日，校前一四日迟。敦煌本古逸经目录

大般若第十会般若理趣分序

西明寺法律玄则制。李氏所藏敦煌经目录

敦煌石室寫經題記與敦煌雜錄序

敦煌石室所藏寫本，凡爲萬卷，三十餘年來，分散各地：斯坦因氏取去的，現藏倫敦英國博物院；伯希和氏取去的，現藏巴黎法國國家圖書館；清末學部運回北京的一萬件，現藏國立北平圖書館。此三組爲最大宗，餘則散在私家。私家所藏，李盛鐸氏所收爲最多，去年賣到日本去了。

這幾大組的敦煌寫本，巴黎的目錄最先出，但很簡略；倫敦的目錄開始很早，到最近才有完成的消息。北平的目錄，胡鳴盛先生主編，近年才編完，雖然沒有印行，另有陳垣先生的敦煌劫餘錄流行于世，其考訂之詳，檢查之便利，已遠在巴黎倫敦諸目之上了。

湖南許國霖先生是胡鳴盛先生的助手，他曾用他的餘暇，編成兩部關于敦煌寫本的書：一部是「敦煌石室寫經題記」，一部是「敦煌雜錄」。

「敦煌寫經題記」共收四百多條，是一組最有趣味又最有歷史價值的材料。

伯希和先生曾對我說，他在敦煌挑選這一萬本，曾定出幾個標準：第一挑有外國文字的卷子，第二挑釋藏以外的材料，第三平常佛經只挑那些有題記可供攷訂的卷子。北平所藏，是伯希和挑剩的卷子，居然還有這四百多條題記可錄，這是出于我們意料之外的喜事。將來若有人能將巴黎倫敦以及私家所藏的敦煌卷子的題記全部記錄出來成爲一部「敦煌寫本題記全集」，一定有不少的重要材料或問題，可以供史家的研究。

就許君鈔錄的「題記」看來，這裏面已有許多很値得注意材料。第一，寫經的年代可考的有四十三卷，最早的是北魏的太安四年七月三日（四五八），最晚的是宋太平興國二年閏六月五日（九七七），中間相距五百十九年。（此限於「寫經」的題記。敦煌雜錄中有「至道元年（九九五）僧道猷往西天取經牒」，年代更晚了。）第二，有些題記可以使我們知道當初寫經的情形。有些經是和尙自己寫的，有些是學童（學仕郎）寫作習字課的，有些是施主出錢僱人寫的。一部大般涅槃經（溍十五）的題記說淸信女令狐阿咒出資財爲亡夫敬寫大般涅槃經一部，三帙；法華經一部，十帙；大方廣經一部，三帙；藥師經一部，一帙。這是很有趣的經濟史料，不但表現宗教風氣而已。又如六部「佛說閻羅王授記勸修七齋功德經」的題記，就有好幾種不同的情形：一部是比丘道眞自己受持的（鹹七五），一部是一個患病的比丘尼發心敬寫供養的（宇四五），一部是一個「八十老人手書流傳」的（列二六）；三部是同一個人爲「阿孃馬氏」追福，在「五七」「六七」「收七」三個齋期寫的（罔四四）。這都是有趣味的宗教社會史料。第三，有些題記使我們知道當時寫經的校勘工作。寫經本是宗教的工作，是應該十分鄭重的。如「四分律刪補隨機羯磨」題記云：

> 午年五月八日金光明寺利濟初夏之內，爲本寺座主金耀寫此羯磨一卷，莫不研精盡思，庶流教而用之也。至六月三日畢而復記焉。（辰四六）

這最可以表現寫經人的宗教精神。所以我們時時看見「勘了」，「一校竟」，「校定無錯」的題記。還有二校或三校的，如一部金光明經（有九十）記「校二遍」，如一部無量壽宗要經（劍四二）題著三次校勘者的名字。寫經重在校勘無誤，而敦煌寫經所以有無數錯誤，大概都由於不大識字的學童小和尚的依樣塗鴉，或者由於不識字的女施主僱的商業化的寫經人的潦草塞責，校勘工夫是不會用到這兩類的寫經上去的。

「敦煌雜錄」是繼續蔣斧羅振玉羅福葆劉復羽田亨諸先生的工作，專鈔敦煌石室所藏非佛教經典的文件。蔣氏之書最早（宣統元年），三十年來這類佛經以外的敦煌文件陸續出現，最大的一批是劉復先生從巴黎鈔回來的敦煌掇瑣。但這些都是國外的敦煌文件。北平所藏的經典以外的文件，除了向達先生鈔出的幾件長卷之外，差不多全沒有發表。所以外間的學者只知道北平所藏盡是佛經，而不知道這裏面還有這許多絕可寶貴的非教典的史料！

許國霖先生鈔的這些文件，大約可分爲幾類：第一是「藏外」的佛教文學，如變文，佛曲，勸善文，淨土讚之類。第二是一些訓詁及訓蒙的殘卷，如禮記音義，論語音義，太公家教之類。第三是一些俗世應酬文字的範式，如祭文程式之類。第四是許多民間經濟往來的文契，如借麥種牒，雇作兒契，典兒契，賣地契之類。第五是雜件，如藏經點勘帳，如姓氏錄之類。

第一類的佛教通俗文學，近年來早已得著學者的注意。許君所輯之中，最重要的是幾卷「變文」雖不如巴黎所藏「維摩變文」和我所藏「降魔變文」的完整，但我們因此可以知道當時「變文」種類之多，數量之大，所以是很可寶貴的。這裏面的「佛曲」，如「辭娘讚」，如「涅槃讚」，如「散花樂」，如「歸去來」，都屬于同一種體製，使我們明白當時的佛曲是用一種極簡單的流行曲調來編佛教的俗曲。試舉「辭孃讚」爲例：

好住娘，娘娘努力守空房，好住娘。

這是民間的流行曲調。下面是用這曲調編的佛曲：

如欲入世修道去，好住娘
兒弟努力好看娘，好住娘
兒欲入山坐禪去，好住娘
𢌞頭頂禮五台山，好住娘
五台山上松柏樹，好住娘

正見松柏共天連，好住娘……

這種曲子是很惡劣不通的；但我們因此可以知道當時「俗講」的和尚本來大都是沒有學問沒有文學天才的人，他們全靠借這種人人能唱的曲調來引動一般聽衆。五更調等，與此同理。

第二與第三類，殘闕訛誤太厲害了，沒有多大用處。

第四類之中，有許多有趣味的經濟史料。此中「借麥種牒」最多，可以推知當時僧寺佃農的經濟狀況。最詳細又最動人的是「盧貝跛蹄雇作兒契」。我們讀這文契，不能不回想到漢朝王褒的僮約。我們從前總想王褒的僮約是一篇游戲文字。現在讀了這篇雇作兒契，我們才知道唐朝的雇工生活還是一種牛馬式的奴隸生活，王褒在一千年前寫的僮奴生活，雖是詼諧的作品，離實際的生活並不算很遠的。

雜件之中，我且鈔兩首寫書手的怨詩作此序的結束。一個寫書人說：

寫書不飲酒，恆日筆頭乾。

且作隨宜過，卽與後人看。

又一個寫書人說：

寫書今日了，因何不送錢！

誰家無賴漢，迴面不相看！

這是兩個「人」的歎聲。可憐我們在一千年後的同情心，已不能救濟他們的口渴和貧窮了！

二五，七，三〇。胡適。

敦煌石室寫經題記與敦煌雜錄序

敦煌石室，在甘肅敦煌縣東南四十里許三危山下，古名莫高窟，俗謂之千佛洞，內藏佛經世典約數萬卷，洞口封閉歷千餘年人莫之知。清光緒二十六年，佛龕傾塌，藏書始現。當時吾國人士未嘗注意，外人斯坦因伯希和，擇其精華囊載而去。宣統二年，學部派員將遺餘殘卷，輦運來京。藏之京師圖書館，入錄之本，計八千六百七十九號。民國十八年，國立北平圖書館成立，（京師圖書館於民國十七年更名國立北平圖書館十八年改組與北海圖書館合併沿舊名）設寫經組。胡文玉先生整理編目；檢閱未登記之殘葉，又增編一千一百九十二號，都九千八百七十一號。佛經凡四百四十餘種，古佚經疏約數十卷，皆罕覯之籍，又有晉魏寫本百數十卷，書法古拙，紙質堅韌，尤爲可寶。其他典經與現在刊本出入頗多，可資校勘考證。館藏者，雖爲刼後之餘，而可珍之處，猶足多矣。溯自發現以來，迄今已三十年，倫敦巴黎所藏，或影印輯錄，或傳鈔刊布，流行於世者甚夥，治學之士，孳孳研究于典章學術咸有發明。而吾國所藏，以編目未竣，未能公之於世，寶韞珠藏，良可惜也。余因有感于此，爰于客歲暑假之暇，擇卷中逸文趣語，及題名跋記，概行迻錄，詳加寫正，分爲二輯。一曰：

敦煌石室寫經題記。則依館藏寫經目錄次序，分經彙編。其中寫經年代，及仕宦僧俗寫經人名，悉足以資歷史之考證。附編年代表于後，以備稽查。二曰：敦煌雜錄，則略就文之性質，分爲八類。變文，偈讚，音韻，文疏，契約，傳記，目錄，雜類。以唐代民間通俗之作爲多，可以考謠諺之源流，窺俗尚之遷易，欲知千年來社會之演進，及經濟之轉變者，此是重要之史料也。書既成，請序于胡適之先生，承其提綱挈要，以此二書內容，班示一切，實深感謝。霖也不才，未能有何述作，所冀博雅君子，利用此集，疏剔考證，於國故中有所啓迪，則幸甚矣。民國二十五年八月，湘陰許國霖謹識。

敦煌石室寫經題記與敦煌雜録

上

敦煌石室寫經題記

丙子夏日 瞿宣穎署端

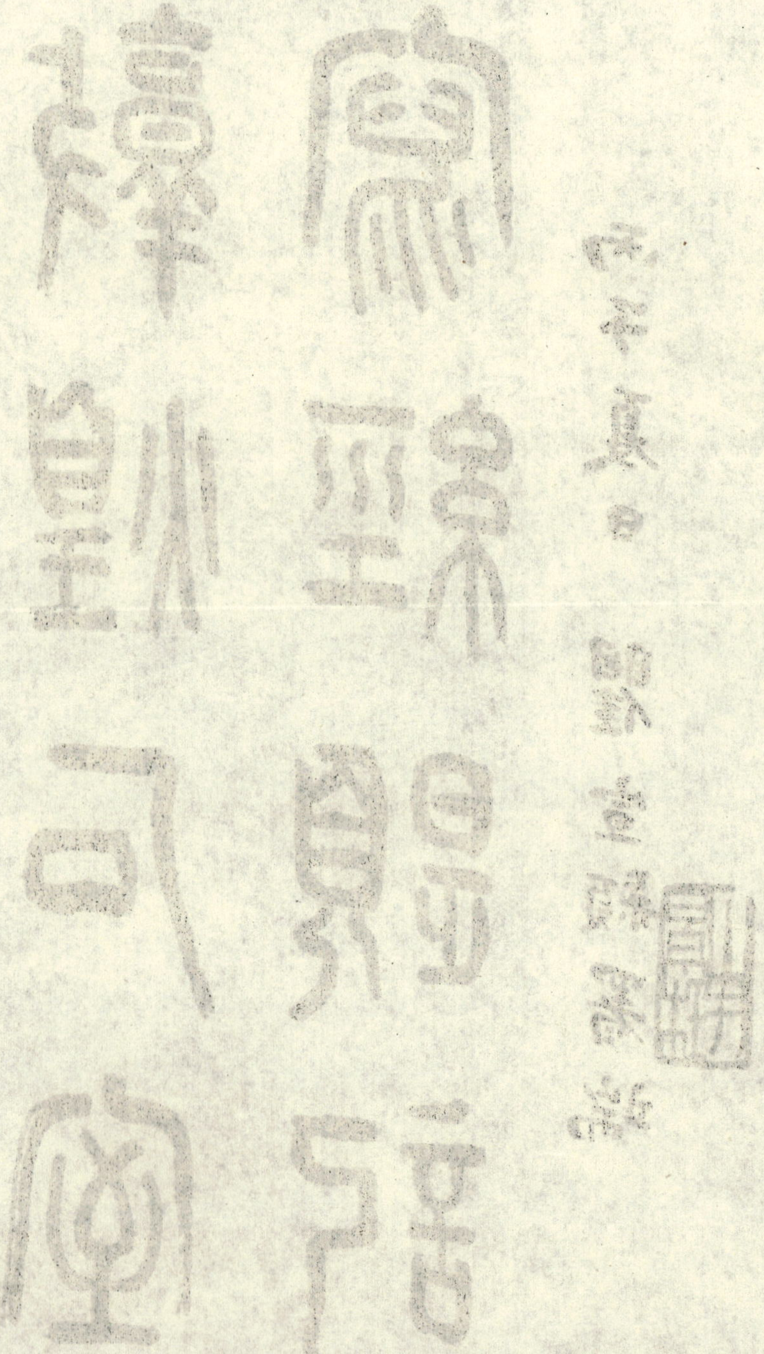

敦煌石室寫經題記

大般若波羅蜜多經

勘了　餘字八十七號．巨字九十三號．來字二十五號．

智照寫　騰字三十號．張字三十二號．宿字九十四號．　按昃字八十七號．智字上冠比丘二字．

道普寫　露字八十三號

勘了張重潤　鳥字四十六號背面

法堅　冬字五十九號背面

曇貞寫了　出字九號　按陽字九十九號．僅題曇貞．

李義寫　辰字三十九號

兌下判記　暑字七十七號

勘了索興　官字二十四號背面

比丘道眞受持　餘字十八號

比丘法濟勘了安顒寫　淡字三十三號

兩卷共計紙三十四張比丘談□寫　暑字十七號

王瀚勘了　珍字九號　按陽字七十號・作王瀚寫・

寅年三月二十九日已後欢經十八卷　裳字八十一號

虛寂　昆字一號

比丘福記寫　陽字九十六號

比丘无滯寫　宇字八十六號

伯明寫　柰字二十九號

福智勘了張曜寫　露字五十八號　按露字五十五號・作張曜寫・第一校・第二校・第三校・

左盈建　出字五十八號

勝威勘　重字七十八號

比丘遵戒　律字七十二號

沙門玄淨校定　騰字二十二號

比丘恆願　兩字六十五號

楊文玉 鹹字九十號

咸通九年戊子歲三月二十五日持誦苾蒭文照謹題 發字九十三號

摩訶般若波羅蜜經

高弼爲亡妻無聖威所寫經 辰字四十號

辛巳書四月二十八日清信弟子□受寫畢 羽字二十三號

仁王護國般若波羅蜜經

永安三年七月二十三日佛弟子元□集爲梵釋天王 缺 若經一百部合三百部

並前立須乞延年 缺 殷字四十六號

金剛般若波羅蜜經

押衙康全子賓 露字六十一號背面

甲子年五月十五日 缺 鹹字五十八號

誦此經一遍勝誦本經功德一萬九千遍 同上號

未年正月社人張庭休寫一心供養 珍字八十四號

乾符六年二月二日平定女　辰字六十三號背面

爲正比丘尼寫法華經一部寫金光明經一部金剛經一卷已上寫經功德迴施正比丘尼承此功德願生西方見諸佛聞正法悟无生又願現在合家平安无諸災障未離苦者今離苦未得樂者願今得樂未發菩提心者願早發心未成佛者願早成佛巳年六月二十三日寫訖　柰字四十二號

大順元年□　始字五十八號背面

上坐金維那　羽字二十七號

清信佛弟子盧師道　宿字四號

惠海勘　列字九十六號

景龍四年六月二十日寫了　地字二十四號

一校竟　羽字四十六號

吡柰那寺經生令孤世康　羽字四十六號

弟子優婆夷李　雲字三十六號

若有人誦此呪一遍勝誦金剛經一萬九千遍 金字二號

開元十一年十一月十日寫了爲七代先亡及所生父母一切法界衆口敬寫金剛經一卷願讀誦者念阿彌陀七遍俱免蓋纏咸同此福 翔字六十八號

景龍二年九月二十日照武校尉前行蘭州金城鎭副陰嗣瑗受持讀誦 律字二號

西川過家眞印本 有字九號

丁卯年三月十二日八十四老人手寫流傳 同上號

般若波羅蜜多心經

孟壞陳 裳字八十九號

慈音書記 文字二十八號

上缺 辟支作寺主普缺 文殊法華亦缺 有妻子種種來布施施亦不□爲無常身

誰讀此金剛神經者一日誦五遍遠行者誦九遍道路險若誦三遍除却千劫已來无量重罪東方寶光明王佛西方其與青色佛北方離覺子此度佛上方香積如來下方師子億像既問佛說度脫經者陽銅灌積住白銀作屋脊琉璃作屋椽

日月作僚窓上有一小刧下有一由旬此經雖小大有威神亦勝法華亦勝涅槃
亦如大海亦如大山入海探寶隨其多少皆得重來入山斫木隨其長短誰能覊
此經此手中羅文成誰能看此經眼中重光生誰能讀此經六國好音聲大罪得
滅小罪得除若入刀山刀山摧折入劍樹劍樹崩缺若入鑊湯鑊湯自煞若入爐
炭爐炭自滅若入地獄地獄楛碣青青靈靈手霜金經聲響楞楞直入講堂前備
玉几後　金床憶佛如憶食念佛如念命身值一千五百萬劫得佛道成東門无
量壽北門七寶堂西門藥琉璃光上有八菩薩下有四天王月光童子初出時除
罪滅禍殃　烏字六十二號

誦此經破十惡五逆九十五種邪道若欲供養十方諸佛報十方諸佛恩誦觀自
在菩薩般若百遍千遍滅罪不慮晝夜常誦无量不果　同上號

曹興朝　裳字二十八號

破落官前同河西節度副使銀青光祿大夫試鴻臚卿兼肅州刺史楊顒寫訖　字
字三十四號

金光明寺僧福惠舍多心經一卷　淡字七十七號

靈圖寺沙門大德闍僧戒幷一心供養作禮二□爲是二界是見三生莫□二界

陶字十六號

五月十三日寫了　陶字二十七號

妙法蓮華經

校定無錯　歲字四十七號

天保一年比丘法常誦　羽字二十六號

大中七年莫高鄉入陰入衷所寶　同上號

庚辰年八月七日程自平書記　致字七十三號

信士弟子王恩自悧佳二十一日因徹梵然萬里誦此　列字四十九號

開元九年二月十三日馬奉祿於此經略取衆義　羽字三十三號

社經王瀚寫　果字六十七號

貞觀三年敬業監製　字字六號

五弟子氾思亮受持　珠字八十九號

天寶五載印度僧祇難寫　羽字四十七號

常德宗　麗字七十三號背面

第一千八百七部　爲字四十三號

清信弟子氾玄策奉亡考敬寫法華經一部　河字五十七號

大唐大曆元年七月十五日太子通□舍人米□缺　十一年一月亡男子□缺　讀

洪字七十一號

比丘尼莊嚴受持　雨字四十二號

大足一年三月十五日信尼慧昌爲亡母索氏寫此一卷獲福无量　羽字三十一號

壬子年十一月二日陳□兒續之　黃字四號背面

第一千七百八十四部凡一萬三百七十四言　玉字七十七號

弟子房鵲子爲己身一心供養　張字二十五號

己巳年三月十六日懸泉學士郎武保會判官武保瑞自手書　柰字十九號背面

辛未年二月三十日比丘談遠成章　始字二十二號

官五月五日天中　龍字九號背面

天福肆年九月二十六日靈圖寺僧戒昌如法　同上號背面

押衙索紹員書寫記　官字三十一號背面

觀世音經

壬申年三月二十七日行者傾心慈悲敬寫大聖觀音經一卷一爲先亡父母二爲合家永聖吉昌願亡靈神生淨土法界蒼生同霑此福淸信子張海晟一心供養信事僧蓮臺沙彌靈進書寫記　海字六十一號

辛丑年七月二十八日學生童子唐文英爲妹久患寫畢功記　罔字八十四號

妙法蓮華經度量天地品

天寶三載九月十七日玉門行人在此襟經二十日有餘於獄寫了有人受持讀誦楚客除罪萬萬刼記之同襟人馬希晏其人是河東郡桑泉縣上柱國樊客記　李字七十一號

大方廣佛華嚴經

優婆夷包敬造　辰字八十五號

一校竟　始字八十六號

佛弟子蘇□供養經　同上號

楊法仲所供養　出字三十二號

大寶積經

張良友寫　日字四十一號

佛說無量壽經

蓋聞安養國者乃是西域之淨土而道殊于斯剎故法藏人士闡弘誓之妙因迹登圓覺以爲諭十地玄軌以鏡□觀音大勢志弼化受樂汪汪昭刑絕識竊尋慈典辨九品開緫羣或垂終發心十念獲果長存解說書寫以迹難宜是以比丘法鸞與俗兄弟酸心同感仰惟養育之情恩深巨海報之惘極減割財資爲亡考妣敬寫　霜字二十八號

白衣趙業受持　官字三十九號

白衣賈伏生寫　鱗字三十九號

佛說阿彌陀經

施主清信佛弟子諸三窟教主兼五尼寺判玄法宗福集二僧同發勝心寫此阿彌陀經一百卷施入十寺大衆故三業清淨罪滅福生莫逢災難之事比來世之時共釋迦牟尼同其一會　芥字三十五號

右呪先已翻出流行於晨朝楊枝淨口散花燒香佛像前胡跪合掌曰誦七遍若二七遍若三七遍滅四重五逆等罪現身不爲諸横所惱命終生无量壽國永離女身今更重勘梵本并對問婆羅門僧毗尼佛陀僧伽等知此咒威力不可思議云旦暮午時各誦一百遍滅四重五逆拔一切罪根得生西方若能精誠滿二十萬遍則面見阿彌陀佛決定得生安樂淨土昔長安僧叡法師慧崇僧顯慧通近至後周實禪師景禪師西河鸞法師數百人並生西方西河綽禪師等因見鸞師得生各率有緣專修淨土之業綽師又撰西方記驗名安樂集流行又晉朝遠法

師入廬山三十年不出乃命同志白黑百有二十三人立誓期於西方鑿山銘願至陳天嘉年廬山珍禪師於坐時見人乘船往西方乃求附載報云法師未誦阿彌陀經不得去也因誦此經應二萬遍未終四七日前夜四更有神送一白銀臺來空中明過於日告云法師壽終當乘此臺往生阿彌陀國故來相示令知定生終時白黑咸聞異香數日其夜峯頂寺僧咸見一谷內有數十炬火大如車輪尋驗古今生西方者非一多見化佛徒衆來迎靈瑞如傳不可繁錄因珍禪師於此經有驗故略述此以悟來喆助成往生之志耳　秋字九十七號　按薑字五十七號・河字七十六號・至決定得生安樂淨土即完・無昔長安僧叡法師一段・惟

右咒之上多咒中諸口傍字・皆依本音轉舌言之・无口者依字讀・

開元十六年正月二十三日寫畢　芥字四十號

佛說觀無量壽佛經

弟子李氏受持　重字三十七號

大般涅槃經

比丘尼慶輝　露字五號

夫理深難契非音教不傳妙果常寂非積行不階是以佛弟子淸信女令狐陀咒自惟穢業所招早羅孤苦思慕所天情無已已遂罄資財仰爲亡夫敬寫大涅槃經一部三十弔法華經一部十弔大方廣經一部三弔藥師經一部一弔冀因此福願亡夫神遊淨鄉歷侍衆聖飡教悟玄萬感摧碎又願亡身現家眷屬宅福人昌七珍滿藏萬惡冰消衆善普會一切含生等同斯願一時成佛 滔字十五號

勘了□ 爲字五十七號

正光三年正月八日翟安德所寫涅槃經一部所供養 陶字七十號

藥師琉璃光如來本願功德經

龍興寺僧慈定□□記 閏字九十五號

大乘密嚴經

此丘玄歸 昆字七十一號

佛說大乘稻芊經

癸卯年十月十日永壽寺寫 海字五號

大番國沙州永壽寺律師神希記　雨字五十五號

佛說佛名經

戊寅年十月二日　藏字六十五號背面

庚寅年五月七日僧王保昌寫善惡因果經後寫妙法蓮華經　柰字八十三號背面

敬寫大佛名經二百八十八卷伏願城隍安泰百姓康寧府主尚書曹公已躬永壽繼治長年合宅枝羅常然慶吉于時大梁貞明六年歲次庚辰五月十五日記

羽字二十四號

此是蓮臺寺僧法律二十上盡者有來者讀者壹自者人莫□也剌□趙法律念者壹疾經者爲定者耳　雨字十五號

中和元年歲次壬寅後七月□書　調字六十二號

沙門法瓚禮　成字十二號．致字八十九號．露字十二號．

佛弟子僧裴法達樊法林曹寺主等奉爲十方一切衆生願見聞覺知寫記經生王瀚　字字四十四號

沙門道貞修此經年十九俗姓張氏 柰字八十八號

三界寺道貞念 同上號背面

佛名經懺悔文

乙丑年正月九日幸長闍黎書記 冬字九十五號背面

乙丑年正月永安寺有戒昇闍黎書記 同上號背面

維摩詰所說經

比丘尼蓮花心爲染患得痊發願寫 收字五十二號

道京書 秋字二十號

天復二年寫生索奇記 羽字四十號背面

來慧 黃字三十一號

奉爲西州僧道蕚寫記經生王瀚 地字十八號

戊年四月一日寫維摩經一部功畢記之也 騰字九十六號

大周廣順捌年七月十一日西川善興大寺西院法主大師法宗往西天取經流

與郡主大傅 冬字六十二號背面

金光明經

弟子沙彌慈光 昆字五十號

大統七年歲缺 信女王明缺 爲缺 金光明缺 長與無缺 之敬缺 號字八十六號

紙十六比丘□校二遍 有字九十號背面

金光明最勝王經

氾子寫經一卷 騰字七十號背面

淨土寺沙彌王善保貝經自手札記之耳 金字五十二號背面

比丘道斌寫 霜字七十六號．月字八十九號．

弘建勘定 洪字八十一號

弟子李暅敬寫此金光明經一部十卷從乙丑年已前所有負債負命冤家債主

願乘茲功德速證菩提願得解怨釋結府君等同霑此福 致字二十八號．藏字四十八號．

還眞勘 騰字六十號

佛弟子陰性奉爲先亡父母及合家大小報願平安敬寫 麟字八十八號

大周長安三年歲次癸卯十月己未朔四日壬戌玄藏法師義淨

奉制於長安西明寺新譯並綴文正字

翻經沙門婆羅門三藏寶思惟證梵義

翻經沙門婆羅門尸利末多讀梵文

翻經沙門七寶臺上坐法寶證義

翻經沙門荊州玉泉寺弘景證義

翻經沙門大福光寺主法明證義

翻經沙門崇光寺神英證義

翻經沙門大興善寺伏禮證義

翻經沙門大福光寺上坐波崙筆受

翻經沙門清禪寺寺主德感證義

翻經沙門大周西寺仁亮證義

翻經沙門大揔持寺上坐大儀證義

翻經沙門大周西寺寺主法藏證義

翻經沙門佛授記寺都維那惠表筆受

翻經沙門大福光寺都維那慈訓證義

請翻經沙門天宮寺明曉

轉經沙門北庭龍興寺都維那法海　雨字三十九號

弘建勘定　同上號

大山府君平等大王五道大神天曹地府伺命伺錄土府水官行病鬼王並役使

府君諸郎君及善知識胡使錄公使者檢查歷官舅母關官保人可轉及新三使

風伯雨師等伏願哀垂納受功德乞延年益壽　麗字七十二號

河西節度門使兼攝沙州釋門法師恆安與王孔侍御寫此金光明經一部兌此

一份訖　裳字十八號

丙午年正月十四日三界寺□□　雨字六十三號

大統七年比丘輸伽摩陀奉持爲人天懺業永居淨土 羽字三十五號

正法念處經

落部秩來般若經五卷 爲字七十二號背面

佛說父母恩重經

有爲師僧父母戒安 辰字三十六號

佛說禪門經

上缺 自爲生死缺 山嵩岳寺禮拜寂□□□缺 薩戒不若求法要須誦戒即與缺 菩不經一兩個月誦得戒了遂便求法缺 至三年一得緣來於一日山三年安居蘭若遂缺 龍福山更住轉法華經經云大通智勝缺 坐道場佛法不現前不得成佛道過缺 得成道吾即悲泣兩淚搥胸缺 刧多生造諸惡業不親近善缺 實不解佛意經云過去諸佛缺 趺坐身心不動爲如食傾或缺 不得成佛我今坐禪何時得悟缺 經□福龍寺開一切經藏於經□□□得此禪門經云時有菩薩名弃諸蓋於王舍城往尸陁林間佛欲涅槃菩薩求法佛言善男子戒於往昔聞正智如

來過去諸佛趣何等法而能度脫利益衆生佛言善□□禪定空慧爲究竟門於是菩薩白佛言世尊如餘經中或說四禪十二觀門云何此經眞言禪定而不具說耶善男子一切衆生根性差異如餘經中爲說淺近權立方便種種教法此禪要經則不如是如何以故唯論究竟頓教大乘破諸有數故不爲說淺近之語吾讀誦此經忽然得悟發願誦三萬遍及寫三百卷普及一切受持讀誦沙門慧光聊述意懷題之於後　露字九十五號

佛說延壽命經

癸未年五月五日王長盈兒　宇字六十八號背面

壬午年五月七日王再成遷化記癸未年三月王章參遷化記　同上號背面

佛說閻羅王授記勸修七齋功德經

比丘道眞受持　鹹字七十五號

安國寺患尼弟子妙福發心敬寫此經一七卷一心供養　宇字四十五號

戊辰年八月一日八十老人手書流傳依教不修生入地獄　列字二十號

四月五日五七齋寫此經以阿孃馬氏追福閻羅之子以作證明領受經功德生於樂處者也 岡字四十四號

四月十二日是六七齋追福寫此經馬氏一一領受寫經功德願生善處一心供養 同上號

四月十九日是收七齋寫此經一卷以馬氏追福生於好處遇善和識長逢善和眷屬永充供養 同上號

救諸衆生一切苦難新菩薩經

此經大蕃乙未年正月二日見記 師字二十號

勸善經

貞元九年正月二十三日下 翔字二十二號

佛說普賢菩薩說證明經

上缺 去永徽三年十一缺 見有四人來取一人把缺 策腋將向閻羅王處初缺 今時州縣城相似入銅城又入缺 金城內把文書人引仕強至殿前見閻羅王當殿

正坐威儀服飾甚自嚴毅王郎語把文書人得仕強來送置猪胎中仕強既聞此
語卽分疎云仕強小來不盜不食猪鷄肉實不曾煞猪遣入猪胎情實不服王郎
語把文書人遣汝取煞猪仕强何因將不煞猪仕強來出去向曹司勘當把文書
人並三人牽仕强出金城外傍牆東向見有數十間舍並朱柱白壁復有官人坐
處方檜案褥官人並下佐史亦无唯有一人獨守文案見把文書人并三人攝仕
強入卽問爲何將此人把文書人答云閻羅遣將向曹司勘當有死名不守文案
人名官人並下案典復无誰爲君勘當此事任君自檢案把文書人仍與仕强共
檢文案无有死名守文案人卽語把文書人云死案既難可卒遍君向錄事頭檢
鈔卽知有死名不此守文書人卽令出去官人尋上仕強共把文書人同行出得
五六步仕強語守文案人云仕強父母死得二十許日曹司不在此今覔相見事
不可得君須出去仕強行又得十步守文案人喚仕強住汝有錢否與我少多示
汝長命法仕强云无有多錢有三十餘文恐畏少短守文案人云亦足何必須多
汝還家訪寫證明經三卷得壽一百二十歲仕強云家內燋煎不能得三卷仕強

身充衞士一弟捉安州公廨本錢一弟復向嶺南逃走若遣寫三卷恐不能辦寫取一卷復得以不守文案鬼云不得要須寫三卷猶如三人證事始得成證若寫一卷於事无益仕強云家事燋煎一時不辦漸寫取足復得以不守文案人云若一時辦漸寫取足亦得仕強語訖卽出曹司門外見有懸崖百餘丈投中遂得身活還見家人具說逗留因即訪寫此經求本竟無所得唯得證明經仕強不肯寫守文書人令我寫證明經恐非此本有人語仕強云汝可向彭慧通家借經目錄勘有證明經不借勘果有此本目錄上註云京師兩寺有本江淮間一處有本仕強依目錄上往返尋覓遂得證明經本寫三卷竟從爾已後仕強先患痃癖並悉除損身體肥健非復常日具說死時逗留事狀如此 陽字二十一號

佛說迴向輪經

乙丑年二月十六日在瓜州比丘智清發心鈔常日持讀宿業罪因願皆消滅見世速登正覺 麗字七十四號

佛頂尊勝陀羅尼經

特進試鴻臚卿大興善寺三藏沙門大廣智 生字七號

弟子王發願雕印 同上號

比丘志雄 惠詮 唐字九十八號

佛頂尊勝陀羅尼經節鈔

李景超 周字二十七號

千眼千臂觀世音菩薩陀羅尼神咒經

生淨土陁羅尼出大思唯經若有人誦一遍如誦阿彌陀佛經六十萬遍 唵阿

蜜嘌𡃤特嚩吠薩婆訶金剛般若心中眞言 唵嗚𠲎泥嚧嚩賀

若有人持誦此咒一遍如誦十二部尊經八萬四千遍亦如誦金剛經十萬八千

遍亦如禮馬頭羅剎佛名八萬四千遍出藏經 出毗盧庶那經新譯經有三卷

共六十紙讃

佛說一切佛心陁羅尼陁羅尼功德

唵摩尼達哩吽𠲎吒

若有人暫開卷見此陁羅尼或書若在壁上眼暫覩見或讀一遍四重五逆罪亦得消滅何況常誦持者具足六波羅蜜與十地住地齊等階若人暫觸持陁羅尼人或與共語同坐同食者其人身上所有罪障悉得消滅若能每日誦二十一遍者其人眼所見處山川谷中聚落一切衆生乃至犠子等永不墮三惡道所去處誦七遍有不歡喜若至神廟中高聲誦二十一遍令彼聞得捨身身入如來境悟解眞常持誦者後更不受胎藏中生當蓮花化生乃至諸佛功德具在經中此但略記少多示諸學者　眞言有三道　宙字五十七號

大佛頂如來蜜因修證了義諸菩薩萬行首楞嚴經

一名中印度那蘭陁大道場經於灌頂部錄出別行　列字二十二號

大佛頂陁羅尼經有十卷咒在第七卷內弟子張球手自寫咒終身頂戴乞願加備中和五年五月十日寫訖　潛字百號

六門陀羅尼經

比丘園寂　周字三十號

諸星母陀羅尼經

壬戌年四月十六日於甘肅脩多寺翻譯　餘字十五號

王頲　同上號

翟文習　號字八號

文英　秋字四十二號背面

鄧英　師字十四號

金有陀羅尼經

法照三界　柰字一號

盧寂　海字六十二號

鄧堅　海字三十一號

董再清　宇字九十二號

張令　柰字七十九號

翟清子　稱字六十三號背面

佛說八陽神呪經

癸未年八月二十日吳苟奴自手書記之耳　宇字十號

三界寺沙彌海子讀八陽經　黃字十一號

馮優婆夷　柰字十四號

眞言雜鈔

比丘洪皦讀誦　服字十二號

佛說無量壽宗要經

令狐晏兒寫　餘字五十七號．成字二十五號．成字五十六號．雲字六十號．稱字二十八號．柰字一號．柰字五十七號．位字二十一號．柰字四十六號．陽字三十九號．制字八十七號．師字十六號．文字五十一號．虞字九十六號．

按冬字九十八號．無兒字．

呂日興　盈字三十一號．呂字四十五號．柰字九十一號．師字五十四號．鳥字十一號．人字八十五號．　按出字五十一號．光字三十二號．李字八十二號．成字四十號．興下有寫字．

氾子昇寫　騰字二號．盈字六十三號．調字三十一號．洪字六十號．始字二十五號．　按秋字七十九號．海字四十五號．無寫字．

田廣談　地字九十八號．冬字七十八號．餘字二十三號．呂字二十二號．生字四十一號．水字九號．柰字七十一號．軍字五十九號．芥字八十六號．海字八號．呂字二十七號．制字五十六號．收字八十八號．藏字一百號．鳥字七十三號．辰字五號．　按出字十六號．珍字四十七號．薑字七十二號．談下有寫字．

張瀛 黃字三號．辰字六十四號．宿字三十六號．海字七十二號．服字四十八號．歲字二十五號．感字八十五號． 按鱗字四十一號．出字八十二號．闕字三十五號．地字九十六號．瀛下有寫字．

張略沒藏寫 黃字九十四號．冬字四十四號歲．字三十一號．文字三號．薑字七十七號．夜字九十七號． 按生字五十五號．收字九十八號．沒作力．冬字五十八號．僅題張力沒．

宋良昇 宙字二十九號．服字三十五號． 按罔字六十四號．昇下有寫字．宿字九十七號．昇作金．稱字九十七號．官字七十一號．作宋金昇寫．

馬豐 宙字五十五號．字字六十四號．

張良友寫 宙字八十九號．薑字二十八號．調字四十號．陽字五號．出字十三號． 按罔字四十八號．無寫字．

姚良 荒字八十七號．盈字三十七號．

王宗 日字八十號．爲字二十四號．海字五十號．

常小卿 列字八十一號

張卿 秋字三十五號． 按始字三十三號．作張小卿．帝字五十號．作裴張小卿．

張涓子 收字二十號．海字四十三號．官字九十一號．劍字二十一號．制字五十五號．珍字十八號． 按奈字五十號．重字九十九號．服字七十九號．騰字三十九號．子下有寫字．歲字七十四號．出字三十五號．師字一號．僅題張涓．

氾華 收字七十一號．出字二十五號．出字二十六號．

索慎言 冬字八十三號．淡字九十四號．張字五號．海字七十六號．日字二十八號．律字九十九號．地字二十五號．

李加興寫 餘字四十三號． 按字字八十七號．鱗字九十四號．文字十九號．無寫字．

張興國　餘字九十七號．雲字六十二號．師字九號．　按雨字九十三號．成字六十八號．國下有寫字．

李曙　律字二十五號．皇字九十一號．

解晟子寫　雲字九十八號．崑字九十二號．重字二十一號．薑字九十五號．　按海字四十號．衣字五十八號．無寫字．乃字四十號．僅題解晟．

張寺加　出字四十三號．　按藏字二十七號．作張加寺．

張曜寫畢　劍字五十九號．　按海字五十九號．僅題張曜．重字四十一號．帝字十九號．作張要寫．

劉再榮　號字四十四號．　按鳥字八十九號．僅題再榮．

裴文達　巨字二十四號．位字五號．文字八十一號．推字十五號．宿字四十一號．洪字五十號．　按李字九十八號．達下有寫字．

王瀚　巨字九十一號．辰字七十二號．推字六十八號．秋字八十七號．始字七十一號．

張義朝本　夜字五十九號

鄧英　芥字七十三號．　按薑字八十八號．成字三十九號．作鄧英子寫．

唐開寫　薑字五十九號．海字十八號．　按來字四十七號．荒字八十一號．無寫字．

盧淡　列字三十四號．李字七十三號．

唐悉□寫□　日字四十九號

文英　淡字二號

呂寶　師字六十一號

李弁　推字八十八號

索閏　位字三十六號・師字七十三號・

唐文英　夜字八號・柰字三十七號・宇字四十八號・　按騰字八十六號・英下有寫字・

安國興　秋字八十五號

龍興　宇字一百號

李義　衣字三十一號・衣字八十九號・

孟郎子寫　盡字十號・調字二十號・　按字字七十八號・無寫字・

張貞寫　成字六十七號

汜廣　列字五十四號

已前六卷紙三十張王瀚寫眼闇書不得不放知之　地字九十九號

曹興朝　致字七十六號

第一校光際第二校法鸞第三校建張環英寫 劍字四十二號

翟文英 鹹字二號

沙彌僧張信達書經一本 陶字十號

梵網經盧舍那佛說菩薩心地法門戒品

天復六年丙寅歲十一月念日接華布戒全還永惠記 荒字二號背面

智海 重字十號背面

四分律比丘戒本

天福八年癸卯歲四 調字七十四號背面

七年十月二十日比丘日定於大雲寺書 珍字十五號

貞觀四年長安普仁寺主惠宗受持日宣 羽字三十六號

乾元二年四月二十日龍興寺僧靜深寫了 宿字六號

四分律比丘尼戒本

比丘常祕寫 寒字一百號

戊寅年五月十六日梁再平　生字二十二號

戒意　辰字四十七號

戒緣

比丘□所供養經安太四年七月三日唐兒祠中寫竟首薄可愧頑使一切缺　地

字七十六號

佛說善信菩薩二十四戒經

比丘惠眞於某州脩多寺寫　辰字四十八號背面

曇無德律雜羯磨節本

比丘道宗敬寫供養　調字四十三號

大智度論

大代普泰二年歲次壬子□□□乙丑月二十五日己丑弟子使持節散騎常缺

西缺陽王元榮缺　柰字五十號

瑜伽師地論

大中十二年八月五日比丘明照隨聽寫記 柰字二十五號

大中十二年六月一日比丘明照本 同上號

華嚴略疏

比丘法淵供養流通 辰字五十三號

涅槃經義記

大隋大業十一年敦煌郡沙門曇枚敬寫 雨字九十號

聖曆元年七月十四 同上號

維摩經義記

釋瓊許大統三年正月十九日寫訖 辰字三十二號

淨名經集解關中疏

乙巳年三月二十一日比丘談哲記 致字七十二號

沙門法曇疏 洪字三十四號背面

乙丑年三月六日攘 洪字十四號

四分比丘含註戒本

勑受河西應　曹元忠 玉字七十八號

四分律删補隨機羯磨

辰年九月十七日比丘洪建寫訖並勘校定 淡字九十一號

午年五月八日金光明寺僧利濟初夏之內爲本寺座金耀寫此羯磨一卷莫不研精盡思庶流教而用之也至六月三日畢而復記焉 辰字四十六號

四分律戒本疏

未年五月二十三日比丘惟眞書 雨字四十七號

子年十一月沙州金光明寺大律師其疏用於流通 冬字六十五號

壬子年三月二十八日於沙州壽永寺寫 辰字六十一號

勘了 同上號

戒律名數節鈔

甲戌年十一月十九日於報恩寺寫訖記之也　服字三十一號

丙午年年七月五日大番國肅州酒泉郡沙門法榮寫手惡筆若多闕錯謬有明師望乘改却　冬字九十二號

比丘道應提記　洪字三號

寅年七月十五日於山東寫訖比丘尼勝藏受持　宿字三十九號

比丘談闡所寫　河字八號

瑜伽師地論隨聽手記

沙門洪眞　光字二十六號・露字八十二號・按冬字七十二號・秋字五十七號・閏字九十八號・辰字八十七號・眞下有本字。

福贊　珠字七十四號背面

二十三卷八月三十日說畢記　冬字七十二號

戊寅年後正月二十日說三十一卷手記竟　閏字九十八號

禮淨土願文

長興五年甲午歲十月二十五日淨土寺沙彌手寫記之耳　柰字二十七號

比丘洪秀所供養禮文 始字四十六號

七階禮佛

爲巳年六月十二日沙彌索惠善記 玉字九十一號背面

上元三年正月五日靈寺僧志殷書寫事奉上 崑字九十六號

一心念我沙彌志殷等從前月 日至今小五日於其僧地不急楊枝□事煩亂

□德□□慈悲 同上號

己年正月日柱字記 鹹字一號背面

乙巳年後五月十五日比丘呂智寫畢記之也 字字八十號

觀修善法

一校定 制字七十九號

佛說諸經雜緣喻因由記

靈圖寺僧道琳再寫寶 騰字二十九號

菩薩藏脩道法數

大業六年歲次庚午記通許瓊　制字八號

大威儀請經

開運□年三月八日寫観音經一卷　陶字六十六號

勸戒文

庚辰年正月二十一日淨土寺學使郎王海潤書寫鄧保住薛安俊庚辰年正月二十一日淨土寺學使郎鄧保住寫記述之也薛安俊扎用　位字六十八號

書手馬幸員共同作　鳥字十號

甲午年七月七日報恩寺僧比丘保會誦持受記　同上號

目連救母變文

太平興國二年歲在丁丑潤六月五日顯德寺學士郎楊願受一人思微發願作福寫盡此目連變一卷後同釋迦牟尼佛一會彌勒生佛爲定　後有衆生同發信心寫盡目連變者同池願力莫墮三途　盈字七十六號背面

釋氏雜文稿

戊子年八月三日比丘法江寫記 字字五十九號

僧□明照寫 海字五十一號

貞明六年十二月十三日龍興寺僧□惠文一本永聖寺轉讀莫□文本 宿字五十號

和戒文

建隆三年歲次癸亥五月四日律師僧保德自手題記比丘僧慈願誦 制字五號背面

金光明最勝王經卷第三界道眞受持 服字三十號背面

己亥年五月六日比丘寫記沙彌淨覺貞讀誦 海字八十號

散華梵

丁丑年正月十五日王法律自手書 周字九十二號

己巳年二月一日報恩寺僧延行寫 周字九十號

雜類

比丘釋遵許　沙彌庫狐純所寫 柰字五十五號

无上祕要

開元六年二月八日沙州敦煌縣神泉観道士馬處幽幷姪道士馬抱一奉爲七代先亡及所生父母法界蒼生敬寫此經供養　珍字二十號

附錄

報恩寺藏經印　朱色長方形　大般若波羅蜜多經荒字五十四號〇大方廣佛華嚴經爲字九十七號爲字九十八號

淨土寺藏經印　黑色長方形　經柰字六十九號　大方廣佛華嚴經爲字九十七號爲字九十八號〇佛說佛名經地字十二號〇維摩結所說

瓜沙州大王印　朱色方形　普賢行願王經鳥字四十七號佛說佛名經羽字二十四號

寫經題記年代表

朝代	紀元	年	月	日	西曆	經名	字號	附註
北魏	安太	四年	七月	三日	四五八	戒緣	地七六	安太當是太安
	正光	三年	正月	八日	五二二	大般涅槃經	陶七〇	
	永安	三年	七月	廿三日	五三〇	仁王護國般若波羅蜜多經	殷四六	
	普泰	二年			五三二	大智度論	陽一	
西魏	大統	三年	正月	十九日	五三七	維摩經義記	辰三二	

	大統	七年		五四一	金光明經	號八六	
	大統	七年		五四一	金光明最勝王經	羽三五	
北齊	天保	一年		五五〇	妙法蓮華經	羽二六	此號又題有大中七年
隋	大業	六年歲次庚午		六一〇	菩薩藏修道法數	制八	
	大業	十一年		六一五	涅槃經義記	雨九〇	此號又題有聖曆元年七月十四日
唐	貞觀	三年		六二九	妙法蓮華經	宇六	
	貞觀	四年		六三〇	四分律比丘戒本	羽三六	
	永徽	三年	十一月	六五二	佛説普普菩薩説證明經	陽二一	
	上元	三年	正月五日	六六七	七階禮佛	崑九六	
	大足	一年	三月十五日	七〇一	妙法蓮華經	羽三一	
	長安	三年	十月	七〇三	金光明最勝王經	雨三九	
	景龍	二年	九月二十日	七〇八	金剛般若波羅蜜多經	律二	
	景龍	四年	六月二十日	七一〇	金剛般若波羅蜜多經	地二四	
	開元	六年	二月八日	七一八	无上祕要	珍二〇	

開元九年二月十三日	七二一	妙法蓮華經	羽三三
開元十一年十一月十日	七二三	金剛般若波羅蜜多經	翔六八
開元十六年正月二十三日	七二八	佛說阿彌陀經	芥四〇
天寶三載九月十七日	七四四	妙法蓮華經度量天地品	李七一
天寶五載	七四六	妙法蓮華經	羽四七
乾元二年四月廿日	七五九	四分律比丘戒本	宿六
天曆元年七月十五日	七六六	妙法蓮華經	洪七一
貞元九年正月廿三日	七九三	勸善經	翔二二
大中十二年八月五日	八五八	瑜伽師地論	柰二五
咸通九年三月廿五日	八六八	大般若波羅蜜多經	發九三
乾符六年二月二日	八七九	金剛般若波羅蜜經	辰六三
中和元年後七月	八八一	佛說佛名經	調六二
中和五年五月十日	八八五	大佛頂如來蜜因修證了義諸菩薩萬行首楞嚴經	潛一〇〇
大順元年	八九〇	金剛般若波羅蜜經	始五八

	天復二年	九〇二	維摩詰所說經	羽四〇
	天復六年十一月	九〇六	梵網經盧舍那佛說心地法門戒品	荒二
後梁	貞明六年五月十五日	九二〇	佛說佛名經	羽二四
	貞明六年十二月十三日	九二〇	釋氏雜文	宿五〇
後唐	長興五年十月廿五日	九三四	禮淨土願文	柰二七
後晉	天福四年九月二十六日	九三九	妙法蓮華經	龍九
	天福八年	九四三	四分律比丘戒本	調七四
	開運口年三月八日		大威儀請經	陶六六
周	廣順八年七月十一日		維摩詰所說經	冬六二
宋	建隆三年五月四日	九六二	和戒文	制五
	太平興國二年閏六月五日	九七七	目連救母變文	盈七六

敦煌襍録

馬敘倫署

敦煌雜錄目錄

以上變文

悉曇頌　鳥字六四號

維摩經頌（擬）　羽字三號

第八尊者代闍羅弗多羅大阿羅漢及第十一尊者羅護大阿羅漢頌（擬）　服字二七號

金剛經讚文　發字二號

佛母讚一本　生字二五號

涅槃讚　乃字七四號

大乘淨土讚一本　生字二五號

淨土樂讚　果字四一號

念佛讚　果字四一號

西方念佛讚　果字四一號

西方讚偈文　果字四一號

歸西方讚　文字八九號

辭道場文 柰字四六號

勸善文 擬 皇字七六號

勸善文 擬 結字九三號

利涉法師勸善文 海字五一號

十恩德 周字八七號

了性勾 裳字六七號

飲酒十過及念佛十功德文 擬 海字五一號

五更調 擬 周字七〇號

五更轉 擬 露字六號

南宗定邪五更轉 鹹字一八號

以上偈讚

禮記音義 擬 殷字四四號

論語音義 擬 殷字四二號

雜詩擬　海字五一號　殷字四一號　位字六八號　宿字九九號

討番開路擬　柰字二五號

以上雜類

敦煌雜錄

維摩詰所說經變文 擬　　　光字九四號

持世井第二

經云時魔波旬從萬二千天女狀帝釋皷樂弦歌來詣我所

是時也波旬設計多排婇女嬪妃欲惱聖人剩烈奢化艷質希奇魔女一萬二千最異珍珠千般結果出塵菩薩不易惱他持世上人如何得退莫不剩裝美貌元非多着嬋娟若見時交坸出言詞稅調着必生退敗其魔女者一個個如花菡萏一人人似玉无殊身柔軟兮新下巫山貌娉婷兮纔離仙洞盡帶桃花之臉皆分柳葉之眉徐行時若風颯芙蓉緩步處似水搖蓮出朱脣旖旎能赤能紅雪齒齊平能白能淨輕羅拭體吐異種之馨香薄縠掛身曳殊常之翠彩排於坐右立於宮中青天之五色雲舒碧沼之千般花發罕有罕有奇哉奇哉空將魔女嬈他爲恐不能驚動更請分爲數隊各逞透迤擎鮮花慇懃獻上梵異香者倍切虔心合玉指而禮拜重重出巧語而詐言切切或擎樂器或即或哦或施窈窕或即唱歌休誇越女莫說曹娥任伊持世堅心見了也須

退敗大好大好希哉希哉如此麗質嬋娟爭不忘生動念自家見了尚自魂迷他人覩之定當亂意任伊修行緊切稅調着必見迴頭任伊鐵作心肝見了也須粉碎魔王道我只促去定是菩薩識我不如作帝釋隊仗問許伊時菩薩於是魔王大作奢花欲出宮城從天降下周迴捧擁百迎千連樂韻弦歌分爲二十四隊步步出天門之界遙遙別本住宮中波旬自乃前行魔女一時從後擎樂器者宣宣奏曲響聒淸霄爇香火者灑灑煙飛氤氳碧落竟作奢華美貌各申窈窕儀容擎鮮花者共花色旡殊捧珠珍者共珠珍不異琵琶弦上韻合春鶯簫管中聲吟鳴鳳杖敲揭鼓如拋碎玉柃盤中手弄秦箏似排鴈行柃弦上輕輕絲竹太常之美韻莫偕浩浩唱歌胡部之豈能比對妖容轉盛艷質更豐一羣羣若四色花敷一隊隊似五雲秀麗盤旋碧落菀轉淸霄遠看時意散心驚近覩者魂飛目斷從天降下若天花亂雨於乾坤初出魔宮似仙娥芬霏於宇宙天女咸生喜躍魔王自己欣歡此時計較得成持世脩行必退容貌恰如帝釋威儀一似梵王聖人必定旡疑持世多應不怪天女各施於六律人人調弄五音唱歌者皆詐作道心供養者假爲虔敬莫遣聖人省悟莫交菩薩覺知發言時直要停藤稅調

處直須穩審各請擎鮮花於掌內爲吾燒沉麝於爐中呈珠艷而剩逞妖容展玉貌而更添艷麗浩浩簫韶前引喧喧樂韻齊聲一時皆下於雲中盡入修禪之室內

〔吟〕魔王隊杖利天宮　欲惱聖人來下界
廣設香花申供養　更將音樂及弦歌
清冷空界韻嘈嘈　影亂雲中聲嚮亮
胡亂莫能相比並　龜慈不易對量他
遙遙樂引出魔宮　隱隱排於霄漢內
香爇煙飛和瑞氣　花擎寮亂動祥雲
琵琶弦上弄春鶯　簫笛管中鳴錦鳳
楊鼓杖頭敲碎玉　秦箏絲上落珠珍
各裝美貌逞逶迤　盡出玉顏誇艷態
個個盡如花亂發　人人皆似月娥飛
從天降下閉乾坤　出彼宮中遮宇宙

乍見人人魂膽碎　初觀個個盡心驚

〔韻〕波旬是日出天來　樂亂清霄碧落排

玉女貌如花豔圻　仙娥體是月空開

妖桃強逞魔菩薩　羡美質徒惱聖懷

皷樂弦歌千萬隊　相隨捧擁竟徘徊

誇豔質　逞身才　窈窕如花向日開

十指纖纖如削玉　雙眉隱隱似刀裁

擎樂器　又吹嚾　莞轉雲頭漸下來

簫笛音中聲遠遠　琵琶弦上韻哀哀

歌瀝瀝　笑咍咍　圍遶波旬迨迎排

隊仗恰如帝釋下　威儀直似梵王來

須隱審　莫教積　詐作虔誠禮法臺

問諱莫教生驚覺　懇懃勿遺有遺乖

沉與□　手中臺　供養權時盡意懷
眞侍聖人心錯亂　隨伊動處嬈將來
須記當　領心懷　莫遣修行法眼開
持世若教成道後　魔將眷屬定須摧
巧稅調　好安排　强着言詞說意懷
着相見時心墮落　隨情順處誘將迴
歌與樂　竟吹嚾　合雜喧嘩溢路排
魔女魔王入室也　作生嬈惱處唱將來
〔經〕云與其眷屬啓首我足合掌恭敬及至而修堅法
時波旬有偈
〔詩〕爲重修禪向此居　我今時固下雲衢
欽依戒行如蟾淨　憶想淸高似嶽孤
入定不知功行久　坐禪未委法何如

今將眷屬來瞻禮　不審師兄萬福無

〔白〕爾時波旬語持世曰上人修行日久禪定時多勞法德以柄持繼心神如守志茅堂閴靜石室幽虛想知辰夜寂寥伏計日常勞倦禪門深遠空法難明不知所證淺深未委有何功行我辭空界來下天宮爲思德行无殊爲憶孤高有異今朝欣逢伏望大聖慈悲與我小談法味

魔王又偈

〔平詩〕暫抛五欲下天來　要禮師兄禪坐臺

鼓樂弦歌申供養　香花珍菓表心懷

欣瞻大士欣千度　喜禮高人喜百迴

伏望慈悲宣妙法　我今總望滅塵埃

爾時持世不識魔王將爲嬌尸迦錯忍作帝釋所以

〔經〕言我言爲是帝釋而語之言善來嬌尸迦乃至與修堅法

〔白〕當日持世菩薩告言帝釋曰天宮壽福有期莫將富貴奢花便作長時久遠起坐

有自然音樂順意笙歌所以多異種香花隨心自在天男天女捧擁无休寶樹寶林巡遊未歇隨心到處便是樓臺逐意行時自成寶香花開便爲白日花合卽是黃昏思衣卽羅綺千重要飯卽珍羞百味如斯富貴實卽奢花皆爲未久之因緣盡是不堅之福力帝釋帝釋要知要知休於五欲留心莫向天宮恣意雖卽壽年長遠還無究竟之多雖然富貴驕奢豈有堅牢之處壽夭力盡終歸地獄三途福德纔無卻入輪迴之路如火然盛木盡而變作塵埃似煎射空勢盡而終歸墮地未逃生死不出无常速指內外之珍財證取無爲之妙果懃於仙法悟取眞如少戀榮華了知是患深勞帝釋將謝道從與君略出甚深悟取超於生死

〔古吟上下〕天宮未免得无常　福德纔微卻墮落

富貴驕奢終不久　笙歌恣意未爲堅

任誇玉女貌嬋娟　任逞月娥多艷態

任你奢花多自在　終歸不免卻無常

任誇錦繡幾千重　任你珍羞飡百味

任是所須皆總對　終歸難免却無常
任教福德相嚴身　任你眷屬長圍遶
任你隨情多快樂　終歸難免却无常
任教清樂奏弦歌　任使樓臺隨處有
任遣嬪妃隨後擁　終歸難免也无常
任伊美貌最希奇　任使天宮多富貴
任有花開香滿路　終歸難免却无常
莫於上界恣身心　莫向天中五欲深
莫把驕奢爲究竟　莫躭富貴不修行
還知彼處有傾摧　如剪射空隨志地
多命財中能之了　修行他不出无常
索將勞帝釋下天來　深謝弦歌鼓樂排
玉女盡皆覺悟取　婢媚各要出塵埃

天宮富貴何時了　地獄煎熬幾萬迴

身命財中能悟解　使能久遠出三災

須記取　傾心懷　上界天宮却請迴

五欲業山隨日滅　躭迷障嶽逐時摧

身終使得堅牢藏　心上還除染患胎

帝釋敢師兄說法力　着何酬答唱將來

〔經〕卽語我言正士受是萬二千天女可備掃洒

〔白〕爾時魔王告持世因曰我暫別欲界來下天宮喜瞻菩薩威儀得到修禪室內幸蒙慈念迴賜宣揚深知五欲不堅稍會天中未久多邊障染從今應是去除心上塵埃自此多應屛跡蒙沾法雨洗湯塵勞得飲醍醐頓消熱惱以感千生之便得漸萬善之恩我今無異寶珠珍報答用酬尊德唯將天女一萬二千奉上師兄可酬說法幸望慈悲鑒納乞垂大士容留且令逐日祗供可備辰昏驅使禪堂幽靜空室寂寥令伊旦夕添香日夜禪堂暖熱莫生憂慮我清疑積師兄便望收留弟子今朝布施假帝釋有一

偈告持世菩薩

為欽德行利天宮　得禮慈悲大聖容

喜飲醍醐消熱惱　傾沾法雨蕩塵濛

來時不奉諸珍寶　報答何酬說法功

一萬二千天上女　師兄留取且祗恭

持世告假帝釋曰我是修行菩薩我是出世高人一身尚自有餘何要你許多天女我

以離於染欲不住世情知諠譁為生死之因悟艷質是沍之本況此之天女盡是嬌奢

恣意染欲之身躭迷者定入生死趨向者必沉地獄我以修於仙果證取眞乘不居塵

世之中不尋世情之內修禪觀行宜合寂靜省緣練意澄心何要爾多衆人帝釋之了

要知要知何時將艷麗之人便向吾前布施但望自家收耳刦請迴歸速還本住天宮

早利修禪室內莫使凡情驚怪莫教淺促疑猜道吾禪定不堅道我修行退敗林間寂

靜早請迴還室內幽閑不宜久住我要修於仙果汝須速上天宮莫將諸女獻陳我家

當知不受持世有偈

深勞帝釋下天涯　侍從親來問我耶
室內簫疎談法久　天宮遲滯路歧賒
山間欲晚淸林闇　峰上光移紅月斜
帝釋此時莫久住　領諸天女早歸家

魔王道云云我聞修行之者不逆人情菩薩之人均隨根器欲發萌芽之種須春雨膏欲開蟄戶之門應時雷震我今發意余定迴心願酬說法之功布施何當不要況此天女一個個形如白玉一個貌似鮮花妖桃而乃越姮娥艷質而休誇姐妃能歌律呂行雲而不竟佰垂解奏宮商織女而忽然亭罷繡成盤鳳對芙蓉而爭承嚬羞刺出鴛鴦並芍藥而豈無慙恥鬟釵斜墜須鳳髻如花倚菜欄玉貌頻舒素娥眉而似風吹蓮葉亦能侍奉偏解祗承佰眉而便會人情動目而早知心事四時湯藥亦解調和逐日齋飡深知冷暖禪堂掃洒淸風而不起埃塵幽室鋪陳滿座而旋成瑞氣前件天女粗知佛法深有道心他家願効慇懃厶望慈悲驅使菩薩菩薩師兄師兄如今勿更遲疑此際望垂收取閼卽交伊合曲閑來卽遺唱歌禪堂裏莫使寂寥幽家內莫交冷落棄居

上界來下天宮深憂大德無人只恐師兄寂寞一萬二千天女人人盡有道心我今定以捨之天上承能將去收取收取莫疑莫疑誓爲菩薩之門人願作師兄之弟子帝釋告曰

〔側〕菩薩慈悲莫疑慮　禪堂寂靜無依怙
修行直感動天宮　入定伏得龍兼虎
我今來　蒙法雨　塵勞已滅心開悟
報答何酬說法恩　師兄收取天宮女
出天門　下雲路　來時不捧法珍寶
得禮慈悲大法王　師兄收取天宮女
解歌音　能律呂　簫韶直得陰雲布
日夜交伊暖法堂　師兄收取天宮女
巧裁縫　能繡補　刺成盤鳳須甘雨
個個能裝百納衣　師兄收取天宮女

會人心　巧言語　　爭忍空交却迴去
禪堂驅使好祗承　　師兄收取天宫女
貌如花　體如素　　似雪如花花又語
堪作禪堂學法人　　師兄收取天宫女
我今時固下天來　　爲見師兄禪坐開
得禮高人忻百度　　喜瞻菩薩喜千迴
蒙宣法味令齋解　　又休談楊決乘懷
酬答並無法異物　　惟將天女作費排
與棄受　莫疑猜　　上界從今承願迴
誓與師兄爲弟子　　永充菩薩遶花臺
乘道力　乞慈哀　　赴乘情成祭乘懷
有願施時須與受　　无乖見處定无乖
禪堂内　設支排　　寂寞應知承易偕

日夜交伊歌浩浩　辰昏須遣樂哈哈

有斜指　巧難裁　供養祗承順意懷

分禪補坊兼刺繡　更能逐日辯香齋

陳百種　獻千迴　爲感師兄說法開

一萬二千天上女　莫辭收取唱將來

〔經〕云我言嬌尸迦無已此非法之物邀我沙門釋子此非我宜

〔白〕語爾時持世并語帝釋曰我空聞當月閶爲有浮雲寶鏡无光皆因塵埃未成佛道爲有貪嗔不出輪迴盡因染欲況此天女盡是貪嗔之本地獄余殃未合并之儀不是沙門見解夫修行者專心苦行志意澄神念浮華爲石火令之光想人世似風中燭持世告假帝釋曰我修行日久悟法分明不可取你人情交我再沉惡道況此之女等三從備體五障經身他把身爲究竟身便把體爲究竟體我所以棄如灰土自力修行如今看即證并不可交却墮落持世不肯受天女有偶

〔斷〕三從五障在身邊　十惡縈仍被微纏

佛性昏迷於此退　眞乘差錯爲他牽
修行菩薩心能捨　出世高僧意不看。
多少往來沉溺者　皆因染欲失根源

（白）爾時持世語帝釋曰我三途不出皆因貪愛所迷佛果未成盡是欲之顛墜我以修於禪觀不染塵心願出世間希求利樂帝釋勿言感我嬌尸迦不用惱人莫將天人施沙門休把嬌姿與幷不是我之所愛非當持世戀之我今若愛時與必是曹人毀謗帝釋帝釋要知要知眷屬便望却收天女我當不要禪堂迮隘實卽難留幽家非寬无門受納况又修行之路不假人多出世之門宜須寂靜我以超於生死不住愛何向出塵勞拋居障海垢染之穢纖瑕不巧塵濛之小許難沾智圓與看澄幷漏盡何欲明法眼此時若受如紅鴈再入於網羅今日若收似白鹿重遭於羈絆不敢不敢何當何當交吾夫却雨程令我修持退敗謝來於小室勞君別却天宮山林中无可交恭幽室內慙虧看侍天門極遠上界程遙白雲嶺上漸生紅日看將欲沒不情室中久住速望迴歸莫於此處留心虛勞氣力千萬千萬速歸速歸帝釋莫發狂言天女我今不受

〔吟上下〕莫將天女與沙門　休把眷屬惱菩薩
我以修行求出世　不於染慾掛身心
天宮去此路程賒　上界却迴歸又遠
紅日看將山上沒　白雲又向嶺頭生
汝今帝釋早須歸　領取眷屬却迴去
莫向室中爲久住　休於林內發狂言
修行之者不合疑　菩薩之人總不要
幽室豈堪留眷屬　禪堂不假衆人多
我今聞貪愛走輪迴　欲染眷屬沒生死
我以修行成道果　此諸天女却將伽
〔平〕室中不清更遲疑　上界程遠去是時
天女奢華不是事　笙歌音樂糸非宜
白雲領上微微出　紅日山頭漸漸垂

不要此中爲久住　領諸天女早須歸

我不要　却將迴　不願笙歌亂意懷

安坐只宜寂默　修禪須是沒人來

謝布施　感心懷　幽室天人不易排

掃洒盡應人定怪　祗承必恐衆宜猜

立室內　遶禪臺　爲汝宣揚法義開

莫把嬌姿染汚我　休將天女惱人來

修行久　出塵埃　已見眞如道路開

取受人情應墮落　收君天女定輪迴

莫久住　速須迴　千萬今朝察我懷

天女當時不肯去　阿誰與解救唱將來

持世卄第二卷

佛本行集經變文擬

潛字八十號

上闕日才下闕日廣開大藏下闕貧乏之下闕兼所有國城妻子象馬七珍下闕衆生或時爲王或時太子波羅奈國五天之境捨身給施衆生不作爲難非但一生如是百千萬億劫精練□□大願種種苦行令其心願滿足故於三元數劫中□□□□功克果滿上生兜率陁天宮之中由前正願而得成佛以下闕兜率陁天是補佛處其波羅奈國者是三千大千世界之中心下闕日之宰一切人賢多生此中過去迦葉佛與釋迦牟尼佛受記其釋迦牟尼佛與彌勒受記汝於來世當得作佛何故爾天不補其□定在兜率陁天已上之天則掾泰已下天則搽闇此兜率陁天是□□之處過去未來見在諸佛皆補在此天未來彌勒尊佛今在兜□□□□上爲諸天衆說法化度後乃衆生有緣人壽八萬四千歲轉輪□□法之時具四種之兵乘有自然之寶徒兜率陁天降下閻浮□□□□姓婆羅門家爲修苦行從凡而成佛道何名兜率陁天兜名下闕名知少欲號曰兜率天也三无數劫修萬行捨施頭目實□□率陁天補處郎今說法化諸天此是爲生相也死不滅持心願滿足故於三无數劫積修萬行只爲功充果滿

上生兜率陁□者之中其欲界有如是其六天一四天王天二刀利天三須夜魔天四兜□□□五化樂變化天六他化自在天如來世尊補在第四天中上生相□□喜樂之次便腹中不安欲似臨產乃遣姨母波闍波提抱腰夫人□□樹枝採女將金盤丞接太子此是王宮誕質相也是時夫人誕生太子無人扶接東西南北各行七步蓮花捧足一手指天一手指地天上□下爲我獨尊

上從兜率降人間　託蔭王宮爲生相

□□□温香和水　爭浴蓮花葉上身

聖主摩耶往後薗　彩女嬪妃□□喧

魚透碧波堪上岸　無優花樹最宜觀

無優花樹葉敷榮　□□纔步波中行

舉手已攀枝餘葉　釋迦聖主向袖中生

釋迦慈父降生來　還從右脇出身胎

九龍吐水早是衩　千輪足下有瑞蓮開

□斯陁仙啓大王　此令瑞應極禎祥

不是尋常等閑事　必作菩□□□王

前生以殿下結良緣　賤妾如今豈敢專

是日耶殊再三請　□□當時脫指環

長生不戀世榮華　厭患王宮爲太子

捨却輪王□□位　夜半逾城願出家

六年苦行在山中　鳥獸同居爲伴侶

□□麻麥求勝行　雪山修道證菩提

見人爲惡處强攢頭　聞道□□□不睬

今生少善物不曾作　來世覓人身大教難

火宅忙忙何日□　五欲終朝生死苦

不似聽經求解脫　學佛修道能不能

經題　名目

時淨飯大王爲宮中無太子優悶不樂尋常或於一日作其夢夢雙六憑殊郎問大臣是何意旨大臣答曰挫下夢見雙六憑輸□爲宮中無太子所以憑輸大王問大臣如何求得太子大臣走大王曰□□有一天祀神善能求恩乞福往求太子必合容許是時大王排枇下闕 駕親便往天祀神邊甚生隊杖白月在沈形紅日初生擬杖下闕 天下晏靜爛滿錦衣花璨無邊神女皃瑩瑩是時大王便到天□□邊索酒親自發願吟

撥掉乘舡過大江　神前傾酒三五洖
□侄不爲別餘事　男女相兼乞一雙

夫人道大王何必多貪求男是□求女是女男女一雙難爲求覓夫人索酒親自發願澆未甚道□□得男神頭上傘蓋左轉一迊若是女頭上傘蓋右轉一迊便乃澆下闕

撥掉乘船過大池　盡情歌舞樂神祇
歌舞不緣別餘事　□□大王乞個兒

大王共夫人發願已訖迴鸞駕却入宮中或於□□深樓謀悶之次便乃睡着作一衩夢忽然驚覺遍體汗流□□□王具說其事賤妾採云樓上作一聖夢夢從天降下日

輪輪之內□一孩兒十相具足甚是端嚴兼乘六牙白象從接項門而入在右脇下安之其夢如何不敢不走大王遂乃問其旨臣旨臣答曰助大王喜□生貴子大王聞說歡喜非常不經旬月之間便則夫人有胤然□□懷任却乃愁優遂走大王如何容許教得免其優大王便語夫□□薗之內有一靈樹號曰無優遂遣夫人令往觀看得勉其愁下闕遣栟枇後薗觀看甚生隊杖是日也敷千重之錦繡萬道之花□□人擄行頻妃從後吟

聖主摩耶往後薗　揬女頻妃奏樂喧
□透碧波勘賞翫　無優花樹最宜觀
無優花樹葉敷榮　□人彼中緩步行
舉手或攀枝餘葉　釋迦聖主袖中生
釋□慈父降生來　還從右脇出身胎
九龍灑水早是衩　千輪足下瑞蓮開

是時夫人誕生太子已了無人快接東西南北各行七步蓮□捧足一手指天一手指

地口云天上天下唯我獨尊大王聞知非常□愕我是金龍王往四天下銀輪王往三天下銅輪王往二天下鐵輪□往一天下粟散天子往一國此子口云天上天下唯我獨尊者何□□事須召取相師則知委由遂遣牓示召爲相師忽有一仙向前□牓口云我善能解相大王聞說卽召相師阿斯陁仙人蒙詔卽至殿前大王告其仙人嗼生太子以世間人有殊不委是凡是聖伏願仙□與嗼相之大王遣宮人抱太子度以仙人仙人抱得太子悲泣流淚□□問之仙人者嗼生貴子歡喜非常仙者因何悲泣流淚　大□□恠此孩兒證無上菩提之時我不遇逢所以悲泣仙人相太□□便走大王仙人答曰吟

阿斯陁仙啓大王　太子瑞應極禎祥
□□尋常等閑事　必作菩提大法王

是時相太子已訖漸漸長□□學人間技藝物乃得成或於一日太子愁優不樂專心學善不戀人間大王聞知忿生憂悶大臣云主憂則臣辱主辱則臣死臣啓□□臣有卿有何計教但遣取一牛戀之人何者爲牛戀之人取一□婦便是牛戀大王道則排

枇與取新婦太子聞説遂走大王□兒取其新婦令巧匠造金指環手上帶之父母及兒三人知□□知若與兒有緣知兒手上金指環者則爲夫婦大王聞太子□□遂遣國門高縛綵樓召其合國人民有在室女者盡令於綵□□齊集當令太子自揀婚對太子於綵樓上便思發願並□前上生眷屬知我手上指環之者卽爲夫婦是時有釋種婆羅門一名摩訶那摩女名耶輸陁羅彩樓便發言吟

前生與殿□結良緣　賤妾如今豈敢專

是日耶輸再三請　太子當時□□環

餘殘諸女盡皆分散各自還家只殘耶輸陁一身太子□□夫人三從有則在家從父出嫁從夫及至夫亡任從長子但某乙有□言語説與夫人從你不從耶輸答曰爭敢不從若是夫人行道□□座禪太子行道夫人座禪後於一時與父王俱遊至王田所□時人耕種收刈甚極勞力復見壤田里烏鵲啄噉深生慈愍在於閻浮樹下寂然如坐思染欲界苦惱大王遂問太子□何不樂殿下走大王曰宮中謀悶所以不樂擬往觀看不敢□大王知遂遣車匿被朱宗白馬遣太子觀看到於東門□一人忙忙急走

殿下見之非常驚㤮便遣車匿問知有何速□□家中有一生母欲生其子痛苦非常所以奔走殿下聞言卽□有忙之事餘人惣有不餘世人殿下亦然太子聞說愁優不樂□□還宮父王聞道太子還宮遂遣美人觀其太子顏狀必合歡喜宮人走大王曰太子還宮更加愁悶父王聞說忞與優愁更添音樂□般悅樂太子太子聞樂轉更憂愁處分車匿來晨被朱宗白馬□□觀看遂出南門忽見一老人白髮面皺形容燋悴遂遣車□問其老人曲脊柱杖君是何人老人答曰我是老人太子問□□老人答曰

眼闇都緣不弁色　耳聾高語下聞聲

欲行□□□里時　雖是四迴五迴歇

少年莫咲老人頻　老人不奪少年□

□老老人不將去　此老還留與後人

太子遂問卽是老一個老爲復盡皆如此殿下大曬遵高老相忞復如是太子聞與愁憂不樂却□本宮父王聞太子還宮遂遣宮人存問太子太子蒙問展愁愁憂□聞如忞皆加不樂遂加音樂歡樂太子愁憂不至遂遣□□被依朱宗遂向西門於前遊管

管看之次忽見一人劣□□□□藥椀在於頭邊遂遣車匿問之公是何人我是病兒
何□病兒地水火風四大一大不絛百脈病起此名病兒則公一□□□諸人亦復如
然殿下尊高並亦如是

拔釰平四海　橫戈敵萬夫
□朝床枕上　動轉要兩人扶

太子知聞亦加不悅便乃還宮大王聞來□喚太子吾從養汝只是懷愁昨日管遊見
於何物太子走□□西門管看不見別餘見一病兒倍加劣瘦遂遣車匿□□則君一
人如此諸人亦然殿下位卽尊高病相亦皆如是遂乃□□大王何必恠之遂遣宮引
依太子太子愁憂不散於前來日遊□□悶巡於北門觀看之次忽見臥於荒郊膖脹
爛壞在於□□四畔有人高聲哭叫殿下遂遣車匿問知此是喪主答曰此　死人何
名死人卽此人一個死諸人亦然殿下

國王之位大尊高　煞□□頭無處逃
死相之身皆若此　還漂苦海浪滔滔

太子見說□□更乃愁憂便却還宮大王聞道太子還宮遂交親喚殿下□□遂見父王大王問其太子

若說人間恩愛　不過父子之情

若說□□因緣　莫若親生男女

假使百㡧七鳥　駈駈猶爲子此身

墮落□道三途　皆是爲男爲女

金銀珍寶無數　要者任意不難

若□取我眼精　心裏耶能伴得

取我懷中憐愛子　千生萬刼實難

然須有示多恩愛　作罪還須自當

父王作罪父王當　太□□□不受殃

阿孃作罪阿孃受　女者無因替阿孃

自身作罪自□□　莫怨他家妻與兒

自作業時應自受　他人不肯與你入阿□

□□□□母妻兒　欲擬相留且暫時

爭舵此時緣業斷　死王嗔怒悟□□

煞鬼不怕兄弟多　君王眷屬惣僂羅

黑繩繫項牽將去　□獄還交舍裹度奈河

遮莫你僂羅上陵天　南州北郡置產田

大兒存道要東伴　小者□□取西邊

□將此身裁與㑳　商量男女義分錢

惡業是門徒自造着　別人不肯與你入黃泉

□□仍是罪事更乃愁憂遂遣車匿被於朱宗往□□觀看下闕 上或見一削髮染衣

威儀祥序直似爲王太子忽見下闕 向前聞之君是何人我是師僧何名師僧□下闕

□上飯在盂中此是師僧太子聞說歡下闕 寶便問三寶汝師是誰誰之弟子我下闕

迦牟尼佛是我之師太子聞說三寶如何下闕 若六時行道饒益衆生乃獲此身太下

闕中父王聞太子歸宮遣宮人觀召太子下闕太子今日非常喜悅太子還宮共妻耶
下闕時有闕 二月八日夜半子時四天門王嘍下闕遣車匿被於朱宗便擬往於雪
山向後下闕向後宮人採女苦切難桃逐嘍夫人向前下闕災難之時但燒此香望靈
山會上啓下闕足便卽逾城位手却着玉鞭指其耶下闕子見大聖出家忩隨修梵行
引臨去下闕太子擬去思寸再三恐爲宮人受其苦下闕共四王便往雪山修道行已
經十月下闕大怒我兒雪山修道不經一年已來下闕土殿前穿一方丈火坑蒲坑着
火令下闕發願實喚之孫子靈火坑變作清下闕發願甚道去嘍也大其中也大其下
闕猶乍耳 莫交辜負一孩兒 發願下闕令人火推入火已其火坑世尊以慈下闕
蓮花母子各座一探武士遂奏大王下闕大王聞之便知是我孫子便喚新婦近下闕
大王忩擬雪山修道新婦卽去者父王下闕處分新婦甚道吟

夫人已解別陽臺 □□□□□□□
□□□□桃梨面 餡雲休插鳳凰釵
無明海水從□□ □□□□□□□

□□鷲峰修聖道　新證莫儔讒不掣

却下闕便至靈山亦隨修道一乎善來變成下闕號曰羅候羅密行爲我能知知現爲

我下闕日食一麻一麥長雜坐禪觀行成登正覺下闕力劣若樹神把手引之出於彼

岸下闕利益羣生之情是何人也最初說法爲五下闕業先明教主吟

欲知教法之由漸　□□□□□□□

□□□□□□□　托蔭王宮爲太子

捨却世間一切事　□□□□□□□

□□□□□□□　此說空宗令悟解

後向靈山談妙法　□□□□□□□

□□□□□天花　毫光遠照東方界

彌勒共文殊親□　□□□□□□□

□□□□□羣情　秋子上羣偏領解

扇拂糟糠令□□　□□□□□□□

□□因喻曉深宗　說彼如來同長者
火宅□□□□□　□□□□□□□
四大聲聞悟一乘　領術之生信解還
□□□□□□□　□□□□□□財
一雲使雨潤芳苗　三草閑花皆結
□□□□□□□　□□□道各修行
爲彼當來得佛時　國□□□□□□
□□□□□□定　莊嚴世界地瑠璃
過去東方萬八□　□□□□□□□
□□須爲聽法衆　早聞妙理結因緣
三□□□□□□　□□□□□□法
五百高明齊得記　還而親友示□□
□□□□□□□　□□下品皆蒙記

正法像法□多刼　地平如□□□
□□□□□高源　見彼土乾知水遠
濕土如□□□□　□□□□□□
高來和尚說其眞　修行弟莫因悲□
□□□□□□□　□□□莫阿婆嗔
□□□□□飯王　悉達太子厭無常
誓求無□□□□　□□□□□道場
太子十九遠離宮　夜半騰□□□
□□□□□□去　修行暫到雪山中
二月八日□□□　□□□□□未明
父王憶念號跳哭　叓母□□□□
□□□□□□山　出家修道有何難

誓□□□□□□　□□□□□□人天
雪山修道定安禪　苦行□□□□□
□□□□□□□　鵶鵲巢居頂上安
發遣□□□□□　□□□□□雙垂
車匿聞言聲哽咽　渾槌□□□□□
□□□□□□門　姨母號跳問去因
怨恨去□□□□　□□□□□無縱
父王爲子納耶輸　容顏□□□□□
□□□□□不顧　一心修道向眞如
踰城修□□□□　□□□□□妾身
六年始養寃家子　此事□□□□□
□□□□□□宮　傳謂君心有始終
唯望百年□□□　□□□□□路中

父王聞時可不怒　釋種聞之□□□
□□□□□□□　中心更向一誰陳
勑下令教造火□　□□□□□□□
□□虔恭發願重　如來持爲散光明
□□□□□□□　□□淚落數千行
阿娘一身遭火難　□□□□□□□
□□□爐焚寶香　頭面殷勤禮十方
□□□□□□□　□□速爲變清凉
清淨如來□□□　□□□□□□苦身
今日出離三界内　救下　闕

附錄

喚新婦近前卽知新婦無虛新婦便辭父王亦擬雪山修道新婦既去者父王亦
不敢連留大王遂處分新婦甚道吟

夫人已解别陽臺　此事如蓮火裏開　曉鏡罷看桃梨色　餔雲休揷鳳凰釵
無明海水從賫竭　煩惱叢林任意堆　努力向鷲峯從聖道新婦莫懺讒不
掣却迴來處分新婦已訖新婦便辭大王往至雪山亦隨修道一呼善來變成男
子隨佛出家證阿羅漢其子號曰羅睺羅密行爲我知之現爲我長子我今成佛
道受法爲法子
此内及外更有諸妙理不及具細課人樂者尋成佛因由則知徵細極甚精妙也
長興伍年甲午歲八月十九日蓮臺寺僧洪福寫記諸耳　僧惠定池念讀誦知
人不取
案此文見鳴沙餘韻九十五頁可補潛字八十號卷中之闕文茲錄於此以資
參攷

八相成道變文擬　雲字廿四號

爾時釋迦如來於過去無量世時百千萬劫多生波羅奈國廣發四弘誓願直求无上菩提不惜身命常以己身及一切萬物給施衆生慈力王時見五夜叉爲啖人血肉飢火所逼其王哀愍與身布施餧五夜叉歌利王時割截身體節節支解尸毗王時割股救其鳩鴿月光王時一夕樹下施頭千遍求其智慧寶燈王時剜身千龕供養十方諸佛身上燃燈千盞薩埵王子時捨身數度濟其餓虎悉達太子時廣開大藏布施一切飢餓貧乏之人令得飽滿棄所有國城妻子象馬七珍等施與一切衆生或時爲王或時爲太子於波羅奈國五天之境捨身捨命不作爲難非只一生如是百千萬億劫精練身心發其大願種種苦行无不修斷令其心願滿足故於三无數劫中積修萬行只爲功充果滿方成佛位佛者何語佛者覺也覺悟身中眞如之性覺心內煩惱之怨出生死之劣勞踐菩提之閫域六通具足五眼无明爲三界大師作四生慈父從清淨土著獘垢衣出現娑婆化諸弟子佛子（一）

三大僧祇願力堅　六波羅蜜行周旋

百千功德身將滿　八十隨形相欲全
未向此間來救度　且於何處大基緣
當時不在諸餘國　示現權居兜率天

未審兜率陁者是梵語秦言知足天兜名少欲率是知足此是欲界第四天也况說欲界有其六天第一四天王天第二忉利天第三須夜摩天第四兜率陁天第五樂變化天第六他化自在天如是六天之內近上則玄極太寂近下則鬧動煩喧中者兜率陁天不寂不鬧所以前佛後佛總補在依此宮今我如來世尊亦當是處（此是上生兜率相已上總管自下降）

於是我佛觀見閻浮提衆生業重流浪難出苦源縱欲……(二)

我佛觀見閻浮提衆生業鄣深重苦海難離欲擬下界勞籠拔超生死遂遣金團天子先居凡間選一奇方堪吾降質於此之時有何言語云云

我今欲擬下閻浮　汝等速須揀一國
遍看下方諸世界　何處堪吾託生臨

爾時金團天子奉遺下界歷遍凡間數選奇方並不堪世尊記質唯迦毗衛國似膺堪

居却往天中具由咨説云云

當日金團天子　潛身來下人間
金朝菩薩降生　福報合生何處
遍看十六大國　從頭皆道不堪
唯有迦毗羅城　天子聞名第一
社稷萬年國主　祖宗千代輪王
我觀過去世尊　示現皆生佛國
看了却歸天界　隨相菩薩下生
時當七月中旬　託蔭摩耶腹內
百千天子排空下　同向迦毗羅國生

是時摩耶夫人夢想有孕月滿將充宮中煩悶而愁怨遂伴嬪妃遊後苑覩無憂樹舉手攀枝釋迦眞身從右脇誕出當此之時有何言語云云

無憂樹下暫攀花　右脇生來釋氏家

五百天人隨太子　三千宮女捧摩耶
堂前飛來鴛鴦被　薗裏休登翡翠車
產後孩童多瑞相　明君聞奏喜無衙

太子既生之下感得九龍吐水沐浴一身舉左手而指天垂右辟而於地東西徐步起足蓮花凡人觀此皆殊祥遇者顧瞻之異端常爾之時道何言語

九龍吐水浴身胎　八部神光曜殿臺
希期瑞相頭中現　菡萏蓮花足下開

又道

指天天上我爲尊　指地地中最勝仁
我生胎分今朝盡　是降菩薩最後身

於是大王怜愛太子將向後宮令遣頻妃遂交育養其時被諸大臣道大王太子本是妖精鬼魅請王須與棄亡若也存立人間必定破家滅國當爾之時有何言語云云

太子生下瑞靈顏　諸臣猜道是妖魅

臣請大王須除棄　留存家國總不安

當時文殊菩薩密見諸臣不識是出世之仙恐謟損傷太子遂化作一臣數越起超班謹對奏言大王審察莫取諸臣言教細意再思此是異聖奇仁不同凡類當爾之時有何言語云云

太子相好無等倫　降下閻浮化理民

居家定作輪王位　出世應爲大法尊

文殊菩薩遂向大王道大王若不信南山有一阿斯陁仙仁修行歲久道行精專屈請將來令交瞻相大王便悉此事云云

南山有一阿斯仙　修行歲久道行專

顔貌已過經千載　早登五道相人間

瞻看國內呼第一　世上無比共齊肩

屈請將來令交相　臣此今朝不虛然

既見菩薩語了大王慼取見言來日屈請仙人侵晨便至門守邀請上殿對說因由大

王有夫人產生乃出奇祥太子主下便語口稱唯尊天上人間獨我無勝因請仙哲占相斯人仙師見太子出來流淚滿目手拭眼淚口讚希嗟當爾之時道何言語

大王屈請聖才　侵晨便到門守來
廣排綺席花敷殿　共王祇揖上基階
啓口申說夫人孕　生下太子大奇哉
仙人忽見淚盈目　呼嗟傷歎手頭題

仙人既召之後却向大王道太子是出世之尊不是凡人之數大王今若不信城南有一塑神置世已來人皆視驗王疑太子魍魅但出親驗神前的是鬼類妖精其神化為凝血若不是精奸之類只合不動不變於爾之時有何言語

城南有一摩醯神　見說尋常多操嗔
世上或行詐偽事　就前定驗現其真
大王但將此太子　纔見必令始知聞
若是禎祥於本主　的定妖邪化為塵

大王明日廣排天仗遠出城南將百萬之精兵并太子亦隨駕幸行至神廟五里以來埿神被北方天王唱一聲雖是埿神一步一倒直至大王馬前禮拜乞罪佛子

咄咄埿堪土像身　空將昧語誑時人

從北大王懷抱子　便是牟尼大世尊

又道

因何不起出門迎　禮拜求哀乞罪輕

捨却多生邪見行　從茲免作鬼神形

大王道聖者尋常多操惡今日拜禮甚人埿神道不是禮拜大王禮拜大王太子何故太子有三十二相八十種好項背圓光紫摩金色在家作轉輪王位出家定證佛身所以禮拜大王見說上事卽便歸宮處分婇女頻妃伴換太子恆在左右不離終朝太子年登拾玖戀着五欲天帝釋道太子此來下界救度衆生何故縱意自恣貪着五欲太子悟得此事當便心迴其時二月一日太子在於宮中欲往巡歷四門遊翫花木遂遣宮監及諸從人一齊相隨同往觀看天帝釋知太子遊觀四門各化一身於此四門令

交太子悟其生死纔出東門之外陌上忽逢一人行步慈慈極甚忙切太子見之遂遣車匿迎前問之公是何人行步慈速其人道家中新婦有難拾月將充苦痛逼身所以慈速太子又問生者只是一人人間總有其人道一例如狀

我家有子在臨胎　千般痛苦誕嬰孩

父子慈忙重發願　只願平善不逢災

太子遂聞生者憂切轉加便疑還宮又作一偈歎道

太子聞孩子誕生來　方知世事實苦哉

生下人身不長久　日月流速遞相催

太子作偈已了卽便歸宮迷悶憂煩極甚不悅大王見太子愁憂不樂更添百般細樂萬種音聲令遣宮內爲歡太子太子都不入耳再處分車匿來晨被於朱驃白馬却往南門觀看是時太子車駕及諸侍從員寮纔出南門忽爾行次不逢別事見一老人髮白如霜鬢毛似雪眉中有千重碎皺頂上有百道麄筋雙目則珠淚長垂兩手乃牢扶柱杖看人不識共語無譍緩行慢行麄喘細喘太子見已卽便驚忙當爾之時道何言

語

策杖低腰是何人　面無光色鬢如銀

為復世人無二種　為復老者只一身

太子見之莫辨聖凡令遣車匿問之此者是何人也車匿奉命直見老翁是何人在此而立數次叫問都沒譍挨推築再三方始回答老人道吾今桑榆已逼鍾漏將窮眼暗都不識人耳聾不音響十步之內九步長噓壽限將臨此名為老殿下既問然說實情當爾之時有何言語

鷄皮鶴髮身憔悴　耳聾眼暗不能行

此老都來不將去　必定留傳與後生

太子遂遣車匿却往重問再三寮人道太子恆在宮園不知世間之事為復人總衰老為復只是一人請不惜情子細分雪車匿蒙使趍驟直見老翁具說所問根原直申太子情懇老翁蒙問擢笑呵呵說道我輩凡夫高下共同一體空不是吾之衰老轉轉便到後生雖然殿上尊高老相亦復如是既蒙來問具說原由於此之時有何言語

眼暗都緣不弁色　耳聾高語不聞聲
欲行三里二里時　雖是四迴五迴歇

太子聞之轉更泣淚愁眉迴答一偈

太子聞言情緒悲　少年全得沒多時
必若老來何處避　顧戀榮華也是癡

太子作偈已了更積愁憂嘆息長噓淚珠流滴當便迴駕却入宮闈父王聞太子還宮遂遣大官存問今晨殿下散悶閑遊駕幸南門見何景像太子蒙問具答上情改變顔容都無人色大臣走出申奏王知今晨太子散煩愁憂更加轉極大王聞奏怨噎連胸遂遣綵女嬪妃相勸伴換太子無心歡悅有意愁憂臺眼不看兩眉莫展來日遣備朱騌白馬卽往西門巡行忽見一人四體極甚羸劣形容瘦損喘息不安兩面人扶千般癧痛兼有藥椀在於頭邊百味飲食將來一般都不向口太子遂遣車匿問之君是何人其人答曰我是病兒太子又問何名病兒其人道人生世間地水火風成其四大一大不調百一病起此名病兒又問病者唯公一個爲復盡皆如然病兒道殿下祿重官

高病患亦復如是老人被問具已咨聞當爾之時道何言語

拔劍平四海　　橫戈敲萬夫

一朝床枕上　　起臥要人扶

太子聞偈哽噎非常遂乃叫切含悲亦道一偈

太子聞道病來侵　　萬般愁苦轉縈心

貴賤都來同幻化　　何須多要積珠金

太子作偈已了卽便歸宮顏色忙祥愁憂不止大王聞太子還宮遣宮人遂喚太子吾從養汝只是懷愁昨日遊觀西門見於何物太子奏大王曰昨日遊翫不見別物見一病兒形骸羸瘦遂遣車匿去問病者只是一人他道世間病患之時不論貴賤聞此言語實積憂愁謹咨大王何必怪責大王遂遣太子來日却往巡遊至於北門忽見一人歸於逝路四支全具九孔　　臥在荒郊膖脹壞爛六親號叫九族哀啼散髮披頭渾搥自撲遂遣車匿往問問云此是何人喪主具說實言道此是死事卽公一個死世間亦復如然喪主道王侯凡庶一般死相亦無二種當爾之時有何言語

國王之位太尊高　煞鬼臨終无處逃

死相來侵皆若此　還漂苦海浪滔滔

太子答

太子聞死轉愁眉　再三怨恨實可悲

直饒萬乘君王位　勢長風促得多少時

太子吟咏已了更乃愁憂嗟嘆我輩凡夫如何克得此事悶心數四憂苦再三郎便還宮都无喜色父王聞太子入內親喚至於面前遂乃出於善言親自勸免若說世間恩愛不過父子情深細論世上恩情莫若親生男女皆是宿生緣業今世託我胎中且作國王大臣此合不愁天地自經數日都無歡顔解悶巡遊轉加憂惱百鳥尙爲子屈何況我輩君王若是孝順之男直申心中所願財物庫藏任意般將不管與誰進任破用既奉父王勸免原來不稱情懷愁聚兩眉淚流雙眼父王勸諫太子不得無計思量當爾之時

朕緣一國作人王　富貴凌天極豪強

太子道

比望我子受快樂　因何愁苦轉悲傷

邇莫高貴逞英豪　人生再會大難逢

生老病死相煎逼　積財千萬總成空

太子來日遂遣車匿被於朱綜往出城門在於路上觀看之次忽見一人削髮染衣徐行緩步太子忽見卽遣車匿問之君是何人在此遊翫此人答曰我是師僧太子却問何名師僧此人答曰諸漏已盡煩惱頓除飯在盂中衣生架上捨割世間恩愛唯求佛果蘊不戀煩諠精勤大教此名師僧太子聞已歡喜非常下馬虔恭於一心合掌禮拜於三寶便問和尚是誰之弟子和尚答曰我是三教大師四生慈父爲人天之道首作苦海之舟船釋迦牟尼如來是我之師父和尚蒙問具答實情當爾之時

和尚旣蒙太子問　實情並乃具說知

若說我之本師父　便是如來大牟尼

和尚吟偈已了太子却問如何修行證得此身和尚道精懃行道忍苦捍勞救濟衆生

堅持戒學乃獲此身太子聞之卽便生歡當爾之時道何言語

太子見之便歡忻　頓捨煩惱斷貪嗔

无上𦴙成佛事　決定修行證此身

爾時太子悟身之而非久了幻體之無常其夜子時感天人而唱道喚云太子修行時

至何得端然太子忽從睡覺報言空中如此喚呼是何人也卽時空中報曰我是金團

天子遣助太子修行正是去時何勞懈怠太子答云我大王令五百宮監守伴三時不

離終朝如何去得天人答言我交一瞌睡神下界令百人盡皆昏沉卽便相隨有何不

得言之已了宮人並總睡着只留車匿醒悟被得朱駿白馬牽來直近階前感四天王

以捧馬蹄攢一隊而騰空發時當二月日在八晨離迦毗之羅城赴雪山而苦行云云

樓頭纔打三更皷　寺裏初聲半夜鐘

一似門徒彈指頃　須臾便到雪山中

太子旣離皇闕已赴雪山顧嶮嶺之嵯峨望奇峯之岑崚乃見千年石蓋萬歳松蘿前

聖經行之縱後佛修因之地云云

當時堅意誓心貞　顧嶺嵯峨不畏驚
南北東西行七步　問阿郍盤陁石最平
太子座已專注修行辭妄想以攀絶埃塵而捨割遣於車匿却返王城未去之間車匿
愁切跪申太子固訴陳言奉旨迴而不幸慮王妃之勿信空將白馬由恐狐疑車匿鄙
詞難爲的實云云
太子夜半出來時　宮人美女不覺知
今日空迴白馬去　大王亦見便生疑
是時太子語於車匿付屬再三將頭冠以獻父王牽白馬而却還本廄朱衣麗服脫卸
權封迴付宮人以爲信物車匿承旨不憚艱辛引馬登程奉歸本國既感白馬躕跪滿
目而滴淚成池萬樹千花失光嚴之秀色含蹄緩步徐下山來當爾之時道何言語
行行行來下青山　馬叫人悲慘別顏
千樹夜花光燦爛　一溪流水淥潺潺
心憂到被君王聞　暗地思量奏對言

亦入城來人總喜　問太子如今在阿郍邊

太子自別車匿之後上高嶺之嵓龕立弘願以堅貞求𦤀之至切入於禪室定意安祥食一麥而爲齋養四大之幻體蘆穿透膝項鵲爲巢斷有漏之凡疑誓無邊之上德精專聖道不起邪塵獨住山間唯祈淨行云云

自別車匿住雪山　苦行殷懃志道專

日食一麻或一麥　鵲散巢窠頂上安

太子一從守道行滿六年當臘月八日之時下山於熙連河沐浴爲久專懇行身力全無唯殘骨筋體尤困頓河中洗濯涴膩潔淸既欲出來不能攀岸感文殊而垂手接臂虛空承我佛於河灘達於彼岸遂逢吉祥長者鋪香草以慇懃紫磨嚴身金黃備體云云

六年苦行志慇懃　四智俱圓感覺身

下向熙連河沐浴　上登草座勸黎民

紫金滿覆於其體　白毫光相素如銀

文殊長者設願厚　　供養如來大世尊

我如來既登草座觀心未圓忽逢姊妹二人一時迎前拜禮口稱名號是阿難陁田中牧牛常遊野陌每將乳粥供養樹神偶見世尊迴特獻俸又感四天王掌鉢來奉於前併四鉢納一盂中可集三斗六升三斗者降其毒六升者則六波羅蜜因是也既備功圓便能至聖遂往金剛座上獨稱三界之尊鷲嶺峯前化誘十方情識降天摩而戰攝伏外道以魂驚顯正摧邪歸從釋教云云

自登草座覩難陁　　迴將乳粥獻釋迦

四王掌鉢除三毒　　功圓淨行六波羅

金剛座中嚴靈相　　鷲嶺峯前定天魔

八十隨形皆願備　　三十二相現娑婆

况說如來八相三秋未盡根原略以標名開題示目今具日光西下座久迎時盈場並是英奇仁闔郡皆懷云雅操衆中俊哲藝曉千端忽滞淹藏後無一出伏望府主允從則是光揚佛日恩矣恩矣

案原本佛子二字下尚有且云吟詞道五以墨塗去可與光字九十四號持世菩薩第一二種體參看

八相成道變文擬

乃字九一號

供養十方諸佛身下闕身數度齊其餓虎悉達太子時廣開大藏布□一切飢餓貧乏之人令得飽滿兼少有國城妻子象馬七珍等施與一切衆生或時爲太子於波羅奈國五天之境捨身捨命不作爲難非但一生如是百千萬億刧精揀身心發其大願種種苦行只爲功充果滿方城佛位佛者何語佛者覺也覺悟身中眞如之性覺心內煩惱之怨出生死之少土勞踐蹺之闇城六通其足五服元明爲三界大師作四生慈父從淸淨土著蔽垢衣出現婆婆化諸弟子佛子

三大僧祇願力堅　六婆羅蜜行周旋

百千功德身將滿　八十隨刑相欲全

未向此間來救度　且於何處大基緣

當時不在諸餘國　示現權居兜率天

未審兜率陁者是梵語秦言知足天兜名少欲率是知足此是欲界第四天也况說欲界有六天第一四天王天第二忉利天第三須磨他天第四兜率陁天第五樂變化天

第六他化自在天如是六天之內近上則玄極太寂近下則鬧動煩喧中者兜率陁天不寂不鬧少以前佛後佛總補在依此宮今我如來世尊亦當是處

於是我佛佛觀見閻浮提衆生業鄣深重苦海難離欲擬下界勞寵拔超生死業遂遣金國天子先居凡間選奇方堪吾降質於此之時有何言語

我今欲擬不閻浮　汝等速須揀一國
遍看下方諸世界　何處堪吾記生腹

爾時金國天子奉遣下界歷遍凡間數選奇方並不堪世尊託質唯有迦毗衞國似隮堪居却往天中且由宮院云云

當日金團太子　攢身來下人間
福報合生何處　遍看十六大國
從門皆道不堪　唯有迦毗羅城
天子聞多第一　社稷萬年國主
祖宗千代輪王　我觀過去世尊

示現皆生佛國　看了却歸天界

隨於菩薩下生　時昔七月中旬

託陰摩耶腹內　百千天子排空不

同向迦毗羅國生

是時摩耶夫人夢想有孕月滿將充宮中煩悶而愁怨遂伴頻妃遊後苑覩無憂樹舉手攀枝釋迦眞身從右脇隨出當此之時有何言語云云

無憂樹下暫攀花　右脇生來釋氏家

五百夫人隨太子　三千宮女捧摩耶

堂前再政鴛鴦彼　彼象危休登舉車

產後孩童多瑞福　明君聞奏喜無涯

太子既既生之下感得九龍吐水沐浴一身舉左手而指天垂右臂而於地東西徐步起足蓮花凡人覩此皆殊祥遇者傾瞻之異瑞當爾之時道何言語

九龍吐水浴身胎　八部神光曜殿臺

希期瑞相頭中現　遂蓮花足下開

又道

指天天上我爲尊　指他他最勝仁

我生胎分今朝盡　是降菩薩最後身

於是大王怜愛太子將向後宮令遣頻妃遂交育養其時被諸大臣道大王太子本是妖精鬼魅請王須與棄亡若也存立人間必定破家滅國當爾之時有何言語

太子生下瑞靈顔　諸臣僨道是妖姧

臣請大王須降弃　留存國家總安

當時文殊菩薩蜜見諸臣不識是出世之仙恐謟損傷太子遂化作一臣數越起超班謹對奏言大王蜜莫取諸臣言教細意再思此事異聖奇仁不同凡類當爾之時有何言語

太子相好無等倫　降下閻浮化理民

居家定作輪王位　出世意爲大法尊

文殊菩薩遂向大王道大王若不信南山有一阿斯陁仙仁修行歲久道行精專屈請將來命交瞻相大王便忠此事云云

南山有一阿斯仙　修行歲久道行專

顏貌已過經千載　早登五道相人間

臚看國內第一　世上無比共齊肩

屈請將來令交相　臣此今朝不虛然

既見菩薩語了大王感取兒言來日屈請仙人侵晨便至門守邀請上殿𠛮說因由大王夫人產生乃出奇祥太子生下便語口稱唯尊天上人間獨我無勝固請仙哲占相斯人仙師見太子出來流淚滿目手拭眼淚口讚又布着當爾之時道何言語

大王屈請聖仙才　侵晨便道門首來

廣排崎席花敷殿　共王社稷上基階

啓口申說夫人孕　生下太子大奇哉

仙人忽見淚盈目

仙人既召之後却向大王道太子是出世之尊不是凡人之數天王若不信城南有一神置世已來人皆視驗王疑太子魍但出親驗神前的是鬼類妖精其神化爲凝血若不是精奸之類只合不動不變於爾之時右何言語

城南有一摩醯神　見說尋常多操嗔

世上或行詐僞事　龍前定驗現其眞

大王但時此太子　纔見必合始知聞

若是禎祥於本立　的定妖邪化爲塵

大王明日廣排天杖遠出城南將百萬之精兵幷太子亦隨駕幸行至神廟五里以來涅神被北方天王唱一聲雖是涅神一步一倒直至大王馬前禮拜乞罪

咄咄涅堪土像身　空將味語誑時人

從此大王懷抱子　便是牟尼大世尊

因何不起出門迎　禮拜求哀乞罪輕

捨却多生邪見行　從茲免作鬼神形

大王道聖者尋常多操惡今日禮拜甚人涅神道不是禮拜大王禮拜大王太子何故太子有三十二相八十衆好項皆圓光紫磨金色在家作轉輪王位出家定證佛身所以禮拜大王見說上事卽便歸宮處分婇女頻妃伴換太子恆在左右不離終朝太子年登十九戀着五欲天帝釋道太子此來下界救度衆生何故縱意自恣貪着五欲太子悟得此事當便心迴其時二月一日太子在於宮中欲往巡歷四門遊翫花木遂遣宮監及諸從人一齊相隨同往觀看天帝釋知太子遊親四門各化一身於此四門令交太子悟其生死纔出東門之外陌上忽逢一人行步葱葱極甚忙切太子見已遂遣車匿迎前問知公是何人行步葱速其人道家中新婦有難拾月將充苦痛逼身所以葱速太子又問生者只是一人人人間總有其人道一倒如然

我家有子在臨胎　千般痛苦誕嬰孩

父子葱忙重發願　只願平善下逢災

太子遂問生者憂切轉加便疑還宮又作一偈嘆道

太子問喭子鋋生來　方知聖事實苦災

譬喻經變文擬

衣字三三號

覓得一條鐵棒運業通之身來到墓所

纔生餓鬼道　　受罪何時了
行似破車聲　　臥如枯木倒
遍身煙焰生　　口里如煙道
一日之中百度燒　　長年受苦何時了
阿過多時業不離　　怨家惡業鎮相隨
朝朝日日難除渴　　伇伇生生未免飢
受苦恨無解檷路　　受迍多了解尋思
推尋惡業誰人造　　省得前身自己爲
宜司恨無推緣受　　復攝思量怨死屍
覓得一條長鐵棒　　墳問呵責盡頭搥

既將鐵棒直至墓所尋得死屍且亂打一千鐵棒呵責道恨你在生之日慳貪疾妬日

夜只是算人無一念饒益之心只是萬般損害頭頭增罪種種造殃死值三塗號菩薩

佛子

在生恨你極無量　貪愛之心日夜忙

老去和頭全換却　少年眼也擬椀將

百般放聖謾依着　千種爲難爲口粮

在生憂他總恰好　業按眷屬不分張

緣男爲女添新業　憂家憂計走忙忙

盡頭呵責死屍了　鐵棒高擡打一場

從次第二怨死屍在生日於父母受不孝中親處無情兄弟致詞向姊妹處死義菩薩

佛子

恨汝生迷智　不曾聞好人

五逆向耶孃　萬般惡業累

虎狠性縱恣　禽獸心長起

姊妹似參晨　兄弟如火水
內親長不近　外族難知己
責處罪過沒休時　永劫沉輪爲餓鬼
念君在世過爲災　一去三途更不迴
直爲在生行不孝　又將鐵棒打屍來

道為仕宦行不等　又游獨棒仕宦來

奈君古世何為人　一生三途可不逢

讀誦聖賢以為樂　未曾元論為納鬼

內頭長不近　外族難知己

姊妹但客表　兄弟由火木

目連救母變文擬　　麗字八十五號

（上缺）　孃孃抄寫一行口

回連哽咽啼如雨　便卽迴頭辭獄主

貧道雖是出家人　力小那能救慈母

五眼之內相容隱　此卽古來賢聖語

唯願獄主放却孃孃身　情願替孃孃長受苦

獄主爲人性自剛　嗔心點點色蒼芒

弟子雖然爲獄主　斷決皆由平等王

阿孃有罪阿孃受　阿師造罪阿師當

金牌玉諫無楷洗　卒亦無人輙改張

受罪只金時以主　須將形鍛上刀槍

和尚欲得阿孃出　不及歸家燒寶香

目連慈母語聲哀　獄卒擎叉兩畔催

欲至獄門前而欲倒　便郎長悲好住來

青提夫人一個手託着獄門迴顧盼言好住來罪身一寸腹嬌子處

孃孃昔日行慳姑　不具來生業報因

言作天堂沒地獄　廣煞猪羊祭鬼神

但挩其身明下樂　寧知冥路拷亡魂

如今既受泥梨苦　方知反悟自家身

悔時悔亦知何道　覆水難收大俗云

何時出離波吒苦　豈敢承望重作人

阿師是如來佛子弟　足解知之父母恩

忽若一朝登聖覺　莫望孃孃地獄受艱辛

目連既見孃孃別　恨不將身而自滅

舉身自撲如太山崩　七孔之中皆灑血

啓言孃孃且莫入　迴頭更聽兒一言

母子之情天性也　乳哺之恩是自然
兒與孃孃今日別　定知相見在何年
那堪聞此波吒苦　其心悲痛鎮懸懸
地獄不容相替伐　唯知號叫大稱惌
隔是不能相救濟　隨孃孃身死獄門前

目連見母却入切骨傷心哽噎聲西遂乃舉身自撲由如五大山崩七孔之中皆流迸血良久兒死復乃重蘇兩手按地氣來改頓衣裳騰空往向世尊之處

目連情地惣昏昏　人語寞寞似不聞
量久沉吟而性悟　擲鉢騰空問世尊
目連對佛稱寃苦　且說刀山及劍樹
蒙佛神力借餘威　得向阿鼻見慈母
鑯成咽焰火騰騰　劍刃森森數萬層
人脂碎宍和銅汁　迸肉含潭血裹凝

慈親容貌豈堪任　長夜遭他刀劍侵
白骨邁迴登劍樹　紅顏白過上刀林
天下之中何者重　父母之情恩最深
如來是衆生慈父母　願照遇迷方寸心
如來本自大慈悲　聞言摻地皺雙眉
衆生出沒於輪廻　恰似蠊蝨免望総
汝母昔時多造罪　魂神一往落阿鼻
此罪𣪘移仍未出　非佛凡夫不可知
佛喚阿難徒衆等　吾往冥途自救之

卷第二

如來領龍神八部前後圍遶放光動地救地獄之苦

如來聖智本均平　慈悲地獄救衆生
无數龍神八部衆　相隨一隊向前行

隱隱逸逸天上天下無如疋左邊沒右邊沉如山岌岌雲中出催催嵬嵬天堂地獄一時開行如雨動如雷似月團團海上來

獨自俄俄師子步　孤行偘偘衆王迴

雲中天樂吹楊柳　空裏繽芬下落梅

帝釋向前持玉諫　梵王從後奉金牌

不可論　如來神力救泉門

左右天人八部衆　東西侍衞四方神

眉間毫相千般色　項背圓光五色雲

地獄沾光消散盡　劍樹刀山似碎磨

獄卒沾光皆蹦跪　合掌一心而頂禮

如來今日起慈悲　地獄摧殘悉破壞

鐵九化作磨尼寶　刀山化作瑠璃地

銅汁變爲功德水　清良屈曲遶池流

鵶鴨鴛鴦佚淚[四]

紅波夜夜碧烟生　綠樹朝朝紫雲氣

罪人惣得上生天　唯有目連阿孃爲餓鬼

目連蒙佛威重得見地獄慈母罪根深結業力難雖免地獄之酸墮在餓鬼之道悲辛不等苦樂玄殊若並前途咸其百千萬陪咽針孔滴水不通頭似太山三江難滿無門槳冰之名累月經年被受飢羸之苦遙見清涼水近着變作膿河縱逢美食香飡便卽化爲猛火孃孃今飢困死命若懸絲汝若不起慈悲豈名孝順之子生死路隔後會難期欲救懸沙之危事亦不應遲晚出家之依法信施而安存縱有常住飲食恐難消化兒辭阿孃往向王舍城中取飯與阿孃相見目連行至城中次弟乞飯到長者門前見非乞飯盤門逗留之處和尚且齋時已過食時已過乞飯將欲何爲目連啓言長者

貧道阿孃亡過後　魂神一往落阿鼻

近得如來相救出　身如枯骨氣如絲

貧道肝腸寸寸斷　痛切傍人豈得知

計亦不合非時訖　爲與慈親而食之
長者聞言大驚蕁　思寸無常情不樂
金鞍永絕晶珠心　玉貌無由上荘閣
俱且哥　人命由由知既何
不見天堂受決樂　唯聞地獄罪人多
有時着　有時吃　莫學愚人多貯積
不如廣造未來因　誰能保命存朝夕
兩兩相看不覺死　錢財必魚於身昔
一朝擗手入長棺　空澆塚上知何益
智者用錢多造福　愚人將錢買田宅
平生辛苦覓錢財　死後惣被他分擘
長者聞語忽驚芒　三寶福田難可愚
急催左右莫交遲　家中取飯與闍梨

地獄忽然逍散盡　明知諸佛不思議

長者手中執得飯　過與闍梨發大願

非但和尚奉慈親　合獄罪□皆飽滿

目連訖得耕良飯　豐鉢將來憲慈母

于時行至大荒交　手托金匙兒自哺

（上闕）　除兒兒將飯鉢來

目連救母變文擬　　霜字八十九號

青提夫人雖遭地獄之苦慳貪究竟未除（下缺）望風生怯惜來者三寶是我兒爲我人間取飯汝等令人息心我今自救無寮況復更能相濟目連將飯并鉢奉上阿孃恐被侵奪眼連看四畔左手鄣鉢右手團食食未入口變爲猛火長者雖然願重不舡慳鄣尤深目連見母如斯肝膽由如刀割我今聲聞劣□智小人微唯有啓問世尊應知拔濟之路且看與母飯處

天人見飯向前迎　慳貪未喫且空爭

我兒遠取人間飯　將來自擬寮飢坑

獨喫猶看不飽足　諸人息意滿承亡

青提慳貪業力重　入口唯中猛火生

目連見阿孃喫成火渾搥自僕由如五大山崩耳鼻之中皆流迸血哭言阿孃

南閻浮提施此飯　飯上有七尺神光

將作是香美飲食　飯未入口變成火

只爲慳貪心不改　所以連年受其罪
兒今痛切更無方　業報不容相替伐
世人不須懷疾妬　一落三途罪未必
香飯未及入咽唯　猛火從孃口中出
俗間之罪滿娑婆　唯有慳貪罪最多
火旣無端從口出　明知業報不由他
一切常行平等意　亦復專心念彌陁
但能捨却慳貪心　淨度天堂隨意志
青提喚言孝順兒　罪業之身不自亡
不得阿師行孝道　誰肯艱辛救阿孃
見飯不能杪入口　大火無端却損腸
慳貪豈得將心念　只應過去有餘殃
阿師是孃孃孝順子　與我冷水濟虛腸

目連問孃索水氣咽聲西思寸中間忽憶王捨城南有一大水將阿孃向水頭可不得
阿孃飽滿目連背附阿孃往向王捨城南有一大水闊浪無邊名曰恆河之水亦應救
得阿孃火難之苦南閻浮提衆生見水卽是淸良冷水諸天見水卽是流漓寶地魚鼈
見水卽是潤澤青提見水唯是膿何猛火行至水頭未及見咒願便卽左手託岸良由
慳右手杪水良由貪直爲慳貪心不志水未入口變成猛火

目連見阿孃喫飯成大□搥兇帕憶悲號啼哭來向佛前遶佛三匝却住一面胡跪合
掌而白世尊弟子阿孃造諸不善墮樂三塗蒙世尊慈悲救得阿孃波吒之苦只今喫
飯成火飲水成火如何救得阿孃大難之苦世尊喚言目連汝阿孃如今時未得飯喫
無過周遭一年七月十五日廣造盂蘭盆始得飯喫目連阿孃飢白言世尊每月十三
日十四日可不得要須到一年之中七月十五日始得飯喫世尊世尊報言目連非但
汝阿孃當次日廣造盂蘭諸山坐禪解下日羅漢得道日啼婆達多罪滅日閻羅王勸
善日一切餓鬼惣得普同飽滿目連承佛明教便向王捨城邊塔廟之前轉讀大乘經
典廣造盂蘭盆善根阿孃就次盆中施得一頓飽飯喫

從得飯喫已來母子更不相見目連諸處尋阿孃不見悲泣兩淚來向佛前遶三匝却住一面合掌𨁝跪白佛言世尊阿孃喫飯成火蒙世尊慈悲救得阿孃大難之苦從七月十五日得一頓飯喫已來母子更不得相見爲當却墮地獄爲當復向餓鬼之途世尊報言汝母亦不墮地獄餓鬼之塗汝轉經功德造次盂蘭盆善根汝阿孃轉却餓鬼之身向王捨城作一黑母狗身去汝救得見阿孃心行平等此弟訖飯莫問貧富行至大富長者家門前有一黑母苟出來捉汝摖沙函着人語卽是汝阿孃目連蒙佛明教遂卽託鉢持于尋覓阿孃不問貧不問富坊巷行於九逨惣不見阿孃行至一長者家門前阿孃作一黑母苟身從宅裏出來便捉目連摖沙咸着卽作人語喚言孃孃孝順子骨是能向地獄之中救阿孃來可不救苟身之苦目連啓言慈母由兒不孝順央及慈母落三塗寧作苟身於此寧在地獄餓鬼之途

阿孃喚言孝順兒　受次苟身音啞報
行住坐臥得安寧　飢卽坑中食不淨
渴飲長流以済虛　朝問長者念三□（下缺）

目連救母變文

盈字七十六號

夜間娘子誦尊經寧作猶身受大地不淨耳中不聞地獄之目連引得阿孃往往王舍城中佛塔之前七日七夜轉誦大乘經典懺悔念戒阿孃乘此功德轉却猶身退却猶皮掛於樹上還得女人全具人狀圓滿　目連啓言阿孃人身難得中圓難生佛法難聞善心發喚言阿孃今得人身卽便修福目連將母於娑婆羅雙樹下遶佛三匝却住一面白言世尊與弟子阿孃看萊道已來從頭觀占更有何罪世尊不違目連之語從三萊道觀看更率私人之罪目連見母罪滅心甚歡喜啓言阿孃歸去來閻浮世界不堪停生住死本來元住處西方佛國最爲精咸得天龍奉引其前亦得天女來迎接往迎前刀利天受受快樂最初說偈度俱輪當時此經此經時有八万卄八万優婆塞八万優婆姨作禮圍遶歡喜信奉行

大目犍連變文一卷

太平興國二年歲在丁丑六月五日顯德寺學仕郎楊願受一人思微發願作福寫盡此目連變一卷後同釋迦牟尼佛一會彌勒王佛爲定　後有衆生同發信心寫盡目

連變者同池願力莫墮之塗

案盈字七十六號原文頗長與霜字八十九相校首段重出兹由銜接處節錄以此續補霜字八十九號之缺卷尾適得其全

目連救母變文擬　成字九十六號

上來所說序分竟自下第二正宗者

昔佛在日摩竭國中有大長者名拘離陁其家巨富財寶无論於三寶有信重之心向十善起精崇之志宮中夫人號曰精禔端正雖世上無雙慳貪又欺誑佛法生育一子號曰目連塵刦而深種善因承事於恆沙諸佛未見我佛在俗之時家竭所有七珍設橥布施於一切忽於一日思往他方家財分作於三亭二分留與於慈母內之一分用充慈父之衣粮更分貲財爕橥布施於四遠囑付已畢拜別而行母生慳悋之心不肯設橥布施到後目連父母壽盡各取命終父承善力而生天母招慳報墮地獄或値刀山劍樹穿穴五藏而分離或招爐炭灰河燒炙碎塵於四䏻或在餓鬼受苦瘦損軀骸百節火然形容憔悴喉咽別細如針鼻飲嚥滴水而不容腹藏則寬於太山盛集三江而難滿當爾之時有何言語

目連父母並凶亡　輪迴六道各分張

母招惡報墮地獄　父承善力上天堂

思衣羅繡千重現　思食珍羞百味香

足躡庭臺七寶地　身倚幃幔白銀床

寘間母受多般苦　穿刺燒蒸不可量

鑊碓碓來身粉粹　鐵叉叉得血汪汪

飢飡盂火傷喉胃　渴飲鎔銅損肝脹

錢財豈肯隨己益　不救三塗地獄殃

目連葬送父母安置丘墳持服三周追齋十忌然後捨却榮貴投佛出家精懃持誦修行遂證阿羅漢果三明自在六用神通能遊三千大千石壁不能障尋尋卽晏座禪定觀訪二親父忉在利天宮受諸快樂却觀慈母不見去處縱由道眼他心草知次第

目連父母亡沒　殯送三周禮畢

遂得投拂出家　得蒙如來賑恤

頭上鬚髮自落　身裏袈裟化出

精修證大阿羅　六用神通第一

目連出俗證阿羅　六通自在沒人過
身往虛空躡日月　傍遊世界遍娑婆
履水如地無搖動　入地如水現騰波
忽下山宮澄禪觀　威淩相貌其巍峨

目連雖割親愛捨俗出家偏向二親甚能孝道尋思往乳哺未有報答劬勞先知父在天宮先知父在天堂未審母生何界遂卽騰身天上到於父前借問孃孃趣向甚處

是時目連運神通　須臾鄭騰鄭到天宮
足下外欄琉璃地　金錫令敲門首鍾
父聞從內走出戶　下基祗接禮虔恭
臺頭合掌問和尚　本從何來到此中

目連道貧道生自下界長自閻浮母是靖提夫人父名构離長者貧道少生名字號曰羅卜父母並遭衰喪我自投佛出家果證羅漢功就神通道眼他心隨無障㝵見父生於天上封受自然未知母在何方受諸快樂故來騰身到此而問因由願父莫惜情懷

說母所生之處　長者聞言情愴悲　始知和尚是親兒
互訴寒温相借問　不覺號咷淚雙垂
報言我子能出俗　斯知心願不思議
爲僧能消萬刼苦　在俗惡業墮阿鼻
汝母生存多慳誑　受之業報亦如斯
常在冥間受苦痛　大難得逢出離期

爾時其父長者聞説情懷踟蹰尊前迴答所以我昔在於世上信佛敬僧受持五戒八齋得生天上汝母在生慳誑欺妄三尊不能捨施濟貧現墮阿鼻地獄夫妻雖然恩愛各修行業不同天地路殊久隔互不相見雖則日夜思憶无力救他願尊起大慈悲速往冥間尋問目連聞此哽噎悲哀自樸渾堆口稱禍苦當卽辭於天界連往下方趣入冥間訪覓慈母

目連聞此哭哀哀　揮搥自樸不可檥

父子相接皆號叫　應見諸天淚顋顋

父雖備設天廚供　聖者不飡唱苦哉

當卽返身辭上界　速就冥間救母來

聖者來於幽逕行至柰河邊見八九個男子女人逍遙取性无事其人遙見尊者禮拜

於謁再三和尚近就其前便卽問其所以

善男善女是何人　共行幽逕沒災退

閑閑夏泰禮貧道　欲說當本修伍因

諸人見和尚問着共白情懷啓言和上

同姓同名有千嫁　煞鬼交錯枉追來

勘點已經三五日　无事得放却歸迴

四邊爲是无親眷　狠鵶□□□□□（下缺）

父母恩重變文 擬　　河字十二號

爭般於家不孝

到處祟重惡人

不識人間罪福

等　此是最下之人

衢　衝突賢良之

傾　更須受盡百生身

分　逢人豈解行禮讓

㾓　勸着經營便努題

情　結伴離家街巷裏

三三五五等閑去　影響經旬捨不歸

慈母心心只是憂　恐怕這兒落姧便

惡人楳點連形獄　到此无人救得伊
倚門只是妄歸來　過盡人行都不見
羅袖班班新淚點　一心專憶外頭兒
人家積穀本防飢　養子還徒被老時
可料長成都不孝　直饒十個也何爲
始從懷抱作嬰孩　長大成人六尺材
弃德輩恩多五逆　惟行不孝縱癡咍
三年乳哺由閑事　十月懷躭足可哀
每見二親多慯易　不生恭敬唱將來
經云不生恭敬弃恩輩恩无有人慈不孝禮
儀過去九十一刼有一罪人不孝父母常行五逆
死後當墮大坑地獄頭上長有鐵輪盤旋不
惟頂上

直爲罪根深重　都緣不孝二親
從此樸入坑中　常有鑊輪在頂
動經千刧万刧　不知早晚復人身
一落此中千万刧　晝夜常受苦辛
爲緣不孝墮深坑　受苦无因得暫停
晝夜鑊輪居項上　早經百刧與千生
勸居行孝莫因循　子細思量這個身
咽苦吐甘擡舉得　莫交孤負阿孃恩
供承隨順遣心安　父母時長見喜歡
孝行永標經史上　直交万代廣流傳
懷就十月千般苦　起坐身心早晚安
都講闍黎著氣力　如擎重檐唱晉晉

經云阿孃懷子十月間辛起坐不安如擎重

檐飲食不下如長病人

十月懷躭弟子身　晝夜恰如持重檐

翠眉抛臉潛移改　嗃色萎黃暗裏來

行亦愁　座亦愁　懷躭十月栖千秋

昏昏不醉長如醉　兀兀無憂恰似憂

悅目管弦成逆耳　含羞到此不能羞

直須分免蒙平善　慈母心安始徹頭

十月懷躭弟子　晝夜身心安不

形容日日衰羸　卽漸轉加憔悴

幾度親情屈喚　無心擬去相隨

縱然家內延賓　實是嬾陪歡喫

龍髮不梳累月　鳳釵不插經旬

裝檯污見眼前　鸞鏡任從塵土

自於懷任腹中子　舊日裝梳不欲爲

思量十月養君多　爭忍因循不報恩

阿孃消瘦如花皃　變化萎黃疾病多

雲鬢不梳經數月　鳳釵抛擲如閑事

不遂少姑花不去　懶陪伯母趁嬌兒

幾度親情命看花　數遍藏鈎夜歡咲

百般美味不刑相

這身無病如長病　拓賴終朝復皺眉

百般美味不刑相　是種珎修不嘗啜

甘甜縱喫　黃蘗　只苦口乾不欲飡

懷躭十月欲將臨　苦切之聲不忍聞

千迴念佛求加護　万遍燒香請世尊

將臨十月怯身災　秖怕无常一念催

那邊禮佛聲遼亮　這件全經次第開

共宰猪羊無兩種　血流遍地唱將來

經云月滿生時受諸苦痛須臾好惡只恐无常

爲煞猪羊血流遍地受如是苦

奉勸生中弟子　大須孝養二親

晨朝問信起居　且莫失恭顏色

父母忽然處分　輒莫應對二親

夕陽出入兢兢　此者是其孝子

泣竹臥冰也不及　百年侍養莫交虧

十月迢迢在母胎　乞求分免誕嬰孩

三朝爲喜蒙平善　滿月延僧息障災

隣里爭怜看不足　親情瞻囑意徘徊

從此阿孃怜不已　吐甘餵飼唱將來

經云生得此身咽甘吐苦洗濯不淨不憚劬勞忍熱忍寒不辭辛苦乾處兒臥濕處母眠三年之中飲母白血

不憚吐甘咽苦　洗浣蓋是尋常
或時忍熱忍寒　慈母不辭辛苦
可忍這身成長後　恣行不孝妄深恩
甘甜美味與兒飡　苦澁一般母自喫
忍熱忍寒那思倦　抱持起坐妄苦辛
迴乾就濕是尋常　乳哺三年非莽鹵
豈料長成都不孝　妄却從前掬養恩
漸離懷抱　身作童子　常繫母心　百般憂慮下缺

[illegible]

太子變文擬　　推字七十九號

尒時太子既聞和尚之言深欲出宮脩道遂乃却迴車馬來入宮中具奏父王惟願大王放兒出家脩道我求无上菩提質度一切衆生便乃有偈

父王聞奏發聲悲　何其我子有離別

朕憶當時仙人語　太子長大去脩時

皇宮不紹金輪位　居山定正佛菩提

果然今日抛吾去　回爲西門見死屍

淨飯大王相勸　且欲我兒爲伴　今朝爭忍別離　父子都緣意戀

悉達又聞王語　不肯留身暫住　我觀宮中歌歡　無心久戀皇宮

日夜由如受苦　須抛濁世脩行　雪世嶺今霄定去　無心久戀皇宮

有願須求出路　大王爲轉加愁　發聲大哭淚交流　哽咽塡胸腸欲斷

南臺賓太出林　大巴山靈吉歡　誓宇六業家文佛　求百鉢寶慶寶淨

日前由西塔　參沙禪師衛行　轉升獅子座　大拾出入鐵道宮

蒸篋又酒工符　十首篇宿園住　曾宮中鐵豪　藥汔久氣宮

寶藏大千日傳　日欲柘況歲年　令閱含念歸本　及于蒸蒸寶藏

栗然令日鑽前兆　同分西打反展

香寺鐵金缽拉　且山宮正藏詰

派衛當掛輔鉸　去十泉大去鎖喆

公王隊寒寶普　向其寺於有邊間

十尨大沙衛淺深太上老持寶南　一切禾法衛乃有臥

今濟六十南閱身向公言無流去宮情論蒙乃創圖首最象人濟中共素交在法大

大千家文　持浩十六藏

阿彌陀經變文擬

殷字六十二號

化生童子食大廚　百味馨香□□□　無限天人持寶器

瑠璃鉢飯似眞珠　化生童子見飛仙　落花空中左右施

微妙歌音雲外聽　盡言極樂豚諸天　化生童子問春冬

自到西方見未分　極樂國中無晝夜　花開花合辯朝昏

化生童子道心經　衣裓盛花供十方　捻到齊時還本國

聽經念佛亦無防　化生童子舞金田　鼓瑟簫韶半在天

悉曇頌　　烏字六十四號

俗流悉曇章　夫悉曇章者四生六道殊勝語言唐國中岳釋沙門定惠法師翻注并合秦晉鳩摩什通韻魯流盧樓爲首

現現練練現現第一俗流無利見飲酒食肉相呼喚讒言諂爲相鬪亂懷恢無明不肯斷魯流盧樓現練現練貪愛愚癡無岸畔眷屬昏姻相計牛三界牢獄作留難俗流顛到其嗟嘆延連現賢扇努力各相勸　何何浪浪晃晃第二俗流無意況心中邪甯起欺誑三毒四倒諍勢王魯流盧樓何浪晃西方淨土不肯向欲食魔軍相閇障出離牢獄依无相不生不滅速迴向伴良黃賞各各脩无上　胡胡魯魯喻喻第三俗流世界住戀著妻兒及男女世世生生相嫁娶魯流盧樓胡魯喻竊見俗流恰男女幽閨內閤深藏皋競覔榮華選昏主相相見悟言及美語有人借問伴不許喻盧魯胡輸被他死去　何何囉囉何何第四俗流愚者多不自省覺談說他夫妻鬪諍相罵呵魯流盧樓何囉何根眉努目喧破羅牽翁及母怕你摩皆不出離三界坡將爲此苦勝密多耶羅囉和命舍此惡法須舍　何何樂::鑊::第五俗流廣貪託不知衆生三界惡男

女妻交子頭樂積寶陵天不肯博魯流盧樓何樂鑊春秋冬夏營農作鋤田斸地努筋膞漏體血汗交頭莫一朝命斷盡深埋刦閻老前頭任裁度無善因緣可推託受罪從頭只須作緣牽不用諸繩索藥略鑊鑠此眞言不錯　何何邏邏眞眞第六俗流處六塵不超無上清淨門惡業牽來地獄存魯流盧樓何樂眞俗流者佛果身其中脩習無苦懃常業三徒地獄因耶羅囉隨意知心者莫嗔　何何邏邏移移第七俗流多所疑垣被身中六賊欺不求解脫不思議魯流盧樓何囉移貪求財物養妻兒懃苦艱辛六不辭入門妻兒云索衣出戶王官怪責遲佯良涙黃賞此苦眞難向　何何囉囉空空第八俗流性佛同三乘演妙會眞宗魯流盧樓何囉空無爲法性妙開通愚迷來生隔壁聾容龍洪春普勸同然智燈

維摩經頌擬　　羽字三號

維摩經十四品

佛國品第一　无量諸天佛隨方現不同最稱十念速生向四花中八難重開閑三千

一蓋通從來取淨土架屋豈於空

方便品第二　長者多方便牢籠廣筞勤浮雲將喻體聚沫亦同身寢疾圖招問治生

以攝貧豈知婬舍裏曾化幾迷人

弟子品第三　弟子承尊令毗耶問名豈方金色日竊比火光螢用乳慙無對疑心赦

未寧不知長者意行立欲銷形

菩薩問疾品第四　魔女披雲下妖容嬈地前競矜紅粉色將染碧池蓮長者暉佛日

波旬復本天自慙無小智豈敢詣耆年

文殊問疾品第五　居士難詶對文殊往問之衆生既有病菩薩亦同疵扁鵲安能療

祁婆不可治但當一切愈從此遂無斯

不思議品第六　解脫神通力思議亦復難燈王坐具廣長者室仍寬劫火身中內陶

輪掌上安欲知諸佛刹毛孔悉能觀

觀衆生品第七　菩薩羣觀品如池見月華鳥無空裏跡穀絕火中茅勸善須從正行

慈務去邪未能除結習難以落天花

佛道品第八　煩惱爲佛種菩提法且平花從濁水出苗向壅田生有悟如氷洋無塵

若鏡明噫哉三界内六道每巡行

不二法門第九　衆會如雲集更更談不二門唯預一味法靡向兩論邊師利稱無說

維摩寂不言從來契眞理卽此息諸諠

香積仏品第十　日旰皆思食淸談洽未休懸知下劣意道化上求一鉢均無盡千花

界莫籌尙餘香積飯仍暎妙高丘

菩薩行品第十一　海上無舟桄天中作股肱紅蓮生濁水青眼渾凡生救苦巡三惡

慈悲發四弘衆生若度盡觀道自然登

見阿閦仏品第十二　欲見如來去當須懸想行兩邊都不執万像視如盲性與虛空

等心如蠢動平煙霞蹔翳日終不捐其明

法供養品第十三　供養須崇法經依了義先頓除煩惱火抽出游泥蓮一炬輝長夜
三乘作挈牽曩時成道者月蓋最稱賢
囑累品第十四　无量僧祇法如來囑付深蓮花發慧貝葉洗□心大帝常爲衛魔王
不敢侵後身降世日闡此一乘音

尾有蕃文題名

第八尊者代闍羅弗多羅大阿羅漢第十一尊者羅護羅大阿羅漢

頌擬　服字二十七號

僧伽茶洲第八尊者代闍羅漢弗多羅漢大阿羅漢與自眷屬千百阿羅漢敬奉佛勑不入涅槃久住世間作大利益頌曰

我知身者常居世處處垂恩度有情
業深不得面慈尊薄福無由窮禮足
圖形敲鼓祈明鑒設供被厨望照知
身三口入並消除永待瓶盂離煩惱

畢利颶瞿洲第十一尊者羅漢護羅大阿羅漢與自眷屬千一百阿羅漢敬奉佛勑不入涅槃久住世間作大利益頌曰

如來悲濟多方便勸請諸尊住世間
誓願慈教每遊方示相同凡誰得遇
自歎多生業障厚堪悲此果薄因緣

齊心俱禮大悲容唯願威神蜜加護

金剛經讚文　發字一一號

金剛一卷重須彌　□以我皇遍受持（缺）

訖日談歌是舊曲　聽唱金剛般若詞　開元皇帝親□註（缺）

□經能除一切苦　發心天眼預觀人　莫被無明六賊引（缺）

□□涅槃無量刼　過去百億阿僧祇　國王大臣傳聖教（缺）

每日六条斷宰煞　廣修善法度僧尼　胎生卵生勤念佛

勇猛精進□□□　厭見宮中五欲樂　了知身相是虛危

一國帝王猶覺悟　何况凡俗不思惟　昔日提婆是國主

爲求妙法捨嬪妃　苦行精進大乘教　身爲奴僕□□□

今帝聖明超万國　舉心動念預觀知　文武聖威遍天下

万姓安寧定四威　自註金剛深妙義　蠢動含靈皆受持

護法善神專應當　諸天讚歎不隨□　白馬馱來敬壽寺

寶童播蓋數□□　名僧手執香花引　仙人駕鶴滿空□

八難迴生極樂國　五濁飜成七寶池　開元永定恆沙刼

魔王外道惣降衣　万歲千秋傳聖□　猶如刼不佛天衣

只是衆生多有福　得逢諸佛重器時　金剛妙理實難詮

一切經成惣□懸　佛布黃金遍地滿　擬買祇阿太子薗

八部鬼神隨從佛　鴈塔龍宮滿化天　祇樹引枝承鳥語

下有金砂洗足泉　食時持鉢舍衛國　廣引衆生作福田

世尊尒時無我相　須菩提瞻仰受斯言　四果六通爲上品

龍宮受樂是生天　轉輪聖土處仙位　神武皇帝亦如然

又說昔爲歌利王　割截身肉得生天　尸毗舍身救鳩鴿

阿羅漢身果及三千　閻浮衆生戀火宅　我皇引出遺生天

一切有情如亦子　但是百姓悉皆憐　既得□□□□

又共諸佛□□□　百刼千生不退轉（下缺）

佛母讚一本

生字二十五號

佛母當初聞此語諤魂䭤自僕落金鉔柒寶官衣自僕碎七孔流血滿城池天女將水來灑面佛母良久內心甦將則天女乘空下僧尼三衆行兩邊外道魔王烈面哭鉢盂錫仗挂樹間十大弟子號咷哭頭瓔將憶母時佛母哀哀遶棺泣一切百鳥助悲哀如來館中聞母哭踊出千葉蓮華臺如來上爲母說一切恩愛有離別共讓漸到一刧少願努力捨慈悲他道生離勝死別我道死別勝生離肝腸寸寸斷死去一別永長休諸行常無第一義事生滅法入眞門生滅滅異三乘教寂寂爲樂分恩義江河申自有枯碣樹木摧折亦如是恩愛諸情分恩別義重合食有分離金錧銀鐓殯以詰袈裟生具常份離兩手攀棺哀哭眼中泣淚遍城池如來上自有分別凡夫煩惱欲何絕普勸聽修十善法各各努力自㝵恖勾了如來金口說此是佛般俚槃時涅盤讚一本

涅槃讚 娑羅林 雙林裏 佛入涅槃時 淚落如雲雨 乃字七十四號

佛母當時聞此語雙林裏 渾搥自樸落金床淚落如雲雨 七寶冠衣自樸碎雙林裏

七孔流血變成池淚落如雲雨 天雨將水來灑面雙林裏 佛母良久乃心蘇

將衆天女乘雲下 直至娑羅雙樹間 金棺銀槨殮已訖

僧衣錫杖樹間懸 十大弟子號咷哭 狀如嬰孩憶母時

佛母遶棺哀哀哭 百鳥來者助心悲 他道生離勝死別

我道死別勝生離 金棺銀槨□然開 却生千葉蓮死臺

如來花中爲母說 一切恩愛有別離 蹔別慈親一小刼

願母努力莫悲哀

大乘淨土讚一本　　生字二十五號

法鏡臨空照心通五色現見心五色見心淨妙察法男亦通然意諸恒自淨身光照十
方至心无處了解得清梁觀相如元像高聲不染而了諸無數有惠章淚然明箓子猶
空淨梧埋無所緣坐臥空消慮趙出利人天瞖到池邊立洗都意中泥清淨無塵垢願
證菩提惠境元令闇智者常用明塵勞須斷却寶座自然迎池利金沙水連中法住流
化開花生子說我本根由住相常觀察王味寶王疘槌還三藏教弗却意中泥有人專
念佛念佛入深禪初夜端心坐西方在目前念則則智無念無念是眞如若了聖中意
是明法聖朱淨土在心頭過人問外求心中有寶鏡不息一生休諸佛在心頭如自不
能求甚勿令虛過急衜早懃衜寶境人家有遇人不解摩不能反自照塵勞更增多寶
境人家有知人則解摩不能返自照塵垢不來過意諸恒明截自性本元明吾理之眞
趣念佛則無生碎末爲金礦礦中不現金知者容消練眞金復內現佛相空無相直如
直不言口談文字教此戒望相禪涅槃末與法彼密不流傳專心通常自用威死度有
緣三乘無不息外道未曾聞少根多毀謗誓願不流傳道逢良賢把手相轉道逢不良

賢慈父莫教傳　知進索殘子自手題記之耳

淨土樂讚　果字四十一號

淨土樂　淨土不思議　淨土樂

彌陁住在寶城樓　淨土樂　傾心念念向西方　淨土樂　到彼三明八解脫　淨土樂　長安五濁更何憂　淨土樂　淨土樂　淨土樂　淨土不思議　淨土樂

已後准偈和

寶樓寶閣寶金擎　池水金沙膜底清　法曲時時常供□

蓮花法裏說无爲　寶臺寶閣寶珍殊　寶𨋲莊嚴金色軀

菩薩化生奏王調　微風五會演眞如　深水波浪遶寶臺

寶殿光暉王戶開　慈主遠聞三界子　惣須發願往生來

淨土樂淨土樂　西方淨土甚快樂　淨土樂已後准讚偈和

彌陁身量廣无涯　面似檀金憂鉢花　目若青蓮四大海

圓光化佛喻恆沙　彌陁本願大慈悲　此地愚人不覺知

九品蓮開化生子　慮恐衆生出世遲　彌陁春樹覺花開

功德池中座寶臺　三昧亭前求脫□　摩尼殿上禮如來
西方異鳥數无窮　白鶴孔雀及迦陵　鸚鵡頻伽說妙法
聲中演出大乘宗　如來尊號甚分明　十方世界普流行
但有稱名皆得往　觀音勢至自來迎　彌陁徒衆普慈心
怜愍衆生至意深　水鳥樹林說妙法　何況如來微妙音
如來本願特超殊　慈悲方便引凡愚　不問衆生皆度脫
稱名卽得罪消除　彌陁端坐寶金樓　恆沙菩薩四邊遊
九類蒙光說妙法　聞者悟解永无憂　西方淨土離囂塵
衆生卽到斷貪瞋　惣是善人菩薩衆　亦无惡趣及怨親
花幢八面掛金鈴　上下和音出妙聲　聞者皆言稱快樂
長劫不聞諸苦名　凡夫若同到西方　曠刼恆沙自滅亡
具六神通得自在　永除老病離无常　西方淨土離胞胎
衆生到卽出蓮臺　上品寸光昇寶座　下生障盡始花開

西方淨土七重欄　七寶莊嚴數百般　琉璃作地黃金色

諸天樓閣與天連　西方淨土十方希　努力專求莫致疑

上品卽證無生忍　下生障盡出埿犁　西方淨土更无過

閻浮極苦罪人多　欲得今生出三界　唯願至意念彌陀

念佛讚　　果字四十一號

念佛一聲一化佛　皆從口出坐紅蓮　念佛千聲千佛化
跏趺正座在吾前　每日常稱一万佛　計佛高佤出梵天
願我臨終值諸佛　迎將淨土證三賢　校量修禪念佛讚
如來說法元無二　只是衆生心不平　脩身志願禪心淨
念佛唯求佛化迎　一箇駕車山上走　一箇乘船水裏行
山水高佤雖有異　成功得兩俱安平　大衆欲作西方業
有罪無罪自應知　聞身康強不修福　臨渴掘井水難求
昔日少年兇猛盛　如今白髮亂如絲　眼見死歸□大地
不修十一善待何時　觀彼彌陁極樂界　廣大寬平衆寶城
四十八願莊嚴起　超過佛刹最爲精　大國他方大海衆
窮刼筭數不知名　普勸西方同彼會　恒沙三昧自然成
釋迦慈雲遍法界　蠢動含識普皆怜　意欲化令諸解脫

衆生罪業共無緣　所以惣歸淨土　彌陀宿昔共成因
非但娑婆人獨往　他方去者亦無邊　上行上輩上根人
求生淨土斷貪嗔　就行差品分三品　五門相續助三因
一日七日專精進　畢命乘臺出六塵　慶哉難逢今得遇
永證无爲法性身　中輩中行中根人　一日齋戒處金蓮
孝養父母教迴向　爲說西方快樂因　佛與聲門衆來取
直到西方花座邊　百寶花籠經七日　三品蓮開證小眞
下輩下行下根人　十惡五逆等貪嗔　四重偷僧謗正法
未曾慚愧悔前愆　終時苦相皆雲集　地獄猛火罪人前
忽遇往生善知識　急勸專稱彼佛名　彌陀攝化無厭足
悲心常遶世間行　但有傾城能念佛　毫相直照目前明
十方世界微塵衆　同時命盡願皆生　計彼衆生心樂欲
分身遍布一時迎　衆生未熟道成難　爲待化緣兜率往

時時向下諦心觀　人年八万方成道　三會逢緣證菩薩
且共迴心生淨土　臨時隨意往生看　觀彼彌陁與眷屬
人於曩刼殖洪因　凡聖等同相好□　人天一種紫金身
寶樹寶樓飛寶閣　寶池寶地寶成蓮　地及虛□賢聖滿
花中惣是往人生　寶沙寶岸寶金沙　天樂音聲常遍滿
寶渠寶葉寶蓮花　十二由旬皆正等　寶羅寶網寶瀾遮
德水分流尋寶樹　聞彼覩樂證恬葩　寄語有緣同行者
努力飜迷還本家　十方聲聞三世衆　窮刼算數不能知
諸佛如來方便化　咸令至果斷貪癡　指示西方安樂國
聞名皆恨往生遲　解脫之人猶願樂　凡夫不去欲何爲
樂何諦樂難思議　无邊菩薩爲同學　性悔如來盡是師
渴聞般若絕思漿　念是無生卽斷飢　一切莊嚴皆說法
無心領納自然知　七覺花池隨意入　八輩凝神會一枝

彌陁心水休身項　觀音勢志與衣披　欻尒騰空與法界
須臾受記號無爲　如此逍遙快樂處　人今不去待何時
願共諸衆生往生安樂國
十五願
一願衆生普修道　二願一切莫生疑　三願袈裟來掛躰
四願莫著女人衣　五願庒粉終身斷　六願素面見如來
七願三塗無罪苦　八願捨離去慳財　九願衆生勤念佛
十願一切法門開　十一願衆生勤發願　十二願過往坐花臺
十三願衆生敬三寶　十四願總向佛期　十五願西方生淨土
更莫閻浮生重胎

西方念佛讚　果字四十一號

前歲正初同發願　共禮今日道場緣　別後不知誰凶吉

唯聞哭泣遍村鄰　舉目略觀大徒衆　不見一半去年人

草命无常難可測　誰保更得見來春　天堂地獄門相對

衆生苦就戀攀緣　酒宍坐中爭競走　彌陁會衰不來過

平安未曾聞禮拜　病痛始欲念彌陁　捨命定歸三惡道

男女哭泣奈君何　人身難得今皆得　中國難生復得生

何不於中勤精進　徒勞虛失一生年　贖香鋪前无箇往

賣宍行裏覺頭爭　其宍不是樹頭得　皆因煞害諸衆生

凡夫食宍无厭足　畜生常日怕刀光　猛火煑他骨解爛

斬斫煎炒害燋黃　三塗地獄皆親戚　眷屬輪轉作猪羊

欲識坐中盤上宍　不是過去阿耶孃　一恨前身不修福

二恨託生在閻浮　三恨不逢善知識　四恨火宅難出頭

五恨貪財愛五欲　六恨長作務牛囚　七恨前途无徑路
八恨虛然一代休　九恨命如當風燭　十恨死去沒人留
死去緣何墮惡道　皆由男女被災殃　父母生時恰愛重
婚姻聚集作猪羊　地獄不見兒來代　受苦還是自身當
若能報恩慈孝子　布施修福爲耶孃　無命朝朝漸向盡
白髮日日鬢前班　无常念念相催促　時留節氣改紅顏
譬如牽羊上市賣　步步就死覓生難　人人不免黃泉路
一去无有得迴還　人生惜財不修福　譬如園裏社猪羊
繩索繫項擬祭祀　還須兀兀食糖糟　地獄長抱寘寘苦
終日不聞彌陁聲　唯見牛頭雷震吼　刀山劍樹碎身於
兩石硤身血流出　歷刼受苦无停□　一日千生凡萬死
案頭割肉故嫌輕　阿鼻地獄終无間　鑊湯地獄未曾停
鐵犁地獄耕人舌　灰河地獄死還生　鐵床地獄燒身爛

黑闇地獄未曾明　八万劫中恒受苦　彌陁名號不聞聲

人生惜不修福□　癡愚顛倒實難聞　莫曾利得閻浮地

舉目誰保滿百年　捨身但知空手去　終不將賤入塚門

槽上龍馬千餘疋　終歸步步入黃泉

西方讚偈文　果字四十一號

欲知何處苦偏多　唯有涅犁更莫過　罪人入逕微塵劫
受苦從頭無奈何　渴飲融童登劍樹　飢飡猛火度灰河
願離此苦生安樂　求生淨土見彌陀　願共諸衆生往安樂國
普勸道場敬三寶
地獄寒心不忍聞　一墮此苦恆河刼　不知年歲永沉淪
遍身猛鑽心出□　五百銅狗覓來分　灰河一日千迴度
猶被拔舌絞刀輪　衆生如何不念佛　故故將身入苦門
思惟餓鬼實堪怜　遍躰由來猛燄然　兩耳不聞漿水字
一身唯有骨相連　值食將飡便作火　臨河欲飲見枯泉
願離此苦生安樂　長處西方坐寶蓮　迷塗一配畜生身
逕歷多年受苦心　嚴冬露地居寒雪　盛夏當街臥闇塵
衣裳盡用皮毛覆　飲食惟將水草珍　願離此苦生安樂

長處西方坐寶蓮　人身雖復甚難求　得已還生万種憂
始見紅顏花欲茂　俄然白鬓颱成秋　魂飛魄□身歸塚
命盡形消肉糞坵　如來不樂生安樂　永座金臺佛國遊
五濁衆生難共話　十惡凡夫異種癡　貪愛眼前財色利
不覺霜露危□□　無常煞鬼臨頭上　忽被他將誰得知
不肯今時轉念佛　臨時飜悔欲何爲
迴向發願文願弟子厶乙衆等普及法界衆生臨命終時心不顛倒心不錯亂身心無
諸苦痛身心安隱身心快樂如入禪定聖衆現前乘佛本願上品往生彌陁佛國倒彼
國已得六神通迴入十方界救受苦衆生虛空无有盡我願亦如是發願已至心歸命
禮西方阿彌陁佛善道禪師勸善文
至心歸命禮西方阿彌陁佛欲覓當生處　西方最可歸　艱樹開重閣　寶殿逐身
非　香飯隨心至　滿路普仙衣　有緣皆得往　自恨去人希
願共諸衆生往生安樂至心歸命禮西方阿彌陁佛　佛在西方極樂國　普勸同心

一處生　无問貴賤皆昭引　只是凡夫業不成　第一念佛常不安　第二心口會平明　三者勸修六道行　四者莫聞外道及聲名　若能合如佛意　彼國蓮華向東傾　臨欲終時逐往彼　隨佛六道救衆生

願共諸衆生往生安樂國至心歸命禮西方阿彌陁佛　六道衆生不可救　見佛光明不發心　彌陁親喚不肯去　牛頭獄卒竟來擒　業政佛救亦不免　鑊湯鑪炭轉加深　佛問此人有何罪　飲酒食肉及邪淫　幷勸道場諸貴等　願捨閻浮農血身

願共諸衆生往生安樂國至心歸命禮西方阿彌陁佛　今觀此身實可厭　種種不淨買名人　三百碎骨相支叕　處處何曾有斤眞　只分四大從莊餝　終歸地下成灰塵　煩惱熾盛无休息　並是三塗波浪因　普勸道場諸貴等　願捨閻浮農血身

願共諸衆生往生安樂國至心歸命禮西方阿彌陁佛　三塗一入難迴出　歷劫受罪自身當　臨欲命終無善業　心中怕懼實佪惶　阿賴耶識受諸苦　四大深埋

土底藏　今得人身不念佛　來生邊界作毛㲎
願共諸衆生往生安樂國至心歸命禮西方阿彌陁佛　毛㲎帶甲畜生身　與我前
身無善因　煞生偷盜無休息　輕慢師僧傍二親　飲酒食肉無慚愧　今日受苦
向誰陳　口中橫骨語不得　種種從他鞭打身　不覺眼前垂頰下　普勸衆生皆
發心
願共諸衆生往生安樂國至心歸命禮西方阿彌陁佛　大衆長迷於闇室　昏昏恵
睡未曾明　今日希逢善友教　宿夜思量心自驚　無常大像恒呑噉　察命司錄
正相迎　一朝無常黃泉下　三塗受苦□爲生
願共諸衆生往生安樂國至心歸命禮西方阿彌陁佛　天堂快樂人希覓　地獄有
苦覓來投　眼覓行善得善報　眼覓行惡惡多憂　憂士一身不惜命　善法不肯
至心求　定墮阿鼻十八獄　輪迴六道趣何休　普勸道場諸貴等　一切平等普
慈流
願共諸衆生往生安樂國至心歸命禮西方阿彌陁佛　大衆欲作西方業　有罪無

罪自然知　舊日少年兇猛盛　如今白髮亂如絲　眼覓時年歸大地　不修十善
待何時　獨坐蓮華合兩首　如此去者世間希
願共諸衆生往生安樂國至心歸命禮西方阿彌陀佛　憶想母腸受胎時　農血□
□業風吹　五母胎中成人相　唯食不淨乃充飢　月滿當時欲分解　慈母悶絕
徹心脾　孝順男女身安穩　不孝兒子母身衰　憶想母生受新苦　努努力力報
慈恩
願共諸衆生往生安樂國至心歸命禮西方阿彌陀佛並爲帝主人王師僧父母同發
善心歸命懺悔悉懺□弟子自從無量生死以來所作衆罪加因緣不孝父母謗三寶
我今懺悔願滅除唯願速見彌陀佛　何時臥禪偈吾有方寸珍及與世間人不同鑽
之卽大出聽之卽大通海水皈毛孔須彌納介中願共諸衆生往生安樂國至心歸命
禮西方阿彌陀佛達摩禪師偈
口傳文字界　思遊妄想禪　佛法無南北　何處覓西東　細心不用水
布施不須才　定心單念佛　端坐見如來

我支如來有威德坐卽談論妙法華口卽恒宣般若偈足蹈千葉見蓮華四天門王爲
弟子遮莫耶摩虛度沙願共諸衆生往生安樂國至心歸命禮西方阿彌陁佛　歇却
無明被　端坐向心看　乹闥婆成食香飯端毛孔衰坐三禪願共諸衆生往生安樂
國至心歸命禮西方阿彌陀佛涅槃嗌鏃法秘密不交人心中恒用識當度所緣人願
共諸衆生往生安樂國

西方淨讚文一卷

歸西方讚　　文字八十九號

上缺 送吾千里偈劬勞　不知端坐想□□

想得白毫無數佛　花臺寶坐自然高　無人鈔讚不能傳

不誦如何化世間　任汝經行極樂國　吾今且去給孤園

給孤園裏鳳凰池　如來在彼不思議　金口長宣微妙法

見聞無不願歸依　脩成此業坐西方　無邊世界盡金光

摩尼流注蓮花裏　□□□動萬般香　觀音說法似□□

□□□樂共相和　尋常雙足蓮□□　□□□阿彌陀

彌陀身著寶衣□　足下圓明千輻輪　莫若閻浮貪五欲

念吾名字速成眞　成眞早得悟无爲　豪相光明安兩眉

能照閻浮諸穢土　變爲佛國妙光輝　光輝微妙在人間

普攝衆生到佛前　各各皆成菩薩位　一時惣得坐紅蓮

紅蓮生在寶花池　千光万色不思議　水鳥珠林同國土

異香音樂每相隨　相隨惣至妙花宮　□□□國惣雄雄
處處相迎上寶□　□□勤功有始終　始終如一不思議
□□寶坐在瓊池　是汝堅心願力造　非開諸佛與君爲
君爲願力甚堅強　空生上品坐金剛　莫辭暫足閻浮界
如今名字在西方　西方寶殿是摩尼　黃金界道地琉璃
千葉蓮花百寶坐　法身淸淨尒時衣　珠衣遍體万般光
巡行寶樹七重行　莫恠蓮珠徽妙讚　化度衆生無隱藏
隱藏徽妙不成師　法教流行無盛衰　爲汝廣宣極樂讚
□□□化代神威　神威法界□蒼□　□□重開惠眼明
端坐能觀極樂國　樓臺惣是寶憶擊　憶擊寶地如千日
千日之中万色光　光中無數諸菩薩　彌陁菩薩獻名香
名香殿下寶雲成　菩薩端嚴禮不輕　天樂樓前聽妙響
唯聞水鳥念佛聲　降得魔軍隨佛後　虔誠頂禮數無窮

無窮筭數大魔軍　一時得往作生人　惣爲迴心生彼國
□勤□仰大慈尊　慈尊妙色甚巍巍　□光恰似五須彌
兩目澄明如大□　□十八願大慈悲　慈悲廣開極樂門
誓救閻浮五濁人　各與光照七寶坐　何曾更見一微塵
微塵佛刹從心現　無邊世界異光暉　五蘊變成清淨眼
八識飜爲八德池　八池惣是寶蓮花　念佛之人發道牙
惣別閻浮濁惡界　一時極樂受精華　精華國裏見如來
各坐光明七寶臺　幸得同生慈主國　長劫之中更不迴
不迴永住百千西　□相光明日月齊　忍辱門中八聖□
□□風裏七菩提　菩提道中清淨尊　幽深妙覺事難論
除想自然成解脫　了心能啟大悲門　西門極樂自前明
万法皆從寶臺迎　歸西方讚　沙門法照述

四十八願讚　文字八十九號

法藏因中弘誓重　釋迦悲願不思議　勸衆勤求無間斷
莫令虛弃發心遲　四十八願大慈悲　□報衆生念佛遲
願願之中皆得往　正値彌陁出見時　項工旋螺千万顆
一雙足下踏蓮花　汝但專心勤念佛　慈光直入行人家
善哉調御釋迦尊　勸衆恆持淨法門　全使諸天空裏讚
衆生苦盡出裏昏　座坐諸人緊發心　百法門中須入深
聽彼慈尊眞實說　令諸學者莫沉吟　勸汝懇勤苦修道
深厭閻浮大火坑　黃金地下琉璃照　明月摩尼隨意生

[illegible]大火坑　黃金[illegible]下[illegible]　明月[illegible]

[illegible]　合[illegible]　[illegible]道

來生[illegible]出[illegible]　正坐[illegible]人[illegible]心　古[illegible]門中[illegible]人[illegible]

[illegible]　[illegible]門　金[illegible]天空[illegible]

一[illegible]下[illegible]花　[illegible]回[illegible]心[illegible]　[illegible]人[illegible]

[illegible]之中[illegible]往　正[illegible]　直上[illegible]千萬[illegible]

真[illegible]運　四十八願大[illegible]　門[illegible]

法[illegible]中[illegible]　[illegible]不[illegible]　[illegible]

四十八[illegible]　文[illegible]八十[illegible]

僧功德讚　　周字八十六號

或有外現犯戒相　內祕无量諸功德　應當信順崇重之
賢聖凡愚不可則　或有外現具威儀　或示未能捨其欲
外相人觀謂凡夫　不妨內卽是其聖　由如四種菴羅菓
生熟難分不可則　如來弟子亦如是　有戒无戒亦難辯
是故慇懃勸諂人　不聽毀罵僧寶罪　若欲不沉淪苦海
常當敬重是良田　若欲天中受樂者　亦當供養苾芻僧
僧功德讚
勿以凡夫下劣心　分別如來弟子衆　若有清信并等
能於一念生信心　平等供養苾芻僧　是人獲得无量報
若於僧中起邪見　當來定墮三惡道　世尊親自以梵音
全口弘宣誠不妄　寧以利刀割其舌　或以捻杵碎其身
不應一念瞋恚心　謗毀如來淨僧衆　寧以火熱鐵丸

寧使口中出猛火

皇字七十六號

悉達太子讚一本

迦維衛國淨飯王　悉達太子厭无常　誓求无上菩提果
夜半踰城座道場　太子十九遠離宮　夜半騰身入九重
莫怪不辭父王去　修身暫到雪山中　二月八日夜踰城
行到雪山猶未明　父王憶念號咷哭　姨母槌凶發大聲
太子行至檀特山　出家修道有何難　誓願發心離宮闕
降魔成道度人天　雪山修道定安禪　苦行眞心難更難
日食一麻或一麥　鵶鵲巢居頂上安　發遣車匿却迴歸
朱騣步步淚雙垂　車匿聞言聲哽噎　渾搥自樸告夫人
父聞驚走出宮門　姨母號咷問去因　怨恨去時不相報
肝腸寸斷更無蹤　父母爲子納耶輸　顔色叐皃世間無
綵女如仙都不願　一心修道向眞如　踰城修道也從君
無事將鞭指妾身　六年始養寃家子　此是何如辯僞眞

自爲新婦到王宮　將謂君心有始終　唯望百年同福貴
拖我如何半路中　父母聞時可少怒　釋衆聞之發大嗔
若法万般教處置　中心更向阿誰陳　勑下令教造大坑
羅睺子母被駈行　合掌虔恭齊發願　如來時爲放光明
武士擁至火坑傍　垂垂淚落數千行　阿孃一身遭大難
不忍懷中一子傷　舉手金爐寶焚香　頭向殿前禮十方
若是世尊親子恩　火坑速爲化清凉　清凉如來金色身
多刼曾經患苦辛　今日出離三界内　救度衆生無等人
悉太子讚一本

出家讚擬

周字九十九號

舍利國佛爲難吾本出家知時捨却耶孃恩爲有和尙闍梨捨却兄□□唯有同學相隨捨却姑嬢割舅唯有錫仗□□捨却花衣寶服唯有六初三衣捨却金盤銀器唯有鐄鉢銅鍉捨却高鞍駿馬唯有行住□□捨却刀筒寶鐱唯有剃刀銡鈸捨却服頭斤帶唯有深豆楊枝捨却廳㕓凡舍唯有草□相隨捨却熅床𢈔補唯有端坐思惟捨却世間恩愛唯有出世無爲

辭孃讚文　　乃字七十四號

好住孃　孃孃努力守空房　好住孃

如欲入山修道去　好住孃　兄弟努力好看孃　好住孃

兒欲入山坐禪去　好住孃　迴頭頂禮五臺山　好住孃

五臺山上松柏樹　好住孃　正見松柏共天連　好住孃

上到高山望四海　好住孃　眼中淚落數千行　好住孃

下到高山靑草裏　好住孃　柴狼野獸覓來親　好住孃

乳哺之恩未曾報　好住孃　誓願成佛阿孃恩　好住孃

耶孃暗兒腸欲斷　好住孃　兒暗邪孃淚千行　好住孃

舍却邪孃恩愛斷　好住孃　且須袈裟相對時　好住孃

舍却親兄熟熱弟　好住孃　且須師僧同戒伴　好住孃

舍却金瓶銀葉盞　好住孃　且須鉢盂請錫仗　好住孃

舍却槽頭龍馬草　好住孃　且須虎狼獅子聲　好住孃

舍却治氍錦褥面　好住孃　且須亂草以壹束　好住孃

佛道不遠迴心至　好住孃　全身努力覔因緣　好住孃

艗趉覔　辭孃讚

尸毗王捨身讚擬　律字六十八號

過去有王名尸毗　具大功德甚希奇　爲求無一大菩提

捨其身命无有疑　是特天帝識彼故　卽告是當末多梨

我爲如鷹汝爲鴿　騰空自在如雷飛　自丘身肉弋其鴿

流傳後世普聞知

五臺山讚文

鹹字十八號

仏子道塲屈清遷時間至心聽讚五臺山獨龍有降爲大海文殊鎮福不能翻仏子大
周東比有五臺山其山高廣共天連東臺望見琉璃國西臺還見給孤園仏子大聖文
殊鎮五臺盡是龍重上如來師子壹吼三千界五百笸獨龍心膽摧仏子東臺岌岌嚴
清高四方巡力莫思勞東望海水如觀長風波飯眼水翹翹仏子翹翹海水無邊畔新
羅王子梵周來不思白骨離鄉遠萬里將心禮五臺仏子南臺窟里甚可增里吽多少
羅漢僧吉祥聖鳥時時現夜夜飛來點聖燈仏子聖燈炎響前行照了靈山遶地明山
多此山多繞靈尾鳥五臺什四樂轟轟仏子南臺南𡊨靈鏡寺靈鏡寺里聖金剛一万
等菩薩聲贊嘆聖忠不擊自然名仏子仏光寺里不思儀馬惱眞珠清電羈解脫和尙
滅慶後結家趺坐小宜了仏子清凉寺主半山崖千重樓閣萬重開文殊師利聲贊嘆
耳若雲中化出來仏子東臺嶮峻甚蹉跚一万菩薩遍山泊文殊長說唯磨論教化衆
生出乃何仏子比臺頂上有龍弓雷聲及濟列山林娑楬羅龍王弓里坐小龍諸法所
風來仏子中臺頂上玉花池寶電行郞檻帀爲四面香花如金色巡力之人皆願成仏

子大州都蔦不信有文殊飛𦞦走狗覧來珠□到東臺北宅里化出皆無仫子北臺南

劫駱馳迯靡付万迴乞曲遠有一天女名三妹卽來如山共聖賢仫子金剛窟里蜜留

全佛陁婆里里中禪一又來之經數弃如今直智那羅迯仫子不可論中不可論大聖

化作老人身每日山下受供養去時化作五色雲雲中有今楕大悲和尙杞翻胡有緣

仫子楕上過無緣仫子蘂風頼仫子

太上皇帝讚　　　　日字二十三號

今身菓是前身種　未來菓是今身脩　今身聞強不種菓
薗中菓熟定難求　急急脩道莫悠悠　薗中菓熟正堪收
□□無明花晚發　未及薗滿卽逢秋　普勸共同仏性回
□□□道莫辭貧　縱使無衣披白納　不見貧僧拜貴人
□□乘車駕駟馬　不久終成一聚塵　但看陽春桃李樹
□開能得幾時新

□開詰[illegible]發時[illegible]

□□乘車[illegible]圖[illegible]　不入[illegible]版一[illegible]　四[illegible]節[illegible]

□□□道[illegible]實　[illegible]使[illegible]次[illegible]　不[illegible]宜會[illegible]人

□□[illegible]雨花[illegible]發　未及[illegible]兩明[illegible]　普[illegible]共同乙[illegible]回

園中[illegible]安[illegible]木　[illegible]遺[illegible]　園中東[illegible]正[illegible]收

今年[illegible]是前年[illegible]　未來[illegible]是今年[illegible]　今年[illegible]不[illegible]真

太[illegible]　日年十二三[illegible]

開元皇帝讚

日字二十三號

朕自比來垣落託　將此閻浮爲快樂　年歲栖皇不辭勞

地獄囙緣沒頭作　近始迴心自懺悔　不覺愁淚千行落

今將結意學無爲　世間万事休貪著　竊見衆生世間人

飜將富貴自榮身　積聚錢財以爲寶　誰知練身是其珍

身强不種祇薗菓　阿耨池中誰共親　石火流星飛陽焰

三春柳色蹔時新

三春瞬息暮將行

身體不離新園藥　阿移進中[illegible]紫[illegible]　石火流星飛[illegible]落

翻然古寶自愛身　情蒙[illegible]時因緣寶　誰知榮身是其物

今朝情景一無窮　世間万事任[illegible]著　滿見平生世間人

[illegible]飲日騰文質行　近看西心自[illegible]韓　不畏[illegible]環千行路

[illegible]自上水古[illegible]記　滿此園[illegible][illegible]菜　年歲隔世不辯[illegible]

開元皇帝贊　　曰字二十七號

散花樂擬　　制字五號

帝釋四王紛馬疋散花樂夜半惟成出宮榮滿道場苦行六年成正覺散花樂鹿宛初

杜五歸輪滿道場弘誓慈悲□一切散花樂三乘說校正捃生滿道場

建隆三年歲次癸亥五月四日律師僧保德自手題記

比丘僧慈願誦

五石[illegible]藏版

光緒二十年歲次[illegible]五月四日[illegible]

[illegible]

[illegible]

[illegible]

[illegible]

散花樂 擬　　周字九十號

散花蓮樂散花梵　散花蓮樂滿道場

啟首歸依三學滿散花樂　天人大聖十方尊滿道場

昔者雪山求半偈散花樂　不顧軀命捨全身滿道場

巡曆百姓求善有散花樂　敲骨出髓不生嗔滿道場

帝釋四王捧篤足散花樂　夜半逾城出宮闈滿道場

苦行六年成正覺散花樂　鹿苑處度五歸尊滿道場

弘誓慈悲度一切散花樂　三乘設教脩羣生滿道場

大衆持花來供養散花樂　一時舉首散虛空滿道場

散花樂　果字四十一號

缺出期空置道道有

缺誠重發誓願直入道場自說

缺一切罪愆悉皆陳白卽便悲泣

缺已後所作恒河罪業一時

缺須三迴懇到自撲若欲五會

缺者六人已上更不得著入道場

缺佛然後類宅家宰相師僧

父母十方信施檀越八部龍天帝釋梵王羅漢賢聖俱來赴會咸悉歎之作道場時先須□梵梵了啟啟請請卽須發願了卽須誦散花樂讚了卽四字念佛三五十口卽誦阿彌陁經衆和了卽五會念佛了卽誦散花樂讚卽至誠懺悔佛前懇到至心發願作清淨梵唱四禮卽散正作道場時若有難起魔事起念法照名當須至心稱念當本遺言作道場時若有諸惡事起時我名隨聲卽收若不入道人若不入道場時空念無益

念佛了欲散時尅□念一一百法照名南无法照和尚散花樂讚散散花花樂樂奉請
釋迦如來入道塲散花樂散散花花樂樂奉請十方如來入道塲散花樂散散花花樂
樂奉請阿彌陁入道塲散花樂散散花花樂樂奉請觀世音入道塲散花樂道塲荘嚴
極清淨散花樂天下人間无比量散花樂極樂荘嚴間雜飾

寶是希奇聞未聞　寶馬臨空讚佛會　哀鴛雅亮發人心
文文句句理相同　或說五根七覺分　或說地獄對人天
或說他方雜惡道　或說八聖慈悲門　或說讚善波羅蜜
或說定慧入深禪　或說長時修苦行　或說无上菩提因
菩薩聲聞聞此法　處處分身轉法輪　願此法輪相續轉
道塲衆等益長年　衆等迴心生淨土　手執香花往西方
極樂閻浮欣歎讚　釋迦昔日同凡夫　歷刼苦行守眞如
成佛往來八千返　蒼生元未出閻浮　閻浮衆生寶苦成
遞代相送哭哀哀　蹔得人身還却去　須臾万却□□來

沙門靈振自長吁　每常歎恨在閻浮　不見如來□出世
今逢末法落凡夫　自嗔自恨自吹尋　万劫千生罪彰深
雖得丈夫披法服　不那生於□法中　□法去聖漸□道
行門若箇獨能超　今生但念彌陁佛　心免沉輪火宅燒
專心念佛莫朦朧　得生閻浮何可論　若人不信生疑變
自看聖教勘經文　經文專遣念彌陁　急要□□更不過
若能深信無疑惑　今生更得出娑婆　彌陁經□□□揚
七日專念往西方　六万恒沙諸佛讚　功德咸言不可量
七日念佛上如斯　何况盡命至心持　諸餘功德□□疋
速疾之門唯佛知　衆生疑□審思量　地獄□□□可當
一失人身經万劫　緣何不樂往西方　西方極樂鎮歡娛
直與天堂万倍殊　普告衆生須速往　緣何苦死戀浮閻
閻浮田地是丘坑　山嶽堆埠不躅平　只爲人心多不善

一切雜惡在中生　西方極樂掌中平　一無堆埠及丘坑

瑠璃作地黃金界　雜色蓮華遍滿生　閻浮大海衆江河

魚鼈黿龜甚已多　一朝雨墮衡山谷　漂流雜惡共相和

西方極樂七寶池　八功德水不思議　底有金沙岸香樹

蓮花踊出化生兒　閻浮託報女人胎　生熟二藏裏嬰孩

亦聖平安仍未語　無明人我逐身來　西方極樂有嬰孩

一一託報出蓮臺　親見如來說妙法　自然解脫悟心開

歸去來擬

文字八十九號

歸去來
誰能惡道受輪迴　且共念彼彌陀佛　往生極樂坐花臺
歸去來
娑婆世境苦難裁　急手專心念彼佛　彌陀淨土法門開
歸去來
誰能此處受其灾　㧾勸同緣諸衆□　□力相將歸去來
具共往生安樂國　□花普獻彼如來
歸去來
生老病死苦相催　晝夜勤須念彼佛　極樂逍遙坐寶臺
歸去來
晝夜唯聞唱苦栽　努力迴心歸淨土　摩尼殿上禮如來
歸去來

□婆穢境不堪停　急手須歸安樂國　□佛門法悟无生
歸去來
三塗地獄實堪憐　千生万死无休息　多刧常爲猛焰燃
聲聲爲念彌陀號　一時聞者坐金蓮
歸去來
刀山劔樹實難當　飲酒食肉貪財色　長刧將身入鑊湯
不如西方快樂處　永超生死離无常

辭道場文

柰字四十六號

我今頂別諸聖衆道場恆沙諸佛一時聞同學好住道場諸徒衆道場努力勤修般若囙同學和尚在先成佛去道場莫妄今時誦讚人同學乘雲諸時同一路道場說法諸時同一門同學和尚門徒非血肉道場唯留佛教以爲親同學講經直作耶孃相道場說話還同父母囙同學龍花三會登初首道場彌陁弄覲入蘭眞同學有緣再得重相見道場無緣一別永長分同學善哉善哉

當若出離波吒若道場願汝慈悲相接取同學

辭道場文一本

韓愈讚文一本

容州出繡文石器[illegible]

[illegible]

[illegible]

[illegible]

[illegible]

[illegible]

[illegible]文

勸善文

皇字七十六號

三十三天佛最尊　万物中貴不過人　一世眼看何足度
努力相勸入善門　只恐衆生造諸惡　經律法教遣修身
食肉衆生短命報　諸佛慈悲勸諫君　莫道煞生無人見
善惡童子每知聞　好事惡事皆抄錄　未肯臨時放一分
造罪人多修福少　所以衆生長受貧　天堂快樂无人去
地獄苦處覓來奔　不是閻羅王喚君入　亦不是諸佛沒慈心
惣緣慳貪難勸諫　百刼千生百陷身　第一當觀莫誑法
倚侍形勢乃欺貧　蠢動衆生皆供命　負骨萌芽不放君
力弱不加遭狂橫　法外陵持不敢嗔　狂取一錢徵万倍
命終地獄受艱辛　富貴前生多施得　貧是慳貪宿業因
世人无慈好酒肉　百味調和勸六親　但看猪羊被宰煞
苦痛之聲工帝聞　眼光早已隨刀落　四脚高懸就血盆

將諸食肉屠他命　地獄怨讎不可論　累年不曾得一頓
終日虛霑喫肉人　死生猶來諂生處　若个不看命長存
終須一度无常去　阿那甘心入死門　死門且向惣應知
一死不還再生時　飛騰走苟屠他命　黃泉地下晦難期
煞命始得他肉喫　思量阿莽有慈悲　鈹針剌著由疼痛
何向將刀身工剩　輪迴六道受諸苦　改頭換面不相知
雖取衆生血肉喫　誰知父母及妻兒　相勸莫食衆生肉
猪羊供命叫聲悲　口中橫骨語不得　眼見刀光恨不飛
命斷專心相追逐　寸步元來不相離　將命倍還償他命
亦無門戶囑曹司　緣業刀劣受諸苦　百刼千生不改移
苦勸衆生修萬行　今逢法教莫生疑　善惡皆從業鏡照
寸步駈將入阿鼻　决定至心聞妙法　當來必得佛來迎
勸善文讚一本

勸善文 擬

万般施設莫過常　又不驚人又久長　久長恰似秋風冷

无意凉人人自凉　慈悲喜捨福田生　彼此相饒莫共爭

三世諸佛從此出　與人安樂是修行　欲滅三障諸煩惱

欲得智慧眞明了　無期罪障悉消除　世世常行菩薩道

結字九十三號

太和當然真明了　無明煩惱盡消除　世世常行作正道

三世諸佛從此出　與人方便是修行　休要三瞞詭詐謀

忍吃虧人人自說　慈悲喜捨福田生　救己修身出家

凡殺放救莫過當　又不搶人人又贊　人人稱道你賢仁

勸世文

利涉法師勸善文　　海字五十一號

先亡父母□男女　我今受罪知不知　邪爲前生養汝等
委汝不活□說非　大秤小斗求他利　虛言誑語覓便宜
身口意業邪不善　高心我慢鎮長爲　緣此將身入地獄
鑊湯爐炭豈蹔離　或作人身貧病苦　終身告乞不充飢
或作猪羊常被煞　或作驢馬被乘騎　或作豺狼生曠野
或作魚鱉在坡池　或作虫蟻生衢路　或作蟣虱在人衣
自作惡業還自受　長刼償他無了期　恐汝隔生不相識
對面相見不相知　爲報後代諸人等　誰心救護不思議

頓悟大乘門大意

定意定慧定心難　換換作意覓心看　子細尋思無一物
只爲無物始心安　努力修道莫由一　薗中菓熟正勸收
只爲元明花晚發　未及薗滿早逢秋

唾面將形識　嗔來似唆迎　但能行此行　佛道早應成

謹檢陰陽題文勸善

但是人身約父母而得陰陽歷善人之壽生玄命在天宜司抄其善惡日註一并與其
并壽校劣少多恒有四司五帝南升北升十方將軍九土使者七神童子八部天神計
并人間男女之善惡兩日一言七日一奏百日一結積福多者加其本壽更得延年善
神護助積惡多者減其本壽惡事橫羅不得依其實年中途□須早死亦由貪財過度
費用尤深不廣行擅行無慈善於父母恩德不思劬勞男女妻房放逸滋甚高心我慢
侵欺平人折福罪增陰陽具說凡人迷覆貪求不忍善惡日夜消損不自覺知要當檢
尋切令勸善各自省察諸善增修未可虛度歲時後悔何及

十恩德　周字八十七號

第一懷躭守護恩　說著起不蘇　慈親身重力全無　起坐大人扶　如伴病　喘息鹿　紅顏漸覺焦枯　報恩十月莫相孚　佛旦勸門侍

第二臨產愛恩　今日說向君　苦哉腸母似刀分　禁扇不忍聞　如刀割　血成盆　姓命只恐難存　勸君聞　取釋伽尊　慈母報無門

第三生子忘憂恩　說著鼻吹酸　阿孃肚脹似刀割　寸斷腸肝　聞音樂　無心歡　任他羅綺千般　乞求母子面相看　只願早平安

第四咽苦吐甘恩　今日各須知　可怜父母自家飢　貪餧一孤兒　爲男女　母飢羸　縱食酒宍不肥　大須孝順寄將歸　甘脂莫交虧

第五乳餔養育恩　臺舉近三年　血成白乳與兒飡　由恐怕飢寒　聞啼哭　坐不安　腸肚計難潘　任他箏歌百万般　倫奏且須看

第六迴乾就濕恩　乾處與兒服　不嫌穢汚腥膻　慈母臥濕氈　專須縛怕磨研不離孤兒倚邊記　之父母苦憂怜　恩德過於天

第七洗濯不淨恩　除父更無交隨　三冬十月洗孫兒　十指被風吹　慈烏鳥

遶林飛　銜食報母未歸　枝頭大有百般飛　不孝應也虛

第八爲造作惡業恩　爲男爲女作姻煞　他猪羊屈閑人　須害會諸親　倚早保

下精神　阿孃不爲己身　榮他造自難陳　爲男爲女受汎淪

第九速行憶念恩　此事實難宜　寄爲父母宿因緣　腸肚悉均韋　仿□去　任

征邊　阿孃魂魄於先　兒身未出到門前　母意過山開

第十究音懀憋恩　流淚數千行　受別離苦繼心腸　憶念似尋常　十恩德　說

一塲　人聞不爭悲　塲若易善女　審思量　莫交辜負阿耶孃

了性勾 幷序　　　　　裳字六十七號

夫世諦諸流例歸生死唯循六道莫究其源來往苦已多時惣爲沉迷淨徃性雖暗妄相雲遮猶如明鏡居塵豈能捐汙明性暫時覆鄣揩拭還明明是本明不猶安着法性亦示只緣虛幻塵埃所以明來大久暗曰何物只是無明無明卽是貪根還同憂本貪愛久習死生長時若欲出離三塗光須割斷根本根本若盡卽見心源心源不離性源豈殊眞體清淨无去无來既无去來何有生死生死既滅妄想雲消還同舊明元來既照是故楞伽經云不識心及緣起二妄想了心及境界妄想卽不生此爲證也今爲迷流略述智者幸請鑒之有病任治略脩無可仍申了性勾例後如

衆生迷滯在閻浮　百刼千生不達元　三界元來裏虛幻
於中妄化我人居　若了此身卽泡末　迴心莫惜至微軀
精進苦行恒安住　一念不起本來元　元中更欲求何物
物物不離空中物　空裏元來不住空　何須起念求諸物
元物可求心自安　行住坐臥卽涅槃　涅槃清淨同寂滅

十方十界不離安　既知此處同他處　去住何須有悵然
忽悟法身滿空界　各各勤功向裏看　看裏元看看正看
不應看外更求看　看中不見同無物　諸法於中建不難
朵羅万像從玆立　一切名耳是中安　爲此無中念衆得
法法物依空取則　體性元來不住源　心境兩念已緣息
息緣絶念无起動　無起無動還成動　空裏無求無不求
空裏不求求不休　休不休、休休、休本淨　達理悟性有何憂
若了此求無過患　終朝竟夜熾然脩　須得脩理無脩意
始到无脩无不脩　未了此中微妙義　莫慢立頭卽不脩
世間學道甚□難　隨意逐想度歲寒　終日波波向外走
不知佛惠在心源　心源微細雖可知　輪迴往來久相隨
對面不識同千里　沉輪生死欲何爲　智者能超三界何
都由達性了心耶　心性如空无一物　豈容更被生死羅

縱被使羅羅亦空　清淨法體對西東　過去未來不移改

千劫萬劫惚相逢　相逢還是无本體　愚者遂生別見解

雖然換面不識頭　乃知法性常存在　心性相去亦無來

不生不滅坐花臺　迷人安見有生死　眞理門中實不來

不來不去湛然滿　佛與衆生無界畔　虛空體性本不殊

凡聖无來同一般　見理悟道了無疑　不達此門實是癡

沉輪多刼緣不信　受苦長時淸自知　自知佛性人皆有

只爲煩惱離別久

[illegible]

飲酒十過及念佛十功德文擬　海字五十一號

張明照寫

佛語阿難曰凡人飲酒者有十種過失　一者令人顏色惡　二者令人少氣力　三者令人視聽不明　四者令人多嗔怒　五者令人被散資業　六者令人饒疾病　七者令人惡聞誦　八者令人無大小　九者令人智惠漸減少　十者令人命終墮惡道　尒時阿難問佛酒忩無命云何戒之　佛告阿難竊見北海一人飲酒婚酗不覺婬母煞父因此戒酒

高聲念佛有十種功德　一者不聞外惡聲　二者內心不散亂　三者除去睡眠　四者德勤精進　五者諸天歡喜　六者魔軍怖畏　七者聲振十方　八者專心念佛　九者地獄停酸　十者得生淨土　舍大行淨覺禪師　開心勸導禪訓　昔日將心求外佛　今將知佛在心停　靈堂習聽元非聽　空谷傳聲豈有聲　終歲勞身猶厞影　何期身影共同行　觀身觀影非非影　眞如非重亦非輕

上皇勸善斷肉文　稟氣雖千種　貪生共一般　從頭皆覓活　若箇不求安　陌

急緣防箭　高飛恐被彈　詎堪鷹犬逐　更被網羅纏　猪羊哀離圈　羊牽惡出蘭　持刀曰下割　將肉口中飡　苦痛知何說　荒迷尒許難　寄言食肉者　自割始嘗看

五更調

周字七十號

一更長如來知惠心中藏不知自身本是佛無明障閉自荒忙了王蘊聽皆亡滅六識

不相當行住臥常作意則知四大是佛堂

二更長有爲功德盡無常世間造作應不久無爲法會躰皆亡入聖位坐金剛諸佛國

變十方但知十方元是一決定得入諸佛行

三更嚴座禪執定甚能甜不信諸天甘露蜜摩君卷屢出來看諸佛教是福田持孝柰

戒得生天生天終歸還墮落努力迴心取涅槃

四更難法身躰性本來禪凡夫不念生分別輪迴六住心不安求佛性向裏看有佛衣

不覺寒曠大刧來常悟今生作意斷慳貪

五更延菩提種子坐苧連煩惱寧中常不染恒將淨土共金連佛在世八十連般若意

不在言夜了照了恒念經當初求覔一連全

五更轉　露字六號

一更初　忘想眞如不異居迷則眞如是忘想悟眞妄想是眞如念不起更無疑見本性等空虛有作有求虛解脫無作無求是空虛

二更催　大圓寶鏡鎮安臺衆生不要攀圓境由斯鄣閇心不開本自淨沒塵埃無深着□輪迴諸行無常是生滅但觀實相見如來

三更深　如來智重本由心此佛此佛乃能見聲聞緣覺不知聞住山窟坐禪林入空定便疑心一坐還同八万刼只爲躰麻不重金

四更闌　法身躰住不勞看看作住山便作意作意還同忘想摶忘想摶莫攢玩忍本性自觀看善惡無思亦無念無思無念是涅槃

五更分　菩提普遂復無相過去捨身求不得吾師普遂不忘恩許法欲一大鄣門去鄣閇𧖴黃雲能有衆生開佛眼皆令過去免沉淪眞素是□□施者進白心欲立非非相將佛却照□智者來未得於檢再難尋運保躰麻者如我不重金

南宗定邪正五更轉

一更初妄想眞如不思君迷則眞如是妄想悟則妄想是眞如念不起更無餘見本性等虛空有作有求非解脫無作無求是功夫二更崔大圓寶境鎭安臺衆生不了攀由斯障閤心不開夲自淨沒塵埃無染著絕輪迴諸行無常是生滅但觀實相見如來三更侵如來智惠本幽深爲佛與佛乃能見聲聞圓覺不知音處山谷住僧林入空定便凝心一生還同八万劫只爲擔麻不重金四更蘭法身□性不勞看看則住心便作意還同妄想團放四䮀莫檣玩任夲性自公禪惡不思卽無念無思是涅槃五更分菩提無住復無根過去捨身求不得五師普示不忘恩施法藥大張門去障膜豁浮雲塡與衆生開佛眼皆令見性免沉淪

敦煌石室寫經題記與敦煌雜録

下

禮記音義 擬

直宦 蚩 人之 卜人師 依注卜音僕師長也謂太僕也本口無師字者非也前儒如字卜人及醫師 二夫人 音扶注句 相爲 于爲反注及下注夫爲妻同 繼 緦 依注音 逝 析 大

反安舒也注同 怠惰 徒臥 騷騷 素刀反急疾 謂大 音泰一音他又下同 謂絞 戶交反後同 紟 其蔭 衾 莫報 遠之 于万 妻期 音基 不知 音智 成味

依注音沫巳葛反 成劉 陟角 縢也 岑又作滕徒登反 醴也 音悔洗面 竽笙 音于 不和 胡臥 之調 直予 簨 息尹反橫曰簨 虡 音巨亘曰虡 植曰 時力反又音值

問喪 問或作聞喪音息浪反注反下皆同 孫于 音孫 有爲 于爲反下爲桓司馬敬叔則爲之注爲民作爲嫁母同 宋向 式尙 戌 音恤 名魋 大回 侈也 昌氏反又申氏反 而朝

直遙注同 將應 應對之應 汲汲 音急 繆公 音穆 出竟 音境 焉得 於虔 公㸑叔木 音戍或樹反又音朱徐之樹反 贈襚 音遂 子璪 蘇果依字 爲

孟 于爲反下反注爲人同 伯𡎺 蔡恭勇反 內外易 以豉 紘褒 去逆箎葛大過反 □□ 布而細疏而曰繐 無相 息亮反 沽也 音古略 稱

家 尺證 有亡 皇如皷字無也一音無下同 惡乎 音烏注同 齊 才細反又如字注同 豐省 所領反 之比 必利反 毋過 音無 還葬 音旋便也 已皺 力斂反 而

封 依注作窆彼驗反下棺也徐又甫劉 設碑 必皮 綍 音律 作堋 比鄧 司士賁 音奔奔人名也 𣲖𢦏 本又音泰白衿大也 醯 呼兮 醢 音海 而甕 烏弄 麼遺 子季

反又如字 草 紀力 不墾 苦佷 術觸 苦且反自得之皃 爲小君 于爲反下爲之服爲其人爲君服同 深遠邃 雖遂 難人 乃旦 反㰚 而雨 反復 扶又反舊音服非

大古 音泰 自燕 烏田 爲龍 力勇 坊者 音房 旁殺 包戒下同 茨凡 徐在私反第覆屋 門廡而𡖋 如字又音婢 又易 从豉 馬鬣 力輒反

斷其 音短下同 廣袤 古曠反下音茂徐亡尨 重霤 直容 衣以 於既 褘 蒲歷反徐房益反親尸棺 堅著 直若反 水兕 徐履 漆 音七 不令也 力政反一本作合

𣐈㡭 㡭節反 綴足 丁劣反又丁衛 飯 煩晚 不剝 井角 也與 音餘下同 倮也 力果反謂不巾幂 埃加 音哀 逮日 音代或大計反 緾 七絹㺯万淺赤色今 緣

悅絹反下注同於菫本亦纁許云反要經一遙反注小要音結無絇其俱反屨頭飾角瑱吐練衡依注作横華彭反下衡三同長袪起魚反一音丘據謂褻本又作褺徐秀反袂

口面制鞞䙊音迷本又作麛鹿子青豻音岸四重直龍注皆同被之皮寄反注同被之皮寄反注同其厚胡豆反度厚薄曰厚皆同此音拖棺羊支木名椵

椸徒亂謂屬音燭周帀本又作迊子合反能濕乃代衽而審反又而鴆反小要口髤字又作髹許求反題徒位反頭湊七豆反瑕也純衣本又作緇又作紂同側其反

明爲子爲反下文及注爲其變同菆塗才官龍輴勑倫謂黼音甫以剌剌亦反於綃音消幕音莫別姓彼列注同於朝直遙反耆巨之

莫相息亮反佐注同尼父音甫其行下孟大縣郡縣之縣皆厭於葉注同大廟音泰惡野烏路叫呼火故稅人始兌反謂以物遺人謂遺

唯季而縞古老注同紕也辟支賜弈音亦幕之小者以上時掌共焉音恭

檀弓下第四卷第三

君之適丁歷反下及適室同長殤丁文反下及注皆同三乘繩證反下及注同皆戶戶嫁降殺包式遺棄戰爲茬初佳又初宜反遠之于万朝亦直遙

越彊居良反本作壃下越彊同蟜固君表反蟜固人姓名不說他活反本亦稅徐又申稅反下同入見賢遍

殷字四十二號

論語音義 擬

才良可妻倉細縲力惟絏□□又仙列反徽□音紉門北孟僖喜音容閱□音(缺)

虔今作宓音浮富及濟南伏生是其後也虔與宓相類因誤耳也瑚璉字亦摙上胡音下連善反連音夏因胡此誤也案扎記曰(缺)

明堂位有虞氏之兩殷夏舌之四摙殷人六瑚因人八簋俗儒以在瑚摙上夏當先殷遂因誤耳簠甫于反甫妙反簋龜消不佞寧定(缺)

倢潛業禦人魚莒屢龍往反□□□憎則登惡烏故漆雕烏聊乘諦字亦擇撫于反說文云諦木筏

(缺)扶發反□□□過我上古和反取材才音難奴只中忠仲悔呼憒言任入金將將亮師色類

(缺)晝輒又寢侵稟朽休九可雕字亦彫鳥聊反可朽字亦圬污

(缺)亦錫□□予與與諸可誅張朱申棖擇庚不屈去勿

(缺)山節說文云亦作櫛箋結反藻棁上早音下乂旃

妙法蓮華經音義

謞許几反 咼口蛙反 牑百典反 睇梯音 窊烏花反 憙虛記反 妊而鴆反 瞖頂反 欬去代反 甄居延反 積柴賜反 裸爐火反口不瘡緊說文曰瞖瘡曰胗即緊字

（玉字七十七號）咩羊鳴 履冈雉反 𩍠輸干反 娑蘇柰反 哆都餓反 地途賣反 耆初几反 𦒱犄離反 若荏蔗反 㮔晉蝶反 緻猪履反

（洪字八十五號）

大方大集經賢護分音義

鑪盧音 橐蒲牪反 練練音 黨都朗反 貯竹呂反 骫烏尾反 搆古侯反 岌魚及反 篋苦葉反 筍烏字反 羞四由反（冬字四十五號）

㲹烏䊵反 犀西音 狧土皆反 豹卜孝反 仇求音 鬀他帝反 鬒赫虎百反 鏗苦更反 鬘莫班反 煒于鬼反 燁丁涉反（珍字六十六號）

金光明最勝王經音義

卷一

溼失入　詈燕兮　駃正吏從吏（律字五十四號）　駛所吏從吏（玉字八號）　慱補各從十　瘂厄下　軜而稅　𦢊燕計　鷯郎遙　鷯了簫　鷦子簫

（字字三十三號）　鸓力求　揭偈竭　紫郎委　紫郎委反（重字八十一號）　僋蒲拜　僋蒲拜反（重字八十一號）　苶宅加從示　荼宅加從示

（字字三十三號）　荼宅加　蛭之日（巨字百號）

卷二

礦古猛　鍊蓮見　鎔欲鍾　滈大丁　桴覆于　鎖蘇果　羂古縣（致字六十八號）

卷三

闠胡對　穋莫六　暨其器　底丁里反（雲字九十三號）

卷四

體天里反　莎蘇活反（寒字二十六號）　枳姜里從木（閏字七十八號）　甜大舍（海字十號）

卷五

奕盈益　齅許救　窒丁結　稔任甚（月字七十一號）

卷六

瓬陟尸 敞昌雨 敵亭歷從文 整征郢 敼田見 蝕乘力 撩良灼 譊土咸 籧劬矩 麼摩可 颯蘇合 薜薄閉 㯭車者 拏奴加 窣孫骨 矑盧盡 呬

虛致 䚊末般 叡以芮（鹹字三十七號）

卷七

須多可 澀色立 蝨麥庚 薐力微 鬒栗僉 謎迷計 攞羅可 葺侵入 蠶作含（珠字七十九號）

蠶作含 叱瞋失 杞欺巳（崑字五十號）

卷八

撴陟陑 柱誅主（珠字十一號）

卷九

耄毛報 痰徒甘 癊於禁 玃俱縛 枳居佘 弭彌氏 娓瞥諧 睇啼計 梢所交（洪字八十三號）

卷十

憩去例 航胡郎 鵠仕于 擒巨今 綎廷項 瘠情昔 捫胡本 鯁庚吉（金字九十四號）

哽古杏 技無紛（果字十號）

第一帙 第一卷序文音義 李字三十九號

悊知列反 豪蝵力之反 挹之上一入反 庸鄙上余封反下悲美反 慨深上口伐反 探頤上他含反下助賣反 馳驟助右反 泫其上玄犬反 卉木上許鬼許胄二反 軌躅直玉反 綵括上子宋反 宏遠上戶育反 秘扃古螢反 晨鐳音鐘 黔梨上巨廉反下力号反 斂衽而禁反衣衿也 神甸音殿 齠齔上徒聊反下初勤反 足岳上將句反 論文派演上疋賣反 痼疾上古悟反 隨眠莫賢反正作眠 嗢達上烏沒反 吒蝵力之反 勇銳以芮反 聰叡上同智也 橋問上居小反詐也正作撟

波私慝女力反正作匿也唐言勝軍王 金屣所綺反 不矯居小反 洿濡上烏悟反染也 勞倈上郎告反下郎代反 鳥廄音救 掃帚之手反 臧辟上卑吉反經意是必必審也誠也實也又音佛佛理也非正作臧也應和尙以勇字替之余腫反非也又玉篇音捐王勿反非也經音不是勇字今定作必字 勞問上郎告反慰也 怖懾之攝反 喑咋上於今反極啼無聲也下助迮反呹咋多聲也應和尙以喑唶之上於禁反下子夜反歎也 臧從上必佛二音義如前釋也 臧何同上 臧辟亦同上此蓋謂譯上牽意用字致乖經義也今定取必字呼 申踵上音身正作申也 斂指上力奄反收也聚也

蹀地上他合反著地也正作踏也諸經要集云愚者足踏地六度集云愚者足築（下缺）

菩薩瓔珞本業經兩卷上卷音義　李字三十九號

洴沙上蒲丁反 闀隆力中反 瑕疵才斯反 諕示上音官正作觀也上方經作觀又下籀音現非義也 不稿音惱諸經作不憍樂天也 只羅上支紙二音梵言度一羅秦言无瞋恨 弗

陁音陁 須陁同上 斯陁含音含 蹬道上之剩反正作證 无垢音狗正作又垢音袮非也 蔳體上力賞反二也正作兩也下卷云有二法身一杲極法身二應作法身 檢攝深涉反

㰎觀上奴管反 五陰於今反 樂猗衣綺反 檢㩉尸涉反正作攝 下卷三銖音殊 睡調徒予反五蓋之一也諸經作掉字 檽食上徒官反 酤酒上古

平反 涕出上他禮反淚也 流慟徒弄反 佛藏經四卷第一卷 嚼咽上才雀反下一見反 爲拔扶月反 梯橙上他兮反下都鄧反 藕絲上五口反

下息慈反 手承是陵反正作承 雨渧音的又音帝非 維鞣女右反 如栟先擊反 淳濃上常淪反 糟粕上子曹反下普各反 第二卷 林檎上助莊反下他盍反

粃糠上卑履反下苦郎反 蝙蝠上布玄反下方伏反 欲捕蒲故反 佈柂音施 圂溺上尸盲反下奴吊反 輕躁子告反 攣躃補益反正作躄 以踤苦化反正作跨

屎尿上尸言反下奴吊反 毀倅疾遂反 佷戾上侯懇反下力計反 怨郄丘逆怨也正作隙 瘕疵上尸加反下力斯反上又加嫁二音非本用 冐受上莫報反涉也又童墨干也 授

助

大莊嚴論三論十卷同帙第十一卷音義　李字三十九號

崩背上博登反下蒲昧反 還彭音淨 撾打上陟花反 嘶嚙上音逝正作噬又郭氏音制下五結反 蟒蛇上莫朗反大蛇也 班駮補角反 惡鞭卑連反 打撲普木反

儜劣上女耕反 焚燒上扶文反正作焚 棠軍上宅耕反下昌玉反 禁制之世反止也斷也 鞁勒上兵媚反馬馬也正作轡或作鞁也又毗必反車革也非 禁剬之世反正作制反端剬二音非

蛆螫上知列反下尸亦反 截刖音月又五骨五刮二反 抗衡上口浪反下音行 枷羅上音加 羅睌莫顏反 輕摖子告反正作躁 婬女上羊林反又苦耕五耕戶經三反非

診之上之忍直忍二反候脉也 鄙藝上悲美反下私列反 今疹丑忍丑忍刃二音 人跌田結反 籠戾上力董反正作攏 毬多上求掬反 琛多同上 微咲私妙反

毬多上求掬反長者名也尸利毱多或云掘多 愁懆七感反又章草 淬曲上惡胡反窊下也正作圩洿二形也 右眄普莧反顧顧也視也美目正作盼也又諸季二音非也 僥獷古猛反 或泄音薛

即閇音閉又音汗愌 蚩咲上處之反 羸瘠上力垂反下秦昔反 第十二卷（下缺）

韻書擬

端顛東丹當丁擔都多登兜堤刀
透天通灘湯廳甜嘟他鬐偷提叨
定田洞壇唐停覃徒陁騰頭啼匋
泥年農難囊寧南奴郍能糯泥猱
韻先東寒唐青覃模歌登侯齊豪
審氈春高申苦升

雨字五十五號

建元年哀子某延僧爲亡母追念疏擬　閏字五十八號

乾元寺請　何僧正和尙　氾判官　慶通

右仝月十五日就弊居奉爲故慈母娘子白辰追念依時早赴　謹疏

建元年四月三日哀子弟子從都頭守昌縣令

光啟三年僧善惠延僧爲亡母追福疏（擬）　　藏字二十六號

謹請西南方雞足山賓頭盧波羅墮□右今月十於閻浮世界

沙州爲大賢坊就弊居奉爲母大祥追福受佛付勑不捨蒼生興運慈悲於時降駕

光啓三年八月十日僧善惠謹疏

乾德六年某子某延僧爲亡母追福疏擬　　柰字六十六號

張僧正和尚　董僧正和尚　楊禪　米禪

右月廿九日就弊居奉爲故慈母小娘子三年□追念伏乞

□依時　早赴謹疏　乾德六年九月（缺）子□□陰存□□

己亥年　早世請諸　校讎六年九月（缺）[illegible]

台月廿八日[illegible]戾等酋欲移出小琉[illegible]大攻

[illegible]

[illegible]六年[illegible]

母故臨壙追福文擬　　藏字二十六號

無餘涅槃金棺永謝有爲生死火宅恒然促世界無常暦二時而運轉光陰遷亦除四相以奔流電光非而暫耀等風燭以俄消然今亡者壽盡今生形隨物化□茲白日奄就黄泉至孝等攀號擗踊五內如崩戀母慈顔痛摧心髓龍輴獻駕送靈識於郊荒藁蓋分行列凶儀於亘道存亡永隔追念何依悲叫號咷哀聲滿路於是矩趙氏以安讀譯告辭而畐母蓮莚請就次郊荒奉爲亡靈臨壙追福乂持是福此用莊嚴施主合門眷屬等願三寶覆護万善護持灾障不假功德圓滿摩訶般若利樂無邊大衆虔誠

[illegible]

[illegible]

[illegible]

[illegible]

[illegible]

[illegible]

[illegible]

右故[illegible]論文 [illegible]字二十六號

翟良友祭太原王丈人文 擬 周字六十五號

維歲次丁未十月朔卅日 社長翟良友等謹以□蔬之奠敬祭于故太原王 丈人

之靈惟

靈辭家□里爲國西征英雄壯志千代留名性直恭謹惠布恩性鄉閭美德善着聲名

一生四海百載深情陳雷義重管鮑心□□啚忽染時疾葯餌無徵長辭仁世永別□

春寒風漸冷白雪分分轜車啟路奠□扃靈神不昧來此歆馨伏惟

索滿子祭姊丈吳郎文擬　周字五十九號

惟歲次未正月癸□朔廿三□酉索滿子謹以清酌之奠敬祭于故姊夫吳郎之靈志性天然貞明特達德備四隣能仁高節何圖示疾奄居寂滅一門慟哭訓育寧歇傷割六親痛無陳說魂散雲天魄歸緣結滿子忝爲表裏恨不自忻想思變謝生死忽別路傍致祭中之情切願神降筵歆領單溦　尚饗

用答特致祭中之情[illegible]尚饗

[illegible]

[illegible]

[illegible]

周說祭曹氏文擬　　周字五十三號

維歲次己丑正月己卯朔十二日庚寅社長周說等謹以淸酌之奠敬祭于□曹氏之靈惟靈儀範孤標聲□□節婦之謀其中有志四德備身□□終始纏搆疾痛向經半祀冬來漸加春來致死千方百療病居骨髓針灸不損顏容披離魂散荒田魄隨水逝庭宇寥寥悲來塡氣使昆季兮腸斷令幼女兮無侍說等忝同社邑久欽高義是日言殞心懷悲思郊外相送臨歧設祀薄酒三瀝願神不恥

挽歌擬　　　　周字六十四號

請假不獲隨例拜賀　台庭此伍兢惕戰越之至

進上挽歌

高坐星文掩人寰巷市忙三台投劍佩四海哭煙霜夕殿震號永秋風曉更長龍顏不可見燒畫月更香

憶別西涼日來朝北闕時千官捧□殿獨召上　龍墀龍極狐臣懼恩深四表知此由殉

靈駕血淚自雙垂

香鐔薦金袍求衣不重勞力張洞庭樂休種閬山梳鶴駕丹陵遠龍驤碧落高胡髯攀斷處□搶高弓號

巢閣方瞻鳳鳴郊忽翔麟六宮悲晏駕四嶽能來巡璽綬傳當璧河山委大臣自傷蒲柳質不得扈龍轄

七載朝　金殿千秋遇　聖君九夷瞻北極萬國靡　南熏盛烈排　軒后崇淩墜□

文靈知河瀧十輿斷高鄉裝

患病祈佛文 擬

地字六十二號

慈悲普化遍滿閻浮大覺威雄度羣生於六道故所維摩現疾託在毗耶諸賢問疾之徒往於方丈之室菩薩現疾應品類之根機馬麥金擲表衆生之本葉然今意者病患之也唯公乃四大假合𢀡疾纏身百節酸疼六情懷忽雖復人間葯餌世上醫王諸佛如來爲種種療治未蒙詮損傷問三保之力是出世法王諸佛如來爲死生之慈父所以危中告佛厄乃求僧仰託三尊請求蒙諸唯願恆閉加他之妙藥濟六道之沉痾自在神通拔天人之重病故知請佛聖力不可思議所有投成皆蒙利益以此功德□用莊嚴患者卽體唯願觀音加月灑芳亦以清令大聖□花扇香風而湯慮然則六塵八苦長消延惠命於千令堅法身□□

祭文程式三十五種擬　崑字五十六號

屆卽有昆季兄弟想棣萼以增悲痛□□鴿面无鬻荊支一折四鳥哀鳴義重丘山成
念景福何以至孝等舉號分列渴泣昊天無所用賫唯憑　景福
公乃三辰降色六氣延和欸話自然英聲天受遂得擢充得物水鏡持心維到屆之祟
糺群曹之劇務　功曹乃霞標直上冰鏡孤懸森森梃弟戟之鏵落吐風猋之氣故使
標藤列屆灑謦祟沗生子智　馭云遊人物爲皈門之地○司倉　公乃情由遠邁性
府寬融鼓篋百家笙簧六義遂得威衆列冃肅穆曹寮無虧奉公之規自得當時之譽
於時像轉星豪儼慈悲之靈想經開寶偈答功德之淥源所以竭撫歸依可以惠誠禮
敂祥幡颺影遐標轉蘂之風神燈發暉遙凝破惡之焰濟生而救苦冀修福以消灾
志重虔誠功深願廣
兵曹　位列兵謀通文神武協六曹而迈職守一法以司存
判官　位列先風忠貞自感卽戎求吏政惠馳能故使六局提綱有備三軍器物事事
咸修立持上歌歎有飲流之辭德今者廣開妙宇焚解脫之香延會集於天人希求勝

福之果

産亡　何期一朝分産魂銷割囗之前王福無徵命奄九泉之歎

節度使　伏維公迠生英靈稟氣星像才堪大夏氣用擲絕附經齊之遠途有縱横之

大略焦絕紛淺彌掃攙搶與天分憂爲國重記東凶靜難皇王無一面之虞善政養人

梨毗有二天之蔭故得威雄玉塞塵靜金方蕃番窜遙梃於武臣北狄遠懷於飛將縱

囗清白起莫之與荆馬院斑超焉可籌也

兵馬使　伏維公稟造化秀氣附人臣其骨也月開心鏡雲齊靈臺得韓彭之謀理張

梁之計制猶耕於旨掌追奔捷於走九剛紀若容懃宿戎纂語其文也辭峰辟立已千

忍論其武也鋭相於消九流津然將歼之雄才赫矣天西之巨鎮

督都　伏維公清英秀氣雄量横深識達九流學傾八欖氷霜勁節瑤碧持躬爲純和

之風爲安靜之道其清也碧潭而見其直也長松而出雲部遠近千里之風爲方岳之

主

縣令　伏維公器宇沖狼輪表无爲清和任眞理識通敏公忠奉國孝乃承家夫寫雙

飛風化一變自有駈鷄之妙斷割標制錦之功辦獄得分乘之能理物有湧迸鮮之道
公庭息誦司室多閑每以虔誠六根專主三葉
勅使　伏維公含山岳之秀氣附棟梁之上才出孝入忠經文緯武作皇王之耳目爲
贊普之福心覆戎狄於陰山布輪言於塞外
一切文官　滔儒滔儒作林温雅成智習藻而伺利用勤施禮以先能閾擇時良當官
正色器堪惣用要處祑而忠城矜察貞廉恭嚴肅穆善聲以遠正闡彌遙雄然芳振朝
庭之儀也
一切武官　性稟雄星族標豪傑偃文修武棄筆從戎忠誠勇義之勤狗已猒輸之欵
素弓張月白刃疑霜陣敵虜而坐平三軍斬指設深謀而而令千里清壓受菒祑以指
駈拜高斑而納寵大國之要其在斯乎
金銅像　紫金洞妙白玉開輝相含杪色之明光照眞空之覓面像圓月目品蓮花瞻
禮福生稱揚罪滅
繡像　乃綺綵眞容韻成寶相巧工畫妙緋縷線而像如來極恩成能續針鏤而模大

聖聞之善集見乃殃除

素像　乃妙絲輕塵香沉水淨和模眞佛湧案尊儀条開如說之脣點出慈悲之目旋遶者生福敬禮者除愆

畫像　畫丹青滂呈朱綵像三身而作色模五眼以明眞金縷施黃珠纓發於紫歸依者不足迴向者無厭　藥師琉璃見影明月開顏乘過去之願往生化今生之含識

寫經　嚴精玉帛牋寫幽理之懸文錄難思之妙術連珠作幻貫玉成行轉讀者靡不消灾受持者無非罪滅

造幡　綜錯紈綺裁成綵帛光浮五色形像十方旋轉空中飛雲隨合搖曳沖於天漢業風乃淸輪王之位以成報鄣之愆永滅

轉經　樂聞大乘至教而慶仰受持法悔轉寶偈已崇誠聞者滅罪恒沙誦者福生兜率

觀世音井　含慈救生懷悲拔苦隨聲念而卽至應物現形遂邀請而便降觀緣起而化來稱名禮拜利益無窮

地藏井　現身六道流念四生示跡於苦趣之中作沙門像說法於閻羅王界隱菩薩形憶想殊除稱名滅罪

聖僧　妙飾威儀訖成客止得賓頭盧之本狀像羅漢之眞儀生結福善滅諸苦惱

地藏井　其菩薩乃寶珠入掌金縷嚴身得生功利之天常拔劍輪之苦

花嚴經　乃圓融海印法界花臺流剎上之花身折微塵之念卌乃醍醐佛性琉璃卌開額內之明珠拔地地中之寶藏

勝天王般若　乃天王請法調御談空光明照於十方流血灑於大地

楞伽經　乃寶山見影金偈傳心八識照於靈臺三性懸於藥鏡

維摩經　奄羅妙法方丈請談男子納於須彌毛端客於巨海

法花經　乃三界火宅一乘牛車引被化城奪其□所

金剛經　降心作道忍辱行檀開四願之消央勝三時之捨命

藥師經　乃琉璃作號灌頂章名絕九橫之舒央行十二時之上願

無常經　乃無常速謝有漏迴輪恐迷執於主身偏流積於死報

多心經　乃初觀五蘊復隔三□爲井之輪作聲聞之法印

千手眼經　千手接引千眼遙觀應念者聞聲隨求者質見

尊勝經　經名佛頂咒演佛心幢繞影而消殃落微塵而滅罪

隨願往生經　開淨度入救娑婆絕一念之因緣照千方之國界彌陁佛佛万西方見質東國化刑十念圓明千殃彌滅

祭文擬

藏字二十六號

小承癋癊養育成人於親立節族內有囙投師問道理達天親從今一別忽變今晨親斯苦切落淚霑身烏烏呼呼苦痛乾坤今朝一別再會無緣路邊致祭淸晨欣珍兄妹與蓮之義重同志情深宿囙之德今始爲親何面上蒼不照禍在泉門千般藥之無迍百福之理難巾山高巖之刃乃若海之于浮霓散就依二處徃依極落之宮六親念兮哽噎兄乃四地哀深

祝文擬　　　　　　　　　　制字六十一號

拔寶蓋合缺

湯者矣雨缺

亿項於門立勝幢缺

都娀分𢃇疫㢯於天缺

惣斯多善莫限艮缺

四天龍王八部威光轉盛福力彌增興運慈玠人護國又持勝福次用莊嚴伏願當今

皇帝貴位集休徽於宙卑咖起於還盈啓福賚晨共元空於時族又持勝福次用莊嚴

我西河節度使司空貴位伏願永丞闡化四賽壹加光扇人豊三邊鎭淨南山作壽不

拯橝尊常爲菩薩知人王永應如來知富定又持勝福次用莊嚴使臣貴位伏願長桑

睿翟睿讚昌嵩爲天子之信作邦家之住石巍巍嵲日與壽福如更高炎炎長江作福

祿如無曷又持勝福次用莊嚴國母天公主貴位先顔轉母桃裏之方只貞恒春同月

中諸圭瑞永寶千秋知充祿恒居萬大之榮又持勝福次用莊嚴長使司馬貴位在天

利勿所聖安仁福將山岳與齊高壽忖乾坤如心願又持勝福次用莊嚴伏願都僧統和尚貴位符楊政述鎮遏玄門色力遂丘山惠命爲於遐劫又持勝福次用莊嚴羅都衙耽都衙貴位福爲山海壽等乾坤勒王之道全名幹濟之端益遠又持勝福次用莊嚴釋門都僧政僧錄貴位駕三車如有勿嚴陸度與莊懷士法門無數知憂釋衆寶康寧知樂又持勝福次用莊嚴諸法律等玄風遠扇惠矩孤明常作法教之闍梅兼旋枯卑之甘露然後休兵罷甲注載消戈人終什善之因國有千秋之樂摩訶般若利樂无邊大衆虔誠一切普誦

社文

地字六十二號

夫開運遝昏衢津萬物者佛也破虆障生惠方豁巨海倒邪山者法也寔福田豎量良叵崇舟檝者僧也始知三寶福田其大矣哉凡有歸依皆蒙利益然今此會焚香所陳意者時有官錄已下諸公等惟三長邑義之家會也惟諸公等並是宗枝豪族異姓孔懷蔺是良用擇諸賢友綴資勝業廣監珍修持珠鬘而施衆僧奉今鈿而戲賢聖悟火宅之暑共結良緣知生滅以非眞建資勝福資家國優及三塗有識有心俱臻此福於是掃灑衢陌懸列僧幡嚴飾閭閻敷張寶座諸佛延名僧陳百味之珍焚着六殊之芬馥惣斯福善先用莊嚴官錄已下諸公等惟願無邊罪障卽日消除無量善因此時云集法財自富惠命遐長灾害不入於□門障例勿侵於巷陌家家快樂宅宅歡娛齋主助遂咸蒙慶然後干戈永息風雨順時法界蒼生同霑茲福

河字二十一號

願文擬

覺一切賢聖奉請清涼山頂□□慈地土地前證眞井奉請摩離耶山五百羅漢四向
四過得道沙門分斷俱詮六通大聖等奉請東方提頭賴吒天王主領一切乹闥婆神
毗舍闍鬼并諸眷屬來降道場又請南方毗樓勒叉天王主領一切毗楊多鬼并諸眷
屬來降道場又請西方毗樓博叉天王主領一切諸大毒龍及富單那鬼并諸眷屬來
降道場又請北方大聖毗沙門天王主領一切夜叉羅剎諸惡鬼并諸眷屬來降道場
又請上方釋提桓因主領一切日月天子星宿五官廿八宿卅二神并諸眷屬來降道
場又請下方堅牢地神主領一切山岳靈祇江河聖族諸眷屬來降道場又請土地神
祇山岳靈聖護界善護伽藍神金剛密跡十二藥叉八大龍王五岳之主地神水神火
神風神等并諸眷屬並願風飛雨驟電擊雷奔發歡喜心不違所請乘空著地感動山
川來降道場證明弟子　大王　功德敬禮常住三寶在今月厶日於厶處厶方先奉
爲國安人泰五稼豐盈歲稔時康灾殃殄滅　次仗爲　大王延壽以日月而齊明保祥從
位恒昌竝乹坤而永治　涼國大人郎君小娘子等保□合宅安和上下歡娛內外清

吉遂乃結檀九處轉最勝之金言散食五方誦蜜音（之神）咒香焚百味一一從向天來花捧
万般掌ㄋ聖山椅（所）金瓶香水澄海淨之龍宮銀盞神燈朗櫕皇之寶砌眞僧七七晝夜
澄心念仏聲聲晨昏不絶愡將結檀功德迴奉轉念福□因先用荘嚴梵釋四王龍天
八部伏願威光轉盛神力吉昌社稷有壓瑞之祥國境有清平之樂龍王歡喜調風雨
而順時神理潛通保豐盈而稼穡鍠飛群界千年不犯三苗灾瘴雲消方載無很於一
境又持福事資益我大王伏願長崇佛日永鎭龍水秉政西河常爲父母壽齊彭祖燉
煌伏覩於堯年歲比王喬蓮府再榮於愛日
夫人　永泰（南北）往來而危夫人應祥東西奉使而雨勑集郎君小娘子吉慶轉益加榮內
外親族咸臻長承大蔭忿願聖主再安宇宙十道歸京遐方却蔭唐風三邊廓靜然後
城中官吏各保清貞合城羣寮俱霑勝益戒煙罷戰後無征賽之名狼醜歸降願有輪
珍之數三秋茂盛寒霜不損於爪須九夏花□猛風無溧於嫩蘂今對賢聖懺𢥞披陳
伏願慈悲迴光照領敬禮常住三寶

開元寺張僧奴等借麥種牒 擬　　鹹字五十九號

開元寺　　狀上

人戶請便都司麥肆拾馱

右僧奴等戶今爲無種子年粮請便上件斛㪷自限至秋依時輸納如違限

請陪伏望　商量請乞處分

牒件狀如前謹牒

丑年二月　日寺戶張僧奴等謹狀

扂奴子

扂勝奴

扂蕉

屭晟奴

屭弟弟

扂一弗弗

屠曲落

報恩寺上都司倉請麥種牒擬　　鹹字五十九號

報恩寺人戶　　狀上

都司倉請便麥貳拾伍馱

右緣當寺人戶闕乏種子年粮今請前件麥限至秋八月塡納伏望商量請垂處

分

牒件狀如前謹牒

丑年二月　日頭劉沙沙牒

[illegible]

金光明寺團頭史太平等借麥種牒擬　　鹹字五十九號

金光明寺戶　狀上

團頭史太平　戶安胡胡　安進漢　安達子　僧奴

右件人戶粮食罄盡種子俱無闕乏難爲交不存濟請便麥貳拾馱至秋依數塡

納伏望

撒授和尚矜量乞垂處分

牒件狀如前謹牒

丑年二月　日寺戶史太平等謹牒

靈修寺團頭劉進國等借麥種牒擬　鹹字五十九號

靈修寺戶團頭劉進國頭下戶王君子　戶麴海朝　戶賀再晟

已上戶各請便種子麥伍馱　都共計貳拾馱

右進國寺等貸便前件麥其麥自限至秋依時進國自勾當輸納如違限不納其

斛㪷倍請乞處分

牒件狀如前謹牒

丑年二月　日團頭劉進國等□□

戶王君子

戶麴海朝

戶賀再晟

龍興寺園頭李庭秀等請借麥種牒擬　　鹹字五十九號

龍興寺戶園頭李庭秀　段君子　曹昌晟　張金剛等　狀上

右庭秀等幷頭下人戶家無著積種蒔當時春無下子之功秋乃溺何依託今人

戶等各請貸便用濟時難伏望

商量免失年計每頭請種子伍拾馱至秋輸納不敢違遲乞請處分

牒件狀如前謹牒

辛丑年二月　日園頭李庭秀等牒

園頭段君子

園頭曹昌晟

園頭張金剛

安國寺氾奉世等借麥種牒擬　　鹹字五十九號

安國寺　狀上

請便都司倉麥叁拾馱

右奉世等人戶爲種逼蒔校闕乏種子年粮今請便上件斛㪷自限至秋輸納如

違請陪伏望　商量請乞處分

馱件狀如前謹牒

丑年二月　日寺戶氾奉世等謹狀

屁擔奴

屁弟弟

㞕嫡奴

㞓小君

屪勝朝

㞗太平

僧慈燈與氾英振造佛堂契擬　　鹹字五十九號

寅年八月七日僧慈燈於東河莊造佛堂一所□無博士遂共悉東薩部落百姓氾英振□意造前佛堂斷作麥捌□碩其佛堂外面壹丈肆尺一仰氾英振壘并細泥一遍其佛堂從八月十五日起首其麥平章日付布壹疋折麥肆碩貳㪷又折先貸慈燈麥兩碩壹㪷餘肆欠氾英振壹碩柒㪷畢功日分付一定已後不許休悔如先悔者罰麥叁馱入不悔人恐人無信故立此契兩共平章書紙爲記

博士氾英振年卅二

見人僧海德

書幡帳目擬　　鳥字八十四號

丑年五月十五日杜都督當家書幡卌二□每一□麥壹碩准合麥肆拾貳碩丑年九月七日於安國寺陰怯處領得麥壹□肆碩寅年正月五日使事中七日折麥叁碩伍斗

三月五日使牛具種兩日折麥一石又布一疋折麥肆碩二升

又僧伯明處遣付麥一石捌升九月十日磑稞折麥壹碩肆升

又使牛兩日折麥一石又䃲稞折麥一石　又親家支麥陸碩

寅年三月廿日僧海印書幡十二口每口麥壹碩二升

又領得麥壹碩貳㪷　靴□折麥肆碩貳㪷又褐七宗一疋卌二尺又鑼一具折麥貳碩貳㪷又油九升

卯年二月十日僧福漸書幡十二口每口麥壹碩貳㪷　四月十日於氾家領得麥肆㪷貳升

巳年吳法律疰窟領得物色細𦂳八宗貳丈一尺七宗布貳丈肆尺又麥兩馱

夷朝宰□行像麥叁拾碩內領麥柒碩八宗布二丈壹花氈壹領折麥陸碩又使牛具

兩日折打□子一

普光寺□佛帳所領得諸物色七宗布兩疋又七宗布壹疋肆拾柒尺王潤雪領得麥

壹碩伍升親惣得四碩二升折根壹馱張山海書幡價領得物七宗布一疋麥兩碩油

一升

北蘭若杜家書佛堂領麥陸碩高行眞得

未年八月城北種田麥玖碩又入麥叁碩柒升又入肆碩捌升又入肆碩九升又入叁

碩二升

盧貝跛蹄雇作兒契 擬　　生字二十五號

甲戌年正月一日立契慈惠鄉百姓盧貝跛蹄伏緣家中欠少人力龍勒鄉鄧訥兒鉢
面上雇男延受造作□從正月至九月末斷作雇價每月壹馱春衣壹對汗衫壹領褐
襠壹罯皮鞋壹兩自雇後便須尅尅造作不得拋功壹月忙時拋功壹月尅物貳斗閑
時拋功一日尅物斥若作兒手上使用籠具鐮刀鏵鐴鍫鑺袋器什等畔上拋扶打損
棐在作兒身不關主人之事若收到家中不關作兒之事若作兒偷他苽菓菜如羊牛
等忽如足得者仰在作兒身上若作兒病者筭日勒價作兒賊打將去壹看大例雨共
對面平章准格不許番悔若先悔者罰青麥拾馱充入不悔人恐人無信故立私契用
爲憑

「押字爲定迗受屡

文德雇人力約擬　殷字四十一號

癸未年三月廿八日立契龍勒鄉□□□文德欠闕人力遂於赤心鄉賀康三雇取麥

□不得□一日每月來䩞春衣缺鞋一□春衣爲□限缺或若車牛籠且鎌刀爲劫牛

畜喚池人田種一□非以人當牛畜□死主人字姓便是作□無非□□□□□□不

許先悔缺

若先[illegible]

言曠造人田[illegible]□□以人[illegible]年[illegible]□[illegible]人[illegible]□□□□□□不

□不[illegible]□一日[illegible]人[illegible]□[illegible]□[illegible]十

癸未年正月廿八日立[illegible]□□□[illegible]人[illegible]

文[illegible]人[illegible] 投子四十一號

張修造雇五歲父駞約擬　　殿字四十一號

癸未年四月十五日張修造遂於西州充使欠闕駞乘遂於押衙王道之面上雇五歲

父駞壹頭斷作駞價官布十六疋長柒捌到日送納駞若路賊打病死一仰要同汙見

或若□□押損走却不駞主知事一角修造

張修造雇六歲父駝契擬　　殿字四十一號

癸未年七月十五日張修造王於西州充便欠闕馳畜遂於押衙價延德面上雇六歲
父駝一頭斷作駝價官布拾个長二丈六七使入了限三日便須田還更不許推言或
若路上賊打看爲大禮或若病死舌刼雇價立爲本駝若是駝高走煞不□□主諸事
一□修造之當兩共對面平章更許先悔又人悔者罸麥壹碩充入不悔人恐人無憑
故立司契用爲後驗

何通子典兒契擬　　　餘字八十一號

辛巳年五月八日立契洪池鄉百姓何通子伏緣家中常虧物用經求無地獲設謀機

遂將腹生男善□典與押牙

沈都和賣地契擬　　生字二十五號

慈惠鄉百姓沈都和斷作舍物每尺兩碩貳斗五升准地皮尺數筭著舍櫝物貳拾玖碩伍㪷陸升□舍五圭乾濕谷米其捨及當日交相分付訖並無升合玄欠自賣後一任丑撻男女收餘居主伐爲主若右親因論此舍來者一仰丑撻竝隣覔上好舍充替一院咸愚恩勅大教赦流行亦□不在論治之限兩共對面平章爲定准格不許休悔如若先悔者罰樓機綾一疋充入不悔人恐人無信故立私契用爲後憑

丙子年三月一日立契僧智進自手題之耳記也㦸

鄭醜撻賣地契擬　　生字二十五號

定難坊巷東壁上捨壹院子內堂壹□東西并基壹仗貳尺五寸南基壹仗柒尺九寸

南北并基貳仗壹尺半寸又基下西房壹□東西并基叁仗捌尺肆寸南北并基壹仗

叁尺又厨舍壹□東西并基壹仗伍尺南北并基壹仗陸尺又殘地尺數叁仗八尺九

寸院落門道東至燒□□西至汜□信南至曲北至街維

大宋開寶八年歲次丙子三月一日立契莫高百姓鄭醜撻伏緣家內貧乏債负深計

無許方求今遂□分地舍出賣

□□□□來人□□□分訖今□□□

大宋開寶八年歲次丙子十二月一日[illegible]

十□文□門□□東[illegible]

□□人□合□□□東[illegible]

南□□□□[illegible]西□□□東西[illegible]

[illegible]

[illegible]

沈延慶貸絲券擬 殷字四十一號

癸未年四月十五日立契平康鄉百姓沈延慶欠闕綵布遂於張修造面上貸絲一疋

長二丈七黑頭現還羊皮壹章其絲限八月末還於本□□於月還不得者每月於鄉

元生利共對到面平章更不許先悔□□罰麥五㪷充入不悔人恐人無信故□此契

用唯後驗

殷字四十一號

王㓧敦貸生絹契擬

癸未三月廿八日立契王㓧敦力□□□遂於押衙沈弘禮面上貸生絹壹疋長四十

尺幅闊壹尺八寸二分□舟使到來之日限十五日便須田還不許推延絹利白氈一

个長捌尺横五尺入了便須還納更無容面悉㓧敦身故東西不在一佴□□人丈白

面止願爲本絹恐無□立此文書故勒同契用爲後驗□□

團頭米平水領物券擬　周字十四號

辛酉年十月七日弟四團頭康石柱等拾人粟貳百貳拾陸碩壹升麥壹百□拾□碩
伍升黃麻貳拾碩壹伍升見分付與弟五團頭米平水等拾人又油伍升恐口交加用
□記耳乛

領物人押□史什德

領物團頭米平水

團頭康石柱等十人見交已後領物人米平水等十人粟貳百貳拾陸碩壹升麥壹百
伍拾碩黃麻貳百壹碩伍升油伍升土布 一疋已後交字□檢乛

領物團頭米平水十

鎗物圖頂米平水十

任抬有疋麻六百臺布行井捕但其主帯一斤已彼交给□換厂

雇頭康吞往等十六人見交已彼鎗物入米平水等十八人業叭百六各蔭稲等井鐙宕臣

鎗物圖頂米平水木

鎗物入拼□坟中鎗勺

□説耳丁

拉丹等麻式等疋妥但开艮分什須弟五圖頂米平水等拾八又進住丹等口交加用

辛酉年十月七日弟西圖頂康吞杜等廿八人業貳百貳稻谷酒臺井等宕百□拾□貳

圖頂米平水前內簽辨　週年十四號

義淨三藏法師碑文擬

名不壞於常名
之象獨稱三界之
聖法王利見孕
籠於万八千歲周
日流祥載叶通神
塵區玉毫舒耀而
煩惱之賊詎藉干戈壞
闢圓明之界廣納於無
於有識縱便浮天欲
情塵法雨霑而便廓歸依
向者去危而獲安可謂巍
蕩乎而無能名者矣但四

字字十九號

六趣悠悠俱□有結詎知空花
堅馳逐於五陰之中播遷於
品彙終俟法門自白馬西來玄言
則隨類敷演衆生乃逐性開迷馬
瓊偏龍樹騰芳於寶偈於是遙通
閻浮半滿之教區分大小之乘
德接武於勝塲琳遠高人駢
微言著範歷千古而暢英聲
方而騰茂實傾屬後周膺運
使天下招提咸從毀癈寰中
嗟乎閴寂禪居空留宴坐之
復經行之蹤爰洎開皇重將修
遇分崩鬼哭神吟山鳴海沸既遭塗炭

正法消淪邪見增長於是人迷覺路
若集之區俗蔽眞羈絆於盖纏之內我
大唐之有天下也上淩巢燧府視羲軒
三聖重光萬邦一統威加有截澤被無垠
坤絡以還淳亘乾維而獻欵再懸佛日
補梵天龍宮將人八柱齊安鷲嶺共五峯
大弘　釋教諒屬
皇朝者焉大福先寺翻經三藏法師義淨
范陽人也俗姓張氏五代相韓之後三台仕
高祖爲東齊郡守

唐末禪宗雜記付法事擬　鹹字二十九號

登大毗盧金剛界成受付囑得正无菩提天親菩薩化緣將必臨般涅盤付正法眼已法付囑第廿八代付法藏仁聖者菩提達麼觀音菩薩聖者菩提達麼聖者在八地菩薩位時從天親菩薩成受一代士教法登大金剛界成受付囑得正无上菩提菩提達麼聖者化緣將必臨般涅盤付正法眼已法付囑第廿九代法藏仁聖者惠可禪師俗姓矩武平人也惠可禪師聖者在八地菩薩位時從菩薩達麼聖者成受一代士教法登大毗盧金界成受付囑得正无上菩提惠可禪師聖者化緣將必臨般涅盤付正法眼已法付囑卅代法藏仁聖者際禪聖者不道姓名際禪聖者在八地菩薩位時從惠可禪師成一代士教法登大毗盧金剛界成受付囑得正无上菩提際禪師聖者化緣將必臨般涅盤付正法眼已法付囑第卅一代付法藏仁聖者信行禪師聖者俗姓司馬河內人也信行禪師聖者在八地菩薩位時從際禪師聖者成受一代士教法并袈裟登大毗盧金剛界成受付囑得正无上菩提信行禪師聖者化緣將必臨般涅盤付正法眼已法付囑第三十二代付法藏仁聖者弘忍禪師聖者俗姓周氏黃梅人也弘

忍禪師聖者在八菩薩位時從信行禪師成受一代十教法并付袈裟登大毗盧金剛界成受付囑得正无上菩提弘忍禪師聖者化緣將必臨般涅盤付正法眼已法付囑第三十三代付法藏仁聖者韶州僧沒惠能禪師聖者俗姓盧氏范楊人也惠能禪師聖者在八菩薩位時從弘忍禪師聖者承受一代教法并傳袈裟登大毗盧金剛界成受付囑得正无上菩提惠能禪師聖者臨般涅盤付囑後代脩行菩薩蜜傳佛心印祕密宣傳不令空望眞須苦行節脩行莫生解大放逸墮落三塗從上過去諸佛苦行脩行盡經三無數刼六度万行具修諸度地大相成密傳心印地相付囑令法久住世有三種沙門如何三種沙門第一是持明大教是說沙門第二是傳持經論是活道沙門第三是不習經論撥無因菓解大放逸是懷道沙門告諸大後大修菩提要脩无上速證菩提眞須至心修持最上大乘深妙祕密金剛界大三昧耶惣持大教王成佛經并四十二種檀法夜晝六時苦行修持不令間斷直取无上菩提時我大師釋迦如來臨般涅盤付正法眼與大迦葉遞代相傳展轉付囑登登不絕令法久住乃至如來涅盤時當此大周穆王五十二年壬申歲二月十五日至今己未歲約一千八百四十八年

矣是時此方暴風忽起黑雲靉靆白虹十二道南北通貫大地山川昂涌沒周穆王問太史扈多曰此何祥瑞奏曰此是西方大聖入滅之相又問於國何如對曰卽時无他一千年後當有聖教被於中夏勑令雙石記之瘞於南郊壇下後至一千一十七年後漢帝弟二主孝明皇帝永平十年乙丑歲帝夢金仁身長丈六紫磨金色項背圓光赫弈如殿前飛行諦時驚悟遍體汗流詔問群臣曰此是何祥時太史傅毅等對曰臣聞天竺國有大聖仁無師自覺號之爲佛不言而已自信不理而民不亂不化而不民自行巍巍乎獨出三界蕩蕩乎無人能名此聖滅度已逾千祀當有正教化被此方陛下所夢必是其地帝聞大悅卽遣羽林郎奏景博士王遵太史令蔡愔等一千四人西迎佛教至大越支國果逢迦葉摩騰竺法蘭二三藏以白氎畫釋迦像貝多樹葉上書金剛頂一切如來深妙祕密金剛界大三昧耶惣持大教王成佛經并四十二種檀法威儀法則金剛峻經并四十二章經載以白馬屆於洛陽鴻臚大興善寺安致（時永平十年是也）皇帝別供養恭敬聞訊三藏漸爲帝王演說人天戒施罪福報旣開悟已然說教理行果聖賢種智帝及妃主佐臣庶咸生希有敬重益深至永平十七年有五嶽九府名山大

澤道士都六百九十人褚善信費叔才等爲首皆精通玄籙囊括道儀爲三十六洞風
標作二十四治
名望覩京菓之改轍情悱肝衡俱至雒陽諸與胡僧比誠帝未便全許先問三藏曰此
國道士故與師意定其優劣師以何衒擬摩騰曰龍吟雲起虹蜺之所能　虎嘯風生
豈跛驢之所及
雷門無旋布鼓雷耀螢爝發光敵對卽施何勞預橙而待養帝聞大喜卽无道士等較
試至正月十五日大集艮庶百官皇帝妃主齊至洛陽城外立一輪塲庭置三壇安佛
像及百家諸子章醮科儀王檢金籙符印咒術法等居一壇當中一壇僧道共試神力
三藏令道士光騁其入水入火或溺或焚咒山咒梁靡昇靡舉然告太上玄元大道元
始天尊今有邪法胡人擾亂華夏我之大道上德不得玄之又玄今對皇帝百官定其
眞僞胡拜扣執蘭房皆火先焚經像檢籙科儀悉爲煨燼一無所遺二三藏卓立壇塲
幷無作用卽以火爇佛經像猛焰蔽空火滅煙消經像儼若煙雲五色祥瑞多端摩騰
竺法蘭遂作一十八種神變演說苦空無常座五彩雲中而說是偈狐非師子類燈非

日月明池無巨海假丘無嵩獄榮法乘世界善種悉開明諦通希有法處處悟群生是時黄中月皮恥對天顔白鹿青牛羞屈法會或自或死或捨道出家魔雲卷而佛日曦暉信心生而法門闢于時百辟卿士妃主遺遺旋男女廢品願出家者三千餘人勅置十寺七所僧居三所安尼今洛陽白馬寺卽當時弟一寺也自此眞乘啟轍惠搁通律名教大被於神州像塔廣興於華夏神僧繼種三乘控榔於康莊梵字連夢於九土擊楊於鐘唄翻傳冈暇講唱繁王公躬聽於法音帝王親揮於神筆運龍宫之海藏寶牧珠蠱昌像季之法輪人間天上沽濯之蒙開奏何苦海之不遇舟航晉夫不於太陽誰之過矣聖士不聆於韶護熟之鷹修六道轡環貽三隅之迷情幸歸□喪願上指南□緜儻佩於一時利濟可觀於三際六合君子止流水而鑒焉自永平十年教至此迄今大唐光化二年己未歲凡八百三十八年矣尒時佛初興世時及付囑法藏傳略鈔并注記我大師釋迦牟尼如來以姫周照王廿三年癸丑之歳七月十五日夜半子時降下閻浮提中天笠迦毗羅圖託薩摩夫人以周照王廿四年甲寅之歳四月八日子時於林菽尼園從母左脇而生以周照王卅二年壬申之歳二月八日踰城出家時年十

九以周穆王二年癸未之歲正月八日明星出時朗然大悟十力世雄三朋獨朗无師自覺故號爲佛卅九年隨緣化物利樂群品无邊以周穆王五十年壬申之歲化緣將畢拘尸那城國力士生地阿利羅跋提河邊二月五日夜入无餘依大圓寂涅盤從五天竺國代代相承書戶上作如是記大師滅度已來至唐朝高宗皇帝永徽五年甲寅歲之當計一千七百廿二年從永徽五年至天寶十五載計一百三年矣共已前都計一千八百廿五年証將成道及滅度時所有靈應瑞相姬周書畢記中廣說依如付法藏傳依如是說世尊臨滅度時以大法藏付囑摩訶迦葉世尊滅後尊者迦葉集諸无學足滿五百於王舍城耆闍崛山中葉巖中結集三藏眞淨妙法教尊阿難誦出修羅藏十万得阿含經者是尊優波利誦出大毗尼藏有十万名上座部尊者大迦葉誦出阿毗曇藏及摩戎論有十万偈對法藏論等不預結集會者別成一部律教石摩訶僧祇唐言大衆以彼聖凡周時集會故名久衆也是爲小乘三藏聖教大乘三藏文殊師利菩薩與尊者阿難於大鐵圍山中結集教旨極多不可知數如知度論說也摩訶迦葉臨般涅盤以大小二乘三藏法付囑阿難尊者阿難臨滅度時以大法藏付二大士一名末田

底加二名商那和修（於罽賓行國化）臨滅度時以大法藏付囑聖者優波鞠多（度无量衆皆得解時人號爲无相好佛）大毗尼藏當於是時分成五部（尊者優鞠多有五弟子各）執異見於中各有取捨不同故成五部一名沙彌塞部（一名曇無德部三薩婆多部四迦葉惟部）五摩訶僧祇其部時有鐵輪王名阿升伽王閻浮提造八万四千塔廣興佛教從以五部於後時中分出異部西方乘根本二根共成廿部焉大乘教尊者滅度後以百年矣佛滅度後分南宗住處別故南宇依大般若經十八空宗三性教以爲了義菼文殊師利菩薩永龍樹菩薩提婆菩薩等中觀論等及淸辦菩薩掌珍論等以爲了義遠来彌勒菩薩瑜伽等論无著菩薩攝大乘論等近来護法安慧辯中邊論成唯識論等以了義（略說如此廣如餘論中說）尊者優婆鞠多臨般涅盤以大法藏付囑提多伽尊者提多伽臨滅度時以三藏教法付囑彌遮迦尊臨般涅盤時以大法藏付伏陁難提伏陁難提臨滅度時以大法藏付囑陁蜜多伏陁蜜多臨滅度時以大法藏付囑脇比丘依西方國記記佛滅度時以四百年時鐵輪王名迦膩色拏王閻浮提廣興佛教於罽賓國（記去迦湼彌羅也）集五百應眞尊者婆須蜜多菩薩（唐言世文）以爲上座譯二藏大毗沙論（金剛法廣論二日卷者即被譯也）尊者脇比丘臨涅盤時以大法藏付囑馬鳴菩薩臨滅度時三藏教法付囑毗

羅尊臨滅度時以大法藏付囑龍樹菩薩（龍樹菩薩傳其時佛滅度後經五年龍樹菩薩自往龍宮得大乘教於閻浮提廣行流布造度莊嚴佛道凡百万偈无畏論大智論各十万偈見行天竺也）摧伏外道建正法幢服餌适靈利益群品无量无邊化緣將畢以大法藏付囑提婆菩薩（馬鳴龍樹是二大士諸國王等爲之立廟供養喻若佛身）尊者提婆於南天竺國四衢道中安置高座命八万諸大論士立三教（云一切聖中佛聖第一諸切餘法中佛最爲第一切出家人中佛僧第一尊者誓曰若人能摧破此三句義者我斬首相謝誰能屈者應爲我弟子受我行法時八方論士悉皆雲集見无方論愚愚者一言便屈智者極至二日須一遍內外度十万餘人王家每日送衣鉢皆度出家從此已後論士皆盡出就閑林廣造知論以破邪見）

尊者迦那提菩薩化緣將畢以大法藏付囑羅睺羅（龍樹菩薩在世之時有一外道十二年中於地陰下造一世論號鬼各晝凡五百偈至龍樹菩薩所作如是言我有一論欲摧伏汝汝能論不龍樹告言汝且誦看當共汝論外道誦已龍樹告言如是論者我先通解汝於何處盜我論端外道驚忙異言汝誦已一字無遺外道然便降伏永乞尊者出家羅睺聽明智惠利樂羣品无邊化緣將畢）尊者羅睺羅臨滅度時以大法藏付囑僧伽難提僧伽難提臨滅度時以三藏法教付囑（僧伽耶舍臨滅度時以大法藏付囑鳩摩羅䭾）鳩摩羅䭾臨滅度時以三藏教法付囑闍夜多闍夜多臨般涅槃時付囑婆修槃陁（聽時尊者世稱親菩薩依時法藏廣說造論）說六百行頌譯成卅卷以聽明初不候大乘非佛說□□曰无着菩薩便生信廣造諸論以譯大乘時人號爲千部論師婆修盤陁利樂无量衆生化緣將畢臨滅度時以大法藏付囑摩奴羅尊者摩奴羅尊者化緣將畢臨滅度時以大法付囑

眞淨妙法付囑皓勒那夜奢以大方便利益无量百千有情化緣將畢臨滅度時以大法藏付囑□聖者師子比丘（時罽賓國王名彌羅崛耶見熾盛心無敬信於罽賓國毀壞寺塔然害衆僧卽以利劍用斬師子比丘項中無血自乳流出付相法人於是便絕展轉相付有二四人於付後便絕當滅後一千載）矣依法記作如是說世以付囑十六大阿羅漢及以應眞令於大千堪忍毋界乃至界皆更護持不入涅盤受佛遺付囑饒益群品利樂有情是諸羅漢賓頭□等而爲□首各領眷屬散在諸州內國臣凡庶大會皆受彼請

隱聖儀則密來應供合諸□主獲福无量无邊世閻浮提衆生命極長者年一百廿五從以百年減一年壽從後漸減滿十歲大師密法方始滅役不久三容便起飢饉灾七日便止疚疫病七日便止刃兵七日之中便相煞害以惡心故所得草木皆成刃劒從此舍命隨三塗長刼輪迴受諸苦惱行善等者得人國土安寧無諸灾疫宜應自慶發廣大心修解脫目連盡衆苦佛應生堪忍國南閻浮提中天竺迦毗羅衛國此國當三千大千世界之心三乘大海皆□山其國統八万四千城邑各有九万戻艮豐盛此生佛生之國從刼初已來金輪王多往此國冬是世尊上古相衆種族欝摩王（是第一高祖）尼樓王（第二祖）烏頭羅王（第三祖）瞿頭羅王（曾祖）殕休羅王（祖）其殨祖休羅王有四子（一名淨飲）二名白飯

三名斛飯淨飯王者是佛之父白飯王者佛叔四名甘露飯斛飯王（佛三叔）甘露飯王（佛四叔）淨飯王有二子（一名悉達 二名難陀）白飯王有二子（一名調達 二名阿難）斛飯王有二子（一名釋摩男 二名阿那律）甘露飯王有二子（一名婆娑 二名跋提）佛有二（一名羅侯羅 二名善星庇子）勝光夫人（是佛母）摩耶夫人（是佛母）淨味夫人（是佛姑）憍曇彌（是佛姨）調達佛（從兄四月七日生身長一丈五尺四寸）佛（四月八日生身一丈六尺）佛弟難陀（四月九日生身長一丈五尺五寸）佛從弟阿難（四月十日生身長一丈五尺三寸）其餘同性種各長一丈四尺

摩耶夫人亦是釋種性瞿曇氏佛氏眞聖應生官悉達隨父母一性亦性瞿曇也不同凡人不取父性也

金剛峻利聖經略抄佛國土僧祖父母眷屬兄弟身量生日大意如此餘廣如本行集目果經具當說也分燈之陸經從上西天八祖受記唐來六代祖師密傳心印佛臨涅盤密傳法付囑大迦葉偈云法法本來無法法法亦法今付無法時法法何曾法大迦葉臨涅盤密傳心印付囑阿難偈云法法本來法無法無非法何於一法中有法有不法阿難臨般涅盤密傳心印付囑那和修偈云本來付有法付了言無法各各旣自悟悟了无无法

高那和修臨般涅盤密傳心印付囑優波毱多偈云非法非亦法無心亦無法說是心法時是法非心法優波鞠多臨般涅盤時密傳心印付囑於提多迦偈曰心自本來心本來非有法有法本有心非心非本法提多迦臨般涅盤時密傳心印付囑彌遮迦偈曰通達法本心無法無非法悟了同來悟無心得無法彌遮迦臨般涅盤時密傳心印付囑婆須密多偈曰說得不名法無心無可得若了心非心始解心心法婆須密多臨般涅盤時密傳心印付囑佛陀難提偈曰心同虛空界亦等虛空法證得虛空時無亦無非法佛陀難提臨般涅盤時密傳心印付囑伏馱蜜多曰虛空無內外心法亦如此若得虛空故是達亦眞理伏馱密多臨般涅盤時密傳心印付囑脇尊者偈眞理本無多因名顯眞理受得眞實法非眞亦非僞脇尊者臨般涅盤時密傳心印付囑富那夜者偈曰悉悟如隱顯明暗不相離今付隱顯法非一亦非二富那夜奢臨般涅盤時密傳心印付囑馬鳴菩薩偈曰隱顯卽本法明暗无无二本付悟了法非取亦非弃馬鳴菩薩臨般涅盤時密傳心印付囑毗羅尊者偈曰言非隱顯法說是眞實際悟此隱顯法非愚亦非智毗羅尊者臨般涅盤時密傳心印付囑龍樹菩薩偈曰爲明顯顯法方

說解脫理於法心不證無嗔亦無喜龍樹菩薩臨般涅盤時密傳心印付囑提婆菩薩偈曰本對傳法人爲說解脫理於法實無證無終亦無始提婆菩薩臨般涅盤時密傳心印付囑羅睺羅多偈云於法實無證不取亦不離法非有無相內外云何起羅睺羅多臨般涅盤時密傳心印付囑僧伽羅提偈曰心地本無生因種從緣起同種不相妨花果亦復耳

佛說諸經雜緣喻因由記　騰字二十九號

昔日依舍衛國有一長者生一女年既長大堪可事人父母當則嫁娶與人後時依兒婿家生一孩子父母養育年滿足不經多時其女人亦便懷任意欲臨產妻告夫曰汝共夫相逐却往父母之舍而行產去便即夫婦而行到於中路其夜不至父母之家日沒便依草木之地夫依一樹下如臥其妻共兒子於草木林亦臥至於半夜妻依中路便而生一男子我今正產大聲喝喚其夫都不去來直至天曉抱此新產孩子及舊兒子至於夫邊又喝喚夫亦不語言而臥直至天明其夜被一毒虵從地拽道而來嗜囉夫主死依中便啼咷大泣與殯安置兒罷訖妻就此幼二孩子取依父母之家行得三五里地見一河水行我今新產胞此二男子直擬過去力不待微劣依河彼岸如坐臥小新產孩子就於大兒入水過送至此岸又欲往彼岸而取小兒行至水中心狼來喊小兒走去却往大兒去次兒往母來行母子相接不得大兒亦被水溺而亡至已中路夫及二男子三人一時而死妻杖而行往父母舍次見一婆羅門互相即問婆羅門言曰娘子而行往父母舍如何獨行其此女人便說上來之事況婆羅門知婆羅門答曰

汝共娘子夫主是伴儻終歸不說也不了婆羅門言曰娘子父母之舍遭時失火父母
大小惣被火燒煞今去都无人婆羅門言曰某乙妻昨來亦死無人造其食飯令娘子
惣歸不了某乙收什娘子爲其夫妻之例有何不得此女人便嫁兒婆羅門不經多時
其婆羅門夫亦身亡國法若夫死其妻亦須逐夫活埋婆羅門親姻到來便捉妻依野
外隨夫生埋其夜被刼暮人來控墓而入來打棒死人見此女人姿容端正將此墓田
內衣物兼將女人作爲夫妻得一年以來其此劫賊夫愛嗜酒而行一日喫酒從一街
來叩門呼喚其妻依家中而正產須且待無人開門母乙生了而開門來不待其夫道
妻无來更有外人汝不開門急來既不急來兒亦不是我生之子其夫索取兒子砌棵
將來鐺中拼覽便棒妻交食之妻身不自由而便與喫兒肉之不經多時劫賊夫亦死
亦隨夫又被生埋其夜狼來俋墓入來喫此死人得脫出墓去來自與思量前生作何
罪遭逢如是之事今我投佛意樂出家便行卽到佛前佛知其意一稱善來其此女人
頭髮自落身著衣服變爲袈裟得初果二果阿難白佛此女見世遭逢如是事亦來頂
謁如來便得阿羅漢者是何因由佛言此女人无量生前波羅柰國曾爲一長者作妻

小妻生一兒子索取言著其妻生覩嫉之心依兒信上湼針而入不得多時其兒搜損
而死其小妻便從大妻將我兒看已後便我而死是你煞却大妻答曰某乙等乞得一
兒子不生如是心者自辦設盟作七種之咒一者願上煞你兒者來世得夫主被虵嚙
煞二者若生兒一被狼喫三者被水溺四者自身生埋五者願生一兒子自食兒肉六
者父母願火燒作如是七種咒誓惡報於來世而受今得見佛出家者及得初果无量
生前供養辟支佛立誓來世若得見一日善來便得羅漢其由如是雖之得羅漢余報
未亡欲五百生中日別從天一金針不從頂而入脚足如出受如是苦號稱蓮花尼
昔日於王舍城中依一甕堛上有一老母而臥衣不弊形食不充口受種種之苦行動
不得佛遣目連往城乞食來見老母此老母放甕堛而臥我是慈悲之人必須救之便
往老母邊教化其此老母言曰其今年邁得如是病苦轉動力微无人布施物惟願和
尙不令慊恨老母卽依一凡行布施目連少多米執和尙受此米計喫已云願老此母
終沒得天中生和尙發願已了城中次第乞去來後便老母當時身死城人便送著城
外屍林下此老母其中沒便得目連願天中生雖得女人身身秃勝余天人諸兒如是

相驚悔諸天收此女人便爲夫妻之例此女人既得生天觀其因緣乃見下界爲施著聖者今得生天既生天自在將五百天子於下界中夜燒香行道五百天子及一天女圍遶此老母死屍夫人身光照曉世界野外人見之便往問之天女天女答曰此死老母則我天女身是爲生前甃塠上供養著聖者今得生天其由如是

尒時佛在王舍城有一長者年幼家中拒富忽於一日妻便懷孕不經多時生一男子夫妻喜悅遂屈諸親於外夜臨江由喜長者取男子手擔却與妻次此孩子墮落江中父母當時憂愁啼咷悲泣却往城中又不經數日臨江有一人釣魚其人釣得一大魚見魚肚飽與刀開腹得一兒子顏皃端正釣魚人驚恠遂將到城中直以似人有長者亦家富無其子息遂出價與他魚人收贖得此男子養欲爲兒更得三年已來本生父母知聞遭時落水孩子被釣魚人勞得所要錢物與汝給之次孩子是某乙所生之子况他說此上事養父母都不招聽其親生父母具申王知斷王是賢斷割仰兩家父母各收一妻與小兒兩家當自取收新婦若生兒者各自收取養育道理據平已後兩家長者兒大自與思念前生作何罪今生墮落魚腹中亦不死兩父諍論此身只爲此身

不眞便說佛思念上來之事如何求得出家深生項拜佛知其意一稱善來頭髮自落所著衣服變爲袈裟得初果二果此阿難白佛此人生身有如是上事今來便得羅漢之爲何罪業有何果報佛勑阿難此人前世依波羅柰國貧恒爲釣魚雖得人身落墮腹魚兩家父母拒富諍養者爲前生布施一文錢五百生中常富貴自在之家來便證得羅漢者波羅柰國爲供養著辟支佛立誓若得見佛自得出家便證羅漢今見佛得初果其由如是

佛在世時於王城舍佛遣迦旃延入處教化恰至城邊見一老女身不自由衣不弊形食不充口常被大人駈使見此老母見受如是命中更怕墮去自念我是化利之人爭不化利叫父母迦旃延口稱老母長受貧寒則甚老母答云如何退得生於富貴之家你老母布施便得轉貧生富老母答身不自由無布施物汝老母往何速取水却到其河邊淨澆浴身心急迴我自坐待汝老母受教不遠前事洗浴將水典沉却迴便往便老母教化沉老母言不得若布施沉却大人煞打迦旃延既不施沉怕怖言布施水老亦母怕大人施水少多與迦旃延喫水已了便與老母說法秉信八戒願母速得天生

汝到家中所有作母亦急祖不索大人罵詈身已常逐扇車沒磊夜後若臥寬寬取一
向家中去取一好房開與手敷草而臥其夜老母命終天明大人入房去見此老母死
臥房中便卽忿怒罵詈在曰一生惱人今死去亦放上房而臥遣交人把脚繫索拽依
城南屍林下泡却此老母命終便得生天勝其諸天身光晃曜諸天子見此女人從下
界來端正無雙收取爲妻其與夫威力乃見前身在下界屍林便開天門往下界引五
百天子焚香施遶死屍來臨近屍林人夜見五百天子兼一天女各持天花光明赫弈
供養此死老母有何所以天女答曰此老母死身者則前身是也爲供養迦旃延聖者
命終得生天後大人聞已悔恨不識賢人其由如是也
尒時佛在世於廣嚴城有五百乞兒衣不弊形食不充口恒逐世尊衆會余有乞兒食
充性命忽於一日五百乞兒作何罪業見世得如是果報各自思量便説如來頂禮求
願心中思惟意樂出家而立佛知其意一稱善來頭髮自落衣服變爲袈裟得初果二
果證羅漢位城中士庶皆稱世尊自由此五百乞兒總與出離從今已後便落世尊衆
會汙穢施主家席器如何又於一日耆陁太子自來請世尊就居宅意欲兼娑婆世界

羅漢聖者及凡僧受我供養依他日赴駕太子請佛及僧了卽一樹下而立佛問太子更有何事太子答曰來曰世尊桼來莫引此五百乞兒出家僧桼來穢我家中及食器佛知其事來曰佛著衣了往長者家桼去行到寺院佛立勑喚乞兒僧五百至立前頭我今往耆陁太子家中桼去太子慊汝等五百汙不屈汝等五百僧佛勑交此五百乞兒僧各持一鉢以神通力往北方世界各請一鉢七寸粳米所要悉斤隨身將來飛騰自在恰至桼時喫食從空而下入齋會太子家次弟而坐各自喫七寸羹米飯與耆陁太子桼見已喜不自勝白佛世尊某乙今日造桼供養佛及羅漢兼凡僧更者五百羅漢從何方來於空中而下各持羹米亦與太子桼來心中極甚喜悅惟願世尊請以說之 佛告耆陁太子无量生前於波羅柰國有一山依此山中常有賢聖辟支佛居住若無聖者卽有凡僧居住凡僧亦無便有外道五通仙人居住恒時不空或於一日依此山中一大流星墮落不現國中陰陽尋書占卜更二十年國中大遭飢饉人心暴惡不依山中供養信心便斷或於一日曇无德長者我自思念依山中看一遭去人不供養看羅漢無此長者便引藏間等往此山中歡臨發去長者及藏間禮此五百辟支佛

了曇无長者問藏間我擬供養二百五十羅漢僧粢粮足否藏答曰長者若供養者粮
粈合足長者便留請二百五十羅漢僧依山供養更二百五十無人供養便擬餘去長
者問藏羅漢曰往他國去長問藏間我更擬留請者二百五十羅漢僧供養粮用足否
藏間答曰但留請供養粮粈亦合足所辦長者便留請五百羅漢依山中差五百人造
食差一人每於請屈羅漢僧此五百人辛苦造食便罵言此羅漢僧又一日請僧人引
一狗上山屈羅漢僧人便妄却不請其狗便薩聲呼請羅漢到來五百人於前懺悔不
識賢人其曇无長者其年種田畔頭亦胡蘆出大小受十碩已來兼田中依山問羅漢
去來今年種物着田畔惣胡蘆出有何所次羅漢答曰但自於時澆溉洽至熟長者取
一胡蘆僻破着看所種麥着田便有麦一胡蘆黃蔴豆等亦然者迴收剋都收不盡兼
國內田苗亦得豐好因此長者供養羅漢國中流星墮落飢饉灾難當免得昔日曇无
長者是誰則今世尊身是也間藏是誰則今者陁太子也食出於時僧請者一人則優
塡大王是狗是狗是誰則今善音長者是也五百造食人是誰則此五百乞兒比丘是
爲世惡言今得乞兒依辟支佛前却懺悔兼營食供養供養今得遇出家便得初果二

果其由如是也
如是字中便說彌勒彌勒者梵音輕也是足梵語彌項勒迦唐言慈氏梵音亦云阿逸多唐言亦云無勝何者名爲無勝一者色勝能勝諸天二者才勝能勝一切人無有不通世尊超出三者命勝當來成佛定受八万四千歲此彌勒南天竺國輔王之子其彌勒初生之日墮地髮美清黑手垂過悉父王見之此孩子大去莫侵我位次如是生疑從小便弃與阿舅養似阿舅名自號毗婆舍伽恰養彌勒堪取有婆羅門來其至家婆羅門言何者是汝等一家之師若有其師則放汝等命無師則全家杵煞阿舅及彌勒等十五人稱佛爲師遂便歸佛去來見佛一十四人須髮自落發願便證羅漢唯有彌勒一人固不證果餘者問佛佛言此彌勒當來世中從兜率陁天補佛降下閻浮提來成佛受八万四千歲東京是補王之地兜率陁天是補佛之處余天何不補定在此天則放逸一箇天界五百天女圍遶下界則人聰愚暗亦上天緣極太寂下界亦極亂人多所以在兜率陁天補佛前佛後佛皆在此天補毗婆尸佛尸棄佛俱那含牟尼佛是過去星宿刼佛俱留迦葉釋迦彌勒是見在賢劫佛未來莊嚴劫何以釋迦牟尼佛先

成佛爲精懃苦行共此衆生有緣彌勒後成佛者爲解怠故得後成佛兜率陁天者梵語唐言知足天也

過去迦葉佛世時有一國王名大善見王其王生一男亦曰善見王其此善見王頂上有一肉塠得一日交人獲破塠內得一男子不從漏下而生從頂上而生其名號稱頂生王其王一日發願我從頂而生合勝諸王爭得天下降伏或於一日便往高樓發願燒香有一金輪從空如來至立王前王言我若得金輪王者其輪往東方從昱至異往四洲界却至其前四洲界迴到前因是稱金輪王或於一日有一象來至其前而立極其梵亦往四洲名曰象寶一日有一馬從其空而來亦往四洲名爲馬寶或於一日有一女從空而來垂殊妙作妻名爲女寶又一日宅中有一珠現名曰珠寶照耀世界又於一日從空一庫藏至下宅中來所要七寶取得足其藏却入海中名藏寶又於一日有一人擐鉀從空而下住立其前名曰兵寶將此一人閻浮所有不降者並揔降伏其王問大臣更有何處不降大臣答曰殘東方將此兵寶便到東方便能降伏西方等亦復然之其王問大臣大臣答曰殘上界降未便將往上界降伏見一白雲道此是甚人

答言此是善法堂帝會五百天子其中說法其王便共帝釋分座説法却迴下界七金山惣馬糞沒却四洲並得歸伏號曰千代金輪王則帝生王是也

佛在世時於耆崛山中有一長者家中大富其長者生一兒子生兒之日從地同日便有一白象子從地出來其像子身眞金色所屎尿惣是金黃每日長者收取家中黃金拒滿其此象子日日年年隨次兒子漸長身大者兒子既象同日生來約象子立此長者兒名爲同日生故號曰象戸其長者兒子幼年於街遂共五百王子則極喜曰或於一日王子各自逞富我等家各有黃金七寶次到象戸答王子曰我家中生我象戸之日亦從地有象子生來所須糞尿惣是黃金家中亦惣富其五百王子內唯有阿闍世王子若登爲之曰必取此爲子不久多時便得登阿闍世王位制扑八方既登其位遂喚鮎戸之子便索象戸家中須尿金象子其象戸急送其象子與阿闍世王到王家中宮內其象子從地沒去於舊象戸家中從地出來於前送至王宮又從地沒弃又於象戸家中生來如是數件其象戸便自思惟其王暴惡戸爲此象子有後惱人捐其軀命願往佛說此上事至於佛前惡念出家其佛微笑象戸身著衣服變披袈裟須髮自落

便得初果二果羅漢既得羅漢以佛告象戶善聽汝當與汝説因緣其象戶前世之中於婆羅柰國有一長者於婆羅柰國城南有一政蘭若佛塔破壞修飾內一白鳥子上有文殊師井長者見修飾蘭若及象標畫已訖因發布施後五百生中常生大富貴家中生便感得此象子同時生者前世修利白鳥今爲從地而生戶今見佛證羅漢者亦從前世供養辟支佛著後若生於世間見佛便證羅漢今得羅漢一生曰如是●

昔時於波羅柰國有一長暫失家資貧乏不濟家中有一奴其長者便遂平章願與人取其雇價養似長者其他長者中次着獄子遂便遣此雇人作其獄子去恰至獄中便有三十王子犯官遭事來入其獄禁斷水飯官交遣獄子獄此三十王子而死此獄子每日有其慈心思念前世有何罪否得一郎主貧乏雇某乙身與他人人著獄子交轉作獄子雖知官家色獄子曰於門孔拋餅與三十王子喫王子不死却肥捨罪放王子出王子思念我等因此獄子乃在其命何不報恩便各將一對七寶衣與此獄子獄子得已便將此衣奉上本之郎主大人因茲便放此奴他家年滿一任寬行更不障護自在寬行一日於城南見一小佛堂子建兒發心修飾子云有二妻子各交裁一樹遮佛

堂一妻便栽一箇便不肯栽樹建修佛堂已訖便命終還生天上作天帝釋栽樹妻於
天亦得夫人不栽樹妻命終傍生天帝釋觀我修佛堂今得生天妻則隨我生天又一
妻何處去及乃見下界此妻在一阿灘作白鶴鳥而坐遣夜义交下界來䑛此鳥上天
去來到天上宮蘭若竿上坐此著鳥不擊頭却交送至下界其鳥命終亦憑修佛堂功
德還天上爲不栽樹隨傍生其由如是天上夫人頌曰昔日君抐捺　如今我捺內
拓頭著毛㲎令學我上天來昔日依王舍城有一長者家大富號曰盧至不能判一針
一草此長者忽有他心智通乃見天帝釋燕會之樂長者便思念我亦大富不受樂便
三五个買胡餅䤴五升酒將野外夫妻二人設樂豈不是一人樂爐至便行得五里以
來擬准喫食見一狗來亦不見我飯食喫更行一二里依一爐中而臥喫食喫食了盧
至夫妻便踏今日毗沙門天王神及天帝釋不似乞燕設樂天帝見已遂便來依盧至
家中去來變作盧至長者長身入到家中語男女曰比日已前被窮鬼扼咽不非理喫
食今日出城去來打斷得扼命思任若入來便打莫放近門戶如此之間天帝釋作長
身長者作乞兒身到門前來男女便打莫打我上是汝父母男女答曰某乙父母今在

家中便被天帝取長者家中財物廣開四門布施了帝釋却爲印櫃及庫天帝變作本身如去乞兒亦與變作盧至身盧至入到家中先看函櫃印封並全長者便自思惟是何之罪得如是苦事耶便向佛問去來至於佛前佛便說上事其長者前生依波羅柰國見一僧化教來便將物事布施與僧僧去後了便生布施心布施之中得五百生富貴又生惜心雖有財物不得所用其由如是

波斯匿王將舍衛四兵馬往敵他國至於中路有一梵聲從地出來感得一畜生軍幕不行盡聽梵聲軍王便問大臣大臣答曰爲問此梵聲軍幕不行直待梵聲斷了畜生始行其王便交尋覓此聲從何而出至一山中有一蘭若王親自問知梵音者是誰住僧答曰不堪王看王乃索看住僧便往壁上取一鉢落威內有一比丘身長五寸居住僧白王曰此鉢壞比丘作此梵聲王便往問佛問去來至於佛前某將兵馬行去來至中路依一蘭若有五寸比丘立作梵聲兵馬不行是何瑞相此比丘身小者有一王造一佛塔濶二十五里高三十五里王遂於其中看塔去來問勾當修塔人此塔大小勾當人答曰促小祖亦得何要此大塔因此一言得五寸小身爲勾當故今得比丘身因

地發心造塔國王則今波斯匿王是也

已此開讚大乘不思議解脫法門甚深義取所生功德无量无邊先將資益梵釋四王龍天八部惟願威光轉盛福力彌增興運慈悲救人護國使四時順序八表无虞九横不侵万人安樂十法輪常轉佛日恒明刀兵不興疫毒休息亦願經聲歷歷上徹天宮鍾梵鈴鈴下臨地獄刀山落刃劍樹摧峯爐炭收烟氷河息浪針咽惡鬼永絕虛羸鱗鉀畜生莫相食噉歌謠乾闥絃管常鳴鬪爭修羅征旗永折散支大將護國護人歡喜龍王調風調雨惡星變恠掃出天門異獸靈禽潛藏地穴懷胎難月母子平安征客遠行卿關早達獄囚繫閉枷鎖離身病苦纏眠起居輕利亡過眷屬頂拜彌陀合道場人恒聞政法伏願盲者見道啞者能言聾者再聞愚者得智如斯不凡具者願承此法力已緣悉得之相具足然後天承地平河清海晏五穀豐稔千相善盈官補恩波人知禮節仰希大衆各竭精誠奉爲龍天八部及土地神祇大衆稱念摩又持勝福次用莊嚴天公主貴位惟願千詳納福恒昌之休常歎子貴之榮曰益仙顏之茂　夫人等貴位體花永曜雲裏分星質貌恒春同月中之桂樹永保千龍恒居萬代之樂

又持勝福次用莊嚴過往傳法和尚等惟願雖戒定惠足以資其神然身口意根恐招於世利恨乞濫蒙示訓虛接昇堂恨生前不審於玄宗沒後潔昇法座以此思忖倍益心摧然開讚之初奉申迴向

靈圖寺僧道琳再寫讀

姓氏錄 擬　位字七十九號

□陽郡三姓 井州 儀景魚　太原郡十一姓 于令狐尉

鴈門郡三姓 岱州 樓薄解　上黨郡五姓 路州 包鮑連赫連樊

中山郡一姓 垣州 甄　潮海郡四姓 冀州 奥歐□高刀

廣平郡四姓 冀州 宋焦啖游　上谷郡四姓 燕州 寇榮僂上林

高陽郡四姓 冀州 杞公孫耿夏　清河郡七姓 貝州 崔張房向傅路勒

范陽郡三姓 幽州 盧鄒祖　鉅鹿郡三姓 邢州 莫魏時

河澗郡一姓 瀛州 邢　平原郡三姓 德州 師雍封

內黃郡一姓 相州 扈　河內郡九姓 懷州 宋司馬苟向浩淳于東尋

趙郡一姓 趙州 李眭　河南郡七姓 潞州 賀蘭丘士穆祝

䢸陽郡二姓 郛州 衛州 儒桒　南陽郡十姓 □州 張樂趙滕井何白鄧姬

弘農郡四姓 郛州 楊劉張竇　穎川郡七姓 許州 陳荀韓鍾許庾陳

滎陽郡四姓 鄭州 鄭毛潘陽

陳留郡四姓 汴州 元謝衛虞

東來郡三姓 □州 費盛上官

梁國郡三姓 宋州 宋喬張

譙郡國八姓 亳州 戴夏侯桓

齊陽郡三姓 曹州 蔡丁江

汝南郡七姓 □州 啓昌表應和荆梅

漢陽郡六姓 濮州 吳徐表洑黃慶

濟陽郡五姓 濟州 董柔丁都苗

高平郡五姓 兗州 郗檀徐曹孫

濟比郡一姓 洛州 氾

東平郡三姓 兗州 萬呂畢

山陽郡三姓 兗州 功草郡

魯國郡七姓 兗州 夏孔車庾曲栗齊

平陽一姓 兗州 孟

太山郡四姓 兗州 胡周羊鮑

平昌郡一姓 兗州 管

樂安郡七姓 青州 孫任商元薛門耨

千乘郡一姓 青州 倪

臨甾郡三姓 青州 史寧左

成陽郡二姓 □□ 成蓋

彭城郡五姓 徐州 劉曹袁引受

沛郡三姓 徐州 朱張周

瑯琊郡六姓 沂州 王顏諸葛惠徒徐

蘭陵郡一姓 徐州 蕭

下逕郡四姓 泗州 陳郤谷困

東莞郡四姓 海州 咸闞竹刀

廣陽郡三姓 揚州 戴高盛

會稽郡七姓 越州 虞孔賀榮盛鍾雉

吳興郡七姓 胡州 姚明丘紐關施沈

餘康郡三姓 杭州 金褚花

舟湯郡四姓 潤州 紀甘許左

臨海郡四姓 台州 屈譚蟜乜

尋陽郡二姓 江州 陶翟

武陵郡二姓 □州 伍仵

武都郡一姓 渠州 冉

長城郡一姓 胡州 錢

吳郡四姓 蘇州 朱張顧陸

監官郡三姓 杭 岑郞臧

東陽郡五往 婺州 荊姚習黃留雉

松陽郡四姓 栝州 黃賴曲豆

豫章郡五姓 洪州 熊羅章雷湛

長沙郡四姓 譚州 劉茹曾秦

南安郡五姓 泉州 黃林單仵巤

以前太史曰堯置九州今爲八千五郡合三百九十八姓今貞觀八年五月十日壬辰自今以後明加禁約前件郡姓出處許其通婚媾結婚之始非舊委怠必須精加研究知其譜囊相承不虛然可爲疋其三百九十八姓之外又二千一百雜姓非史籍所載雖預三百九十八姓之限而或媾官混雜或從賤入良營門雜戶慕容高買之類雖有

譜亦不通如有犯者剔除藉光祿大夫兼吏部尚書許國公士廉等奉

勑令臣等定天下氏族若不別條舉恐無所憑准令許事訖件錄如前 勑旨依奏

大蕃歲次丙辰後三月庚午朔十六日乙酉魯國唐氏菩提悟眞記

禮記目錄擬　殷字四十三號

禮記第一月令　第二曲禮　第三檀弓　第四檀(缺)

第六曾子問　第七官[illegible]並无　第八郊特牲　第九(缺)

喪服小說　第十一學記　第十二雜記　第(缺)

法　第十五經解久尾　第十六中庸官無(缺)

第十八奔喪　第十九投壺官無　第廿(缺)

點勘藏經內現有部袟數目擬　盈字四十一號

癸未年八月十一日於藏經內再點勘經教現有部袟數目具錄名於後者

大般若經一部六十袟金字額頎并錦袟子　內欠卅一袟　又卅六袟內欠第三百五十二卷　又卌八袟欠第四百七十三卷　又五十三袟內欠第五百廿八卷　又欠五十四袟入　五十七袟入　五十九袟入　六十袟　上件欠經全五袟　又袟內欠共三卷

又大般若一部布袟　第一袟內欠第五第九兩卷　第三袟內欠廿八卷　第四袟內欠卅一卅九卌卷　第九袟內欠第八十二卷　第十二袟內欠第一百十三卷　第十三袟內欠第一百二十五一百卅兩卷　第十五袟內欠第一百卌五卷　第廿袟內欠一百九十八卷　廿一袟內欠第二百一卷二百六卷二百九卷　廿四袟內欠第二百卌九卷　廿七袟內欠第二百七十卷　廿八袟內欠第二百七十五二百七十九兩卷　廿九袟內欠二百八十八卷　卅袟內欠第二百九十五第三百卷　卅一袟內欠第三百十卷　卅三袟內欠第三百廿三三百廿五兩卷　卅九袟內欠

第三百八十四卷　卌一袟內欠第四百十卷　卌五袟內欠四百卌七卷　五十七
袟內欠第五百六十六卷　五十八袟內欠第五百七十二卷五百七十六卷　五十
九袟內欠第五百八十八卷　已上逐袟欠經共計叁拾貳卷
　上兩部般若經在西面藏內存
大方大集經　一部六袟欠五十九六十兩卷在南面藏內上層幷錦袟
大方廣佛華嚴經一部八十卷　八袟幷錦袟在南面藏內上層
究竟大悲經四卷　佛藏經四卷　又佛藏經重有第一第二兩卷　上二經十卷同
袟在南面藏下層　大通方廣懺悔滅罪莊嚴成佛經上中下三卷又重有上卷下卷
　无量壽觀經一卷　大方廣華嚴十惡經一卷　思憶經一部四卷通一卷內金字
顯頌　迦葉經上下兩卷通一卷內又重有下卷　上五經十卷同袟在南面藏下層
大佛頂密因修證了義諸菩薩萬行首楞嚴經內欠第三第十一卷在南藏內下層
文殊師利所說般若經一卷內有四十二分　大乘密嚴經一部上中下三卷通計一
卷佛說長者女菴提遮師子吼了義經一卷　遺教經論一卷　大乘稻芉經重有兩

卷人集月燈經要略一卷　藥師經一卷　阿彌陀經一卷　首羅比丘經一卷
讚僧功德經一卷　大佛項咒一卷　大方等大雲請雨經一卷　諸星母陁羅尼經
一卷　延壽命經一卷　上十卷同袟在南面藏下層　諸法无行經第一第二　虛
空孕菩薩經卷上　摩登伽經卷中　菩薩處胎經卷第三　大方等大集賢護經
重有卷第四　觀彌勒菩薩上生兜率陁天經一卷　善辟菩薩所問經卷上　大乘
方便經卷上　觀佛三昧海經卷第一　上十經同袟在南面藏下層　金剛般若波羅
蜜經一卷　摩訶衍經第卅一　菩薩見寶三昧經重有第十四　賢愚經第三第九
雜寶藏經第五第七　譔集百怨經第一第二第四　楞伽阿跋多羅寶經一切佛
語心品第一　衆經目錄卷第二　上十二卷同袟在南面藏下層　菩薩見寶三昧
經十四卷共一袟在南面藏在層白帋無表軸
大菩薩藏經兩袟廿卷　白紙無表軸在南藏面下層　華首經十三卷一袟內欠第一第二一　白
紙無表軸在南面藏下層　大乘同性經上下兩卷　力莊嚴三昧經上中下三卷　大乘大集
經須彌藏分兩卷　蜜迹金剛力士經兩卷　上九卷同一袟　白紙無表軸在南面藏下層　大

方大集經菩薩念佛三昧分重第一卷 共九卷一袟白紙無表軸在南面藏下層 悲華經一袟
內十卷白紙無表軸在南面藏下層 觀佛三昧經一袟十卷內欠第八第九白紙無表軸在南面藏下層
涅槃經第一袟第三袟第四袟全更有兩袟又第四袟內五卷重有第二重并在北
面下層 十住斷結經一袟十卷在南面下層白紙無表軸 大法矩隨羅尼經第一袟在西行
□堂第二袟內欠第十六卷白紙無表軸
大乘大積經賢護分等第一第三第四第五 僧伽吒經四卷大吉義神咒經上下兩
卷菩薩本行經上中下三卷 大方廣三戒經第二第三 十五卷 共一袟白紙無
表軸在南面藏下層 法華經兩袟在北藏下層 大智度論卷第卌五 瑜伽師地論卷第十八
阿毗達磨集論卷第四 顯揚聖教論卷第二同束在北藏上層 入楞伽經七卷在北面下層
大方便佛報恩經一袟七卷在南面藏下層 大寶積經一部十二袟第十一袟欠一百
四十卷在南面藏上層 佛說海龍王經四卷大方等無相經六卷同一袟白紙無表軸在南面藏
小品般若一部十卷一袟全又一袟 放光般若經三十卷三袟內欠第六第十二第
十六第廿八共四卷其三袟內卷多□破欠題目 摩訶般若經四袟全 光讚般若

經十五卷一袟內欠第八第十一第十五三卷　勝天王般若波羅蜜壹部七卷全又

有一袟　道行般若經一部內欠第二第三第五等三卷上六部般若經並在北面藏

內下層

入楞伽經一袟內欠第八第九第十　大乘入楞伽經一部七卷內欠第一第五維摩

詰所說經兩部全　上兩部經並在北藏下層內　金光明經一部四卷全在北藏下層

勘大般若經藏本卷袠欠數擬　周字四十三號

午年六月七日勘大般若經藏本（下缺）

第一袠 内欠第六第八於入道嵩 伯明下不得　第二袠

第四袠 足　入 厶第五袠 道嵩

入 第七袠： 道嵩 足　入 厶第八袠 道嵩

入 第十袠：　入 厶第十一袠 足

厶 第十三袠： 足　厶第十四袠： 足

厶 第十六袠： 足　厶第十七袠 奈入第二五九 道嵩

第十九袠： 欠第六　厶第廿袠： 足

第廿二袠： 足　厶第廿三袠： 欠第四

第廿五袠 馬風一遍從 光璨内欠第七自向大　厶第廿九袠 足

厶第卅二袠 足

厶第卅五袠 足

第卅七袟 足　　△第卅八袟 足

第卌袟 欠第七在道藏　　△第卌一袟 入道藏 ○○

第卌三袟 足

第卌六袟 道藏

第卌九袟 足

寫經欠數擬　　文字五十四號

第一祑欠一二四八、　　第卅二祑欠一二三四五六八十

第二祑欠一三五七八十、　　第卅三祑欠一二三五六七八□

第三祑欠三四五六八九十　　第卅四祑欠二三五六七八□

第四祑欠一二三四六八十　　第卅五祑欠二四六五七八、

第五祑欠一二四五七八九十　　第卅六祑欠二三四五八九

第六祑欠一三四六七八九、　　第卅七祑欠一二三□□□

第七祑欠一二四五六七八十　　第卅八祑欠一二三五八、

第八祑欠四五六七九十、　　第卅九祑欠一二四六八

第九祑欠二四六七八　　第卌祑欠一二四七八九、

第十祑欠一二四五六七八九　　第卌一祑欠一四五

第十一祑欠一六八九十、　　第卌二祑欠一二三四五七八、

第十二祑欠一二四七　　第卌三祑欠一十在七六

第十三袟欠一三、四、五、六、七、八、九　　第卌四袟欠一二三、六七八

第十四袟欠一、二四五六八九　　第卌五袟欠一、四五六七、八

第十五袟欠□□□

案周字四十三號文字五十四號均係記載點勘寫經卷袟欠數之數目其中作有ㄙ及紅點符號想是當年司經人所記惟紅點均點在字上因不便於印刷茲作黑點於字旁代之

太公家教一卷　乃字二十七號

余乃生逢亂代長祖危時忘鄉失去淡逬留移只欲隱山學道不能忍凍受飢只欲揚名於後世復無晏之經才輕得箔不期人師從消人食浪費人衣隨緣信業徂遂隨時之宜輒以討論墳典揀擇書詩依經□史約禮時宜遺詩一卷助誘童兒留傳萬世幸願思之經論曲直書論上下易辨剛入風流濡雅禮上往來尊卑高下得人一中衆人爲往而不來非成禮也來而不往名非禮也知恩報恩風流濡雅有恩不報去成人也事君盡中君事父盡孝禮問來學

太公家教一卷

治昏沉怠良方擬　字字第一號

有昏沉懈怠厭厭纏身操暴貪婪時動惑致刑致害銷瘦漸懼凋亡或覺命衰微僅存朝夕者此由踈惕良毉不服餌使之然也僕曾帶斯疾非常委頓遇一長者授僕親試之良驗乃先聖祕要豈虛傳哉所須藥味列之於右

西域眞阿拂利一分（取至心珍重者）息世緣一分（取絕不開心者）離貪愛一分（取如辟怨賊者）制情欲一分（取了知虛幻者）

親善友一分（取曾思水者）怖生死一分（取觀知火宅者）樂正法一分（取如渴思漿者）懃觀察一分（取動念皆知者）廣慈悲一分（取不捐念羅者）普恭敬一分（取觀眞如者）深慚愧一分（取決欲酬恩者）大歡喜一分（取粉身無悔者）常精進一分（取勇猛堅固者）摧人我一分（取謙捐柔）和者遜軌儀一分（取圓備無缺者）巧方便一分（取不失時機者）

右件藥一十六味皆能眞上妙者以分別智刀刮削令淨拂亂相塵埃勿容取汙然用大惠杵於淨心臼中擣令和合末爲一相以觀察羅細篩取解脫香水以爲丸其丸大小如菩提子欲服藥時選無爲吉日入淨戒堂中先阿拂利湯漱口次以懺水遍身沐浴然後面向光明正念服之仍用讚誦蜜漿徐徐下藥盡此一劑限一周時晝夜三分相去如人行六七里服此藥者先禁五種薰辛必須堅固勿令觸犯五薰辛者　第一

外五辛者所謂（大蒜草葱曹局陰陽慈葱蘭葱興渠恩愛邪教商價）一謂大蒜卽是曹局文武百寮居家奉國代天理物割判公司日夜心生千思覽起笨料一切万計交生預怕懸懸雖榮不樂爲如是事與道相違出家之人以此爲障是故猒棄捨離前緣脩行門中名斷大蒜　二謂草葱卽陰陽龟圖敀兆預尅告吉凶候曆占辰享祀靈廟咒道藥術使役妖精呼喚靈祇徵召魑魅飛符走印幻化衆生乞福祈恩宰煞性命猪羊鷄犬奉謝鬼神歸伏邪魔將爲倚託以是事故與佛隔緣出家之人最爲大障是故今者永絕邪因歸命聖宗更不染著以如是故名斷草葱　三謂慈葱卽是恩愛畜養妻兒戀著父毋內外親眷相愛無猒共命連身相看無盡將爲勝果受報人天取樂自尊不慮後以如等事能障道因出家之人須斷恩愛無取纏索攀建無緣頓絕俗憂修行聖果以是義故名斷慈葱　四謂蘭葱卽是一切外道邪法出自天就愛及夜父非等行專行幻法變現靈祁拔井剝驢水行不濕吞火啾鐵作牛作虵隱沒身軀現在恠光作菩薩相稱天中天廣解伎能或亂一切作罪言福飲酒轉經自號大乘攝諸人衆以如是行障蔽眞宗說此邪術將爲聖道出家之者須離邪衆故名斷蘭葱　五謂興渠卽是商價廣爲貪求世間財寶離

鄉別國觸處經營隔別妻兒遠離父母常防劫奪怕怖不安累歲駈駈年年役役如奴事主終不自由對鏡觀因現招生苦明知死後定受懲殃以此驅之深爲大障出家之者万事頓除更不攀緣專求出世以是等故名斷輿渠

如是五辛周羅三界人王宮殿無不被纏住此俗因貪生忘死愛慾纏染煩惱縈心所作所爲皆成大障不出三界由此薰辛六趣輪迴亦因斯事是故先佛禁斷五辛所以出家求道之衆奉持聖戒永斷此緣具此功能性歸常樂

第二五辛所謂（眼耳鼻舌身色聲香味觸）一謂眼者戒之五色金銀寶物及餘珍玩粧點多般種種眩曜穀羅錦繡綾羅異類彫裝覽爲華飾貪新猒故改儀呈奇妻子親姻遞相誇妙鼇鑾巧制寶馬爭鮮以眼瞻觀愛由起見智人不顧愚者貪求沒命營爲至死無悔如斯等類名眼薰辛二謂耳者戒之五音鼓樂歌詠唱和之聲并是邪俗損害之響及讚鬪覽喧亂言音哭泣叫呼不善悲喚如斯多種能亂眞心出家之人當須戒斷耳與聾等不合聽聞凡俗之流專貪此事以斯多種名耳薰辛　三謂鼻者戒之於香男香女香梅檀薰陸及諸沉射一切名如是種種諸多馞馥幻或色身能生貪欲尋香訪味爲鼻經

營沒命追求與衆無異起業作罪由此鼻根智者遠流愚人不捨以如是故名鼻薰辛
四謂舌者戒之五味及惡言語妄長短自讚毀他無益談話咒誓讒嘖綺佞諂邪和
合吉凶享煞之徒但覘不捨名色薰辛　五謂身者戒之五陰謂貪華飾衣服裝嚴廣
積珍財多求名利色慾縱恣細輭暉鮮氈褥枕席牀敷臥具家宅畜乘貯備經營樵意
稱情由貪不足望過一切苦已經求智者遠之愚人以愛著故名身薰辛　如斯五者
生在五門一一中薰辛具載出家僧衆斷絕不行慎護禁防是眞臭穢能障聖道陷
悟衆生智者斷除不令染汙以茲業行名戒薰辛得證涅槃能超彼岸第三內五辛貪愛
瞋慎愚癡婬欲努財毒惡迷惑辛暴婁妄資　一謂貪者庶求万物積聚無猒種種貪婪不將爲足內心起計外
事則成內外相應心隨境變念念不住種種攀緣此其貪心猶如大海呑併百川竟不
能滿以無滿故積罪無邊出家之人當須禁斷以是事故名貪辛　二謂瞋者毒者熾
盛躁動精神內起財心外現狼虎叫聲烈地恨氣衝天種種侵陵非言競起務存惱害
觝觸他人一至命終沉淪地獄爲惡緣故障道衆生出家之人永除瞋相心懷慈忍名
斷瞋辛　三謂癡者心昏性惑不識正邪唯縱貪求不分善惡若聞眞妙元不了知無

義虛心心開意解從迷迷惑自暗添昏於佛法宗不能行學出家之者絕此非緣識悟玄通捨凡從聖以如是故名斷癡辛　四謂婬者隨心慾變性逐愛利戀善色香廣貪恩愛於其妻子憐愛情深沒命經營不辭勞苦五慾自恣三毒無猒廣縱六情沉淪苦海以是事故障道因緣出家眞僧元無法染是故名斷婬辛　五謂努者縱情發惡興大毒心辛暴頓生元取覓起毒心盛故猛火狂然自損損他傷身害性以如是故障道根源出家之人先當除伏不令覺起名斷努辛　如是五辛名爲內毒能成罪業諸惡因緣若不戒之永沉地獄以是事故具此宗門自外及中分爲三岐大蒜五種并外五辛障緣色聲五根內連外合貪瞋五等起動諸根所以內外相承三門并列三五十五一十五條攥略要文大乘關鍵十重四禁亦在其中卌八輕不出其外言雖不廣具濟時行若有通人隨文便解如是五門能汙淨性以汙故名薰辛卽此五辛是眞臭穢能障聖道能損含生爲害甚重不可不愼縱能愼者猶恐虛羸仍須法食充飢服以禪槳解渴卽於平等牀上忍辱被中不忍不搖安然適性于時藥力通撤卽覺精神爽悟然後三身和暢智照圓耴五性恬虛覺惠清朗內外澄寂身心坦然當此之時萬疾皆愈

縱有劬勞凡起飢渴火生但堅固忍辱受之則不能爲害須臾屈滯雖暫艱辛事緣身命豈可辭憚凡抱此患羸困者多若時暫療治恐根源不盡能七日一劑則終身永除若常服者神驗難說因茲愈病之效遂成超世之功有智之者應當報重寳存秘要勿妄宣傳苟非其人不虛受略標大況未盡深文

餘有禁忌別方具錄

謹檢大小乘經　食胡荽菜得惡趣報　大順經云食此菜者所生之處不得聞經佛法華嚴經云食此菜者生生之處不覩諸佛被人憎疾夭昨經云若悞食此菜者不生悔長劫處阿鼻地獄無有出期若故食者不通懺悔　大集經云此菜者是天魔波旬變身作千年媚狐尿處因生此處食者能滅道設今生不知經典來生決定能守聖教作外道一闡提世司一切罪極不過五逆盜常住物此不通懺悔若對喫胡荽人五逆盜常住物人吾不能救也菩薩戒經中蘭葱是也食者結業罪　龍樹論云若人食胡荽入佛塔中墮大地獄具足十劫受大極苦花報作穢糞中經无量劫　五形論云

食此菜者令人散亂失於正定鬼神得便多非命死墮无可獄尊者婆頭齋識其弟子婆眉多言汝宜護述法也引羣生便佛種不斷乃眞出家汝當勤精進將來無食胡荾五辛酒肉則十重戒自然清淨現在證果若人食胡荾菜者縱齋戒具足死墮守廁中神中切令斷之　勸僧以俗守嚴壇莫喫胡荾觸佛顏薩埵投岸由辨菜中司擇有佛難

百行章　　位字六十八號

避國家之諱直須慎之小者見老速如避之輕人值重便須讓路賤者見貴馳驟而去能存此行終身何患疑行章第六十九　立身之道疑則問之勝於己者以託爲友至於察獄之罪疑從斷爲難出沒二途論情不易是以賞疑爲重罰疑從輕哀行章第七十　驗喪助位盛進脊養之情殯穴覩壙以助悲思劬勞之念懷將十月因辱三年代喘傾心迴乾乳味如此之恩之難報父母者天也母者地也欲報之恩昊天罔極若不崩摧而乃何以故親之讓行章第七十一　貯財爲禍積物成怨求之不與交生患容若讓譏患孝閭里心平□財慳惜親舊相刑譏行章第七十二　察言觀色審其善惡擇用而交非人莫往賢追等皂非知無以成眞驥怒齊刑不駕寧知其駿若相成者數陳逆身之言相敗者偏事浮花之語也知行章第七十三　温故知新可以師以若不廣學安能之也不遊邊遠寧知四海之寬不涉丘門豈之孝者爲重呼尅行章第七十四　已修身之大用行恩布德天下歸焉差居首法不可虧願率鄉閭唯整肅誠行章第七十五　執當恕僁人以理浮花之計不及柮朴而巧妙之端而不如成功顯効是

朝花之草夕則零落松柏之茂經冬不衰卑忝下人自益於已無益於人人皆敬之若輕相持不能凌上豈不恥乎棄行章第七十六　夫婦之義人倫所先好則同榮惡則同恥不得覩其花萼便生愛重之心一旦衰零方便弃皆之音若犯七出之狀者不用此章護行章第七十七　山澤不可非時焚燒樹木不可無理斫伐非時放火煞害蒼生伐樹理乖絕其產蘖有罪卽能改人能無過過而不改斯成矣故之顏回有改孔子加其二也省從旦以來何言不是何行不周夜則尋思晝時脩改故吾日三省自謂思察己之行雖居家理治禁約爲先婦女小兒勿聽多語鄉閭鄰里淡以交遊用友往還無勞親昵比隣借取有則與之迴前作後誰無矩闕此能相濟彼亦慙之有而不與致招怨患速行章第七十八　去就進退俯仰敬從應接隨機無容睽緩至於使往東西不及人馬依相期而赴勿使父母致憂疾行章第七十九　借取時還代物早償此雖小事無恥之本若值天災危厄百姓無端又蒙賑給者不拘此限存行章第八十　若居高位須存戀舊之心率領鄉閭莫缺尊卑之礼衙廳府縣不由此條醼席私情先人後己德行章第八十一　貧不改操倹讓如常退職失寵猶恭肅士常也不以榮辱而

易其心仁之礼也不以盛衰而虧其志留行章第八十二　陳救勇急典記留名老就改修持榮千載仁慈愍念善事稱傳讚揚守志可爲君子守行章第八十三　守□貧則守愼勿夫濫同榮窮須不虧守志莫與弊友交遊貴不改其容便則不虧操堪然自守可謂至矣勸行章第八十四　教人爲善莫聽長惡勸念修身勿行非法但以心居姧盜羅網之凶横相陵刑獄交重非直身加苦痛幾許損族虧名

百行章一卷

庚辰年正月廿一日淨土寺學使郎上海潤書寫

至道元年僧道猷往西天取經牒擬　收字四號

奉宣往西天取經僧纛等

右纛等謹詣

衙莅候

起居伏聽處分

賀伏聽處分

牒件狀如前謹牒

至道元年十一月二十四日靈圖寺僧寄住

金剛九喻擬

岡字二十五號

一星喻見 二翳喻相 三燈喻識 四幻喻器 五露喻身 六泡喻七 七夢過去 八電喻在現 九雲喻未來

夫星雖夜燭遇朝陽而不現見雖邪逢正魔必盡此其同也翳眼之見毛輪雖似有而非實見心所鑒之境亦相而實空此其同也燈光依油炷而住薪薪謝滅識性依我愛亦念念无常此其同也幻雖千變智者審其非實器雖萬像觀者了之爲无此其同也露雖夜泣遇朝陽而必晞身雖暫逢鬼魔而必壞此其同也風擊水而泡觸會境而生受離風水而無泡離觸力而無受過去之境非證智而所知眠夢所遊亦念心而所錄此其同也電光閃爍僅似有而卽無現法亦而逸得體便滅此其同也雲浮在空能作生雨之因種子在識能爲感報之本以雲約雨雨未來而是无以種約報報在當生而不現此其同也 如來得此九觀故能行生死而不動不動是汚卽動則魔網也如星翳燈幻皆爲喻无常

法師預曉擬　　周字六十七號

第三麮文英　崇哲　常達

十一月一日第一麮法遇海澄道建　第二圓麮滿智英常名　第三麮瞻寺主　文

照

七日第一麮靈寶　智興　法原　第二麮會恩　英賢　第三麮□□□僧法瓊俊

法廣祭

右分五團每團各知六日並仰依日准麮上下如有前却不到每點罰麵一升奉

處分令知著

法師厨費恐衆不委□□預曉

[illegible]

社司　轉帖　　周字六十六號

右緣安醜定妻亡准條令有贈送人各麦一斗系平廿褐布色匃兩疋幸請諸公等帖至限今月廿五日卯時並身及匆於顯德寺門前取賞投文後到者罰酒一角全不來者罰酒半甕□立弟相分付不得停滯如滯者准條科罰□帖却付本司用憑告罰

辛酉六年四月廿四日錄事趙再住

社長杜　朱席錄　□慶住　康来兒　明家進　翟富達　□□□　劉願昌

朱進通　氾昌子　吳往通　白昌住　□□□　明獵兒　王保通

社司轉帖　　　　　　　　　　　　　　殿字四十一號

右緣年支春座局席此至㽵愼使人各粟一斟油半昇面一斤帖至限今月五日

限底於席主家送納若後到罰酒一角全不來者罰酒半兌其帖暑名弟過者不

得停滯如滯帖者淮條斷罰帖問却□本司用□□□□

[illegible]

行人轉帖　般字四十一號

已上行人官有處分今緣上音并弓箭搶排白捧不得欠少一包帖至限今廿六日卯時於西門取齊如有後到□丈七下□□來錄名

申上

諸雜字一本　　生字二十五號

岳枝哇庯碓廳峬策譱屈磑榐舩欅隨絺紙皮裘囊衫汗跨器械胡祿弓袋釴哮拍扳

皷子鞭捧汁鞘馬缸䩞裝涑樅樅排批差遣偷刼剥脫儫刀弄口号作語急緩趄賊盜

竊椌墻掘縛束縺般囚擮懲禁活摑握槓鑒察收營居菜莊田籠且鎌刀鍏鐯鏊鑺錡

鑑鋤刨鶯秘滴溉溝瀆淳渠修治樫歪棗笙人身腿須頸項推折頜腦盖髑髏耳膝䏰膊

腿膝腸肕尻尾管脚脥膂背胬足履眉腿弼舌顛牛牸犏牛犡唧元巻䮝狐匙冷濤饕

臛粥麼著菜鐺鍋鏊挽器筯棒榇橂杓鉢盂筋切刀案扳案架拍扳惘子毬硬蓬瞀罷

淞胶和薄幹塩醋醨酢醎乳酪乾落草皷子捂掏淚乳并聰酸皮毬葱蘼韭芥蘿蔔蘭

香蔡子葠蒠蒿荳薹苦蕒茱萸𢴤欛奸衝窦餬餅餶餉餟鈸餕頭饍餅餻油饊餻饠饆

飩圝子餅并鐵并乳餉麨滹袄廟鞍皷雕鏤滹瑆聯鉀迺墊䅵糟蒼粮市撿庫巷瞬籮

㳀襤旋縩褸赫顏骯疇

羽字四十號

為政箴言 擬

審飾小經以示民時言大事以動上遠交以越羣假爵以臨朝明主之禁也

野無吏則無畜積官無常則下訕上器械不沍則朝無定賞罰不明則民薄其産

天復二年寫生索奇記

賞孝方等緋魚袋狀擬　　周字六十八號

西州　柳中縣　承禮鄉　依賢里　父進爲戶

右威衛翊府翊衛賞緋魚袋康思眘年廿三 西州交河縣安樂鄉 高泉□　父忠爲戶

右孝方等破賊立功並蒙賞緋魚袋前通頭

遂漏不申今□次望□此狀申上

右錄本中今日次案[illegible]此共計十一

右第五案前頭[illegible]色[illegible]案有[illegible][illegible]面單

右該府許有絲綿資絲[illegible][illegible]東思昔十二[illegible]

西洋 [illegible]中號 [illegible][illegible] 公[illegible]甲 [illegible][illegible][illegible]

資本[illegible][illegible][illegible][illegible] 第[illegible]十六十八號

懲罰司烽火人烽建兒令擬　周字五十一號

竟不來遂使軍州佇望消息於今後仰放火之處約述逗留放火後續狀遞報勿稽事

意致失權宜輙違□刻捉官別追決卅所由知烽建兒決六十棒

法令滋彰盜賊多矣隄防不設姦□□興欲存紀綱須加捉搦仰□□□捉枬知

捉搦務令禁斷

雜詩

一　　　　海字五十一號

有一女□人辟懸明鏡床置文書時有僧迸曾見之以爲詩曰

床頭安紙筆終日樂追尋辟上懸明鏡那知不照心

女人答僧曰

床頭安紙筆祇擬答人書時觀鏡裏像方法悉歸虛

僧人書曰

般若無聞字何須紙筆題離縛還被縛除迷却被迷

女人答曰

文字本解脱無非是般若心外見迷人知君是迷者

迷則三界有悟則十方空本自無南北何處覓西東

二　　　　殷字四十一號

因覩京使忽思家國忡時缺

出生衣著好綾羅花揷幞頭唱艷歌颺蕩邊陲深虜地身違心意那人何

京中星使頻頻至都物思鄉泣恨多體掛毳衫慙往日青天空照得知麼

禹興立走

世間不等實堪悲躬翼鶴鸞逐雀飛憤激擬星擲地嚮臨泉起霧又狐疑

三端峻削今家有六藝隨軀也不如盰耐小鴟飾我上未蒙鱗角且跧居

三　位字六十八號

寫書不飲酒恒日筆頭乾且作隨宜過卽與後人看學使郞身姓長大要人求堆虧急

學得成人作都頭

四　宿字九十九號

寫書今日了因何不送錢誰家無賴漢迴面不相看

討番開路擬

大中十二年八月二日尚書大軍發討番開路四日上碛

桊字二十五號

大中十二年六月二日尚書入事[illegible]

(90911)

敦煌石室寫經題記與敦煌雜錄

二　册

中華民國二十六年六月初版

每部實價國幣貳元肆角

外埠酌加運費匯費

著作者　許國霖

發行人　王雲五　上海河南路

印刷所　商務印書館　上海河南路

發行所　商務印書館　上海及各埠

平

敦煌石室寫經年代表

許國霖撰

《中國敦煌學百年文庫》本

敦煌石室写经年代表

许国霖

(《微妙声》1937 年 第 5 期)

西历	华历	经名	字号
二九二	西晋元康二年正月 (按此又题有元康六年三月十八日)	诸佛要集经	
三五九	甘露元年三月	譬喻经	
三六O	甘露二年正月	维摩义记	
三九三	后凉麟嘉五年六月	维摩诘经	
四O五	西凉建初元年十二月	受戒文	S797
四一一	建初七年七月	妙法莲华经	
四一九	北凉玄始九年十一月		S6251
四五五	北魏太安元年正月	佛说辨意长者子所问经	S2925
四五八	太安四年七月	戒缘	地七六
四六六	承平十五年	佛说菩萨藏经	
四七九	太和三年十月	杂阿毗昙心经	S996
五OO	景明元年二月	维摩经义记	S2106
五O四	正始元年二月	胜鬘义疏	S2660
五O六	梁天监五年七月	大般涅槃经	S81
五O八	北魏正始五年五月	妙法莲华经	S2733
五O八	正始五年	法华义记	
五一一	永平四年七月	成实论	S1427
五一二	延昌元年八月	成实论	S1547
五一二	延昌元年八月	成实论	
五一三	延昌二年六月	维摩经义记	
五一三	延昌二年六月	灾变品	S341

五一三	延昌二年七月	大智度论	
五一三	延昌二年七月	华严经	S206
五一三	延昌二年八月	华严经	
五一四	延昌三年四月	大方等陀罗尼经	S6727
五一五	延昌四年五月	胜鬘义疏	
五一五	延昌四年五月	胜鬘师子吼乘大方便广经	S524
五一八	神龟元年五月	维摩诘经	
五二一	正光二年	十地初赞喜地	S4823
五二一	正光二年十月	大方等陀罗尼经	S1524
五二二	正光三年正月	涅槃经	陶七Ｏ
五二二	正光三年四月	大方广经	S9724
五二七	孝昌三年四月	妙法莲华经	
五三Ｏ	永安三年七月	仁王般若经	
五三Ｏ	永安三年七月	仁王护国般若波罗蜜经	殷四六
五三一	建明二年四月	大般若经	S4528
五三二	普泰二年	大智度论	阳一
五三二	普泰二年三月	经名待查	
五三三	永兴二年三月	妙法莲华经	S2105
五三三	永熙二年七月	涅槃经	S4415
五三五	梁大同元年正月	金刚经	
五三六	西魏大统二年九月	涅槃经	
五三七	大统三年正月	维摩经义记	辰三二
五三九	梁大同五年四月	维摩诘经注	
五四一	西魏大统七年六月	涅槃经	
五四一	大统七年六月	涅槃经	S2216
五四一	大统七年七月	佛说犯戒罪报轻重经	
五四一	大统七年	金光明经	号八六
五四一	大统七年	金光明最胜王经	羽三五
五四二	大统八年八月	涅槃经	
五四二	大统八年十一月	大智度论	
五四三	大统九年七月	大比丘尼羯磨	S736
五四五	大统十一年五月		S4494

五五〇	大统十六年二月	大义章	S6492
五五〇	北齐天保一年 （按此又题有大中七年）	妙法莲华经	羽二〇
五五六	建昌二年 （按建昌乃高昌年号建昌二年即梁太平元年）	维摩经义记	
五六一	北齐保定元年三月	疏文	
五六一	保定元年九月	涅槃经	S2082
五六一	保定元年	涅槃经	
五六二	保定二年	维摩经义记	S2732
五六四	保定四年六月	涅槃经	S1317
五六五	保定五年	涅槃经	S1945
五六五	保定五年	涅槃经	
五六八	北周天和三年五月	金光明经	S616
五六九	天和四年六月	大比丘羯磨	S736
五七三	建德二年正月	涅槃经	
五八三	隋开皇三年五月	太方等大集经	S3935
五八四	开皇四年二月	涅槃经	
五八七	延昌二十七年 （按延昌乃高昌年号延昌二十七年即隋开皇七年）	佛名经	
五八八	隋开皇八年四月	思益梵天所问经	S2277
五八八	开皇八年八月	涅槃经	S3518
五八九	开皇九年四月	佛说甚深大回向经	S2154
五九〇	开皇十年十一月	大通方广经	
五九一	开皇十一年十一月	佛说未曾有因缘经	
五九三	开皇十三年四月	大智度论	S227
五九三	延昌三十三年八月 （按延昌三十三年即隋开皇十三年）	仁王经	
五九六	隋开皇十六年五月	佛名经	S635
五九七	开皇十七年四月	华严经	S5763
五九七	延昌三十七年 （按延昌三十七年即隋开皇十七年）	□陀罗尼经	
五九八	隋开皇十八年四月	涅槃经	S2791

五九九	开皇十九年六月	仁王护国般若经	S2502
六OO	延昌三十年六月	大品般若经	
	(按延昌三十年即隋开皇二十年)		
六O一	隋仁寿元年八月	摄论章	S2048
六O二	仁寿二年十二月	中阿含经	S3548
六O三	仁寿三年二月	大通方广经	S4553
六O四	仁寿四年四月	优婆塞戒经	S4570
六O四	仁寿四年四月	优婆塞戒经	S4162
六O六	大业二年	涅槃经	S2598
六O八	大业四年二月	涅槃经	
六O八	大业四年四月	妙法莲华经	S2419
六一O	大业六年	菩萨藏修道法数	制八
六一二	大业八年八月	老子化胡经	S2295
六一五	大业十一年	涅槃经义疏	雨九O
	(按此又师有圣历元七月)		
六一六	大业十二年七月	金刚经	S2605
六一八	唐安乐三年三月	维摩诘经	
	(按安乐乃李轨年号)		
六一九	武德二年四月	药师琉璃光如来本愿功德经	
六二六	武德九年六月	四分律删繁补缺行事钞	
六二七	贞观元年二月	涅槃经	S2231
六二八	贞观二年二月	涅槃经	S1215
六二九	贞观三年	妙法莲华经	宇六
六三O	贞观四年	四分律比丘戒	羽三六
六三五	贞观九年二月	妙法莲华经	
六三七	延寿十四年五月	维摩诘经	
	(按延寿乃高昌年号延寿十四年即唐贞观十一年)		
六三七	延寿十四年五月	维摩诘经	S2838
六三九	延寿十六年七月	大方等如来藏经	S3888
	(按延寿十六即唐贞观十三年)		
六四一	唐贞观十五年七月	大方佛报恩经	S4284

六四八	贞观廿二年十一月	深解密经	
六五二	永徽三年五月	维摩诘经	S3349
六五二	永徽三年十一月	普贤菩萨说证明经	阳二一
六五九	显庆四年八月	佛性海藏经	S5181
六六二	龙朔二年七月	阿毗昙毗婆沙论	
六六二	龙朔二年十二月	遗教经	S4656
六六八	总章元年十一月	妙法莲华经	S4496
六七O	咸亨元年闰九月	妙法莲华经	S3658
六七O	咸亨元年十二月	妙法莲华经	S2215
六七一	咸亨二年五月	妙法莲华经	S5319
六七一	咸亨二年十月	妙法莲华经	
六七三	咸亨四年九月	妙法莲华经	
六七五	上元二年四月	无量寿祸佛经	S1515
六七五	上元二年十月	妙法莲华经	
六七六	上元三年正月	七阶礼佛	昆九六
六七六	上元三年闰三月	金刚经	
六七六	上元三年四月	金刚经	
六七六	上元三年八月	金刚经	
六七六	上元三年九月	金刚经	
六七六	上元三年十二月	金刚经	
六七六	上元三年	金刚经	S24
六七七	仪凤二年正月	金刚经	
六七八	仪凤三年三月	太玄真一本际经	S3136
六八三	永淳二年三月	妙法莲华经	
六八四	文明元年六月	妙法莲华经	S2863
六八八	垂拱四年六月	妙法莲华经	
六八八	垂拱四年十一月	妙法莲华经	S791
六八八	垂拱四年十二月	妙法莲华经	
六八八	垂拱四年十二月	妙法莲华经	S592
六九一	天授二年三月	妙法莲华经	S2157
六九二	如意元年五月	金真八景飞经	S2278
六九三	长寿二年五月	妙法莲华经	

六九三	长寿二年九月 (按此又题有证圣元年岁次癸未四月)	佛说宝雨经	S2378
六九四	长寿三年四月	妙法莲华经	S5176
六九四	长寿三年六月	阿弥陀经	S3542
六九五	证圣元年		
六九五	证圣元年四月	药师经	S5005
六九五	天册二年正月	妙法莲华经	S217
七OO	圣历三年五月	金刚经	S87
七O一	大足一年三月	妙法莲华经	羽三一
七O三	长安三年十月	最胜王经	雨三九
七O七	景龙元年十二月	佛说示所犯者瑜伽法镜经	
七O八	景龙二年五月	涅槃经	
七O八	景龙二年九月	金刚经	
七O九	景龙三年十二月	阿弥陀经	
七一O	景龙四年六月	金刚经	
七一一	景云二年三月	赞阿弥陀佛并论	
七一四	开元二年十一月	太上道本通微妙经	
七一七	开元五年三月	阿弥陀经	
七一八	开元六年二月	无上秘要	珍二O
七二O	开元八年四月	阿弥陀经	
七二一	开元九年二月	妙法莲华经	羽三三
七二一	开元九年腊月	涅槃经	
七二三	开元十一年一月	金刚经	翔六八
七二九	开元十七年五月	七俱佛母心大准提陀罗尼经	
七三一	开元十九年六月	摩尼光佛教法仪略	
七四三	天宝二年八月	大乘起信论	
七四四	天宝三载九月	妙法莲华经度量天地品	李七一
七四六	天宝五载	妙法莲华经	羽四七
七五九	乾元二年四月	四分律比丘戒本	宿六
七六四	广德二年六月	金刚般若经旨赞	
七六四	广德二年十二月	药师琉璃光如来本愿功德经	

七六六	大历元年七月	妙法莲华经	洪七一
七七二	大历七年三月	净名关中疏	
七八二	建中三年五月	妙法莲华经	
七八八	贞元四年	多心经	
七九三	贞元九年正月	劝善经	翔二二
八O三	贞元十九年正月	劝善经	
八二五	宝应元年六月	佛说智慧海藏经	
八二五	宝应元年九月	妙法莲华经	
八二六	宝应二载九月	大乘起信论略述	
八五五	大中九年十月	瑜伽师地论	
八五六	大中十年六月	瑜伽师地论	
八五六	大中十年十一月	瑜伽师地论	
八五七	大中十一年五月	瑜伽师地论	
八五八	大中十二年八月 (按此又题有大中十二年六月一日)	瑜伽师地论	莱二五
八六八	咸通九年三月	大般若经	发九三
八七九	乾符六年二月	金刚经	辰六三
八八一	中和元年后七月	佛名经	调六二
八九O	大顺元年十二月	最胜王经	
八九O	大顺元年	金刚经	始五八
九O二	天复二年	维摩诘所说经	羽四O
九O六	天复六年十一月	梵纲经	荒二
九二一	后梁贞明六年五月	佛名经	羽二四
九二一	贞明六年十二月	释氏杂文	霜五O
九二二	贞明七年四月	目连变文	
九二四	龙德四年二月	大慈教经	
九三四	后唐长兴五年八月	佛名经	
九三四	长兴五年八月	八相成道文	
九三四	长兴五年	见一切入藏经目录	
九三六	清泰三年十二月	佛说阎罗王受记经	
九三九	后晋天福四年	妙法莲华经	龙九
九四三	天福八年	四分律比丘戒本	调七四

九四四	天福九年	破魔变	
九四六	开连□年三月	大威仪请经	陶六六
九五三	周广顺三年正月	延寿命经	
九五八	广顺八年七月	维摩诘所说经	冬六二
九六二	宋建隆三年五月	和戒文	服三九
九六四	乾德二年	目录五点	
九六六	乾德四年五月	大般若经	
九六七	乾德五年七月	救诸众生苦难经	
九七七	太平兴国二年闰六月	救母变父	盈七六

巴黎敦煌殘卷叙錄

第一輯

王重民撰　民國二十五年（一九三六）排印本

巴黎敦煌殘卷敘錄

王重民編

第一輯

國立北平圖書館惠存

著者持贈

廿五年十月廿四日

2211

海外希見錄自序

民國廿三年十月七日，重民來巴黎恰爲周旬，吾師袁守和先生至自倫敦。侍教之次，先生詔余曰：『海外保存吾國古籍頗多，敦煌經卷無論矣，善本書之流出者亦不少；君於圖書稍窺門徑，盍記之！可以海外希見錄命編也。』余謹諾，拳拳於心者五閱月矣。茲者，諸冗事已屏當就緒，擬先就國家圖書館東方語言學校所藏，每週爲一二篇，郵呈師審閱，俟將來重爲寫定。假期內再北至柏林，南遊羅馬，冀廣寓目。荷蘭二國，與我國交通最早，亦欲一遊；但限於經濟與時間，恐有志未能也。將來稍稍讀書，更擬小住於倫敦，漫遊於美國，道出日本以歸。賴海內外師友之介紹，與收藏者之不吝嘉惠，奇書異帙，寓吾目以入吾錄者，殆可什一乎？謹誌簡端以自策勵。二十四年三月十六日記。

余來巴黎，瞬將週歲，又八閱月矣。假中曾北遊柏林，西至倫敦，與公私收藏家接談。知余訪書所應注意之點，約有四端：一曰敦煌遺書，二曰明清間天主教士華文箸述，三曰太平天國史料，四曰古刻舊鈔四部書罕傳本。就耳目所及，各已略有撰述，成書尙有待。然余第一步所最致力者，厥在敦煌佚書，故所記亦較他項爲多。茲先將民國二十四年四月至十二月所作，彙爲「巴黎敦煌殘卷叙錄」第一輯。歐洲漢籍收藏，以巴黎國家圖書館爲最富，而私家所蓄，又多有用之書。余渥承假閱，故得略有撰述，此私衷所最爲感謝者也。然欲參考之書，有時而窮，究不及在國內爲便。如嘉業堂劉氏曾刊行金王朋壽增廣類林十五卷，余疑即就于立政類林增廣者。海外既不能見，則不能證實所疑。舉此一例，他可隅反。

此輯所收共四十一篇，均去年所作。內唯故唐律一篇爲今年作，因與唐律疏議相次，故不入第二輯。又相書一篇，則最近重作。其他尙有數條，亦今年補作。凡重作補作於今年者，篇末月日上均標「二十五年」字樣以別之。

今日爲耶穌昇天節，在寓休沐。乃用一日之力將舊稿比次校閱一過，略删廢話而已；修訂之期，當在歸國以後。又校印之役，託之友人楊君琚飛表弟劉君範之，謹誌感謝。

廿五年五月二十一日再記。

巴黎敦煌殘卷叙錄目錄

卷一　經部

論語義疏　梁皇侃撰　P. 3573.

爾雅注　晉郭璞撰　P. 2661, 3735.

卷二　史部

史記集解　P. 2627.

漢書刑法志　晉蔡謨注　P. 3669.

漢書蕭望之傳　唐顏師古注　P. 2485.

春秋後語　秦語　晉孔衍撰　P. 2702v.

又　趙語上　P. 3616.

又　趙語下　P. 2872v.

閫外春秋　唐李筌撰　P. 2668.

沙州都督府圖經　P. 2695.

故唐律　P. 3252.

唐律疏議　唐長孫無忌等撰　P. 3690.

帝王略論　唐虞世南撰　P. 2636.

卷三　子部

劉子新論　P. 2546.

又　P. 3562.

瑞應圖　不詳撰人　P. 2683.

白澤精話圖　不詳撰人　P. 2682.

相書　P. 3589, 2527, 2797.

類林　唐于立政撰　P. 2635.

籯金　唐李若立撰　P. 3650.

又　P. 2966.

又　P. 3363.

雜抄 P. 3636.

還寃記 北齊顏之推撰 P. 3126.

歷代三寶記 隋費長房撰 P. 3739.

卷四 集部

楚辭音 隋釋道騫撰 P. 2494.

東皋子集 唐王績撰 P. 2819.

故陳子昂遺集 唐陳子昂撰 P. 3590.

文選音 P. 2833.

唐人選唐詩 P. 2552

云謠集雜曲子 P. 2835.

附錄

英倫所藏敦煌經卷訪問記

巴黎敦煌殘卷叙錄卷一

王重民撰

經部

古文尚書　盤庚　三六七〇

此殘卷僅存盤庚上篇之後半，起「汝何弗告朕而胥動以浮言」句，訖中篇之前半，止「女誕勸憂」一句，共四十三行。檢二五一六號尚書殘卷，起盤庚中篇「今其有今亡後」句，正與此卷銜接。更驗其筆迹而知確爲同卷，蓋因斷割，遂分別箸錄也。按二五一六號卷子，羅振玉已印入鳴沙石室古籍叢殘；今余重獲此卷，適可爲延津之合，不禁狂喜。此卷羅氏已有跋語，並校勘記，惜未見此四十三行。他日有暇，當續成之。十月十三日

又　禹貢　三四六九

起「大野既猪」，訖「沿於江海，達於淮泗」，存者僅十三行。筆跡頗與二五一六號商書卷子相似，惟彼卷潰染甚都，此卷則未入潰，疑非同卷。至其書寫時代，以筆跡驗之，亦未易相上下。經文「羽畎夏狄」，今本狄作翟。「厥田惟下下，厥賦下上上錯」，今本錯

上衍一上字，阮氏校勘記云：「閩本上錯上更有上字，」謂上字應疊，此卷子本正疊上字。又孔氏傳：「北據淮，南距海，」今本據作揚；校勘記云：「揚當作據，毛本不誤。」「篠，小竹；簜，大竹，」今本篠下衍小字，按正義云：「是篠爲小竹，簜爲大竹，」則孔穎達所據本，似尚未衍小字。此區區十三行，異同已如此之多，然則古本之可貴，有如是者。

十月二十四日

又　秦誓　二九八〇

此殘卷自費誓孔氏傳文之末行斷裂，故所存適爲秦誓一篇。首題：「尚書秦誓篇第三十二，」下題「周書，」空數字題：「孔氏傳。」篇末題：「囗囗囗書卷第十三，」所闕當爲「古文尚」三字。按釋文叙錄隋唐志並著錄古文尚書十三卷，卷第正相符合；羅振玉亦曾據商書殘卷（Pelliot 2516）證明之。此卷民字不缺筆，審其筆跡，知爲六朝寫本。卷內朱筆校注字頗多，尋其所校注，乃將古文以今文注之，葢後之讀是書者，依衞包今字所注也。如欸注諸，斷注誓，才注哉，忢注忌之屬，全卷皆是。余此說若不誤，則此卷不但存六朝之古文，且存天寶之今字，其重要有更在其他卷軸以上者。經文：「雖則員然，尚繇詢茲黃髮，」朱筆員旁注云，緜旁注猷，正與今本相同。按漢書李尋韋賢兩傳注，並引作：「雖則員然，尙猶詢茲黃髮，」唐人緜猶通用，是師古所據未改本，又正與卷子本同也。上文「若弗員來，」員旁朱筆校注字破滅，以此推之，必係云字無疑，正義出員字，更其證也。「畱畱亡他伎，」畱畱旁朱筆注字破滅，然下畱字旁尙能辯識爲斷字。按說文，斷古文作畱，卽引此經文爲證，則爲斷字無疑，而舊本之作鮎者，爲由畱致誤，又可斷言也。余於小學無造詣，安得深於此道者，疏通而證明之！ 十月二十四日

今字尙書 三〇一五 三六二八 二六三〇

唐寫本今字尙書殘卷三：甲卷爲堯典，(Pelliot 3015.)起「靜言庸違，」訖篇末，共三十五行。書法工楷，頗似歐褚。乙卷爲禹貢，(Pelliot 3628.)起「東爲中江，入於海，」訖「三百里諸侯。」下截斷損，存者僅十九個半行。民字諱缺，治字不避。「東北會於淵瀍，」瀍字僅存右半作厘，疑是唐時俗寫，非避武宗諱也。丙卷爲周書，(Pelliot 2630.)起「多方之後半「自作不和，爾惟和哉」一句，訖立政篇後題。世字民字基字並缺筆，審其筆跡，丙卷亦似較晚，或出於天寶改字以後。然甲乙兩卷，則頗似初唐寫本。校其文字，則甲卷全篇無

古字，乙卷稍存古字，丙卷開端「爾惟和哉」哉卽作才，存古字較多。然則天寶以前，固有今文也。阮元校勘記序已言之矣。阮氏之言曰：「天寶三載，詔集賢學士衞包，改古文從今文，說者謂今文從此始，古文從此絕。殊不知衞包以前，未嘗無今文，衞包之後，又別有古文也。隋書經籍志有今字尙書十四卷，是隋以前已有今文矣。葢變古文爲今文，實自范寗始。寗自爲集註，後之傳寫孔傳者，從而效之，此所以有今文也。」溯自壁書既發，孔安國以今文讀之，葢隸書既行，不爾，則一般人不能讀也。初唐歐虞既出，楷法大行，玄宗改古文從今文，葢隸書既死，不爾，則一般人不能讀也。阮氏謂今文始自范寗，以余觀之，正不必專有所指名。葢六朝至唐，由隸變楷，在書法進化上，爲自然之趨勢；特以此經獨有古文之名，學者狃於師承，遞相傳寫，故字體之變化亦獨緩。然在楷變時期，墨守者其經本變化少，聰明者其經本變化多，衞包以前，必非昔時經本之舊矣。然則衞包改字，正所謂「下令於流水之源」，則士子遵行，風行海內，宜有如雲從龍，風從虎，不百年而古文幾絕矣。觀秦誓篇必待用朱筆注以今字而後始能讀者，益可知其故矣。此三卷書寫年代，余所考定者若不誤，則當並是衞包以前之改革家，可爲阮說作佐證。 十月二十五

日

古文尚書　二七四八

此卷起洛誥第十五，止蔡仲之命第十九。洛誥篇首殘缺可二三行，蔡仲之命僅存前四行。洛誥民字缺筆，其餘唐諱均不避。多士「遷殷頑人」「惟我下人」「革夏畯人」「罔顧於天顯人祇」四人字今本並作民，當是並避太宗諱，今本爲後人所回改者。然自「予大津爾四國民命」以下，則又均作民，不避。故不能以諱避字定此卷書寫年代。願以閱敦煌卷軸之經驗，假定爲有唐中葉以後寫本。書法頗工楷，所存古字較前所舉古文本少，今字本多。卷內古字，茲以陸氏釋文證之。多士：「大淫泆有辭」，釋文云：「泆又作佾」。此卷子本正作佾。按馬本作屑，從佾聲通。亡逸：「自朝至於日中昗」，釋文云：「昗本亦作仄」，此卷子本正作仄。按國語楚語：「左史倚相云，周書曰，文王至於日中昗」，漢書董仲舒傳：「周文王至於日昃不暇食」，師古曰：「昃亦昗字。」是其異者多與陸氏所見別本同，然則衛包改字以前，古文本固多異同，而衛包改字以後，今字本固亦不一律也。揆其所以各異之原因，蓋除衛包奉詔刊定今字本以外，別有民間自由改寫之今字本。故余於此卷，願假定其經本爲六朝以來民間相沿之舊本，其所改從，一隨自然之趨勢，即前跋中所謂：「總明者其經本變化多」者也。余以不諳經學師法之人，說此無師法之話，若此卷亦果出於無師法者之手，則余言或幸中矣。余既獲閱敦煌經卷，始能恍然於天下之大，而有以知凡一切改革運動，必有其前因後果，有非爲時君一人之力所能左右者，故敢出此大膽之言也。十月二十五日

又多士：「爾乃尚有爾土，爾乃尚寍幹止，」今本寍作寧，卷子本作寍，猶存真字。按段玉裁古文尚書撰異云：「僞大禹謨萬邦咸寍，釋文，寍安也，說文安寧字如此。寧願詞也。此未改音義也。開寶中因衞包已改經文之寍爲寧，遂改釋文大書寍字爲寧，改小字曰安也，說文安寧如此，願詞也。使學者勞精竭神而不能讀，曾謂李昉陳鄂輩之不通，一至於此，宜係宣公之急請目原本與新定本並行也。今所存虞夏書絕無寍字，至商書盤庚始見；蓋尚書通體，衞包以前皆作寍，以後皆作寧。」（經韻樓本卷六頁一下）段氏之言是也，然未盡的。謂「衞包以前皆作寍，」此卷實出於天寶以後，固作寍矣。若謂余所考定書寫年代爲不確，此卷爲出於天寶以前，然亡逸篇兩寍字又作寧，則作寧又當不始於衞包以後

也。按原本玉篇丂部，有寍字，「野王案：今亦爲安寍之盜或爲寍字，」今澤存堂本遂删野王案，而逕改爲寧字。又陸法言切韻僅有寧字，長孫訥言始據說文加寍字。（王寫敦煌本切韻第三種，頁一九上。）則寍盜通用，野王時已然，法言時寍字雖廢，訥言猶能據說文以知之。然則余謂此卷經本爲六朝以來民間相沿之舊本者，此又一證也。

又亡逸篇：「厥亦惟我周太王王季，克自抑畏，」抑字下有「祥方」一音，當是抄者隨手所注。十二月五日

又 商書 二六四三

古文尙書商書殘卷，始盤庚上篇，訖於微子。卷端稍有殘損，卷末題：「乾寧元年正月二十六日義學生王老子寫了。」經文多遵古字，傳則間從今文，此眞衞包以後之古文矣。按天寶既改字，學者唏於功令，莫不讀從今文，延及開成，又據以勒入石經，而古文之傳本殆絕，惜無王老子其人者，抱殘缺於世人不顧之日，傳一線於古文將絕之時，則三百年後，將無郭忠恕其人者，再演梅賾之故技矣。十月二十五日

毛詩音 晉徐邈撰 三三八二

敦煌本毛詩音殘卷，首尾殘缺，起大雅文王之什旱麓，訖蕩之什召旻，存九十八行。以余考之，蓋晉徐邈所撰也。陸德明經典釋文，自旱麓至召旻，引徐氏音三十一則，持與此卷子本相校，文字同者八條，陸氏以今音改紐韻者十三條，以直音改切語者六條，釋文誤者一條，餘三條蓋爲徐爰音也。

行葦：「酌以大斗，」釋文云徐音主；卷子本正作音主。鳧鷖：「鳧鷖在潨，」釋文徐云鄭音在容反；卷子本正作鄭云在容反。桑柔：「靡國不泯，」釋文云名賓反，徐又音民；卷子本作民名賓，謂音民，名賓反也。雲漢：「蘊隆蟲蟲，」釋文云徐徒冬反，卷子本正作徒冬反。卷阿：「伴奐爾游矣，」釋文云伴音判，徐音畔；奐音喚，徐音換；卷子本作伴毛普半反，鄭蒲半反；奐毛呼亂，鄭胡亂。按正義云：「毛當讀爲伴奐，不得如徐音，徐音自爲鄭讀也，」今本釋文不著毛鄭主名，而孔穎達猶能知之，殆以今本釋文爲宋人所改，抑孔氏猶及見徐邈原書耶？毛鄭未嘗作音，此徐邈依傳箋之意以定毛鄭之讀耳；故陸氏於毛鄭之音，或冠說者主名，或不冠說者主名，或小有改易，此正序錄所稱：「援引衆訓，但取其意義，亦不全寫舊文」者也。他可例推。卷阿：「茀祿爾康矣，」釋文徐云鄭音廢；卷子本作鄭妃勿反。又「柔遠能邇，」釋文云，徐云毛如字，鄭奴代反；卷子本作乃登，鄭能代反。桑柔「荓云不逮，」釋文云字又作迸，徐補耕反；卷子本經文荓作迸，八耕反。以上八條全相同。

徐音近古重唇唐時已讀輕唇，舌頭舌上之分，亦已清晳，凡此之類，陸氏均改從今音，此又釋文之例，依此卷子而可推知者也。皇矣：「王此大邦，」釋文云徐于況反；卷子本作于誑。靈臺：「虡業維樅，」釋文云，徐七凶反；卷子本作促雙。生民：「瓜瓞唪唪，」釋文云，徐薄孔反；卷子本作逋孔。又「維秬維秠，」釋文云，徐芳婢反；卷子本作丕美。又「維糜維芑，」釋文云，徐亘己反；卷子本作羌已。卷阿：「爾土宇昄章，」釋文云，徐符版反；卷子本作彭板。又「迄可小愒，」釋文云，徐丘麗反；卷子本作卿列。板：「無然泄泄，」釋文云，徐以世反；卷子本作盈世。又「多將熇熇，」釋文云，徐許酷反；卷子本作香約反，又荒笑。蕩「曾是掊克，」釋文云，徐甫垢反；卷子本作蒲侯。抑「天不湎爾以酒，」釋文云，徐莫顯反；卷子本作民善。又「無言不讐，」釋文云，徐市又反；卷子本作市由，市救。韓奕：「炰鱉鮮魚，」釋文云，徐甫九反；卷子本作彭交。以上十三條，蓋陸氏以今昔改紐韻。

靈臺：「鼉鼓逢逢，」釋文云，徐音豐；卷子本作蒲工。文王有聲：「王后維翰，」釋文云，徐音寒；卷子本作恆案。行葦：「黃耇台背，」釋文云，徐音臺；卷子本作湯來。板：「大宗維翰，」釋文云，徐音寒；卷子本作恆安。雲漢：「如惔如焚，」釋文云，徐音炎；卷子本作唐甘。江漢：「淮夷來鋪，」釋文云，徐音孚；卷子本作妃予。以上六條，並陸氏以直音改切語。惟靈臺「王在靈囿，」一條，釋文云，囿音又，徐于目反；卷子本作于救反。陸氏既用直音音又，又引徐氏切語者，以與直音相應也；若作予目反，則不相應矣。似當依卷子本作于救反爲是。

又抑「輯柔爾顏，」釋文引徐音集；桑柔「弗求弗迪，」釋文引徐徒歷反；雲漢序「百姓見憂，」釋文引徐音於救反，並不見於卷子本。按釋文序錄云：「俗間又有徐爰詩音，」此三條殆爲徐爰音耶？又邈並不爲詩序作音，而雲漢序有徐氏音，則此三條爲徐爰音審矣。

由上觀之，是書爲徐邈毛詩音，亦可無疑矣。

釋文之例，於一音外，復有又音，或音，一音，又一音者，蓋因字有數讀，故兼採各家也。然多不出主名。茲再以卷子本校釋文，而更有以知釋文採自徐書者爲多也。思齊，釋文云本亦作齋；徐書正作齋。「以御於家邦，」釋文云，鄭魚據反；徐書鄭言據反。「雝雝在宮，」釋文於容反；徐書正作於容反。「無射亦保，」釋文云，毛音亦，鄭食夜反；徐書毛羊石反，鄭食夜反。「烈假不遐，」釋文云，烈，毛如字，鄭作厲，力世反；徐書毛力哲，鄭爲厲，良滯反。又「不遐，」毛音遐，鄭古雅反；徐書毛皆雅反，鄭爲瘕，皆牙反。「古之人無斁，」釋文云，毛音亦，鄭作擇，徐書毛羊石，鄭作擇，棖白反。一詩之中，陸氏據徐書者已有七條，餘可以此推知。釋文序錄所舉爲詩音者九人，首鄭玄，次徐邈；鄭氏無書，則陸德明於詩音殆依徐書爲藍本，又從可知也。此殘卷雖僅存九十八行，而爲音已近千事；淸馬國翰有是書輯本，纔得二百五十餘條，則其寶貴可知也。

隋書經籍志注云：「梁有毛詩音十六卷，徐邈等撰；毛詩音二卷，徐邈撰，亡。」唐志不著目，而有鄭玄等諸家音十五卷，則邈音固統在十五卷中矣。此卷世字不缺筆，民字或缺或否，殆爲貞觀初元寫本。

羅福萇譯倫敦博物院所藏敦煌書目，有毛詩音注，云：「無題，非陸氏書，」余頗疑亦爲

徐邈音也，附誌於此，俟抵倫敦，再證明之。四月九日

禮記注 漢鄭玄撰 三三八〇

禮記殘卷，鄭玄注，起大傳「繼別爲宗」一句，訖少儀「賵馬入廟門」一句，存者四十二行。唐諱不避，蓋爲六朝寫本。持與注疏相校，參以阮氏校勘記，益能知爲善本也。經文之異者：大傳：「有無之宗亦莫之宗者，公子是也，」今本無下衍之字。少儀：「敵者曰某因願見，」今本敵作適。按注云：「敵，當也，」則鄭氏原本正作敵。鄭注之異者：大傳：「以高祖與禰皆有繼世者，則曾祖祖禰亦有也，有則小宗四與大宗凡五也，」今本繼下無世字，曾祖祖祖字不叠則小宗四句上無有字，卷子本義較明顯。少儀：「嗛遠之也，」今本嗛作謙，卷子本作嗛，與釋文同。「瞽無目者也，」今本衍者字。「言廢衣不必以其斂也，」今本作「言廢衣不敢必用斂也，」卷子本與惠棟校宋本同。「文織良貝貨賄之物，」今本良下衍貝字句遂有不可通。「不執將命也，」今本也作者，卷子本作也，與惠棟校宋本同。是其異文每同於釋文與宋本，更有爲釋文與宋本所不及者，則以此本寫於六朝，唐宋人亦罕覯也。四月十八日

春秋經傳集解 昭五年 三七三九

此殘卷爲昭公五年，始「夫子唯不欲毀也」訖「吳子使其弟蹶由犒師，」共百四十行。不避唐諱，當是六朝寫本。持與今本相校，足資是正者頗多。傳文「以示卜楚丘，楚丘曰，是將行，」今本楚丘二字不叠。「明而未融，故曰乘其翼，」今本而作之，唐石經宋淳熙本岳本足利本並作而，與卷子本同。「楚子以屈申爲貳於吳，」今本申作伸，唐石經宋淳熙本岳本足利本並作申，與卷子本同。「何爲自郊勞及贈賄，」今本作「何爲自郊勞至于贈賄。」「請歸之間，如以師討焉乃歸公，」今本如作而，乃作又，卷子本並較今本爲佳，則又爲唐石經宋刻本所不及。杜注尤多異同，惜不暇詳校也。羅振玉影印巴黎國家圖書館藏集解四殘卷，內有昭公二十七年至二十八年一卷，羅氏定爲唐武德寫本。嗣又從美國博物院影照英倫所藏集解殘片，迻錄昭公六年一卷，印入敦煌石室碎金。此卷適爲昭公五年，正可補羅氏所未見，未能一并付印，爲遺憾也。 六月十五日

春秋穀梁傳集解 晉范寧撰 二四八六

春秋穀梁傳范寧集解，唐龍朔三年三月亭長婁思惲寫本。起哀公六年「齊陳乞弑其

君棻」至卷末存者九十行。經注校以今本異同甚多。六年:「棻雖不正乎?受命矣」,今本平作已,則當連下句爲讀。「入內者不受也,棻不正,何用不受?以其受命,可以言不受也。」今本三不字並作弗,卷子本作不,與唐石經同。七年:「八月己酉入郲。」注:「魯非霸主。」今本主作王,誤。「其切者有外魯之辭焉。」今本切作言來二字。八年:「夏,齊人取讙及闡。」注:「宣元年傳」云云,今本元作九,誤,何煌校宋本尚作元,不誤。九年:「宋皇瑗帥師取鄭師於雍丘。」注:「雍丘,厶地也。」今本脫厶字。卷末總記經注字數,大字一千九百言,小字二千二百六十言。按古逸叢書翻宋紹熙間刻本所記字數,經傳一千八百六十九字,注一千九百八十三字。兩本相較,在此一卷之內,刻本經傳少三十一字,注文少二百七十七字,其異同之數,有足驚人者。

羅振玉曾影印穀梁傳莊公十九年至閔公二年一殘卷(P.2536)後題「龍朔三年三月十九日書吏高義寫」,或與此卷同爲一書,蓋當時由衆人分寫者。故亟付影攝,俾與羅本並觀焉。 四月十六日

論語義疏 梁皇侃撰 三五七三

敦煌本論語疏，存卷一卷二兩卷卷一之首與卷二之尾，各殘缺十餘行。卷二之首題：「論語疏第二」而不著撰人姓氏，以知不足齋本論語義疏校之，知此爲梁皇侃論語單疏也。按宋咸平中邢昺奉詔依皇本作新疏，頒列學官，皇疏遂微，至南宋而竟失傳。余蕭客輯古經解鉤沈，據邢疏及丘光庭兼明書輯錄成卷；於時得傳本於海舶，四庫收之，鮑氏刻之，自是全書復行中土，戴東原譏余書有鉤而未沈者，蓋指此也。孰意皇疏原帙，尚有李唐舊抄，不儲於天祿秘閣，乃藏於鳴沙石室，有清季年，又隨海舶以西渡，今余何幸，首獲讀之！

持與知不足齋刻本相校，約有三事，爲極有趣之問題；惜客中事冗，恨不得詳考，以暢吾說也。

一曰，南宋以前所傳皇疏，並是單本合疏於注，蓋日本人所爲也。梁書侃本傳，稱有論語義十卷，隋志作義疏十卷，唐志作疏十卷，玉海引中興書目國史志，晁氏郡齋讀書志，尤氏遂初堂書目並著錄作疏十卷。揆以羣經單疏著錄之例，並是如此，且與此殘卷書題相合，則諸家著錄之本必爲皇氏單疏可知。今觀是卷經文之下僅錄注文首句，而以云云二字概之，然後以「此明」二字總釋全章大義，次疏經文，或解注語；疏經文者，則錄經文之句而以者字終之，如九經正義例，解注語者，或冠注字或否，然每一事均隔一字寫，以明斷限，皇氏原書，當如是也。日本所傳義疏，先出何晏集解，次割裂皇疏，散於各條之下，或增或減，殊失本來面目矣。

二曰，日本所傳皇氏義疏，每攙入邢昺正義及他說也。義疏之例，不破注以說經，均依文繹義，或以事喻，或以理喻，故多引舊言，鮮詁字義。學而篇：「有子曰信近於義，言可復也；恭近於禮，遠恥辱也；因不失其親，亦可宗也。」日本皇疏有「信不欺也，義合宜也，復猶驗也，因猶親也」諸詁，然並不見於敦煌本皇疏，而邢疏乃有「復猶覆也，因者親也」二詁。若此之類，觸目皆是。猶憶學海堂集有某君論語義疏跋，歷引朱熹集註與皇疏合者若干事，冀以明朱子尚及見皇疏；以今觀之，某氏所舉皇疏之與朱註合者，則又或爲日人所攙入之朱註也。島田翰古文舊書攷卷一「曆應抄本論語義疏，裝爲卷子改摺本，而通行舊抄本所引邢疏，則盡爲是書之背記，於是余始知通行本所載邢疏，乃爲卷子本之背記也。意者卷子本之變爲線縫也，不忍棄去之，乃姑錄入於皇疏之末，以存舊容耳。」接厲應爲元後至元四年。島田翰又云：「唐抄本義疏述而篇載在唐抄本揚雄傳後，」則日本固有唐抄本，惜不見他書記載，余又未獲覩原帙，不能與此卷比勘也。然則凡知不足齋本較敦煌本溢出疏語，姑視爲日人竄入舊說，蓋無不可也。三曰日本所傳合疏於注之本，於皇疏未盡採入，而割棄者尚多也。敦煌本每章總釋，（用「此明」二字引起）。日本本删棄者十七。蓋集解本與皇疏本插注不同，分章各異，總釋每不易位置，遂多删除。抑又聞之，八佾篇「夷狄之有君，不如諸夏之亡也」，四庫著錄本疏語稍有改削，知不足齋後刻本亦剜改，王亶望原刻本猶是海舶之舊，然疑四庫所改不過更換一二字以變其義意；及檢敦煌卷子本，則又知其所删削者蓋多也。謹錄兩本原文於後，讀此一條，則可有餘勇以詰量全書矣。

【經文】子曰夷狄之有君不如諸夏之亡也

【知不足齋本疏】此蓋爲下僭上者發也。諸夏，中國也；亡，無也。言中國所以尊於夷狄者，以其名分定而上下不亂也。周室既衰，諸侯放恣，禮樂征伐之權，不復出自天子，反不如夷狄之國，尚有尊長統屬，不至如中國之無君也。

【敦煌卷子本疏】此明孔子重中國賤蠻夷。言夷狄之有君，生而不如中國之無君，故云不如諸夏之亡。故孫綽云：諸夏有時無君，道不都喪；夷狄强者爲師，理同禽獸。釋慧琳云：有君無禮，不如有禮無君，言季氏有君無禮。

此卷卷首殘缺處，用舊公文紙裝裱，有墨筆一行云：「貞明九年癸未閏四月十」；又朱筆一行云：「龍德二年。」按貞明、龍德並爲五代梁末帝年號，貞明僅六年，龍德僅二年，貞明九年則當唐莊宗同光元年矣。又卷內「使民以時」作「使人以時」，而有朱筆改「人」爲「民」，均避唐諱，可知抄書人與校書人均爲唐人，則卷首兩行年月，均與此書無關。又卷上有「宣諭使圖書記」一數朱印，背後亦有此朱印一，中有墨筆一行云「判官氾塘彥尋覽」；「宣諭使」不詳何時置，或爲唐代於河西特設之官；判官氾塘彥蓋爲此宣諭使之屬吏，並識於此，更俟詳考之。七月十七日

皇氏論語義疏，聞日本近有新校印本，客中未獲見，姑誌於此，俟將來重校之。同日又記

余前跋第一點，即疑合疏於注，爲出於日本人之手；然心中猶覺躊躇，未敢自以爲是。後讀楊守敬留真譜，亦有是言，乃稍稍自信。今日讀武內義雄氏校論語義疏雜識，亦以楊

說爲然。又其推測皇疏原形一節，舉六證以明當與彼邦所藏禮記子本疏義殘卷相同，頗爲精辯。然余所獲此卷確爲皇疏原形，其式乃合於唐人五經正義之單疏，與武內氏所考稍不合；使武內氏見此，必當稍稍改變其意見矣。憶去年武內氏來歐，在巴黎圖書館攝去敦煌影片若干，唯恐未見此殘卷。余曾以此卷告知友人神田喜一郎氏，今將攜照片以東歸，不久可付之影印，倘冀武內先生有更精詳之考證也。廿五年五月二日

爾雅注　晉郭璞撰　二六六一　三七三五

爾雅郭璞注殘卷，存釋天第八至釋水第十二。自釋地「岠齊州以南戴日爲丹穴」一句，斷爲兩截。今巴黎國家圖書館敦煌書目，上截著錄在二六六一號，下截著錄在三七三五號，驗其斷痕與筆跡，實爲一卷。唐諱不缺筆，蓋爲六朝寫本。卷末有天寶八載題記，大曆九年書主尹朝宗記，乾元二年張眞記，並是閱者所題，不得據以定爲唐寫本也。持與今本爾雅相校，經文之異者：釋地「下者曰隰」，今本隰誤爲溼。釋丘「水潦所止屔丘」，今本屔作泥，廣韻所引倘作屔。又「水潦所還埒上正；章澤中有丘都」，今本埒下，章下都下，並有丘字。又「丘背負丘」，今本作「丘背有丘爲負丘」，郭注云：「此解宛

丘中央隆峻，狀如負一丘於背上，」郝懿行義疏云：「此自別爲一丘，郭意欲爲宛丘作解，蓋失之矣。」今按郝意蓋不知郭本經文有誤，因疑其失；下云「丘上有丘爲宛丘，」正爲上之經文作注，故郭注又云：「嫌人不了，故重曉之」也。又「厓內爲隩，外爲垠，」今本垠作隈；李巡孫炎本並作鞫；鞫垠通叚字。郭注之異者：釋地豫州注「自河南至漢；」雝州注：「自河西至黑水，」今本河南河西作南河西河。揚州注：「自江至南海，」與公羊莊十年疏引合，今本作「自江南至海。」比肩民注：「各有一目一鼻孔，」與文選三月三日曲水詩序注引合，今本鼻孔二字間羨一一字。北極戴斗爲空桐注：「戴頊也，」今本作戴値，義較迂曲。釋丘非人爲之丘注：「地自然生也，」今本然下衍生字，義有未足。以上所舉，皆較今本爲勝。其餘通叚別構之字，衍羨異同之文，有助於校勘訓詁者甚多，不及枚舉。昔唐本說文本部流出人間，咸同學者詫爲希世之珍，況此爾雅五篇，更爲六朝寫本乎？復活節日記於Prieuré de St. Arnoult，時山雨初霽，遊興復濃，蔡公對坐，輒讀觀天品。廿四年復活節

巴黎敦煌殘卷叙錄卷二

王重民撰

史部

史記集解　二六二七

史記集解殘卷，存世家二列傳一。燕召公世家始「作甘棠之詩，」訖昭公卒年。管蔡世家始「蔡侯怒嫁其弟，」訖卷終。伯夷列傳始「太史公曰余登箕山，」訖卷終。原卷首管蔡，次伯夷，次燕召公者，蓋書既殘缺後人隨意接裱故也。淵字缺筆虎字民字不避，殆因寫於武德初年，七廟未立，昭穆未叙之故歟？世家每公皆跳行別書，與日本古寫本殷本紀同形式，最爲近古。史文與注文足資校證今本者頗多，詳別著敦煌羣書校記中。

六月二十六日

漢書刑法志　晉蔡謨注　三六六九

漢書刑法志殘卷，始「及至孝武即位，外事四夷之功，」訖「所不能决者，皆移廷尉。」共存七十一行。世字作廿，民字治字缺筆，則當寫於高宗之世。所載諸家注語，不及李奇以後，與小顏注所徵引，亦繁簡不同。以余考之，蓋晉蔡謨漢書集解也。按隋書經籍志著錄漢書一百一十五卷，班固撰，應劭集解；又漢書集解音義二十四卷，應劭撰。錢大昕曰：「漢書序例云，臣瓚總集諸家音義，稍以己之所見，續厠其末，凡二十四卷，今之集解音義，則是其書；而後人不知臣瓚所作，乃謂之應劭等集解。依小顏說，知隋志所載，即臣瓚所集，非出於應劭一人，則應劭下當有等字，傳寫失之也。」茲按顏師古漢書序例云：「漢書舊無注解，唯服虔應劭各爲音義，自別施行。至典午中朝，晉灼集爲一部，凡十四卷。臣瓚又總集諸家音義，凡二十四卷。蔡謨全取臣瓚一部，散入漢書，自此以來，始有注本。」又晉書蔡謨傳：「謨總集應劭以來注班固漢書者，爲之集解。」依此則知隋志所載百十五卷注本，乃蔡謨所集，非出應劭一人，則應劭下亦應有等字，其義方明。然古人著錄之例，固如是也。說詳拙作隋志釋例中。此殘卷雖無注者主名，因其全出史文，則原帙固當在百卷以上，知非臣瓚注，乃蔡謨書也。持與顏注相校，有溢出於顏注以外者：奇請他比，注引「如淳曰：奇讀奇耦，諸不在律文所宜輕重決罪曰奇請。比，比故，欲後人依以決事。」書不云乎，惟刑之恤哉，注云：「惟刑之放逸也，古文曰恤，恤憂也，謂當憂刑。」

上罪梏拲而桎，注云「音鞏，臺其手也。」以上三條，並不見於顏注。亦有較顏注爲簡者：則延平將招權而爲亂首矣句下，卷子本不引蘇林注是也。然則錢大昕謂顏注漢書，依蔡本而稍以他書附益之者，殆未必然也。何也？小顏若依蔡本，不應刊落舊說，自撰新注。且史傳正文，又頗多異字，若斯差別，未必盡出於傳鈔，蓋所據本不同也。「百姓貧耗，」顏本貧作貧。「於是招延張湯趙禹之屬，」顏本延作進。「大辟四百九十條，」顏本衍十字。「議者咸怨傷之，」顏本怨作寃。「延尸路溫舒上疏言曰，」顏本言下無曰字。「斯豈中刑之意哉，」顏本中刑作刑中。「惟在便安萬民而已，」顏本民作姓；唐諱民之字爲人，此改爲姓，殊爲罕覯，蓋顏本向作姓，此尤足證小顏不依蔡本也。

羅振玉印敦煌石室碎金有漢書匡衡張禹孔光傳一殘卷，蓋爲大不列顛博物院藏本。余尙見原卷。然所引舊注，亦較師古爲多，疑與此卷同爲一書。匡衡傳：「因賜上尊酒養牛，」一注：「律，一斗稻米得一斗酒，爲上尊酒」云云，顏注云解在薛廣德傳。（按薛傳無之，實在平當傳，師古蓋誤記。此無主名，平傳引作如淳說。此亦蔡本顏本不同之一證。）「積十歲，衡封臨淮郡，」碎金本句下有晉灼注。「賜以爲舉計令郡實之，」碎金本句下有如淳注。張禹傳：「好平陵肥牛亭部處地，」一碎金本句下有文穎注。孔光傳：「徒名數於長安，」碎金本句下有服虔注以上五條，並不見於顏注本，然則古注以蔡謨爲最備，小顏不依蔡本，故所失採者多矣。

楊守敬有漢書古注輯存，其書不傳。晦明軒稿載其自序云：「翻檢史記注水經注文選注，凡顏氏叙例所載二十三家，各還其人。」蓋有唐初葉師古注未大行，蔡謨集解頗行於世；索隱正義所徵，酈元李善所引，均據蔡謨舊本，故所見古注，能溢出於顏籀以外也。

七月十二日

漢書蕭望之傳 唐顏師古注 二四八五

漢書蕭望之傳，顏師古注，起「今事久遠誠恐難明」一句，訖望之子育附傳「官屬掾史數百人」一句，存者五十七行。書法極工，驗其筆跡，蓋與二五一三號卷子王莽傳同爲一書。王莽傳已有羅振玉影印本，此卷與今本雖無異同，然既屬同書，當並付影印也。

四月十日

春秋後語 秦語 晉孔衍撰 二七〇二卷背

此卷卷首殘闕，卷末題「孟說秦語中第二，」存者約可得八十行。中間又割裂爲數段，張儀說趙肅侯一條，裝裱顛倒，陳軫對惠王數行又間隔於卷末，蓋視作廢紙，用以襯托二七〇二號卷子者，殊令人惋惜不置。羅振玉曾購得秦語殘卷，存字九十五行，印入鳴沙石室古佚書中。羅跋云：「往在京師，晤伯希和君，出其所得敦煌書目，中有孟說秦語中第二。考史通言後語始自秦孝公，終於楚漢之際；所謂孟說秦語中第二者，殆因秦事實較多，分爲三卷。此卷終於武王二年，乃秦語上第一；其秦語中首端述孟說事，遂以首章記卷，古書之例皆然。」今按此卷，孟說秦語中第二一行，乃在卷二之末，非在卷二之首。武王與孟說舉鼎，絕臏而卒，事在二年八月，秦語中卽止於此。則羅卷止於武王二年者，亦爲卷二，非卷一矣。余曾見一敦煌本殘類書，引後語公孫鞅事，則當在卷一。此均據此殘卷而可推知者。余旅居海外，最苦莫如無書，羅氏所影印敦煌佚籍，行篋旣未偕來，巴黎更不易假借，所恃者惟一部雪堂校刊羣書叙錄，藉以知其大略耳。羅卷與此卷旣非畧出本，則內容必相同，此卷較多武王二年以後事十餘行，適足補羅卷之闕，爲可寶也。五月三十一日

又 趙語上 三六一六

此卷首尾殘闕，存者百九十行。首爲張孟談治晉陽事，次豫讓爲智伯復仇事，又次至卷末均爲蘇秦説六國事。按二五六九號春秋後語略出本卷首正殘存豫讓復仇事一節，次題春秋後趙語第五，則豫讓事在後趙語第四，因知此殘卷爲春秋後語趙語上第四矣。孔衍原書雖未盡出，而十卷舊第今可復明。卷一二三當爲秦語上中下，卷四五趙語上下，卷六韓語，卷七魏語，卷八楚語。倫敦所藏敦煌書目，有春秋後語注燕第十，則卷九爲齊語矣。

章宗源隋書經籍志考證，謂御覽所引後語，並出注文，未知爲衍本注，抑李昉等所增。羅振玉云：「據御覽服章部魏太子擊逢田子方於朝歌注，朝歌紂之所都，今衞州地。考衞州之名，始於五季，宋世因之，御覽成於太宗朝，已引注文，則作注者殆爲五季人。」按藤原佐世見在書目，衍書下又著錄春秋後語十卷，范陽盧藏用注。又檢新唐書卷三十九地理志，河北道有衞州汲郡，望，本治衞，貞觀元年徙治汲，正爲殷商舊畿，則衞州之置，蓋在前五代；盧藏用爲盛唐人，稱朝歌爲今衞州地者，固其宜矣。羅先生今世宿學，不知何所據而云然，乃竟不一檢地理志耶？倫敦所藏敦煌遺書，有後語注卷八卷十兩卷，疑即盧注，余尚未見。姑先正羅說於此，俟抵倫敦，更冀有以證實吾說也。五月三十一日

又 趙語下 二八七六

此在二八七二卷背，字小行密，首尾殘缺，存者五十九行。載古史事六則：一、魯仲連不肯帝秦，二、李同說平原君，三、平原君斬笑躄者美人，四、魯仲連不受封，五、虞卿爲平原君請封，六、秦昭王好書遺平原君。皆記戰國時趙事，余因疑爲孔衍春秋後語；持與二五六九號卷子後語略出本相校，第二四五三則，正相同，則爲後語趙語無疑也。略出本尚有毛遂自薦一則，在此本當在殘缺部中，則此卷爲孔衍原帙，又無疑也。衍書原帙，羅振玉曾印行秦語魏語兩卷；余來巴黎，更獲見秦語趙語各一卷，考定秦語在卷第二，趙語在卷第四。此在原書爲卷第五，則余前疑趙語分上下卷者，至是證明矣。

略出本第四五則在第三則前，與史記平原君列傳之次敘爲近。兩本相校，文字不同之處，亦互有勝負，別爲札記，箸入敦煌羣書校補中。八月二十二日

閫外春秋 唐李荃撰 二六六八

李筌閫外春秋殘卷，存卷一及卷二之上半。羅振玉曾得筌書卷四卷五照片，影印行世，而以不獲見此卷爲憾，故余亟爲攝影以補羅印之闕。此卷前有天寶二年筌進書表，稱：「閫外春秋者，紀將軍閫外之事也。歷選明君良將，戰爭攻取，皆約史以成義，綜八代以爲十卷。」今存者卷一爲周秦，卷二爲秦漢，卷四卷五爲兩漢；則末五卷敍三國以後至唐武德四年事，至如何分卷，不可知矣。晁公武郡齋讀書志卷七職官類有：「中台志十卷，亦李筌撰。起殷周，訖隋唐，輯輔相邪正之迹，分皇王霸亂亡五類，以爲鑒戒。唐相以李林甫陳希烈附皇道，筌上元中自表，天寶初迫以綴名云。」則閫外春秋記將軍閫外之事，中台志輯輔相邪正之迹，兩書正互爲表裏。今一存一亡，著述之傳與不傳，固在其絕對價值，然所謂有運數存於其間者，非耶？抑筌受迫綴名，俾李陳與傳說姬旦等儕，卽其所以不傳之故耶？

羅振玉跋是書，於諸書所記李筌事蹟，薈萃綦詳，謂：「集仙傳稱筌仕至荆南節度副使仙州刺史。又傳本太白陰經前有筌自序及進書表，文後並有結銜。序末河東節度使都虞候；表末作正議大夫持節幽州諸軍事幽州刺史並本州防禦使上柱國，與集仙傳不同。序表文辭鄙拙，當是僞託。仙家紀傳，例多難信，序表所署，亦復相類。此卷署題作少室山布衣，意荃或竟以布衣終耳。」然以余考之，唐同時同地蓋有兩李荃，一作筌，一作荃，羅氏蓋混而一之耳。全唐文卷三百六十一載李筌黃帝陰符經疏自序，稱「少室山達觀子李筌。」又卷三百六十四載李荃北嶽恒山封安天王銘一文，並繫以小傳云：「荃官左羽林兵曹參軍直翰林學士內供奉上柱國。」然全唐文所載兩文，實出於一李筌，故分之亦誤。陰符經疏三卷，今尚有珠叢別錄單本，以道家言言兵事，正與太白陰經合。其封安天王銘一文，純係道家言；而孫子注又純係兵家言。（在吉天保輯孫子十家註中）然則集仙傳所稱，全唐文所錄，著有太白陰經陰符經疏孫子注封安天王銘之李筌，爲以道家而言兵者。蓋取莊子「得魚忘筌」之意以爲名，故又號達觀子，居少室山，迭任內外諸軍職。著閫外春秋中台志之李荃，則爲僞儒家言者。亦居少室山，終於布衣；著書擬於春秋，意在分別邪正，褒貶善惡。與驪山老母之徒之李筌，迥異其趣。海外無書，不能博考；未知羅先生以爲何如也？

此卷卷首稍殘損，今褾一層薄紙，適在進書表上，故表文不能攝影，茲抄附於下：五月三日臣荃言閫外春秋者記將軍閫外之事也師貞丈人有國之備弧矢利用天下之威涿鹿阪泉先王所襲行也伏維開元天寶聖文神武皇帝陛下龍德在天之明以正舞干戚馳蒲車臣也書生喜抱堯日不揆蒙杀輒有祖述成一家之書以挈缾之才答貞明之化起周十有三年武王勝殷終于大唐武德四年太宗文武聖皇帝擒竇建德凡一千七百四十載眞僞四十九國歷選明君良將戰爭攻取在師中吉者悉書其美焉皆約史以成義必表年以首事褒善貶惡擬於左丘明號曰閫外春秋綜八代以爲十卷君臣之禮□□之事備矣介者得之申胥之忠韓白之謀可繼踵也天時地利無敢輒書人謀權變秋毫必載伏愧芹豕揚于王庭臣荃誠惶誠恐頓首頓首死罪死罪謹言

天寶二年六月十三日少室山布衣臣李荃上表

勅卿用意精通善能著述綜千載之事成一家之言論兵之要莫尙於此再三詳覽深可嘉焉仍付史館　八月十一日内品官表思藝宣

沙州都督府圖經　二六九五

沙州都督府圖經卷第三，始詳瑞，終歌謠，存者七十九行。宣統元年羅振玉曾據二〇〇五號殘卷，印入敦煌石室遺書，嗣又付之影印。然首尾殘缺，不著書名，故羅氏排印本題爲沙州志，影印本題爲沙州圖經，雖爲近之，未爲得也。此殘卷雖長不及二〇〇五號，然卷尾尚有「沙州都督府圖經卷第三」一行，俾吾人得識原書真名，爲可寶也。持與二〇〇五號羅印本相校，祥瑞甘露條：「右垂拱四年董行端園內」，羅印本右下羨一按字，端作靖，校以連理木條作端是也。五色鳥條：「平康鄉界武孝通園內」，羅印本衍界字。白狼條：「天告臣子，並守忠於陛也」，羅印本於陛二字作階，校記云階字誤。歌謠：「□皷不服」，羅印本服字磨滅。此又文字上之足資校證者也。

羅跋云：「此書之作，殆在開天間。雖卷中多頌揚武后語，及遇大周處多跳行空格，而無僞周之新字，且有開元之紀年，又避唐諱，如虎作武，隆作隆，基作其，四民作四人之類，均爲作於唐而非周之確證。紀事至開元而止，而不及天寶以後，其非作於肅代以後，又可知矣。」按羅說雖辯，余頗疑實作於武后之世也。請略言之。新井等三驛稱：「於證聖元年正月十四日，敕爲沙州遭賊少草，運轉極難，稍竿道停，改於第五道來往。又奉今年二月二十七日，勅第五道中總置十驛，擬供客使等食」云云，此稱今年，當蒙證聖而言，可知是書當作於證聖二年，不在開天之世，此一證也。據橫澗驛條知證聖元年十二月三十日沙州刺史為陳玄珪，據甘草驛條同年紀事稱前刺史李無虧，則證聖元年李無虧已去職，故稱前刺史。蓋是書纂於李無虧為刺史時，而成於證聖二年陳玄珪為刺史時，此二證也。漢人稱當時皇帝為「今上」，六朝以來稱「聖神皇帝陛下」，天授二年日揚光條有「咸以為聖神皇帝陛下受命之符」一語，更可知是書作於武后時，不在開天之世，此三證也。張芝墨池一條，雖有開元四年紀事，然全卷紀事無逾證聖以後者。且墨池條與全書體例不合，（按原文明云其池已磨滅，故老相傳池在前件所去而標題下乃稱在縣東北一里云云，此行顯係後人竄入，不然應敍入正文，方與全書體例一致。）自開元二年九月以下，當係後人增入，應據全書以疑此條，不應據此條以定作書年代。又訪查墨池為刺史杜楚臣縣令趙智本所主使，而張氏又為敦煌右族，則事舉之後，竄入圖經，至為易易。明於此，則無偽周新字，且避玄宗諱者，正因寫於開天之世；卷中多頌揚武后語及遇大周處多跳行空格者，正以作於證聖時故也，此四證也。羅說雖辯，然余說則甚通，今日因重檢二〇〇五號卷子，偶有所感，故并識之。四月二十七日

故唐律　三二五二

故唐律殘卷，存者十八行。左角又有缺損，故所存整行僅十有三。以今本唐律疏義照之，起卷十四戶婚律違律為婚條之次節，訖卷十五廐庫律乘官畜私馱物條之第三節。僅載律文，蓋猶為疏議未頒行以前之舊本。書法雖非上駟，而校勘最精，持與疏義相校，幾無差誤。蓋法律之書，一字之差，關係至鉅，不得不爾也。唯今本嫁娶違律條第二節，作「若期親尊長主婚者，主婚為首，男女為從。餘親主婚者，事由主婚，主婚為首，男女為從。事由男女，男女為首，主婚為從。」卷子本缺「餘親主婚者，事由主婚，主婚為首，男女為從」十七字，當係脫誤，非疏議本律文較增。廐庫律卷子本在第五，旁注云：「凡貳拾捌條，」今本亦二十八條，而在卷第十五者，則因疏義析為三十卷，故唐律類為一卷，共十二卷，此猶是未析以前舊本故也。卷子本每條無小題，僅於起端空一字，而識一大硃點。余見江西李氏所藏疏議，（羅振玉印入敦煌石室碎金。）及巴黎藏卷，（P.3690.）亦均無小題，然則小題殆為宋人所增刻歟？著之待考。

又此卷內有武后新字，則為唐武后時寫本，上距永徽已三十年，僅載律文，不著疏議，殆因疏議尚未頒行。近東方學報載仁井田陞牧野巽二氏故唐律疏議製作年代考上下篇，洋洋數萬言考定其製作年代，爲在高宗永徽四年至玄宗開元二十五年之間，確當不易。然則武后時疏議尚未成書，宜其不著也。廿五年二月五日

唐律疏議 唐長孫無忌等撰 三六九〇

存者僅十二行，以今本校之，在卷第九職制上。起合和御藥條之末二行，訖乘輿服御物條之首行，完者僅得兩條。按江西李氏藏敦煌本唐律疏議殘卷，存雜律下凡八十行，羅振玉爲印入敦煌石室碎金。羅氏跋云：「今本每條有小題，而此無之。又今本律文頂格，疏議低一格；又律皆大字，注皆小字夾注。此本則律與疏平列，而疏文每條上加議曰以別之；注文亦大字，與律接書，但加注云二字以示別。」此卷亦無小題，與李氏藏本同。又律文大字頂格，疏議小字雙行，低一格，仍冠議曰二字。注文亦大字與律文接書，但無注云二字，讀者莫由區別矣。此又爲與李氏藏本不同者。至文字之異同，持與今本相校，亦互有得失。合和御藥條疏議：「各隨輕重減一等，監當官司，又各減一等，」今本又誤爲及造御膳犯食禁條：「簡擇及進御不時，減二等，」今本作「揀擇不精，及進御不時，」

疏議亦出「揀擇不精」四字爲說，則卷子本脫不精二字甚明。八月二十一日

帝王略論　唐虞世南撰　二六三六

此卷原題帝王論，前有序，已佚上半卷一起三皇止秦二世卷二起漢高祖，訖元帝。以下殘缺。於賢君惡主，均略述其事跡，碌碌無所表見者不及也。其大賢大惡，又贅以評論，以寓褒貶之意。凡記事均冠以「略曰」二字，凡評論皆於公子問語先生答語中暢發之，殆卽序中所謂「將爲子說治亂之迹賢愚二貫」者耶？按藤原佐世見在書目雜史家，有帝王略論五卷，唐世南撰；唐書藝文志子部雜家有虞世南帝王略論五卷，則見在書目唐字爲虞字之誤，而晁陳書目並不載，則似五代以後卽不傳。此殘卷有略有論，適與虞書命名之意合，且衡以卷第，東漢以後，倘應有書三卷，則卷數似亦相符。疑卽虞世南書也。又按唐書虞世南本傳：「太宗每機務之隙，引之談論，共觀經史，每論及古先帝王爲政得失，必存規諷，多所補益」。然卷中公子之稱，不似對太宗而發，意者世南在陳隋之世，迭主諸王幕府，或管書記，兼傳諸公子，殆卽作於彼時耶？是書文辭膚淺，誠爲爲初學而作；然若以此疑非出於虞氏手，虞氏固有兔園册，頗行於時矣。五月三日

敦煌本帝王論，余曾據唐志及見在書目定名爲帝王略論，疑爲虞世南作，但未有堅確之自信也。稿既發刊，東友神田喜一郎教授過余齋談及東洋文庫近年購得虞世南帝王略論殘卷，存卷一二四三卷，爲鎌倉時代寫本，與此正是一書。頗自喜疑於西而驗於東，吾說可爲定讞矣。因歎著述之業，或盛行一時，或傳之永世，固視其絕對價値以爲衡，然亦有時尚之需要存焉。九經三史，萬世不刊，餘則百年之內，盛衰不同，不待易世，其跡可見也。西州莫高窟，東國高山等寺，爲東西對峙之兩大唐代圖書館，而見在書目，則其公有目錄也。此問題至有趣，余將作論以明之。六月十四日

余既知日本有是書傳本，得確定爲虞世南作；閒抽太平御覽引用書目，（原稱經史圖書綱目。）有虞世南公子先生論一條，疑必爲是書，則宋時似仍有傳本。但千卷之書，不知徵引在何卷內，又無暇翻檢，以比勘文字之異同，耿耿於心，未能或釋。嗣閱郡齋讀書志，其誌馬總通歷云：「粗述其君賢否，取虞世南略論，分系於末，以見義焉。」不禁雀躍而起，亟尋通歷不能得。更檢諸家藏書誌，始知尚無刻本，僅有傳鈔，且前三卷已佚，自度海外無緣獲見也，又鬱鬱者久之。今日偶檢陸心源唐文拾遺卷十三，則通歷所引要畧三十八

事盡在焉。並別輯有趙蕤長短經所引九事，爲余所不及知，尤爲喜出望外。此殘卷止於卷二漢元帝，而通歷所引始於三國之末，則因前三卷已佚；此所存者適在通歷缺卷中，亦巧合矣。長短經所引九事，始於西漢文景，訖於東漢之末，當在原書卷二卷三中，趙蕤殆亦未見全書耶？

卷中「先生」字樣，長短經所引，均代以虞南二字，缺世字以避諱；亦唐代通例。其漢宣帝條：「起自閭閻，知人疾苦，」卷子本人作民，然則作先生者爲世南原本，稱名者爲太宗以後改定本矣。馬總所引作先生，而隋文帝條有「留心政理」之語，蓋寫自高宗以後故也。然則是書因盛行於唐代，余前跋謂：「著述之業，或盛行於一時」者，此尤其明驗矣。

通歷原書十卷，上起太古，下訖隋代，其分卷似正依此書，通歷引隋文帝條有：「卜世不永，豈天亡乎」之語，則當作於唐代，余前跋疑爲作於隋者誤也。十月二十日

昨日從伯希和先生借來哈佛燕京社編印之太平御覽引得，檢虞世南公子先生論，卽在卷第百二十九，持與唐文拾遺輯本相校，正在馬總所引卷內，因確知卽帝王略論也。

而御覽引作公子先生論，殆當時別有此一名耶？抑爲纂修官以意改耶？唐文拾遺於此條有校異二處，其異文適與御覽所引合，不知爲陸心源據御覽所校，抑馬總原書固如是？「是與太子宴者也」一句，唐文拾遺缺宴字；梁武帝北魏道武帝兩條，陸氏書有校異，而原文則不見御覽，是尙有待於一檢通歷也。

廿五年四月十七日

巴黎敦煌殘卷敘錄卷三

王重民撰

子部

劉子新論 二五四六

敦煌本劉子新論殘卷，起鄙名第十七，訖託附第二十一之前半，於唐諱世之字爲代，治之字爲理，則寫於開天之世也。字小行密，然頗清秀。友人孫子書有新論校釋一卷，民國十九年余曾與舊作列子校釋彙印爲西苑叢書。知人篇：「使百川東注於海，西被於流沙，」子書以意校「西被於流沙」五字爲衍文，此卷子本正無此五字，因歎子書校書之精，益知古本之可貴也。四月七日

又 三五六二

劉子新論殘卷，起韜光第四之後半，訖法術第十四之開端，得整篇九，殘篇二。羅振玉於江陰何氏許，曾得一敦煌本劉子殘卷，起去情第三之後半，訖思順第九之前半。此卷與羅卷同者可五篇，又得多五篇，爲可寶也。羅卷每行十五六字，此卷每行十九字二十字

不等；羅卷寫於初唐，此卷不避唐諱，當出於六朝之末。羅跋云：「此書唐志稱梁劉勰撰，宋志作北齊劉晝撰，四庫全書總目謂當出貞觀以後，訖莫能定爲誰何。惜此卷前題已闕，不可攷矣。然此本寫於盛唐，且遠及邊裔，其爲六朝舊著可知。」按此卷亦闕前題，繹羅氏言，同此缺望。然揆以唐人寫書之例，凡避諱字或缺筆，或改用代字；又揆以唐人著書之例，凡避諱字則逕用代字。檢此卷崇學篇：「學爲禮儀，彫以文藻，則世人榮之」，羅卷世作代。又辨樂篇：「三王異世，不相襲禮」，羅卷世亦作代，則原書逕用避字。不但可知此卷寫於貞觀以前，且可斷知此書非作於唐世矣。於羅氏所謂爲六朝舊著者，此爲一强有力之證據。適今日尙有餘晷，乘興將此卷與羅卷相同之五篇，校於敦煌石室碎金排印本上，以知此卷實勝羅卷也。惟羅氏有校記，客中尙未獲見，爲悒悒耳。六月五日

附校勘記

韜光第四

丹伏光於春山之底，則磨肌之患永□　按三五六二號卷子永下爲絕字

穎貫靑天，根鑿黃泉　鑿作潛

能韜光隱質故至全性耶 韜光隱質作韜隱其質耶作也

故周雞斷尾獲免於犧牲 無故字牲字

外密則形體不擾 體作骸擾作害

崇學第五

非立言無以明其況 況作理

未有不因學而隆道不假學以光身者也 隆道作隳道以作而

而代人榮之 而代作則世

則明珠不顯 珠作璣

譬諸金木金性包水 無金木二字包作苞

氷生於水而冷於水 冷作涼

不登峻峰 峰作岑

弗可以傳聞練 練作柟

鐸舌如指 鐸作鐃

積漸之所致也 （致作𢻫）

不知遠祈明師 （祈作𧗸）

仲舒垂喪 （喪作亡）

矧伊庸人而可怠哉 （伊作乎）

專學第六 （按學作務）

則聽諷下聞視簡不見 （簡作𥳑）

必先正心而後理義入焉 （正下有其字而後作然後）

二關外壅視聽內隔 （壅作應）

使左手畫圓右手圖方 （作使左手𦘕方右手𦘕圓）

迴𠜾□之手 （之上爲掇字）

彎孤擬之 （孤作弧）

聾無耳而目不可瞽 （瞽作闇）

而聽察審聰明能深者是用心專一耶 （此句作而聽察聰明者用心一也）

如黏之而掇　如而二字互倒置

若聾者之歌敎人爲之　教作效

則越散矣也　矣也作者矣

辨樂第八

人心喜喜則笑笑則樂　喜作憘不疊

使其音倫理而不愧　音下有和字理字衍愧作詭

不使放心邪氣　氣下有得接焉三字

三王異代不相襲禮　代作世

先王開五聲播八音　開作闢

此德音盛德之樂也　德音下有之音二字

明王既滅　滅作沒

而溺音競興　溺音作淫聲

夏孔甲作破斧之歌始爲東陰　陰作音

則爔殺蟬緩之聲應　緩作媛

齊縉願未寒而服　而作之

曰善哉也爲琴若此豈非樂乎　也作乎非作不乎作哉

履信第八

知欲脩行而不知立信　脩作立

是適逞而首向冥山　向字缺

吳起不愆後轅之賞　後轅作移表

百穀不實則收成之德廢矣　收成作方盛

齊攻魯求其岑鼎　此卷衍齊攻魯下十七字

君以鼎危國　危作季兔二字

信者亦臣之國今若詭言破臣之國全君之國　無今若詭言四字

昔與公子善今俱爲二國將　與上有鞅字二作兩

鞅伏鉀而虜公子　作鞅伏甲虜之

棄成信之大義　成作誠

乃至屠滅爲天下所笑也　乃作卒所字也字並缺

是故言必而言信之府也　無是字而作如府作符

必抗信而行　行上有後字

不失其所　所作符

以莅政則治　政作事治作正

行之爲信其德大矣　作信之爲行其大矣

又

余於敦煌本劉子新論，於羅卷外，在巴黎既又獲見兩種。以補羅氏爲六朝舊著之說。至其撰人，應爲劉勰抑劉晝，仍不敢贊一言也。繼思敦煌遺書內有所謂隨身寶者，所記經籍一門，均係當時最通行之書，不啻一部唐人書目答問也。余乃求之卷內，正有「流子劉協注」一則，知必係「劉子劉勰著」矣。於是是書盛行唐代之言益驗，而唐志劉勰所著之說，又多一證。又三六三六號卷子爲雜抄，卷中有「九流」一條，目下有注云：「事

在流子第五十五章」所錄正是新論九流篇原文。其作「流子」之義，雖仍不得其解，然隋志叙錄，全取此篇，事正相同也。六月十四日

瑞應圖 不詳撰人 二六八三

瑞應圖殘卷長可兩丈。上幅爲圖，存二十有二；下幅爲說。圖與說均有目，說或不盡具圖，故說較圖爲多。按圖讖之說，起於東漢，延及六朝，斯風未替，民獻符瑞之祥，史載靈徵之志。稽之載籍，隋志五行家著錄瑞應圖二卷，瑞圖讚二卷，祥瑞圖十一卷，又八卷侯亶撰祥異圖十一卷。又注云：「梁有孫柔之瑞應圖記，孫氏瑞應圖贊各三卷，亡。」南齊書祥瑞志序云：「齊氏受命，事殷前典，黃門郎蘇侃撰聖皇瑞應記，永明中庾溫撰瑞應圖；」蘇庾二家，隋志似未著錄，則知有唐初葉其散佚者已多矣。又沈約宋書有符瑞志，蕭子顯齊書有祥瑞志，魏收魏書有靈徵志，爲前史所未有，蓋忸於時，尚不得不爾。唐修五代史，統納之於五行志中，以水火金木爲次，後之作者，亦稍稍變矣。此殘卷書名已佚，存龜龍發鳴三類，校以宋書符瑞志，首麒麟，次鳳凰，次龍，次龜，則知卷首殘缺者或當爲麒麟鳳凰兩類。又校以開元占經所引瑞應圖，解說亦無大異。卷中引及孫氏瑞應圖及宋書

符瑞志，又屢稱舊圖不載，所謂舊圖者今不能知爲誰氏之圖，則作者應在梁陳之世，據舊圖而更張之耳。圖爲彩繪，字不避唐諱，殆猶爲六朝寫本。

第一圖及說均殘，存者僅半，說云：「其唯龜乎？書曰龜從此之謂也。靈者德之精也，龜者久也，能明於久遠事也。王者不偏不黨，尊者不失故舊，則神龜出矣。」開元占經卷一百二十引「此之謂也」句脫之字。然占經所引尚完整，「其唯龜乎」句上，較卷子本可得多三十六字。又殘卷青龍條引孫氏瑞應圖曰：「青龍水之精也，乘雲雨而上下，不處淵泉，王者有仁則出。又曰君子在位，不肖斥退，則見。」開元占經引雲雨二字誤爲龍字，「不肖斥退」句缺一肖字，並當據卷子本校補。然卷後又複出青龍一條，說之不同者僅二三字，而不著出孫氏瑞應圖。又黃龍條云：「四龍之長也，不漉池而漁，至淵泉，則黃龍遊於池。能高能下，能細能精，能幽能冥，能短能長，乍存乍亡。」四字爲句，頗似讚語，與太平御覽卷九百三十引同；然卷後又複出一圖，說稱：「五龍之長也，」則又與開元占經卷一百二十引同。然則是書作者，當係雜採羣說，欲爲總匯，故爲圖則前後複出，爲說則或依舊書，或稍增飾，龍之一類，爲圖與說已三十有三事，則是書卷帙之繁巨，不難逆

知。惜存者僅此，雖令人嘗鼎一臠，猶不能不悵然若失也。

陳直齋著錄瑞應圖十卷解題云：「不著名氏，案唐志有孫柔之瑞應圖記，熊理瑞應圖譜各三卷，顧野王符瑞圖十卷，又祥瑞圖十卷。今此書名與孫熊同，而卷數與顧合，意其野王書也。其間亦多援孫氏以爲注。中興書目有符瑞圖二卷，定著爲野王。又有瑞應圖十卷，稱不知作者，載天地瑞應諸物，以類分門，今書正爾，未知果野王否？至李淑書目又直以爲孫柔之；而此書多引孫氏，則決非柔之矣。」此殘與直齋所見者正相同，而其著者，陳氏已不能指名。又按張彥遠歷代名畫記卷三著錄祥瑞圖十卷，起天有黃道，失撰者。又符瑞圖十卷，行日月揚光，幷集孫氏熊氏圖。書名卷數，均與顧氏圖合，蓋卽直齋所見者。然其撰人，自張彥遠已不能指名，疑六朝之末王者益重祥瑞，臣子遂總匯舊圖，以便侈陳符應爲有據，蓋卽此圖，則不必求其主名也。

至所引用書有尙書中候幷注，春秋元命苞幷注，春秋運斗樞，春秋演孔圖，蔡伯喈月令章句，禮稽命徵，禮升威儀，孝經援神契，魏文帝雜事，括地圖幷注，孫氏瑞應圖，並足資輯佚。又所引禮記大戴記文子淮南子，亦足資校勘。 四月二十九日

白澤精話圖 不詳撰人 二六八二

白澤精話圖殘卷，存者丈許。前幅有圖有說，後幅有說無圖。按開元占經卷百十六引孫柔之瑞應圖云：「黃帝巡於東海，白澤出，能言語，達知萬物之精，以戒於民，爲除災害」是卽此書命名之意也。南史梁簡文帝紀有新增白澤圖五卷，則所由來者舊矣。隋唐志並有白澤圖一卷，不著撰人姓氏，亦與此殘卷書名不相應。然此殘卷第三圖說云：「鬼夜呼少婦名者，老鷄也，煞之則已」，按太平御覽九百十八引白澤圖云：「老鷄能呼人姓名，殺之則止」，文詞雖小有差異，而所謂「達知萬物之精，以戒於民」者，則相彷彿也。清洪頤煊經典集林，馬國翰玉函山房輯佚書，均有白澤圖輯本一卷，只輯其說圖則久佚。此殘卷尙有圖二十幅，著以彩色，頗爲省目，可藉窺吾國中世紀時，對於萬物精魂之想像，畫彌足珍矣。

相書 原本題漢許負撰

敦煌本相書殘卷三：甲卷著錄號碼在三五八九，前有許負序，起相軀貌第二，訖相脚掌文第三十。乙卷著錄號碼在二五二七，起相五官部第三，訖相八面色第三十五。丙卷著錄號碼在二七九七,起相頤頷部第十八,訖相脚足下文第三十四。三卷相校,次序不盡相同,共得篇目三十有四,全書三十六篇,所殘缺者僅兩篇耳。其目次:相軀貌第二,相五官第三,相六府第四,相面第五,相髮第六,相額第七,相眉第八,相眼第九,相鼻第十,相耳第十一,相鼻人中第十二,相脣第十三,相口第十四,相齒第十五,相聲第十六,相舌第十七,相頤頷第十八,相玉枕項第十九,相背胸臆第二十,相心脇腹第二十一,相嬭肚臍第二十二,相玉莖袋器第二十三,相髀脥第二十四,相脚踝第二十五,相行步第二十六,相臂手第二十七,相毫毛第二十八,相人面部三亭第二十九,相男子第三十,相女人九惡第三十一,相額文第三十二,相手掌文第三十三,相脚足下文第三十四,相人面色第三十五。甲卷書題下旁注小字一行云:「漢朝許負等一十二人集。」另行題:「許負李陵東方朔管公明陶侶耿恭朱雲黔婁先生張良鹿先生神農張虫」等十二人姓名。又題:「身面諸文釁合三十六篇,許負撰幷序。」次爲序文,以四字爲句,前段幾不能讀,當有差誤。按隋唐志著錄相書甚多,書名卷數均與此不相應。張彥遠歷代名畫記卷三有黄帝樊薛許氏相圖,所舉撰人有不同。錢曾讀書敏求記卷三,有許負相法一卷,僅十六篇,內容亦不符。此蓋均爲相近之書，自古傳行民間，久失撰人姓氏，（或出於衆人之手，原無撰人姓氏。）尊許負者便題許負相法，尊袁天綱者或謂爲袁天綱相書；更多託古人以炫其名貴，如此敦煌本之東方朔管公明，張彥遠著錄本之黃帝樊薛等是也。故余僅考知其見重於世，不願斤斤於撰者主名也。

據敦煌遺書內傳本之多，可推知唐代流行之廣。唯其纂自民間，故爲唐以前通俗相術之總匯。再證以羣書，而有以其淵源之古，而學者引用之多也。按此相書相脚足下文第三十四第四節云：「足心有黑子大貴三公。」考後漢書酷吏黃昌傳：「朝廷舉能，昌遷蜀郡太守。初昌爲州書佐，其婦歸寧於家，遇賊被獲，遂流轉入蜀爲人妻。其子犯事乃詣昌自訟。昌疑母不類蜀人，因問所由。對曰：妾本會稽餘姚戴次公女，州書佐黃昌妻也。昌驚呼前謂曰：何以識黃昌邪？對曰：昌左足心有黑子，常自言當爲二千石。昌乃出足示之，因相持悲泣，還爲夫婦。」章懷注引相書曰：「足心有黑子者二千石。」又相嬭肚臍第二十三：「凡人嬭黑如爛色貴，嬭相近一尺二寸大貴。」按太平御覽卷三百七十一引相書：「乳間闊尺富貴足壽；乳黑如墨，公侯之相，」大意相同。而卷三百六十七兩引相書，卷七百六十引相書，則與此不相應，蓋別是一書。是此書之見於徵引者也。又御覽卷三百八十七引楚國先賢傳：「顧紹爲郡門下幹，迎太守許荊，視荊蹠下而笑。荊怒，問之，紹曰：見明府蹠下有黑子，紹足亦有之，欣而故笑。」又張舜民畫墁錄：「郭忠武使渾忠武瑊洗足，見汾陽足下有黑子，捧玩久之。汾陽問其故，渾答云：瑊也足亦有之。汾陽令跣而視之，笑曰：不及我。」又鄭處誨明皇雜錄：「安祿山初爲張韓公帳下走使之吏，韓公嘗令祿山洗足。韓公脚下有黑點子，祿山因洗脚而竊視之。韓公顧笑曰：黑子吾貴相也，獨汝窺之，亦能有之乎？祿山曰：某賤人也，不幸而兩足皆有，比將軍黑而加大。韓公奇而觀之，益親厚之。」又孫光憲北夢瑣言：「唐吳行魯少年事內官西門軍容，一日爲洗足，中尉以脚下文理示之曰：如此文理，爭教不作十軍容使？行魯拜曰：某亦有之。乃脫履呈之，中尉嗟歎，謂曰：汝但忠孝，我終爲汝成之。」（雲自龕本卷三頁八。）以上四事，事相同，非相因襲，蓋均由於受此相書觀感之深，然則其流行之廣，又可知也。

二十五年四月十日重定稿

類林　唐于立政撰　二六三五

類林殘卷，存者卷八之末，（書法第三十二。）卷九全，（善射第三十三，壯勇第三十四，音聲歌舞第三十五，美人第三十六）。卷十之半，（子目殘缺，似爲祥瑞災異兩類。）以事爲類，綴輯古經子史以實之，蓋即所以名編之意。新唐書藝文志類書類有類林十卷，于立政撰，當即是書。按舊唐書于志寧傳：「子立政，太僕少卿。」新書宰相世系表：「立政字匡時，太僕少卿，虢州刺史。子大猷。」（卷七十二下。）金石萃編卷五十六有于志寧碑，卷六十二有于大猷碑，並稱立政官「尚書吏部郎中國子司業太子率更令渠虢二州刺史太僕少卿上護軍」，所記仕籍，當得其實。有唐盛時，三原于氏鼎盛，立政父志寧爲名宰相，預修官撰羣書，別有諫林三十卷，則立政此書蓋承家學也。今傳世類書，其卷帙較繁，徵引較富者，概出官撰；是書取資鴻富，抗衡官家。所徵引如司馬彪續漢書、晉陽秋、晉記、趙記、蜀王本紀、典略、新論、丹陽記、語林、帝王世說、續齊記、幽明傳之類，今並散佚，則此戔戔兩卷書，在今日尤爲鴻寶矣。

是書寫本虎字、民字缺筆，基字不缺筆，殆寫於開天以前。按于志寧碑立于乾封元年，顧炎武金石文字記謂碑爲立政所書，則立政之卒，恐不能下及玄宗之世，則此書之書寫時代，距脫稿日固甚邇也。

籯金　唐李若立撰　三六五〇　五月三十日

敦煌本籯金殘卷，對折册葉裝，首尾均殘，存佛法篇第四十八，南蠻篇第五十三，北蕃篇第五十四，戰陣篇第五十五，元戎篇第五十六，六軍篇第五十七，盜賊篇第五十八。又一篇無題，引有東方曼倩非有先生論，王褒四子講德論等，甚長，與佛法篇裱在對葉，則當爲第四十七篇或第四十九篇。按巴黎所藏二五三七號卷子，題略出籯金，爲張球寫本，羅振玉已爲印行；此卷是否爲略出本，不可得知，然爲羅振玉所未見，爲可寶也。

二五三七號略出籯金影印本，羅振玉無跋，劉師培敦煌新出唐寫本提要有跋云：「是書唐志無著錄，若立張球事並無攷，注中所引之書，民字治字率以百姓及理字代之，隱佚之序，亦有賢人避代之文，其他各篇，則明用治字，注中民字亦不盡諱。東都篇叙，且直言基隆七百，惟御史文昌序，顯榮顯字，獨缺左旁一點，殆成於武后改唐爲周之世歟？」（國粹學報第七卷）。今按若立事蓋無考，而張球事則約略可知也。

略出本卷第一下題：「宗人張球寫，時年七十有五」十一字。按四六六〇號卷子，有淸河張府君諱祿邈眞讚一文，署「從侄沙州軍事判官將仕郎兼監察御史裏行　球撰」，作於咸通十二年。（八七一）又二五六八號卷子張延綬別傳，亦爲球所撰，後署光啓三年。（八八七）又二九一三號卷子張淮深墓誌銘，題張景球撰；考景球官銜與張球同，則景球當是張球之字。此文不署年月，而淮深卒於大順元年（八九〇）則當作於大順元年以後可知也。敦煌所出雜文題張球撰者，依余現在所知，以此文爲最後。大順以後不十數年而唐亡，然球卒何年，與球年七十五歲時約當何年，則均無明白之紀載。舊五代史唐莊宗本紀：「同光二年五月，以權知歸義軍留後曹義金爲歸義軍節度使」球自署「宗人」，當對歸義軍張氏而言，則球寫書之年，不得在同光二年（九二三）以後也。又假設咸通十二年球撰張祿邈真讚時爲年三十五歲，則其七十五歲時，約當後梁開平四年（九一〇）前後，諒無大誤。大不列顛博物院藏敦煌本敦煌錄殘卷稱：「郡西北一里有寺，古木陰森，中有小堡，上設廊殿。先有沙倅張球已邁從心，寓止於此。雖非博學，亦甚苦心。蓋經亂年多，習業人少，遂集後進，以闡大猷，天不憖遺，民受其賜。」「已邁從心」，蓋謂球年七十以後，始隱居教授，而此署七十五歲，則正在隱居教授時也。則球寫書時，已屬唐室播遷，朱梁稱帝於中原，張奉自尊於西土，當已不奉李唐正朔，則略出籯金世字作代，治字作理，或偶因原本之舊，而治字民字又不盡諱者，正可爲非寫於唐代

之反證矣。六月二十六日

又 二九六六

籯金殘卷，存卷第二之開端，首全卷總目，次駕幸篇，次刺史篇，刺史篇自叙文以下殘缺。全卷長不滿二尺，然持與略出本相校，知此爲李若立原書，而有以知略出本或卽爲張球所删定，爲可寶也。此卷目次，始駕行第二十一，訖名位第四十，書題下有小字一行云：「凡列十二篇」，十二當作二十，謂卷二共二十篇也。（目次朋友第三十，誤作十三，與此同一誤例。）按若立自序云：「合成百篇，分爲五卷」，則原書蓋卷爲二十篇，此正爲原書卷第，而略出本卷一僅十七篇，卷二始忠諫篇第十八者，蓋爲張球所改。此則依此殘卷而可推知者一也。此卷駕幸篇所錄之事，與所叙之文，既爲若立原本，略出本叙文尚同，而錄事解說義雖同，詞句迥異，且「鳳軫」以下，「星陣」「天行」等六事，竟全删去，可知略出本删潤者甚多。此則依此殘卷而可推知者二也。此卷目次，七賢第二十七，明德二十八，賢智二十九，朋友三十，仁孝三十一，父母三十二；而略出本七賢二十七以後，爲朋友二十八，仁孝二十九，父母三十，可知略出本目次亦有移易，蓋亦張球所爲。此則依此

殘卷而可推知者三也。六月十九日

又　三三六三

叢金殘卷，存卷首二十餘行，無「略出」字樣，當爲李若立原書。敘目諸侯篇第十四以下殘缺，然敘文尚全，足資校正二五三七號張球略出本者頗多：「遂使玄黃異質，花葉隨分，」略出本隨作殊。「市葉舒陰，敦書而升絳帳，」略出本舒作館。「故先錄其事，後敘其文，」略出本脫下其字，又誤文爲交，遂不可句讀。六月十五日

雜抄　三六三六

此卷長可兩丈，首尾殘缺，書名不可知。卷中民字缺筆，則當寫於唐代。閱其內容，似爲類書，然編次無法，且無類目，頗似學人之讀書札記，以備撏撦者。所引佚書，經類有五經通義易乾鑿度，史類有東觀漢記晉朝雜事前涼錄河西舊事宋元嘉起居注孝子傳皇甫謐高士傳益部耆舊傳列士傳袁山松宜都山水記王孚安城記裴淵廣州記雷次宗豫章記荊州圖記荊州圖副梁州記武昌記嵩山記外國圖，子類有魯連子氾勝書世說相冢書等，可見古人學問之博與見書之多，雖非著述，在今日觀之，已爲圖書淵府矣。又卷

中「九流」一條，目下注云：「事在流子第五十五章，」然依其家數錄新論九流篇原文於次。唐人稱劉子爲流子，余在二七二一與三六四九兩卷中並見之，雖未得其解，而此卷又引作「流子，」唐人固有此稱也。七月二十六日

還寃記　北齊顏之推撰　三一二六

此殘卷書法甚佳，卷末署「冥報記」三字，墨色較濃，故尤爲秀雅。卷之上端有小字十餘行云：「中和三年四月八日下手鐫碑，五月十二日畢手。索中丞以下三女夫作設於西牙碑畢之會，尙書其日大悅，兼賞設僧□已下四人，皆沾鞍馬縑緗，故記於紙。」則此卷爲唐中和三年所書，書字人雖未記姓名，然據此可知爲爲歸義軍節度使書碑者，自屬河西名手，宜其書法工秀若此也。今存者長可兩丈，爲姚萇（卷端殘損數行）。李期，劉毅，（殘缺數行）。孔基，曇摩讖，支法存，張超，張稗，呂慶祖，諸葛覆，徐某甲，李龍，鄧琬，蕭嶷，魏城陽王元徽，凡十五故事。

冥報記爲唐唐臨撰，自宋以後，已無傳本。清末楊守敬訪書東國，得古鈔本三卷；又從法苑珠林太平廣記所引，輯其佚文，釐爲十卷，以符籐原佐世見在書目所載原帙之舊，具

詳日本訪書志中。後孫毓修就日本古寫本三卷，印入涵芬樓祕笈第八集。余於楊氏圖書簿錄之學，素所欽仰，旣整理其遺書，爲訪書志作補編，更思有以繼其未竟之業。於冥報記一書，嘗擬依其輯目，就珠林廣記二書錄其全文，勒成一帙；然以巴黎所藏敦煌遺書，尚有殘卷爲楊氏所不及知，冀或有出於楊輯以外者，故仍有待，未卽著筆。及來巴黎，獲覩原卷，撫摩不忍釋手，而行篋却無祕笈與訪書志，莫由考校。乃遺書友人吳君藻洲，代檢訪書誌，及吳君書來，急考此姚萇等十五事者，不但不見於日本古鈔本，且不見於楊氏所爲輯目。初則大喜，以爲此兩丈長寶卷，盡佚文也；繼乃以卷中無梁以後事，且不應古鈔珠林廣記三書所未引，適均在十五事中，則又大窘。

余乃更考之太平廣記，孔萇曇摩懺支法存張超鄧琬五事，並見廣記卷百十九，乃稱出還寃記，非冥報記也。又檢張稗事見卷百二十，劉毅事見卷百二十六，呂慶祖事見卷百二十七，亦並出還寃記，非冥報記也。及檢王謨輯刻漢魏叢書本顏之推還寃記，此十五事者，又並在書中，於是始斷知此殘卷爲顏之推還寃記，非冥報記也。此卷署爲冥報記，其誤蓋在千年前矣。余生千年後，獲覩此卷，偶得訂知其誤，此中甘苦，知我者其在濠上耶？

顏之推還冤記，四庫著錄本作三卷，傳刻本惟何鏜漢魏叢書爲足本，餘均殘闕可不完。若王謨所刻，其自跋中固詳述其殘闕矣。巴黎國家圖書館僅有此本，余持與相校，遺文脫句，滿紙皆是。冀他日返國，取何本並據羣書所引，詳爲是正，可成札記一卷。附誌於此，用自勉旃！五月二十七日

歷代三寶紀　隋費長房撰　三七三九

敦煌本歷代三寶紀殘卷，存者東晉傳譯佛經錄第五，前秦傳佛經錄第六，後秦傳譯佛經錄第七。分卷與今本不同，今本東晉錄在卷第七，前後二秦總爲一錄，在卷第八。又東晉錄之支遁竺僧度二紀，今本次在竺僧敷後，而卷子本則次在康法邃後，且傳文簡略，僅云「餘如高僧傳義」，不知今本爲後人據僧傳所加，抑卷子本爲當時抄者所節？然賴此可知今本與古本之不同。以卷子本較今本，其間凡有異同，亦莫不以卷子本爲優。然則今本支度二傳羨文，殆爲後人據僧傳所增溢。蓋吾人既得知卷子本之優，方有膽量以懷疑其異同之故，既得其異同之故，惡者便歸之劣本，而言亦往往幸中，「桀紂惡居

下流，」理論與事實恒如此，其可奈何！茲摘前秦錄一節以見例：

「前秦苻氏錄者其先蒲健本氏武都人也因二趙亂據有關西子孫乘機繼立稱帝號秦都長安至第三主諱堅字永固生有神光從天屬地銘見其背曰草付臣遂改蒲爲苻氏」 卷子本

「符健本氏武都人也因二趙亂據有關西子孫乘機繼立稱帝號秦都長安至第三主諱永固生有神光從天屬地銘見其背曰草符臣遂改符氏」 日本校訂藏經本致字號卷八頁五十三上。

卷子本文句較今本稍繁，蓋因卷子本分前後秦爲二錄，每錄各冠敘錄一篇；後人幷爲一錄，遂亦節合兩敘爲一敘，其繁簡之由疑以此故。其卷子本「第三主諱堅，字永固」今本删去堅字而以字代之，更續校下文更發見凡卷子本作「堅」之處今本並以「永固」二字代之。蓋「堅」爲隋文帝諱，今本避堅字者，蓋其本猶是隋時寫本之舊也。按三寶紀成於開皇十七年(五九七)雖不能確知寫于何時，但其文優勝，最近原本。又如前秦錄釋道安傳末較今本多一段云：「依檢安公出家之始，西晉愍帝建興之末年，德王道振，乃居東晉，孝武太元之晚紀。今取著述之時，故在斯錄。」此述安公所以不入晉錄而入秦錄之故，頗爲重要，今本刪之，則著述之旨不明。其他異同甚多，惜客中㬉尠，不克詳校，爲悵悵也。十二月一日

巴黎敦煌殘卷叙錄卷四

王重民撰

集部

楚辭音 隋釋道騫撰 二四九四

楚辭音殘卷，存者八十四行。起「駟玉虬以乘鷖兮，溘埃風余上征，」訖「爲余駕飛龍兮，雜瑤象以爲車。」書法整秀，裝潢甚都，不避隋唐諱，望而知爲隋唐間寫本。「望崦嵫而未迫」句，註有云：「騫按弇茲之神居此山，因以爲名焉，」因知爲釋道騫楚辭音也。按隋書經籍志楚辭類有楚辭音一卷，釋道騫撰。序錄又云：「隋時有釋道騫善讀之，能爲楚聲，音韻淸切，至今傳楚聲者，皆祖騫公之音；」今繹是書，多有謂協韻作某音者，協韻之說，前所未有，所協之音，殆卽所謂爲楚聲者耶？

支那學七卷一號，載神田喜一郎氏緇流之二大小學家一文，稱羅振玉印唐寫殘本文選集註卷六十六劉安招隱士，蘋艸靃靡註：「音決蘋音頻，按此卽字林所謂赤蘋草者也。蕭騫等諸音，皆以爲蘋音煩，非。」因定蕭音爲蕭該文選音，騫音爲釋道騫楚辭音，固也；神田先生又以爲騫公楚辭音留存於今日者，此爲惟一鱗爪，余前日亦以爲固也，孰謂今日竟能覩此殘編，存者八十四行，爲音近數百事乎？又「豈珵美之能當」句注云：「本或作瑤字，非也，郭本止作程，取同音。」按隋志有楚辭三卷，郭璞注；騫公此稱郭本，當指郭璞楚辭注。余茲效神田先生之言曰：「郭璞楚辭注存留於今日者，此爲惟一鱗爪，」可乎？雖然余閱巴黎所藏敦煌卷軸，尙未及半，實願將來此言之不驗也。九月十二日

附

聞一多先生敦煌舊抄楚辭音殘卷跋

敦煌舊抄楚辭音殘卷，不避隋唐諱，存者八十四行，起「駟玉虬以乘鷖兮，」迄「雜瑤象以爲車，」凡釋離騷經文一百八十八，注文九十六，希世寶也。卷藏巴黎國立圖書館，王重民先生近校書巴黎，始發之叢殘中，並據卷中茲字下「騫案」云云，定爲隋釋道騫撰楚辭音，又以珵下云「郭本止作程，」謂卽郭璞楚辭注之孑遺，（巴黎敦煌殘卷叙錄九見圖書季刊二卷三期）。其說皆灼然有據，無可易者。夫爲楚辭

學者，自漢王逸以下逮宋之洪朱，約及千載，代有名家，而郭注騫音之名，尤赫然在人耳目。顧其書自唐中葉以還，似已蕩然靡存，而史志所臚，空有其目，譬如豐碑戴塗，徒足爲欷噓憑弔之資耳。今騫音殘卷一旦發現，而郭注鱗爪，復在其中，誠哉此旦暮之遇也。自殷虛之役以來，數十年間，驚人之事多矣。即以重民先生近所剔發於巴黎者言，此尺幅斷軸，亦毫末之於馬體而已，然而自楚辭學之範圍觀之，固已爲曠古未有之奇。重民先生之功爲不朽矣！比因友人葉公超先生郵書巴黎，代請副本。重民先生乃慮迻寫失真，餉以影片。歡慶感激，匪言可宣。旣拜領嘉貺，尋繹終朝，驚喜稍定，乃記其一得之見如次。倘幸重民先生有以教之。

以今本楚辭章句校此卷，注『邑於綸』，卷綸作繙，以左傳史記證之，疑係誤字。說詳校勘記。注『不可卒至』，明至德本楚辭至作遍，唐寫本文選集注殘卷作徧，今卷亦作徧，則卷是而今本非也。自餘異文十九，勝於今本，以其義雖不殊而字則近古，說亦具校記中。至夾注中往往引章句語，其有裨於校勘者，筳下引王逸曰『筳，小破竹也，』與宋龐元英文昌雜錄二所引正同。今本破作折，蓋蒙下文『結草折竹以卜曰尊』而誤。以上爲卷中涉於離騷經與章句本身之可紀者。然卷之價值尚不在此。

理下引郭本作程，郭本之爲郭璞楚辭注，重民先生旣發之矣。然而謂『郭璞楚辭注存留於今日者，此爲惟一鱗爪，』則似不盡然。

兹字下：郭云『止日之行，勿近昧谷也；』

鴆字下：郭云『凶人見欺也；』

鴂字下：郭云『姦佞先己也。』

案『止日』句釋經文『望崦嵫而勿迫』也，『凶人』句釋『鴆告余以不好』也，『姦佞』句釋『恐鵜鴂之先鳴』也。旣皆冠以『郭云』則非郭注而何？取彼隻字，捨此全句，亦千慮之一失已。雖然，謂郭書之存於天壤間者，祇此卷中數語，猶未諦也。曩余嘗欲採由漢至隋間詩文用楚辭與王逸異義者，理而董之，如淸儒之於羣經者之爲，輯爲楚辭遺說考。年來羅掘所及，於郭璞亦得一事焉。文選江賦曰『悲靈均之任石，歎漁父之櫂歌，』李善注曰：

楚辭曰『名余曰正則，字余曰靈均，』又曰『望大河之洲渚，悲申徒之抗直，驟諫君而不聽，重任石之何益？』又曰『懷沙礫而自沈兮，不忍見君之蔽壅。』史記曰『屈原作懷沙賦，懷石自投汨羅。』懷沙卽任石也。義與王逸不同。案李善謂王郭異義，是也。『重任石之何益，』悲回風文。王逸注曰『任，負也。百二十斤爲石。言已數諫君而不見聽，雖欲自任以重石，終無益於萬分也。』舊校石一作柘。說文『柘，百二十斤也。』是王讀石爲柘。若郭賦上下文所隸事，如陽侯，奇相，禹，佽飛，要離，周穆王，鄭交甫等，皆與江相關，而此又與『歎漁父之櫂歌』相爲偶句，是其解楚辭『任石』爲抱石沈江，審矣。作賦用楚辭義如此，注騷時不宜自異。然則江賦此句可視爲郭氏楚辭遺說，亦卽其楚辭注義矣。愚意郭書之在海內，名雖亡，實亦未嘗盡亡，重民先生倘不以爲謬乎？

卷中所存佚書，郭氏楚辭注而外，似尚有宋人所稱無名氏之離騷釋文。鴂字下曰：

文釋曰『鶗鴂一名鵙，今謂之伯勞，順陰氣而生，賊害之禽也。王逸以爲春鳥，謬矣。廣疋「鶗鴂，布穀也。」』案江之意，秋時有之。詩云：『七月鳴鵙，』毛傳云『鵙伯勞也，』箋云『伯勞鳴，將寒之候。』

案「文釋」似非人名。注漢書者有文穎，然釋之與穎，形聲俱遠，無緣致誤。竊意「文釋」當爲「釋文」之倒。其書洪補注屢引之。隋唐志不載。郡齋讀書志，直齋書錄解題並有離騷釋文一卷，解題云『古本無名氏，洪氏得之吳郡林虛德祖。其篇次不與今本同。』案釋文篇次異於今本，而與王逸注暗合，又據洪所引，率多古文奇字，蓋隋唐以前舊籍也。鶱公所引，必此書無疑。第宋人云其書無名氏。今細審前揭鶱公語，上引釋文駁王逸之語曰『王逸以爲春鳥，謬矣，』下云『案江之意，秋時有之，』則江是釋文作者之姓矣。釋文今旣不傳，此條又不見於洪氏所引，而作者姓氏久湮，復獨賴此卷存之，斯不僅爲遺說考之新資料，抑亦好古者之所當共慶者與！

其他所引古籍尙有尙書三則，（內二則有僞孔傳，）毛詩五則，（皆有傳，一則有箋，）左傳並杜注一則，公羊傳一則，論語並孔注一則，世本一則，穆天子傳並注一則，山海經三則，（內二則有注，）漢書並文穎注一則，淮南子二則，（內一則有許注，）司馬相如賦一則，爾雅，方言各二則，說文六則，廣雅十三則，蒼頡篇，埤蒼，聲類字書各一則，字林三則，字詁二則。以上世本淮南許注，並蒼頡篇以下皆佚書，當有裨於輯佚工作，自餘諸書，或亦有裨於校勘。叢脞嬰身，未遑覆案也。至引相玉書一則，與王注所引微有出入，既不明言轉引王注，其果出自原書與否，蓋難言之。

卷中文字頗有迻寫失次者，上揭「文釋」一二字是其一端。然尚有舛牾甚於此者。鴆字下曰：

「丈沁」一「徒蔭」一二反。廣疋曰『其雄曰運日，其雌曰陰諧。』山海經曰『女几之山多鴆』，郭璞曰『大如雕，紫綠色，長頜，赤喙，食蛇。』淮南子作雲日，字或作⿰云鳥日。（案以下文多錯亂不可句讀。）或圡俗云千年潭烏成同力千年同力作暈日字郭云凶人見欺也成鴆烏也三千歲也亦不詳審斯言之虛實

自『或圡俗云』下文義不屬，試乙正之如次：

……淮南子作雲日，字或作⿰云鳥日，或作暈日。（字）此字上下皆無所附麗，疑衍。土原作圡，俗土字。俗云，千年潭烏成同力，千年同力成鴆烏也，三千歲也，亦不詳審斯

言之虛實。郭云『凶人見欺也。』

廣南異物志曰『檀雞，鴆鳥之別名。』檀雞卽潭鳥，亦卽鴆鳥也。鴆潭音同覃部，轉入寒桓，則爲檀。名醫別錄『鴆鳥毛有大毒，一名𪄀日，』陶注曰『𪄀日大如黑傖雞，……作聲似云「同力」，故又名同力鳥。』是鴆也潭也同力也，一物而異名，故知此當以『千年潭鳥成同力千年同力成鴆鳥』相承爲文。唯『三千歲』之三似當作二不則『土俗云』下或尙有脫文。

至於所注音讀二百八十餘事，自爲研究隋唐古音之正確資料。事涉專門，力有未逮，故缺而弗論云。民國二十五年三月十八日。

校勘記 四部叢刊本楚辭章句用楚辭音殘卷校

日忽忽其將暮， 卷作莫

望崦嵫而勿迫 卷作奄玆 （案今本下文注引大禹傳『洧盤之水，出崦嵫之山，』唐寫本文選集注殘卷作奄玆，宋胡稺簡齋詩集箋注五引同。）

吾將上下而求索。 卷作𡩋 （案此求𡩋本字，見說文，廣雅。經傳皆用索，用𡩋者此爲首見。）

注 不可卒至 卷作徧（案明正德刊本楚辭作遍，唐寫本文選集注殘卷作徧。）

總余轡乎扶桑 卷作揔（案明隆慶夫容館重雕宋本，朱氏集注本，錢氏集傳本，唐寫本文選集注殘卷並作揔，文選陸士衡前緩歌行注引同。）

聊逍遙以相羊 逍遙一作須臾 卷作須臾，云本或作消搖。（案義仍是逍遙作須臾者，古字假借，本書九思守志篇『陟巒山以逍遙，』注『逍遙須臾也。』）

雷師告余以未具 注 言已使仁智之士 卷作知

紛總總其離合 注 總總猶僔僔聚貌 卷僔僔下引此注末有也字（案夫容館本亦有也字，文選甘泉賦注引同。）

相下女之可詒 詒一作貽 卷作貽，云又詒同。（案正德本亦作貽。）

吾令蹇脩以為理 注 伏羲時敦朴 卷作戲

雄鳩之鳴逝兮 釋文雄作鴆 卷作鴆（案此古字之僅見者。）

鳳皇既受詒兮 卷於此詒字下出遺字（案騫公所據本此處似有注「詒遺也，」今本脫之。）

留有虞之二姚注因妻以二女而邑於綸• 卷作緡（案少康食邑，左傳哀元年及史記吳太伯世家字並作綸，無作緡者。此似誤。正德本作綸緡，則又合二本而並存之。）

理弱而媒拙兮注拙鈍也• 卷作頓（案唐寫本文選集注殘卷亦作頓。經傳每假頓爲鈍。左傳襄四年『甲兵不頓』，戰國策秦策『吾甲兵頓』，漢書賈誼傳『莫邪爲頓兮』）

好蔽美而稱惡• 卷作偁，云又稱同。（案偁稱正借字。）

索藑茅以筳篿兮• 卷作簝

注筳小折竹也• 卷筳字下引作破（案宋龎元英文昌雜錄二引亦作破。）

注楚人名結草折竹以卜曰篿• 卷篿字下引無以字

何所獨無芳草兮草一作艸• 卷作艸

爾何懷乎故宇宇一作宅• 卷作宅，云如字，或作宇音。

世幽昧以昡曜兮昡一作眩• 卷作眩

孰云察余之善惡注屈原答靈氛曰• 卷作畣（案畣古答字，爾雅有之，然已譌作畣，從田，於義無施。他書用古字者莫不皆然。蓋習非勝是，沿誤久矣。作畣者平生惟此一見。六書命脈，不絕如縷，眞堪一字千金矣。）

恐鵜鳩之先鳴兮鵜一作鶗　卷作鶗（案史記曆書索隱，漢書揚雄傳注，後漢書張衡傳注，爾雅翼，任淵山谷內集注十二並引作鶗。鵜鶗陰陽對轉。）

惟此黨人之不諒兮諒一作亮　卷作亮

荃蕙化而爲茅　卷作蓀

椒專佞以慢慆兮慆一作諂　卷作謟，云又慆，宜作滔，同他牢反。（案類聚八九，文選祭屈原文注，海錄碎事五引並作諂。書抄三〇又引作諂，誤。）

芬至今其未沬注　芬芳勃勃勃一作浡　卷作浡浡

精瓊靡以爲粻注　精鑿也　卷作糳（案糳鑿正借字。）

補記

比得重民先生來書，稱鶗鴂一條當出於江邃文釋其書，馬國翰有輯本，此可補馬輯之遺。案重民先生之說最是。余前以「文釋」爲「釋文」之倒，肊測無據，合急更正。惟文選思玄賦注引服虔曰：鶗鴂一名鴂，伯勞順陰陽氣而生，賊害之鳥也。王逸以爲春鳥，繆矣。與饕公所引文釋語正同，然則文釋此條又全襲服虔矣。選注『伯勞』上挩『今謂之』三字，『陰』下又衍『陽』字，致文義扞格，可據此以訂正之。又答字卷作畣。余前謂相承以畣爲古答字，畣實倉之訛，今案秦詛楚文『鞳輪棧輿』，鞳字從畣，是古有畣字也。至詛楚文之鞳，以此卷證之，明卽鞳字，舊釋爲鞹，非是。六月十七日又識。

東皋子集　唐王績撰　二八一九

此卷首尾殘缺，載賦三篇，起遊北山賦之後半，元征賦全，訖三月三日賦之前半。據遊北山賦，知爲唐王績所撰，蓋爲東皋子集殘卷，更證以羣書，而知此爲呂才所編績集五卷本之原帙也。按唐書藝文志集部，陳振孫書錄解題卷十六，晁公武讀書志卷十七，並著錄是集作五卷。清四庫全書著錄本，孫氏岱南閣刻本，四部叢刊續編影印本並作三卷。提要因疑三卷本爲宋以後人採掇輯晉而成，則恐有未諦。張菊生先生跋是書，疑宋時必有兩本，一爲五卷，一爲三卷，是也。以余攷之，五卷本爲呂才原編，三卷本爲陸淳刪節，似又可不必致疑也。何以言之？陸淳刪東皐子集後序云：「余每覽其集，想見其人，恨不同時，得爲忘形之友，故祛彼有爲之詞，全其懸解之志，庶乎死而可作，無愧異代之知音耳。」檢宋姚鉉唐文粹卷八十一，有續重答杜使君書，卷八十二又有與陳叔達重借隋紀書，繹其文旨，蓋是有爲之詞，在陸淳所刪之例，則姚鉉必採自呂編五卷本。又全唐文卷百三十二有績三日賦、鶩賦，（按此二賦不見文苑英華與文粹，其出處容再攷。）與此卷之元經賦，繹其文旨亦無懸解之志，則亦在陸淳所刪之例，故不載淳刪三卷本。又晁氏讀書志引呂才序云：「績年十五，謁楊素，占對英辨，薛道衡見其登龍門憶禹賦，嘆曰：今之庾信也！」今本才序無晁公武所引之文，集亦不載其登龍門憶禹賦；然望其題而知其詞必爲有爲而賦，則賦既爲陸淳所刪，而並刪及呂才序可知也。然則宋人所見績集，並呂才所編五卷本也。（周氏涉筆、西清詩話等書引績詩有逸句，則所見亦爲五卷本。）反之，依其佚文與今本內容作比較觀，再衡以陸淳敘旨，而有以知今所傳三卷本爲陸淳刪本無疑也。

岱南閣刻本，據孫星衍序稱爲吳門余蕭客影抄宋槧本。四庫著錄爲明崇禎中刊本，四部叢刊續編影印清常道人校鈔本。張菊生先生跋稱：「孫刻詩篇編次與是本不合，且缺祭處士仲長子光文及自撰墓志二篇，疑所據之本各異。」按祭仲長子光及自撰墓志二文，並在卷末，或孫氏所據本適缺卷末兩葉；此兩文實具懸解之志，不應爲陸淳所刪。至詩篇所以編次不同之故，檢叢刊續編本卷中葉五下，初春一詩書眉上，有楷書「記事」二字，或清常道人手鈔時，欲爲分類，故前後倒置也。然則今所傳三本，若溯其源，皆同一流。此事證明甚易，取孫刻與四庫本一校即得。惜余遠在海外，旣未見孫刻，更莫由窺四庫之祕也。

由上觀之：陸淳所刪三卷本，宋時亦嘗付剞劂，陳振孫尙見之，因是節本，故未爲著錄。元明以來，五卷本亡而此節本反存。四庫提要謂「或宋末本集已佚，後人從文苑英華文粹諸書中採績詩文，彙爲此編，而僞託才序以冠之，未可知」者，爲勇於疑古而疎於攷證。且續詩文多作於隋代，爲英華所不收，則又爲館臣所未及料也。

全唐文卷百三十二、三十三，收績文兩卷，搜輯甚備。然無元征賦，知此文與五卷本隨佚，今重得於敦煌古卷中，爲之狂喜。又全文卷百三十二收入子推抱樹死贊荆軻刺秦王贊等十三篇，據呂才序：「續又著會心高士傳五卷，別成一家，不列於集，」則爲會心高士傳之贊語，不應輯入文集，附誌於此。

按卷內國字作圀，天字作𠑺，並爲僞周武后所製新字；則爲唐武后時寫本，又陸淳爲啖助高弟子，度其生年，不能上逾開元，然則此卷子本書寫之時，陸淳尚未生世，則應爲呂才原編，更可無疑也。茲迻錄元征賦於後，以補續文之闕；校寫北山賦之異文，以見之唐寫本之善云爾。九月十九日

元征賦

若天四時定歲三年啓正無許都之日蝕値荆州之處平風雲淑暢宇宙融明磔雞厭疫□羊肋生趙國則庶人鳩獻漢郡則治中鸛驚爾其儺燈夜警齋延夙設送終春始之儀餞二延三之節土風則白鹿爲娛斗柄則青龍主悅正容端表門新戶潔況復春來氣序和家家少長相徑過正朝參賀密年前嫁娶多小婦裝金翠遊童盛綺羅椒花頌逐迴文寫柏葉樽宜長命歌遙憶二京風日好正玉城正殿年光早旌旂曄曄千門路冠蓋紛紛兩宮道天子拜安平儲宮迎太保大農門飲食之節尙書

奏會朝之羨酒則淥酃新加飯則彫胡始造逼側駢填威儀折旋樂調百戲觴稱萬年西京馬騎和鍾鼓東國魚龍雜管絃斜班束帛彤闈踏將夕但願皇家四海平每歲常朝萬方客別有故園人獨守寒鄉春昨夜竹聲驚百魅今旦桃符安四鄰歲酒輕三□老夫無所欲光陰苦難足試着蟄鷰何日還坐望歸鴻已相續莫愁來歲晚但恨前塗促年年歲歲有元正何年何歲罷逢迎聊獻雀而相賀且呑雞而自營取長樂往棲方太平何必欽□障之紗律仰皇惟之織成辭御牀而表德坐重筵而發名乃爲歌曰

獻歲風光早芳春節會多徑潘三月內恣意飽相過

遊北山賦校文

本文　四部叢刊續編本　孫刻本（據張菊生先生校）

澮王孫之遠慮　澮作談

園廡斜臨　園廡作菌閣

鳳翮龍肩之素琴　肩作唇

崗巒四時　崗作峯

泉疑洫泗　洫作洙

注續孔子六經　子作氏

注故此溪今號爲王孔子　此句作故溪今號王孔子

涘也　之溪也

人多已矣　多作今

誅茅席芷　誅作詠

注此溪之集門人常以百　脫之集二字

數　脫之字

注南陽程元中賈瓊　賈作山費　賈作費上有山字

注相爲俊疑　俊疑作後來題目

注而姚義多慷慷同儕方　此作以姚義慷慨方之仲

之仲由薛收以理達　由薛收理識方之莊周

稱見方莊周薛實妙　薛實妙言理耳

言理

知何營　作我何所營

注卒於鄉館時年三十二　館作余一作三

注及皇家命錄命　無錄字

注因遊此溪　作余因遊溪

囗連姑射之西　囗連作前臨

悠哉川域　哉作然

西軒聚螢　西作南

錄衣扇枕　錄作綵

緇布開經　開作聞

與沮溺而同恥　恥作趣

豈若憑敬通之誹代　憑作馮代作世

掬井臼而無樂　掬作採而作之

歷山海之苦心　之作而

豈如我家生事　生作身

寧夏遠志　憂作圖

坐青山而非隱　非作方

遊綠潭而似喜　綠作碧似作已

舊知山裏　山裏作出處

幽蘭白雪之琴曲　白雪作獨夜

堀室徘徊　堀作窟

心如死灰　如作同

蘭漿朮麨　朮作木

松根釀醪　釀作溜

或飲犢而新來　飲作抱

金枝吐穗　吐作壯　作吐不誤

樹當窗而鳥萃　當作橫

天網寃寃人生豈難　寃寃作何寬豈作幾　寃寃作寬寬

紅蓼促節之杖　蓼作蓺

綠籜班皮之冠　皮作文

得劉靈而甚懽　靈作伶

古人則難與同歸　作古人則與子同歸

紛吾則此賢將老　賢作焉

磵溪沼渚之蘋芰　渚作沚芰作艾

笑江湖之枯槁　湖作潭

身與代而相棄　代作世

逐食牆東　牆作場　食作日

征人馭風　征作仙

道術潛通　　通作同

故陳子昂遺集　唐陳子昂撰　三五九〇

敦煌本唐陳子昂集殘卷存卷八上西蕃邊州安危事之末，至卷十終。末附盧藏用撰陳氏別傳，卷尾題：「故陳子昂遺集十卷，」又小字旁注云：「合成一卷，」謂集十卷合寫於一卷子上也。按郡齋讀書志著錄陳子昂集十卷，直齋書錄解題著錄陳拾遺集十卷，陳氏云：「黃門侍郎盧藏用爲之序，又有別傳，系之卷末，」是知晁陳所見，均爲盧藏用定本之舊。今宋本已佚，盧本失傳，似以明弘治四年楊春重編楊澄校刻本爲最古矣。楊春重編本分前後集各五卷，仍爲十卷，前有弘治四年張頤序及盧藏用原序，後有楊澄後序。然持與敦煌卷子本相校，卷九卷十編次無稍異，疑楊春一仍盧本之舊，所謂重編者，本無其事，蓋明人嗜名，特題「重編」二字以自炫耳。盧序雖未言有前後集之分，以此推之，前後集原爲盧藏用舊第可知也。至文字之異同，茲校卷九諫靈駕入京書一篇以爲例：

故雖周公制作夫子著明　　明刻本明誤作名

北對嵩邙西望汝海　明刻本作河海

天下和平　明刻本和誤作利

昔者平王遷周光武都洛山陵寢廟不在西京宗社墳塋並居東土　明刻本西京誤作東京東土誤作西土

即此一篇，唐本之足珍可見矣。

四庫著錄據內府藏寫本提要云：「此本傳寫多譌脫，第七卷缺兩頁，據目錄尋之，禡牙文縈海文在文苑英華九百九十五卷，弔塞上翁文在九百九十九卷，祭孫府君文在九百七十九卷。又送崔融等序之後，據目錄尚有餞陳少府序一篇，此本亦佚，據英華七百十九卷有此文，今並葺補，俾成完本。英華八百二十二卷收子昂大崇福觀記一篇，此集不載其目，殆偶佚脫」。按明弘治本卷七不缺頁，餞陳少府序有目無文，目下注一缺字，則重刻時已佚。亦無大崇福觀記，蓋爲原集所未收。然則四庫著錄本或即從弘治本出也。又按全唐文二百九卷至二百十六卷爲陳子昂集八卷（有詩二卷，故文僅八卷），有餞陳少府序而無大崇福觀記，則全唐文未據文苑英華葺補可知。因疑全唐文所據爲另一本，較四庫本爲完善。再以文字之差譌證之，益明白可知。諫靈駕入京書：「天下和平，」一全唐文本和未誤作利，與敦煌本同。又諫曹仁師出軍書，敦煌本「南中士馬不耐祁寒」全唐文本作祁不誤，明刻本祁誤作初。「且古來絕漠，多喪士馬，」一全唐文本作漠不誤，明刻本漠誤作漢。余客中無書，初以全唐文校敦煌本，不知全唐文之善；後從戴密微先生（P. Demiéville）假得四部叢刊影弘治本，用三本互校，始知全唐文本之善，然既知全唐文本之善，始能知敦煌本之尤善矣。 七月二十六日

文選音 二八三三

敦煌本文選音殘卷，起任彥昇王文憲文集序之後半（在文選原卷第二十三）訖于令升晉紀總論。（文選原卷第二十五）卷內出篇題及原文一二字，而用直音或反切作音於下，絕不及字義，故知爲「文選音」也。考隋志有蕭該文選音三卷，唐藝文志有曹憲文選音十卷，許淹音十卷，而日本籐源佐世見在書目，除曹許二家音外，又有李善文選音義十卷，公孫羅音決十卷，惜今並佚不傳，不能據以考知此殘卷爲誰氏書。

日本有古寫本文選集註殘帙，多存古注古音，羅振玉已爲印行，幸存第九十三，九十四

兩卷，適當文選原卷之第二十四此殘卷爲昭明原帙第二十四全卷，在百二十卷本適爲卷九十三至九十六也。持與集註所引音決相校，多不相同，則此殘卷非公孫羅音。王子淵聖主得賢臣頌「清水淬其鋒」集註引音決云：「曹七對反，蕭子妹反」曹爲曹憲，蕭爲蕭該，此殘卷作「之對」「子妹」二反，與曹憲音不同，又知非曹憲書。李善音間存選注，許淹音蓋已無存，而此殘卷所載「子妹」一音，適與音決所引蕭該音合。余雖僅得孤證，在未見許淹音以前，無寧假定此殘卷爲蕭該文選音也。

此卷殘存九十七行，民字治字不闕筆，而國字作圀，爲僞周所製新字，則寫於武后時可知也。七月三日

唐人選唐詩 二五五二

詩選殘卷存四十一首。末二首題李昂撰；前三十九首不著撰人姓氏。選錄如許之多，知必是大家；然余素不誦詩，雖是大家亦不能知爲誰氏。持示友人林君藜光，閱至邯鄲少年行而知爲高適，閱至三君詠，遂斷爲必高適矣。余大喜，林君亦大笑。國家圖書館有畿輔叢書本高常侍集，林君又爲假得全唐詩。余持與相校，不見刻本者凡五首：曰自武威

赴臨洮謁大夫不及因書郎事寄河西隴右幕下諸公，曰同李司倉早春宴睢陽東亭，曰廣陵別鄭處士，曰別董令望，曰送劉評事充朔方判官，其見於刻本者之三十四首，異同甚多，亦足資校證。

又二五六七號卷子亦爲詩選，與此卷書法相同，蓋是一書。其存者李昂王昌齡邱爲陶瀚李白高適凡六家。羅振玉已付影印。卷末高適詩存信安王出塞一首，上陳左相半首，而此卷（二五五二號）起自高適第一首殘存五行，即上陳左相詩之後半，適可爲延津之合，爲羅氏所未見，故亟付影攝，仍師羅氏之意題爲唐人選唐詩云。六月一日

云謠集雜曲子 二八三八

敦煌出云謠集雜曲子三十首，有兩本，均不全。一藏倫敦博物院，存者十八首；一藏巴黎圖書館，存者十四首。校除複重，適得三十首。倫敦本先傳至吾國，朱孝臧據董授經先生攝影者，刻入蕙風簃叢書，朱氏有跋記其原委；羅振玉據伯希和先生攝影者，印入敦煌零拾，羅氏有跋記其原委並附王靜安先生跋，考之甚詳。後劉半農先生來巴黎，始將巴黎本抄回中國，刻入敦煌瑣綴中。民國二十一年，龍沐勛據兩本，定著爲三十首，益以朱

孝臧董康等校語，另爲校記一卷，又重刻之。於是全書復行於世。

余來巴黎，又據校記閱巴黎本。鳳歸雲第二首：「豈知紅臉淚」校記龍云，巴黎本臉誤作瞼，按原本不誤。劉鈔誤也。拜新月第二首「國泰時清晏」校記龍以劉抄本泰作秦誤，按原本實作泰。故余亟爲北平圖書館攝照一份，俾國人得識巴黎原本之真，又魚歌子第二首：「虛把身心生寂寞」原本把作抱，抱字大佳，諸家未能校出。傾杯樂：「生長深閨苑，」龍刻本改苑爲菀，則不知唐人寫書習慣，凡從夗之字皆作宛。不但敦煌寫本如是，日本所藏唐寫本亦莫不如是也。五月二十七日

巴黎敦煌殘卷敘錄

第二輯

王重民撰　民國三十年（一九四一）排印本

附錄

英倫所藏敦煌經卷訪問記

清季，敦煌石室閉藏古寫經卷，既先後爲斯坦因（Sir Aural Stein）伯希和（Paul Pelliot）所發見並擷擇其菁華，捆載歸國。學部始得消息，派員輦致其餘數於京師。其稍有價值者，又在途次盜竊以盡，故今世之治敦煌學者，莫不以倫敦與巴黎爲兩大重鎭。民國二十三年秋，余來巴黎，執役國家圖書館中，因得遍閱伯希和敦煌書藏。搜幽剔佚，所獲實多。更念斯坦因書藏，其數且倍於此；然一水之隔，每以不能一覽其儲藏情狀爲恨。去年歲杪，我國藝術展覽會既開幕於倫敦，因乘聖誕節假期之便往觀焉。

先是斯坦因所得敦煌經卷七千卷，既移歸大不列顛博物院之東方部保管，卽由該部主任翟理斯博士（Dr. Lionel Giles）整理編目，聞將脫稿，卽擬付印。余至倫敦之次日，卽投刺往謁，而翟氏適因假期到鄉間小住，因先轉赴劍橋，閱大學圖書館漢文書藏，獲太平天國官書十一種，爲前人所未覩，三十一日過午，返至倫敦，抵寓舍，見翟博士遺書，歡迎參觀，大喜過望。稍進午餐，即赴大不列顛博物院。承翟氏迎入公事房，稍談片刻，見其體貌淸臞，爲人和藹，一望而知爲儒者；蓋其親承家學，所寢饋於漢籍者深也。乃導余參觀藏經室，室在公事房隔壁。先登第二樓，滿室均貯敦煌經卷。其陳列方式，用書架先繞四壁一週，中間復並列二排，恰成一隸書之目字形。架上遍置長方盒，盒有隔，成爲上下二層，每盒長可二尺，寬約尺半，駢置經卷於其中。蓋其寬適爲經卷之長度，而其長又適可容駢列之經卷從二十乃至三十也。則每盒視卷子之粗細，容四五十卷或六七十卷不等。盒面施以綠漆，頗秀雅。又導至第一樓，半貯經卷，半貯刻本華文書。經卷之保藏方法，一如第二樓，聞第三樓專儲華文書。在第二樓第一樓參觀時，翟氏輒開藏經盒，俾余詳觀其裝潢方法。凡經卷之完整者，另加厚紙作捲葉，以保存其原狀；其破損者則重爲裝裱，而於卷端餘出素紙一段，以代捲葉，蓋即古人之所謂玉池也。其原爲書本式者，亦或間加硬皮，方法至爲妥善。與藏經室相對之書庫，爲日文書藏。未入觀，即仍回公事房，觀其所編目錄。目錄爲卡片式，每卷一卡片，先著錄號碼，次書名，次撰人姓氏，又次爲考按。其有應特別注意之點，統於按語中說明之；尤重要者，則爲互見片蓋目錄之中而有索引之意存焉。余見所加考按往往卡片之一面不能容，輒又接書於背面，其用力之勤可以想見，將來印行，所裨益於敦煌學者定多也。

翟氏更欲余選閱數卷，以盡餘興。余初不肯，多躭延其時間，窺其意實出至誠，乃就目錄卡片順手拈出三卷，號碼翟氏卽爲余親手取下。一爲杜預春秋左氏傳集解，敦煌殘本甚多，不詳記；餘二卷則甚重要，記之如下：

一．唐明皇御刊刪定禮記月令，李林甫等注，著錄號碼爲 S.621。首尾殘缺，李林甫陳希烈陸善經等進表，猶存下半。按今開成石經，猶存刪定經文，并李林甫進表；而李注則散佚已久。考宋三朝國史藝文志：「初禮記月令篇第六，卽鄭注。唐明皇改黜舊文，附益時事，號御刪月令，升爲首篇，集賢院別爲之注。厥後學者傳之。淳化初，判國子監李至，請復行鄭注，詔兩制三館祕閣集議。史館修撰韓丕張佖胡旦條陳唐本之失，請如至奏；餘皆請如舊，以便宣讀時令。」（文獻通考卷一八一引。）又李燾續資治通鑑長編：「大中祥符八年七月己未，龍圖閣待制孫奭上言：唐李林甫作相，抉擿微瑕，蔑棄先典，爲之注解，升其篇卷冠於禮記，誠非古也。當今大興儒業，博考前經，宜復舊規，式昭先訓。臣謹繕寫鄭注月令一本，伏望付國子監雕印頒行。旣而翰林學士晁迥等言：若廢林甫之新文，則國家四時祭祀並須更改，伏請依舊，從之。」（光緒七年浙江書局刻本卷八十五頁十四上）又：『景祐二年二月乙巳，直集賢院賈昌朝請以鄭司農所注月令，復入禮記第六；其李林甫所注，自爲唐月令，別行，從之。仍詔唐月令以備四孟月宣讀。」（同上刻本卷百十六頁五下）晁公武郡齋讀書志亦稱：「國朝景祐初，改從舊文，由是別行。」觀晁氏以「唐月令」標題，則所據殆是別行之本矣。當時詔令雖仍有據以宣讀時令之語，蓋僅藏在祕府，民間傳本遂希，亦遂不見諸家著錄，蓋其亡也勃焉。然玄宗之删定，乃準諸當時節氣，延及北宋，猶據用之。李至等通經大臣，三請而後改廢，則其影響於當世者，至巨且要。此卷猶爲李唐舊物，原爲單本，抑係禮記殘卷，莫由考知。然千年以後，復獲李注原文，展卷之下，有不勝其驚喜者！

二．春秋後秦語下卷第三　晉孔衍撰。著錄號碼爲S.713。按巴黎國家圖書館藏孔衍春秋後國語略出本一卷，存趙語第五，韓語第六，魏語第七，楚語第八，（P.2569）又魏語一卷，（P.2589）而羅振玉又購得秦語一卷，並爲印入古籍叢殘。余來巴黎，又得趙語上卷第四，（P.3616）趙語下卷第五，（P.2872）秦語中卷第二（P.2702）並爲孔氏原文差較略出本爲勝。又羅氏攷訂其所自得者爲秦語卷第一，余亦據二八七二號卷子正其誤蓋同爲卷第二也。且卷末多十餘行，可補羅卷之缺。今茲此卷，則又適可補巴黎殘卷之所闕也。

若斯眼福，皆翟理斯博士之嘉惠，謹致謝忱！並向爲余寫介紹信之伯希和先生同誌感謝！

余赴英倫之前三日，往謁伯希和先生，叩以敦煌文獻及迴鶻史事數則，伯先生韙之。余又曰：「羅振玉考訂敦煌羣書，約在二三十年前，以今觀之，容有未備，亟應及時重訂。然想其個人亦或已有所補苴與改正矣。」伯先生不非余說，且曰：「羅氏既未身到流沙，且未遍閱所出殘卷，固應爾爾。然余在敦煌工作時，在千佛洞百餘窟中凡有關於歷史之題壁，爲影相所不能攝者，均有手錄清稿，尤爲重要。藏庋篋笥，亦已三十年矣。」一言已，返身入書室，取來兩個木匣，長尺許，寬六寸許，高寸許，滿貯手稿。余亟展觀，有讚，有銘，有敍，有題款，上起北魏大統，下迄元明，其著明年月者，以晚唐及五代爲最多，西夏蒙古亦間有之，銘讚序跋多關史事，可補寫本文件所闕。而題款之中不但有年月可稽，有官銜可考，且闔家老幼，一齊俱名，既可明其世系，且可知其行輩。若歸義軍之張氏，曹氏，世族之陰氏，索氏，慕容氏，鄧氏等，所關甚鉅，史籍既已放失，寫本文件，又復不全，在今日此誠爲唯一寶貴史料矣。余既飽觀，乃向伯先生曰：「敦煌壁畫集（Les Grottes de Touen-Hoang. 1920.）既已印行，此爲不可緩。此不但爲壁畫之解題，亦爲研究西北史地者之最重要史料。且在此三十年中，千佛洞經遊人之盜竊，風雨之剝蝕，恐原物毀滅亦殆盡，則天壤間一線之傳，是在先生木匣中矣。盍卽整理印行？」先生頷之。然恐事忙，不果成。余因表示願爲助，先生樂而許之。余以此項史料，其重要不在敦煌寫本書下，因並及之。想亦國內注意敦煌學者所樂聞也。二十五年二月七日巴黎。

巴黎敦煌殘卷叙錄第一輯

王重民撰

中華民國二十五年九月出版

☆寶價國幣貳圓☆

此本與今所見不盡合或
有新編之目之圖詢東楹
伯希析鄭所印多東想閣
生不易寫
[illegible]

巴黎敦煌殘卷叙錄 第二輯 目錄

卷一 經部

卷二 史部

晉書 P. 3481.

春秋後語 晉孔衍撰 秦語上 P. 5523.

大唐西域記 卷第二 P. 3814.

又 卷第一 S. 2659.

故唐律 P. 3608.

唐律疏議 唐長孫无忌等撰 P. 3593.

陰保山等牒 P. 3379.

卷三 子部

百行章 唐杜正倫撰 P. 3306. 3176. 3053.

唐高宗天訓（？） P. 5523.

九諫書 唐張仁亶撰 P. 3399.

原本六韜 P. 3454.

新修本草　唐蘇敬等奉勅撰　P. 3714.

又　S. 4534.

七曜星占書　P. 3081.

劉子新論　P. 3704.

新集文詞九經鈔　P. 2598, 2557, S. 5754.

勤讀書抄　P. 2607

李氏蒙求　唐李翰撰　P. 2710, 5522.

記室備要　唐郁知言撰　P. 3723.

周秦行紀　P. 3741.

持誦金剛經靈驗功德記　P. 2094.

老子道德經　河上公注　P. 2639.

又　S.477, 3926.

老子道德經注　唐道士李榮撰　P, 2594, 2864, 3237, 2577, 3277;

道德眞經疏　唐明皇撰　P. 3592，2823.

莊子　晉郭象注　S. 796，1603. 615，77.

莊子釋文　唐陸德明撰　P. 3602.

文子　P. 3768.

二十五等人圖　陳寬撰　P. 2518.

卷四　集部

李嶠雜詠註　唐張庭芳撰　S. 555，P. 3738.

高適詩集　P. 3862.

白香山詩集　P. 5542.

甘棠集　唐劉鄴撰　P.4093.

文選　梁蕭統原本　P. 2554，2493，2645，2658.

又　P. 2707，2543，3778，3345.

珠英學士集　唐崔融輯　P. 3771, S. 2714.

李陵蘇武書　P. 2498, 2847, 3692.

右題記四十五篇，共記錄敦煌殘卷七十有六，民國二十五年五月二十一日至二十七年九月二十八日之所作也。二十七年春，向覺明先生來巴黎，余自四月至六月，赴倫敦繼續攝取斯坦因所獲殘卷相片；故二十七年四月以後，間有記錄斯氏卷者。卷內號碼上冠S者爲斯氏卷，不冠S者皆巴黎所藏也。

第一輯印行後，每有改正與補苴。如唐人選唐詩（P. 2552）所舉廣陵別鄭處士以下三首，於校錄所補全唐詩時，知已見高適集中，惜當時未及檢出。自來美後，始獲閱國內所出版各雜誌，知趙斐雲先生已先我作跋，載國立北平圖書館館刊第八卷第三號，彙印時未見，故未能據以改正。又輔仁學誌第八卷第一期，有周祖謨先生論文選音殘卷之作者及其音反一文，證明此殘卷音類大致與江都「選學」諸大師所作音合，殊爲精密。余曾謂「在未見許淹音以前，無寧假定爲蕭該音，」周先生於蕭該說多得反證，於許淹說則尚欠實證也。

此輯題記，仍是記卷軸起訖殘闕，於學術無發揮；然較第一輯則游詞較少，似亦略有進步。二三年來，積稿滿篋，舟車數萬里，有爲蟲蝕與遺失者，頗願早日寫定。玆蒙國立北平圖書館惠然代印，亟爲比次並識原委如此。民國二十九年四月二十一日，重民記於華盛頓國會圖書館。

巴黎敦煌殘卷叙錄卷一　第二輯

王重民撰

經部

古文尚書殘卷　篇目　費誓　二五四九　三八七一

古文尚書殘卷二：甲卷著錄號碼在二五四九，爲全書篇目；乙卷在三八七一，爲費誓殘文，始「亡敢寇攘踰垣牆」至篇末。驗其筆跡與紙色，並與二九八〇號卷子秦誓相同；卷背所裱，亦爲同一古類書，則原爲同書無疑。秦誓卷余曾考定爲六朝寫本，行間朱筆字，爲以今文注古文，此費誓篇亦正相同，如亡敎以朱筆注無敢是也。他如女添水作汝，ナ添月作有，亦同斯例，然尚有用四聲點識法爲助者，則爲余前跋所未及，如亡點下平爲無，女點上聲爲汝，共點上平爲供是也。又經文兩「三郊三逋」句，今本逋並作遂，卷子本注語中亦作遂。按說文辵部遺古文遂，段玉裁謂逋字不得其所從，俞樾兒笘錄以爲甫即賁字，㫃部旞重文作旜，古遺遂通用，未知其然否？然逋爲遂之古文，今僅見於此卷，蓋即許君所本也。二五四九號卷端書題下有「古文尚書虞夏商周書目錄」一行，次列虞書五篇，夏書四篇，商書十七篇，周書三十二篇篇目，與今本不殊。牧誓卷子本作「梅誓，」與說文土部引作坶，玉篇作坶者不同。又梓材作「杍，」與釋文所引馬注合。末有孔安國小傳兩行，不見今本，應爲誰氏序錄，待考。二十六年八月二十八日

又　益稷　禹貢　三六〇五　三六一五

尙書殘卷二：甲卷爲益稷之後半，存者十三行；乙卷爲禹貢之開端，存者二十有二行。兩卷筆跡相同，治字並不缺筆，則原爲一書，唐高宗以前寫本也。持與段氏撰異對讀，如謂脞字從肉，自來古本如是，以駁大徐之非；緜字不從草，說文或有脫誤，以申小徐之是。其言曰「此非好爲異說，願潛心小學者審之，」今照以此寫本，段君之言爲定讞矣。二十五年七月二十日

又　禹貢碎片　三四六九　三一六九　五五二二　四〇三三　三六二八

伯希和先生所獲敦煌遺書，於古文尙書禹貢一篇，寫本非一，殘碎尤甚。茲又檢得斷片五：甲片在三四六九號，起「大野既豬，」訖「沿於江海達於淮泗，」共十三行。乙片在三一六九號，起「伊洛瀍澗既入於河，」註語，訖「導嶓冢至於荆山，」共二十五行，內九行有

斷裂。丙片在五五二三號，起「厥貢羽毛，」訖「厥貢漆枲絺紵，」共十一上半行。丁片在四〇三三號，起「織皮崑崙，」訖「東迤北岑于匯，」共二十四下半行。戊片在三六二八號，起「東爲中江入於海，」訖「三百里諸侯，」共十九上半行。驗其筆跡，甲乙二卷同，丙丁戊三卷同，蓋原爲二書斷裂爲五者。後三片太殘碎，茲校前兩片異文於後。

甲乙兩卷，治字並缺筆，則尚是天寶未改字以前寫本。持與今書相校，甲卷經文「羽畎夏狄，」今本狄作翟。「厥田惟下下，厥賦下上上錯，」今本「上錯」上缺一上字。阮氏校勘記云：「閩本上錯上更有上字，」謂上字應疊，此卷子本正疊上字。又孔氏傳：「北據淮，南距海，」今本據作揚。校勘記：「揚當作據，毛本不誤。」「篠，小竹箭；簜，大竹，」今本篠下缺小字。按正義云：「是篠爲小竹，簜爲大竹，」則孔穎達所見本，似尚未缺小字。

乙卷經文：「被盟豬，」今本盟作孟。「灃水攸同，」灃從水，則段玉裁謂應作豐者不足據。「厥貢惟球玲琅玕，」今本玲作琳，此與釋文所據一本合。又孔氏傳：「織皮金罽，」今本脫皮字。「琅玕石而似珠，」今本珠作玉。校勘記云：「岳本纂傳玉作珠，按作玉誤也。作珠與疏標目合。初學記地部上，琅玕石似珠也，注云出尚書注，此爲作珠之證。」

又「荆岐既旅，」段氏撰異云：「既紀作已。」按卷子本凡既皆作旡，史記夏本紀作已，當是旡字之誤。二十六年十月二十六日

又　胤征　亡逸　三七五二　三七六七

巴黎所藏古文尚書殘卷，余既已一一攷證而著錄之；嗣於伯希和先生家又携來三數百卷內更有殘卷二：甲卷號碼爲三七五二，僅存胤征八行，避太宗諱，疑即太宗時寫本。經文無異同，惟孔氏傳「掌主六師」今本主誤爲王，「修職輔官，」今本官作君。乙卷爲三七六七號，存亡逸篇三十二行，並此卷後題：「尚書卷第九。」民字不諱，應是隋唐間寫本。凡無字均作亡，不字均作弗，顏師古所據以注漢書者，當是此本。經文：「以萬惟民，惟政之供，」今本缺上惟字。「亂罰無罪，殺戮無辜，」今本缺戮字。並爲宋以來諸本所不見。孔傳異同，不詳校。二十七年二月十一日

御注孝經疏　唐元行冲撰　三二七四

孝經疏殘卷，無書題。起「復坐吾語汝」句，訖卷終。卷端六十一行下截斷裂。末署：「天寶元年十一月八日於郡學寫了。」背爲分配士兵衣物歷，鈐「豆盧軍印」方印甚多。疏語頗

巴黎敦煌殘卷叙錄

第二輯

似唐人所撰正義，以余考之，蓋元行冲御注孝經疏也。新唐書儒學傳下行冲本傳云：「玄宗自注孝經，詔行冲爲疏，立於學官。」（卷二百）考唐會要，明皇御注，初成於開元十年六月，天寶二年五月重注之，三年十二月詔天下家藏一本，四年九月刻於石。行冲卒於開元十七年，則所疏當依明皇初注本。又玄宗自序云：「一章之中，凡有數句，一句之內，意有兼明；具載則文繁，略之又義闕，今存於疏，用廣發揮。」則注與疏固當成於同時，疑並出行冲手也。四庫提要云：「唐會要又載天寶五載詔孝經書疏，雖麤發明，未能該備，今更敷暢，以廣缺文。令集賢院寫頒中外。是疏亦再修。其疏唐志作二卷，宋志則作三卷，殆續增一卷歟？」此卷寫於天寶元年，猶是行冲原本，蓋再修本非出行冲手也。

宋會要云：「至道二年，判監李至請命李沆杜鎬等纂孝經正義，從之。咸平三年三月，命祭酒邢昺代領其事，取元行冲疏約而修之。」崇文總目亦稱：「初世傳元行冲疏外，餘家尚多，皆猥俗褊陋，不足行遠。咸平中昺等奉詔，據元氏本而增損焉。」恐宋時行冲原本已不傳，昺等所據，當是天寶五載再修本。邢疏出而元疏重修本亦亡，世人莫由知其去取何若；今獲此卷，與邢疏合者尚十三四，持以對讀，猶可窺其涯略也。惟卷軸雖古，書法不佳，聖治章以後，不出章名，疏語亦容有節略，爲可惜也。

疏中多引劉先生語而不名，庶人章引劉先生云：「禮不下庶人，」邢疏作劉瓛。然瓛不注孝經，又遠卒於齊永明之世，行冲當不及師事，奈何獨尊而稱先生，爲不可解。疑或非瓛，別有所指，非重修者誤實瓛名，則邢昺誤也。 二十六年十月三十日

檢日本見在書目孝經類，著錄元行冲疏作三卷，而古逸叢書所刻卷子本開元御注，則標明三才章後爲疏中，廣要道章後爲疏下，猶可見其卷第起訖。然所據當是再修本。此卷不分卷，則元疏原本必不作三卷，可由反面推知也。 十一月四日

喪服儀 （？） 四〇二四

此殘卷存八十八行，無書題。內有子目二：曰喪服儀，曰服衣儀第十九；則喪服儀當爲第十八，蓋爲抄者所脫誤。余不習禮書，不能詳爲攷證。然揆其體例，蓋與古人所作變除圖喪服譜相類。惟魏晉以來述作盡亡，亦莫由比較。此書非詮禮經，爲應社會與時代需要而作，新唐書藝文志儀注類，著錄此種書頗多。以書名求之，藝文志有裴茝內外親族五服儀二卷，似爲近之。 二十七年九月二十二日

爾雅白文　三七一九

爾雅白文殘卷，起釋詁「遘逢遇也，」訖釋訓，「委委他他美也，」共存八十四行。書法不佳，然猶是唐代寫本。其間異文別字足資於今本之校勘與訓詁者不少，玆略舉之，釋詁：「棲遲憩休勞苦𠭊齂呬息也，」今本缺勞字，按郭注云：「苦勞者宜止息，」似郭本有勞字。釋言：「斃踣也，」今本斃作弊，卷子本作斃，與左氏定八年傳正義引合。釋訓：「兢兢憴憴戒也，」今本憴憴作繩繩，按釋文云：「本或作憴，」則與陸氏所見別本同。二十七年一月二十六日

[illegible]

[illegible]

[illegible]

[illegible]

[illegible]

爾雅白文殘卷，起釋詁[illegible]

爾雅白文　三七一九

巴黎敦煌殘卷敘錄卷二 第二輯

王重民撰

史部

漢書 二九七三

漢書注殘卷，存者五十九行，起蕭何傳：「天予不取，反受其咎，」訖張良傳：「出一編書。」良傳前無書題，以今本考之，當爲卷第三十九及卷第四十。史文間有節略，註語亦寥寥無幾，所引如淳文穎之說，亦較少於顏師古注本。然亦有在顏注所引以外者，如曹參傳：「至朝時，帝讓參曰：與窋胡治乎？」卷子本有：「如淳曰，猶言曰，窋爲治乎？」又註語之不著主名者，或不見於今本舊注，或竟與顏注相合。如曹參傳：「而蕭何爲主吏，居縣爲豪吏矣，」注云：「參及蕭何並爲吏之豪長也。」又「參以中涓從，」注云：「言其在中主潔清淨掃灑以事，蓋職近左右。」張良傳：「以五世相韓故，」注云：「從昭侯至悼惠王凡五君。」並與師古注相合。然統與今本顏注相校，則不及十一。故疑非顏注。按漢書郊祀志上：「周始與秦國合而別，別五百載當復合，」師古注，自「周平王封襄公」云云，詞句正與史記封禪書索隱所引大顏之說同。舊謂師古注漢書，掠大顏之說以爲己注，據索隱所引，尙能得其一二。余茲更欲進而獻疑，此殘卷旣非小顏注，殆爲大顏注歟？ 二十六年九月二日

偶檢蕭穆敬孚類稿卷五有跋顏師古漢書注一文，於司馬貞史記索隱中輯得大顏說十一條，照以小顏注皆合，僅行文有詳略耳。蓋初唐時二顏注並行，獨司馬貞兼採大顏以注史記，遺文賴以不墜。茲閱蕭氏所輯，余將更進一步疑此殘卷爲大顏注本矣。 十一月五日

晉書 三四八一

晉書何曾傳二十二行，書法古拙，裝潢甚都，卷中世字不缺筆，故疑或非今本晉書。曾傳在今本爲卷第三十三，持以相校，字句亦不盡相同。「妻年老，相見皆正衣冠」，今本作「年老之後，與妻相見，皆正衣冠。」「高山仰止，景行行之，令德不遵，二夫子之景行者，非樂中之道也，」今本作「景行行止，」則「令德」二字應屬下爲句。又中下羨一正字。「猶曰無舉箸處。」今本舉作下。「劉毅等數奏曾侈忲無度，」今本奏上有劾字。 二十六年十二月三日

春秋後語 秦語上 五五二三

孔衍春秋後語前三卷爲秦語，余旣已證實羅振玉說，復據巴黎二七〇二號卷子，訂正古

籍叢殘所印羅卷爲秦語中，非秦語上。後於倫敦又見秦語下，(S. 713)今又於巴黎所藏叢殘之中得兩長卷，並爲秦語上，蓋同卷而斷爲兩截者。於是秦語三卷，重顯於世矣。甲段存百〇六行，記商鞅蘇秦事。乙段存百〇七行，記陳軫張儀事。甲段卷端雖殘闕，「猶始孝公二十二年，」則史通言後語始自秦孝公者，斯其明驗矣。按國策所載商鞅事頗不詳，後語則據史記增入。又後語記張儀事，同在一卷，國策則說魏襄王在魏策一，說楚王在楚策一，說韓宣王在韓策一，說齊湣王在齊策一，說趙肅侯在趙策二。以衍書方諸國策，事覈於前，文該於舊，一人之事，載在同卷，兩國之史，例不兼書，翻檢至爲便易，六朝以來，後語較國策爲通行者，蓋以此故。史通謂：「孔衍以戰國策所書未爲盡善，乃引太史公所記，參其異同，刪彼二家，集爲一錄，」又其明驗矣。

宋剡川姚氏曾據後語以刊正國策遺文逸事，今間存注中。韓策一張儀爲秦連橫說韓王一段，姚氏兩引後語，持以相校，並同敦煌本。然姚氏所校多有未盡，今更以此章爲例，如：「而廝徒負養在其中矣，」後語而下有已字，而已二字屬上爲句。「爲除守徼障塞，」後語衍爲字塞字。「虎摯之士，跿跔科頭，」後語摯作賁，跿跔作號詢。「秦馬之良，戎兵之衆，」

後語「秦馬」作「乘馬，」「戎兵」作「戎馬。」「徒裎以趨敵，」後語裎作裼。「右挾生虜，」後語挾作擠。「無以異於墮千鈞之重集集鳥卵之上，」後語衍上於字又衍集字。「比周以相飾也，」後語飾作舒。「又而聽須臾之說，」後語「說」作「巧言。」「斷絶韓之上地，」後語上地作上黨下同。一章之中異同如是之多，惜今敦煌殘本雖出人間，合而錄之，全文恐仍未能得其半，爲可惜也。二十五年十二月十日

又按後語原編，若至張儀爲上卷，至秦武王二年爲中卷，至楚漢之際爲下卷，則中卷似太少，下卷似太多，今書缺有間，余有疑焉。又二七〇二號卷子，裝褫顚倒之張儀說趙肅侯一條，陳軫對惠王數行，證以此卷，並當在上卷，與孟說事非在同卷。十二月十三日

大唐西域記　三八一四

大唐西域記卷第二殘卷，起健馱羅國，訖原卷後題，共百七十二行。書法遒邁，盛唐寫本也。晚近東西學者，於是書校理迻譯，用力頗勤，古刻舊抄，一時畢出。宣統三年，日本京都帝國大學，曾依高麗藏本重印，復依衆本撰成考異十二卷。于時石室已開，惜斯祕未覩；爰依此卷，爲校補如次。二十七年一月二十二日

喜慶增懷

印本喜作嘉。考異云：「石本宋本作喜。」（按石本指石山寺所藏古寫本，宋本指宋藏本。）

王用喜慶

印本「用喜」作「因嘉。」考異云：「石本宋本大本並作用喜。」（按大本指神田氏所藏古寫本）

石階南

印本階作陛。

陰影漸利

印本利作移。

故爲此像

印本「故爲」作「作爲。」

光相昭着

印本昭作照。考異云：「宋本作昭。」

適遭火災

印本「火災」作「大火。」考異云：「大火二字，石本宋本共作火災。」

緜歷三歲

印本緜作綿，考異云：「大本作懸。」

主藏懼國用之匱也

印本「之匱」作「乏匱。」考異云：「用字下，異本有之字。」（按異本指富岡氏所藏舊校訂本所引者。）

其後田遊

印本田作畋。考異云：「石本作田。」

語及火煙

印本語作論。考異云：「石本及大本共作語。」

戚誼言曰

印本誼作誼。恐是手民之誤。

乃書誠門人世親

印本誠下有告字。考異云：「大本無告字。」

注　舊日睒摩

印本睒作睒。考異云：「麗本作睓，隨函錄作睒，石本宋本大本作睒。」

天帝注藥

印本注作傳。考異云：「古本石本並作注。」

注　舊曰擅特山

印本擅作壇。考異云：「宋本作檀特山，石本作擅持，多非。」

有一石閭

印本閭作廬。考異云：「石本作閭，古本作廬。」

降靈導俗

印本導作道，考異云：「石本宋本並作導。」

於是研精潭思

印本潭作覃。考異云：「石本作潭。」

由以强識

印本由作猶。

注 或曰烏荼

印本荼作茶。考異云：「石本宋本作荼。」

又 S.二六五九

大唐西域記卷第一，卷端緒論殘闕，始阿耆尼國，至原卷後題西域三十四國，適得完全，書法不佳，間有脫字，較巴黎所藏卷第二爲遜。然猶當爲唐末五代時寫本。攷日本京都帝大所校印是書攷異，其所據石山寺古寫本及宋藏本，每多與巴黎殘卷相合；今校此卷，亦多相似。蓋因今傳衆本，獨此四者爲古，挹流溯源，自應相近也。玆仍依前例，爲作校記如次。

二十七年四月四日

校記

諸龍易刑容 印本頁十三

印本刑作形，容字缺。

聞之者舊 十四

印本作「聞諸先志。」石本與此同，古本作「聞諸耆舊。」

取汲池水

印本汲作彼，石本宋本並作汲。

而東西相稱

印本相作隨。

僧徒清肅

印本肅作齋，石本宋本並作齋。

有五佛像

印本作「各有立佛像。」

建五十一大會處 十五

印本十作年。

損廢俗務

印本損作捐，宋本作損。

謁日忘疲

印本謁作渴，古本作謁。

暮儀至止

印本暮儀作慕義。

聞之者舊

印本作「聞之先志。」石本與此同。古本作「聞諸耆舊。」

王曰命監國 十六

印本王曰二字互易曰字屬上爲句。又命作令，石本宋本並作命。

王深敬異

印本敬作驚，宋本作敬。

過一夫擁五百牛

印本過作遇。

欲事刑腐

印本刑作形，石本宋本作刑。

我今刑虧

印本刑作形。

陳其始末

印本陳上有乃字。

注 舊曰謂姑墨又曰極墨

印本無曰字。又姑墨作姑黑，極墨作亟黑。

周五百餘 十七

印本作「周五六里。」

大聲叫

印本叫下有喚字，石本宋本無。

東西廣　印本廣作長。

至素葉城 十八　印本城上有水字。

父子許利　印本許作計。

至千泉者 十九　印本千泉二字疊。

故此羣鹿得終壽　印本無故字，又壽上有其字。

衣裳去就　印本裳作服。

至泉城

印本作「至白水城。」興福寺藏古寫本慈恩傳作泉。

土地所宜

印本作「土地所產，風氣所宜。」

原隰高腴 二十

印本高作膏，隨函錄作高。

西臨葉葉河

印本葉字不疊。

既無總王

印本王作主，古本石本作王。

從此東南行千餘里

印本無行字，古本有。

周千四五百餘里 二十一

印本無餘字。

浩汗渾濁

印本汗作汙，石本宋本並作汗。

多是豬羯 二十二

印本是作諸，石本宋本並作是。

戰無前敵多出善馬

印本「多出善馬」四字，在「花菓滋茂」句下。

從此西行三百餘里

印本無行字，宋本有。

從此國西行二百餘里

印本無行字，古本有。

注 唐言中安國 二十三

印本中作守，石本宋本並作中。

至戊地國

印本戊作伐，異本及音釋並作戍。

又以鐵銅　二十四

印本銅作鍽，石本宋本作錮。

懸諸戶扉

印本扉作扇，古本石本並作扉。

至覩貨邏國故地南北千餘里東西三千餘里

印本故作其。

首豪力競

印本首作酋，古本異本作首。

各擅居長

印本擅作壇君。

至呾蜜國　注　唐言竺國　二十五

印本脫注語四字。

國大城

印本城上有都字。

注即舊所謂浮圖也又曰鍮婆又曰塔婆又曰私鍮婆又曰藪斗彼皆訛也

按此二十八字今本印入正文;石本宋本作夾注,與此卷子本同。又「彼皆訛也,」印本彼作波。

伽藍三所 二十六

印本三作二。

東至瑜漫國

印本瑜作愉。

南接戸棄尼國 二十七

印本戸作尸。

至達摩迷鐵帝國

印本迷作悉。

遏邏胡國

印本遏作曷，石本作遏。

伽藍百餘所 二十九

印本百下有有字。

貫徹心胸

印本心胸作胸背。

便若心痛

印本若作苦。

法侶成會

印本作「法俗咸會。」

基址相隣 三十

印本址作跡，石本宋本並作址。

有提謂城北四十餘里

方詣厥園　印本有作至，又城字疊。

遇彼威光　印本厥作鹿。

遂獻麩蜜　印本彼作被，宋本作彼。

注　舊曰僧伽梨　三十一　印本麩作麨。

國大都城周四五十里　三十二　印本伽作祇，石本宋本並作伽。

泉水澄鏡　三十四　印本無十字。

印本水作池。

作解安君曰

印本作「於解安居日。」

王窣利種也 三十五

印本窣作刹，石本作窣。

文之者舊 三十六

印本作「聞諸先志，」石本作「聞之者舊，」古本作「聞諸耆舊。」

久居印度國

印本作「冬居印度諸國。」

中夏其同

印本作「頗同中夏。」

聞諸其舊 三十八

印本作「聞諸先志，」古本石本並作「聞諸耆舊。」

注 土句反下同 三十九

印本土作士。

穆邪緜羅山 印本緜作咽，隨函錄作緜。

聞之者舊 四十 印本作「聞諸先志。」

恨師念龍 印本念作忿。

非人力所能 四十一 印本能作制。

與一龍爭 四十二 印本爭作鬬。

勝則王無服遠之威 印本服作伏。

聞諸土俗 四十三

印本作「聞諸先志，」古本石本並作土俗。

王城西北大河南崖

印本崖作岸，古本作崖。

弱齡胤齒

印本胤齒作齠齓，石本宋本並作胤齒。

聞之土俗 四十四

印本之作諸。

有比羅婆洛山

印本婆作娑。

故唐律 三六〇八

故唐律殘卷，存職制五十條，戶婚三十三條。以今本疏議照之，起卷第九，訖卷第十四。卷中用武后新字，當與三二五二號卷子爲同卷；三二五二號卷子，余曾撰有題記，謂：「武后時唐律疏議尚未頒行，故官私傳鈔，仍僅律文；」以今思之，容有未諦。長孫無忌等奉制撰書，永徽時已進呈，特下至開元，猶有增飾，今所傳者，蓋據開元時寫本耳。玆更以律文而論：唐律初定於高祖，再修於太宗，至高宗而大備；然高宗以後，仍尚有一文半句之增飾。議語中羼入永徽以後事，當亦因此。何以言之？此卷既爲武后時寫本，以疏議本律文校之，職制律乘輿服御物條疏議本增「其雜供有闕，笞五十」一句。（卷九）玄象器物條，疏議本增「私習天文者亦同」一注語一句，疑並爲武后或武后以後所增竄。

此卷共得百五十三行，文字與今本異同亦夥，余別有劄記，不詳具。二十六年十二月二十四日

唐律疏議　唐長孫无忌等撰　三五九三

唐律疏義殘卷，存者恰百行，在今本卷第一名例目內。始十惡議語，訖大不敬注。持校今本，「周禮秋官正月之吉，懸政象之法於象魏，」今本政作刑。按原文蓋本大司冦，大司冦亦作刑。「如莒牟婁以牟夷來奔。」今本婁夷兩字互易。按事見春秋昭公五年傳，原作「莒牟夷以牟婁及防玆來奔。」又釋文亦先出牟夷，後出牟婁，則卷子本均誤也。大抵法律書卷，用者寫者，未必熟於經籍，故非關律例之處，往往誤而不察。又「酌於舊典，數存於十，」

今本典作章，「毆謂毆擊，謀謂計謀，」今本作謀計。「案喪服爲夫曾祖服緦麻，」今本服下有制字。「其妻於曾高祖亦如夫之父母服週，」今本週作期。「有服無服並同，」今本同作是。「嫡母亡不爲之黨服，」今本之作其。「乃傳畜之堪以害人者，」今本之字缺。「大祀神御物者，」今本物上有之字。則凡所異同，又多有助於今本之校勘。

此卷裝潢甚都，字亦工整，欵式與敦煌石室碎金排印德化李氏所藏律疏卷第二相同，疑或原爲一書。按李氏所藏本書題律疏，長孫無忌等進表所題亦同，而卷內徵引史記漢書，又證「律」「疏」同義，則律疏似應連讀，今敦煌所出卷子本凡解釋之文皆冠「議曰，」無冠「疏議曰」者，疑宋元人始不達律疏之義，連疏於議，遂改卷內「議曰」爲「疏議曰」其誤蓋近千年矣。玆爲發疑於此，以俟夫知者。二十六年十一月二十二日

陰保山等牒 三三七九

余昔遊柏林，在普魯士學士院閱吐魯番出土古寫本書見一紙繪若干橫理文，其橫距離恰當人之指節，不解其意，葛瑪瓏女士（Dr Annemarie von Gabain）曰：「此指押也。如有盜犯，地方官可據此以驗之，」但以未見載籍，猶有所疑。後讀姚燧牧菴集浙西廉訪副

使潘公神道碑云：「有豪室奴其一家十七人，有司觀顧，數年不能正。公以凡今鬻人，皆書男女左右食指橫理於券爲信，以其疏密判人短長壯少，與獄詞同。其索券視，中有年十三男，指理如成人，公曰：僞敗在此。爲召郡兒年十三者十人，以符其指，皆密不合，豪室輒屈毀券。」（聚珍版本卷二十二頁十四下）乃知其法元代猶存，而葛女士之言爲有徵矣。茲又在巴黎所藏敦煌遺書內，獲得普光寺李和和借粟券，（Pelliot 2686）借者鈐朱印，保人正用指節作押。然則元以前其施用固甚廣也。

此令狐粉堆等四十五人指押存牒，每行三列，共十五行，開端殘闕，故僅存令狐粉堆以下四十五人。其牒云：

右通前件三人團保，或有當保盜竊，不敢覆藏

後有敗露，三人同招懲犯，謹錄狀上，牒件狀如前，謹牒

顯德五年二月　日社錄事都頭陰保山等牒

姚氏謂畫左右食指橫理，此四十五人者，則均依中指，惟或左手，或右手，左右似不兼用也。

二十五年五月二十九日

巴黎敦煌殘卷叙錄卷三　第二輯

王重民撰

子部

百行章　唐杜正倫撰　三三〇六　三一七六　三〇五三

百行章殘卷三：甲卷號碼爲三三〇六，存第一章至四十章。乙卷號碼爲三一七六，存第一至六章。丙卷號碼爲三〇五三，存第七十六至八十四章。除複重尚得四十九章。乙卷題杜正倫名，按新唐書藝文志儒家，有杜正倫百行章一卷，當即是書。宋代唯祕書省續編到四庫闕書目類書類，有百行章一卷，此外不見著錄，或即亡於宋代。然巴黎所藏，有是書三殘卷，則在唐末五代時流傳尚廣。唐書卷七十，新書卷百零六正倫並有傳，未及是書。此甲乙兩卷，卷端並有進書表，校錄如次：

臣察三墳廓遠誰曉其源五典幽深何能覽悉至如世之所重唯學爲先立身之道莫過忠孝欲憑論語十卷足可成人孝經始終用之無盡但以學而爲存念得獲忠孝之名雖讀不依徒爾虛談何益存忠須盡節立孝追遠愼終至於廣學不仕明朝侍省全

乖色養遇霑高位便造十惡之愆未自勵躬方爲三千之過臣每尋思此事廢寐休喰故錄要眞之言合爲百行章一卷臣以情愚之淺探略不周雖非深奥之詞粗以誡於愚濁 二十六年五月二十六日

唐高宗天訓（?） 五五二三

巴黎藏此殘卷二，著錄號碼在五五二三號，並無書題。甲卷存九十七行，乙卷存九十行，驗其斷損處適相銜接，則同爲一卷可知。有者四篇：始第二十，訖第二十三。第二十篇篇題已佚，歷叙古今后妃荒淫之事，而歸之以鑒誡；第二十一篇貞正；第二十二篇淸愼；第二十三篇徵感，篇尾稍有殘缺。全書均有注語，徵引頗詳，觀其文辭，與帝範臣軌爲近；注語所徵引書，尤多與帝範注相同，當係同類之著作。惜古書散佚，今未能質言爲何書也。

原書葢爲御撰，正文雖不甚明顯，據注語則能徵之。第二十篇注引尚書五子歌曰：「內作色荒，外作禽荒，有一於此，未或不亡，臣以爲內荒於色，庶政無不怠之也。」又淸愼篇注引尚書太甲曰：「天作孽，猶可違；自作孽，不可逭，臣又案人主刑罰有不赦者，苟求貨財，言必蹈其禍也。」一卷中注語斷案殊少，而凡有斷案處，則以「臣以」或「臣案」冠之，則原書爲御撰無疑也。次考其書寫年代。蓋既知其寫於何年，再據以推斷爲何書，即不中，亦能得其彷彿也。貞正篇：「與天地合其德，與囸𠥱合其明，」日月作囸𠥱；徵感篇注引東方朔傳日亦作囸；清愼篇注引神異經「此圀之人皆如此，」國字作圀，並用唐武后所製新字。又同篇注引華陽國志華字作茥，第二十篇注引華嶠後漢書又作蕐，均爲避武后祖諱。當時曾改華州爲太州，是其旁例，則此卷爲寫於武后之世無疑，而唐諱如世字民字治字等，或避或不避，此亦一反證。按唐書經籍志儒家類，有紫樞要錄十卷，青宮紀要三十卷，少陽正範二十卷，百寮新誡四卷，（日本見在書目新志玉海並作五卷。）並武后撰，新書藝文志又較多列藩正論三十卷，維城典訓二十卷，武后訓記雜載十卷，玉海卷二十八雜御撰類，更較多臣軌二卷，而總爲之注云：「凡武后書皆元萬頃等撰。」又唐會要卷三十六：「垂拱二年四月七日，太后撰百寮新誡及兆人本業記，頒朝集使。」然至今日，除臣軌外，片紙無存，不能與此殘卷作比較觀。玆按此殘卷第二十篇，極論古來淫妃亂后之敗德，歷舉妹嬉妲己夏姬趙飛燕之流，以爲後來鑒誡，即武后不自爲諱，代捉刀者元萬頃之流，焉敢不稍爲其女主地！且注者又有

「臣以爲內荒於色，庶政無不怠之也」之語，亦非對女主所應言。然則此殘卷雖寫於武后之世，固當不在武后御製羣書中也。

攷兩唐書藝文志並著錄高宗天訓四卷。唐會要卷三十六云：「顯慶二年，上製元首前星維城股肱論令許敬宗等注釋名曰天訓，」玉海卷二十八又卷三十二並引會要云：「顯慶二年六月，上製元首前星維城股肱誡，次著股肱論，詳許敬宗等注釋，名曰天訓，」較今本會要爲詳，據此則天訓不僅四篇，且有許敬宗等注，求之是書，似爲近是。原書撰於高宗之朝，此卷寫於武后之世，勢固可能，理亦爲順。且天訓有維城篇，武后有維城典訓，命名之意，似是前後相因。又會要：「開元十九年十二月十一日，侍中裴光庭上瑤山往則維城前軌各一卷，」蓋亦本此。姑發所疑，以待博雅君子詳焉。二十六年四月一日

九諫書　唐張仁亶撰　三三九九

此鈔本原爲折葉裝，今僅存一紙，折之爲兩葉四面，第一葉上面中央題：「幽州都督張仁亶上九諫書，」次即進書表。書題以前尙有文字七行，當別是一書。據進書表，九諫之目，一曰諫暴亂，二曰納直諫，三曰省重形，四曰用輕典，五曰均賞罰，六曰息人怨，七曰簡牧宰，八

曰弃貪佞，九曰委賢良。自第一葉下面至第二葉下面，存第一至第三，則全書不過五六葉。是書不見歷代書目著錄，而敦煌本新集文詞九經抄徵引獨多，以與九經三史並列，則唐末五代時，此書流傳正盛。考唐書突厥傳稱：「幽州都督張仁亶爲天兵東道總管，」（卷百九十四。新書卷二百十五同。）又張仁愿傳：「仁愿華州下邽人，本名仁亶，以音類睿宗諱改焉，」（卷九十三，新書卷百十一同。）又云：「萬歲通天二年，擢仁愿爲肅政臺中丞，檢校幽州都督，」則九諫書當上於萬歲通天中，仁亶尚未改名，原卷與突厥傳不作仁愿，從其朔也。二十六年八月五日

原本六韜 三四五四

原本六韜殘卷存者恰二百行，卷端上截斷裂，故闕九半行。其篇目：曰舉賢，曰利人，曰趨舍，曰禮義，曰大失，曰動應，曰守國，曰守土，曰六守，曰事君，曰用人，曰主用，曰大禮，曰啓明，曰達視，曰明傳，曰大誅，曰美女破國，曰假權，曰距諫，共二十篇，多爲今本所無。蓋今本非完書，乃宋元豐間所删定者。然較以羣書治要卷三十一所載，則大致相同，持以讀治要，其原書本來面目可明；持以讀今本，其改竄之跡可得而知也。

此卷子本篇目，自事君至大誅九目，上均冠有「一」字，疑爲六守之子目，即篇內所謂六守三寶者也。元豐本或升爲篇，則知今本六十篇，遠非唐本之舊矣；按治要六韜前有序文一篇，元豐本增益以爲文師篇第一；又後漢書卷九十六何進傳注云：「太公六韜篇：第一霸兵文論第二文師武論，」然則文師原在武論中，又知今本移易者多矣。

文選王文憲文集序注引七略曰：「太公金版玉匱，雖近世之文，然多善者，」故唐人視爲進德之書，損益脫變而有太公家教武王家教。兹依此原卷，得知原書「一曰」之例，蓋欲借以維輯舊文；「師曰」云云，意在繼而另加新釋，韓非說儲，淮南說林，古人校書，厥同此例，元豐本删之，爲不明古人校書之意矣。鄭樵藝文略著錄太公六韜五卷，改正六韜四卷，然則是書原本，宋末猶存。清人孫同元嚴可均洪頤煊諸家所輯，稍存千百於什一；今兹所獲，固可補諸家之缺，然尤在能借窺原書本來面目也。二十六年九月二十一日

新脩本草　唐蘇敬等奉勅撰　三七一四

本草殘卷，自甘遂至白歛，凡得藥名三十。以余考之，蓋唐李勣蘇敬等新脩本草也。新脩本草日本尚存殘卷十，今有纂喜廬叢書刻本。持以互校，體例相同，其證一也。證類本草於

新脩本草所增注語，均冠以「唐本草」，而存其原文於夾注中，持以對讀，文字莫不相同，其證二也。證類本草序例上引孔志約序云：「梁陶景拘於獨學，異蘩蔞於雞腸，合由跋於鳶尾，防葵狼毒妄曰同根，鈎吻黃精引為連類。」檢此卷子本由跋根條云：「謹案由跋根，尋陶所注，乃是鳶尾根，即鳶頭也。」又半夏條云：「陶注虎掌似半夏，注由跋乃說鳶尾，於此注似說由跋，三事混淆，陶竟不識。」又鈎吻條云：「黃精直生，如龍胆澤柒，兩葉或四五葉相對。鈎吻蔓生，葉如柳葉。博物志云：鈎吻葉似鳧葵，並非黃精之類，陶乃文外浪說耳。」所駁並與序合，其證三也。有此三證，不待別求，定此卷為新脩本草，可無疑義矣。

是書兩唐志著錄，並作二十一卷，證類本草序例記卷數甚詳，實僅二十卷，李勣進書表亦明言為二十卷，則兩唐志誤也。日本所存者，為玉石等部上中下三品（卷三至卷五），木部上中下三品（卷十二至十四），獸禽部卷第十五，菓部卷第十七，菜部卷第十八，米部卷第十九，有名無用卷第二十，與證類本草目次無異。其卷六至十一，當為草部上中下三品，品蓋為上下卷；此三十種藥名，考以證類本草，概在草部下品之上，新脩本亦當如是，然則此殘卷當為新脩本草卷第十，適可補日本傳本所缺。

卷中文字朱墨間作，證類本草序例上云：「本草例：神農本經以朱書，名醫別錄以墨書。」又云：「名醫因神農舊條而有增補者，以墨字間於朱字。」然則此卷朱書字句爲本經，墨書爲別錄，墨間於朱爲陶氏據神農舊條所增補。日本鈔本已不分，蓋傳寫失之；證類刻以陰陽文，即其義也。

此卷卷背雜書乾封二年至總章二年伊西等州驛牒，則其書寫年代或尙在乾封以前，距成書纔十數年，較天平寫本又爲近古矣。二十六年十二月一日

又S.四五三四

敦煌本新脩本草，余在巴黎旣獲卷第十，（Pelliot 3714）以補纂喜廬刻本之闕；茲在斯坦因氏將來殘卷中又獲見兩殘段。甲段僅九行，且多斷裂，在原書爲卷第十七，菓部存栗，櫻桃，梅實三品。乙段二十八行，始菜部蕺注語，訖米部胡麻，共六品。菜米兩部之間，有書題：「新脩本草米部卷第十九」。持校纂喜廬刻本，頗多同異，茲舉其要者。菓部栗：「其皮多狀」，刻本多誤爲名。櫻桃：「又胡頹子，陵冬不凋」，刻本胡作故。梅實：「偏枯不仁死肌」，刻本肌誤爲肥。菜部蕺：「今小兒食之」，刻本食作含；「多生濕地」，刻本生誤作土。葫：「除

風耶，」刻本脫耶字。「辛歸五藏，」刻本脫辛字；「取其條上子」刻本取字破裂，僅存左旁耳；「此物煮爲羹臛極優美，」刻本空爲至美六字。蒜：「山溪中沙虱。」刻本脫山字。米部胡麻：「大吐後虛，」刻本後誤爲緩。

又卷第十九目次，麻蕡下脫麻子一目，則與都數二十八種不符。又「廿二種名醫別錄，」刻本脫廿字尤關重要。蓋六種神農本經廿二種名醫別錄，方洽爲都數二十八種也。

二十七年四月四日

七曜星占書 三〇八一

此卷首尾殘缺，無書題，存者八十九行。有子目七：曰七曜日忌不堪用等，曰七曜日得病望，曰七曜日失脫逃走禁等事，曰七曜日生福祿刑推，曰七曜日發兵動馬法，曰七曜日占出行及上官，曰七曜占五月五日直。每類依康居語所譯七曜日名，系吉凶休咎於其下，蓋週而復始。持與敦煌所出七曜曆日（Pelliot 2693）相校，知爲同類之著述，而詳密則過焉。此卷分類編次，每事以七日爲週，則檢一事而七日俱備；七曜曆日以日統事，揭一日則吉凶畢見，其書雖異，其事則一也。攷印度七曜之說，輸入我國甚早，而康居曜名，說者謂摩尼敎徒賓首創謀，但唐律已有：「諸玄象器物，七曜曆，太乙雷公式，私家不得有，違者徒二年」（唐律疏議本卷九）之文，則永徽以前七曜曆流傳已廣，唯曾否採用康居曜名，文獻不足徵矣。常袞禁藏天文圖讖制（全唐文卷四一〇）所舉有七曜曆，咸通六年日本僧人宗叡將去書錄中，亦有七曜曆日一卷，其書當即唐律所禁者，其內容當同於敦煌本七曜曆日，則不難以直覺逆知也。

此種星占書無七曜曆日之名，而有七曜曆日之實，意者殆爲七曜曆日之前身？然此七曜曆日與曆書之關係極微，特星占之假名耳。唐末五代時，敦煌使用曆日，日曜日均以朱書「密」一字注之，則爲此種七曜星占書進一步之普遍的使用；亦猶道家人神之說傳播既廣，因被採用於曆日耳。二十六年九月七日

劉子新論　三七〇四

此殘卷存風俗第四十六，利害第四十七，禍福第四十八，貪愛第四十九，類感第五十，正賞第五十一，恰得百行。與二五四六號卷子當是同卷，爲開天時寫本，余前已言之矣。巴黎所藏新論無善本，手頭有子書所作校釋，持以對讀，與此卷合者十得八九。益嘆此卷子本之

善，而子書校書之精。禍福篇：「善行則禍轉爲福，」今本誤作「善言則福轉爲禍。」子書云：「此不應云福轉爲禍福禍互誤。」又「逾敬愼以檢身，」今本誤作「逾敬愼以儉誡其身。」子書云：「吉府本作逾敬愼以檢身是也，與下逾修德以爲務對文。」貪愛篇：「出府庫之兵以賦人，」今本賦誤作賜。子書云：「道藏本子彙本賜作賦，當據正。」類感篇：「彈角而木搖，鼓羽而波湧，」今本誤作「彈角則目搖，鼓舟而波湧。」子書云：「范氏天一閣抄本作鼓羽而波湧，按范本是也。上句目字乃木之誤，北堂書鈔一百五樂總部引崔琦七蠲云：彈角而木搖，鼓羽而波湧，是其明證。」正賞篇：「棄法以度物情，」今本誤作「模法以度物爲情，」子書校作「不模法以度物情。」又「堂列黼幌，」今本列誤作珠，子書校作「朱堂黼幌，」則子書能摘今本之誤，而卷子本能昭示吾人以舊文之是也。二十六年十一月二十六日

新集文詞九經鈔　二五九八　二五五七　S.五七五四

巴黎藏是書兩卷：甲卷著錄號碼在二五九八，開端殘缺；乙卷在二五五七，似未抄完。兩卷相校，文字大致相同，而互有詳略。雜輯九經諸子中佳言粹語，頗有助於修身，蓋在開蒙要訓之上，爲入德之門也。卷內劉通劉會之言，九諫要決之書，與古經史並引，而其人不見於

正史，其書亦未見著錄，則並當時社會上通行之短書也。唯九諫書爲張仁亶撰，今有(Pelliot 3399)一殘卷，別有跋。錄是書自序如下：

包括九經羅含內外通闡三史是要無遺今古參詳禮儀咸備忠臣孝子從此而生節婦義夫亦因此起若夫天地一指陰陽二儀人無異形善惡分像故足以運身詞能利人步有進退詞有善惡惡詞而衆草不植而自生善言而百穀非力無自媚口雖一也開則香臭異聞人之一焉異則有深淺視深窺淺咸由懇學而成以賢則愚莫不皆因學而成智昔倫光慕道善自前聞刺股懸頭傳之往典 二十七年八月五日

S. 5754僅存開端十三行，題作「新集九經鈔一卷」，據以校改序文三字。又「惡詞而衆草，善言而百穀，」兩而字斯氏本並作如。二十八年一月十三日

勤讀書抄 二六〇七

卷端有書題，作「勤讀書抄示頤等，」蓋隨手劄記以示其子孫者也。卷中基字缺筆，似猶出於中唐人之手。所引有論語疏義顏氏家訓墨子風俗通抱朴子之類，望而知爲博雅之士，與俗子不同。開端引論語：「吾嘗終日不食」一節，並引疏義云：「以思無益，於天下之至

理，唯學益人餘事皆無益，故不如學也，」與皇疏知不足齋刻本微不同，然當以此所引爲正。又所引家訓勉學篇獨多，玆以家訓無善本，爲校於朱氏藏書本上，因客中未見抱經堂本也。二十七年九月十一日

伎之易習而可富貴者無過讀書也　今本脫富字

生人之成敗好惡　今本人作民

欲其觀古人之小心屈己　今本屈作黜

欲觀古人之達生知命　今本知作委

老而彌固　今本固作篤

公孫弘四十餘方讀春秋雜說　今本脫雜說二字

以此遂登卿相　今本卿作丞

朱雲四十亦始學易論　今本論下有語字

皇甫謐二十始受孝經論語　今本受作授

李氏蒙求　唐李翰撰　二七一〇　五五二三

敦煌本李氏蒙求殘卷二：甲卷爲卷子本，著錄號碼爲二七一〇，存者二十六行。始李良進表之後段，次李華序，又次蒙求白文二十八句。乙卷爲折葉裝本，號碼爲五五二二，僅存兩葉，恰是一折。自「爰盎郤坐」注語起，至「李郭仙舟」句止。半頁六行，本文單行，注雙行，每行二十二三字至二十六七字不等，與李華序所謂「每行注兩句」者不合，則傳鈔已失原本之舊矣。按自中唐至於北宋，是書爲童蒙課本，最爲通行。及徐子光補注出，而李氏原注微，及三字經百家姓行，而徐注又微。明清之間，學者已不識李翰爲何人，遑論其書！四庫全書提要竟以晉之李瀚當之矣！邢澍守雅堂文集，黄廷鑑第六絃溪文鈔，周中孚鄭堂讀書記，始稍稍辯證。至光緒初年，楊守敬訪書日本，獲古鈔卷子改裝本蒙求一卷，舊抄附音增廣古注本一通，博考詳徵，俱載日本訪書志中，自是李氏原書，始復明於世。楊氏云：「意此書在唐時，鄉俗鈔寫，憚其煩文，遂多删節，其後並所引書名略之。至宋徐子光，不見有書名之本，但見其文與事，與見存書多異，又未能博考類書傳記，遂就現存書史換之，故往往有與標題不符，」理或然也。蓋翰自撰書而自作注，當無失引誤引之事，如提要列舉「周嵩狼抗」一等事，以爲補注精核者，楊氏照以古鈔本，翰原注本如是。今按此兩敦煌殘卷，甲卷李良進表後，有「良令國子司業陸善經造表，表未行而良授替，事因寢矣」一行唯楊氏所獲古鈔卷子改裝本有之，可見唯此兩本淵源爲最古。乙卷書法雖不佳，約亦爲晚唐或五代寫本，持與佚存叢書所謂古本及徐子光補注本相校，互有詳略。而每事必注所出書名，則較兩本爲獨詳。如「曹參趣裝」引史記，古本補注則並引漢書，「鄒衍降霜」引淮南子，古本同，補注不著引書名。「詰汾興魏」引御覽書，古本補注引北史。「不疑誣金」引史記，古本補注引漢書。「謝尚鸜鵒」引語林，古本補注並不著引書名。「太初日月」引世說，古本不著引書名，補注引魏志。「季野陽秋」引世說，古本補注不著引書名。凡古本補注易以後出之書者，皆楊氏所謂就見存書史換之者也。余未見楊氏所得古鈔卷子改裝本，然訪書志臚舉該卷注中所引佚書，不及御覽書，則古鈔本「詰汾興魏」下，似已佚去御覽書之名。按御覽書即修文殿御覽，多紀北朝事，故李翰引之。徐子光不獲見，遂易以北史。蓋當時魏書尚未大行，觀於宋人校刊魏書，以修文殿御覽高氏小史北史補其殘缺，則其故可得而知也。蓋一時代有一時代通行之書，學者擁書雖富，而其徵引，往往爲時代所限，此又其例也。（又如「靈輒扶輪」，楊氏古鈔本引類林，補注換爲左傳。「燕昭築臺」古鈔本引春秋後語，補注換爲史記與孔文舉書類林春秋後語並爲唐代最通行之書。）然則楊氏所謂最逼近李氏原本者，較之敦煌本，已有刪節。至於附音增廣本，楊氏謂爲即佚存叢書古本，以余觀之，其所謂古本，特補注之節本耳，毫不足貴。若謂古本引書多於補注，奈補注亦有多於古本者何？要不得以其注文簡略，遂疑近古。如「晏嬰脫粟」一條，古本引晏子春秋，補注作「韓子春秋」，「韓」雖明是誤字，而敦煌本却正作「韓子春秋」，則徐氏所因舊本，其淵源亦頗古；古本改之，正見其多自刪節也。二十五年十二月十二日

記室備要三卷　唐郁知言撰　三七二三

記室備要三卷，計三百八十六首，原題鄉貢進士郁知言撰。上中兩卷爲官牘，上自天子慶賞，下至內外百官，各具一式。下卷爲四季書儀，惜已殘缺過半。知言不見史傳，其書亦失著錄，惟賴其自序，得知在咸通中曾遊護軍常侍太原王公幕府耳。攷新唐書藝文志文史類，有李太華掌記略十五卷，新掌記略九卷，林逢續掌記略十卷。宋志同，惟林書作十五卷。又增張鋼管記苑十卷。均當與知言書爲近。今諸書並佚，而知言書反出於石室，允當保貴，以存唐代記室格式於萬一。玆更錄其自序於後：二十七年一月十八日

知吉謬學彫蟲曾親射鵰知難而退適意所從時以咸通七年偶遊於魯遇護軍常侍太原王公好習儒墨常以文字飾於緘章染翰抽毫皆成四六至於毬酒娛樂之際雖有掌筆之吏亦未嘗委焉因命愚懷備述所要以防其闕時之口愚深沐知眷誠難固辭偶率荒蕪撰成三卷分其事類合二百八十六首其間空闕者臨時更改故以爲任斐文詞不足以資翰墨聊書短序用述所因

周秦行紀　三七四一

周秦行紀殘卷，卷端殘缺，無書題。存者整六十行，約得全書三之二。末署清泰二年。書法不佳，且多差別。按今本行紀，傳刻雖多，蓋均本自太平廣記卷四百八十九。持以相校，足以是正廣記之誤者亦不少。卷子本：「余對曰，今皇帝名适，代宗皇帝長子，」今本作「今皇帝先帝長子。」又「夫人約指以玉環，光照手骨。」今本作：「光照於座，」按注引西京雜記：「高祖與夫人玉環，照見指骨，」正爲「手骨」作注。此今本之顯然誤者。二十七年一月二十二日

持誦金剛經靈驗功德記　二〇九四

金剛般若波羅蜜經兼持誦金剛經靈驗功德記一卷，並有翟不達跋。金剛經跋云：「布衣弟子翟奉達，依西川印出本內抄得「分數」及「眞言」，於此經內添之，兼遺漏別也。」功德記跋云：「于唐天復八載，歲在戊辰四月九日，布衣翟奉達寫。」則經爲奉達據印本所校，記爲奉達所寫也。其刻本眞言，伯希和先生得一份，著錄在四五一五號。然爲天福十五年刻本，奉達所據乃天復八年以前，刻於西川者。別詳拙作唐末五代西川刻本考中。此功德記不著撰人，今已印入大正新修大藏經卷八十五。矢吹慶輝博士鳴沙餘韻解說頁八十七載之，然未加詳考。兹將書中所載靈驗事十八則，考之他書，有九則與初唐人撰述相同，蓋爲作於初唐或中唐之世者。趙文昌事見法苑珠林卷七十九（太平廣記卷百零二引珠林同）。遂州人事見珠林卷十八（廣記卷百零二引珠林同）。此不出人姓名，而珠林作遂州人趙文信。畦彥通事見廣記卷百零二引報應記，廣記「畦」作「陸」，按晉書載記後燕慕容寶時有中書令畦邃，則廣記或是傳寫致誤。寶室寺僧法藏事見珠林卷十八引冥報記。苟居士事見珠林卷十八，廣記卷百零二，並引三寶感通記。王陁事見廣記卷百零三。崔善冲唐晏二事並見廣記卷百十二引報應記。竇氏事見珠林卷十八引冥報記。文辭事跡，並大致相同，與冥報報應二記所同尤多。然則撰述時代，謂與唐臨相前後，當無大誤。又廣記卷百零五引廣異記有魏恂，而是書有魏畇，事雖相同，詞頗有異，所以然者，廣異記成書較晚，則此又可爲此書撰自中唐之一反證也。段成式有金剛經鳩異一卷，載入酉陽雜俎續編中，蓋即昉於是書。自玆以降，法華觀音等經，均有斯作，道徒效風，文昌陰隲等文，亦有嗣響。溯其淵源，均當以是書爲濫觴也。二十五年四月二十二日

老子道德經 河上公注 二六三九

敦煌本河上公老子德經注殘卷，始第三十八章「下德爲之」，訖第七十七章「能以有餘奉天下」。第六十章前有「老子德經下」一行，蓋德經分上下，全書原爲四卷也。陸德明作經典釋文，於老子雖用王弼，而所見河上公注，正是四卷。明以來所傳世德堂六子中都四子，號爲善本，並分兩卷，已失唐人之舊。唯道藏「知」字號所收，獨爲四卷，篇第近古。然竄入章名，亦非本來面目。玆據以校其異同，註語之無關重要者略之。二十六年八月十四日

校勘記

注人之愚暗之倡始 三十八

按卷子本作「言前識之人愚暗之倡始也。」

注　一無爲道之子也 三十九

按卷子本無作元氣。

注　故能變化無爲

按爲字譌，卷子本作形

注　致戒也故下五事也

按卷子本戒作成故作謂

谷無以靈將恐竭

按卷子本靈作盈是。

注　言必欲貴貴

按卷子本上貴字作尊是

是以侯王自謂曰孤寡不穀

按卷子本脫謂字穀作轂正與注語車轂之義合

此其以賤爲本耶

按卷子本脫耶字

非乎

按卷子本非作悲

天下萬物生之於有 四十

按卷子本脫之字

不足以多爲道 四十一

按卷子本多爲名字之誤

故建言有之

按卷子本脫故字

質眞若渝

按卷子本眞作直

注大音獨雷霆

按卷子本獨作猶

注 道潛隱伏人無能指名

按卷子本伏作使

人之所惡唯孤寡不穀 四十二

按卷子本穀亦作轂

注 强梁者爲不信玄妙皆叛道德

按卷子本皆作背

注 如拙者亦不敢見其能 四十五

按卷子本亦作示

不窺牖見天道 四十七

按卷子本見上有以字

及其有事不可以取天下 四十八

按卷子本可作足

夫何故 五十

按卷子本故下有哉字

以其生生之厚也

按卷子本無也字

注 聞虎兕兵甲何故不害之

按卷子本聞作問是

既知其母復知其子 五十二

按卷子本作「得其母以知其子」

注 使口不妄言

按卷子本作「使不妄言說是非」

服文彩 五十三

按卷子本彩作綵

盜誇非道也哉

按卷子本脫也哉二字

子孫祭祀不輟 五十四

按卷子本子孫下有以字又道藏本註語脫「輟絕也」三字

修之於家其德乃餘

按卷子本乃作有

注 則君聖臣忠仁義自生禮樂自興政平無修

按卷子本下自字作不修作私

注 謂含懷進德之厚者 五十五

按進德卷子本作道德

未知牝牡之合而朘作精之至也

按卷子本朘作酸

終日號而嗌不嗄和之至

按卷子本缺嗌字又至作志也

解其紛　五十六

按卷子本紛作忿

故不可得而親

按卷子本親下有之字

亦不可得而疏

按卷子本疏下亦有之字

以正治國

按卷子本正作政

吾何以知天下之然哉

按卷子本之作其

故聖人云　五十七

按道藏本句下脱註語「謂下事」三字

注　我常無欲去華文微服飾

按卷子本徹作徹

注 禍福更相 五十八

按卷子本相下有生字

善伏爲訞

按卷子本訞作妖

人之迷其固日久

按卷子本作「人之迷其日固久」

注 蔕不堅則落 五十九

按卷子本蔕上有菓字

非其神不傷人聖人亦不傷人 六十

按卷子本亦作之又道藏本此句上脫經文「非其鬼不神其神不傷人」又脫註語「其鬼非無精神也邪不入正不能傷自然之民」

注 女所以能屈於男勝陽陰 六十一

按卷子本作「女所以能屈男陰勝陽」

注 陰道以安

按卷子本作「陰道以安靜爲謙下」

或下以聚

按卷子本以作而

夫兩者各得其所欲

按卷子本脫夫兩者三字

古之所貴此道者何不日求以得 六十二

按卷子本所下有以字又求以二字互倒

是以大人終不爲大 六十三

按卷子本大人作聖人

注 從卑至高 六十四

按卷子本至作立

無執故無失

按卷子本句上有聖人二字

是以聖人終不欲

按卷子本終不欲作「欲不欲」正與註語「聖人欲人所不欲也」相合

注過本爲實

按卷子本實作末

知此兩者亦楷式　六十五

按卷子本亦作「是謂」

然後乃至大順

按卷子本脫然後兩字

以其善下之　六十六

按卷子本之下有故字

是以聖人欲上民必以言下之

卷按子本民作人言上有其字

欲先民必以身後之

按卷子本身上有其字

是以聖人處民上而不重

按卷子本作「是以聖人處上而民不重」

夫慈故能勇　六十七

按卷子本脫夫字

不敢爲天下先

按道藏本此句下脫註語「不敢爲天下之首先」

今舍其慈且勇舍其儉且廣舍其後且先

按卷子本二其字並脫

善勝敵者不與爭　六十八

按卷子本脫爭字

則哀勝也已 六十九

按卷子本作「則哀者勝矣」

知我者希則我者貴 七十

按卷子本句末有矣字

不知知病 七十一

按卷子本作「不知而知病」

夫唯病病是以不病

按道藏本此句下註語爲下句「聖人不病以其病病」註語而脫原註「夫唯能病苦衆人有彊知之病是乃有不自病」十八字

民不畏威則大威至矣 七十二

注畏死亡也

按卷子本脫則字

按卷子本畏作謂是

知此兩者 七十三

按卷子本知上有常字

天之道不爭而善勝

按卷子本脫之字

注民無即生 七十四

按卷子本即作聊

若使民常畏死

按卷子本民作人

夫代大匠斲者

按卷子本夫下有唯字者字脫

民之難治以其上之有爲 七十五

按卷子本下之字脫

民之輕死以其求生之厚

按卷子本脫生字

夫唯無以生爲者是賢於貴生也

按卷子本者上有生字也字脫

萬物草木之生柔脆 七十六

按卷子本生下有也字

不足者與之 七十七

按卷子本與作益

又 S. 四七七 三九二六

老子道德經河上公章句二卷，以今本照之，甲卷（S. 477）始第三章「强其骨，」訖第二十章「如春登臺。」第十六章後有書題：「老子道經，河上公章句第一品。」共二百四十八行。（內開端十六行下截斷缺。）乙卷（S. 3926）始第三十九章「故貴以賤爲本，」訖德經後題。第五十五章以後題：「老子德經下，河上公章句第四。」存五百六十一行。兩卷非同一寫本，均不避唐諱。疑唐室以老子爲祖，不避者出於道徒之手；諱避本則學子所誦習者也。故此二卷，不能謂非唐代寫本。

今存河上公注本宋刻已不多，以鐵琴銅劍樓所藏宋建安虞氏家塾本爲最善，今已印入四部叢刊。分卷與此卷子本同；唯刻本分爲八十一章，且每章用二字以爲章名，則爲卷子本所無。王應麟漢書藝文志考證引王禹玉說：「今資善堂所寫御本，獨無章名，章名疑非老子之意。」一是宋時無章名之本已不多。而余所見敦煌寫本，未有有章名者，且今存唐代石本亦未有有章名者，則章名之竄入，最早應在唐末五代時矣。以手頭無道藏，不能依前例作劄記，幸已得影片，俟將來補入敦煌羣書校記中。二十七年四月十二日

老子道德經注　唐道士李榮撰　二五九四　二八六四　三二三七　二五七七　三二七七

巴黎所藏李榮老子道德經注，共有殘卷五分，別著錄在二五九四，(四十至四十三章)二八六四，(四十三至五十三章)三二三七，(六十一至六十七章)二五七七，(六十八至七十六章)三二七七，(七十六至八十一章)等號。第五殘卷末題：「老子德經卷下，」一則全書當爲二卷，適與杜光庭所見者相合。惜第五十三章以後六十一章以前未見，德經未能復獲全書。此注爲李榮所撰，日人小島祐馬氏已先我證明。道藏使上至覆上，有强思齊道德眞經玄德纂疏

二十卷，全採唐玄宗河上公嚴君平李榮成玄英六家以入注。持與相校，第五十二章「是謂襲常」註，道藏本脫「閉門守母依始潔身入道襲貞常也」十四字。第七十八章「故柔勝剛，弱勝强」，道藏本註語全脫。然道藏本亦有較卷子本爲勝者：如第四十一章卷子本脫經文「進道若退」一句，第六十九章脫經文「仍無敵」，并註語。又此卷寫於唐代，而不避唐諱，蓋唐以老子爲祖，故道徒不爲避也。惟第八十章：「小國寡民」註：「聖人理國，用無爲之道」云云；又第五十七章註：「不言不敎，民皆自忠缶」云云；正字作缶，以余所知，不始於武后，而治國作理國，則可作爲作於高宗時之證。更以原卷紙色及筆跡觀之，蓋亦高宗時寫本也。

舊唐書羅道琮傳：「每與太學助敎康安國道士李榮講論，爲時所稱。」（卷一百八十九儒學傳）當即此李榮。又高宗之世，佛道之辯爭益烈，每召入內殿，抗論御前。據釋道宣集古今佛道論衡所紀，顯慶三年四月，榮立道生萬物義。六月，開六洞義。五年八月，與靜泰抗辯，龍朔三年六月，與靈辯抗辯。蓋自李仲卿劉進喜後，道宗以榮爲祭酒，即在佛家亦稱「道士李榮，老宗魁首」也。敦煌石室既開，世人既獲覩劉進喜老子義疏殘卷（Pelliot 2517）今余又總校槃注殘文，而有以諗知雖無裨於老詁，然於道敎思想上，則爲重要史料也。又原卷第八十一章之末，接書第三十七章經文幷註語，疑非係移直，蓋補上卷脫失者。二十六年八月七日

唐明皇道德真經疏 三五九二 二八二三

唐明皇御製道德真經疏，巴黎所藏敦煌本共有殘卷二：甲卷爲 Pelliot 3592，始第二章「是以聖人處無爲之事，」訖第十章「明白四達，能無知乎。」乙卷爲 Pelliot 2823 所存適爲第二十三章。按明皇爲道德經作注二卷，疏十卷，曾令天下宮齋勒注於石，故石本世多有，疏則自五代以後，流傳漸少，僅賴道藏以存。此卷子本經文朱書，疏語墨書，平格寫。持與道藏本相校，第五章疏語：「蔽蓋之恩者，孔子曰，蔽蓋不棄，爲埋狗也，」卷子本孔子上有禮記二字，當據卷子本以補之。又卷中淵民治等諱字，其在經文，必缺末筆，若在疏內，則以諱避之字代之。如第三章疏：「雲自隨龍，風常隨武，」第八章經文：「心善淵，」疏作「心善泉。」然則唐人避諱之例，舊文則缺筆，撰述則採用代字，斯其例矣。 二十六年八月二十日

莊子　晉郭象注　S.七九六　一六〇三　六一五　七七

倫敦所藏莊子凡四殘卷，並郭象注。甲卷胠篋篇，(S.796)始「毀絶鉤繩而棄規矩，」至篇末，共五十一行。乙卷天道篇，(S.1603)始「吾服也恒服也，」亦至篇末三十九行。丙卷南華真經達生品第十九，(S.615)篇末僅缺三兩行。丁卷外物篇，(S.77)始「螴蜳不得成，」訖「與其譽堯而非桀，」共四十五行。虎淵民等字缺筆，太宗時寫本也。達生篇「故其靈臺而不桎，」今本臺下羨一字，按臺或誤作壹，又誤爲一，校者誤增也。庚桑楚篇：「不可納於靈臺，靈臺者有持，」有持即申靈臺義；釋文亦云：「謂心有靈智，能任持也。」淮南說林篇：「而又況一不信者乎，」一原亦當作臺，是其義。此謂其心持而不桎也。說見吳先生淮南舊注校理卷三。外物篇：「接其鬢，壓其顪，濡以金錐控其頤，徐別其頰，無傷口中珠，」今本濡作儒，則是主名詞。然此五句並列，不應獨於第三句着主名詞，濡義較長。玆舉二端，餘小異同，詳校勘記中。　二十七年五月七日

校勘記

胠篋第十

而天下始人有巧工矣　今本脫工字。

若此時則至治已　今本時上有之字。

則是上之好智之過也　今本脫上之字。

而莫知求其所以知者　今本以作已，下同。

舍夫種種之民　今本民作機。

天道第十三

吾服也恒服也　今本脫下也字

而頹顯然　今本顯作頹，釋文所據一本作顯。

夫子曰夫道於大不終　今本夫子作老子。

極物之真能守其本者也　今本脫者也二字。

世之所貴者書　今本句末有也字。

猶不貴足爲非其貴者也　今本作「猶不足貴也，爲其貴非其貴也。」

桓公讀書堂上輪扁斲輪堂下　今本兩堂上並有於字。

敢問公之所讀者何言邪　今本者作爲。

得於手而應於心口不能言也有數存乎其間　今本得下有之字，言下脫也字。又乎作焉，下有於字。

古人之糟魄也已矣　今本也已矣作已夫。

達生第十九

養形必先以物物有餘而形不得養者有之矣　今本以作之，不下脫得字。

非智巧果敢之所居　今本所作列，斷句居字自爲句。

凡有貌象聲色者皆物與何以相遠　今本作：「凡有貌象聲色者皆物也，物何以相遠。」

物焉得爲正焉　今本爲正作而止。

死生驚懼不入乎其匈　今本「其匈」作「其胷中。」

無殺戮之形也者　今本形作刑，也字脫。

仲尼曰巧乎有道也　今本巧上有子字，又也作邪。

吾處也若撅株拘　今本處下有身字，又撅作厥。

天地之大萬物之多　今本天上有雖字。

乃若夫沒人　今本乃若作若乃。下同。

凡重外者內拙　今本脫外字。

若牧羊者然　今本脫者字。

柴立其央　今本央上有中字。

人之所畏者　今本畏上有取字。

吾將三月犧汝　今本犧作犧。釋文所據一本作犧，即犧字。

爲堯謀不如食以糟糠　今本謀下有曰字，又糟糠作糠糟。

對曰臣無見也去反　今本「見也」作「所見」，「去反」作「公反。」

有沈有履有竈有髻　今本竈上脫有字。

惡聞雷車聲捧其首而立　今本聲上有之字，捧上有則字。

其長若轅　今本若作如

紀消子　今本消作涫。

猶應景響　今本景響作響景。

反走耳矣　今本脫耳字。

流沫三十里　今本「三十」作「四十」。

以爲有苦而欲死者也　今本脫者字。

與齊偕入與汨偕出　今本上偕字作俱，下偕字作皆。

其巧專而外滑消　今本滑作骨。

形體至然後成　今本體作軀，又至下有矣字。

顏瘣遇之　今本瘣作闔。釋文所據元嘉本作廅。

工倕旋而蓋矩　今本矩上有規字。

故其靈臺而不桎　今本臺下有一字。

忘足履之適者也　今本履作屨，脫者字，又以下四句，並脫者字。

事君不遇世賓放於鄉里逐於州部　今本脫放字。

子獨不聞夫至人之行耶　今本行上有自字。

弟子曰不然孫子之所言是也　今本也作邪。下三句並同。

彼固或能來矣　今本能作而。

外物第二十六

蝀蜳不得成　今本蝀作螴。

於是乎有⿰亻遺然而道盡　今本⿰亻遺作僓。

有鮒魚焉　今本有上有「中」字。

君豈有升斗之水　今本「升斗」作「斗升」，下同。

周曰諾我且南遊吳越之王　今本我作哉。

蹲會稽　今本蹲下有乎字。

制河以東倉梧以北　今本制上有自字。又倉作蒼，以北作已北。

莫不饜若魚者已　今本饜作厭。

而後世軨才諷說之徒　今本軨作輇。

濡以金椎控其頤　今本濡作儒。

莊子釋文　唐陸德明撰　三六〇二

莊子釋文殘卷，自駢拇至在宥，共七十行，開端五行及卷末一行下截又復斷缺，整行實僅六十有四。虎字民字不避，疑是陳隋間寫本，故較今本異同甚多。爬疏未暇，茲先舉其大者：一據所出本文，知今本釋文多經後人改竄也。卷子本每全出原語，然後釋文；今本則將無關係之字略之，又隨手有改竄。如馬蹄篇卷子本出「夫恭胥」三字，釋文云：「李，思余反；司馬曰：上聖帝王也」；今本則出「赫」字，釋文云：「本或作菾，呼白反。」陸德明所據本「赫」既作「恭」，則改恭作赫，與竄入「本或作菾」一語，當非德明在唐初所自改，必後人所刪竄者。二古注主名，卷子本頗詳，今本多遺略也。此例甚多，茲以司馬彪注明之。今本馬蹄篇：「編木作靈曰棧，以禦濕也」，不著主名。卷子本引司馬彪云：「阜，櫪也。編木作欞床曰棧，以御濕。」攷文選顏延年赭白馬賦注，潘安仁馬汧督誄注，並引司馬彪注云：「皂櫪也。棧若欅牀，施之濕地也。」則爲司馬注無疑。其他據卷子本可定爲司馬氏說者，尚可二十餘條。三今本釋文屢引廣雅，卷子本則未嘗一及也。蓋卷子本釋文實較略於今本；然亦有較今本爲繁者，故不能謂爲節本。如馬蹄篇馵字，卷子本釋文云：「夫馬一歲曰馵，惟馬絆足曰馬，各有義，不可相亂，字有疑似，故具列之者也」，爲今本所無，是也。他如「編之以皁棧」，卷子本編音浦然反，今本作必然反。「蹩薛爲仁」，卷子本蹩音扶結反，今本作步結反。然則後人以今音改舊音者多矣。　二十七年一月二十二日

文子　三七六八

文子一書，爲後人剽竊淮南呂覽等書而成，殆無疑義。故清儒校理諸子，鮮及是書；而歷代傳刻，亦無善本。守山閣翻刻本，附有顧觀光所撰札記，是正頗多。惜未見宋刻徐靈府注本，亦不無足資勘正之處。孫詒讓稱顧氏別有增訂本，余尚未見。此卷子本僅存道德第五，共百五十六行，爲天寶十載所寫。持校今書，凡淮南呂覽舊文原書未誤而文子誤者，此卷猶多未誤，則顧氏所勘驗者，爲尤有徵矣。玆擇其要，劄記於後，俾未見原卷者，得窺梗概。唯書中「則」字，卷子本均作「即」，蓋以古同聲故。　二十六年十二月二十二日

劄記

興事有道　守山閣本興作舉。

君臣道有即忠惠　今本即作則，以下凡即字均同。

故帝者天下適之也王者天下往之也　今本適之作之適，往之作之往。

夫背道者　今本背作失。

慢倨矜振　今本振作傲。

小夫行之　今本小夫作小人。

國家滅亡　今本國作國。

末若使人本無其意　今本脫本字。呂覽順說篇有，當據增。

無地而爲長　今本作「無地而爲君，無官而爲長」，卷子本有脫誤。

爲上恭能爲下即卑敬　今本作「爲上則恭嚴爲下則卑敬。」案卷子本讀能爲而，亦通。

修其義則和平　今本作「修其義則下平正。」

國家安定　今本定作寧。

故生者道也　今本生上有物字。

人人自樂其間　今本作「人民樂其業。」

志得道行命也　今本志得作至德。札記云：「至德二字誤，傲真訓作志得。」

命得生而後能明　今本生作時。札記云：「時字誤，傚真訓作性。」

聖人當闢禍福所生而擇道　今本聖人上有故字。又當作常。

無聞見者愚也　今本也作迷。

君好知則信時而任己棄數而用思　今本知作義，思作惠。札記云：「義當作智，詮言訓不誤。又惠字誤，詮言訓作慮。」

井不足任道術　井今本作財。札記云：「財字誤，詮言訓作才。」

執一者見小也　今本脫一字。句下更有「故見小者不能成其大也」一句。

守靜故能爲天下正　今本故字缺。

期於此矣　今本期作具。

民有道所同道　今本下道字作行。

下之徑衢　今本徑衢作任懼。札記云：「此二字誤甚，詮言訓作徑衢。」

用兵有五　今本有作者。

誅暴溺謂之義　今本「溺」作「救弱」。疑卷子本脫救字，今本弱即溺字也。

此天道然也　今本然字缺。

精道而任智者危棄數而用枉者困　今本精作釋，枉作才。

得之不善　今本善作喜。卷子本原作言，墨筆校作善。

因秋而收　今本收作殺。

王天下得天下之歡心　今本句作「王者得其歡心。」

若江海即是矣　今本矣作也。

天下必放其歡愛　今本放作效。

聖人者應時偶變　今本偶變作權變。

是故不法其已成之法而法其所以爲法其所以爲法者與化推移也　今本而下脫「法其所以爲」五字。

不得其情明玄聖守其法藉行其慮令　今本情作清，慮作憲。

文子問爲政　今本脫爲字。

廉而無劌　今本無作不。

無加以力則民自樸　今本「自樸」作「朴。」

民爭則輕爲非　今本民作人。

戰戰怛怛　今本作怛怛作兢兢。

使桀紂修道行德　今本修作循。

從令不損　今本損作順。

諸侯倍畔　今本倍畔作背叛。

非去迕耶也　今本脫迕字。

故治大國若烹小鮮曰勿撓而已　今本曰字缺。

故聖人體道反生　今本生作全。札記云：「全字誤，齊俗訓作性。」

吾聞子學道於老聃　今本學道作得道。

以一人之懽　今本懽作權。

化淫敗以爲貞　今本貞作樸。

天與之積地與之厚　今本作「天與之，地助之。」

龍宿其谷　今本谷作沼。

二十五等人圖　陳寬撰　二五一八

此卷已印入雪堂叢刻。羅振玉劉師培均有跋。劉氏以農人節理不作治人不作民，謂撰書人必在高宗以後，然未能指名。按祕書省續編到四庫闕書目小說類有陳寬二十五等人圖一卷，當即是書。偶得撰人主名，特爲表而出之。

二十六年七月三十日

巴黎敦煌殘卷叙錄卷四 第二輯

王重民撰

集部

李嶠雜詠註 唐張庭芳撰 S.五五五 P.三七三八

斯坦因所得五五五號，爲殘詩十七行，有注；伯希和先生所得三七三八號卷，僅六行，詩注均相似，書法亦同，知爲同書，恨不知書名與撰人姓氏。劉修業女士爲東方語言學校編所藏華文書目，偶檢佚存叢書本李嶠雜詠，謂此即雜詠殘卷，余檢閱良然。更閱卷端張庭芳序，而知此殘卷詩注，即張庭芳所撰者。斯氏卷始詠銀末三句，訖布，共六首又三句，在佚存本玉帛部十首中。伯氏卷存詠羊末二句，詠兔詠鳳各一首，全，詠鶴僅存開端二句。詠鳳詩前有「靈禽十首」一目，則知全唐詩無子目者，或因從類書輯出也。然佚存本靈禽部在祥獸部前，卷子本反是，蓋佚存本與張庭芳注本不同也。佚存本文句與全唐詩所輯大致相同，卷子本錢至帛六詩中，其末二句每與佚存本不同，詠兔詠鳳亦如之。然則庭芳所據，固別一本也。

天瀑氏跋稱：「朗詠集註往往引百詠註，宋志載庭芳註哀江南賦，而不及此注，則亡佚之久可知。」余茲獲殘編於英法兩京，恨不得朗詠集註者一校之，更以證明余說之不誤也。

二十七年九月八日

高適詩集 三八六二

高適詩集殘卷，起答侯少府，至同呂判官從大夫破洪濟城迴登積石軍七級浮圖作，共得三十六題，詩若干首。惟首尾兩篇有殘缺。書法雖非上駟，亦整秀可觀；避唐諱甚謹，的是唐人所書。校以今本，獲佚詩三篇：曰雙六頭賦送李參軍，曰遇崔二有別，曰奉贈平原顏太守。攷新唐書適本傳及藝文志，並稱適有集二十卷，而四庫所據汲古閣影宋精鈔本實僅十卷，則二十卷本宋代流傳已罕。余在敦煌殘卷中別獲一唐詩選本（Pelliot2552）載適詩三十九題，內兩題不見今本。文獻通考著錄適集外詩一卷，文一卷，疑爲宋人據選集輯補，非獲見二十卷本也。

兩唐書本傳：「適年五十始爲詩，每一篇已，好事者輒傳布。」又奉贈平原顏太守詩序：「今南海太守張公之牧梁也，遂奏所製詩集於明主。」按張公即張九皐，是天寶初載，適已有集進奏於朝；自是傳鈔當益廣，卷帙必亦各自不同。顏真卿爲平原太守，在天寶十二載，贈詩當作於是年或次年，爲進奏本所無，而今本亦不載。按今本適詩，多爲在哥舒翰幕中作品，其在天寶十二載以後者殊尠，疑當編成於進奏本後。此卷子本以前，然此卷亦非最後定本也。　二十五年十二月十五日

佚詩三篇，附錄於後：

遇崔二有別

大國多任士明時遺此人頤頷尙豐盈毛骨未合迍逸足望千里商歌悲四隣誰謂多才富却令家道貧秋風吹別馬攜手更傷神

奉寄平原顏太守　并序

初顏公任蘭臺郎與余有周旋之分而於詞賦特爲深知洎擢在憲司而僕寓於梁宋今南海太守張公之牧梁也亦謬以僕爲才遂奏所製詩集於明主而顏公又作四言詩數百字并序之張公吹噓之美兼述小人狂簡之盛遍呈當代羣英況終不才無以爲用龍鍾蹭蹬濫負知己夫意所感乃形於言凡廿韻

皇皇平原守駟馬出關東銀印垂腰下天書在篋中自承到官後高枕揚清風豪富已低首逋逃還力農始余梁宋間甘予麋鹿同散髮對浮雲浩歌追釣翁如何顧疵賤遂肯偕窮通耿介出憲司慨然見羣公賦詩感知己獨立爭愚蒙金石誰不仰波瀾殊未窮微軀枉多價朽木懸良工上將拓邊西薄才忝從戎豈論濟代心願効匹夫雄驊騮滿長皂弱翮依彫籠行軍動若飛旌旆信嚴終屢陪投醪醉竊賀銘山功雖無汗馬勞且喜沙塞空去去勿復道所思積深衷一爲天崖客三見南飛鴻應念蕭關外飄颻隨轉蓬

雙六頭賦送李參軍

有物兮四方故城六面砥平白質黑文花攢星明主張爾手談決斷爾心爭推得失似關乎天命而消息乃用乎人情若行之尤思之精雖邂逅而小比必指掌而大亨李侯李保令名無怨欬於垂成朝影入平川川長復垂柳明年有一擲分君不先鳴誰先鳴

白香山詩集　五五四二

敦煌出白香山詩集，袖珍折葉裝本書法甚工，半頁十行，行十八字至二十二字不等。遇當代至尊均空格，又以諱避之字代本字，真唐人箸作，唐人寫本之原式也。今存八葉有半，第一首爲寄元九微之，下署「白樂天」名。次爲和樂天韻同前，下署「微之」兩字。以後存新樂府十五首，曰上陽人，曰百鍊鏡，曰兩珠閣，曰華原磬，曰別母子，曰草茫茫，曰天可度，曰時世粧，曰司天台，曰胡旋女，曰昆明春，曰撩綾歌，曰賣炭翁，曰折臂翁，曰鹽商婦。鹽商婦僅存一行，以下均缺。樂府各篇無小序，亦無夾注，爲與今本不同。按白氏詩文集，生前手自寫定五本，分藏東林南禪等寺，更有傳至日本與高麗者；今日本傳本與宋明刻本，彼此不稍異，蓋均不能彷彿於白氏手定本之舊矣。又明正德年間，海寧衛指揮嚴震，別刋新樂府二卷，題爲白氏諷諫，盧文弨曾據以校入羣書拾補第三十六卷中。持與相校，敦煌本與白集同者十七八，與諷諫同者十八九。余未見嚴刻，亦不知其所自，而異同獨與敦煌本爲近，則非從世傳白集抽出，必爲別有所據可知，自是嚴刻增價矣！此敦煌小册子，似即當時單行之原帙。所可疑者，寄元九一詩，不應列入諷諫之內；更以時代考之，同爲元和四年作品，則此小册子，蓋據元和間白氏稿本。白氏詩歌脫稿後即傳誦天下，故別本甚多，即白氏所謂通行本也。然其價值，當仍在今行諸本之上。余生千載之後，覩此殘編，爲勝於高駢遣使，放翁入蜀矣。

白集今以明萬曆間馬元調刻本爲最通行，康熙癸未汪立名又別刻詩集爲四十卷，間有據舊本校正處。盧文弨得海虞葛氏影宋本及嚴刻諷諫，校入羣書拾補。今據汪本，參以汪盧二家校語，作爲校勘記如次。二十五年十二月二十日。

校勘記

寄元九微之

歸來兩行淚　汪本兩作數

忙忙藍田路　汪本忙忙作悠悠

已到商山北　汪本到作過

問君意何如　汪本君作我

答云苦相憶　汪本答云作君言

叩門聲鼕鼕　盧校同汪本鼕鼕作冬冬

云是商州使　汪本云作言

上論天謫心　汪本天作遷

夜宿商山東　汪本商山作商州
獨自挑燈坐　汪本自挑作對孤
夜深作書罷　汪本罷作畢
山月影西斜　汪本影作向
月中所何有　汪本作月下何所有
桐花落地時　汪本作桐花半落時
花下正相思　汪本作復道正相思

上陽人

上陽人　盧校同汪本句疊
綠宮監使守宮門　盧校綠宮作六宮汪本作綠衣
一閉上陽來幾春　盧校同汪本來幾作多少
扶入車中不敢哭　盧校同汪本敢作敎
皆云入內並承恩　汪本並作便

臉似破蓮胸似玉　汪本破蓮作芙蓉

一生遂向空床宿　汪本床作房校云舊本作床

蕭蕭暗雨灑窗聲　盧校灑作洒汪本作打

宮鶯百轉秋猒聞　汪本秋作愁

天家遙賜尙書號　盧校汪本天並作大

青黛畫眉眉細長　盧校同汪本畫作點

天寶年中時世妝　汪本年中作末年盧校作年中

少老苦兩如何　汪本少下有苦字

又不見今日上陽人白髮歌　汪本上陽下有宮字

百鍊鏡

容範非常規　汪本容作鎔

日辰處所靈且奇　汪本處所作置處

鈿函珠匣鏁幾重　汪本作揚州長吏手自封校云一作鈿函金匣鏁幾重盧校嚴本

與一本同

人間臣妾不敢照　汪本敢作合

背有五色飛天龍　盧校五色作五爪汪本作九五

人人呼云天子鏡　汪本云作爲

四海安危照掌內　汪本照作居

百王理化懸心中　盧校理化作理亂汪本作治亂

兩朱閣

五雲飄颻飛上天　汪本飄颻作飄飄

妝閣妓臺何寂靜　汪本妓臺作妓樓

比屋齊人何處居　汪本何作無

華原磬

華原磬　盧校巖不重下泗濱石同均與此合

今人不聽古人聽　汪本作古人不聽今人聽

古人不擊今人擊　汪本作今人不擊古人擊
樂工豈在耳如壁　汪本豈作雖
始稱浮磬出泗濱　汪本始作古
立辯致死能感人　盧校同汪本能作聲
宮商一聽華原磬　汪本商作懸磬作石
君王遂亡封疆臣　汪本王作心
長安市人爲樂師　汪本市人作市兒

別母子

悲在君家留二兒　汪本二作兩
以爾夫婦新嬿婉　汪本爾作汝
應似園中桃與李　汪本作桃李樹盧校作桃與李與此合
花落隨風子在枝　汪本在作住校云一作在
但願將軍更策勳　汪本更策勳作重立功

草茫茫

當時自以爲深錮　汪本錮作固

下流銀水作江海　汪本作下流水銀象江海

上綴珠光作狐兔　汪本狐作烏

一朝盜掘墳墓破　汪本墓作陵

憑君回目向南望　汪本回目作回首

天可度

唯人之心不可防　汪本作唯有人心不可防

誰知僞言巧如簧　汪本如作似

使君夫婦成參商　汪本成作爲

唯人之心相對時　汪本作唯有人心相對時

唯不測人間笑是嗔　汪本脫唯字

時世粧

時世流傳無遠近　汪本傳作行
烏膏唇膏唇恰似泥　汪本作烏膏注脣脣似泥
雙眉畫爲八字低　汪本爲作作
元和新妝君記取　汪本新妝作妝梳
髮椎面赭非華風　汪本髮作髻

司天台

羲和死來人事廢　汪本人作職
官不求賢唯取藝　汪本唯作空
上陵下替謫見天　汪本作下陵上替
五神微暗少光色　汪本五神作北辰
耀芒振角射三台　汪本振作動
上台半裂中台坼　汪本裂作滅
天文時變兩若斯　汪本若作如

九重天子不得知　汪本句不疊僅作不得知三字

安用司天百尺鬮　汪本作安用臺高百尺爲

胡旋女

胡旋女　汪本句疊盧校嚴不重

弦催鼓促曲已畢　盧校作絃催鼓促曲欲遍汪本作人間物類無可比

奔車轉緩旋風遲　汪本轉作輪

外國來此居　汪本作出康居

徒勞東方萬里餘　汪本方作來

天寶末年時欲變　汪本末年作季年

貴妃胡旋感君心　汪本感作惑

從此地輪天維轉　汪本此作玆輪作軸

數唱此曲悟明主　汪本曲作歌

昆明春

昆明春春池　敦煌本脫此五字

龜尾曳塗魚呴沫　盧校塗作泥汪本作塗

千介萬虫同日活　汪本虫作鱗

今來淨渌水鏡天　汪本鏡作照

游魚撥撥蓮田田　汪本撥撥作鱍鱍

洲香杜若抽心長　汪本長作短盧校巖作長與此合

洞植幽沉性皆遂　汪本洞作動幽作飛

皇化如春無不被　汪本化作澤

蔬蒲無証魚無稅　汪本蔬作菰証作租

君惠獨何人　汪本君上有感字

吾聞率土皆王人　汪本人作民下遠人作遠民

願植此惠及天下　汪本植作推

天涯地角盡蒙利　盧校同汪本盡蒙利作無禁利

撩綾歌　汪本撩作繚下並同

不似輕綃與紈綺　汪本輕作羅

越溪寒女漢宮妃　盧校同汪本妃作姬

染作池中春水色　盧校同汪本池中作江南

異彩奇紋相隱映　汪本紋作文

撩綾織時費功績　汪本時作成

昭陽人不見織時應不惜　汪本作昭陽殿裏歌舞人若見織時應也惜

賣炭翁

滿面塵埃烟火色　汪本埃作灰

賣炭得錢何所爲　汪本爲作營

翩翩兩騎問是誰　汪本作兩騎翩翩來是誰

黃衣使者白衣兒　盧校同汪本衣作衫

廻車叱牛令向北　汪本令作牽

一車炭千餘斤　汪本炭下有重字校云一本無重字

駈入宮中惜不得　汪本作宮使驅將惜不得

繫在牛頭充炭直　汪本在作向

折臂翁

新豐老翁年八十　汪本年八十作八十八

右臂憑肩左臂折　汪本左右二字互易夾注一本與此合

唯聽鸝宮歌吹聲　汪本作慣聽梨園歌管聲夾注一本與此合

點向何處去　汪本作點得駈將何處去

傳道雲南有瀘水　汪本傳作聞

未戰十人五人死　汪本作未過十人二三死

邨南邨北哭聲哀　以下四句至千萬人行無一回共二十八字敦煌本缺

自把大石槌折臂　汪本自把作偷將注云一作自把

從此始免征雲南　盧校同汪本此始作兹使

且圖揀退歸鄉土骨碎筋傷非不苦　汪本二句互倒

臂折來來六十年　盧校同汪本作此臂折來六十年

至今陰雨風寒夜　汪本陰風二字互倒

猶到天明痛不眠　汪本猶作直

痛不眠兮終不悔　汪本脫兮字

所喜老身今猶在　汪本所作且

不然當昔瀘水頭　汪本昔作時

身死魂歸骨不收　汪本歸作孤

老人言君聽取　敦煌本無此六字

君不見開元宰相宋開府　盧校同汪本見作聞下句又不見汪本見亦作聞

立邊功功不立生人怨　汪本作欲求恩幸立邊功邊功未立生人怨

君不見新豐折臂翁　汪本君不見作請問二字

甘棠集　唐劉鄴撰　四〇九三

敦煌本甘棠集册葉裝，高29 2/3c.m.，寬11c.m.，共三十葉。卷一無前題，卷四後半已闕，不著撰人姓氏。以余攷之，殆唐劉鄴所作也。新唐書藝文志別集類著錄劉鄴甘棠集三卷，其證一也。集卷三有上高尚書啓云：「伏奉△月日牒，着攝陝州參軍充觀察巡官者，」又啓云：「伏蒙慈造，奏授太子正字充防禦巡官者。」考舊唐書鄴本傳：「高元裕廉察陝虢，署爲團練推官，得秘書省校書郎；」（卷一七七）然則高尚書即元裕，其證二也。又集卷一有賀濮王充成德軍節度使表及奉慰西華公主薨表，證以舊唐書宣宗十一子傳，（卷一七五）及新唐書諸公主列傳，（卷八三）再照以鄴所歷官，莫不時當事對，其證三也。鄴集宋人已不著錄，亡佚已久，其文之存於今者，僅乞贈恤李德裕疏殘篇，賴舊唐書本傳以傳。今獲原集，所得爲已多矣。

是集殘存四卷，而新唐書藝文志著錄作三卷，疑三或當爲五之誤。　二十七年一月十九日

文選　梁蕭統原本　二五五四　二四九三　二六四五　二六五八

敦煌本文選殘卷四，並無注。甲卷著錄號碼在二五五四，存六十五行，爲謝靈運樂府一首，鮑明遠樂府五首又半，在今李善注本卷第二十八。乙卷著錄號碼在二四九三，存百四十

五行，爲陸士衡演連珠，在今本卷第五十五。陸氏所演連珠，共五十首，此卷第一首及末首缺，第二首及四十九首殘。以上兩卷與二五二五號文選殘卷第二十五，筆跡相同，蓋原爲一書，陳隋間寫本也。二五二五號卷子，羅振玉已印入古籍叢殘，卷中虎字作虍，羅氏謂爲避諱，因定爲初唐寫本，則恐非是。何也？甲卷會吟行：「滮池漑粳稻，」滮字作滮，而乙卷演連珠第七首，淵字不避。按虎因淵而避，絕無未諱淵先諱虎之理！蓋虎字從儿，隸變本作虍，非由於避諱也。丙卷著錄號碼在二六四五，存三十四行，爲李蕭遠命運論，在今本卷第五十三。丁卷著錄號碼在二六五八，存二十六行，爲揚子雲劇秦美新之後段及班孟堅典引之開端。在今本爲卷第四十八。以上兩卷，均不避唐諱，蓋亦並爲六朝寫本，在李善注以前。按李善文選注亂於五臣，今人類能言之，而李善依據六朝舊本不避唐諱，則李匡乂猶及見之，以照五臣竄改之跡，其事甚彰，備載資暇錄中。乙卷演連珠第二首：「是以物稱權而衡殆，」今本稱作勝，李善注曰：「勝或爲稱，」則此卷與善所見或本合。意者善注此卷，採用劉孝標舊注，殆遂以劉本易昭明舊第，而又校其異文以入注？然則善所稱或本，其即蕭統原書耶？故能與此本相同。是李善亦未嘗無竄易，則又爲李匡乂所不及知也。隋唐之間，

「選學」極盛，傳鈔益廣，差譌滋多；然此四卷約均與文選原編爲最近。玆更讐校異同，以明其善。甲卷會吟行：「津是窈窕容，」今本津作肆，肆容不得言窈窕，善注引周禮並鄭玄注，訓肆爲陳列物處，則因誤本而誤釋之。出自薊北門行：「嚴秋筋簳勁，」今本簳作竿。結客少年場行：「九衢平若水，」今本衢作塗；「車馬如川流，」今本如作若。東門行：「絲竹徒滿座，」今本座作坐。苦熱行：「吹蠱病行暉，」今本病作痛；「芮露夜沾衣，」今本芮作茵。白頭吟：「點白信蒼蠅，」今本點作玷。乙卷演連珠第六首：「時風夕泛，」今本泛作灑。第十首：「是以充堂之芳非幽蘭所歎，繞梁之音乃縈絃所思，」今本歎作難，乃作實。按歎思對文，難字當誤。第十一首：「不爲勢屈，」今本勢誤作世；「淩飄之羽，」今本飄作颷。第十七首：「則芳澤易流，」今本芳作芬。第十八首：「是以修虛器者，非應物之具，」今本修誤作循；「修虛器」與下文「翫空言」對文，若作循，則不對矣。第十九首：「鑽燧出火，以續暘谷之晷。」今本出作吐，暘作湯。第二十一首：「習數則興，」今本興作貫；「瞽史清耳，」今本史誤作叟。考異云：「袁本茶陵本叟作史。按此尤誤改也，」是也。第二十四首：「而動神之言已滅，」今本脫而字，言作化。第二十七首：「非假北里之操，」今本北誤作百。考異云：「按五臣百作北，袁茶陵二本校語云，善作百，五臣作北。百里不可通，此必有誤。疑里當作牙，劉及善無注，以百牙自不煩注耳。」按北里亦何煩注，自是刻本之誤。第三十三首：「懸景東隤，」今本隤作秀。第三十七首：「不殊之於己，」今本殊作誅。第四十二首：「周京無佇立之疏，」今本疏作跡。第四十三首：「俯仰殊用，」今本殊作異。又自第四十三首以後，次序與今本不同。卷子本第四十四首爲今本第五十，四十五爲今本四十四，四十六兩本同，四十七爲今本四十五，四十八爲四十七，四十九爲四十八，五十爲四十九。蓋今本亦遵劉本，劉本非昭明原書，此則爲蕭氏舊帙故也。丙卷運命論異同尤多，舉其要者：「而言不行於定襄，」今本襄作哀，是也，卷子本誤。「絜己養高，」今本絜作封，善注引韋昭國語注：「封，厚也。」厚己不得謂爲養高，作絜爲優。「不辭於濁，」今本辭作亂。「不傷於清，」今本於作其。又此卷「西河之民，肅然歸德，」今本民作人；「後世君子，」今本世作之。李匡乂謂「國朝廟諱，五臣易而避之」，殆斯之謂乎？則此亦可爲善注剔自六臣本之一證。

丁卷字跡草率，不詳校。

又羅印殘卷第二十五，及此甲乙兩卷，不但書法甚工，且點識甚精，於黃紙瑩墨間，歷歷如赤珠，閱之殊爲省目。乙卷無句讀，然點識四聲，則與羅卷及甲卷同，可知其點識之意，尤偏重於四聲。顏氏家訓音辭篇云：「江南學士讀左傳，口相傳述，自爲凡例，軍自敗曰敗，打破人軍曰敗，（自注云，補敗反，以釋文證之，疑是補邁反之誤。）諸記傳未見補敗反，徐仙民讀左傳，唯一處有此音，又不言自敗敗人之別。」經典釋文敍錄云：「河北江南最爲鉅異，夫質有精麤，謂之好惡；（並如字。）心有愛憎，稱爲好惡，（上乎報反，下烏路反。）當體即云名譽，（音預。）論情則曰毀譽；（音餘。）及夫自敗（蒲邁反。）敗他，（補邁反。）之殊，自壞（乎怪反。）壞撤（音怪。）之異，此等或近代始分，或古已爲別，相仍積習，有自來矣！」然則顏氏所嗤爲穿鑿，陸氏已採用而不疑。蓋自五馬渡江，中原板蕩，北雜胡音，南亂傖語，久而久之，音讀之分，遂以長江爲界，漸及陳隋，南北之交通已繁，學術之合流斯啓，於是聰明俊達之士，乃又謀所以統一之方，陸氏釋文，遂集經讀之大成；法言切韻，斯成四聲之總匯；曹憲之「文選學」，即在此種潮流中攝二家之長，爲別一支派者也。巴黎所藏敦煌卷子，別有文選音殘卷，（Pelliot 2833）或用反切，或用直音，或亦有僅標四聲，以明音讀。如陸士衡漢高祖功臣頌：「慶雲應輝，」應下注一「去」字，謂應讀去聲是也。因知此三卷硃筆點識，其用與音義相同，羅氏雖未言之，余則敢斷言而無疑也。顏氏謂「江南學士口相傳述，自爲凡例，」其法如何，今不得知；而此種點識方法凡例已見於紙上，吾人倘得窺知一二。茲以羅卷恩倖傳論爲例：「傳說去爲殷相」說相二字並點去聲，而「因此相沿」之相則讀如字。「晉朝王石，」朝字點平聲，「陪奉朝夕」則讀如字。「九重隩絕」重字點平聲，「以爲權不得重」則讀如字。更證以甲乙兩卷，東武吟「心思歷涼溫」思點入聲，「棄席思君幄」則讀如字。恩倖傳論「曾不知鼠憑社貴」曾點平聲，演連珠「盜跖挾曾史之情」則讀如字。其例甚多，不勝枚舉。魏志王肅傳注引魏略儒宗傳曰：「董遇善左氏傳，更爲作朱墨別異，」又隋志有賈逵春秋左氏經傳朱墨列一卷，其書並已久佚，後人莫得窺其詳；今以此推之，當並是章句之別法，其事不難意得彷彿也。

又今之點識四聲，爲加圈於字之四角；此卷則用點不用圈，而點在字之中央。其稍所偏左右上下以標某聲者，非細辨不能明。此亦爲前人所未見，因附識之。 二十六年四月八日

又 二七〇七 二五四三 三七七八 三三四五

甲卷著錄號碼爲二七〇七，僅存九行，在王元長三月三日曲水詩序中。乙卷爲二五四三，

存五十四行，亦三月三日曲水詩序，起「用能免羣生於湯火」訖王文憲文集序開端兩行。丙卷爲三七七八，存三十五行，爲顏延年陽給事誄，起「受陷勍寇，」訖篇末並陶徵士誄篇題。丁卷爲三三四五，存五十四行，爲王仲寶褚淵碑文之後半並原書後題「文選卷第二十九。」此四卷筆跡相同，潢色無異，蓋原爲一書，裂爲數截。又有「二五四三」一卷，爲王文憲文集序殘簡，上接乙卷，亦爲同書。羅振玉已印入古籍叢殘。羅君以卷內「衷字缺筆作哀，」定爲隋代寫本，舉證雖未必確，然統觀此四卷，淵字民字並不避，則爲唐以前寫本無疑也。余前跋以昭明原本證善本，謂李善作注時，有不依昭明舊帙，而以別行單篇移易抽換者；今更以此四卷攷之，疑更有編入五臣本時，善本文字有不合，輒爲隨手竄易者。如前跋所舉演連珠「稱」字一例，焉知非善本原作稱，五臣本作勝，編者遂隨手竄入「勝或作稱」四字耶？又如三月三日曲水詩序：「綏旌卷悠悠之斾，」今本旌作旆，善注引禮記：「武車曰綏旌，」是善本原作旌。又「綱帷宿置，」今本綱作緹，善注引南都賦曰：「朱帷連綱，」是善本原作綱。若斯之類，尚不難由善注以求善本原文，其事甚明，惜後人莫察。王念孫父子校書，每據舊注所釋原文以改從古本所作，創獲甚多。薛傳均作文選古字通，未覩斯祕，只知求文字之通叚，不知求本子之異同，斯二者貴能分別言之，此王氏父子所以難及也。兹更略記此四卷異文於後。

二十七年九月二十五日

三月三日曲水詩序

定璽固其洪業　今本璽作爾　以上甲卷

序倫正俗　今本序作厚

悔食來王　今本悔作侮

奇幹菁茅之賦　今本菁茅作善芳

綏旌卷悠悠之旆　今本旌作旍

雜夭采平柔夷亂嚶聲於錦羽　今本平作於錦作緜

綱帷宿置　今本綱作緹

爾乃迴輿駐罼　今本罼作罕　以上乙卷

褚淵碑文

嗣主荒怠於天位　今本主作王

廢昏繼絕之功　今本絕作統

時膺士寓　今本寓作宇

薨於第　今本第上有私字

衛君當祭而輟祀　今本祀作禮

齊侯趍車而行哭　今本侯作君

羣后恇慟於下　今本慟作動

給節羽葆鼓吹增班劍爲六十人　今本鼓吹下脫增字

儀刑長遷　今本刑作形遷作遞　以上丙卷

陽給諫誄

授命徇節　今本授作投

古之志烈　今本志烈作烈士

宜乎爾先　今本乎作自

狐績之隆　今本之隆作旣降

函郩堙阻　今本郩作陜

憑巘結閭　今本閭作關

嗷嗷羣悲　今本嗷嗷作嗷嗷　以上丁卷

珠英學士集　唐崔融輯　三七七一　S.二七一七

Pelliot 3771 與 Stien 2717 兩殘卷筆跡相同，斯氏卷馬吉甫詩前有「珠英集第五」一行，故知同爲珠英學士集殘卷。攷新唐書藝文志總集類：「珠英學士集五卷，崔融集武后時修三教珠英學士李嶠張說等詩。」（玉海卷五十四引，尚有「詩總二百七十六首」一句。）又唐會要卷三十六云：「大足元年十一月十二日，麟臺監張昌宗撰三教珠英一千三百卷成，上之。初聖曆中上以御覽及文思博要等書，聚事多未周備，遂令張昌宗召李嶠閻朝隱徐彥伯薛曜員半千魏知古于季子王無競沈佺期王適徐堅尹元凱張說馬吉甫元希聲李處正高備（玉海卷五十四引作喬備，不誤。）劉知幾房元陽宋之問崔湜常元旦楊齊哲富嘉謩蔣鳳等二十六人同撰。」所舉撰人，概在此兩殘卷中。是集崇文總目郡齋讀書志並著錄，則宋時猶存。讀書志云：「預修書者凡四十七人，崔融編集其所賦詩各題里爵，以官班爲次，」一所述尤與殘卷相合，則此兩卷爲珠英學士集無疑。自是集散佚，諸家詩或不盡傳。持與全唐詩相校閲，伯氏本載元希聲詩二首，贈皇甫侍御赴都第二律與第二首，並不見全唐詩。房元陽二首，楊齊哲二首，房楊詩全唐詩不載。胡皓七首，喬備四首，胡四詩，喬二詩，全唐詩失載。斯氏本沈佺期十首，李適三首，崔湜九首，劉知幾三首，王無競八首（實僅七首）。馬吉甫三首；沈詩今存，劉馬二家全佚，李詩佚一首，崔王二家各佚四首。合得佚詩二十七首，並輯入敦煌詩錄中。　二十七年八月十六日

李陵蘇武書　二四九八　二八四七　三六九二

李陵與蘇武書一篇，蘇武答書一篇，同寫一卷上。巴黎所藏，共有三本：一、天成三年戊子歲（九二八）正月七日學郎李幸思寫本，編號在二四九八。二、丁亥年（九二七）二月三日蓮臺寺比丘僧靜惠寫本，編號在二八四七。三、壬午年（九二二）二月二十五日金光明寺學郎索富通寫本，編號在三六九二。三本互相校補，文字得無殘缺。按藝文類聚卷三十載李陵與蘇武書一首，蘇武報李陵書一首，又李陵重報蘇武書一首。梁昭明太子纂文選，獨取重報蘇武書。今以文選校類聚，知多所删節，類書體例，固如是也。前兩書雖無別本可校，蓋其删節

尤多。文選潘岳西征賦注，曹植責躬詩注，班固燕然山銘注，張華答何邵詩注，繁欽與魏文帝牋注，孫楚爲石仲容與孫皓書注，及史記匈奴列傳索隱，並引李陵書或李陵與蘇武書，當並是類聚所删與蘇武書佚文。又文選海賦注，北堂書鈔卷一百十七，太平御覽卷九百十九，及文選韋昭博奕論注，並引與李陵書，則又當並是類聚所删報李陵書佚文。然則六朝初唐以來，此三書者固並流行於世。李善虞世南歐陽詢司馬貞所見均是完本。後世放失之餘，祇以重報蘇武一書，編入文選，全篇得獲保全至今傳誦不絕。然自劉子玄以來，已疑其僞，後人疑信參半。以余觀之，殆西晉之季，五胡亂華，偏安江左，有志之士，力圖恢復而又不見助於江南天子，孤忠泣血，因慕李陵之武功，蘇武之勁節，殆以寄其慨者所作耶？清儒多謂作於齊梁之世；若果出於齊梁人手，傳誦未久，昭明必能辯之。

此二篇又與前三書異趣。陵書勸蘇武降匈奴，武復書責其七大罪，謂以松柏爲心，雖桑田變海，終不改也。此三抄本均寫於五代，則作者當爲晚唐人。蓋當時之時勢，與西晉之背影又不同。廻鶻既徽，吐蕃已弱，西州版籍，重入唐家。回憶往事，子弟戍於邊塞，親族陷入蕃中，飽嘗戰爭之苦，沃受戎狄之威，蘇武與李陵故事，因隨時代而又演變。際此恢復之後，艷傳陷蕃者之勁節，爭鄙降夷者之汙行，作者託之蘇李以攄文，殆有無限感慨蘊於其中耶？唯文字不甚通達，殆出於沙州學人之手。沙州陷蕃幾及百年，文事盡廢，恢復以後，求其能作通順文字者已難得，此兩文在西州已屬上乘，宜其傳誦之廣如此也。

六朝人所傳蘇武李陵三書，嚴可均全漢文卷二十八，郝懿行曬書堂筆記卷上，並有輯本。郝氏引牟默人言何義門所見李陵僞書有五本，余驟不知此語出於何書。然則類聚所引以外，殆尚有其他僞本耶？抑敦煌石室未開以前此二書者曾有傳本在人間耶？　二十六年七月二十三日

巴黎敦煌殘卷叙錄第二輯

王重民撰

國立北平圖書館印行

中華民國三十年二月出版

★實價國幣伍圓★

倫敦所藏敦煌卷子經眼目録

向達撰

《中國敦煌學百年文庫》本

伦敦所藏敦煌卷子经眼目录

向达

(《图书季刊》 1939年 第1卷第4期)

英国斯坦因(Sir M. A. Stein)窃去的敦煌卷子,十之九收藏在伦敦的不列颠博物院(British Museum),其中汉文写本约七千卷,印本约二十余卷,回鹘文古突厥文等文字写本约二百卷。西藏文卷子另藏于印度部(India Office)的图书馆。一九三六年九月至一九三七年八月,我在不列颠博物院阅读敦煌卷子。因为小翟理斯博士(Dr. Livnel Giles)的留难,一年之间,看到的汉文和回鹘文卷子,一共才五百卷左右(印度部所藏的敦煌写本藏文卷子,一九三八年于道泉先生曾去翻阅一遍,照了不少)。我所看到的,其中重要的部分都替北京图书馆照了相(当时并替清华大学也照了一份),后来王有三先生到伦敦,又替北京图书馆补照一些。现在这些照片仍然保存在北京图书馆。我看的时候,每一卷都写有卡片,记上编号、卷子名称、长短、所存行数,并抄下前五行与末五行。有时卡片背面也抄录卷子上的一些东西。此外并写了一个经眼目录,发表于北平图书馆图书季刊新第一卷第四期页三九七——四一九,一九三九年十二月出版。伦敦所藏敦煌卷子,编号前有一句字,表示斯坦因将来品,经眼目录把句省去,只举号码。目后括弧内所注数目字为现存行数,如一O号毛诗郑笺(九一),即表示此卷存九十一行。

伦敦所藏敦煌卷子,以前要去阅览,是相当困难的。最近,不列颠博物院将所藏敦煌卷子全部摄成显微照片(microfilm),公开出售,我们希望不久的将来在北京就可以看到这一份照片,这对于留心"敦煌学"以及治文史之学者,将是一个可喜的消息。一九五五年一月十日向达补记。

* * *

一O　　毛诗郑笺(九一)

一九　　古算经(二八)

六三　　太上洞玄灵宝无量度人上品妙经(一三一)

	纸背：杂书“好住娘”等。
七五	老子道德经序诀(七五)
七六	孟诜(?)食疗本草(一三O)
	纸背：陈鲁修等牒。
七七	南华真经物外品第二十六(四六)
七八	失名类书(存送别、客游、举荐、报恩、兄弟、孝养、孝行，九三)
	纸背：尺牍范本(书仪？九三)。
七九	失名类书(存□□、婚姻、重妻、弃妻、美男、美女、贞男、贞妇、丑男、丑女，六一)
八O	无上秘要卷第十(五九)
	纸背：戒律(六三)。
八五	春秋左传杜注文公十五年至十七年(二一二)
九五	显德二年丙辰岁具注历日(学仕郎守州学博士翟奉达纂，子弟翟文进书，二二一)
	纸背：藏文(一一七)。
一O七	灵宝升玄经(？一一九)
	纸背：辩中边论卷第一(世亲造，玄奘译，二六)。
一三三	建初十二年正月敦煌县西宕乡高昌里籍(五六)
	纸背：佛经疏释(经名未悉，六九)。
一三三	春秋左传杜注襄公四年至二十五年(一二七)
	纸背：(1)秋胡小说(？一一七)，(2)世说新语(？五O)。
一三四	毛诗豳风故训传(一一六)
一七三	李陵答苏武书(七六)
	纸背：杂涂(三五)。
一八九	老子道德经(一八一)
	纸背：杂书妙法莲华经二十八品品名。
一九六	显德五年洪范大师残牒(七)
二O三	脉经(？王重民先生谓是玄感脉经，一O三)
二O三	度仙灵录仪(？一五O)
二一四	燕子赋(七五)
	纸背：社司转帖二通。
二三八	金真玉光八景飞经(如意元年经生邬忠写，二二六)

二七六　□□□□□□□□□具注历日(一三八)
纸背:灵州吏和尚因缘记等(六三)。
二八六　粮食杂物账(二八)
二九八　太上灵宝洞玄灭度五炼生尸经(一一六)
三〇八　佛经(经名未悉,二五)
三一八　洞渊神咒经斩鬼品第七(二五〇)
三二八　伍子胥小说(三七三)
三二九　书仪镜(? 二三三)
纸背:杂涂不记。
三六一　书仪镜(? 一五六)
纸背:杂涂不记。
三六六　豆麸查饼杂账(一二)
纸背:付法藏传第二十三代(九)。
三六七　沙州地志(光启元年张大庆写,八六)
三七一　净土寺试部(九)
三七二　丙戌丁亥常住所用账(一一)(与三七八为同卷,裂而为二)
三七三　皇帝癸未年膺运灭梁再兴诗(四二)
三七四　新乡副使王汉子等牒(一四)
三七八　丙戌丁亥常住所用账(一六)(正接三七二)
三八三　西天路竟(一九)
三八八　正名要录(霍王友兼徐州司马郎知本撰,二六八)
三八九　肃州防戍都状(四二)
纸背:二十四孝故事(? 二八)。
三九七　失名行记(三一)
四〇六　茶酒论(一九)
四二〇　粮食杂账(一九)
四二五　太极真人问功德行业经(五九)
四六六　广顺三年龙章祐及弟祐定典地契(一五)
四七七　老子道德经河上公章句(二四八)
四八二　元阳上卷超度济难经品第一(一〇七)
四九八　单疏(三七)
五一二　归三十字母例(一一)

五一四　众经要揽并序出众经文略取妙义要义十章合成一卷(四〇一)
纸背:沙州敦煌县悬泉乡宜禾里大历四年手实。
五一五　敕归义军节度牒(一九)
纸背:功德文(七一)。
五二〇　报恩寺方等道场榜(一九)
五二五　搜神记一卷(一六九)
五二六　武威郡夫人阴氏书(一三)
五二七　显德六年女人社社条(三〇)
五二九　定州开元寺僧归文牒(五七)
纸背:失名行记(记峨嵋山等,一五一)。
五四一　佛经(当是相宗著述,经名未悉,一五五)
纸背:毛诗故训传(起匏有苦叶至旄丘首章,三九)。
五四三　户籍册
纸背:(1)地狱变文(?二二),(2)忏文(八〇),
(3)菩萨维舵文(六四),(4)课邑文(一二)。
五四五　失名类书(一六六)
纸背:僧惠照牒(一〇)。
五五四　金刚般若波罗蜜多心经疏(?三四四)
纸背:十六大国名目。
五五五　失名类书(一八)
纸背:唐人选唐诗(三四)。
五七五　礼记郑注(存儒行至大学,三六)
六一〇　(1)启颜录(三一七)
(2)杂集时用要字壹千叁百言二仪部第一(一二)
纸背:失名类书(八)。
六一二　大宋国王文坦清司天台官本勘定大本历日
(太平兴国三年应天具注历日,一六七)
纸背:推五音建除法等(一四一)。
六一三　田亩册
纸背:佛经经论疏释(书名未悉,二九四)
六一四　菟园册府卷第一(一三二)
六一五　南华真经达生品第十九(一七五)

纸背:戒律(? 七九)。

六一七　俗务要名林(二一六)

六一八　论语何晏集解卷第九(八一)

六一九　读史编年诗卷上并序(一三一)

纸背:(1)悬泉镇遏使行玉门军使曹子盈状,(2)判状,
(3)酬校书杂诗,(4)百家碎金。

六二〇　解梦书(一五八)

纸背:七言绝句一首。

六二一　月令集解(二三)

六九二　秦妇吟(贞明五年安友盛写,七九)

七〇五　开蒙要训一卷(大中五年安文德写,八六)

(纸末另有残片十一段,大都转帖之属,不成句读)。

七〇七　孝经(同光三年曹元深写,四二)

纸背:杂涂"郎君须立身"等字。

七一三　春秋后秦语下卷第三(一二九)

纸背:杂书"春秋后赵语下卷第四"等字(六)。

七二八　孝经(李再昌写,九七)

纸背:杂涂,不记。

七四七　论语何晏集解(七九)

纸背:杂涂"上大夫"等字。

七六六　书仪镜(? 四九)

纸背:太平兴国六年百姓贷绢契等。

七七八　王梵志诗集(六七)

纸背:杂涂,不记。

七八二　论语何晏集解卷第六(五一)

七八四　天尊说禁诫经(一一七)

七八五　李陵苏武书(九九)

纸背:杂书"三界寺郎曹元润"等字。

七八八　唐人选唐诗(一七)

纸背:沙州图经(一八)。

七八九　毛诗故训传第一至第四(一七四)

七九二　老子(白文,一二二)

七九三　天尊说济苦经一卷(四八)
七九六　南华真经胠箧品第十(郭象注,五七)
　　纸背:小钞两段(四O)。
七九七　戒经(? 建初六年比丘德祐书,四四一)
　　纸背:德祐书佛经(五七五)。
七九八　老子道德经上卷(两段,一二六)
七九九　隶古定尚书存泰誓至武成(一O四)
　　纸背:杂书"五月五日天中节"等语。
八OO　论语何晏集解卷第四(一二二)
　　纸背:午年正月十九日出蘇油面米麻毛等历(九)。
八O一　隶古定尚书存大禹谟(三二)
八O九　失名道经(三五)
八一O　太平九□太上中皇真经(? 三二)
八一一　永书(一三)
八一三　阴阳书(? 四六)
　　纸背:存"音阳"二字。
九三O　洞渊神咒经誓解第六(一九O)
　　纸背:(1)立成筭经(七四),(2)悟真诗(一一),(3)推人辰法(五)。
九五七　太上九真妙戒金箓度命九幽拔罪妙经(八三)
九六六　论语卷第五(残片,七)
九八六　道经(经名未悉,二四O)
一O二O　道经(经名未悉,六一)
一O四O　书仪镜(? 七五)
　　纸背:"甲戌年九月十一日立契莫高乡百姓"一行。
一O八六　苑园策府(一七O)
一一四二　乙巳年五月七日造春桒破油面数具名(六)
一一五六　进奏院状(六O)
　　纸背:大汉三年季布骂阵词文(六四)。
一一五九　神沙乡散行人转帖(一O)
一一六三　太公家教(六五)
　　纸背:杂涂,不记。
一一八四　救诸众生苦难经(一五)

一二四六　道经(经名未悉,二八)
一二八五　清泰三年十一月二十三日百姓杨忽律哺卖舍契(二二)
一二九一　(1)太公家教(五三)
(2)曹清奴借据(一〇)
一三二四　天宝八载史张何忠牒
一三三九　孔子马头卜法(四四)
纸背:少年问老(八)。
一三四四　唐令(? 六九)
纸背:(1)论鸠摩罗什通韵文(二九),
(2)郭珏撰修多罗法门卷一(六八)。
一三四七　维摩疏释前小序抄(八八)
一三五〇　大中五年二月十三日僧光镜负傢布契(九)
一三五一　太极老仙公请问经卷上(一〇〇)
一三六六　油面历(八二)
纸背:涅槃经内说诸经因缘(九五)。
一三七六　道经(经名未悉,五六)
一三八〇　应机抄(三三二)
一三八一　孝经(天福七年高清子书,九九)
纸背:杂书转帖,多不成文,不记。
一三八五　佛说回向轮经一卷(六五)
一三九二　孔子项讬相问书(八三)
一三九三　晋书列传十七十八残卷(八五)
纸背:杂文(三九)
一三九八　太平兴国七年二月二十日慈惠乡百姓郭定成典身卖地契(三二)
纸背:酒账(一八)。
一四〇三　程住儿雇驴字(一五)
一四一二　净名经集解关中疏卷上(五三五)
一四三八　佛经(经名未悉,一三四)
纸背:杂笺启(一七七)。
一四三九　春秋后语释文□第七,楚第八,燕第十(一一九)
纸背:历书(一八二)。
一四四〇　治道集卷四(存□□□第三十三,审大臣第三十四,

详任使第三十五，惩诫臣第三十六，一〇五）
一四四一　励忠节钞（七〇二）
纸背：(1)二月八日文等，(2)云谣集杂曲子三十首（存十八首）
一四四二　毛诗故训传第十五（八九）
纸背：佛经（似是相宗著述，未悉何书，一一三）。
一四四三　春秋左传杜注（三三）
纸背：春秋左传杜注僖公十六，二十二，二十三年（三七）。
一四六七　药方
纸背：药方（二九）
一四六八　阴阳书（？七八）
一四七三　太平兴国七年壬午岁具注历日（翟文达撰，一六一）
纸背：礼忏文。
一五一三　老子十方像名经卷上（一九四）
纸背：(1)因缘心论诠释一卷（三〇），
(2)六门陀罗尼经（一二），
(3)六门陀罗尼经论（世亲造，二五），
(4)维摩疏释前小序抄（二七）。
一五一九　僧法胜所破油面历（四六）
纸背：杂书佛经名（二一）。
一五二三　李庭光莫高窟碑（二五）
纸背：杂文（一九）。
一五六三　西汉敦煌国圣文神武王敕（九）
一五八六　论语何晏集解卷第二（二九）
纸背：杂涂，不记。
一五八八　叹百岁诗（二二）
纸背：叹百岁诗（接前，五）。
一六〇三　南华真经天道品第十三（郭象注，四〇）
纸背：辩中边论卷第三（玄奘译，五六）。
一六〇四　天复二年沙州节度使致都僧统等帖（二五）
一六〇五　太上玄一第二真人光妙音说三徒五苦生死命根
劝戒上经（二〇三）
一六一二　比丘愿荣转经目录（一三）

纸背:佛经名目(大约接前,三)
一六二五　天福三年斛㪷油面粟等破除账(二八)
纸背:佛图澄和尚因缘。
一六四四　佛经(经名未悉,一五)
纸背:禅门十二时(八),又涂鸦二行。
一六五五　法华经妙音菩萨品(? 八七)
纸背:白鹰诗二首(一五)
一七二二　(1)兔园策府卷第一(一七三)
(2)毛诗诂训传(存周南关雎诂训传第一九一)
一七二五　大唐新定吉凶书仪(? 一六八)
纸背:吉凶书仪(? 八一)
一七三三　麦麸杂账(二三)
纸背:杂账(一四)。
一七七四　天福七年法律智定等一伴交历(三五)
纸背:寺头(?)首立禅师颂(一七)。
一七七六　显德五年一伴交历(四六)
纸背:五祖弘忍六祖惠能别传。
一八一〇　励忠节钞卷下(一〇三)
一八五七　老子化胡经卷第一(道士索洞玄经,与六九六三字迹同,一二九)
一八八〇　唐职官令(?)
纸背:佛教经论(未悉何名,七一)。
一八八九　敦煌氾氏家传(? 九七)
一八九一　孔子家语卷十(七三)
一八九七　敦煌郡百姓张厶甲雇阴厶甲字(一八)
一九〇六　太上洞玄灵宝真一劝戒法轮妙经(一四四)
一九二〇　杜正伦撰百行章(二七二)
一九四三　春秋左传杜注昭公十五年至十六年(二一)
一九四六　淳化二年十一月十二日韩愿定卖妮子盐胜契(一八)
一九七六　□良涓状(九)
二〇四一　社条(三三)
二〇四九　毛诗故训传第十五第十六(二三〇)
纸背:诗选(二五〇)。

二〇五二　新集天下姓望氏族谱一卷并序(一〇五)
二〇五三　汉书七十八萧望之传(二八六)
　　纸背:(1)礼记音(徐氏? 一八〇),(2)籯金(四三)。
二〇五五　切韵(长孙讷言笺一〇五)
　　纸背:(1)切韵(接正面,七四),(2)杨(?)稭节祈文(八)。
二〇五六　杂小抄(略释佛经名辞,一三一)
　　纸背:大汉三年楚将季布骂阵汉王羞耻群臣拔骂收军词文(八二)。
二〇六〇　老子注
二〇七一　切韵(原本,九〇一)
二〇七二　搜神记(三九三)
二〇七四　隶古定尚书孔氏传(存蔡仲之命,多方,立政,一六六)
二〇八一　太上灵宝老子化胡妙经(一三九)
二一〇三　南沙灌进渠用水百姓李进评牒(一八)
二一〇六　维摩义记(景明元年比丘昙兴写,五一八)
二一二二　太上妙法本祖经广说普众舍品第二十一(三六三)
二一七四　天复玖年闰八月十二日神沙乡百姓董如盈
　　兄弟三人分割家业契(三〇)
二一九九　尼灵惠唯书(一六)
二二〇四　(1)孝子董永(四六)
　　(2)太子赞(五九)
　　(3)父母恩重赞(二二)
　　(4)十劝钵禅关(六)
二二一三　立不思议解脱义等义序(? 二五)
二二一四　黄麻地亩等杂账(二三)
二二二二　解梦书(七一)
　　纸背:解梦书(一六)。
二二四□　(1)公主君者者上北宅夫人状(一二)
　　(2)瓜州水官王安德等残牒(三段,二)
二二四二　亲情社转帖(一〇)
二二六七　老子道德经(一二四)
　　纸背:辩中边论卷第一(玄奘译,一二三)。
二二九五　老子变化经(一〇一)

張大千臨摹敦煌壁畫展覽目次

羅新之　劉君禮輯錄　民國本三十三年（一九四四）排印本

纸背:心海集等(六四)。
二三八五　阴国政卖地契(一七)
二四O四　□□□□□□□□□具注历日(翟奉达撰,六三)
二四三八　道家方书(书名未悉,一八一)
纸背:戒律(? 四四)。
二四四九　写经纸数账(三二)
纸背:写经纸数账(接正面,九)。
二四六六　佛经(不知何经略释,一六三)
二五五二　(1)瑜伽论分门记卷十九至卷二十(三二O)
(2)维摩经疏(二O七)
纸背:决天台义书(?)。
二五七八　薛九安状及孔子马头卜法(六二)
二五八四　净名经关中释抄卷上(七一七)
二五八八　失名类书(当与七八、七九为同一书,存送别,客游,荐举,报恩,三八)
二五九O　礼记月令注(? 一八)
纸背:索荣国(?)残牒(四)。
二五九三　大涅槃经卷第四十至四十一遗教品(八O)
纸背:沙州图经(六)
二五九六　净名经集解关中疏(一九九)
纸背:咸通七年八月三日投社人牒(七)。
二六O七　词选(九O)
纸背:残账。
二六一八　道经(经名未悉,八四)
二六二O　大唐邻德历(四八)
纸背:神智恭拜文(? 四)
二六七O　金刚般若波罗蜜经外传卷下(一四二)
纸背:净名经集解关中疏卷下(一四五)。
二六七九　(1)禅门五更曲(一八)
(2)禅门十二时曲(二O)
(3)僧利涉表(以上共五七行)
二六八八　佛经(经名未悉,五O六)

二六九四　华严经略疏卷第三(六七六)

二七〇二　净名经集解关中疏卷上(七六八)

纸背:(1)杂抄佛经(三四),

(2)佛说校量数珠功德经(四九),

(3)佛说大吉祥天女十二契一百八名无垢大乘经(一二七)。

二七〇三　失名书

二七一〇　王梵志诗一卷(清泰四年氾富川写,六三)

二七一七　佛教经论(书名未悉,二四六)

纸背:(1)发愿文(四七),(2)珠英集第五(一二八)。

二七二一　佛经(经名未悉,一〇一九)

纸背:大乘起信论广释。

二七二九　悬象占(?三一六)

纸背:(1)二月□十使论悉诺啰接谟勘牌子历,(2)毛诗音。

二七三二　维摩经义记卷第四(大统五年比丘惠袭写,九〇三)

纸背:沙门昙旷撰大乘百法明门论开宗义决(五四一)。

二七三九　净名关中释批卷上(七三八)

二七四一　十地义记(?四八一)

二八三二　文范(?六六八)

二八九四　波罗提木叉戒本疏(?一五七)

纸背:社司转帖亲情社转帖等(六四)。

二九一五　君道经空洞灵章(五七)

二九二二　韩朋赋一首(八九)

二九四七　百岁篇(四三)

二九六一　立三转法轮义等(?二四)

二九七三　开宝三年马文斌七言诗(一四)

纸背:净三业真言等(一九)。

二九七四　建隆三年归义军节度使曹疏(七)

纸背:受戒牒文。

二九八四　春秋左传杜注昭公十六年(与一九四三原是一卷,一九)

纸背:有“法华经七卷一部”七字。

二九九九　太上道本通微妙经卷第十(开元三年道士索洞玄写,二六七)

三〇〇八　道经(经名未悉,五六)

纸背:诸佛名。

三〇一一　论语何晏集解卷六卷七(裂为两段,二二八)

三〇一六　太上元阳经卷第十(一三四)

纸背:心海集(存迷执、解悟、勤苦、至道、菩提,一五〇)

三〇四八　丙辰年东界羊籍(一六)

纸背:羊籍(接正面,三)。

三〇六一　太上洞玄灵宝中元玉京玄都大献经(五三)

三一三五　太玄真一本际经卷第二(二六五)

三二二七　(1)女夫词(八) ,一

(2)韩朋赋一首(三六)

纸背:失名类书(存□□部、靴器部、农器部、车部、冠帻部、鞍辔部、门窗部、舍屋部、屏障部、花钗部、采色部、□□部、六二〇八前半当即接此,三四)。

三二八七　(1)千字文

(2)十五愿礼佛忏

(3)李涉法师劝善文(以上共八三行)

纸背:户籍账(四六)。

三三二六　兵法云气占(?)

三三三〇　毛诗诂训传卷第十一至卷第十二(存小序经文无笺,六四)

纸背:石和满状等(二三)。

三三三九　论语郑笺(? 一九)

纸背:佛名经(一八)。

三三五四　春秋左传杜注〇公〇年(一八)。

纸背:官亲行道文等(一七)。

三三七〇　道经(经名未悉,三九)

三三七五　唐令卷六(? 二六)

纸背:佛经(经名未悉,三六)。

三三八〇　太上灵宝洗浴身心经一卷(六六)

三三八九　洞渊神咒经卷第四(一四五)

三三九二　天宝十四载残制

三三九三　王梵志诗一卷(九八)

纸背:杂书去三害赋(? 二八)。

三三九五　(1)药方(三一)
　　　　　(2)相书(? 一一四,又一段九)
三三九九　书仪镜(? 三九)
三四六九　一切经音义(? 三四)(经典释文?)
三四七五　净名经关中疏卷上(索游严写,九二八)
三四九一　杜正伦撰百行章(二五一)
　　　　　纸背:频婆娑罗王后宫彩女功德意供养塔生天
　　　　　因缘变(文与题不相应,二五二)。
三五四七　道经(经名未悉,一O九)
三五六三　太玄真一本际经卷第二(开元二年索洞玄写,六一)
三六一八　大道通玄要卷第七(二O七)
三六六三　文选卷第九(四一)
三七一四　亲情社转帖等(杂涂不成片段,八)
三七二二　灵宝升玄内教经卷第八(一七二)
三七二八　柴场司账(五二)
　　　　　纸背:(1)大唐玄宗皇帝问胜凡法师而造开元寺,(一五),
　　　　　(2)大唐开元录上卷(八),(3)厌座文(又作押座文,四三)。
三七四七　太上升玄护命经(二O)
三七五O　道经(经名未悉,有授受五岳圆法等,二九)
　　　　　纸背:杂书九行,黯淡难辨。
三七五三　临法帖(此当时临前人书,一O)
三七九三　造亲破一面数目(九)
三八二四　无量寿陀罗尼经(七二)
　　　　　纸背:(1)御注孝经集义并注一卷(一九),(2)藏文(四),
　　　　　(3)历书(二三),(4)失名七言俗文(一一)。
三八三一　太玄真一本际经卷第二(一三O)
三八三五　(1)太公家教(九三)
　　　　　(2)千字文(四九)
　　　　　(3)百鸟名(三O)
　　　　　纸背:杂书回文等(七)。
三八三九　升玄经卷第五等(八四)
三八七六　(1)乾德六年释门法律庆深牒(八)

(2)汉译梵音佛经(经名未悉,一四)
纸背:接正面(2)一行。

三八七七　堪舆书(图)
纸背:(1)乾宁四年等卖契七篇,(2)下女夫词一本(二七)。

三八七九　应管内外都僧统牒(三三)
纸背:龙树传等(四五)。

三八八O　元相公撰节令诗(? 李庆君书,七四)
纸背:书"大顺元年十一月十七日张一"共十二字。

三九O四　韩朋赋(与四九O一当是一卷,二五)
纸背:严父教(残存数行不记)。

三九二六　老子德经下河上公章句(五一六)

三九五一　毛诗故训传存卷耳末至汝坟次章(二七)

三九八四　丁酉年报恩寺羊籍(一二)

三九九二　论语何晏集解(二八)

三九九三　孝经(一七)

四O六O　残账(二七)
纸背:残账。

四O七七　道经(经名未悉,残存两段,五一)

四一一六　庚子年羊抄(一四)

四一二五　雍熙二年正月一日百姓邓永兴户受都田册(一一)

四一二九　(1)斵蚵书(八)
(2)十二时曲(三O)
(3)崔氏夫人训女文(一三)
纸背:杂涂"学部尊姓阴"等语。

四一七二　至道元年受田户籍(二三)
纸背:杂书十行不记。

四一九五　佛说因缘经(? 二八)
纸背:失名字书(三O)

四二二六　太平部卷第二(三四七)

四二七六　管内三军百姓奏请表(一六)

四二九一　清泰五年敕归义军节度使牒(一二)

四三O七　新集严父教一本(一九)

四三二九　辩才家教(存□□章第八,贞女章第九,□□章第十,
　　五字教章第十一,善恶章第十二,四七)
　　纸背:香药方(四八)。
四三三〇　道经(经名未悉,五三)
四三三二　别仙子菩萨□酒泉子小曲三首(一一)
　　纸背:壬午年龙兴寺僧学便物字据。
四三四一　杂抄(? 五六)
　　纸背:依维摩经立生死并菩萨性平等诸义(似即接正面,一七)。
四三六二　都头宋富忪状(一二)
　　纸背:肃州都头宋富忪状(二)。
四三六三　天福柒年敕归义军节度使牒(二三)
四三六四　铭词(邈真赞? 五)
　　纸背:发愿文(一一)。
四三七四　分书等杂抄(九三)
四三九八　天福十四年五月曹元忠献硇砂状
　　纸背:降魔变(四一)。
四四三〇　老子注(?)
　　纸背:四分律小抄(一二三)。
四四四五　何愿德等取褐契(一二)
　　纸背:贰褐账(五)。
四四五二　开运三年二三两月当寺应入诸司油面布漆等见存账(二〇)
四四五三　淳化二年八月归义军节度使使张萨罗赞等牒(一三)
四四七二　显德元年李琬抄云辩诗文(八五)
　　纸背:辛酉年十一月二十日张友子新妇身故聚赠历。
四四九一　田亩册
四五〇四　波罗提木叉戒本疏(? 与二八九四当是一书,一八四)
　　纸背:(1)十愿,(2)金台释子玄本五台山圣境赞,
　　(3)敦煌寺名乡名,(4)行人转帖。
四五六一　十戒经(? 九八)
四五七一　维摩诘经讲经文(? 八五二)
　　纸背:冯一个(?)等状(二二)。
四五七七　癸酉年杨将愿遗留账(五)

四六〇九　邓家财礼目(太平兴国九年,二一)

纸背:杂书(三)。

四六一〇　长乐经卷第六(七九)

纸背:(1)八关斋文(四九),(2)杂书经文(八)。

四六一三　庚申年后执仓所领豆麦等物账(三六)

四六五四　薛诃上人寄锡鹰阁留题等七种(二三八)

纸背:赠悟真诗等七种。

四六六〇　兄弟社转帖(一四)

纸背:杂账(一五)。

四六六七　智杲状(一一)

四六七三　唐律(? 三〇)

纸背:杂文(二三)

四六八五　李奴子家书(一二)

四六八九　显德元年功德司愿德状(八)

四六九六　论语何晏集解(一二)

四七〇二　索判官索僧正领麻字据(六)

纸背:常住黄麻案(四)

四七〇四　残字纸(二)

四七〇七　新菩萨经(一二)

纸背:千字文(残二)。

四七六〇　圣光寺阇黎尼修善等牒(一六)

四七六一　书仪镜(? 一一一)

四七八二　乾元寺堂斋修造两司都师文谦牒(七〇)

四八八四　辛未年押牙梁保德欠绢契(七)

纸背:壬申年褐历(一五)。

四九〇一　韩朋赋(与三九〇四字迹相同,当是一卷,二七)

纸背:杂书严父教等。

四九六三　道经(经名未悉,五六)

纸背:诸佛名(四四)。

五〇三九　残账

五一三九　无量寿宗要经(一一四)

纸背:刘少晏等牒(六〇)。

五二五七　东夏显正略记等(一七八)

五三O八　神人所说三元威仪观行经卷第二(一六九)

五三一五　道君撰元始灵书中篇(？八四)

五四O二　百姓薛延俊等状(七)

纸背:回祈愿文(一二)。

五四O六　僧正法律徒众转帖(一四)

五四三一　开蒙要训一卷(一四O)

五四三七　汉将王陵变(一二六)

五四三九　季布骂阵词文(二二九)

五四四O　季布骂阵词文(一二O)

五四四一　(1)季布骂阵词文(二一二)

(2)王梵志诗集卷中(五五)

五四四八　(1)敦煌录一卷(七九)

(2)浑子盈邈真赞(三六)

五四五四　千字文(九五)

五四七一　千字文注(蝶装,一五叶)

五四七四　王梵志诗集(二七)

五四七六　秦妇吟(一O五)

五四七七　秦妇吟(一二一)

五四七八　文心雕龙存征圣至杂文(蝶装,章草,四六二)

五五O五　天地开辟已来帝王记一卷(二八)

纸背:杂书南无日光佛等(四)。

五五一五　下女夫词(四四)

五五四七　前汉刘家太子传(三五)

五五四九　百岁篇一卷(七一)

五五五六　妙法莲华经观世音菩萨普门品第二十五(一七八)

纸背:曲子望江南(二O,以下黯淡不可辨识)。

五五六六　杂谢贺表状(八二)

五五七四　棋经一卷(一五九)

五五七八　杂账典身契等(五九)

五五九二　千字文(六一)

五六O二　籯金卷第一(一四八)

五六二五　春秋左传杜注定公四年(八)
纸背:致某法师状(一六)。
五六二六　隶古定尚书存蔡仲之命(一五)
纸背:祈愿文(? 一三)。
五六二七　敦煌郡社条
五六二九　敦煌郡等某乙社条壹道(四八)
五六三〇　失名书(上截残去,五七)
纸背:书仪镜(? 七〇)
五六三一　尼差人请教授法等(八九)
纸背:杂书某僧碑文等(一〇)。
五六三二　亲情社转帖等(六〇)
五六三六　书仪镜(? 与四七六一大同,一〇四)
五六四四　怀庆书方角书一首(一〇)
五六五八　随身宝(? 五四)
五六六〇　书仪镜(? 二二二)
纸背:(1)菩萨唱道文(全,三七),
(2)佛说无常经(亦名三稽经,全,六二),
(3)佛临般涅槃略说教戒经一卷(佛遗教经,全,一二二)。
五六七四　孔子共项讬相问书(全,二一〇)
五七一一　千字文(一九)
纸背:杂书九行不记。
五七一八　天福十年比丘庆遂疏(五)
五七二六　论语何晏集解存乡党第十(七)
五七三一　时要字样卷下存第三至第四(三九)。
纸背:乾符六年百姓卢延庆残牒(七)。
五七三七　庚子年十二月二十二日都师愿通沿常住破历(一一)
五七三九　孝经赞(?)
纸背:杂书(四)。
五七四一　观世音不空绢索心王神咒(五八)
五七四三　春秋左传杜注桓公十二年(一一)
五七四五　隶古定尚书存大禹谟(二一)
五七四七　天复五年归义军节度张祭风伯文(八)

纸背:杂书人名(一二)。

五七五三 两轮硙课及前账等(二二)

五七五四 新集九经抄一卷(一三)

五七五五 杂抄一卷(一名珠玉抄,二名□□□,三名随身宝,一〇七)

五七五六 论语存乡党(一九)

五七五七 杂字残片(三)

纸背:接正面(三)。

五七七四 茶酒论(残存三段,一四)

五七七六 搜神论(? 二四)

五七七八 達赴谘(六)

五七七九 古算经(三一)

五七八〇 新合千文皇帝感辞(三一)

五七八一 论语何晏集解存学而(一〇)

纸背:"令狐进明书记之也"等题记(五)。

五七八五 天地开辟已来帝王记(残片,七)

五七八七 习字残纸(一六)

纸背:接正面。

五七八八 社司转帖(一五)

五七八九 论语何晏集解存阳货第十七(五)

五七九〇 残账(四)

纸背:藏文(二)

五七九二 论语何晏集解存公冶长第五(四)

五七九六 王梵志诗集卷上并序(一四)

五八一二 令狐大娘牒(二九)

五八一三 社司转帖(九)

五八一四 千字文(一二)

五八一六 杨谦让共李条顺相诤打损将息契(一一)

五八二一 孝经(二二)

五八二三 杨谊让牒(六)

五八二八 社条(一四)

五八二九 千字文(五)

五八三〇 残账(四)

五八五五　雍熙三年阴存礼疏(五)
五八七四　失名书(上端斜截去,八)
五九一六　汉法内传(四)
五九四一　淳化四年曹千疏(五)
五九四九　下女夫词一本(八四)
五九六一　新合六字千文一卷(七一)
五九六七　失名论边事书(一七)
五九七一　失名书
五九七三　曹元忠曹延恭疏(三八)
五九九二　易经(残片,七)
六〇一〇　衙前第六队转帖(八)
六〇一一　失名书(存□第十四、马第十五、牛第十六、津梁第十七、关第十八、市第十九,下半段残去,五七)
六〇一七　隶古定尚书存洛诰(一二)
纸背:有"尚书卷第五屯书卷第十一"一行。
六〇一九　明皇御注孝经存圣治章第九(一〇)
六〇二二　搜神记(? 下端残去,六九)
六〇二三　论语(三七)
六〇六六　社司转帖(九)
六〇七九　论语何晏集解存乡党第十(四)
六一一一　为申考典索大禄纳图钱及经等具状上事(一〇)
纸背:函牍残稿(一九)。
六一二〇　春秋左传杜注宣公十四年(六)
六一二一　论语郑注(?)存雍也第六至述而第七(下端残去,九)
六一五四　残账(一〇)
六一六二　周易卷第四(裂为二段,二三)
六一六四　九宫行棋立成(? 有图,二七)
纸背:杂书(四)。
六一六五　孝经(二八)
六一六七　五兆算经(? 九六)
纸背:(1)八卦相胎没因休废法(五),
(2)敦煌廿咏(六八),(3)杂书(一〇)

六一六八　铜人针灸图(?)
六一七〇　失名书(三三)
六一七一　宫词(? 五一)
六一七三　太公家教(四六)
　　纸背:千字文(初学涂鸦者所书,作习字用)。
六一七七　孝经(一四)
　　纸背:药方(一一)。
六一七八　太平兴国四年皇太子广济大师疏(五)
六一八六　乙卯年四月一日佛堂修薗众社破除名目(五)
六二〇三　大唐李府君修功德碑记(三〇)
六二〇四　碎金一本(蝶装,二四一)
　　纸背:末叶纸背书薛彦俊七律一首。
六二〇七　咒愿新郎文第十二等(二四)
　　纸背:杂书(一〇)
六二〇八　新商略古今字样撮其时要并行正俗释下卷第□(五一)
　　纸背:(1)十二月小曲(? 一五),(2)古贤集(三〇)。
六二一七　棨盛统盘盆魁数目账(? 一七)
　　纸背:接正面(二)。
六二二八　萧关镇从地涌出铭词(一三)
　　纸背:道家书(书名未悉,一九)。
六二三四　无名氏诗
　　纸背:何皮状等(二〇)
六二三五　大中六年都营田李安定牒等
　　纸背:杂书。
六二三七　残账
六二四七　军资库司(五)
　　纸背:杂书难字(一〇)。
六二五八　春秋左传杜注昭公二十四年(一五)
　　纸背:书仪镜(? 二四)。
六二五九　尚书存蔡仲之命末至多方首(此是改字本,二一)
　　纸背:失名书(二二)。
六二六〇　失名佛曲(? 一〇)

六二六二　铜人针灸图(? 与六一六八当是一书,裂为数段)

六二六七　燕子赋(五O)

六二七O　目连变文(三)

六二七一　失名书(残存卢楚张季珣二段,八)

六二九八　田亩册(手实? 一四)

纸背:大藏经序。

六三O七　都僧正帖(一一)

六三O九　行人转帖(六)

六三一六　佛书(书名未悉,上端右方缺,二二)

六三四六　书仪镜(? 六二)

纸背:毛诗故训传存云汉至公刘(八四)。

六三四九　易三备(蝶装存七叶,三O三)

六四一七　社邑文等(三八O)

纸背:发愿文等。

六四五二　于常住库借贰油面物历(一八O)

纸背:樊再升佣工契(七)。

六四五三　老子道德经上下卷(天宝十载写,三一九)

六四五四　十戒经(? 四九)

六五O二　大云经疏(? 三七五)

六五三七　佛书(书名未悉,九三三)

纸背:(1)各种文书范本,(2)太子修道赞(一O),

(3)龙州词等(三一)。(4)郑余庆撰大唐新定吉凶书仪(一七七)。

六六五九　众篇序经(四一六)

六八二五　老子道经(五八O)

纸背:(1)大毗婆沙论杂抄一卷(一九五),

(2)诚实论六神通品第一百九十七(八二),

(3)阿毗达磨发智论见蕴第八中伽他纳息第六(六三),

(4)广百论第十卷(一九四),(5)瑜伽师地论第三十八(二四)

六八四一　道经(经名未悉,一一九)

六九六三　老子化胡经卷第二(与一八五七字迹全同,三二五)

張大千臨橅敦煌壁畫展覽目次

尹默

癸未嘉平刊于成都

河湟久客乍返成都舊雨相逢奇觀共詫
舉石室之繪事方海客以談瀛葢大千平
生流連畫選傾慕古人自宋元以來眞跡
其播於人間者嘗窺見什九矣欲求所謂
六朝隋唐之作世且笑爲誕妄獨石室畫
壁簡牒所不載往哲所未聞千堵丹青遯
光莫曜靈蹤旣閟顏波愈騰盛衰之理吁
其極矣今者何幸遍覯所遺上自元魏下
迄西夏綿歷千禩傑構紛如實六法之神
皐先民之榘矱原其飆流固堪略論兩魏

一

疏冷林野氣多隋風拙厚竅奧漸啟馴至有唐一代則磅礴萬物洋洋乎集大成矣五代宋初躡步晚唐迹漸蕪近亦世人之多故人才之有窮也西夏諸作雖刻劃板鈍頗不屑踏陳迹然以較魏唐則勢在強弩矣大千磅薄坐臥其下者幾及三載獙胝握管目營手追其間門人子姪以及番僧匠史名佐厥事祈寒盛暑勞苦相勉計所程獲都凡鉅細得百有餘幅知舊朋好往往迫促求觀而匆遽間尚有修整未盡

者茲特先將臨橅石室及榆林窟四十餘幅暫專陳列以副羣公先睹他日稍暇當再盡出其所作俾吾國二千年來畫苑藝林瑰瑋奇寶得稍流布於人間而欲知宗流派別之正者亦屹然當有所歸

癸未嘉平大千張爰并識於大風堂

張大千臨撫燉煌壁畫目次

門人 羅新之 劉君禮 輯錄

莫高窟

第五窟　北耳洞　晚唐

比丘尼像

龕後右方高三尺八寸寬二尺

同窟

近事女像

龕後左方高寬同前二畫畫意同一百五十一窟北耳洞他窟所未有也

舊稱優婆夷新稱鄔波斯迦譯曰近事女在家受五戒之女子也近三寶奉事如來之義

第二十窟　盛唐

朝議大夫使持節都督晉昌郡諸軍事守晉昌郡

太守兼墨離軍使賜紫金魚袋上柱國樂庭瓌像

甬道北壁高九尺寬一丈零五寸

同窟

都督夫人太原王氏像

甬道南壁高寬同前

此窟爲唐晉昌郡太守樂庭瓌所建功德窟至宋時重修故今壁畫俱爲宋人手筆清同治時燉煌有白彥虎之亂莫高窟重遭兵火宋壁殘闕甬道兩壁畫幾不可辨剝落處見內層隱約尙有畫因破取壁迹復舊觀畫雖已殘損而傳彩行筆精英未失固知爲盛唐名手也窟內東壁左宋畫殘闕處內層有唐咸通七年題字然猶是第二層壁兼可知自唐咸通至宋已兩次重修矣樂庭瓌唐史無可攷莫由知其年代緒星舊唐書地理志河西道瓜州郡督府下天寶元年爲晉昌郡乾元元年復爲瓜州舊唐書職官志

武德改郡爲州置刺史天寶改州爲郡置太守乾元元年復改郡爲州置刺史天寶凡十四年肅宗即位靈武改元至德至德二載改元乾元晉昌郡自天寶元年置至乾元元年廢凡十六年則樂庭瓌守晉昌郡必在天寶年間墨離軍不知始於何時新唐書地理志瓜州晉昌郡下但言西北千里有墨離軍張守珪傳王君㚟死詔以守珪爲瓜州刺史墨離軍使王君㚟之死時在開元十五年則是時已有墨離軍又王忠嗣傳討吐谷渾於墨離平其國是墨離軍蓋因地名而以名軍名天寶五載王忠嗣爲河西隴右朔方河東節度使討吐谷渾在領節度使時王忠嗣傳中又不載樂庭瓌姓名竊意其守晉昌郡兼墨離軍使或又在天寶五載後此窟高八丈五尺深二丈四尺一寸廣五丈二尺佛像亦高七丈有八寸營建之大僅次於第四十四窟需人既多動費歲月天寶十四載安祿山反天下大亂西京不守以一郡守自不應於天子蒙塵之時悠然自營功德窟其地至明至德二載西京收復明年而晉昌郡廢是此窟必成於天寶十四載前可知又第三百二十窟外北壁上有具書此莫高窟記文多剝落中有大像高一百二十一尺之語莫高窟塑像最大者爲第四十四窟次之即此窟所謂開元年中大像高一百尺者殆即指此既始於開元年中則窟費時且數十年其初果爲何人所刱建抑樂庭瓌本爲河西人建自開元而成於爲太守時或於開元年中即遊宦河西因而營建俱不可知又

或始於他人而成於樂庭瓌乎

第二十八窟　五代

廻鶻國聖天公主曹夫人像

甬道北壁高五尺九寸寬三尺三寸心德同畫題名剝落以他窟證之是曹夫人像也

第四十二窟　五代

于闐國王像

東壁右方高一丈寬四尺二寸心德心智同畫題名大朝大寶于闐國大口大明天……

同窟

大朝大于闐國大政大明天冊全封至孝皇帝天

皇后曹氏像

東壁右方男像後高寬同前心德心智同畫

同窟

外道天女被風吹時像

西壁右下方高二尺寬二尺九寸勞度差與舍利弗鬥法故事之一部見賢愚經須達起精舍品

第七十五窟

成陁羅一門供養像

洞口之上左右原有二小窟爲隋代舊璧後晉時歸義軍節度使曹元忠修此窟毀其下半建甬道遂隱不復知近洞口崩壞原窟乃見畫像高一尺長一丈另七寸成氏供養像二十身紅簽題名

比丘普濟供養

亡祖成天賜供養

亡父成僧奴供養

題名已剝落

第五第六兩身毀

亡兄成□□□□

亡兄成保相供養

亡兄成永相供養

信士成陁羅供養

弟文達供養

亡息阿路仁供養

息法剛供養

孫子張慈頌供養

孫子張賭仁供養

亡母趙桃根供養

妻索玉思供養

女阿足供養

亡女阿内供養

亡女須亥供養旁有牛車一乘

第八十三窟西魏

藻井畫

高寬二尺門人蕭建初畫

同窟

龕楣離婁一

高二尺寬三尺

同窟

龕楣離婁二

高二尺寬三尺

同窟

三十五佛

窟頂四周高二尺一寸長五丈九尺五寸

同窟

敦煌壁畫展覽目次

張大千

觀世音像

東壁古方高四尺四寸寬二尺心智同畫

此窟西魏大統四五年間所造畫頗肆埜諸菩薩等俱極情瞻乃類僧衆非莊嚴法相也禽獸神怪飛花生動率野衣冠人物傳神守眞頗過故實以論其筆妙在清勁而窮於敦厚其傳彩富於艷冷而奮於柔辱其氣疏曠則有餘而中和則不足擅取勢好誇張故理有過當而精神澡雪雖不足攬轡於康衢要亦絕塵於山林矣

第八十四窟　西魏

釋伽說法像一鋪及供養人像

高四尺三寸寬三尺二寸心德心智同畫

同窟

夜义

北龕佛台下高二尺四寸寬三尺五寸

六朝隋魏諸窟類多於四壁及龕下作夜叉今可見者其身灰黑勾勒都不可辨或以六朝畫怪誕於鬼怪之屬因作此色其實夜叉裸身數以銀朱白粉殆年久銀朱變黑耳第八十四窟西魏畫第九十六窟隋開皇五年畫其色澤勾勒尚有鮮好者則儼然人身數色了無足怪者此撫八十四窟南龕下一身并爲表出之於以見六朝所作夜叉絕無灰黑之身也亦有作青綠身者則均數以石青石綠青綠不變色雖千載後猶可辨耳

同窟

花鳥二圖

窟頂椽形內高三尺四寸寬一尺八寸建初心德同畫

第九十三窟　隋

釋伽像

高四尺七寸寬二尺一寸

第一百一十五窟　初唐

藻井畫

高寬五尺六寸　建初三知同畫

第一百三十六窟　初唐

十一面觀音像

高三尺八寸寬五尺三寸心德心智昂吉同畫

第一百一十七窟　武周時

維摩變

北壁高一丈寬二丈建初心德心智番僧四人同畫畫上發願文殘損不可讀末行有張思藝敬造國作圀又文中地作埊又洞口東壁上左方有垂拱二年五月十七日淨信優婆夷高奉爲亡夫及男造阿彌陀佛一鋪發願文皆足以證爲武周時筆也

第一百五十窟　晚唐

收伏外道故中之勞度义化毒龍舍利弗化大鵬鳥搏擊圖

第一百五十一窟　北耳洞　盛唐

比丘尼像

龕後右方高七尺六寸寬四尺三寸

同窟

近事女像

龕後左方高寬同前

此窟即光緒二十六年庚子四月二十七日道士王元禄發見藏經處也

第一百九十窟　初唐

大士像

高四尺二寸五分寬二尺

第二百一十三窟　北魏

薩埵王子捨身飼虎圖

同窟

夜叉像二區

西龕佛台下高二尺四寸寬三尺六寸

第二百二十一窟　北魏

龜蛇野猪

東龕佛台下高二尺一寸長七尺

第二百四十三窟　北魏

藻井畫

高寬三尺三寸建初同畫

第二百四十八窟　北魏

薩埵王子捨身飼虎圖

南壁高四尺一寸五尺二寸番僧昂吉同畫

第二百五十窟　北魏

阿修羅王像一鋪

屋頂西方高六尺三寸寬一丈一尺五寸心德心智昂吉同畫

同窟

釋伽像一鋪

高四尺四寸寬三尺九寸心德同畫

第二百五十三窟　隋唐時

大士像

高六尺一寸寬二尺心智同畫

同窟　晚唐

楊枝大士像

高四尺二寸寬二尺心德同畫

第二百六十八窟　初唐

八

觀世音菩薩像

左蛹門高七尺六寸寬二尺八寸

同窟　晚唐

沙門洪認供養像

東壁左高大尺三寸寬二尺二寸

題名應□□釋門都僧政京城內外臨壇供奉大德毗尼藏主單

揭三教大法師賜紫沙門洪認一心供養

第二百七十三窟　初唐

觀世音菩薩及供養像

南壁左方高六尺寬三尺二寸番僧格朗同畫

第二百七十四窟　隋

藻井畫

高寬四尺三寸縮小約二之一

第二百七十七窟　盛唐

聖徒像四身

每幅高四尺八寸五分寬二尺一寸心德心智同畫

第二百七十九窟　晚唐

觀世音菩薩像

南壁高六尺寬二尺七寸番僧曉悟同畫

第二百八十一窟　晚唐

觀世音菩薩及供養像

高六尺一寸寬一二尺心智三知同畫

第二百八十五窟　咸通時

母女供養像

高二尺零五分寬一尺四寸

第三百零二窟　晚唐

北方天王一鋪

洞口右方高七尺六寸寬六尺昂吉三知同畫

同窟

南方天王一鋪

洞口左方高寬同前昂吉三知同畫

同窟

文殊師利一鋪

右帳門高五尺八寸寬二尺六寸

同窟

普賢一鋪

左帳門高寬同前

榆林窟

第一窟　西夏

水月觀音一鋪

西壁右方高四尺六寸寬五尺一寸力上同畫

第十窟　五代

娑婆世界大梵天王赴會時一鋪

西壁左方高六尺四寸寬四尺三知曉悟同畫

同窟

托西大王曹議金像

甬道右高六尺六寸寬四尺二寸昂吉同畫

同窟

夫人李氏像

甬道左高寬同前昂吉格瑯同畫

第十二窟　五代

西平王曹元忠像

甬道右高七尺一寸寬四尺二寸心智曉悟同畫

同窟

夫人翟氏像

甬道左高寬同前延初力上同畫

同窟 晚唐

普賢赴法會中之象奴

高三尺五寸寬二尺

第十七窟 晚唐

西方淨土變

南壁高八尺三寸寬一丈一尺番僧四人同畫

同窟盛唐

盧舍那佛

東壁中高七尺三寸寬三尺六寸昂吉同畫

第十九窟初唐

大勢至菩薩像

北龕右高七尺八寸寬二尺九寸

第二十五窟宋

燉煌王曹延祿像

甬道左高五尺一寸寬二尺九寸璉初三知同畫

夫人李氏像

甬道右高寬同前力上曉悟同畫

敦煌千佛洞與歷史有關者如唐大中時歸義軍節度使張議潮五代時歸義軍節度使曹議金史傳僅載其涯略且多乖誤昔年王國維羅振玉蔣伯斧諸氏俱有考正羅氏於張議潮已爲之傳者訂至詳於曹議金有（瓜州曹氏年表）未見今依敦煌千佛洞及安西萬佛峽與曹氏有關者合爲茲篇或尚有未盡容再考

正

曹議金其先亳州人以兄良才官西陲遂家於此（藏經洞所出曹良才畫像讚公諱乙字良才即今河西一十一州節度使曹大玉之長兄矣公乃是亳州鼎族因官停轍於龍沙謙郡高原任職已臨於西府祖宗受寵昆季霑恩）唐莊宗時甘沙與吐蕃雜居時迴鶻來朝議金以沙州留後遣使附迴鶻以來莊宗因拜議金爲歸義軍節度使瓜沙等州觀察處置等使（五代史）後又加河西隴右伊西庭樓蘭金滿等州節度使檢校太尉兼中書令托西大王（第七十九洞窟口南壁供養像第一身題名故勅河西隴右伊西庭樓蘭金滿等州節度使檢校太尉兼中書令托西大

王曹議金又萬佛娘第十窟題名爲勅推誠奉國歸義軍節度使
檢校太師兼托西大王譙郡開國公一三夫人北方大迴鶻國聖
天的子秦國天公主隴西李氏一第七十五窟東壁右第一身題
名故母北方大迴鶻國聖天的子勅授秦國天公主隴西李氏第
四十二窟東壁右第一身題名勅授汧國公主是北方大迴鶻國
聖天可××按此題名當即隴西李氏勅授汧國公主當在勅授
秦國天公主前一鉅鹿索氏廣平宋氏一第四十二窟東壁右第
三身題名郡君太夫人鉅鹿索×第四身郡君太夫人廣平宋氏
第七十五窟東壁左第九身題名故母新受郡君索氏東壁右第
四身題名故慈母勅受廣平郡君太夫人宋氏又第七十五窟東
壁右第八身題名爲故伯母武威郡夫人陰氏或即曹良才妻一
三子元德元深元忠元忠廣平宋氏出也一第七十五窟題名於
廻鶻天公主稱故母鉅鹿索氏稱故母廣平宋氏稱故慈母第七
十五窟南壁第三身題名爲窟主新授指溥陽郡翟夫人翟氏元
母妻也可知義平宋氏爲元忠之生母第三十九窟南壁曹議金
後爲曹元德第二百二十八窟曹議金後第三身爲元忠是元德
爲長元忠爲小又諸窟無元深題名今依五代史又按敦煌藏經
洞所出曹夫人讀云夫人者即前河西隴右一十一州節度使曹
大王之夫人也又云廣平鼎族又述夫人於將死時李云辭天公
主囑託偏照於孤遺别男司空倘世再逢於玉眷又於讀內云辭

天公主偏照孤孀執司空手永別威光蔣伯斧考爲是元忠之妻司空乃指延祿天公主者迴鶻可汗妻之稱甘沙自唐宋以來即爲迴紇所并太平興國二年遣使詔論甘沙州迴鶻可汗外甥賜以貨幣曹氏雖進受宋封實近逼廣境故文中及之云云按曹夫人讚首云前河西一十一州節度使曹大王之夫人議金爲托西大王曹大王即議金又云廣平宋氏乃議金之妻而元忠之母也其云別天公主囑託偏照於遺天公主即北方大迴鶻國聖天的子秦國天公主隴西李氏元忠爲宋氏所出以元忠託孤於天公主出別司空者別元德也議金卒元德立爲河西歸義軍節度等使檢校司空延祿未聞有此封爵文中措辭一則曰再則曰威光知元德必非宋氏所出矣）二女長爲迴鶻可汗天公主次爲于闐國天皇后俱長於元忠（第四十窟洞口北壁第二身題名云女甘州迴鶻國可汗天公主第四十窟爲曹議金窟是可汗天公主爲議金女第四十二窟東壁右第二身題名云大朝大于闐國大政大明天冊全封至孝皇帝天皇后曹氏第七十五窟東壁右第三身題名云姊大朝大于闐國大政大明全封至孝皇帝天皇后按五代史迴鶻可汗妻號天公主而議金妻隴西李氏亦稱天公主蓋於妻稱可汗天公主於女則稱可汗的子天公主于第四十窟迴鶻可汗天公主列次於母隴西李氏當爲于闐國皇后之姊元忠於于闐國天皇后亦稱姊一晉天福五年議金卒子

元德立（五代史）爲河西歸義軍節度押蕃落等使檢校司空譙郡開國公（第三十九窟洞口南壁第二身題名）天福七年

元深元忠皆遣使來（五代史天福七年沙州曹元忠瓜州曹元深皆遣使來）時元深爲瓜州刺史（五代史晉天福三年遣供

奉官張匡鄴假鴻臚卿彰武軍節度判官高居晦爲判官冊聖天爲大寶于闐國王行二歲至于闐至七年乃還居晦有記曰瓜沙

州三十二州俱中國人聞晉使者來其刺史曹元深等郊迎問使者天子起居）開運年間授元忠歸義軍節度使特進檢校太傅

（藏經洞所出大聖毗沙門天王刻本題記弟子歸義軍節度使特進檢校太傅譙郡曹元忠于時大晉開運四年丁未歲七月十

五日記按開運止三年是歲後晉亡開運四年即後漢高祖元年稱天福十二年也）又藏經洞所出刻本金剛經後題名弟子歸

義軍節度使特進檢校太傅兼御史大夫譙郡開國侯天福十五年已酉歲五月十五日記（按後晉天福止八年爲癸卯以十五

年計之爲漢乾祐三年而乾祐三年爲庚戌已酉乾祐二年也又元忠爲節度使時元德當已卒（周顯德二年加授元忠本軍節

度檢校太尉同中書門下平章事鑄印賜之以元深爲瓜州團練使（五代史作延恭曹氏無名延恭者當爲元深之誤宋進隆三

年又加延恭兼中書令（宋史）並以其姪延恭爲瓜州防禦使（宋史作「子」）（第二十八窟洞口南壁第五身題名窟主歸義

軍節度瓜沙州等州觀察處置管內營田押蕃落等中書令譙郡開國公食邑千五百戶食實封五百戶延恭第四身……
題名叔父勅推誠奉國保塞功臣歸義軍節度使特進檢校太師兼中書令天冊西平王諱元忠是延恭爲元忠之姪〔一〕開寶年間
卒其官職終於歸義軍節度使特進檢校太師兼中書令天冊西平王〔一〕第二百二十八窟洞口南壁第四身題名已見前又宋史
興國五年元忠卒〔一〕按第二百十二窟洞簷題記維大宋乾德八年歲次庚午正月癸卯朔二十六日戊辰勅推誠奉國保塞功臣
歸義軍節度使特進檢校太師兼中書令西平王曹元忠之世剏建此窟簷記按乾德止五年八年即開寶三年又第二百二十四
窟窟簷題記維大宋開寶九年歲次丙子正月戊辰朔七日甲戌勅歸義軍節度瓜沙等州觀察處置管內營田押蕃落等使特進
檢校太傅兼中書令譙郡開國公食邑一千五百戶食實封三百戶曹延恭之世剏建記是開寶九年已爲曹延恭之世追論興國
元忠卒或爲開寶五年或係宋史誤開寶爲興國又宋史元忠卒子延祿遣使來貢贈元忠燉煌郡王〔一〕夫人潯陽翟氏勅受涼國
夫人〔一〕第二百十七窟洞口北壁題名勅受涼國夫人潯陽翟氏〔一〕長女延鼐子延祿〔一〕萬佛峽第二十六窟題名長女延鼐小娘
子男司馬延祿二供養像俱作孩童延祿幼時即授司馬娶于闐國皇帝第三女與延祿爲姑表〔一〕第七十五窟東壁左第八身題

十四

名大朝大于闐國天册皇帝第三女天公主李氏爲新授太傅曹延祿姬于闐國皇后爲議金女延祿妻當卽爲其所出敦煌藏經
洞所出繪地藏菩薩題記南無地藏菩薩忌日畫施五道將軍道明和尚故大朝大于闐金玉國天公主李氏供養王國維考爲延
恭之妻公主於延恭忌日施以爲功德者也並謂曹夫人卽歸義軍節度曹元忠之女延恭延祿之母讚內云云卽訣此天公主又
謂延祿妻亦李氏亦于闐公主或擬延祿卽用突厥迴鶻故俗以叔收嫂云云一按此畫題記首爲忌日畫施後爲故大朝大于闐
金玉國天公主李氏供養既書故是李氏已故忌日畫施者是李氏家人於李氏之忌日畫爲亡者施功德也諸窟供養人像類多
以亡者列繪壁間題名書故無足怪者延恭延祿既非同父母兄弟前引曹夫人乃元忠之母問延恭實娶於慕容氏何來以叔收
嫂之疑迴鶻與于闐於其女稱天公主其上必有「的子」或「第幾女」此天公主題名上無「的子」或「第幾女」或非于
闐國皇帝之女或其上漏書「的子」或「第幾女」俱不可知若云是曹氏婦則娶於于闐者曹氏惟延祿一人」元忠既卒延
恭嗣爲歸義軍節度瓜沙等州觀察處置管內營田押蕃落等使特進檢校太傅兼中書令譙郡開國公」第二百二十四窟窟簷
題記已見前「夫人慕容氏勅受淸河郡夫人」第二百二十八窟南壁第四身題名窟主勅授淸河郡夫人慕容氏此窟恭延爲

窟主而慕容氏亦書窟主故知為延恭妻）而延祿其時並為歸義軍節度使檢校太保譙郡開國公（第二百二十八窟洞口南
壁第六身題名弟新受勑歸義軍節度使檢校太保譙郡開國公食邑五百戶食實封三百戶延祿前一身題名即窟主延恭已前
見二太平興國五年延祿遣人來買（宋史）時延祿為歸義軍節度瓜沙等州觀察處置管內營田押蕃落等使檢校太傅同中
書門下平章事譙郡開國公（第二百二十四窟窟簷題記太平興國五年歲次庚辰二月甲辰朔二十三乙丑勑歸義軍節度瓜
沙等州觀察處置管內營田押蕃落等使檢校太傅同中書門下平章事譙郡開國公食邑一千五百戶食實封七百戶曹延祿之
世刱建此窟簷記按延祿官職與延恭同此時延恭當已卒）旋又加特進檢校太師兼中書令敦煌王（萬佛峽第二十五窟題
名勑竭誠奉國功臣歸義軍節度瓜沙等州觀察處置管內營田押蕃落等使特進檢校太師兼中書令燉煌王譙郡開國公食邑
一千七百戶曹延祿宋史咸平四年封延祿為譙郡王）弟延瑞延晟（元忠子可考者惟延祿一人延瑞延晟或與延祿非同父
母兄弟又宋史作延晟為瓜州刺史延瑞為衙內都虞候萬佛峽第×窟延瑞像列次於延祿故以延瑞居前）延晟為瓜州刺史
延瑞初為衙內都虞候後至節度副使守瓜州團練使金紫光祿大夫檢校內史兼御史大夫譙郡開國男）萬佛峽第×窟題名

十五

節度副使守瓜州團練使金紫光祿大夫檢校內史兼御史大夫譙郡開國男食邑五百戶曹延瑞」咸平五年延祿延瑞爲從子

宗壽所書宗壽權知留後而以其弟宗允爲權知瓜州表求旌節乃授宗壽節度使宗允檢校尚書左僕射知瓜州大中祥符七年

宗壽死子賢順遣人入貢詔授歸義軍節度使弟延惠、延凝是賢守」爲檢校刑部尚書知瓜州至皇祐中猶入貢方物宋史」

五季之世天下擾攘瓜沙與吐蕃雜居中國之力莫能及後唐同光時議金自以沙州留後遣人間道來朝莊宗因拜爲歸義軍節

度使遂世守於此一百四十有餘年可謂盛矣而史傳僅及其涯略又頗見其乖誤今以石室曹氏題名爲正其卒立世次方及唐宋

後梁之際張議潮之後守此爲歸義軍節度使燉煌藏經洞所出議金長兄曹良才畫像讚有一公乃是亳州鼎族因官停輙於龍

沙譙郡高原任職「臨於西府」又有「榮加五州都將委任一道指揮」之語是良才蓋先已官於歸義軍議金因得爲沙州留

後實賴其兄以及此歟

佚名撰　民國稿本

敦煌石室唐人秘笈四十七種

敦煌石室唐人秘笈四十七種

何秋輦中丞孔繁錦道尹所藏者

名稱	存況	書體	年月	紙質	色
疑寒十三郎信札一件 七行	尾殘	大字行書	無年月	薄白麻紙	灰黃色
張李札宴客疏一件 七行	全	小字行書	五月廿一日	厚白麻紙	灰白色
請椎問信札一件 四行	殘	仝上	無年月	薄白麻紙	灰黃色
伏蒙太保眷錄信稿一件 十一行	全	小字行書 書於經背	八月五日	厚白麻紙	白色
仝上信稿一件十行	全	小字行書	仝上	仝上	仝上
與四海平懷書信稿一件 十二行	下半截殘 首尾不全	小字正楷 背書日曆	無年月	仝上	仝上
季秋漸冷惟都督公信稿一件 七行	全	大字行書	仝上	薄白麻紙	灰白色
	以上疏札類共七種				
西州牧馬所狀一件 七行	全	大字行書	開元十年三月日典	薄白麻紙	灰黃色
殘狀一件四行	首不全	大字草書 代官印一方	四月廿日	仝上	灰白色

殘狀一件六行	仝上	半大字行書	開元七年四月[illegible]典	仝上	仝上
澣海經畧大使狀一件五行	尾不全	大字行書	無年月	仝上	仝上
石堡守捉狀一件七行	仝上	半大字行書	仝上	仝上	仝上
金滿縣牒上孔目司一件五行	尾殘	小字正楷 代官印一方	仝上	仝上	仝上
長行馬狀一件五行	仝上	半大字行書	仝上	仝上	仝上
牒狀尾一件五行	首殘	大字行書	仝上	薄白麻紙	灰白色
牒狀西州長行坊一件四行	首尾殘 代官印一方	仝上	仝上	仝上	仝上
牒狀一件七行	首尾殘	小字正楷	開元廿年十月 虞鄉趙元英	仝上	仝上
御司牒副司狀一件十行	尾不全	大字行草 代官印一方	無年號	仝上	灰黃色
牒狀一件六行	首殘	大字行書	開元八年三月	薄白麻紙	灰白色

牒狀一件五行	首殘	大字行書	三月日	薄白麻紙	灰白色
牒狀一件七行	首尾殘	仝上	五月日	仝上	仝上
牒狀一件六行	首殘	大字行艸	開元十年三月二日	薄灰麻紙	灰色
大字牒狀一件七行	尾殘	小字正楷	無年月	薄白麻紙	灰黃色
長行坊牒狀一件七行	仝上	仝上	開元七年四月日 押官健兒李	仝上	仝上
來戍狀一件十一行	仝上	小字行書	開元七年三月廿八日戍使劉吾	仝上	仝上
牒狀一件八行	首不全	大字行書	無年月	仝上	仝上
收馬所狀一件五行	仝	小字行書	開元十年三月日 驢子李貞仙	仝上	仝上
仝上四行	仝	仝上	開元十年正月廿九日	仝上	仝上
仝上四行	仝上	仝上	仝上 三月一日	仝上	仝上

Item	Completeness	Script	Date	Paper	Colour
仝上二行	全	仝上	開元十年三月 虞候押	仝上	仝上
西州牧馬所狀一件十行	仝上	大字草書	十二月日	仝上	仝上
長行坊牒一件九行	全	大字行書	開元九年十二月	薄白麻紙	仝上
牒狀一件十三行	首不全	仝上	三月日	仝上	仝上
牒狀一件三行	首尾不全	大楷字	無年月	仝上	仝上
牒狀一件十一行	全	大字行書 書於經背	戰[illegible] 百姓[illegible]殘	厚黃麻紙	灰黃色
牒文一件六行	首不全 下半截殘	大字正楷	無年号	厚白麻紙	灰白色

以上牒狀類廿九種

Item	Completeness	Script	Date	Paper	Colour
磨曆一件廿八行	首尾不全 下半截殘	小字楷書	無年月	厚白麻紙	灰白色
祭文一件八行	全	大字行書	仝上	薄粗麻紙	仝上

名稱	完殘	字體	年代	紙質	顏色
符堅迴羅什大文十一行	首尾殘	小字正楷	無年月	厚黃麻紙	灰黃色
歌曲一件十行	首尾殘下半截殘	小字行書	仝上	厚白麻紙	灰色
聖太子歌一卷九十二行	首尾殘	仝上	仝上	厚粗白麻紙	灰白色
嘆五更小唱本十頁	殘	半大字行書	仝上	厚粗麻紙	灰色
賬目單一件四行	首尾殘	半大字	仝上	薄白麻紙	灰白色
人名録一件六行	仝上	小字行書	仝上	仝上	仝上
吐魯蕃文	上不全	小字		厚黃麻紙	
	以上共歌日曆等九種				
畫佛一尊 寬五寸 高八寸	全	無	仝上	厚黃麻紙	黃色
殘佛一尊				薄白麻紙	灰白色

以上圖畫類兩種

總共四十七種四十四件